本报告的出版得到
国家重点文物保护专项补助经费资助

新乐遗址发掘报告

（上）

沈阳市文物考古研究所
新 乐 遗 址 博 物 馆　编著

文物出版社

图书在版编目(CIP)数据

新乐遗址发掘报告 / 沈阳市文物考古研究所，新乐遗址博物馆编著. -- 北京 : 文物出版社，2018.12

ISBN 978-7-5010-5814-3

Ⅰ.①新… Ⅱ.①沈… ②新… Ⅲ.①新石器时代文化-文化遗址-发掘报告-沈阳 Ⅳ.①K878.05

中国版本图书馆CIP数据核字（2018）第252853号

新 乐 遗 址 发 掘 报 告

编　　著：沈阳市文物考古研究所
　　　　　新 乐 遗 址 博 物 馆

封面设计：秦　彧
责任编辑：秦　彧
责任印制：梁秋卉
出版发行：文物出版社
社　　址：北京市东直门内北小街 2 号楼
邮　　编：100007
网　　址：http://www.wenwu.com
邮　　箱：web@wenwu.com
经　　销：新华书店
印　　刷：鑫艺佳利（天津）印刷有限公司
开　　本：889mm × 1194mm　1/16
印　　张：60.5　　插　页：1
版　　次：2018 年 12 月第 1 版
印　　次：2018 年 12 月第 1 次印刷
书　　号：ISBN 978-7-5010-5814-3
定　　价：860.00 元（全二册）

Excavating Report on Xinle Site

(I)

by

Shenyang Municipal Institute of Cultural Relics and Archaeology
Museum of Xinle Site

Cultural Relics Press

内容简介

新乐遗址是中国东北地区重要的新石器时代遗址之一，沈阳市文物考古研究所与新乐遗址博物馆等单位多次对该遗址进行调查、发掘等，本书即为历次考古工作的成果汇总。本书主要分为八章。

第一章概述。介绍新乐遗址地理环境与位置、发现与发掘，具体介绍了1973年以来新乐遗址的历次调查、试掘与正式发掘。

第二章地层堆积和文化遗存。根据遗址内不同地点和区域的地层叠压关系，本遗址分新乐文化、偏堡文化、新乐上层文化、郑家洼子文化类型、战国及以后文化遗迹与遗物。

第三章新乐文化。具体介绍了新乐文化遗迹、遗物基本文化面貌与特征，统计遗物总量与各类遗物比例，对深腹罐、大口罐、陶钵、斜口器几种陶器进行分型分式。以房址、灰坑遗迹为单位，具体介绍了每个遗迹，遗物按照石器、玉器、陶器、煤精制品等分类描述遗物。

第四章偏堡文化。介绍偏堡文化遗迹、遗物基本文化面貌与特征，以灰坑遗迹为单位，介绍遗迹、遗物和地层内出土遗物标本。

第五章新乐上层文化。介绍新乐文化上层遗迹、遗物基本文化面貌与特征，以房址、灰坑、灰沟、墓葬和探方地层为单位，介绍遗迹和遗物标本。

第六章春秋战国及以后文化。郑家洼子文化类型未见文化层堆积，典型遗物在耕土层和灰沟内出现，因而提出这一文化类型的存在。战国时期以烽燧址、灰坑、灰沟遗迹为单位，记述遗迹和遗物标本。最后介绍了两座辽墓和一座清墓。

第七章多学科研究。介绍了碳-14年代检测报告、炭化植物遗存研究、出土石器淀粉粒分析报告。

第八章结语。对新乐文化聚落遗址、遗址布局、规划与建筑、不同类型的房址以及社会经济形态的认识，对原始工艺与技能、年代与时段进行了初步探讨。

Abstract

Xinle site is one of the important Neolithic sites in northeast China, on which several surveys and excavations have been carried out by Shenyang Municipal Institute of Cultural Relics and Archaeology and Xinle Site Museum. This book, complied from the achievements of previous archaeological work, falls into eight chapters.

Chapter 1 is an introduction of the geographical environment and location of Xinle Site and the previous surveys and excavations at this site since 1973.

Chapter 2 summarizes the stratigraphical deposit and cultural remains. Cultural remains from Xinle Culture, Pianbao Culture, Upper Xinle Culture, Zhengjiawazi Pattern and relics from the Warring States Period and on were distributed in different sections or stratum at this site.

Chapter 3 gives a detail introduction of the archaeological finds of Xinle Cutlure, including the general cultural features and characteristics, amount and proportion of each kind of relics. This chapter also gives a typological analysis of several potteries such as deep-bellied jar, wide-mouthed jar, bo-bowl and slant-mouthed vessel. According to their unearthed archaeological unit, objects are described in detail in terms of stone tools, jades, potteries and coal essence products.

Chapter 4 focuses on Pianbao Culture, presenting the general cultural feature and characteristics. Of this culture in terms of remains such as ash pits and objects unearthed from each stratum and other archaeological units.

Chapter 5 presents the discoveries of Upper Xinle Culture. Besides a summary of features and characteristics of this culture, it describe traces and survivals in detail according to the archaeological units they are unearthed from such as house foundation, ash pit, ash ditch, tombs and stratum of the archaeological grid.

Chapter 6 focuses on the cultural remains from the Spring and Autumn Period and the Warring States Period and on. Zhengjiawazi Pattern is proposed based on the typical relics found from the stratum of late stage and that from ash pits and ditches. Relics from the Warring States Period are describe in units they are found such as beacon site, ash pits and ditches. Two Liao tombs and one Qing tombs are also included in this chapter.

Chapter 7 provides a multidisciplinary research on this site, including carbon-14 dating reports, a scientific study of carbonized plant remains, and analysis report of the starch granule analysis of unearthed stone tools.

In Chapter 8, the epilogue, the author discusses the layout and architecture of settlements as well as the social economy related to various kinds of houses at this site. This chapter also presents a research on the primitive art and craft prevailing in different phrases.

序

郭大顺

新乐遗址自1972年发现以来，经1978～1991年的多次发掘，至今算起来已经超过四十个年头了。当年发掘的主持人、参加者多已退去，主持单位也有所变化，出土文物则分别散布于多地多个单位展出或收藏。在这种情况下，沈阳市文物考古研究所与新乐遗址博物馆密切合作，组织后来人接手，继续收集整理散见于各处的档案和实物资料，并坚持将发掘报告编写出来，这很不容易。也为不少遗留考古资料的后续整理发表提供了一个范例。

新乐遗址从发掘一开始，就确定了三个时期的文化堆积，即新石器时代的新乐下层文化、偏堡文化和青铜时代的新乐上层文化，从而较早建立起沈阳地区及辽河下游从新石器时代到青铜时代的考古文化发展序列。但主体是以新乐遗址下层为代表的新石器时代文化遗存。在1980年召开的新乐遗址座谈会上，与会学者一致同意单独将新乐下层遗存命名为“新乐文化”。此前已有新乐遗址初期发掘成果在《考古学报》1978年第4期发表，使20世纪70年代以来全国新石器时代不断有新发现和研究成果的形势下，东北地区新石器时代相对寂静的状态有所改变，远在大洋彼岸的张光直先生在他编著和再版的《中国考古学》及其他文章中，就较早多次引用过新乐遗址的材料，视为是东北地区新石器时代的代表。

新乐遗址因所处位置在市内北部的人口密集区，早已被现代建筑包围和叠压，附近且不断有新的建筑施工在时刻威胁着遗址的安全，被破坏的消息不时传来，造成该遗址的发掘工作延续时间既长又多属于被动的抢救性质，个别因建筑施工，房址只能做到一半。还有局部清理和未及清理的房址与其他遗迹。加之新乐遗址的文化遗存普遍埋藏较浅，尤其是下层文化的房址等遗迹内外土质硬度、色泽差别甚小，为在现场划分地层和遗迹的界线带来不小麻烦。面对遗址发掘与保护遇到的困难，沈阳市历届领导部门对遗址给予特殊重视，对考古工作给予多方面支持，市文物考古部门也一直把新乐遗址作为工作重点盯住不放，参与现场发掘的考古人员，经多年磨炼，已积累出对付各种困难、特别是辨别和处理现场遗迹的丰富经验和过硬本领，不仅房址边界，而且大部分房内柱洞包括组柱，都一一分辨和揭露出来。这样经多年坚持，材料陆续有所积累，又通过新乐遗址博物馆的陈列、改陈和召开研讨会等，推动研究不断深化，使新乐文化在东北地区以至全国一直保持着较为广泛的影响。

新乐下层文化的重要学术价值最早引起关注的，是碳-14测定的年代，当时公布的数据，为距今7300年前。在此之前，辽东地区的新石器文化，时代和特征并不明确，有将青铜时代遗存作为新石器时代的。只大连地区早年发现过以饰压印“之”字纹的筒形罐为主要特点的新石器时代文化遗存，但对其年代能够早到六、七千年前，仍估计不足。就在新乐遗址发掘材料和年代数据公布不久，大连地区的旅顺口区老铁山西麓的郭家村遗址和长岛县广鹿岛小珠山遗址的发掘，发现这类饰压印“之”

字纹筒形罐的文化遗存，是叠压在包含有山东大汶口文化较早遗存的文化层之下的，这就使遍布辽河流域及周邻地区以饰压印纹筒形罐为主要特征的这类新石器文化的年代，从地层上得到进一步证实。从而认识到东北地区其他类似遗存的年代较过去估计的年代要早，如以后讨论较多的富河文化。这样，新乐文化就为东北地区新石器时代的分期树立了一个年代标尺。

同时引起关注的，是新乐下层的房址内外，出有较多以石叶和石箭头为主的典型的细石器。这类广泛分布于从欧亚大陆到中国长城以北地区直到东北亚地区的石器类型，过去在辽东地区一直无明确发现。新乐文化发现的细石器有自身特点，其中如石叶除个别在边缘的局部或整个边缘有压削剥离外，多无二步加工。扁平甚为窄长如柳叶形、横断面作扁平六角形的石箭头，虽通体较为规整，但也只在边缘或上部至锋部压削刃部而非通体加工，有的石箭头的下部则加工出有平底的铤部，另出现个别磨制石箭头，其形制已接近于从辽东到朝鲜半岛青铜时代的石箭头，当不是偶然的。细石器遗址常见的石核在新乐遗址所见甚少，对此，发掘者曾推测这是把石核尽量使用至最后所至，由此也可见新乐人在掌握细石器工艺特有的压削法技巧方面已达到非常熟练的程度。其他类型的打制石器则出土数量甚多，体型多较小，仍保持着近于旧石器时代的原始状态。打制石器和细石器的较为发达，说明其经济类型是以采集和渔猎为主的，农业不占主要地位。石磨盘和石磨棒的多见，不易保存的果核有一定数量的出土，说明采集经济是主要食物来源。兽骨发现少可能与埋藏的土质有关。由于新乐文化的细石器是有规律地分布于房址之内，与其他遗物如陶器等是共存的，这对于缺少原生地层的北方地区诸多细石器文化遗存来说，是非常珍贵的资料。而且说明新乐文化的细石器是与定居生活联系在一起的，这同北方诸多细石器文化遗存具更大流动性的情况也有很大不同。其实在广大东北亚地区，发达的渔猎采集经济也可维持定居生活，如日本以采集渔猎为主要经济生活的绳纹文化，就有不少定居性遗址，有的还规模甚大，如靠近北海道的青森县三内山丸遗址。新乐遗址在这次编写报告期间，又经标本测定，得知新乐文化确是以渔猎采集经济为主的人群创造的，这对于认识包括红山文化在内的整个东北地区新石器时代的经济类型，又提供了一个重要实例。

当然，新乐文化遗存中最为重要的，还应首推陶器和房址。

新乐文化以筒形罐为代表的陶器群作为主要考古文化特征，其器形虽较为单一却体型多甚为规整。口径与通高约1∶2的比例也使器物形体趋于匀称。外表装饰的压印纹更是精工细作。突出表现为：通体饰纹，满布到近底部甚至直到底沿。压印的条纹和“之”字纹等，都极为细密且整齐。条纹（报告称为“弦纹”）有如以尺比划的平行线，压印纹中最为多见的“之”字纹，幅度较短，端头平齐，既分带又分段，带与带间皆平行等距，排列紧凑，器口下的锥刺纹，少数器身上部的条纹带或竖排的压印“之”字纹与器身下部的横排压印“之”字纹，或条与带对比，或横与竖相间，既富于变化，又有严格的布局规律。报告认为这些整齐划一的纹饰，多是以特制的模具滚压而成，是有依据的推测。与辽西地区、大连地区和邻近的吉林嫩江流域同类遗存的饰压印纹的筒形罐相比，是以共同性为主的，仍显示出不少差别，分别划分小区域文化是非常必要的。而新乐遗址所在的辽河下游，正处于其间的中间位置，起到联系辽西和东北地区的枢纽作用，所以地位更为重要。

新乐文化的房址群虽然因现代建筑干扰被叠压、破坏或割裂，但仍可看出其分布是与辽西的查海、兴隆洼遗址相近的，每个房址显示的相对独立性和诸房址间成行排列和成群组合的规律，反映出一种较为进步的社会组织形式。还有1978年第二次发掘时发现的第二号房址，这座房址不仅规模甚大，而且出土物丰富、精彩。陶器和饰纹相对较为精致，出土玉质工具和玉器、细石器和煤精制品也较多或较精，特别是有“鸟纹权杖”（我根据纺织考古专家王矜先生对这件遗物用途和装饰花纹的观点，曾著文称为“龙纹骨笄”）的出土。有学者根据各类遗物在房内分布有一定规律的线索，对新乐先人在室内外的活动作过具体研究，推测为聚落公共场所或首领居住之地，也兼具制作石器或玉器的作坊。由于这座房址在同时期前后从辽西到东北其他地区同类遗存中几乎是面积最大的一座，表明新乐遗址至少在该类文化中是一个等级较高的中心遗址，这也将沈阳作为东北地区中心城市的历史渊源上溯到史前时期。

当然，作为一处本来完整的原始聚落，虽经多年尽心尽力的抢救，仍留有诸多遗憾。如遗址的确切范围，四周有无这类遗址常见的壕沟，中心部分在哪里，还有新乐文化本身的分期等等，都仍是有待解决的课题。至于新乐文化至今未发现墓葬的线索，查海、兴隆洼等大约同时期同类型遗址普遍有居室葬发现，不知是否可以作为借鉴和参考。

新乐遗址的又一个亮点是遗址博物馆的建立。当时的决策者似乎意识到，在人口密集的大城市中心，能够有一座史前遗址大部分得以保存，这在全国特大城市中几乎是唯一的。为此在遗址的发掘工作告一段落的20世纪80年代初，就开始了遗址博物馆的筹建。当时设计的博物馆在建筑上也颇具特色，曾被列入1993年出版的中国大百科全书的《文物博物馆卷》，后又于90年代初，借鉴刚刚引进的日本建设史迹公园的经验和作法，将遗址区的部分房址、包括最大的第二号房址加以复原，已初具考古遗址公园规模，使新乐遗址成为继半坡博物馆之后，80年代以来在全国最早建成的遗址博物馆和考古遗址公园。1986年全国第六次考古年会在沈阳召开期间，苏秉琦先生曾到馆参观，印象深刻，当时题辞：“有特点，有水平”。后仍念念不忘，将其与沈阳城市发展史联系起来，对沈阳市历届领导提出的新乐遗址体现了“城市的个性”，以新乐遗址作为“市标”的认识和作法，很为赞赏。苏先生并将七千年前的新乐文化与三百年前以沈阳故宫及清帝陵为代表的早期清政权，誉为沈阳市的“两宝”，以为“它们凝聚着这一方古人精神文明和物质文明的结晶，深入一层讲，一是它鲜明的个性；二是它一往无前的开拓精神。它们对这个城市的发展，是至为宝贵的。”

无疑，新乐遗址是沈阳市不可多得的珍贵文化遗产。是沈阳市一张靓丽的名片。如在现有基础上有进一步规划建设，将会对沈阳的文化建设和对外开放，起到意想不到的推动作用。我们期待，随着《新乐遗址发掘报告》的出版，这一愿望会早日实现。

2018年11月20日

于海南省东方市汇艺蓝海湾

目　录

（上）

（下）

插图目录

插表目录

彩版目录

第一章　概述

第一节　地理环境与位置

新乐遗址位于沈阳市皇姑区，黄河北大街以西，原属于洪区北陵乡砂河子大队，现为皇姑区北陵街道办事处管辖（图 1-1）。沈阳市区北部有一条自东向西宛转曲折的黄土台地，其由东陵丘陵起，经东山嘴子、望花、北陵、新乐、塔湾，西至丁香屯大转湾，这条黄土台地东高西低。台地的南侧，由东陵陵寝前的月牙湖起，经过沈阳市区，至大转湾西部，多是砾砂堆积形成的河床地带，这是浑河古河道流经形成所至。新乐遗址依浑河古河道右岸第一台地之上，这里高程为 49.6 米，相对高度

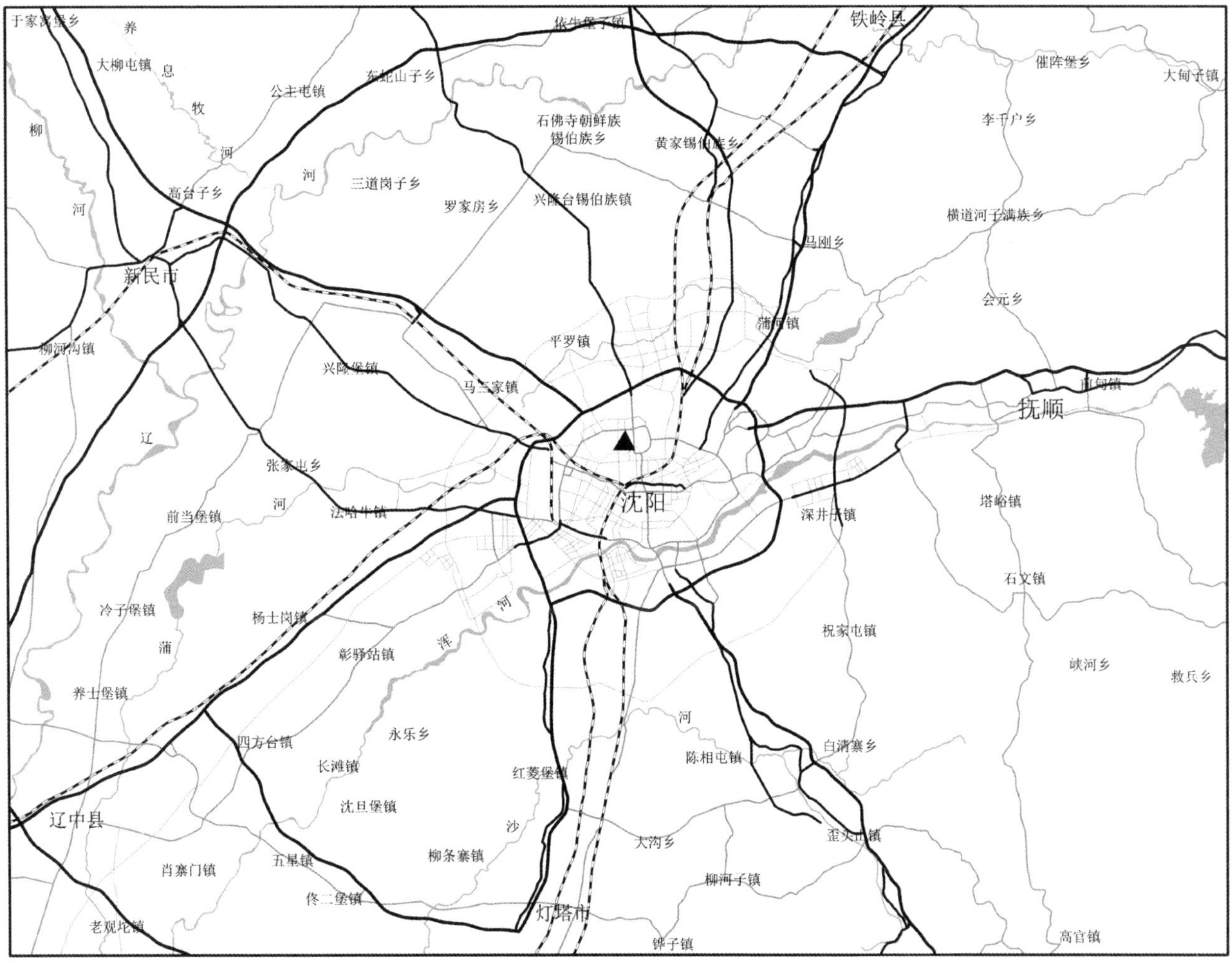

图 1-1　新乐遗址地理位置示意图

5～10米。台地南面现有沈浦灌区总干渠是近代开凿，又称新开河，现称北运河，新开河利用了浑河故道。在浑河故道右岸，分布有许多古代遗址，新乐遗址是诸多遗址之一，并经过多次考古发掘，已于1987建成遗址博物馆。

新乐遗址发现之初，已处于诸多单位的办公区、住宅区之内。由东至西分别有友谊宾馆、航天部〇六单位、沈飞职工宿舍、北陵乡政府、辽宁省地质局住宅楼、辽宁省医药公司住宅楼、沈阳军区干休所、四四六部队等机关单位。遗址大部分已被地上建筑物所覆盖，在遗址南侧因早年取土，形成断崖。地下遗迹也因近现代建筑、地下管网等工程及居民挖菜窖遭至不同程度破坏。

经多次配合遗址区内基建单位各类工程的勘探、发掘，已知遗址分布其东部在黄河大街东侧的辽宁友谊宾馆院内，西至长江北街东侧，北至省医药公司住宅楼，南至龙山路，东西长约800、南北宽约220米，面积约176000平方米。遗址内发现有新乐文化、偏堡文化、新乐上层文化、郑家洼子文化类型、战、汉、辽代、清代不同历史时期的遗迹遗物。

新乐文化和新乐上层文化是在新乐遗址发现并命名的两个考古学文化，分别代表了沈阳地区新石器时代和青铜时代文化，特别是新乐文化，距今已有7200多年，现已发现有大、中、小形式不同的半地穴居住址50座，分布有序，遗物丰富，文化面貌独特，在新石器时代考古文化中占有重要地位。

1982年沈阳市人民政府将新乐遗址公布为市级重点文物保护单位，1988年又被辽宁省政府公布为省级重点文物保护单位，2001年公布为国家级重点文物保护单位（彩版一，1、2）。

第二节 新乐遗址发现与发掘

一 发现与调查

新乐遗址是由孟方平先生首先发现的，孟先生博学，对中国历史与考古特别爱好，20世纪60年代已是辽宁省“博物馆之友”会员，对文物保护有较高认识。其工作单位所在新乐遗址之内的于洪区北陵乡政府。

1972年秋，北陵乡政府在院内建房，在挖地基的沟槽内出土了几片带有纹饰的陶片，孟先生视而无识。其先至辽宁省博物馆问教，相关部门人员告之，北陵乡隶属沈阳市管辖，这一发现应首先向沈阳市文物管理部门报告。孟先生立即转至沈阳市文物管理办公室（沈阳故宫考古部）报告发现情况。经考古部于崇源先生观察，是沈阳地区从未见过的古代遗物，并委托孟老，如再有这类遗物发现，定要及时告之。

1972年冬至1973年春，孟老踏遍了全乡及新乐邻近地区，在新乐电工厂（119厂）宿舍院内的旧房基的土层中，火石厂及军区医学研究所院内等地区，发现了多处古文化遗存，并把采集的遗物向沈阳市文管办公室作了全面汇报。为进一步查清孟先生所发现这些遗址的性质，由曲瑞琦、于崇源领队，刘伟、王菊耳、周阳生、林荣贵同志等参加，组成了北陵地区考查队，对孟先生提供的遗址地点复查（图1-2）。其中在新乐宿舍院内、446部队和火石厂三处东西相连的地点有重要发现。遗址都处在黄土台地的第一台地上，在调查到新乐宿舍院内的十八间房时，孟老介绍说，在一处建筑西侧，有一处被拆除的旧仓房，在地基最深处的土层里还发现过“煤”，后经验证，属于煤精。经对这处地层剖面分析，这里有堆积较厚的文化层，并确定这里为考古试掘地点。

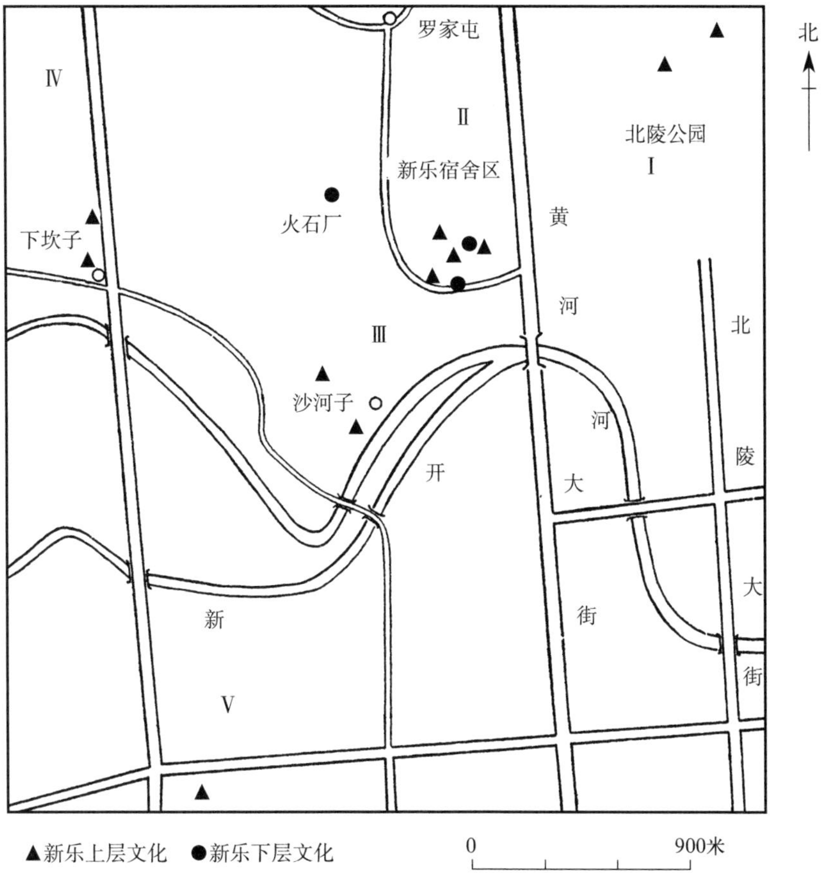

图 1-2　北陵附近地区新乐遗址分布图

二　试掘与发掘

（一）试掘

为了解地层关系及文化内涵，1973 年以十八间房西侧已被拆除的建筑地基坑为基点，开探沟两条，编号 73Tl、73T2，在 73T2 内发现有近 2 米厚的文化堆积，在最底部发现火塘遗迹，表明在这有居住址。又在基点探沟的西侧开 5 米 ×5 米的探方 7 个（A1 ～ A7）。在 A1 与 A3 的下层发现属于新乐文化的房址遗迹 1 处（编号 F1），为查清房址南部的边线，又向南开 5 米 ×5 米探方 2 个（A8、A9）。在 A7、A9 内发现灶址两处，但没有发现房址。在 73T2、73A3、73A5 共发现灰坑 3 个，编号 73T2H2、73A1H1、73A5H1，试掘面积近 300 平方米。

经过本次试掘，确立了沈阳地区史前有新乐和新乐文化和新乐上层两种文化，分别代表了沈阳地区新石器时代和青铜时代，对沈阳地区史前文化的研究具有历史性的突破。

试掘从 1973 年 10 月 15 日至 1974 年 1 月 31 日结束（图 1-3）。

参加发掘的有曲瑞琦、沈长吉、于崇源、周阳生、刘伟、王菊耳、林荣贵等。

（二）F2 发现与清理

1977 年深秋，居住在新乐电工厂宿舍楼的职工，在 1973 年发掘的 1 号（F1）房址西北约 30 多

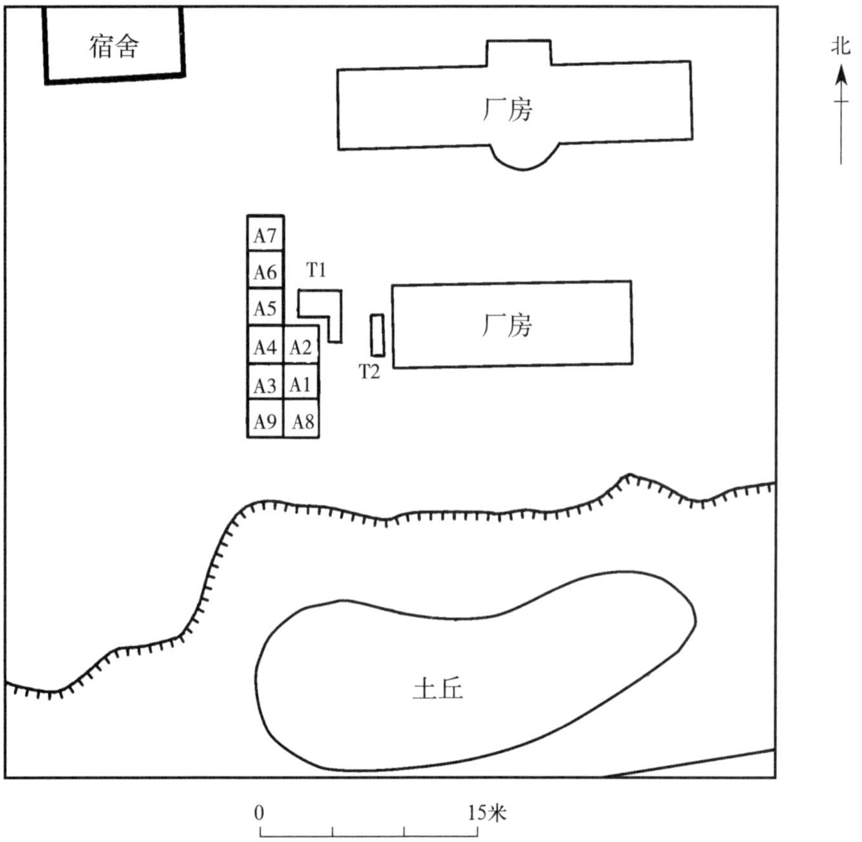

图 1-3　1973 年第一次试掘平面位置图

米处挖菜窖，于距离地表深 1.70 米处发现了石磨盘，随即向文物保护部门做了报告，现场观察到石磨盘下部有很硬的烧土面，因时已入冬，立即采取保护措施。

1978 年春，先以菜窖的北壁为基线，向正北延伸开 5 米 ×5 米探方 2 个，编号 78A10、78A11，在 78A10 与 78A11 之间，发现一条东西向的红烧土烧结面，与房址底部所见一致，延红烧结面的走向扩方。东扩 8.00、南扩 6.00、西扩 2.00 米，发掘面积 165 平方米。清理发掘半地穴式房址 1 座。东西长 11.10、南北宽 8.60 米，总面积约 95.50 平方米。房址编号为 F2（图 1-4）。

发掘清理从 1978 年 5 月 26 日至 11 月 1 日结束。

参加发掘工作的有曲瑞琦、于崇源、周阳生、王菊耳、刘伟、林茂雨、刘焕民、李晓钟等。

（三）抢救清理发掘

F2 房址发现后，文物管理部门更加意识到，在新乐电工厂宿舍区域内特别是 F1、F2 周围一定有类似遗迹，初步确定遗址保护区，要求所在机关、单位、居民不要随意动土，并采用新乐遗址考古发现，印制彩版册页，向所在机关、单位、居民进行发放，进行文物保护宣传。

1980 年 7 月间，〇六单位在已确定遗址保护区内南侧修建围墙，在遗址区内用推土机推土。使遗址区南侧被破坏，面积达 2100 平方米，有 5 座属于新乐文化的房址遭到严重破坏。这次破坏文物事件，引起司法部门重视，立案并查处相关人员。

1980 年 8 月下旬，在破坏的区域内，布东西向 10 米 ×10 米探方 9 个，编号 80T1 ～ T9，在

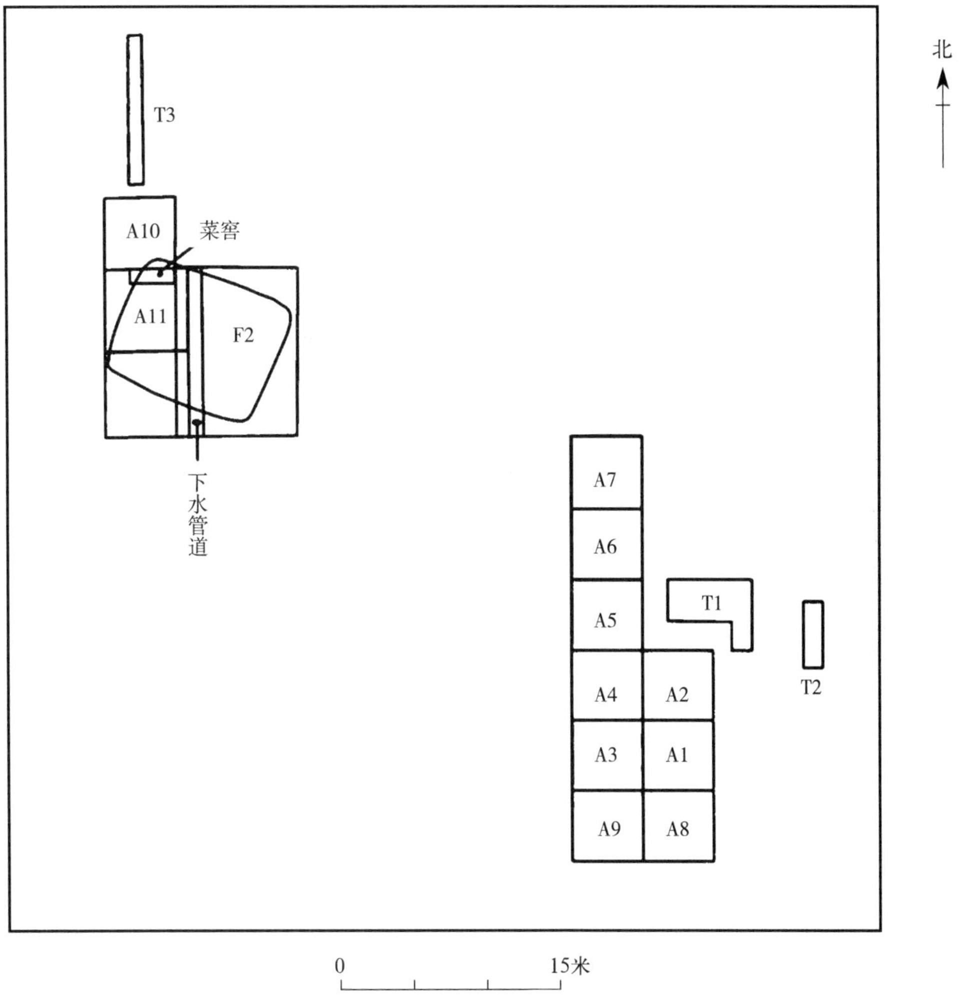

图 1-4　F2 房址发掘平面位置图

十八间房西山墙外布 13 米 ×3 米的探沟一条，编号 80TG1。

1982 年 5 月上旬，又布南北向 10 米 ×10 米探方 5 个，编号 82T10 ～ T14。抢救清理面积 1340 平方米。

本次抢救清理发现属于新乐文化的房址遗迹 13 处，清理了 F3 ～ F6、局部清理了 F15。在 80TG1 发现 1 座房址，编号为 F8，仅对 80TG1 内遗迹局部进行了清理。F15 位于遗址南部断崖处，房址仅存北侧半部，活动面出土遗物多为残碎陶片。1991 年发掘时将 F15 排除了房址编号，现编号为 F29。

特别是在 80TG1 地层堆积内，发现了新乐文化与新乐上层文化之间的偏堡文化地层堆积，为确立沈阳地区考古学文化序列编年提出地层关系依据（图 1-5）。

参加清理发掘的有曲瑞琦、于崇源、沈长吉、周阳生、邹小平、刘焕民、林茂雨、王菊耳、唐裕菊、周延忠、李晓钟等。

（四）配合基建勘探与发掘

1982 年 7 月，新乐遗址被公布为市级文物保护单位，根据 1980 抢救清理发现的房址遗迹分布和

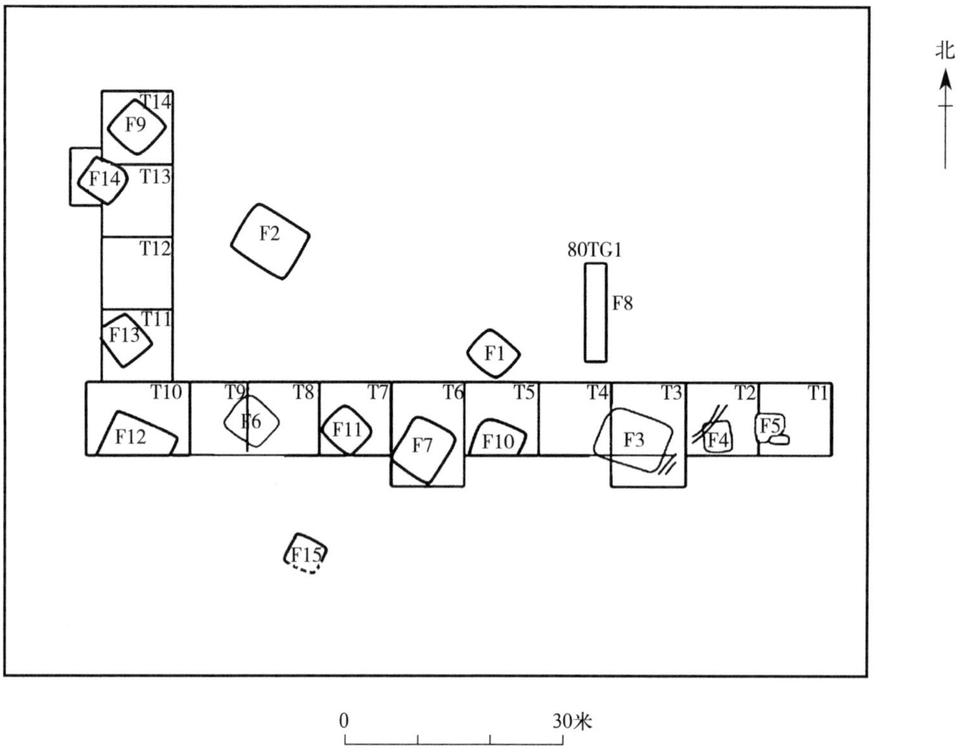

图 1-5 1980 ~ 1982 年抢救发掘平面位置示意图

现代地上建筑分布状况，划定了重点保护区和一般保护区，确定了保护范围。重点保护区东起〇六单位住宅区西墙外，西至北陵乡政府东墙外，南侧由龙山路北至一一九工厂宿舍北院墙外。重点保护区两侧分别为一般保护区，要求重点保护区内所在单位不许动土。保护区和保护范围内的机关单位，有相关生产、生活需求，明知地下有古代历史文化遗存，也难以做到不动土。为贯彻“两重两利”的原则，配合保护区内机关单位二十余项基本建设工程，先后对十几万平方米基建工程进行调查、勘探与发掘。发现了新乐文化的房址 16 座，壕沟 1 条。新乐上层文化墓葬 7 座，灰坑 6 个，灰沟 2 条，经过大范围的调查、勘探，明确了新乐遗址的分布范围和文化内涵（图 1-6、7）。

由于保护区的确定，使新乐遗址在区分上出现了重点保护区、东西两侧一般保护区、保护范围三个区域。又因发掘工作间断，发掘人员变更，前期发掘资料不详，继而出现以不同区域、单位为遗迹编号的情况。

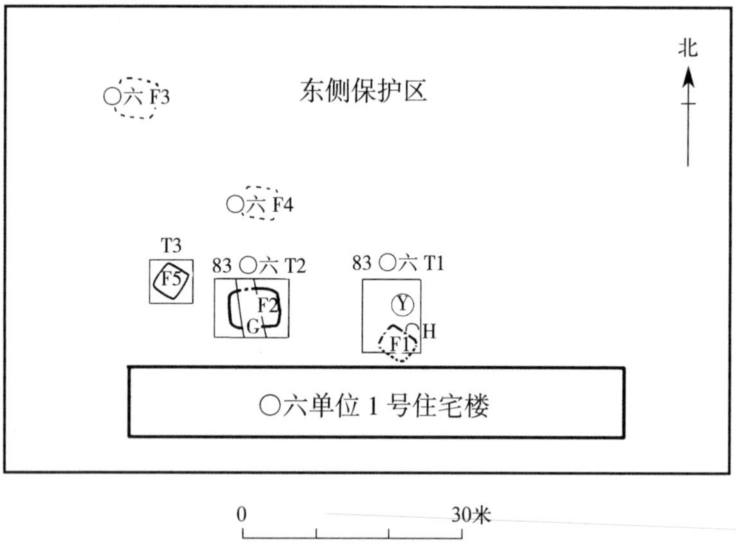

图 1-6 〇六房址分布位置图

1. 西区清理发掘

（1）1980 年 10 月，北陵乡车库工程，发现新乐文化房址 1 座，现编号 CDF10。因破坏严重，仅局部清理。参

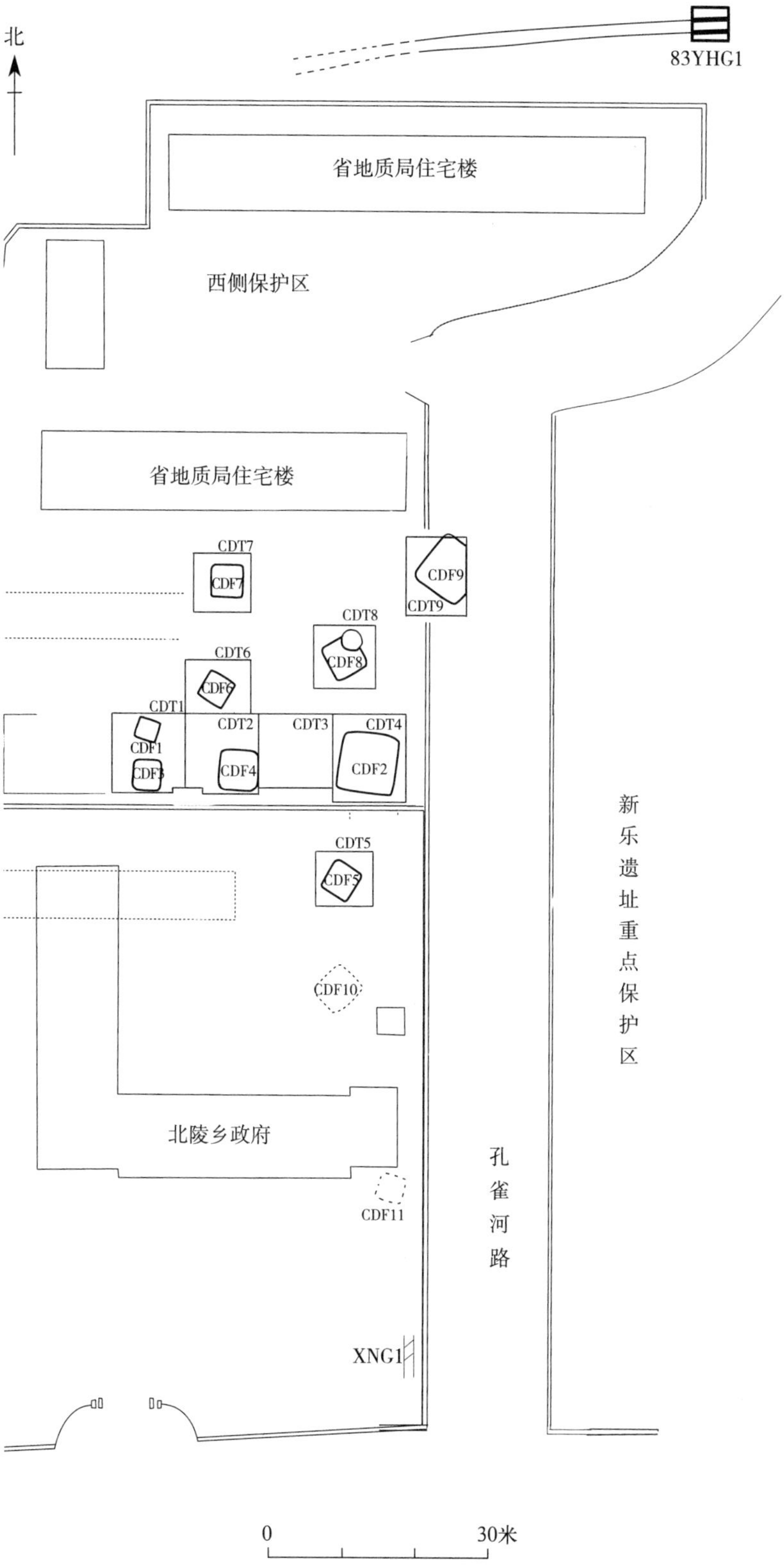

图 1-7　CDT 方编号房址号位置图

加发掘工作的有周阳生、刘焕民、周延忠、李晓钟。

（2）1983 年省地质局 1 号住宅楼工程，布 10 米 ×10 米探方 4 个，编号 CDT1 ～ T4，发掘面积 400 平方米，清理新乐文化房址 4 处，编号为 CDF1 ～ F4。新乐上层文化灰沟 1 段，灰坑 3 个。参加发掘工作的有李晓钟、于崇源等。

（3）1983 年省医药公司住宅楼配套工程，勘探面积 200 平方米，清理壕沟 1 段，编号 83YHG1。

（4）1983 年军研所新建教学楼工程，勘探面积 450 平方米，发现战国汉代烽燧址一座，灰坑 1 个。

（5）1988 年省地质局住宅楼管网工程、于洪区北陵乡水暖工程，勘探面积 250 平方米，先后布 5 米 ×5 米探方 5 个，编 CDT5 ～ T9，发掘清理新乐文化房址遗迹 5 座，编号分别为 CDF5 ～ F9，清理新乐上层文化灰坑 1 个。参加发掘人员有安万明、周阳生、刘焕民、周延忠、唐裕菊、林茂雨、张洁萍、李晓钟。

（6）1988 年新乐遗址暖气沟工程，勘探面积 50 平方米，发现新乐文化房址 1 座，编号 88CDF11，局部进行清理。新乐上层灰沟 1 条，编号 BLSG1。

2. 东区清理发掘

（1）1983 年〇六单位一号住宅楼上下水管网工程

布探方 2 个，探方编为 83 〇六 T1、83 〇六 T2。83 〇六 T1 为 8 米 ×10 米、83 〇六 T2 为 8 米 ×10 米，发掘面积 160 平方米，共发现清理新乐文化房址 2 座，编号为 83 〇六 F1、F2。同时还发现清理战国时期灰坑 1 个，编号 83 〇六 T1H1。灰沟 1 条，编号 83 〇六 T2G1。清代砖窑 1 座，编号 83 〇六 T1Y1。瓮棺 1 座，编号 83 〇六 CGM1。参加 F2 发掘人员有李晓钟、曲林等。

（2）1983 年〇六单位库区工程

发掘区分南、北两区（图 1-8；彩版二，1）。北区布 10 米 ×10 米探方，编号为 83 〇六 KBT1 ～ T6。南区布 25 米 ×1.5 米深沟 3 条，20 米 ×10 米深沟 10 条，编号 83 〇六 KNT1 ～ T9。发掘清理新乐上层文化墓葬 4 座，灰坑 9 个，圆形烧土圈 3 处，祭祀坑 1 处。

（3）1988 年〇六单位水暖工程和车库工程

布探方 3 个，发掘清理新乐下层文化房址 3 座，编号为 88 〇六 F3 ～ F5。因 88 〇六 F3、F4 受发掘条件限制，无法清理。同时还清理瓮棺 1 座，编号为 88 〇六 T3M1。煤气管道工程编号 87 〇六 MG。先后参加发掘人员有王菊耳、林茂雨、周延忠、唐玉菊、刘长江、张绍文、李晓钟同志等。

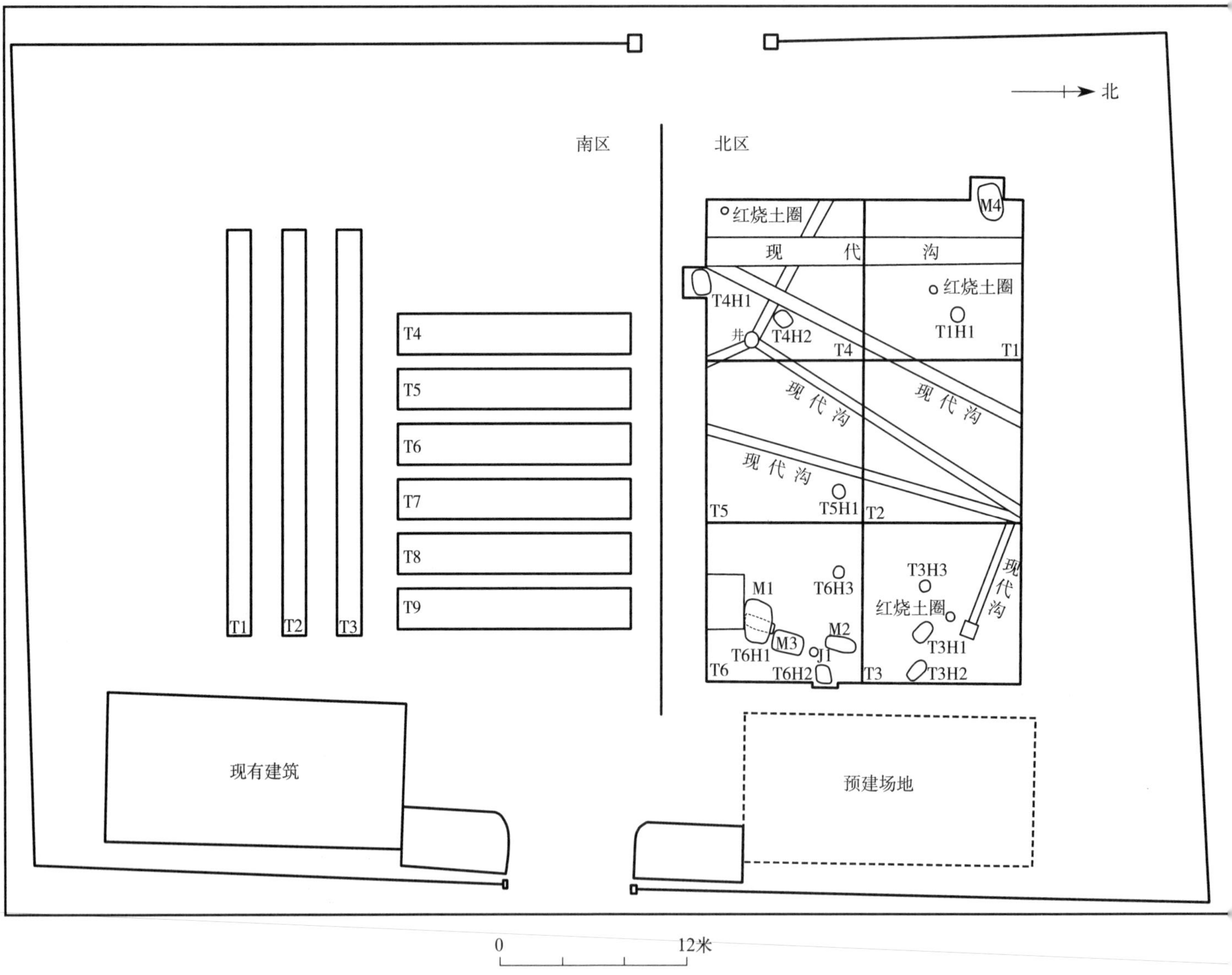

图 1-8 〇六单位库区发掘平面位置图

（五）1991～1993年重点保护区考古发掘

为发挥遗址博物馆在精神文明建设中的作用，深入新乐遗址考古学文化研究，经国家文物局批准，对新乐遗址内进行正式考古发掘。本次发掘以省考古研究所为考古领队单位，由沈阳市文物考古工作队和新乐遗址博物馆组成联合考古队。

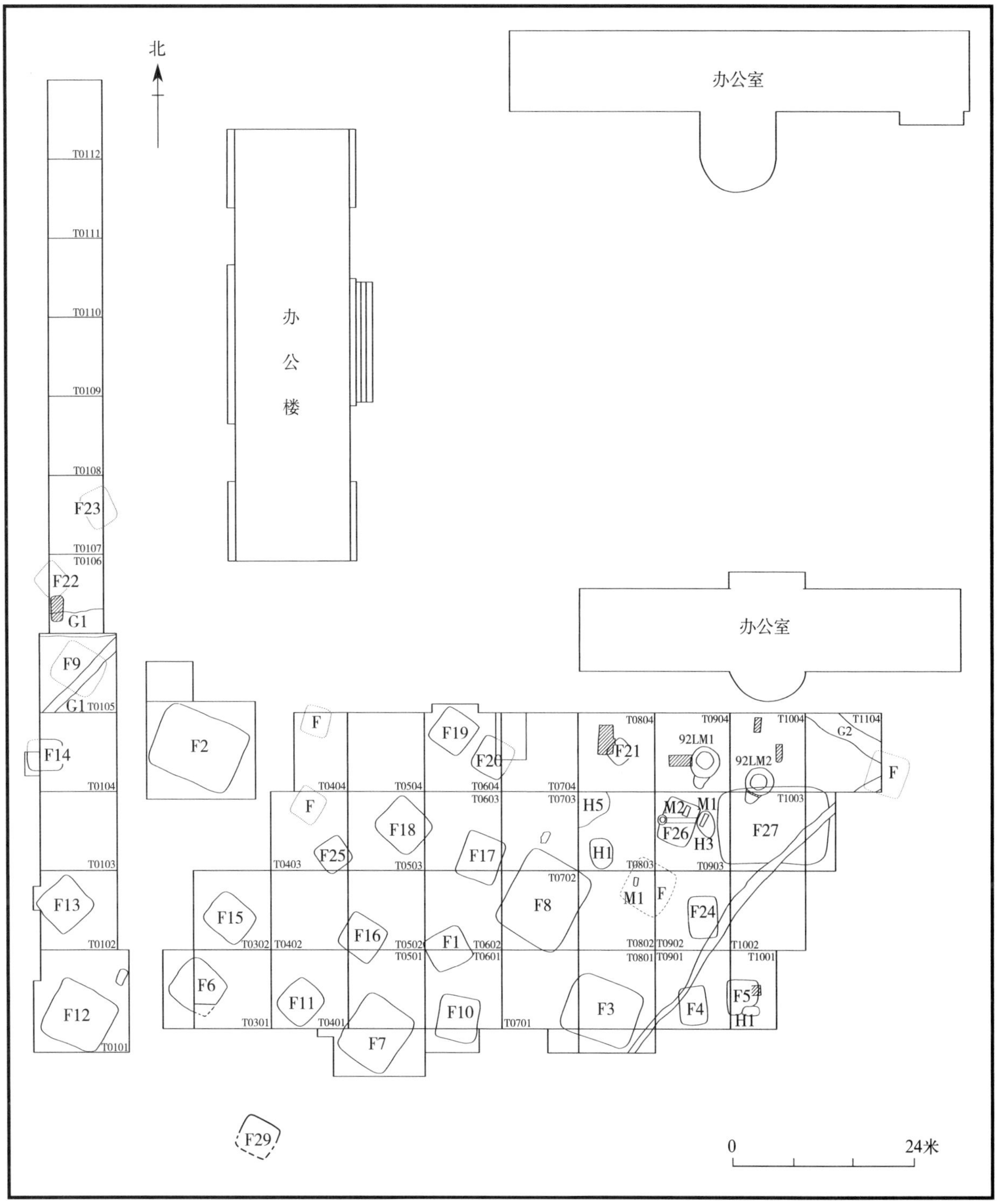

图1-9　遗址重点保护区发掘平面位置图

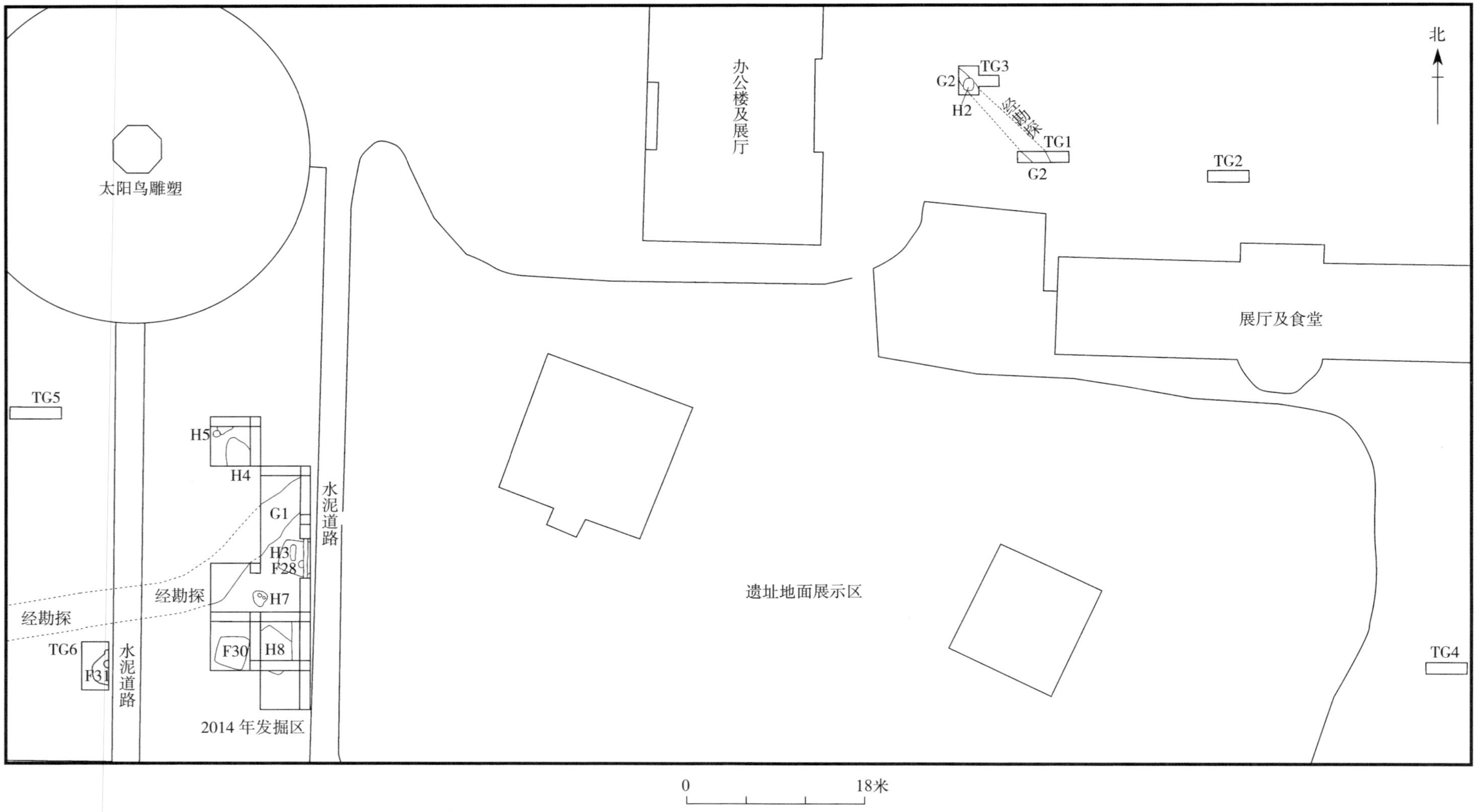

图 1-10　2014 年发掘平面图

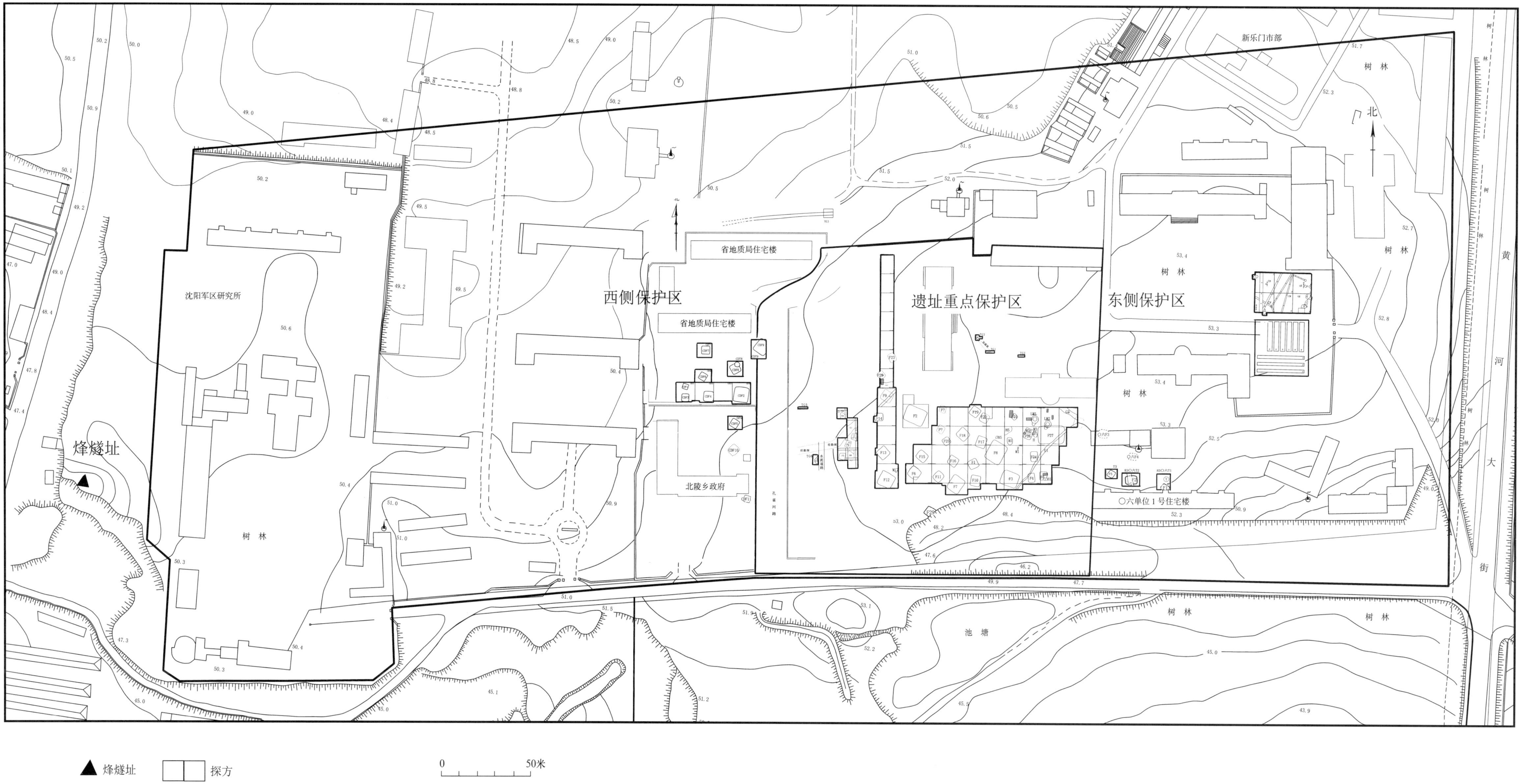

图 1–11　新乐遗址发掘总平面图

根据新乐遗址现状和历年发掘所涉及地区情况，以 1980 年发掘西南角为基点，向东探方编号为 T0101 ～ T1101、向北编号为 T0101 ～ T0112，布 10 米 ×10 米探方 46 个，10 米 ×7 米探方 6 个，发掘面积计为 5020 平方米（彩版二，2、三，1）。其中 T0101 ～ T1101 属于 1980 年抢救发掘的范围，属于复查。

本次发掘清理属于新乐文化房址 18 座，房址编号分别为 F7、F8、F10、F11、F12、F13、F14、F15、F16、F17、F18、F19、F20、F21、F24、F25、F26、F27。

新乐上层文化发掘墓葬 6 座，其中 2 座无随葬品。新乐上层文化灰坑 43 个，灰沟 3 条。辽墓砖室墓葬 2 座，清代墓葬 1 座。发掘面积 5000 平方米（图 1-9）。

考古领队先后由孙守道、万欣、李新全担任。沈阳市文物考古工作队参加发掘人员有张连兴、佡俊岩、刘长江、唐裕菊、孙平、李威、于文江、滕波、李晓钟等。新乐遗址博物馆参加发掘人员有周阳生、郝立权、刘翠红、刘艳华、刘玉华、韩彦、于婧、田丽琴、何斌、高健等全馆人员。

（六）2014 年地层堆积考古勘察

2014 年 7 ～ 10 月，针对地层堆积进行的考古勘察，发掘面积 200 平方米（彩版三，2）。发掘新乐文化房址 2 座，编号 F28、F30。新乐上层文化房址 1 座，编号 F31。灰坑 4 个，编号 14H1 ～ H4。灰沟 2 条，编号 14G1、G2（图 1-10）。

（七）小结

新乐遗址自 1972 年发现以来，经数年的调查、勘查、抢救发掘及正式发掘，总计发现新乐文化房址 50 座，清理发掘的房址 38 座（表 1-1、2）。其中重点保护区内发现房址 33 座，经发掘清理的房址 26 座，局部清理 2 座（F9、F29）。因受发掘时间限制，已经发现有编号而未能清理的房址 2 座（F22、F23），另有经确认是房址而未编号的房址 4 座。西区发现房址 11 座，经发掘清理的房址 9 座，局部清理 2 座（CDF10、CDF11）。东区发现房址 5 座，清理 3 座，局部清理 2 座（图 1-11）。

在地层堆积较厚房内堆积层中，还发现有偏堡文化地层叠压关系。

新乐上层文化在遗址内普遍有这一时期的文化层，发现清理新乐上层文化房址 1 座。还有灰坑、墓葬等（表 1-3、4）。郑家洼子文化类型遗物、战国时期遗迹、遗物，所见较少。辽代有墓葬于此地，清初有砖窑在此烧砖，清代有墓葬于此。

新乐遗址是以新乐文化为主要遗存的新石器时代聚落遗址，仅新乐文化房址遗迹分布范围东西长约 330、南北宽约 130 米。目前发现的房址平面分布状况，比对遗址内尚未进行发掘的区域，还有一定数量的房址。

表 1-1 新乐遗址房址登记表（清理）

序号	编号	位 置	开口层位	房址形制	房址尺寸（米）			出土遗物（件）	时 代
					南北	东西	深		
1	F1	T0601、T0602 之间	第②层下	圆角长方形半地穴式	5.20	5.70	0.45	石器 232、玉器 1、陶器 30、煤精制品 25、果核 5	新乐下层
2	F2	T0104、T0404 之间	第②层下	圆角长方形半地穴式	8.60	11.10	0.60	石器 417、玉器 17、陶器 38、骨器 20、煤精制品 20、木雕 1、石墨 3、赤铁矿石 6、炭化谷物及果核	新乐下层
3	F3	T0701、T0801 之间	第②层下	圆角长方形半地穴式	7.70	9.40	0.40 ～ 0.70	石器 158、玉器 1、陶器 24、煤精制品 36、果核 1、石墨 2、赤铁矿石 1	新乐下层
4	F4	T0901 南部	第②层下	圆角长方形半地穴式	4.70	3.65	0.10 ～ 0.20	石器 13、陶器 2、煤精制品 2	新乐下层
5	F5	T1001 中部	第②层下	圆角长方形半地穴式	3.20	4.00	0.40	石器 54、陶器 23、煤精制品 5	新乐下层
6	F6	T0301 西部	第②层下	圆角长方形半地穴式	6.55	6.87	0.60	石器 89、陶器 13、煤精制品 11	新乐下层
7	F7	T0501 南部	第②层下	圆角长方形半地穴式	8.40	7.60	0.50	石器 73、陶器 18、煤精制品 14、赤铁矿石 1	新乐下层
8	F8	T0702 及周边	第②层下	圆角方形半地穴式	10.66	9.92	0.60	石器 121、玉器 3、陶器 25、煤精制品 25、石墨 1、赤铁矿石 1	新乐下层
9	F10	T0601 南部	第②层下	圆角方形半地穴式	5.68	5.27	0.20	石器 35、陶器 1、煤精制品 5	新乐下层
10	F11	T0401 内	第②层下	圆角方形半地穴式	5.10	4.70	0.30 ～ 0.60	石器 31、陶器 1、煤精制品 4	新乐下层
11	F12	T0101 内	第②层下	圆角方形半地穴式	7.30	8.06	0.62	石器 202、玉器 2、陶器 24、煤精制品 20、滑石饰件 1、石墨 1、河卵石 13、石片 8、石块 2	新乐下层
12	F13	T0102 内	第②层下	圆角方形半地穴式	5.67	5.80	0.67	石器 123、陶器 41、煤精制品 26、石墨 1、赤铁矿石 1	新乐下层
13	F14	T0104 西部	第②层下	圆角长方形半地穴式	3.80	4.60	0.56	石器 59、陶器 10、煤精制品 12、石料 1	新乐下层
14	F15	T0302 内	第②层下	圆角长方形半地穴式	5.00	5.66	0.72	石器 166、玉器 2、陶器 50、煤精制品 20、石墨 1、赤铁矿石 1	新乐下层
15	F16	T0502 西南部	第②层下	圆角方形半地穴式	4.80	5.20	0.40	石器 73、陶器 7、煤精制品 7	新乐下层
16	F17	T0603 东南部	第②层下	圆角长方形半地穴式	5.80	5.00	0.50	石器 9、陶器 3、煤精制品 1	新乐下层
17	F18	T0503 东部	第②层下	圆角方形半地穴式	5.60	5.80	0.68	石器 78、陶器 11、煤精制品 3	新乐下层
18	F19	T0604 北部	第②层下	圆角方形半地穴式	4.90	4.80	0.50	石器 52、陶器 19、煤精制品 16、炭化果核 1	新乐下层
19	F20	T0604 东部	第②层下	圆角方形半地穴式	4.65	4.60	0.52	石器 31、陶器 4、煤精制品 1	新乐下层
20	F21	T0804 中部	第②层下	圆角方形半地穴式	2.90	2.90	0.31	石器 16、陶器 10、煤精制品 3	新乐下层

序号	编号	位置	开口层位	房址形制	房址尺寸（米）			出土遗物（件）	时代
					南北	东西	深		
21	F24	T0902 东南部	第②层下	圆角长方形半地穴式	5.40	3.90	0.50	石器 59、陶器 13、煤精制品 1	新乐下层
22	F25	T0403 东南部	第②层下	圆角方形半地穴式	4.00	3.80	0.20	石器 28、陶器 4、煤精制品 4	新乐下层
23	F26	T0903 西北部	第②层下	圆角长方形半地穴式	5.60	4.50	0.16	石器 26、陶器 1	新乐下层
24	F27	T1003 及周边	第②层下	圆角长方形半地穴式	9.50	14.77	0.74	石器 65、陶器 9、	新乐下层
25	F28	TN10E08 东部	第② b 层下	圆角长方形半地穴式	3.60	3.30	0.50	石器 30、玉器 1、陶器 7、煤精制品 7	新乐下层
26	F30	TN08E07 南部	第② b 层下	圆角梯形半地穴式	3.40	3.10	0.30 ～ 0.40	石器 10、陶器 2、煤精制品 2	新乐下层
27	F31	14TG6 内	② a 层下	圆角长方形半地穴式	3.64	1.68	0.54	石器 4、玉器 1、陶器 15	新乐上层
28	CDF1	CDT1 北侧	第②层下	圆角方形半地穴式	3.30	3.20	0.47	石器 13、陶器 1、煤精制品 1	新乐下层
29	CDF2	CDT2 南部	第②层下	圆角方形半地穴式	6.30	6.20	0.85	石器 42、玉器 1、陶器 12、煤精制品 3	新乐下层
30	CDF3	CDT1 南侧	第②层下	圆角长方形半地穴式	3.80	3.20	0.40	石器 7、陶器 1	新乐下层
31	CDF4	CDT2 东南	第②层下	圆角长方形半地穴式	5.00	5.80	0.50	石器 22、陶器 16、煤精制品 2	新乐下层
32	CDF5	CDT5 中部	第②层下	圆角方形半地穴式	2.90	3.00	0.24	石器 12、陶器 1	新乐下层
33	CDF6	CDT6 南侧	第②层下	圆角长方形半地穴式	3.60	4.00	0.40	石器 21、陶器 8	新乐下层
34	CDF7	CDT7 内	第②层下	圆角方形半地穴式	2.70	2.90	0.55	石器 16、陶器 6	新乐下层
35	CDF8	CDT8 内	第②层下	圆角方形半地穴式	3.60	3.50	0.31	石器 19、陶器 4	新乐下层
36	CDF9	CDT9 内	第②层下	圆角方形半地穴式	4.30	4.20	0.56	石器 33、陶器 13、煤精制品 4	新乐下层
37	○六 F1	○六 T1 南部	表土层下	圆角方形半地穴式	3.68	6.38	0.30	石器 6、陶器 5	新乐下层
38	○六 F2	○六 T2 内	表土	圆角长方形半地穴式	6.30	8.20	0.58	石器 70、陶器 25、煤精制品 19	新乐下层
39	○六 F5	○六 T3 内	表土	圆角长方形半地穴式	3.60	4.50	0.50	石器 10、玉器 2、陶器 13、煤精制品 4、赤铁矿石 1	新乐下层

注：清理新乐文化房址 38 座。新乐上层文化房址 1 座，编号 GF31。

表 1–2 新乐遗址局部清理房址登记表

序号	编 号	位 置	开 口	形 制	备 注
1	F9	T0105	第②层下	半地穴式	1980 年冬季居民挖菜窖时发现，菜窖底部打破房址
2	F23	T0107	第②层下	半地穴式	1993 年发现，已确认房址开口层位
3	F22	T0106	第②层下	半地穴式	1993 年发现，已确认房址开口层位
4	F29	T0301 南侧	第②层下	半地穴式	1980 年发现，局部清理，原编号 F15，与后期房址编号重号，今改号为 F29
5	CDF10	西侧一般保护区	第②层下	半地穴式	1980 年发现，局部清理，出土有磨制石斧 1 件、碎陶片等遗物
6	CDF11	西侧一般保护区	第②层下	半地穴式	1988 年冬季发现，局部清理
7	○六 F3	东侧一般保护区	表土层下	半地穴式	1987 年发现，局部清理
8	○六 F4	东侧一般保护区	表土层下	半地穴式	1987 年发现，局部清理

注：另有 4 座房址因受发掘时间所限，仅在发掘探方内划定房址位置而无编号。

表 1-3 新乐遗址灰坑（沟）登记表

（单位：米）

序号	编 号	位 置	开口层位	形 状	口径	底径	深	出土遗物	时 代	备 注
1	87 〇六 TlHl	87 〇六 T1	②层下	不规则圆形、直壁、圜底	1.95 × 1.35		0.55	敲砸器 2、石片刮削器 4、石叶 1、石斧 1、石刀 1、深腹罐 2、陶钵 1、腹片 1	新乐文化	打破 06F5 房址中部
2	80T1H1	F5 东南角	②层下	圆角长方形、斜壁、平底	2.80 × 1.35		0.18	深腹罐 1、陶罐 2	偏堡文化	
3	73A1H1	73A1 东部	②层下	椭圆形	1.73		0.65	石磨棒 1、陶甑 1、陶碗 1	新乐上层文化	
4	73H2		②层下					石斧 2	新乐上层	无详细记录
5	73A5H1		②层下					石刀 1、鼎足 1、陶壶耳 1	新乐上层	无详细记录
6	〇六 KBT3H2	〇六 KBT3 东南部	①层底部	不规则圆角长方形、凹底	1.40 × 0.75		0.15	石刀 1	新乐上层	
7	〇六 KBT4H1	〇六 KBT4 西部	①层底部	圆角长方形、直壁、平底	1.89 × 1.42		0.40	陶鼎 1、陶纺轮 1、陶罐口沿 1、器底 1	新乐上层	
8	〇六 KBT6H1	〇六 KBT6 东南部	①层底部	不规则圆角长方形、凹底	2.40 × 1.83		0.42	石刃器 1、陶碗 1、陶器口沿 5、器耳 1、器底 6、器足 1	新乐上层	
9	〇六 KBT6H2	〇六 KBT6 东部	①层底部	不规则圆角长方形、凹底	1.10 × 0.91		0.25	陶器口沿 1、器耳 1、器足 1	新乐上层	
10	〇六 KBT6H3	〇六 KBT6 东南部	①层底部	圆形、凹底	0.68		0.22	陶鼎 1	新乐上层	
11	T0703H5	T0703 中部	①层下	不规则圆角长方形	1.60 × 1.05		0.30	陶盏 1	新乐上层	
12	T0803H1	T0803 西南	①层下	不规则多边形、凹底	3.58 × 3.20		0.70	陶罐口沿 1、陶钵口沿 1、器耳 1、器底 2	新乐上层	
13	T0803H5	T0803 西北部		不规则形、凹底	4.30 × 3.20		0.31	器耳 2、器底 2、鼎足 1、鬲足 1	新乐上层	
14	T0903H3	T0903 东部		不规则圆形、凹底	2.90 × 2.30		0.42	器耳 2、甗腰 1、器底 1	新乐上层	
15	14H1	14TG1	①层下	四边形、弧壁、平底	1.60 × 2.40		0.80	石片刮削器 3、石刀 1、器耳 1、鬲足 1	新乐上层	
16	14H2	14TG3	②层下	椭圆形、弧壁、圜底	1.20 × 1.00		0.60	陶壶口沿 1、器耳 1、鬲足 1	新乐上层	
17	14H3	TN10E08 东南部	②层下	椭圆形、弧壁、平底	1.50 × 0.60		0.30	刮削器 1、陶罐腹片 1、	新乐上层	

序号	编 号	位 置	开口层位	形 状	口径	底径	深	出土遗物	时 代	备 注
18	14H4	TN12E07 东南部	②层下	直壁、平底	2.80 × 2.40		0.40	石刀 1、石核 1、陶罐 5、陶壶耳 2、器底 4	新乐上层	
19	83 〇六 T1H1	83 〇六 T1 中部		圆形、凹底	2.30		0.20	陶盆 1、陶盂 1	郑家洼子类型	
20	BLSG1		①层下		宽 1.20		1.50	石刀 1、石矛形器 1、石镞 1、陶器口沿 3、器耳 1、陶纺轮 1	新乐上层	
21	T0105G1	T0105 中部	①层下	长条形、直壁、平底	6.60 × 1.55		0.90	陶器口沿 2、器耳 4、器底 3、器足 2	新乐上层	
22	T0106G1	T0106 南部	①层下	长条形、直壁、平底	7.00 × 2.00		1.30	陶器口沿 2、器耳 4、甗腰 1、器足 4	新乐上层	
23	T0902G1	T0902 东南部	①层下	长条形、弧壁、圜底	4.40 × 1.25		0.95	陶器口沿 1、器耳 1、器底 1、器足 1、网坠 1	新乐上层	
24	T1104G2	T1104 东北部	①层下	长条形、弧壁、平底	7.95 × 1.20		0.65	敲砸器 4、石片刮削器 2、亚腰形石器 1、石磨棒 1、砺石 1、网坠 2、石块 1、陶器口沿 2、腹片 1、甑底 1、器底 5、鼎足 2、鬲足 1、陶纺轮 1	新乐上层	
25	14G1	TN09E07、TN10E08、TN11E08 内均有发现	②层下	长条形、斜壁、圜底	13.20 × 3.50	13.20 × 0.60	1.30	敲砸器 3、刮削器 3、石核 6、石斧 1、石刀 3、砺石 1、石料 3、陶鬲 1、陶罐 2、陶钵 1、陶碗 1、甗腰 2、器腰 1、壶底 3、器耳 3、陶纺轮 2、器足 2	新乐上层	
26	14G2	14TG3	①层下	长条形、弧壁、圜底	2.90 × 1.10		0.70	器耳 1	新乐上层	
27	83 〇六 T2G1	83 〇六 T2 中部	①层下	倒梯形	7.30 × 3.60		0.40	陶釜 2、陶罐 2、陶盘 1、陶豆 1、陶尊 1、陶盆 5、陶支座 1、豆柄 1、器底 1、甑底 1、绳纹陶片 3、圆陶片 1、陶坠 1、铁刀 1	郑家洼子类型	

表 1-4　新乐遗址墓葬登记表

序号	墓号	方向	开口层位	墓圹尺寸（米） 长 × 宽 墓口	墓底	深度	形制	葬具	葬式	随葬品	时代	备注
1	83 ○六 KBT6M1	正北稍偏东	①层下	1.30 × 0.78	1.14 × 0.55	0.42	长方形土坑竖穴	无	侧身屈肢	无	新乐上层	
2	83 ○六 KBT6M2	北偏西 21°	①层下	2.70 × 1.16	1.57 × 0.73	0.34	长方形土坑竖穴	无		陶罐 2、陶纺轮 1	新乐上层	
3	83 ○六 KBT6M3	北偏西 20°	①层下	2.13 × 1.36	1.87 × 1.20	0.48	长方形土坑竖穴	无	侧身屈肢	陶罐 1、陶壶 1	新乐上层	
4	83 ○六 KBT1M4		①层下	2.15 × 1.45	1.36 × 0.60	0.28	长方形土坑竖穴	无	侧身屈肢	陶壶 1	新乐上层	
5	T0101M1		①层下	1.30 × 0.78	1.14 × 0.55	0.42	长方形土坑竖穴	无		陶罐 1	新乐上层	
6	T0301M1									陶壶 1	新乐上层	无详细记录
7	T0802M1			1.30 × 0.50	1.20 × 0.40	0.25	长方形土坑竖穴	无		单耳壶 1	新乐上层	
8	T0903M1			1.50 × 0.62	1.40 × 0.52	0.45	长方形土坑竖穴	无		陶罐 1	新乐上层	
9	T0903M2			1.40 × 0.50	1.30 × 0.42	0.25	长方形土坑竖穴	无	侧身屈肢	陶罐 1、双耳壶 1	新乐上层	
10	20G2M1									双耳壶 1	新乐上层	无详细记录
11	83 ○六 CM1			2.20 × 1.30		0.30	瓮棺	陶瓮		陶瓮 2	新乐上层	
12	83 ○六 CM2						瓮棺	陶瓮			新乐上层	无详细记录
13	92LM1	北 40°		口深 0.70、底深 2.06、东西直径 4.00，南北加墓道 5.60，直径 2.80			圆形单室墓			开元通宝 3、橘黄陶缸 1、鳝鱼黄釉钵 1、白釉大碗 2、黑陶缸 2	辽	墓道在墓葬西南，长条形，上口长 1.70、宽 1.50、深 1.35，下端宽 1.30、底坡长 0.50
14	92LM2	北 40°		口深 0.60、底深 2.15，东西直径 3.85，南北加墓道 5.00，直径 2.70			圆形单室墓			黑釉瓶 1、白釉碗 2、白釉钵 1、白釉碟 1、铭文砖 1	辽	墓门南为墓道，长条形，上口长 1.40、宽 1.20、深 1.30，下端宽 1.25、底坡长 0.45，未被扰乱
15	92M1		①层下	3.70 × 3.00	3.00 × 2.20	1.90	长方形土坑木棺墓	同一墓穴，一椁四棺，其中左一木棺不在椁内，左三棺为儿童棺		玉佩 1、金耳环 2、银耳环 1、鎏金银簪 1、银挂钩 1、银佩 1、银玉佩 1、铜簪 4、铜钱 46	清	位于 T0401 西北部，无线图

第二章　地层堆积与文化遗存

第一节　地层堆积

一　重点保护区地层堆积

重点保护区原属于某院校，除地上原有建筑基础对遗址有破坏之外，地层堆积相对保存较好。

1. 73A1 地层堆积

1973 年新乐遗址试掘中地层堆积分四层，以 73A1 东壁剖面为例（图 2-1）。

第①层：表土层，灰褐土。厚 0.20 ～ 0.50 米。内含近代遗物。

第②层：黑褐色土。厚 0.30 ～ 0.50 米。内含夹砂红褐陶片、磨制石器、打制石器，陶器可辨器形有罐、碗、鼎、甑、甗、陶纺轮等，多素面，属于新乐上层文化堆积。

第③层：黄褐土。厚 0.40 ～ 0.50 米。内含夹砂红褐陶片，多为深腹罐类，多饰有压印之字纹、弦纹。打制石器有敲砸器、石片刮削器、细石器、煤精等（经后期发掘得知，A1 东壁位于 F1 房内堆积上部，③层属于 F1 房址内堆积）。

第③层以下纯净黄土，为生土。

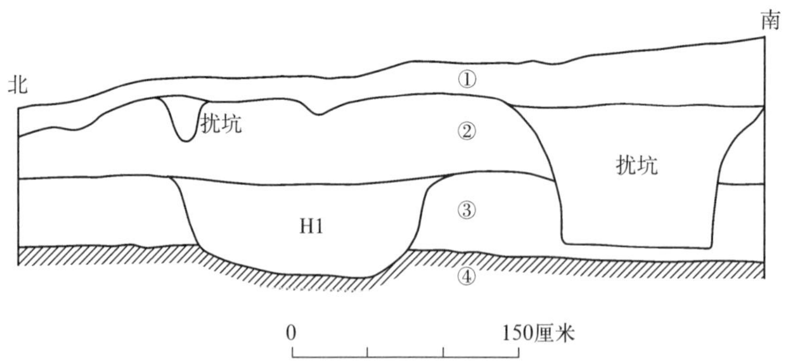

图 2-1　73A1 东壁剖面图

2. 80TG1 地层堆积

以 80TG1 东壁剖面为例（图 2-2）。

第①层：耕土层。厚 0.35 米。内含近、现代遗物。

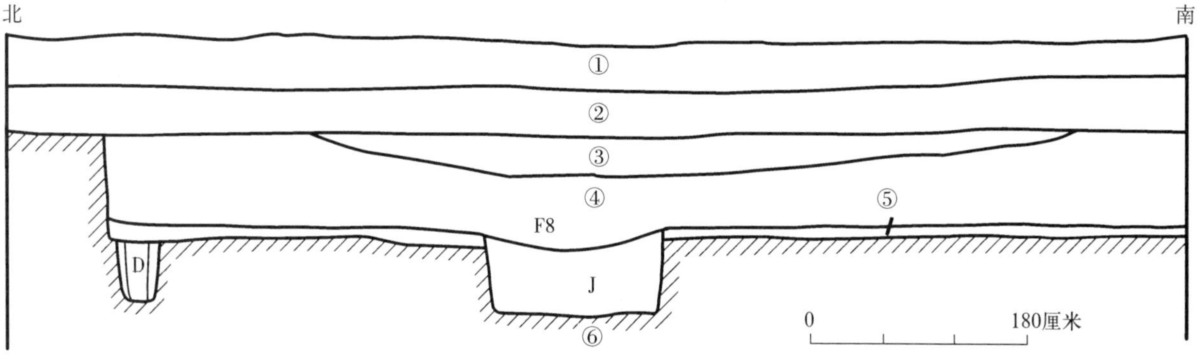

图 2-2　80TG1 东壁剖面图

第②层：褐土，质松软。厚0.40米。内含夹砂素面红陶、红褐陶，可辨器形有鼎、鬲、罐、壶、瓮、钵、碗及纺轮等。还有夹滑石红褐陶，夹砂红陶，纹饰有划纹和附加捏按泥条堆纹等，为新乐上层文化层，F8 开口于本层下。

第③层：棕色土，较密实，呈栗块状。厚 0.05 ～ 0.38 米。内含夹砂红褐陶、夹滑石红褐陶，纹饰有划纹，附加捏按泥条堆纹，可辨器形为大口罐类。还有少量压印之字纹陶，为偏堡文化堆积层。

第④层：黄褐土，较密实。厚 0.60 ～ 0.95 米。内含夹砂红褐陶、石片等，为房址 F8 淤填、堆积。

第⑤层：土色较杂，土质坚硬。厚 0.10 ～ 0.15 米。内含烧土粒、木炭、打制石器、磨制石器、细石器、陶器、煤精制品等，为 F8 活动面堆积。

第⑤层以下纯净黄土，为生土。

二　西区地层堆积

1. CDT1 地层堆积

西侧保护区多为旧住宅改建地域，现代扰动在地层中打破关系较多，以 CDT1 剖面为例（图 2-3）。

第①层：扰土层。厚 0.30 米。内含近、现代残砖、瓷片等遗物。

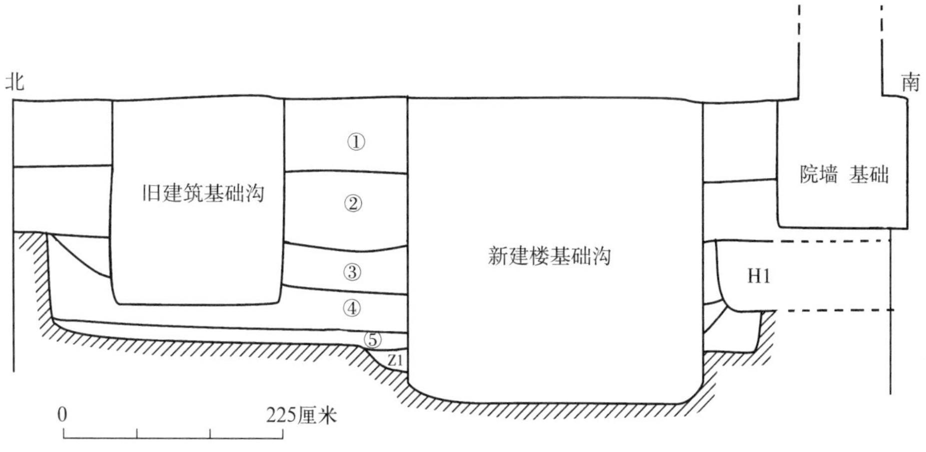

图 2-3　CDT1 地层堆积剖面图

第①层：扰土层。第②层：灰褐色土，新乐上层文化层。第③层：黄褐色土，为 CDF1 淤填堆积。第④层：黄褐色土，为 CDF1 淤填堆积。第⑤层：黄褐色土，为 CDF1 活动面堆积。

第②层：灰褐色土，质松软。厚 0.30 米。内含夹砂素面红陶片、红褐陶片等。为新乐上层文化层，CDF1 开口于本层下。

第③层：黄褐色土，较密实，呈块状。厚 0.50 ~ 0.15 米。为 CDF1 淤填堆积层。

第④层：黄褐色土，较密实。厚 0.30 ~ 0.15 米。内含夹砂红褐陶、石片等，为 CDF1 塌落堆积。

第⑤层：黄褐色土，土色较杂，土质坚硬。厚 0.10 ~ 0.15 米。内含烧土粒、木炭、打制石器、磨制石器、细石器、陶器、煤精制品等，为 CDF1 活动面堆积。

第⑤层以下纯净黄土，为生土。

2. CDT9 地层堆积

CDT9 位于原村农耕路边，没有遭到近现代扰乱，地层堆积保存较好，以 CDT9 东壁剖面为例（图 2-4）。

第①层：耕土层。厚 0.29 米。内含近、现代碎砖、瓷片等遗物。

第②层：灰褐土，质松软。厚 0.33 米。内含夹砂素面红陶、红褐陶片、器足等，为新乐上层文化层。CDF9 开口于本层下，打破生土。

第③层：黄褐色土，较密实，呈块状。厚 0.18 米。为 CDF9 上部淤填堆积层。

第④层：黄褐土，较密实。厚 0.30 ~ 0.15 米。内含夹砂红褐陶片、石片等，为 CDF9 塌落堆积。

第⑤层：黄褐土，色较杂，土质坚硬。厚 0.10 ~ 0.15 米。内含烧土粒、木炭、打制石器、磨制石器、细石器、陶器片、煤精制品等，为 CDF9 活动面堆积。

第⑤层以下纯净黄土，为生土。

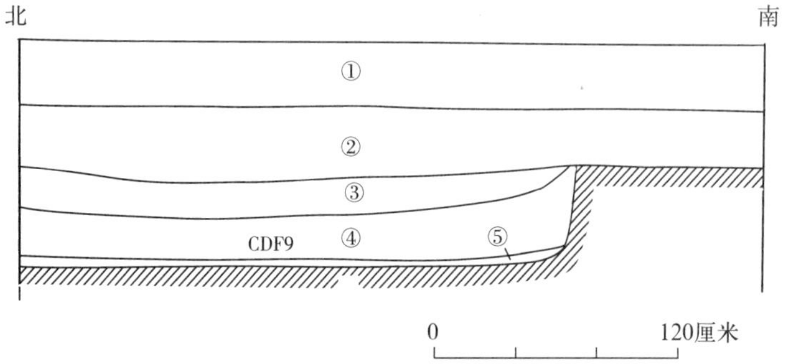

图 2-4　CDT9 东壁地层剖面图

三　东区地层堆积

东侧一般保护区多为旧住宅改建地域，现代扰动在地层中打破关系较多，以 83 〇六 KBT1 西壁地层剖面为例（图 2-5）。

第①层：柏油路面，厚约 0.15 米。

第②层：扰乱层，土质呈黑褐色，厚 0.20 米。内含有近代现代及明清时期的少许遗物。

第③层：呈褐色土层，厚 0.15 ~ 0.35 米。内含有新乐上层遗物，为新乐上层文化层。

第③层以下纯净黄土，为生土。

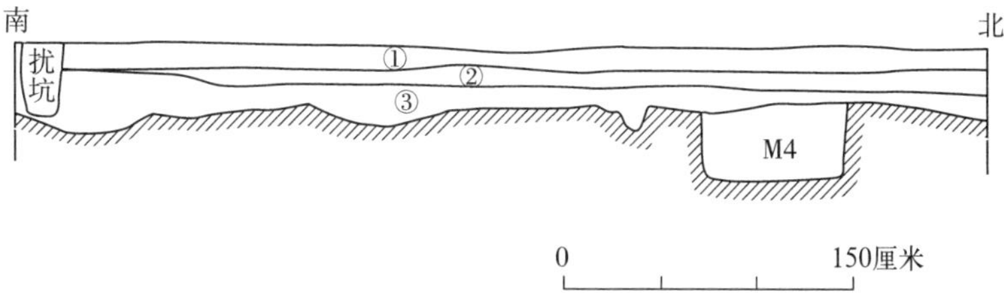

图 2-5 83〇六 KBT1 西壁地层剖面图

第二节 文化遗存

根据遗址内不同地点和区域的地层相互叠压关系，新乐遗址内存在有新乐文化、偏堡文化、新乐上层文化、郑家洼子文化类型遗迹遗物，以及战国时期遗迹遗物、辽代墓葬、清代墓葬等不同时代文化类型和不同历史时期的遗迹与遗物。

一 新乐文化

已知新乐文化遗存主要分布在遗址中部的重点保护区和其东西两侧，其范围东西长约 330、南北宽约 130 米，面积约 42000 平方米。遗址内没有发现这一时期的地层堆积，房址、灰坑等遗迹均开口于第②层堆积之下，打破生土层。目前已发现房址 50 座，房址形制为圆角方形或圆角长方形半地穴式，木框架结构。房址内均发现有灶址，或称火塘，有单灶或多灶。房址面积有大小区分，大型房址 3 座，有 F2、F8、F27，基本位于遗址中部，房址面积均近百平方米。特别是 F27，为圆角长方形半地穴式，东西长 14.77、南北宽 9.50、深 0.74 米，房址面积约 140 平方米。是目前遗址中发现清理的一座最大房址。中型房址分布在大型房址外围，面积约在 40 ～ 60 平方米。小型房址分布在大、中型房址之间，房址的面积多在 10 ～ 25 平方米。目前为止，所发现的房址距离之间或近或远，没发现房址之间有相互叠压、打破遗迹关系。

新乐文化基本面貌是陶器为夹砂红褐陶为主，还有灰黑陶，泥质陶少见。陶质较疏松，火候稍低。陶器制作为泥片接筑法，也有小型器物如陶杯类捏制而成。器形主要以大小形式相近的深腹罐为主，还有大口罐、陶钵、杯、斜口器等。器型规整，表里多有泥浆陶衣，陶器内壁多经压磨。陶器表面多通体饰有纹饰，以压印之字纹和弦纹为常见，还有划压斜线纹、菱形网格纹、编织蓆纹等。陶器口沿处普遍有一至三周凹带，是新乐文化中的一个特点。石器以打制石器为主，材质多选用有硬度的安山岩等类河卵石，器物类型以敲砸器、砍砸器、刮削器、网坠等工具类为常见，器物表面多保留有石皮。细石器占较大比例，材质多为玛瑙、燧石，也选用有一定硬度材质，如安山岩类。器物类型以石叶刮削器为多见，还有尖状器、石镞，石核较罕见。石镞形式有有铤和无铤之分，压琢多由背面向腹面，少见有两面加工。磨制石器有石斧、石磨盘、石磨棒、石镞、沟磨石、砺石、石球等。石磨盘周边多有打琢痕。玉器材质为岫玉，有加工工具和装饰品。煤精制品是新乐遗址中较为独特的文化内涵。此外还有骨器、铁矿石、石墨、炭化谷物、炭化果核和木雕品等。

二 偏堡文化

偏堡文化在遗址区内基本不见文化层堆积。目前仅在80TG1第③层位堆积，于第②层和第④层之间，范围不超出房址平面开口，厚度仅0.05～0.35米。

偏堡文化遗物主要特征是，陶器以夹砂红褐陶为主，还有夹滑石黑褐陶、灰褐陶。器形以大口陶罐、陶壶为常见，钵少见。陶器以泥片接筑法制成，器型规整，火候稍高，陶质较硬。在陶罐口沿处多有折叠重唇，附加泥片叠唇，也有直口罐。陶器表面多饰有纹饰，以附加捏按泥条堆纹为特征，还有划压斜线纹。因偏堡文化陶器的附加泥条堆纹陶器特征，明显区别于新乐文化和新乐上层文化。

1980年抢救清理时，在80T1内发现一处灰坑，编号为80T1H1，因推土机已将上部土层推掉，开口层位不详，灰坑北侧打破F5东南部，南侧打破生土。灰坑内出土有夹滑石黑陶罐、红褐陶，其中大口斜腹红褐陶划纹罐等，与马城子北甸A洞下层出土的直筒罐Ⅱ型，BAT1③:2、BAT1③:13的器型和纹饰接近，可见两地间的文化交流与联系。

三 新乐上层文化

新乐上层文化在遗址中分布范围较大，目前所知，在保护区内均有发现，东西长约480、南北宽约200米。文化层堆积东部已越过黄河大街延至沈阳友谊宾馆范围内。地层堆积在表土、扰土、耕土层之下，层位关系为第②层。土色黑褐，土质稍软，文化层堆积相对为遗址中部稍厚，周边区域堆积较薄，文化层堆积厚0.15～0.50米。发现遗迹有房址、灰坑、灰沟、土坑墓、瓮棺墓等。

文化面貌特征，陶器以夹砂红陶、褐陶为主，陶质较粗糙，含有砂粒和石英粒，泥质陶极少。陶器均为手制，制作方法多以泥片接筑而成。以素面为主。三足器主要器形有鼎、鬲、甗等，还有甑、碗、钵、罐、豆、壶、瓮、纺轮等。在甗腰部和瓮颈部多饰附加一周堆纹，特征最为明显。大量使用桥状耳、瘤状錾耳、盲耳。鼎、鬲、瓮多见较大型器，石器以磨制石器为主，主要器形有石斧、石刀、石镞、石磨棒、棍棒头。打制石器有敲砸器、网坠等。

四 春秋战国时期

1.郑家洼子文化类型

郑家洼子文化类型在遗址区内未见文化层堆积，遗物多发现扰土层和战国期的灰坑、灰沟内。

文化特征为陶器多夹砂褐陶，典型遗物如敛口圆唇或叠尖唇陶罐，半圆环形錾耳、圆柱形陶网坠等。陶器多为素面。还有铁矿石磨制的丁字形剑柄加重器。区别于新乐上层文化和战国时期文化遗物。发现遗物虽不丰富，但又不可不提出这一文化类型在遗址内的存在。

2.战国时期

战国时期在新乐遗址内未见有地层堆积，灰坑、灰沟遗迹开口于第①层下，打破第②层。在遗址西南部，有一处烽燧址，已呈不规则梯形，夯筑，残存高度约 2.10、底宽约 3.50 米。在其周围采集到战国至汉代绳纹瓦、灰黑陶片等遗物。经对烽燧址周围进行发掘，发现这一时期遗迹灰坑和遗物，可证有驻守军队在此地活动。战国、汉代时期，燕长城以列燧的形式出现地辽东，新乐遗址正是处于燕长城列燧沿线之上，除锋燧址外，在遗址内还发现这一时期的灰坑、灰沟等遗迹、遗物。

五　其他遗迹

1. 辽代墓葬

沈阳老城区在辽代为辽沈州所在地，在沈阳市北侧黄土台地上已发现有辽代墓葬多处。在新乐遗址西部约 3 千米处有辽代修建的无垢净光舍利塔。1991 年在新乐遗址发掘中，发现清理 2 座辽代砖室墓葬，应属于辽代家族墓地。

2. 清代墓葬

清代墓葬在遗址内发现多座，清理了其中的 1 座合葬墓。新乐遗址位于清皇太极昭陵西侧，清代在陵寝范围除了寝宫围墙之外，还立有红桩、白桩、青桩之格局，新乐遗址位于白桩与青桩之间。

3. 清代砖窑

清初建造昭陵时需用大量的砖瓦，故在陵寝外侧相邻近的黄土台地上，多建有烧制砖瓦的“马蹄”窑，就地取材，烧砖瓦。如今在地名上尚未可见到的东瓦窑、西瓦窑的地名。新乐遗址内共发现 3 座这一时期的窑址，多为砖窑。

第三章　新乐文化

第一节　概述

一　遗迹

新乐文化的遗迹主要是居住址，目前已发现这一时期的房址共计 50 座，发掘清理了 38 座。灰坑 2 个。遗迹均开口于②层下，打破生土。

房址形制均属于半地穴式，圆角方形或圆角长方形。房址内均发现有柱洞，从柱洞位置而言有“壁柱”、“间柱”、“内柱”之分，在埋立柱子前先挖出柱坑，是普遍方法，以单柱为常见，也有双柱或多柱现象。房址属于木框架结构。

房址内均有灶址，或称火塘，多为单灶，有移灶或改灶的现象。也有多灶的房址。

有的房址内发现窖穴，均开口于房址的居住面，居住面上出土陶器残片多与窖穴内出土陶器残片可吻合也可证实这一点。

目前还没发现房址之间有叠压、打破的遗迹地层关系。

灰坑少见，仅发现一处。

二　遗物

历次发掘出土遗物种类有石器、玉器、陶器、骨器、木雕器、煤精制品、石墨、铁矿石、果核、炭化谷物等。其中遗迹单位出土遗物 3520 件，地层内出土典型新乐文化遗物如压印纹深腹罐、细石器、煤精制品等标本 72 件，共有 3592 件。

新乐文化基本面貌是陶器为夹砂红褐陶为主，还有灰黑陶，泥质陶少见。陶质较疏松，火候稍低。陶器制作为泥片接筑方法，也有小型器物如陶杯类捏制而成。器形主要以大小形式相近的深腹罐为主，还有大口罐、陶钵、杯、斜口器等。器型规整，表里多有泥浆陶衣，陶器内壁多经压磨。陶器表面多通体饰纹饰，以压印之字纹和弦纹为常见，还有划压斜线纹、菱形网格纹、编织蓆纹等。陶器口沿处普遍有一至三周凹带，是新乐文化陶器中的一个特点。

还有玉器，有工具类和装饰品，材质为岫玉。

煤精制品是新乐遗址中较为独特的文化内涵。

此外还有骨器、铁矿石、石墨、炭化谷物、炭化果核和木雕品等。

（一）石器

石器以遗迹单位出土数量为计，共2479件，占遗物总量70.5%。

以打制石器为主，打制石器1015件，占石器总量41.0%。多选用有硬度的安山岩类石材，多保留有石皮，此类石材大部分来源于遗址南侧的浑河床。常见有砍砸器、敲砸器、刮削器、网坠等。其中砍砸器110件，占打制石器10.9%，敲砸器334件，占打制石器33%。石片刮削器455件，占打制石器44.5%。网坠101件，占打制石器10%。还有尖状器、石核、石砧、凿形器、铲形器等，占打制石器1.6%。

细石器856件，占遗物总量24.3%，占石器总量34.6%。材质多为玛瑙、燧石，也选用有一定硬度材质，如安山岩类。制作方法以压琢为主，石叶是制作尖状器、石镞的基础材料，也是刮削、切割工具。以石叶刮削器为多见，尖状器、石镞、石核较罕见。石叶刮削器514件，占细石器60%，尖状器137件，占细石器16%，石镞72件，占细石器8.4%。石叶93件，占细石器10.9%。石片刮削15件，占细石器1.7%。石核13件，占细石器1.5%。

细石器第二次压琢加工多见尖状器、石镞，石镞多由背面向腹面压琢出尖锋、细齿状边刃和束铤。

磨制石器624件，占遗物总量17.7%，占石器总量25.2%。有石斧、石磨盘、石磨棒、石镞、沟磨石、砺石、石球等。其中石斧39件，占磨制石器6.2%，石刃器8件，占磨制石器1.3%。石镞94件，占磨制石器15%。石磨盘133件，多选用砂砾岩，打琢成型，占磨制石器21.3%。石磨棒177件，多选用有硬度的花岗岩打磨成型，占磨制石器28.6%。沟磨石24件，占磨制石器3.8%、砺石68件，占磨制石器10.8%。研磨器16件，占磨制石器2.5%，还有石镐、压磨工具、石球、石泡形器、雕刻器、石镞料等，占磨制石器10.5%。

（二）玉器

出土31件，占遗物总量0.9%。器型有小玉斧形器、雕刻器，还有玉料。装饰品有玉串珠。材质基本为岫岩出产的岫玉，有浅青绿色、青绿色、墨玉、牙白色、鸡骨白色等。器表面多通体磨光，细润晶莹。玉串珠有大、小之别，最大的直径1.7、高1.1厘米，最小的直径0.6、厚0.2厘米。玉料多有切割、磨制痕迹。

（三）陶器

陶器487件，占遗物总量13.8%。陶质以夹砂陶为主，还有少量泥质陶。夹砂陶胎中多为细粉砂，含有一定比例的金黄色云母。陶色以红褐陶、灰褐陶、红陶、灰黑陶为常见。陶器均为手制，陶器表面多施有泥浆陶衣，因火候较低，胎质较松，而有表面脱皮现象。陶器多以泥片接筑法制作，器壁薄厚，比较均匀。

陶器多有纹饰，以表面通体饰纹为主，纹饰有压印之字纹、压印弦纹、压印篦齿纹、锥刺划压纹，划压编织席纹，划压网格纹等。以压印之字纹为主，占85.4%，压印弦纹占13%，压印篦点纹占0.25%，锥刺点纹、划压斜线纹占1.13%，压印编织席纹占0.22%，素面陶器极少。饰纹方法基本是以使用单体工具施纹，如压印之字纹以单体工具的两端为支点，向左或向右，接续压印，环器身一周为止。或竖压成一条直线，再向左或向右接续压印至饰满器身止。压印弦纹是以长条形，有一定宽度的片状单体工具，向左或向右，接续压印，环器身一周为止。压印篦齿弦纹，与压印弦纹方法相同，只是工具上带有篦齿。锥刺划压纹，是以单体工具施纹，多在口沿处分或器物底部，饰纹多为短斜线，或左斜、或右斜，或左右交叉呈席纹状、网格状（图 3-1、2）。

陶器类型有深腹罐、大口罐、陶钵、斜口器、陶杯、泡形器、陶球、有孔圆陶片等。其中深腹罐 399 件，占陶器的 81.9%。大口罐 7 件，占 1.4%，陶钵 39 件，占 8.1%。斜口器 7 件，占 1.4%。陶杯 12 件，占 2.4%。泡形器 12 件，占 2.4%。陶球 3 件，占 0.6%。圆陶片 9 件，占 1.8%。

陶器类型，从纹饰特征、口沿处分、器形形体变化方面，在历次发掘报告和简报中均有论述。

《沈阳新乐遗址试掘报告》中按口沿和器底规格（仅对压印之字纹饰陶器而言）分三种，小的如杯，大的如瓮，中型的居多，按已复原器型分为Ⅰ～Ⅲ式。

《沈阳新乐遗址第二次发掘报告》中追加Ⅳ式、Ⅴ式，并将深腹罐饰纹形式分为五种，（1）上竖下横压印“之”字纹。（2）横印“之”字纹。（3）压印弦纹。（4）方点弦纹。（5）刺抹压直线、弧线、菱形网格纹组合纹。

《沈阳新乐遗址 1982 ～ 1988 年发掘报告》中根据大小高矮不同分 A、B、C 三型。A 型器形较小，B 型为中型罐，C 型器形较大，口径 25、高 40 厘米以上。深腹罐按饰纹不同，分压印之字纹、压印弦纹、压印篦点纹和素面四种。又据纹饰的差别和口沿处分的变化分不同亚型。压印之字纹深腹罐为 A、B、C 三型，根据口沿处分变化分六式。压印弦纹深腹罐分 A、B 两型，其中 B 型分两式。

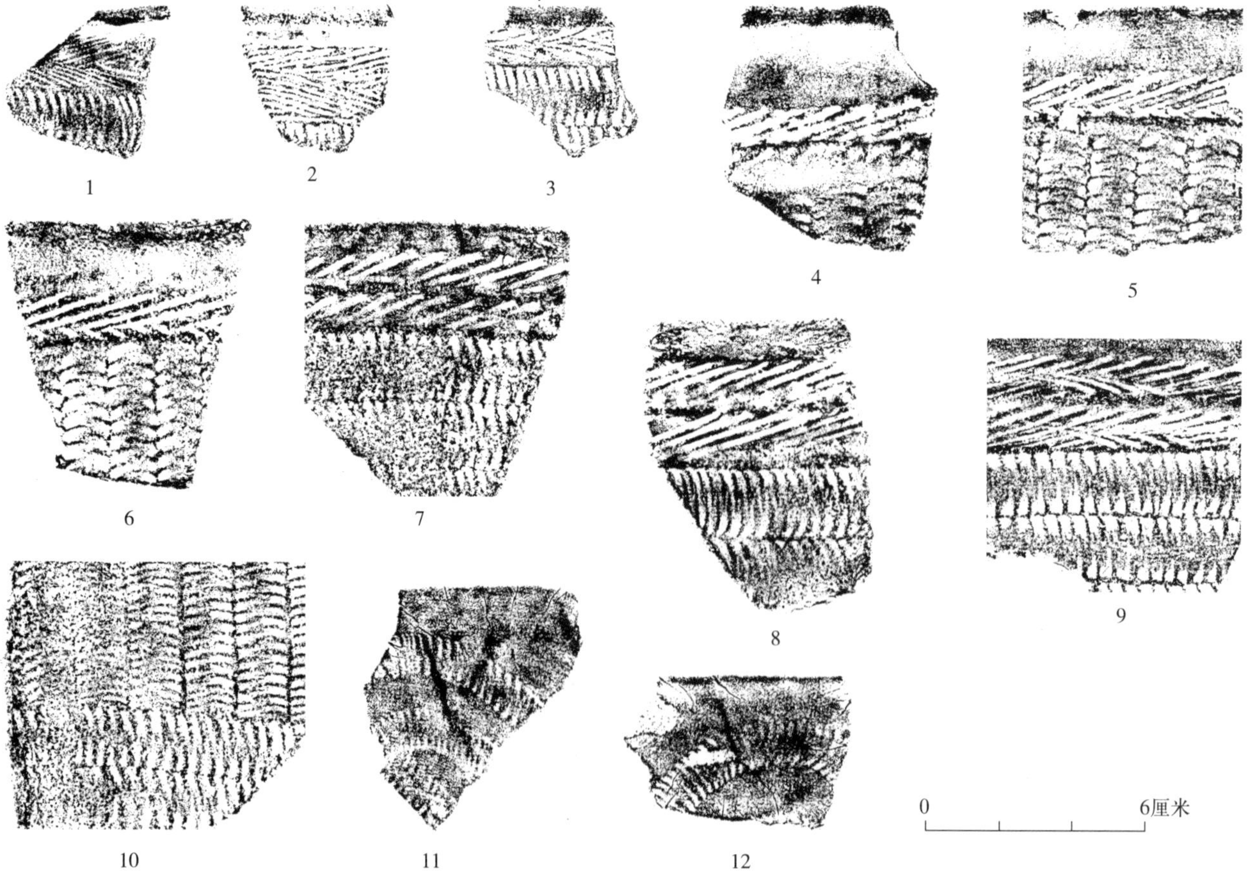

图 3-1　压印之字纹陶片拓片

图 3-2　压印弦纹、篦点弦纹、编织蓆纹、几何纹陶片拓片

压印篦点纹深腹罐，器形稍小，属于 B 型罐类，分篦点弦纹、篦点编织蓆纹、几何纹 3 式。

《辽宁沈阳新乐遗址抢救清理发掘简报》文中，深腹罐在器形上分三式。在纹饰方面压印之字纹分五式，压印弦纹分四式，还有压印篦点纹、压印组合纹饰。

本报告为统一叙述陶器类遗物，根据深腹罐类的器形特征、变化和饰纹不同，将深腹罐器类陶器区分为五型，对大口罐、陶钵、斜口器几种器形进行简要类型区分（图 3-3）。

1. 深腹罐

深腹罐基本是大口、深腹弧收平底，口沿处至腹中部弧度较小，腹中部至底部弧度较大。从修复完整器物观察分析，器形底径、口径和器物高度的比例相近数值是 1∶2∶3，这个数值仅属于概念性，也是认定深腹罐类器形基本标准之一。

深腹罐以饰纹方式区分为 A、B、C、D、E 五型。

A 型　压印之字纹深腹罐。

B 型　压印弦纹深腹罐。

C 型　压印篦点弦纹深腹罐。

D 型　压印编织蓆、复合纹深腹罐，多具有图案化风格。

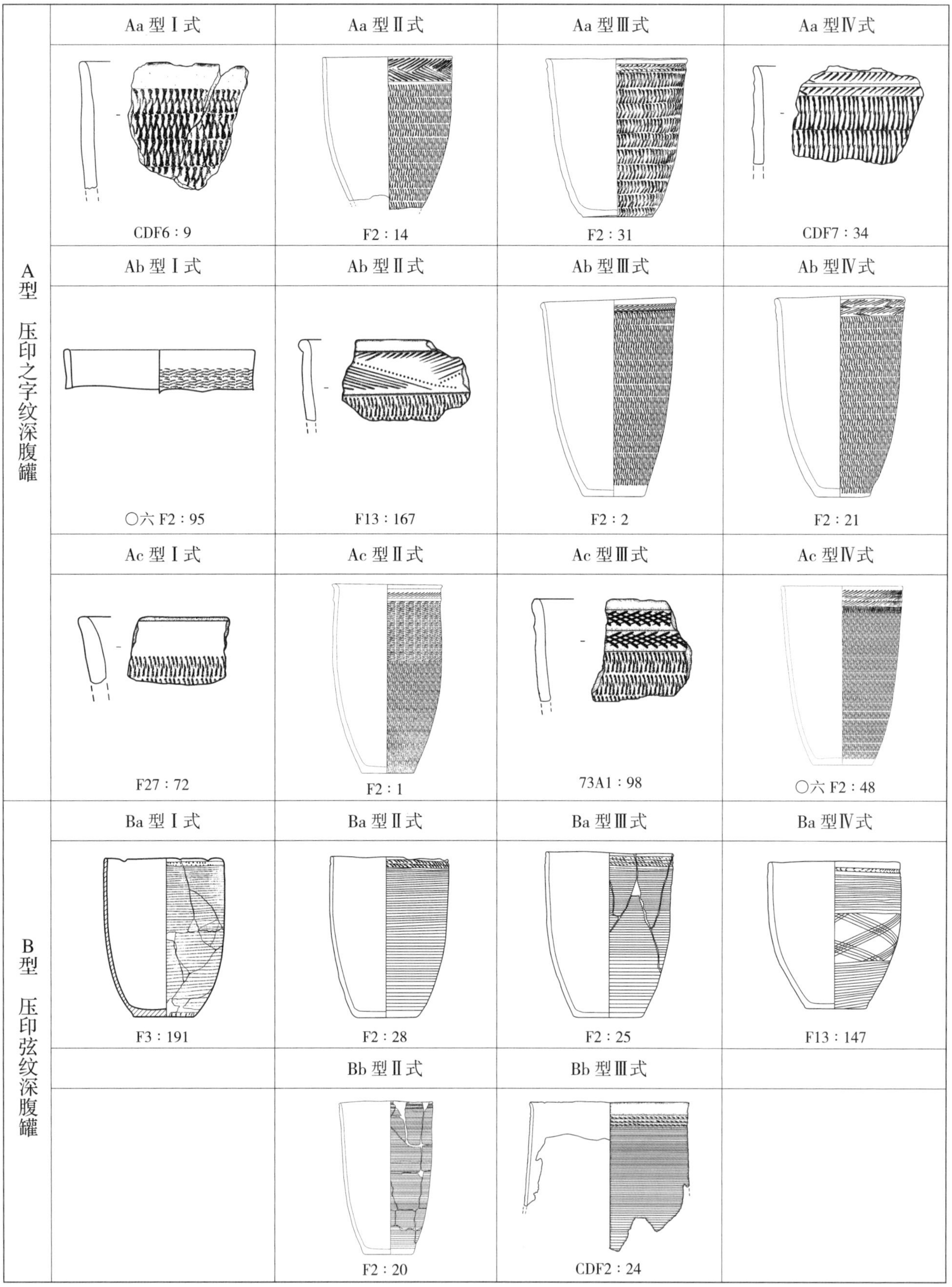

图 3-3 新乐文化典型陶器分型分式图

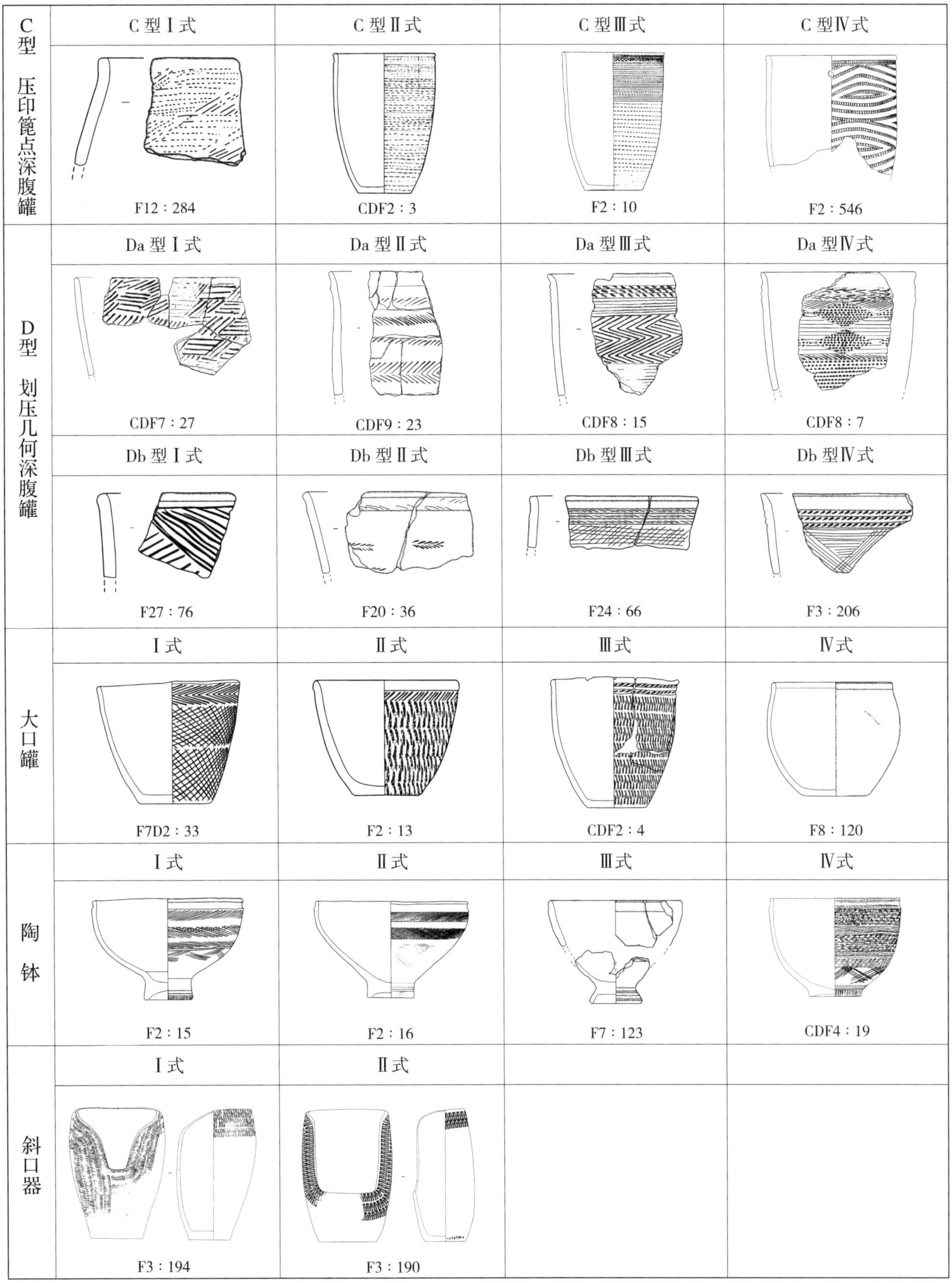
C型 压印篦点深腹罐
C型Ⅰ式
C型Ⅱ式
C型Ⅲ式
C型Ⅳ式
F12：284
CDF2：3
F2：10
F2：546
D型 划压几何深腹罐
Da型Ⅰ式
Da型Ⅱ式
Da型Ⅲ式
Da型Ⅳ式
CDF7：27
CDF9：23
CDF8：15
CDF8：7
Db型Ⅰ式
Db型Ⅱ式
Db型Ⅲ式
Db型Ⅳ式
F27：76
F20：36
F24：66
F3：206
大口罐
Ⅰ式
Ⅱ式
Ⅲ式
Ⅳ式
F7D2：33
F2：13
CDF2：4
F8：120
陶钵
Ⅰ式
Ⅱ式
Ⅲ式
Ⅳ式
F2：15
F2：16
F7：123
CDF4：19
斜口器
Ⅰ式
Ⅱ式
F3：194
F3：190

E型　素面深腹罐。

深腹罐器型有大、中、小之分。大者口径22～28、高40厘米。中者口径16～20、高25～30厘米。小者口径10～14、高12～18厘米。因器型大小之别又分亚型。

A型　压印之字纹深腹罐。分Aa、Ab、Ac三亚型。

Aa型　深腹罐器型较小，口径10～15、高15～20厘米。根据口沿特征、饰纹方式分四式。

Aa型Ⅰ式　口沿处素面。标本CDF6：9，残，夹砂红褐陶。口稍敞，圆唇，直腹。口沿处一周素面，腹部饰横压竖排之字纹。口径11.0、残高5.6厘米。

Aa型Ⅱ式　口沿处饰一周划压蓆纹。标本F2：14，可修复，夹砂红褐陶。直口，圆唇，直腹，下弧收，底残。口沿处有一周划压蓆纹，腹部饰竖压横排的之字纹带。口径13.2～14.2、残高15.2厘米。

Aa型Ⅲ式　口沿处有一凹带。标本F2：31，基本完整。圆唇，敞口，斜直腹，下收平底。口沿有一周凹带，内饰划压横人字纹，腹部饰竖压横排的之字纹，纹饰及底。口径11.4～12.2、底径6.0、通高13.2厘米。

Aa型Ⅳ式　口沿处有两周凹带。标本CDF7：34，夹砂红褐陶。直口，尖唇，直腹。口沿下有两周凹带，内饰划压斜线、网格纹，腹饰竖压横排之字纹。口径10.0、残高4.4、壁厚0.3厘米。

Ab型　器型居于中等，口径17～20、高25～30厘米。根据口沿特征、饰纹方式分四式。

Ab型Ⅰ式　口沿处无凹带。标本〇六F2：95，夹砂褐陶。直口，方平唇，口沿处下有一周素面，下饰横压竖排之字纹。口径2.0、残高5.0、壁厚0.5厘米。

Ab型Ⅱ式　口沿处无凹带。标本F13：167，残。夹砂红褐陶。直口，圆唇，直腹。口沿处饰压印蓆纹，间隔有方长形篦点，腹部饰竖压横排之字纹。口径19.0、残高4.6厘米。

Ab型Ⅲ式　口沿处有一凹带。标本F2：2，可修复，夹砂红褐陶。局部陶色变黑。直口，圆唇，深直腹，下弧收，平底。口沿处有一周凹带，内饰划压斜线纹，腹部满饰竖压横排的之字纹。口径18.2～19.4、底径9.0、高27.6厘米。

Ab型Ⅳ式　口沿处有两周凹带。标本F2：21，可修复，夹砂黑褐陶。圆唇，敞口，直腹下弧收，平底。器身满饰纹饰。口沿处有两周凹带，内饰划压斜线纹、网格纹，腹部饰竖压横排的之字纹，纹饰及底。口径18.2～19.7、底径7.6、高27.2厘米。

Ac型　器型较大，口径23～28、高33～40厘米。根据口沿特征、饰纹方式分四式。

Ac型Ⅰ式　口沿处无凹带。标本F27：72，残。夹砂红陶。直口，圆唇，斜直腹。口沿有一周素面，腹部饰竖压横排之字纹。口径28.0、残高3.6厘米。

Ac型Ⅱ式　口沿处有一凹带。标本F2：1，夹砂红陶。沿微外侈，圆尖唇、深腹，下弧收，平底。口部有一周凹带，内划压斜线纹，上腹部饰横压竖排之字纹组成，下腹部饰竖压横排的之字纹带，纹饰及底，部分区域纹饰脱落而不清。口径26.2～27.3、底径12.4、通高43.2厘米。

Ac型Ⅲ式　口沿处有两周凹带。标本73A1：98，残，夹砂黑褐陶。敞口，圆唇，弧腹。口沿处有两周凹带，内饰划压网格纹。上腹部饰竖压横排之字纹。口径25.0、残高7.7厘米。

Ac型Ⅳ式　口沿处有三凹带。标本〇六F2：48，夹砂红褐陶。内壁压光，外饰泥浆陶衣。直口，圆唇，深腹，平底。口沿处有三周凹带，内划压斜线纹，腹部饰竖压横排之字纹，不及底。口径29.0、底径14.5、高41.7、壁厚0.9厘米。

B型　压印弦纹深腹罐。B型多为中、小器形，大型的少见，分两亚型。

Ba 型 器型稍小，口径 10 ～ 15、高 15 ～ 20 厘米。口沿处均有凹带，分四式。

Ba 型Ⅰ式 口沿处有一凹带。标本 F3：191，可修复，夹砂红褐陶。直口，圆唇，深腹弧收，平底。口沿处有一周凹带，内饰压印篦点纹，腹部饰压印弦纹，疏密不一，底部饰戳刺纹。口径 10.8、底径 5.5、通高 13.5 厘米。

Ba 型Ⅱ式 口沿处有两周凹带。标本 F2：28，可修复，夹砂红陶。直口，尖唇，深腹，下弧收，平底。口沿处有两周凹带，内饰斜戳刺纹，腹部饰压印弦纹。口径 11.2、底径 6.2、高 14.6 厘米。

Ba 型Ⅲ式 口沿处有三凹带。标本 F2：25，可修复，夹砂黑陶。敞口，圆唇，深腹，下弧收，平底。口沿处有三周凹带，内饰戳刺纹，腹部饰压印弦纹。口径 12.4、底径 6.5、高 15.5 厘米。

Ba 型Ⅳ式 以压印弦纹为主要饰纹，间饰划压斜线、网格纹。标本 F13：147，可修复，夹砂褐陶。直口，圆唇，弧腹，平底。口沿处有三周凹带，内饰戳刺纹，腹上、下部饰压印弦纹，腹中部饰划压菱格网纹。口径 11.4、底径 5.3、高 12.2 厘米。

Bb 型 器型中等，口径 17 ～ 20、高 25 ～ 30 厘米。口沿处均有凹带。未见口沿处有一凹带的 Bb 型Ⅰ式罐，多为 Bb 型Ⅱ式或 Bb 型Ⅲ式。

Bb 型Ⅱ式 弦纹罐。标本 F2：20，可修复，夹砂红褐陶。敞口，圆唇，弧腹，平底。口沿处有两周凹带，内饰压印斜线纹，腹部饰压印弦纹，纹饰不及底。上部纹较密，下部纹疏朗。口径 18.5、底径 9.8、通高 28.4 厘米。

Bb 型Ⅲ式 标本 CDF2：24，夹砂灰褐陶。外有陶衣，直口，外圆唇。口沿外侧有一周素带，再下有三周凹带，内戳刺短斜线纹，腹部饰压印弦纹。口径 18.0、残高 16.0、壁厚 0.4 厘米。

C 型 压印篦点纹深腹罐。所见均为中、小型器物，根据口沿特征、饰纹分四式。

C 型Ⅰ式 标本 F12：284，残。夹砂黑褐陶。敛口，圆唇，微弧腹。口沿至腹部饰压印篦点纹席纹。口径 16.0、残高 6.5 厘米。

C 型Ⅱ式 口沿处无凹带，饰压印篦点纹席纹。标本 CDF2：3，夹砂红褐陶。直口，圆唇，深腹弧收，平底。口沿处有两周凹带，内压短斜线纹，腹部饰压印长方篦点纹弦纹。口径 18.0、底径 9.0、残高 24.0、壁厚 0.5 厘米。

C 型Ⅲ式 标本 F2：10，可修复，夹砂红褐陶。直口稍侈，圆唇，深腹，下收平底。口沿有两周凹带，内饰划压横人字纹，腹部饰压印篦点弦纹和压印弦纹。上部饰四周篦点弦纹，接续是四周压印弦纹，如此再返复两次，腹下部为篦点弦纹。口径 11.0、底径 6.2、高 14.4 厘米。

C 型Ⅳ式 标本 F2：546，夹砂褐陶。直口、圆唇，深腹。口沿处饰两周方齿篦点纹，纹饰不甚规整。腹部以四组压印篦点菱格纹为组合，上下相叠，左右交错。口径 13.4、残高 12.5 厘米。

D 型 划压几何纹深腹罐。根据器型大小、口沿特征、饰纹方式分两亚型。

Da 型 分四式。

Da 型Ⅰ式 标本 CDF7：27，残，夹砂黑褐陶。口稍敞，圆唇，斜收腹。器身饰压印编织席纹。口径 16.0、残高 9.2、壁厚 0.3 厘米。

Da 型Ⅱ式 标本 CDF9：23，夹砂黑褐陶。口稍敞，圆唇，深弧腹，口沿处有一周素凹带，腹部饰划斜线纹、划人字纹。口径 15.0、残高 8.9 厘米。

Da 型Ⅲ式 标本 CDF8：15，残，夹细砂褐陶。外饰深褐色泥浆陶衣，内壁压光。直口，圆唇微侈，深腹。有三周凹带，内饰压斜点状纹，腹上部饰划弦纹、竖之字纹，下腹部饰压印弦纹。口径 10.0、残高 7.3、壁厚 0.4 厘米。

Da 型Ⅳ式 标本 CDF8 : 7，残，夹细砂红褐陶。外饰红褐色泥浆陶衣，内壁压光。直口，圆唇，深腹。口沿有一周素面宽凹带，再下有两周窄凹带，内饰划压横人字纹。上腹部由压篦点双菱形纹为格界饰纹，分别饰划斜线纹、压篦点纹、弦纹，下腹部饰压篦点纹弦纹。口径 11.0、残高 8.2、壁厚 0.5 厘米。

Db 型 分四式。

Db 型Ⅰ式 标本 F27 : 76，残。夹砂黑褐陶。直口，圆唇，直腹。口沿处饰划压编织蓆纹。口径 26.0、残高 5.2 厘米。

Db 型Ⅱ式 标本 F20 : 36，残。夹砂红陶。敞口，圆唇，斜直腹。口沿处有一周凹带，内饰划压横人字纹，腹部以素面为主，间隔饰短组横枝叶纹。口径 17.0、残高 7.8 厘米。

Db 型Ⅲ式 标本 F24 : 66，残。夹砂红褐陶。直口，平唇，直腹。口沿处有三周凹带，内饰划压横斜线纹，腹部饰划压网格纹。口径 23.0、残高 4.3 厘米。

Db 型Ⅳ式 标本 F3 : 206，残。夹砂红陶。直口，圆尖唇，深腹。口沿处有三周凹带，内饰戳刺纹，腹部饰划压三角几何纹、网格纹。口径 27.0、残高 7.8 厘米。

E 型 为素面深腹罐。较为少见，多为小型器物。

标本 CDF3 : 5，夹砂红褐陶。直口，尖唇，直腹，收平底，素面。口径 13.0、底径 8.6、高 13.5、壁厚 0.5 厘米。

2. 大口罐

器物口径与器身高度相近。所见均小型器物，根据口沿特征、饰纹区分四式。

Ⅰ式 标本 F7D2 : 33，可修复，夹砂红褐陶。敞口，圆尖唇，斜弧腹，平底。口沿饰有一周划压横人字纹，腹部上下饰两组网格纹。口径 12.8、底径 6.3、高 11.0 厘米。

Ⅱ式 标本 F2 : 13，夹砂红陶。尖唇，敞口，弧腹，平底。口沿处有一周凹带，内饰划压斜弦纹，腹部饰竖压横排的之字纹。口径 9.9、底径 4.5、高 7.6 厘米。

Ⅲ式 标本 CDF2 : 4，夹砂红褐陶。敛口，腹微鼓，口沿下两周凹带，内饰划压斜线纹，腹部饰竖压横排之字纹。口径 13.6、底径 6.8、高 13.3 厘米。

Ⅳ式 标本 F8 : 120，可修复，夹砂灰褐陶。直口，圆唇，鼓腹，平底。腹部饰压印弧带状压印之字纹。口径 14.5、底径 8.2、通高 13.2 厘米。

3. 高足钵

根据口沿、饰纹特征分四式。

Ⅰ式 大口，圆弧腹，高圈足。标本 F2 : 15，夹砂红陶。有红陶衣。敞口，圆唇，口沿较薄，形成外抹的小圆唇。圆弧浅腹，高圈足。口沿处有一周凹带，腹上部饰划压左斜线纹，中部划压右斜线纹，局部交叉呈网纹，腹下部饰划斜线和几何纹。足底部压短竖线纹。口径 19.5、底径 6.6、高 12.4 厘米。

Ⅱ式 大口，微折腹，腹斜收，高圈足。标本 F2 : 16，高足钵，夹砂红褐陶。敞口，圆唇，折弧腹、圈足。口沿有一周凹带，腹上部有一周斜线纹，中腹部有一周网格纹带，下腹部有交叉弦纹，底部有弦纹和斜线纹。口径 18.8、底径 6.0、通高 12.1 厘米。

Ⅲ式　大口，腹斜收，高圈足。标本 F7 : 123，残。夹砂红陶。敞口，圆唇，弧腹，圈足。腹部素面，足部有两周弦纹。口径 15.0、底径 6.0、残高 11.0 厘米。

Ⅳ式　大口，深圆腹，矮圈足。标本 CDF4 : 19，夹砂红褐陶。内外饰红色泥浆陶衣，内压磨光滑。圆尖唇，深圆腹，矮圈足。口沿外饰一周凹带，内划压横“人”形纹带，腹至足饰压印网格纹、弦纹、交叉“人”形纹、粗短线纹几种纹饰。口径 15.0、底径 5.6、高 11.0、壁厚 0.3 厘米。

4. 斜口器

根据口部特征分两式。

Ⅰ式　斜口部分呈“V”字形。标本 F3 : 194，残。夹砂红褐陶。圆唇，斜口，扁圆形弧腹，平底。斜口处有 4 条压印之字纹带，腹部有两条竖压横排的之字纹带。口径 14.5、底径 7.4 ～ 9.0、高 22.6 厘米。

Ⅱ式　斜口部分呈“U”字形。标本 F3 : 190，夹砂红陶。圆唇，斜口，扁圆形弧腹，椭圆形平底。斜口处有三条之字纹。口径 14.8、底径 7.8 ～ 11.0、高 25.0 厘米。

（四）骨器

仅在 F2 内发现有 20 件，占出土遗物总量 0.59%，均为磨制。器形有骨锥、骨柄、骨镞、骨笄等，此类遗物在其他房址和遗迹内基本未见。

（五）煤精制品

煤精制品 311 件，占出土遗物总量 8.8%。

煤精形制主要有泡形器、球形器、耳珰形器。其中泡形器 106 件，占煤精遗物 31.0%，球形器 85 件，占煤精遗物 27.3%，耳珰形器 30 件，占出土煤精遗物 9.6%。还有饼形器、橄榄形器、盔形器、扁圆形器、半成品 26 件，占出土煤精遗物 8.3%。煤精料块 64 件，占出土煤精遗物 20.5%。

从半成品观察，煤精制品制作过程先是对坯料压琢、刮削，基本成形，再经精磨、抛光。泡形器表面经磨光，而泡形器内部圆凹面光滑度高于泡表面的光洁度，更为细腻油润。

煤精制品为目前新乐遗址中仅有的文化现象，经煤炭相关部门研究检测，煤精全部为抚顺地区所产。在遗址中此类遗物出土比较普遍，从诸多房址内出土坯料和经过刮、磨的半成品状况看，煤精制品是将煤精原料带回本地，并在居住地加工制成的。

泡形器、球形器，除煤精材质制品外，也有形式相同的石泡形器、陶泡形器、石球形器、陶圆球形器。此类形制较特殊的遗物并非为煤精制品专属，其用途目前尚不明确。

（六）其他

木雕器仅在 F2 房址内发现 1 件，双面经过雕刻，类似鸟形。因经过火烧，已经炭化，故而得以保存。

谷物仅在 F2 房址内发现，因经过火烧，已经炭化，经相关部门检测属于黍类。

果核发现不多，多发现于因经火烧过的房址里，已经炭化，有坚果类的如榛子皮、山杏核、山楂籽粒等。

石墨表面多有研磨痕，研磨后的黑色粉末是用于什么，尚为未知。

铁矿石表面多有研磨痕，研磨后的暗红色粉末是用于什么，尚为未知。

第二节 重点保护区遗迹

一 房址

重点保护区内发现房址34座，发掘房址共26座，编号分别为F1、F2、F3、F4、F5、F6、F7、F8、F10、F11、F12、F13、F14、F15、F16、F17、F18、F19、F20、F21、F24、F25、F26、F27、F28、F30。局部清理房址4座，编号为F9、F22、F23、F29。已明确为房址遗迹未编号未清理4座。

（一）F1

1973年在A1、A3、A8、A9探方内下层发现，编号F1（1991年对发掘区重新布方，位于T0601和T0602之间。1991年对F1重新清理，发现原F1房址四周没有到穴壁边缘，局部没有到底）。南距F10约3.00、西南距F7约7.50、西距F16约5.00、东北距F8约4.70米。房址开口②层下，打破生土。平面圆角长方形，半地穴式，南壁上部被现代扰沟破坏。东西长5.70、南北宽5.20、深0.45米，面积约30平方米（图3-4；彩版四，1）。

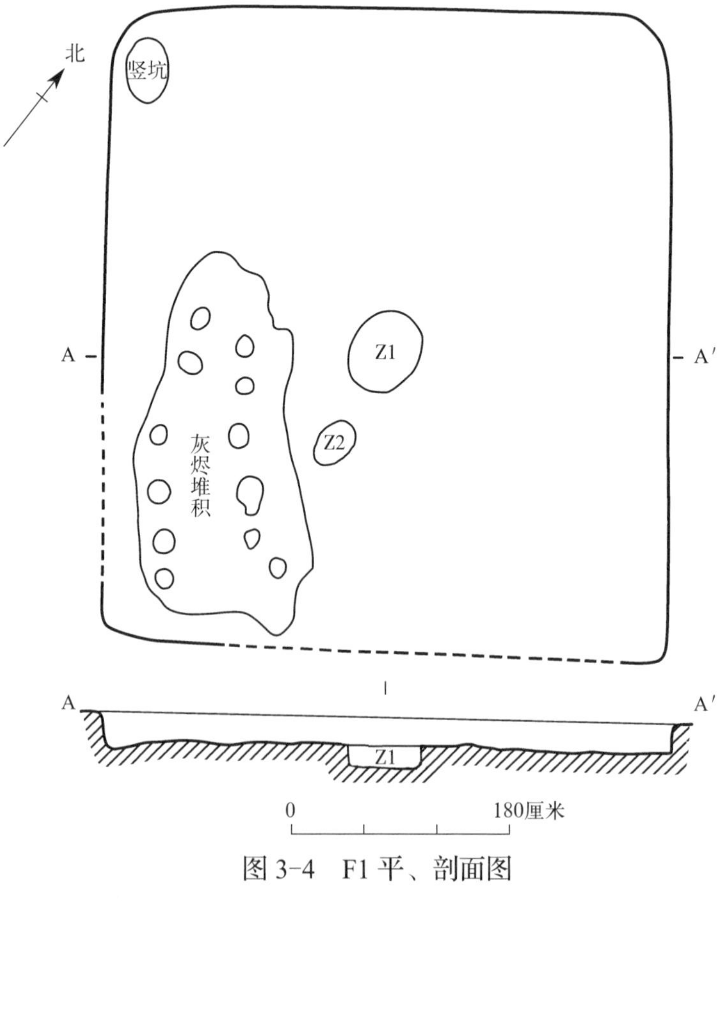

图3-4 F1平、剖面图

在房址中间发现灶址 2 个，编号 Z1、Z2；Z1 椭圆形，长 0.63、宽 0.35、深 0.15 米。Z2 椭圆形，长 0.40、宽 0.30、深 0.06 米。灶壁规整。房内西南角有烧土、灰烬层堆积，最厚 40 厘米。上面留有一些小凹坑，有的坑内留有残器底。

在房内西北角，有椭圆形竖穴，长 0.50、宽 0.40、深 0.35 米，并出有陶片、石块和一个滑石做的沟磨石。

房址内遗物有石器、玉器、陶器、煤精品等，石器分打制石器、细石器和磨制石器，遗物共计 292 件（因在遗址内无新乐下层文化堆积层，原出土编号为 73A1 的明确属于新乐下层文化的遗物特征的陶器、细石器、煤精等也归属为 F1 内的遗物。并在遗物描述中保留原记录出土编号）。

1. 石器

232 件。打制石器 42 件，其中砍砸器 8 件，敲砸器 17 件。石片刮削器 14 件，网坠 3 件。细石器 110 件，其中石片刮削器 3 件，石叶刮削器 64 件，尖状器 34 件，石镞 8 件，石核 1 件。磨制 80 件，其中石斧 7 件，石镞 12 件，石磨盘 18 件，石磨棒 20 件，沟磨石 2 件，砺石 6 件，雕刻器 2 件，石镞料 13 件。

（1）打制石器

42 件。多用板岩、安山岩、花岗岩、斑岩、长石砂岩质等河卵石打制而成（后略）。有砍砸器 8 件、敲砸器 17 件、石片刮削器 14 件、网坠 3 件。

砍砸器　8 件。

标本 A1∶057，青灰色板岩。打制，表面局部保留有石皮，近扁圆形。周边敲砸痕迹明显。长 7.1、宽 6.5、厚 1.7 厘米（图 3-5，1；彩版四，2）。

标本 A1∶059，青灰色板岩。打制，表面局部保留有石皮，近扁圆形。周边敲砸痕迹明显。长 6.8、宽 6.0、厚 2.3 厘米（图 3-5，2；彩版四，3）。

标本 A1∶060，青白色花岗岩。打制，多边形，侧边刃，砍砸痕迹明显。长 5.5、宽 5.2、厚 1.8 厘米（图 3-5，3；彩版五，1）。

标本 A1∶061，青褐色砂质板岩，表面保留有石皮，底刃，砍砸痕迹明显。长 5.6、宽 5.5、厚 1.8 厘米（图 3-5，4；彩版五，2）。

标本 A1∶079，青色板岩。打制，横截面三角形，周边砍砸痕迹明显。长 9.0、宽 5.5、厚 3.6 厘米（图 3-5，5；彩版五，3）。

标本 A1∶086，青色板岩。打制，不规则四边形，边刃，砍砸痕迹明显。长 6.0、宽 4.4、厚 2.4 厘米（图 3-5，6；彩版五，4）。

标本 A1∶087，青色粉砂质板岩。打制，多边形，边刃，砍砸痕迹明显。长 4.3、宽 4.1、厚 2.2 厘米（图 3-5，7；彩版五，5）。

标本 A1∶097，青灰色板岩。打制，多边形，多剥片疤，边刃，砍砸痕迹明显。长 5.3、宽 4.7、厚 1.8 厘米（图 3-5，8；彩版五，6）。

敲砸器　17 件。

多用天然河卵石打制，器身局部多保留有石皮。

标本 A1∶065，青灰色板岩。打制，不规则多棱形，局部保留石皮，多剥片疤，周边敲砸痕迹明显。

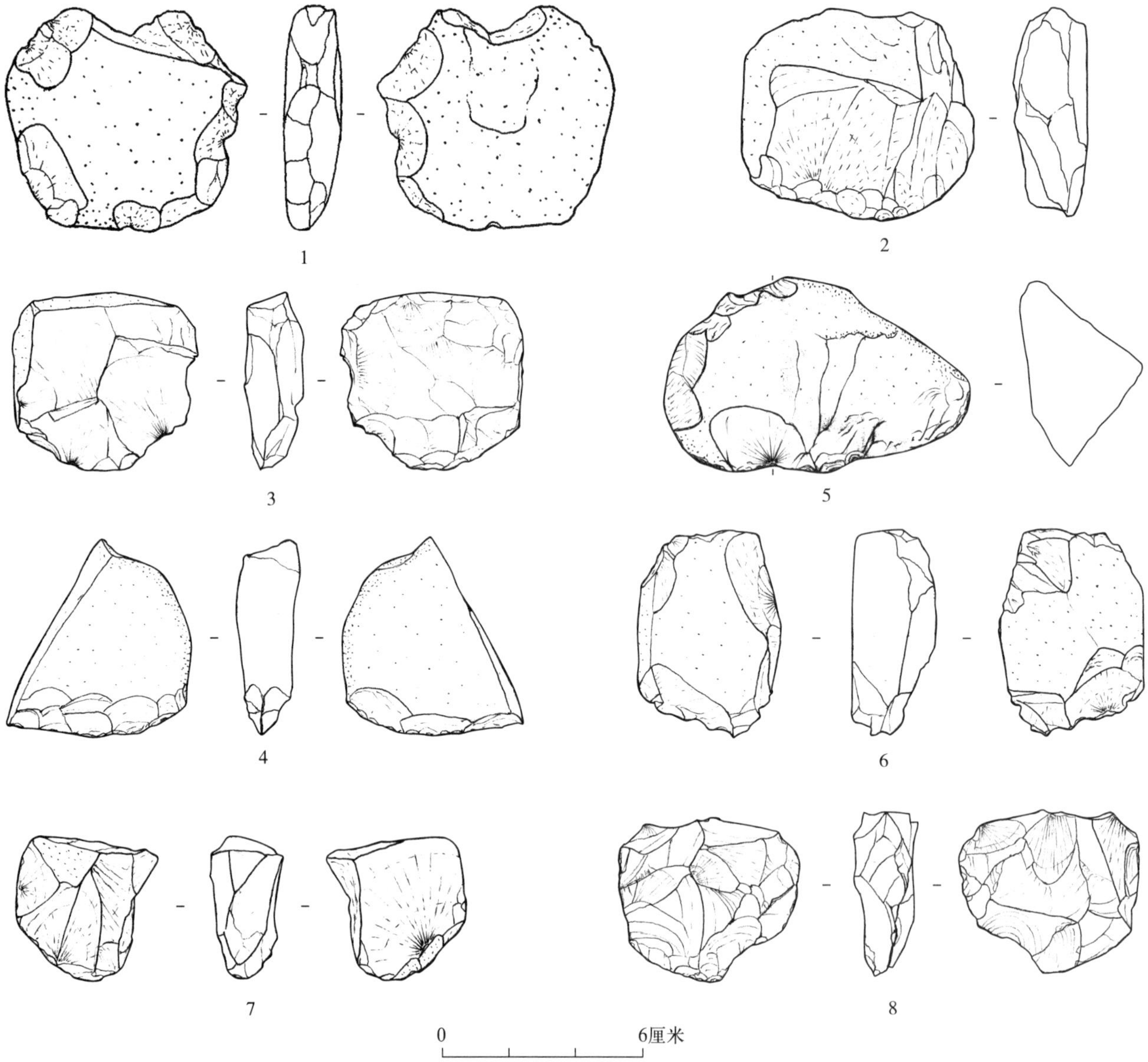

图 3-5　F1 出土打制石器

1～8. 砍砸器 A1：057、059～061、079、086、087、097

残长 5.3、宽 4.8、厚 4.1 厘米（图 3-6，1；彩版六，1）。

标本 A1：066，青灰色板岩。打制，不规则四棱形，局部保留石皮，多剥片疤，侧边敲砸痕迹明显。长 6.6、宽 4.5、厚 4.0 厘米（图 3-6，2；彩版六，2）。

标本 A1：067，青灰色斑岩。打制，不规则椭圆形，大部保留石皮，侧边砸击痕迹明显。长 7.4、宽 6.3、厚 5.4 厘米（图 3-6，3；彩版六，3）。

标本 A1：068，青灰色板岩。打制，不规则椭圆形，多棱角，周边敲砸痕迹细碎。长 6.5、宽 5.5、厚 4.4 厘米（图 3-6，4；彩版六，4）。

标本 A1：069，青色板岩。打制，不规则多棱形，局部保留石皮，多剥片疤，侧边敲砸痕迹明显。长 5.1、宽 4.8、厚 4.4 厘米（图 3-6，5；彩版六，5）。

标本 A1：070，青灰色板岩。打制，不规则椭圆形，多棱角，多剥片疤，周边敲砸痕迹明显。残长 5.4、宽 4.6、厚 3.6 厘米（图 3-6，6；彩版六，6）。

标本 A1：071，青灰色板岩。打制，不规则多边形，局部保留石皮，多棱角，多剥片疤，周边敲砸痕迹明显。长 6.5、宽 5.7、厚 4.2 厘米（图 3-7，1；彩版七，1）。

标本 A1：072，深灰色砂质板岩。打制，不规则椭圆形，局部保留石皮，多棱角，多剥片疤，周边砸击痕迹细碎。长 6.6、宽 5.0、厚 4.2 厘米（图 3-7，2；彩版七，2）。

标本 A1：073，青灰色脉岩。打制，不规则扁圆形，多棱角，周边敲砸痕迹细碎。长 7.2、宽 7.0、厚 3.9 厘米（图 3-7，3；彩版七，3）。

标本 A1：074，红褐色板岩。打制，不规则椭圆形，多棱角，周边敲砸痕迹明显。长 6.7、宽 5.0、厚 3.5 厘米（图 3-7，4；彩版七，4）。

标本 A1：075，青灰色板岩。打制，不规则椭圆形，局部保留石皮，多棱角，多剥片疤，敲砸痕迹明显。长 4.8、宽 4.8、厚 3.8 厘米（图 3-7，5；彩版七，5）。

标本 A1：076，青灰色板岩。不规则多边形，局部保留石皮，多棱角，侧边敲砸痕迹明显。长 6.4、宽 5.5、厚 4.0 厘米（图 3-7，6）。

标本 A1：077，青色斑岩。打制，不规则半圆形，局部保留石皮，侧边敲砸痕迹明显。长 6.0、宽 5.7、厚 2.5 厘米（图 3-8，1；彩版七，6）。

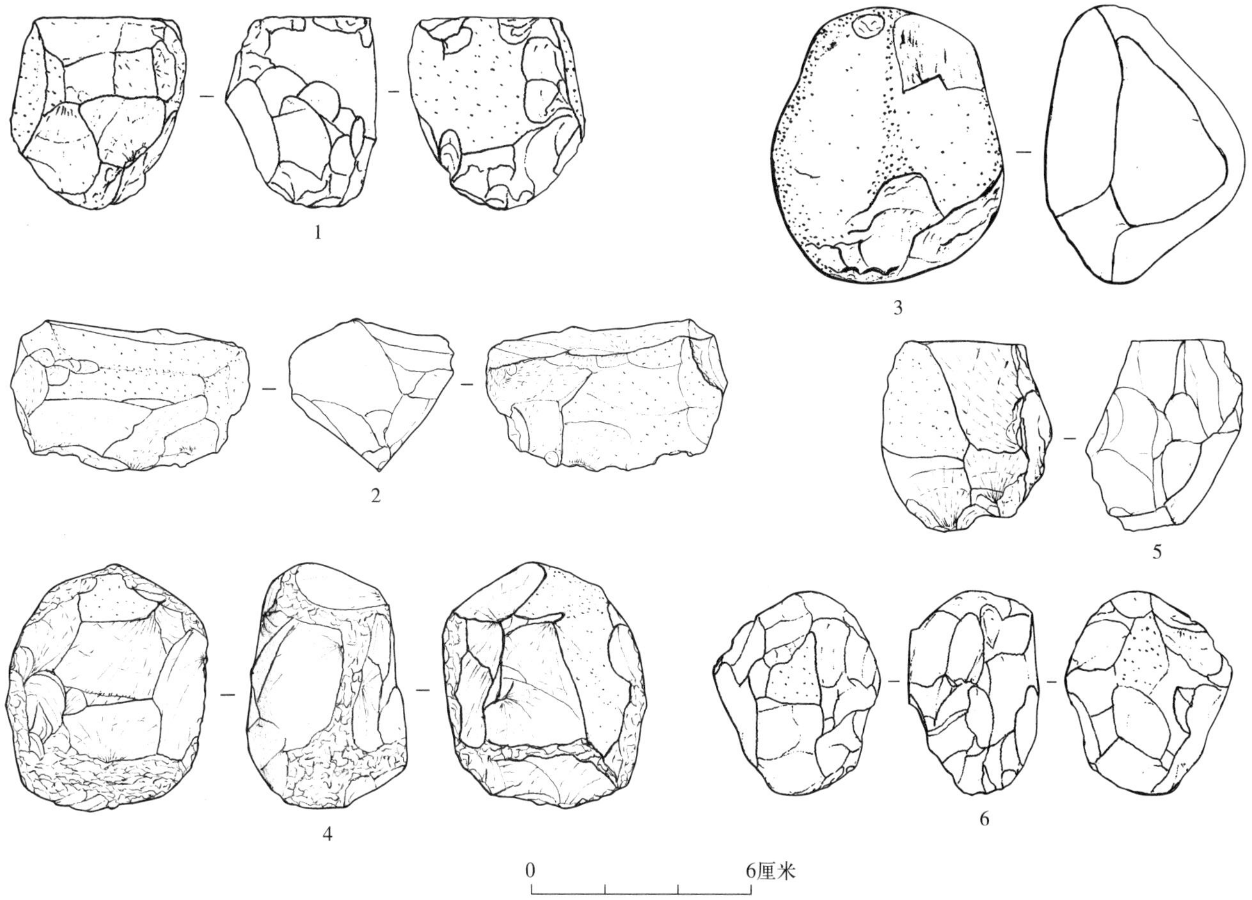

图 3-6　F1 出土打制石器

1～6. 敲砸器 A1：065～070

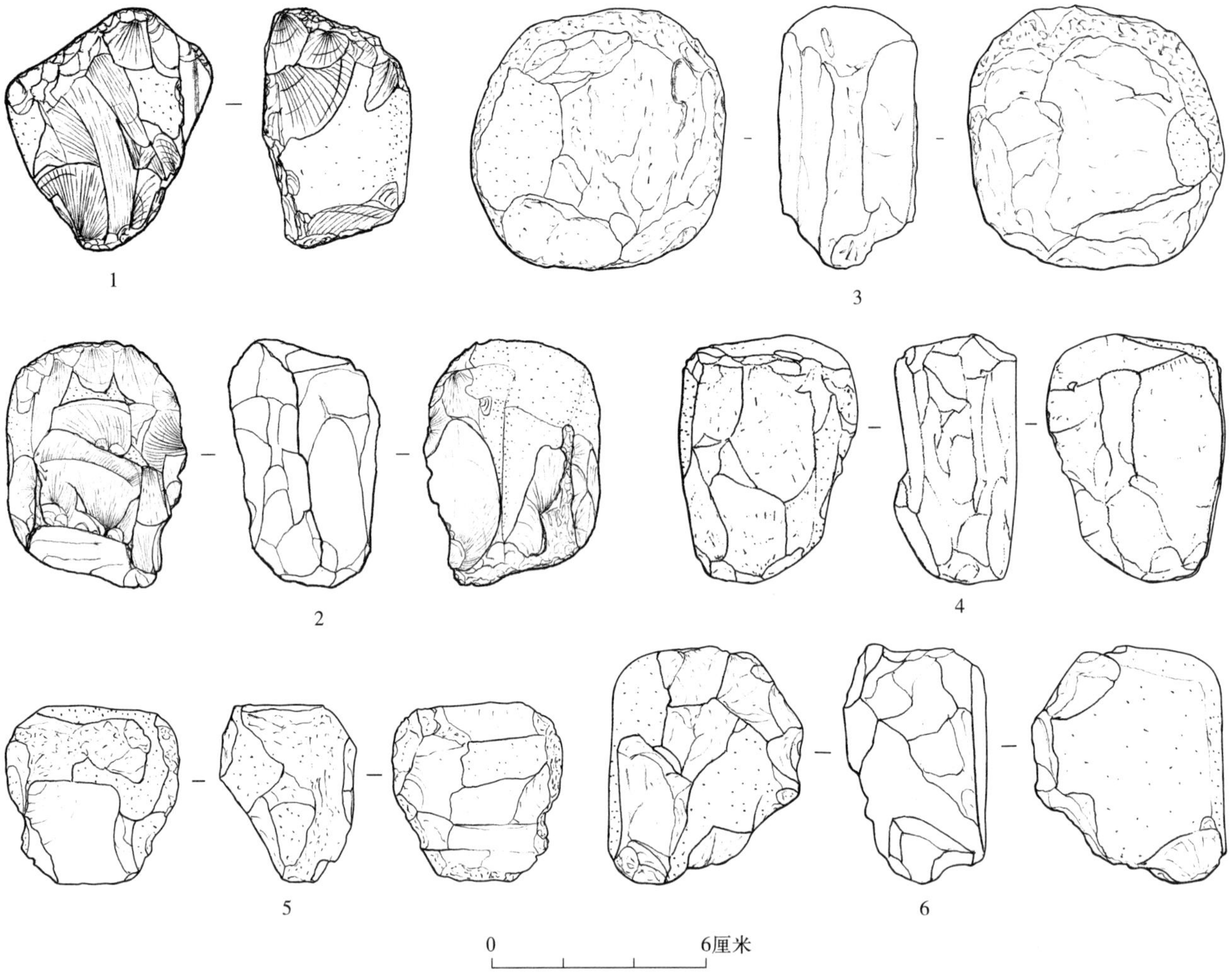

图 3-7 F1 出土打制石器

1～6. 敲砸器 A1：071～076

标本 A1：078，青灰色板岩。打制，不规则椭圆形，多棱角，周边敲砸痕迹细碎。长 5.6、宽 4.5、厚 4.3 厘米（图 3-8，2；彩版七，7）。

标本 A1：084，红褐色板岩。打制，不规则椭圆形，局部保留石皮，多棱角，侧边敲砸痕迹明显。长 7.4、宽 4.6、厚 3.6 厘米（图 3-8，3；彩版七，8）。

标本 A1：085，青色板岩。打制，不规则多边形，局部保留石皮，多棱角，侧边敲砸痕迹明显。长 6.0、宽 4.4、厚 2.4 厘米（图 3-8，4）。

标本 A1：096，青灰色板岩。不规则椭圆形，局部保留石皮，多棱角，周边敲砸痕迹明显。长 5.5、宽 4.8、厚 3.6 厘米（图 3-8，5）。

石片刮削器 14 件。

标本 A1：007，青灰色板岩。打制，不规则三角形，局部保留石皮，边刃，有刮削痕迹。长 3.6、宽 3.8、厚 0.8 厘米（图 3-9，1；彩版八，1）。

标本 A1：058，青灰色板岩。打制，不规则多边形，边刃，有刮削痕迹。长 5.1、宽 5.2、厚 1.8 厘米（图 3-9，2；彩版八，2）。

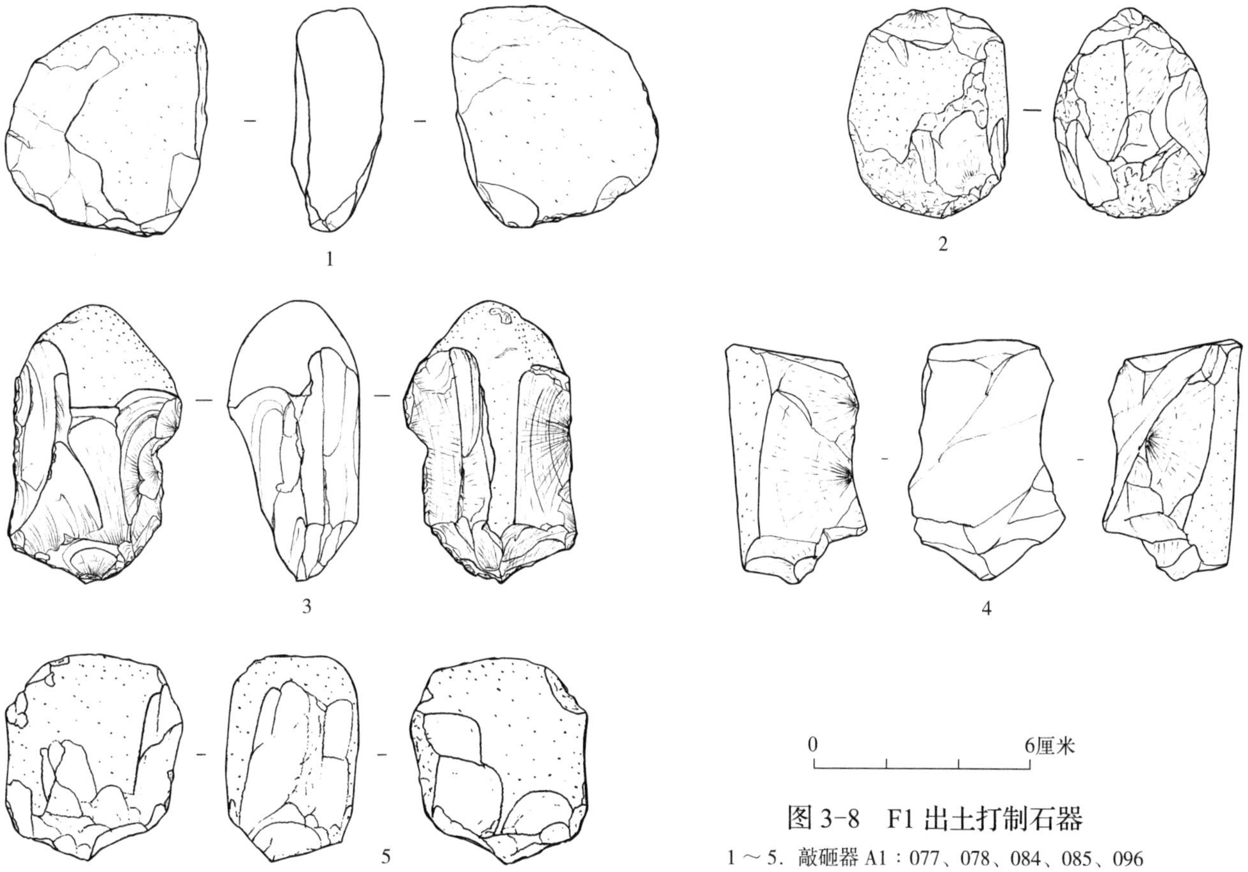

图 3-8　F1 出土打制石器

1～5. 敲砸器 A1：077、078、084、085、096

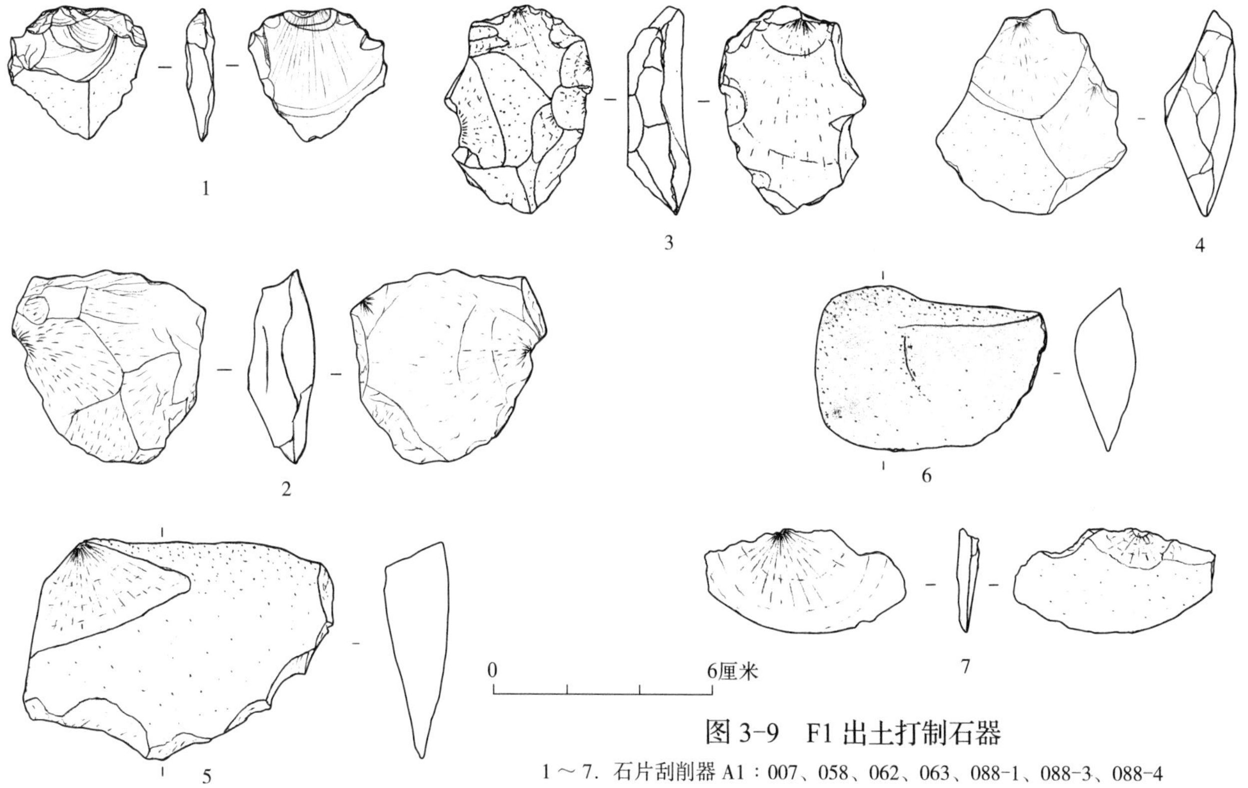

图 3-9　F1 出土打制石器

1～7. 石片刮削器 A1：007、058、062、063、088-1、088-3、088-4

标本 A1∶062，青色板岩。打制，不规则多边形，边刃，有刮削痕迹。长 5.5、宽 4.1、厚 1.7 厘米（图 3-9，3）。

标本 A1∶063，青色板岩。打制，不规则多边形，局部保留石皮，边刃，有刮削痕迹。长 5.5、宽 5.2、厚 2.0 厘米（图 3-9，4；彩版八，3）。

标本 A1∶088-1，浅黄色板岩。打制，不规则多边形，局部保留石皮，边刃呈齿状。长 8.5、宽 5.8、厚 1.7 厘米（图 3-9，5；彩版八，4）。

标本 A1∶088-3，青色板岩。打制，不规则半圆形，一面保留石皮，边刃，有刮削痕迹。长 6.4、宽 4.4、厚 1.7 厘米（图 3-9，6；彩版八，5）。

标本 A1∶088-4，青色板岩。打制，不规则蚌壳形，一面保留石皮，边刃，有刮削痕迹。长 5.5、宽 2.8、厚 0.6 厘米（图 3-9，7；彩版八，6）。

标本 A1∶088-6，灰色板岩。打制，不规则圆形，局部保留石皮，边刃，有刮削痕迹。长 4.9、宽 4.8、厚 1.0 厘米（图 3-10，1；彩版八，7）。

标本 A1∶088-7，浅黄色板岩。打制，不规则三角形，局部保留石皮，边刃，有刮削痕迹。长 6.1、宽 4.6、厚 1.0 厘米（图 3-10，2；彩版八，8）。

标本 A1∶088-8，灰色板岩。打制，不规则蚌壳形，边刃，有刮削痕迹。长 3.1、宽 2.4、厚 0.7 厘米（图 3-10，3；彩版九，1）。

标本 A1∶088-9，灰色板岩。打制，不规则蚌壳形，局部保留石皮，边刃，有刮削痕迹。长 4.5、宽 2.8、厚 1.0 厘米（图 3-10，4；彩版九，2）。

标本 A1∶088-10，浅黄色板岩。打制，不规则蚌壳形，局部保留石皮，边刃，有刮削痕迹。长 4.6、宽 2.0、厚 0.7 厘米（图 3-10，5；彩版九，3）。

标本 A1∶088-12，灰色板岩。打制，不规则蚌壳形，局部保留石皮，边刃，有刮削痕迹。长 4.0、宽 2.7、厚 0.8 厘米（图 3-10，6；彩版九，4）。

标本 F1∶80，青灰色板岩。打制，不规则宽叶形，边刃，有刮削痕迹。长 5.0、宽 2.9、厚 0.7 厘米（图 3-10，7）。

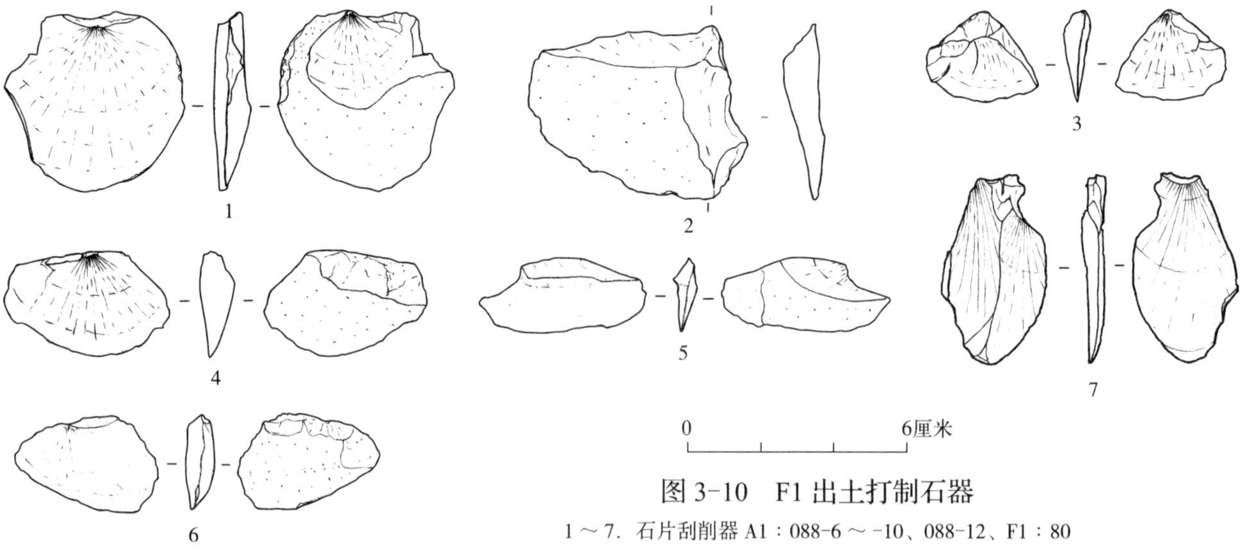

图 3-10　F1 出土打制石器

1～7. 石片刮削器 A1∶088-6～-10、088-12、F1∶80

网坠　3件。

扁平形河卵石打制，均有打出豁口。

标本A1∶055，青褐色斑岩，不规则扁圆角方形，一侧有打出的豁口。长9.8、宽8.6、厚1.4～2.0厘米（图3-11，1；彩版九，5）。

标本A1∶056，褐色长石砂岩，不规则圆角长方形，两侧有打出的豁口。长9.5、宽8.7、厚1.7厘米（图3-11，2；彩版九，6）。

标本A1∶064，黄褐色斑岩，不规则圆角方形，两侧有打出的豁口。长7.0、宽7.0、厚1.4～1.7厘米（图3-11，3；彩版九，7）。

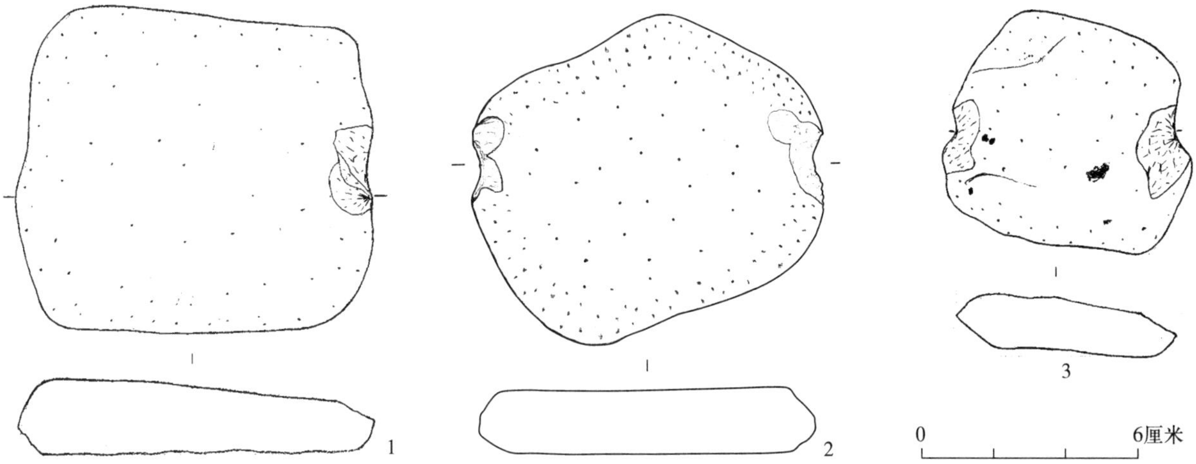

图3-11　F1出土打制石器

1～3. 网坠A1∶055、056、064

（2）细石器

110件。有石片刮削器3件、石核刮削器1件、石叶刮削器64件，尖状器34件、石镞8件。

石片刮削器　3件。

标本F1∶38，黄褐色燧石。打制，压琢呈椭圆形，边刃，有刮削痕迹。长1.4、宽1.2、厚0.4厘米（图3-12，1；彩版一〇，1）。

标本F1∶91，暗红色燧石。打制，不规侧菱形，边刃，有刮削痕迹。长3.6、宽4.4、厚0.6厘米（图3-12，2）。

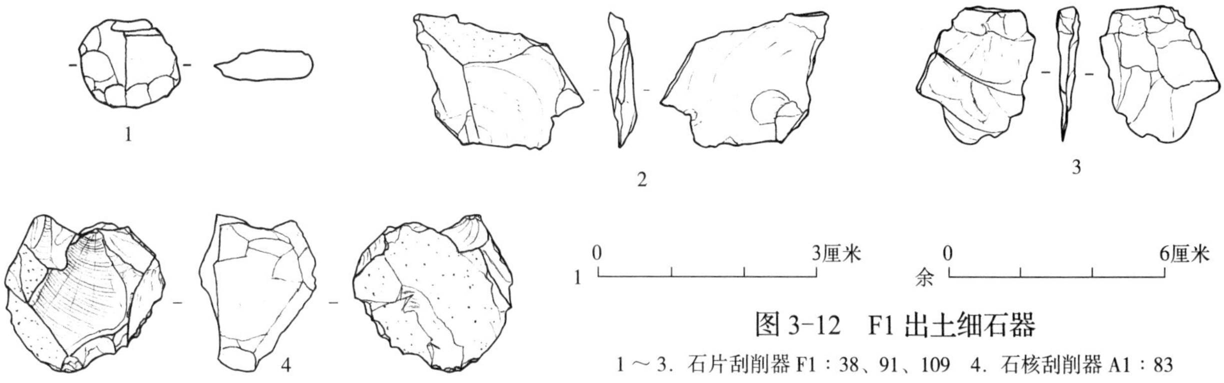

图3-12　F1出土细石器

1～3. 石片刮削器F1∶38、91、109　4. 石核刮削器A1∶83

标本F1∶109，棕色玛瑙打制，不规则多边形，边刃，有刮削痕迹。长3.6、宽3.4、厚0.5厘米（图3-12，3；彩版一〇，2）。

石核刮削器 1件。

标本A1∶83，黄褐色玛瑙打制，不规则形，边刃，有刮削痕迹。长4.2、宽4.4、厚3.2厘米（图3-12，4；彩版一〇，3）。

石叶刮削器 64件。

多长条形，或宽或窄，边刃多经使用。

标本F1∶7，浅黄褐色燧石。琢制，长条形，横断面梯形，一侧边刃压琢边刃，有刮削痕迹。长2.6、宽0.4、厚0.1厘米（图3-13，1；彩版一一，7）。

标本F1∶8，灰褐色燧石。琢制，长条形，横断面梯形，边刃，有刮削痕迹。长1.3、宽0.5、厚0.1厘米（图3-13，2）。

标本F1∶11，暗红色燧石。琢制，长条形，横断面梯形，边刃，有刮削痕迹。长2.3、宽0.3、厚0.2厘米（图3-13，3；彩版一一，8）。

标本F1∶12，暗红色燧石。琢制，长条形，横断面梯形，边刃压琢，刮削痕迹明显。长1.7、宽0.4、厚0.2厘米（图3-13，4）。

标本F1∶13，棕色燧石。琢制，长条形，横断面梯形，边刃，有刮削痕迹。长2.3、宽0.4、厚0.1厘米（图3-13，5）。

标本F1∶14，暗红色燧石。琢制，长条形，横断面三角形，边刃，有刮削痕迹。长3.6、宽1.0、厚0.3厘米（图3-13，6；彩版一二，1）。

标本F1∶15，棕色燧石。琢制，长叶形，横断面三角形，边刃，有刮削痕迹。长1.5、宽0.4、厚0.1

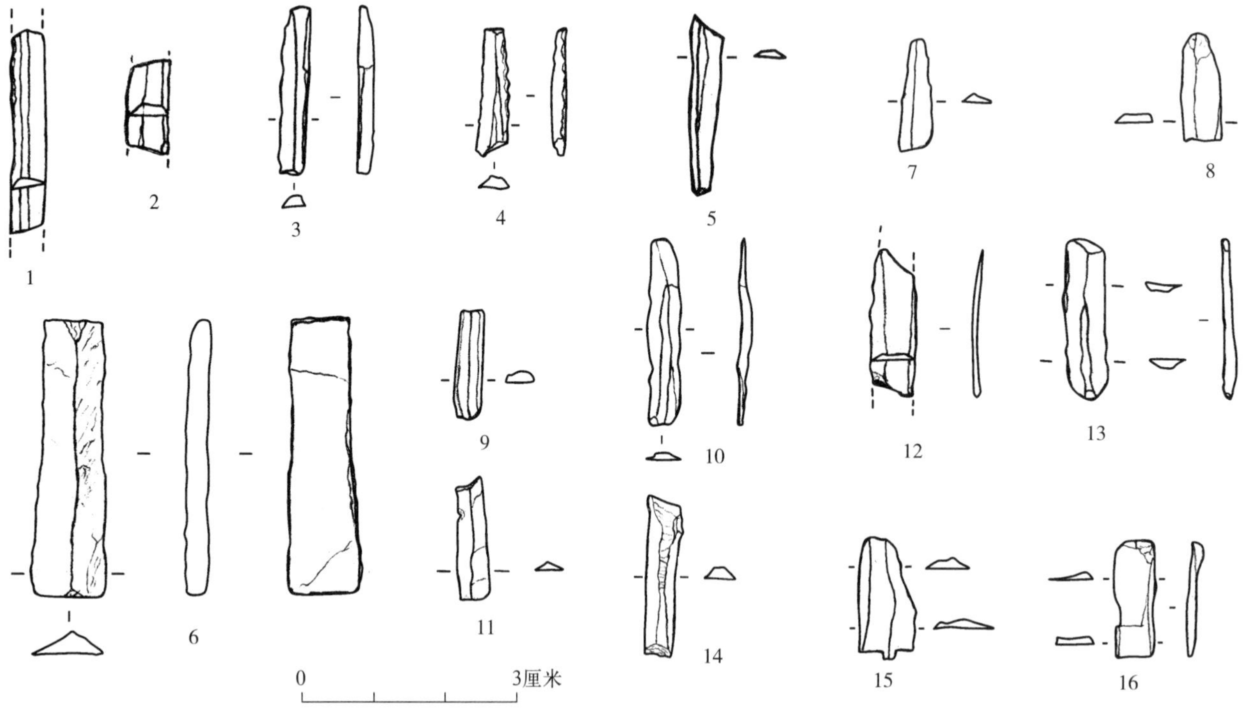

图3-13 F1出土细石器

1～16. 石叶刮削器F1∶7、8、11～18、20、22、23、29、31、32

厘米（图 3-13，7；彩版一二，2）。

标本 F1：16，棕色燧石。琢制，长条形，横断面梯形，边刃，有刮削痕迹。长 1.4、宽 0.5、厚 0.1 厘米（图 3-13，8；彩版一二，3）。

标本 F1：17，红褐色燧石。琢制，长条形，横断面梯形，边刃，有刮削痕迹。长 1.4、宽 0.4、厚 0.1 厘米（图 3-13，9；彩版一二，4）。

标本 F1：18，黄褐色燧石。琢制，长条形，横断面梯形，边刃，有刮削痕迹。长 2.5、宽 0.5、厚 0.1 厘米（图 3-13，10）。

标本 F1：20，浅棕色燧石。琢制，长条形，横断面三角形，边刃，有刮削痕迹。长 1.6、宽 0.4、厚 0.1 厘米（图 3-13，11；彩版一二，5）。

标本 F1：22，棕色燧石。琢制，长条形，横断面梯形，边刃，有刮削痕迹。长 1.9、宽 0.6、厚 0.1 厘米（图 3-13，12；彩版一二，6）。

标本 F1：23，黄褐色燧石。琢制，长条形，横断面梯形，边刃，有刮削痕迹。长 2.2、宽 0.5、厚 0.1 厘米（图 3-13，13）。

标本 F1：26，青褐色燧石。打制边刃，有刮削痕迹。长 1.9、宽 0.6、厚 0.1 厘米。

标本 F1：29，黄褐色燧石。琢制，长条形，横断面梯，边刃，有刮削痕迹。长 2.1、宽 0.4、厚 0.1 厘米（图 3-13，14；彩版一二，7）。

标本 F1：31，棕色燧石。琢制，长条形，横断面梯，边刃，有刮削痕迹。长 1.7、宽 0.8、厚 0.1 厘米（图 3-13，15）。

标本 F1：32，黄褐色燧石。琢制，长条形，横断面梯，边刃，有刮削痕迹。长 1.5、宽 0.5～0.6、厚 0.1 厘米（图 3-13，16）。

标本 F1：34，灰白色燧石。琢制，长条形，横断面梯，边刃，有刮削痕迹。长 1.4、宽 0.5、厚 0.1 厘米（图 3-14，1）。

标本 F1：35，黄褐色燧石。琢制，长条形，横断面梯，边刃，有刮削痕迹。长 2.6、宽 0.6、厚 0.1 厘米（图 3-14，2；彩版一二，8）。

标本 F1：39，浅黄色燧石。琢制，长条形，横断面梯，边刃，有刮削痕迹。长 1.4、宽 0.5、厚 0.1 厘米（图 3-14，3）。

标本 F1：42，黄褐色燧石。琢制，长条形，横断面梯，边刃，有刮削痕迹。长 2.1、宽 0.8、厚 0.1 厘米（图 3-14，4）。

标本 F1：43，棕色燧石。琢制，长条形，横断面三角，边刃，有刮削痕迹。长 2.1、宽 0.8、厚 0.2 厘米（图 3-14，5）。

标本 F1：46，绿色玛瑙。琢制，长条形，横断面梯形，侧刃锋利。长 2.3、宽 0.7、厚 0.1 厘米（图 3-14，6；彩版一三，1）。

标本 F1：47，青灰色燧石。琢制，长条形，横断面梯，边刃，有刮削痕迹。长 1.6、宽 0.5、厚 0.1 厘米（图 3-14，7）。

标本 F1：49，褐色燧石。琢制，长条形，横断面梯，边刃，有刮削痕迹。长 1.9、宽 0.6、厚 0.1 厘米（图 3-14，8）。

标本 F1：50，棕色燧石。琢制，长条形，横断面梯，边刃，有刮削痕迹。长 1.6、宽 0.5、厚 0.1

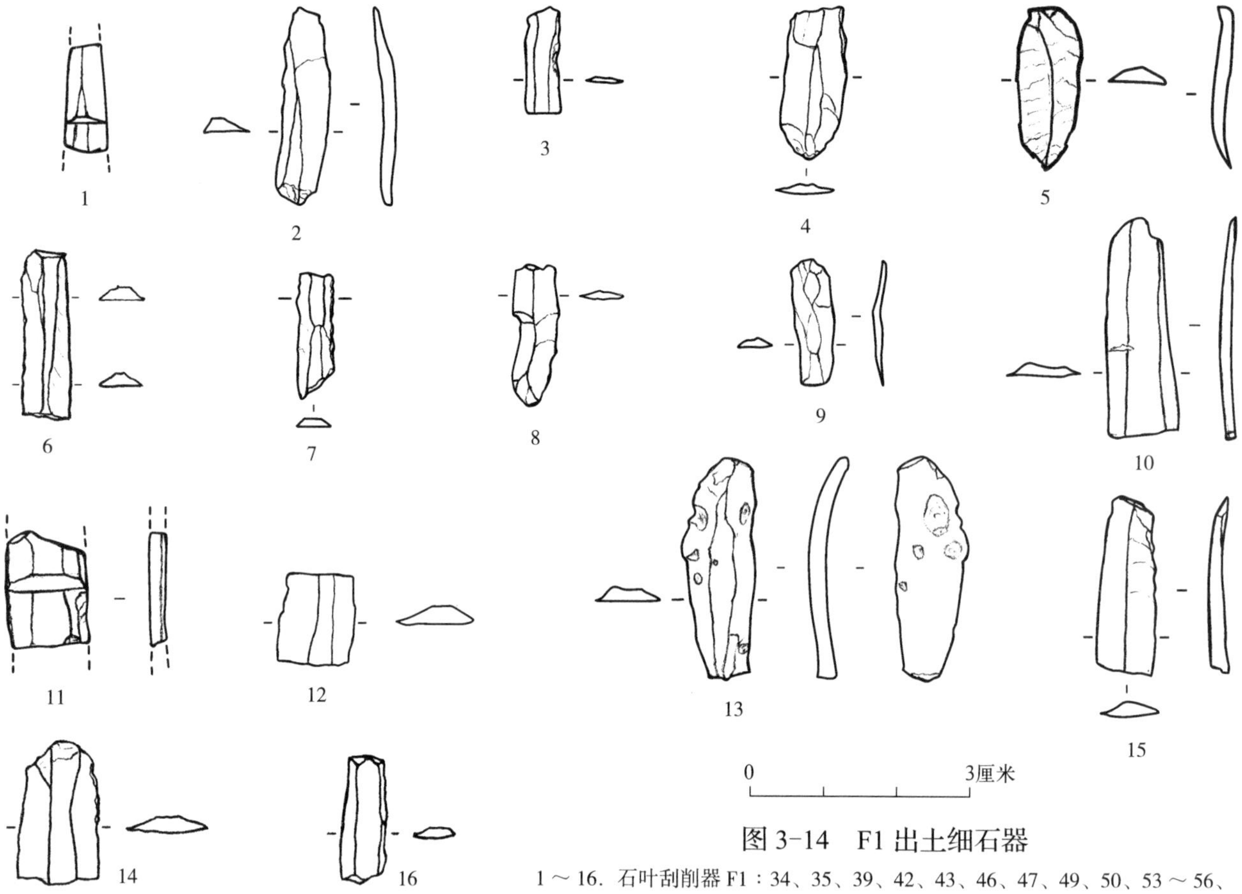

图 3-14　F1 出土细石器

1 ～ 16. 石叶刮削器 F1 : 34、35、39、42、43、46、47、49、50、53 ～ 56、60、61、64

厘米（图 3-14，9；彩版一三，2）。

标本 F1 : 53，红褐色燧石。琢制，长条形，横断面梯，边刃，有刮削痕迹。长 2.9、宽 0.9、厚 0.1 厘米（图 3-14，10；彩版一三，3）。

标本 F1 : 54，黄褐色燧石。琢制，长条形，横断面梯，边刃，有刮削痕迹。长 1.6、宽 1.1、厚 0.2 厘米（图 3-14，11）。

标本 F1 : 55，红褐色燧石。琢制，长条形，横断面梯，边刃，有刮削痕迹。长 1.2、宽 1.1、厚 0.3 厘米（图 3-14，12）。

标本 F1 : 56，红褐色燧石。琢制，长条形，横断面梯，边刃，有刮削痕迹。长 2.9、宽 0.9、厚 0.2 厘米（图 3-14，13；彩版一三，4）。

标本 F1 : 60，暗青色燧石。琢制，长条形，横断面梯，边刃，有刮削痕迹。侧刃锋利。长 1.9、宽 1.1、厚 0.2 厘米（图 3-14，14；彩版一三，5）。

标本 F1 : 61，红褐色燧石。琢制，长条形，横断面三角，边刃，有刮削痕迹。长 2.4、宽 0.8、厚 0.2 厘米（图 3-14，15；彩版一三，6）。

标本 F1 : 64，浅黄色燧石。琢制，长条形，横断面梯，边刃，有刮削痕迹。长 1.7、宽 0.6、厚 0.1 厘米（图 3-14，16）。

标本 F1 : 66，棕红色燧石。琢制，长条形，横断面梯，边刃，有刮削痕迹。长 5.7、宽 1.1、厚 0.3 厘米（图 3-15，1；彩版一三，7）。

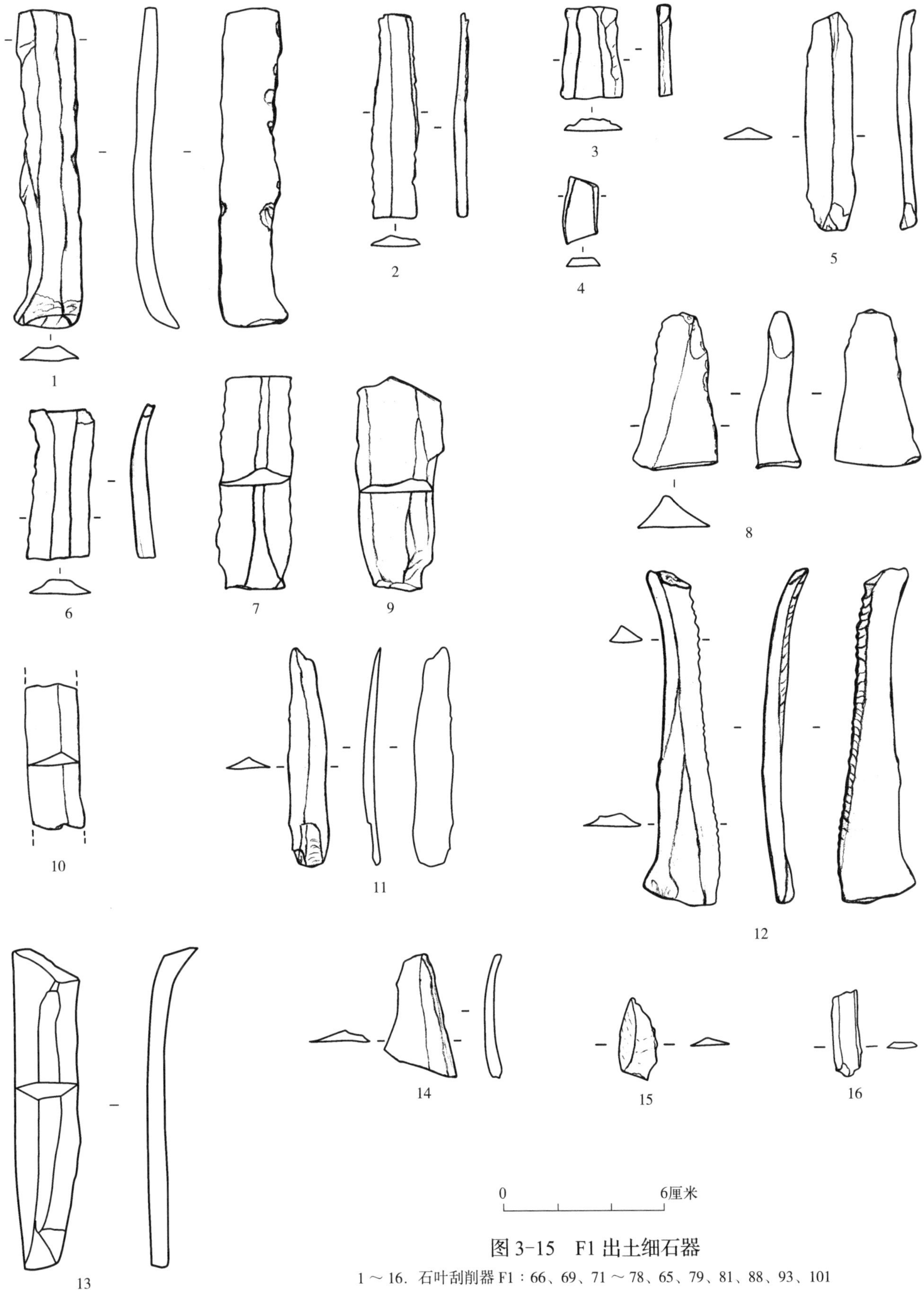

图 3-15　F1 出土细石器

1～16. 石叶刮削器 F1：66、69、71～78、65、79、81、88、93、101

标本 F1∶69，灰色燧石。琢制，长条形，横断面三角，边刃，有刮削痕迹。长 3.7、宽 0.9、厚 0.2 厘米（图 3-15，2；彩版一四，1）。

标本 F1∶71，暗红色燧石。琢制，长条形，横断面梯，边刃，有刮削痕迹。长 1.7、宽 1.2、厚 0.2 厘米（图 3-15，3；彩版一四，2）。

标本 F1∶72，灰褐色燧石。琢制，长条形，横断面梯，边刃，有刮削痕迹。长 1.2、宽 0.6、厚 0.1 厘米（图 3-15，4）。

标本 F1∶73，深灰色燧石。琢制，长条形，横断面三角，边刃，有刮削痕迹。长 3.9、宽 0.9、厚 0.2 厘米（图 3-15，5；彩版一四，3）。

标本 F1∶74，灰色燧石。琢制，长条形，横断面梯，边刃，有刮削痕迹。长 2.7、宽 1.2、厚 0.2 厘米（图 3-15，6；彩版一四，4）。

标本 F1∶75，青灰色板岩。琢制，长条形，横断面梯，边刃，有刮削痕迹。长 3.9、宽 1.4、厚 0.3 厘米（图 3-15，7；彩版一四，5）。

标本 F1∶76，暗红色燧石。琢制，长条形，横断面三角，边刃，有刮削痕迹。长 2.8、宽 1.6、厚 1.6 厘米（图 3-15，8）。

标本 F1∶77，青灰色板岩。琢制，长条形，横断面梯，边刃，有刮削痕迹。长 3.8、宽 1.6、厚 0.2 厘米（图 3-15，9；彩版一四，6）。

标本 F1∶78，青灰色板岩。琢制，长条形，横断面三角，边刃，有刮削痕迹。长 2.6、宽 1.0、厚 0.2 厘米（图 3-15，10；彩版一四，7）。

标本 F1∶65，黄褐色玛瑙。琢制，长条形，横断面三角，边刃，有刮削痕迹。长 3.9、宽 0.8、厚 0.2 厘米（图 3-15，11；彩版一四，8）。

标本 F1∶79，青灰色燧石。琢制，长条形，横断面梯形。长 6.0、宽 0.6 ～ 1.3、厚 0.3 厘米（图 3-15，12；彩版一五，1）。

标本 F1∶81，青灰色燧石。琢制，长条形，横断面梯形，边刃，有刮削痕迹。长 5.7、宽 1.1、厚 0.3 厘米（图 3-15，13）。

标本 F1∶88，青灰色板岩。琢制，长条形，横断面梯，边刃，有刮削痕迹。长 2.2、宽 1.2、厚 0.1 ～ 0.2 厘米（图 3-15，14）。

标本 F1∶93，青灰色燧石。琢制，长条形，横断面三角，边刃，有刮削痕迹。长 1.5、宽 0.7、厚 0.1 厘米（图 3-15，15）。

标本 F1∶101，灰白色燧石。打制。长 1.6、宽 0.5、厚 0.1 厘米（图 3-15，16）。

标本 F1∶102，棕色燧石。琢制，长条形，横断面菱，边刃，有刮削痕迹。长 0.6、宽 0.9、厚 0.2 厘米（图 3-16，1）。

标本 F1∶103，灰白色燧石。琢制，长条形，横断面梯，边刃，有刮削痕迹。长 1.6、宽 0.6、厚 0.1 厘米（图 3-16，2）。

标本 F1∶104，黄褐色燧石。琢制，长条形，横断面梯，边刃，有刮削痕迹。长 2.1、宽 0.6、厚 0.1 厘米（图 3-16，3；彩版一五，2）。

标本 F1∶105，乳白色燧石。琢制，长条形，横断面梯，边刃，有刮削痕迹。长 0.8、宽 0.7、厚 0.1 厘米（图 3-16，4）。

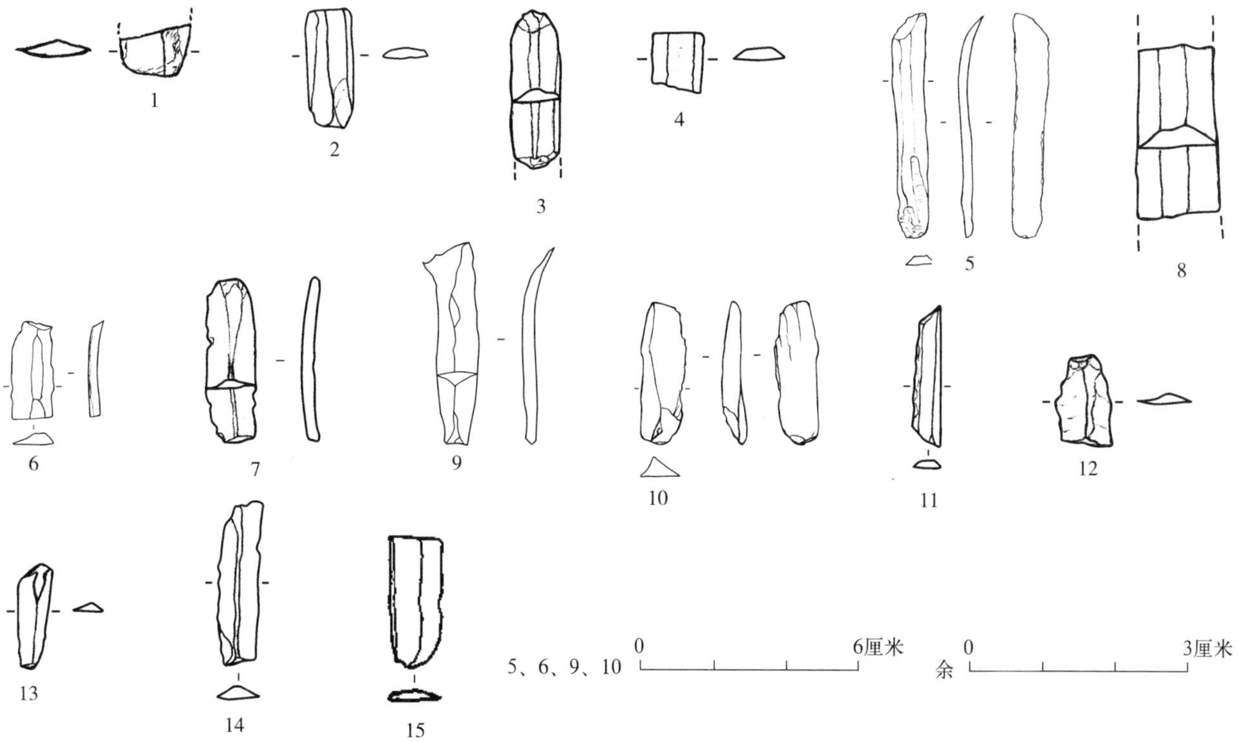

图3-16　F1出土细石器

1～15. 石叶刮削器F1∶102～105、212、F1H1∶1、4、13、14、18、26～28、F1∶106、108

标本F1∶212，青灰色燧石。琢制，长条形，横断面梯，边刃，有刮削痕迹。长5.9、宽0.95、厚0.2～0.25厘米（图3-16，5；彩版一五，3）。

标本F1H1∶1，红褐色燧石。打制。长2.6、宽1.2、厚0.3厘米（图3-16，6；彩版一五，4）。

标本F1H1∶4，残，黄褐色燧石。琢制，长条形，横断面梯，边刃，有刮削痕迹。长2.2、宽0.8、厚0.1厘米（图3-16，7；彩版一五，5）。

标本F1H1∶13，青灰色石英脉。琢制，长条形，横断面梯，边刃，有刮削痕迹。长2.2、宽1.1、厚0.3厘米（图3-16，8；彩版一五，6）。

标本F1H1∶14，青灰色燧石。琢制，长条形，横断面三角，边刃，有刮削痕迹。长5.3、宽1.1、厚0.2～0.3厘米（图3-16，9）。

标本F1H1∶18，浅黄色燧石。琢制，长条形，横断面三角，边刃，有刮削痕迹。长1.3、宽0.5、厚0.1厘米（图3-16，10；彩版一五，7）。

标本F1H1∶26，浅黄色燧石。琢制，长条形，横断面梯，边刃，有刮削痕迹。长1.9、宽0.4、厚0.1厘米（图3-16，11；彩版一五，8）。

标本F1H1∶27，浅黄色燧石。琢制，长条形，横断面梯，边刃，有刮削痕迹。长1.2、宽0.7、厚0.1厘米（图3-16，12）。

标本F1H1∶28，黄褐色燧石。琢制，长条形，横断面三角，边刃，有刮削痕迹。长1.3、宽0.4、厚0.1厘米（图3-16，13）。

标本F1∶106，白色玛瑙琢制，长条形，横断面梯，边刃，有刮削痕迹。长2.2、宽0.5、厚0.2

厘米（图 3-16，14）。

标本 F1：108，青色玛瑙。琢制，长条形，横断面梯，边刃，有刮削痕迹。长 1.7、宽 0.7、厚 0.1 厘米（图 3-16，15）。

尖状器　34 件。

多腹面向背面压琢成尖锋，或叫石钻。有的在背面向腹面一侧压琢成尖角，或叫歪尖器，可用于切割或雕刻，边刃多经使用。

标本 F1：10，棕色燧石。琢制，长叶形，横断面梯，边刃，有刮削痕迹。长 2.4、宽 0.4、厚 0.1 厘米（图 3-17，1；彩版一〇，4）。

标本 F1：19，棕色燧石。琢制，长叶形，横断面梯，边刃，有刮削痕迹。长 2.3、宽 0.4、厚 0.1 厘米（图 3-17，2；彩版一〇，5）。

标本 F1：21，浅黄色燧石。琢制，三角形，横断面三角，边刃，有刮削痕迹。长 1.4、宽 0.5、厚 0.1 厘米（图 3-17，3；彩版一〇，6）。

标本 F1：25，棕色燧石。琢制，三角形，歪尖，横断面三角，边刃，有刮削痕迹。长 1.4、宽 0.5、厚 0.1 厘米（图 3-17，4）。

标本 F1：30，浅棕色燧石。琢制，长三角形，横断面梯，边刃，有刮削痕迹。长 1.5、宽 0.6、厚 0.1 厘米（图 3-17，5；彩版一〇，7）。

标本 F1：37，浅黄色燧石。琢制，叶形，歪尖，横断面三角，边刃，有刮削痕迹。长 1.7、宽 0.6、厚 0.2 厘米（图 3-17，6；彩版一〇，8）。

标本 F1：40，浅黄色燧石叶，边刃，有刮削痕迹。长叶形，歪尖，横断面梯，边刃，有刮削痕迹。长 1.9、宽 0.5、厚 0.1 厘米（图 3-17，7；彩版一六，1）。

标本 F1：45，红褐色燧石。琢制，长条形，横断面梯，边刃，有刮削痕迹。长 2.6、宽 0.9、厚 0.2 厘米（图 3-17，8）。

标本 F1：48，浅灰色燧石。琢制，不规则长条形，歪尖，横断面三角，边刃，有刮削痕迹。长 2.0、宽 0.5、厚 0.2 厘米（图 3-17，9）。

标本 F1：51，红褐色燧石。琢制，不规则长条形，横断面三角，边刃，有刮削痕迹。长 3.0、宽 0.7、厚 0.2 厘米（图 3-17，10）。

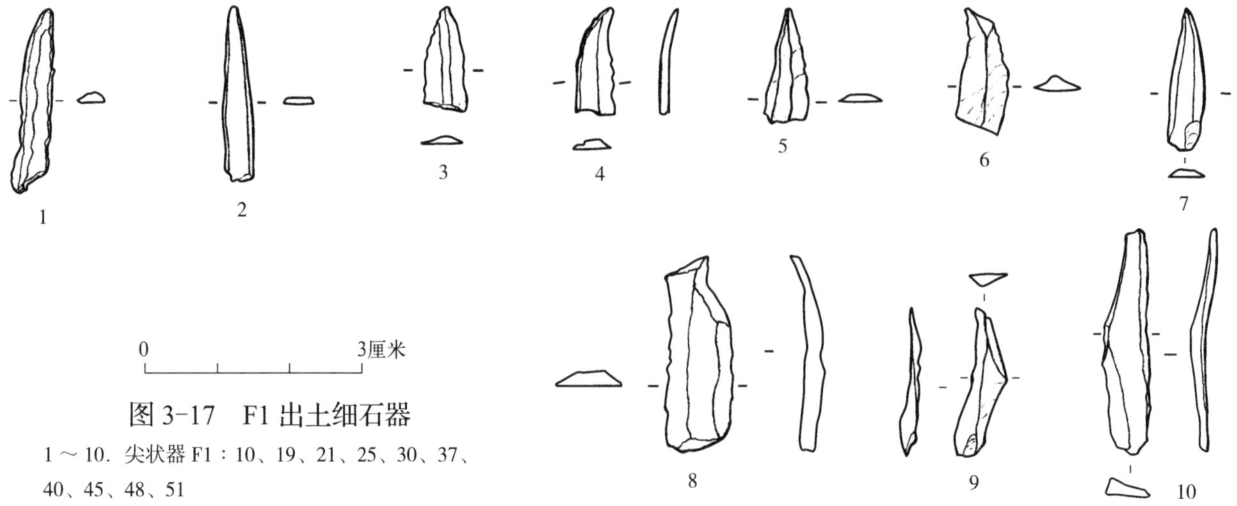

图 3-17　F1 出土细石器

1～10. 尖状器 F1：10、19、21、25、30、37、40、45、48、51

标本 F1∶52，褐色燧石。琢制，圭形，横断面梯形，尖部从背面向腹面压琢，经钻磨使用已圆钝，边刃锋利。长 2.4、宽 0.8、厚 0.25 厘米（图 3-18，1；彩版一六，2）。

标本 F1∶57，红褐色燧石。琢制，尖叶形，横断面梯，边刃，有刮削痕迹。长 2.5、宽 0.9、厚 0.1 厘米（图 3-18，2；彩版一六，3）。

标本 F1∶58，棕色玛瑙。琢制，长条形，歪尖，横断面梯，边刃，有刮削痕迹。长 4.0、宽 0.5、厚 0.15 厘米（图 3-18，3；彩版一六，4）。

标本 F1∶59，青灰色燧石。琢制，长叶形，横断面梯形，边刃压琢呈齿状，锋尖部经使用已圆钝。长 3.2、宽 0.9、厚 0.3 厘米（图 3-18，4；彩版一六，5）。

标本 F1∶62，浅棕色燧石。琢制，长条形，歪尖，横断面梯，边刃，有刮削痕迹。长 2.2、宽 0.5、厚 0.1 厘米（图 3-18，5）。

标本 F1∶82，青灰色燧石。琢制，长身圭形，横断面三角形，边刃压琢呈齿状，尖锋部经使用成圆钝。长 3.8、宽 1.0、厚 0.3 ～ 0.5 厘米（图 3-18，6）。

标本 F1∶83，暗红色燧石。琢制，长叶形，横断面三角，边刃，有刮削痕迹。长 2.0、宽 0.4、厚 0.1 厘米（图 3-18，7；彩版一六，6）。

标本 F1∶84，深灰色燧石。琢制，长叶形，横断面棱，边刃，有刮削痕迹。长 3.9、宽 0.8、厚 0.6 厘米（图 3-18，8；彩版一六，7）。

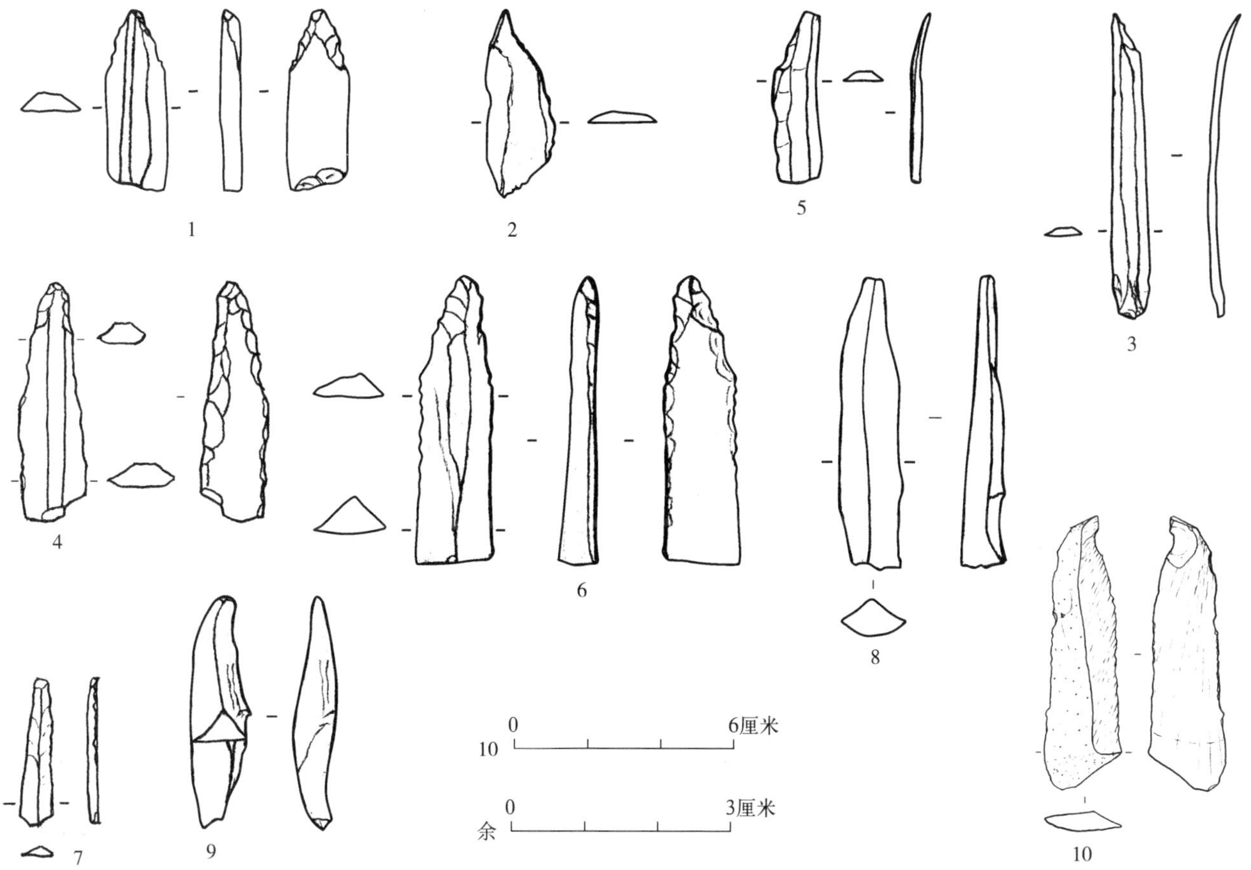

图 3-18　F1 出土细石器

1 ～ 10. 尖状器 F1∶52、57 ～ 59、62、82 ～ 85、99

标本 F1∶85，青灰色燧石。琢制，长叶形，歪尖，横断面三角，边刃，有刮削痕迹。长 3.05、宽 0.8、厚 0.4 厘米（图 3-18，9；彩版一六，8）。

标本 F1∶99，青色板岩。琢制，长叶形，横断面菱形，歪尖，尖部锋利，两侧有刮削痕迹。长 7.3、宽 2.1、厚 0.6 厘米（图 3-18，10；彩版一七，1）。

标本 F1∶100，褐色玛瑙。琢制，长叶形，歪尖，横断面梯，边刃，有刮削痕迹。长 3.0、宽 0.7、厚 0.3 厘米（图 3-19，1；彩版一七，2）。

标本 F1∶107，青绿色燧石。琢制，长叶形，歪尖，横断面菱，边刃，有刮削痕迹。长 2.2、宽 0.6、厚 0.1 厘米（图 3-19，2；彩版一七，3）。

标本 F1∶226，黄褐色燧石。琢制，长条形，横断面梯，边刃，有刮削痕迹。长 2.6、宽 0.7、厚 0.1 厘米（图 3-19，3）。

标本 F1H1∶2，褐色燧石。琢制，长条形，歪尖，横断面梯，边刃，有刮削痕迹。长 3.4、宽 0.8、厚 0.2 厘米（图 3-19，4）。

标本 F1H1∶5，黄褐色玛瑙。琢制，长条形，横断面三角，边刃，有刮削痕迹。长 2.5、宽 0.5、厚 0.1 厘米（图 3-19，5；彩版一七，4）。

标本 F1H1∶6，浅黄褐色燧石。琢制，长叶形，横断面梯，边刃，有刮削痕迹。长 2.9、宽 0.5、厚 0.1 厘米（图 3-19，6；彩版一七，5）。

标本 F1H1∶7，红褐色玛瑙。琢制，长条形，歪尖，横断面三角，边刃，有刮削痕迹。长 2.7、宽 0.4、厚 0.1 厘米（图 3-19，7；彩版一七，6）。

标本 F1H1∶8，棕色燧石。琢制，叶形，横断面三角，边刃，有刮削痕迹。长 2.0、宽 0.7、厚 0.2 厘米（图 3-19，8；彩版一七，7）。

标本 F1H1∶15，青灰色燧石。琢制，长条形，歪尖，横断面三角形，边刃锋利。长 5.4、宽 1.1、厚 0.3 ～ 0.4 厘米（图 3-20，1）。

标本 F1H1∶16，黄褐色燧石。琢制，长条形，横断面三角，边刃，有刮削痕迹。长 1.4、宽 0.5、厚 0.1 厘米（图 3-20，2）。

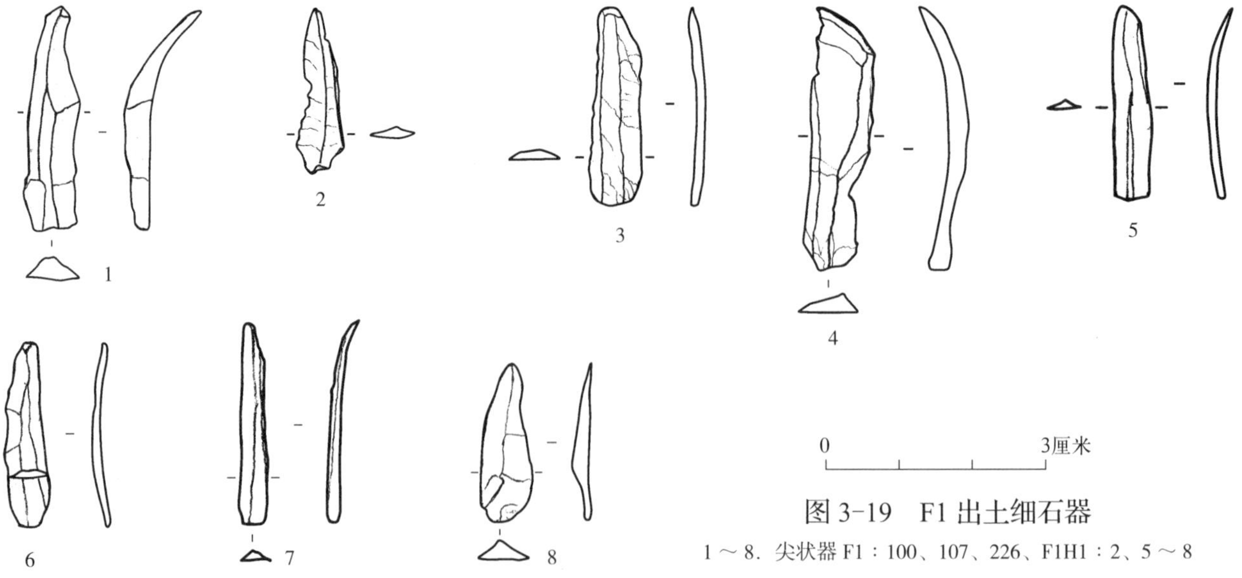

图 3-19　F1 出土细石器

1 ～ 8. 尖状器 F1∶100、107、226、F1H1∶2、5 ～ 8

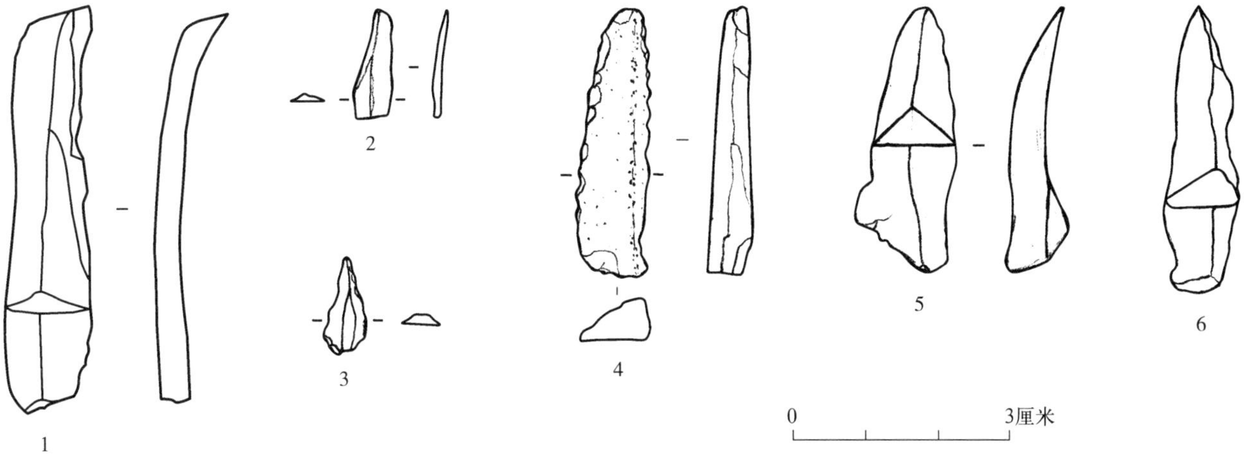

图 3-20　F1 出土细石器

1～6. 尖状器 F1H1：15～17、19、20、22

标本 F1H1∶17，浅黄色燧石。琢制，叶形，横断面梯，边刃，有刮削痕迹。长 1.3、宽 0.5、厚 0.15 厘米（图 3-20，3；彩版一七，8）。

标本 F1H1∶19，浅黄色燧石。琢制，长叶形，横断面三角形，边刃压琢呈齿状，尖锋经使用已圆钝。长 3.6、宽 1.0、厚 0.5 厘米（图 3-20，4；彩版一一，1）。

标本 F1H1∶20，青色板岩。琢制，叶形，横断面三角，边刃，有刮削痕迹。长 3.5、宽 1.2、厚 0.5 厘米（图 3-20，5）。

标本 F1H1∶22，青色板岩。琢制，叶形，横断面三角，边刃，有刮削痕迹。长 3.8、宽 1.1、厚 0.5 厘米（图 3-20，6）。

石镞　8 件。

有叶形、圭形、三角形等。

标本 F1∶24，浅黄色燧石。琢制，长叶形，横断面三角形，镞锋、边刃由背面向腹面压琢，呈细齿状，圆尾，无铤。长 3.3、宽 0.6、厚 0.1 厘米（图 3-21，1；彩版一一，2）。

标本 F1∶203，完整，玛瑙。琢制，圭形，身平直，横断面梯形，镞锋由背侧向腹面压琢呈细齿状。长 3.7、宽 1.0、厚 0.25 厘米（图 3-21，2；彩版一一，3）。

标本 F1∶204，完整，浅灰色玛瑙。琢制，圭形，身平直，镞锋部由背侧向腹面压琢呈细齿状。长 3.25、宽 1.55、厚 0.2 厘米（图 3-21，3；彩版一一，4）。

标本 F1∶41，残，红褐色燧石。琢制，圭形，横断面扁棱形，镞锋部由背侧向腹面压琢呈细齿状。残长 1.6、宽 0.8、厚 0.2 厘米（图 3-21，4）。

标本 F1∶63，残，青色燧石。琢制，横断面扁棱形，镞锋部由背侧向腹面压琢呈细齿状。残长 0.9、宽 1.1、厚 0.1 厘米（图 3-21，5）。

标本 F1∶67，残，灰褐色板岩。琢制，三角形，横断面扁棱形，镞锋部由背侧向腹面压琢呈细齿状。残长 1.7、宽 1.1、厚 0.3 厘米（图 3-21，6；彩版一一，5）。

标本 F1∶86，青灰色燧石。琢制，长圭形，底部残。镞锋部由背侧向腹面压琢呈细齿状。长 3.5、宽 0.9、厚 0.3 厘米（图 3-21，7；彩版一一，6）。

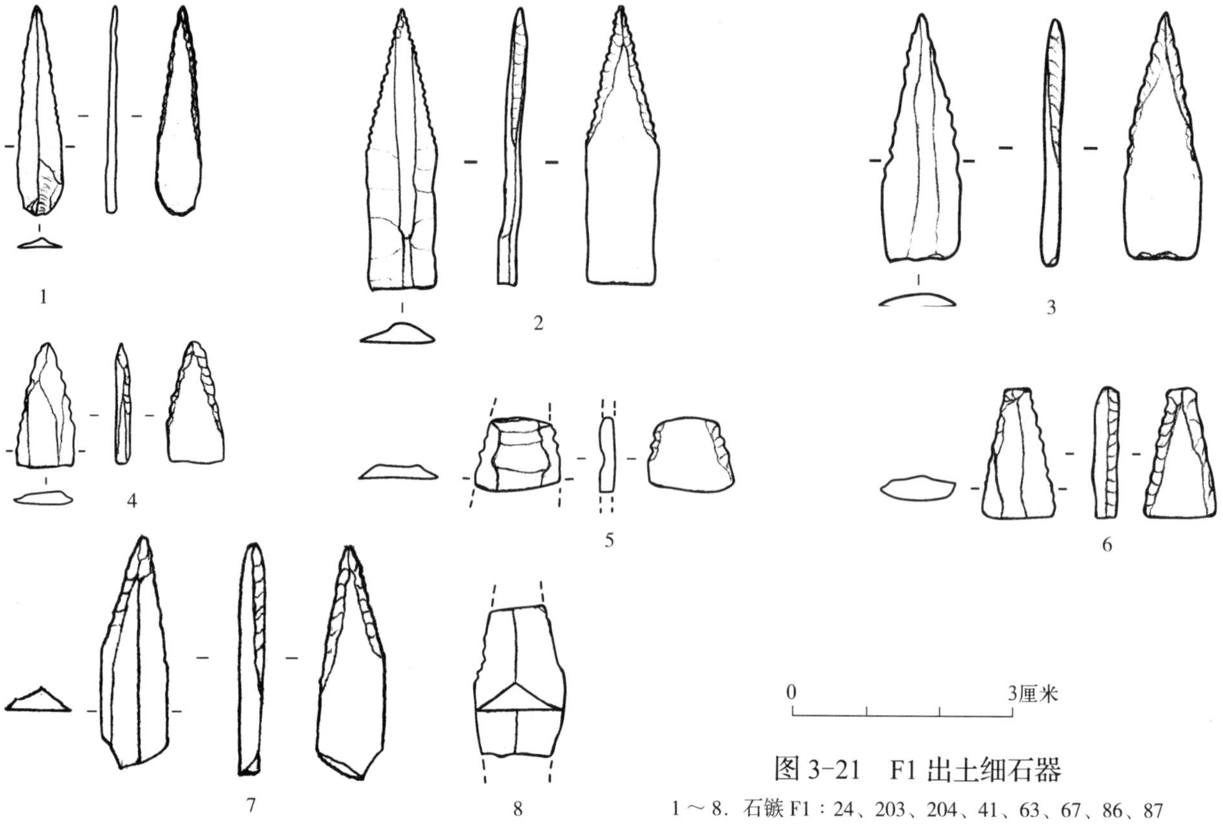

图 3-21 F1 出土细石器

1～8. 石镞 F1：24、203、204、41、63、67、86、87

标本 F1：87，残，青灰色板岩。琢制。三角形，镞锋部由背侧向腹面压琢呈细齿状。残长 1.9、宽 1.2、厚 0.3 厘米（图 3-21，8）。

（3）磨制石器

80 件。有石斧、石镞、石镞料、石磨盘、石磨棒、沟磨石、砺石、雕刻器等。

石斧 7 件。

标本 A1：001，青灰色板岩。磨制光滑，横断面椭圆形。顶残，直身，对磨弧刃。残长 13.1、宽 7.0、厚 3.5 厘米（图 3-22，1；彩版一八，1）。

标本 A1：002，残，浅黄褐色花岗岩。磨制，横断面椭圆形。圆顶，直身。残长 6.0、宽 5.4、厚 3.5 厘米（图 3-22，2）。

标本 A1：003，残，深灰色砂质板岩。磨制，表面光滑，直身，对磨弧刃。残长 5.8、宽 7.8、厚 2.6 厘米（图 3-22，3；彩版一八，2）。

标本 A1：004，残，灰白色高岭土化花岗岩。磨制，横断面扁圆形，对磨弧刃。残长 9.9、宽 6.5、厚 1.8 厘米（图 3-22，4；彩版一八，3）。

标本 A1：005，灰白色高岭土化花岗岩。磨制，圆顶，横断面扁圆形。残长 7.7、宽 7.4、厚 1.9 厘米（图 3-22，5；彩版一八，4）。

标本 A1：006，残，白色石灰岩。磨制，横断面扁圆形。直身，对磨弧刃。残长 7.6、残宽 4.2、厚 3.1 厘米（图 3-22，6）。

标本 A1：008，残，青灰色板岩。磨制，弧形刃对磨。残长 6.4、宽 7.1、厚 2.8 厘米（图 3-22，7；彩版一八，5）。

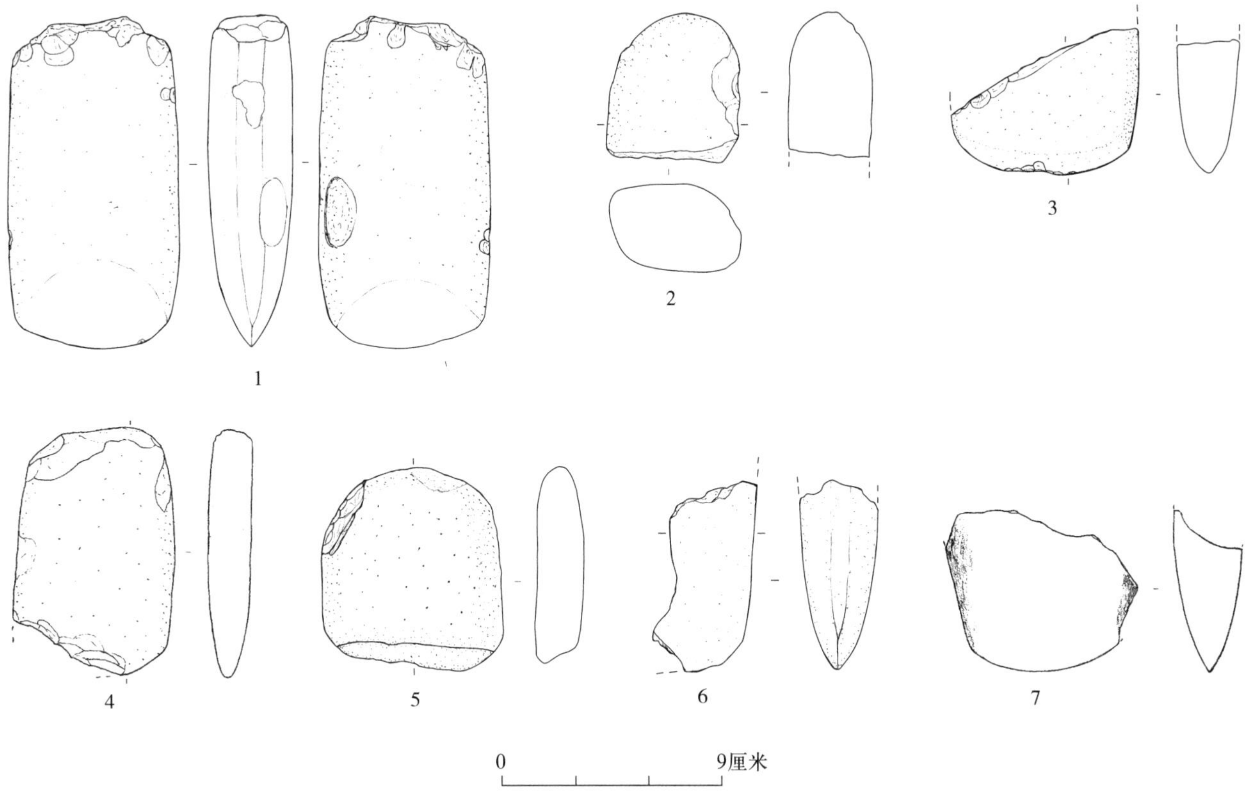

图 3-22　F1 出土磨制石器

1 ～ 7. 石斧 A1：001 ～ 006、008

石镞　12 件。

多为灰绿色页岩。磨制，多长叶形，断面呈扁平六角形，对磨刃，凹底或平底。加工过程先是在页岩上切割成形，两面切割位置略有错落，再磨制成型。

标本 F1：1，长叶形，断面呈扁平六角形，边刃对磨，刃稍弧形，凹底。长 4.5、宽 1.2、厚 0.2 厘米（图 3-23，1；彩版一九，1）。

标本 F1：2，锋残，长叶形，断面呈扁平六角形，边刃对磨，刃稍弧形，平底。残长 3.0、宽 1.4、厚 0.3 厘米（图 3-23，2；彩版一九，2）。

标本 F1：3，锋残，长叶形，断面呈扁平六角形，边刃对磨，刃稍弧形，平底。残长 3.7、宽 1.1、厚 0.1 厘米（图 3-23，3；彩版一九，3）。

标本 F1：4，锋残，长叶形，断面呈扁平六角形，边刃对磨，直刃，凹底。残长 3.5、宽 1.2、厚 0.1 厘米（图 3-23，4；彩版一九，4）。

标本 F1：5，长三角形，断面呈扁平梯形，一侧磨边刃，直刃。残长 2.9、宽 1.5、厚 0.25 厘米（图 3-23，5；彩版一九，5）。

标本 F1：6，长叶形，断面呈扁平六角形，边刃对磨，直刃，平底。残长 4.1、宽 1.1、厚 0.2 厘米（图 3-23，6；彩版一九，6）。

标本 F1：70，断面呈扁平六角形，边刃对磨，直刃，平底。残长 1.4、宽 1.1、厚 0.2 厘米（图 3-23，7）。

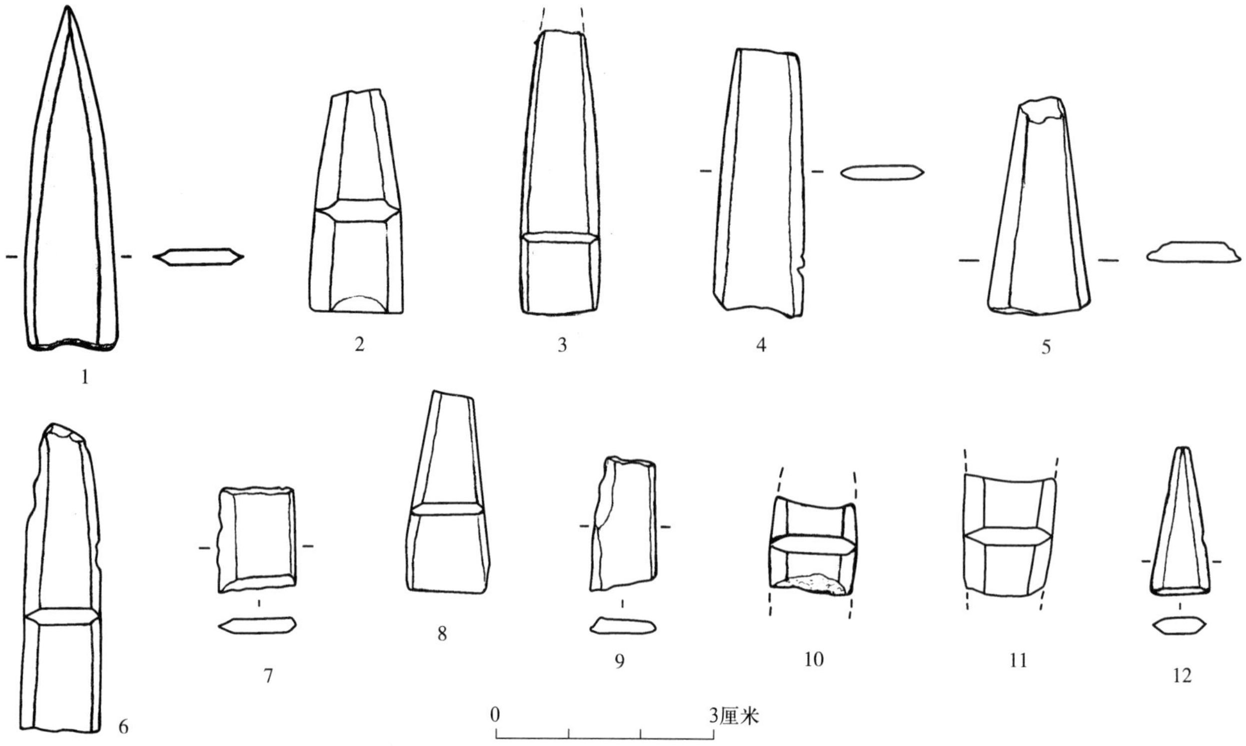

图 3-23　F1 出土磨制石器

1～12. 石镞 F1：1～6、70、F1H1：9、10、24、29、F1：68

标本 F1H1：9，锋残，长三角形，断面呈扁平六角形，边刃对磨，平底。残长 2.7、宽 1.2、厚 0.1 厘米（图 3-23，8；彩版一九，7）。

标本 F1H1：10，边刃对磨，残长 1.8、宽 1.0、厚 0.2 厘米（图 3-23，9）。

标本 F1H1：24，断面呈扁平六角形，边刃对磨，刃弧形。残长 1.4、宽 1.1、厚 0.25 厘米（图 3-23，10）。

标本 F1H1：29，断面呈扁平六角形，边刃对磨，刃弧形。残长 1.6、宽 1.2、厚 0.2 厘米（图 3-23，11）。

标本 F1：68，锋残，长三角形，断面呈扁平六角形，边刃对磨，直刃，平底。残长 1.9、宽 0.8、厚 0.2 厘米（图 3-23，12）。

石镞料　13 件。

均为灰绿色页岩。

标本 A1：092，表面可见到切割石料的痕迹。长 2.2、宽 1.5、厚 0.25 厘米（图 3-24，1；彩版一九，8）。

标本 A1：081，近长方形，片状。长 5.1、宽 4.2、厚 0.3 厘米（图 3-24，2）。

标本 A1：082-1，表面有划割痕。长 9.7、宽 3.5、厚 0.3 厘米（图 3-24，3）。

标本 A1：082-2，近长方形片状。表面有工具的切割痕迹。长 4.9、宽 3.5、厚 0.3 厘米（图 3-24，4）。

标本 A1：082-3，近三角形，表面有工具的切割痕迹。长 4.8、宽 2.4、厚 0.2 厘米（图 3-24，5）。

标本 A1∶082-5，三角形。表面有工具的切割痕迹。长 3.2、宽 1.9、厚 0.2 厘米（图 3-24，6）。

标本 A1∶082-6，表面有工具的切割痕迹。长 3.2、宽 2.1、厚 0.2 厘米（图 3-24，7）。

标本 73F1∶89，磨制。长 2.7、宽 2.0、厚 0.2 厘米（图 3-24，8）。

标本 73F1∶90，磨制。长 3.0、宽 1.3、厚 0.2 厘米（图 3-24，9）。

标本 73F1∶92，表面有切割痕迹。长 4.1、宽 2.0、厚 0.3 厘米（图 3-24，10）。

标本 73A1∶095，磨制。长 5.5、宽 2.4、厚 0.2 厘米（图 3-24，11）。

标本 F1∶96，磨制。长 1.1、宽 1.0、厚 0.1 厘米（图 3-24，12）。

标本 F1H1∶21，长 3.2、宽 1.3、厚 0.2 厘米（图 3-24，13）。

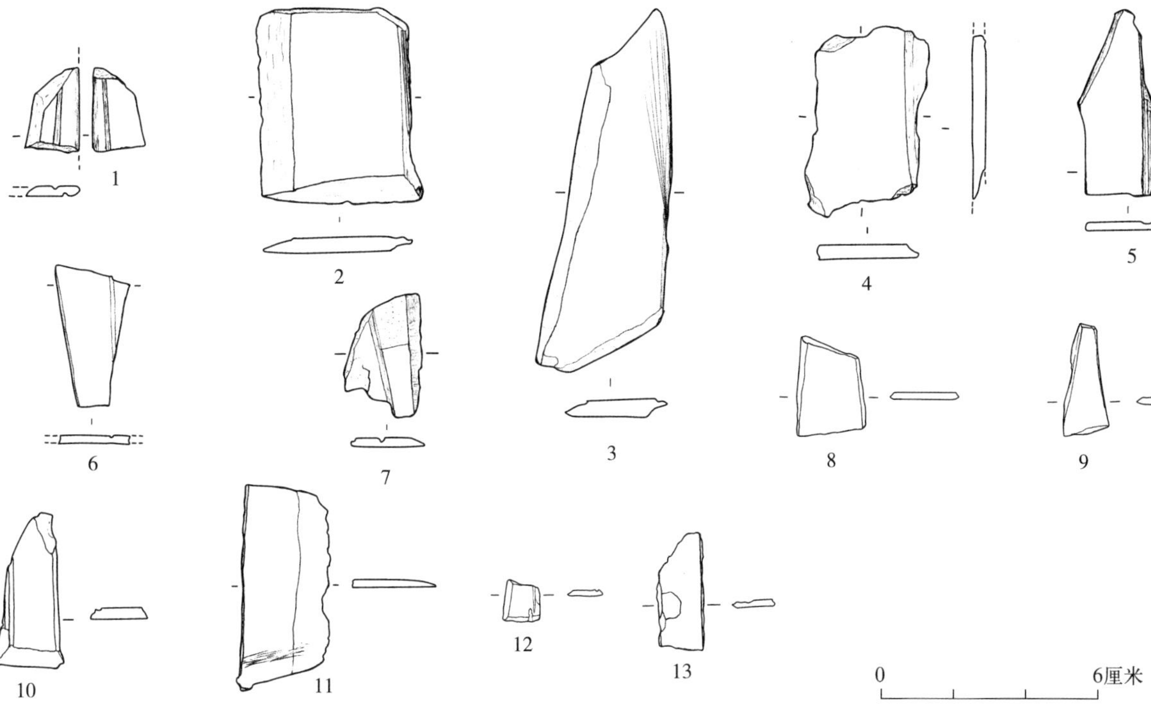

图 3-24 F1 出土磨制石器

1～13. 石镞料 A1∶092、081、082-1～3、082-5、082-6、73F1∶89、90、92、73A1∶095、F1∶96、F1H1∶21

石磨盘 18 件。

标本 A1∶108，残，红褐色砂岩。圆角，两个磨面，研磨痕迹明显。残长 10.5、残宽 12.2、厚 1.9～3.5 厘米（图 3-25，1；彩版二〇，1）。

标本 A1∶010，残块，暗红褐色砂砾岩。一面内凹，一面较平。残长 11.1、残宽 12.1、厚 3.7～5.9 厘米（图 3-25，2）。

标本 A1∶011，残，浅黄褐色花岗岩。磨制，近圆角长方形块状。残长 6.0、宽 5.4、厚 3.5 厘米。

标本 A1∶012，残，褐色闪长玢岩。两个平磨面，横截面呈圆角梯形。残长 8.2、宽 5.9、厚 3.6 厘米（图 3-25，3）。

标本 A1∶013，残块，浅粉红褐色砂砾岩。两面磨，一面内凹，一面较平。残长 6.2、宽 4.8、厚 3.1～3.7 厘米（图 3-25，4）。

标本 A1∶014，残块，浅黄褐色砂砾岩。两磨面，一面内凹，一面较平。痕迹明显。残长 8.5、

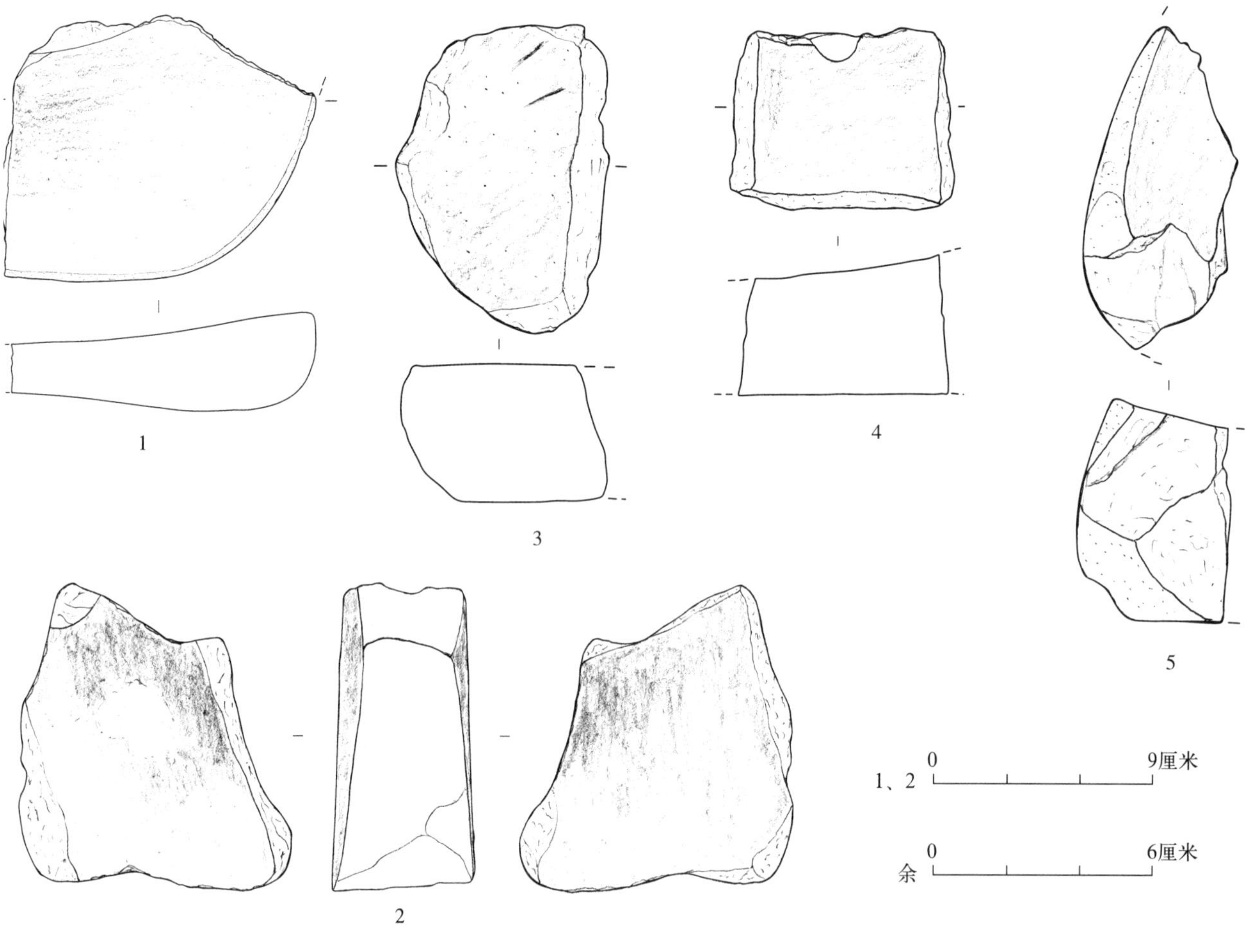

图 3-25　F1 出土磨制石器

1～5. 石磨盘 A1：108、010、012～014

宽 4.3、厚 5.9 厘米（图 3-25，5）。

标本 A1：015，残块，灰白色石英片岩。两个平磨面，磨痕明显。残长 4.8、宽 3.6、厚 2.9 厘米（图 3-26，1）。

标本 A1：016，残块，灰白色角闪长岩。两个平磨面，残长 4.1、宽 5.1、厚 4.0 厘米（图 3-26，2）。

标本 A1：017，残，深褐色风化的花岗岩。两磨面，一面圆凹，一面平。残长 8.7、宽 5.7、厚 2.9～4.3 厘米（图 3-26，3）。

标本 A1：018，残块，黑褐色砂砾岩。一个平磨面，磨痕明显。残长 6.6、宽 6.2、厚 4.0 厘米（图 3-26，4）。

标本 A1：019，残块，褐色花岗岩。两磨面，一面内凹，一面较平。残长 5.5、宽 4.0、厚 4.7 厘米（图 3-26，5）。

标本 A1：020，残块，灰白色砂岩。两磨面，一面内凹，一面较平。残长 6.1、宽 4.9、厚 1.1～2.9 厘米（图 3-26，6）。

标本 A1：021，残块，浅黄褐色砂岩。一个平磨面，磨痕明显。残长 7.6、宽 5.2、厚 3.6 厘米（图 3-27，1）。

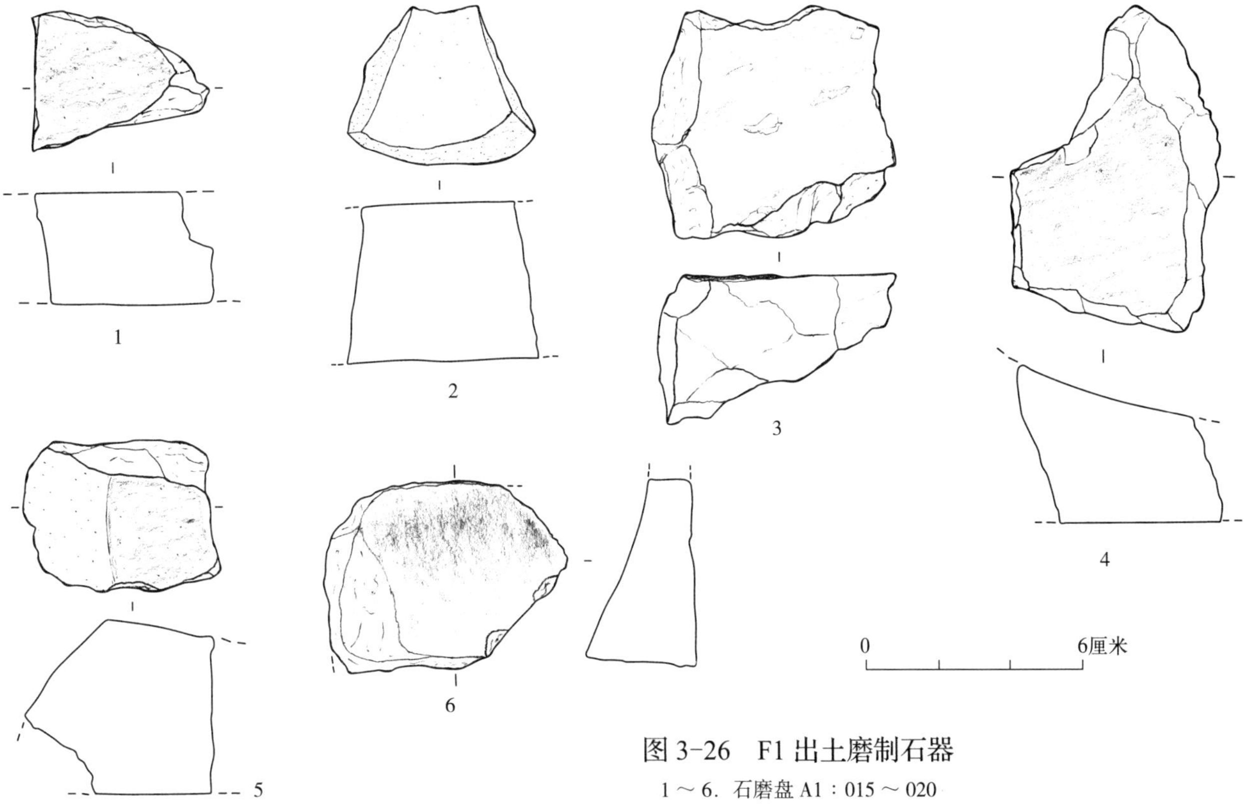

图 3-26　F1 出土磨制石器

1～6. 石磨盘 A1：015～020

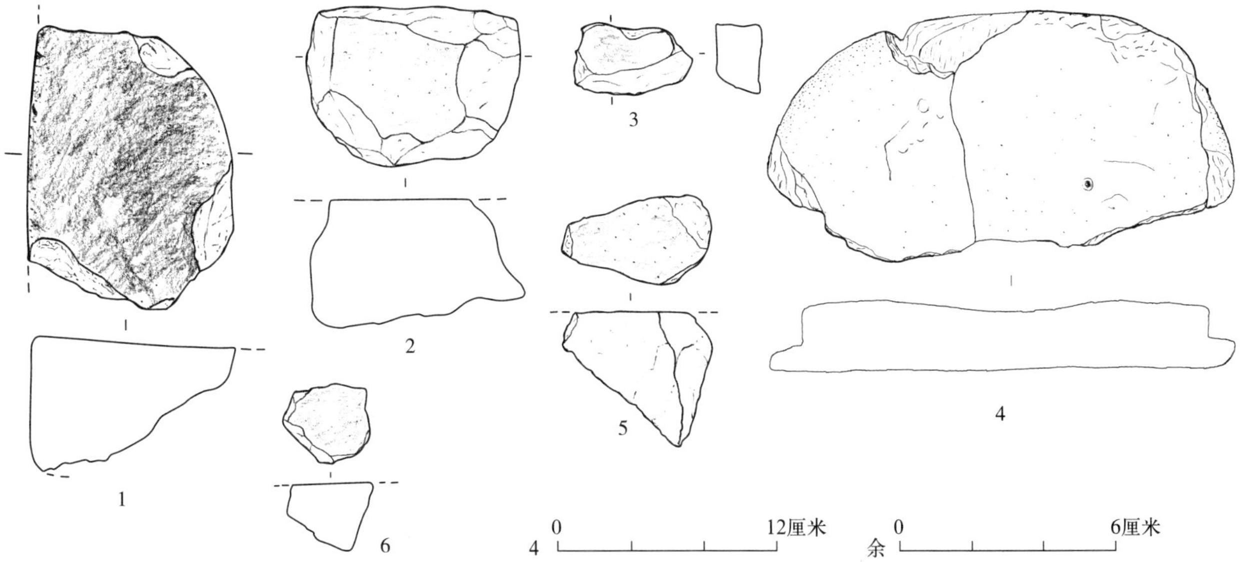

图 3-27　F1 出土磨制石器

1～6. 石磨盘 A1：021～026

标本 A1：022，残块，黄褐色砂岩。一个平磨面，磨面光滑。残长 5.8、宽 4.2、厚 3.4 厘米（图 3-27，2）。

标本 A1：023，残，红褐色砂岩。磨制，一个平磨面，磨痕明显。残长 3.2、宽 1.8、厚 1.2 厘米（图 3-27，3）。

标本 A1∶024，残，灰白色风化的花岗岩。两磨面，一面内凹，一面较平。长 25.7、宽 12.5、厚 3.0～4.0 厘米（图 3-27，4；彩版二〇，2）。

标本 A1∶025，残块，黄褐色砂岩。磨制，一个平磨面，磨痕明显。残长 4.2、宽 2.4、厚 3.6 厘米（图 3-27，5）。

标本 A1∶026，残块，黄褐色细粒花岗岩。磨制，一个平磨面，磨痕明显。残长 2.4、宽 2.1、厚 1.9 厘米（图 3-27，6）。

石磨棒　20 件。

标本 A1∶009，残，红褐色砂砾岩。磨制，横截面半圆形，多磨面，磨痕明显。残长 9.5、宽 7.0、厚 7.3 厘米（图 3-28，1）。

标本 A1∶035，残，浅红褐色石英砂岩。磨制，横截面半圆形，多磨面，磨痕明显。残长 11.9、宽 6.2、宽 5.4 厘米（图 3-28，2；彩版二〇，3）。

标本 A1∶036，残断，浅黄色石英岩。磨制，横截面半椭圆形，一平磨面。残长 9.0、宽 7.5、厚 4.5 厘米（图 3-28，3；彩版二〇，4）。

标本 A1∶037，残，黄褐色石英砂岩。磨制，横截面半椭圆形，一平磨面。长 6.4、宽 8.0、厚 4.9 厘米（图 3-28，4）。

标本 A1∶038，残，黄褐色砂砾岩。磨制，横截面多边形，多磨面，磨痕明显。长 11.7、宽 7.6、厚 4.1 厘米（图 3-28，5）。

标本 A1∶039，残，浅红褐色花岗岩。磨制，横截面半椭圆形，多磨面，磨痕明显。残长 8.0、宽 7.3、厚 4.8 厘米（图 3-28，6；彩版二〇，5）。

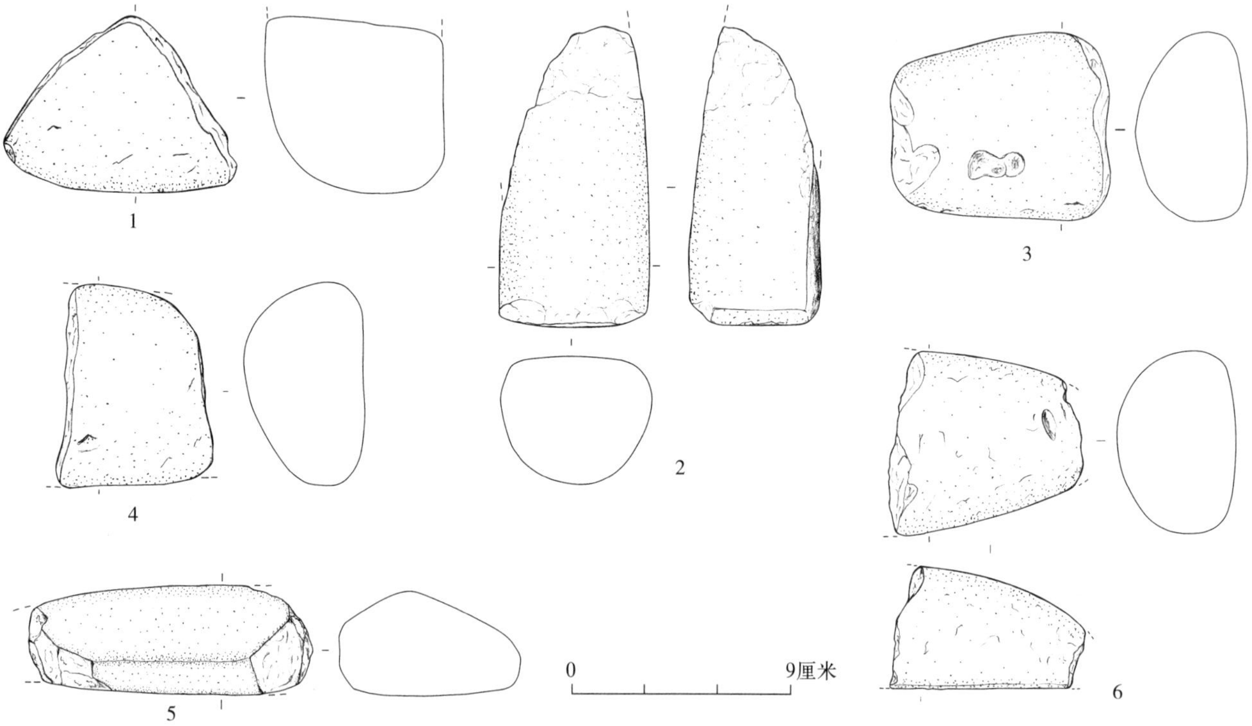

图 3-28　F1 出土磨制石器

1～6. 石磨棒 A1∶009、035～039

标本 A1∶040，残块，黄褐色砂岩。磨制，横截面圆角方形，多磨面，磨痕明显。残长 8.8、宽 6.1、厚 4.5 厘米（图 3–29，1）。

标本 A1∶041，残块，浅黄褐色石英闪长岩。磨制，横截面近圆角梯形，多磨面，磨痕明显。残长 4.2、宽 6.8、厚 4.8 厘米（图 3–29，2）。

标本 A1∶042，残，青褐色花岗岩。磨制，横截面近圆角多边形，多磨面，磨痕明显。残长 10.2、宽 5.3、厚 3.8 厘米（图 3–29，3；彩版二〇，6）。

标本 A1∶043，残，浅黄褐色石英岩。磨制，横截面圆角三角形，三个磨面，磨痕明显。残长 6.0、宽 6.3、厚 4.3. 厘米（图 3–29，4）。

标本 A1∶044，残，粉红褐色花岗岩。磨制，横截面圆形，多磨面，磨痕明显。残长 4.3、宽 5.5、厚 5.2 厘米（图 3–29，5）。

标本 A1∶045，残块，黄褐色花岗岩。磨制，横截面半圆形，多磨面，磨痕明显。残长 6.0、宽 4.9、厚 4.5 厘米（图 3–29，6）。

标本 A1∶046，残块，红褐色花岗岩。磨制，多磨面，磨痕明显。残长 4.9、宽 3.6、厚 4.1 厘米（图 3–30，1）。

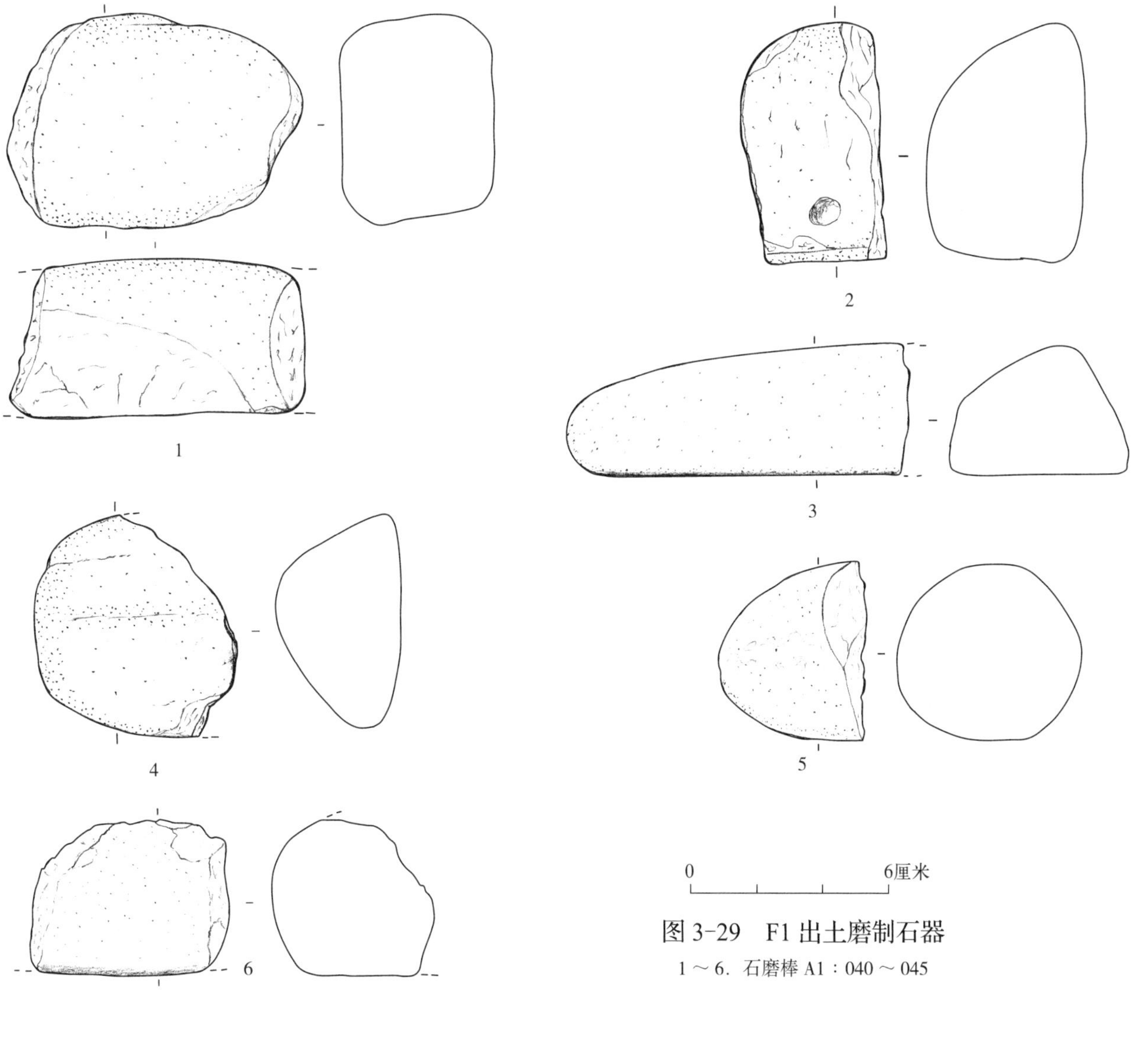

图 3–29 F1 出土磨制石器

1～6. 石磨棒 A1∶040～045

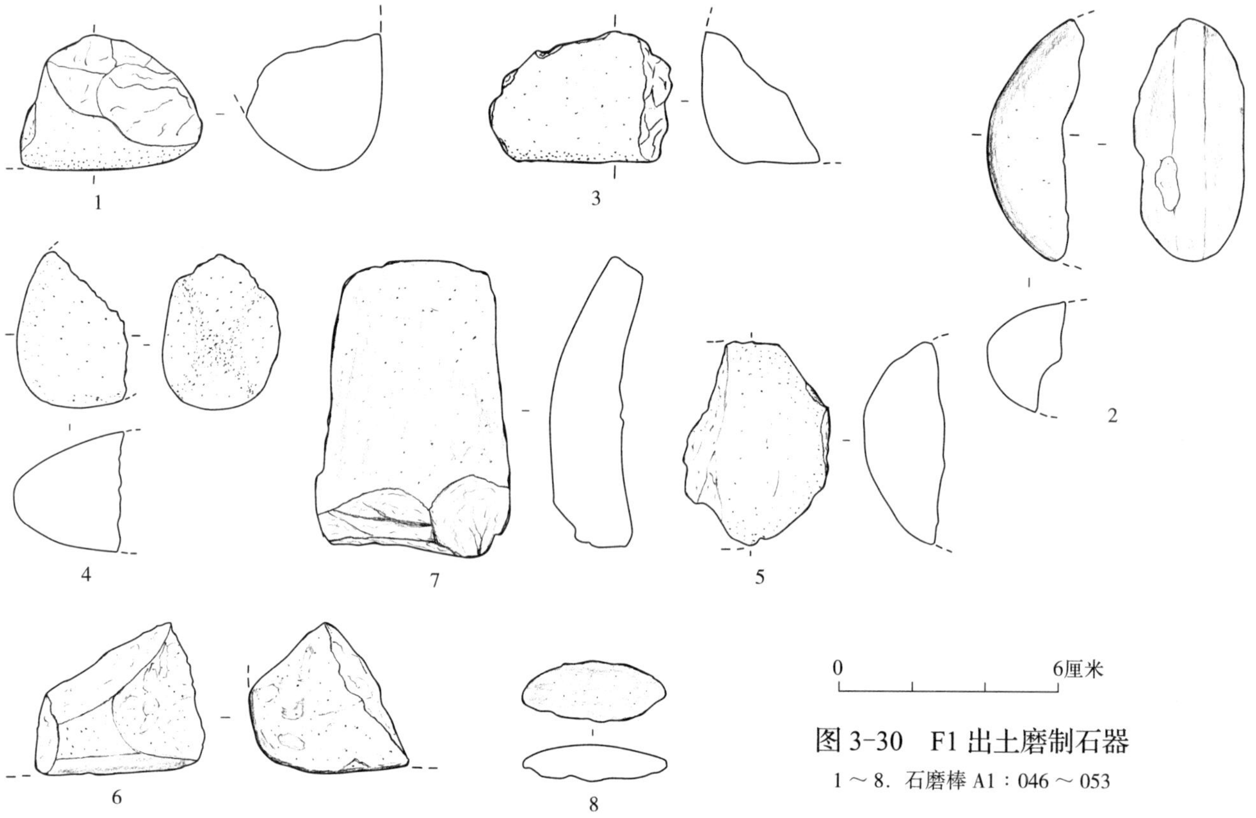

图 3-30　F1 出土磨制石器

1～8. 石磨棒 A1∶046～053

标本 A1∶047，残块，暗黄褐色石英岩。磨制，多磨面，磨痕明显。残长 6.4、宽 3.1、厚 3.0 厘米（图 3-30，2）。

标本 A1∶048，残块，浅粉红褐色花岗岩。磨制，多磨面，磨痕明显。残长 4.9、宽 3.5、厚 3.2 厘米（图 3-30，3）。

标本 A1∶049，残块，浅红褐色花岗岩。磨制，多磨面，磨痕明显。残长 4.1、宽 3.0、厚 3.2 厘米（图 3-30，4）。

标本 A1∶050，残块，黄褐色砂岩。磨制，多磨面，磨痕明显。残长 3.9、宽 5.4、厚 2.2 厘米（图 3-30，5）。

标本 A1∶051，残块，灰白色花岗岩。磨制，多磨面，磨痕明显。残长 4.6、宽 4.3、厚 3.9 厘米（图 3-30，6）。

标本 A1∶052，残块，浅红褐色石英岩。磨制，多磨面，磨痕明显。残长 7.9、宽 5.4、厚 2.0 厘米（图 3-30，7）。

标本 A1∶053，残块，黄褐色石英岩。磨制。残长 3.9、宽 1.6、厚 0.9 厘米（图 3-30，8）。

沟磨石　2 件。

标本 F1∶97，青灰色泥质板岩。磨制，长方形，边缘规整，表面有三条宽窄不等的半圆形凹磨沟。长 7.2、宽 5.1、厚 2.8 厘米（图 3-31，1；彩版一八，6）。

标本 A1∶029，残，浅红褐色粉砂岩。磨制，不规则多边形，表面有磨沟痕。长 4.3、宽 4.8、厚 0.9～2.2 厘米（图 3-31，2；彩版二一，1）。

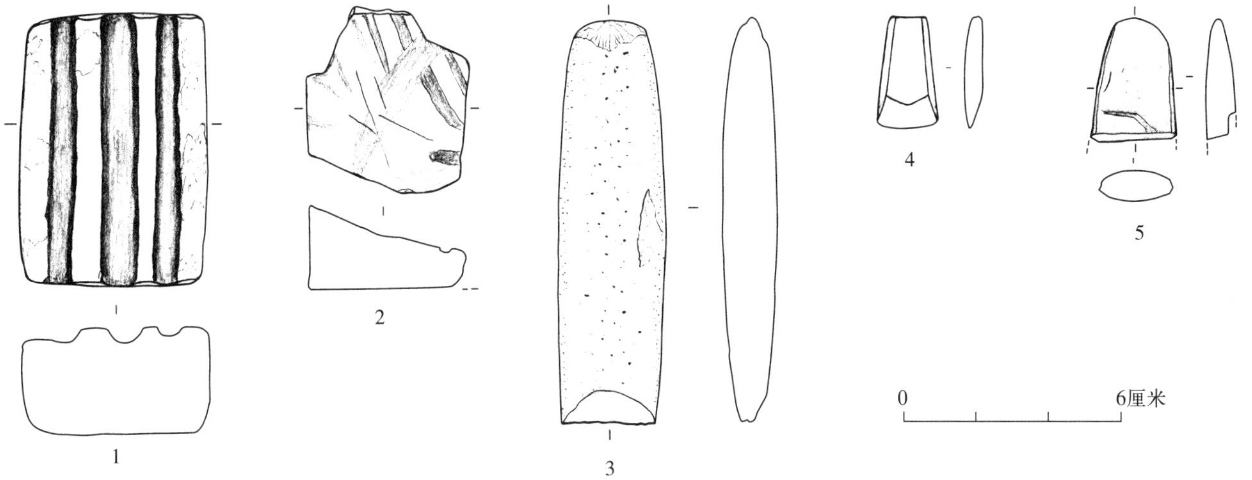

图 3-31　F1 出土磨制石器、玉器

1、2. 沟磨石 F1：97、A1：029　3、4. 雕刻器 F1：94、98　5. 玉雕刻器 F1：9

砺石　6 件。

多为砂岩，还有砂砾岩和花岗岩。

标本 A1：054，残，浅褐色砂砾岩。磨制，不规则形，磨痕明显。残长 7.5、宽 7.2、厚 1.4 ～ 2.0 厘米（图 3-32，1；彩版二一，2）。

标本 A1：027，残，浅褐色砂岩。磨制，不规则形，磨痕明显。残长 7.1、宽 7.7、厚 4.1 厘米（图 3-32，2）。

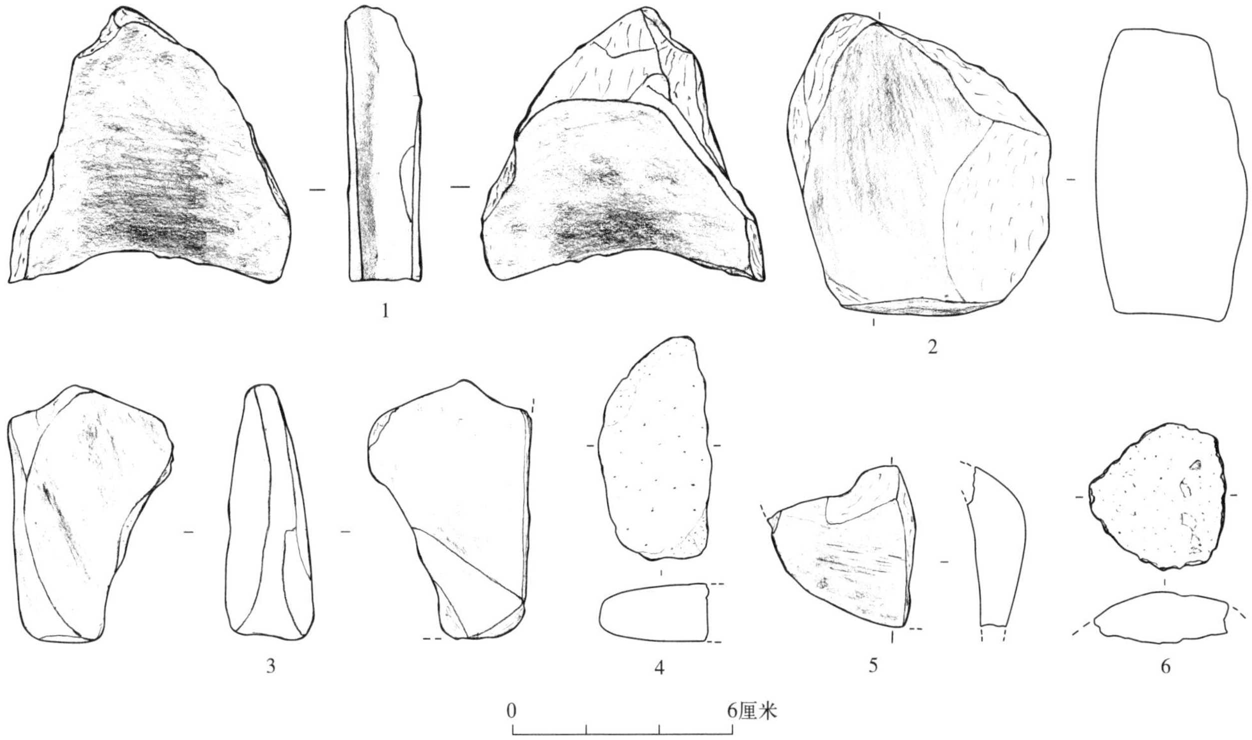

图 3-32　F1 出土磨制石器

1 ～ 6. 砺石 A1：054、027、028、030、031、034

标本 A1∶028，残，浅褐色粉砂岩。磨制，不规则形，磨痕明显。残长 6.8、宽 4.4、厚 0.5 ～ 2.4 厘米（图 3-32，3；彩版二一，3）。

标本 A1∶030，残状，深色花岗闪长岩。磨制，半月形，磨痕明显。残长 5.8、宽 3.0、厚 1.5 厘米（图 3-32，4）。

标本 A1∶031，残块，浅红褐色砂岩。磨制，不规则形，磨痕明显。残长 4.0、宽 4.2、厚 0.7 ～ 1.5 厘米（图 3-32，5）。

标本 A1∶034，残块，红褐色砂岩。磨制，不规则形，磨痕明显。残长 3.9、宽 3.8、厚 1.4 厘米（图 3-32，6）。

雕刻器　2 件。

标本 F1∶94，青灰色安山岩，通体磨制，两端有刃。一端刃部平直。长 10.7、宽 2.9、厚 1.5 厘米（图 3-31，3；彩版二一，4）。

标本 F1∶98，完整，暗红褐色火山岩，通体磨制，凿形直刃。长 2.9、宽 1.6、厚 0.5 厘米（图 3-31，4；彩版二一，5）。

2. 玉器

1 件。

玉雕刻器　1 件。

标本 F1∶9，残，绿色岫玉。磨制，表面光滑，横截面扁椭圆形，对磨弧刃，较圆钝。残长 3.3、宽 2.3、厚 0.8 厘米（图 3-31，5；彩版二一，6）。

3. 陶器

29 件。其中深腹罐 25 件，陶钵 1 件，陶杯 1 件，斜口器 1 件，陶球 1 件。

深腹罐　25 件。

Aa 型Ⅲ式　1 件。

标本 A1∶8，残，夹砂黑褐陶。敞口，圆唇，斜直腹。口沿处有一周凹带，内饰划压横人字纹，腹部饰竖压横排之字纹。口径 15.0、残高 5.0 厘米（图 3-33，1）。

Ab 型Ⅲ式　6 件。

标本 A1∶1，可修复，夹砂红褐陶。圆唇，敞口，弧腹下收，平底。器身满饰纹饰。口沿处有一周凹带，内饰划压横人字纹，腹部满饰竖压横排的之字纹。口径 17.0、底径 9.3、高 24.7 ～ 25.2 厘米（图 3-33，2；彩版二二，1）。

标本 A1∶7，残，夹砂黑褐陶。敞口，圆唇，斜直腹。口沿处有一周凹带，内饰划压印横人字纹，腹部饰竖压横排之字纹。口径 17.0、残高 5.7 厘米（图 3-33，3）。

标本 A1∶62，残，夹砂黑褐陶。直口，圆唇，上腹较直。口沿处有一周宽凹带，内饰压印横人字纹。腹部饰横压竖排之字纹。口径 17.0、残高 7.8 厘米（图 3-33，4）。

标本 A1∶10，残，夹砂黑褐陶。敞口，圆唇，斜直腹。口沿处有一周凹带，内饰划压印横人字纹，腹部饰竖压横排之字纹。残高 5.8 厘米（图 3-33，5）。

标本 A1∶53，残，夹砂黑褐陶。敞口，圆唇，斜直腹。口沿处有一周凹带，内饰划压印横人字纹，

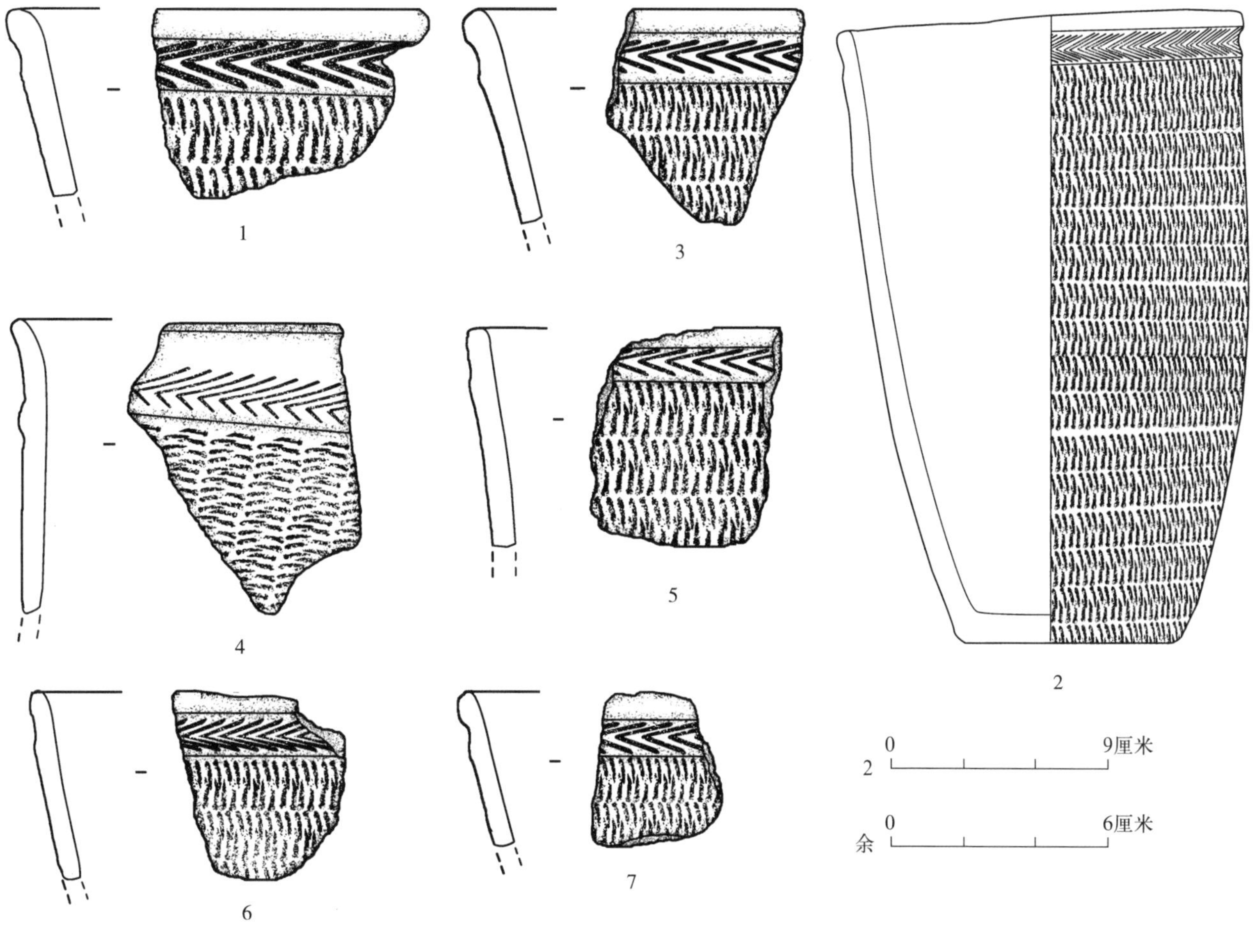

图 3-33　F1 出土深腹罐

1～7. A1：8、1、7、62、10、53、160

腹部饰竖压横排之字纹。残高 5.0 厘米（图 3-33，6）。

标本 A1：160，残，夹砂黑褐陶。敞口，圆唇，斜直腹。口沿处有一周凹带，内饰划压横人字纹。上腹部饰竖压横排之字纹。残高 4.1 厘米（图 3-33，7）。

Ab 型Ⅳ式　8 件。

标本 A1：6，可修复，夹砂红褐陶。圆唇，敞口，弧腹，平底。口沿处有两周凹带，内饰划压横人字纹，腹部满饰竖压横排的之字纹。口径 18.8、底径 8.4、高 27.5 厘米（图 3-34，1；彩版二二，2）。

标本 A1：9，可修复，夹砂红褐陶。圆唇、弧腹、平底。口沿有两周凹带，内饰划压横人字纹。以下饰 15 道竖排横压的之字纹。纹饰未及底。陶器口沿处有 5 个焗孔。口径 17.6、底径 8.5、通高 25.5～26.5 厘米（图 3-34，2；彩版二二，3）。

标本 A1：38，残，夹砂黑褐陶。敞口，圆唇，斜直腹。口沿处有两周凹带，内饰竖压横排之字。上腹部饰竖压横排之字纹。口径 16.0、残高 4.9 厘米（图 3-34，3）。

标本 A1：49，残，夹砂黑褐陶。敞口，圆唇，斜直腹。口沿处有两周凹带，内饰压印斜线纹。上腹部饰竖压横排之字纹。口径 19.0、残高 6.8 厘米（图 3-34，4）。

标本 A1：103，残，夹砂红褐陶。敞口，圆唇，斜直腹。口沿处有两周凹带，内饰压印斜线纹、

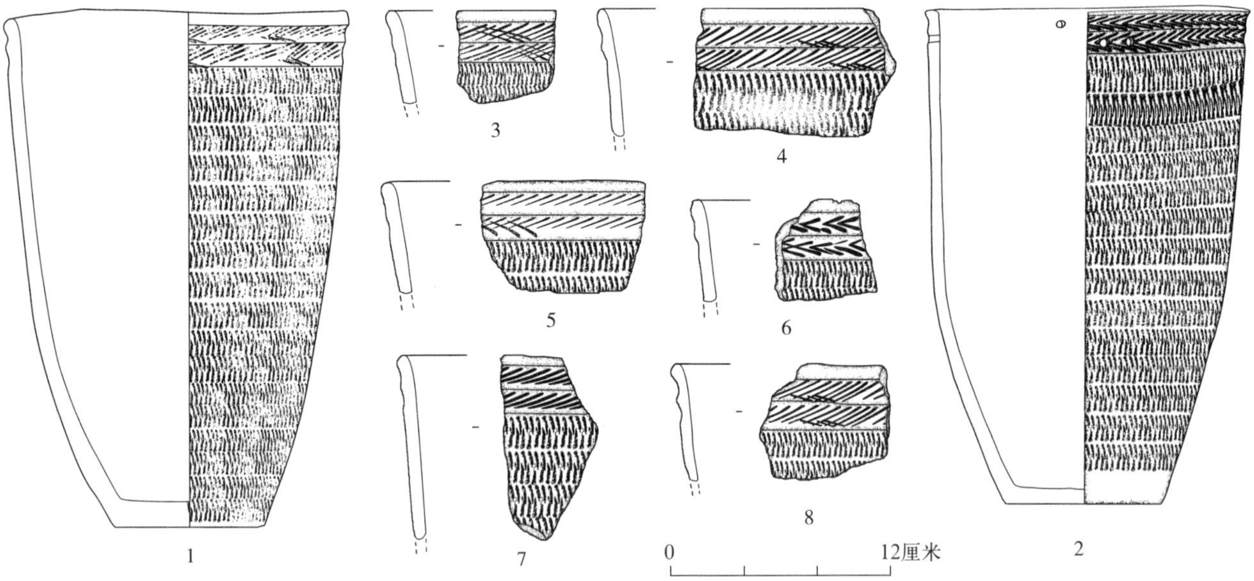

图 3-34　F1 出土深腹罐

1～8. A1：6、9、38、49、103、28、31、104

网格纹等。上腹部饰竖压横排之字纹。口径 16.0、残高 6.0 厘米（图 3-34，5）。

标本 A1：28，残，夹砂红褐陶。敞口，圆唇，斜直腹。口沿处有两周凹带，内饰压印横人字纹，腹部饰竖压横排之字纹。残高 5.4 厘米（图 3-34，6）。

标本 A1：31，残，夹砂红褐陶。敞口，圆唇，斜直腹。口沿处有两周凹带，内饰压印斜线纹，腹部饰竖压横排之字纹。残高 9.8 厘米（图 3-34，7）。

标本 A1：104，残，夹砂黑褐陶。敞口，圆唇，斜直腹。口沿处有两周凹带，内饰压印斜线纹、网格纹等。上腹部饰竖压横排之字纹。残高 6.2 厘米（图 3-34，8）。

Ac 型Ⅲ式　2 件。

标本 A1：98，残，夹砂黑褐陶。敞口，圆唇，弧腹。口沿处有两周凹带，内饰网格纹。上腹部饰竖压横排之字纹。口径 25.0、残高 7.7 厘米（图 3-35，1）。

标本 A1：99，残，夹砂黑褐陶。敞口，圆唇，斜直腹。口沿处有两周凹带，内饰压印横人字纹。腹部饰竖压横排之字纹。口径 23.0、残高 6.7 厘米（图 3-35，2）。

罐腹片　1 件。

标本 A1：100，残，夹砂黑褐陶。斜直腹。腹部饰组合纹饰。上部为竖压横排之字纹，腹部为横压竖排之字纹。残高 11.5 厘米。

Ba 型Ⅱ式　3 件。

标本 F1：11，夹砂红褐陶。侈口，圆唇，长弧腹，平底。口沿处有两周凹带，内饰戳点纹。腹部饰压印弦纹，及底。口径 15.8、底径 7.6、高 24.8 厘米（图 3-35，3；彩版二二，4）。

标本 A1：2，可修复，夹砂红褐陶。敞口，尖唇，弧腹，平底。口沿处有两条凹带，内饰划压横人字纹，以下通体饰压印弦纹。口径 14.8、底径 7.6、通高 22.8 厘米（图 3-35，4；彩版二三，1）。

标本 A1：102，残，夹砂黑褐陶。敞口，圆唇，斜直腹。口沿处有两周凹带，内饰划压横人字纹，腹部饰压印弦纹。口径 15.0、残高 4.0 厘米（图 3-35，5）。

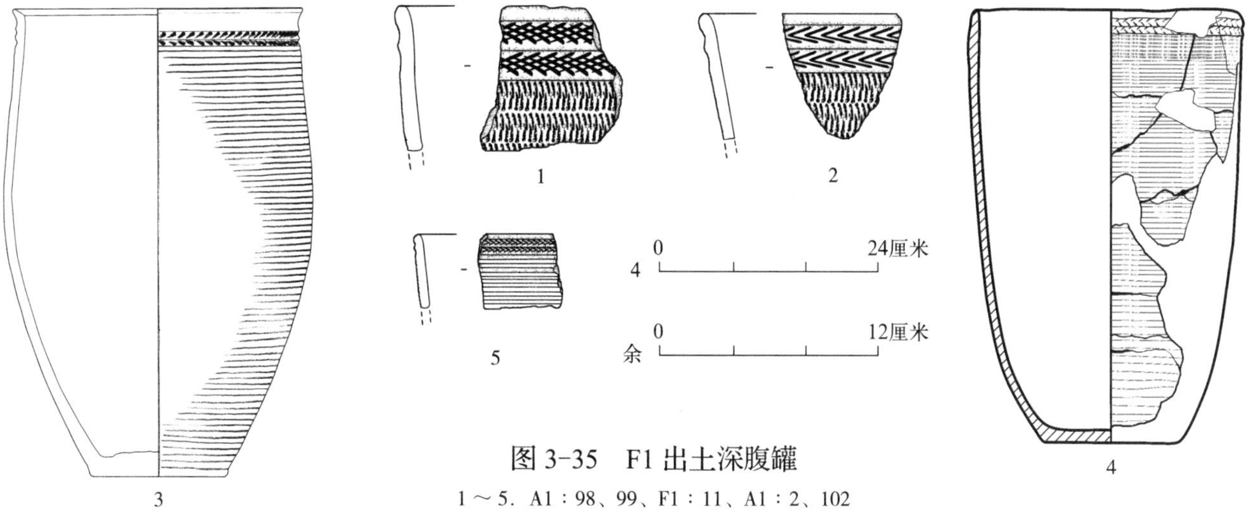

图 3-35　F1 出土深腹罐

1～5. A1：98、99、F1：11、A1：2、102

Bb 型Ⅱ式　4 件。

标本 A1：63，残，夹砂黑褐陶。直口，圆唇，直腹。口沿处有两周凹带，内饰压印横人字纹，腹部饰压印弦纹，疏密不一。口径 19.0、残高 5.4 厘米（图 3-36，1）。

标本 A1：68，残，夹砂黑褐陶。直口，圆唇，直腹。口沿处有两周戳刺纹，腹部饰压印弦纹。残高 8.3 厘米（图 3-36，2）。

标本 A1：101，残，夹砂黑褐陶。敞口，圆唇，弧腹。口沿处有两周戳刺纹，腹部为压印弦纹，疏密不一。残高 6.1 厘米（图 3-36，3）。

标本 A1：130，残，夹砂红褐陶。斜直腹，平底。底径 9.0、残高 7.9 厘米（图 3-36，4）。

E 型　1 件。

标本 A1：128，残，夹砂红陶。素面。斜直腹，平底。底径 10.1、残高 12.0 厘米（图 3-37，2）。

陶杯　1 件。

标本 Al：4，夹砂红褐陶。口沿下两周凹带纹，敛口，腹微鼓，通体饰之字纹。口径 7.2、底径 4.8、高 9.0 厘米（图 3-37，1；彩版二三，2）。

陶钵　1 件。

Ⅲ式　1 件。

标本 A1：105，残，夹砂红陶。敞口，圆唇，束颈，弧腹。上腹部有一圈戳刺纹。残高 3.8 厘米（图 3-37，3）。

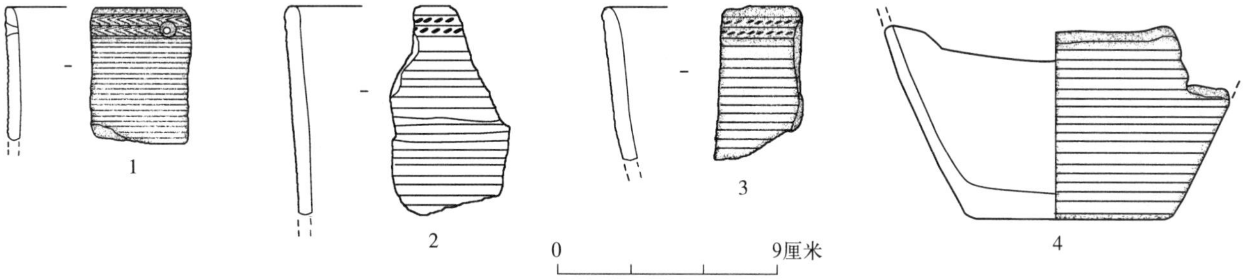

图 3-36　F1 出土深腹罐

1～4. A1：63、68、101、130

斜口器 1件。

Ⅰ式 1件。

标本F1∶5，残，夹砂红褐陶。尖唇，斜口，呈扁圆形，弧腹。一侧斜口如簸箕，口沿外侧饰两条之字纹带。底径7.5～11.2厘米（图3-37，4；彩版二三，3）。

陶球 1件。

标本F1∶246，泥质褐陶。直径1.5～1.55厘米（图3-37，5；彩版二三，4）。

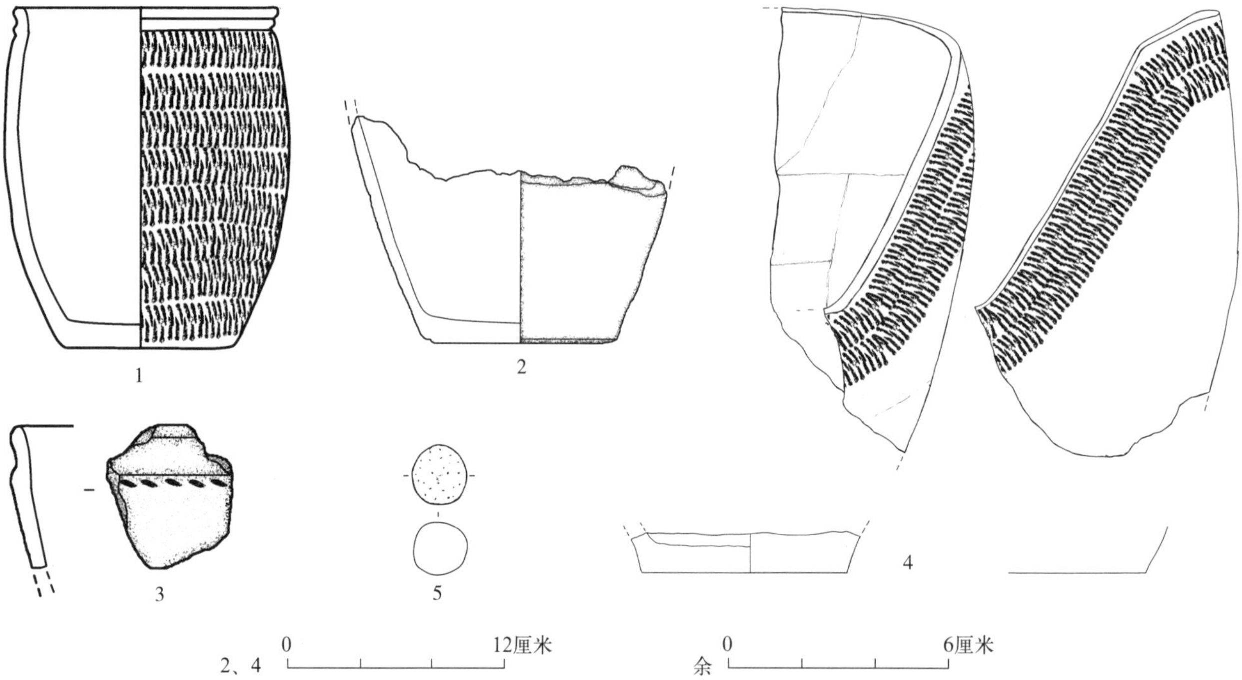

图3-37 F1出土陶器

1. 陶杯A1∶4 2. 罐腹片A1∶128 3. 陶钵A1∶105 4. 斜口器F1∶5 5. 陶球F1∶246

4. 煤精制品

25件。其中泡形器9件，圆球形器5件，耳珰形器6件，半成品1件，煤精料4件，其中可见有明显切割加工痕迹。

泡形器 9件。

标本F1∶110，基本完整。磨制，球形顶，表面光洁，底边圆滑。直径3.9、高1.8厘米（图3-38，1；彩版二四，1）。

标本F1∶202，残。磨制，球形顶，表面光洁，底边圆尖。直径4.8、高1.8厘米（图3-38，2；彩版二四，2）。

标本F1∶210，残。磨制，顶残，表面光滑，底边圆钝。直径3.0、残高0.9厘米（图3-38，3；彩版二四，3）。

标本F1∶211，残。磨制，表面光滑，底边圆尖。长3.1、宽3.3、厚0.7厘米（图3-38，4）。

标本F1∶218，基本完整。磨制，半球形，表面光滑，底边圆尖。直径3.5、高1.5厘米（图3-38，5；彩版二四，4）。

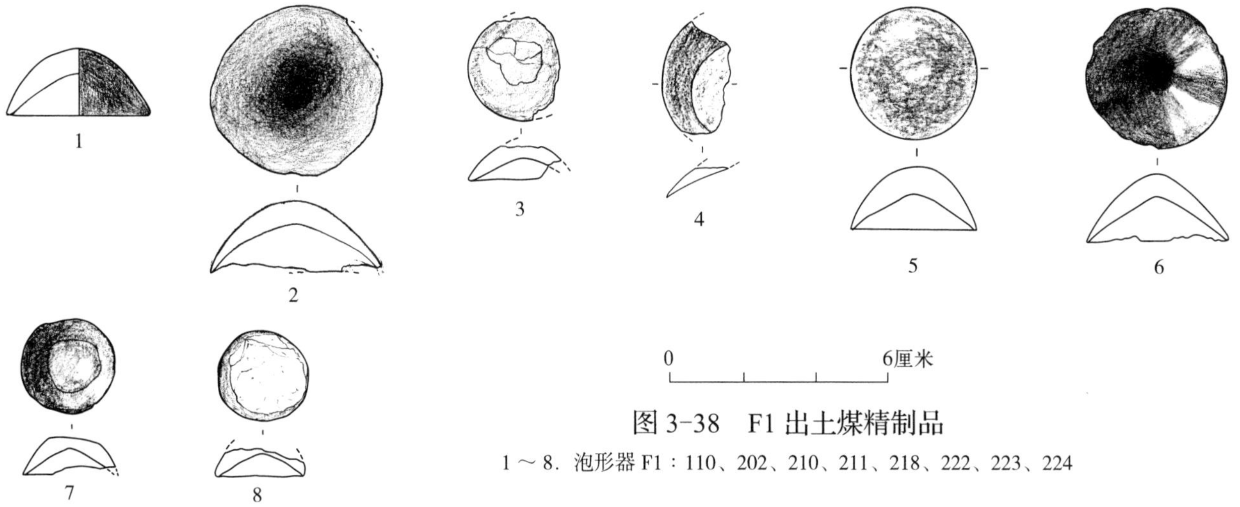

图 3-38　F1 出土煤精制品

1～8. 泡形器 F1：110、202、210、211、218、222、223、224

标本 F1：222，残。磨制，圆尖形顶，表面光滑，底边圆尖。直径 3.7～3.9、高 1.7 厘米（图 3-38，6；彩版二四，5）。

标本 F1：223，残。磨制，顶残，表面光滑，底边圆滑。直径 2.5、残高 0.7 厘米（图 3-38，7；彩版二四，6）。

标本 F1：224，残。磨制，顶残，表面光滑，底边圆钝。直径 2.5、残高 0.8 厘米（图 3-38，8；彩版二四，7）。

标本 F1：231，残。磨制，球形顶，表面光滑，底边圆滑。直径 4.6、厚 0.7 厘米。

圆球形器　5 件。

标本 F1：221，残。磨制，球形。表面光滑。直径 1.1～1.2 厘米（图 3-39，1；彩版二五，1）。

标本 F1：227，基本完整。磨制，球形，表面光滑。直径 1.6 厘米（图 3-39，2；彩版二五，2）。

标本 F1：226，基本完整。磨制，球形，表面光滑。直径 1.1～1.2 厘米（图 3-39，3）。

标本 F1：229，残。磨制，球形，表面光滑。直径 1.5 厘米（图 3-39，4）。

标本 F1：236，残。磨制，球形。直径 1.0、残高 0.8 厘米（图 3-39，5）。

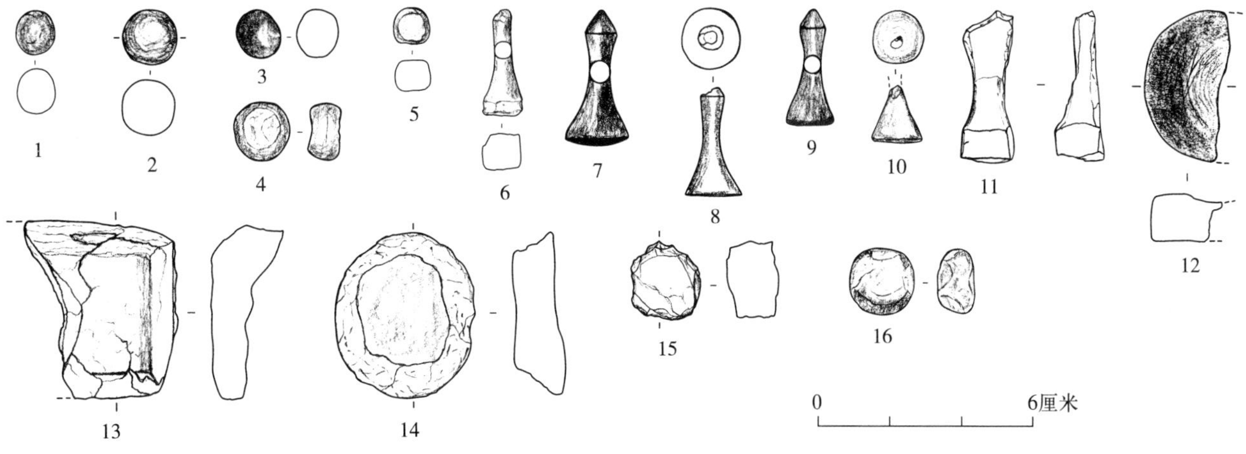

图 3-39　F1 出土煤精制品

1～5. 圆球形器 F1：221、227、226、229、236　6～11. 耳珰形器 F1：205、208、209、214、216、207　12. 煤精半成品 F1：231　13～16. 煤精块 F1：230、227、239-1、219

耳珰形器 6件。

标本F1∶205，残。磨制，表面光滑。顶部残，束颈，平底。高2.9、束颈0.4、底径1.1厘米（图3-39，6；彩版二五，3）。

标本F1∶208，基本完整。磨制，表面光滑。尖部残，束颈，圆弧底。高3.1、底径1.7厘米（图3-39，7；彩版二五，4）。

标本F1∶209，残。磨制，表面光滑。顶部残，束颈，平底。高2.8、束颈0.5、底径1.6厘米（图3-39，8；彩版二五，5）。

标本F1∶214，基本完整。磨制，表面光滑。尖部，束颈，平底。高3.1、底径1.3厘米（图3-39，9；彩版二五，6）。

标本F1∶216，残。磨制，表面光滑。顶部残，束颈，平底。残高1.5、直径1.4厘米（图3-39，10；彩版二五，7）。

标本F1∶207，残，表面刮磨。长4.1、宽1.34～1.5厘米（图3-39，11；彩版二五，8）。

半成品 1件。

标本F1∶231，残，表面刮磨，半圆形块状。长4.0、宽2.3、厚1.2厘米（图3-39，12）。

煤精块 4件。

标本F1∶230，块状。长4.2、宽4.1、厚1.9厘米（图3-39，13）。

标本F1∶227，残，扁圆形块状，表面有刮磨。直径4.4、厚1.4厘米（图3-39，14）。

标本F1∶239-1，残，不规则块状，表面有刮磨。长2.1、宽1.9、厚1.4厘米（图3-39，15）。

标本F1∶219，磨制，圆形块状，表面磨光。直径1.8、厚1.0厘米（图3-39，16；彩版二四，8）。

5. 其他

果核 5粒。

标本F1∶213，已炭化。长1.1、宽0.9、厚0.6厘米（彩版二三，6）。

（二）F2

F2位于遗址中部，在T0104和T0404之间。房址开口②层下，打破生土。平面圆角长方形，半地穴式，西、北壁略向外弧，南、西两侧壁较直。房址中部有一条南北向的现代下水管道通过，打破灶址西侧。房址东西长11.10、南北宽8.60、穴壁深0.60米，面积约95平方米（图3-40；彩版二六，1）。

房内堆积（C）分三层。

第①层：废弃后堆积，土质黑褐，较坚硬。厚0.15～0.40米。

第②层：房址倒塌堆积，经过火烧后塌落的木架结构炭化堆积，四角堆积的比较厚，烧土面上为粒状灰色黄土所覆盖，厚0.10～0.35米。堆积内有烧土块、经火烧过的炭化木柱，有些木架结构炭化程度较好，尚可见其粗细和其塌落后的位置和方向。有些已燃尽成灰白色灰状，径0.10～0.20，最长的约2.00米，多错落叠压在一起，较粗的炭化柱多数倒向中间。略细的炭化柱，多与房址四壁平行。因房址经过火烧，在穴壁和活动面上留下厚0.2～0.6厘米烧结面。

第③层：房内堆积，土质较杂，厚0.10米，遗物多出于本层。

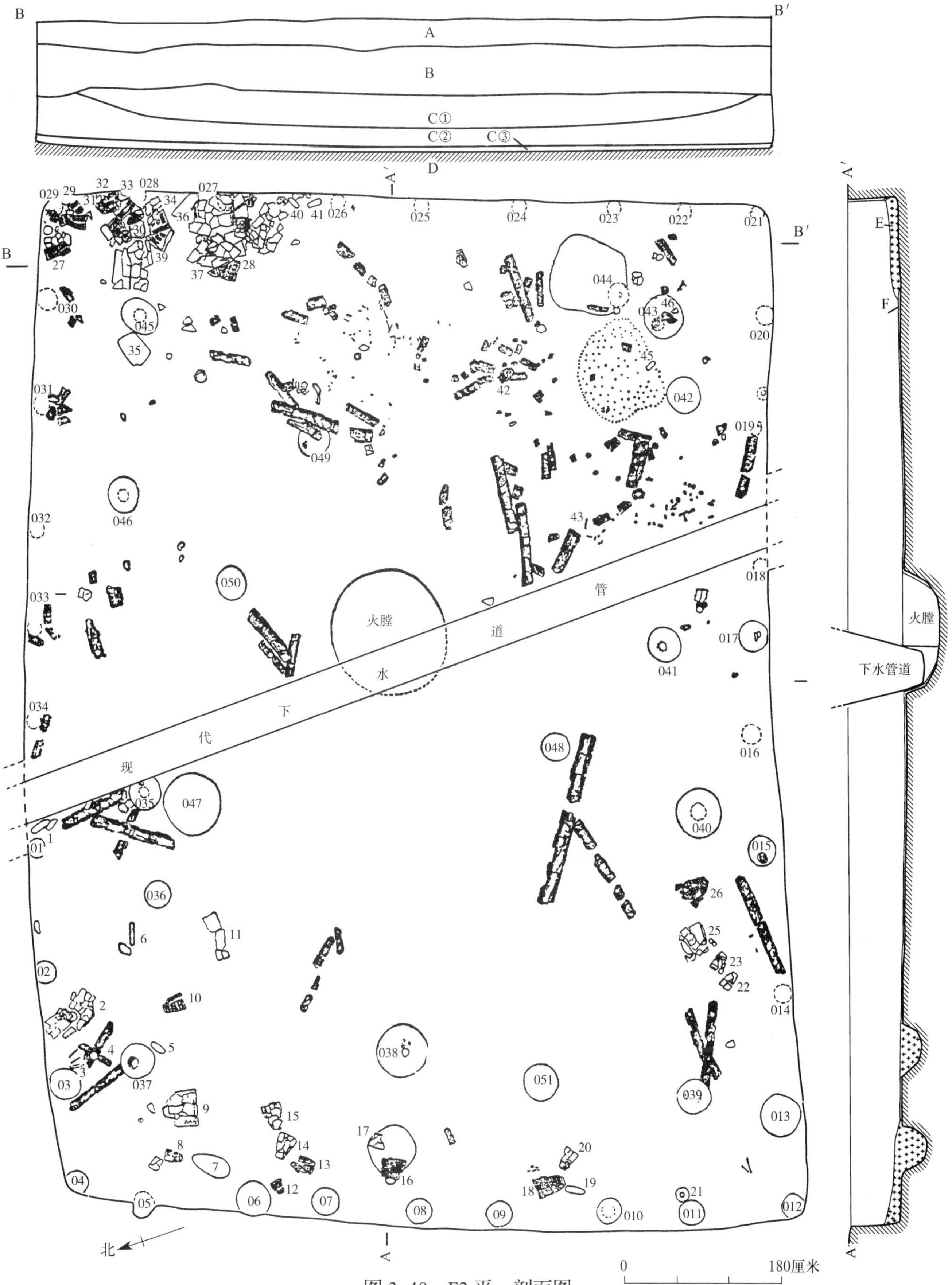

图 3-40　F2 平、剖面图

01～051. 柱洞　052. 火膛　A. 表土　B. 上文化层　C. 下文化层　D. 生土　E. 红烧土　F. 烧结面

1、5、6、19、33. 磨棒（40、41、42、38、39）　7、11、35. 磨盘（45、46、47）　3. 鸟形木雕（530）　2、4、8、9、20、12～16、18、20、22～32、34、36、39、42、46. 深腹罐（24、29、35、33、32、13、30、7、8、17、5、14、3、26、27、2、23、20、12、4、22、21、6、557、34、19、9、1、558、25）　41、44. 石斧（84、86）　43. 玉雕刻器（465）　45. 砺石（75）

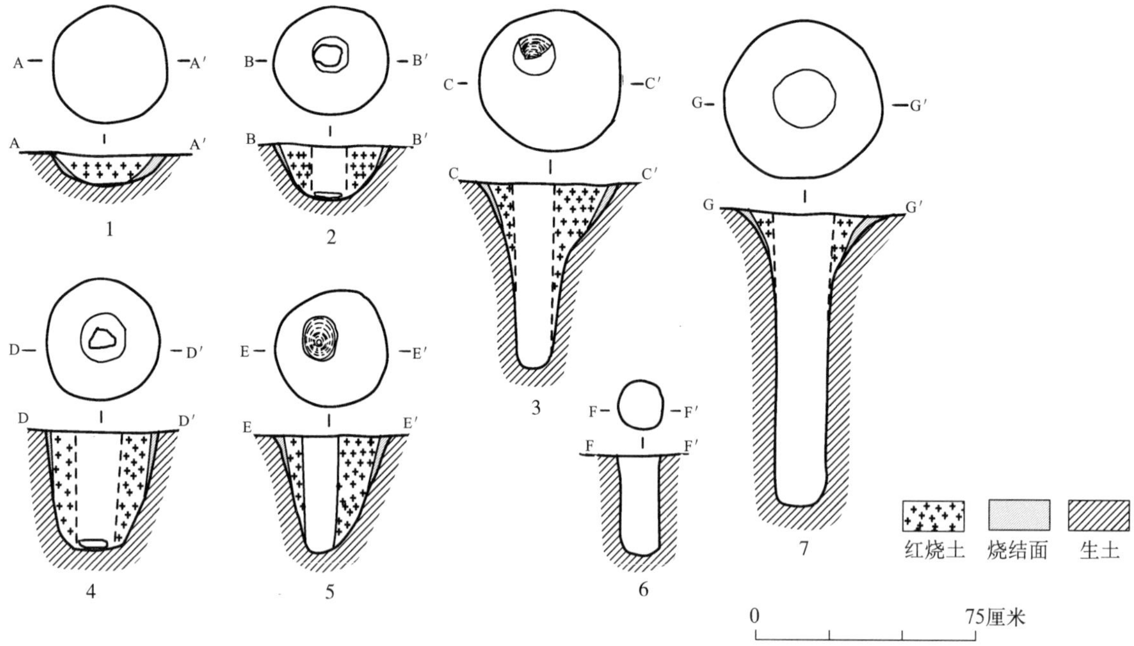

图 3-41　F2 柱洞平、剖面图

1 ～ 7. 柱洞 06、041、043、044、037、029、040

发现灶址 1 处（原报告称火塘），位于房址的中部，开口于活动面，直径 1.40、深 0.20 米，底部有深 0.30 米的凹形坑。灶址仅清理东侧部分。

房址内发现的柱洞 51 个，原编号 01 ～ 051。分三种：一种是穴壁柱洞，立于居住地面，依附于穴壁，仅穴壁上可见半圆形柱痕，一种是立于居住地面，仅有烧土圈和极浅的柱痕。一种是深埋入地下的柱洞，均为漏斗式，地表形成盆口形，好像火塘或灶，都有暗红色的烧结面。沿穴壁一周共 34 个，柱径 0.12 ～ 0.14 米。南北各 10 个，东西各 9 个。除穴壁有一周柱子外，还有二层柱和三层柱。二层柱洞 11 个，距穴壁 1.40 ～ 1.60 米，二层柱的四个角柱较粗大，柱坑深达 0.60 ～ 1.05 米。三层柱围绕中心火塘，立于居住地面，共有 6 个柱洞，相距不等

柱洞直径最大 0.56 米。有的柱洞较浅，深 0.25 ～ 0.30 米。有柱坑，横截面成梯形，底部有的放有石片（图 3-40）。

F2 出土遗物 540 多件，有石器、陶器、骨器、炭化木雕艺术品、炭化谷物、炭化果壳、煤精制品、赤铁矿石和石墨等。

陶器大部分集中在房址的东侧北端，紧靠穴壁。陶罐有两三个套扣在一起，单体放置的多数是在于东、西壁柱洞旁边。房址中部不见陶器。细石器多在较集中东部区域。

炭化谷物出土在东南角和附近的地面上。骨器与石珠、砺石，均出土在东侧偏南的二三层柱之间。木雕艺术品出于西北角。煤精制品、石墨、赤铁矿石多出于东北、西北角、西南角、东北角也出土过兽骨，但均已朽烂，从形状看西南角很像猪的肩胛骨，东北角的陶罐下也有动物骨骼。

F2 出土遗物 540 多件遗物，其中包括细石器碎片、煤精碎块、碎骨残断等，本次选用标本 509 件。

1. 石器

398 件。有打制石器、细石器、磨制石器等。打制石器 35 件，细石器 302 件，磨制 59 件。

（1）打制石制

35件。有敲砸器11件、石片刮削器16件、网坠3件等。

敲砸器　11件。

多为石质较细而坚实河卵石。打制，表面多保留自然石面，也有通体经过加工修整的。

标本F2∶65，暗红色砂砾岩，不规则多边形，底边痕迹明显。长8.5、宽7.1、厚2.6厘米（图3-42，1；彩版二六，2）。

标本F2∶67，浅黄色花岗斑岩。圆顶长方形，仅底端敲砸痕迹明显。长15.0、宽6.5、厚6.5厘米（图3-42，2；彩版二六，3）。

标本F2∶88，红褐色板岩。扁方多形，两端敲砸痕迹明显。长8.6、宽5.4、厚3.2厘米（图3-42，3；彩版二七，1）。

标本F2∶89，青灰色板岩。不规则椭圆形，周身多棱角，敲砸痕迹明显。长6.7、宽5.8、厚5.1厘米（图3-42，4；彩版二七，2）。

标本F2∶90，红褐色板岩。不规则多边形，周身多棱角，敲砸痕迹明显。长7.0、宽6.0、厚4.7厘米（图3-42，5）。

标本F2∶91，黄褐色砂质板岩。不规则多边形，周身多棱角，敲砸痕迹明显。长8.1、宽5.3、厚3.3厘米（图3-42，6；彩版二七，3）。

标本F2∶92，残，黄褐色花岗岩，不规则多边形，周身多棱角，敲砸痕迹明显。长6.5、宽6.0、厚5.0厘米（图3-42，7；彩版二七，4）。

标本F2∶93，浅黄褐色板岩。近长方形，敲砸痕迹明显。长8.1、宽6.2、厚3.8厘米（图3-42，8；彩版二七，5）。

标本F2∶94，灰色板岩。不规则多边形，周身多棱角，敲砸痕迹明显。表面部分有磨痕。长6.5、宽5.7、厚3.8厘米（图3-42，9；彩版二七，6）。

标本F2∶96，深灰色粉砂质板岩，不规则长方形，两端敲砸痕迹明显。长6.9、宽2.9、厚2.3厘米（图3-42，10）。

标本F2∶553，黄褐色砂砾岩，三棱形，两端有敲砸痕迹。长16.4、宽8.8、厚9.0厘米（图3-42，11）。

石片刮削器　16件。

均为打制石片，稍经修整。边刃部锋利，形状多不规则形。

标本F2∶107，青色板岩。不规则三角形，边刃，有刮削痕迹。长4.2、宽3.4、厚1.2厘米（图3-43，1；彩版二八，1）。

标本F2∶108，深灰色板岩。不规则梯形，边刃，有刮削痕迹。长4.5、宽3.7、厚0.9厘米（图3-43，2；彩版二八，2）。

标本F2∶109，青灰色板岩。不规则多边形，边刃，有刮削痕迹。长3.7、宽2.6、厚0.9厘米（图3-43，3；彩版二八，3）。

标本F2∶110-1，青绿色板岩。不规则多边形，边刃，有刮削痕迹。长8.6、宽5.2、厚2.0厘米（图3-43，4；彩版二八，4）。

标本F2∶110-2，深灰色板岩。扁方长条形，边刃，一侧保留石皮，刮削痕迹明显。长7.4、宽2.8、

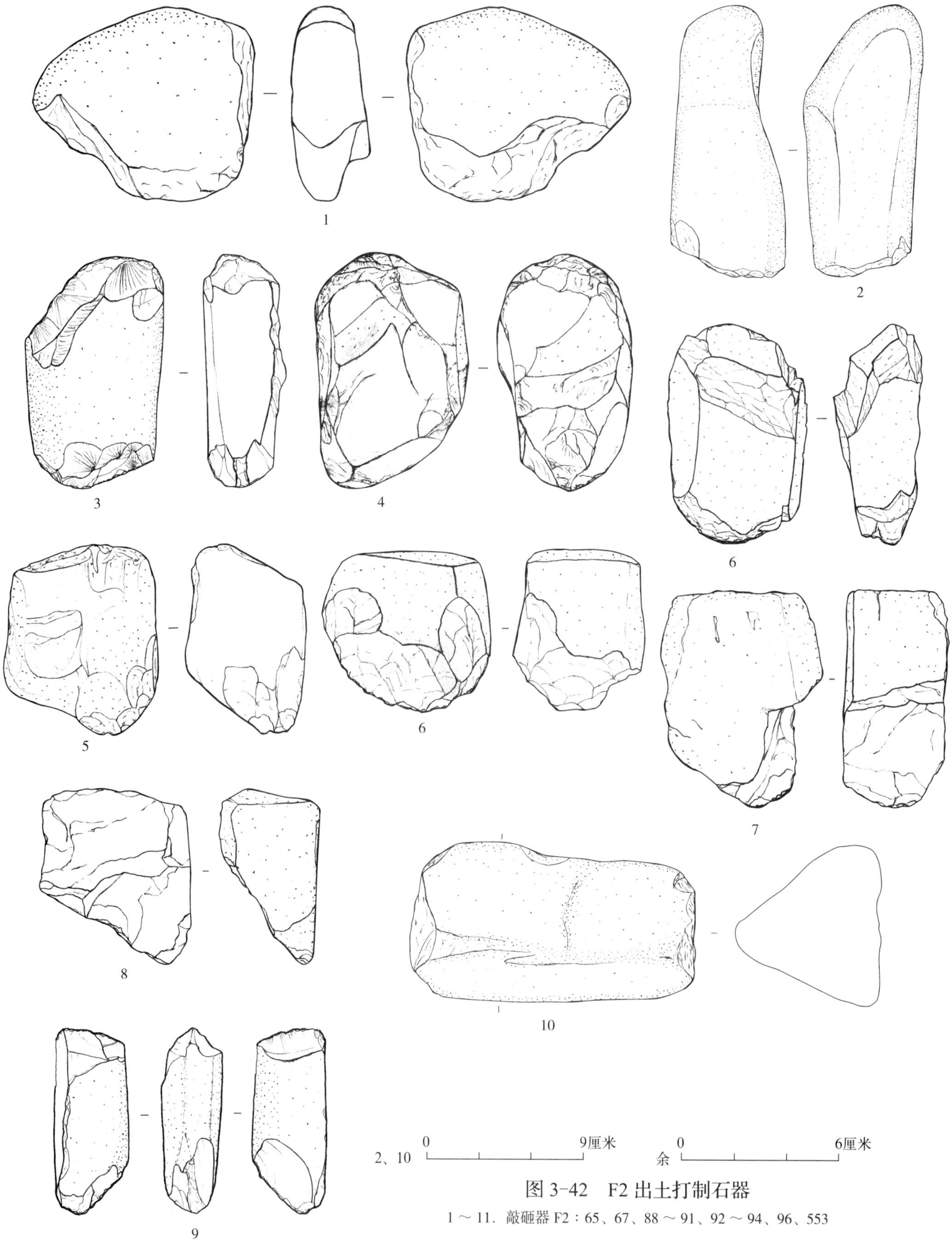

图 3-42　F2 出土打制石器

1～11. 敲砸器 F2：65、67、88～91、92～94、96、553

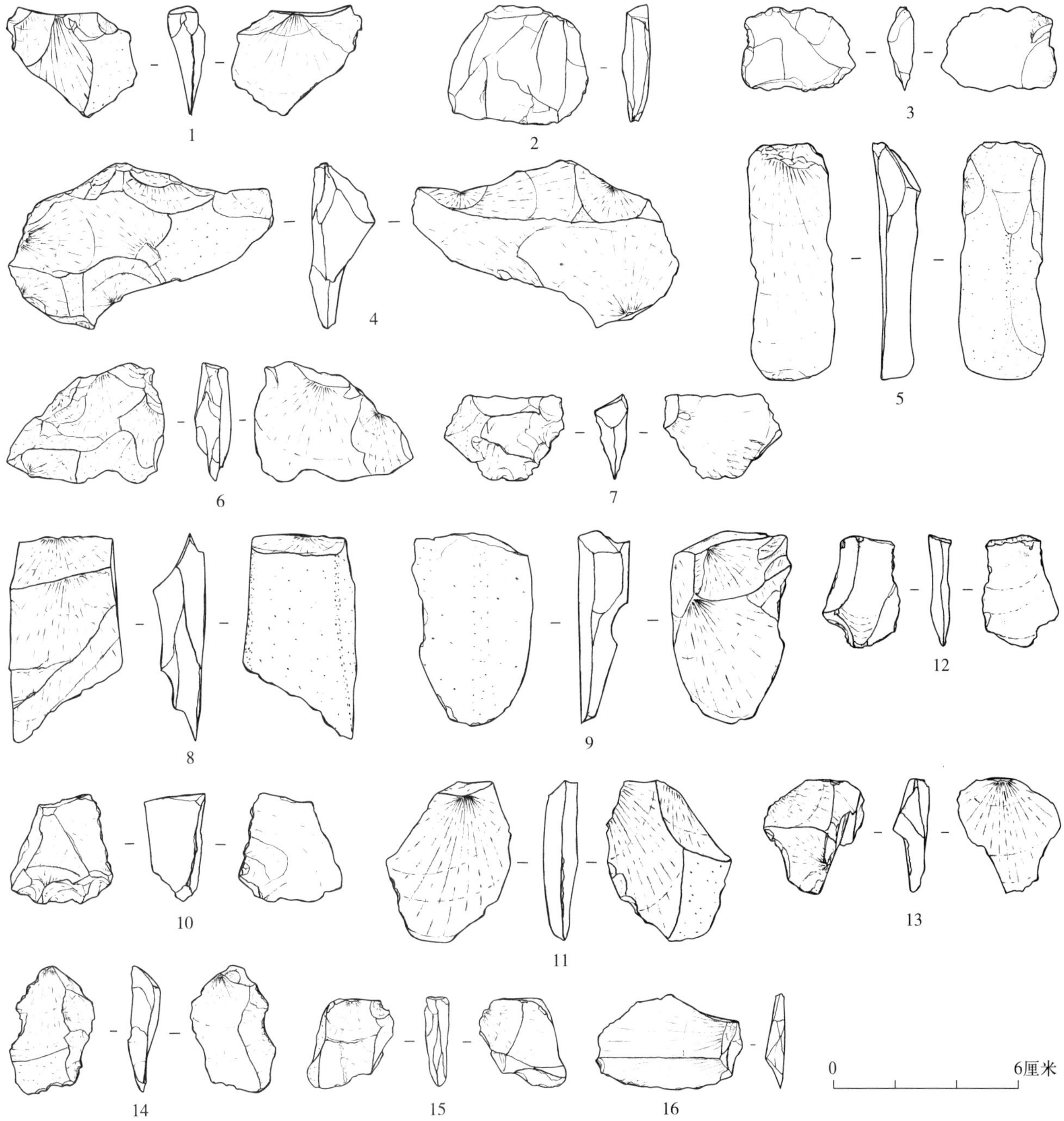

图 3-43　F2 出土打制石器

1～16. 石片刮削器 F2：107～109、110-1～-12、126

厚 1.5 厘米（图 3-43，5；彩版二八，5）。

标本 F2：110-3，青色板岩。不规则多边形，边刃，有刮削痕迹。长 5.1、宽 3.8、厚 1.1 厘米（图 3-43，6；彩版二八，6）。

标本 F2：110-4，青灰色板岩。不规则多边形，边刃，有刮削痕迹。长 3.8、宽 2.7、厚 1.0 厘米（图 3-43，7；彩版二八，7）。

标本 F2：110-5，青色板岩。不规则多边形，一侧保留石皮。边刃，有刮削痕迹。长 6.5、宽 3.6、厚 1.7 厘米（图 3-43，8；彩版二八，8）。

标本 F2：110-6，青灰色板岩。不规则多边形，一侧保留石皮，边刃，有刮削痕迹。长 6.1、宽 3.9、厚 1.6 厘米（图 3-43，9；彩版二八，9）。

标本 F2：110-7，青灰色板岩。不规则梯形，边刃，有刮削痕迹。长 3.4、宽 3.3、厚 2.0 厘米（图 3-43，10；彩版二九，1）。

标本 F2：110-8，青色板岩。不规则多边形，边刃，有刮削痕迹。长 5.0、宽 4.1、厚 1.2 厘米（图 3-43，11；彩版二九，2）。

标本 F2：110-9，深灰色板岩。不规则多边形，边刃，有刮削痕迹。长 3.5、宽 2.5、厚 0.8 厘米（图 3-43，12；彩版二九，3）。

标本 F2：110-10，深灰色板岩。不规则多边形，边刃，有刮削痕迹。长 3.6、宽 3.4、厚 1.2 厘米（图 3-43，13；彩版二九，4）。

标本 F2：110-11，深灰色板岩。不规则多边形，边刃，有刮削痕迹，刮削痕迹明显。长 4.0、宽 2.8、厚 1.0 厘米（图 3-43，14；彩版二九，5）。

标本 F2：110-12，深灰色板岩。不规则多边形，边刃，有刮削痕迹。长 2.8、宽 2.8、厚 0.8 厘米（图 3-43，15；彩版二九，6）。

标本 F2：126，灰色板岩。不规则多边形，边刃，有刮削痕迹。长 4.8、宽 3.0、厚 0.6 厘米（图 3-43，16）。

网坠　3 件。

标本 F2：59，基本完整，红褐色闪长玢岩。扁椭圆形。有对称打出的豁口。长 13.6、宽 9.5、厚 3.4 厘米（图 3-44，1；彩版二九，7）。

标本 F2：60，红褐色板岩。扁平长方形，有对称打出的豁口。长 11.7、宽 8.2、厚 1.5 厘米（图 3-44，2）。

标本 F2：66，残，浅黄褐色花岗岩。存一个打出豁口。残长 7.2、宽 6.8、厚 1.6 厘米（图 3-44，3）。

标本 F2：68，残，黄褐色斑岩。圆角长方形，残留一个打出的豁口。残长 6.2、宽 7.0、厚 1.6 厘米（图 3-44，4）。

柱础石　4 件。

多为扁平状天然河卵石。

标本 F2：62，浅黄色斑岩，椭圆形。长 12.4、宽 11.9、厚 1.9 厘米（图 3-44，5）。

标本 F2：63，浅黄褐色花岗岩，近菱形。长 9.7、宽 8.2、厚 2.2 厘米（图 3-44，6）。

标本 F2：64，残，暗红色板岩。不规则形片状。长 11.0、宽 9.8、厚 1.7 厘米（图 3-44，7）。

标本 F2：149，黄褐色石英砂岩，三角形，一面剥落。长 14.3、宽 10.3、厚 3.2 厘米（图 3-44，8）。

（2）细石器

305 件。质地多为玛瑙、燧石、板岩类，颜色有绛、黄、紫、青灰、灰白色。有石片刮削器 2 件，石叶刮削器 189 件，尖状器 32 件，石镞 30 件，石叶 50 件，石核 2 件。

石叶刮削器　189 件。

标本 F2：144，青灰色板岩。琢制，长条形，横截面三角形，边刃，有刮削痕迹。长 4.2、宽 1.0、

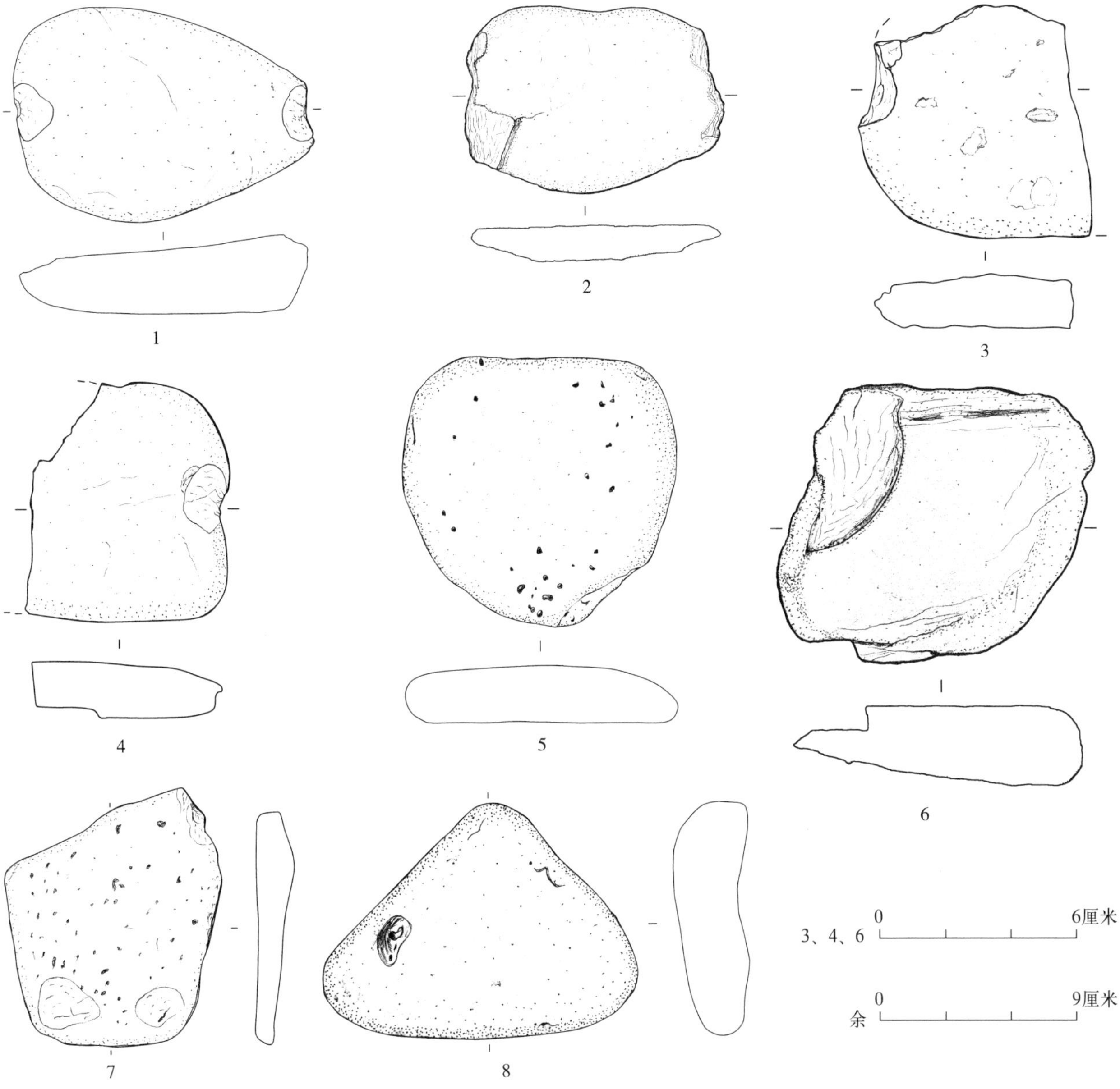

图 3-44　F2 出土打制石器

1～4. 网坠 F2：59、60、66、68　5～8. 柱础石 F2：62～64、149

厚 0.3 厘米。

标本 F2：150，青灰色板岩。琢制，长条形，横截面三角形，边刃，有刮削痕迹。长 4.4、宽 1.2、厚 0.3 厘米（图 3-45，1；彩版三〇，1）。

标本 F2：151，褐色燧石。琢制，长条形，横截面三角形，边刃，有刮削痕迹。长 2.2、宽 0.5、厚 0.1 厘米（图 3-45，2；彩版三〇，2）。

标本 F2：153，青灰色燧石。琢制，长条形，横截面三角形，边刃，有刮削痕迹。长 1.6、宽 0.4、厚 0.2 厘米（图 3-45，3）。

标本 F2：154，灰褐色燧石。琢制，横截面三角形，边刃，有刮削痕迹。长 3.8、宽 0.5、厚 0.1 厘米（图 3-45，4）。

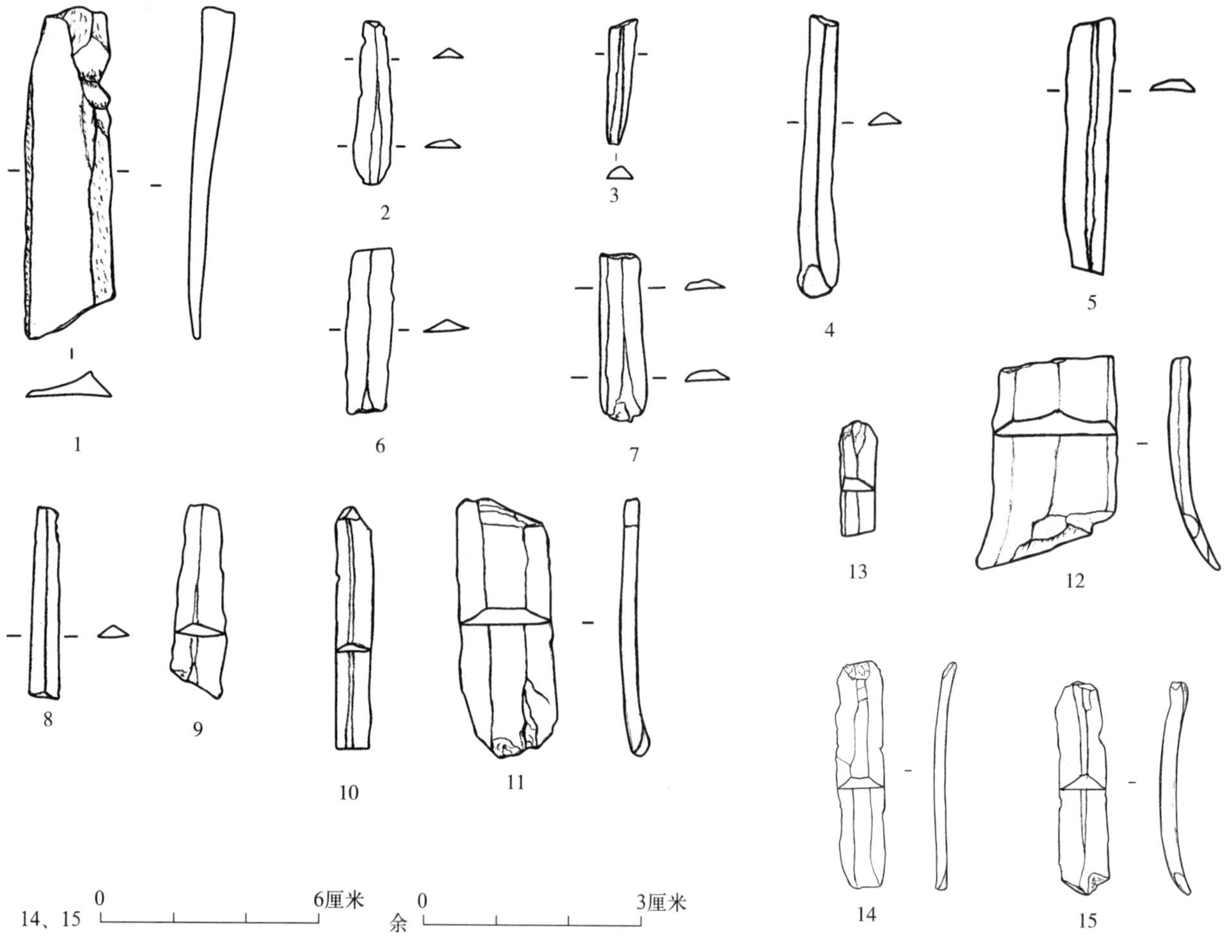

图3-45 F2出土细石器

1～15. 石叶刮削器F2：150、151、153、154、157～162、164～168

标本F2：157，棕色燧石。琢制，长条形，横截面梯形，边刃，有刮削痕迹。长3.4、宽0.6、厚0.1厘米（图3-45，5）。

标本F2：158，红褐色燧石。琢制，横截面三角形，边刃，有刮削痕迹。长2.3、宽0.6、厚0.1厘米（图3-45，6；彩版三〇，3）。

标本F2：159，红褐色燧石。琢制，长条形，横截面梯形，边刃，有刮削痕迹。长2.2、宽0.6、厚0.1厘米（图3-45，7；彩版三〇，4）。

标本F2：160，红褐色燧石。琢制，横截面三角形，边刃，有刮削痕迹。长2.5、宽0.4、厚0.1厘米（图3-45，8；彩版三〇，5）。

标本F2：161，黄色燧石。琢制，长条形，横截面三角形，边刃，有刮削痕迹。长2.5、宽0.7、厚0.1厘米（图3-45，9；彩版三〇，6）。

标本F2：162，棕色燧石。琢制，长条形，横截面三角形，边刃，有刮削痕迹。长3.3、宽0.5、厚0.1厘米（图3-45，10；彩版三〇，7）。

标本F2：164，黄色燧石。琢制，长条形，横截面梯形，边刃，有刮削痕迹。长3.9、宽1.2、厚0.2厘米（图3-45，11；彩版三〇，8）。

标本 F2：165，青灰色板岩。琢制，长条形，横截面菱形，边刃，有刮削痕迹。长 2.8、宽 1.7、厚 0.3 厘米（图 3-45，12）。

标本 F2：166，黄色燧石。琢制，长条形，横截面梯形，边刃，有刮削痕迹。长 1.5、宽 0.5、厚 0.2 厘米（图 3-45，13）。

标本 F2：167，青色板岩。琢制，长条形，横截面梯形，边刃，有刮削痕迹。长 6.0、宽 1.3、厚 0.3 厘米（图 3-45，14；彩版三〇，9）。

标本 F2：168，青色板岩。琢制，长条形，横截面梯形，边刃，有刮削痕迹。长 5.6、宽 1.3、厚 0.4 厘米（图 3-45，15；彩版三一，1）。

标本 F2：169，褐色燧石。琢制，长条形，横截面三角形，边刃，有刮削痕迹。长 2.4、宽 0.4、厚 0.1 厘米（图 3-46，1；彩版三一，2）。

标本 F2：170，青色板岩。琢制，长条形，横截面三角形，边刃，有刮削痕迹。长 4.0、宽 1.2、

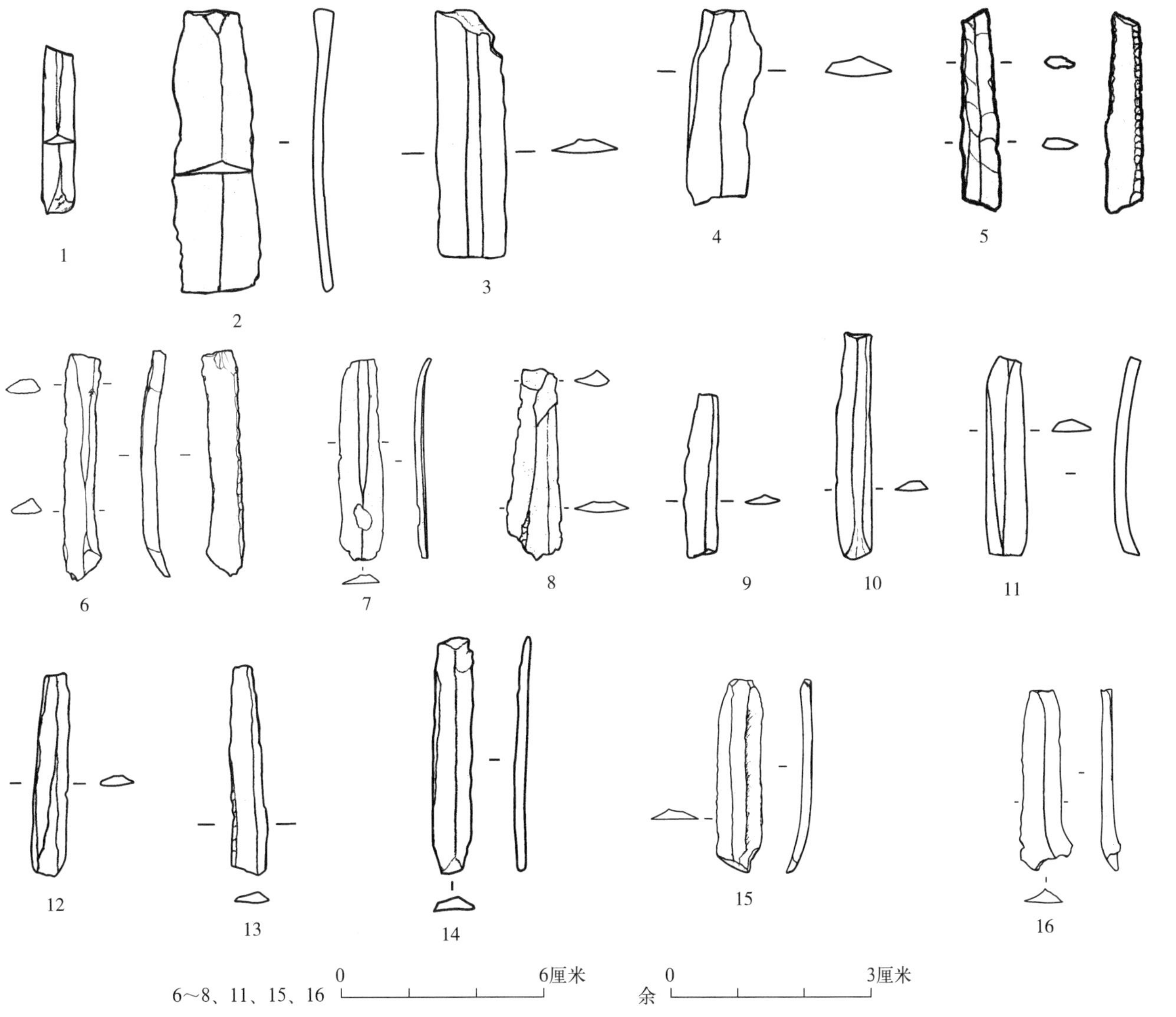

图 3-46　F2 出土细石器

1～16. 石叶刮削器 F2：169～184

厚 0.1 ～ 0.3 厘米（图 3-46，2；彩版三一，3）。

标本 F2 : 171，灰白色燧石。琢制，长条形，横截面梯形，边刃，有刮削痕迹。长 3.6、宽 1.0、厚 0.2 厘米（图 3-46，3；彩版三一，4）。

标本 F2 : 172，青灰色板岩。琢制，长条形，横截面梯形，边刃，有刮削痕迹。长 2.8、宽 1.0、厚 0.2 厘米（图 3-46，4）。

标本 F2 : 173，暗红色燧石。琢制，长条形，横截面梯形，边刃压琢，有刮削痕迹。长 2.9、宽 0.5、厚 0.1 厘米（图 3-46，5；彩版三一，5）。

标本 F2 : 174，青灰色燧石。琢制，长条形，横截面梯形，边刃压琢，有刮削痕迹。长 6.5、宽 1.2、厚 0.4 厘米（图 3-46，6；彩版三一，6）。

标本 F2 : 175，青灰色板岩。琢制，长条形，横截面梯形，边刃，有刮削痕迹。长 5.8、宽 1.3、厚 0.2 厘米（图 3-46，7；彩版三一，7）。

标本 F2 : 176，青色板岩。琢制，长条形，横截面梯形，边刃，有刮削痕迹。长 5.6、宽 1.6、厚 0.3 ～ 0.5 厘米（图 3-46，8；彩版三一，8）。

标本 F2 : 177，红褐色燧石。琢制，长条形，横截面三角形，边刃，有刮削痕迹。长 2.4、宽 0.5、厚 0.1 厘米（图 3-46，9）。

标本 F2 : 178，红褐色燧石。琢制，长条形，横截面梯形，边刃，有刮削痕迹。长 3.3、宽 0.5、厚 0.1 厘米（图 3-46，10；彩版三一，9）。

标本 F2 : 179，青灰色板岩。琢制，长条形，横截面梯形，边刃，有刮削痕迹。长 5.7、宽 1.2、厚 0.3 厘米（图 3-46，11；彩版三二，1）。

标本 F2 : 180，红褐色燧石。琢制，长条形，横截面梯形，边刃，有刮削痕迹。长 3.0、宽 0.5、厚 0.1 厘米（图 3-46，12；彩版三二，2）。

标本 F2 : 181，红褐色燧石。琢制，长条形，横截面三角形，边刃，有刮削痕迹。长 3.0、宽 0.5、厚 0.1 厘米（图 3-46，13；彩版三二，3）。

标本 F2 : 182，黄褐色玛瑙。琢制，长条形，横截面梯形，边刃，有刮削痕迹。长 3.4、宽 0.6、厚 0.1 厘米（图 3-46，14；彩版三二，4）。

标本 F2 : 183，青色板岩。琢制，长条形，横截面梯形，边刃，有刮削痕迹。长 5.5、宽 1.4、厚 0.3 厘米（图 3-46，15）。

标本 F2 : 184，青色板岩。琢制，长条形，横截面三角形，边刃，有刮削痕迹。长 5.2、宽 1.7、厚 0.35 厘米（图 3-46，16；彩版三二，5）。

标本 F2 : 185，红褐色燧石。琢制，长条形，横截面菱形，边刃，有刮削痕迹。长 2.4、宽 0.4、厚 0.1 厘米（图 3-47，1；彩版三二，6）。

标本 F2 : 187，红褐色燧石。琢制，长条形，横截面梯形，边刃，有刮削痕迹。长 3.8、宽 1.3、厚 0.2 厘米（图 3-47，2）。

标本 F2 : 188 残，棕色燧石。琢制，长条形，横截面菱形，边刃一侧压琢。长 2.8、宽 0.8、厚 0.3 厘米（图 3-47，3）。

标本 F2 : 189，青灰色板岩，长条形，横截面梯形，边刃，有刮削痕迹。长 4.1、宽 1.6、厚 0.2 厘米（图 3-47，4）。

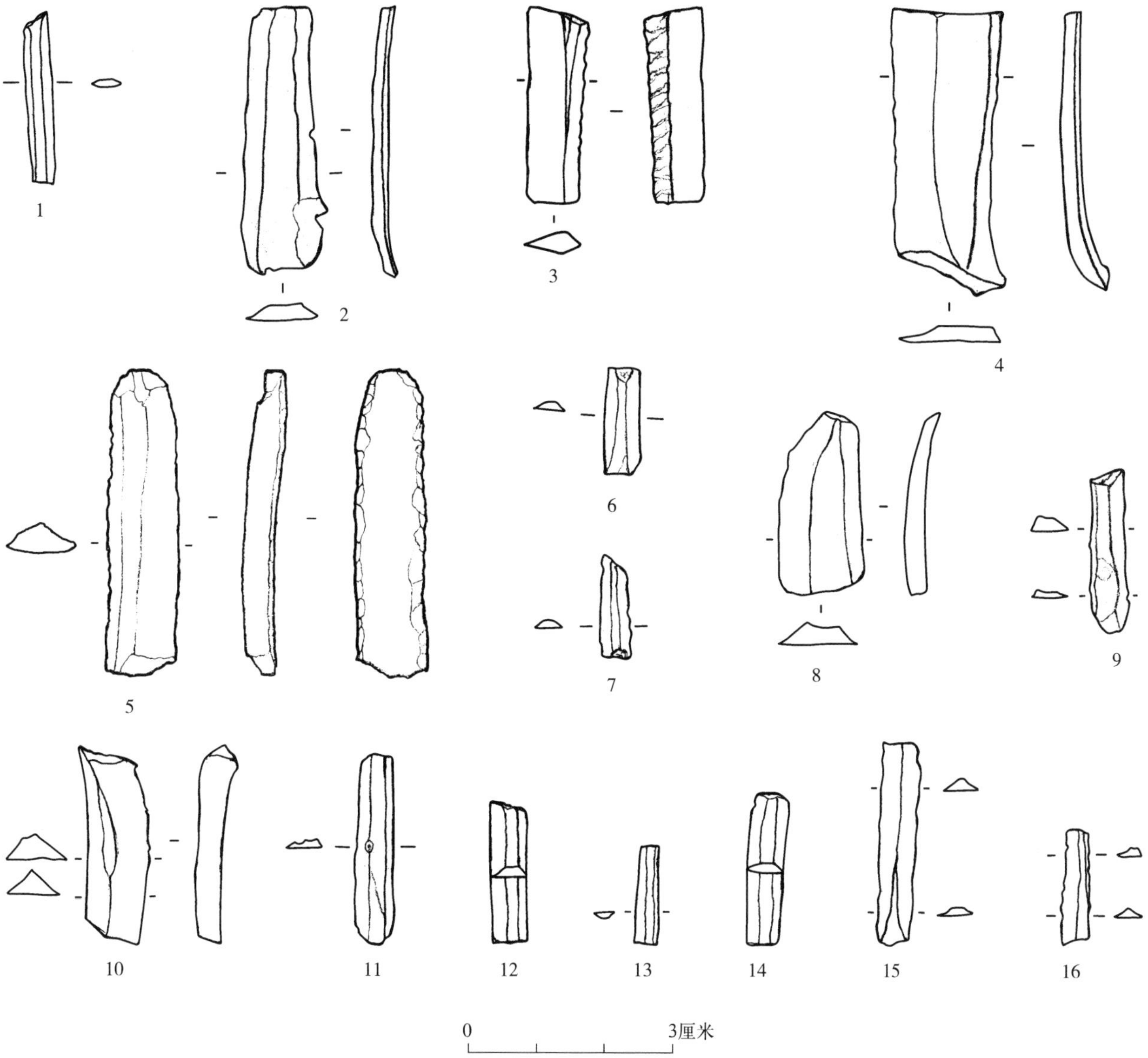

图 3-47　F2 出土细石器

1～16. 石叶刮削器 F2：185、187～190、192～196、199、204、207、210、212、213

标本 F2∶190，青色板岩。琢制，长条形，横截面梯形，两侧边刃压琢，有刮削痕迹。长 4.3、宽 1.0、厚 0.4 厘米（图 3-47，5；彩版三二，7）。

标本 F2∶192，红褐色燧石。琢制，长条形，横截面梯形，边刃，有刮削痕迹。长 1.5、宽 0.5、厚 0.1 厘米（图 3-47，6）。

标本 F2∶193，红褐色燧石。琢制，长条形，横截面梯形，边刃，有刮削痕迹。长 1.5、宽 0.5、厚 0.1 厘米（图 3-47，7）。

标本 F2∶194，青褐色板岩。琢制，长条形，横截面梯形，边刃，有刮削痕迹。长 2.6、宽 1.2、厚 0.3 厘米（图 3-47，8）。

标本 F2∶195，红褐色燧石。琢制，长条形，横截面梯形，边刃，有刮削痕迹。长 2.3、宽 0.6、厚 0.1～0.2 厘米（图 3-47，9）。

标本 F2：196，青色板岩，横截面三角形，边刃，有刮削痕迹。长 3.1、宽 1.0、厚 0.4 厘米（图 3-47，10）。

标本 F2：199，红褐色燧石。琢制，长条形，横截面梯形，边刃，有刮削痕迹。长 2.7、宽 0.5、厚 0.1 厘米（图 3-47，11）。

标本 F2：204，红褐色燧石。琢制，长条形，横截面梯形，边刃，有刮削痕迹。长 2.0、宽 0.1、厚 0.5 厘米（图 3-47，12；彩版三二，8）。

标本 F2：207，红褐色燧石。琢制，长条形，横截面梯形，边刃，有刮削痕迹。长 1.4、宽 0.3、厚 0.1 厘米（图 3-47，13）。

标本 F2：210，灰褐色燧石。琢制，长条形，横截面梯形，边刃，有刮削痕迹。长 2.2、宽 0.5、厚 0.1 厘米（图 3-47，14；彩版三二，9）。

标本 F2：212，红褐色燧石。琢制，长条形，前部横截面三角形，后部横截面梯形，边刃，有刮削痕迹。长 2.9、宽 0.5、厚 0.2 厘米（图 3-47，15）。

标本 F2：213，红褐色燧石。琢制，长条形，横截面三角形，边刃，有刮削痕迹。长 1.7、宽 0.4、厚 0.1 厘米（图 3-47，16）。

标本 F2：214，红褐色燧石。琢制，长条形，横截面梯形，边刃，有刮削痕迹。长 2.3、宽 0.6、厚 0.2 厘米（图 3-48，1）。

标本 F2：215，红褐色燧石。琢制，长条形，横截面梯形，边刃，有刮削痕迹。长 2.5、宽 0.6、厚 0.1 厘米（图 3-48，2）。

标本 F2：216，红褐色燧石。琢制，长条形，横截面三角形，边刃，有刮削痕迹。长 2.8、宽 0.5、厚 0.1 厘米（图 3-48，3；彩版三三，1）。

标本 F2：218，青灰色板岩，琢制，横截面三角形，边刃，有刮削痕迹。长 3.3、宽 1.3、厚 0.3 ~ 0.4 厘米（图 3-48，4）。

标本 F2：219，褐色燧石。琢制，长条形，横截面梯形，边刃，有刮削痕迹。长 1.7、宽 0.7、厚 0.1 厘米（图 3-48，5）。

标本 F2：220，红褐色燧石。琢制，长条形，横截面三角形，边刃，有刮削痕迹。长 1.9、宽 0.4、厚 0.1 厘米（图 3-48，6）。

标本 F2：222，红褐色燧石。琢制，长条形，横截面三角形，边刃，有刮削痕迹。长 2.3、宽 0.6、厚 0.1 厘米（图 3-48，7；彩版三三，2）。

标本 F2：223，红褐色燧石。琢制，长条形，横截面梯形，边刃，有刮削痕迹。长 2.4、宽 0.6、厚 0.1 厘米（图 3-48，8；彩版三三，3）。

标本 F2：224，棕色燧石。琢制，长条形，横截面三角形，边刃，有刮削痕迹。长 1.9、宽 0.5、厚 0.1 厘米（图 3-48，9；彩版三三，4）。

标本 F2：225，青色板岩，琢制，长条形，横截面梯形，边刃，有刮削痕迹。长 2.9、宽 1.3、厚 0.3 厘米（图 3-48，10）。

标本 F2：226，青色板岩，琢制，长条形，横截面梯形，边刃，有刮削痕迹。长 3.1、宽 1.3、厚 0.3 厘米（图 3-48，11）。

标本 F2：228，红褐色燧石。琢制，长条形，横截面三角形，边刃，有刮削痕迹。长 2.1、宽 0.7、

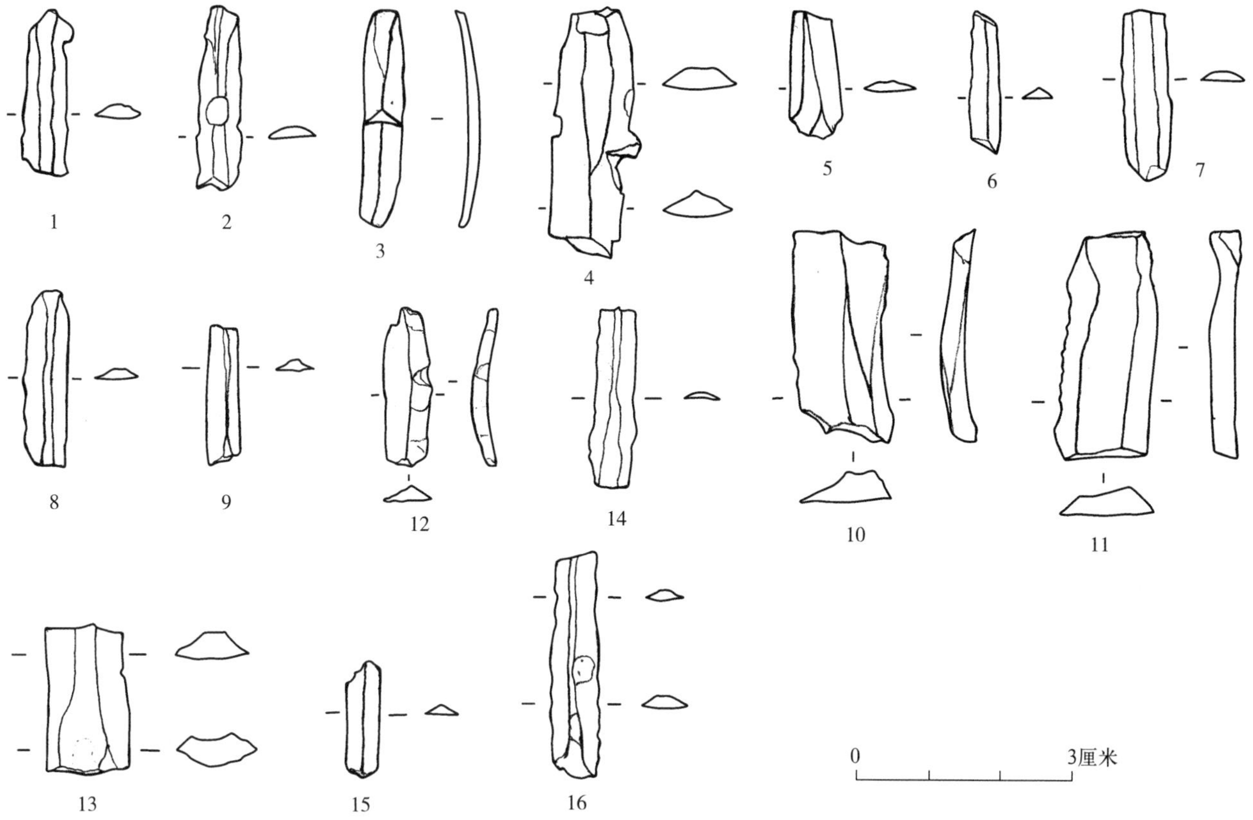

图 3-48　F2 出土细石器

1～16. 石叶刮削器 F2：214～216、218～220、222～226、228、230、231、233、234

厚 0.2 厘米（图 3-48，12）。

标本 F2：230，青色板岩，横截面梯形，边刃，有刮削痕迹。长 2.0、宽 1.2、厚 0.4 厘米（图 3-48，13）。

标本 F2：231，灰褐色燧石。琢制，长条形，横截面梯形，边刃，有刮削痕迹。长 2.3、宽 0.5、厚 0.1 厘米（图 3-48，14；彩版三三，5）。

标本 F2：233，灰褐色燧石。琢制，长条形，横截面三角形，边刃，有刮削痕迹。长 1.5、宽 0.4、厚 0.1 厘米（图 3-48，15）。

标本 F2：234，红褐色燧石。琢制，长条形，横截面梯形，边刃，有刮削痕迹。长 3.0、宽 0.7、厚 0.2 厘米（图 3-48，16；彩版三三，6）。

标本 F2：236，红褐色燧石。琢制，长条形，横截面梯形，边刃，有刮削痕迹。长 2.0、宽 0.5、厚 0.1 厘米（图 3-49，1；彩版三三，7）。

标本 F2：237，红褐色燧石。琢制，长条形，横截面梯形，边刃，有刮削痕迹。长 2.4、宽 0.5、厚 0.1 厘米（图 3-49，2；彩版三三，8）。

标本 F2：238，青绿色燧石。琢制，长条形，横截面三角形，边刃，有刮削痕迹。长 1.5、宽 0.4、厚 0.1 厘米（图 3-49，3；彩版三三，9）。

标本 F2：239，红褐色燧石。琢制，长条形，横截面三角形，边刃，有刮削痕迹。长 1.8、宽 0.4、厚 0.1 厘米（图 3-49，4；彩版三四，1）。

标本 F2∶241，红褐色燧石。琢制，长条形，横截面三角形，边刃，有刮削痕迹。长 1.6、宽 0.5、厚 0.1 厘米（图 3-49，5）。

标本 F2∶242，黄褐色燧石。琢制，长条形，横截面梯形，边刃，有刮削痕迹。长 4.3、宽 1.2、厚 0.3 厘米（图 3-49，6；彩版三四，2）。

标本 F2∶243，黄褐色燧石。琢制，长条形，横截面三角形，边刃，有刮削痕迹。长 2.2、宽 0.3、厚 0.1 厘米（图 3-49，7；彩版三四，3）。

标本 F2∶246，青灰色板岩，琢制，长条形，横截面三角形，边刃，有刮削痕迹。长 4.0、宽 1.2、厚 0.5 厘米（图 3-49，8；彩版三四，4）。

标本 F2∶249，红褐色燧石。琢制，长条形，横截面三角形，边刃，有刮削痕迹。长 2.4、宽 0.6、厚 0.1 厘米（图 3-49，9；彩版三四，5）。

标本 F2∶250，黄褐色燧石。琢制，长条形，横截面梯形，边刃，有刮削痕迹。长 1.8、宽 0.6、厚 0.2 厘米（图 3-49，10）。

标本 F2∶252，青色板岩。琢制，长条形，横截面三角形，边刃，有刮削痕迹。长 4.0、宽 1.3、

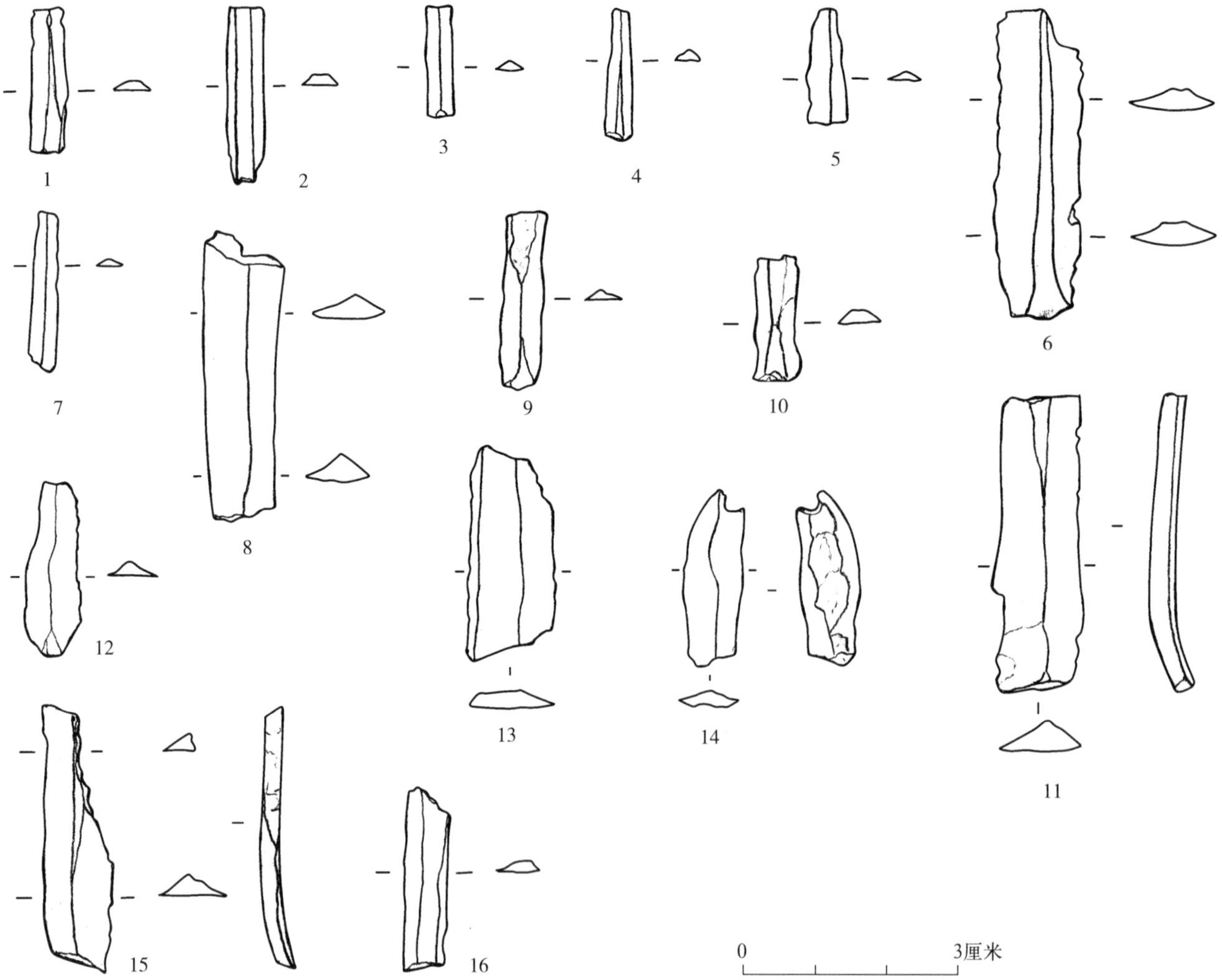

图 3-49　F2 出土细石器

1 ～ 16．石叶刮削器 F2∶236 ～ 239、241 ～ 243、246、249、250、252、253、264 ～ 267

厚 0.3 厘米（图 3-49，11）。

标本 F2∶253，黑褐色燧石。琢制，长条形，横截面三角形。长 2.3、宽 0.7、厚 0.1 厘米（图 3-49，12）。

标本 F2∶264，青色板岩，琢制，长条形，横截面梯形，边刃，有刮削痕迹。长 3.0、宽 1.3、厚 0.2 厘米（图 3-49，13）。

标本 F2∶265，棕红色燧石。琢制，长条形，横截面梯形，边刃，有刮削痕迹。长 2.4、宽 0.9、厚 0.2 厘米（图 3-49，14）。

标本 F2∶266，红褐色燧石。琢制，长条形，横截面三角形，边刃，有刮削痕迹。长 3.7、宽 0.9、厚 0.2 厘米（图 3-49，15）。

标本 F2∶267，红褐色燧石。琢制，长条形，横截面梯形，边刃，有刮削痕迹。长 2.5、宽 0.6、厚 0.1 厘米（图 3-49，16）。

标本 F2∶268，青灰色石英脉，横截面梯形，边刃，有刮削痕迹。长 2.4、宽 1.1、厚 0.2 厘米（图 3-50，1）。

标本 F2∶277，棕色燧石。琢制，长条形，横截面梯形，边刃，有刮削痕迹。长 2.1、宽 0.5、厚 0.1 厘米（图 3-50，2）。

标本 F2∶278，乳白色燧石。琢制，长条形，横截面三角形，边刃，有刮削痕迹。长 1.5、宽 0.3、

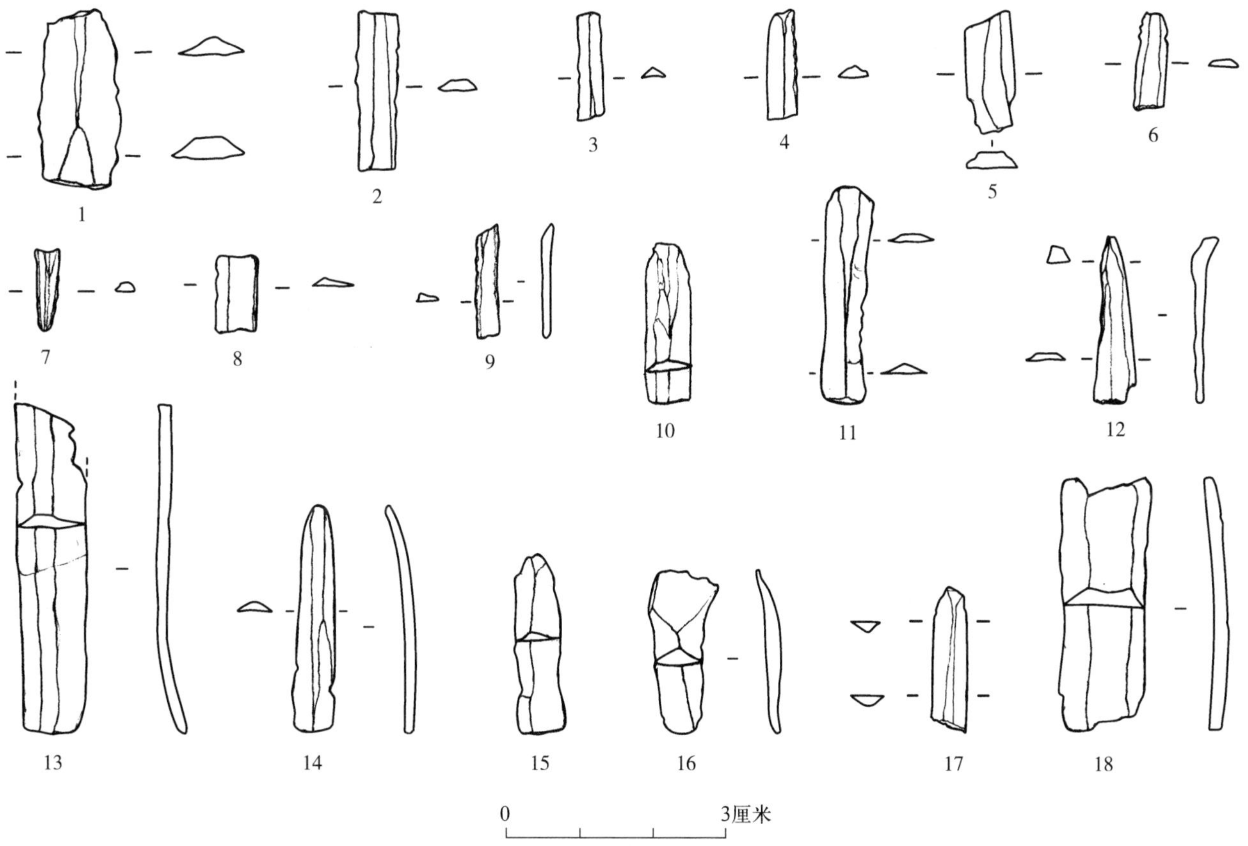

图 3-50　F2 出土细石器

1～18. 石叶刮削器 F2∶268、277～280、286、287、290、291、293～295、298～303

厚0.1厘米（图3-50，3）。

标本F2∶279，棕色燧石。琢制，长条形，横截面三角形，边刃，有刮削痕迹。长1.5、宽0.4、厚0.1厘米（图3-50，4）。

标本F2∶280，乳白色燧石。琢制，长条形，横截面梯形，边刃，有刮削痕迹。长1.7、宽0.7、厚0.2厘米（图3-50，5）。

标本F2∶286，红褐色燧石。琢制，长条形，横截面梯形，边刃，有刮削痕迹。长1.3、宽0.4、厚0.1厘米（图3-50，6）。

标本F2∶287，红褐色燧石。琢制，长条形，横截面梯形，边刃，有刮削痕迹。长1.1、宽0.3、厚0.1厘米（图3-50，7）。

标本F2∶290，黄褐色燧石。琢制，长条形，横截面三角形，边刃，有刮削痕迹。长1.0、宽0.6、厚0.1厘米（图3-50，8）。

标本F2∶291，棕色燧石。琢制，长条形，横截面三角形，边刃，有刮削痕迹。长1.5、宽0.3、厚0.1厘米（图3-50，9）。

标本F2∶293，红褐色燧石。琢制，长条形，横截面梯形，边刃，有刮削痕迹。长2.1、宽0.6、厚0.1厘米（图3-50，10）。

标本F2∶294，褐色燧石。琢制，长条形，前部横截面梯形，底部横截面三角形，边刃，有刮削痕迹。长2.9、宽0.6、厚0.1厘米（图3-50，11；彩版三四，6）。

标本F2∶295，青色板岩，横截面梯形，边刃，有刮削痕迹。长2.2、宽0.5、厚0.1厘米（图3-50，12）。

标本F2∶298，灰色板岩。琢制，长条形，横截面梯形，边刃，有刮削痕迹。长4.3、宽0.9、厚0.1厘米（图3-50，13）。

标本F2∶299，乳白色燧石。琢制，长条形，横截面梯形，边刃，有刮削痕迹。长3.0、宽0.5、厚0.1厘米（图3-50，14；彩版三四，7）。

标本F2∶300，红褐色燧石。琢制，长条形，横截面三角形，边刃，有刮削痕迹。长2.3、宽0.6、厚0.1厘米（图3-50，15）。

标本F2∶301，黄褐色燧石。琢制，长条形，横截面三角形，边刃，有刮削痕迹。长2.1、宽0.8、厚0.1厘米（图3-50，16）。

标本F2∶302，红褐色燧石。琢制，长条形，横截面三角形，边刃，有刮削痕迹。长1.9、宽0.4、厚0.1厘米（图3-50，17）。

标本F2∶303，黄褐色板岩，横截面梯形，边刃，有刮削痕迹。长3.3、宽1.2、厚0.2厘米（图3-50，18）。

标本F2∶304，棕色燧石。琢制，长条形，横截面三角形，边刃，有刮削痕迹。长1.5、宽0.4、厚0.1厘米（图3-51，1）。

标本F2∶305，红褐色燧石。琢制，长条形，横截面梯形，边刃，有刮削痕迹。长2.1、宽0.5、厚0.1厘米（图3-51，2）。

标本F2∶306，褐色板岩。琢制，长条形，横截面三角形，边刃，有刮削痕迹。长2.2、宽0.4、厚0.1厘米（图3-51，3）。

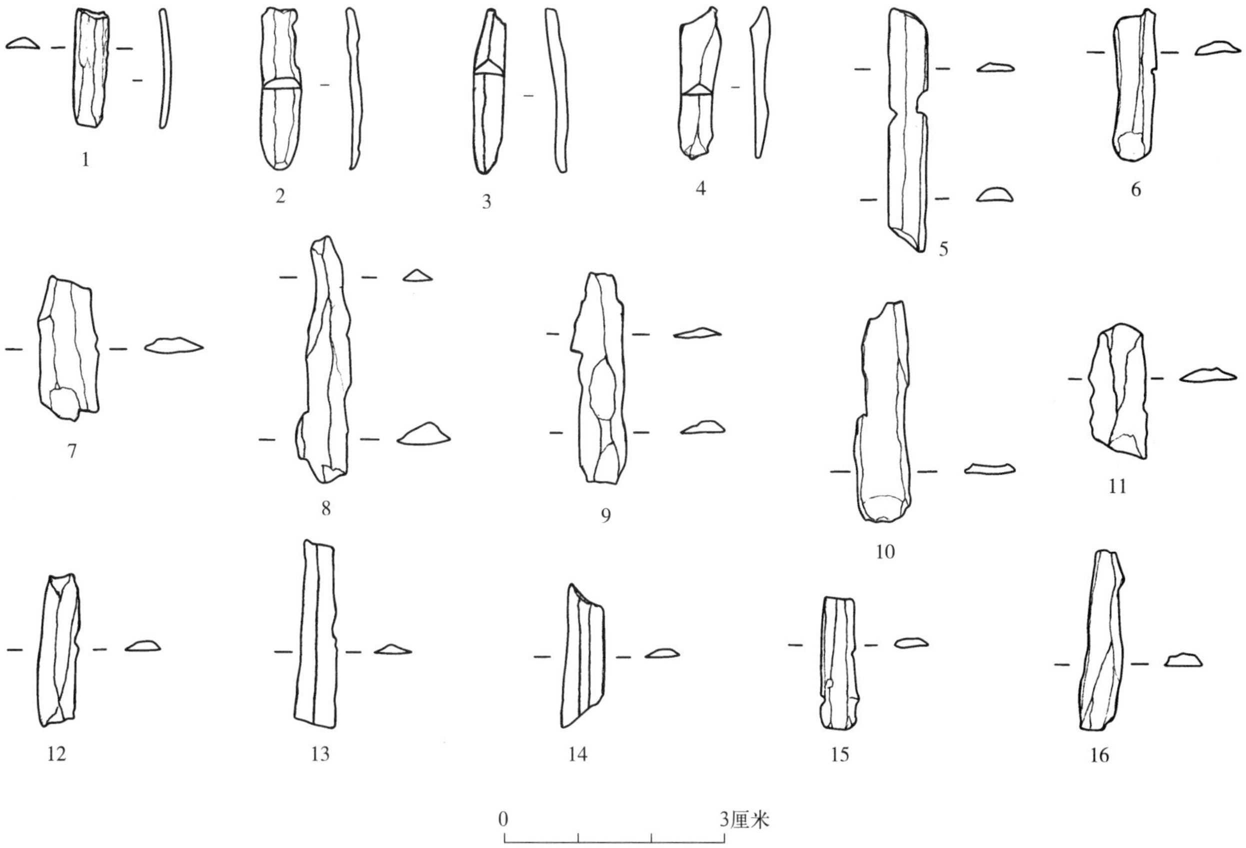

图 3-51　F2 出土细石器

1～16. 石叶刮削器 F2：304～307、313～314、316～318、320、322、323、325～328

标本 F2：307，红褐色燧石。琢制，长条形，横截面三角形，边刃，有刮削痕迹。长 2.0、宽 0.5、厚 0.1 厘米（图 3-51，4）。

标本 F2：312，红褐色燧石。琢制，长条形，横截面三角形，边刃，有刮削痕迹。长 2.6、宽 0.9、厚 0.1 厘米。

标本 F2：313，灰白色燧石。琢制，长条形，横截面梯形，边刃，有刮削痕迹。长 3.2、宽 0.5、厚 0.1 厘米（图 3-51，5）。

标本 F2：314，红褐色燧石。琢制，长条形，横截面梯形，边刃，有刮削痕迹。长 2.1、宽 0.6、厚 0.1 厘米（图 3-51，6）。

标本 F2：316，褐色燧石。琢制，长条形，横截面梯形，边刃，有刮削痕迹。长 1.9、宽 0.8、厚 0.2 厘米（图 3-51，7）。

标本 F2：317，褐色燧石。琢制，长条形，横截面三角形，边刃，有刮削痕迹。长 3.3、宽 0.7、厚 0.2 厘米（图 3-51，8；彩版三四，8）。

标本 F2：318，褐色燧石。琢制，长条形，横截面三角形，边刃，有刮削痕迹。长 2.8、宽 0.7、厚 0.1 厘米（图 3-51，9）。

标本 F2：320，褐色燧石。琢制，长条形，横截面梯形，边刃，有刮削痕迹。长 2.9、宽 0.8、厚 0.1 厘米（图 3-51，10）。

标本 F2∶322，红褐色燧石。琢制，长条形，横截面梯形，边刃，有刮削痕迹。长 1.8、宽 0.8、厚 0.1 厘米（图 3-51，11）。

标本 F2∶323，红褐色燧石。琢制，长条形，横截面梯形，边刃，有刮削痕迹。长 2.1、宽 0.5、厚 0.1 厘米（图 3-51，12）。

标本 F2∶325，灰褐色燧石。琢制，长条形，横截面三角形，边刃，有刮削痕迹。长 2.5、宽 0.5、厚 0.1 厘米（图 3-51，13）。

标本 F2∶326，灰白色燧石。琢制，长条形，横截面梯形，边刃，有刮削痕迹。长 1.9、宽 0.5、厚 0.1 厘米（图 3-51，14）。

标本 F2∶327，红褐色燧石。琢制，长条形，横截面梯形，边刃，有刮削痕迹。长 1.8、宽 0.5、厚 0.1 厘米（图 3-51，15）。

标本 F2∶328，褐色燧石。琢制，长条形，横截面梯形，边刃，有刮削痕迹。长 2.4、宽 0.6、厚 0.2 厘米（图 3-51，16）。

标本 F2∶329，褐色燧石。琢制，长条形，横截面三角形，边刃，有刮削痕迹。长 2.4、宽 0.5、厚 0.1 厘米（图 3-52，1）。

标本 F2∶330，红褐色燧石。琢制，长条形，横截面梯形，边刃，有刮削痕迹。长 1.8、宽 0.5、厚 0.1 厘米（图 3-52，2）。

标本 F2∶334，褐色燧石。琢制，长条形，横截面三角形，边刃，有刮削痕迹。长 2.6、宽 0.5、厚 0.2 厘米（图 3-52，3）。

标本 F2∶335，红褐色燧石。琢制，长条形，横截面三角形，边刃，有刮削痕迹。长 2.0、宽 0.8、

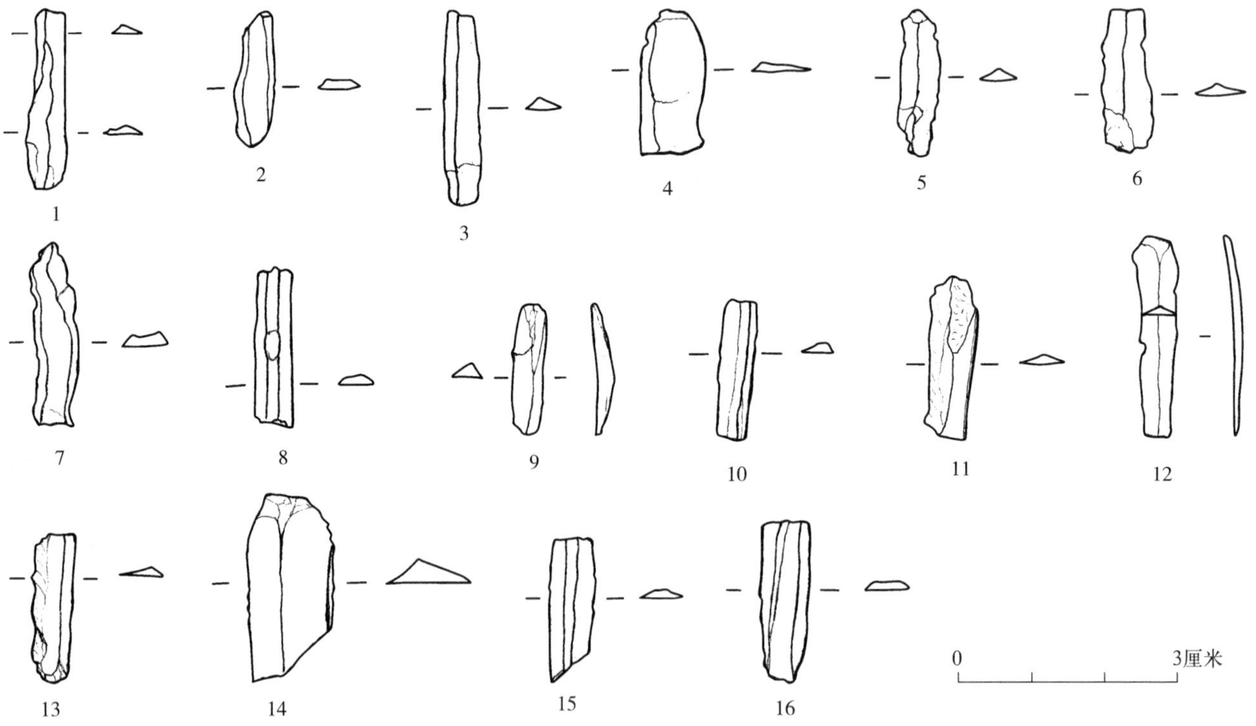

图 3-52　F2 出土细石器

1～16. 石叶刮削器 F2∶329、330、334、335、337～341、344、345、351、353～356

厚0.1厘米（图3-52，4）。

标本F2∶337，红褐色燧石。琢制，长条形，横截面三角形，边刃，有刮削痕迹。长2.0、宽0.5、厚0.1厘米（图3-52，5）。

标本F2∶338，红褐色燧石。琢制，长条形，横截面三角形，边刃，有刮削痕迹。长1.9、宽0.7、厚0.1厘米（图3-52，6）。

标本F2∶339，褐色燧石。琢制，长条形，横截面梯形，边刃，有刮削痕迹。长2.5、宽0.6、厚0.2厘米（图3-52，7）。

标本F2∶340，褐色燧石。琢制，长条形，横截面梯形，边刃，有刮削痕迹。长2.2、宽0.5、厚0.1厘米（图3-52，8；彩版三四，9）。

标本F2∶341，褐色燧石。琢制，长条形，横截面三角形，边刃，有刮削痕迹。长2.2、宽0.4、厚0.1厘米（图3-52，9）。

标本F2∶344，褐色燧石。琢制，长条形，横截面梯形，边刃，有刮削痕迹。长1.8、宽0.4、厚0.1厘米（图3-52，10）。

标本F2∶345，红褐色燧石。琢制，长条形，横截面三角形，边刃，有刮削痕迹。长2.1、宽0.6、厚0.1厘米（图3-52，11）。

标本F2∶351，红褐色燧石。琢制，长条形，横截面三角形，边刃，有刮削痕迹。长2.7、宽0.5、厚0.1厘米（图3-52，12；彩版三五，1）。

标本F2∶353，褐色燧石。琢制，长条形，横截面三角形，边刃，有刮削削痕。长1.9、宽0.6、厚0.1厘米（图3-52，13；彩版三五，2）。

标本F2∶354，青褐色板岩，琢制，长条形，横截面三角形，边刃，有刮削痕迹。长2.5、宽1.2、厚0.3厘米（图3-52，14）。

标本F2∶355，红褐色燧石。琢制，长条形，横截面梯形，边刃，有刮削痕迹。长1.9、宽0.6、厚0.1厘米（图3-52，15）。

标本F2∶356，红褐色燧石。琢制，长条形，横截面梯形，边刃，有刮削痕迹。长2.1、宽0.6、厚0.1厘米（图3-52，16；彩版三五，3）。

标本F2∶357，红褐色燧石。琢制，长条形，横截面梯形，边刃，有刮削痕迹。长1.9、宽0.5、厚0.1厘米（图3-53，1；彩版三五，4）。

标本F2∶358，红褐色燧石。琢制，长条形，横截面梯形，边刃，有刮削痕迹。长2.7、宽0.5、厚0.1厘米（图3-53，2）。

标本F2∶359，青灰色板岩。琢制，长条形，横截面三角形，边刃，有刮削痕迹。长2.7、宽1.3、厚0.3厘米（图3-53，3）。

标本F2∶361，灰褐色燧石。琢制，长条形，横截面三角形，边刃，有刮削痕迹。长1.7、宽0.4、厚0.1厘米（图3-53，4；彩版三五，5）。

标本F2∶362，红褐色燧石。琢制，长条形，横截面梯形，边刃，有刮削痕迹。长1.6、宽0.5、厚0.1厘米（图3-53，5）。

标本F2∶366，红褐色燧石。琢制，长条形，横截面梯形，边刃，有刮削痕迹。长1.5、宽0.4、厚0.1厘米（图3-53，6）。

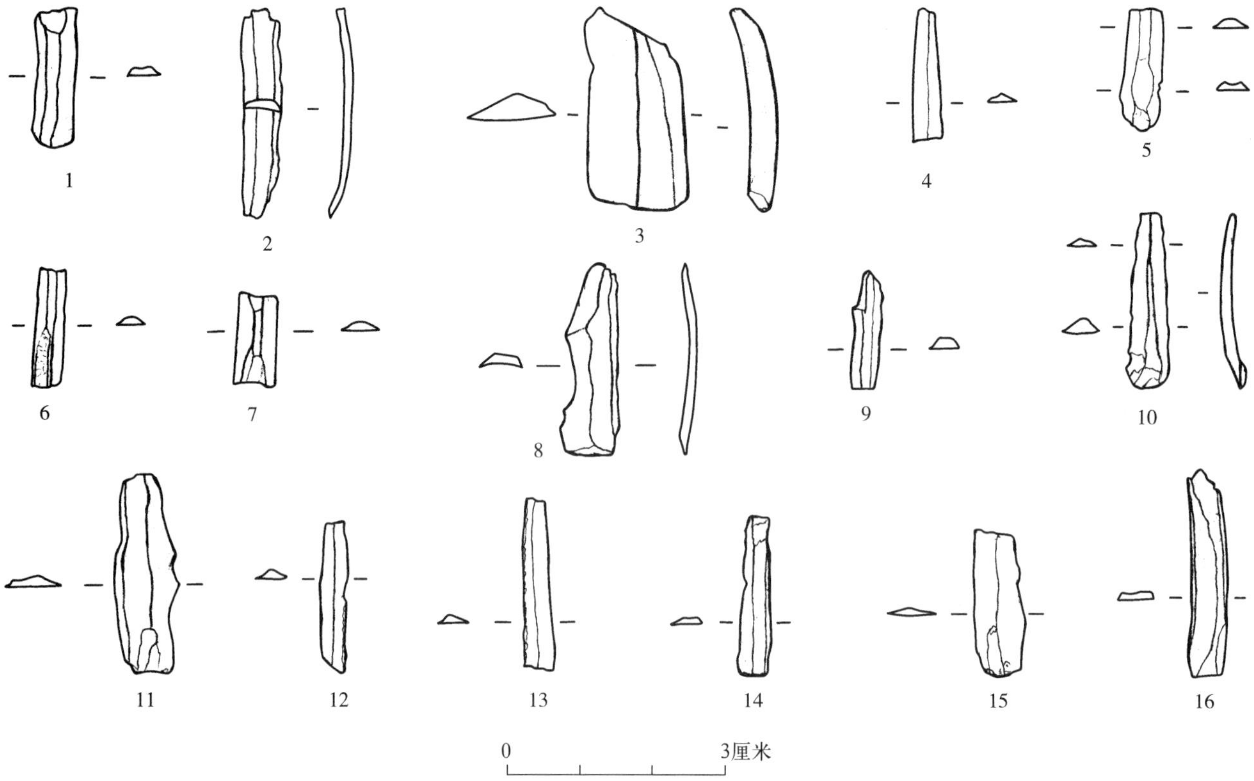

图 3-53 F2 出土细石器

1～16. 石叶刮削器 F2：357～359、361、362、366、368～377

标本 F2：368，红褐色燧石。琢制，长条形，横截面梯形，边刃，有刮削痕迹。长 1.2、宽 0.5、厚 0.1 厘米（图 3-53，7）。

标本 F2：369，红褐色燧石。琢制，长条形，横截面梯形，边刃，有刮削痕迹。长 2.5、宽 0.8、厚 0.1 厘米（图 3-53，8）。

标本 F2：370，红褐色燧石。琢制，长条形，横截面梯形，边刃，有刮削痕迹。长 1.6、宽 0.4、厚 0.1 厘米（图 3-53，9）。

标本 F2：371，红褐色燧石。琢制，长条形，横截面梯形，边刃，有刮削痕迹。长 2.3、宽 0.5、厚 0.1 厘米（图 3-53，10；彩版三五，6）。

标本 F2：372，红褐色燧石。琢制，长条形，横截面梯形，边刃，有刮削痕迹。长 2.6、宽 0.8、厚 0.1 厘米（图 3-53，11）。

标本 F2：373，灰褐色燧石。琢制，长条形，横截面三角形，边刃，有刮削痕迹。长 2.0、宽 0.4、厚 0.1 厘米（图 3-53，12）。

标本 F2：374，灰褐色燧石。琢制，长条形，横截面三角形，边刃，有刮削痕迹。长 2.3、宽 0.4、厚 0.1 厘米（图 3-53，13）。

标本 F2：375，红褐色燧石。琢制，长条形，横截面梯形，边刃，有刮削痕迹。长 2.1、宽 0.4、厚 0.1 厘米（图 3-53，14）。

标本 F2：376，褐色燧石。琢制，长条形，横截面三角形，边刃，有刮削痕迹。长 1.9、宽 0.8、厚 0.1 厘米（图 3-53，15）。

标本 F2∶377，红褐色燧石。琢制，长条形，横截面梯形，边刃，有刮削痕迹。长 2.7、宽 0.5、厚 0.1 厘米（图 3-53，16）。

标本 F2∶378，红褐色燧石。琢制，长条形，横截面三角形，边刃，有刮削痕迹。长 2.2、宽 0.8、厚 0.1 厘米（图 3-54，1）。

标本 F2∶379，红褐色燧石。琢制，长条形，横截面三角形，边刃，有刮削痕迹。长 1.9、宽 0.8、厚 0.1 厘米（图 3-54，2）。

标本 F2∶382，褐色燧石。琢制，长条形，横截面三角形，边刃，有刮削痕迹。长 2.4、宽 0.6、厚 0.1 厘米（图 3-54，3）。

标本 F2∶383，褐色燧石。琢制，长条形，横截面梯形，边刃，有刮削痕迹。长 1.8、宽 0.6、厚 0.1 厘米（图 3-54，4）。

标本 F2∶388，褐色燧石。琢制，长条形，横截面梯形，边刃，有刮削痕迹。长 1.8、宽 0.6、厚 0.1 厘米（图 3-54，5）。

标本 F2∶389，褐色燧石。琢制，长条形，横截面梯形，边刃，有刮削痕迹。长 1.8、宽 0.6、厚 0.1 厘米（图 3-54，6）。

标本 F2∶390，褐色燧石。琢制，长条形，横截面梯形，边刃，有刮削痕迹。长 1.9、宽 0.6、厚 0.1 厘米（图 3-54，7）。

标本 F2∶391，红褐色燧石。琢制，长条形，横截面梯形，边刃，有刮削痕迹。长 2.7、宽 0.8、厚 0.1 厘米（图 3-54，8）。

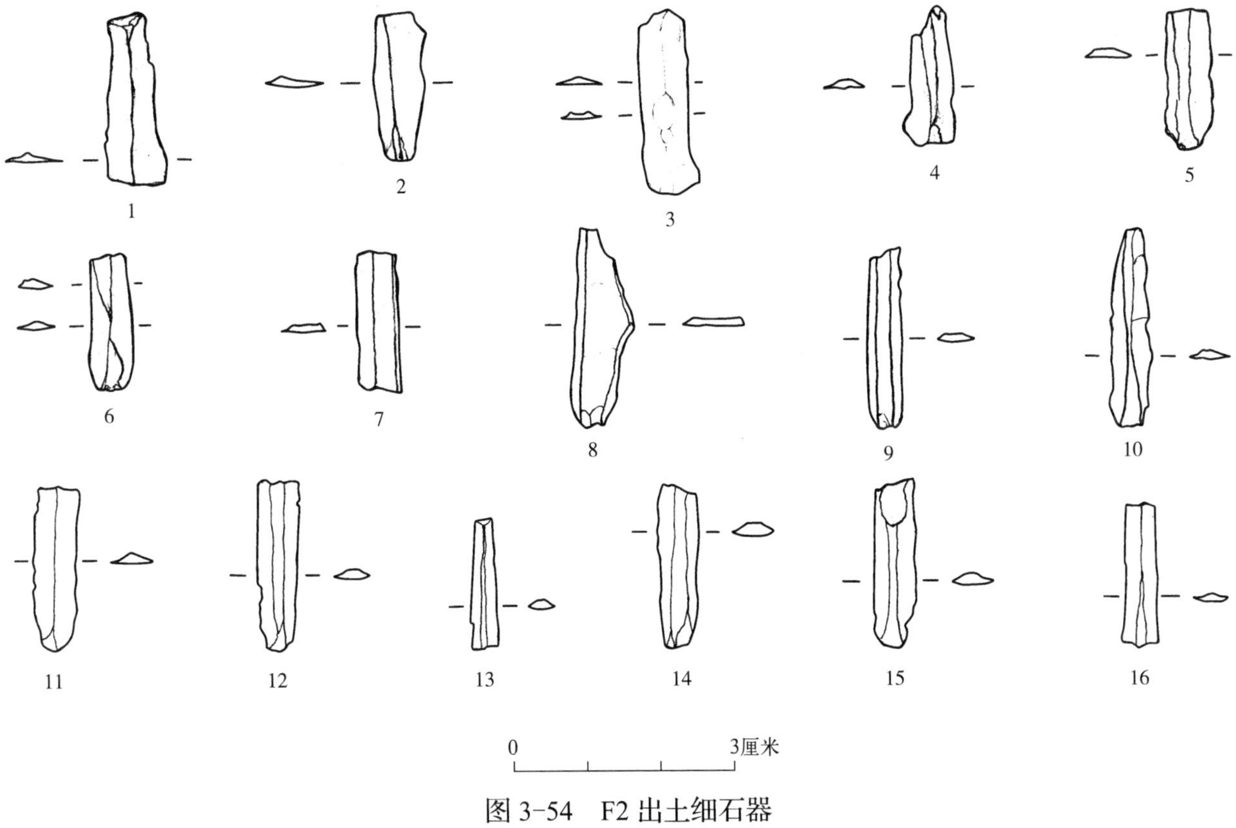

图 3-54　F2 出土细石器

1 ~ 16. 石叶刮削器 F2∶378、379、382、383、388 ~ 399

标本 F2∶392，红褐色燧石。琢制，长条形，横截面梯形，边刃，有刮削痕迹。长 2.4、宽 0.5、厚 0.1 厘米（图 3-54，9）。

标本 F2∶393，红褐色燧石。琢制，长条形，横截面梯形，边刃，有刮削痕迹。长 2.6、宽 0.5、厚 0.1 厘米（图 3-54，10）。

标本 F2∶394，红褐色燧石。琢制，长条形，横截面三角形，边刃，有刮削痕迹。长 2.2、宽 0.5、厚 0.1 厘米（图 3-54，11）。

标本 F2∶395，褐色燧石。琢制，长条形，横截面梯形，边刃，有刮削痕迹。长 2.3、宽 0.5、厚 0.1 厘米（图 3-54，12）。

标本 F2∶396，红褐色燧石。琢制，长条形，横截面梯形，边刃，有刮削痕迹。长 1.7、宽 0.3、厚 0.1 厘米（图 3-54，13）。

标本 F2∶397，红褐色燧石。琢制，长条形，横截面梯形，边刃，有刮削痕迹。长 2.2、宽 0.5、厚 0.2 厘米（图 3-54，14；彩版三五，7）。

标本 F2∶398，红褐色燧石。琢制，长条形，横截面梯形，边刃，有刮削痕迹。长 2.3、宽 0.6、厚 0.1 厘米（图 3-54，15；彩版三五，8）。

标本 F2∶399，红褐色燧石。琢制，长条形，横截面三角形，边刃，有刮削痕迹。长 1.9、宽 0.5、厚 0.1 厘米（图 3-54，16）。

标本 F2∶400，红褐色燧石。琢制，长条形，横截面三角形，边刃，有刮削痕迹。长 2.3、宽 0.45、厚 0.1 厘米（图 3-55，1）。

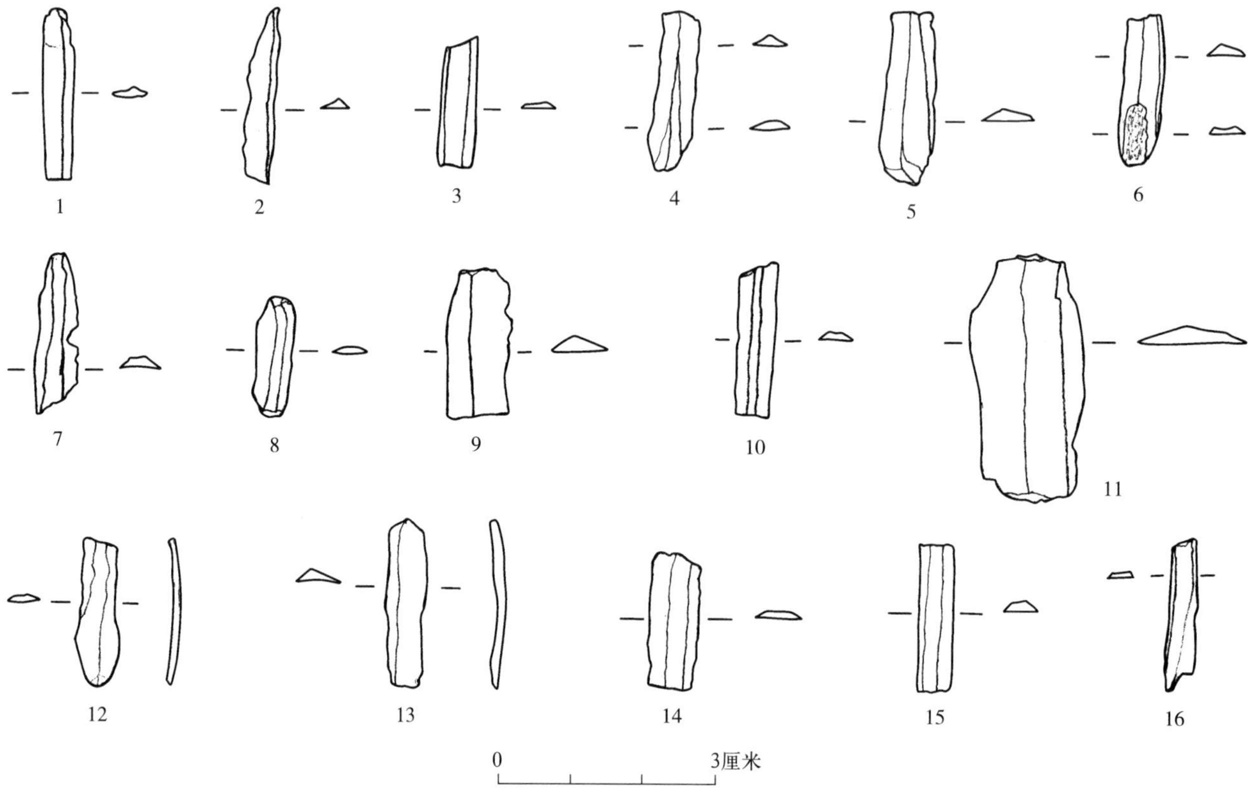

图 3-55　F2 出土细石器

1 ～ 16. 石叶刮削器 F2∶400、402 ～ 404、407 ～ 409、412、413、415、416、418、420、422 ～ 424

标本 F2 : 402，褐色燧石。琢制，长条形，横截面三角形，边刃，有刮削痕迹。长 2.3、宽 0.4、厚 0.1 厘米（图 3-55，2）。

标本 F2 : 403，褐色燧石。琢制，长条形，横截面梯形，边刃，有刮削痕迹。长 1.7、宽 0.5、厚 0.1 厘米（图 3-55，3）。

标本 F2 : 404，褐色燧石。琢制，长条形，横截面三角形，边刃，有刮削痕迹。长 2.1、宽 0.5、厚 0.1 厘米（图 3-55，4）。

标本 F2 : 407，褐色燧石。琢制，长条形，横截面梯形，边刃，有刮削痕迹。长 2.2、宽 0.7、厚 0.1 厘米（图 3-55，5）。

标本 F2 : 408，褐色燧石。琢制，长条形，横截面三角形，边刃，有刮削痕迹。长 2.0、宽 0.5、厚 0.1 厘米（图 3-55，6）。

标本 F2 : 409，褐色燧石。琢制，长条形，横截面梯形，边刃，有刮削痕迹。长 2.1、宽 0.5、厚 0.1 厘米（图 3-55，7）。

标本 F2 : 412，红褐色燧石。琢制，长条形，横截面梯形，边刃，有刮削痕迹。长 1.6、宽 0.5、厚 0.1 厘米（图 3-55，8）。

标本 F2 : 413，青灰色板岩。琢制，长条形，横截面三角形，边刃，有刮削痕迹。长 2.0、宽 0.9、厚 0.2 厘米（图 3-55，9）。

标本 F2 : 415，褐色燧石。琢制，长条形，横截面梯形，边刃，有刮削痕迹。长 2.0、宽 0.5、厚 0.1 厘米（图 3-55，10）。

标本 F2 : 416，青色板岩。琢制，长条形，横截面梯形，边刃，有刮削痕迹。长 3.2、宽 1.5、厚 0.3 厘米（图 3-55，11）。

标本 F2 : 418，褐色燧石。琢制，长条形，横截面梯形，边刃，有刮削痕迹。长 1.9、宽 0.6、厚 0.1 厘米（图 3-55，12）。

标本 F2 : 420，红褐色燧石。琢制，长条形，横截面三角形，边刃，有刮削痕迹。长 2.2、宽 0.5、厚 0.1 厘米（图 3-55，13）。

标本 F2 : 422，褐色燧石。琢制，长条形，横截面梯形，边刃，有刮削痕迹。长 1.8、宽 0.6、厚 0.1 厘米（图 3-55，14）。

标本 F2 : 423，红褐色燧石。琢制，长条形，横截面梯形，边刃，有刮削痕迹。长 1.9、宽 0.4、厚 0.1 厘米（图 3-55，15）。

标本 F2 : 424，棕色燧石。琢制，长条形，横截面梯形，边刃，有刮削痕迹。长 2.0、宽 0.4、厚 0.1 厘米（图 3-55，16）。

标本 F2 : 426，红褐色燧石。琢制，长条形，横截面梯形，边刃，有刮削痕迹。长 1.9、宽 0.5、厚 0.1 厘米（图 3-56，1）。

标本 F2 : 427，红褐色燧石。琢制，长条形，横截面梯形，边刃，有刮削痕迹。长 1.7、宽 0.7、厚 0.1 厘米（图 3-56，2）。

标本 F2 : 428，褐色燧石。琢制，长条形，横截面梯形，边刃，有刮削痕迹。长 1.7、宽 0.6、厚 0.1 厘米（图 3-56，3）。

标本 F2 : 431，红褐色燧石。琢制，长条形，横截面三角形，边刃，有刮削痕迹。长 2.3、宽 1.1、

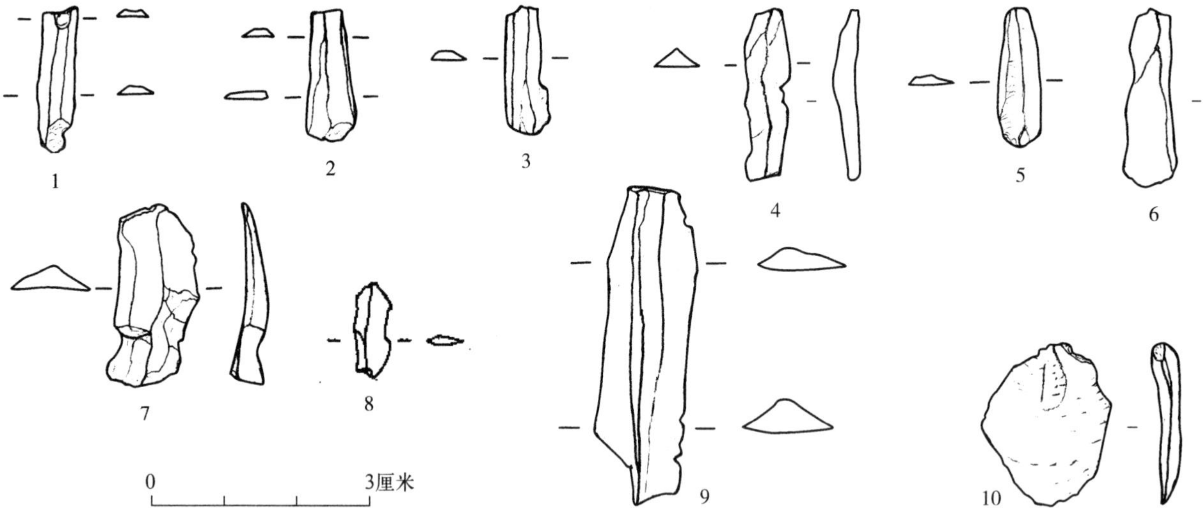

图 3-56 F2 出土细石器

1～9. 石叶刮削器 F2：426～428、431、436、446、452、460、488 10. 石片刮削器 F2：450

厚 0.4 厘米（图 3-56，4）。

标本 F2∶436，红褐色燧石。琢制，长条形，横截面梯形，边刃，有刮削痕迹。长 1.8、宽 0.6、厚 0.1 厘米（图 3-56，5）。

标本 F2∶446，灰褐色燧石。琢制，长条形，横截面三角形，边刃，有刮削痕迹。长 2.4、宽 0.8、厚 0.2 厘米（图 3-56，6）。

标本 F2∶452，红褐色燧石。琢制，长条形，横截面三角形，边刃，有刮削痕迹。长 2.4、宽 1.1、厚 0.4 厘米（图 3-56，7）。

标本 F2∶460，黄褐色燧石。琢制，长条形，横截面菱形，边刃，有刮削痕迹。长 1.2、宽 0.5、厚 0.1 厘米（图 3-56，8）。

标本 F2∶488，青灰色板岩。琢制，长条形，横截面三角形，边刃，有刮削痕迹。长 4.3、宽 1.2、厚 0.5 厘米（图 3-56，9）。

石片刮削器 1 件。

标本 F2∶450，红色燧石。打制，扇面形，边刃，有刮削痕迹。长 2.1、宽 1.7、厚 0.4 厘米（图 3-56，10）。

尖状器 32 件。

标本 F2∶53，黄褐色燧石。打制，尖叶形，横截面梯形，边刃，有刮削痕迹。长 1.4、宽 0.3、厚 0.1 厘米（图 3-57，1）。

标本 F2∶125，青灰色燧石。琢制，尖叶形，横截面梯形，歪尖，尖部经使用已圆钝，边刃成锯齿形。长 5.7、宽 1.0、厚 0.2～0.3 厘米（图 3-57，2）。

标本 F2∶142，红褐色燧石。琢制，尖叶形，横截面三角形，边刃，有刮削痕迹。长 2.4、宽 0.5、厚 0.1 厘米（图 3-57，3）。

标本 F2∶155，红褐色燧石。琢制，尖叶形，横截面三角形，边刃，有刮削痕迹。长 2.8、宽 0.4、厚 0.1 厘米（图 3-57，4；彩版三六，1）。

标本F2∶156，灰褐色燧石。琢制，叶形，横截面梯形，边刃，有刮削痕迹。长1.7、宽0.5、厚0.1厘米（图3-57，5）。

标本F2∶146，红褐色玛瑙。琢制，尖叶形，横截面梯形，歪尖，边刃，有刮削痕迹。长4.8、宽0.6、厚0.1厘米（图3-57，6；彩版三六，2）。

标本F2∶148，暗红色燧石。打制，尖叶形，尖部横截面三角形，后部横截面梯，歪尖，边刃，有刮削痕迹。长6.2、宽1.1、厚0.3厘米（图3-57，7）。

标本F2∶186，褐色燧石。打制，尖叶形，横截面梯形，边刃，尖部经使用已圆钝。长3.1、宽0.6、厚0.1厘米（图3-57，8；彩版三六，3）。

标本F2∶200，褐色燧石。打制，尖叶形，尖部横截面三角形，身部横截面梯形，边刃，有刮削痕迹。长2.9、宽0.5、厚0.1厘米（图3-57，9）。

标本F2∶203，褐色燧石。打制，圭形，横截面梯形，边刃，有刮削痕迹。残长1.2、宽0.3、厚0.8厘米（图3-57，10）。

标本F2∶211，灰褐色燧石。琢制，尖叶形，横截面三角形，歪尖，边刃，有刮削痕迹。长2.6、宽0.5、厚0.1厘米（图3-57，11）。

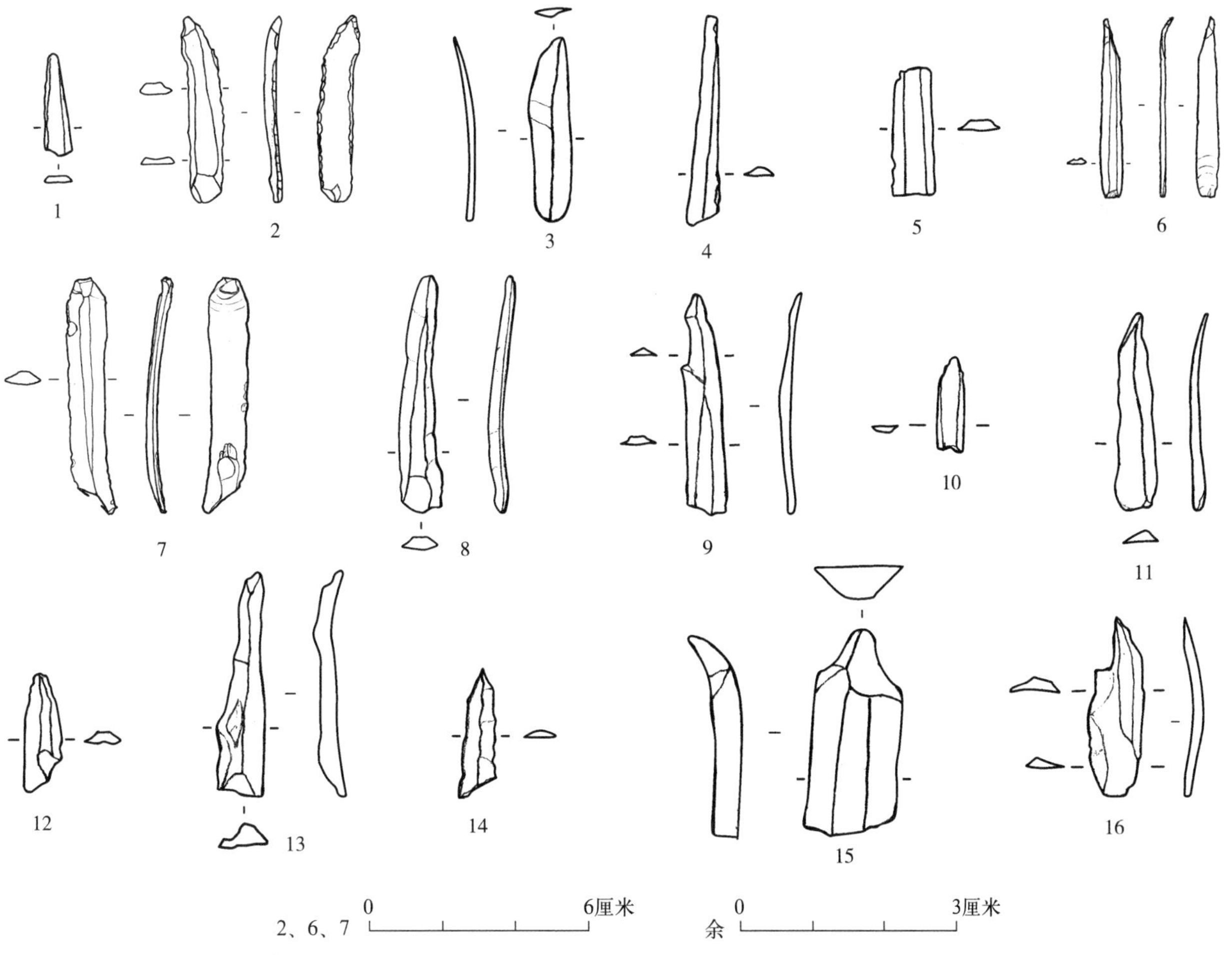

图3-57　F2出土细石器

1～16. 尖状器F2∶53、125、142、155、156、146、148、186、200、203、211、221、227、232、247、258

标本 F2∶221，红褐色燧石。打制，尖叶形，横截面梯形，边刃，有刮削痕迹。残长 1.6、宽 0.5、厚 0.2 厘米（图 3–57，12）。

标本 F2∶227，红褐色燧石。打制，尖叶形，横截面三角形，边刃呈齿状。长 3.0、宽 0.6、厚 0.2 厘米（图 3–57，13）。

标本 F2∶232，红褐色燧石。琢制，尖叶形，横截面三角形。残长 1.7、宽 0.5、厚 0.1 厘米（图 3–57，14）。

标本 F2∶247，青灰色板岩。琢制，宽叶形，横截面梯形，歪尖。残长 2.8、宽 1.2、厚 0.3 厘米（图 3–57，15）。

标本 F2∶258，红褐色燧石。琢制，尖叶形，横截面梯形，边刃，有刮削痕迹。长 2.3、宽 0.7、厚 0.1 厘米（图 3–57，16）。

标本 F2∶263，红褐色燧石。琢制，长三角形，横截面梯形。长 1.5、宽 0.4、厚 0.1 厘米（图 3–58，1）。

标本 F2∶272，灰褐色燧石。琢制，尖叶形，横截面梯形，边刃，有刮削痕迹。长 2.9、宽 1.0、厚 0.2 厘米（图 3–58，2）。

标本 F2∶285，灰褐色燧石。琢制，圭形，横截面三角形。残长 1.2、宽 0.5、厚 0.1 厘米（图 3–58，3）。

标本 F2∶288，浅黄色燧石。琢制，三角形，横截面三角形，歪尖。残长 1.1、宽 0.5、厚 0.1 厘米（图 3–58，4）。

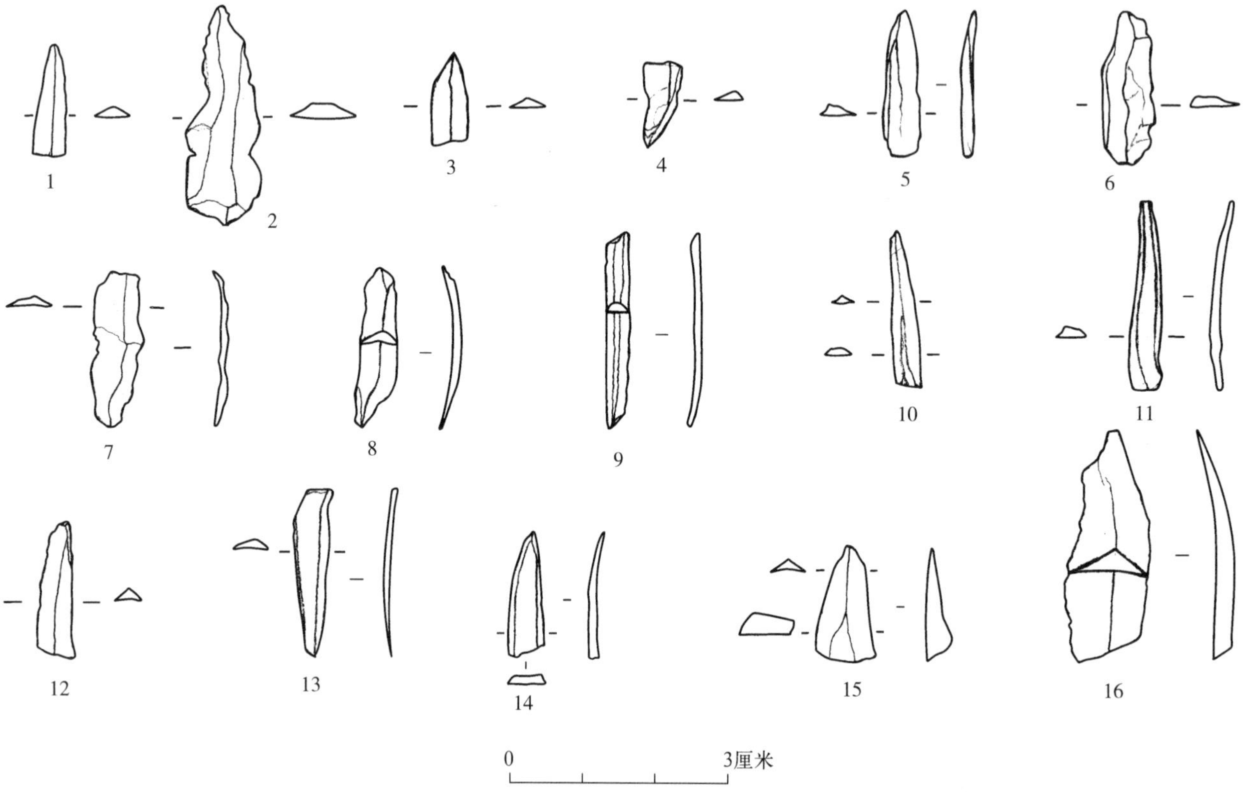

图 3–58　F2 出土细石器

1～16. 尖状器 F2∶263、272、285、288、296、331、346、352、360、380、381、410、411、442、451、448

标本 F2∶296，褐色燧石。琢制，尖叶形，横截面三角形，边刃，有刮削痕迹。长 1.9、宽 0.5、厚 0.1 厘米（图 3-58，5；彩版三六，4）。

标本 F2∶331，红褐色燧石。琢制，宽叶形，横截面梯形，边刃，有刮削痕迹。长 2.1、宽 0.7、厚 0.1 厘米（图 3-58，6）。

标本 F2∶346，褐色燧石。琢制，宽叶形，横截面三角形，边刃，有刮削痕迹。长 2.5、宽 0.6、厚 0.1 厘米（图 3-58，7）。

标本 F2∶352，红褐色燧石。琢制，尖叶形，横截面三角形，边刃，有刮削痕迹。长 2.1、宽 0.5、厚 0.1 厘米（图 3-58，8）。

标本 F2∶360，青灰色板岩。琢制，尖叶形，横截面三角形，歪尖，边刃，有刮削痕迹。长 2.5、宽 1.1、厚 0.4 厘米（图 3-58，9；彩版三六，5）。

标本 F2∶380，红褐色燧石。琢制，尖叶形，横截面三角形，边刃，有刮削痕迹。长 2.0、宽 0.4、厚 0.1 厘米（图 3-58，10；彩版三六，6）。

标本 F2∶381，褐色燧石。尖叶形，横截面三角形，边刃，有刮削痕迹。长 2.5、宽 0.4、厚 0.1 厘米（图 3-58，11；彩版三六，7）。

标本 F2∶410，红褐色燧石。琢制，尖叶形，横截面三角形，边刃，有刮削痕迹。残长 1.9、宽 0.5、厚 0.1 厘米（图 3-58，12）。

标本 F2∶411，红褐色燧石。琢制，尖叶形，横截面梯形，边刃，有刮削痕迹。长 2.2、宽 0.5、厚 0.1 厘米（图 3-58，13；彩版三六，8）。

标本 F2∶442，红褐色燧石。琢制，尖叶形，横截面梯形，边刃，有刮削痕迹。残长 1.7、宽 0.5、厚 0.1 厘米（图 3-58，14；彩版三六，9）。

标本 F2∶451，红色燧石。琢制，尖叶形，尖部横截面三角形，后部横截面梯形。长 1.5、宽 0.8、厚 0.4 厘米（图 3-58，15）。

标本 F2∶448，青色板岩。琢制，宽叶形，横截面三角形，边刃，有刮削痕迹。长 3.0、宽 1.1、厚 0.2 厘米（图 3-58，16）。

石镞 30 件。

均石叶琢制，由背面向腹面压琢，多次加工。以有铤镞和平底镞为常见也有凹底镞。

有铤石镞 4 件。

标本 F2∶145，锋残，青灰色板岩。琢制，镞身长三角形，横截面三角形，有短铤。长 3.0、宽 1.2、厚 0.3 厘米（图 3-59，1；彩版三七，1）。

标本 F2∶257，完整，青灰色板岩。琢制，镞身圭形，横截面梯形，有短铤。长 3.1、宽 1.1、厚 0.3 厘米（图 3-59，2；彩版三七，2）。

标本 F2∶118，青灰色板岩。琢制，镞身长三角形，尖锋部横截面三角形，后部横截面梯形。长 4.15、宽 1.3、厚 0.35 厘米（图 3-59，3；彩版三七，3）。

标本 F2∶551，灰白色燧石。琢制，镞身圭形，镞锋部横截面三角形，后部横截面梯形，短铤，残。残长 4.9、宽 1.2、厚 0.2 厘米（图 3-59，4；彩版三七，4）。

圭形镞 13 件。

镞锋前部多为长三角形，镞身尾部多为方形，底部多为平底。

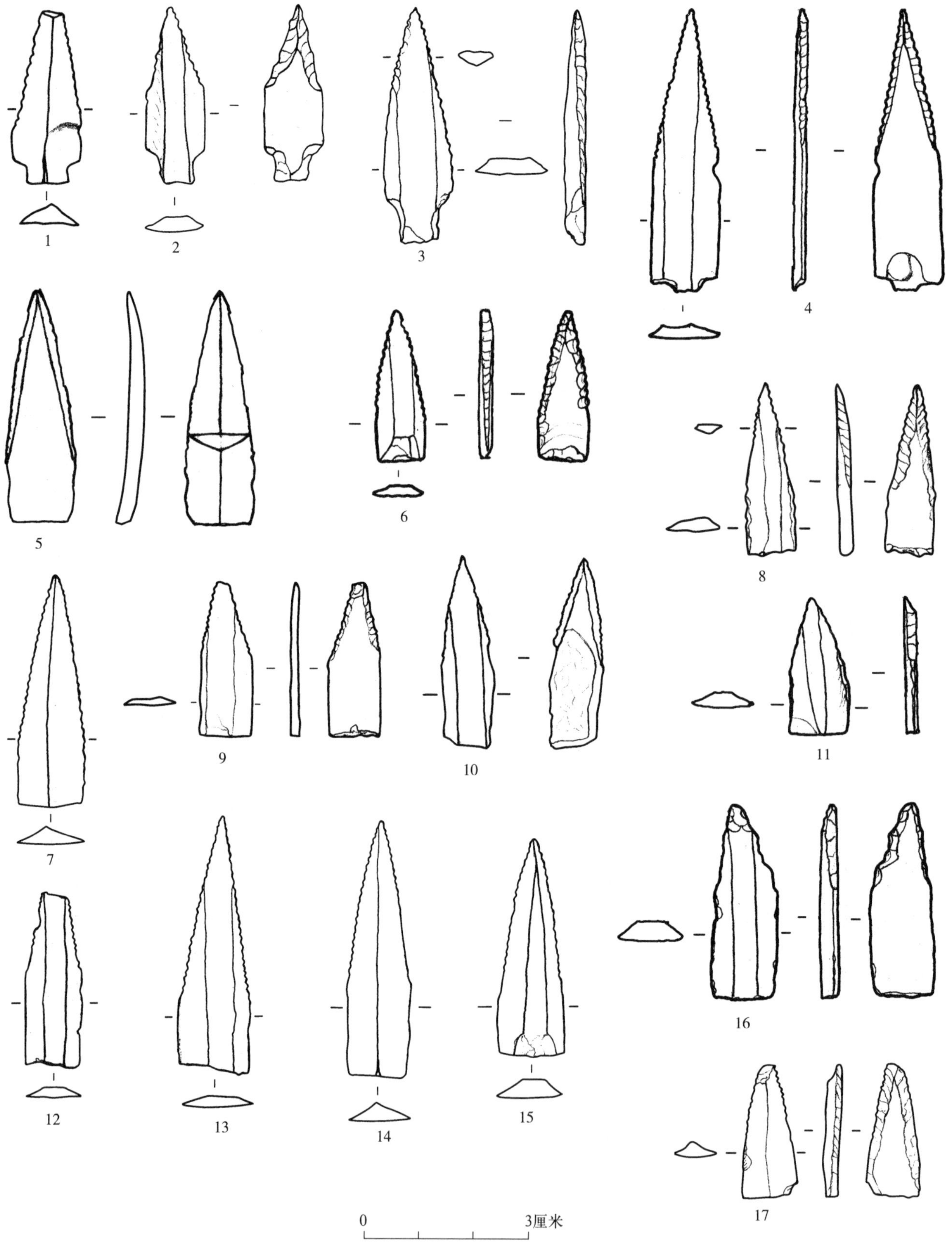

图 3-59　F2 出土细石器

1～4. 有铤石镞 F2：145、257、118、551　5～17. 圭形镞 F2：112、114、119、128、129、133、135、137、152、143、144、121、445

标本F2：112，青色板岩。琢制，横截面三角形。长4.0、宽1.2、厚0.3厘米（图3-59，5；彩版三七，5）。

标本F2：114，浅棕色玛瑙。琢制，镞锋部横截面三角形，镞身横截面梯形。长2.6、宽0.9、厚0.2厘米（图3-59，6；彩版三七，6）。

标本F2：119，青灰色板岩。横截面三角形。长4.0、宽1.2、厚0.3厘米（图3-59，7；彩版三七，7）。

标本F2：128，暗红色燧石。琢制，镞锋部前部横截面三角形，镞身横截面梯形。长3.0、宽1.0、厚0.1～0.2厘米（图3-59，8；彩版三七，8）。

标本F2：129，深黄色燧石。琢制，锋部前部横截面三角形，镞身横截面梯形，锋残。长2.2、宽0.9、厚0.1厘米（图3-59，9）。

标本F2：133，棕色燧石。琢制，锋部前部横截面三角形，镞身横截面梯形，底残。残长3.3、宽0.9、厚0.1厘米（图3-59，10；彩版三七，9）。

标本F2：135，青灰色燧石。琢制，锋部前部横截面三角形，镞身横截面梯形。长2.4、宽1.1、厚0.2厘米（图3-59，11）。

标本F2：137，灰白色燧石。琢制，锋部前部横截面三角形，镞身横截面梯形锋残。残长3.1、宽1.0、厚0.2厘米（图3-59，12）。

标本F2：152，青灰色板岩。琢制，横截面三角形，平底。长4.5、宽1.1、厚0.3厘米（图3-59，13；彩版三八，1）。

标本F2：143，青灰色板岩。琢制，锋部前部横截面三角形，镞身横截面梯形。长3.7、宽1.2、厚0.3厘米（图3-59，14；彩版三八，2）。

标本F2：144，青色板岩。琢制，锋部前部横截面三角形，镞身横截面梯形。长3.4、宽1.2、厚0.3厘米（图3-59，15）。

标本F2：121，青灰色燧石。琢制，横截面三角形，尾残。残长2.8、宽1.7、厚0.3厘米（图3-59，16）。

标本F2：445，青褐色燧石。琢制，锋部前部横截面三角形，镞身横截面梯形，底残。残长4.5、宽1.3、厚0.2厘米（图3-59，17；彩版三八，3）。

叶形镞　10件。

标本F2：95，乳白色燧石。琢制，镞身较细长，镞锋部横截面三角形，尾横截面梯形。长4.2、宽1.0、厚0.2厘米（图3-60，1；彩版三八，4）。

标本F2：111，红褐色玛瑙。琢制，长三角形，横截面梯形，平底。长4.6、宽1.2、厚0.3厘米（图3-60，2；彩版三八，5）。

标本F2：115，棕色燧石。琢制，横截面梯形，底残。长1.8、宽0.4、厚0.1厘米（图3-60，3）。

标本F2：122，青灰色板岩。琢制，宽叶形，侧锋圆弧，横截面梯形，平底。长3.3、宽1.2、厚0.3厘米（图3-60，4）。

标本F2：124，青色板岩。琢制，柳叶形，横截面三角形，平底。长4.7、宽1.0、厚0.3厘米（图3-60，5；彩版三八，6）。

标本F2：131，黄色燧石。琢制，横截面梯形，底残。长2.1、宽0.5、厚0.1厘米（图3-60，6；彩版三八，7）。

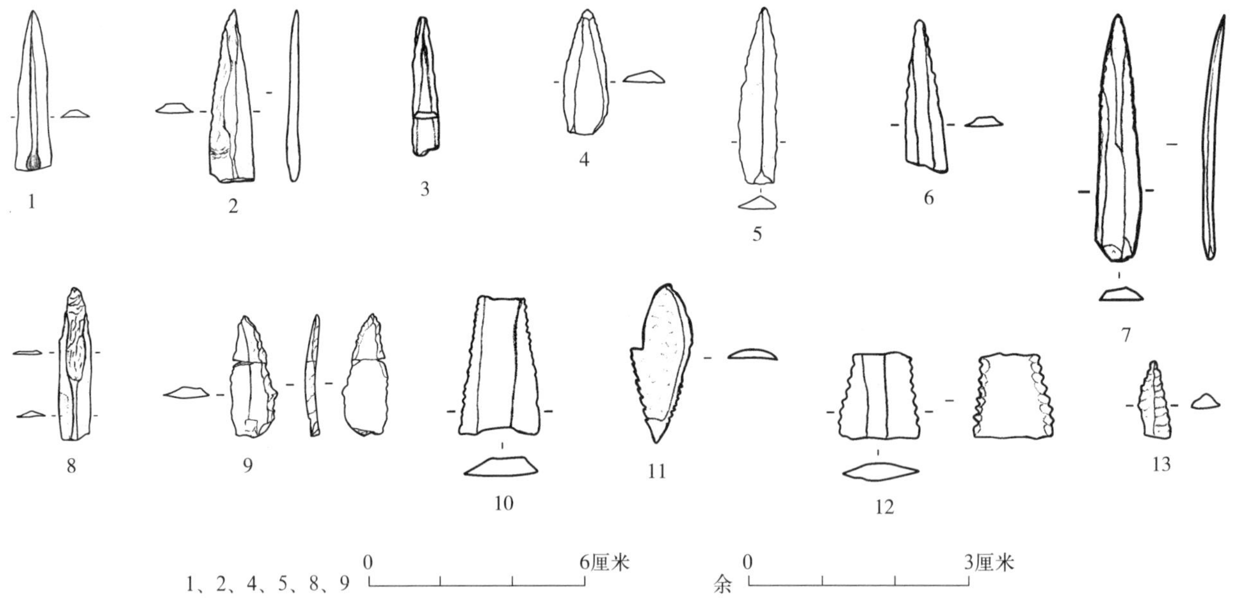

图 3-60　F2 出土细石器

1～9. 叶形镞 F2：95、111、115、122、124、131、140、198、297　10. 凹底石镞 F2：141　11～13. 不知形式石镞 F2：206、229、311

标本 F2：140，红褐色玛瑙。琢制，柳叶形，横截面梯形。长 3.3、宽 0.5、厚 0.1 厘米（图 3-60，7；彩版三八，8）。

标本 F2：198，红褐色燧石。琢制。长 4.0、宽 0.8、厚 0.1 厘米（图 3-60，8；彩版三八，9）。

标本 F2：297，青褐色火山岩。琢制，边刃残。长 3.2、宽 1.2、厚 0.3 厘米（图 3-60，9）。

凹底石镞　1 件。

标本 F2：141，锋残，青灰色燧石。琢制，横截面梯形，凹底。残长 1.8、宽 1.1、厚 0.3 厘米（图 3-60，10）。

不知型式石镞　3 件。

标本 F2：206，褐色燧石。琢制，存镞锋部，横截面梯形。残长 2.1、宽 0.8、厚 0.8 厘米（图 3-60，11）。

标本 F2：229，残，灰褐色燧石。琢制，横截面梯形。残长 1.2、宽 1.1、厚 0.2 厘米（图 3-60，12）。

标本 F2：311，残，棕色燧石。琢制，横截面三角形。长 1.0、宽 0.4、厚 0.2 厘米（图 3-60，13）。

石片　50 件。

多为打琢制形成残碎细小石片，无使用痕迹。

标本 F2：163，棕色燧石。横截面梯形。长 1.3、宽 0.9、厚 0.1 厘米（图 3-61，1）。

标本 F2：205，红褐色燧石。横截面三角形。长 1.5、宽 0.3、厚 0.1 厘米（图 3-61，2）。

标本 F2：245，灰白色板岩。横截面三角形。长 1.5、宽 0.3、厚 0.1 厘米（图 3-61，3）。

标本 F2：251，青灰色燧石。横截面三角形。长 1.2、宽 0.4、厚 0.1 厘米（图 3-61，4）。

标本 F2：256，红褐色燧石。横截面梯形。长 1.1、宽 0.4、厚 0.1 厘米（图 3-61，5）。

标本 F2：260，青灰色板岩。横截面三角形。长 2.5、宽 1.1、厚 0.4 厘米（图 3-61，6）。
标本 F2：261，青灰色板岩。横截面三角形。长 1.6、宽 1.1、厚 0.4 厘米（图 3-61，7）。
标本 F2：262，青色板岩。横截面三角形。长 1.6、宽 1.3、厚 0.3 厘米（图 3-61，8）。
标本 F2：269，棕色燧石。横截面三角形。长 1.6、宽 0.6、厚 0.1 厘米（图 3-61，9）。
标本 F2：270，棕色燧石。横截面梯形。长 1.4、宽 0.4、厚 0.1 厘米（图 3-61，10）。
标本 F2：271，棕色燧石。横截面梯形。长 0.9、宽 0.7、厚 0.2 厘米（图 3-61，11）。
标本 F2：274，褐色燧石。横截面三角形。长 1.2、宽 0.5、厚 0.1 厘米（图 3-61，12）。
标本 F2：275，红褐色燧石。横截面菱形。长 1.4、宽 0.5、厚 0.1 厘米（图 3-61，13）。
标本 F2：281，灰褐色燧石。横截面梯形。长 1.4、宽 0.6、厚 0.1 厘米（图 3-61，14）。
标本 F2：282，红褐色燧石。横截面梯形。长 1.3、宽 0.5、厚 0.1 厘米（图 3-61，15）。
标本 F2：283，棕色燧石。横截面梯形。长 0.9、宽 0.5、厚 0.1 厘米（图 3-61，16）。
标本 F2：289，灰褐色燧石。横截面梯形。长 1.4、宽 1.0、宽 0.2 厘米（图 3-61，17）。
标本 F2：292，黄色燧石。横截面梯形。长 1.5、宽 0.4、厚 0.1 厘米（图 3-62，1）。
标本 F2：309，红褐色燧石。横截面梯形。长 1.4、宽 0.3、厚 0.1 厘米（图 3-62，2）。
标本 F2：310，红褐色燧石。横截面梯形。长 1.5、宽 0.5、厚 0.1 厘米（图 3-62，3）。
标本 F2：315，灰白色燧石。横截面梯形。长 1.2、宽 0.5、厚 0.1 厘米（图 3-62，4）。
标本 F2：319，褐色燧石。横截面三角形。长 1.6、宽 0.5、厚 0.1 厘米（图 3-62，5）。
标本 F2：332，灰白色燧石。横截面三角形。长 1.3、宽 0.4、厚 0.1 厘米（图 3-62，6）。
标本 F2：333，褐色燧石。横截面三角形。长 1.5、宽 0.4、厚 0.2 厘米（图 3-62，7）。
标本 F2：342，褐色燧石。横截面三角形。长 1.5、宽 0.6、厚 0.1 厘米（图 3-62，8）。
标本 F2：347，棕色燧石。横截面梯形。长 1.2、宽 0.4、厚 0.1 厘米（图 3-62，9）。

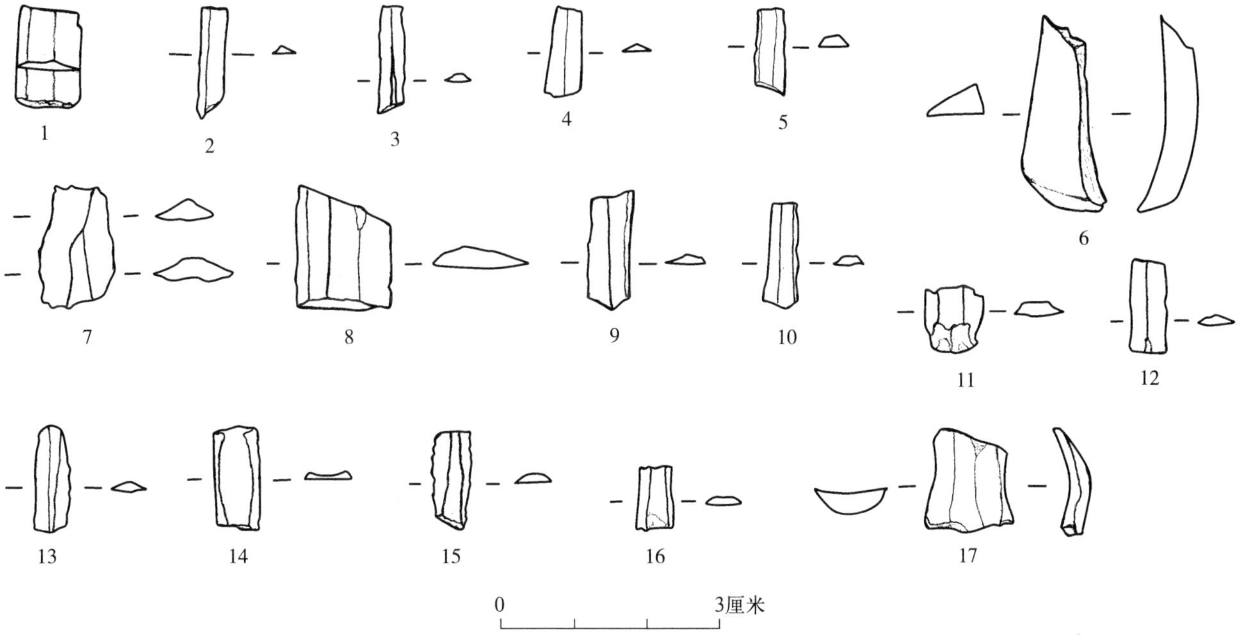

图 3-61　F2 出土细石器

1 ～ 17. 石片 F2：163、205、245、251、256、260、261、262、269、270、271、274、275、281、282、283、289

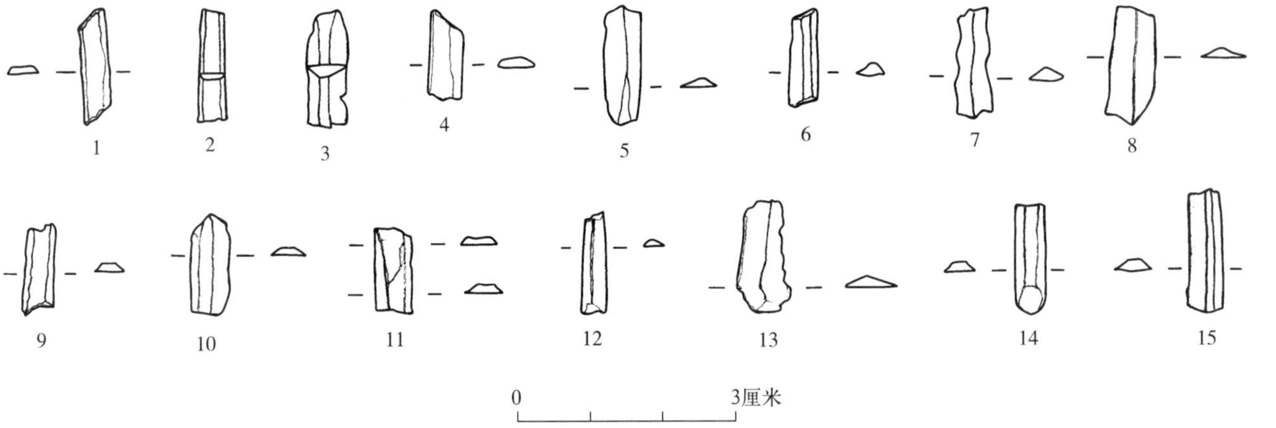

图 3-62 F2 出土细石器

1 ～ 15. 石片 F2：292、309、310、315、319、332、333、342、347、348、363、364、365、385、386

标本 F2：348，褐色燧石。横截面梯形。长 1.3、宽 0.5、厚 0.1 厘米（图 3-62，10）。

标本 F2：363，红褐色燧石。横截面梯形。长 1.1、宽 0.5、厚 0.1 厘米（图 3-62，11）。

标本 F2：364，灰褐色燧石。横截面三角形。长 1.3、宽 0.3、厚 0.1 厘米（图 3-62，12）。

标本 F2：365，褐色燧石。横截面三角形。长 1.5、宽 0.5 ～ 0.7、厚 0.1 厘米（图 3-62，13）。

标本 F2：370，红褐色燧石。横截面三角形。长 1.6、宽 0.4、厚 0.1 厘米。

标本 F2：385，褐色燧石。横截面梯形。长 1.4、宽 0.4、厚 0.1 厘米（图 3-62，14）。

标本 F2：386，褐色燧石。横截面梯形。长 1.6、宽 0.5、厚 0.1 厘米（图 3-62，15）。

标本 F2：401，棕色燧石。横截面三角形。长 1.5、宽 0.4、厚 0.1 厘米（图 3-63，1）。

标本 F2：405，褐色燧石。横截面梯形。长 1.6、宽 0.5、厚 0.1 厘米（图 3-63，2）。

标本 F2：406，红褐色燧石。横截面梯形。长 1.5、宽 0.5、厚 0.1 厘米（图 3-63，3）。

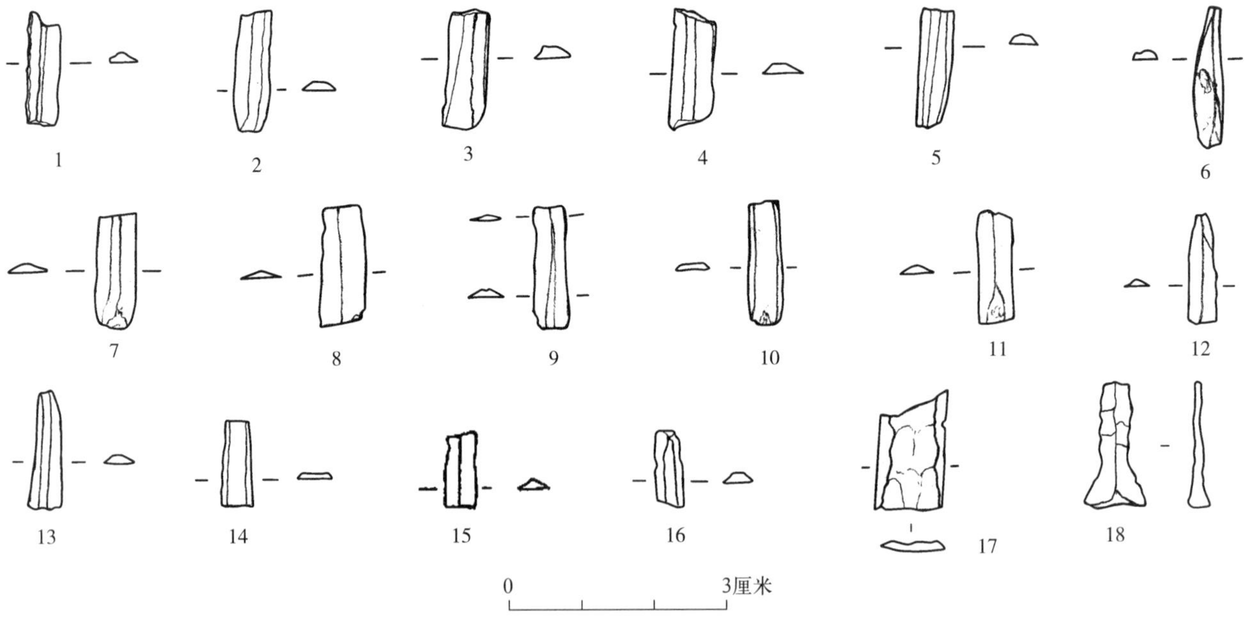

图 3-63 F2 出土细石器

1 ～ 18. 石片 F2：401、405、406、425、429、430、432 ～ 434、437、438、440、441、443、444、447、547、554

标本 F2：425，褐色燧石。横截面梯形。长 1.5、宽 0.5、厚 0.1 厘米（图 3-63，4）。

标本 F2：429，褐色燧石。横截面梯形。长 1.5、宽 0.4、厚 0.1 厘米（图 3-63，5）。

标本 F2：430，红褐色燧石。横截面梯形。长 1.3、宽 0.4、厚 0.1 厘米（图 3-63，6）。

标本 F2：432，红褐色燧石。横截面梯形。长 1.5、宽 0.5、厚 0.1 厘米（图 3-63，7）。

标本 F2：433，红褐色燧石。横截面三角形。长 1.5、宽 0.6、厚 0.1 厘米（图 3-63，8）。

标本 F2：434，红褐色燧石。横截面三角形。长 1.6、宽 0.5、厚 0.1 厘米（图 3-63，9）。

标本 F2：437，红褐色燧石。横截面梯形。长 1.6、宽 0.5、厚 0.1 厘米（图 3-63，10）。

标本 F2：438，红褐色燧石。横截面三角形。长 1.5、宽 0.4、厚 0.1 厘米（图 3-63，11）。

标本 F2：440，红褐色燧石。横截面三角形。长 1.4、宽 0.4、厚 0.1 厘米（图 3-63，12）。

标本 F2：441，红褐色燧石。横截面梯形。长 1.6、宽 0.4、厚 0.1 厘米（图 3-63，13）。

标本 F2：443，红褐色燧石。横截面梯形。长 1.1、宽 0.4、厚 0.1 厘米（图 3-63，14）。

标本 F2：444，灰褐色燧石。横截面三角形。长 1.0、宽 0.45、厚 0.4 厘米（图 3-63，15）。

标本 F2：447，红褐色燧石。横截面梯形。长 1.6、宽 0.4、厚 0.1 厘米（图 3-63，16）。

标本 F2：547，棕色燧石。横截面梯形。长 1.6、宽 1.0、厚 0.1 厘米（图 3-63，17）。

标本 F2：554，红褐色燧石。横截面三角形。长 1.7、宽 0.9、厚 0.1 ～ 0.3 厘米（图 3-63，18）。

石核　2 件。

标本 F2：104，浅绿色玛瑙。不规则形，多棱角。长 3.7、宽 3.5、厚 2.1 厘米（图 3-64，1）。

标本 F2：105，红褐色燧石。由台面向下剥片，剥痕为长条形。长 2.9、宽 2.9、厚 1.6 厘米（图 3-64，2）。

指甲形边刃器　1 件。

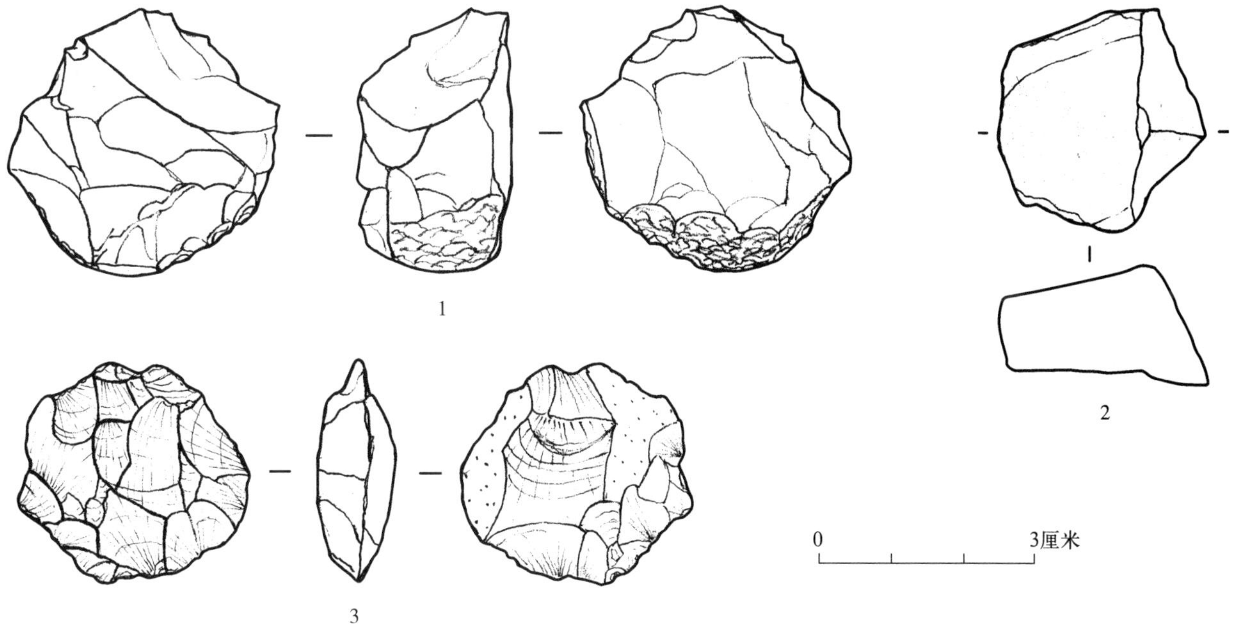

图 3-64　F2 出土细石器

1、2. 石核 F2：104、105　3. 指甲形边刃器 F2：103

标本 F2：103，灰绿色的蛋白石。琢制，圆形，周边压琢呈齿状，有刮削痕。径 3.0 ～ 3.2、厚 1.1 厘米（图 3-64，3）。

（3）磨制石器

59 件。其中石斧 6 件，石刃器 1 件，石镞 17 件，石磨盘 6 件，石磨棒 10 件，沟磨石 11 件，砺石 1 件，石球 1 件，石镞料 6 件。

石斧　6 件。

标本 F2：81，残，白色石灰岩，磨制，表面光滑，横截面圆角方形。残长 11.2、宽 5.5、厚 3.1 厘米（图 3-65，1）。

标本 F2：82，红褐色板岩。磨制，局部有琢痕，横截面扁圆形，对磨弧刃，顶部稍残。残长 11.8、宽 4.8、厚 2 厘米（图 3-65，2；彩版三九，1）。

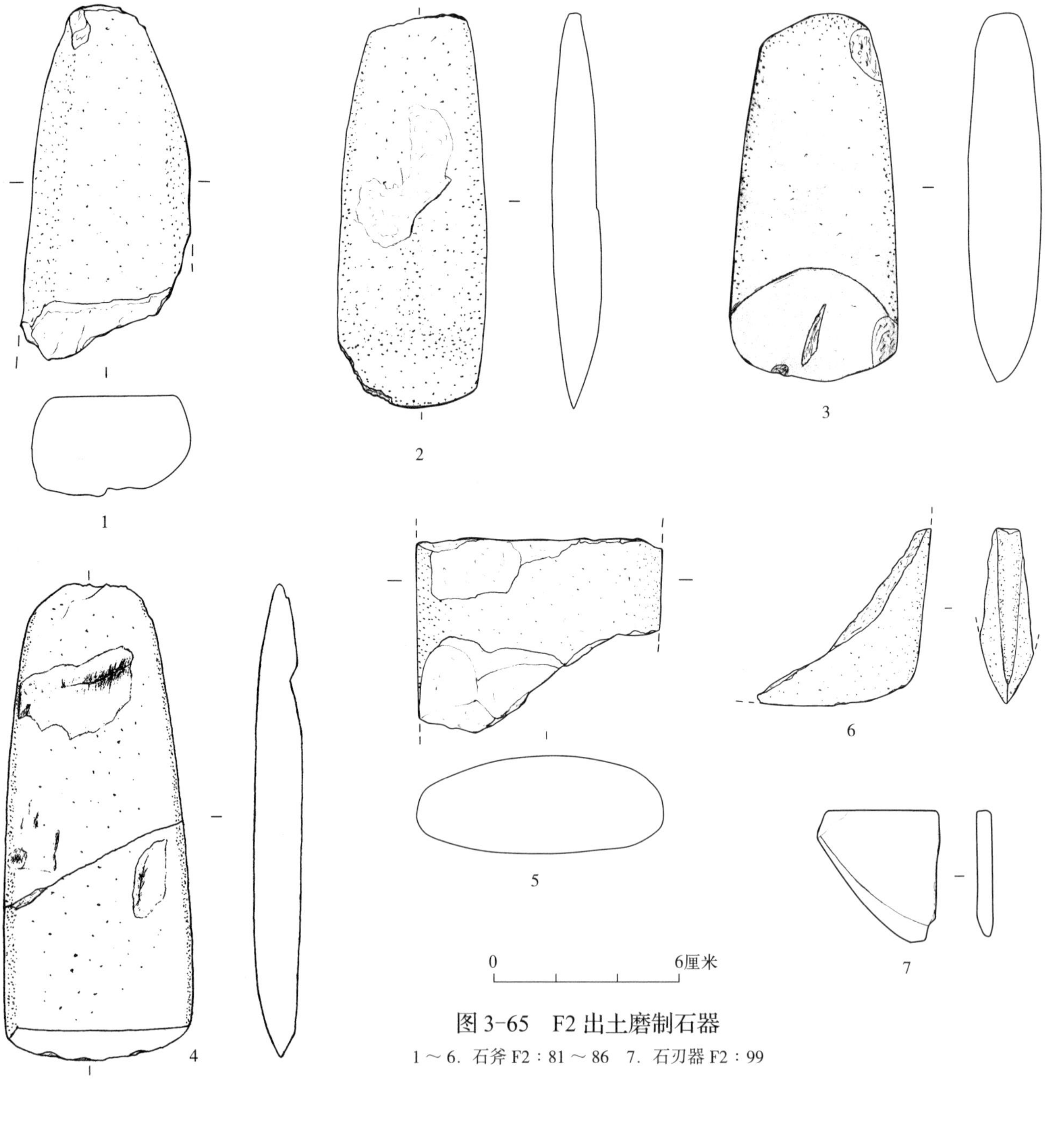

图 3-65　F2 出土磨制石器

1 ～ 6. 石斧 F2：81 ～ 86　7. 石刃器 F2：99

标本 F2∶83，青褐色石英砂，磨制，表面有琢痕。横截面圆角方形，对磨弧刃。长 11.6、刃宽 5.2、肩宽 2.45 厘米（图 3-65，3；彩版三九，2）。

标本 F2∶84，浅色石灰岩。磨制，横截面扁圆形，对磨弧刃。长 15.1、刃宽 6.1、顶宽 4、厚 1.5 厘米（图 3-65，4；彩版三九，3）。

标本 F2∶85，残，黄褐色脉岩。磨制，表面光滑。残长 6.1、宽 7.9、厚 3.1 厘米（图 3-65，5）。

标本 F2∶86，残部，白色脉岩。磨制，对磨刃。残长 5.5、宽 5.6、厚 1.7 厘米（图 3-65，6）。

石刃器　1 件。

标本 F2∶99，残，青色板岩。略加磨制，表面光滑，尖首，直背，一侧磨弧刃。残长 3.9、宽 4.0、厚 0.5 厘米（图 3-65，7）。

石镞　17 件。

多为灰色绿板岩或灰黑色页岩。磨制，表面磨光，有切割痕迹。形式有平底石镞和凹底石镞等。

平底镞　4 件。

标本 F2∶113，青色板岩。磨制，长圭形，横截面多为扁平六角形，对磨边刃，底部稍残。长 6.5、宽 1.1、厚 0.3 厘米（图 3-66，1；彩版三九，4）。

标本 F2∶117，青色板岩。磨制，尖叶形，横截面多为扁平六角形，边刃对磨。长 5.4、宽 1.0、

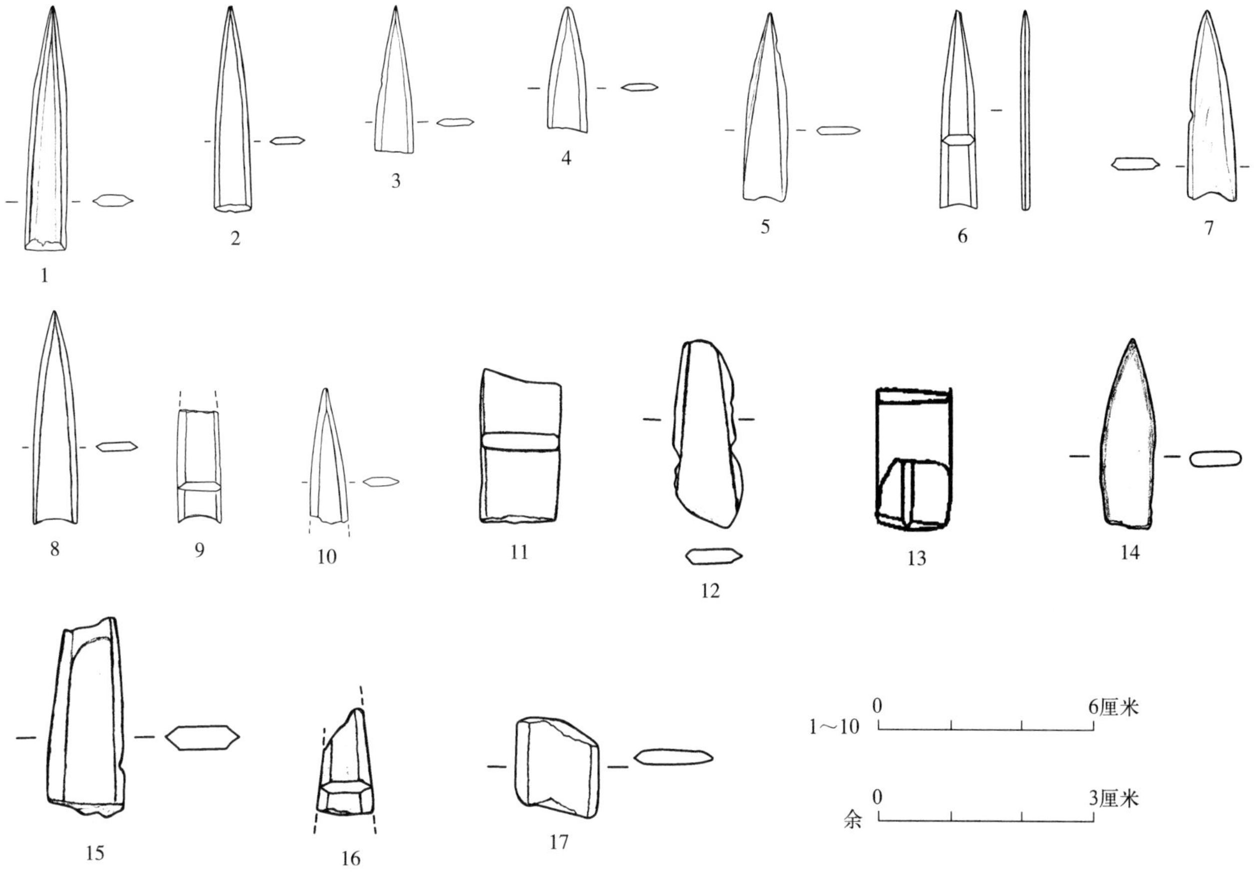

图 3-66　F2 出土磨制石器

1～4. 平底镞 F2∶113、117、120、123　5～9. 凹底镞 F2∶116、127、130、132、134　10～17. 不明型式石镞 F2∶49、139、147、308、343、367、387、419

厚 0.2 厘米（图 3-66，2；彩版三九，5）。

标本 F2∶120，残，青色板岩。磨制，尖叶形，横截面多为扁平六角形，边刃对磨。长 3.9、宽 1.0、厚 0.2 厘米（图 3-66，3；彩版三九，6）。

标本 F2∶123，残，青灰色板岩。磨制，尖叶形，横截面多为扁平六角形，对磨边刃，斜平底。长 3.3、宽 1.0、厚 0.2 厘米（图 3-66，4；彩版四〇，1）。

凹底镞　5 件。

标本 F2∶116，残，灰色板岩。磨制，尖叶形，横截面多为扁平六角形，边刃对磨。长 5.0、宽 1.2、厚 0.2 厘米（图 3-66，5；彩版四〇，2）。

标本 F2∶127，稍残，青色板岩。磨制，长圭形，横截面多为扁平六角形，边刃对磨。长 5.3、宽 1.0、厚 0.2 厘米（图 3-66，6；彩版四〇，3）。

标本 F2∶130，基本完整，青灰色板岩。磨制，尖叶形，横截面多为扁平六角形，边刃对磨。长 4.6、宽 1.2、厚 0.2 厘米（图 3-66，7；彩版四〇，4）。

标本 F2∶132，基本完整，青色板岩。磨制，尖叶形，横截面多为扁平六角形，边刃对磨。长 5.6、宽 1.2、厚 0.2 厘米（图 3-66，8；彩版四〇，5）。

标本 F2∶134，残，青灰色板岩。磨制。残长 3.0、宽 1.2、厚 0.2 厘米（图 3-66，9）。

不明型式石镞　8 件。

标本 F2∶49，残，青灰色板岩。磨制，尖叶形，横截面多为扁平六角形，对磨边刃，底端残。残长 3.6、宽 1.1、厚 0.2 厘米（图 3-66，10；彩版四〇，6）。

标本 F2∶139，残，青色板岩。磨制，横截面多为扁平六角形，边刃对磨。残长 2.1、宽 1.2、厚 0.2 厘米（图 3-66，11）。

标本 F2∶147，残，黄褐色板岩。磨制，横截面多为扁平六角形，边刃对磨。残长 2.5、宽 0.9、厚 0.2 厘米（图 3-66，12）。

标本 F2∶308，残，青色板岩。磨制，横截面多为扁平六角形，边刃对磨。长 1.0、宽 0.9、厚 0.1 厘米（图 3-66，13）。

标本 F2∶343，残，青色板岩。磨制，横截面多为扁平六角形，边刃对磨。长 2.5、宽 0.7、厚 0.2 厘米（图 3-66，14；彩版四〇，7）。

标本 F2∶367，残，青色板岩。磨制，横截面多为扁平六角形，边刃对磨。残长 2.6、宽 1.0、厚 0.3 厘米（图 3-66，15）。

标本 F2∶387，青色板岩。磨制，横截面多为扁平六角形，边刃对磨。残长 1.4、宽 0.7、厚 0.1 厘米（图 3-66，16）。

标本 F2∶419，残，青灰色板岩。磨制，横截面多为扁平六角形，边刃对磨。残长 1.3、宽 1.1、厚 0.2 厘米（图 3-66，17）。

石镞料　6 件。

多为青色板岩，多为裁割石镞石料或边角料。

标本 F2∶97，青色板岩。长 5.5、宽 7.0、厚 0.3 厘米（图 3-67，1）。

标本 F2∶98，青色板岩。表面光滑，表面有裁切划痕。长 6.2、宽 3.4、厚 0.3 厘米（图 3-67，2；彩版四〇，8）。

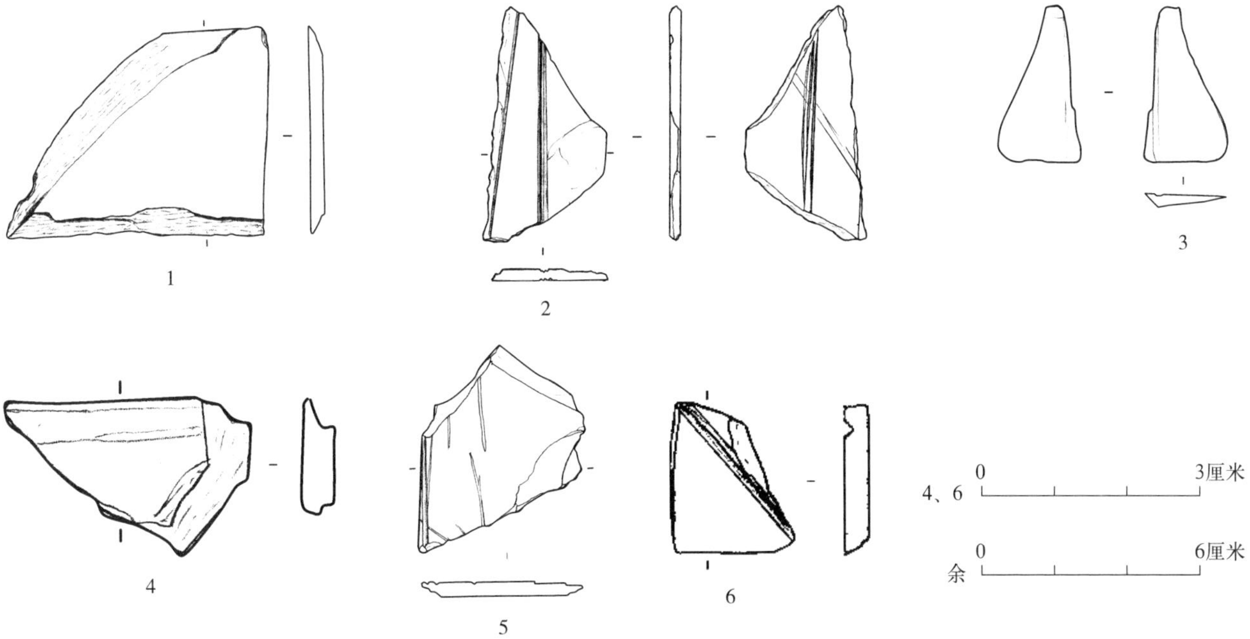

图 3-67 F2 出土磨制石器

1～6. 石镞料 F2：97、98、100～102、550

标本 F2：100，青灰色板岩。表面有切割划痕。残长 4.1、宽 2.3、厚 0.3 厘米（图 3-67，3）。

标本 F2：101，青色板岩。表面有切割划痕。残长 3.3、宽 2.0、厚 0.4 厘米（图 3-67，4）。

标本 F2：102，青色板岩。表面有切割划痕。长 5.6、宽 4.4、厚 0.4 厘米（图 3-67，5）。

标本 F2：550，青色板岩。表面有切割划痕。长 2.0、宽 1.7、厚 0.3 厘米（图 3-67，6）。

石磨盘 6 件。

多采用自然石板，经打琢成型，周边有琢痕。有推磨面，磨痕明显。

标本 F2：44，红褐色砂砾岩。周边有琢痕，一侧宽，一侧稍窄。两个磨面，一面圆凹，一面平。长 43.0、宽 7.0、厚 9.0 厘米（图 3-68，1；彩版四一，1）。

标本 F2：45，残，青灰色砂岩。圆角长方形，周边有琢痕。一平磨面，磨痕明显。长 45.0、宽 27.8、厚 9.6 厘米（图 3-68，2）。

标本 F2：46，褐色花岗岩。圆角长方形，周边有琢痕，一端较薄，一端较厚。两个凹磨面，磨痕明显。长 37.5、宽 25.5、厚 3.0～5.0 厘米（图 3-68，3；彩版四一，2）。

标本 F2：47，残，黄褐色砂岩。椭圆形，周边有琢痕。一端稍窄，一面内凹，磨损较重。长 42.0、残宽 14.0～23.0、厚 4.0～5.0 厘米（图 3-68，4；彩版四一，3）。

标本 F2：48，残，红褐色砂岩。椭圆形，周边有琢痕。两磨面，一面稍圆凹，一面较平。长 43.0、宽 23.3、厚 4.0～6.8 厘米（图 3-68，5；彩版四一，4）。

标本 F2：52，残块，红褐色砂岩。两个平磨面，磨痕明显。残长 13.3、宽 11.1、厚 5.4 厘米（图 3-68，6）。

石磨棒 10 件。

标本 F2：38，残，青灰色砂岩，石质较粗，含有大粒石英颗粒。两端圆形，横截面为半椭圆形，

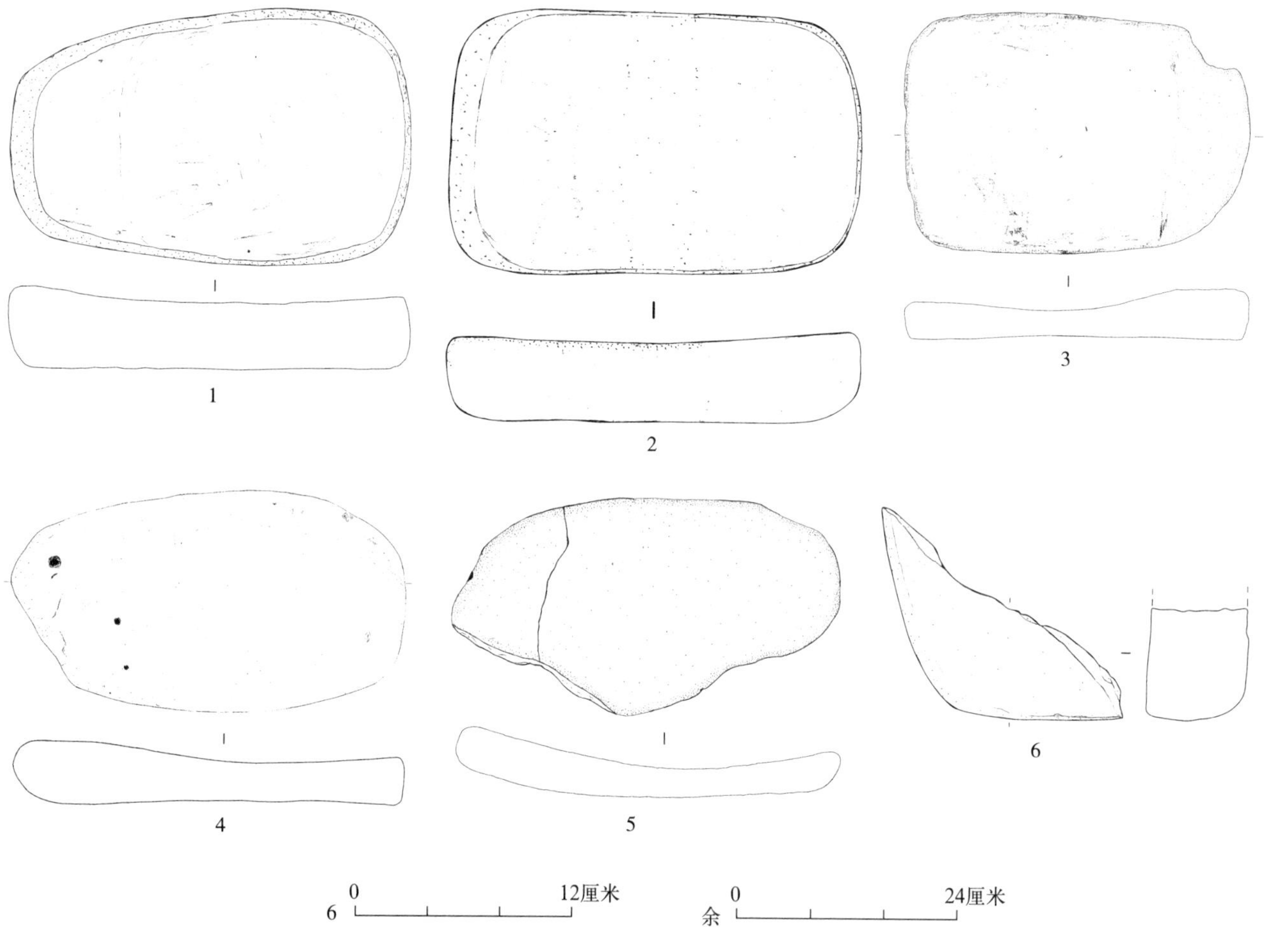

图 3-68　F2 出土磨制石器

1～6. 石磨盘 F2：44～48、52

多磨面，磨痕明显。长 33.5、宽 10.0 厘米（图 3-69，1）。

标本 F2：39，基本完整，黄褐色砂岩，横截面半椭圆形，多磨面，磨痕明显。长 29.0、宽 9.2、厚 8.1 厘米（图 3-69，2；彩版四二，1）。

标本 F2：40，基本完整，浅红褐色花岗岩，横截面呈半圆形，多磨面，磨痕明显。长 27.6、宽 8.9、厚 7.8 厘米（图 3-69，3）。

标本 F2：41，基本完整，褐色砂岩，横截面呈半圆形，多磨面，磨痕明显。长 23.7、宽 7.7、厚 5.0 厘米（图 3-69，4；彩版四二，2）。

标本 F2：42，基本完整，红褐色花岗岩，横截面呈椭圆形，多磨面，磨痕明显。长 17.5、宽 7.7、厚 6.2 厘米（图 3-69，5；彩版四二，3）。

标本 F2：43，残，黄褐色石英岩。磨制，横截面半椭圆形，多磨面，磨痕明显。残长 12.9、宽 6.7、高 4.3 厘米（图 3-70，1；彩版四二，4）。

标本 F2：55，残，黄褐色花岗岩。磨制，横截面不规则多边形，多磨面，磨痕明显。残长 6.7、宽 6.4、厚 5.0 厘米（图 3-70，2；彩版四二，5）。

标本 F2：56，黄褐色砂砾岩。横截面呈三角形，三个磨面，磨痕明显。长 16.4、宽 8.8、厚 9.0

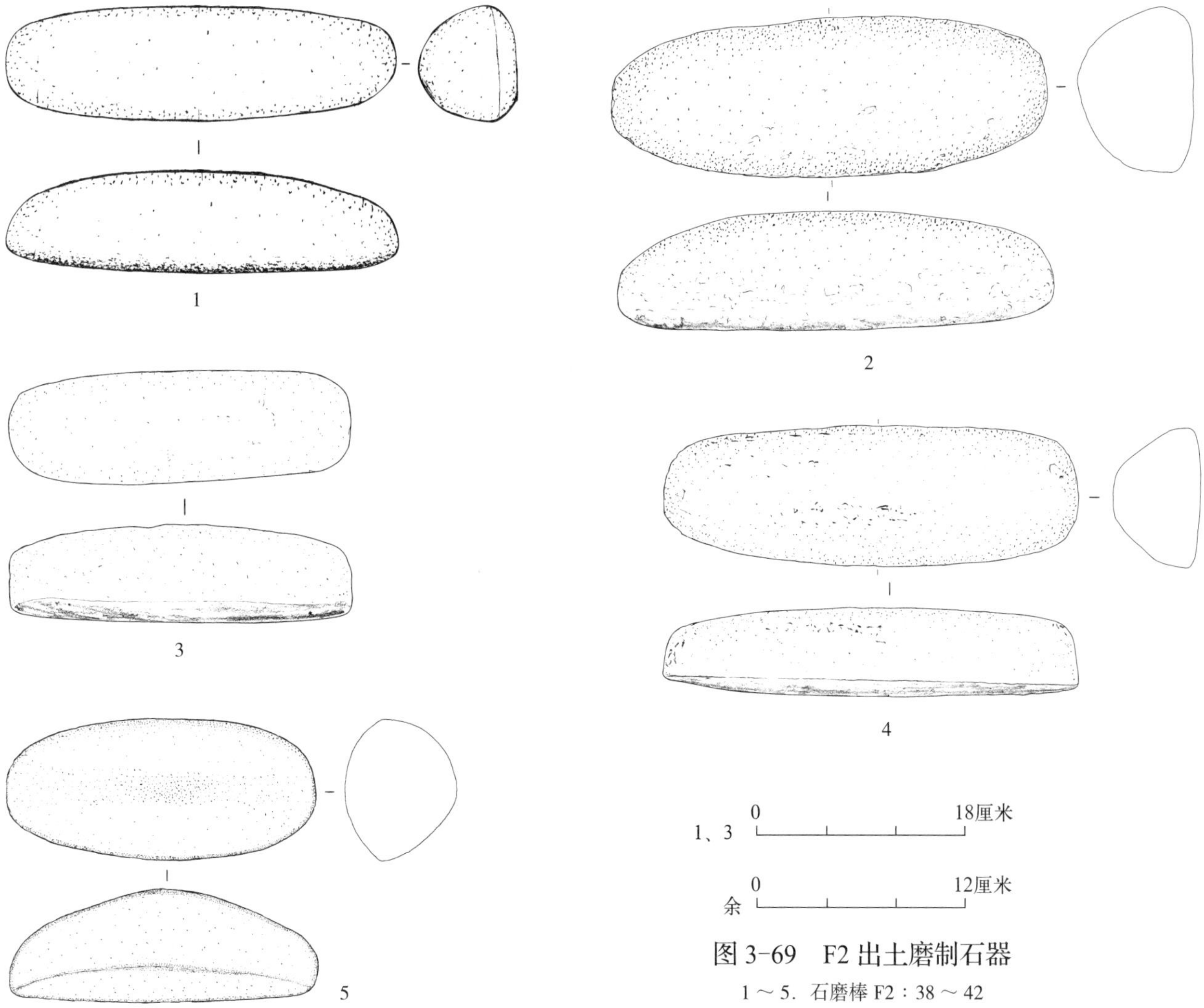

图 3-69　F2 出土磨制石器
1～5. 石磨棒 F2：38～42

厘米（图 3-70，3；彩版四二，6）。

标本 F2∶57，残，浅粉色砂岩。磨制，横截面近长方形。残长 9.9、宽 7.1、厚 6.2 厘米（图 3-70，4）。

标本 F2∶61，残，青灰色花岗闪长岩。磨制。残长 2.3、宽 4.7、厚 3.2 厘米（图 3-70，5）。

沟磨石　11 件。

石质多为细砂岩，质地略软。表面多有凹槽或凹沟状磨面，形状、大小不一。

标本 F2∶69，灰色细砂岩。表面有两条磨沟。长 9.6、宽 9.4、厚 2.7～4.4 厘米（图 3-71，1；彩版四三，1）。

标本 F2∶70，红褐色粉砂岩，不规则扁平形，中部有凹沟磨痕。长 12.0、宽 11.0、厚 2.5 厘米（图 3-71，2；彩版四三，2）。

标本 F2∶71，红褐色粉砂岩。不规则扁平形，有 5 个凹磨面，磨痕明显。长 16.2、宽 11.4、厚 3.7 厘米（图 3-71，3；彩版四三，3）。

标本 F2∶72，浅灰色板岩。不规则扁平形，两面有凹磨面，磨痕明显。长 7.9、宽 6.0、厚 0.3～2.2 厘米（图 3-71，4；彩版四三，4）。

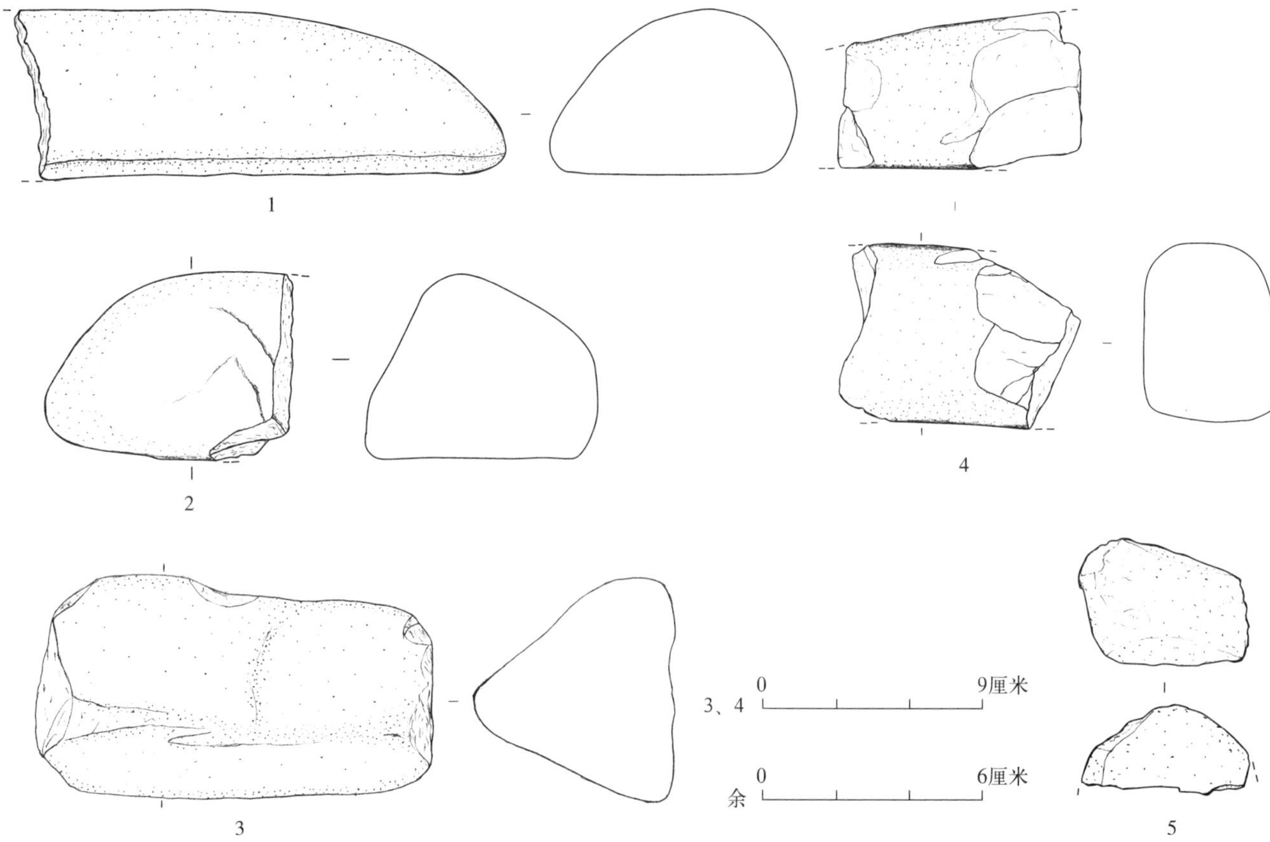

图 3-70 F2 出土磨制石器

1～5. 石磨棒 F2：43、55～57、61

标本 F2：73，褐色粉砂岩。不规则长方形，一面有凹磨面，磨痕明显。长 9.7、宽 5.4、厚 2.7 厘米（图 3-71，5；彩版四三，5）。

标本 F2：74，浅黄褐色粉砂岩。不规则形，一面有凹磨面，磨痕明显。长 8.3、宽 4.9、厚 4.7 厘米（图 3-71，6；彩版四三，6）。

标本 F2：75，灰褐色粉砂岩。不规则长条形，表面有多条磨沟。长 12.7、宽 5.0、厚 3.2 厘米（图 3-72，1；彩版四四，1）。

标本 F2：76，黄褐色粉砂岩。不规则形，一面有凹磨面，磨痕明显。长 8.4、宽 7.2、厚 1.3 厘米（图 3-72，2；彩版四四，2）。

标本 F2：77，青色砂岩。不规则形，一面有凹磨面，磨痕明显。长 8.3、宽 4.8、厚 1.6～2.1 厘米（图 3-72，3）。

标本 F2：79，青褐色板岩。不规则长形，两面有凹磨面，磨痕明显。长 3.7、宽 4.3、厚 1.0～2.1 厘米（图 3-72，4）。

标本 F2：80，暗红色砂岩。不规则长形，一面有凹磨面，磨痕明显。长 5.1、宽 4.1、厚 2.6 厘米（图 3-72，5；彩版四四，3）。

砺石 1 件。

标本 F2：78，黑灰色砂岩。扁方长条形，一面较平，一面微鼓，通身有使用磨痕。长 8.2、宽 1.9、

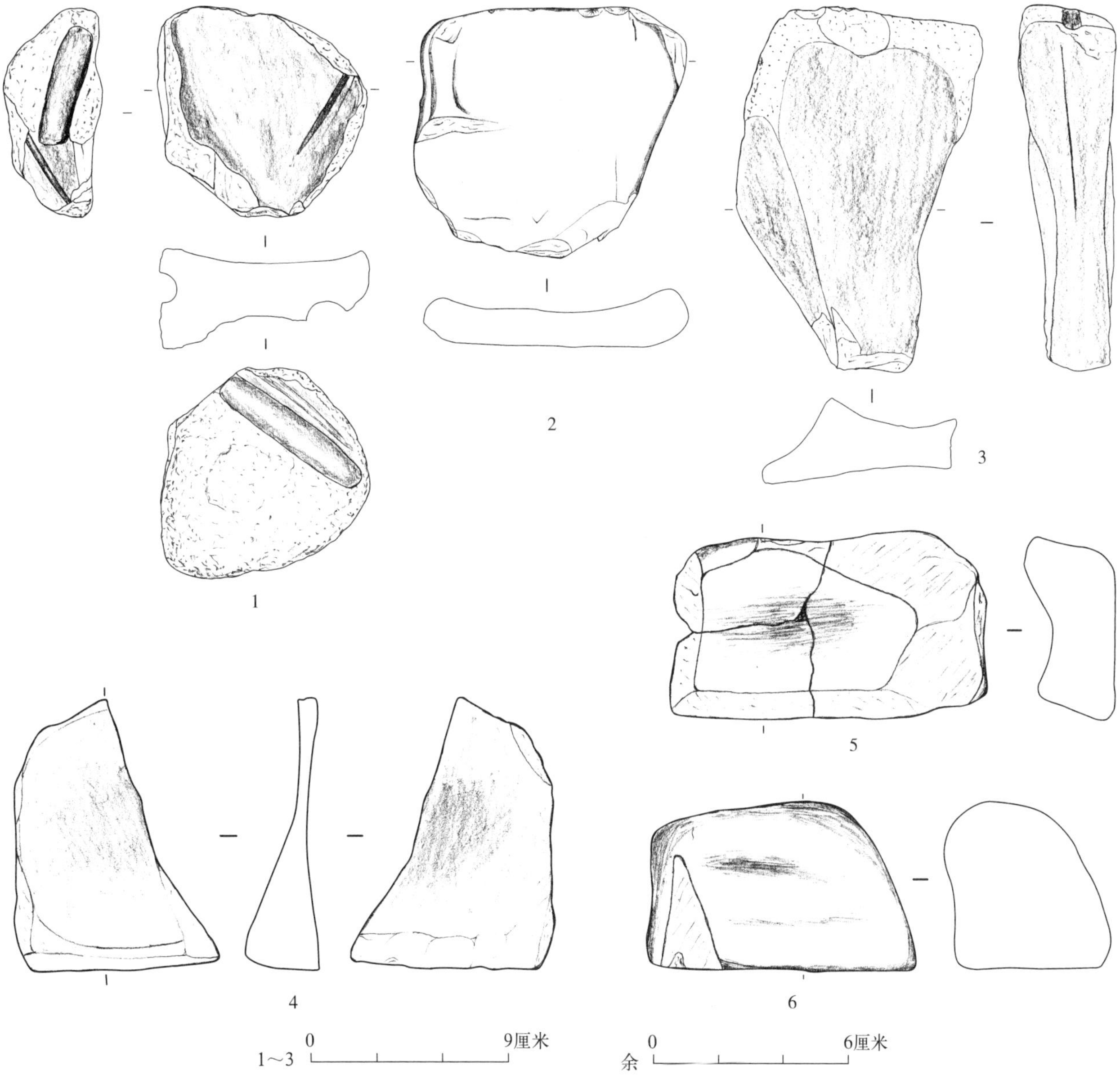

图 3-71　F2 出土磨制石器

1～6. 沟磨石 F2：69～74

厚 1.2 厘米（图 3-72，6；彩版四一，5）。

石球　1 件。

标本 F2：529，基本完整，黄色粉砂质泥岩，球形。表面光滑。直径 1.5～1.6 厘米（图 3-72，7；彩版四一，6）。

2. 玉器

18 件。有雕刻器 4 件、玉串珠 14 件。

雕刻器　4 件。

标本 F2：462，基本完整，浅青绿色玉，局部偏黄。磨制，体扁平，凿形，横截面椭圆形。一侧

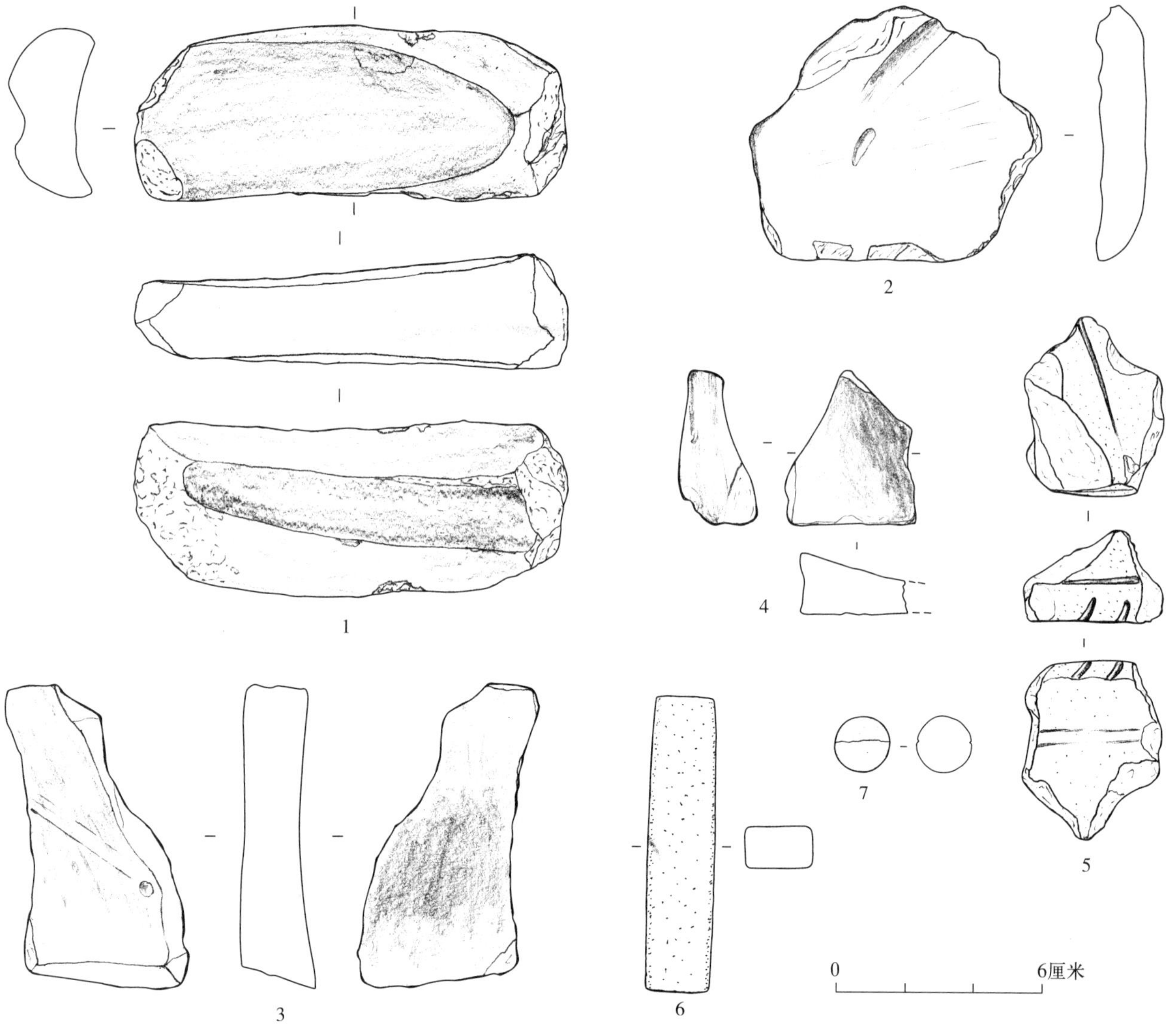

图3-72　F2出土磨制石器

1～5. 沟磨石F2：75～77、79、80　6. 砺石F2：78　7. 石球F2：529

有宽0.3厘米的凹槽，为切割坯料所留下的痕迹。顶部略残，磨对直刃，一侧磨面稍弧，一侧直。长9.5、宽2.6、厚0.8厘米（图3-73，1；彩版四四，4）。

标本F2：463，完整，青绿色玉。磨制，扁长方形，两端有刃，上端刃部磨面稍圆弧，角度稍锐利，下端刃部一面稍圆弧，一面平直。长5.9、宽1.9、厚0.8厘米（图3-73，2；彩版四四，5）。

标本F2：464，基本完整，青绿色碧玉。长条状，横截面椭圆形。两端有对磨刃，上端刃部较平直，稍宽，刃宽1.3厘米。下端刃稍斜。宽0.9厘米。长5.9、宽1.3、厚0.9厘米（图3-73，3；彩版四四，6）。

标本F2：465，基本完整，墨玉，上部墨黑色，局部有白花纹，下部乳白色。磨制，长圆柱状，两端有刃。上端为扁锥形，尖锋锐利，下端刃部平直，对磨直刃。长10.4、下宽1.2、最大直径1.2厘米（图3-73，4；彩版四四，7）。

玉串珠　14件。

出土在房址南侧，较为集中，均为牙白色，穿孔多为两面对磨。

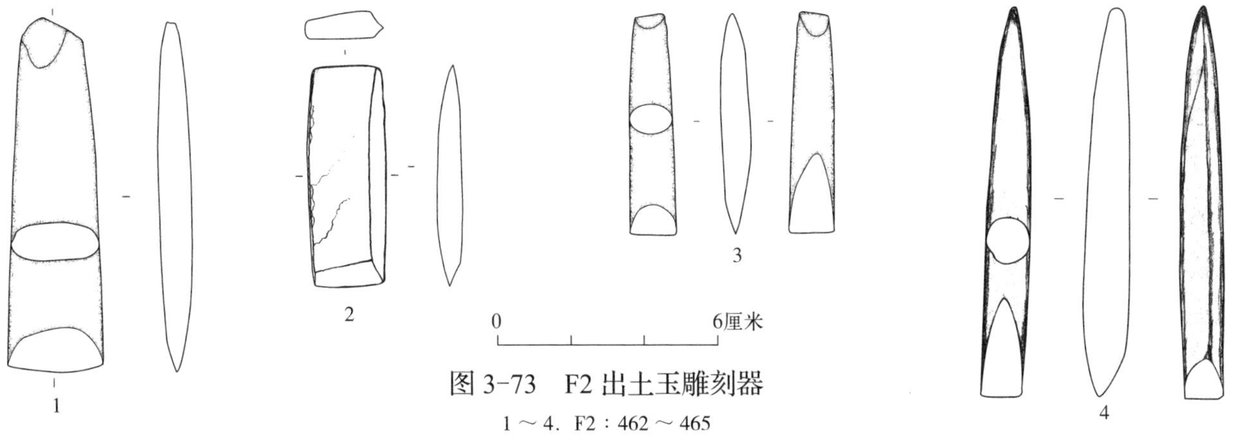

图 3-73 F2 出土玉雕刻器
1～4. F2：462～465

标本 F2：459，完整，青绿色玉。磨制，扁圆形，表面光滑，中有一圆孔。直径 0.6、厚 0.3 厘米（图 3-74，1；彩版四五，1）。

标本 F2：455，基本完整，乳白色玉。磨制光滑，圆鼓形，中有穿孔。外径 1.0、孔径 0.4～0.5、高 0.8 厘米（图 3-74，2；彩版四五，2）。

标本 F2：456，基本完整，乳白色玉。磨制光滑，圆鼓形，中有穿孔。外径 1.0、孔径 0.4～0.6、高 0.8 厘米（图 3-74，3；彩版四五，3）。

标本 F2：486，基本完整，乳白色玉。磨制光滑，圆鼓形，中有穿孔。外径 1.0、内径 0.5～0.7、高 0.9 厘米（图 3-74，4；彩版四五，4）。

标本 F2：461，基本完整，乳白色玉。磨制光滑，圆鼓形，中有穿孔。外径 1.7、孔径 0.6、高 1.5 厘米（图 3-74，5；彩版四五，5）。

标本 F2：477，基本完整，乳白色玉。磨制光滑，圆鼓形，中有穿孔。外径 1.1、孔径 0.3～0.4、高 0.9 厘米（图 3-74，6；彩版四五，6）。

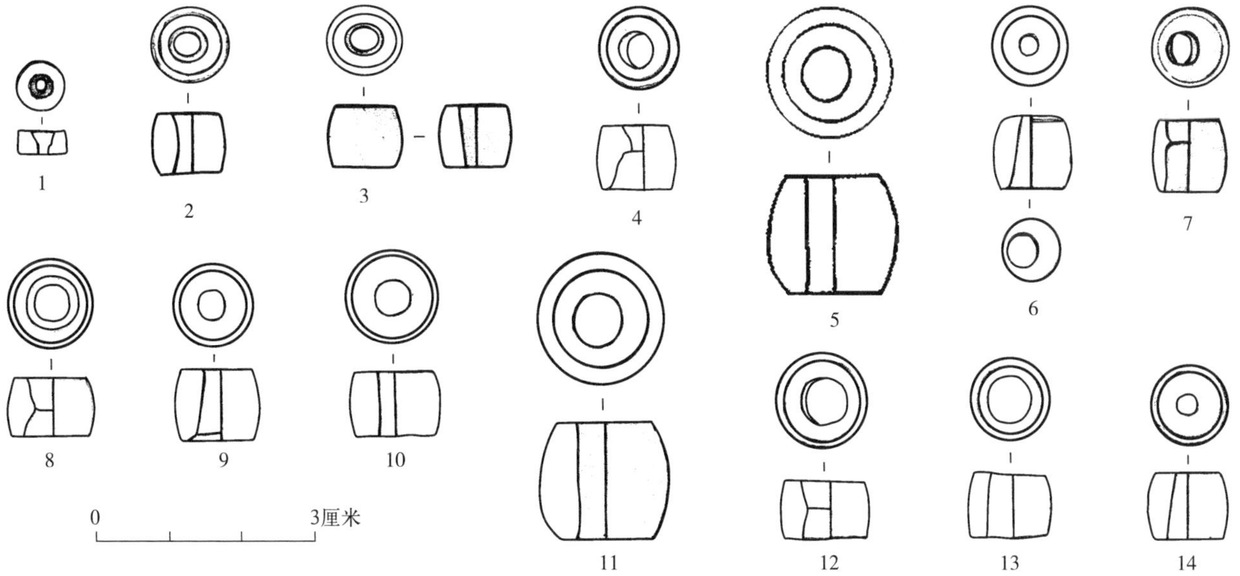

图 3-74 F2 出土玉串珠
1～14. F2：459、455、456、486、461、477～481、483～485、487

标本 F2∶478，基本完整，乳白色玉。磨制光滑，圆鼓形，中有穿孔。外径 1.0、孔径 0.3 ～ 0.5、高 1.0 厘米（图 3-74，7；彩版四五，7）。

标本 F2∶479，基本完整，乳白色玉。磨制光滑，圆鼓形，中有穿孔。外径 1.2、孔径 0.5、高 0.9 厘米（图 3-74，8；彩版四五，8）。

标本 F2∶480，基本完整，乳白色玉。磨制光滑，圆鼓形，中有穿孔。外径 1.2、孔径 0.5、高 0.9 厘米（图 3-74，9；彩版四五，9）。

标本 F2∶481，基本完整，乳白色玉。磨制光滑，圆鼓形，中有穿孔。外径 1.1、孔径 0.4 ～ 0.5、高 0.9 厘米（图 3-74，10；彩版四六，1）。

标本 F2∶483，基本完整，乳白色玉。磨制光滑，圆鼓形，中有穿孔。外径 1.2、孔径 0.7、高 1.1 厘米（图 3-74，11；彩版四六，2）。

标本 F2∶484，基本完整，乳白色玉。磨制光滑，圆鼓形，中有穿孔。外径 1.2、孔径 0.7、高 0.8 厘米（图 3-74，12；彩版四六，3）。

标本 F2∶485，基本完整，乳白色玉。磨制光滑，圆鼓形，中有穿孔。外径 11.5、孔径 0.7、高 0.8 ～ 0.9 厘米（图 3-74，13；彩版四六，4）。

标本 F2∶487，基本完整，乳白色玉。磨制光滑，圆鼓形，中有穿孔。外径 1.1、孔径 0.3 ～ 0.7、高 0.9 厘米（图 3-74，14；彩版四六，5）。

3. 陶器

40 件。其中深腹罐 34 件、大口罐 2 件、高足钵 3 件、泡形器 2 件。

深腹罐　34 件。

Aa 型Ⅱ式　1 件。

标本 F2∶14，可修复，夹砂红褐陶。直口，圆唇，直腹，下弧收，底残，口沿处有一周划压席纹，腹部饰竖压横排的之字纹带。口径 13.2 ～ 14.2、残高 15.2 厘米（图 3-75，1；彩版四七，1）。

Aa 型Ⅲ式　3 件。

标本 F2∶12，可修复，夹砂红褐陶。部分有烧黑的痕迹。尖唇，直口，弧腹，平底。通身布满纹饰。口沿处有一周凹带，内划压斜线纹，上腹部饰横压竖排压印之字纹带，下腹部饰竖压横排之字纹带。口径 9.9 ～ 10.3、底径 5.5、通高 12.5 厘米（图 3-75，2；彩版四七，2）。

标本 F2∶9，夹砂红褐陶。外有红陶衣，圆唇，直口，深腹，下弧收，平底。口沿处有一周凹带，内压斜线纹，腹上部饰压印弦纹，腹部饰横压之字纹带。口径 11.4 ～ 12.0、底径 6.0、高 15.5 厘米（图 3-75，3；彩版四七，3）。

标本 F2∶31，基本完整。圆唇，敞口，斜直腹，下收平底。口沿有一周划压印斜线纹，腹部饰竖压横排的之字纹，纹饰及底。口径 11.4 ～ 12.2、底径 6.0、通高 13.2 厘米（图 3-75，4；彩版四七，4）。

Ab 型Ⅱ式　1 件。

标本 F2∶22，残，夹砂红褐陶。直口稍侈，圆唇，斜直腹。口沿处有一周划压编织席纹，腹部饰竖压横排的之字纹，部分区域纹饰脱落而不清。口径 17.6、残高 16.0 厘米（图 3-75，5）。

Ab 型Ⅲ式　3 件。

标本 F2：7，可修复，夹砂红黄陶。直口，圆唇，斜直腹，平底。口沿处有一周斜线纹带，腹部饰竖压横排的之字纹。口径 13.4 ～ 14.7、高 19.8 ～ 20.4、底径 8.0 厘米（图 3-75，6；彩版四八，1）。

标本 F2：33，可修复，夹砂红褐陶。敞口，圆唇，斜直腹，平底。口沿处有一周凹带，内饰斜线纹，腹部内饰竖压横排之字纹。口径 21.1、底径 8.4、通高 29.0 厘米（图 3-75，7；彩版四八，2）。

标本 F2：2，可修复，夹砂红褐陶。局部陶色变黑。直口，圆唇，深直腹，下弧收，平底。

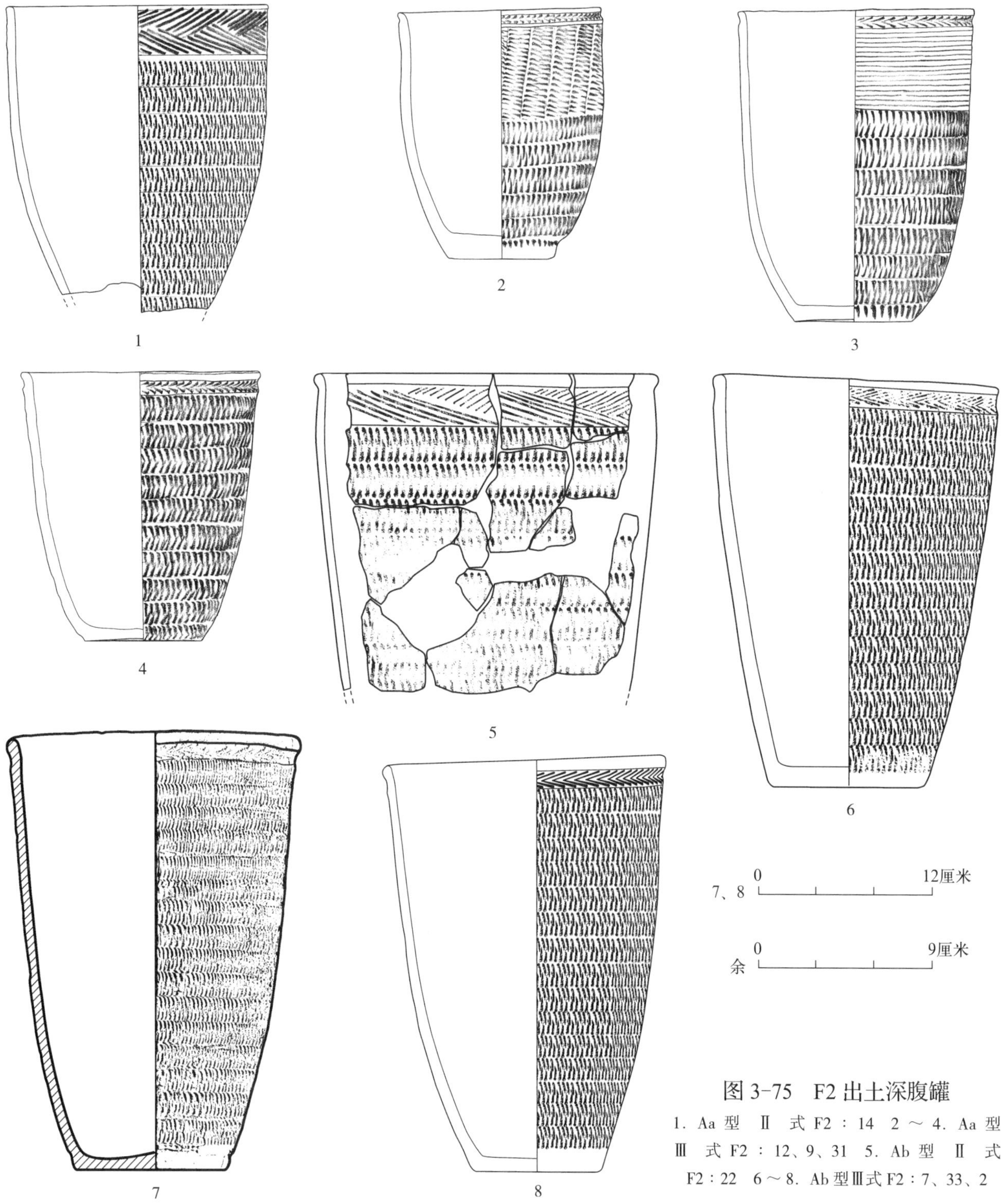

图 3-75　F2 出土深腹罐

1. Aa 型 Ⅱ 式 F2：14　2 ～ 4. Aa 型 Ⅲ 式 F2：12、9、31　5. Ab 型 Ⅱ 式 F2：22　6 ～ 8. Ab 型Ⅲ式 F2：7、33、2

口沿处有一周凹带，内饰斜线纹，腹部满饰竖压横排的之字纹。口径 18.2 ～ 19.4、底径 9.0、高 27.2 ～ 27.6 厘米（图 3-75，8；彩版四八，3）。

Ab 型Ⅳ式　5 件。

标本 F2∶19，可修复，夹砂红陶。经第二次火烧，部分陶色变成黑色。直口，圆唇，深弧腹，收平底，口沿处有两个锔合孔。口沿处有两周凹带，内划压斜线纹，腹部饰竖压横排的之字纹，纹饰及底。口径 20.6、底径 11.0、高 30.4 厘米（图 3-76，1）。

标本 F2∶18，可修复，夹砂红陶。敞口，圆唇，弧腹，平底。口沿处有两个锔合孔。口沿处有两周凹带，内划压斜线纹，腹部饰竖压横排的之字纹，纹饰及底。口径 21.0、底径 10.2、高 30.8 厘米（图 3-76，2；彩版四八，4）。

标本 F2∶21，可修复，夹砂黑褐陶。圆唇，敞口，直腹下弧收，平底。器身满饰纹饰。口沿处有两周凹带，内饰刻划斜线纹、网格纹，腹部饰竖压横排的之字纹，纹饰及底。口径 18.2 ～ 19.7、底径 7.6、高 27.2 厘米（图 3-76，3；彩版四九，1）。

标本 F2∶3，可修复，夹砂红褐陶。口稍敞，圆唇，深腹，下弧收，平底。口部由两周凹带，纹饰是斜线纹、网格纹。以下为竖压横排的之字纹，纹饰及底。口径 19.5 ～ 2.0、底径 10.8、通高 28.5 厘米（图 3-76，4；彩版四九，2）

标本 F2∶32，可修复，夹砂红陶。直口，圆唇，斜直腹，下弧收，平底。口沿处有两周凹带，饰斜线纹，腹部饰竖压横排之字纹。口径 18.4、底径 8.8、通高 28.2 厘米（图 3-76，5；彩版四九，3）。

Ac 型Ⅱ式　3 件。

标本 F2∶1，夹砂红陶。沿微外侈，圆尖唇、深腹，下弧收，平底。口部有一周凹带，内划压斜线纹，上腹部饰横压竖排之字纹组成，下腹部饰竖压横排的之字纹带，纹饰及底，部分区域纹饰脱落而不清。口径 26.2 ～ 27.3、底径 12.4、通高 43.2 厘米（图 3-76，6；彩版四九，4）。

标本 F2∶17，夹砂黄褐陶。口稍敞，圆尖唇、深腹、下弧收，平底。口沿开有并列的两个锔合穿孔。口沿处有一周凹带，内划压斜线纹。上腹部为横压竖排之字纹。下腹部为竖压横排之字纹带，纹饰及底。口径 25.0、底径 11.5、通高 39.2 厘米（图 3-76，7；彩版五〇，1）。

标本 F2∶34，夹砂红陶。口稍敞，圆尖唇，深腹弧收，平底。腹部纹饰。口沿处有一周凹带，内压印斜线纹，凹带凸棱部划压仿绳索纹。上腹部饰横压竖排之字纹带，下腹部饰竖压横排之字纹带，纹饰未及底。口径 29.3、底径 13.3、通高 47.0 厘米（图 3-76，8；彩版五〇，2）。

器底　2 件。

标本 F2∶35，残，夹砂红褐陶。弧腹，平底。腹部饰竖压横排之字纹。底径 9.4、残高 16.5 厘米（图 3-76，9）。

标本 F2∶36，残，夹砂红褐陶。弧腹，平底。腹部饰竖压横排之字纹。底径 10.0、残高 16.5 厘米（图 3-76，10）。

Ba 型Ⅱ式　4 件。

标本 F2∶8，可修复，夹砂红褐陶。内胎偏灰，有红陶衣。尖圆唇，直口，深腹弧收，平底。口沿处有两周凹带，内划压斜线纹，腹部饰压印弦纹。口径 13.6、底径 7.4、高 18.3 厘米（图 3-77，1；彩版五〇，3）。

标本 F2∶11，可修复，夹砂灰褐陶。直口，圆尖唇，深腹，下弧收，平底。口沿处由两周凹带，

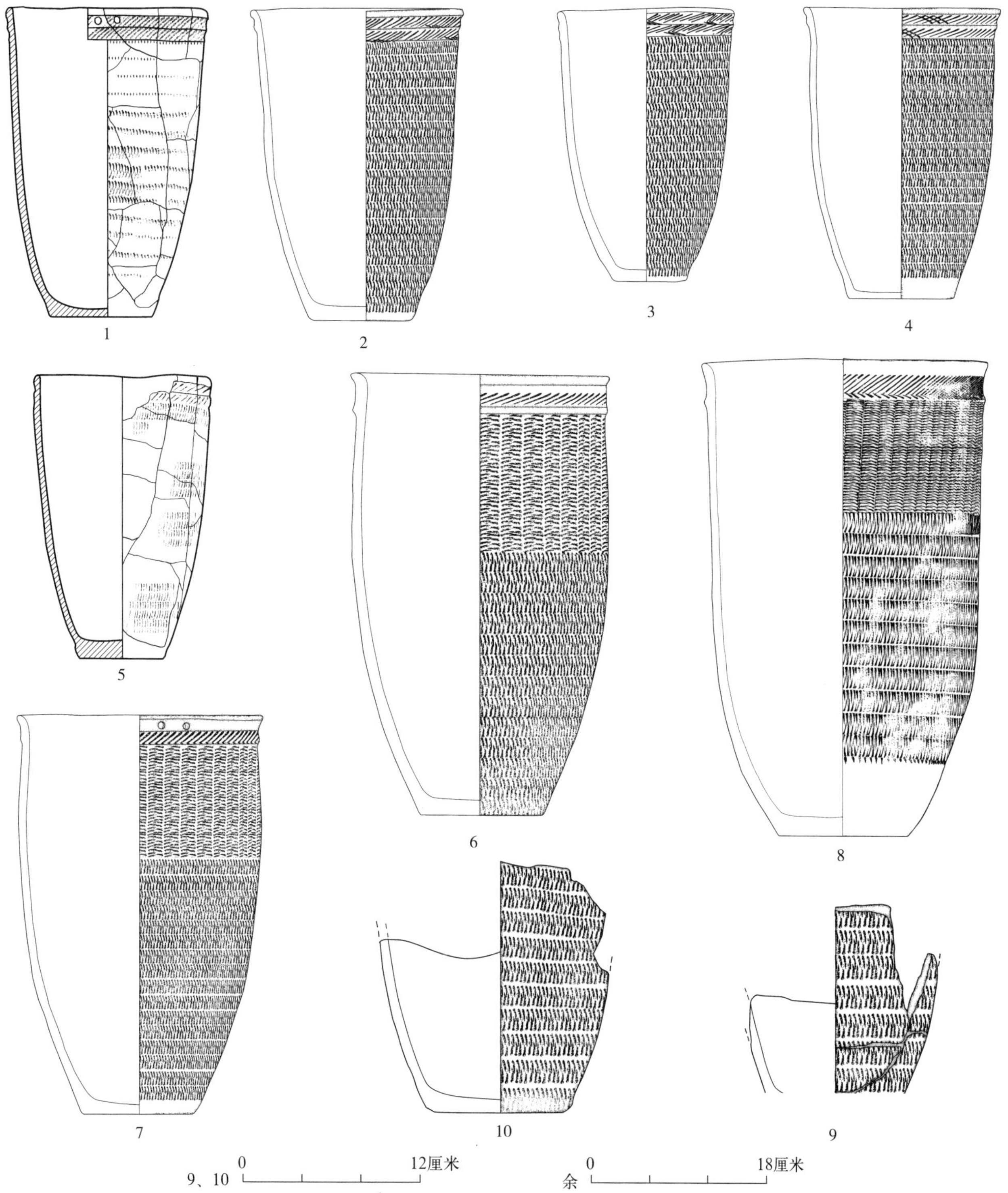

图 3-76　F2 出土深腹罐

1～5. Ab 型Ⅳ式 F2：19、18、21、3、32　6～8. Ac 型Ⅱ式 F2：1、17、34　9、10. 器底 F2：35、36

内饰戳刺纹，腹部饰压印弦纹。口径 12.0～12.5、底径 5.8、高 15.7 厘米（图 3-77，2；彩版五〇，4）。

标本 F2：28，可修复，夹砂红陶。直口，尖唇，深腹，下弧收，平底。口沿处有两周凹带，内饰斜戳刺纹，腹部饰压印弦纹。口径 11.2、底径 6.2、高 14.6 厘米（图 3-77，3；彩版五一，1）。

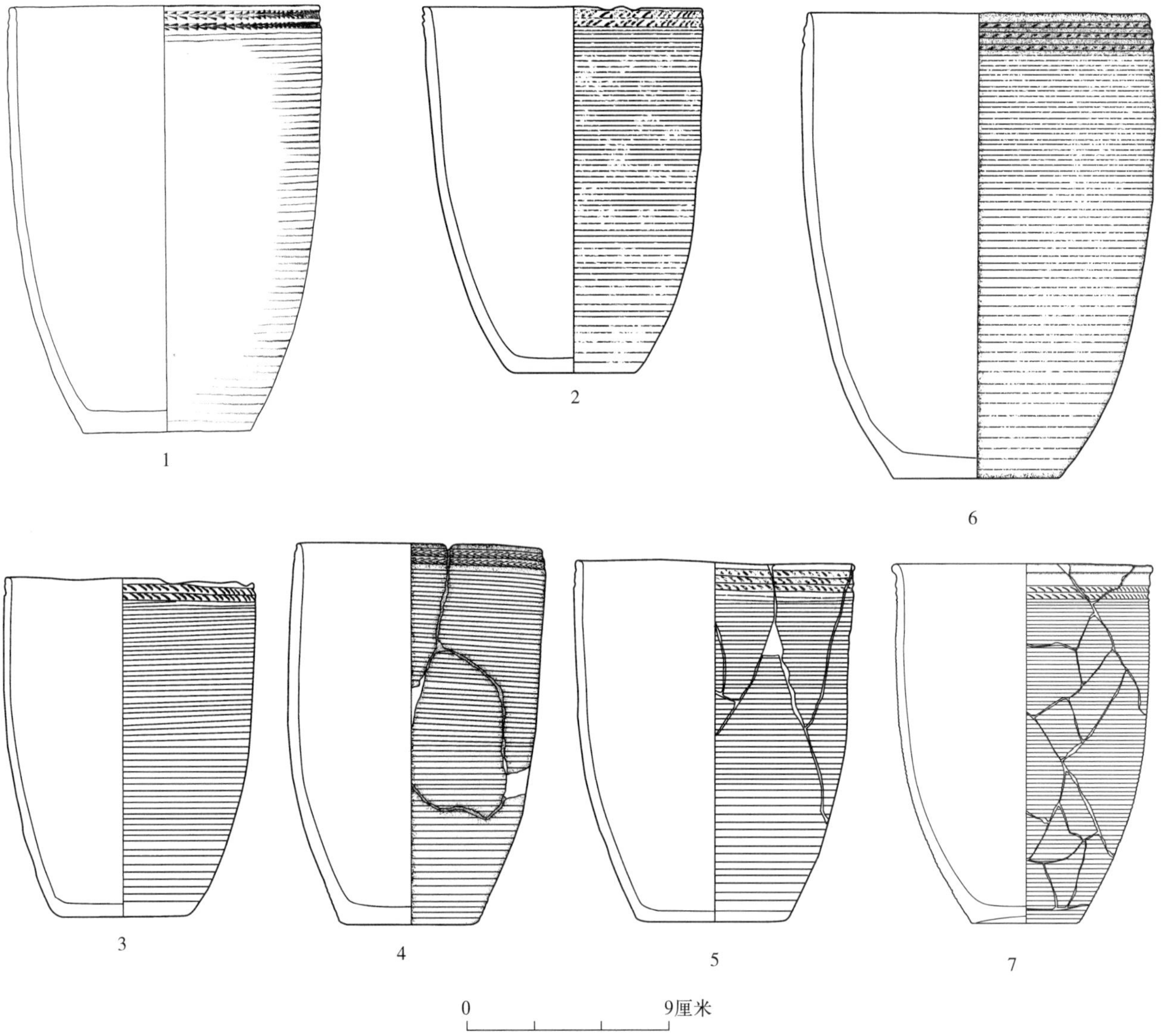

图 3-77 F2 出土深腹罐

1～4. Ba 型Ⅱ式 F2：8、11、28、30 5～7. Ba 型Ⅲ式 F2：25、24、6

标本 F2：30，可修复，夹砂黑褐陶。直口、圆尖唇，深腹，下弧收，平底。口沿处有两周凹带，内饰斜线纹，腹部饰压印弦纹，纹饰及底。口径 12.0、底径 6.4、高 16.4 厘米（图 3-77，4）。

Ba 型Ⅲ式 3 件。

标本 F2：25，可修复，夹砂黑陶。敞口，圆唇，深腹，下弧收，平底。口沿处有三周凹带，内饰戳刺纹，腹部满饰压弦纹。口径 12.4、底径 6.5、高 15.5 厘米（图 3-77，5；彩版五一，2）。

标本 F2：24，可修复，尖唇、近直口、弧腹、平底。口沿处有三道压印粗弦纹，上有戳刺纹，腹部饰压印弦纹，上腹部较密，下腹部弦纹间隔变大，弦纹及底。口径 14.9、底径 7.4、通高 19.9 厘米（图 3-77，6；彩版五一，3）。

标本 F2：6，夹砂灰褐陶。直口，圆唇微侈，深腹下弧收，平底。口沿处有一周素圈凹带，凹带下有两周凸棱，棱上压划斜线仿绳索纹，腹满饰压弦纹。口径 14.7、高 20.6、底径 6.6、壁厚 0.5 厘米（图

3-77，7；彩版五一，4）。

Bb 型Ⅲ式　4 件。

标本 F2∶20，可修复，夹砂红褐陶。敞口，圆唇，弧腹，平底。口沿处有两周凹带，内饰压印斜线纹，腹部饰压印弦纹，纹饰不及底。上部纹较密，下部纹疏朗。口径 18.5、底径 9.8、通高 28.4 厘米（图 3-78，1；彩版五二，1）。

标本 F2∶5，可修复，夹砂红褐陶。敞口，圆唇，直腹，下收平底。在口沿处有两周凹带，内饰压印横人字斜纹，腹部饰压印弦纹，纹饰及底。口径 16.0、底径 8.2、高 22.3 ～ 23.7 厘米（图 3-78，2；彩版五二，2）。

标本 F2∶4，可修复，夹砂红褐陶。直口，圆唇，深腹，下收平底。口沿处有两周凹带，内饰划压横人字纹，腹部饰压印的弦纹，纹饰及底。口径 17.0、底径 8.5、通高 24.0 厘米（图 3-78，3；彩版五二，3）。

标本 F2∶40，可修复，夹砂灰褐陶。直口，圆唇，深腹，平底。口沿处有两周凹带，内饰斜线纹，腹部满饰压印弦纹。口径 15.0、底径 8.5、高 24.0 厘米（图 3-78，4）。

罐腹片　1 件。

标本 F2∶26，夹砂红褐陶。直口，尖唇，斜直腹。口沿处有三周凹带，内饰戳刺纹，腹部饰压印弦纹。残高 5.1 厘米（图 3-78，5）。

器底　2 件

标本 F2∶27，残，夹砂黑褐陶。弧腹，平底。腹部饰压印弦纹。底径 5.6、残高 6.0 厘米（图 3-78，6）。

标本 F2∶23，夹砂黑褐陶。弧腹，平底。腹部内饰压印弦纹，疏密不一，纹饰及底。底径 7.0、残高 11.0 厘米（图 3-78，7）。

C 型Ⅲ式　1 件。

标本 F2∶10，可修复，夹砂红褐陶。直口稍侈，圆唇，深腹，下收平底。口沿是两周凹带，内饰划压横人字纹，腹部饰压印篦点弦纹和压印弦纹。上部饰四周篦点弦纹，接续是四周压印弦纹，如此再反复两次，腹下部为篦点弦纹。口径 11.0、底径 6.2、高 14.4 厘米（图 3-78，8；彩版五二，4）。

C 型Ⅳ式　1 件。

标本 F2∶546，夹砂褐陶。直口，圆唇，深腹。口沿处饰两周方齿篦点纹，纹饰不甚规整。腹部以四个压印篦点同心菱格纹为组，上下相叠，左右交错，线组曲折。口径 13.4、残高 12.5 厘米（图 3-78，9；彩版五三，1）。

大口罐　2 件。

Ⅱ式　2 件。

标本 F2∶13，夹砂红陶。尖唇，敞口，弧腹，平底。口沿处有一周凹带，内压印斜线纹，腹部满饰竖压横排的之字纹。口径 9.9、底径 4.5、高 7.6 厘米（图 3-79，1；彩版五三，2）。

标本 F2∶51，夹砂红陶。敞口，圆唇，弧腹，平底。口沿有一周压印斜线纹，腹部满饰竖压横排的之字纹，纹饰多脱落。口径 10.5、底径 5.1、高 9.5 厘米（图 3-79，2）。

高足钵　3 件。

Ⅰ式　1 件。大口，圆弧腹，高圈足。

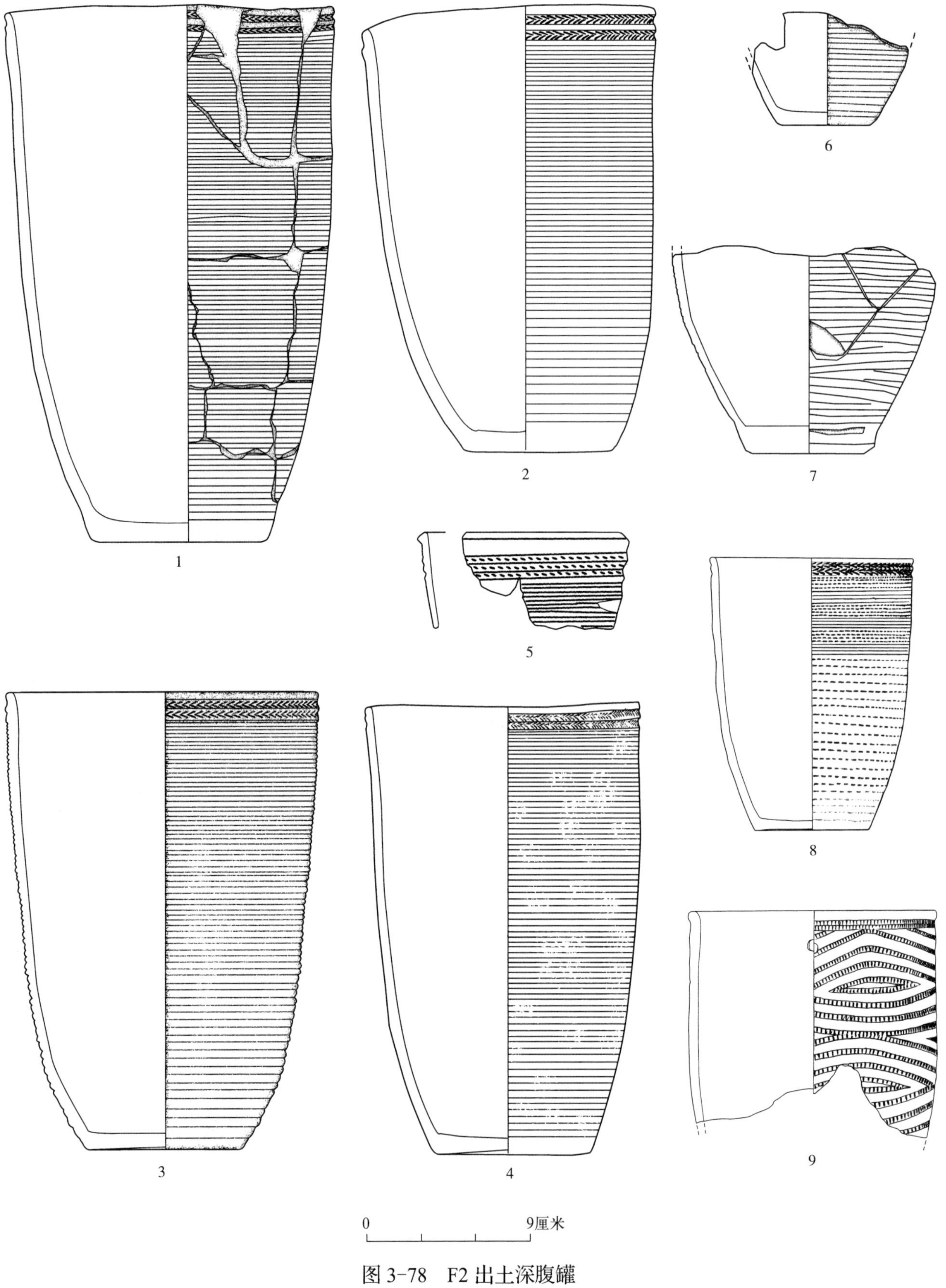

图 3-78　F2 出土深腹罐

1～4. Bb 型Ⅲ式 F2：20、5、4、40　5～8. 陶片 F2：26、27、23　8. C 型Ⅲ式 F2：10　9. C 型Ⅳ式 F2：546

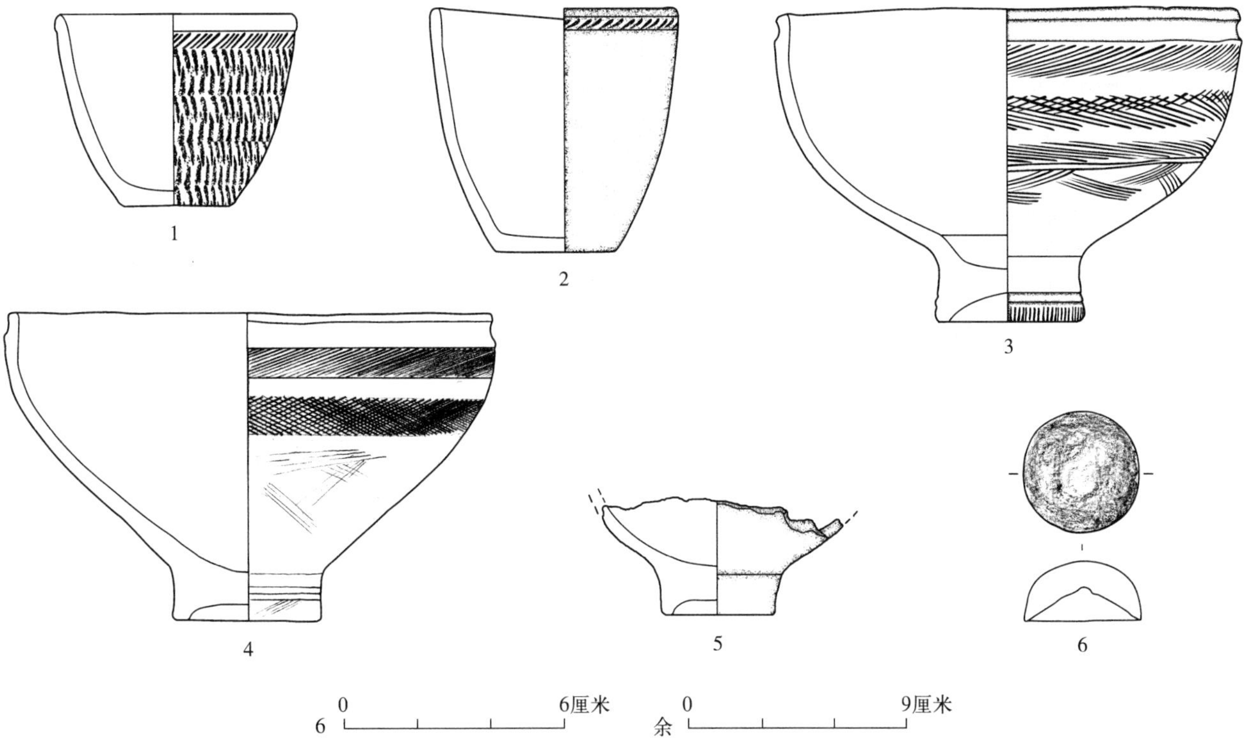

图 3-79　F2 出土陶器

1、2. Ⅱ式大口灌 F2∶13、51　3. Ⅰ式高足钵 F2∶15　4. Ⅱ式高足钵 F2∶16　5. 钵足 F2∶37　6. 陶泡 F2∶527

标本 F2∶15，夹砂红陶，有红陶衣。敞口，圆唇，口沿较薄，形成外抹的小圆唇。圆弧浅腹，高圈足。口沿处有一圈凹带，腹上部饰划压左斜线纹，中部划压右斜线纹，局部交叉呈网纹，腹下部饰斜线和几何纹，足底部压短竖线纹。口径 19.5、底径 6.6、高 12.4 厘米（图 3-79，3；彩版五三，3）。

Ⅱ式　1 件。大口，斜收腹，高圈足。

标本 F2∶16，高足钵，可修复，夹砂红褐陶。敞口，圆唇，折弧腹、圈足。口沿有一周凹带，腹上部有一周斜线纹，中腹部有一周网格纹带，下腹部有交叉弦纹，底部有弦纹和斜线纹带。口径 18.8、底径 6.0、通高 12.1 厘米（图 3-79，4；彩版五三，4）。

钵足　1 件。

标本 F2∶37，残，夹砂黑褐陶。弧腹，圈足。残留部分素面。底径 4.3、残高 4.7 厘米（图 3-79，5）。

陶泡　2 件。

标本 F2∶527，基本完整，泥质红陶。捏制，素面。半球形圆顶，底边稍尖。直径 3.2、高 1.5 厘米（图 3-79，6；彩版五三，5）。

标本 F2∶528，残，夹砂红陶。捏制，素面，球顶形，底边稍尖。直径 3.1、残高 1.1 厘米。

4. 骨器

20 件。其中骨锥 1 件，骨柄 1 件，骨镞 1 件，骨笄 17 件。

骨锥　1 件。

标本 F2∶467，残。磨制，体扁平状。近顶部有穿孔，尖部稍内曲。长 10.0、宽 1.4、厚 0.5 厘米（图

3-80，1；彩版四六，6）。

骨柄　1件。

标本F2∶466，残，骨。磨制，体扁平，长身，横截面双菱形。中间有一凹槽。长11.4、宽1.9、厚0.6厘米（图3-80，2；彩版四六，7）。

骨镞　1件。

标本F2∶468，残。磨制，长三菱形，中有脊，横截面三角形，尾残。残长3.9、宽0.9、厚0.4厘米（图3-80，3；彩版四六，8）。

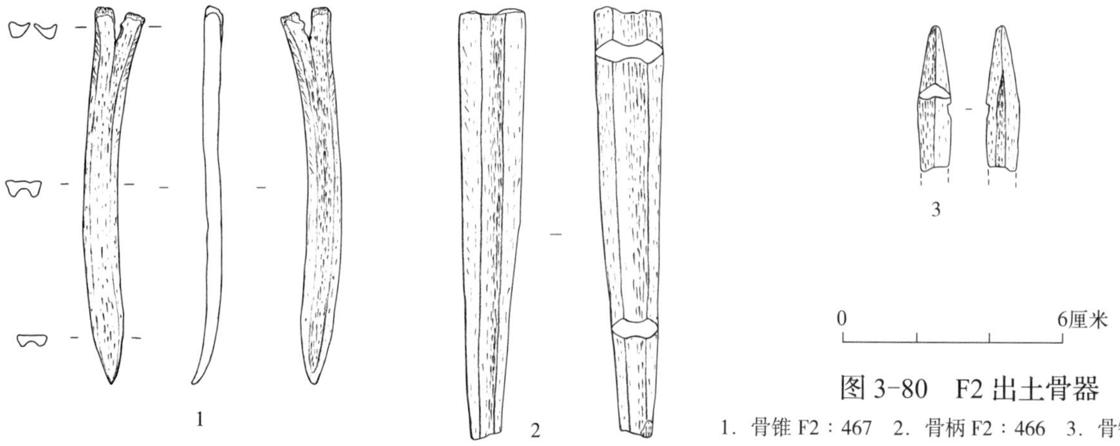

图3-80　F2出土骨器

1. 骨锥F2∶467　2. 骨柄F2∶466　3. 骨镞F2∶468

骨笄　17件。

均为残段。

标本F2∶469，残，乳白色骨。磨制，横截面圆形。残长4.1、直径0.3～0.4厘米（图3-81，1）。

标本F2∶470，残，乳白色骨。磨制，横截面圆形。残长4.6、直径0.5厘米（图3-81，2）。

标本F2∶471，残，乳白色骨。磨制，横截面三角形，平顶圆尖顶。残长3.0、直径0.5厘米（图3-81，3）。

标本F2∶472，残，乳白色骨。磨制，横截面圆形。残长3.8、直径0.3～0.4厘米（图3-81，4）。

标本F2∶473，残，乳白色骨。磨制，横截面圆形。残长2.4、直径0.5厘米（图3-81，5）。

标本F2∶474，残，乳白色骨。磨制，横截面圆形。残长3.3、宽0.4、厚0.3厘米（图3-81，6）。

标本F2∶512，残，乳白色骨。磨制，横截面圆形。残长2.3、直径0.2～0.4厘米（图3-81，7）。

标本F2∶513，残，乳白色骨。磨制，横截面圆形。残长1.8、宽0.5、厚0.3厘米（图3-81，8）。

标本F2∶514，残，乳白色骨。磨制，横截面椭圆形。残长5.2、直径0.3～0.5厘米（图3-81，9）。

标本F2∶531，残，乳白色骨。磨制，横截面圆形。残长3.8、直径0.1～0.4厘米（图3-81，10）。

标本F2∶537，残，乳白色骨。磨制，横截面圆形。残长4.0、直径0.3～0.5厘米（图3-81，11）。

标本F2∶538，残，乳白色骨。磨制，横截面椭圆形。残长2.0、直径0.4厘米（图3-81，12）。

标本 F2：539，残，乳白色骨。磨制，横截面圆形。残长 6.0、直径 0.2 ～ 0.4 厘米（图 3-81，13；彩版四六，9）。

标本 F2：540，残，乳白色骨。磨制，横截面圆形。残长 3.8、直径 0.4 厘米（图 3-81，14）。

标本 F2：541，残，乳白色骨。磨制，横截面圆形。残长 4.2、直径 0.4 厘米（图 3-81，15）。

标本 F2：542，残，乳白色骨。磨制，横截面圆形。残长 2.9、直径 0.4 厘米（图 3-81，16）。

标本 F2：543，残，乳白色骨。磨制，横截面圆形。残长 2.3、直径 0.5 厘米（图 3-81，17）。

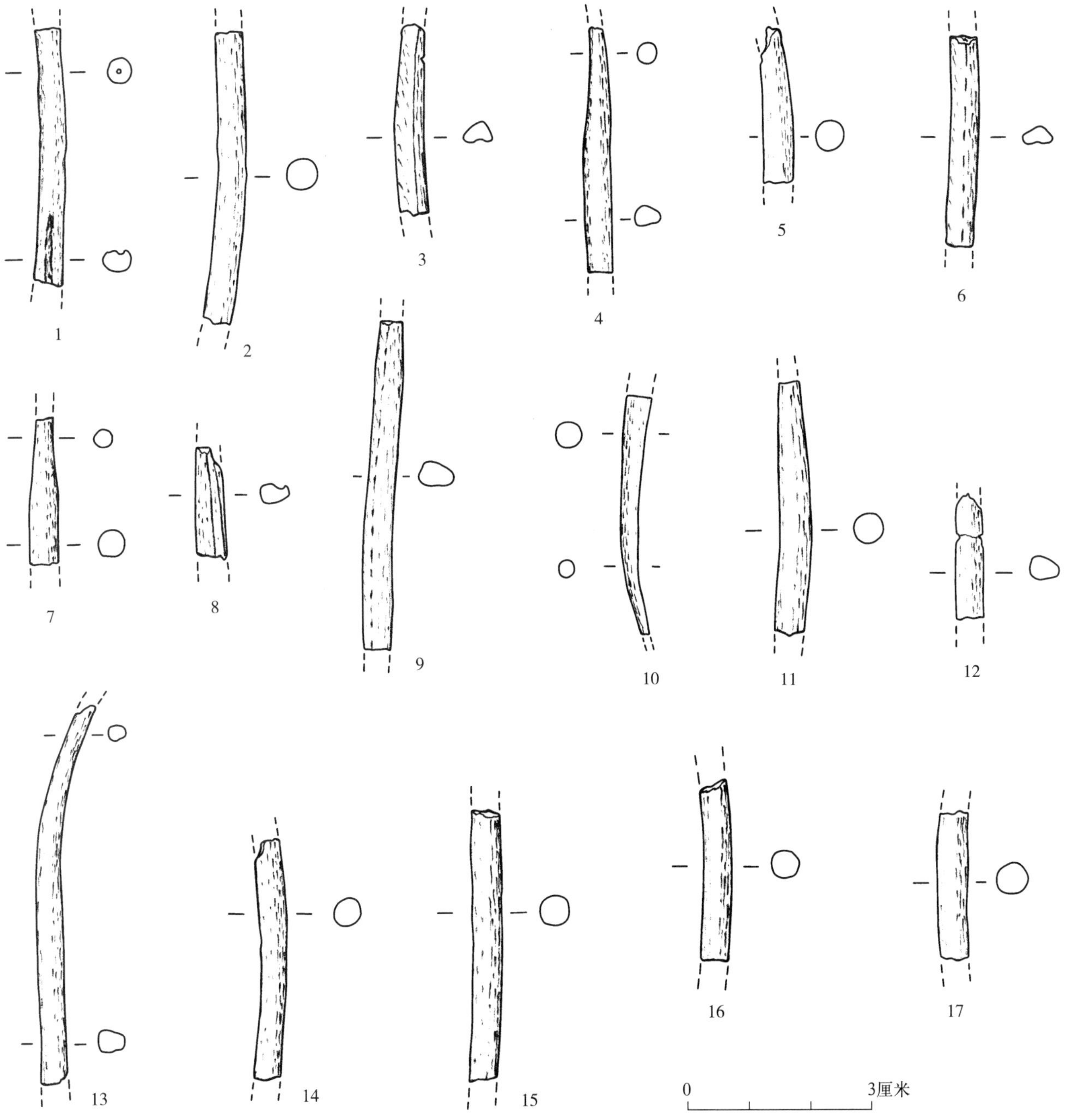

图 3-81　F2 出土骨笄

1 ～ 17．F2：469 ～ 474、512 ～ 514、531、537 ～ 543

5. 煤精制品

26件。其中泡形器9件，球形器7件，耳珰形器2件，半成品2件，坯料6件。

泡形器　9件。

标本F2∶502，残，球形顶，边缘圆滑，复原直径4.2、高2.2厘米（图3-82，1）。

标本F2∶503，基本完整。表面有刮磨，圆尖形顶，边缘尖薄，内部凹面光洁。直径3.5、高1.5、厚0.6厘米（图3-82，2；彩版五四，1）。

标本F2∶504，残，圆尖形顶，边缘圆滑，复原直径4.0、残高1.4厘米（图3-82，3；彩版五四，2）。

标本F2∶505，残，圆球形器顶，边缘圆滑，内部凹面光洁。复原直径3.4、宽2.8、厚0.7厘米（图3-82，4；彩版五四，3）。

标本F2∶514，残片，表面光滑。长1.3、宽1.1、厚1.0厘米（图3-82，5）。

标本F2∶515，残片，表面光滑，边缘尖薄，内部光洁。长2.9、宽2.0、厚0.6厘米（图3-82，6）。

标本F2∶521，残片，表面光滑，内部光洁。长1.2、宽1.2、厚0.5厘米（图3-82，7）。

标本F2∶522，残片，表面光滑，边缘圆滑，内部光洁。长1.8、宽0.9、厚0.4厘米（图3-82，8）。

标本F2∶524，残片，表面光滑。长1.6、宽0.9、厚0.6厘米（图3-82，9）。

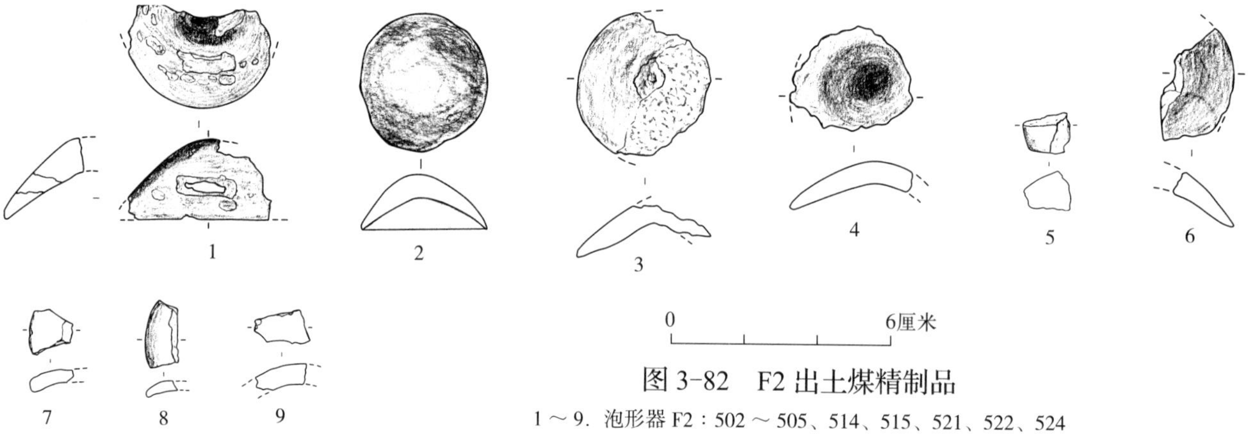

图3-82　F2出土煤精制品

1～9. 泡形器F2∶502～505、514、515、521、522、524

球形器　7件。

标本F2∶507，残，表面光滑。直径1.2～1.4、残高0.9厘米（图3-83，1；彩版五四，4）。

标本F2∶508，基本完整，表面光滑。直径1.7～1.8厘米（图3-83，2；彩版五四，5）。

标本F2∶509，基本完整，表面光滑。直径1.4厘米（图3-83，3）。

标本F2∶510，基本完整，表面光滑。直径1.5厘米（图3-83，4；彩版五四，6）。

标本F2∶511，基本完整，表面粗糙，有刮削痕迹，未经磨光。直径1.0厘米（图3-83，5；彩版五四，7）。

标本F2∶518，残，表面光滑。直径1.3、厚0.4厘米（图3-83，6）。

标本F2∶523，残。长1.0、宽0.8、厚0.4厘米（图3-83，7）。

耳珰形器　2件。

标本F2∶512，表面光滑，尖顶，束颈，底部圆弧。高2.25、底径1.3厘米（图3-83，8；彩版五四，8）。

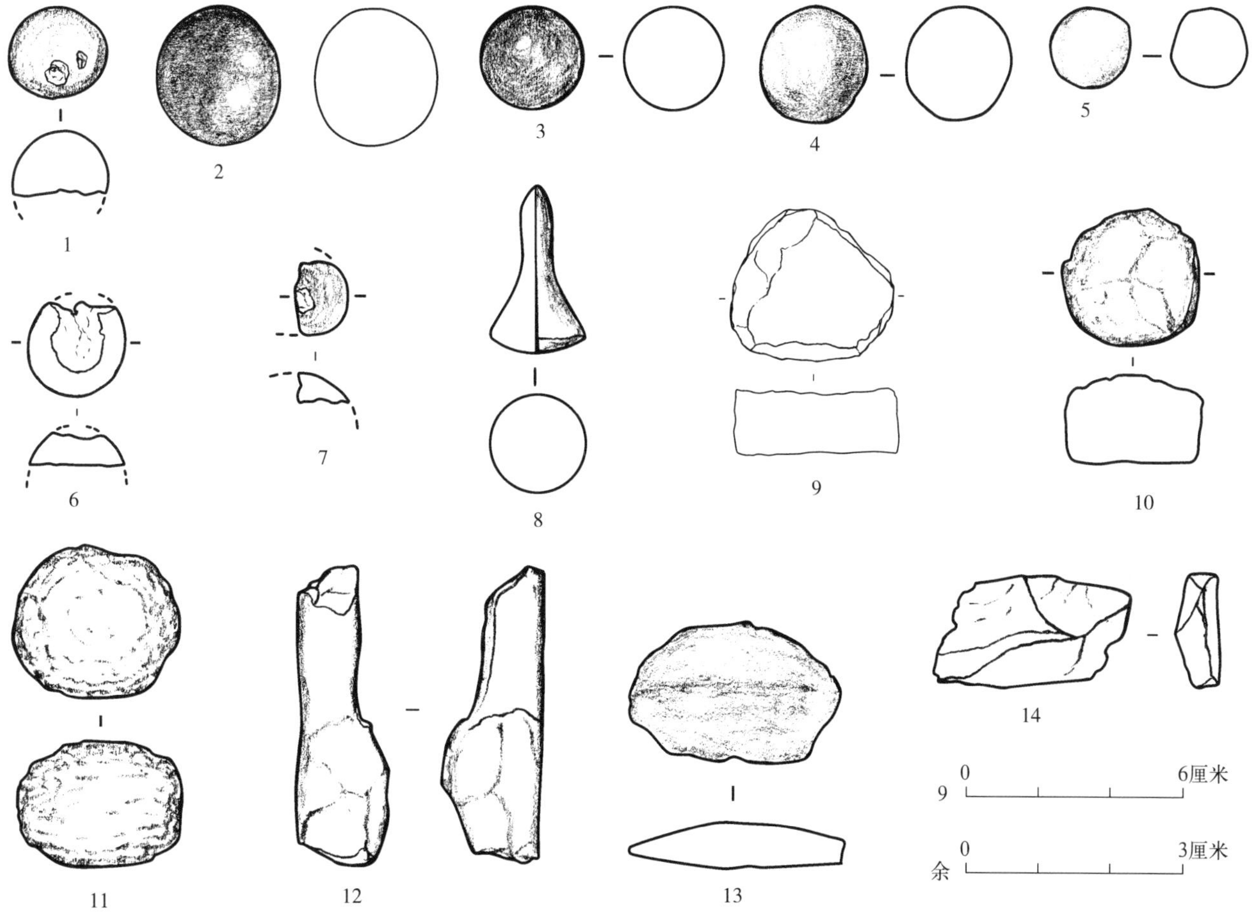

图 3-83 F2 出土煤精制品

1～7. 球形器 F2：507～511、518、523 8. 耳珰形器 F2：512 9～12. 煤精料 F2：506、516、517、520 13、14. 煤块 F2：513、526

标本 F2：555，表面光滑，尖顶，束颈，平底。高 2.8、束颈 0.5、底径 1.2 厘米。

煤精料 4 件。

标本 F2：506，不规则扁圆形，表面粗糙，有刮削痕迹。直径 4.0～4.5、厚 1.8 厘米（图 3-83，9；彩版五四，9）。

标本 F2：516，扁圆形，表面粗糙，有刮削痕迹。直径 1.9、厚 1.2 厘米（图 3-83，10）。

标本 F2：517，基本完整，扁圆形，表面粗糙，有刮削痕迹，未经磨光。直径 2.1～2.3、厚 1.7 厘米（图 3-83，11）。

标本 F2：520，残，近相似耳珰形，表面粗糙，有刮削痕迹。长 4.0、宽 1.4、厚 1.3 厘米（图 3-83，12）。

煤块 多块。

最大的 7.9 厘米 ×6.5 厘米 ×2.4 厘米，2.5 厘米以上的 35 块，1～2.5 厘米的 81 块，1 厘米以下的 53 块。

标本 F2：513，长 2.9、宽 1.8、厚 0.6 厘米（图 3-83，13）。

标本 F2：526，块状。长 2.8、宽 1.5、厚 0.7 厘米（图 3-83，14）。

6. 其他

木雕　1件。

标本F2∶530，出土在F2北壁西端处。前部呈扁平状，型如鸟身，头前部有夸张硕大的尖喙，圆形头，脊背部残，尾部束收成执柄。以浅刻“V”线纹技法，头部刻圆弧纹，体现出眼目，身部刻菱格纹，以似羽毛，尾部刻弧线纹，下腹部部分镂空。两面纹饰基本相同，出土时已断为三段，并列在一处。接近地面一侧纹饰保存较好。根据纹饰与木纹理推测复原，长约40.0、残宽4.5厘米（图3-84，1；彩版五五，1）。

炭化谷物及果核

炭化粟，炭化谷物出土在房址东南角柱附近的盆形坑里与西南地面上。东南角柱附近分布面广，堆积较厚。炭化谷物未经过研磨加工，谷壳完整，有的还可看出壳内有仁。这些炭化谷物粒大饱满，径0.15～0.20厘米。经辽宁农业科学院育种研究所鉴定与东北黍类近似。

果核发现两种。一种是炭化榛子壳，一种是浆果的果核。

石墨　3件。

银灰色，均为不规则形。

标本F2∶494，多磨面，磨痕明显。长2.6、宽4.3、厚1.8厘米（图3-84，2；彩版五五，2）。

标本F2∶493，多磨面，磨痕明显。长1.8、宽2.3、厚1.0厘米（图3-84，3；彩版五五，3）。

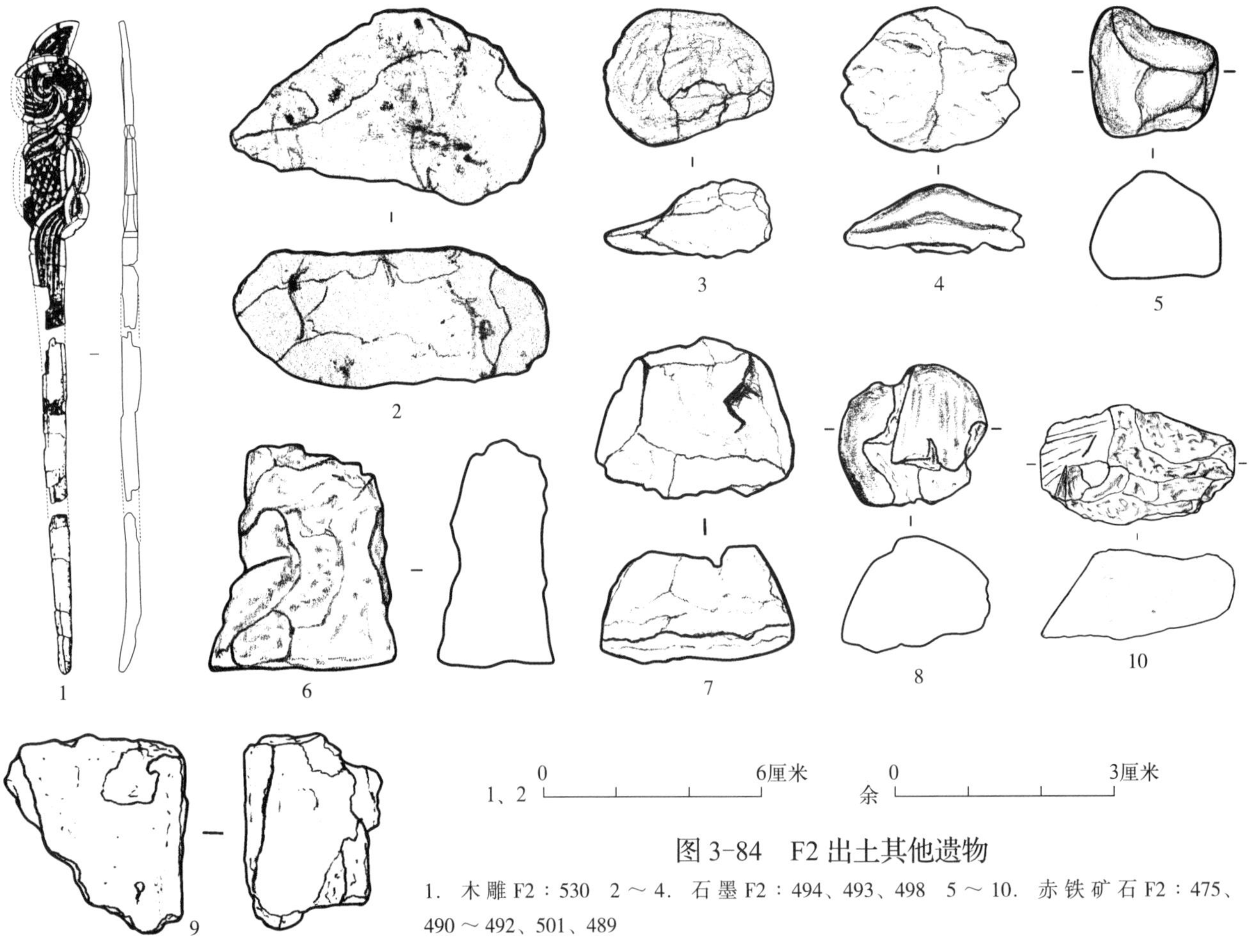

图3-84　F2出土其他遗物

1. 木雕F2∶530　2～4. 石墨F2∶494、493、498　5～10. 赤铁矿石F2∶475、490～492、501、489

标本 F2 : 498，多磨面，磨痕明显。长 1.9、宽 2.4、厚 0.9 厘米（图 3-84，4；彩版五五，4）。

赤铁矿石　6 件。

均为不规则形块状，有磨擦面。

标本 F2 : 475，长 1.8、宽 1.8、厚 1.5 厘米（图 3-84，5；彩版五五，5）。

标本 F2 : 490，长 3.0、宽 2.7、厚 1.6 厘米（图 3-84，6；彩版五五，6）。

标本 F2 : 491，长 2.1、宽 2.7、厚 1.5 厘米（图 3-84，7；彩版五五，7）。

标本 F2 : 492，长 2.0、宽 1.8、厚 1.5 厘米（图 3-84，8；彩版五五，8）。

标本 F2 : 501，残。长 2.6、宽 2.5、厚 1.9 厘米（图 3-84，9；彩版五五，9）。

标本 F2 : 489，残。长 5.3、宽 3.3、厚 2.4 厘米（图 3-84，10）。

（三）F3

F3 位于 T0701 和 T0801 之内，东距 F4 约 4.50、西距 F10 约 11.00、北距 F8 约 4.00 米。房址开口②层下，打破生土。平面为圆角长方形，半地穴式。东西长 9.40、南北宽 7.70、北壁深 0.70、南壁深 0.40 ～ 0.50 米，面积约 72 平方米（图 3-85）。

在房址中部发现灶址 2 个，编号 Z1、Z2。Z2 开口于居住面，呈圆角长方形。长 1.14、宽 0.80、深 0.30 米。灶壁烧烤面坚硬，内底填有一层较为平整的混合土，厚约 15 厘米。Z1，开口层位低于 Z2，呈圆形，直径 1.10、深 0.10 米。已残半，内无遗物，灶底部有烧土面，厚约 0.10 米。

房址中部偏西侧，发现窖穴 1 个，开口于活动面，圆角长方形，打破 Z1，编号 J1。长 1.96、宽 1.40、深 0.50 米。在底部发现遗物有压印之字纹和压印弦纹陶片、石网坠，煤精制品残块等。

房址内共发现柱洞 66 个，有边柱和内柱。边柱分布在房址穴壁内四周及四角。其中，东壁 10 个柱洞排列的较有序，几乎为等距离。柱洞一般直径约 0.20、深 0.20 米。南、西、北面壁柱分布较不规律，东南角与西南角柱洞密集，东北与西北角柱洞分布较为疏散。内柱，分布在房址的四壁内侧，距离边柱约 1 米左右，从结构结点分析，有 8 处柱子。在较大的柱坑内，发现了直径较小的双柱洞，如 F3D39、D40、位于同一柱坑内，应是一处双柱。在房址中部和灶址南侧，有两组双柱，D44、D45 为 1 组，D46、D47 为 1 组。在房址东、西两角处，柱洞排列较无规律，或为支顶、维护房屋所致，有的柱洞底部还垫有石块或石网坠等。这为研究房址的建筑结构提供了新的资料。

房址内遗物大多分布在穴壁处及活动面上部，可复原的器物多分布在房址穴壁柱洞附近，如斜口器出土在 F3 东南角。

出土遗物有石器、玉器、陶器、煤精制品、赤铁矿石和石墨、炭化果壳等，共计 268 件。

1. 石器

155 件。打制石器 66 件、细石器 66 件、磨制 25 件。

（1）打制石器

66 件。有砍砸器 7 件、敲砸器 10 件、石片刮削器 27 件、网坠 13 件。

砍砸器　7 件。

标本 F3 : 57，浅黄色砂板岩。打制，不规则圆角扁条形，一侧有石皮，一侧为劈裂面，边刃砍砸痕迹明显。长 18.1、宽 8.4、厚 2.5 厘米（图 3-86，1）。

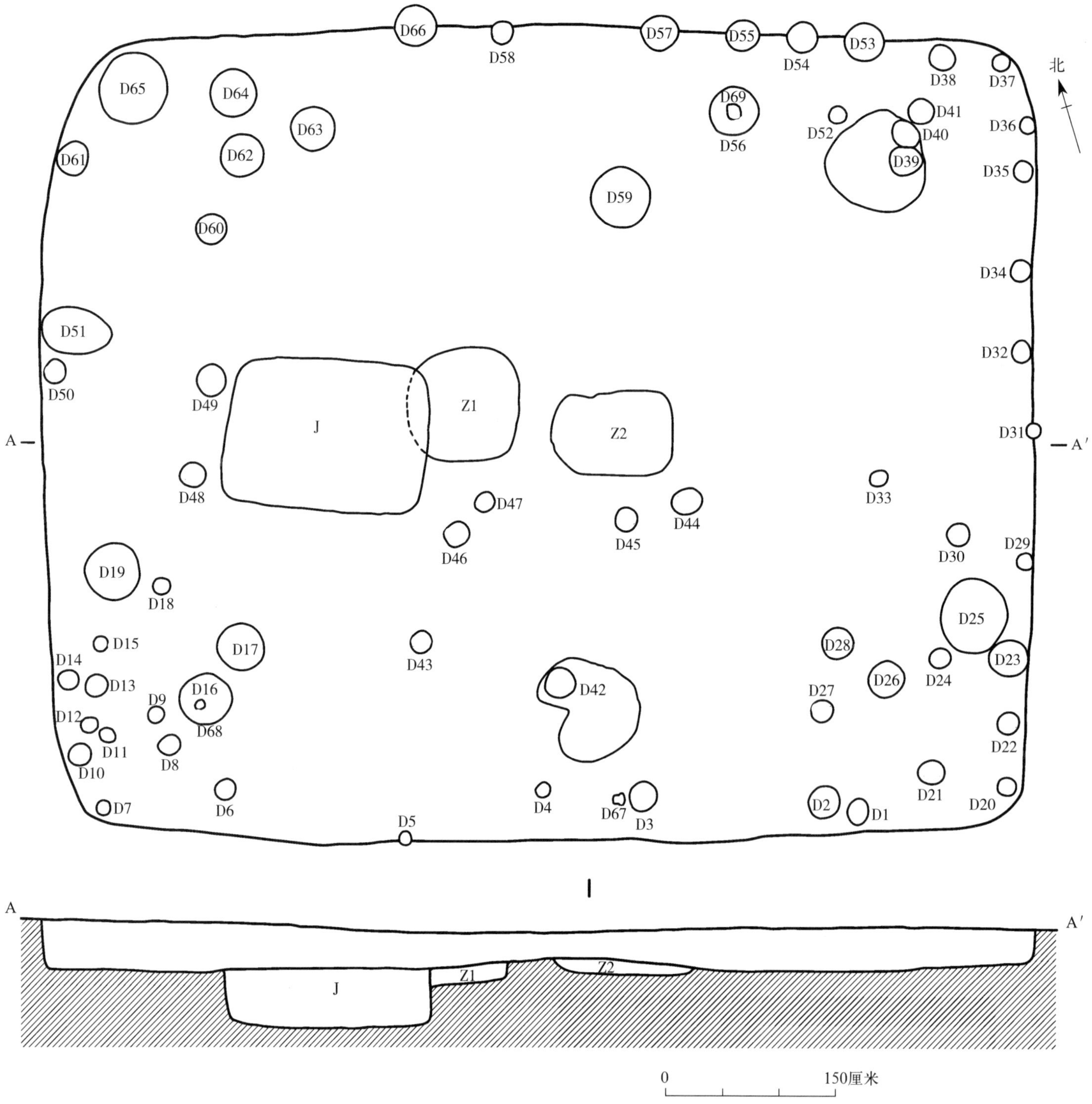

图 3-85 F3 平、剖面图

标本 F3∶102，灰褐色砂板岩。打制，不规则扁椭圆形，大部保留石皮，边刃砍砸痕迹明显。长 13.5、宽 10.0、厚 2.9 厘米（图 3-86，2）。

标本 F3∶104，浅黄色板岩，打制，不规则扁椭圆形，大部保留石皮，边刃砍砸痕迹明显。长 12.9、宽 9.05、厚 2.3 厘米（图 3-86，3）。

标本 F3∶105，青色板岩。打制，不规则半圆形，大部保留石皮，边刃砍砸痕迹明显。长 11.0、宽 8.8、厚 3.7 厘米（图 3-86，4）。

标本 F3：161，青灰色板岩。打制，不规则多棱形，边刃砍砸痕迹明显。长 6.2、宽 4.6、厚 3.4 厘米（图 3-86，5；彩版五六，1）。

标本 F3：178，黄褐色斑岩。打制，扁方形，大部保留石皮，一端砍砸痕迹明显。长 11.8、宽 10.4、厚 3.0 厘米（图 3-86，6；彩版五六，2）。

标本 F3 Ⅳ：1，黄褐色板岩。打制，圆角梯形，大部保留石皮，底部砍砸痕迹明显。长 9.2、宽 7.0、

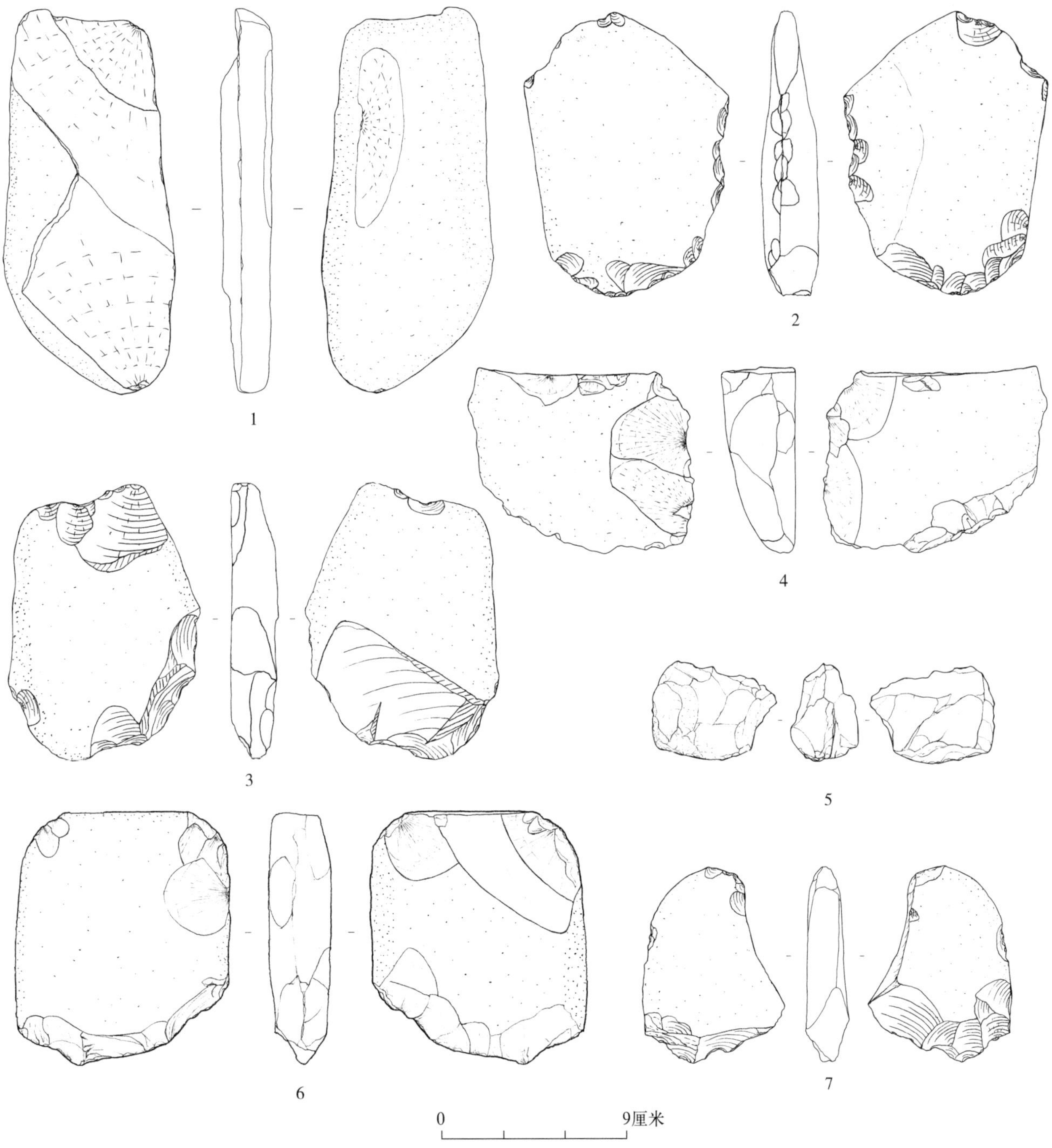

图 3-86　F3 出土打制石器

1～7. 砍砸器 F3：57、102、104、105、161、178、F3 Ⅳ：1

厚 2.2 厘米（图 3-86，7）。

敲砸器 19 件。

标本 F3 : 33，青灰色板岩。打制，不规则多棱形，多剥片疤，局部保留石皮，敲砸痕迹细碎。长 7.4、宽 5.7、厚 5.0 厘米（图 3-87，1）。

标本 F3 : 34，褐色板岩。打制，不规则椭圆形，多剥片疤，局部保留石皮。敲砸痕迹细碎。长 8.6、宽 6.8、厚 5.4 厘米（图 3-87，2；彩版五六，3）。

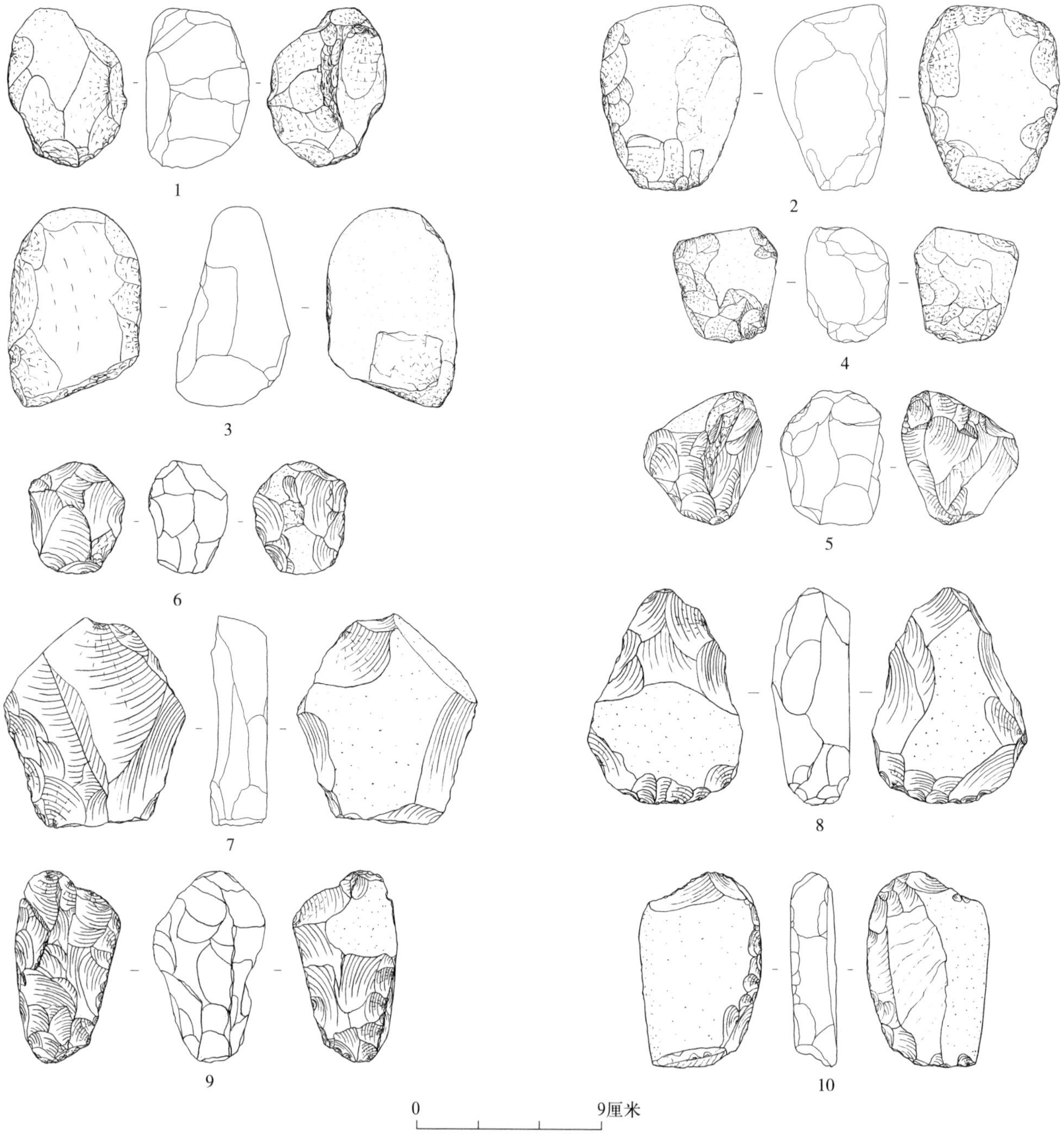

图 3-87 F3 出土打制石器

1～10. 敲砸器 F3 : 33～36、43～47、49

标本 F3∶35，褐色板岩。打制，不规则椭圆边，多剥片疤，一侧保留石皮。敲砸痕迹明显。长 9.3、宽 6.4、厚 5.6 厘米（图 3-87，3）。

标本 F3∶36，褐色板岩。打制，不规则多棱形，多剥片疤，局部保留石皮。敲砸痕迹明显。长 5.4、宽 5.0、厚 4.1 厘米（图 3-87，4）。

标本 F3∶43，褐色板岩。打制，不规则多棱形，多剥片疤，局部保留石皮，敲砸痕迹明显。长 6.2、宽 5.6、厚 4.9 厘米（图 3-87，5；彩版五六，4）。

标本 F3∶44，灰褐色板岩。打制，不规则多棱形，多剥片疤，敲砸痕迹明显。长 5.2、宽 4.6、厚 3.8 厘米（图 3-87，6）。

标本 F3∶45，褐色板岩。打制，不规则多棱形，多剥片疤，一侧有石皮，敲砸痕迹明显。长 9.7、宽 8.8、厚 2.7 厘米（图 3-87，7）。

标本 F3∶46，灰褐色板岩。打制，不规则多棱形，多剥片疤，局部保留石皮，敲砸痕迹明显。长 10.0、宽 7.5、厚 3.7 厘米（图 3-87，8）。

标本 F3∶47，灰褐色板岩。打制，不规则多棱形，多剥片疤，局部保留石皮，敲砸痕迹明显。长 8.9、宽 5.1、厚 5.5 厘米（图 3-87，9）。

标本 F3∶49，褐色板岩。打制，不规则扁方形，多剥片疤，局部保留石皮，三面有敲砸痕迹。长 9.1、宽 5.8、厚 2.1 厘米（图 3-87，10）。

标本 F3∶59，灰褐色板岩。打制，不规则长方形，大部保留石皮，两端敲砸痕迹明显。长 10.0、宽 6.1、厚 4.7 厘米（图 3-88，1）。

标本 F3∶60，灰褐色板岩。打制，不规则多棱形，多剥片疤，一侧保留石皮，两端有敲砸痕迹。长 9.0、宽 4.5、厚 3.8 厘米（图 3-88，2）。

标本 F3∶107，青色板岩。打制，不规则多棱形，多剥片疤，局部保留石皮，敲砸痕迹明显。长 6.0、宽 3.5、厚 2.6 厘米（图 3-88，3）。

标本 F3∶132，青色板岩。打制，不规则长方多棱形，敲砸痕迹明显。长 8.7、宽 4.4、厚 4.2 厘米（图 3-88，4；彩版五六，5）。

标本 F3∶160，黄褐色砂岩。打制扁圆形，大部保留石皮，一端敲砸痕迹明显。长 10.8、宽 7.8、厚 7.8 厘米（图 3-88，5；彩版五六，6）。

标本 F3∶165，黄褐色板岩。打制，不规则菱形，多剥片疤，局部保留石皮，敲砸痕迹明显。长 9.7、宽 6.6、厚 4.8 厘米（图 3-88，6；彩版五七，1）。

标本 F3∶166，黄褐色板岩。打制，椭圆形，多剥片疤，局部保留石皮，两端敲砸痕迹明显。长 6.2、宽 4.1、厚 3.2 厘米（图 3-88，7；彩版五七，2）。

标本 F3∶167，青色石英板岩。打制，椭圆形，多剥片疤，局部保留石皮，周身敲砸痕迹明显。长 6.3、宽 5.2、厚 3.5 厘米（图 3-88，8；彩版五七，3）。

F3 Ⅲ∶10，青色玄武岩。打制，扁椭圆形，有剥片疤，局部保留石皮，两端敲砸痕迹明显。残长 9.4、宽 6.2、厚 3.8 厘米（图 3-88，9；彩版五七，4）。

石片刮削器　27 件。

标本 F3∶22，黑灰色板岩。打制，不规则半圆形，边刃呈齿状。长 5.6、宽 4.5、厚 2.1 厘米（图 3-89，1）。

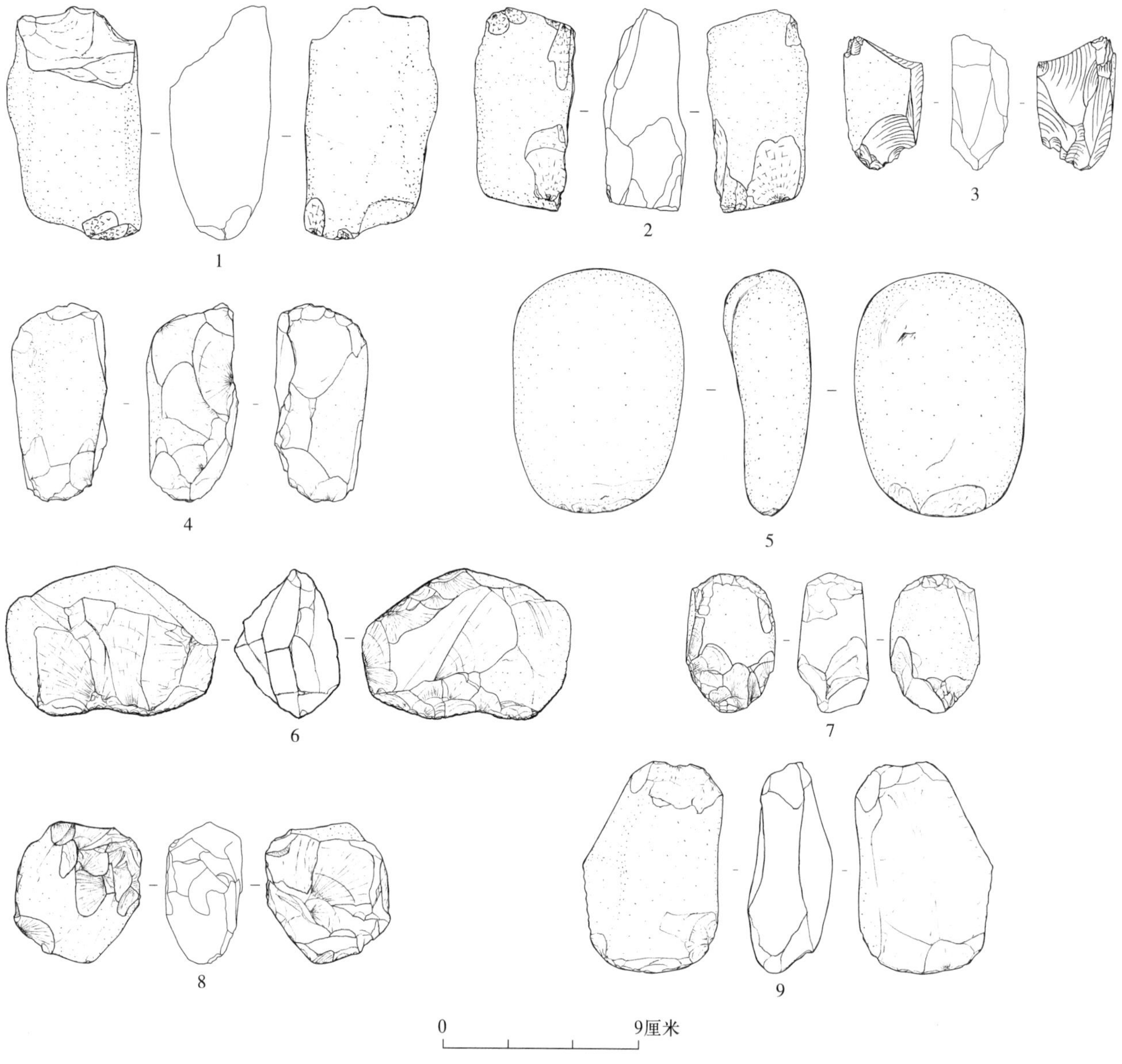

图 3-88 F3 出土打制石器

1～9. 敲砸器 F3∶59、60、107、132、160、165～167、F3Ⅲ∶10

标本 F3∶23，青灰色板岩。打制，不规则三角形，一面有石皮，边刃，有刮削痕迹。长 4.4、宽 4.1、厚 1.0 厘米（图 3-89，2）。

标本 F3∶24，青灰色板岩。打制，不规则长方形，一面有石皮。边刃呈齿状，刮削痕迹明显。长 6.7、宽 4.5、厚 2.1 厘米（图 3-89，3）。

标本 F3∶25，浅灰色板岩。打制，不规则方形，三边刃，有刮削痕迹。长 4.6、宽 4.1、厚 1.4 厘米（图 3-89，4）。

标本 F3∶26，灰色板岩。打制，圆角长条形，一面有石皮。边刃，有刮削痕迹。长 6.0、宽 2.9、厚 0.1 厘米（图 3-89，5）。

标本 F3∶27，青灰色板岩。打制，不规则多边形，边刃，有刮削痕迹。长 4.0、宽 2.3、厚 1.2 厘米（图

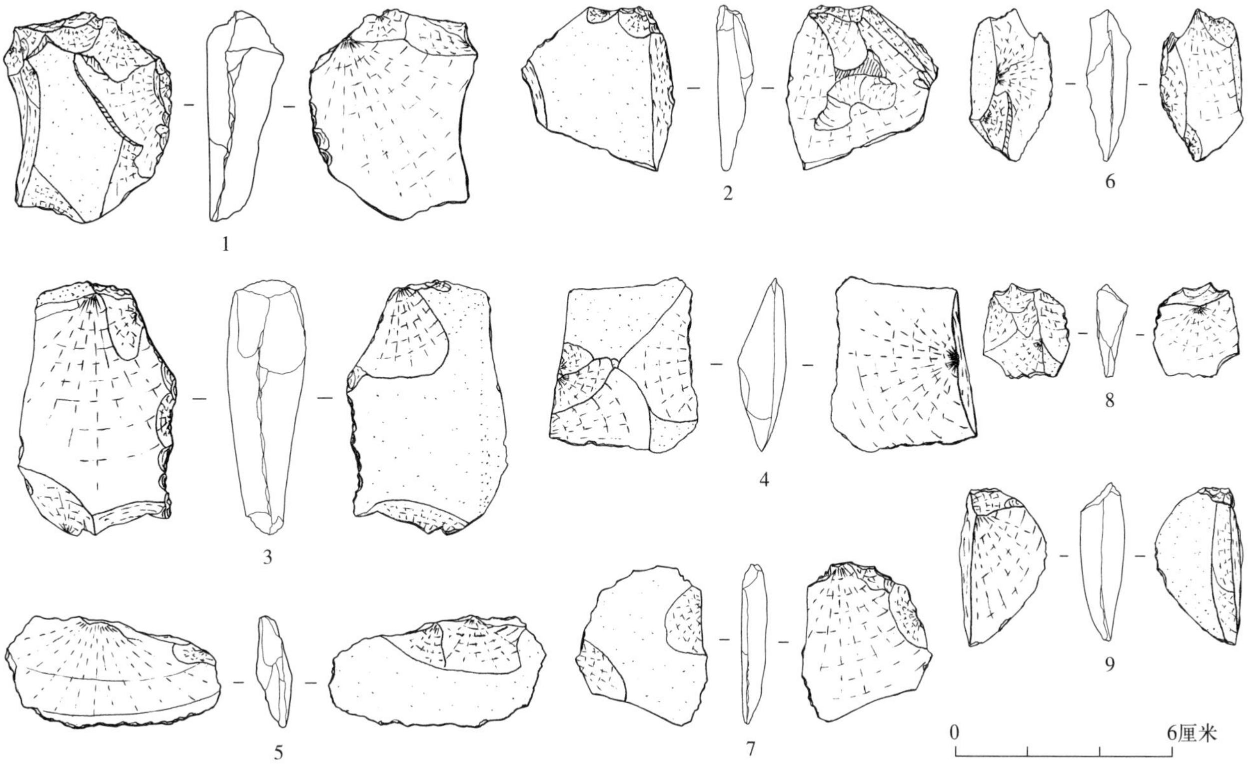

图 3-89　F3 出土打制石器

1～9．石片刮削器 F3：22～30

3-89，6）。

标本 F3：28，褐色板岩。打制，不规则多边形，一面有石皮。边刃，有刮削痕迹。长 4.3、宽 3.6、厚 0.7 厘米（图 3-89，7）。

标本 F3：29，青灰色板岩。打制，不规则多边形，边刃，有刮削痕迹。长 2.5、宽 2.4、厚 0.19 厘米（图 3-89，8）。

标本 F3：30，褐色板岩。打制，半圆形，一面有石皮。边刃，有刮削痕迹。长 4.5、宽 2.94、厚 1.2 厘米（图 3-89，9）。

标本 F3：31，褐色板岩。打制，不规则多边形，边刃，有刮削痕迹。长 3.8、宽 3.3、厚 0.8 厘米（图 3-90，1）。

标本 F3：32，褐色板岩。打制，不规则椭圆形，边刃，有刮削痕迹。长 2.7、宽 3.2、厚 0.17 厘米（图 3-90，2）。

标本 F3：42，褐色板岩。打制，不规则长椭圆形，边刃呈细齿状，刮削痕迹明显。长 6.4、宽 3.5、厚 2.2 厘米（图 3-90，3）。

标本 F3：122，深灰色板岩。打制，不规则多边形，边刃，有刮削痕迹。长 3.6、宽 3.3、厚 0.9 厘米（图 3-90，4）。

标本 F3：123，浅灰色板岩。打制，不规蚌壳形，边刃，有刮削痕迹。长 3.5、宽 2.5、厚 0.6 厘米（图 3-90，5）。

标本 F3：133，青灰色板岩。打制，不规则菱形，边刃，有刮削痕迹。长 6.6、宽 3.3、厚 1.3 厘

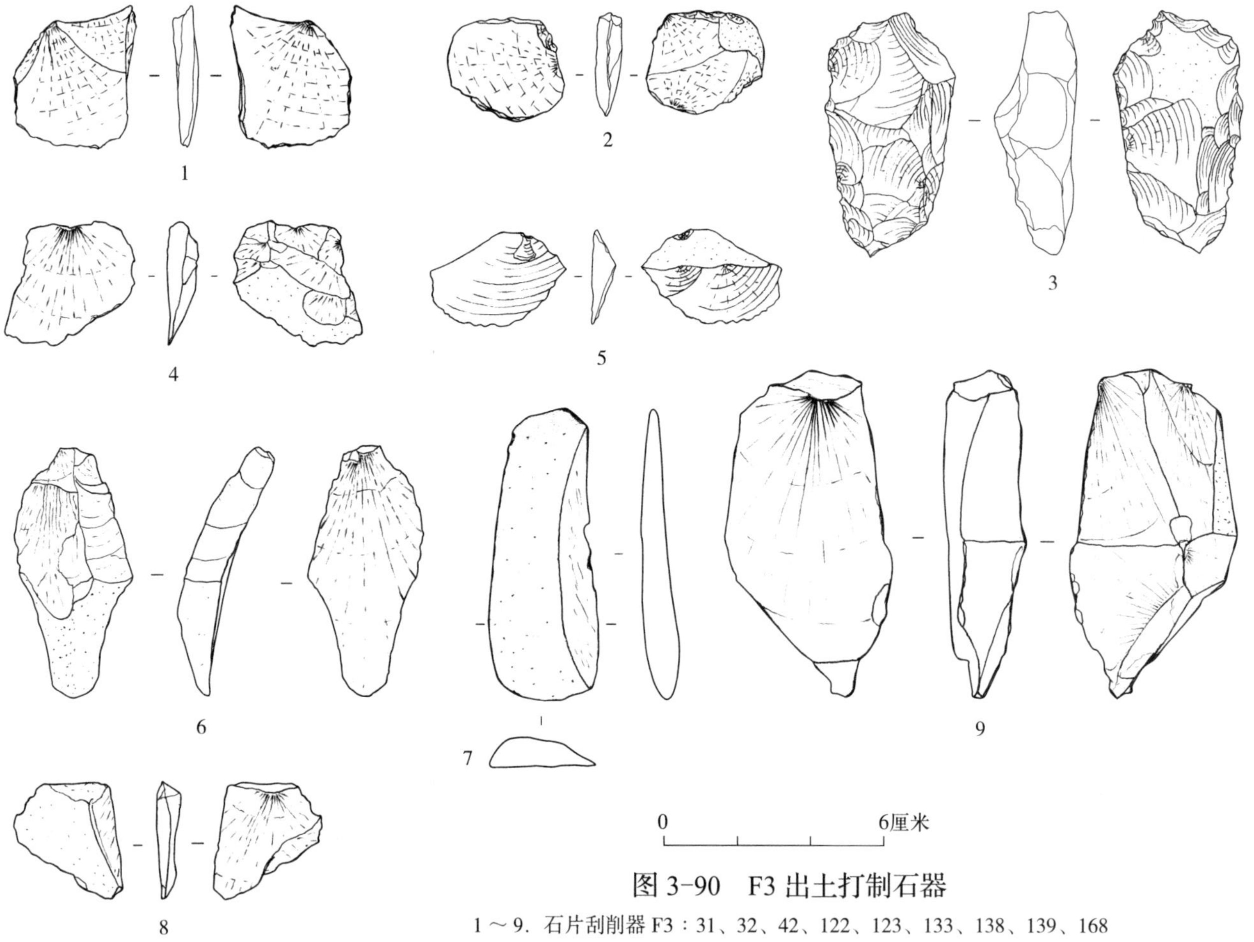

图 3-90 F3 出土打制石器

1～9. 石片刮削器 F3：31、32、42、122、123、133、138、139、168

米（图 3-90，6；彩版五七，5）。

标本 F3：138，红褐色板岩。打制，圆角长条形，一侧保留石皮，边刃，有刮削痕迹。长 7.7、宽 3.0、厚 0.9 厘米（图 3-90，7；彩版五七，6）。

标本 F3：139，青褐色板岩。打制，不规则三角形，边刃，有刮削痕迹。长 3.1、宽 2.9、厚 0.6 厘米（图 3-90，8）。

标本 F3：168，灰褐色板岩。打制，不规则多边形。边刃，有刮削痕迹。长 8.6、宽 4.6、厚 2.1 厘米（图 3-90，9）。

标本 F3：169，残，青褐色板岩。打制，不规则三角形，边刃，有刮削痕迹。长 5.2、宽 4.9、厚 1.2 厘米（图 3-91，1）。

标本 F3：170，青灰色板岩。打制，不规则三角形，边刃，有刮削痕迹。长 6.0、宽 3.8、厚 0.8 厘米（图 3-91，2）。

标本 F3：171，青灰色板岩。打制，不规则三角形，边刃，有刮削痕迹。长 5.2、宽 4.8、厚 1.2 厘米（图 3-91，3；彩版五八，1）。

标本 F3：184，青灰色板岩。打制，不规则梯形，边刃，有刮削痕迹。长 7.0、宽 6.5、厚 2.4 厘米（图 3-91，4；彩版五八，2）。

标本 F3：185，青灰色板岩。打制，长条形，一面有石皮，边刃，有刮削痕迹。长 7.5、宽 3.6、厚 0.5 厘米（图 3-91，5）。

F3 Ⅲ：7，青色板岩。打制，不规则宽叶形，边刃呈齿状，刮削痕迹明显。长 5.3、宽 2.7、厚 0.8 厘米（图 3-91，6）。

F3 Ⅲ：13，青色板岩。打制，不规则多边形，边刃，有刮削痕迹。长 3.0、宽 1.7、厚 0.8 厘米（图 3-91，7）。

F3 Ⅲ：16，残，青灰色板岩。打制，不规则三角形，边刃，有刮削痕迹。长 3.1、宽 2.9、厚 0.8 厘米（图 3-91，8）。

F3 Ⅲ：28，青灰色板岩。打制，不规则菱形，边刃，有刮削痕迹。长 3.0、宽 1.8、厚 0.7 厘米（图 3-91，9）。

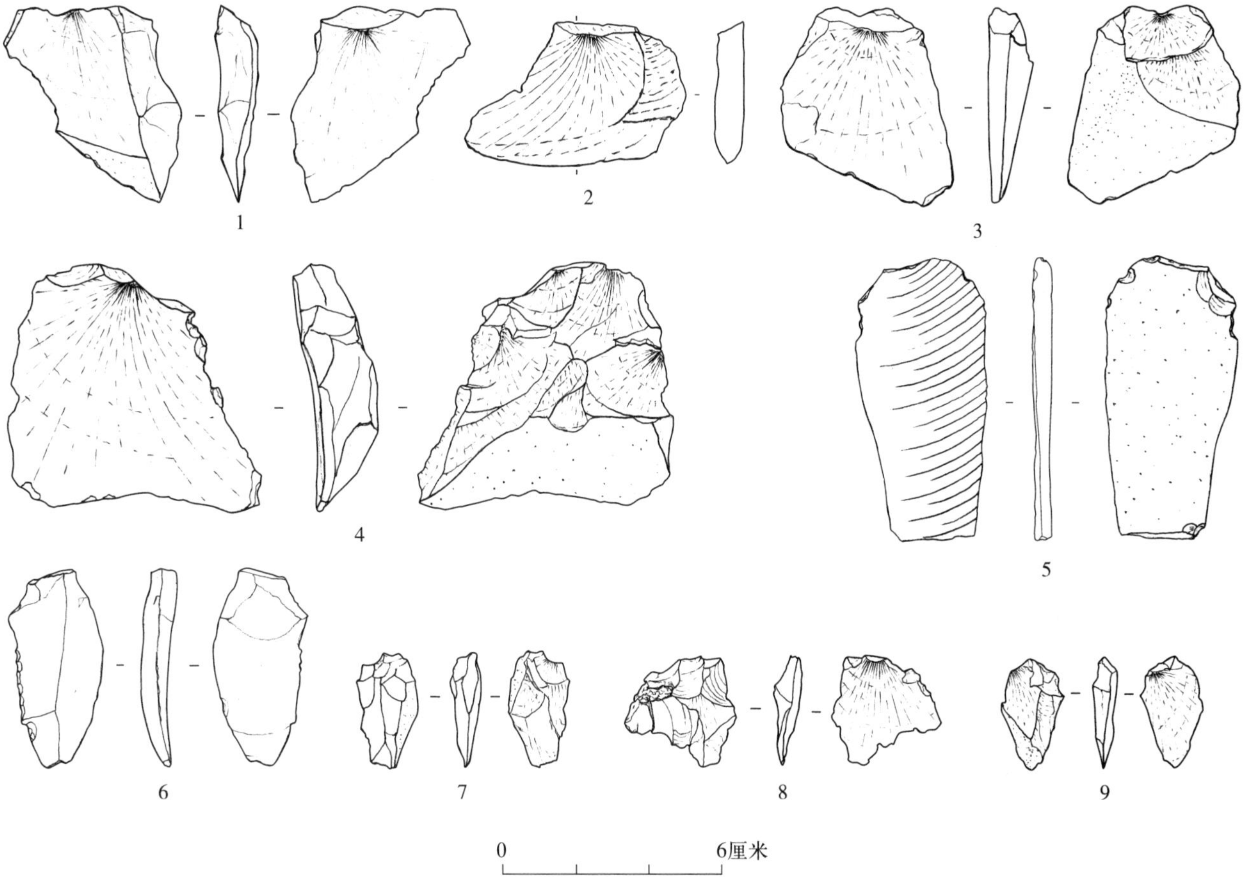

图 3-91　F3 出土打制石器

1～9. 石片刮削器 F3：169、170、171、184、185、F3 Ⅲ：7、13、16、28

石核　2 件。

标本 F3：163，青灰色板岩。有平台面，多打击点，多长条剥片疤。长 5.5、宽 5.0、厚 4.6 厘米（图 3-92，1；彩版五八，3）。

标本 F3J：8，残，青灰色板岩。打制，单台面，有剥片疤。长 4.0、宽 3.3、厚 2.3 厘米（图 3-92，2）。

网坠　13 件。

标本 F3：53，褐色细粒闪长岩。打制，不规则扁圆形，两侧对称打出豁口。长 14.4、宽 11.6、厚 2.2

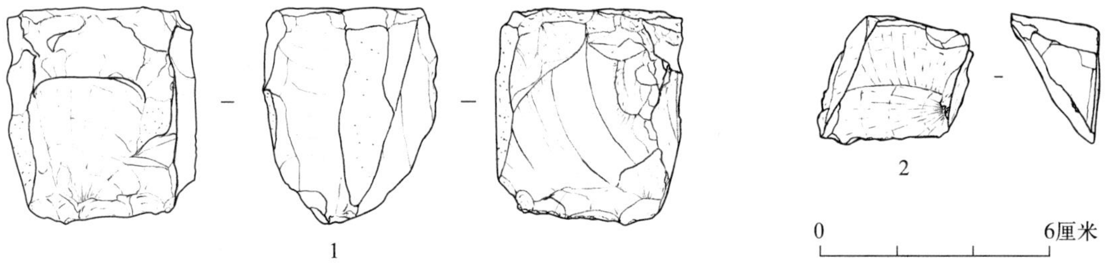

图 3-92　F3 出土打制石器

1、2. 石核 F3：163、F3J：8

厘米（图 3-93，1；彩版五八，4）。

标本 F3：54，褐色粗粒闪长岩。打制，不规则形，两侧对称打出豁口。长 8.1、宽 7.0、厚 2.0 厘米（图 3-93，2）。

标本 F3：103，褐色细粒闪长岩。打制，不规则形，两侧对称打出豁口。长 14.5、宽 11.5、厚 2.2 厘米（图 3-93，3；彩版五八，5）。

标本 F3：106，残，浅黄色砂岩，打制，扁平椭圆形，两侧对称打出豁口，边缘有砍砸痕迹。长 12.6、宽 11.5、厚 2.4 厘米（图 3-93，4；彩版五八，6）。

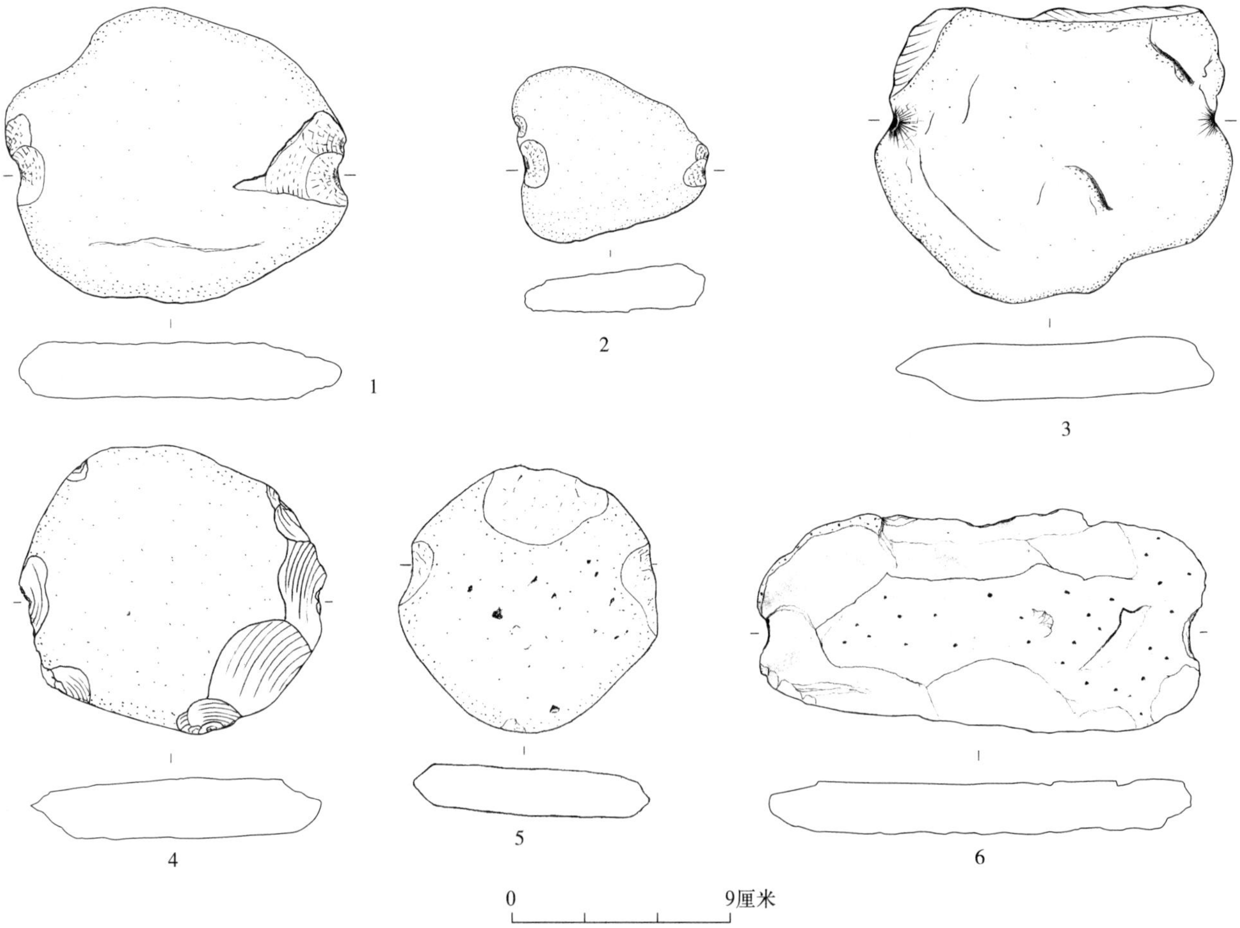

图 3-93　F3 出土打制石器

1～6. 网坠 F3：53、54、103、106、124、140

标本 F3∶124，褐色花岗岩。打制，扁圆形，两侧对称打出豁口。长 10.7、宽 10.5、厚 1.8 厘米（图 3-93，5；彩版五九，1）。

标本 F3∶140，黄褐色板岩。打制，边部修整，圆角长方形，两侧对称打出豁口。长 18.2、宽 8.8、厚 2.0 厘米（图 3-93，6；彩版五九，2）。

标本 F3∶141，褐色脉岩。打制，扁平椭圆形，两侧对称打出豁口。长 13.2、宽 10.3、厚 2.8 厘米（图 3-94，1；彩版五九，3）。

标本 F3∶142，残，黄褐色花岗岩。打制，扁平梯形，两侧对称打出豁口。长 11.1、宽 9.8、厚 2.7 厘米（图 3-94，2；彩版五九，4）。

标本 F3∶143，浅黄色花岗斑岩。打制，扁平椭圆形，两侧对称打出豁口。长 15.2、宽 9.9、厚 3.5 厘米（图 3-94，3；彩版五九，5）。

标本 F3∶144，黄褐色花岗岩。打制，近椭圆形。两侧对称打出豁口。长 12.1、宽 10.0、厚 2.2 厘米（图 3-94，4；彩版五九，6）。

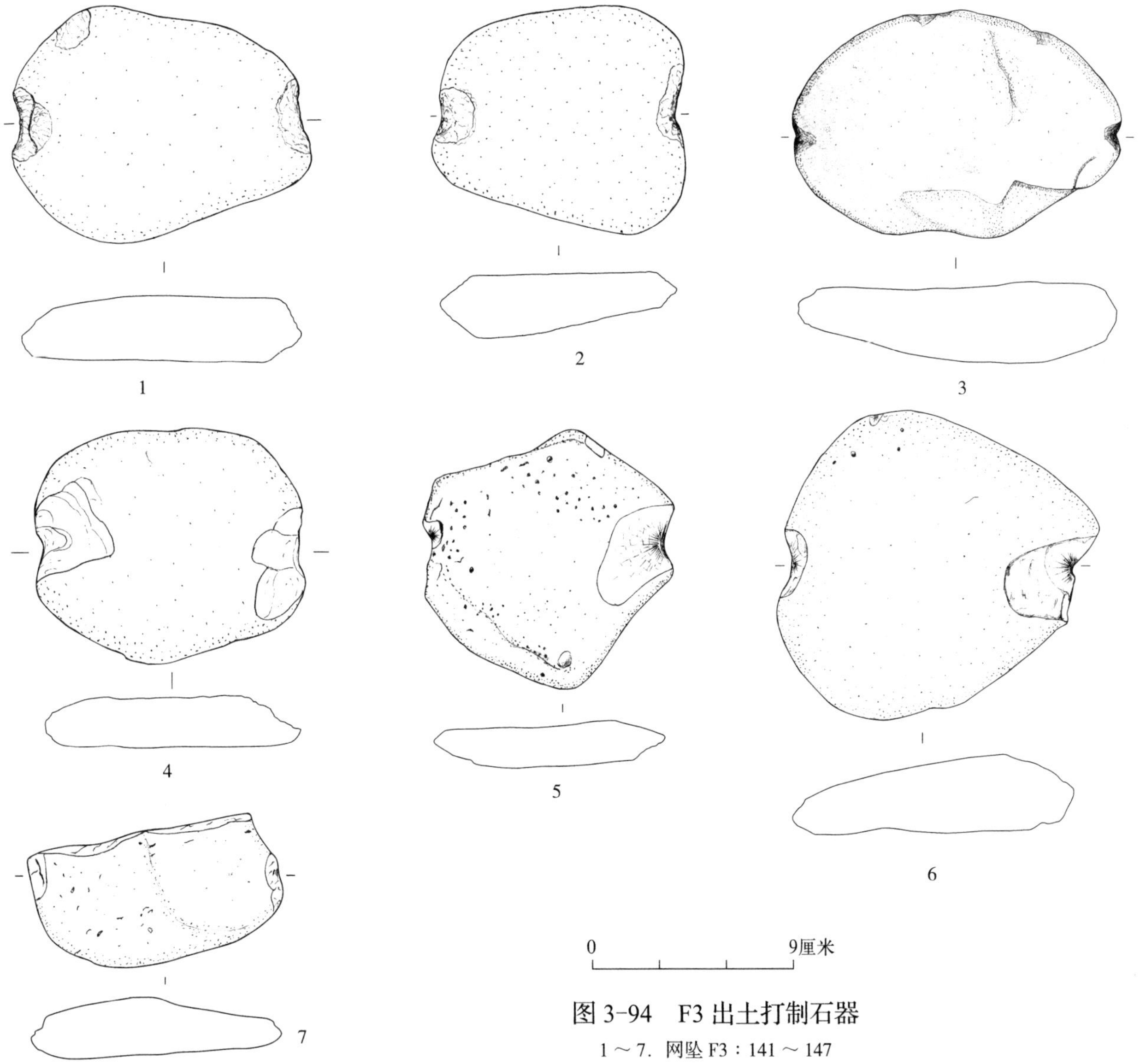

图 3-94　F3 出土打制石器

1～7. 网坠 F3∶141～147

标本 F3∶145，黄褐色石英岩。打制，不规则方形。两侧对称打出豁口。长 11.1、宽 11.2、厚 1.8 厘米（图 3-94，5；彩版五九，7）。

标本 F3∶146，浅黄色花岗斑岩。打制，椭圆形，两侧对称打出豁口。长 14.1、宽 13.3、厚 3.3 厘米（图 3-94，6；彩版五九，8）。

标本 F3∶147，残半。暗红色斑岩。打制，两侧对称打出豁口。残长 11.1、宽 5.8、厚 2.5 厘米（图 3-94，7）。

（2）细石器

58 件。有石叶刮削器、石叶、尖状器、石镞。

石叶刮削器　26 件。

标本 F3∶13，黄褐色燧石。琢制，长条形，横截面梯形，边刃压琢呈细齿状。长 3.7、宽 1.1、厚 0.3 厘米（图 3-95，1；彩版六〇，1）。

标本 F3∶15，青色板岩。琢制，长条形，横截面梯形。长 4.2、宽 1.2、厚 0.3 厘米（图 3-95，2；彩版六〇，2）。

标本 F3∶18，黄褐色燧石。琢制，长条形，横截面梯形。长 4.0、宽 0.9、厚 0.2 ～ 0.5 厘米（图

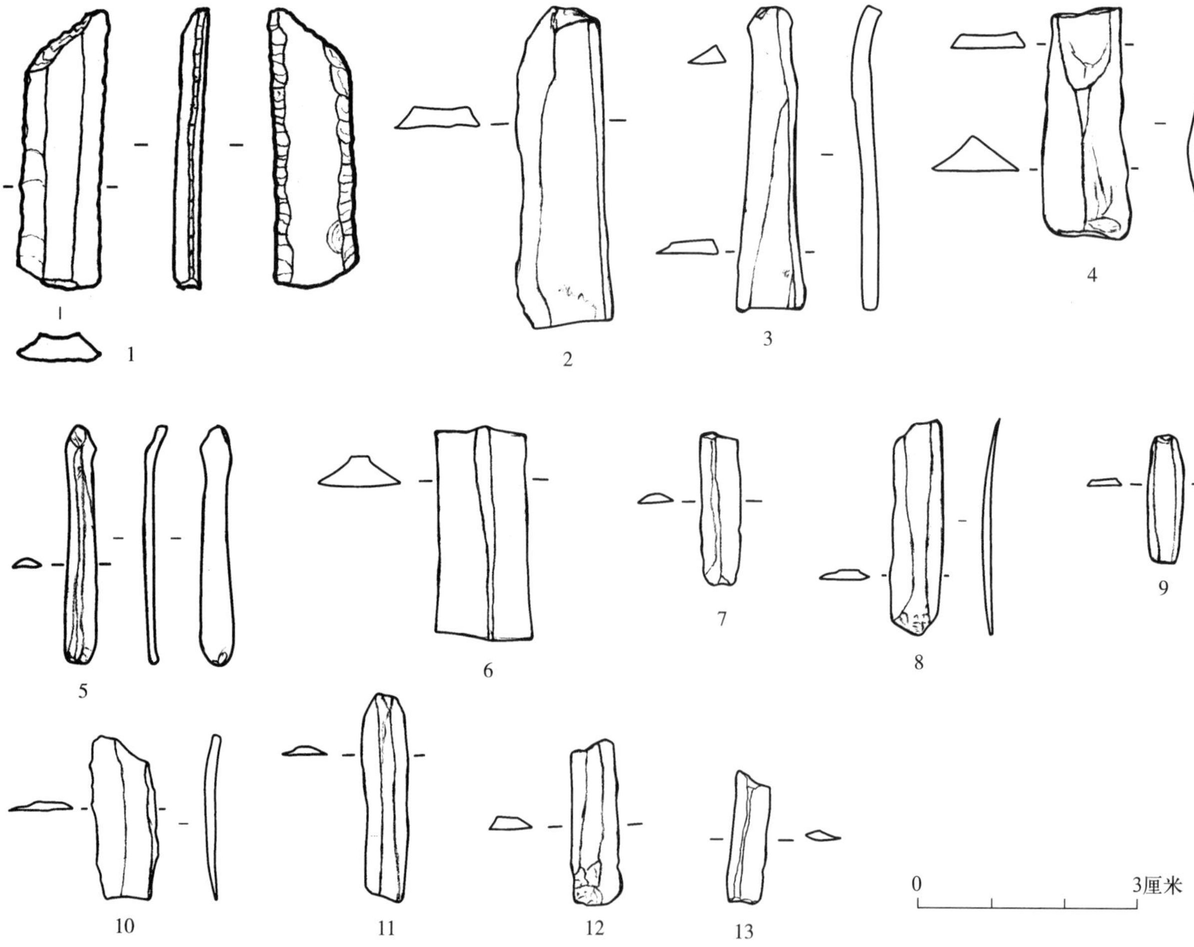

图 3-95　F3 出土细石器

1 ～ 13. 石叶刮削器 F3∶13、15、18、16、F3J∶9、F3 Ⅰ∶1、13、19、21、22、F3 Ⅱ∶4、8、20

3-95，3；彩版六〇，3）。

标本F3：16，残，青灰色板岩。琢制，长条形，横截面三角形。长3.11、宽1.0～1.02、厚0.5厘米（图3-95，4）。

标本F3J：9，红褐色燧石。琢制，长叶形，横截面三角形。长3.1、宽0.45、厚1.0厘米（图3-95，5）。

标本F3Ⅰ：1，浅黄色燧石。琢制，长条形，横截面三角形。长2.8、宽1.2、厚0.4厘米（图3-95，6；彩版六〇，4）。

标本F3Ⅰ：13，黄褐色燧石。琢制，长条形，横截面梯形。长2.0、宽0.5、厚0.1厘米（图3-95，7）。

标本F3Ⅰ：19，黄色燧石。琢制，长条形，横截面梯形。长2.8、宽0.7、厚0.1厘米（图3-95，8；彩版六〇，5）。

标本F3Ⅰ：21，棕色燧石。琢制，长条形，横截面梯形。长1.2、宽0.5、厚0.1厘米（图3-95，9；彩版六〇，6）。

标本F3Ⅰ：22，红褐色燧石。琢制，叶形，横截面梯形。长2.1、宽0.9、厚0.1厘米（图3-95，10）。

标本F3Ⅱ：4，黄色燧石。琢制，长条形，横截面梯形。长2.5、宽0.6、厚0.1厘米（图3-95，11）。

标本F3Ⅱ：8，黄褐色燧石。琢制，长条形，横截面梯形。长2.1、宽0.6、厚0.2厘米（图3-95，12）。

标本F3Ⅱ：20，黄色燧石。琢制，长条形，横截面菱形。长1.7、宽0.5、厚0.1厘米（图3-95，13；彩版六〇，7）。

标本F3Ⅲ：2，黄色燧石。琢制，长条形，横截面三角形。长2.9、宽0.6、厚0.2厘米（图3-96，1）。

标本F3Ⅲ：3，红褐色燧石。琢制，长条形，横截面三角形。长1.2、宽0.5、厚0.1厘米（图3-96，

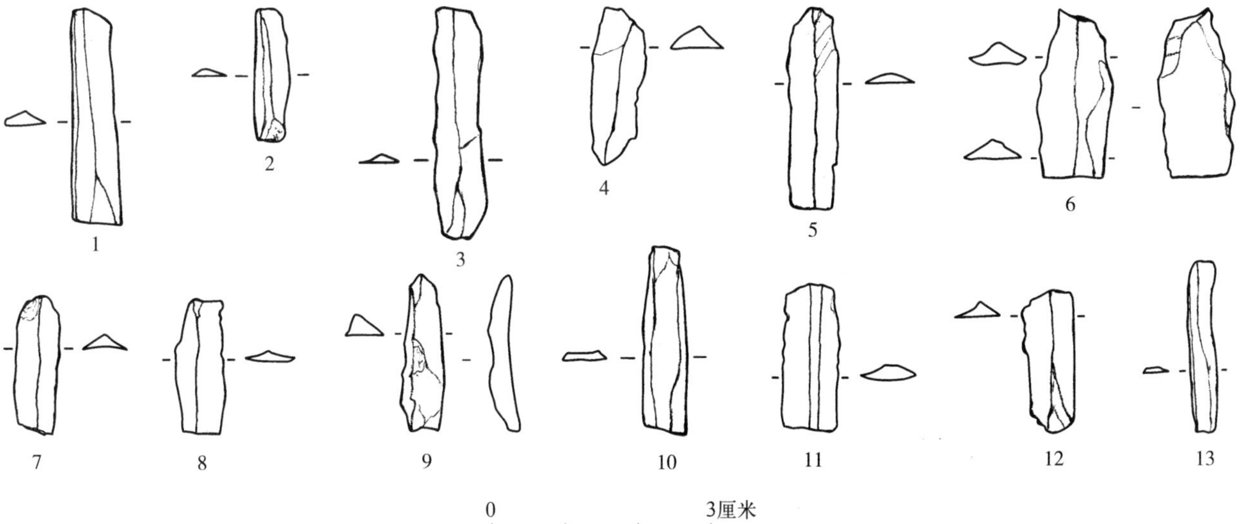

图3-96　F3出土细石器

1～13. 石叶刮削器F3Ⅲ：2、3、18、9、12、19、39、43、F3Ⅳ：2、33、35、44、F3ⅢH：1

2）。

标本F3Ⅲ∶18，红褐色燧石。琢制，长条形，横截面三角形。长2.5、宽0.5、厚0.1厘米（图3-96，3）。

标本F3Ⅲ∶9，棕色燧石。琢制，长条叶形，横截面三角形。长2.1、宽0.7、厚0.3厘米（图3-96，4）。

标本F3Ⅲ∶12，黄褐色燧石。琢制，长条形，横截面三角形。长2.7、宽0.7、厚0.1厘米（图3-96，5）。

标本F3Ⅲ∶19，残，红褐色燧石。琢制，长条形，横截面三角形。长2.2、宽1.0、厚0.3厘米（图3-96，6）。

标本F3Ⅲ∶39，黄色燧石。琢制，长条片状，横截面三角形。长1.8、宽0.6、厚0.1厘米（图3-96，7）。

标本F3Ⅲ∶43，黄色燧石。琢制，长条形，横截面三角形。长1.8、宽0.7、厚0.1厘米（图3-96，8）。

标本F3Ⅳ∶2，黄色燧石。琢制，长三角形，横截面三角形。长2.1、宽0.5、厚0.3厘米（图3-96，9）。

标本F3Ⅳ∶33，黄色燧石。琢制，长条片状，横截面梯形。长2.5、宽0.6、厚0.1厘米（图3-96，10）。

标本F3Ⅳ∶35，青灰色板岩。琢制，长条形，横截面三角形。长2.0、宽0.8、厚0.2厘米（图3-96，11）。

标本F3Ⅳ∶44，褐色燧石。琢制，片状，横截面三角形。长1.9、宽0.7、厚0.2厘米（图3-96，12）。

标本F3ⅢH∶1，黄色燧石。琢制，长条状，横截面梯形。长2.2、宽0.3、厚0.1厘米（图3-96，13）。

尖状器　9件。

尖锋、边刃部多加工，有使用痕迹。

标本F3∶39，黄褐色燧石。琢制，长叶形，歪尖，横截面梯形。长3.6、宽0.7、厚0.1厘米（图3-97，1）。

标本F3∶40，黄褐色燧石。琢制，长叶形，尖部修整呈钻头状。横截面梯形。长3.3、宽0.6、厚0.2厘米（图3-97，2；彩版六〇，8）。

标本F3Ⅰ∶14，黄色燧石。琢制，长三角形，横截面梯形。长2.2、宽0.7、厚0.1厘米（图3-97，3；彩版六〇，9）。

标本F3Ⅲ∶6，黄色燧石。琢制，叶形，横截面三角形。长1.2、宽0.6、厚0.2厘米（图3-97，4）。

标本F3Ⅲ∶31，黄色燧石。琢制，叶形，横截面三角形。长1.1、宽0.4、厚0.1厘米（图3-97，5）。

标本F3Ⅳ∶4，黄色燧石。琢制，长叶形，横截面梯形。长1.9、宽0.7、厚0.1厘米（图3-97，6；彩版六一，1）。

标本F3Ⅳ∶6，黄色燧石。琢制，长叶形，横截面三角形。长2.6、宽0.5、厚0.1厘米（图3-97，

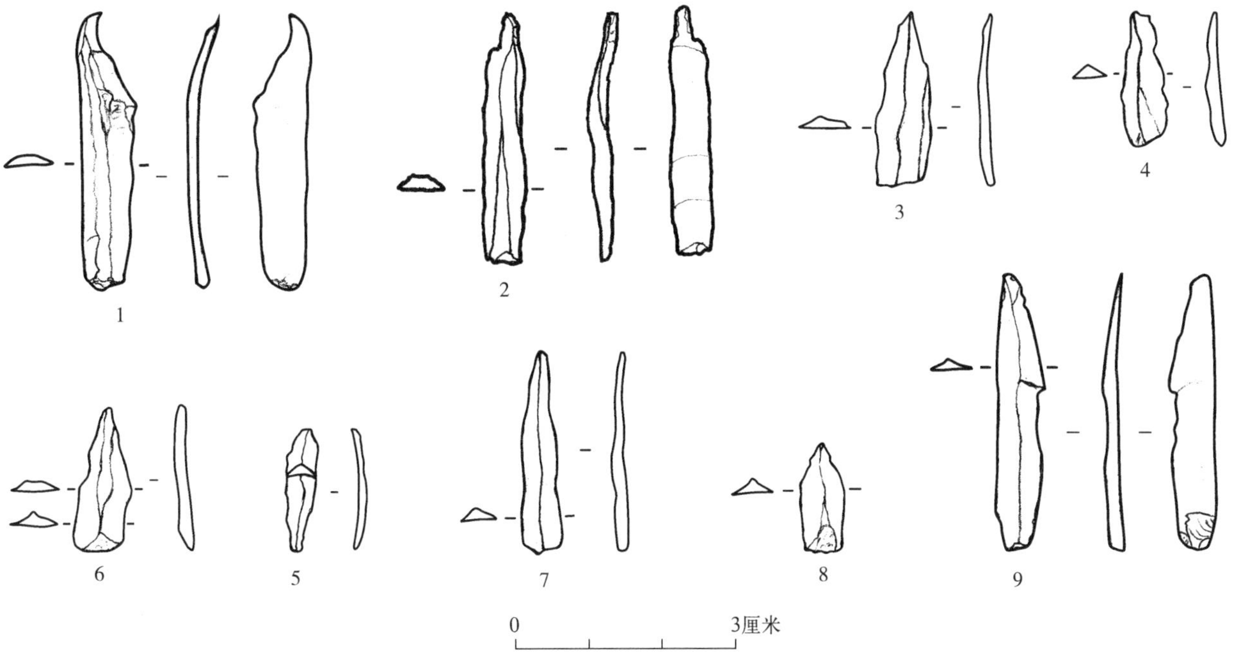

图 3-97　F3 出土细石器

1～9. 尖状器 F3：39、40、F3 Ⅰ：14、F3 Ⅲ：6、31、F3 Ⅳ：4、6、7、27

7；彩版六一，2）。

标本 F3 Ⅳ：7，黄色燧石。琢制，圭形，横截面三角形。长 1.4、宽 0.5、厚 0.1 厘米（图 3-97，8；彩版六一，3）。

标本 F3 Ⅳ：27，黄褐色燧石。琢制，长叶形，横截面三角形。锋、边刃锐利。长 3.6、宽 0.7、厚 0.2 厘米（图 3-97，9；彩版六一，4）。

石镞　9 件。

均经压琢成型，多为有铤石镞。

标本 F3：1，基本完整，深灰色燧石。琢制，长叶形，横截面梯形。镞锋锐利，两侧边刃微弧，边刃压琢呈细齿状。尾部从背面向腹面压琢微成束铤，末端较平。长 4.2、宽 0.9、厚 0.3 厘米（图 3-98，1；彩版六一，5）。

标本 F3：2，基本完整，青灰色燧石。琢制，横截面三角形。边刃压琢呈细齿状，尾端压琢微成束铤。长 3.5、宽 1.2、厚 0.3 厘米（图 3-98，2；彩版六一，6）。

标本 F3：3，基本完整，青灰色燧石。琢制，横截面三角形，镞身圭形，边刃压琢呈细齿状，尾端压琢微成束铤。长 3.4、宽 1.2、厚 0.3 厘米（图 3-98，3；彩版六一，7）。

标本 F3：4，青色燧石压制。近三角形，刃部较锋利，压琢呈细齿状，底圆弧。长 2.7、宽 1.0、厚 0.2 厘米（图 3-98，4）。

标本 F3：7，乳白色燧石。琢制，近三角形。残长 1.6、宽 1.2、厚 0.2 厘米（图 3-98，5）。

标本 F3：48，浅褐色燧石。琢制，近三角形，平底，横截面三角形，边刃压琢呈细齿状。长 2.7、宽 0.9、厚 0.3 厘米（图 3-98，6；彩版六一，8）。

标本 F3：84，基本完整，青灰色燧石。琢制，横截面三角形，边刃压琢呈细齿状。镞身长三角形，尾端压琢微成束铤。长 3.2、宽 0.8、厚 0.4 厘米（图 3-98，7；彩版六一，9）。

标本 F3 Ⅰ：18，青灰色板岩。琢制，横截面菱形，锋残，尾端压琢微成束铤。残长 1.8、宽 1.0、厚 0.2 厘米（图 3-98，8）。

标本 F3 Ⅱ：19，深棕色燧石。琢制，横截面梯形，边刃压琢呈细齿状，底残。残长 2.0、宽 1.0、厚 0.2 厘米（图 3-98，9）。

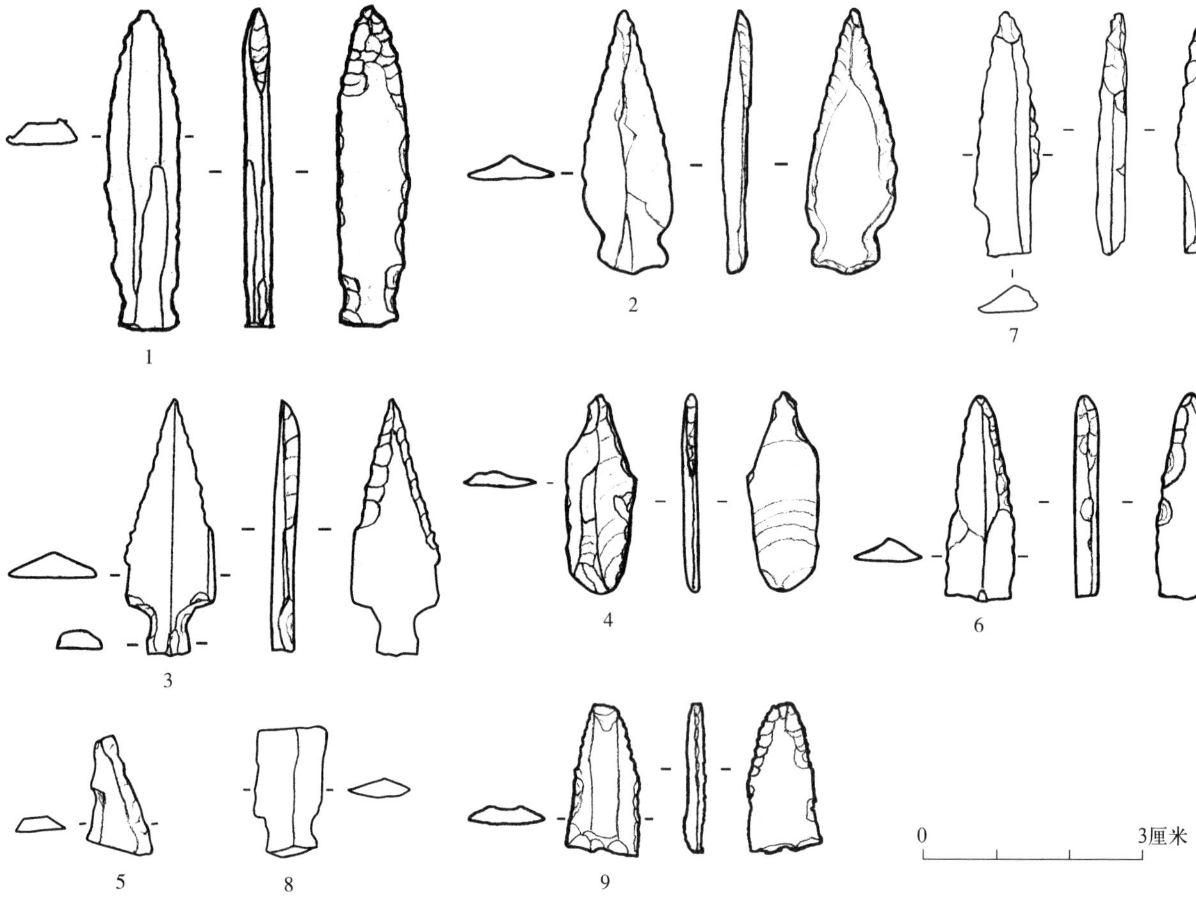

图 3-98　F3 出土细石器

1～9. 石镞 F3：1～4、7、48、84、F3 Ⅰ：18、F3 Ⅱ：19

石叶　14 件。

多为石叶残断，无使用痕迹。

标本 F3：120，黄色燧石。琢制，长条形，横截面三角形。长 1.4、宽 0.4、厚 0.1 厘米（图 3-99，1）。

标本 F3 Ⅰ：4，青色燧石。琢制，长条形，横截面三角形。长 1.5、宽 0.4、厚 0.1 厘米（图 3-99，2）。

标本 F3 Ⅰ：10，黄色燧石。琢制，长方形，横截面梯形。长 1.0、宽 0.7、厚 0.1 厘米（图 3-99，3）。

标本 F3 Ⅰ：12，黄色燧石。琢制，长方形，横截面三角形。长 1、宽 0.6、厚 0.1 厘米（图 3-99，4）。

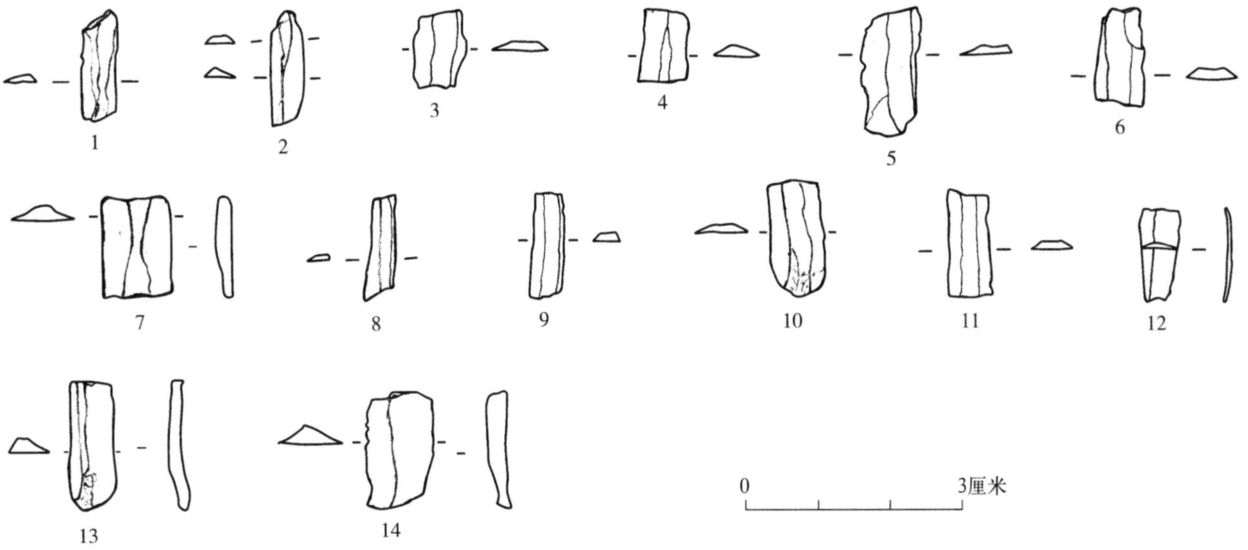

图 3-99　F3 出土细石器

1～14. 石片 F3：120、F3 Ⅰ：4、10、12、16、20、26、F3 Ⅰ K：3、4、F3 Ⅱ：3、16、F3 Ⅳ：18、23、34

标本 F3 Ⅰ：16，黄色燧石。琢制，长条形，横截面梯形。长 1.7、宽 0.8、厚 0.1 厘米（图 3-99，5）。

标本 F3 Ⅰ：20，棕色燧石。琢制，长条形，横截面梯形。长 1.3、宽 0.7、厚 0.1 厘米（图 3-99，6）。

标本 F3 Ⅰ：26，绿色燧石。琢制，长方形，横截面三角形。长 1.3、宽 0.9、厚 0.2 厘米（图 3-99，7）。

标本 F3 Ⅰ K：3，棕色燧石。琢制，长条形，横截面三角形。长 1.4、宽 0.3、厚 0.1 厘米（图 3-99，8）。

标本 F3 Ⅰ K：4，黄色燧石。琢制，长条形，横截面梯形。长 1.4、宽 0.4、厚 0.1 厘米（图 3-99，9）。

标本 F3 Ⅱ：3，黄色燧石。琢制，长方形，横截面梯形。长 1.5、宽 0.7、厚 0.1 厘米（图 3-99，10）。

标本 F3 Ⅱ：16，红褐色燧石。琢制，长方形，横截面梯形。长 1.4、宽 0.7、厚 0.1 厘米（图 3-99，11）。

标本 F3 Ⅳ：18，黄色燧石。琢制，长条形，横截面三角形。长 1.2、宽 0.5、厚 0.1 厘米（图 3-99，12）。

标本 F3 Ⅳ：23，黄褐色燧石。琢制，长条形，横截面三角形。长 1.7、宽 0.6、厚 0.2 厘米（图 3-99，13）。

标本 F3 Ⅳ：34，深褐色燧石。琢制，长条形，横截面三角形。长 1.5、宽 0.9、厚 0.2 厘米（图 3-99，14）。

另有碎小石叶片 26 件，略述。

（3）磨制石器

32件。有石斧2件、石镞6件、石镐2件、石磨盘8件、石磨棒6件、沟磨石1件、砺石2件、研磨器2件、压磨工具1件、础石1件。

石斧　2件。

标本F3：134，浅褐色脉岩。磨制，表面光滑，长身梯形，平顶，顶部有敲砸痕迹，对磨直刃。长9.2、宽5.3、厚1.8厘米（图3-100，1；彩版六二，1）。

标本F3：135，青灰色板岩。磨制，表面光滑，顶部有敲砸痕迹，刃部残。残长10.2、宽6.4、厚2.9厘米（图3-100，2；彩版六二，2）。

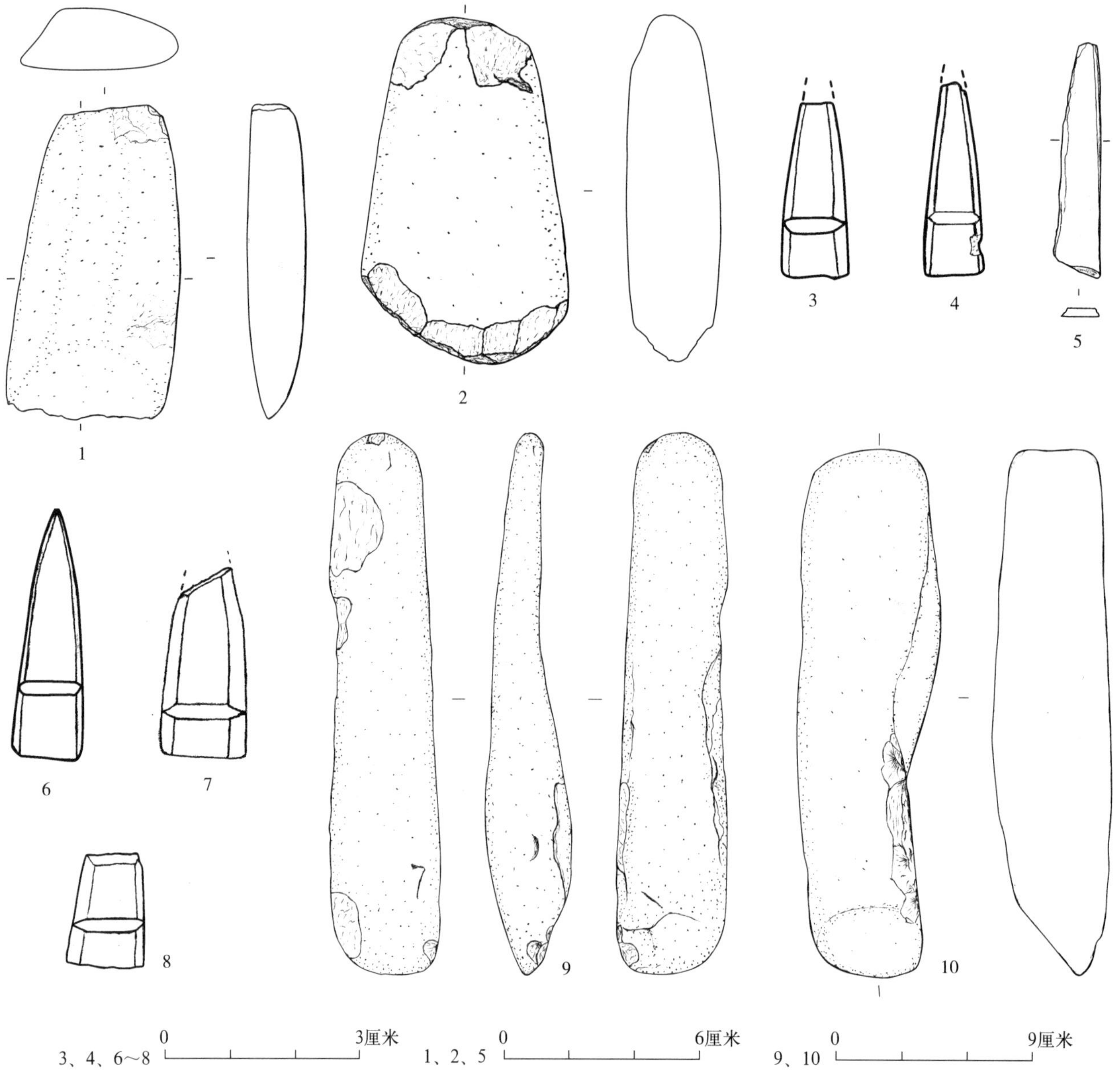

图3-100　F3出土磨制石器

1、2. 石斧F3：134、135　3～8. 石镞F3：5、6、8、9、F3Ⅲ：11、F3Ⅱ：14　9、10. 石镐F3：101、152

石镞　6 件。

标本 F3：5，青色板岩。磨制，长叶形，边刃对磨，稍凹底，横截面扁平六角形。镞锋部残。残长 2.5、宽 1.0、厚 0.2 厘米（图 3-100，3；彩版六二，3）。

标本 F3：6，残，青色板岩。磨制，长叶形，边刃对磨，平底，横截面扁平六角形，平底。长 2.8、宽 0.9、厚 0.2 厘米（图 3-100，4；彩版六二，4）。

标本 F3：8，残，青色板岩。磨制，长条形，横截面扁平梯形。长 6.9、宽 1.4、厚 0.2 厘米（图 3-100，5；彩版六二，5）。

标本 F3：9，基本完整，青色板岩。磨制，尖叶形，边刃对磨，平底，横截面扁平六角形。长 3.6、宽 1.1、厚 0.1 厘米（图 3-100，6）。

标本 F3 Ⅲ：11，残，青色板岩。磨制，长三角形，边刃对磨，平底，横截面扁平六角形。残长 1.7、宽 1.2、厚 0.2 厘米（图 3-100，7）。

标本 F3 Ⅱ：14，残，青色板岩。磨制，叶形，边刃对磨，平底，横截面扁平六角形。残长 2.8、宽 1.3、厚 0.2 厘米（图 3-100，8）。

石镐　2 件。

标本 F3：101，灰褐色砂板岩。天然长条河卵石，两端稍加磨制，有使用痕迹。长 24.1、宽 5.1、厚 1.4 ～ 3.9 厘米（图 3-100，9；彩版六二，6）。

标本 F3：152，青色板岩。天然长方形河卵石，刃部为自然斜面稍加磨制，有使用痕迹。长 23.5、宽 6.3、厚 5.4 厘米（图 3-100，10；彩版六二，7）。

石磨盘　8 件。

标本 F3：58，残块，灰白色砂岩。两面有磨痕，一面磨痕粗糙，一面较细腻光滑。残长 8.2、宽 6.8、厚 3.5 ～ 4.5 厘米（图 3-101，1）。

标本 F3：149，残，灰白色砂岩。一面有磨痕。残长 9.4、宽 7.0、厚 4.7 厘米（图 3-101，2）。

标本 F3：150，残，灰褐色花岗闪长岩。两面有磨痕。长 15.7、宽 14.4、厚 4.3 ～ 6.1 厘米（图 3-101，3）。

标本 F3：151，残，灰褐色砂砾岩。磨制，一面有凹磨痕。长 20.8、宽 17.8、厚 4.4 厘米（图 3-101，4）。

标本 F3：154，残，黄褐色砂岩。不规则梯形，残段为两块。一面有磨痕。长 38.4、大头宽 21.0、小头宽 9.1、厚 8.2 厘米（图 3-101，5；彩版六三，1）

标本 F3：155，残，黄褐色花岗岩。一面有凹磨痕。残长 8.0、宽 6.2、厚 5.5 厘米（图 3-101，6）。

标本 F3：164，残块，黄褐色石英岩。磨制。残长 7.0、宽 6.4、厚 3.7 厘米（图 3-101，7）。

标本 F3J：2，残，浅粉红色石英岩。磨制，块状。残长 10.6、宽 10.1、厚 3.0 ～ 3.2 厘米（图 3-101，8）。

石磨棒　6 件。

标本 F3：52，残，浅灰色砂岩。磨制，横截面圆角半圆形，多磨面，磨痕明显。残长 8.9、宽 6.9、厚 3.6 厘米（图 3-102，2）。

标本 F3：55，残。浅灰色砂岩。磨制，圆角长条形，平底，横截面半圆形，多磨面，磨痕明显。残长 4.2、宽 5.1、厚 4.1 厘米（图 3-102，3）。

标本 F3：56，残。浅灰色粗砂岩。磨制，长条形，横截面半圆形。多磨面，磨痕明显。残长 5.4、

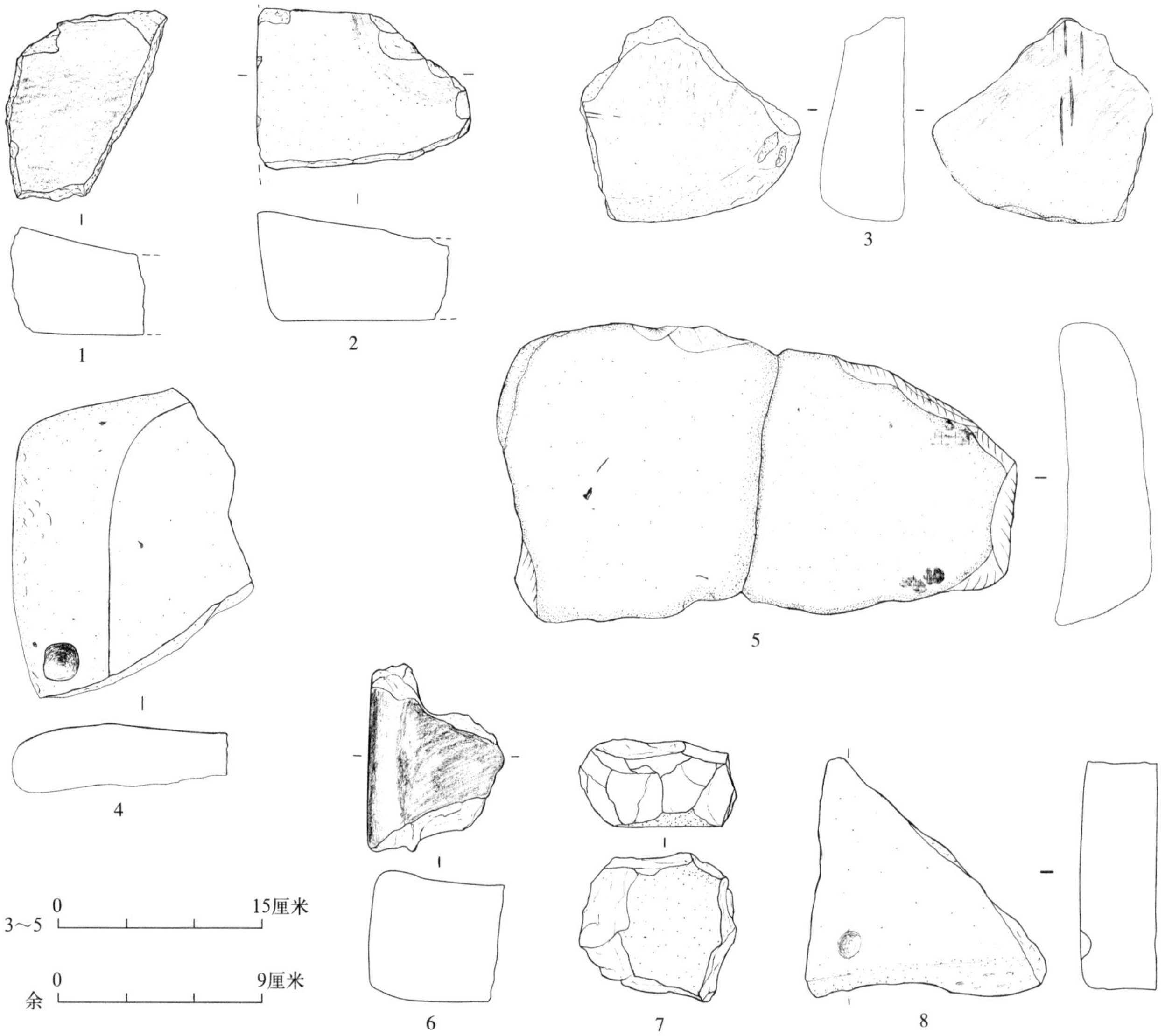

图 3-101　F3 出土磨制石器

1～8. 石磨盘 F3：58、149～151、154、155、164、F3J：2

宽 5.7、厚 4.8 厘米（图 3-102，4）。

标本 F3：126，残，灰褐色砂岩。磨制，长条形，横截面椭圆形，多磨面，磨痕明显。残长 5.4、宽 6.7、厚 3.5～3.7 厘米（图 3-102，5；彩版六三，2）。

标本 F3：157，残，黄褐色花岗岩。磨制，长条形，横截面半圆形，多磨面，磨痕明显。残长 9.7、宽 6.5、高 4.0 厘米（图 3-102，6；彩版六三，3）。

标本 F3：158，浅黄色片麻岩。磨制，长条形，横截面圆角三角形，多磨平面。长 15.8、宽 7.0、厚 7.1 厘米（图 3-102，7；彩版六三，4）。

石杵　1 件。

标本 F3：159，浅黄色石英岩。琢制，长椭圆形，横截面椭圆，上细下粗。周身均经打琢，底面圆弧，使用痕迹明显。长 9.8、宽 4.5、厚 3.7 厘米（图 3-103，1；彩版六三，5）。

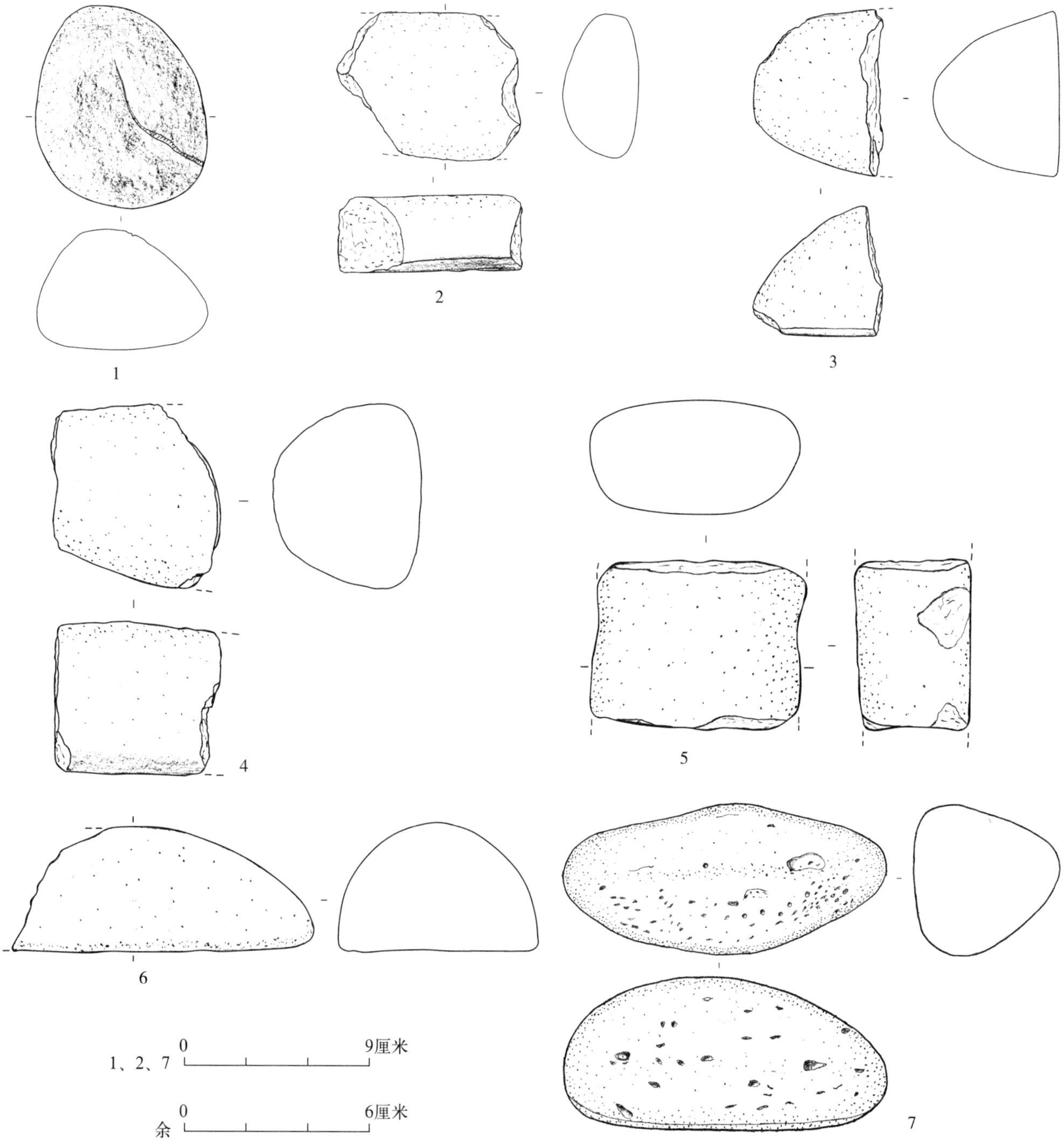

图 3-102　F3 出土磨制石器

1．研磨器 F3∶50　2～7．石磨棒 F3∶50、52、55、56、126、157、158

沟磨石　1 件。

标本 F3 Ⅰ∶2，残块，黄褐色砂岩。磨制，表面有一条凹沟。残长 1.7、宽 1.8、厚 1.2 厘米（图 3-103，2）。

砺石　2 件。

标本 F3∶21，残。褐色砂岩。磨制，不规则扁平多边形，两面有磨面，磨痕明显。残长 16.0、宽 14.8、厚 2.4 ～ 4.8 厘米（图 3-103，3）。

标本 F3：153，残，红褐色砂岩。磨制，不规则扁平多边形，两个平磨面，磨痕明显。长 9.1、宽 6.3、厚 2.4 厘米（图 3-103，4）。

研磨器 2 件。

标本 F3：50，黄褐色花岗岩。磨制，不规则椭圆形，多磨面，磨痕明显。长 9.6、宽 8.2、厚 5.6

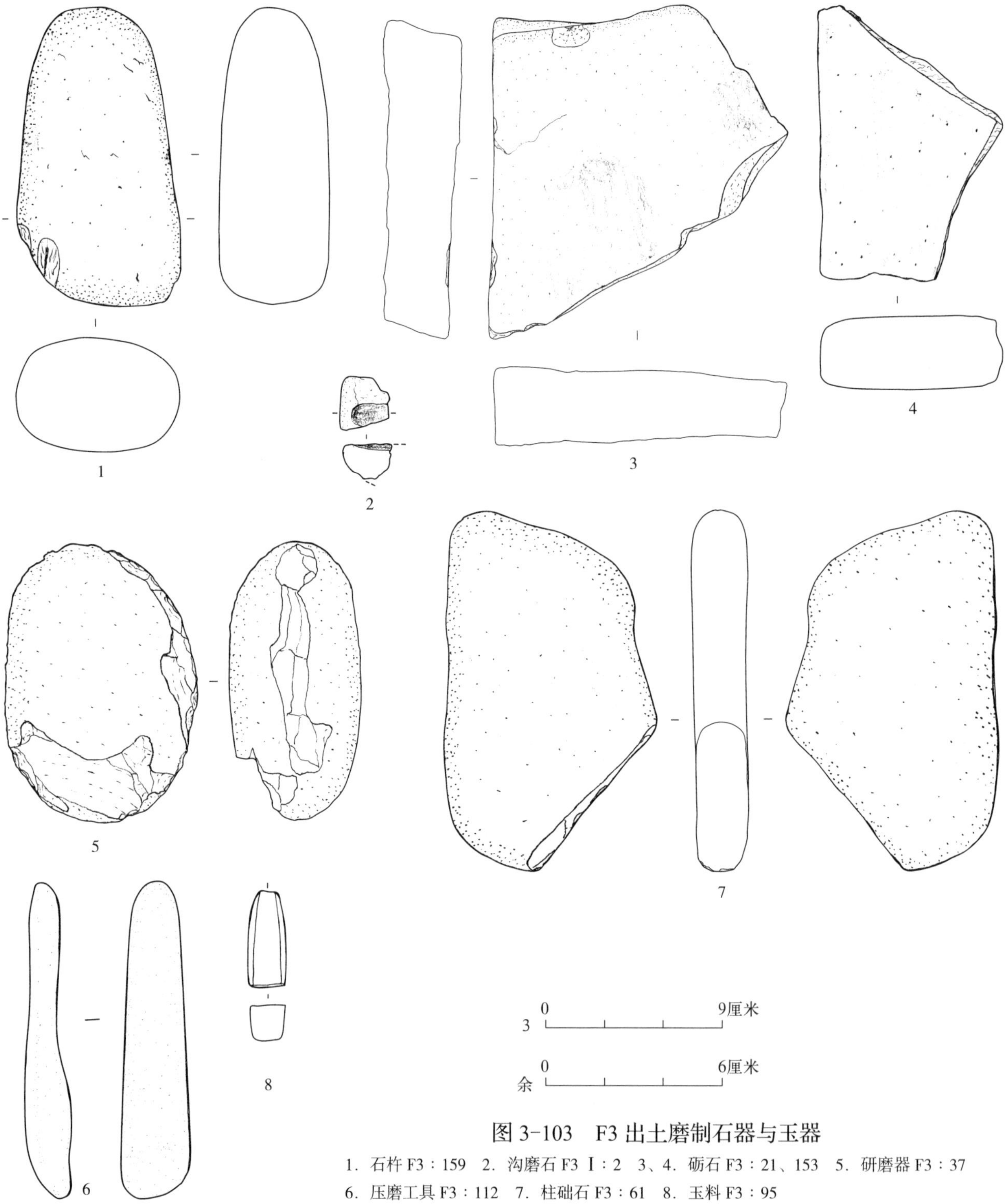

图 3-103 F3 出土磨制石器与玉器

1. 石杵 F3：159 2. 沟磨石 F3 Ⅰ：2 3、4. 砺石 F3：21、153 5. 研磨器 F3：37 6. 压磨工具 F3：112 7. 柱础石 F3：61 8. 玉料 F3：95

厘米（图 3-102，1）。

标本 F3：37，褐色粗砂岩。磨制，扁椭圆形，表面有研磨痕迹，边缘有敲砸痕迹。长 9.0、宽 6.5、厚 4.5 厘米（图 3-103，5）。

压磨工具　1 件。

标本 F3：112，褐色板岩。长条河卵石，通体光滑，两端有细磨痕，或为制陶工具。长 10.3、宽 2.3、厚 1.5 厘米（图 3-103，6；彩版六三，6）。

柱础石　1 件。

标本 F3：61，褐色板岩。不规则扁平河卵石。长 11.8、宽 7.3、厚 2.0 厘米（图 3-103，7）。

2. 玉器

1 件。

玉料　1 件。

标本 F3：95，玉质，呈浅绿色，通体磨制，长方形，表面光滑。两端平齐，上窄下宽。长 3.1、宽 1.2、厚 1.1 厘米（图 3-103，8；彩版六三，7）。

3. 陶器

24 件。有深腹罐、陶钵、斜口器、陶塑等。

深腹罐　20 件。

Aa 型Ⅱ式　1 件。

标本 F3：219，夹砂褐陶。直口，圆唇，斜直腹。口沿处有一周凹带，内饰斜线网纹，腹部饰竖压横排之字纹。口径 15.0、残高 4.7 厘米（图 3-104，1）。

Aa 型Ⅲ式　4 件。

标本 F3：188，可修复，夹砂红褐陶。直口，圆唇，斜直腹，平底。口沿处有一周凹带，内饰斜线纹，腹部饰竖压横排之字纹。口径 11.6、底径 6.4、高 16.0 厘米（图 3-104，2；彩版六四，1）。

标本 F3：193，夹砂红陶。直口，尖唇，深腹弧收，平底。口沿处有一周凹带，内饰划压横人字纹，腹部饰竖压横排之字纹。口径 12.2、底径 7.0、通高 14.2 厘米（图 3-104，3；彩版六四，2）。

标本 F3：199，残，夹砂红褐陶。直口，圆唇，弧腹。口沿处有一周凹带，内饰网格纹，腹部为竖压横排之字纹。口径 13.0、残高 3.9 厘米（图 3-104，4）。

标本 F3J：1，残，夹砂红褐陶。口部残，直口，深腹，平底，陶衣表面脱落，可见饰竖压横排之字纹。底径 8.9、残高 15.2 厘米（图 3-104，5）。

Ab 型Ⅲ式　2 件。

标本 F3：189，可修复，夹砂红陶。直口，圆唇，深腹，平底。口沿处有一周凹带，饰划压横人字纹，腹部饰竖压横排之字纹。口径 19.2、底径 9.6、通高 26.4 厘米（图 3-104，6；彩版六四，3）。

标本 F3：214，残，夹砂红褐陶。直口，圆唇，斜直腹。口沿处有一周凹带，饰划压横人字纹，腹部为竖压横排之字纹。口径 21.0、残高 7.2 厘米（图 3-104，7）。

Ab 型Ⅳ式　1 件。

标本 F3：198，残，夹砂红陶。直口，圆唇，弧腹。口沿处有两周凹带，内饰划压横人字纹，斜

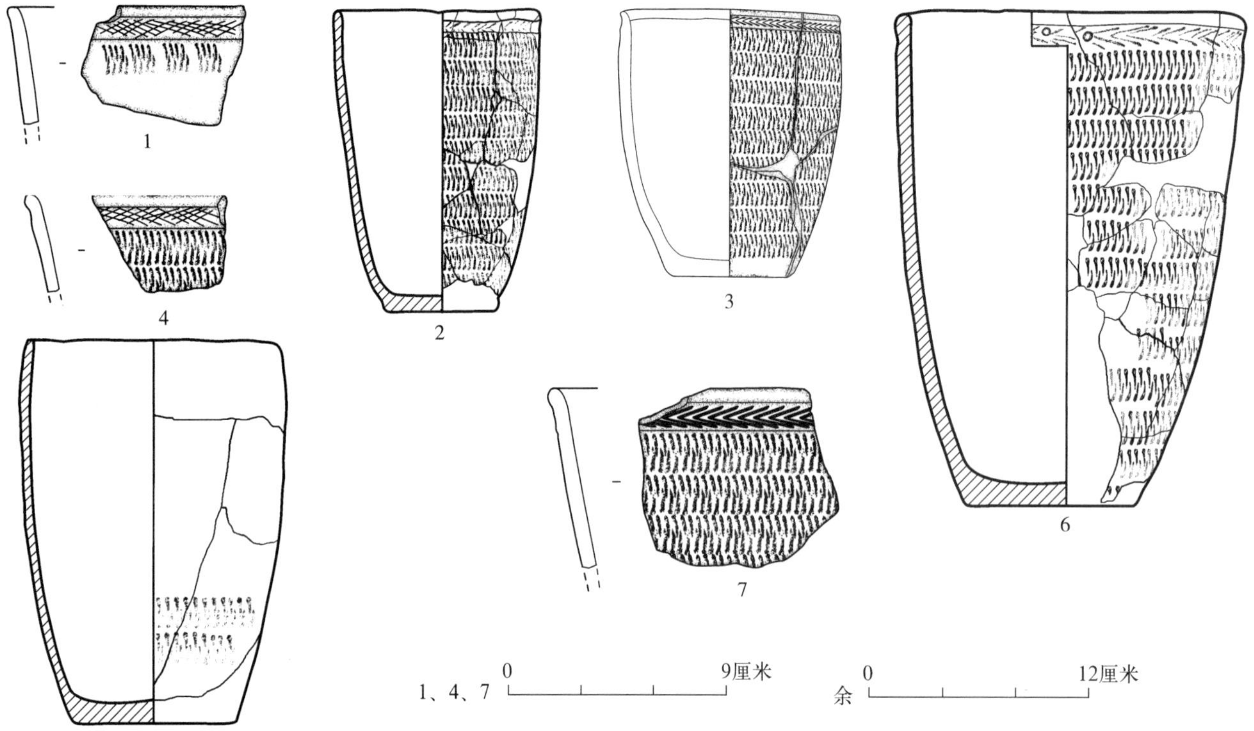

图 3-104 F3 出土深腹罐

1. Aa 型Ⅱ式 F3：219 2～5. Aa 型Ⅲ式 F3：188、193、199、F3J：1 6、7. Ab 型Ⅲ式 F3：189、214

线纹，腹部饰竖压横排之字纹。口径 22.0、残高 8.8 厘米（图 3-105，1）。

Ac 型Ⅱ式 3 件。

标本 F3：200，残，夹砂红陶。直口，圆唇，弧腹。口沿处有一周凹带，内饰划压横人字纹，腹部为竖压横排之字纹。口径 29.0、残高 3.9 厘米（图 3-105，2）。

标本 F3：51，残，夹砂褐陶。口稍敞，尖唇。口沿下有一周凹带，内饰斜线纹，凹带下部凸棱

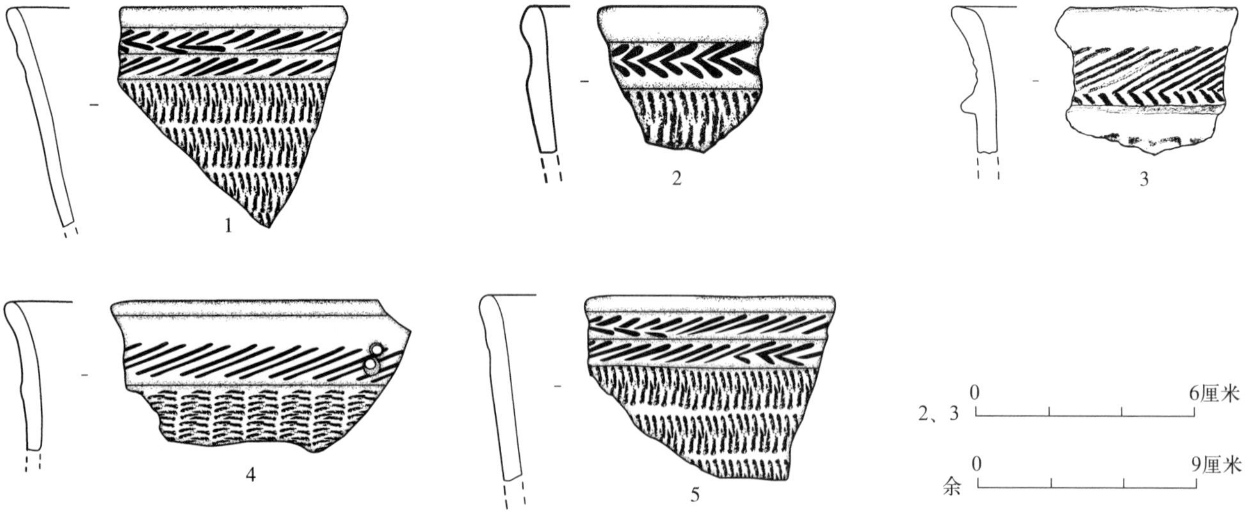

图 3-105 F3 出土深腹罐

1. Ab 型Ⅳ式 F3：198 2～4. Ac 型Ⅱ式 F3：200、51、212 5. Ac 型Ⅲ式 F3：213

上压短线纹，腹部饰横压竖排之字纹。口径 20.0、残高 3.9 厘米（图 3-105，3）。

标本 F3：212，残，夹砂红陶。直口，圆唇，直腹。口沿处有一周凹带，内饰斜线纹，腹部饰横压竖排之字纹。口径 26.0、残高 6.0 厘米（图 3-105，4）。

Ac 型Ⅲ式　1 件。

标本 F3：213，残，夹砂红褐陶。直口，圆唇，斜直腹。口沿处有两周凹带，内饰划压横人字纹，斜线纹，腹部为竖压横排之字纹。口径 22.0、残高 7.4 厘米（图 3-105，5）。

Ba 型Ⅰ式　2 件。

标本 F3：191，可修复，夹砂红褐陶。直口，圆唇，深腹弧收，平底。口沿处有一周凹带，内饰篦点纹，腹部饰压印弦纹，疏密不一，底部饰戳刺纹。口径 10.8、底径 5.5、通高 13.5 厘米（图 3-106，1；彩版六四，4）。

标本 F3：210，残，夹砂红褐陶。直口，圆唇，斜直腹。口沿处有一周凹带，内饰划压横人字纹，腹部饰压印弦纹。口径 12.0、残高 5.4 厘米（图 3-106，2）。

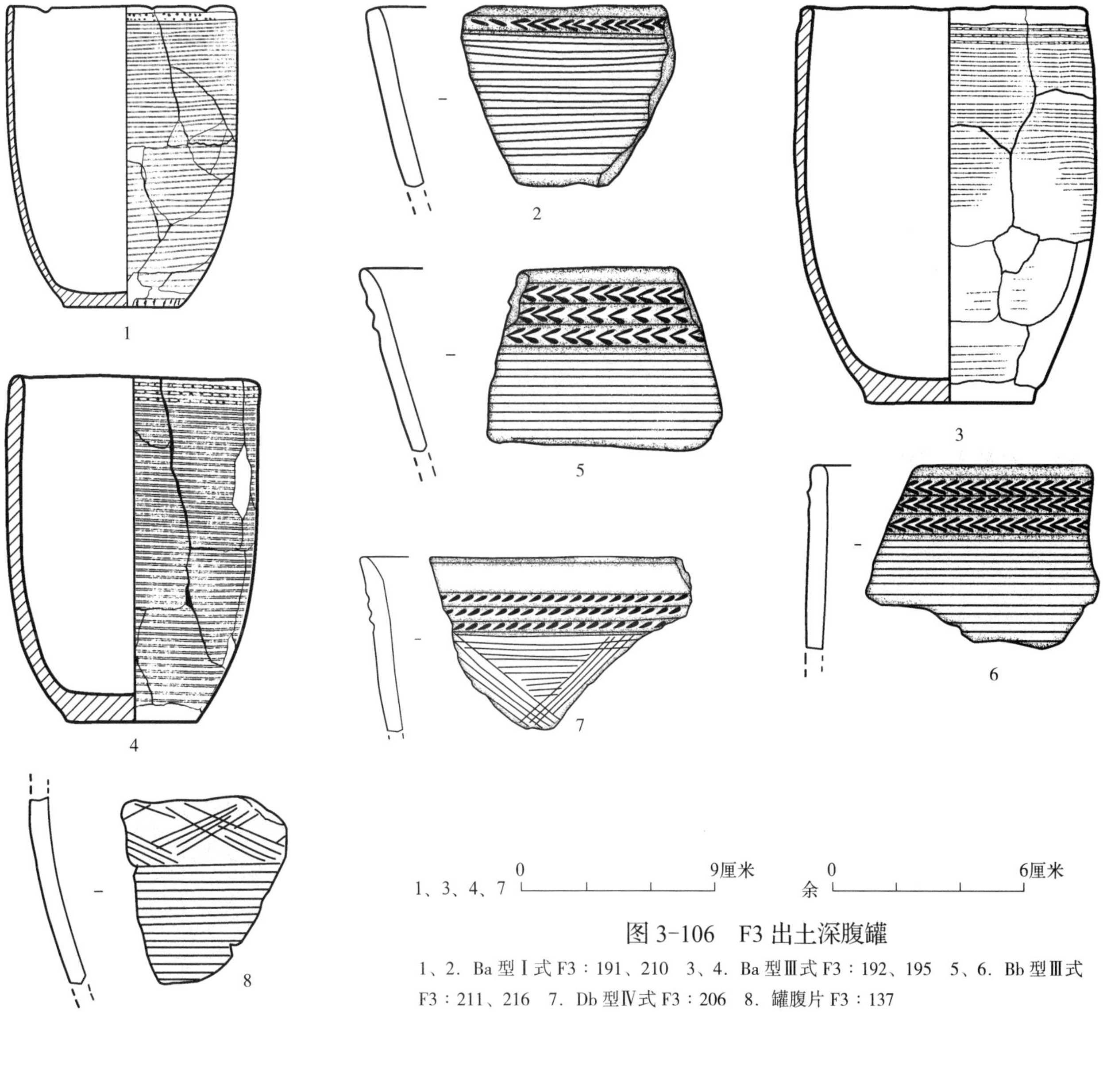

图 3-106　F3 出土深腹罐

1、2. Ba 型Ⅰ式 F3：191、210　3、4. Ba 型Ⅲ式 F3：192、195　5、6. Bb 型Ⅲ式 F3：211、216　7. Db 型Ⅳ式 F3：206　8. 罐腹片 F3：137

Ba 型Ⅲ式 2 件。

标本 F3 : 192，可修复，夹砂红陶。直口，圆唇，深腹，平底。口沿处有三周凹带，内饰篦点纹，腹部饰压印弦纹。口径 13.6、底径 8.0、通高 17.8 厘米（图 3-106，3；彩版六五，1）。

标本 F3 : 195，可修复，夹砂黑褐陶。直口，圆唇，深腹弧收，平底。口沿处有三条凹带，内饰压印篦点纹，腹部饰压印弦纹。口径 11.9、底径 6.4、通高 15.6 厘米（图 3-106，4；彩版六五，2）。

Bb 型Ⅲ式 2 件。

标本 F3 : 211，残，夹砂红陶。直口，圆唇，斜直腹。口沿处有三周凹带，内饰划压横人字纹，腹部饰压印弦纹。口径 20.0、残高 5.5 厘米（图 3-106，5）。

标本 F3 : 216，残，夹砂红褐陶。直口，圆唇，直腹。口沿处有三周凹带，内饰划压横人字纹，腹部饰压印弦纹。口径 21.0、残高 5.5 厘米（图 3-106，6）。

Db 型Ⅳ式 1 件。

标本 F3 : 206，残，夹砂红陶。直口，圆尖唇，深腹。口沿处有三周凹带，内饰戳刺纹，腹部饰划压三角几何纹、网格纹。口径 27.0、残高 7.8 厘米（图 3-106，7）。

罐腹片 1 件。

标本 F3 : 137，残，夹砂红褐陶。腹部饰组合纹饰，上部为近似席纹，腹部为横弦纹。残高 5.6 厘米（图 3-106，8）。

陶钵 1 件。

Ⅲ式 1 件。

标本 F3 : 201，残，夹砂红陶。敞口，圆唇，弧腹。口沿处有一周凹带，素面。残高 6.9 厘米（图 3-107，1）。

斜口器 2 件。

Ⅰ式 1 件。

标本 F3 : 194，残，夹砂红褐陶。圆唇，斜口，扁圆形弧腹，平底。依斜口部有 4 道压印之字纹带，腹部有 2 条竖压横排的之字纹带。口径 14.5、底径 7.4 ～ 9.0、高 22.6 厘米（图 3-107，2；彩版六五，3）。

Ⅱ式 1 件。

标本 F3 : 190，可修复，夹砂红陶。圆唇，斜口，扁圆形弧腹，平底。口部外侧有三周之字纹。口径 14.8、底径 7.8 ～ 11.0、通高 25.0 厘米（图 3-107，3；彩版六五，4）。

陶塑 1 件。

标本 F3 Ⅲ : 1，两端残，细泥红褐陶。捏制，柱状，稍束颈，一端有细孔。残长 1.6、孔径 0.1 厘米（图 3-107，4；彩版六五，5）。

4. 煤精制品

36 件。有饼形器 2 件、泡形器 8 件、球形器 12 件、耳珰形器 5 件、橄榄形器等。

饼形器 2 件。

标本 F3 : 128，完整，表面光滑，一面有圆凹窝。直径 3.5、高 1.0 厘米（图 3-108，1）。

标本 F3 : 109，残，扁圆形。残长 1.8、宽 1.7、厚 0.5 厘米（图 3-108，2）。

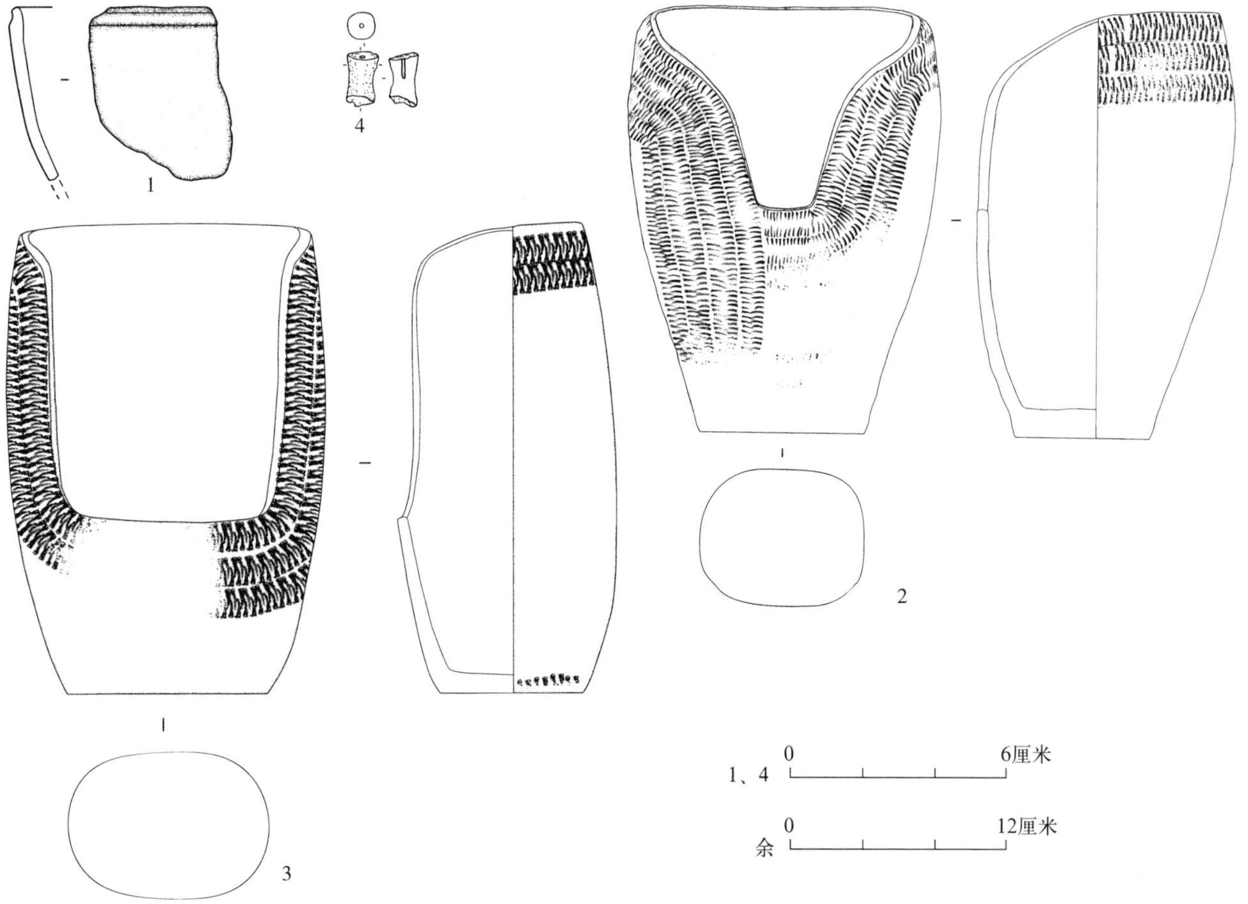

图 3-107　F3 出土陶器

1. Ⅲ式陶钵 F3：201　2. Ⅰ式斜口器 F3：194　3. Ⅱ式斜口器 F3：190　4. 陶塑 F3 Ⅲ：1

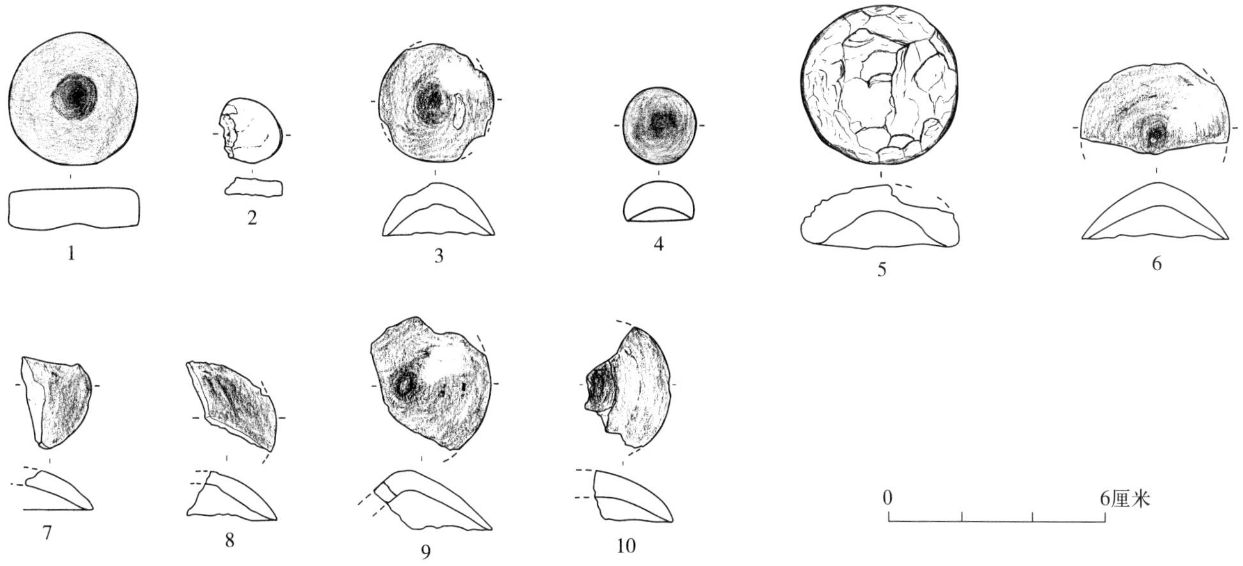

图 3-108　F3 出土煤精制品

1、2. 饼形器 F3：128、109　3～10. 泡形器 F3：19、108、127、F3 Ⅱ：10、F3 Ⅲ：4、24、34、62

泡形器　8件。

标本F3∶19，残。磨制，球顶形，表面光滑，内凹光洁，边缘圆滑。直径3.1、高1.5厘米（图3-108，3；彩版六六，1）。

标本F3∶108，残。磨制，球顶形，表面光滑，内凹光洁，边缘圆钝。直径2.0、高1.0厘米（图3-108，4；彩版六六，2）。

标本F3∶127，残。磨制，球顶形，表面有刮磨痕迹。直径4.4、高1.7厘米（图3-108，5；彩版六六，3）。

标本F3Ⅱ∶10，残。磨制，圆尖顶形，表面光滑，内凹光洁，边缘圆锐。直径4.0、高1.5厘米（图3-108，6）。

标本F3Ⅲ∶4，残块。磨制，表面光滑，内凹光洁，边缘圆锐。残长2.4、宽1.9、厚0.5厘米（图3-108，7）。

标本F3Ⅲ∶24，残。磨制，表面光滑，内凹光洁，边缘圆锐。直径4.0、残高1.3厘米（图3-108，8）。

标本F3Ⅲ∶34，残。磨制，尖顶形，内凹光洁，表面光滑，边缘圆锐。直径4.5、高1.6厘米（图3-108，9）。

标本F3Ⅲ∶62，残。磨制，表面光滑，内凹光洁，边缘圆锐。直径3.8、高1.4厘米（图3-108，10）。

另有泡形器残块7件，略述。

球形器　12件。

标本F3∶38，残。磨制，残半。直径1.9厘米（图3-109，1；彩版六六，4）。

标本F3Ⅱ∶7，残半。磨制，表面稍粗糙。直径1.6、高1.2厘米（图3-109，2）。

标本F3Ⅲ∶17，磨制，表面有刮磨痕迹。直径1.0厘米（图3-109，3；彩版六六，5）。

标本F3Ⅲ∶35，残半，磨制，表面有刮磨痕迹。直径1.0～1.3、残高0.9厘米（图3-109，4；彩版六六，6）。

标本F3Ⅲ∶36，基本完整，磨制，表面光滑。直径1.8厘米（图3-109，5；彩版六六，7）。

标本F3Ⅲ∶38，残。磨制，不规则半球形。直径0.8～0.9厘米（图3-109，6）。

标本F3Ⅲ∶46，完整，磨制，表面光滑。直径1.4厘米（图3-109，7；彩版六六，8）。

标本F3Ⅲ∶60，完整，磨制，表面光滑。一侧有半圆形凹槽。直径1.4厘米（图3-109，8；彩版六六，9）。

标本F3Ⅳ∶5，残，表面光滑。一侧有半圆形凹槽。直径1.6厘米（图3-109，9；彩版六七，1）。

标本F3∶115，残，表面光滑。直径1.4厘米（图3-109，10；彩版六七，2）。

标本F3J∶5，基本完整，磨制，表面光滑。直径1.4厘米（图3-109，11；彩版六七，3）。

标本F3J∶6，基本完整，磨制，表面光滑。直径1.4厘米（图3-109，12；彩版六七，4）。

耳珰形器　5件。

标本F3∶111，完整，通体磨制，表面光滑，尖顶，束颈，平底。高2.3、底径1.5厘米（图3-110，1；彩版六七，5）。

标本F3Ⅰ∶24，残，通体磨制，表面光滑，顶残，束颈，平底。残高2.5、底径1.4厘米（图3-110，

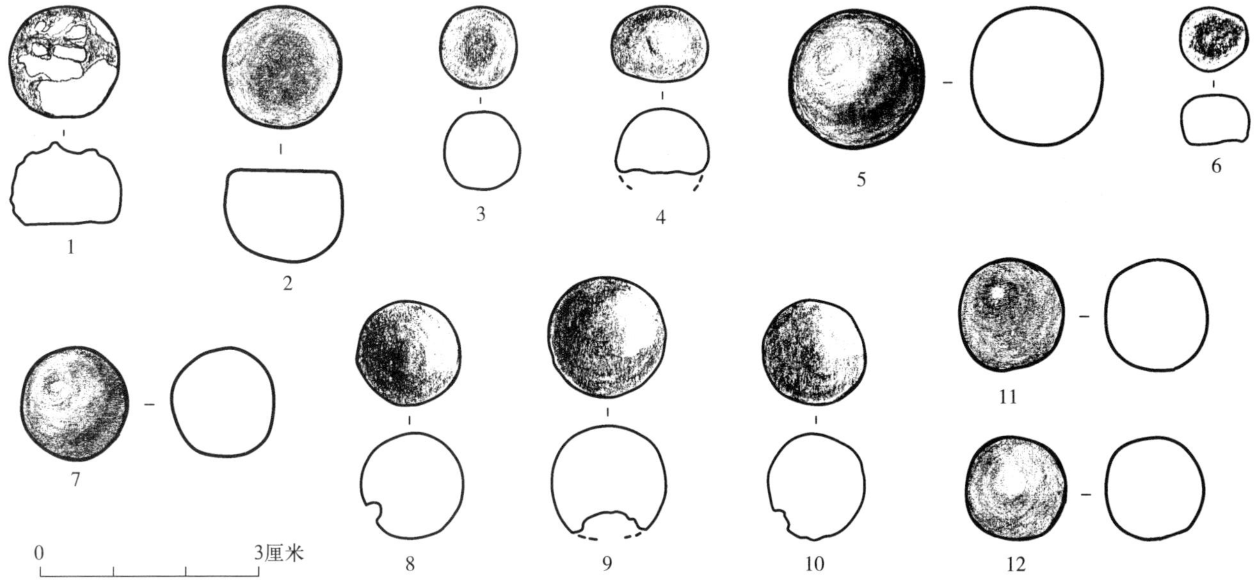

图 3-109　F3 出土煤精制品

1～12. 球形器 F3：38、F3 Ⅱ：7、F3 Ⅲ：17、35、36、38、46、60、F3 Ⅳ：5、F3：115、F3J：5、6

2；彩版六七，6）。

标本 F3 Ⅳ：11，残，器顶部。磨制，尖顶，表面光滑。残高 0.8 厘米（图 3-110，3；彩版六七，7）。

标本 F3：129，残，似耳珰形器的半成品。长条形。底径 1.0、高 3.7 厘米（图 3-110，4）。

标本 F3 Ⅳ：29，残。磨制，表面光滑，顶残，束颈，平底。残高 1.6、底径 1.6 厘米（图 3-110，5；彩版六七，8）。

橄榄形器　1 件。

标本 F3：114，基本完整。磨制，橄榄形器，表面光滑。长 2.3、宽 1.4、高 1.0 厘米（图 3-110，6；彩版六七，9）。

盔形器　1 件。

标本 F3：113，基本完整。磨制，表面光滑，顶部圆弧，底部微凹。直径 1.8、高 1.5 厘米（图 3-110，7）。

煤精块　7 件。

均为不规则形，形状不一，无人工痕迹。

标本 F3：20，残块。长 2.4、宽 1.9、高 1.6 厘米（图 3-110，8）。

标本 F3J：7，残块。长 5.7、宽 6.1、厚 2.2 厘米（图 3-110，9）。

标本 F3 Ⅰ：30，残块。长 5.0、宽 3.9、厚 1.5 厘米（图 3-110，10；彩版六八，1）。

标本 F3 Ⅰ：31，残块。长 5.5、宽 4.9、厚 2.8 厘米（图 3-110，11；彩版六八，2）。

标本 F3 Ⅲ：61，残块。长 7.3、宽 6.3、厚 2.1 厘米（图 3-110，12；彩版六八，3）。

标本 F3 Ⅳ：45，残块。长 4.9、宽 2.4、厚 1.9 厘米（图 3-110，13）。

标本 F3 Ⅳ：46，残块。长 5.7、宽 4.6、厚 1.5 厘米（图 3-110，14）。

另有 9 件，碎小略述。

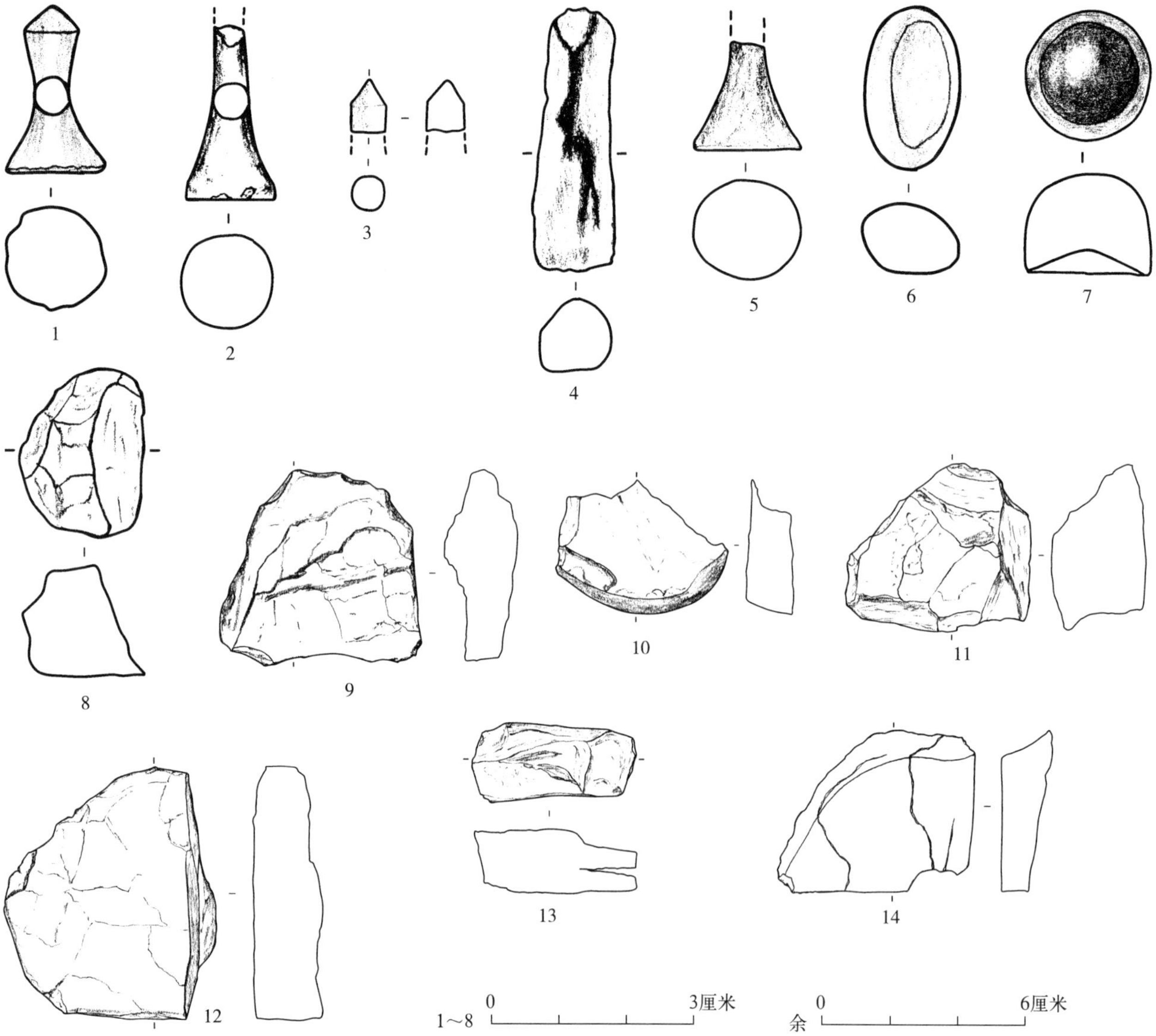

图 3-110　F3 出土煤精制品

1～5. 耳珰形器 F3：111、F3 Ⅰ：24、F3 Ⅳ：11、F3：129、F3 Ⅳ：29　6. 橄榄形器 F3：114　7. 盘形器 F3：113　8～14. 煤精块 F3：20、F3J：7、F3 Ⅰ：30、31、F3 Ⅲ：61、F3 Ⅳ：45、F3 Ⅳ：46

5. 其他

果核　1 件。

标本 F3 Ⅱ：13，已炭化。残长 1.3、宽 1.0、厚 0.5 厘米（图 3-111，1；彩版六八，4）。

石墨　2 件。

标本 F3 Ⅲ：26，不规则块状。长 1.6、宽 1.3、厚 0.6 厘米（图 3-111，2；彩版六八，5）。

标本 F3 Ⅲ：27，不规则块状。长 1.7、宽 1.4、厚 1.0 厘米（图 3-111，3；彩版六八，6）。

赤铁矿　1 件。

标本 F3 Ⅲ：8，红褐色，多面锥形，表面有多磨擦面。长 1.2、宽 1.1、高 1.0 厘米（图 3-111，4；彩版六八，7）。

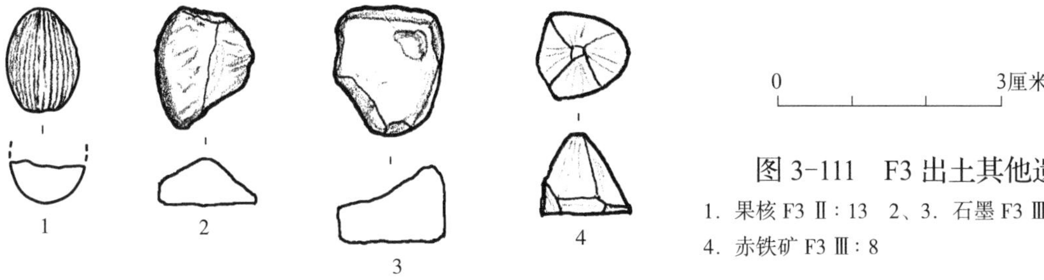

图 3-111　F3 出土其他遗物

1. 果核 F3 Ⅱ：13　2、3. 石墨 F3 Ⅲ：26、27
4. 赤铁矿 F3 Ⅲ：8

（四）F4

F4 位于 T0901 南侧。东距 F5 约 2.70 米、西距 F3 约 4.75 米、北距 F24 约 6.30 米。房址开口于扰土层下，打破生土。为圆角长方形半地穴式，东南角被现代坑打破，西北部有灰沟斜向穿过。南北长 4.70、东西宽 4.10、残存壁高 0.10 ～ 0.20 米，面积约 17 平方米（图 3-112）。

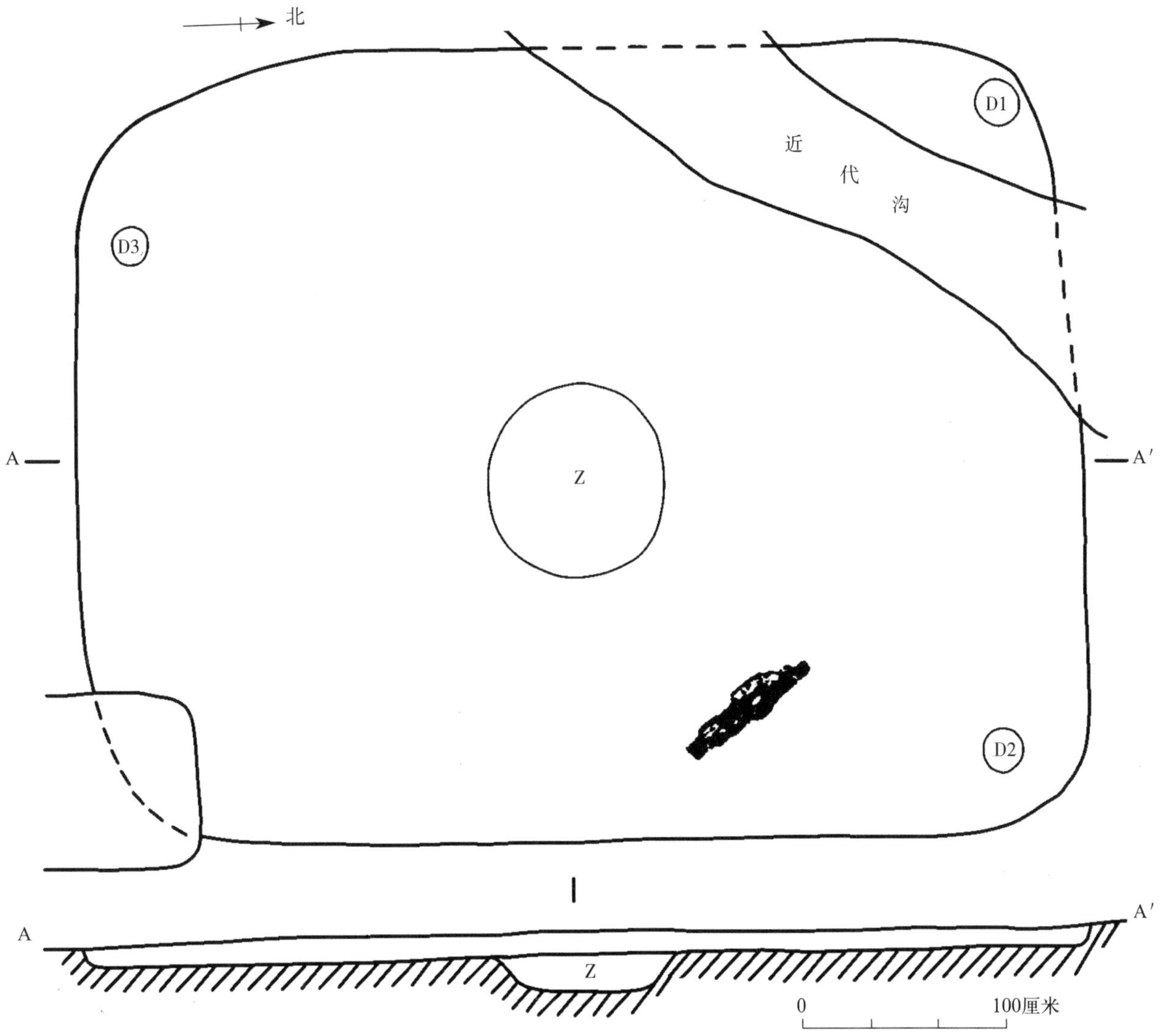

图 3-112　F4 平、剖面图

在房址中部发现灶址1个，圆形，斜壁、平底。直径0.85、深0.26米。烧烤面较坚硬。发现柱洞有3个，均为壁柱，多为圆形，直径0.20～0.25、深0.10～0.30米不等。房址中部由于遭破坏，仅残留一层很薄的红烧土地面和被推土机压过的碎陶片及部分木炭等。

出土遗物有石器、陶器、煤精制品等计17件。

1. 石器

13件。有打制石器5件、细石器8件。

（1）打制石器

5件。

石片刮削器　5件。

标本F4∶6，褐色板岩。打制，不规则多边形。长3.6、宽2.0、厚0.7厘米（图3-113，1）。

标本F4∶10，青灰色板岩。打制，不规则多边形。长5.0、宽3.3、厚1.2厘米（图3-113，2）。

标本F4∶11，青色板岩。打制，不规则多边形。长2.8、宽2.3、厚0.6厘米（图3-113，3）。

标本F4∶14，青色板岩。打制，不规则梯形。长3.2、宽2.6、厚0.8厘米（图3-113，4）。

标本F4∶15，青色板岩。打制，不规则多边形。长4.7、宽2.9、厚0.7厘米（图3-113，5）。

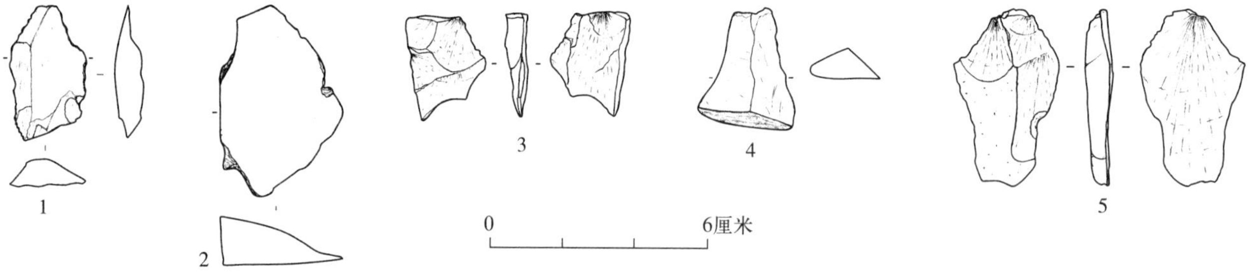

图3-113　F4出土打制石器

1～5. 石片刮削器F4∶6、10、11、14、15

（2）细石器

8件。有尖状器、石镞、石片等。

尖状器　2件。

标本F4∶5，青灰色燧石。琢制，长尖叶形，横截面三棱形。边刃经压琢呈细齿状。长4.0、宽1.4、厚0.6厘米（图3-114，1；彩版六九，1）。

标本F4∶8，黄褐色燧石。琢制，长尖叶形，横截面三角形。长1.9、宽0.5、厚0.1厘米（图3-114，2；彩版六九，2）。

石镞　2件。

标本F4∶3，黄色燧石。琢制，横截面三角形，锋残。两侧边刃经压琢呈细齿状。残长1.3、宽0.7、厚0.1厘米（图3-114，3；彩版六九，3）。

标本F4∶4，青灰色燧石。琢制，圭形，横截面三角形，两侧边刃经压琢呈细齿状。锋、尾残。残长3.1、宽1.2、厚0.3厘米（图3-114，4；彩版六九，4）。

石叶　4件。

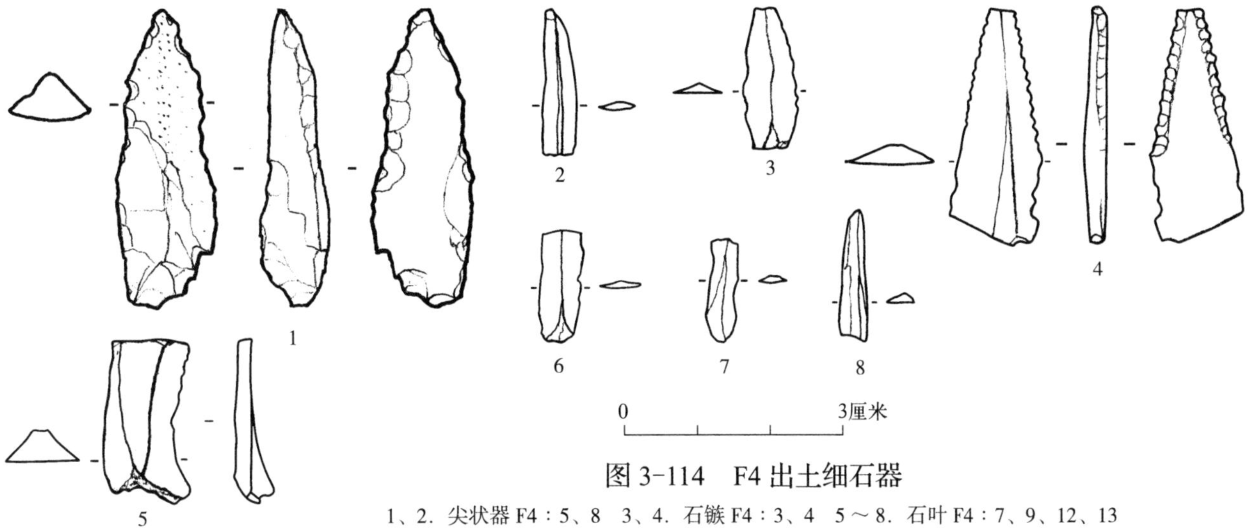

图 3-114　F4 出土细石器

1、2. 尖状器 F4：5、8　3、4. 石镞 F4：3、4　5～8. 石叶 F4：7、9、12、13

标本 F4：7，青灰色板岩。琢制，长条状，横截面梯形。长 2.1、宽 1.0、厚 0.4 厘米（图 3-114，5）。

标本 F4：9，黄褐色燧石。琢制，长条形，横截面三角形。长 1.5、宽 0.6、厚 0.1 厘米（图 3-114，6；彩版六九，5）。

标本 F4：12，黄褐色燧石。琢制，长条形，横截面梯形。长 1.4、宽 0.4、厚 0.1 厘米（图 3-114，7；彩版六九，6）。

标本 F4：13，残，黄色燧石。琢制，长条形，横截面梯形。长 1.8、宽 0.4、厚 0.1 厘米（图 3-114，8）。

2. 陶器

2 件。

深腹罐　1 件。

Aa 型Ⅱ式　1 件。

标本 F4：1，残，夹砂红陶。直口，圆唇，鼓腹。口沿处有两周凹带，内饰划压横人字纹，腹部饰压印弦纹。口径 14.0、残高 14.4 厘米（图 3-115，1）。

陶塑　1 件。

标本 F4：2，残，夹细砂红褐陶。捏制，似兽头形。残长 1.8、宽 1.8、高 1.4 厘米（图 3-115，2；彩版六九，7）。

3. 煤精制品

2 件。

泡形器　2 件。

标本 F4：16，残。磨制，半球顶形，表面光滑，内凹光洁，边缘圆滑。直径 2.3、高 0.8 厘米（图 3-115，3；彩版六九，8）。

标本 F4：17，残块。残长 2.0、残高 0.7 厘米（图 3-115，4）。

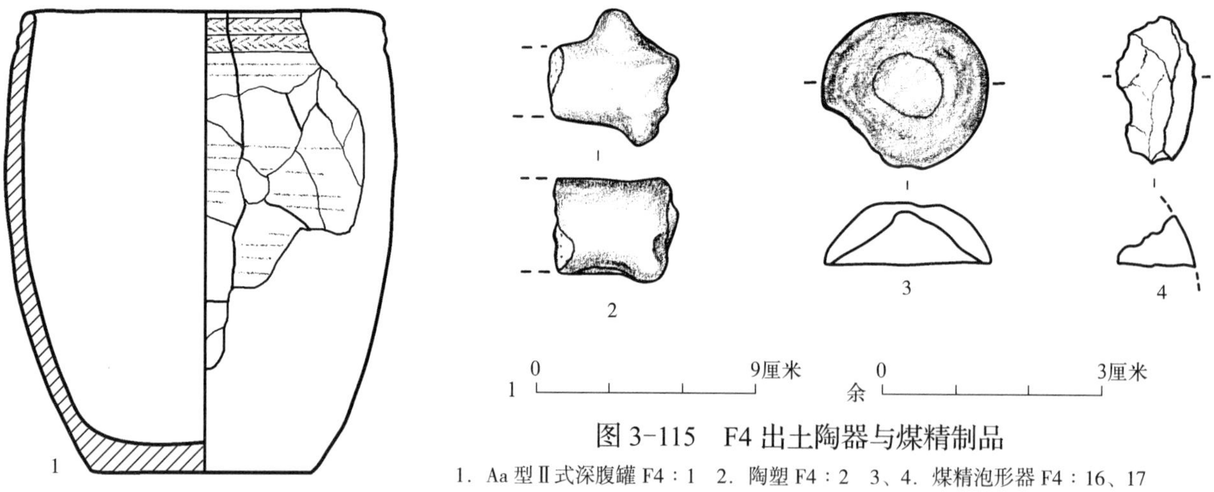

图 3-115 F4 出土陶器与煤精制品

1. Aa 型Ⅱ式深腹罐 F4：1 2. 陶塑 F4：2 3、4. 煤精泡形器 F4：16、17

（五）F5

F5 位于 T1001 之内。西距 F4 约 2.70、北距 F24 约 5.70 米。房址开口②层下，打破生土。平面呈长方形，半地穴式。房址南部因遭破坏，已暴露出房内堆积，东壁北侧被菜窖打破。东南部分被 80T1H1 打破。长 4.00、宽 3.20、北壁深 0.40 米，面积约 12.80 平方米，1991 年对 F5 进行补充发掘，新发现柱洞 5 个（图 3-116；彩版七〇，1）。

房址内发现 2 个灶址，编号 Z1、Z2。Z1 为平底方形，位于 Z2 南侧，已残半。Z2 打破 Zl，呈不规则圆形，口大底小，断面呈阶梯状，上口径 0.70、深 0.32，底径仅 0.10 米。

柱洞发现 11 个，均为壁柱（表 3-1）。柱坑 1 个，直径 0.70、深 0.40 米，柱坑内有 D3。柱洞大者直径 0.38、小者直径 0.20、深 0.20 米。房址内东侧活动面较坚硬，有较多的木炭灰烬，还有经火烧过的动物骨碴。在 Z2 西南约 0.40 米处，发现几排烧过的动物牙齿。

出土遗物有石器、陶器、煤精制品等，共计 84 件。

表 3-1 F5 柱洞（柱坑）登记表 （单位：厘米）

编 号	径	深	备 注	编 号	径	深	备 注
D1	26	13		ZK2，D7	ZK2，24～57	15	
D2	48	33		D8	37	15	
ZK1，D3	ZK55，D16	16		D9	40	12	
D4	16	8		D10	23	13	
D5	18	9		D11	28	16	
D6	28	17					

1. 石器

54 件。打制石器 16 件，细石器 18 件，磨制 19 件。

（1）打制石器

16 件。其中砍砸器 4 件，敲砸器 4 件，石片刮削器 7 件，网坠 1 件。

砍砸器 4 件。

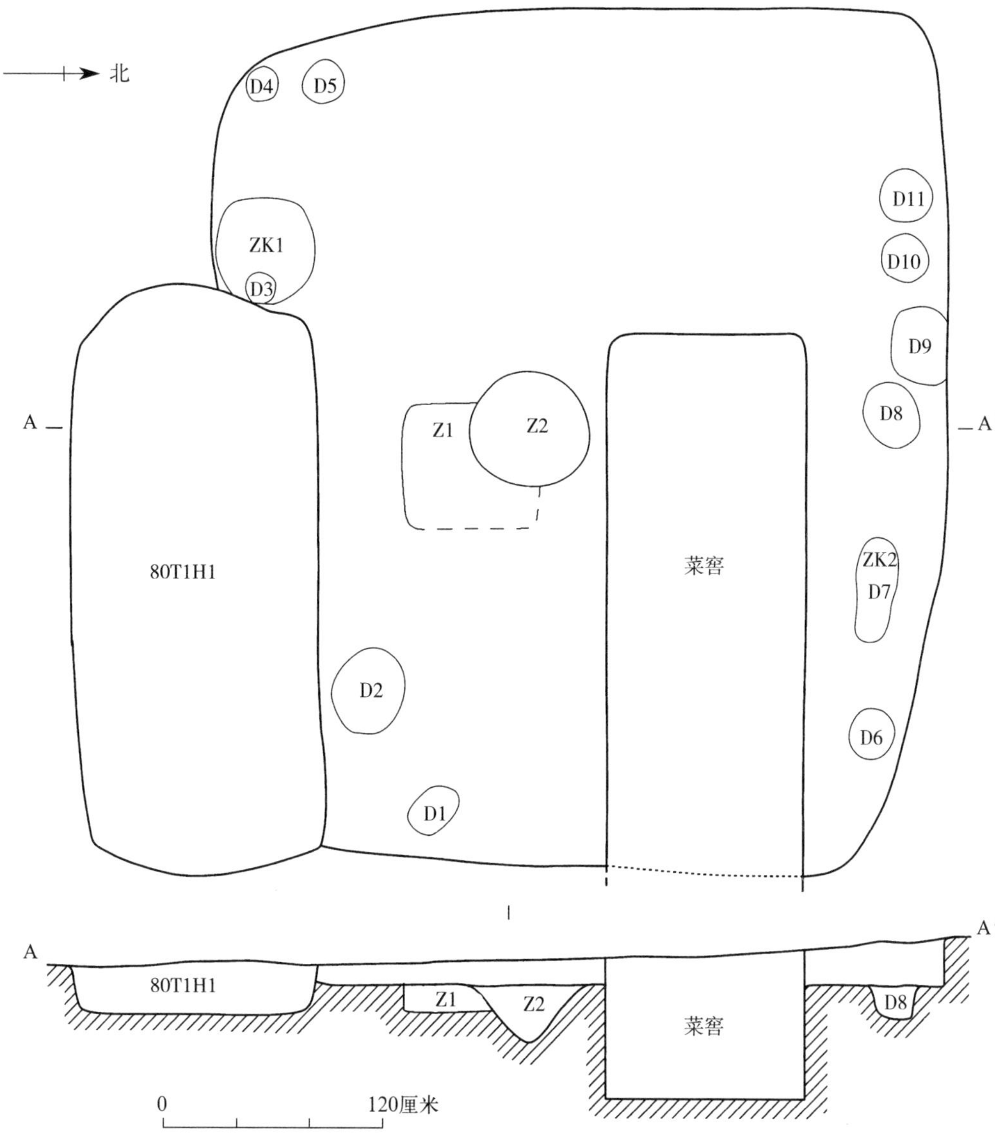

图 3-116　F5 平、剖面图

标本 F5∶62，浅灰色板岩。打制，局部有石皮。不规则椭圆形，局部保留石皮，边刃，砍砸痕迹明显。长 7.1、宽 5、厚 3.4 厘米（图 3-117，1；彩版七〇，2）。

标本 F5∶64，灰褐板岩。打制，不规则铲形河卵石，大部保留石皮。底边砍砸痕迹明显。长 11.2、宽 5.6、厚 3.4 厘米（图 3-117，2；彩版七〇，3）。

标本 F5∶66，灰褐色板岩。打制，不规则长方形，大部保留石皮。两端砍砸痕迹明显。长 11.4、宽 6.7、厚 2.3 厘米（图 3-117，3）。

标本 F5∶67，残。灰褐色板岩。打制，一侧保留石皮。不规则方形。一端砍砸痕迹明显。长 6.9、宽 5.3、厚 2.5 厘米（图 3-117，4）。

敲砸器　4 件。

标本 F5∶5，残，灰白色石英岩。打制，椭圆形，局部保留石皮，多棱角，周边敲砸痕迹细碎。长 5.4、宽 5.5、厚 4.0 厘米（图 3-117，5；彩版七一，1）。

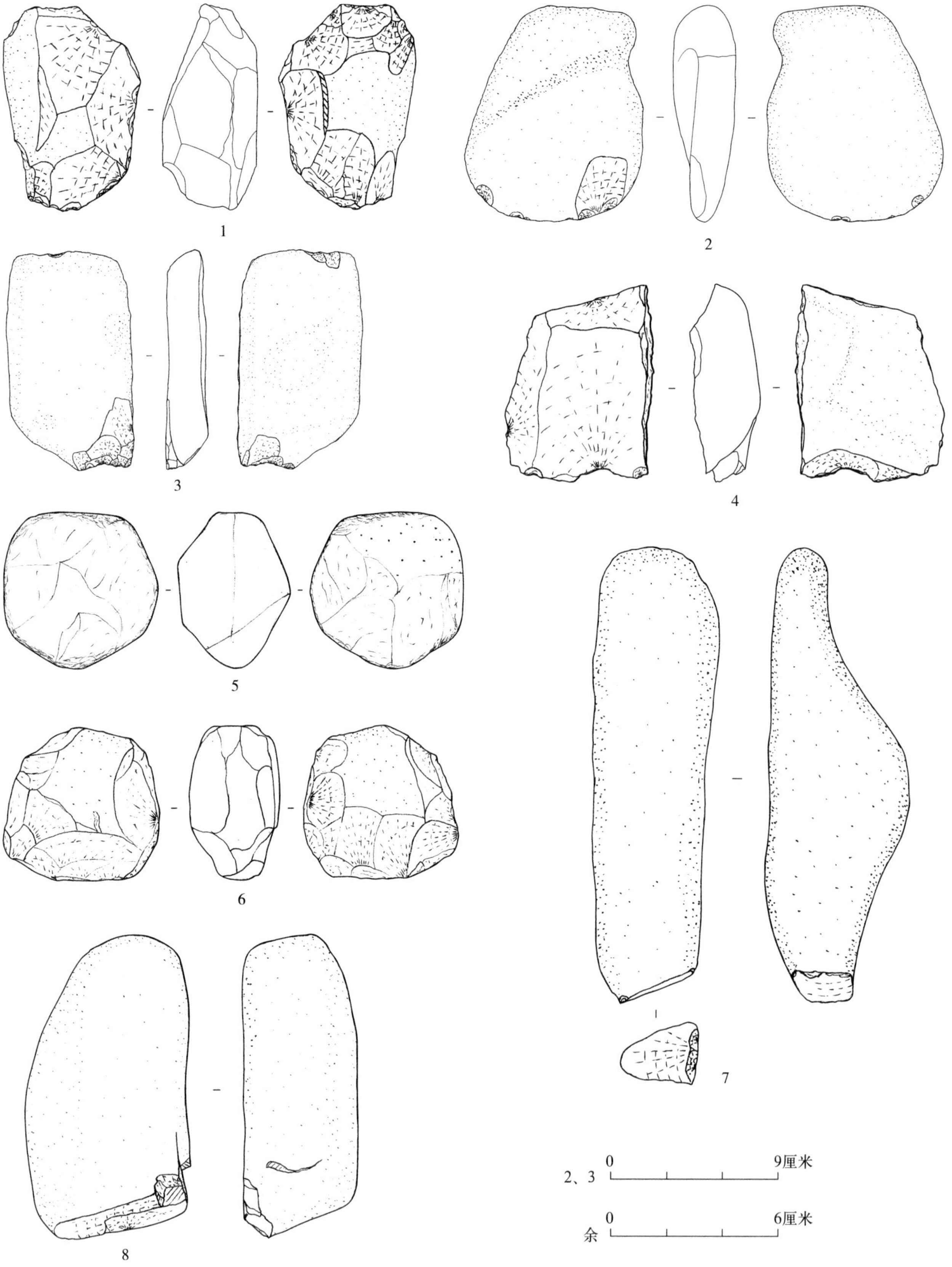

图 3-117 F5 出土打制石器

1～4. 砍砸器 F5：62、64、66、67 5～8. 敲砸器 F5：5、6、65、68

标本F5∶6，残，青灰色板岩。打制，椭圆形，多棱角，敲砸痕迹明显。长5.4、宽5.7、厚3.3厘米（图3-117，6）。

标本F5∶65，浅黄色花岗岩。不规则长条形，大部分保留石皮。一端有砸击痕迹。长15.9、宽5.1、厚4.4厘米（图3-117，7；彩版七一，2）。

标本F5∶68，残，浅灰褐色板岩。打制，长方形，大部分保留石皮。一端有砸击痕迹。长10.5、宽6、厚4.2厘米（图3-117，8）。

石片刮削器　7件。

石片打制，多为不规则形，边刃使用。

标本F5∶50，青灰色板岩。打制，不规则半圆形，边刃，有刮削痕迹。长2.2、宽2.7、厚0.7厘米（图3-118，1）。

标本F5∶51，青灰色板岩，多边形，边刃，有刮削痕迹。长2.4、宽2.0、厚0.5厘米（图3-118，2）。

标本F5∶52，青灰色板岩，打制，近梯形，边刃，有刮削痕迹。长1.7、宽1.8、厚0.3厘米（图3-118，3）。

标本F5∶53，青灰色板岩，打制，多边形，边刃，有刮削痕迹。长1.6、宽1.7、厚0.3厘米（图3-118，4）。

标本F5∶54，红褐色燧石，打制，残月形，边刃，有刮削痕迹。长1.9、宽1.2、厚0.3厘米（图3-118，5）。

标本F5∶30，青色板岩，打制，三角形，边刃，有刮削痕迹。长1.1、宽1.6、厚0.2厘米（图3-118，6）。

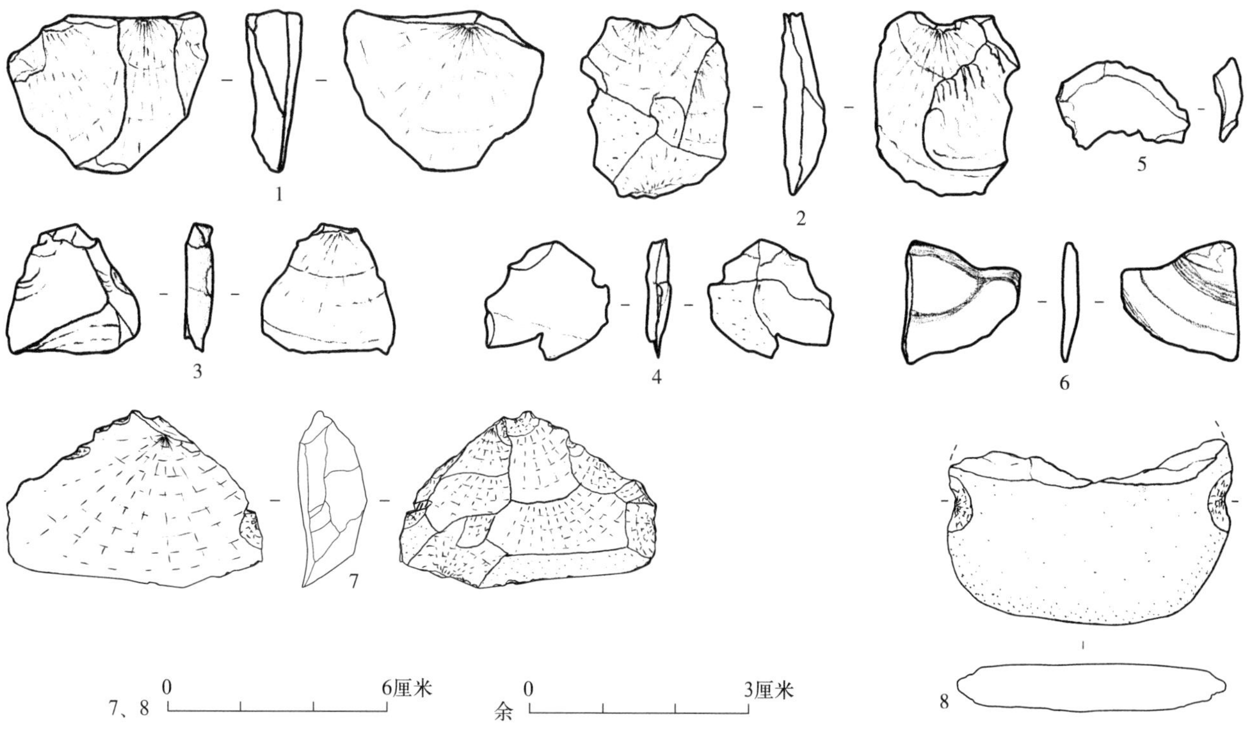

图3-118　F5出土打制石器

1～7. 石片刮削器F5∶50～54、30、113　8. 网坠F5∶109

标本 F5∶113，浅灰色板岩。打制，三角形，边刃使用。长 7.0、宽 4.7、厚 1.9 厘米（图 3-118，7）。

网坠 1 件。

标本 F5∶109，残。扁椭圆形。打制，两端对称打出豁口。长 7.8、残宽 4.6、厚 1.3 厘米（图 3-118，8）。

（2）细石器

19 件。其中石叶刮削器 14 件，石片刮削器 1 件，尖状器 4 件。

石叶刮削器 14 件。

标本 F5∶1，褐色燧石，琢制，长条形。横截面三角形，边刃，有刮削痕迹。长 4.5、宽 0.8、厚 0.2 厘米（图 3-119，1；彩版七一，3）。

标本 F5∶2，黄色燧石，琢制，长条形，横截面梯形，边刃，有刮削痕迹。长 1.3、宽 0.6、厚 0.1 厘米（图 3-119，2）。

标本 F5∶12，红褐色燧石。琢制，长条形，横截面梯形，边刃，有刮削痕迹。长 1.0、宽 0.5、厚 0.1 厘米（图 3-119，3）。

标本 F5∶13，褐色燧石，琢制，长条形，横截面梯形，边刃，有刮削痕迹。长 2.4、宽 0.7、厚 0.1 厘米（图 3-119，4）。

标本 F5∶14，红褐色燧石，琢制，长条形，横截面梯形，边刃，有刮削痕迹。长 1.6、宽 0.4、厚 0.1 厘米（图 3-119，5）。

标本 F5∶16，褐色燧石。琢制，长叶形，横截面梯形，边刃，有刮削痕迹。长 1.7、宽 0.5、厚 0.1 厘米（图 3-119，6）。

标本 F5∶19，褐色燧石。琢制，长条形，横截面梯形，边刃，有刮削痕迹。长 2.0、宽 0.4、厚 0.2

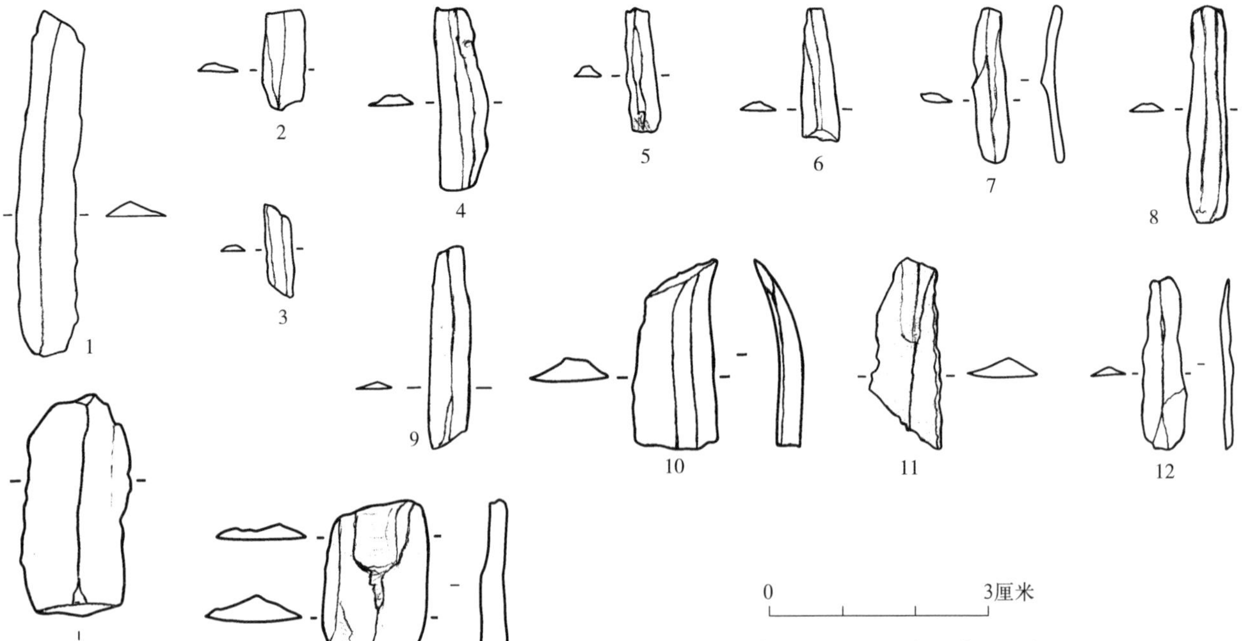

图 3-119 F5 出土细石器

1～14. 石叶刮削器 F5∶1、2、12～14、16、19、21、27、38～40、49、57

厘米（图 3-119，7）。

标本 F5∶21，黄色燧石。琢制，长条形，横截面梯形，边刃，有刮削痕迹。长 2.8、宽 0.5、厚 0.1 厘米（图 3-119，8；彩版七一，4）。

标本 F5∶27，黄色燧石。琢制，长条形，横截面三角形，边刃，有刮削痕迹。长 2.6、宽 0.5、厚 0.1 厘米（图 3-119，9；彩版七一，5）。

标本 F5∶38，青灰色板岩。琢制，宽条形，横截面梯形，边刃，有刮削痕迹。长 2.5、宽 1.1、厚 0.3 厘米（图 3-119，10）。

标本 F5∶39，青色板岩。琢制，长条形，横截面三角形，边刃呈细齿状，刮削痕迹明显。长 2.5、宽 1.0、厚 0.2 厘米（图 3-119，11）。

标本 F5∶40，黄色燧石。琢制，长条形，横截面三角形，边刃，有刮削痕迹。长 2.2、宽 0.6、厚 0.1 厘米（图 3-119，12）。

标本 F5∶49，红褐色燧石。琢制，宽条形，横截面前部梯形，后部三角形，边刃，有刮削痕迹。长 2.3、宽 1.4、厚 0.2 ～ 0.3 厘米（图 3-119，13）。

标本 F5∶57，残，青色板岩。琢制，宽条形，横截面三角形，边刃，有刮削痕迹。残长 3.0、宽 1.5、厚 0.7 厘米（图 3-119，14）。

石片刮削器　1 件。

标本 F5∶44，残，褐色燧石。琢制，不规则菱形，周边压琢，横截面菱形，边刃，有刮削痕迹。长 3.3、宽 2.7、厚 0.7 厘米（图 3-120，1）。

尖状器　3 件。

标本 F5∶4，浅绿色玛瑙。琢制，长身圭形，横截面三角形，尖部从背面向腹面压琢呈细齿状，边刃，有刮削痕迹。长 3.1、宽 0.7、厚 0.1 厘米（图 3-120，2；彩版七一，6）。

标本 F5∶47，黄色燧石。琢制，宽叶形，横截面三角形，尖部已圆钝，边刃，有刮削痕迹。长 1.4、宽 0.5、厚 0.1 厘米（图 3-120，4）。

标本 F5∶11，残，黄色燧石。琢制，长叶形，歪尖，横截面梯形，锋尖部稍残，边刃，有刮削痕迹。长 1.9、宽 0.4、厚 0.1 厘米（图 3-120，5）。

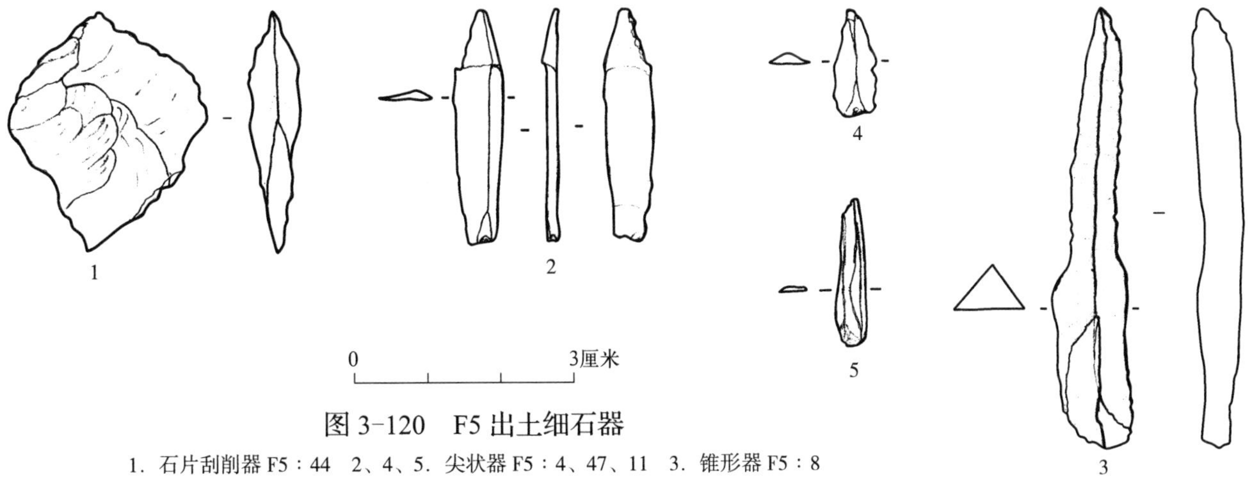

图 3-120　F5 出土细石器

1. 石片刮削器 F5∶44　2、4、5. 尖状器 F5∶4、47、11　3. 锥形器 F5∶8

锥形器　1 件。

标本 F5 : 8，褐色燧石。琢制，锥形，锥锋前部经压琢呈细齿，后部有短柄横截面三棱形。锥锋长 3.2、柄部长 1.5、通长 5.7、锥锋宽 0.6、柄宽 1.0 厘米（图 3-120，3；彩版七一，7）。

（3）磨制石器

19 件。有石镞 5 件、石磨盘 4 件、石磨棒 6 件、研磨器 1 件、砺石 1 件，三棱形器 1 件，石料 1 件。

石镞　5 件。

平底镞　2 件。

标本 F5 : 46，残，灰色板岩，磨制，尖叶形，横截面扁六棱形，平底，锋部残。残长 3.1、宽 1.0、厚 0.2 厘米（图 3-121，1）。

标本 F5 : 37，残，青色板岩。磨制，尖叶形，横截面扁六棱形，平底，锋残。残长 2.9、宽 1.1、厚 0.2 厘米（图 3-121，2）。

凹底镞　1 件。

标本 F5 : 18，基本完整，青色板岩。磨制，尖叶形，横截面扁六棱形，凹底。长 4.2、宽 1.4、厚 0.2 厘米（图 3-121，3）。

不明型式　2 件。

标本 F5 : 45，残片，青色板岩。磨制，残长 1.4、宽 1.0、厚 0.1 厘米（图 3-121，4）。

标本 F5 : 23，残，青色板岩。磨制，横截面扁六棱形，残长 1.2、宽 1.5、厚 0.1 厘米（图 3-121，5）。

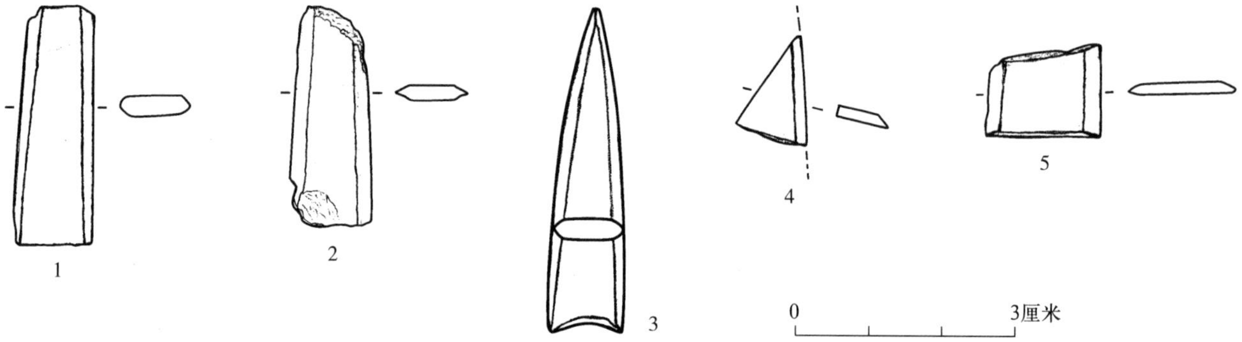

图 3-121　F5 出土磨制石器

1、2. 平底镞 F5 : 46、37　3. 凹底镞 F5 : 18　4、5. 不明型式 F5 : 45、23

石磨盘　4 件。

标本 F5 : 41，残块，灰褐色砂岩。磨制。一面微内凹，磨制痕迹明显。残长 14.0、宽 8.0、厚 5.6 ～ 6.0 厘米（图 3-122，1；彩版七二，1）。

标本 F5 : 42，残块，红褐色砂砾岩。磨制，有两磨面，磨痕明显。残长 15.2、宽 10.7、厚 4.8 厘米（图 3-122，2）。

标本 F5 : 70，残块，灰褐色砂砾岩。磨制，状，有两磨面，磨痕明显。残长 8.0、残宽 5.3、厚 3.7 厘米（图 3-122，3）。

标本 F5 : 71，残，灰褐色砂岩。有两磨面，磨痕明显。残长 7.9、残宽 8、厚 2.1 ～ 3.6 厘米（图

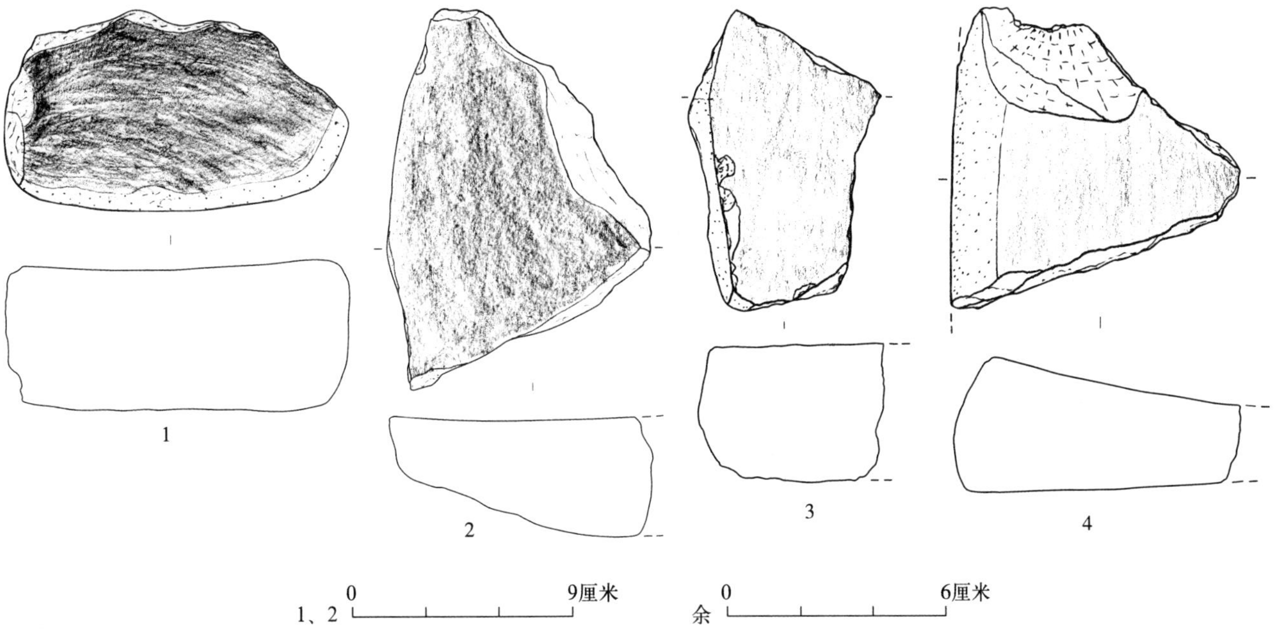

图 3-122 F5 出土细石器

1～4. 石磨盘 F5：41、42、70、71

3-122，4）。

石磨棒 6 件。

标本 F5：3，残，黄褐色花岗岩。磨制，多磨面，横截面椭圆形。残长 9.0、宽 6.2、厚 6.2 厘米（图 3-123，1）。

标本 F5：7，残，红褐色花岗岩。磨制，多磨面，横截面椭圆形，一端残。残长 11.8、宽 6.1、厚 5.1 厘米（图 3-123，2）。

标本 F5：58，基本完整，黄褐色花岗岩。磨制，圆角长条形，横截面半椭圆形。多磨面，底面平，磨制痕迹明显。长 24.7、宽 8.2、厚 6.8 厘米（图 3-123，3；彩版七二，2）。

标本 F5：59，残。黄褐色花岗岩。磨制，横截面圆角长方形。多磨面，磨制痕迹明显。残长 6.6、宽 6.1、厚 4.5 厘米（图 3-123，4）。

标本 F5：60，残。黄褐色花岗岩。磨制，多磨面，磨制痕迹明显。残长 7.3、宽 6.9、厚 3.1 厘米（图 3-123，5）。

标本 F5：63，残，红褐色花岗岩。磨制，横截面椭圆形。底面研磨痕迹明显。残长 9.5、宽 8、厚 5.2 厘米（图 3-123，7；彩版七二，3）。

研磨器 1 件

标本 F5：61，残。浅粉色砂粒岩。磨制，扁圆形。横截面椭圆形。平底，磨痕明显。长 6.9、宽 7.6、厚 3.5 厘米（图 3-123，6）。

砺石 1 件。

标本 F5：69，残，褐色细砂岩。磨制，两面有磨痕。残长 6.3、残宽 2.6、厚 1.5 厘米（图 3-123，8）。

三棱形器 1 件。

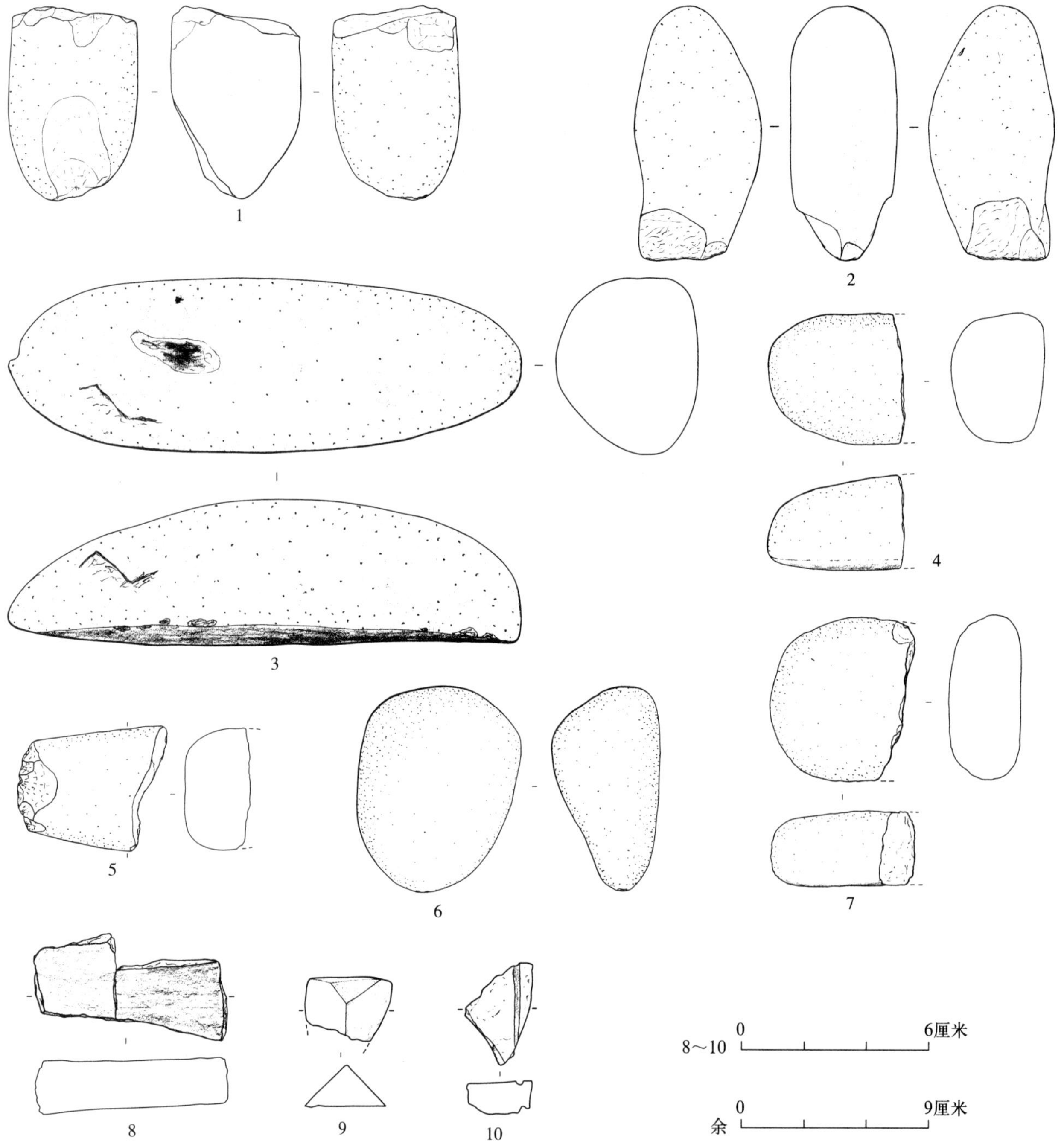

图 3-123　F5 出土细石器

1～5、7. 石磨棒 F5：3、7、58～60、63、63　6. 研磨器 F5：61　8. 砺石 F5：69　9. 三棱形器 F5：31　10. 石料 F5：56

标本 F5：31，残，黑色脉岩。磨制，三角形，横截面三角形，边刃，有刮削痕迹。残长 2.8、宽 2.0、高 1.3 厘米（图 3-123，9）。

石料　1 件。

标本 F5：56，残，青色板岩。磨制，表面有切割痕。残长 3.3、宽 2.2、厚 0.9 厘米（图 3-123，10）。

2. 陶器

23 件。其中深腹罐 21 件，陶钵 1 件、有孔陶片 1 件。

深腹罐　21 件。

Aa 型Ⅱ式　3 件。

标本 F5 : 9，可修复，夹砂灰褐陶。圆唇，直口，弧腹，平底。纹饰由两部分组成。口沿处有一周划压纹编织席纹，腹部为横之字纹，纹饰不及底。口径 11.4、底径 5.3、高 12.5 厘米（图 3-124，1；彩版七二，4）。

标本 F5 : 132，残，夹砂红褐陶。敞口，圆唇，斜直腹。口沿处有一周凹纹带，腹部饰竖压横排之字纹。口径 14.0、残高 5.3 厘米（图 3-124，2；彩版七二，5）。

标本 F5 : 149，残，夹砂红褐陶。敞口，圆唇，斜直腹。口沿处有一周凹纹带，内饰划压横人字纹，腹部饰竖压横排之字纹。口径 14.0、残高 2.5 厘米（图 3-124，3）。

Ab 型Ⅰ式　1 件。

标本 F5 : 131，残，夹砂红褐陶。直口，外斜尖唇，口沿处一周素面，腹部饰横排之字纹带。口

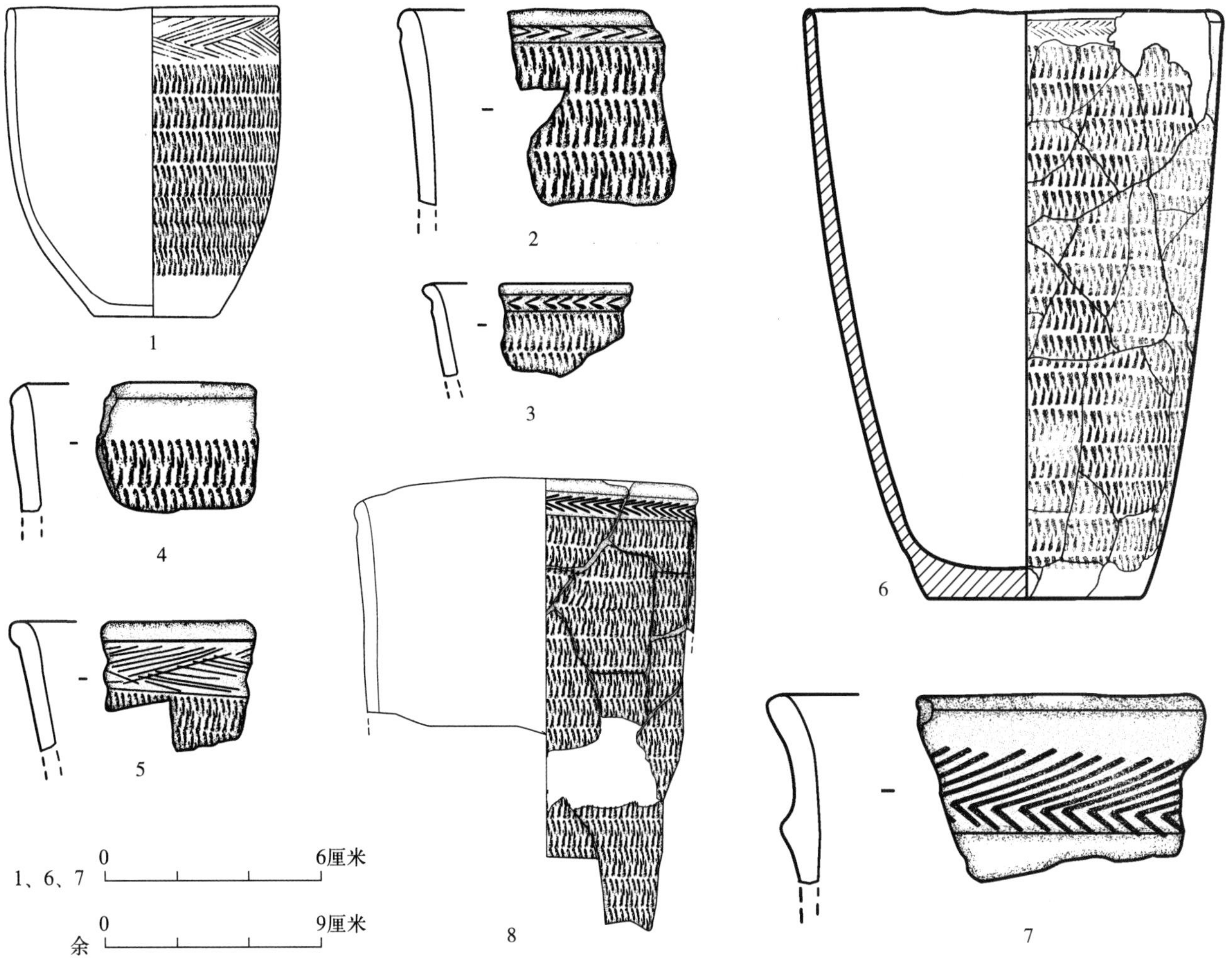

图 3-124　F5 出土深腹罐

1～3. Aa 型Ⅱ式 F5 : 9、132、149　4. Ab 型Ⅰ式 F5 : 131　5. Ab 型Ⅱ式 F5 : 130　6～8. Ab 型Ⅲ式 F5 : 122、133、128

径 18.0、残高 3.5 厘米（图 3-124，4）。

Ab 型Ⅱ式 1 件。

标本 F5：130，残，夹砂黑褐陶。口稍敞，圆唇，斜直腹。口沿处有一周划压编织蓆纹，腹部饰竖压横排之字纹。口径 18.0、残高 3.5 厘米（图 3-124，5）。

Ab 型Ⅲ式 3 件。

标本 F5：122，残，夹砂红陶。敞口，圆唇，斜直腹，平底。口沿处有一周凹纹带，内饰划压横人字纹，腹部饰竖压横排之字纹。口径 15.6、底径 9.2、通高 23.9 厘米（图 3-124，6）。

标本 F5：133，残，夹砂黑褐陶。敞口，圆唇。口沿处有一周凹纹带，装饰划压横人字纹。口径 17.0、残高 3.8 厘米（图 3-124，7）。

标本 F5：128，残，夹砂红褐陶。直口，圆唇，口沿处有一周凹纹带，装饰划压横人字纹。口径 20.4、残高 14.5 厘米（图 3-124，8）。

Ab 型Ⅳ式 2 件。

标本 F5：138，残，夹砂红陶。直口，圆唇，直腹。口沿处有两周凹带，内饰划压斜线纹、网格纹，腹部饰竖压横排之字纹。口径 18.0、残高 11.1 厘米（图 3-125，1）。

标本 F5：141，残，夹砂红褐陶。直口，圆唇，直腹。口沿处有两周凹纹带，内饰划压斜线纹，网格纹，腹部饰竖压横排之字纹。口径 23.0、残高 6.7 厘米（图 3-125，2）。

Ac 型Ⅱ式 4 件。

标本 F5：124，可修复，夹砂红陶。直口，圆唇，深腹，收弧平底。口沿处有一周宽凹带，内划饰压横人字纹，上腹部饰横压竖排之字纹，下腹部饰竖压横排之字纹。口径 29.0、底径 11.9、通高 50.4 厘米（图 3-125，3）。

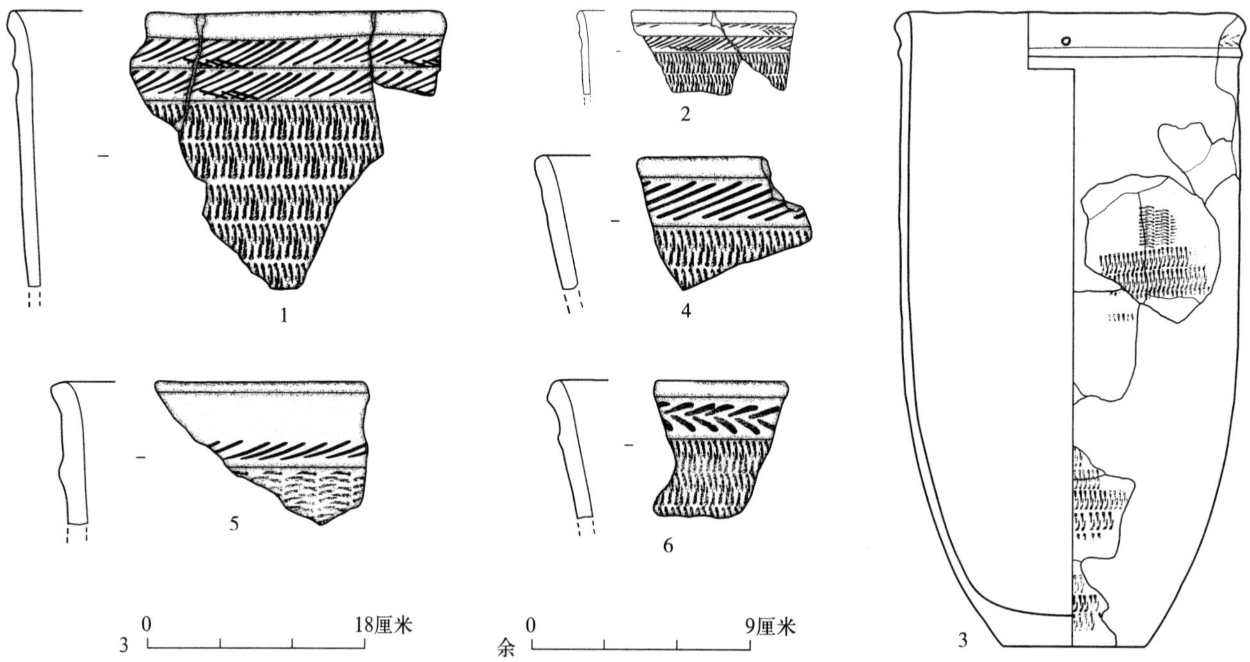

图 3-125 F5 出土深腹罐

1、2. Ab 型Ⅳ式 F5：138、141 3～6. Ac 型Ⅱ式 F5：124、142～144

标本 F5：142，残，夹砂黑褐陶。直口，圆唇，斜直腹。口沿处有一周凹带，内饰划压斜线纹，腹部饰竖压横排之字纹。口径 24.0、残高 5.3 厘米（图 3-125，4）。

标本 F5：143，残，夹砂红褐陶。直口，圆唇，直腹。口沿处有一周宽凹带，内饰划压斜线纹，腹部饰横压竖排之字纹。口径 23.0、残高 5.7 厘米（图 3-125，5）。

标本 F5：144，残，夹砂红褐陶。直口，尖唇，直腹。口沿处有一周凹纹带，内饰划压横人字纹，腹部饰竖压横排之字纹。口径 24.0、残高 5.5 厘米（图 3-125，6）。

Ba 型Ⅰ式　1 件。

标本 F5：110，残，夹砂红陶。直口，唇微尖，直腹。口沿处有一凹带，内饰划压横人字纹，腹部饰压印弦纹。口径 13.4、残高 12.0 厘米（图 3-126，1）。

Ba 型Ⅱ式　1 件。

标本 F5：136，残，夹砂黑褐陶。直口，圆唇，直腹。口沿下部有两周凹纹，内饰斜戳刺纹，腹部饰压印弦纹。口径 15.0、残高 4.4 厘米（图 3-126，2）。

Ba 型Ⅳ式　1 件。

标本 F5：134，残，夹砂红褐陶。直口，圆唇，斜直腹。口沿处有三周凹带，内饰戳刺纹，腹部

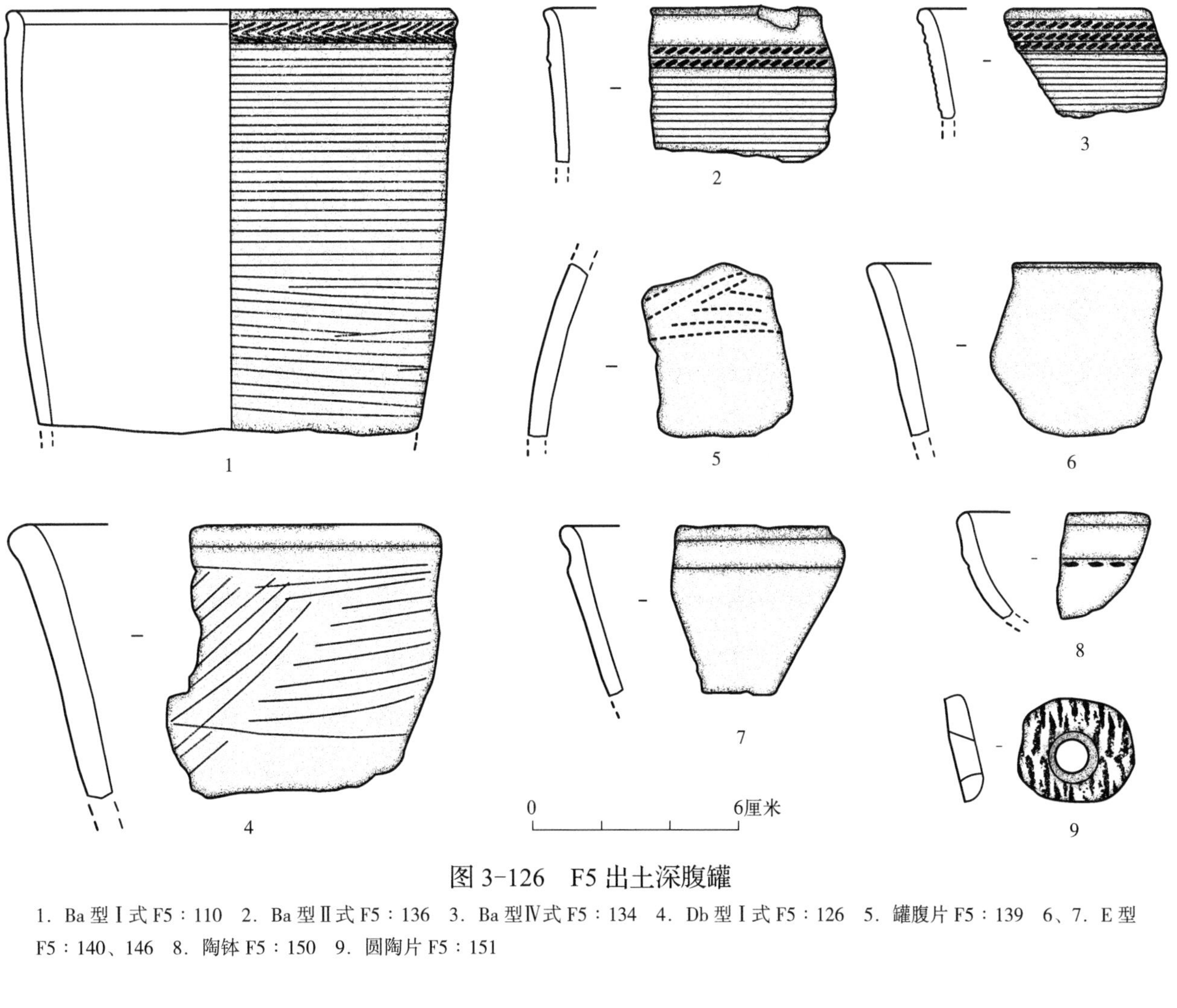

图 3-126　F5 出土深腹罐

1. Ba 型Ⅰ式 F5：110　2. Ba 型Ⅱ式 F5：136　3. Ba 型Ⅳ式 F5：134　4. Db 型Ⅰ式 F5：126　5. 罐腹片 F5：139　6、7. E 型 F5：140、146　8. 陶钵 F5：150　9. 圆陶片 F5：151

饰压印弦纹。口径 13.0、残高 3.1 厘米（图 3-126，3）。

Db 型Ⅰ式 1 件。

标本 F5∶126，残，夹砂灰陶。口稍敞，圆唇，斜直腹。饰划压编织蓆纹。口径 20.0、残高 7.7 厘米（图 3-126，4）。

罐腹片 1 件。

标本 F5∶139，残，夹砂黑褐陶，腹部饰压印篦点编织蓆纹。残高 4.9 厘米（图 3-126，5）。

E 型 2 件。

标本 F5∶140，残，夹砂红陶。敞口，圆唇，斜直腹。素面。口径 15.0、残高 4.9 厘米（图 3-126，6）。

标本 F5∶146，残，夹砂黑褐陶。敞口，圆唇，弧腹。素面。口径 16.0、残高 4.8 厘米（图 3-126，7）。

陶钵 1 件。

标本 F5∶150，残，夹砂黑褐陶。敞口，圆唇，弧腹。口沿处有一周素面凹带，下饰一周戳刺纹，腹部素面。残高 3.0 厘米（图 3-126，8）。

圆陶片 1 件。

标本 F5∶151，夹砂红陶。陶片磨制，椭圆形，中有圆孔。直径 2.9～3.2、厚 0.6、孔径 0.9 厘米（图 3-126，9）。

3. 煤精制品

9 件。有泡形器 4 件，球形器 1 件。另有煤精残块 4 件，略述。

泡形器 4 件。

标本 F5∶22，残半，圆弧顶，内圆凹，表面光滑，边缘圆锐。直径 4.2、高 1.4 厘米（图 3-127，1）。

标本 F5∶35，残，尖圆顶，内圆凹，稍深，表面光滑，边残。残长 3.4、残高 1.3 厘米（图 3-127，2）。

标本 F5∶25，残块。磨制，片状。表面光滑。残长 1.7、高 0.8 厘米（图 3-127，3）。

标本 F5∶26，残块。磨制，片状。表面光滑。残长 1.8、残高 1.1 厘米（图 3-127，4）。

球形器 1 件。

标本 F5∶17，基本完整。磨制，表面光滑。直径 1.2 厘米（图 3-127，5；彩版七二，6）。

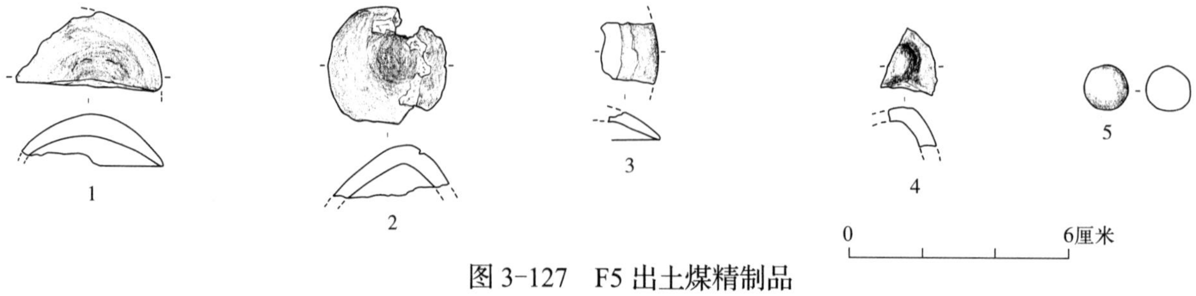

图 3-127 F5 出土煤精制品

1～4. 泡形器 F5∶22、35、25、26 5. 球形器 F5∶17

（六）F6

F6位于遗址南侧T0201和0301之间。东距F11约6.60米、西距F12约7.00米、北距F15约3.70米。房址开口②层下，打破生土。为圆角长方形，半地穴式。东西长6.87、南北宽6.55、穴壁存深0.60米，面积约45平方米（图3-128，1；彩版七三，1）。

房址中部发现有灶址2处，东西并列，编号Z1、Z2。Z1圆形，直径0.75、深0.10米，底部存

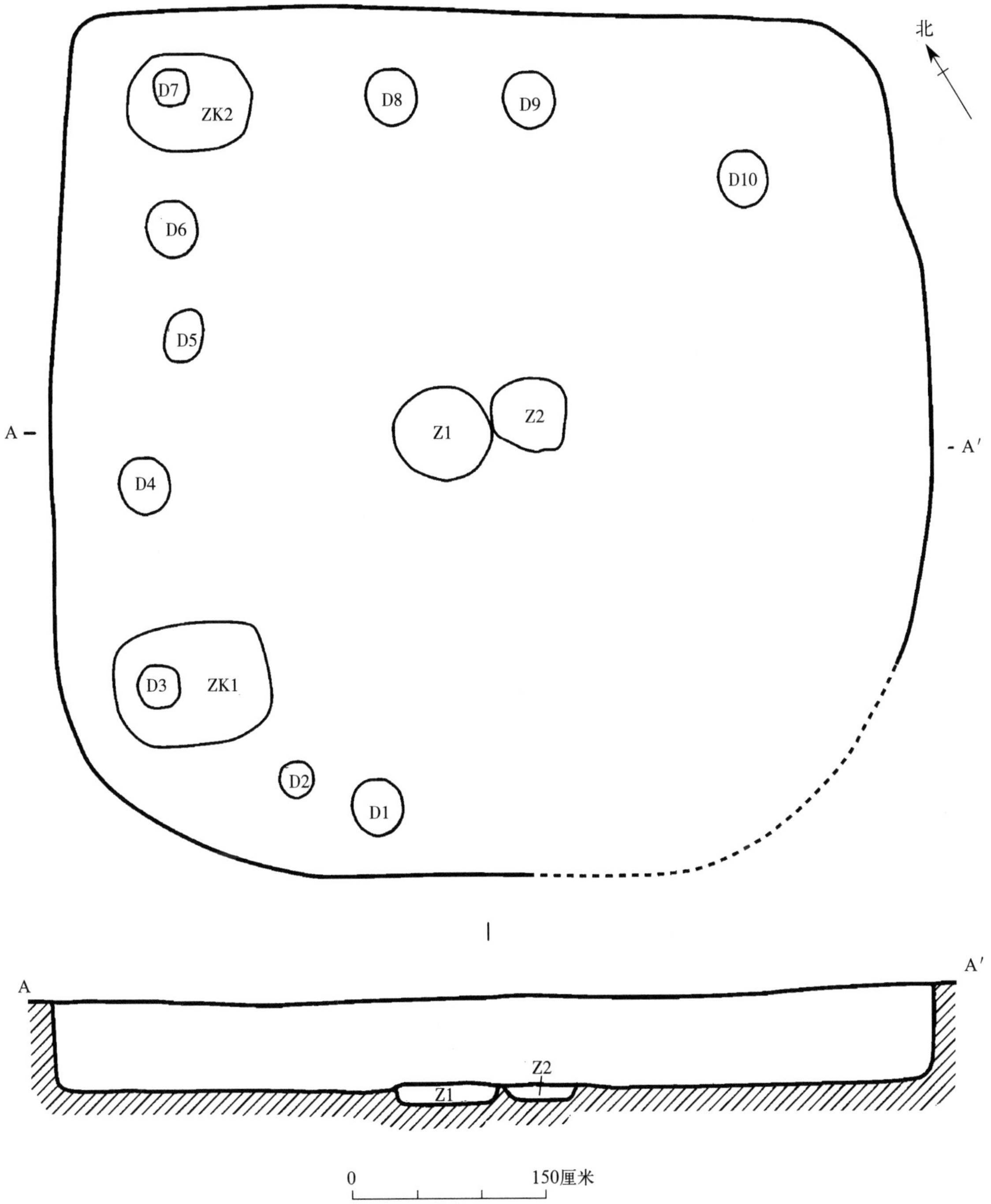

图3-128　F6平、剖面图

有少量的黑褐色混合砂土。Z2 位于 Z1 东侧，圆形，直径 0.55、深 0.10 米。

房址发现 10 个柱洞，分布于房址穴壁四周，一般直径 0.20 ～ 0.30 米。西南角与西北角柱洞较深。发现柱坑 2 个。在房址北侧活动面上，有一层红烧土堆积，厚约 0.15 米。遗物大部分在接近房址底部 0.10 ～ 0.20 米处出土。在房址东南角处因有棵大树，未清理。

房内出土遗物有石器、陶器、煤精制品等，共计 113 件。

1. 石器

89 件，其中打制石器 39 件，细石器 29 件、磨制石器 21 件。

（1）打制石器

39 件。有砍砸器 7 件，敲砸器 11 件、石片刮削器 17 件，网坠 4 件。

砍砸器　7 件。

标本 F6：126，黑灰色板岩。打制，宽舌形，多剥片疤，局部保留石皮，平顶，弧刃，砍砸痕迹明显。长 5.7、宽 4.2、厚 1.1 厘米（图 3-129，1）。

标本 F6：129，青灰色砂质板岩。打制，半月形，多剥片疤，局部保留石皮，平背，圆弧刃，砍砸痕迹明显。长 6.8、宽 2.8、厚 1.7 厘米（图 3-129，2）。

标本 F6：136，红褐色板岩。打制，斧形，体扁平，上窄下宽，大部保留石皮，两端砍砸痕迹明显。长 6.9、宽 5.8、厚 2.3 厘米（图 3-129，3）。

标本 F6：137，青色砂质板岩。打制，不规则扁方形，一面保留石皮，两端砍砸痕迹明显。长 7.2、宽 5.9、厚 2.4 厘米（图 3-129，4）。

标本 F6：139，青色砂岩。打制，不规则圆角扁长方形，一面保留石皮，多剥片疤，砍砸痕迹明显。长 8.3、宽 5.4、厚 3.6 厘米（图 3-129，5）。

标本 F6：141，浅青色板岩。打制，不规则椭圆形，局部保留石皮，两端砍砸痕迹明显。长 7.7、宽 6.0、厚 3.0 厘米（图 3-129，6；彩版七三，2）。

标本 F6：155，青色板岩。打制，不规则长方形，横截面三棱形，底端砍砸痕迹明显。长 6.8、宽 5.0、厚 4.2 厘米（图 3-129，7）。

敲砸器　11 件。

标本 F6：103，青灰色板岩。打制，不规则椭圆形，多棱角，多剥片疤，局部保留石皮，敲砸痕迹细碎。长 5.0、宽 5.3、厚 4.0 厘米（图 3-130，1；彩版七三，3）。

标本 F6：130，青灰色板岩。打制，不规则圆角方形，多剥片疤，局部保留石皮，周边敲砸痕迹细碎。长 8.0、宽 6.3、厚 4.9 厘米（图 3-130，2；彩版七四，1）。

标本 F6：131，青灰色板岩。打制，不规则扁椭圆形，多剥片疤，局部保留石皮，周边敲砸痕迹细碎。长 8.0、宽 6.0、厚 3.8 厘米（图 3-130，3；彩版七四，2）。

标本 F6：132，青褐色凝灰岩。打制，不规则圆角方形，多剥片疤，局部保留石皮，周边敲砸痕迹细碎。长 8.4、宽 6.6、厚 6.0 厘米（图 3-130，4；彩版七四，3）。

标本 F6：133，青灰色安山岩。打制，不规则椭圆形，多棱角，多剥片疤，局部保留石皮，周边敲砸痕迹明显长。长 8.8、宽 6.8、厚 6.3 厘米（图 3-130，5）。

标本 F6：134，青色板岩。打制，不规则椭圆形，多棱角，多剥片疤，局部保留石皮，周边敲砸

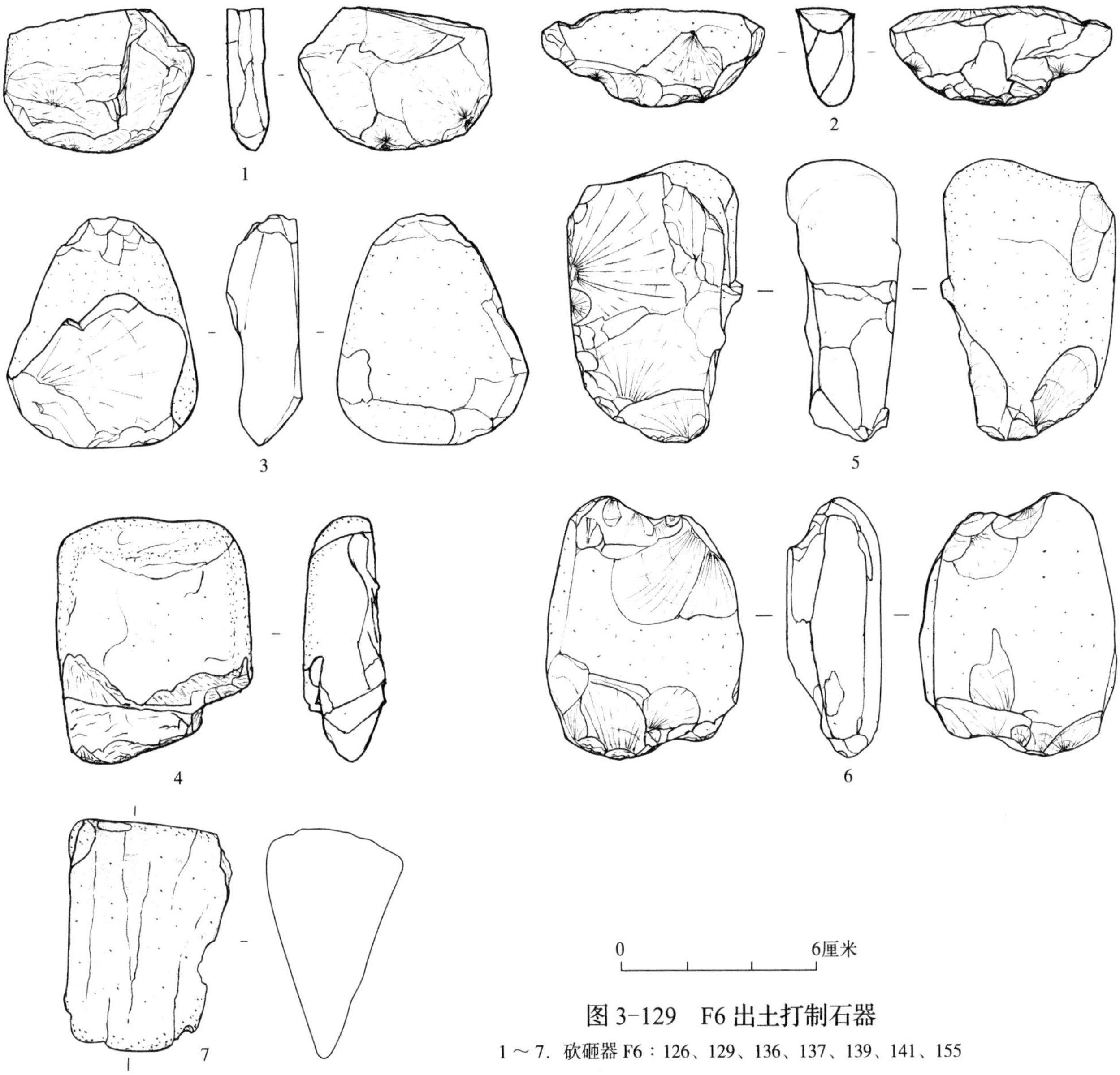

图 3-129　F6 出土打制石器

1～7. 砍砸器 F6：126、129、136、137、139、141、155

痕迹细碎。长 7.1、宽 6.2、厚 5.9 厘米（图 3-130，6；彩版七四，4）。

标本 F6：135，青色板岩。打制，不规则椭圆形，两端多剥片疤，局部保留石皮，两端敲砸痕迹明显。长 7.5、宽 4.2、厚 3.3 厘米（图 3-130，7；彩版七四，5）。

标本 F6：138，浅黄褐色砂岩。打制，不规则椭圆形，多棱角，多剥片疤，局部保留石皮，周边敲砸痕迹明显。长 7.6、宽 6.7、厚 6.4 厘米（图 3-130，8）。

标本 F6：140，灰白色石英脉。打制，不规则椭圆形，局部保留石皮，周边敲砸痕迹细碎。长 7.4、宽 6.6、厚 6.2 厘米（图 3-130，9；彩版七四，6）。

标本 F6：142，青色板岩。打制，不规则扁长方形，多棱角，局部保留石皮，周边敲砸痕迹明显。长 6.0、宽 5.3、厚 3.7 厘米（图 3-130，10）。

标本 F6：144，灰白色石英岩。打制，不规则长方形，局部保留石皮，一端敲砸痕迹明显。长 10.5、宽 6.4 厘米（图 3-130，11）。

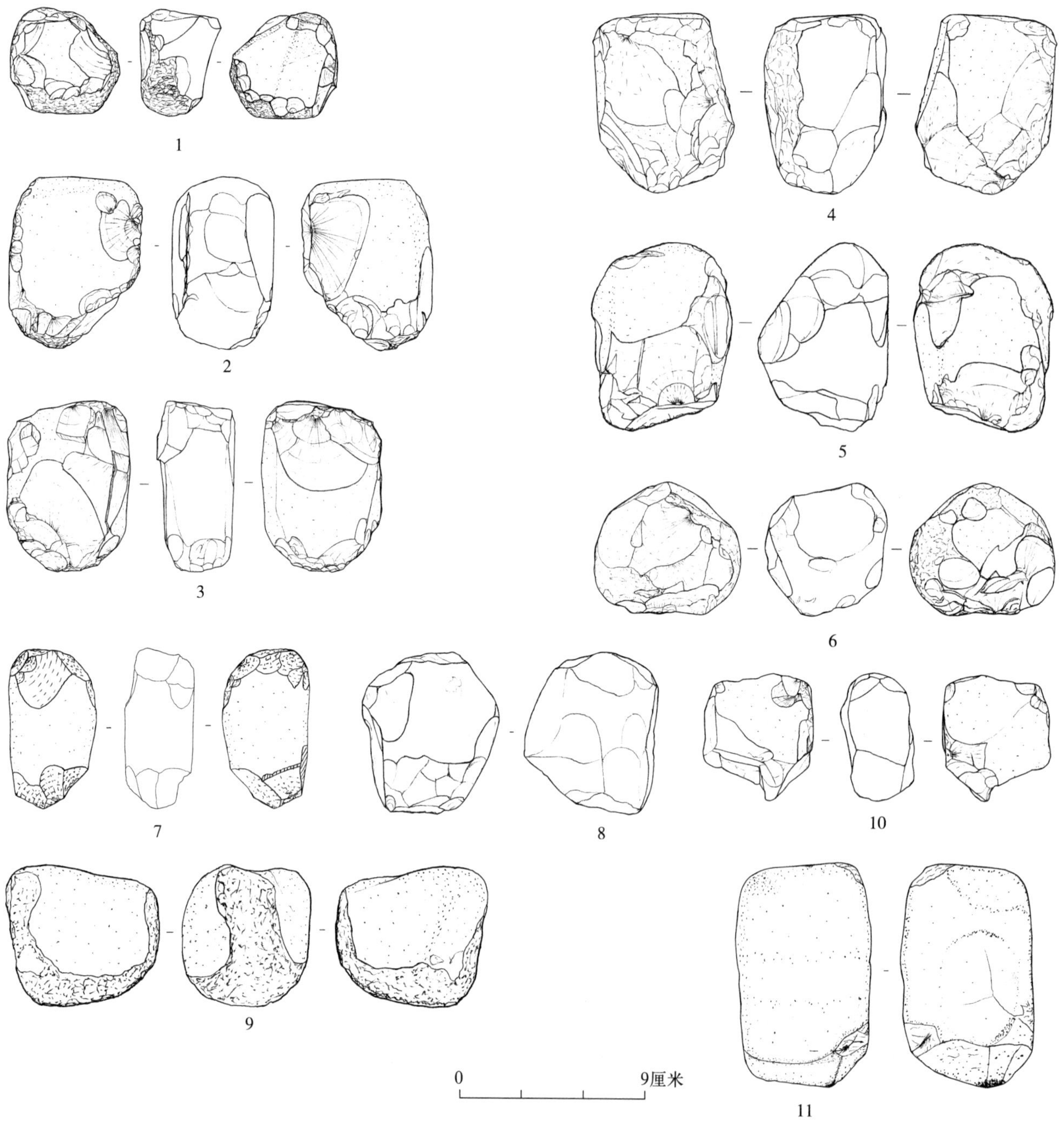

图 3-130　F6 出土打制石器

1 ～ 11. 敲砸器 F6 : 103、130 ～ 135、138、140、142、144

石片刮削器　17 件。

标本 F6 : 109，青灰色板岩。打制，扇形，边刃，有刮削痕迹。长 5.1、宽 4.9、厚 1.6 厘米（图 3-131，1；彩版七五，1）。

标本 F6 : 113，浅黄色板岩。打制，椭圆形，一面保留石皮，边刃，有刮削痕迹。长 6.0、宽 3.3、厚 1.1 厘米（图 3-131，2）。

标本 F6 : 114，青灰色板岩。打制，不规则梯形，一侧有尖角，边刃，有刮削痕迹。长 5.0、宽 3.6、厚 1.6 厘米（图 3-131，3）。

标本 F6∶115，青灰色板岩。打制，不规则四边形，边刃，有刮削痕迹。长 3.8、宽 3.7、厚 0.8 厘米（图 3-131，4）。

标本 F6∶116，青色板岩。打制，不规则多边形，边刃，有刮削痕迹。长 3.3、宽 3.2、厚 1.0 厘米（图 3-131，5）。

标本 F6∶117，青色板岩。打制，不规则四边形，边刃，有刮削痕迹。长 3.8、宽 2.9、厚 0.7 厘米（图 3-131，6）。

标本 F6∶118，青灰色砂质板岩。打制，不规则半圆形，边刃压琢呈齿状，有刮削痕迹。长 3.9、宽 2.5、厚 0.7 厘米（图 3-131，7）。

标本 F6∶119，青灰色板岩。打制，不规则三角形，边刃，有刮削痕迹。长 3.7、宽 3.0、厚 0.5 厘米（图 3-131，8）。

标本 F6∶120，青色砂质板岩。打制，长条形，边刃，有刮削痕迹。长 5.3、宽 2.9、厚 0.6 厘米（图 3-131，9）。

标本 F6∶121，青灰色泥质板岩。打制，宽叶形。边刃，有刮削痕迹。长 3.5、宽 1.7、厚 0.4 厘米（图 3-131，10）。

标本 F6∶122，灰褐色砂质板岩。打制，蚌壳形，边刃，有刮削痕迹。长 4.8、宽 2.3、厚 0.8 厘米（图 3-132，1）。

标本 F6∶123，青色板岩。打制，不规则五边形，边刃，有刮削痕迹。长 4.8、宽 4.0、厚 1.2 厘米（图 3-132，2）。

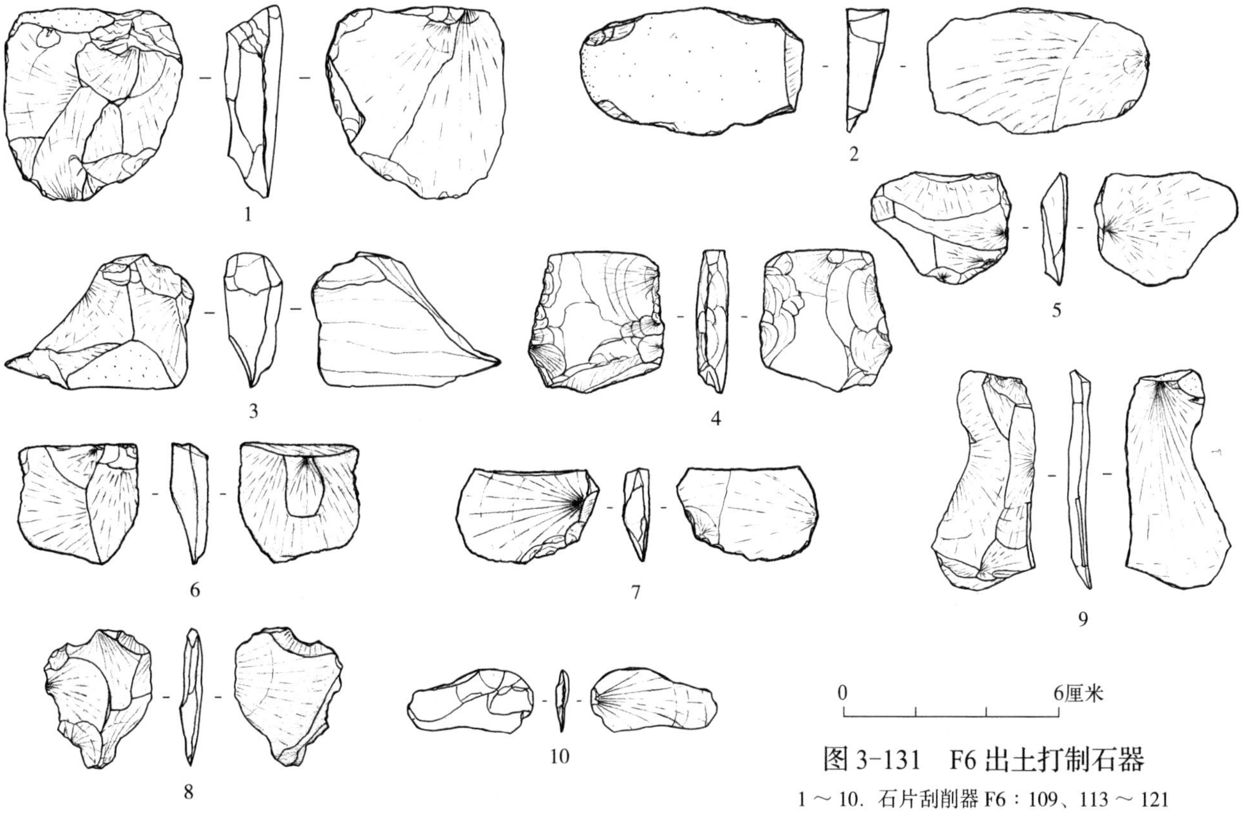

图 3-131　F6 出土打制石器

1～10. 石片刮削器 F6∶109、113～121

标本F6：124，青色板岩。打制，不规则椭圆形，边刃，有刮削痕迹。长3.7、宽3.5、厚0.8厘米（图3-132，3）。

标本F6：125，青灰色板岩。打制，蚌壳形，边刃，有刮削痕迹。长4.4、宽2.8、厚0.6厘米（图3-132，4；彩版七五，2）。

标本F6：127，青色板岩。打制，蚌壳形，边刃，有刮削痕迹。长4.0、宽2.8、厚1.1厘米（图3-132，5）。

标本F6：128，青色板岩。打制，不规则四边形，边刃，有刮削痕迹。长5.9、宽4.4、厚1.3厘米（图3-132，6）。

标本F6：158，残。青色板岩。打制，长方形，横截面三角形，边刃，有刮削痕迹。长7.1、宽4.0、厚0.7厘米（图3-132，7）。

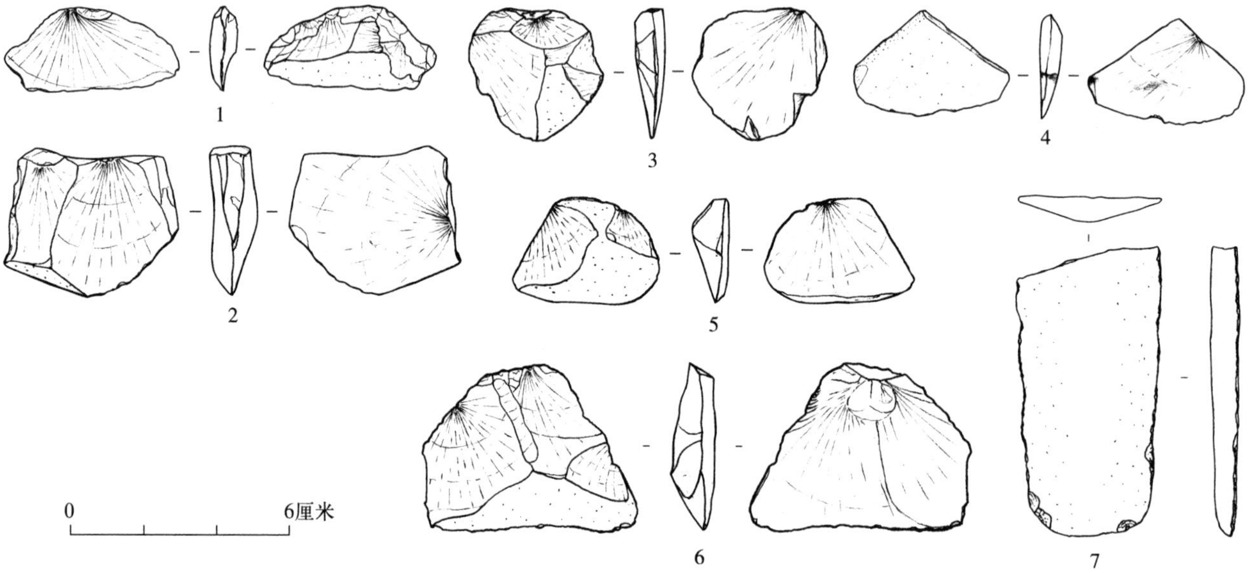

图3-132　F6出土打制石器

1～7. 石片刮削器F6：122～125、127、128、158

网坠　4件。

标本F6：107，浅黄色斑岩。打制，不规则扁平椭圆形，两侧对称打出豁口。长8.9、宽8.8、厚1.1厘米（图3-133，1；彩版七五，3）。

标本F6：108，基本完整，深褐色砂岩。打制，不规则扁平椭圆形，两侧对称打出豁口。长8.0、宽7.0、厚1.2厘米（图3-133，2；彩版七五，4）。

标本F6：110，残，黄褐色凝灰质板岩。打制，残存一侧豁口。残长8.6、宽7.4、厚1.3厘米（图3-133，3）。

标本F6：111，浅黄色砂岩。打制，不规则扁平多边形，两侧对称打出豁口。长12.9、宽11.6、厚3.0厘米（图3-133，4）。

（2）细石器

29件，其中石叶刮削器14件，尖状器2件，石镞4件，石片9件。

石叶刮削器　14件，均边刃使用。

标本 F6：13，青灰色板岩。琢制，长叶形，横截面三角形，边刃，有刮削痕迹。长 4.1、宽 1.3、厚 0.4 厘米（图 3-134，1）。

标本 F6：14，黄褐色燧石。琢制，长叶形，横截面梯形，边刃，有刮削痕迹。长 2.7、宽 0.6、厚 0.1 厘米（图 3-134，2）。

标本 F6：17，残，褐色燧石。琢制，长条形，横截面菱形，边刃，有刮削痕迹。长 1.4、宽 0.4、厚 0.1 厘米（图 3-134，3）。

标本 F6：19，黄褐色燧石。琢制，长条形，横截面梯形，边刃，有刮削痕迹。长 1.5、宽 0.7、厚 0.1 厘米（图 3-134，4）。

标本 F6：23，黄色燧石。琢制，长条形，横截面三角形，边刃，有刮削痕迹。长 1.9、宽 0.7、厚 0.1 厘米（图 3-134，5）。

标本 F6：26，黄褐色燧石。琢制，长条形，横截面梯形，边刃，有刮削痕迹。长 1.6、宽 0.4、厚 0.1 厘米（图 3-134，6）。

标本 F6：27，黄褐色燧石。琢制，叶形，横截面三角形，边刃，有刮削痕迹。长 1.4、宽 0.6、厚 0.2 厘米（图 3-134，7）。

标本 F6：34，黄褐色燧石。琢制，长条形，横截面梯形，边刃，有刮削痕迹。长 1.4、宽 0.6、厚 0.1 厘米（图 3-134，8）。

标本 F6：35，黄褐色燧石。琢制，长条形，横截面三角形，边刃，有刮削痕迹。长 1.7、宽 0.5、厚 0.2 厘米（图 3-134，9）。

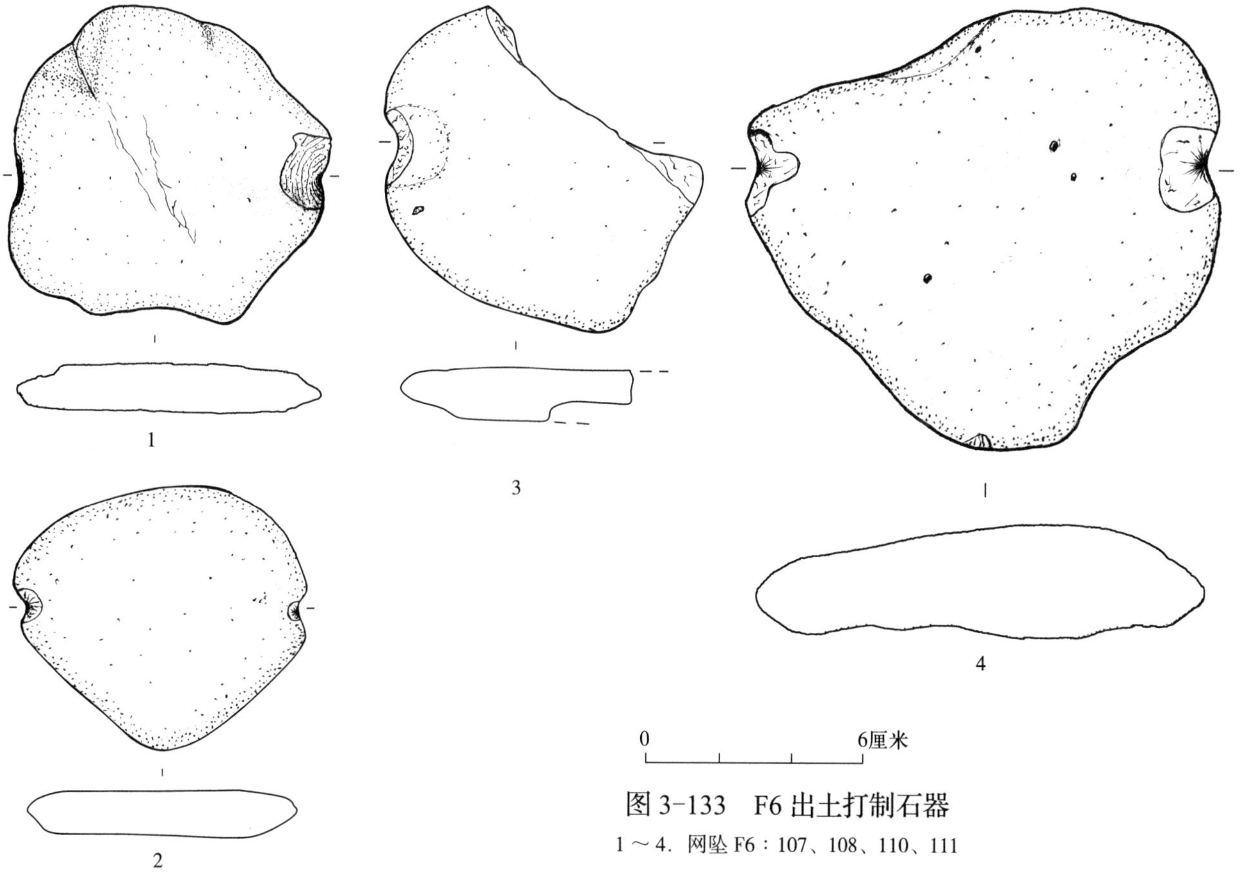

图 3-133　F6 出土打制石器

1～4. 网坠 F6：107、108、110、111

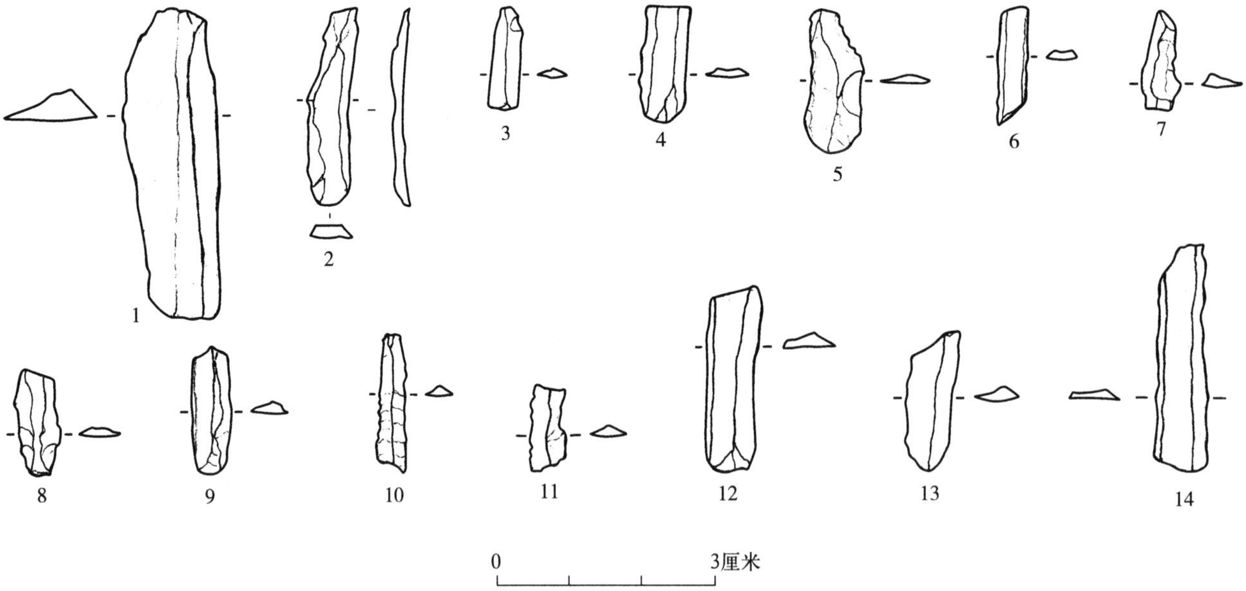

图 3-134　F6 出土细石器

1 ~ 14. 石叶刮削器 F6 : 13、14、17、19、23、26、27、34、35、38、40、44、50、54

标本 F6 : 38，绿色燧石。琢制，长条形，横截面三角形，边刃，有刮削痕迹。长 1.8、宽 0.3、厚 0.1 厘米（图 3-134，10）。

标本 F6 : 40，绿色燧石。琢制，长条形，横截面三角形，边刃，有刮削痕迹。长 1.2、宽 0.5、厚 0.1 厘米（图 3-134，11）。

标本 F6 : 44，黄色燧石。琢制，长条形，横截面三角形，边刃，有刮削痕迹。长 2.5、宽 0.7、厚 0.1 厘米（图 3-134，12）。

标本 F6 : 50，乳白色燧石。琢制，长条形，横截面三角形，边刃，有刮削痕迹。长 1.9、宽 0.7、厚 0.1 厘米（图 3-134，13）。

标本 F6 : 54，黄色燧石。琢制，长条形，横截面梯形，边刃，有刮削痕迹。长 3.3、宽 0.8、厚 0.1 厘米（图 3-134，14）。

尖状器　2 件。

标本 F6 : 22，青灰色燧石。琢制，横截面梯形，尖部稍宽于尾器。尖、边刃压琢呈细齿状。长 5.7、宽 1.1、厚 0.4 厘米（图 3-135，1；彩版七五，5）。

标本 F6 : 32，青灰色燧石。琢制，长叶形，横截面梯形，边刃压琢呈齿状，尖部经使用已圆钝。长 3.9、宽 0.9、厚 0.2 厘米（图 3-135，2）。

石镞　4 件。有铤石镞 1 件，圭形镞 1 件，不明型式 2 件。

有铤石镞　1 件。

标本 F6 : 2，深黄色玛瑙。琢制，长叶形，横截面三角形。锋、边刃压琢呈细齿状，有短铤。长 3.5、宽 0.9、厚 0.2 厘米（图 3-135，3；彩版七五，6）。

圭形镞　1 件。

标本 F6 : 52，褐色燧石。琢制，圭形，平底。横截面梯形，锋、刃部从背面向腹面压琢呈细齿状。长 3.4、宽 1.1、厚 0.2 厘米（图 3-135，4）。

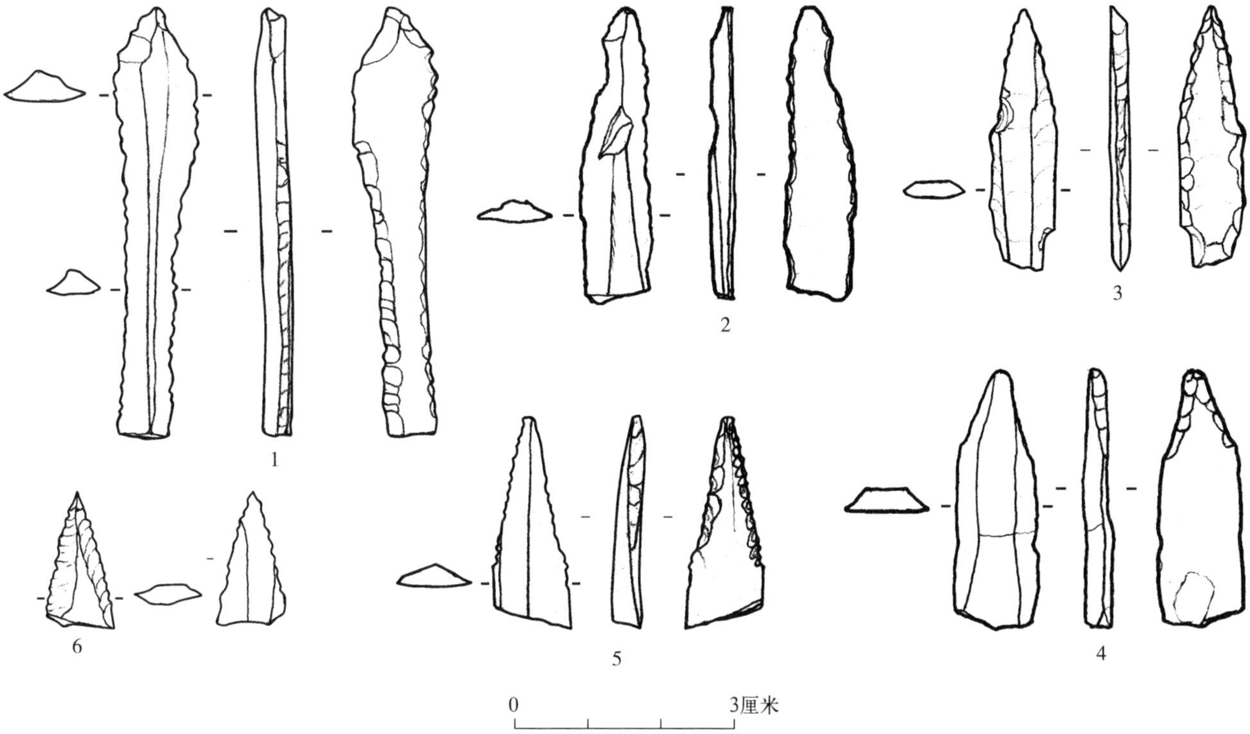

图 3-135　F6 出土细石器

1、2. 尖状器 F6：22、32　3. 有铤石镞 F6：2　4. 圭形镞 F6：52　5、6. 石镞标本 F6：1、5

石镞标本　2 件

标本 F6：1，残，青灰色燧石。琢制，横截面三角形，锋、刃部从背面向腹面压琢呈细齿状。残长 2.8、宽 1.0、厚 0.3 厘米（图 3-135，5；彩版七五，7）。

标本 F6：5，残，褐色燧石。琢制，锋尖锐，横截面不规则菱形，锋、刃部从背面向腹面压琢呈细齿状。残长 1.8、宽 1.0、厚 0.2 厘米（图 3-135，6）。

石叶　9 件。

多为石叶残段，无使用痕迹。

标本 F6：7，黄褐色燧石。琢制，长方形，横截面梯形。长 0.8、宽 0.8、厚 0.1 厘米（图 3-136，1）。

标本 F6：8，红褐色燧石。琢制，长条形，横截面梯形。长 0.9、宽 0.4、厚 0.1 厘米（图 3-136，2）。

标本 F6：9，红褐色燧石。琢制，长条形，横截面三角形。长 0.5、宽 0.2、厚 0.1 厘米（图 3-136，3）。

标本 F6：12，乳白色燧石。琢制，长条形，横截面三角形。长 1.2、宽 0.5、厚 0.1 厘米（图 3-136，4）。

标本 F6：36，黄褐色燧石，长条形，横截面梯形。长 1.2、宽 0.6、厚 0.1 厘米（图 3-136，5）。

标本 F6：46，黄褐色燧石。琢制，长条形，横截面梯形。长 1.3、宽 0.7、厚 0.2 厘米（图 3-136，6）。

标本 F6：47，红褐色燧石。琢制，长条形，横截面梯形。长 1.0、宽 0.3、厚 0.1 厘米（图 3-136，7）。

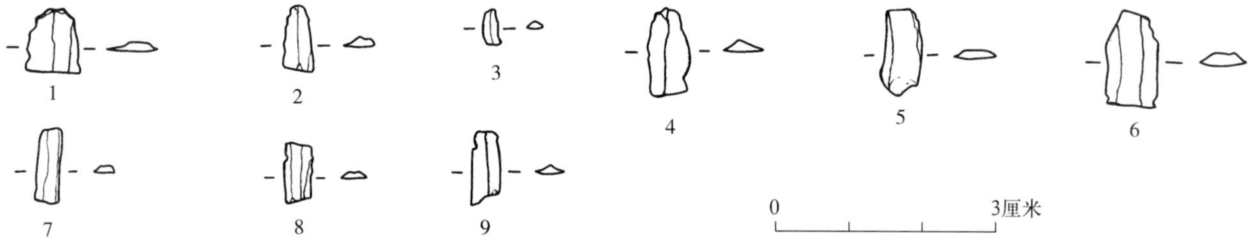

图 3-136　F6 出土细石器

1～9. 石叶 F6：7～9、12、36、46、47、49、55

标本 F6：49，红褐色燧石。琢制，长条形，横截面梯形。长 0.8、宽 0.4、厚 0.1 厘米（图 3-136，8）。

标本 F6：55，乳白色燧石。琢制，长条形，横截面三角形。长 1.0、宽 0.4、厚 0.1 厘米（图 3-136，9）。

（3）磨制石器

21 件，其中石斧 3 件，石镞 3 件，石磨盘 3 件，石磨棒 5 件，砺石 5 件，沟磨石 1 件，压磨工具 1 件。

石斧　3 件。

标本 F6：105，残，青灰色板岩。磨制，扁长方形，表面光滑，横截面圆角方形，顶、刃部残。残长 10.3、宽 6.8、厚 1.9 厘米（图 3-137，1；彩版七六，1）。

标本 F6：106，残，青灰色板岩。磨制，表面光滑，扁平梯形，横截面圆角方形。顶部、刃部残，

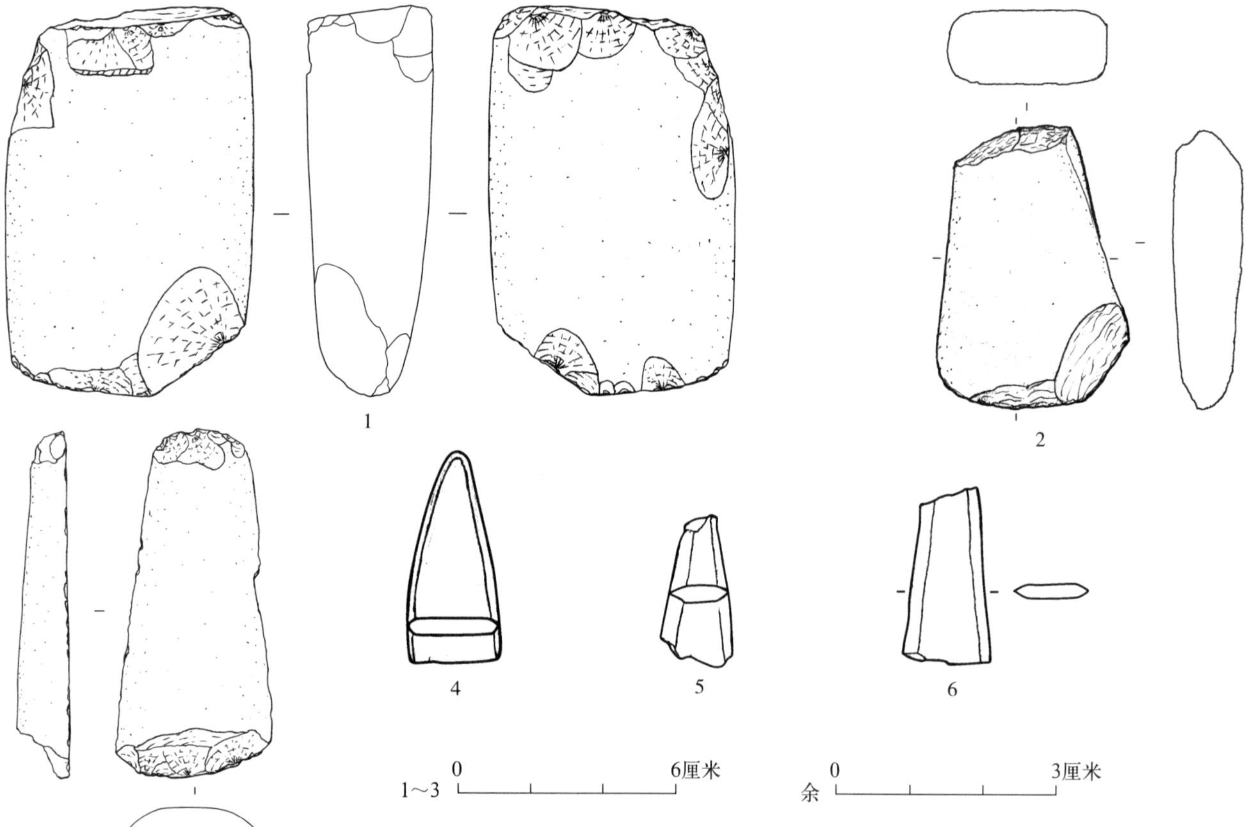

图 3-137　F6 出土磨制石器

1～3. 石斧 F6：105、106、115　4～6. 石镞 F6：20、21、51

有砸击痕迹。残长 7.3、宽 5.2、厚 3.5 厘米（图 3-137，2）。

标本 F6∶115，残，灰黄色变质岩。磨制，表面光滑，上窄下宽，残半。残长 9.2、宽 4.3、厚 1.5 厘米（图 3-137，3）。

石镞　3 件。

标本 F6∶20，基本完整，青色板岩。磨制，圭形，平底，横截面扁六棱形，平底。长 2.7、宽 1.3、厚 0.2 厘米（图 3-137，4）。

标本 F6∶21，残，青色板岩。磨制，尖叶形，横截面扁六棱形。残长 3.6、宽 1.1、厚 0.1 厘米（图 3-137，5）。

标本 F6∶51，残，青色板岩。磨制，长叶形，横截面扁六棱形，平底。残长 2.3、宽 1.2、厚 0.1 厘米（图 3-137，6）。

石磨盘　3 件。

标本 F6∶146，残，黄褐色花岗岩。磨制，圆角长方形，两磨面，一面内凹，一面较平，磨痕明显。残长 8.9、宽 18.2、厚 1.3 ～ 2.0 厘米（图 3-138，1）。

标本 F6∶156，残，黄褐色花岗岩。磨制，两磨面，一面内凹，一面较平，磨痕明显。残长 20.5、宽 12.7、厚 4.8 ～ 7.0 厘米（图 3-138，2）。

标本 F6∶157，残，黄褐色花岗岩。磨制，一面磨痕明显。残长 12.0、宽 10.8、厚 4.8 ～ 5.3 厘米（图 3-138，3）。

石磨棒　5 件。

标本 F6∶100，残，黄褐色砂砾岩。磨制，横截面半圆形，多磨面，底面平。残长 7.2、宽 6.0、厚 5.4 厘米（图 3-139，1）。

标本 F6∶101，完整，黄褐色砂砾岩。磨制，圆角长条形，两端圆弧，横截面半圆形。多磨面，底面平。长 22.6、宽 6.5、厚 3.8 厘米（图 3-139，2）。

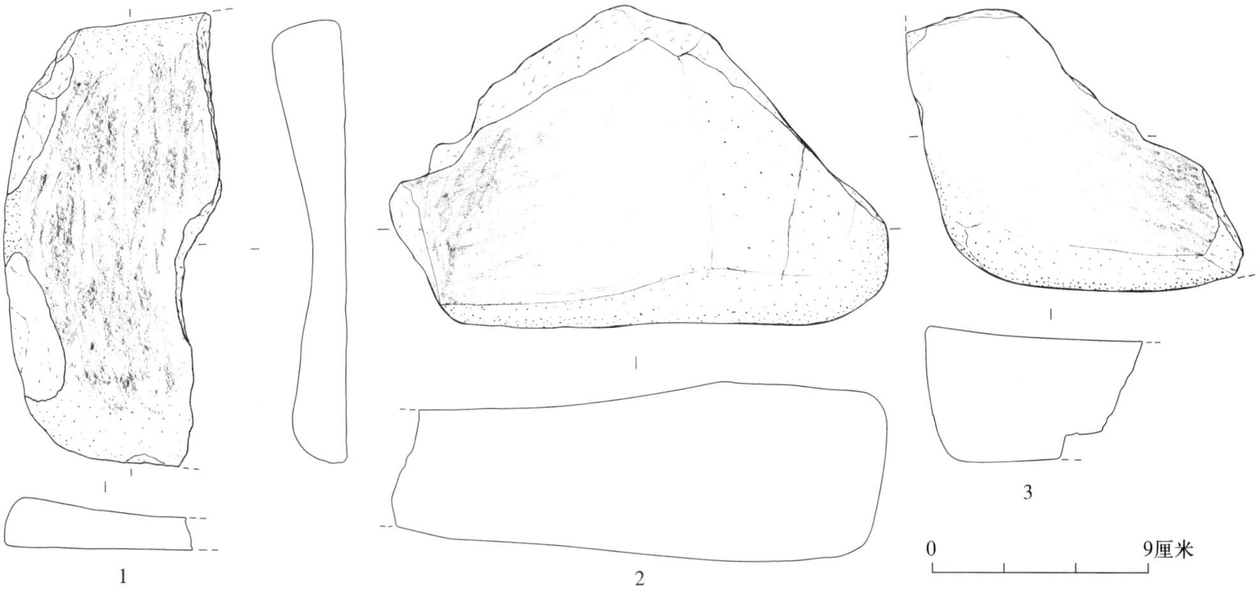

图 3-138　F6 出土磨制石器

1 ～ 3. 石磨盘 F6∶146、156、157

标本 F6：102，残，黄褐色砂砾岩。磨制，圆角长条形，横截面不规则圆角方形，多磨面，底面平。长 15.3、宽 7.0、厚 4.9 厘米（图 3-139，3；彩版七六，2）。

标本 F6：104，残块，黄褐色砂砾岩。磨制，多磨面，底面平。残长 6.6、宽 6.1、厚 4.2 厘米（图 3-139，4）。

标本 F6：153，残，红褐色花岗岩。磨制，多磨面，底面平。残长 8.0、宽 3.6、厚 3.7 厘米（图 3-139，5）。

砺石　5 件。

标本 F6：147，青褐色石英岩。磨制，不规则长方形，两面磨痕明显。长 9.4、宽 6.8、厚 1.6 ～ 3.2 厘米（图 3-140，1）。

标本 F6：148，黄褐色砂砾岩。磨制，不规则长三角形，一面磨痕明显。长 7.8、宽 4.8、厚 1.9 ～ 2.4 厘米（图 3-140，2）。

标本 F6：149，残，黄褐色砂砾岩。磨制，不规则圆形，一面磨痕明显。长 8.5、宽 6.1、厚 5.3 厘米（图 3-140，3）。

标本 F6：151，残，灰褐色砂岩。磨制，不规则三角形，一面磨痕明显。长 6.8、宽 4.3、厚 4.1

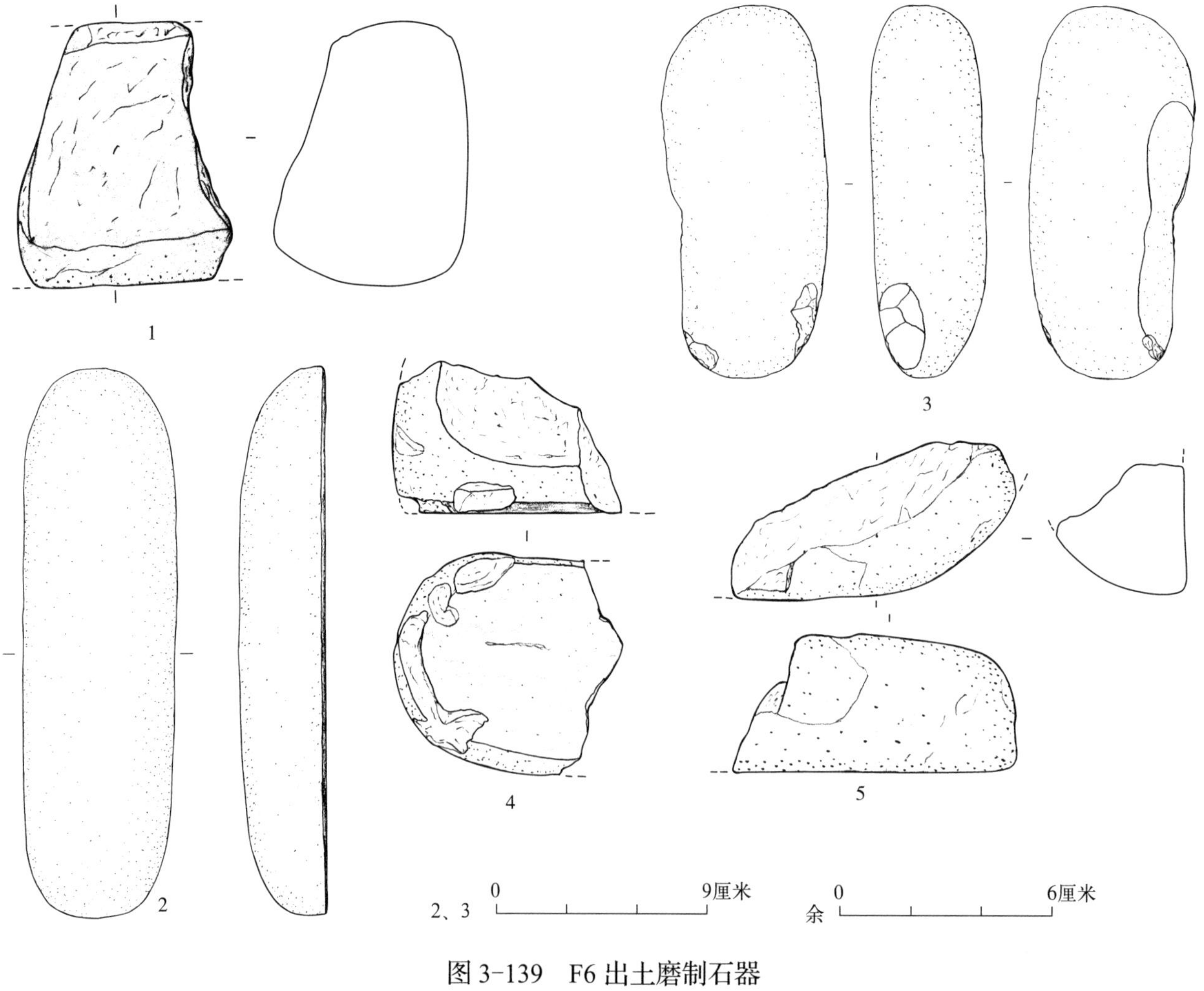

图 3-139　F6 出土磨制石器

1 ～ 5. 石磨棒 F6：100 ～ 102、104、153

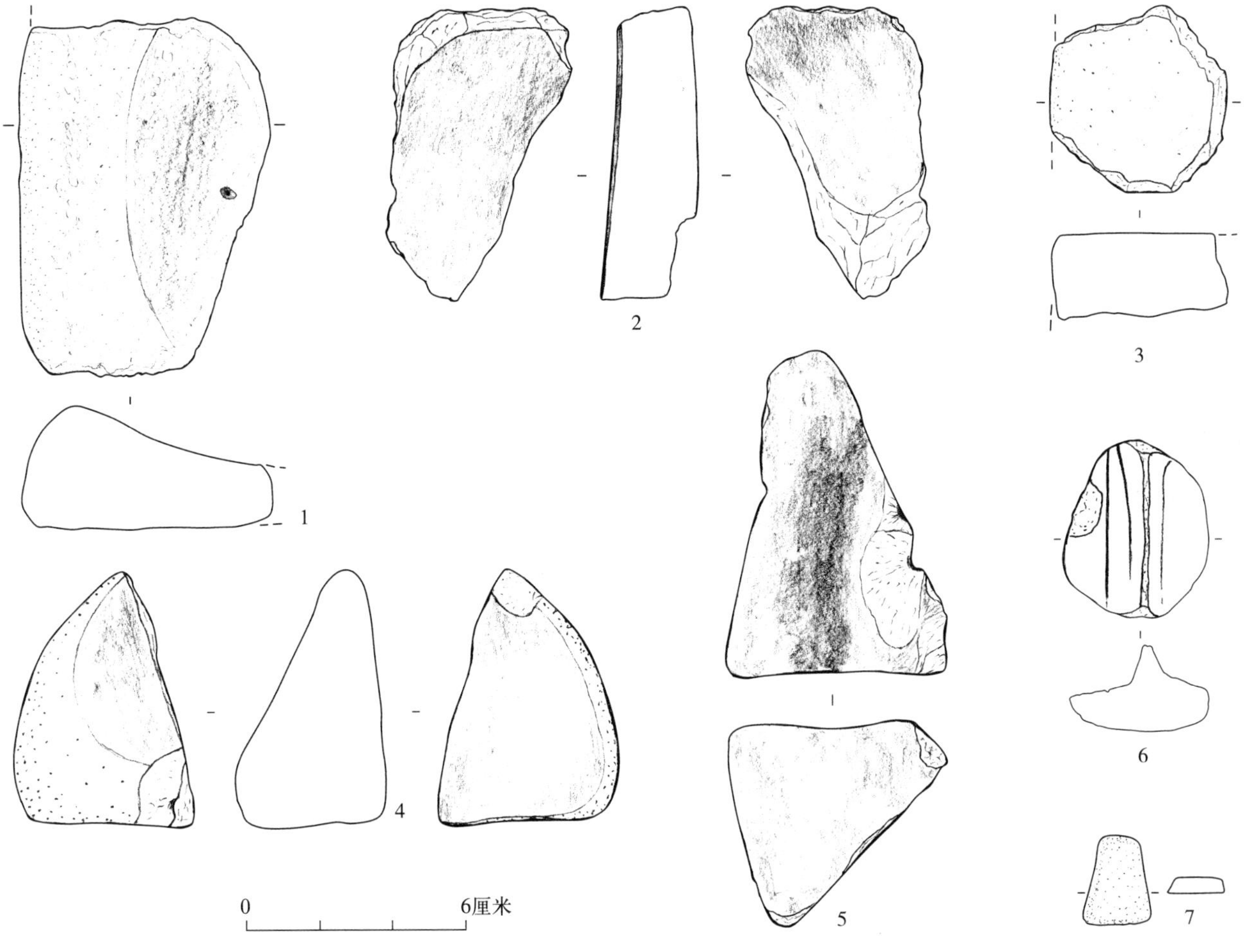

图 3-140　F6 出土磨制石器

1 ～ 5. 砺石 F6 : 147 ～ 149、151、152　6. 沟磨石 F6 : 154　7. 压磨工具 F6 : 39

厘米（图 3-140，4）。

标本 F6 : 152，残，黄褐色砂岩。磨制，不规则三角形，两面磨痕明显。残长 5.0、宽 4.9、厚 2.2 厘米（图 3-140，5）。

沟磨石　1 件

标本 F6 : 154，残，红褐色砂岩。磨制，平面椭圆形，底面圆弧，表面有两条圆凹形磨沟。长 4.7、宽 4.0、厚 2.3 厘米（图 3-140，6；彩版七六，3）。

压磨工具　1 件。

标本 F6 : 39，残，青灰色板岩。天然河卵石稍加磨制，平面梯形，底部有磨擦痕迹。长 2.3、宽 1.8、厚 0.4 厘米（图 3-140，7）。

2. 陶器

13 件，其中深腹罐 11 件，陶钵 1 件，陶杯 1 件。

深腹罐　11 件。

Ab 型Ⅳ式　2 件。

标本 F6∶159，夹砂红陶。直口，圆唇，弧腹，平底。口沿处有两周凹带，内饰划压斜线纹，腹部饰竖压横排之字纹，不及底。口径 21.6、底径 10.6、通高 31.9 厘米（图 3-141，1）。

标本 F6∶158，夹砂红陶。直口，圆唇外侈，深腹。口沿处有两周凹带，内饰划压横人字纹，腹部饰竖压横排之字纹。口径 22.0、残高 4.2 厘米（图 3-141，2）。

Ac 型Ⅲ式　1 件。

标本 F6∶179，残，夹砂褐陶。直口，圆唇，直腹。口沿处两周凹带，内饰划压斜线纹和网格纹，腹部饰竖压横排之字纹。口径 28.0、残高 7.5 厘米（图 3-141，3）。

罐口沿　1 件。

标本 F6∶162，残，夹砂红褐陶。敞口，圆唇，斜直腹。口沿处有一周凹带，内饰划压横人字纹，腹饰竖压横排之字纹。残高 3.2 厘米（图 3-141，4）。

器底　1 件。

标本 F6∶164，残，夹砂红陶。平底。腹饰竖压横排之字，不及底。底径 15.0、残高 2.8 厘米（图 3-141，5）。

Ba 型Ⅲ式　2 件。

标本 F6∶160，可修复，夹砂红陶。直口，圆唇，深腹弧收，平底。口沿处有三周凹带，内饰戳刺点纹，腹饰压印弦纹。口径 13.6、底径 8.0、通高 17.8 厘米（图 3-142，1；彩版七六，4）。

标本 F6∶183，残，夹砂红陶。直口，圆唇，直腹。口沿处有两周凹带，内饰斜线纹，腹部饰压印弦纹。口径 16.0、残高 3.2 厘米（图 3-142，2）。

口沿　1 件。

标本 F6∶181，残，夹砂红陶。敞口，圆唇，斜直腹。口沿处有两周戳刺纹，腹部为弦纹。残高 2.5 厘米（图 3-142，3）。

器底　1 件

标本 F6∶180，残，夹砂红褐陶。平底。腹部饰压印弦纹。底径 5.7、残高 1.9 厘米（图 3-142，4）。

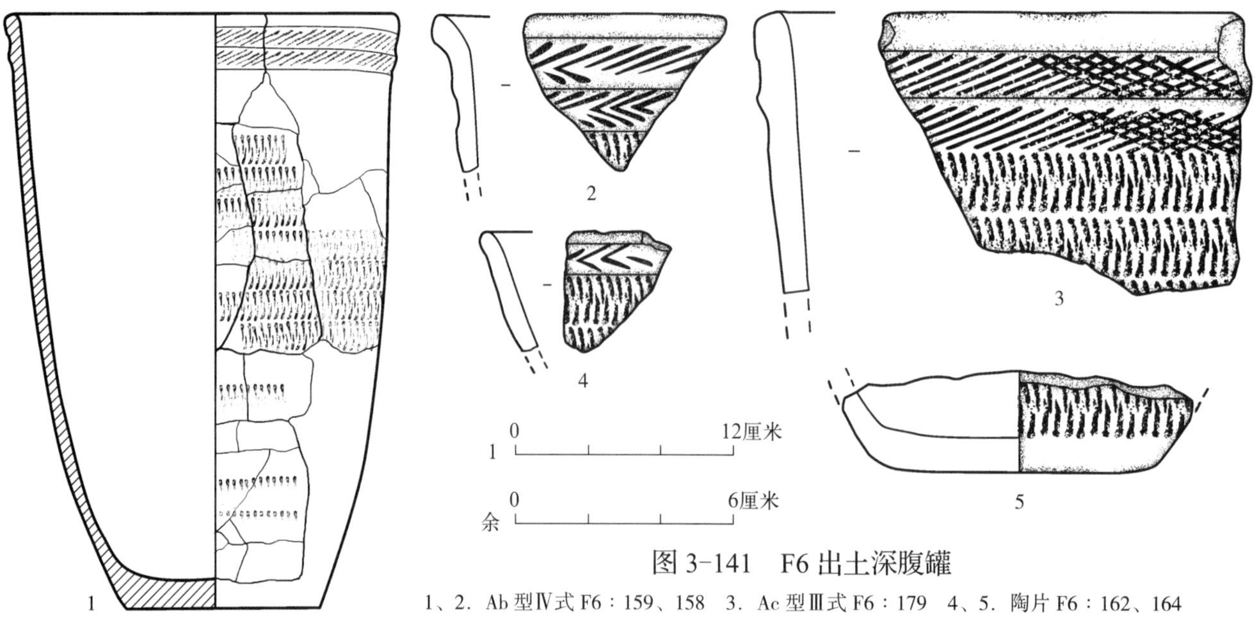

图 3-141　F6 出土深腹罐

1、2. Ab 型Ⅳ式 F6∶159、158　3. Ac 型Ⅲ式 F6∶179　4、5. 陶片 F6∶162、164

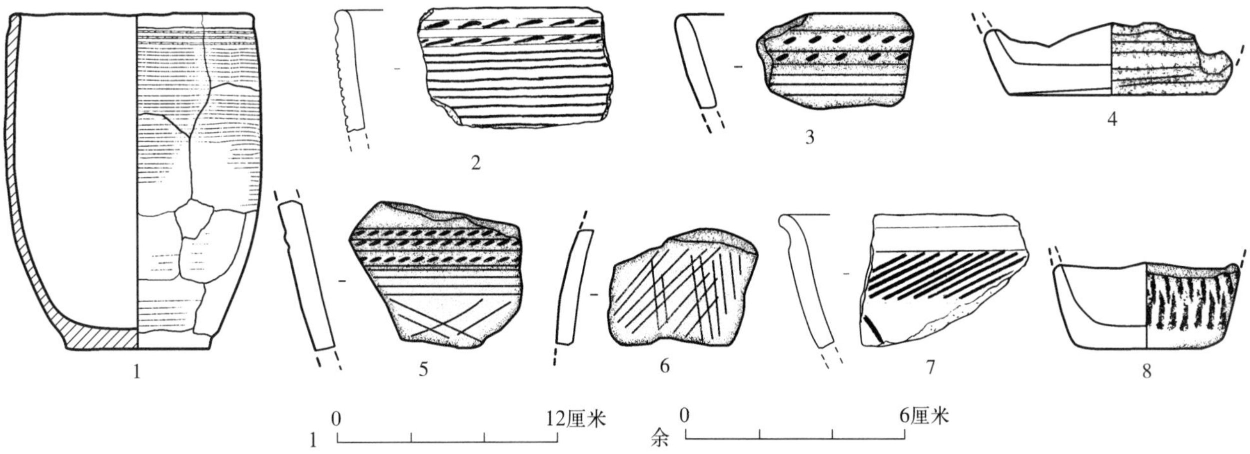

图 3-142　F6 出土陶器

1、2. Ba 型Ⅲ式深腹罐 F6：160、183　3、4. 陶片 F6：181、180　5、6. Db 型Ⅳ式 F6：170、175　7. 陶钵 F6：184　8. 陶杯 F6：165

Db 型Ⅳ式　2 件。

标本 F6：170，残，夹砂红褐陶。口沿处有三周凹带，内饰戳刺纹，腹部饰压印弦纹、划压网格纹。残高 4.0 厘米（图 3-142，5）。

罐腹片　1 件

标本 F6：175，残，夹砂红陶。腹部饰划压菱形网格纹。残高 3.1 厘米（图 3-142，6）。

陶钵　1 件。

标本 F6：184，残，夹砂红陶。敞口，圆唇，弧腹。口沿处有一周素面凹带，上腹部饰划斜线纹。口径 16.0、残高 3.5 厘米（图 3-142，7）。

陶杯　1 件。

标本 F6：165，残。夹砂红陶。直腹，平底。腹饰竖压横排之字。底径 8.0、残高 2.3 厘米（图 3-142，8）。

3. 煤精制品

11 件，其中圆饼形器 1 件、泡形器 3 件、球形器 1 件、耳珰形器 5 件、锥形器 1 件。

圆饼形器　1 件。

标本 F6：6，磨制，圆形，表面光滑。直径 1.3、高 0.4 厘米（图 3-143，1）。

泡形器　3 件。

标本 F6：3，残。磨制，圆顶，表面光滑，内凹光洁，边缘尖锐。直径 3.6、高 0.8 厘米（图 3-143，2）。

标本 F6：4，残。磨制，表面光滑，边缘圆钝。直径 2.3、高 1.0 厘米（图 3-143，3）。

标本 F6：24，残。磨制，圆顶，表面光滑，内凹光洁，边缘尖锐。直径 4.4、高 1.2 厘米（图 3-143，4）。

球形器　1 件。

标本 F6：28，残。磨制，表面光滑。直径 1.3 厘米（图 3-143，5）。

耳珰形器　5件。

标本F6∶12，残。磨制，表面光滑。顶残，束颈，平底。残高1.3、底径1.2～1.3厘米（图3-143，6）。

标本F6∶18，磨制，表面光滑。尖顶，束颈，平底。通高2.8、颈0.5、底径1.2厘米（图3-143，7；彩版七六，5）。

标本F6∶31，残。磨制，表面光滑。顶残，束颈，平底。残高2.0、底径1.3厘米（图3-143，8）。

标本F6∶30，残半。表面光滑，顶残，束颈，平底。残高1.8、底径1.2厘米（图3-143，9）。

标本F6∶43，残，表面光滑，顶部残，束颈，底部稍圆弧。高3.2、颈0.6、底径1.7厘米（图3-143，10）。

锥形器　1件。

标本F6∶37，磨制，圆锥形，表面光滑。高1.5、底径1.4厘米（图3-143，11；彩版七六，6）。

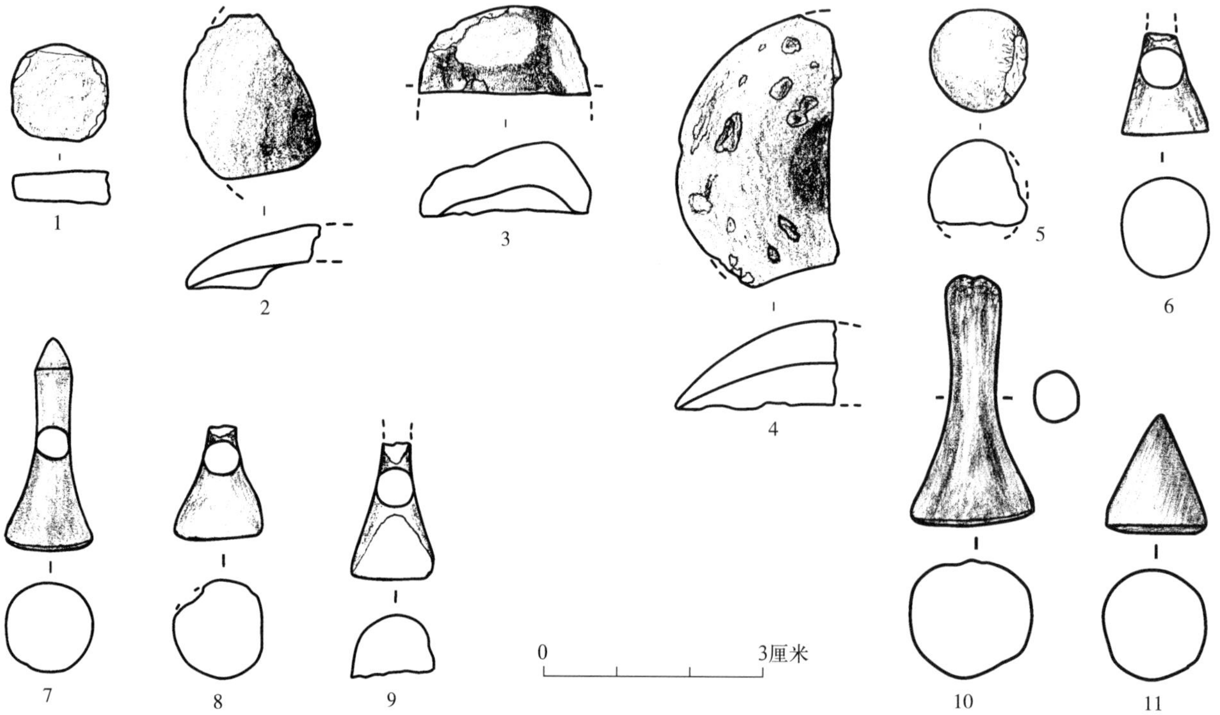

图3-143　F6出土煤精制品

1. 圆饼形器F6∶6　2～4. 泡形器F6∶3、4、24　5. 球形器F6∶28　6～10. 耳珰形器F6∶12、18、31、30、43　11. 锥形器F6∶37

（七）F7

F7位于遗址中部南侧，东距F10约2.90、北距F16约3.80、西距F11约4.00米。房址开口②层下，打破生土。为圆角长方形，半地穴式。南北长8.40、东西宽7.60、穴壁存深0.50米，面积约63平方米（图3-144；彩版七七，1）。

房址内发现灶址2个，位于中部偏南处，东西并列位，编号Z1、Z2。Z1位于西侧，平面呈椭圆形，南北长约1.51、东西宽约1.35、深0.23米。Z2位于Z1东部，西壁被Z1打破，平面呈椭圆形，南北长约0.64、东西最宽处约0.37米。灶址内均发现有红烧土、烧烤壁。在Z1西、北部居住面上发现有红烧土散落堆积。

居住面堆积土色较杂，稍坚硬。遗物多出于居住面上。

在房址西部居住面上还发现有两处散落沙土堆积，面积 0.80 平方米。

房址内发现窖穴 1 个，编号 J1。位于房址中部偏北处，开口于居住面，平面圆角方形，南北长 1.56、东西宽 1.33、深 0.80 米，平底。内含陶片石器等遗物。

房址内发现柱洞 49 个，有壁柱和内柱，内柱约有 8 个，其余为壁柱。发现柱坑 21 处。柱洞平

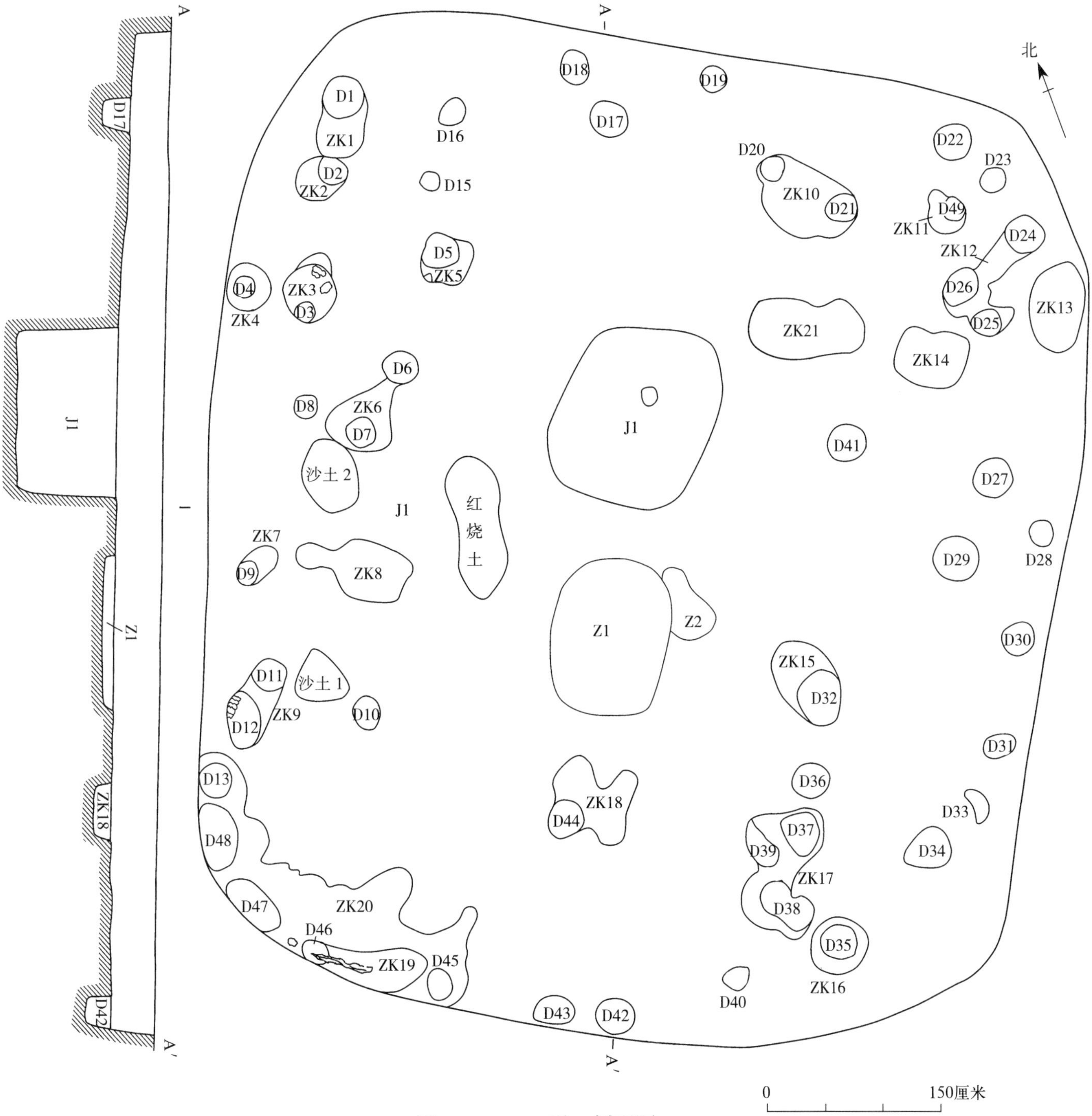

图 3-144　F7 平、剖面图

均直径 0.25×0.26、深 0.03 ～ 0.14 米。

房址内出土有石器、陶器、煤精制品、赤铁矿石等遗物，共计 100 件。

1. 石器

73 件。打制石器 32 件、细石器 21 件、磨制石器 20 件。

（1）打制石器

32 件。其中砍砸器 9 件、敲砸器 11 件、石片刮削器 5 件、网坠 5 件。

砍砸器 9 件。

标本 F7∶20，青色板岩。打制，不规则椭圆形，局部保留石皮。多棱角，边刃，砍砸痕迹明显。长 8.1、宽 6.1、厚 3.2 厘米（图 3-145，1；彩版七七，2）。

标本 F7∶21，青色板岩。打制，不规则三棱形。棱角，边刃，砍砸痕迹明显。长 9.1、宽 5.3、厚 5.4 厘米（图 3-145，2；彩版七七，3）。

标本 F7∶28，青灰色石英斑岩。打制，斧形，局部保留石皮。平顶，圆弧，砍砸痕迹细碎。长 12.5、宽 7.1、厚 3.1 厘米（图 3-145，3；彩版七八，1）。

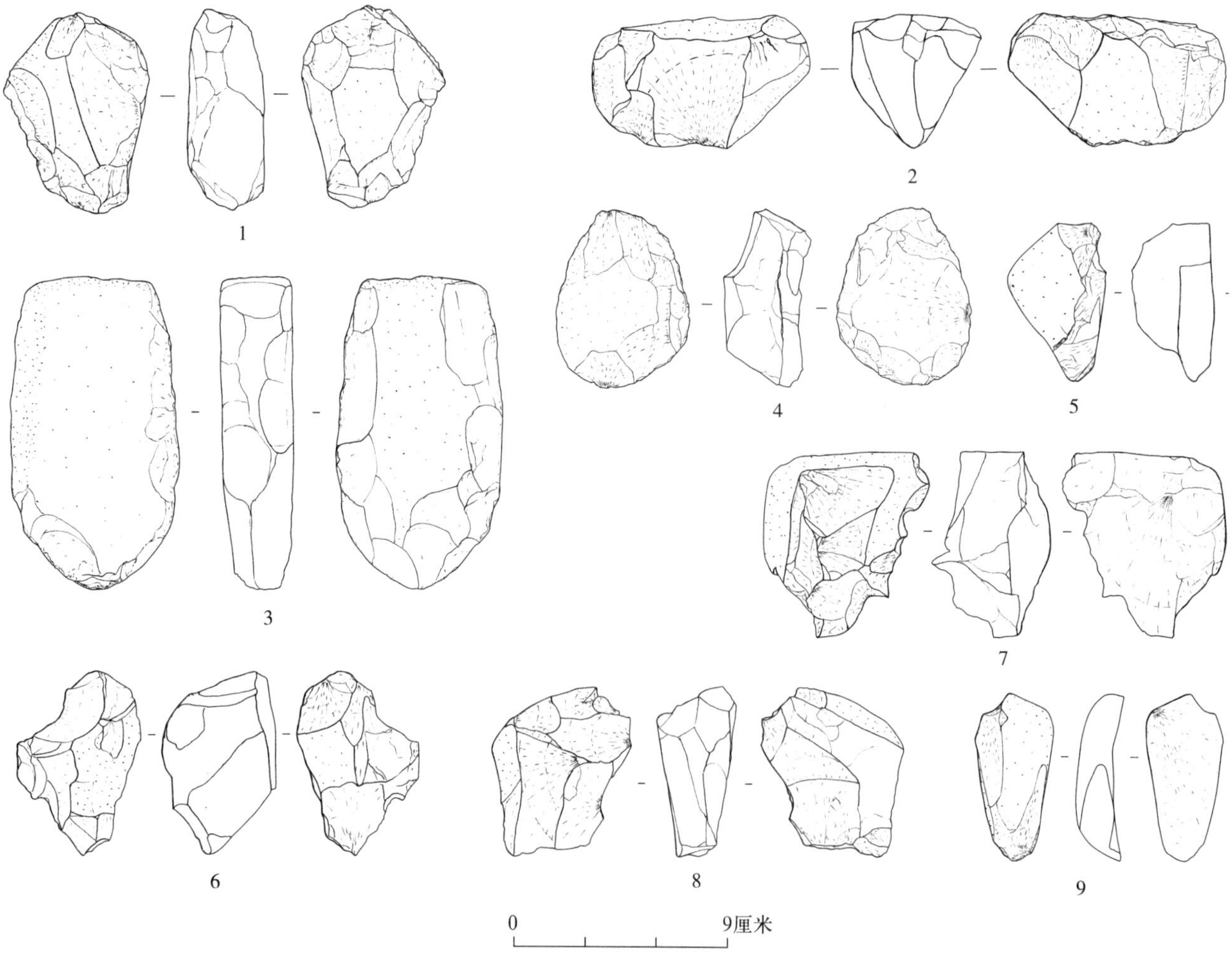

图 3-145　F7 出土打制石器

1 ～ 9. 砍砸器 F7∶20、21、28、34、77 ～ 80、84

标本F7∶34，青灰色脉岩。打制，扁圆角圆形，局部保留石皮。多棱角，多剥片疤，砍砸痕迹明显。长7.1、宽5.6、厚3.5厘米（图3-145，4；彩版七八，2）。

标本F7∶77，青色板岩。打制，不规则形，局部保留石皮。边刃，砍砸痕迹明显。长6.4、宽4.0、厚3.4厘米（图3-145，5）。

标本F7∶78，青灰色板岩。打制，不规则三角形，多棱角，边刃，砍砸痕迹明显。长7.4、宽5.2、厚4.7厘米（图3-145，6）。

标本F7∶79，青色板岩。打制，不规则多边形，多棱角，边刃，砍砸痕迹明显。长7.5、宽6.8、厚5.0厘米（图3-145，7）。

标本F7∶80，青褐色板岩。打制，不规则多边形，多棱角，边刃，砍砸痕迹明显。长6.9、宽6.0、厚3.4厘米（图3-145，8）。

标本F7∶84，青色板岩。打制，长舌形，边刃，砍砸痕迹明显。长6.7、宽3.2、厚1.5厘米（图3-145，9）。

敲砸器　11件。

标本F7∶16，青灰色板岩。打制，椭圆形，局部保留石皮。多棱角，多剥片疤。周边敲砸痕迹明显。长6.9、宽6.5、厚5.0厘米（图3-146，1；彩版七八，3）。

标本F7∶17，青色板岩。打制，椭圆形，多棱角，周边敲砸痕迹细碎。长6.2、宽5.7、厚4.9厘米（图3-146，2；彩版七八，4）。

标本F7∶18，青色板岩。打制，局部保留石皮。长椭圆形，多棱角，多剥片疤。周边敲砸痕迹明显。长9.1、宽5.1、厚4.2厘米（图3-146，3）。

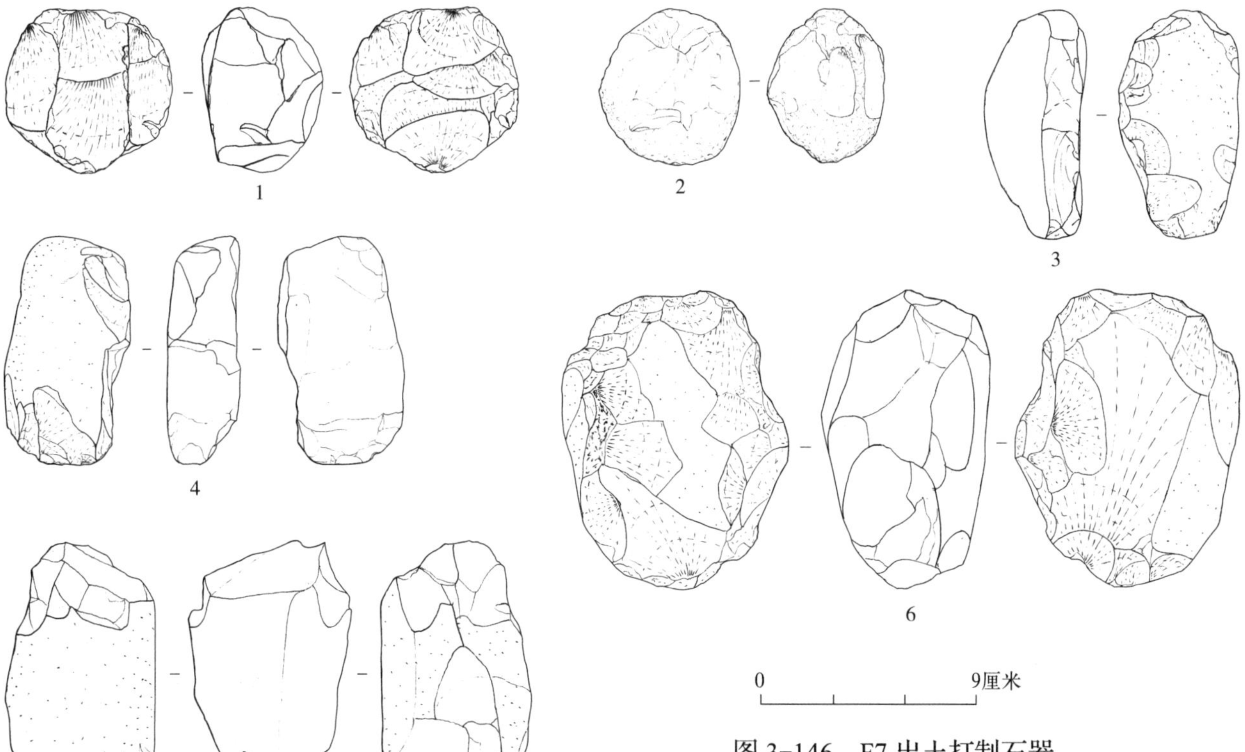

图3-146　F7出土打制石器

1～6. 敲砸器F7∶16～19、22、23

标本F7∶19，青色板岩。打制，局部保留石皮。长方形，两端敲砸痕迹明显。长9.1、宽5.2、厚3.0厘米（图3-146，4）。

标本F7∶22，青灰色石英岩。打制，不规则方形，局部保留石皮。多棱角，周边敲砸痕迹明显。长10.1、宽6.2、厚6.7厘米（图3-146，5）。

标本F7∶23，青灰色板岩。打制，椭圆形，局部保留石皮。多棱角，多剥片疤。周边敲砸痕迹明显。长11.8、宽9.3、厚7.1厘米（图3-146，6；彩版七八，5）。

标本F7∶24，褐色砂岩。打制，长方形，局部保留石皮。周边敲砸痕迹明显。长7.7、宽6.1、厚5.0厘米（图3-147，1）。

标本F7∶25，青色板岩。打制，长方形，局部保留石皮。多剥片疤。两端敲砸痕迹明显。长5.6、宽3.7、厚3.8厘米（图3-147，2）。

标本F7∶26，青色板岩。打制，椭圆形，局部保留石皮。多棱角，多剥片疤。周边敲砸痕迹明显。长5.6、宽5.0、厚3.5厘米（图3-147，3）。

标本F7∶81，灰白色斑岩。打制，局部保留石皮。不规则舌形，一端敲砸痕迹细碎。长6.6、宽5.3、厚2.5厘米（图3-147，4）。

标本F7∶118，青灰色板岩。不规则四边形，敲砸痕迹明显。长4.4、宽4.4、厚2.3厘米（图3-147，5）。

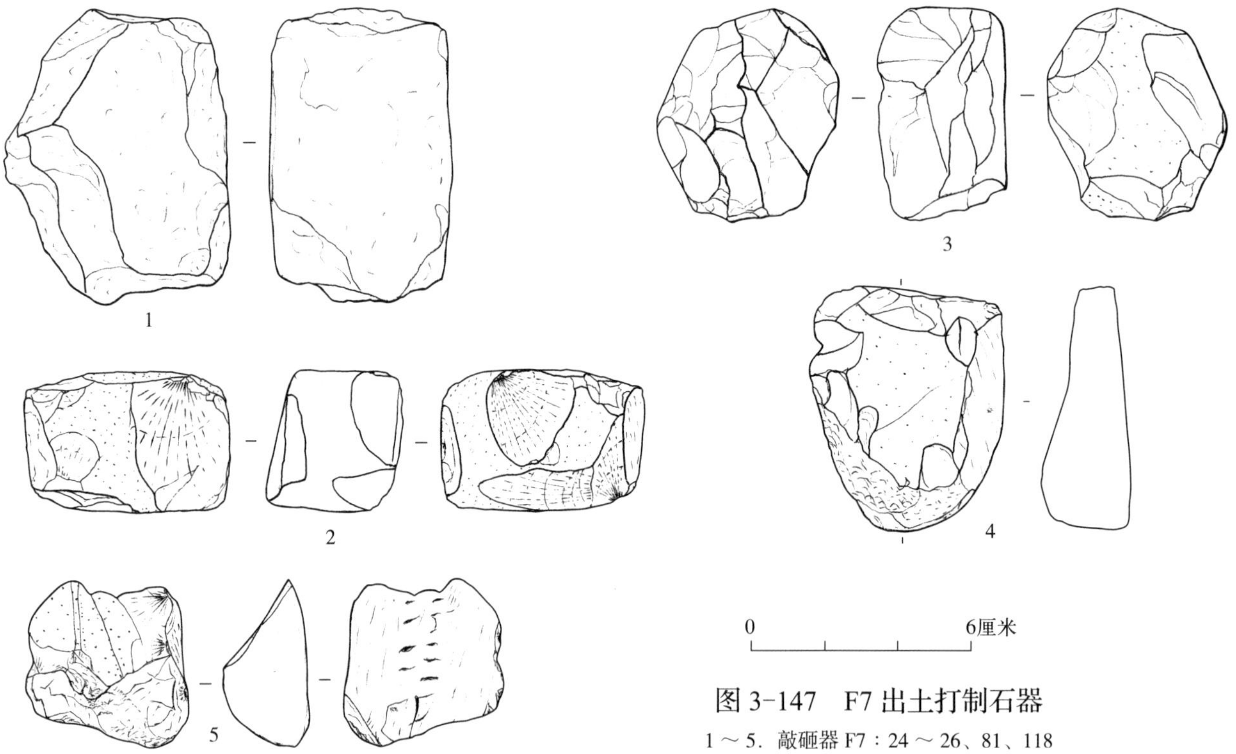

图3-147 F7出土打制石器

1～5. 敲砸器F7∶24～26、81、118

石片刮削器 7件。

标本F7∶72，青灰色板岩。打制，不规则四边形，一侧局部保留石皮，边刃，有刮削痕迹。长3.8、宽3.5、厚1.3厘米（图3-148，1）。

标本F7∶82，青灰色板岩。打制，不规则三角形，边刃，有刮削痕迹。长6.3、宽5.8、厚1.7厘米（图

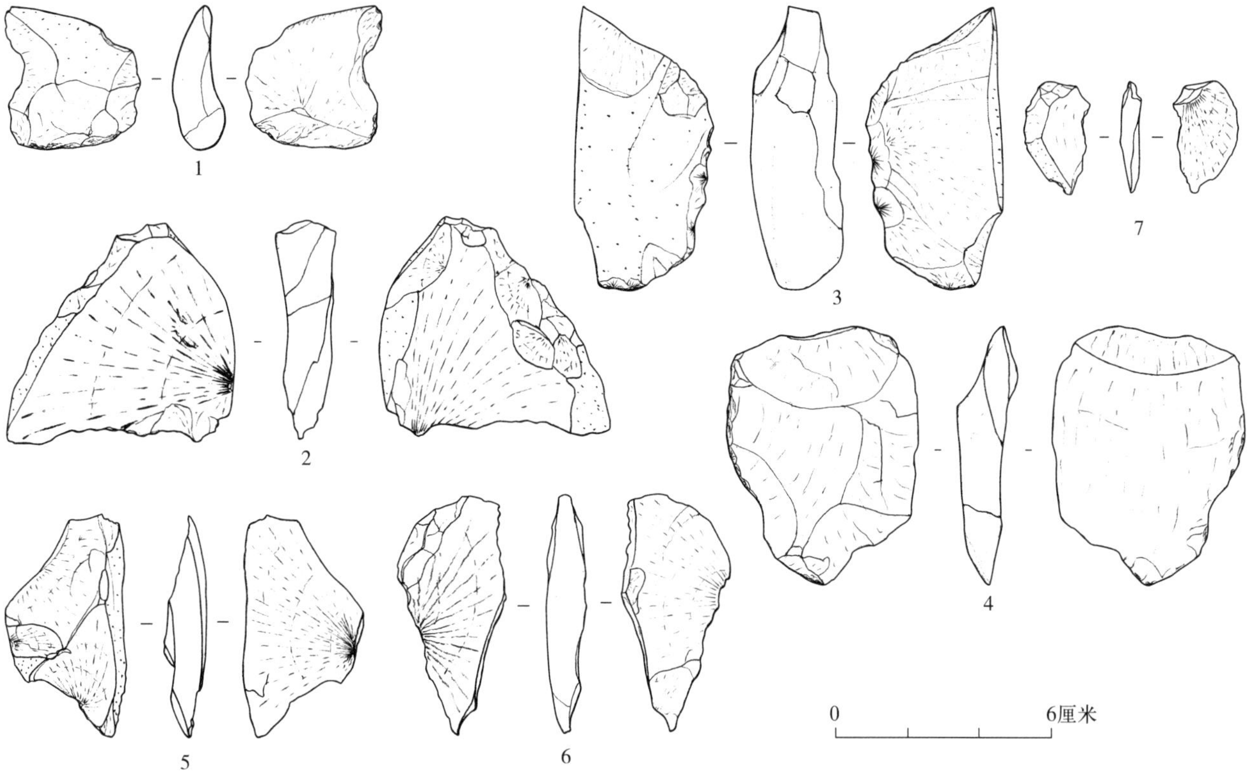

图 3-148　F7 出土打制石器

1～7. 石片刮削器 F7：72、82、83、87、92、93、110

3-148，2）。

标本 F7：83，青色板岩。打制，不规则半圆形，一侧局部保留石皮，边刃，有刮削痕迹。长 7.5、宽 3.7、厚 2.3 厘米（图 3-148，3）。

标本 F7：87，青色板岩。打制，不规则多边形，边刃，有刮削痕迹。长 6.9、宽 5.2、厚 1.4 厘米（图 3-148，4）。

标本 F7：92，青灰色板岩。打制，不规则梯形，边刃，有刮削痕迹。长 5.9、宽 3.3、厚 1.2 厘米（图 3-148，5）。

标本 F7：93，青灰色石英岩。打制，不规则长三角形，边刃，有刮削痕迹。长 6.3、宽 3.0、厚 1.1 厘米（图 3-148，6）。

标本 F7：110，青灰色板岩。打制，多边形，边刃，有刮削痕迹。长 3.0、宽 1.8、厚 0.5 厘米（图 3-148，7）。

网坠　5 件。

标本 F7：3，残，黄褐色斑岩，扁平椭圆形，两端对称打出豁口。长 12.8、宽 6.0、厚 2.1 厘米（图 3-149，1）。

标本 F7：4，青褐色砂岩。扁平椭圆形，两端对称打出豁口。长 12.3、宽 10.3、厚 1.6 厘米（图 3-149，2；彩版七八，6）。

标本 F7：37，灰褐色斑岩。扁平椭圆形，两端对称打出豁口。长 14.0、宽 12.1、厚 1.8 厘米（图 3-149，3；彩版七八，7）。

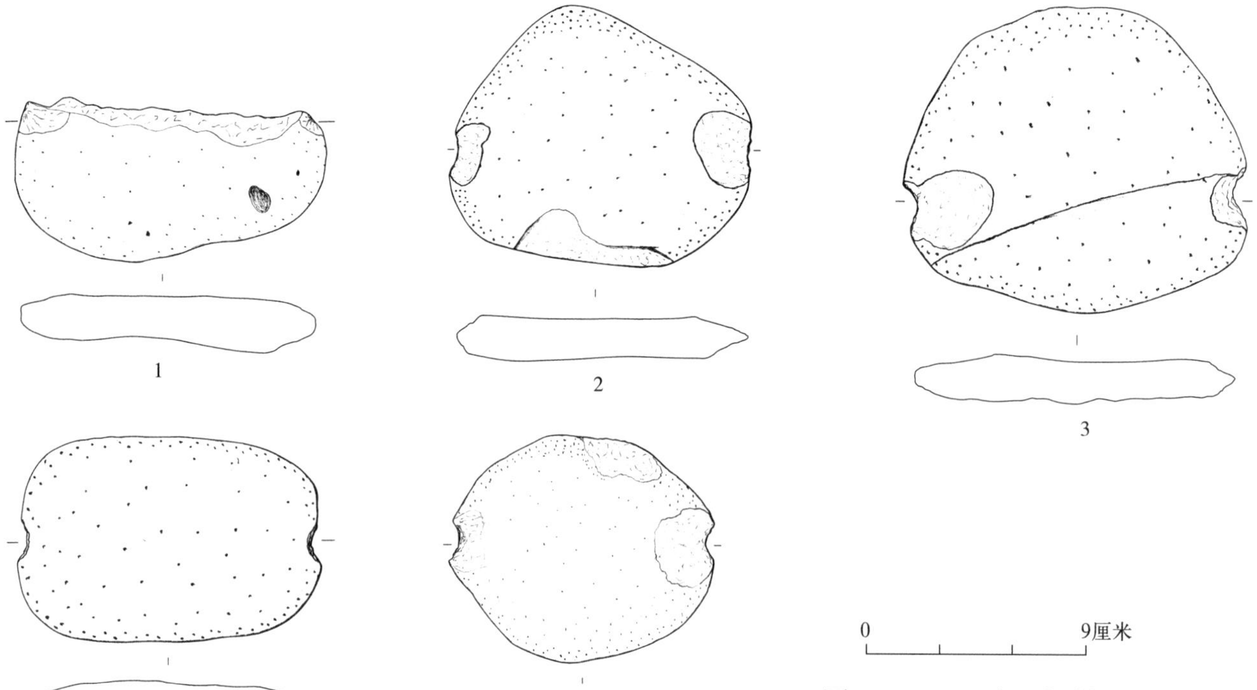

图 3-149　F7 出土打制石器

1～5. 网坠 F7：3、4、37、116、117

标本 F7：116，黄褐色石英岩。扁平圆角方形，两端对称打出豁口。长 12.2、宽 8.1、厚 2.5 厘米（图 3-149，4；彩版七八，8）。

标本 F7：117，褐色砂砾岩。扁平椭圆形，两端对称打出豁口。长 10.8、宽 9.1、厚 1.6 厘米（图 3-149，5；彩版七八，9）。

（2）细石器

21 件，其中石叶刮削器 16 件、石片刮削器 3 件、石镞 2 件。

石叶刮削器　16 件。

均琢制，长短、宽窄不一。

标本 F7：43，棕色玛瑙。长条形，横截面梯形，边刃，有刮削痕迹。长 4.4、宽 1.5、厚 0.4 厘米（图 3-150，1；彩版七九，1）。

标本 F7：44，棕红色燧石。琢制，长条形，横截面梯形，边刃，有刮削痕迹。长 3.0、宽 0.4、厚 0.1 厘米（图 3-150，2；彩版七九，2）。

标本 F7：45，红褐色燧石。琢制，长条形，横截面梯形，边刃，有刮削痕迹。长 3.0、宽 0.75、厚 0.1 厘米（图 3-150，3）。

标本 F7：46，草绿色燧石。琢制，横截面梯形，边刃，有刮削痕迹。长 2.3、宽 0.5、厚 0.1 厘米（图 3-150，4；彩版七九，3）。

标本 F7：47，黄褐色燧石。琢制，长条形，横截面梯形，边刃，有刮削痕迹。长 2.7、宽 0.5、厚 0.1 厘米（图 3-150，5；彩版七九，4）。

标本 F7：48，黄褐色燧石。琢制，长条形。横截面三角形，边刃，有刮削痕迹。长 2.3、宽 0.6、厚 0.2 厘米（图 3-150，6；彩版七九，5）。

标本 F7∶49，黄褐色燧石。琢制，长条形，横截面梯形，边刃，有刮削痕迹。长 2.3、宽 0.7、厚 0.1 厘米（图 3-150，7；彩版七九，6）。

标本 F7∶50，黄褐色燧石。琢制，长条形，横截面菱形，边刃压琢呈齿状。长 2.6、宽 0.7、厚 0.2 厘米（图 3-150，8；彩版七九，7）。

标本 F7∶59，灰褐色燧石。琢制，长条状，横截面三角形，边刃，有刮削痕迹。长 3.6、宽 6.5、厚 0.1 厘米（图 3-150，9）。

标本 F7∶52，红褐色燧石。琢制，长条形，横截面梯形，边刃，有刮削痕迹。长 1.2、宽 0.5、厚 0.1 厘米（图 3-151，1）。

标本 F7∶53，红褐色燧石。琢制，长条形，横截面梯形，边刃，有刮削痕迹。长 1.3、宽 0.7、厚 0.1 厘米（图 3-151，2）。

标本 F7∶54，黄褐色燧石。琢制，叶形，横截面三角形，边刃，有刮削痕迹。长 0.9、宽 0.4、厚 0.1 厘米（图 3-151，3）。

标本 F7∶55，红褐色燧石。琢制，长条形，横截面梯形。边刃，有刮削痕迹。长 0.9、宽 0.5、厚 0.1

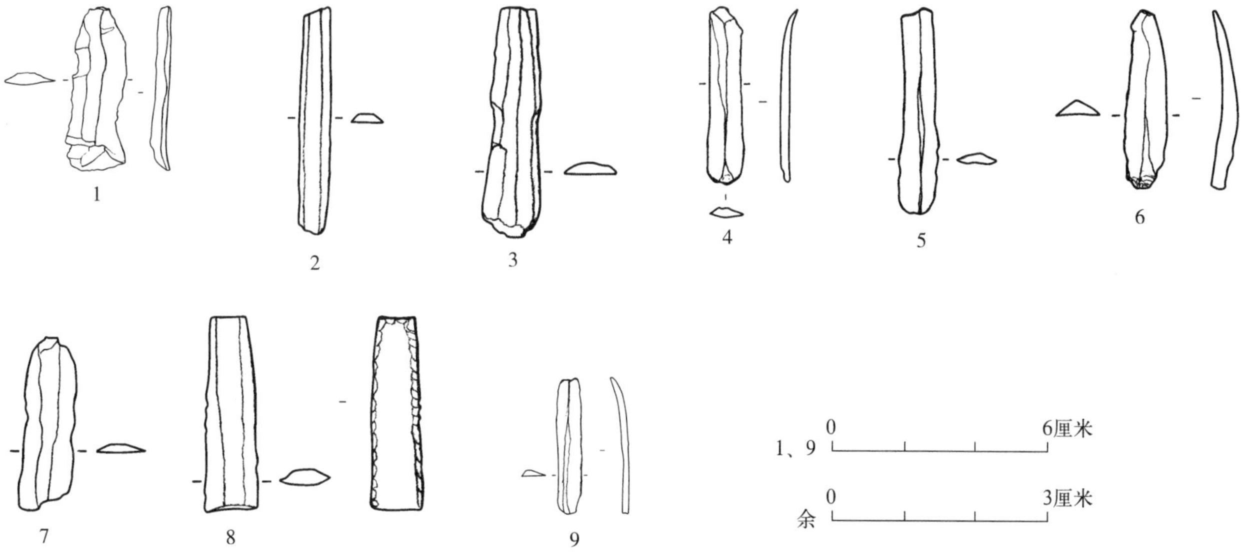

图 3-150　F7 出土细石器

1～9. 石叶刮削器 F7∶43～50、59

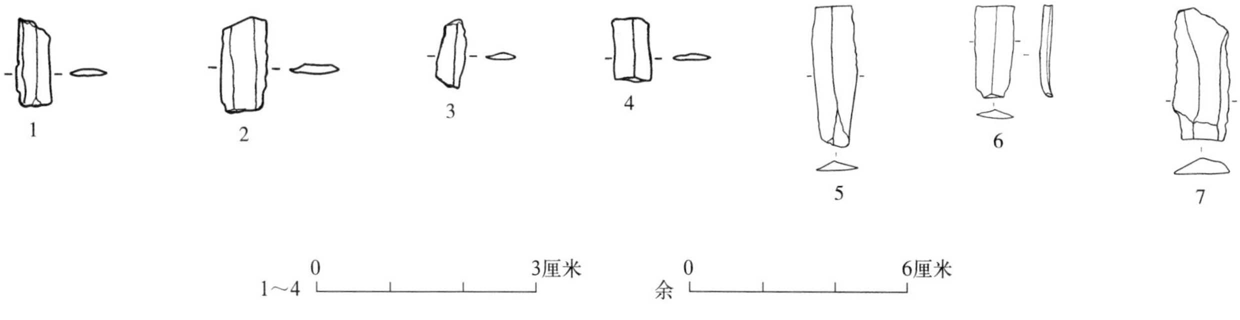

图 3-151　F7 出土细石器

1～7. 石叶刮削器 F7∶52～57、71

厘米（图 3-151，4）。

标本 F7：56，青灰色板岩。琢制，长条形，横截面三角形，边刃，有刮削痕迹。长 3.7、宽 1.2、厚 0.2 厘米（图 3-151，5）。

标本 F7：57，青色板岩。琢制，长条形，横截面三角形，边刃，有刮削痕迹。长 2.4、宽 1.1、厚 0.2 厘米（图 3-151，6）。

标本 F7：71，青色板岩。琢制，长条形，横截面梯形，边刃，有刮削痕迹。长 3.5、宽 1.5、厚 0.4 厘米（图 3-151，7）。

石片刮削器　3 件。

标本 F7：86，青灰色板岩。打制，不规则圆形，边刃，有刮削痕迹。长 2.1、宽 2.3、厚 0.7 厘米（图 3-152，1）。

标本 F7：88，青灰色板岩。打制，不规则四边形，边刃，有刮削痕迹。长 2.3、宽 3.0、厚 0.6 厘米（图 3-152，2）。

标本 F7：89，青灰色板岩。打制，不规则椭圆形，边刃，有刮削痕迹。长 2.4、宽 3.5、厚 0.7 厘米（图 3-152，3）。

石镞　2 件。

标本 F7：42，残，青绿色玛瑙。琢制，残存锋部，横截面三角形，边锋压琢呈齿状。残长 1.3、宽 0.7、厚 0.2 厘米（图 3-152，4；彩版七九，8）。

标本 F7：58，残，青灰色板岩。琢制，残存尾部，横截面菱形。长 1.9、宽 1.1、厚 0.3 厘米（图 3-152，5）。

（3）磨制石器

20 件。其中石斧 1 件，石镞 3 件，石磨盘 5 件，石磨棒 7 件，砺石 2 件，石磨工具 1 件，石料 1 件。

石斧　1 件。

标本 F7：8，青灰色板岩。磨制，表面光滑，梯形，横截面椭圆形，圆弧顶，刃部残。残长 14.5、宽 5.9、厚 4.4 厘米（图 3-153，1；彩版八〇，1）。

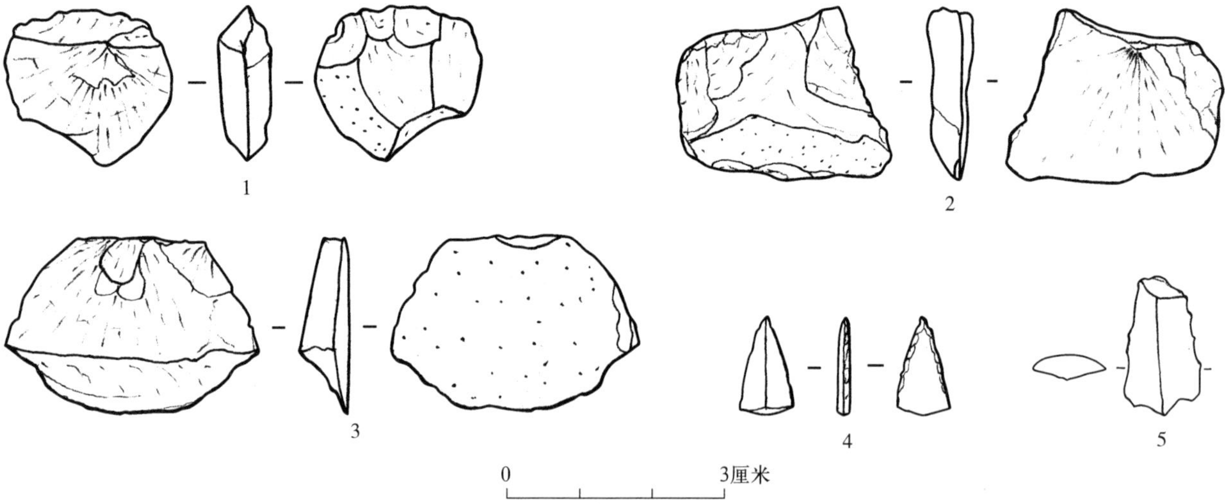

图 3-152　F7 出土细石器

1～3. 石片刮削器 F7：86、88、89　4、5. 石镞 F7：42、58

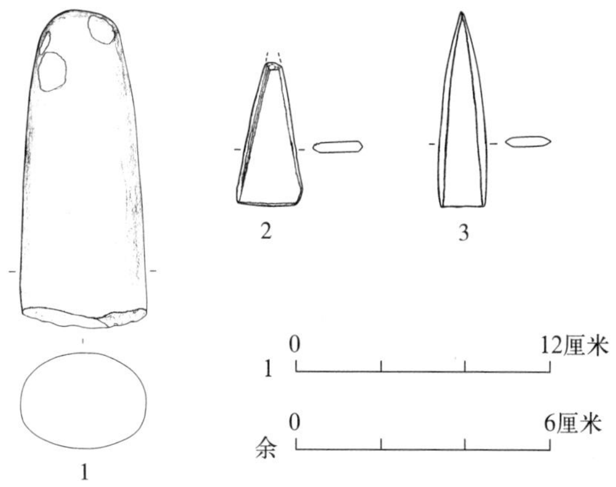

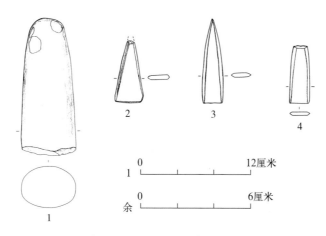

图 3-153　F7 出土磨制石器

1. 石斧 F7 : 8　2 ～ 4. 石镞 F7 : 39 ～ 41

石镞　3 件。

标本 F7 : 39，青色板岩。磨制，长三角形，横截面扁平六棱形，平底。残长 3.3、宽 1.5、厚 0.2 厘米（图 3-153，2）。

标本 F7 : 40，青色板岩。磨制，长尖叶形，横截面扁平六棱形，平底。长 4.5、宽 1.1、厚 0.2 厘米（图 3-153，3；彩版八〇，2）。

标本 F7 : 41，青色板岩。磨制，长尖叶形，横截面扁平六棱形，平底。残长 3.0、宽 1.1、厚 0.2 厘米（图 3-153，4）。

石磨盘　5 件。

标本 F7 : 5，灰褐色砂岩。磨制，一个平磨面，磨痕明显。残长 12.5、宽 10.8、厚 9.4 厘米（图 3-154，1）。

标本 F7 : 6，浅红褐色砂砾岩。磨制，一个平磨面，磨痕明显。残长 17.6、宽 10.2、厚 10.0 厘米（图 3-154，2）。

标本 F7 : 7，黄褐色石英砂岩，两个平磨面，磨痕明显。残长 13.6、宽 9.9、厚 2.6 厘米（图 3-154，3）。

标本 F7 : 74，褐色砂岩。磨制，两个磨面，磨痕明显。残长 5.1、宽 5.0、厚 2.4 ～ 3.2 厘米（图 3-154，4）。

标本 F7 : 111，黄褐色砂砾岩。打制，圆角长方形，两面磨制，磨痕明显。长 29.8、宽 23.0、厚 5.2 ～ 5.3 厘米（图 3-154，5；彩版八〇，3）。

石磨棒　7 件。

标本 F7 : 9，黄褐色砂岩。磨制，横截面圆角方形，平底，多磨面，磨痕明显。残长 9.1、宽 6.5、厚 5.5 厘米（图 3-155，1）。

标本 F7 : 10，黄褐色石英岩。磨制，横截面椭圆形，多磨面，磨痕明显。残长 8.3、宽 7.4、厚 4.6 厘米（图 3-155，2）。

标本 F7 : 11，黄褐色花岗岩。磨制，横截面半圆形，多磨面，平底。残长 6.2、宽 7.2、厚 4.6 厘米（图 3-155，3）。

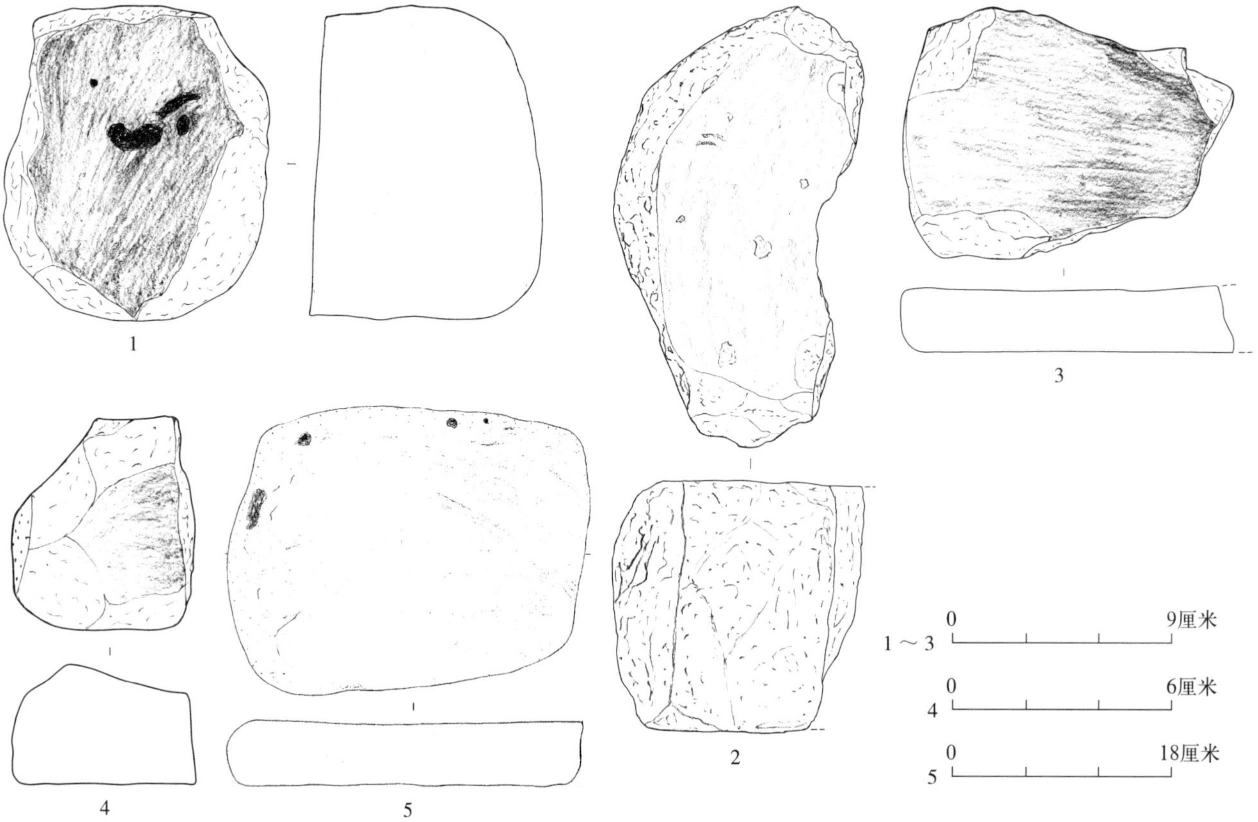

图 3-154　F7 出土磨制石器

1～5. 石磨盘 F7：5～7、74、111

标本 F7：12，黄褐色砂岩，横截面圆角三角形，多磨面，平底，痕迹明显。残长 7.0、宽 5.3、厚 4.5 厘米（图 3-155，4）。

标本 F7：13，黄褐色花岗岩。磨制，横截面椭圆形，多磨面，磨痕明显。残长 5.9、宽 4.8、厚 3.1 厘米（图 3-155，5）。

标本 F7：14，灰白色石英砂磨制，横截面半圆形，平底，多磨面，磨痕明显。残长 5.5、宽 6.3、厚 4.2 厘米（图 3-155，6）。

标本 F7：27，黄褐色花岗岩。磨制，横截面圆角三角形，平底，多磨面，磨痕明显。长 12.2、宽 7.2、厚 4.8 厘米（图 3-155，7）。

砺石　2 件。

标本 F7：1，褐色砂岩，磨面圆凹，磨痕明显。长 6.5、宽 5.3、厚 3.2 厘米（图 3-156，1）。

标本 F7：2，褐色粉砂岩，两磨面，磨痕长凹。长 6.8、宽 6.0、厚 0.7～1.8 厘米（图 3-156，2）。

石磨工具　1 件。

标本 F7：15，青灰色砂岩。长椭圆形，横截面椭圆形，表面有磨擦痕迹。长 8.4、宽 3.4、厚 1.4 厘米（图 3-156，3；彩版八〇，4）。

石料　1 件。

标本 F7：115，青色板岩。表面可见切割石料的痕迹。长 7.4、宽 7.3、厚 0.4 厘米（图 3-156，4）。

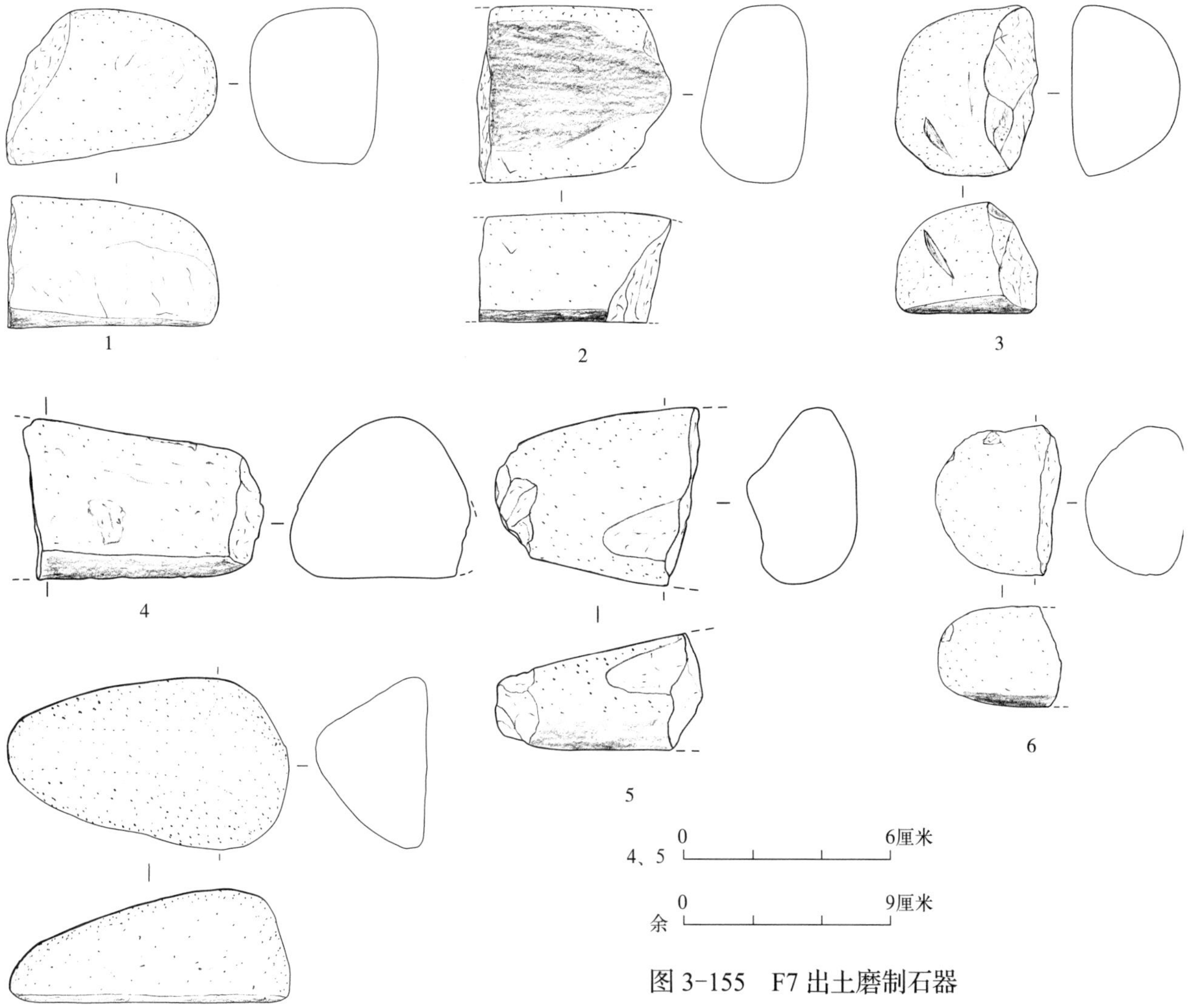

图 3-155　F7 出土磨制石器

1 ～ 7. 石磨棒 F7：9 ～ 14、27

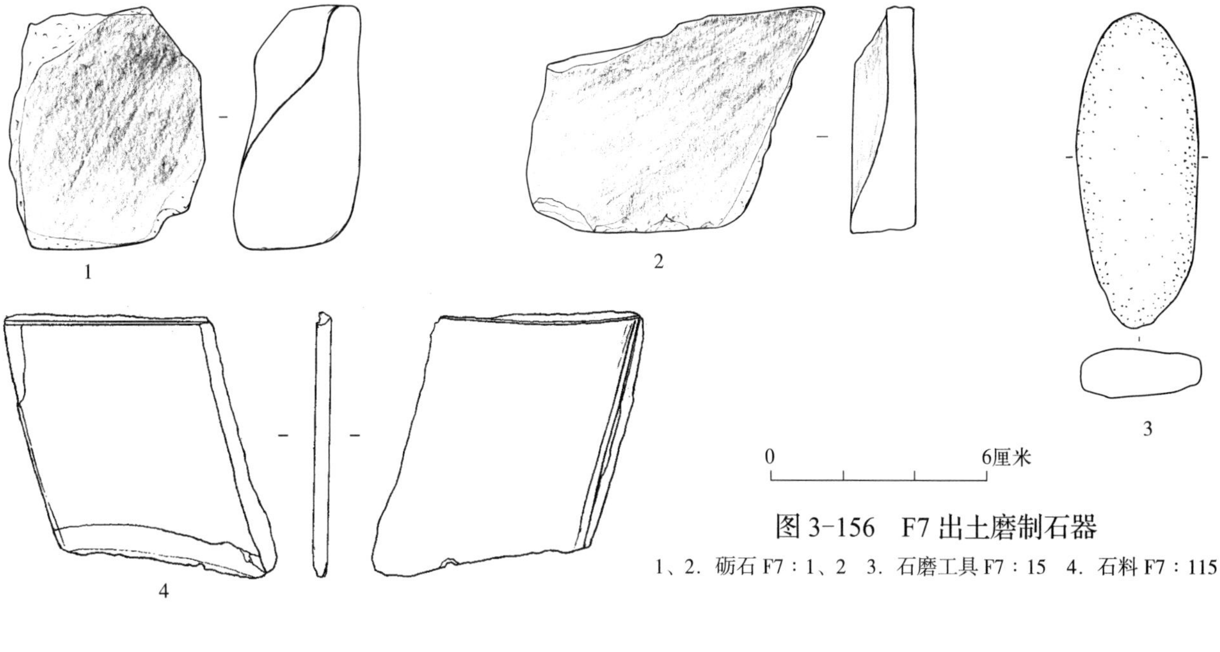

图 3-156　F7 出土磨制石器

1、2. 砺石 F7：1、2　3. 石磨工具 F7：15　4. 石料 F7：115

2. 陶器

18 件。其中深腹罐 16 件、大口罐 1 件、高足钵 1 件。

深腹罐　16 件。

Aa 型Ⅰ式　2 件。

标本 F7：131，残，夹砂红陶。直口，圆尖唇，斜直腹。口沿处有一周素带，腹部饰竖压横排之字纹。残高 4.2 厘米（图 3-157，1）。

标本 F7：132，残，夹砂红褐陶。直口，圆尖唇，斜直腹。腹部饰竖压横排之字纹。残高 3.3 厘米（图 3-157，2）。

Aa 型Ⅱ式　1 件。

标本 F7：130，残，夹砂黑褐陶。直口，圆唇，斜直腹。口沿处饰一周划压席纹，腹部饰竖压横排之字纹。口径 13.0、残高 2.7 厘米（图 3-157，3）。

Aa 型Ⅲ式　3 件。

标本 F7：119，残，夹砂红褐陶。直口，圆尖唇，斜直腹。口沿处有一周凹带，内饰划压横人字纹，腹部饰竖压横排之字纹。口径 15.0、残高 13.2 厘米（图 3-157，4）。

标本 F7：120，残，夹砂红褐陶。直口，圆尖唇，斜直腹。口沿处有一周凹带，内饰划压横人字纹，腹部饰竖压横排之字纹。口径 13.0、残高 9.7 厘米（图 3-157，5）。

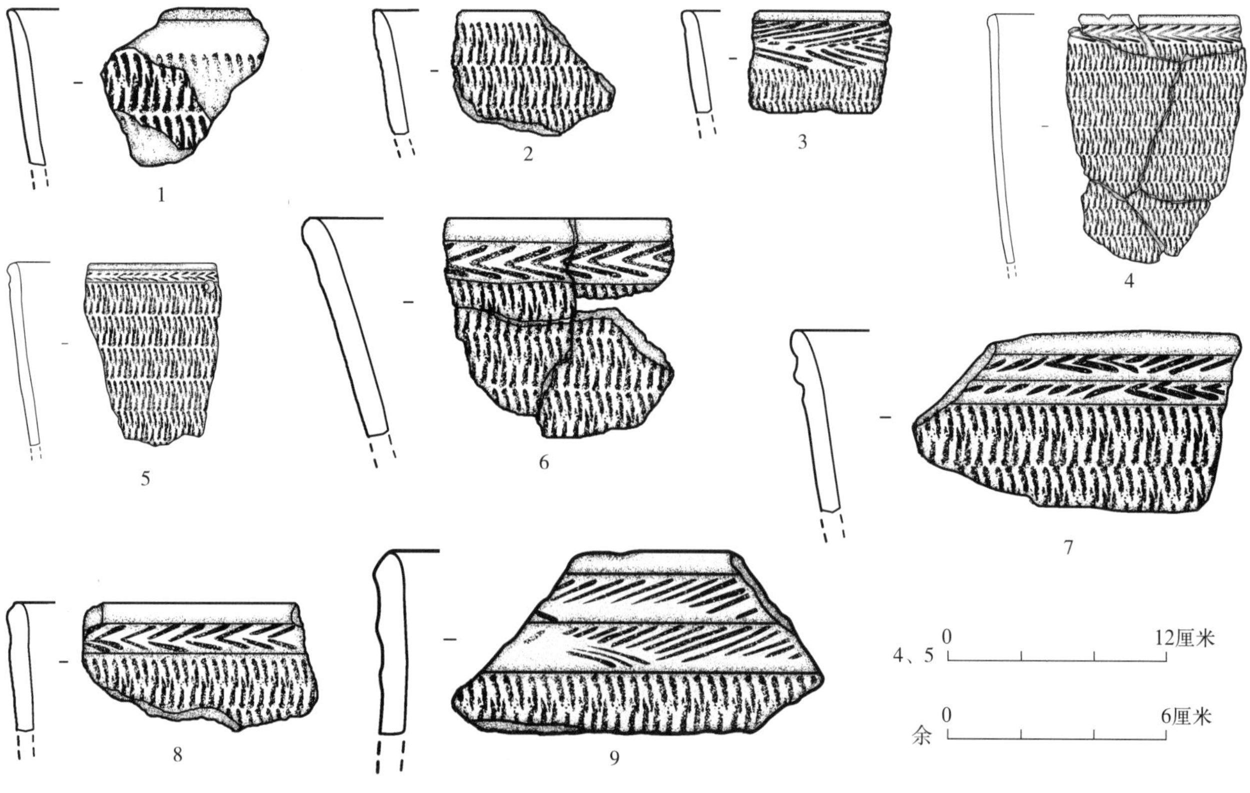

图 3-157　F7 出土深腹罐

1、2. Aa 型Ⅰ式 F7：131、132　3. Aa 型Ⅱ式 F7：130　4～6. Aa 型Ⅲ式 F7：119、120、126　7. Aa 型Ⅳ式 F7：122　8. Ab 型Ⅲ式 F7：125　9. Ac 型Ⅲ式 F7：121

标本 F7∶126，残，夹砂红褐陶。敞口，圆唇，斜直腹。口沿处有一周凹带，内饰划压横人字纹，腹部饰竖压横排之字纹。口径 14.0、残高 5.8 厘米（图 3-157，6）。

Aa 型Ⅳ式　1 件。

标本 F7∶122，残，夹砂红褐陶。敞口，圆唇，斜直腹。口沿处有两周凹带，内饰划压横人字纹、斜线纹，腹部饰竖压横排之字纹。口径 13.0、残高 4.8 厘米（图 3-157，7）。

Ab 型Ⅲ式　1 件。

标本 F7∶125，残，夹砂红陶。直口，圆唇，直腹。口沿处有一周凹带，内饰划压横人字纹，腹部饰竖压横排之字纹。口径 20.0、残高 3.4 厘米（图 3-157，8）。

Ac 型Ⅲ式　1 件。

标本 F7∶121，残，夹砂红陶。直口，圆唇，直腹。口沿处有两周凹带，内饰划压横人字纹、斜线纹，腹部饰竖压横排之字纹。口径 22.0、残高 4.9 厘米（图 3-157，9）。

器底　2 件。

标本 F7∶31，残，夹砂红陶。弧腹。腹部饰竖压横排之字纹。底径 9.0、残高 16.0 厘米（图 3-158，1）。

标本 F7∶32，残，夹砂红陶。斜直腹。腹部饰竖压横排之字纹。底径 8.9、残高 5.5 厘米（图 3-158，2）。

Ba 型Ⅰ式　1 件。

标本 F7∶30，可修复，夹砂红褐陶。直口，圆唇，弧收腹，平底。器表满饰纹饰。纹饰由三部分组成。口沿处有一周凹带，内饰划压横人字纹，腹至底上部为压印弦纹，底部饰斜线网格纹。口径 9.0、底径 5.6、高 10.6 厘米（图 3-158，3；彩版八一，1）。

Ba 型Ⅱ式　2 件。

标本 F7∶35，夹砂红褐陶。直口，圆唇稍外侈，直腹，底残，口沿处有两周凹带，内饰划压短斜线纹，腹部饰压印弦纹。口径 13.0、残高 16.0 厘米（图 3-158，4；彩版八一，2）。

标本 F7∶124，残，夹砂黑褐陶。敞口，圆唇，斜直腹。口沿处有两周凹带，内饰斜戳刺纹，腹部饰压印弦纹。口径 15.0、残高 7.4 厘米（图 3-158，5）。

Ba 型Ⅲ式　1 件。

标本 F7∶36，可修复，夹砂红褐陶。直口，圆尖唇，深腹弧收，平底。口沿处有三周凹带，内饰戳刺纹，腹满饰压印弦纹。口径 14.5、底径 6.4、高 20.5 厘米（图 3-158，6；彩版八一，3）。

Bb 型Ⅲ式　1 件。

标本 F7∶128，残，夹砂红褐陶。直口，圆唇，直腹。口沿处有两周凹带，内饰戳刺横人字纹，腹饰压印弦纹。口径 18.0、残高 4.0 厘米（图 3-158，7）。

大口罐　1 件。

Ⅰ式　1 件。

标本 F7D2∶33，可修复，夹砂红褐陶。敞口，圆尖唇，斜弧腹，平底。纹饰由 3 部分组成，口沿处饰一周划压横人字纹，腹部饰上下两组划压网格纹。口径 12.8、底径 6.3、高 11.0 厘米（图 3-158，8；彩版八一，4）。

高足钵　1 件。

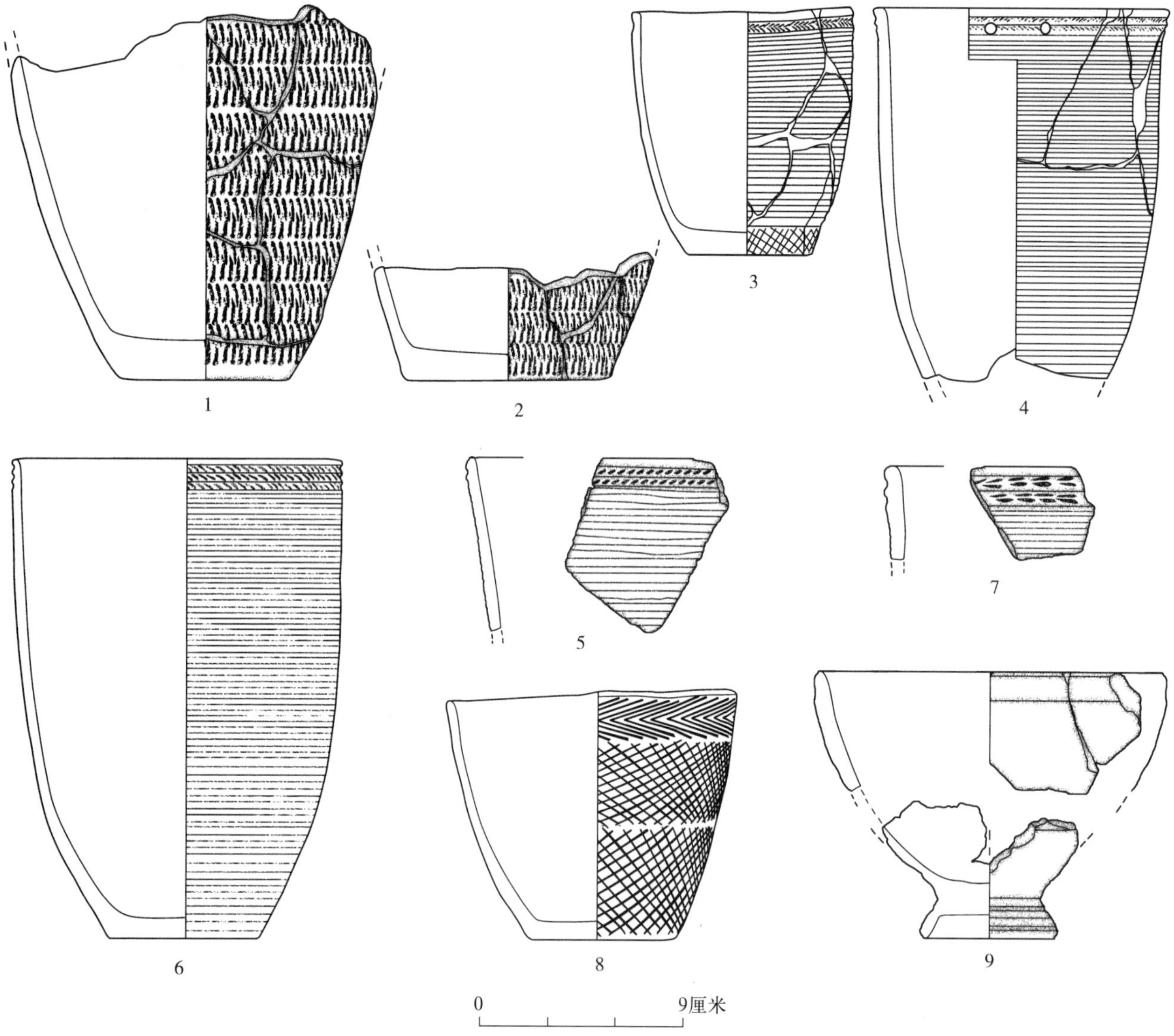

图 3-158 F7 出土深腹罐

1、2. 器底 F7：31、32 3. Ba 型Ⅰ式 F7：30 4、5. Ba 型Ⅱ式 F7：35、124 6. Ba 型Ⅲ式 F7：36 7. Bb 型Ⅲ式 F7：128 8. Ⅰ式大口罐 F7D2：33 9. Ⅲ式高足钵 F7：123

Ⅲ式 1 件。

标本 F7：123，残，夹砂红陶。敞口，圆唇，弧腹，圈足。腹部素面，足部有两周弦纹。口径 15.0、底径 6.0、残高 11.0 厘米（图 3-158，9）。

3. 煤精制品

14 件。其中圆饼形器 1 件，泡形器 4 件，球形器 1 件，耳珰形器 1 件、半成品 2 件，煤精料 5 件。

圆饼形器 1 件。

标本 F7：68，稍经刮磨加工。扁圆形。直径 4.5、厚 1.7 厘米（图 3-159，1；彩版八二，1）。

泡形器 3 件。

标本 F7：61，残。磨制，圆尖顶形，表面光滑，内凹光洁，边缘尖锐。直径 3.6～3.8、高 1.5 厘米（图

3-159，2；彩版八二，2）。

标本 F7：62，残。磨制，圆尖顶形，表面光滑，内凹光洁，边缘圆滑。复原直径 5.4、高 1.76、厚 0.5 厘米（图 3-159，3）。

标本 F7：63，残。磨制，圆尖顶形，表面光滑，内凹光洁，边缘圆滑。直径 2.9、高 1.1 厘米（图 3-159，4；彩版八二，3）。

盘形器　1 件

标本 F7：65，残块。磨制，不规则圆角长方形，表面光滑，圆凹窝有刮磨痕迹。长 2.5、宽 1.9、厚 1.5 厘米（图 3-159，5；彩版八二，4）。

球形器　1 件。

标本 F7：64，残，磨制，表面光滑。直径 1.8 厘米（图 3-159，6）。

耳珰形器　1 件。

标本 F7：60，基本完整。表面光滑，尖顶，束腰，平底。高 3.2、底径 1.1 ～ 1.3 厘米（图 3-159，7；彩版八二，5）。

不规则锥形　1 件。

标本 F7：67，表面有凸凹，经磨光。长 1.9、宽 1.6、厚 1.4 厘米（图 3-159，8）。

半成品　1 件。

标本 F7：66，稍经刮磨，近圆形。直径 1.8、高 1.5 厘米（图 3-159，9；彩版八二，6）。

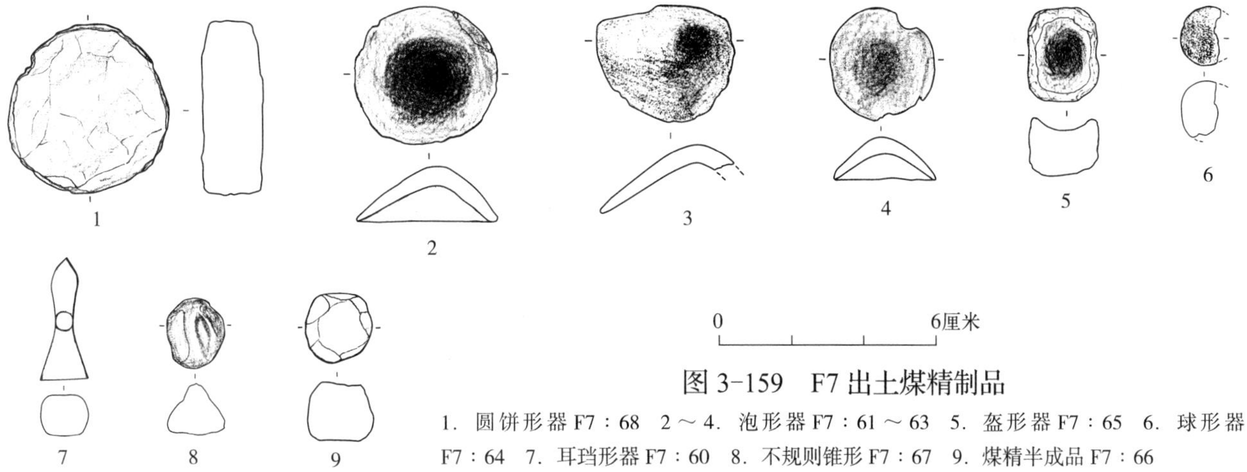

图 3-159　F7 出土煤精制品

1. 圆饼形器 F7：68　2 ～ 4. 泡形器 F7：61 ～ 63　5. 盘形器 F7：65　6. 球形器 F7：64　7. 耳珰形器 F7：60　8. 不规则锥形 F7：67　9. 煤精半成品 F7：66

煤精料　5 件。

标本 F7：32，不规则块状。长 3.0、宽 1.4、厚 0.8 厘米（图 3-160，1）。

标本 F7：38，不规则块状。长 3.8、宽 3.4、厚 1.7 厘米（图 3-160，2）。

标本 F7：69，不规则块状。长 13.5、宽 3.7、厚 2.3 厘米（图 3-160，3）。

标本 F7：70，不规则块状。长 6.3、宽 5.9、厚 1.8 厘米（图 3-160，4）。

标本 F7：76，不规则块状。长 4.5、宽 2.5、厚 1.3 厘米（图 3-160，5）。

4. 其他

1 件。

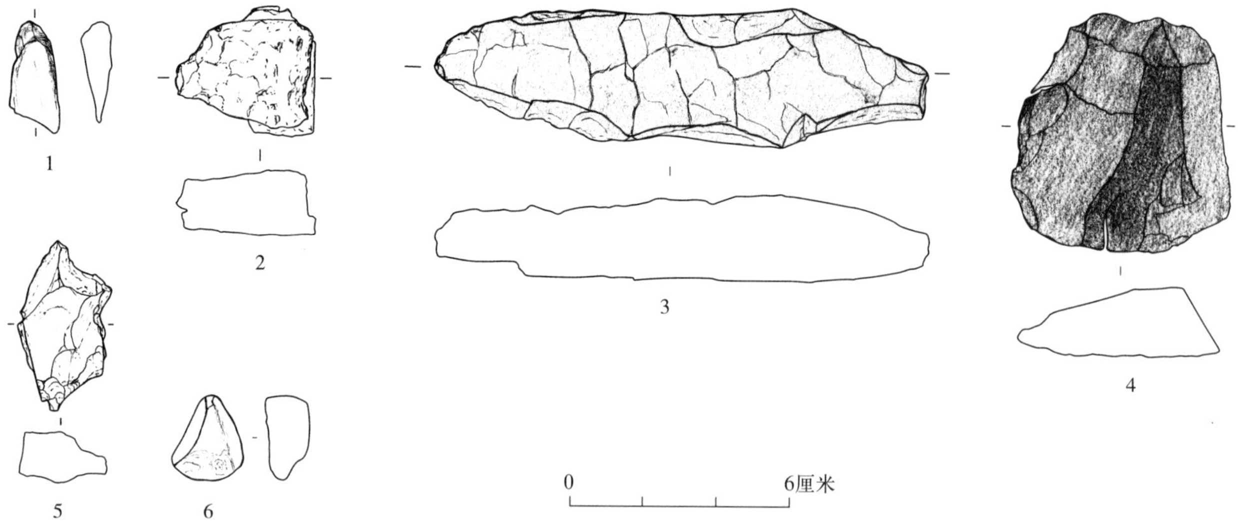

图 3-160　F7 出土煤精制品与其他遗物

1～5. 煤精料 F7∶32、38、69、70、76　6. 赤铁矿石 F7∶51

赤铁矿石　1 件。

标本 F7∶51，不规则三角形，表面有多个磨面，磨痕明显。长 2.2、宽 2.0、厚 1.2 厘米（图 3-160，6；彩版八〇，5）。

（八）F8

F8 位于 T0702 之内，东南距 F3 约 4.10 米、西南距 F1 约 5.10 米、西北距 F17 约 2.30 米。房址开口②层下，打破生土。为圆角方形，半地穴式，南北长 10.66、东西宽 9.92、北壁存深 0.60 米，面积约 105 平方米（图 3-161；彩版八三，1）。

73T1、73T2 发掘位置均处于 F8 的西、北部分所在位置，80TG1 是在 73T2（1 米 ×5 米）基础上重新布的 2 米 ×10 米探沟，旨在认定 73T2 底部火塘性质。因而 73T1、73T2、80TG1 内出土下层文化遗物归于 F8，并沿用原探沟遗物编号。

房内堆积分两层，居住面以上为倒塌堆积，厚约 0.55 米，居住面厚 0.05 ～ 0.10 米，土质较杂内含烧土、木炭、石器、陶器、煤精等遗物。

房内有灶址 1 处，位于房址中部偏南，编号 Z1，平面呈圆形，凹底。直径 1.20、深 0.20 米。灶址内烧土灰烬厚 0.12 米。

发现窖穴 1 处，位于房址中部北侧，开口于居住面。圆形，平底，直径 2.00、深 0.60 米。窖穴底部发现有陶器、石器等遗物。

目前房址内发现柱洞 87 个，因 73T1 已打破 F8 的西、北壁，此处柱洞无存。从其分部位置上有壁柱、间柱、内柱（表 3-2）。壁柱排列相距较密集，仅东壁一侧柱洞有 22 个。间柱距离壁柱约 1 米左右，发现柱洞 25 个。内柱位于间柱内侧，发现柱洞 8 个。

出土遗物有石器、玉器、陶器、煤精制品等，共计 177 件。

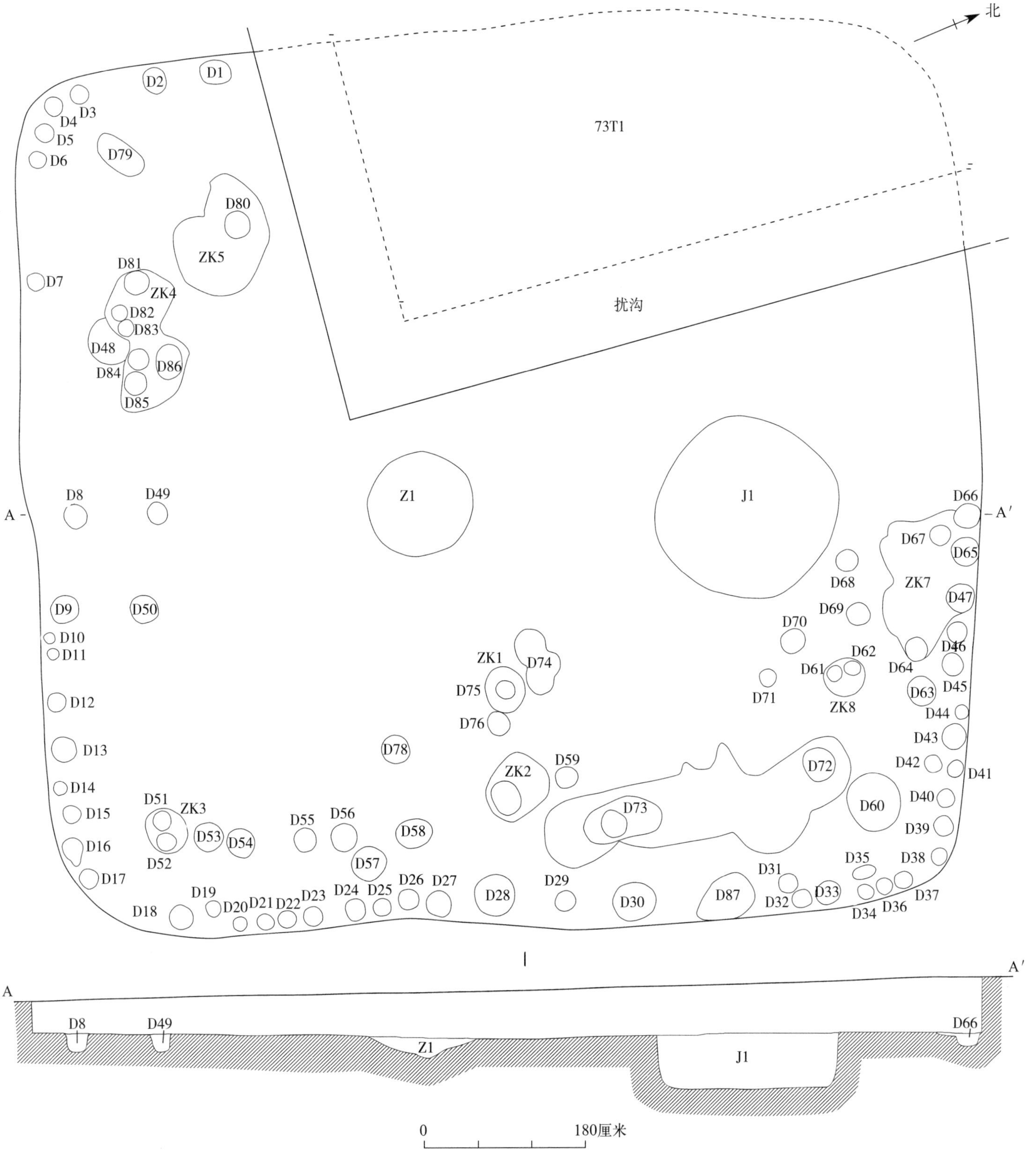

图 3-161　F8 平、剖面图

表 3-2　F8 柱洞（柱坑）登记表　（单位：厘米）

编号	径	深	备注	编号	径	深	备注
D1	30×40	40		D49	20	5	
D2	30×25	30		D50	30	6	
D3	20	20		D51	20	10	
D4	20	20		D52	20	10	
D5	20	10		D53	30	20	
D6	20	13		D54	30	20	
D7	20	15		D55	25	7	
D8	25	20		D56	30	7	
D9	25	20		D57	40	12	
D10	15	20		D58	40×25	10	
D11	18	15		D59	30	8	
D12	25	20		D60	60	13	
D13	30	25		D61	20	13	
D14	17	25		D62	20	10	
D15	20	20		D63	35	25	
D16	30、小径 16	24		D64	30	13	
D17	20	20		D65	27	30	
D18	30	23		D66	25	15	
D19	18	23		D67	20	10	
D20	18	20		D68	25	15	
D21	20	15		D69	25	30	
D22	18	12		D70	25	15	
D23	20	15		D71	20	12	
D24	30	15		D72	40	83	
D25	16	15		D73	30	66	
D26	30	15		D74	60	15	
D27	30	25		D75	20	10	
D28	45	15		D76	25	8	
D29	20	13		D77	70×50	37	
D30	40	25		D78	28	22	
D31	20	13		D79	60×20	37	
D32	20	20		D80	30	60	
D33	30	12		D81	30	12	
D34	15	20		D82	15	17	
D35	15	25		D83	18	18	
D36	15	12		D84	24	18	

编号	径	深	备 注	编号	径	深	备 注
D37	15	10		D85	26	18	
D38	15	15		D86	40 × 34	28	
D39	15	20		D87	68 × 48	25	
D40	20	13		ZK1	47	15	椭圆形
D41	15	13		ZK2	70 ～ 60	22	圆角长方形
D42	17	20		ZK3	50	5	椭圆形，双柱
D43	24	15		ZK4	65 ～ 140	8	双连圆形，内 6 柱
D44	12	5		ZK5	100 ～ 120	50	不规则圆形
D45	20	20		ZK6	70 ～ 340	40	不规则长条形
D46	23	20		ZK7	98 ～ 148	35	不规则形
D47	30	18		ZK8	41 ～ 45	13	椭圆形内双柱
D48	35	5					

1. 石器

121 件。打制石器 44 件、细石器 21 件、磨制石器 23 件。

（1）打制石器

44 件。有砍砸器 6 件、敲砸器 10 件、石片刮削器 17 件、网坠 9 件。

砍砸器　6 件。

标本 F8：108，黄褐色砂质板岩。打制，不规则长方形，局部保留石皮。一端呈尖角，边刃，砍砸痕迹明显。长 19.8、宽 6.5、厚 3.1 厘米（图 3-162，1）。

标本 F8：109，暗红色砂砾岩。打制，不规则长方形，局部保留石皮。两端砍砸痕迹明显。残长 9.7、宽 5.5、厚 4.0 厘米（图 3-162，2）。

标本 F8：118，黄褐色石英岩。打制，圆角长方形，局部保留石皮。底端砍砸痕迹明显。长 17.8、宽 9.8、厚 6.5 厘米（图 3-162，3；彩版八三，2）。

标本 F8：139，褐色斑岩。打制，圆角梯形。底端砍砸痕迹明显。长 13.8、宽 10.4、厚 2.9 厘米（图 3-162，4）。

标本 F8：143，青色板岩。打制，不规则扁椭圆形，局部保留石皮。边刃，三面砍砸痕迹明显。长 8.6、宽 6.2、厚 3.3 厘米（图 3-162，5）。

标本 F8：146，青灰色板岩。打制，不规则圆角扁形，局部保留石皮。多剥片疤，周边砍砸痕迹明显。长 6.9、宽 5.6、厚 1.2 厘米（图 3-162，6）。

敲砸器　10 件。

标本 F8：88，青灰色板岩。打制，不规则圆角长方形，中部保留有石皮，两端有敲砸痕迹。长 6.8、宽 3.8、厚 3.1 厘米（图 3-163，1；彩版八三，3）。

标本 F8：101，青色石英砂岩。打制，不规则圆角方形，局部保留石皮。周边有细碎敲砸痕迹。长 7.9、宽 7.5、厚 7.8 厘米（图 3-163，2）。

标本 F8：112，白色石英脉。打制，圆角方形，局部保留石皮，周边有细碎敲砸痕迹。长 8.0、宽 6.2、

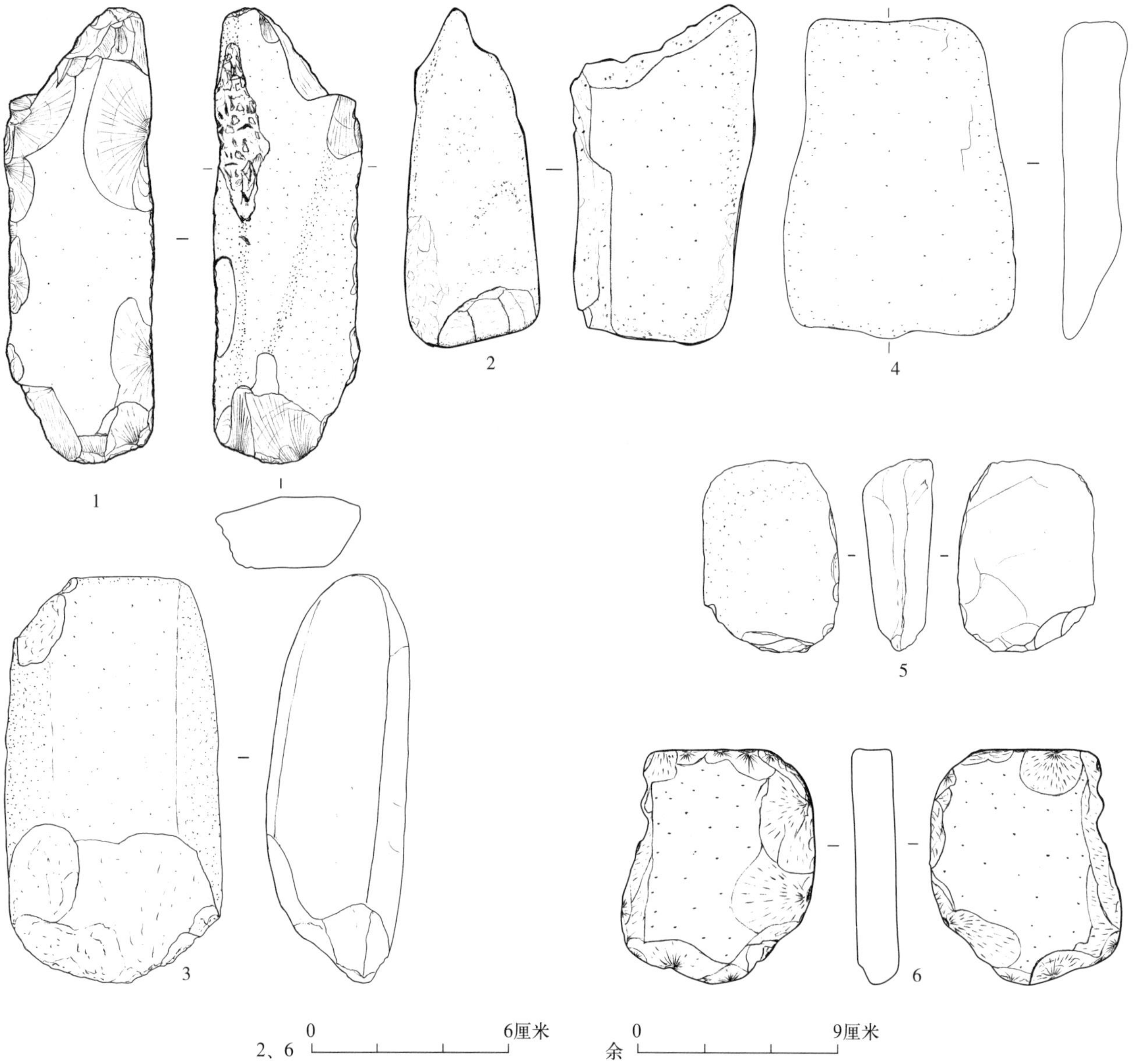

图 3-162 F8 出土打制石器

1～6. 砍砸器 F8：108、109、118、139、143、146

厚 5.0 厘米（图 3-163，3）。

标本 F8：119，黄褐色石英砂岩。打制，圆角扁圆形，局部保留石皮，周边敲砸痕迹明显。长 10.9、宽 10.0、厚 4.7 厘米（图 3-163，4；彩版八四，1）。

标本 F8：136，红褐色砂砾岩。打制，大部分保留石皮，仅边缘处有敲砸痕迹。长 11.8、宽 7.1、厚 5.2 厘米（图 3-163，5）。

标本 F8：140，褐色花岗岩。打制，圆角三角形，局部保留石皮，仅边缘处有敲砸痕迹。长 14.7、宽 7.6、厚 4.1 厘米（图 3-164，1）。

标本 F8：144，灰白色板岩。打制，不规则多边形，多棱角，边缘处有敲砸痕迹。长 8.7、宽 5.9、厚 4.2 厘米（图 3-164，2；彩版八四，2）。

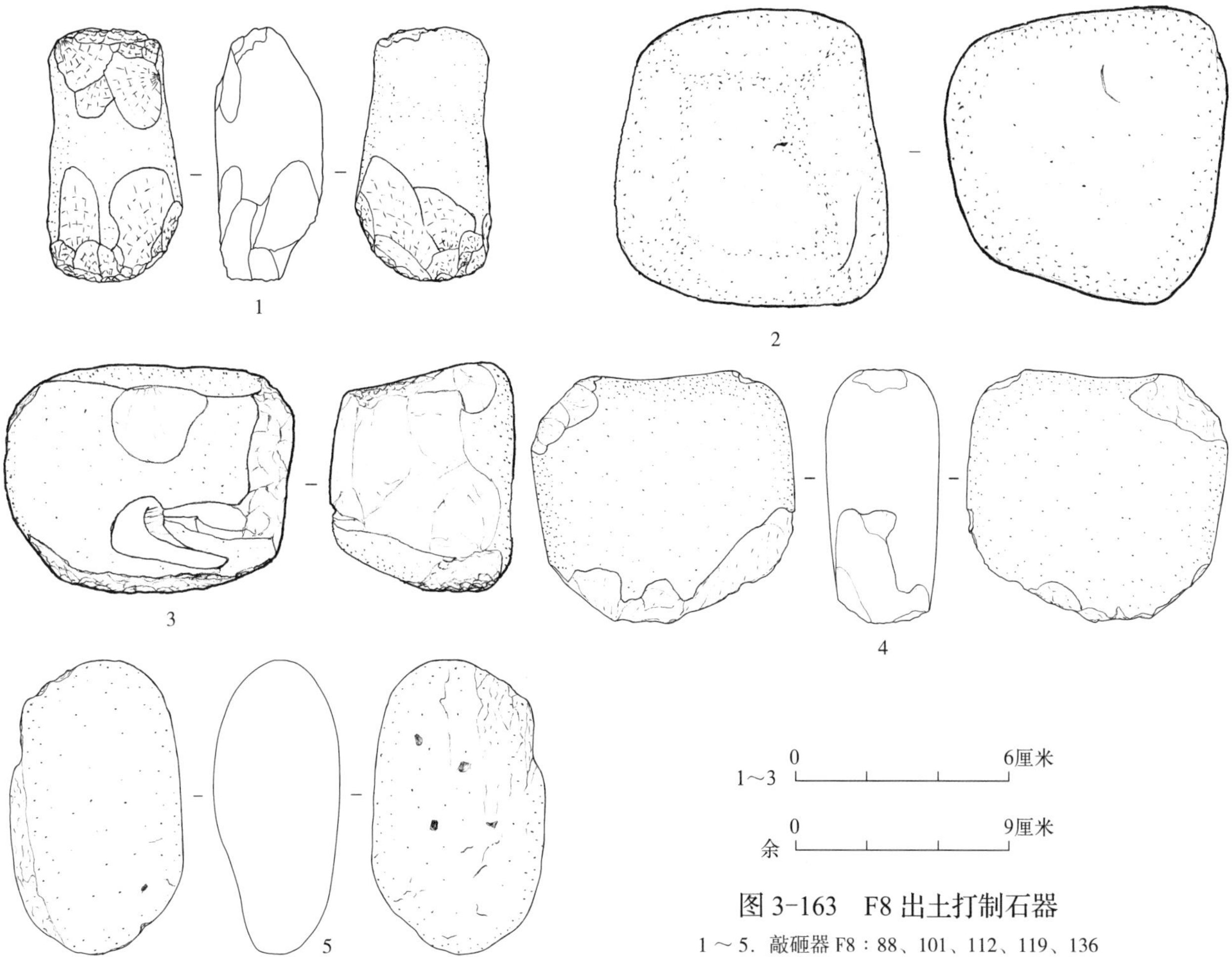

图 3-163　F8 出土打制石器
1～5. 敲砸器 F8：88、101、112、119、136

标本 F8：145，褐色板岩。打制，不规则多边形，多棱角，边缘处有敲砸痕迹。长 7.5、宽 5.2、厚 4.7 厘米（图 3-164，3）。

标本 F8：191，褐色脉岩。打制，不规则椭圆形，两端砸击痕迹明显。长 6.1、宽 3.2、厚 2.0 厘米（图 3-164，4）。

标本 F8：192，褐色脉岩。打制，不规则椭圆形，局部保留石皮，周边砸击痕迹明显。长 8.2、宽 5.9、厚 6.0 厘米（图 3-164，5）。

石片刮削器　17 件。

标本 F8：48，青灰色板岩。打制，不规则梯形，边刃，有刮削痕迹。长 2.2、宽 2.2、厚 0.5 厘米（图 3-165，1）。

标本 F8：77，灰色板岩。打制，不规则长三角形，边刃，有刮削痕迹。长 5.0、宽 2.8、厚 1.4 厘米（图 3-165，2）。

标本 F8：80，青灰板岩。打制，不规则半圆形，一侧保留石皮，弧刃刮削痕迹明显。长 6.0、宽 3.8、厚 1.5 厘米（图 3-165，3）。

标本 F8：81，青灰板岩。打制，不规则方形，边刃，有刮削痕迹。长 3.7、宽 2.7、厚 0.7 厘米（图 3-165，4）。

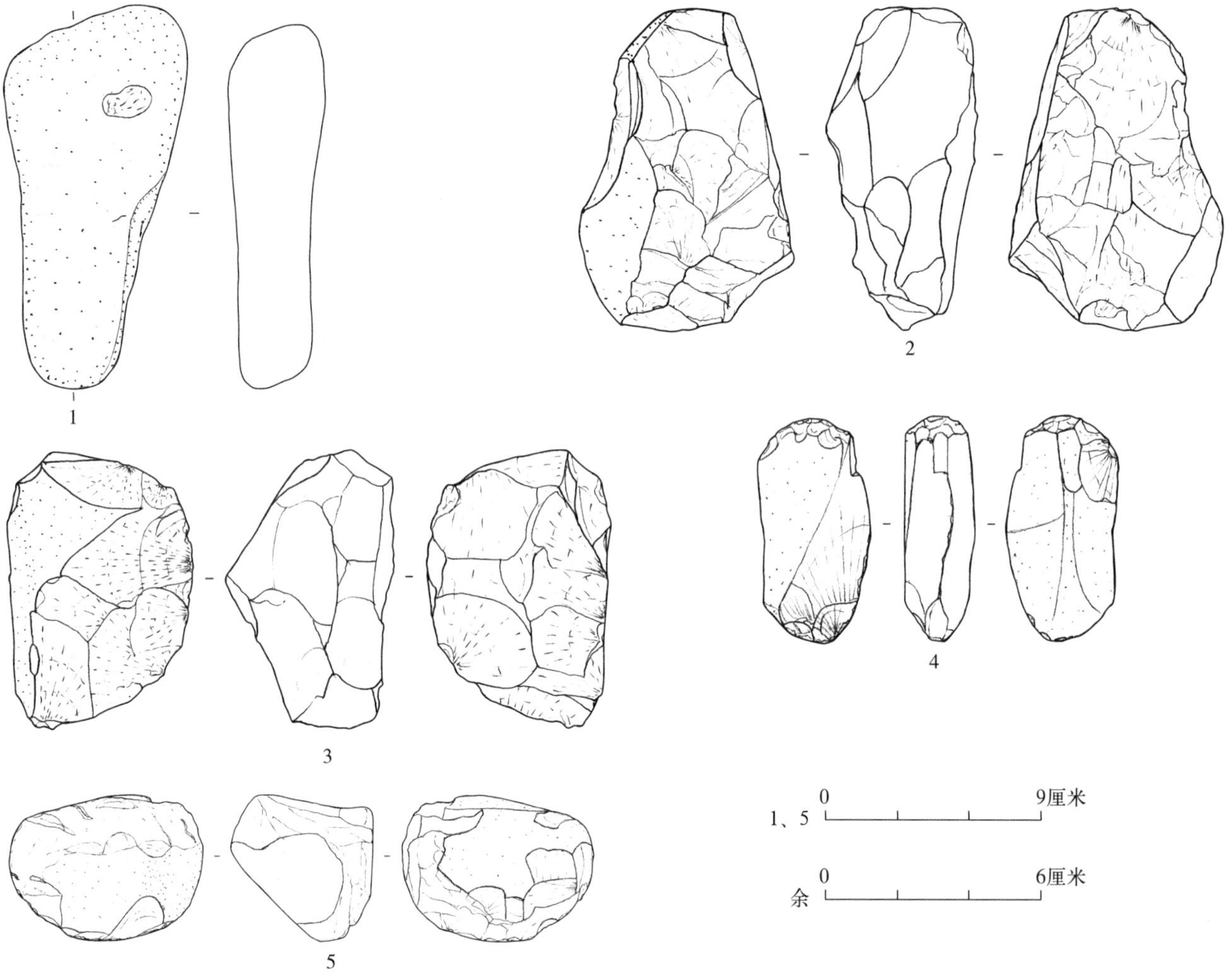

图3-164　F8出土打制石器

1～5. 敲砸器F8：140、144、145、191、192

标本F8：82，浅灰色板岩。打制，不规则蚌壳形，一侧局部保留石皮，边刃，有刮削痕迹。长4.3、宽5.1、厚1.4厘米（图3-165，5；彩版八四，3）。

标本F8：83，灰褐色板岩。打制，不规则蚌壳形，一侧局部保留石皮，边刃，有刮削痕迹。长3.8、宽5.0、厚1.2厘米（图3-165，6；彩版八四，4）。

标本F8：84，青灰色板岩。打制，不规则多边形，边刃，有刮削痕迹。长5.9、宽4.8、厚1.7厘米（图3-165，7；彩版八四，5）。

标本F8：85，青色板岩。打制，不规则半圆形，一侧局部保留石皮，边刃，有刮削痕迹。长4.3、宽2.5、厚1.3厘米（图3-165，8）。

标本F8：86，灰褐色板岩。打制，不规则菱形，边刃，有刮削痕迹。长5.1、宽3.8、厚1.2厘米（图3-165，9；彩版八四，6）。

标本F8：87，灰褐色板岩。打制，不规则多边形，边刃，有刮削痕迹。长3.7、宽4.2、厚1.7厘米（图3-165，10）。

标本F8：89，深青板岩。打制，不规则长方形，横截面三菱形，边刃，有刮削痕迹。长6.1、宽

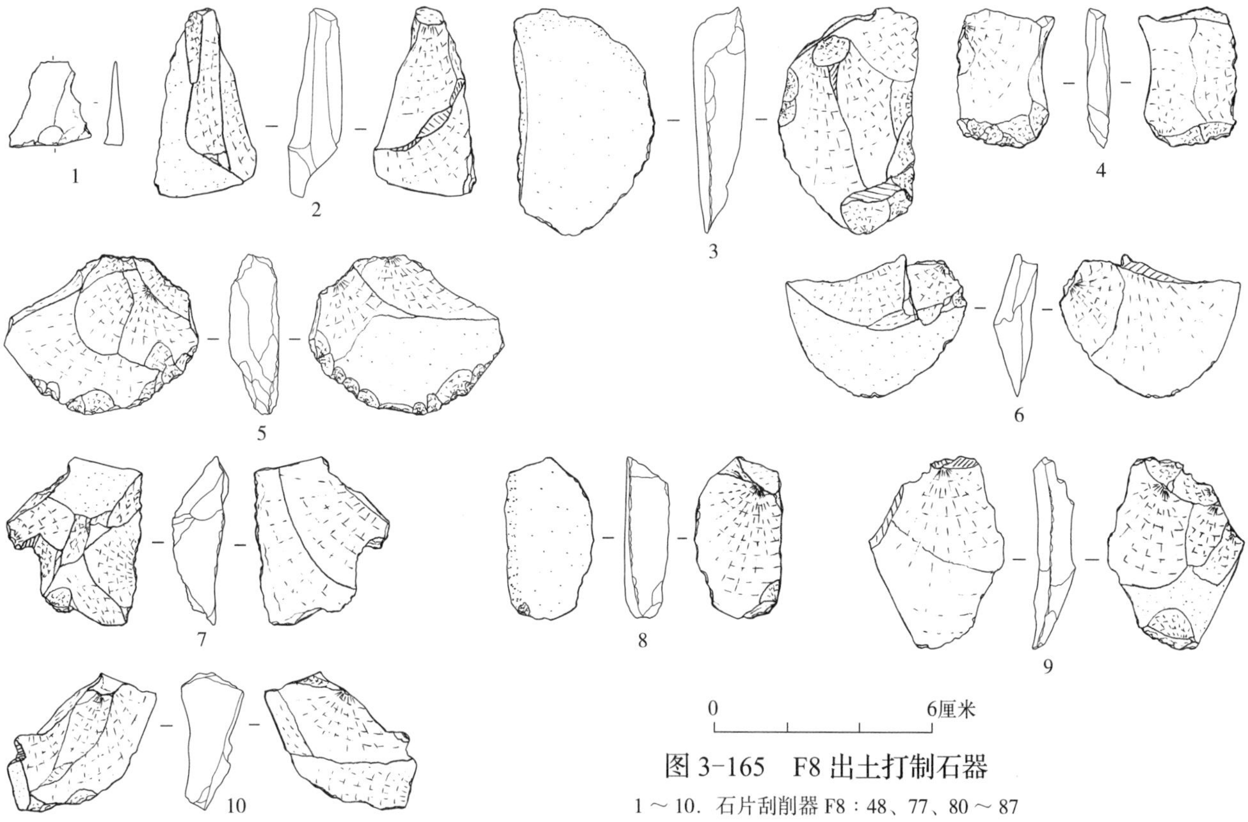

图 3-165　F8 出土打制石器

1～10. 石片刮削器 F8：48、77、80～87

3.2、厚 2.1 厘米（图 3-166，1）。

标本 F8：111，青灰色板岩。打制，不规则多边形，边刃，有刮削痕迹。长 5.6、宽 4.0、厚 1.5 厘米（图 3-166，2）。

标本 F8：147，褐色板岩。打制，不规则三角形，一侧局部保留石皮，边刃，有刮削痕迹。长 5.9、宽 4.8、厚 1.7 厘米（图 3-166，3）。

标本 F8：148，青色板岩。打制，不规则四边形，一侧局部保留石皮，边刃，有刮削痕迹。长 5.3、宽 4.1、厚 1.7 厘米（图 3-166，4）。

标本 F8：149，褐色板岩。打制，不规则三角形，边刃，有刮削痕迹。长 6.7、宽 5.8、厚 2.2 厘米（图 3-166，5）。

标本 F8：150，青灰色板岩。打制，不规则梯形，一侧局部保留石皮，边刃，有刮削痕迹。长 6.0、宽 4.2、厚 0.9 厘米（图 3-166，6）。

标本 F8：151，褐色板岩。打制，不规则多边形角，边刃，有刮削痕迹。长 5.4、宽 4.7、厚 1.2 厘米（图 3-166，7）。

网坠　9 件。

均为扁平形天然河卵石。

标本 F8：103，褐色斑岩。打制，扁平椭圆形。两侧对称打出豁口。长 11.7、宽 10.2、厚 2.7 厘米（图 3-167，1）。

标本 F8：177，青绿色长石斑岩。打制，扁椭圆形，两侧对称打出豁口。长 13.2、宽 12.5、厚 3.0

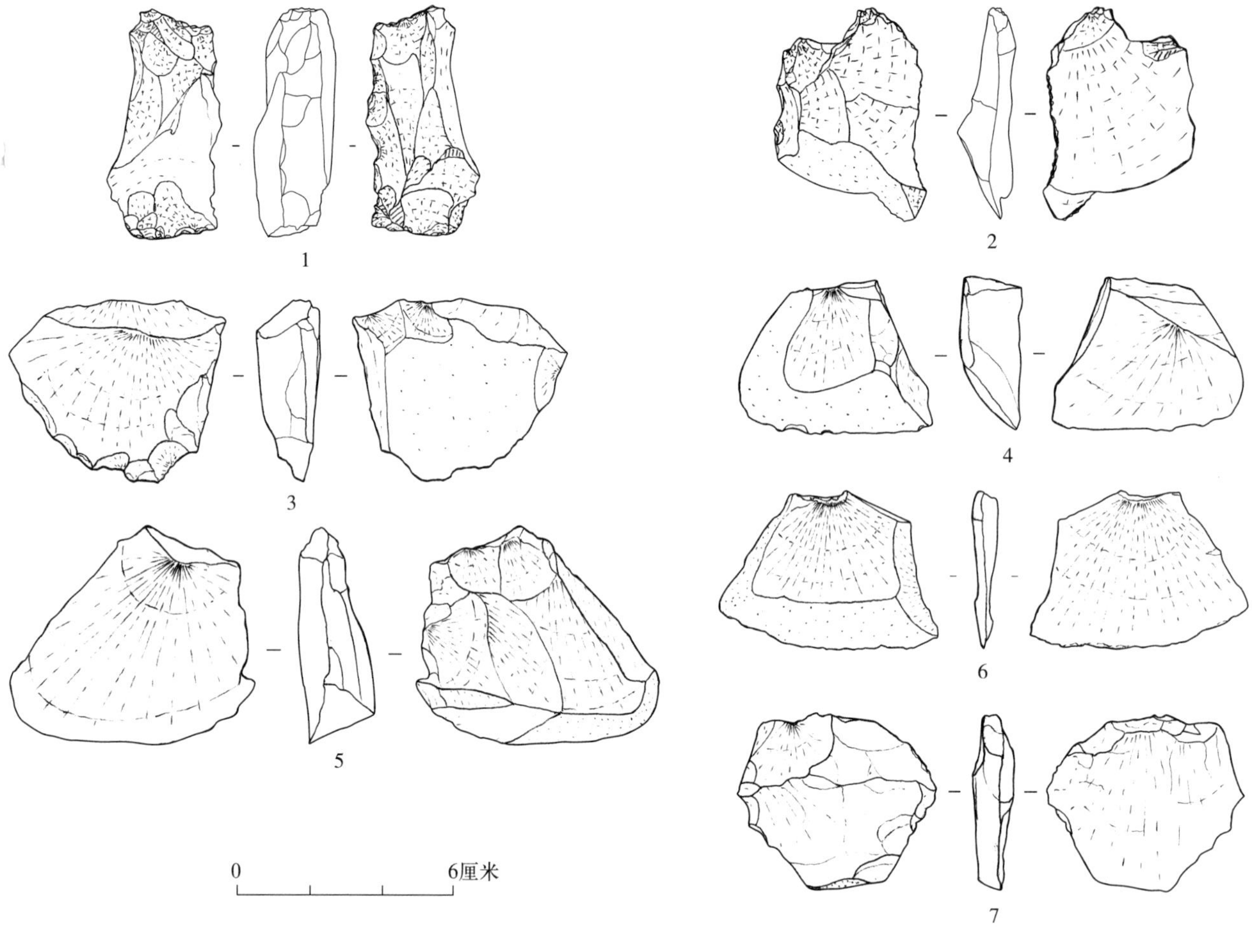

图 3-166 F8 出土打制石器

1～7. 石片刮削器 F8：89、111、147～151

厘米（图 3-167，2；彩版八四，7）。

标本 F8：121，褐色斑岩。打制，扁椭圆形，两侧对称打出豁口。长 10.6、宽 7.6、厚 1.2 厘米（图 3-167，3；彩版八四，8）。

标本 F8：122，残，青灰色砂岩。打制，残存一个侧打出豁口。长 8.6、宽 6.8、厚 1.3 厘米（图 3-167，4）。

标本 F8：123，残，青灰色板岩。打制，扁椭圆形，两侧对称打出的豁口，多剥片疤。长 11.8、宽 10.7、厚 2.0 厘米（图 3-167，5；彩版八四，9）。

标本 F8：124，残，红褐色斑岩。打制，椭圆形，残半，有一侧打出豁口。长 8.2、宽 7.0、厚 1.2 厘米（图 3-167，6）。

标本 F8：193，残，红褐色细粒花岗岩。打制，不规则形。有一侧打出豁口。残长 10.2、宽 9.6、厚 3.7 厘米（图 3-167，7）。

标本 F8：194，黄褐色花岗岩。打制，扁椭圆形，两侧对称打出豁口。长 9.6、宽 8.3、厚 2.7 厘米（图 3-167，8）。

标本 F8：195，青褐色板岩。打制，圆角方形，两侧对称打出豁口。长 7.5、宽 7.3、厚 1.4 厘米（图

3-167，9）。

柱础石　1件。

标本F8∶169，出土于柱洞底部。浅黄色花岗岩，扁平形河卵石。长9.8、宽9.4、厚2.2厘米（图3-167，10）。

石料　1件。

标本F8∶69，残，青色板岩，表面有切割痕。长2.3、宽1.3、厚0.2厘米（图3-167，11）。

（2）细石器

54件。其中石叶刮削器37件、尖状器11件、石镞1件、石叶5件等。

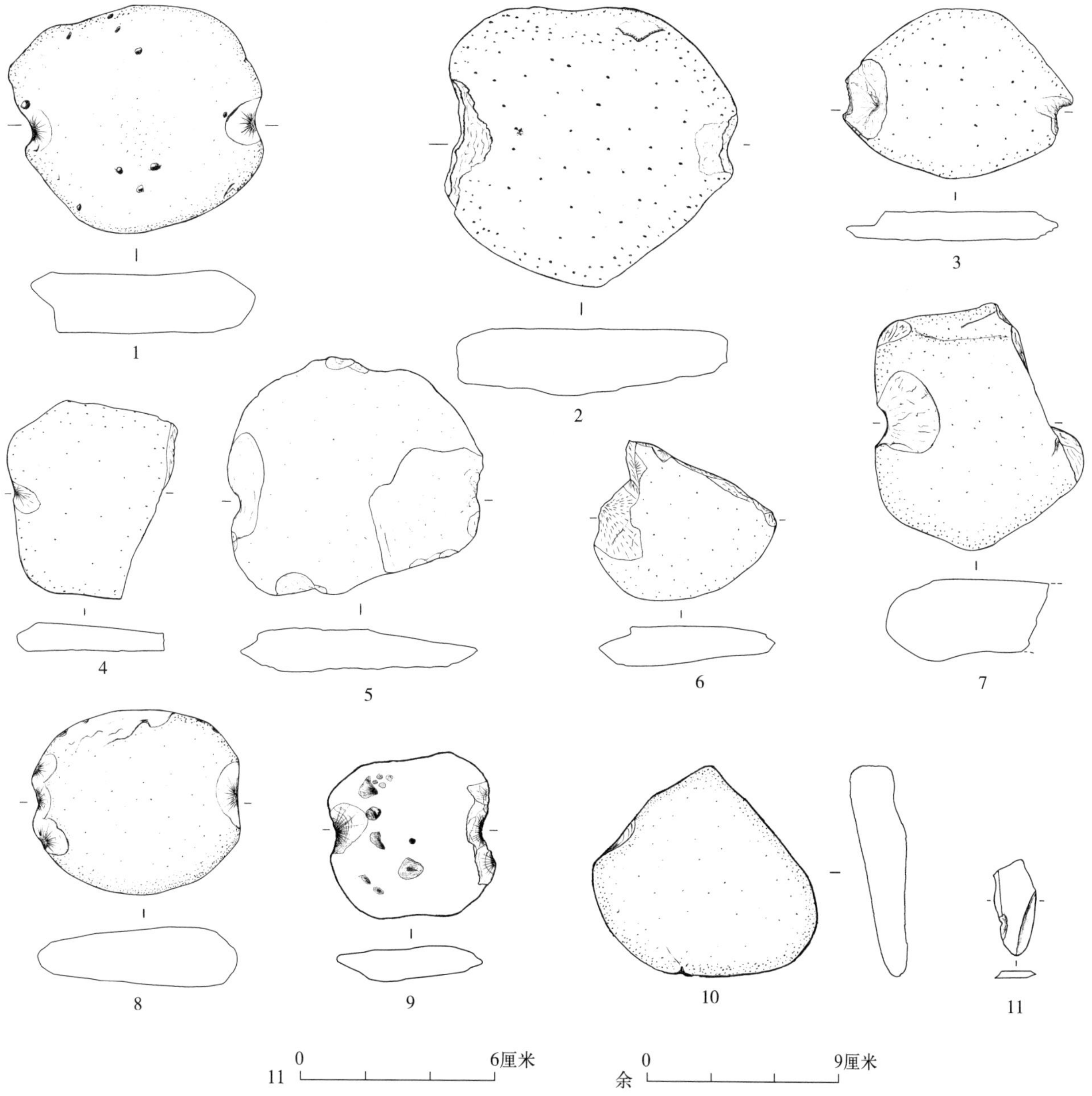

图3-167　F8出土打制石器

1～9. 网坠F8∶103、177、121～124、193～195　10. 柱础石F8∶169　11. 石料F8∶69

石叶刮削器 37件。

标本F8∶2，青色板岩。琢制，长条形，横截面梯形，边刃，有刮削痕迹。长3.2、宽1.4、厚0.2厘米（图3-168，1）。

标本F8∶3，黄褐色燧石。琢制，长条形，横截面梯形，边刃，有刮削痕迹。长2.0、宽0.6、厚0.1厘米（图3-168，2）。

标本F8∶6，黄褐色燧石。琢制，长条形，横截面梯形，边刃，有刮削痕迹。长1.5、宽0.6、厚0.1厘米（图3-168，3）。

标本F8∶7，褐色燧石。琢制，长条形，横截面三角形，边刃，有刮削痕迹。长1.0、宽0.3、厚0.1厘米（图3-168，4）。

标本F8∶8，黄褐色燧石。琢制，长条形，横截面梯形，边刃，有刮削痕迹。长1.3、宽0.4、厚0.1厘米（图3-168，5）。

标本F8∶9，红褐色燧石。琢制，长条形，横截面梯形，边刃，有刮削痕迹。长1.3、宽0.4、厚0.1厘米（图3-168，6）。

标本F8∶10，黄褐色燧石。琢制，长条形，横截面梯形，边刃，有刮削痕迹。长1.2、宽0.5、厚0.1厘米（图3-168，7）。

标本F8∶11，褐色燧石。琢制，长条形，横截面三角形，边刃，有刮削痕迹。长1.2、宽0.5、厚0.1厘米（图3-168，8）。

标本F8∶13，黄褐色燧石。琢制，长条形，横截面梯形，边刃，有刮削痕迹。长1.3、宽0.5、厚0.1厘米（图3-168，9）。

标本F8∶14，黄褐色燧石。琢制，长条形，横截面梯形，边刃，有刮削痕迹。长1.6、宽0.5、厚0.2厘米（图3-168，10）。

标本F8∶17，红褐色燧石。琢制，长条形，横截面梯形，边刃，有刮削痕迹。长2.7、宽1.0、厚0.2厘米（图3-168，11）。

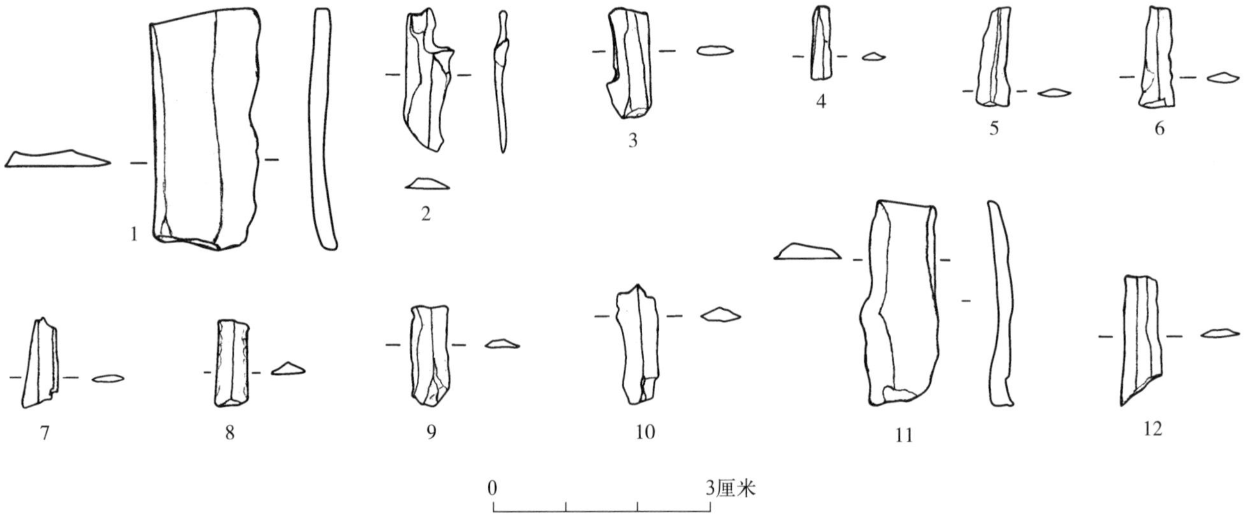

图3-168 F8出土细石器

1～12. 石叶刮削器F8∶2、3、6～11、13、14、17、18

标本 F8：18，黄褐色燧石。琢制，长条形，横截面梯形，边刃，有刮削痕迹。长 1.2、宽 0.5、厚 0.1 厘米（图 3-168，12）。

标本 F8：19，红褐色燧石。琢制，长条形，横截面梯形，边刃，有刮削痕迹。长 2.8、宽 0.6、厚 0.1 厘米（图 3-169，1；彩版八五，1）。

标本 F8：21，黄褐色燧石。琢制，长条形，横截面三角形，边刃，有刮削痕迹。长 2.9、宽 0.7、厚 0.1 厘米（图 3-169，2；彩版八五，2）。

标本 F8：23，红褐色燧石。琢制，长条形，横截面三角形，边刃，有刮削痕迹。长 2.6、宽 0.4、厚 0.1 厘米（图 3-169，3；彩版八五，3）。

标本 F8：26，黄褐色燧石。琢制，长条形，横截面梯形，边刃，有刮削痕迹。长 1.7、宽 0.6、厚 0.1 厘米（图 3-169，4）。

标本 F8：27，黄褐色燧石。琢制，长条形，横截面三角形，边刃，有刮削痕迹。长 2.8、宽 0.7、厚 0.1 厘米（图 3-169，5）。

标本 F8：29，红褐色燧石。琢制，长条形，横截面三角形，边刃，有刮削痕迹。长 2.0、宽 0.4、厚 0.1 厘米（图 3-169，6）。

标本 F8：30，红褐色燧石。琢制，长条形，横截面三角形，边刃，有刮削痕迹。长 1.6、宽 0.5、厚 0.1 厘米（图 3-169，7；彩版八五，4）。

标本 F8：31，黄褐色燧石。琢制，长条形，横截面梯形，边刃，有刮削痕迹。长 2.8、宽 0.8、厚 0.1 厘米（图 3-169，8；彩版八五，5）。

标本 F8：32，黄褐色燧石。琢制，长条形，横截面三角形，边刃，有刮削痕迹。长 1.6、宽 0.4、厚 0.1 厘米（图 3-169，9）。

标本 F8：33，黄褐色燧石。琢制，长条形，横截面梯形，边刃，有刮削痕迹。长 1.5、宽 0.6、厚 0.1 厘米（图 3-169，10）。

标本 F8：35，黄褐色燧石。琢制，长条形，横截面梯形，边刃，有刮削痕迹。长 2.7、宽 0.5、厚 0.1

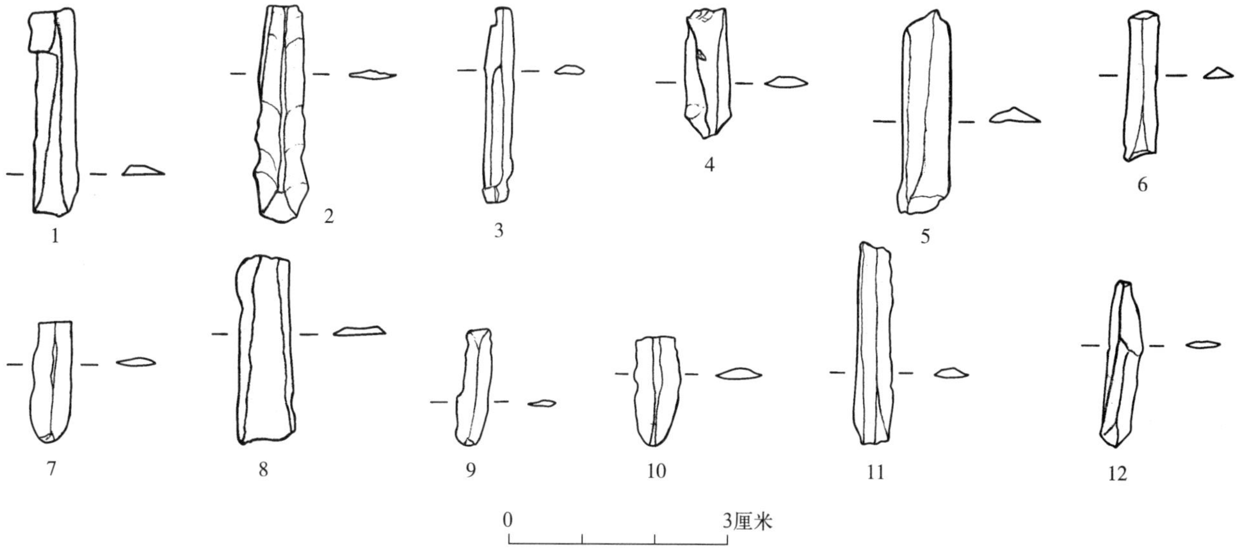

图 3-169　F8 出土细石器

1 ～ 12. 石叶刮削器 F8：19、21、23、26、27、29 ～ 33、35、36

厘米（图 3-169，11；彩版八五，6）。

标本 F8∶36，黄褐色燧石。琢制，长条形，横截面菱形，边刃，有刮削痕迹。长 2.2、宽 0.5、厚 0.1 厘米（图 3-169，12）。

标本 F8∶38，黄褐色燧石。琢制，长条形，横截面三角形，边刃，有刮削痕迹。长 2.0、宽 0.6、厚 0.1 厘米（图 3-170，1；彩版八五，7）。

标本 F8∶39，褐色燧石。琢制，长条形，横截面菱形，边刃，有刮削痕迹。长 1.7、宽 0.5、厚 0.1 厘米（图 3-170，2）。

标本 F8∶40，黄褐色燧石。琢制，长条形，横截面梯形，边刃，有刮削痕迹。长 1.4、宽 0.6、厚 0.1 厘米（图 3-170，3）。

标本 F8∶41，黄褐色燧石。琢制，长条形，横截面梯形，边刃，有刮削痕迹。长 1.9、宽 0.4、厚 0.1 厘米（图 3-170，4；彩版八五，8）。

标本 F8∶42，青灰色板岩。琢制，长条形，横截面菱形，边刃，有刮削痕迹。长 2.3、宽 1.0、厚 0.3 厘米（图 3-170，5）。

标本 F8∶43，青褐色板岩。琢制，长条形，横截面梯形，边刃压琢成锯齿状。长 4.3、宽 1.0、厚 0.35 厘米（图 3-170，6；彩版八五，9）。

标本 F8∶47，青灰色板岩。琢制，长条形，横截面梯形，边刃，有刮削痕迹。长 2.7、宽 1.2、厚 0.3 厘米（图 3-170，7）。

标本 F8∶51，黄褐色燧石。琢制，长条形，横截面三角形，边刃，有刮削痕迹。长 2.9、宽 0.7、厚 0.1 厘米（图 3-170，8；彩版八六，1）。

标本 F8∶53，黄褐色燧石。琢制，长条形，横截面梯形，边刃，有刮削痕迹。长 2.9、宽 0.8、厚 0.2 厘米（图 3-170，9；彩版八六，2）。

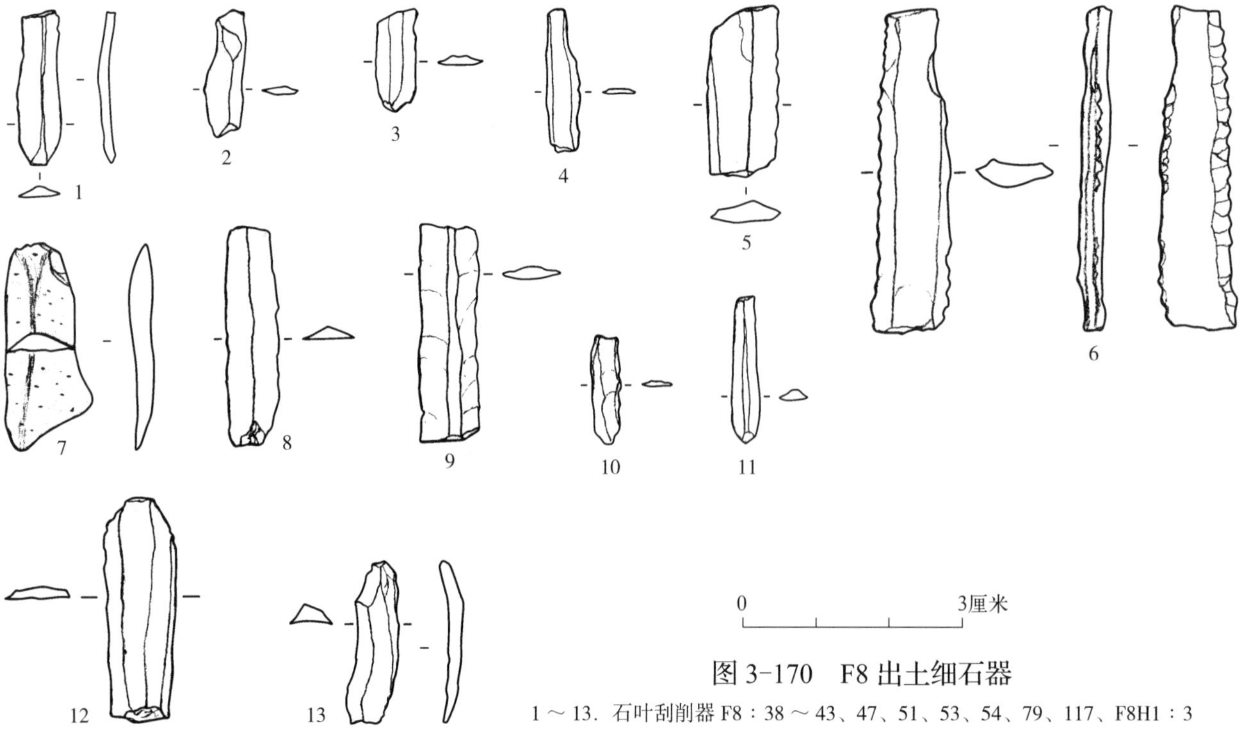

图 3-170　F8 出土细石器

1～13. 石叶刮削器 F8∶38～43、47、51、53、54、79、117、F8H1∶3

标本 F8∶54，黄褐色燧石。琢制，长条形，横截面梯形，边刃，有刮削痕迹。长 1.5、宽 0.4、厚 0.1 厘米（图 3-170，10）。

标本 F8∶79，黄褐色燧石。琢制，长条形，横截面梯形，边刃，有刮削痕迹。长 2.0、宽 0.4、厚 0.2 厘米（图 3-170，11）。

标本 F8∶117，褐色玛瑙。琢制，长条形，横截面梯形，边刃，有刮削痕迹。长 2.9、宽 0.9、厚 0.1 厘米（图 3-170，12；彩版八六，3）。

标本 F8H1∶3，残，褐色玛瑙。琢制，长条形，横截面梯形，边刃，有刮削痕迹。长 2.9、宽 0.9、厚 0.1 厘米（图 3-170，13）。

尖状器　11 件。

标本 F8∶4，黄褐色玛瑙。琢制，长三角叶形，横截面三角形，边刃，有刮削痕迹。长 1.7、宽 0.4、厚 0.1 厘米（图 3-171，1；彩版八六，4）。

标本 F8∶5，红褐色玛瑙。琢制，长三角叶形，横截面三角形，边刃，有刮削痕迹。长 1.7、宽 0.4、厚 0.1 厘米（图 3-171，2；彩版八六，5）。

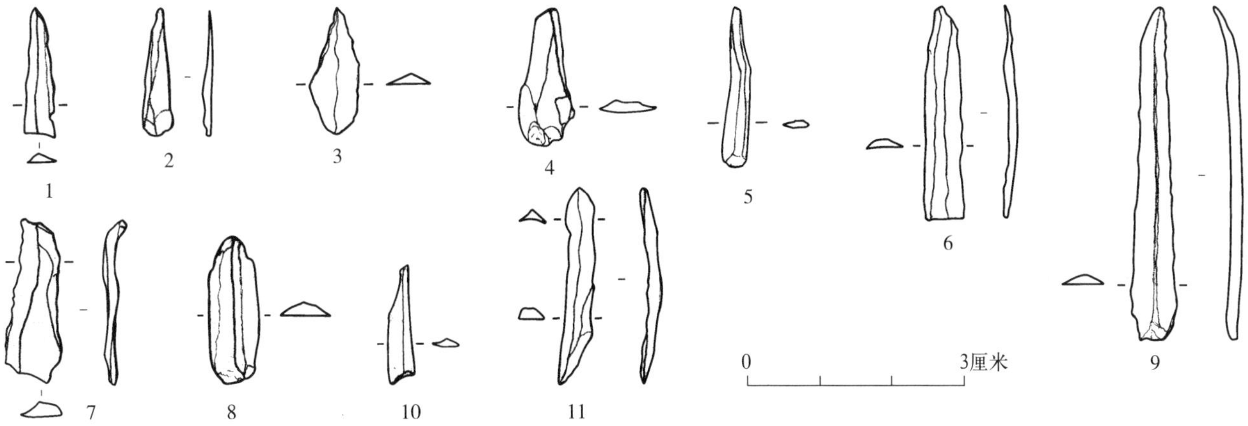

图 3-171　F8 出土细石器

1～11. 尖状器 F8∶4、5、104、16、20、28、34、37、52、70、76

标本 F8∶104，红褐色玛瑙。琢制，尖叶形，横截面三角形，边刃，有刮削痕迹。长 1.7、宽 0.6、厚 0.1 厘米（图 3-171，3）。

标本 F8∶16，黄色燧石。琢制，近三角形，横截面梯形。长 1.8、宽 0.7、厚 0.1 厘米（图 3-171，4；彩版八六，6）。

标本 F8∶20，黄褐色燧石。琢制，长条形，横截面菱形，边刃，有刮削痕迹。长 2.1、宽 0.3、厚 0.1 厘米（图 3-171，5）。

标本 F8∶28，黄褐色燧石。琢制，长条形，横截面梯形，边刃，有刮削痕迹。长 2.8、宽 0.5、厚 0.1 厘米（图 3-171，6；彩版八六，7）。

标本 F8∶34，黄褐色燧石。琢制，长条形，横截面梯形，边刃，有刮削痕迹。长 2.2、宽 1.8、厚 0.1 厘米（图 3-171，7）。

标本 F8∶37，黄褐色燧石。琢制，长三角形片状，横截面梯形，尖锋使用圆钝，边刃，有刮削痕迹。长 1.9、宽 0.7、厚 0.2 厘米（图 3-171，8）。

标本F8∶52，黄褐色燧石。琢制，长条形，横截面三角形，边刃，有刮削痕迹。长4.4、宽0.6、厚0.1厘米（图3-171，9；彩版八六，8）。

标本F8∶70，残，黄褐色燧石。琢制，长三角形片状，横截面三角形，边刃，有刮削痕迹。长1.6、宽0.4、厚0.1厘米（图3-171，10）。

标本F8∶76，残，黄色燧石。琢制，长条形，横截面三角形，边刃，有刮削痕迹。长2.6、宽0.3、厚0.1厘米（图3-171，11）。

石镞　1件。

标本F8∶24，残，黄褐色燧石。琢制，圭形，横截面梯形，锋、刃由背面向腹面压琢呈细齿状，底部残断。残长2.6、宽1.2、厚0.3厘米（图3-172，1；彩版八六，9）。

石叶　5件。

多为石叶残段，无使用痕迹。

标本F8∶15，黄色燧石。琢制，长方形，横截面梯形。长1.6、宽0.6、厚0.1厘米。

标本F8∶22，黄褐色燧石。琢制，长方形，横截面梯形。长1.0、宽0.7、厚0.1厘米（图3-172，2）。

标本F8∶25，黄褐色燧石。琢制，长方形，横截面梯形。长1.1、宽1.3、厚0.1厘米（图3-172，3）。

标本F8∶78，黄色燧石。琢制，长方形，横截面梯形。长1.4、宽1.2、厚0.2厘米（图3-172，4）。

标本F8∶104，黄色燧石。琢制，长方形，横截面梯形。长1.6、宽0.6、厚0.1厘米（图3-172，5）。

标本F8∶105，黄色燧石。琢制，长方形，横截面梯形。长1.2、宽1.1、厚0.2厘米（图3-172，6）。

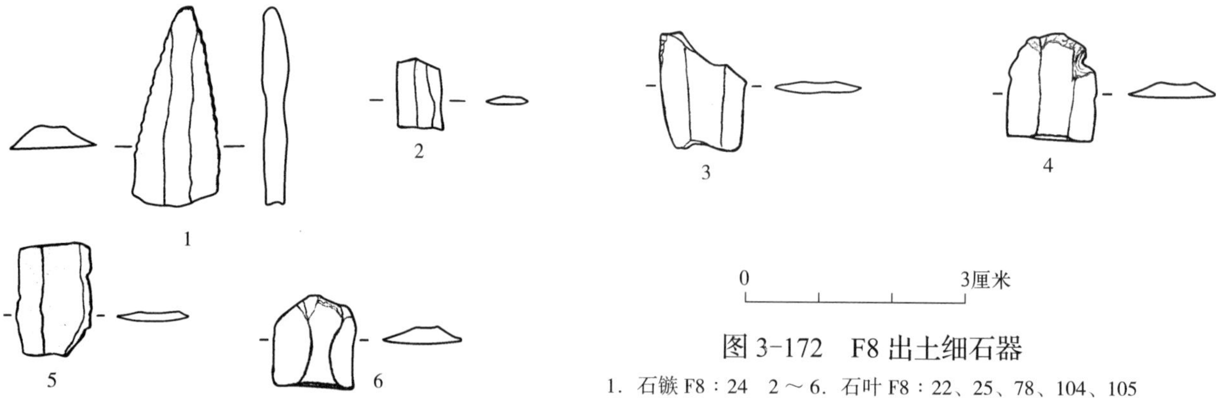

图3-172　F8出土细石器

1. 石镞F8∶24　2～6. 石叶F8∶22、25、78、104、105

（3）磨制石器

24件。有石斧1件、石镞3件、石磨盘7件、石磨棒7件、沟磨石1件、砺石2件、压磨工具1件、雕刻器1件、石料1件。

石斧　1件。

标本F8∶57，残，白色高岭土花岗岩。磨制，扁平梯形，横截面圆角方形，平顶，对磨弧刃。残长6.3、宽3.1、厚0.8厘米（图3-173，1；彩版八七，1）。

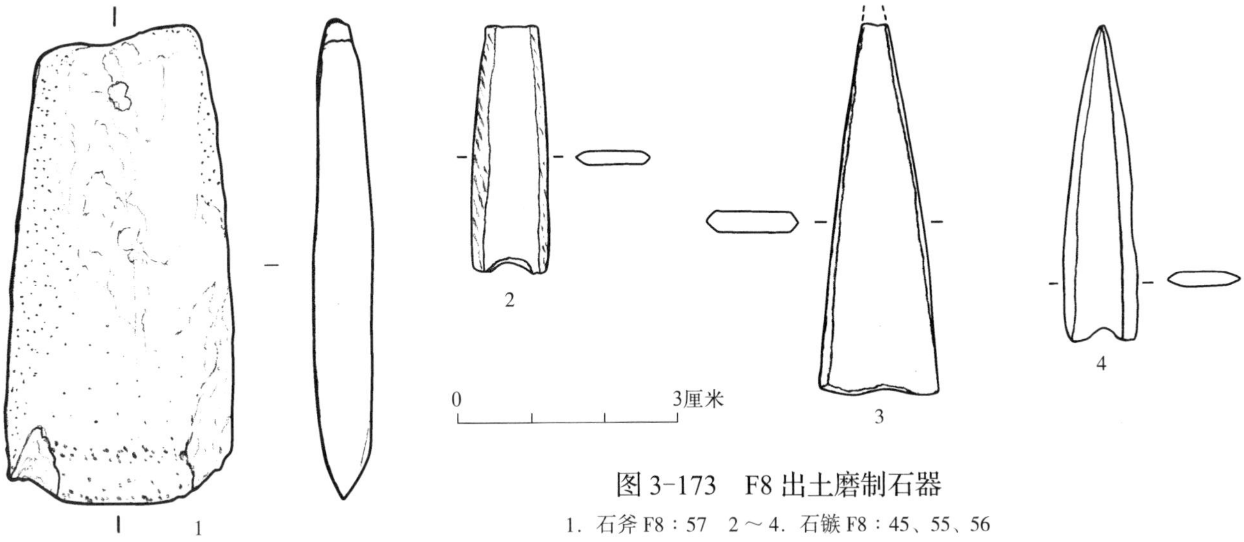

图 3-173　F8 出土磨制石器

1. 石斧 F8：57　2～4. 石镞 F8：45、55、56

石镞　3 件。

标本 F8：45，锋残，青色板岩。磨制，长三角形，横截面扁平六棱形，边刃对磨，凹底。残长 3.3、宽 1.1、厚 0.2 厘米（图 3-173，2；彩版八七，2）。

标本 F8：55，残，青色板岩。磨制，长三角形，横截面扁平六棱形，边刃对磨，底微内凹。残长 4.9、宽 1.6、厚 0.2 厘米（图 3-173，3；彩版八七，3）。

标本 F8：56，基本完整，青色板岩。横截面扁平六棱形，边刃对磨，刃锋利，凹底。长 4.2、宽 1.0、厚 0.2 厘米（图 3-173，4；彩版八七，4）。

石磨盘　7 件。

标本 F8：125，残，黄褐色砂砾岩。两面磨痕迹明显。残长 10.4、宽 11.3、厚 4.3 厘米（图 3-174，1）。

标本 F8：126，残，褐色砂岩。两凹磨面，磨痕迹明显。残长 14.8、宽 8.2、厚 1.9～4.0 厘米（图 3-174，2）。

标本 F8：128，残，黄褐色砂砾岩。两面磨痕迹明显。残长 7.3、宽 5.7、厚 4.2 厘米（图 3-174，3）。

标本 F8：129，残，黄褐色砂砾岩。两面磨痕迹明显。残长 5.0、宽 3.9、厚 3.5 厘米（图 3-174，4）。

标本 F8：130，残块，褐色砂岩。两面磨痕迹明显。残长 5.3、宽 3.2、厚 2.6 厘米（图 3-174，5）。

标本 F8：131，残，褐色砂砾岩。两磨面，一面稍凹，痕迹明显。残长 17.3、宽 10.5、厚 3.6～5.0 厘米（图 3-174，6）。

标本 F8：141，残，红褐色砂岩。两磨面，一面稍凹，痕迹明显。残长 12.8、宽 10.2、厚 6.5 厘米（图 3-174，7）。

石磨棒　7 件。

标本 F8：132，残，粗粒砂岩。磨制，横截面半椭圆形，多磨面，磨痕明显。残长 13.0、宽 7.4、高 5.5 厘米（图 3-175，1；彩版八七，5）。

标本 F8：133，残，黄褐色花岗岩。磨制，横截面半椭圆形，多磨面，磨痕明显。残长 9.5、宽 7.5、

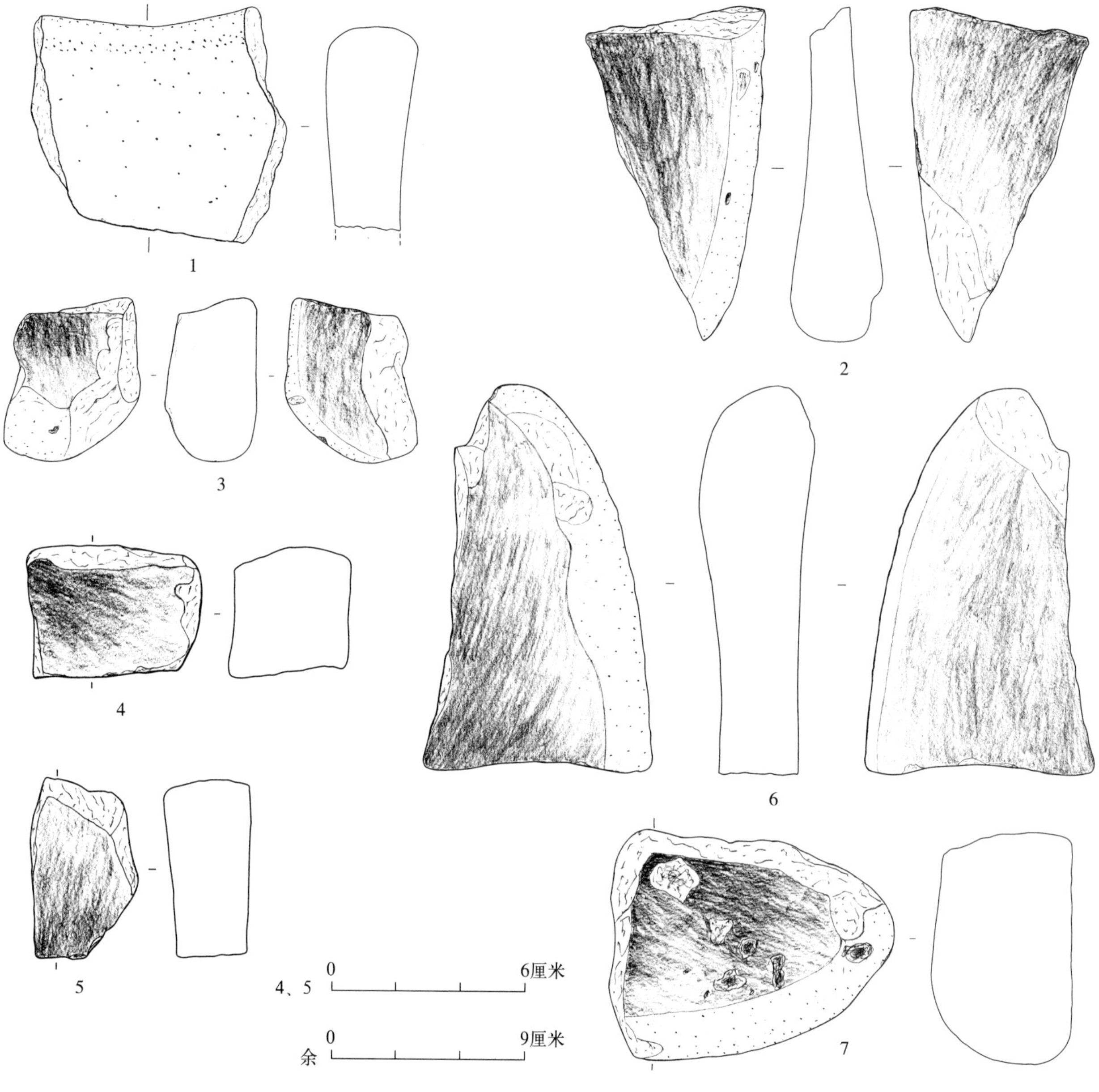

图 3-174　F8 出土磨制石器

1～7. 石磨盘 F8：125、126、128～131、141

厚 4.2 厘米（图 3-175，2）。

标本 F8：134，基本完整，黄褐色花岗岩。磨制，横截面圆角方形，多磨面，磨痕明显。长 16.0、宽 5.6、厚 4.8 厘米（图 3-175，3；彩版八七，6）。

标本 F8：135，残，黄褐色花岗岩。磨制，横截面半椭圆形，多磨面，磨痕明显。残长 5.4、宽 9.5、厚 5.9 厘米（图 3-175，4）。

标本 F8：137，基本完整，黄褐色花岗岩。琢制，横截面近圆角梯形，多磨面，底面平磨。长 14.5、高 5.5、宽 7.0 厘米（图 3-175，5）。

标本 F8：180，残，浅黄色石英岩。磨制，横截面近圆角长方形，多磨面，有一面磨平。长

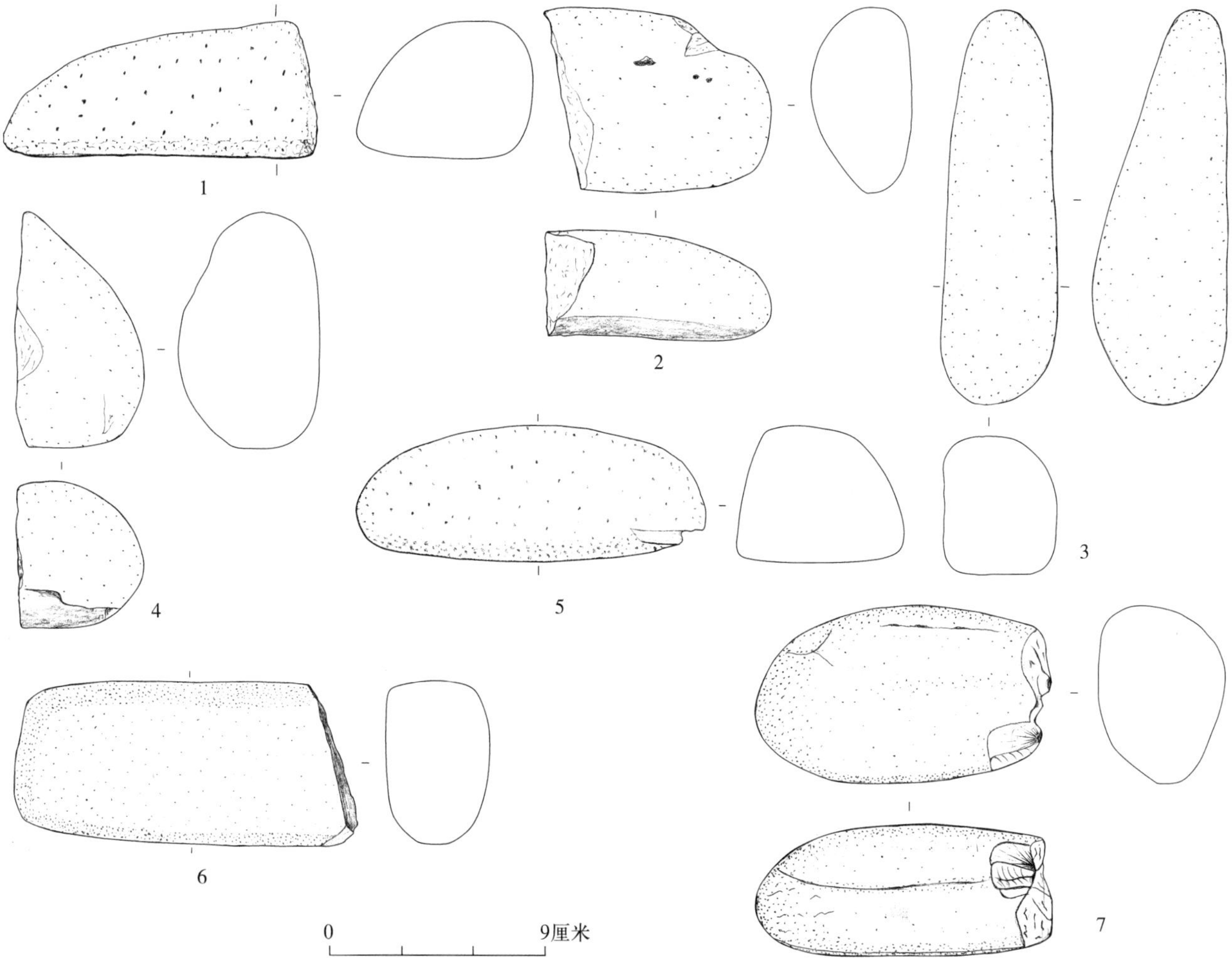

图 3-175　F8 出土磨制石器

1 ～ 7. 石磨棒 F8：132 ～ 135、137、180、F8H1：2

14.9、宽 6.7、厚 4.3 厘米（图 3-175，6；彩版八七，7）。

标本 F8H1：2，残，浅黄色花岗岩。磨制，横截面椭圆形，多磨面，磨痕明显。长 12.5、宽 7.2、厚 5.3 厘米（图 3-175，7）。

砺石　2 件。

标本 F8：127，残，褐色粉砂岩。三角形块状，两面有磨痕。长 5.4、宽 4.6、厚 2.7 厘米（图 3-176，1）。

标本 F8：138，残，黄褐色花岗岩。横截面近圆角方形，多磨面，磨痕明显。长 7.7、宽 5.7、厚 3.8 厘米（图 3-176，2）。

沟磨石　1 件。

标本 F8：142，残，褐色板岩。不规则形状，一面有凹磨沟。长 9.0、宽 7.8、厚 4.2 厘米（图 3-176，3）。

雕刻器　1 件。

标本 F8：110，青色玄武岩，自然河卵石。梭形扁平状，一端有弧形刃，刃部对磨，有使用痕迹。

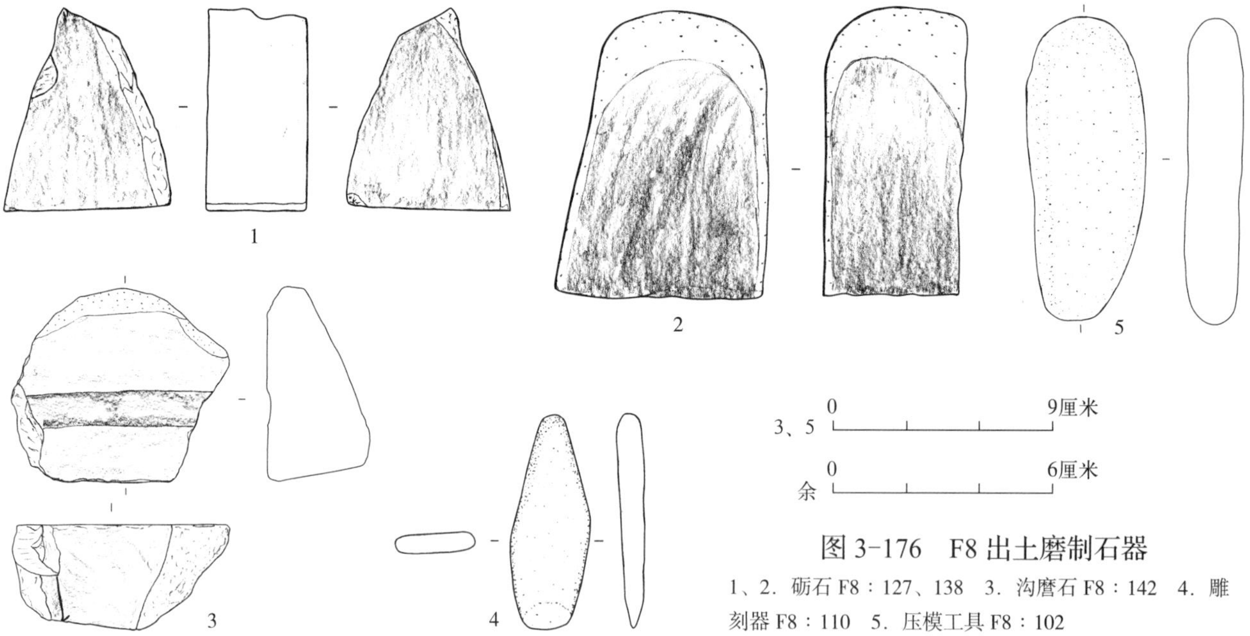

图 3-176 F8 出土磨制石器

1、2. 砺石 F8：127、138 3. 沟磨石 F8：142 4. 雕刻器 F8：110 5. 压模工具 F8：102

长 5.7、宽 2.2、厚 0.7 厘米（图 3-176，4；彩版八七，8）。

压磨工具 1 件。

标本 F8：102，红褐色花岗岩。长椭圆条形，有使用压磨痕迹。长 12.0、宽 4.9、厚 2.3 厘米（图 3-176，5）。

2. 玉器

3 件。有小玉斧 1 件、雕刻器 1 件、玉料 1 件。

小玉斧 1 件。

标本 F8：1，乳白色岫玉，部分黄色。磨制，斧形，圆润光洁，对磨直刃，刃微斜。长 6.7、宽 3.0、厚 0.9 厘米（图 3-177，1；彩版八八，1）。

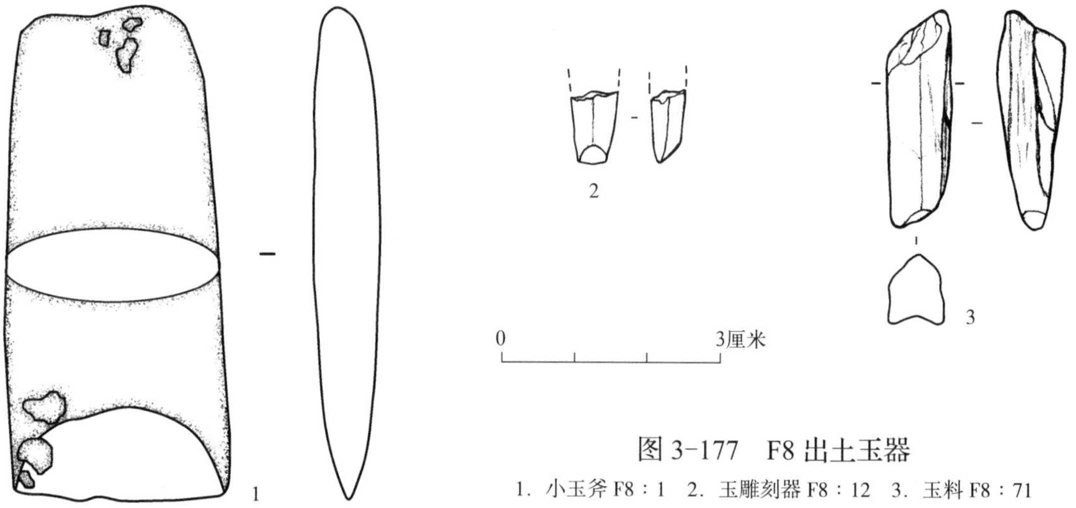

图 3-177 F8 出土玉器

1. 小玉斧 F8：1 2. 玉雕刻器 F8：12 3. 玉料 F8：71

玉雕刻器 1件。

标本F8∶12，残，绿色岫玉。磨制，圆润光洁，对磨弧刃。残长0.9、宽0.6、厚0.4厘米（图3-177，2；彩版八八，2）。

玉料 1件。

标本F8∶71，残，青绿色。不规则长条状，表面有多处磨痕。长2.9、宽0.9、厚0.9厘米（图3-177，3）。

3. 陶器

25件。有深腹罐22件、大口罐1件、高足钵1件、杯1件等。

深腹罐 22件。

Aa型Ⅱ式 1件。

标本F8∶202，残，夹砂红褐陶。直口，圆唇，直腹。口沿处饰划压编织蓆纹，腹部饰竖压横排之字纹。残高4.4厘米（图3-178，1）。

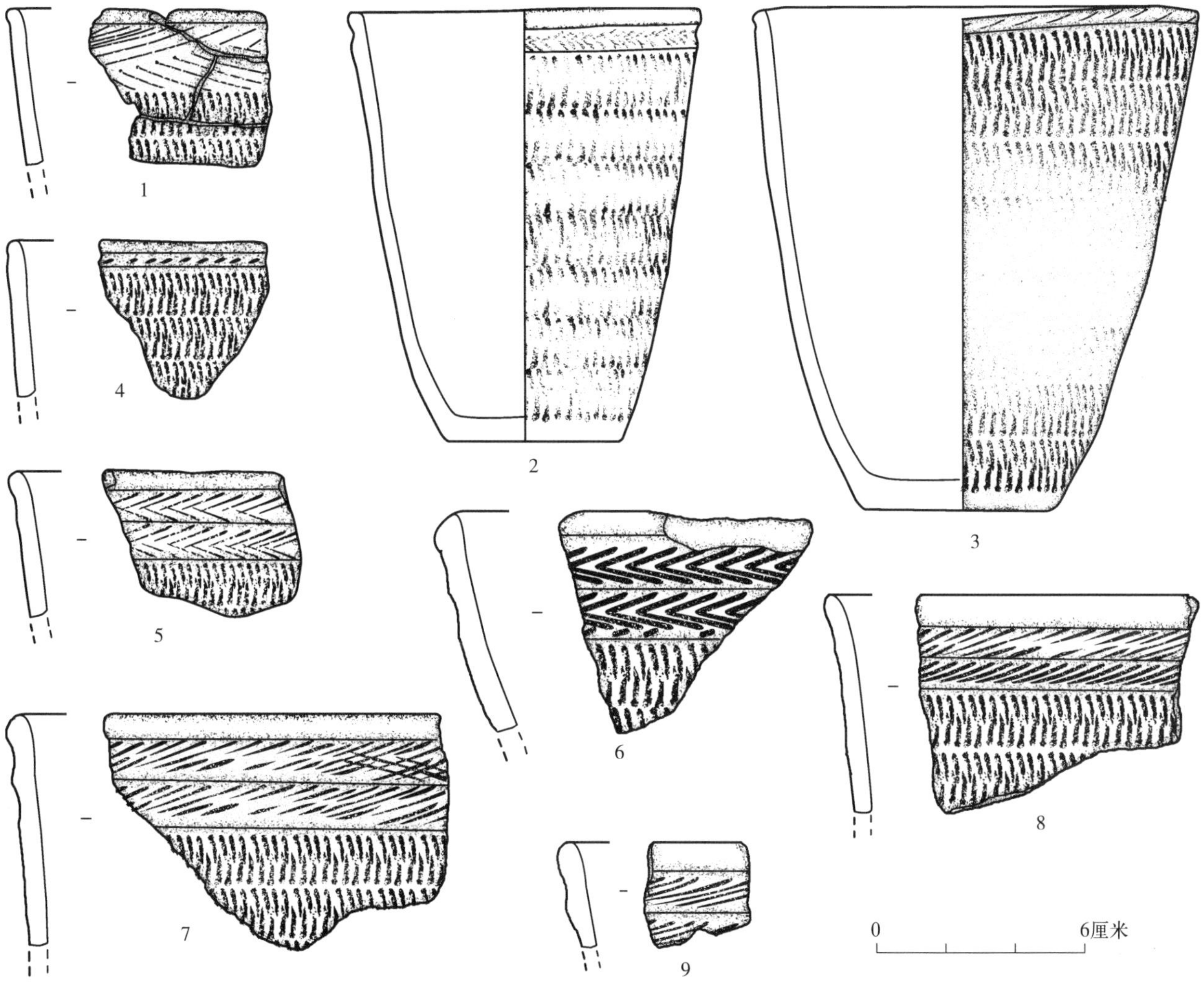

图3-178 F8出土深腹罐

1. Aa型Ⅱ式F8∶202 2～4. Aa型Ⅲ式F8∶114、115、181 5、6. Aa型Ⅳ式F8∶182、155 7～9. Ab型Ⅳ式F8∶153、154、159

Aa 型Ⅲ式　3 件。

标本 F8∶114，可修复，夹砂红陶。敞口，圆唇，斜直腹，平底。器身满饰纹饰。口沿处有一周凹带，内饰划压横人字纹，腹部满饰竖压横排的之字纹。口径 10.0、底径 5.3、高 12.0 厘米（图 3-178，2；彩版八九，1）。

标本 F8∶115，可修复，夹砂红褐陶。敞口，圆唇，深腹弧收，平底。口沿处有一周凹带，内饰戳刺纹。腹部饰竖压横排之字纹，纹饰不及底。口径 12.5、底径 5.6、通高 13.9 厘米（图 3-178，3；彩版八九，2）。

标本 F8∶181，残，夹砂黑褐陶。敞口，圆唇，斜直腹。口沿处有一凹带，内饰戳刺纹，腹部饰竖压横排之字纹。口径 11.0、残高 4.5 厘米（图 3-178，4）。

Aa 型Ⅳ式　2 件。

标本 F8∶182，残，夹砂黑褐陶。直口，圆唇，斜直腹。口沿处有两周凹带，内饰划压横人字纹，腹部饰竖压横排之字纹。口径 13.0、残高 4.1 厘米（图 3-178，5）。

标本 F8∶155，残，夹砂红褐陶。敞口，尖唇，弧腹。口沿处有两条凹纹带，内饰划压斜纹，腹部饰竖压横排之字纹。口径 14.0、残高 6.1 厘米（图 3-178，6）。

Ab 型Ⅳ式　3 件。

标本 F8∶153，残，夹砂红陶。直口，圆唇，直腹。口沿有两周凹带，内饰斜线、网格纹，腹部饰竖压横排之字纹。口径 21.0、残高 6.5 厘米（图 3-178，7）。

标本 F8∶154，残，夹砂红褐陶。口稍敞，圆唇，斜直腹。口沿处有两周凹带，内饰划压斜线纹，腹部饰竖压横排之字纹。口径 22.0、残高 6.0 厘米（图 3-178，8）。

标本 F8∶159，残，夹砂黑褐陶。敞口，圆唇，斜直腹。口沿处有两周凹带，内饰斜线纹。残高 2.9 厘米（图 3-178，9）。

Ac 型Ⅱ式　1 件。

标本 F8∶152，残，夹砂红陶。敞口，圆唇，直腹。口沿处有一周凹带，内饰划压斜线纹，腹部饰横压竖排之字纹。口径 25.0、残高 6.2 厘米（图 3-179，1）。

Ac 型Ⅱ式　1 件。

标本 F8∶185，残，夹砂黑褐陶。敞口，圆唇，斜直腹。口沿处有两周凹带，内饰划压横人字纹，腹部饰竖压横排之字纹。口径 27.0、残高 16.0 厘米（图 3-179，2）。

Ac 型Ⅲ式　4 件。

标本 F8∶186，残，夹砂黑褐陶。敞口，圆唇，斜直腹。口沿处有两周凹纹带，内饰斜线纹，腹部饰竖压横排之字纹。残高 6.9 厘米（图 3-179，3）。

标本 F8∶187，残，夹砂黑褐陶。敞口，圆唇，斜直腹。口沿处有一周凹带，内饰划压横人字纹，腹部饰竖压横排之字纹。残高 3.9 厘米（图 3-179，4）。

标本 F8∶188，残，夹砂黑褐陶。敞口，圆唇，斜直腹。口沿有两周凹纹带，内饰斜线纹，网格纹，腹部饰竖压横排之字纹。残高 5.3 厘米（图 3-179，5）。

器底　1 件

标本 F8∶178，残，夹砂红陶。弧腹，平底。腹部饰竖压横排之字纹。底径 8.4、残高 3.9 厘米（图 3-179，6）。

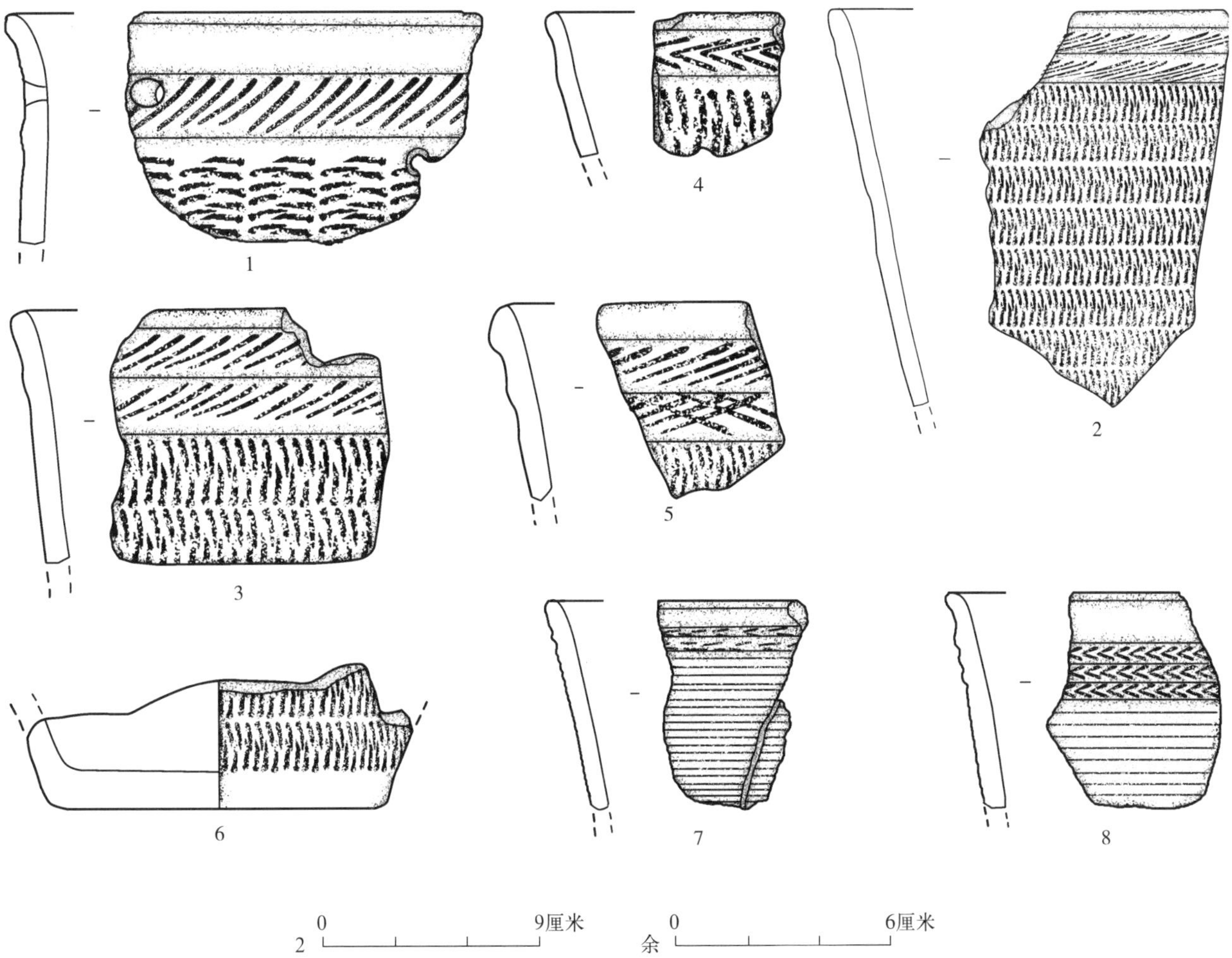

图 3-179　F8 出土深腹罐

1. Ac 型Ⅱ式 F8：152　2. Ac 型Ⅱ式 F8：185　3～6. 陶片 F8：186～188、178　7. Ba 型Ⅱ式 F8：157　8. Ba 型Ⅲ式 F8：156

Ba 型Ⅱ式　1 件。

标本 F8：157，残，夹砂红褐陶。敞口，远处，斜直腹。口沿有两周凹带，内饰斜线纹，腹部饰压印弦纹。口径 15.0、残高 5.6 厘米（图 3-179，7）。

Ba 型Ⅲ式　1 件。

标本 F8：156，残，夹砂黑褐陶。敞口，圆唇，弧腹。口沿有三周凹带，内饰划压横人字纹，腹部饰压印弦纹。残高 5.8 厘米（图 3-179，8）。

罐腹片　1 件。

标本 F8：167，残，夹砂红陶。弧腹。腹部饰划压几何纹。残高 4.8 厘米（图 3-180，4）。

器底　4 件。

标本 F8：160，残，夹砂黑褐陶。弧腹，平底。腹部饰压印弦纹。底径 7.8、残高 10.3 厘米（图 3-180，1）。

标本 F8：161，残，夹砂黑褐陶。弧腹，平底。腹部饰压印弦纹。底径 5.7、残高 2.6 厘米（图 3-180，2）。

标本 F8∶189，残，夹砂黑褐陶。弧腹，平底。腹部饰压印弦纹，底部饰划压斜纹。底径 7.0、残高 6.6 厘米（图 3-180，3）。

标本 F8∶203，残，夹砂黑褐陶。弧腹，平底。底部饰划压网格纹。底径 7.0、残高 2.3 厘米（图 3-180，5）。

大口罐 1 件。

Ⅳ式 1 件。

标本 F8∶120，可修复，夹砂灰褐陶。敞口，圆唇，鼓腹，平底。腹部饰压印之字纹。口径 14.5、底径 8.2、通高 13.2 厘米（图 3-180，6）。

高足钵 1 件。

标本 F8∶158，残，夹砂红陶。敞口，圆唇，弧腹。口沿处有一周凹带，下饰一周划压斜线纹，腹部素面。残高 4.2 厘米（图 3-180，7）。

陶杯 1 件。

标本 F8∶162，残，夹砂红陶。弧腹，小平底。腹部饰竖压横排之字纹。底径 3.7、残高 5.5 厘米（图 3-180，8）。

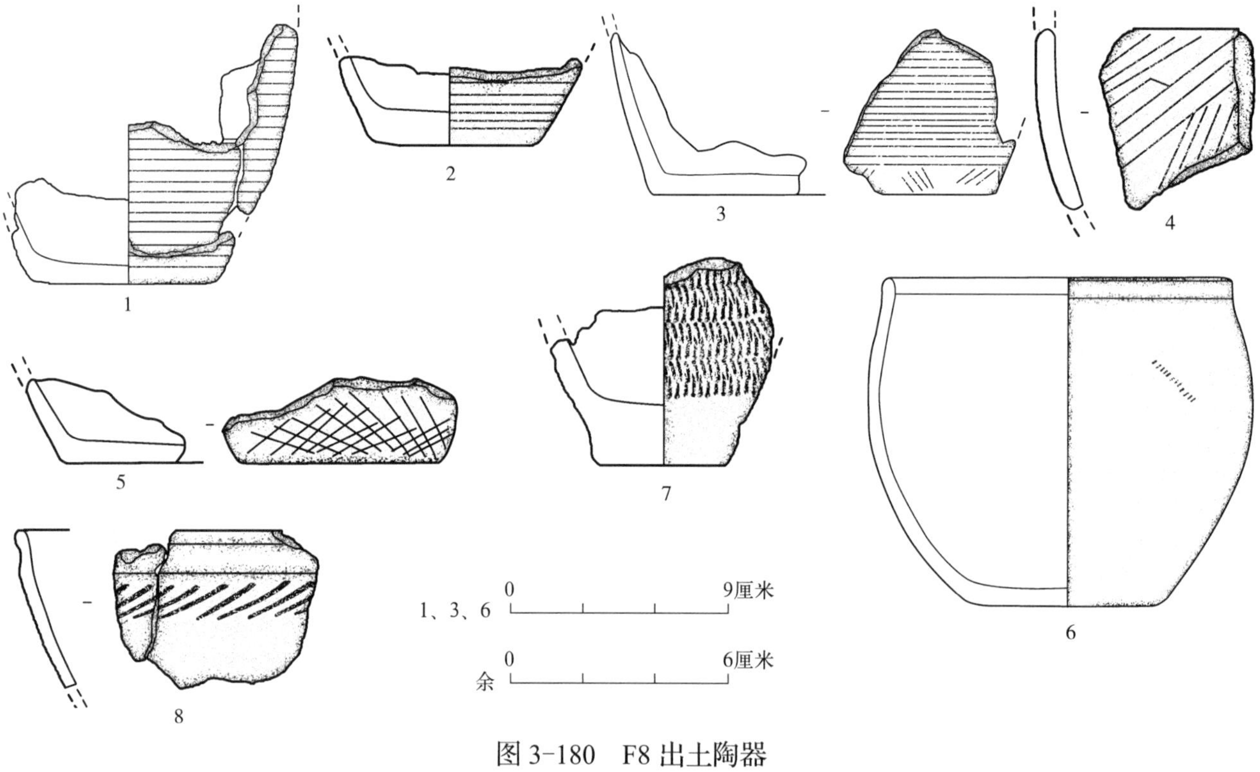

图 3-180 F8 出土陶器

1～5. 深腹罐陶片 F8∶160、161、189、167、203 6. 大口罐 F8∶120 7. 高足钵 F8∶158 8. 陶杯 F8∶162

4. 煤精制品

25 件。有泡形器 7 件、球形器 9 件、耳珰形器 1 件、煤精料 8 件。

泡形器 7 件。

标本 F8∶59，残。磨制，圆尖顶，表面光滑，内凹光洁，底边残，径 3.2、残高 1.7、厚 0.5 厘米（图 3-181，1；彩版八八，3）。

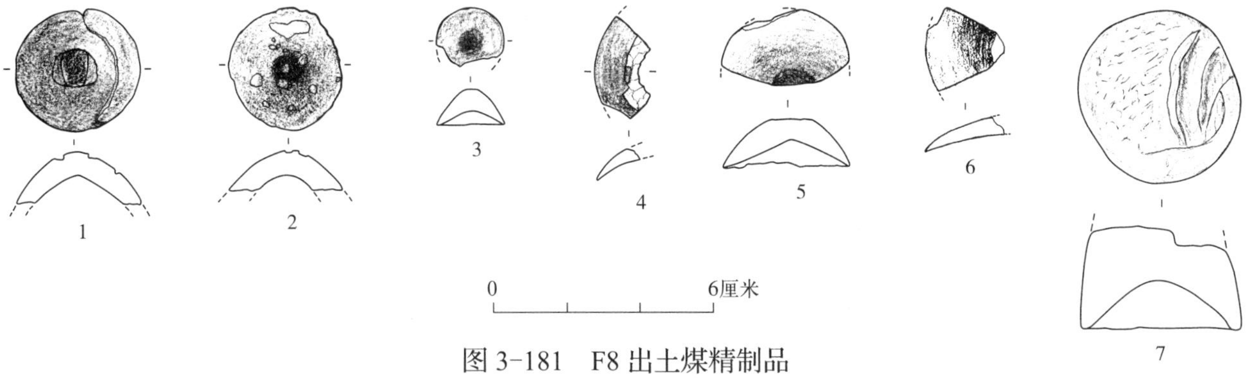

图 3-181　F8 出土煤精制品

1～7. 泡形器 F8：59、61、62、65、74、170、44

标本 F8：61，残。磨制，圆尖顶，表面光滑，内凹光洁，底边残，径 2.2、残高 1.1、厚 0.6 厘米（图 3-181，2）。

标本 F8：62，残。磨制，圆尖顶，表面光滑，内凹光洁，底边尖锐。直径 1.9、高 0.9 厘米（图 3-181，3；彩版八八，4）。

标本 F8：65，残。磨制，表面光滑，内凹光洁，底边尖锐。残长 2.6、宽 1.2、厚 0.4 厘米（图 3-181，4）。

标本 F8：74，残。磨制，半球形顶，内凹光洁，表面光滑，底边圆锐。直径 3.5、高 1.2 厘米（图 3-181，5）。

标本 F8：170，残。磨制，表面光滑，内凹光洁，底边尖锐。直径 4.4、高 0.9 厘米（图 3-181，6）。

标本 F8：44，残。磨制，顶残，表面光滑，内凹光洁，底边圆滑。直径 4.4、残高 2.5、厚 1.6 厘米（图 3-181，7；彩版八八，5）。

球形器　9 件。

标本 F8：73，磨制，表面光滑。直径 1.7 厘米（图 3-182，1）。

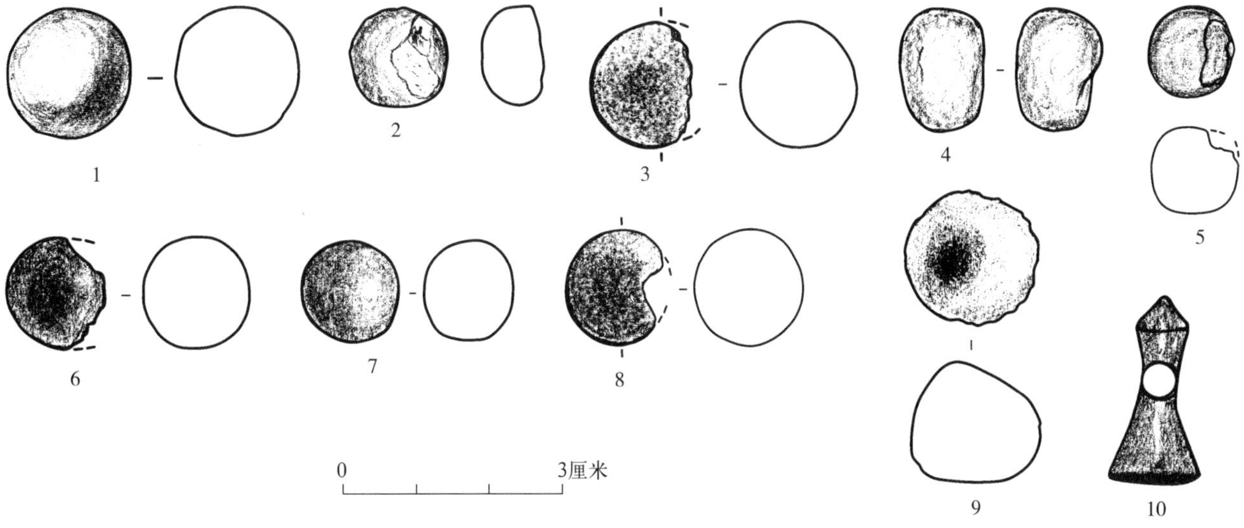

图 3-182　F8 出土煤精制品

1～9. 球形器 F8：73、50、58、63、64、66、67、72、75　10. 耳珰形器 F8：68

标本 F8：50，残。磨制，表面光滑。直径 1.3 厘米（图 3-182，2）。

标本 F8：58，残。磨制，表面光滑。直径 1.6 厘米（图 3-182，3）。

标本 F8：63，残。磨制，椭圆形，表面光滑。直径 1.1 ～ 1.6 厘米（图 3-182，4）。

标本 F8：64，残。磨制，表面光滑。直径 1.1 ～ 1.2 厘米（图 3-182，5）。

标本 F8：66，残。磨制，表面光滑。直径 1.5 厘米（图 3-182，6）。

标本 F8：67，基本完整。磨制，表面光滑。直径 1.2 ～ 1.3 厘米（图 3-182，7；彩版八八，6）。

标本 F8：72，残。磨制，表面光滑。直径 1.5 厘米（图 3-182，8）。

标本 F8：75，表面有刮削痕迹，未磨制。直径 1.8 厘米（图 3-182，9）。

耳珰形器　1 件。

标本 F8：68，磨制，表面光滑，尖顶、束腰、底稍圆弧。高 2.4、底径 1.3 厘米（图 3-183，10；彩版八八，7）。

煤精块　8 件。

标本 F8：46，表面有刮削痕迹。直径 1.8、残高 0.5 厘米（图 3-183，1）。

标本 F8：49，不规则圆形，表面有刮削痕迹。长 2.0、宽 1.8、厚 1.7 厘米（图 3-183，2）。

标本 F8：171，残片。长 2.0、宽 0.9、厚 0.3 厘米（图 3-183，3）。

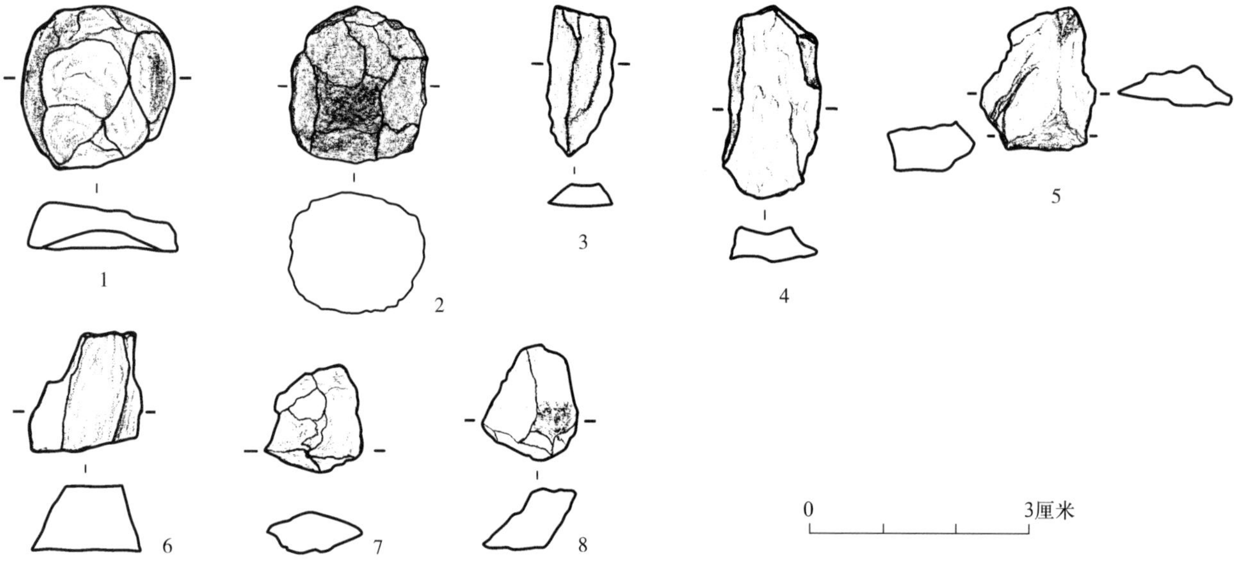

图 3-183　F8 出土煤精制品

1 ～ 8. 煤精块 F8：46、49、171 ～ 176

标本 F8：172，残片。长 2.5、宽 1.1、厚 0.5 厘米（图 3-183，4）。

标本 F8：173，残片。长 1.8、宽 1.6、厚 0.6 厘米（图 3-183，5）。

标本 F8：174，残块。长 1.6、宽 1.5、厚 0.8 厘米（图 3-183，6）。

标本 F8：175，残块。长 1.9、宽 1.3、厚 0.5 厘米（图 3-183，7）。

标本 F8：176，残片。长 1.5、宽 1.3、厚 0.8 厘米（图 3-183，8）。

5. 其他

2 件。

石墨 1 件。

标本 F8：116，残，银灰色。不规则形，表面有磨面，磨痕明显。长 2.5、宽 1.8、厚 0.9 厘米（图 3-184，1）。

赤铁矿石 1 件。

标本 F8：60，红褐色，不规则块状，表面有多处磨擦面。长 2.2、宽 1.4、厚 1.3 厘米（图 3-184，2）。

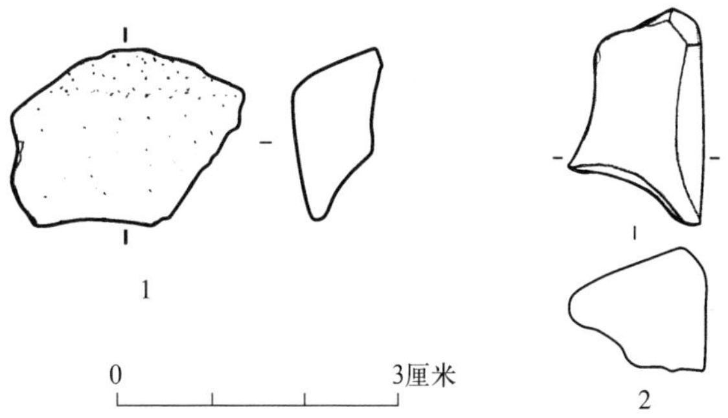

图 3-184 F8 出土其他遗物

1. 石墨 F8：116 2. 赤铁矿石 F8：60

（九）F10

F10 位于遗址中部南端，东距 F3 约 10.80 米、西距 F7 约 2.90 米、北距 F16 约 3.70 米。房址开口②层下，打破生土。圆角长方形，半地穴式。南北长 5.68、东西宽 5.27、深 0.20 米，面积约 32.5 平方米（图 3-185；彩版八九，3）。

房内发现灶址 4 个，其中 Z1、Z2、Z4 位于房址中、南部，Z3 位于房址北部。Z1 圆形、平底，打破 Z2。直径 0.86 ～ 0.84、深 0.10 米。Z2 直径 0.68、深 0.08 米，平底。Z3 位于房址北部偏西，圆形，平底，直径 0.70、深 0.10 米。Z4 位于 Z1 南侧，直径 0.46、深 0.04 米。

发现窖穴 1 个，位于房址西北部，圆角长方形，开口于活动面，长 0.60、宽 0.40、深 0.61 米。

房址内发现柱洞 43 个，有壁柱和内柱（表 3-3）。内柱有 6 处，其中有双柱 5 处。柱坑 1 个，F10D9 ～ D11 三个为组柱在 ZK1 内。

出土遗物有石器、陶器、煤精制品等，共计 45 件。

1. 石器

35 件。有打制石器 16 件、细石器 3 件、磨制石器 16 件。

（1）打制石器

16 件，其中砍砸器 5 件、敲砸器 6 件、石片刮削器 5 件。

砍砸器 5 件。

标本 F10：6，青灰色斑岩。打制，不规则扁圆形，局部保留石皮，周边砍砸痕迹明显。长 7.5、宽 7.2、厚 2.8 厘米（图 3-186，1）。

标本 F10：13，青色板岩。打制，不规则扁圆形，局部保留石皮，周边砍砸痕迹明显。长 6.6、宽 5.3、厚 2.3 厘米（图 3-186，2；彩版九〇，1）。

标本 F10：14，青灰色板岩。打制，不规则菱形，局部保留石皮，底部砍砸痕迹明显。长 6.2、宽 4.5、厚 1.5 厘米（图 3-186，3）。

标本 F10：17，青灰色板岩。打制，不规则梯形，局部保留石皮，多棱角，周边砍砸痕迹明显。长 7.4、宽 6.0、厚 2.9 厘米（图 3-186，4）。

标本 F10：23，青灰色板岩。打制，圆角长方形，局部保留石皮，横截面圆角长方形。残长 7.7、

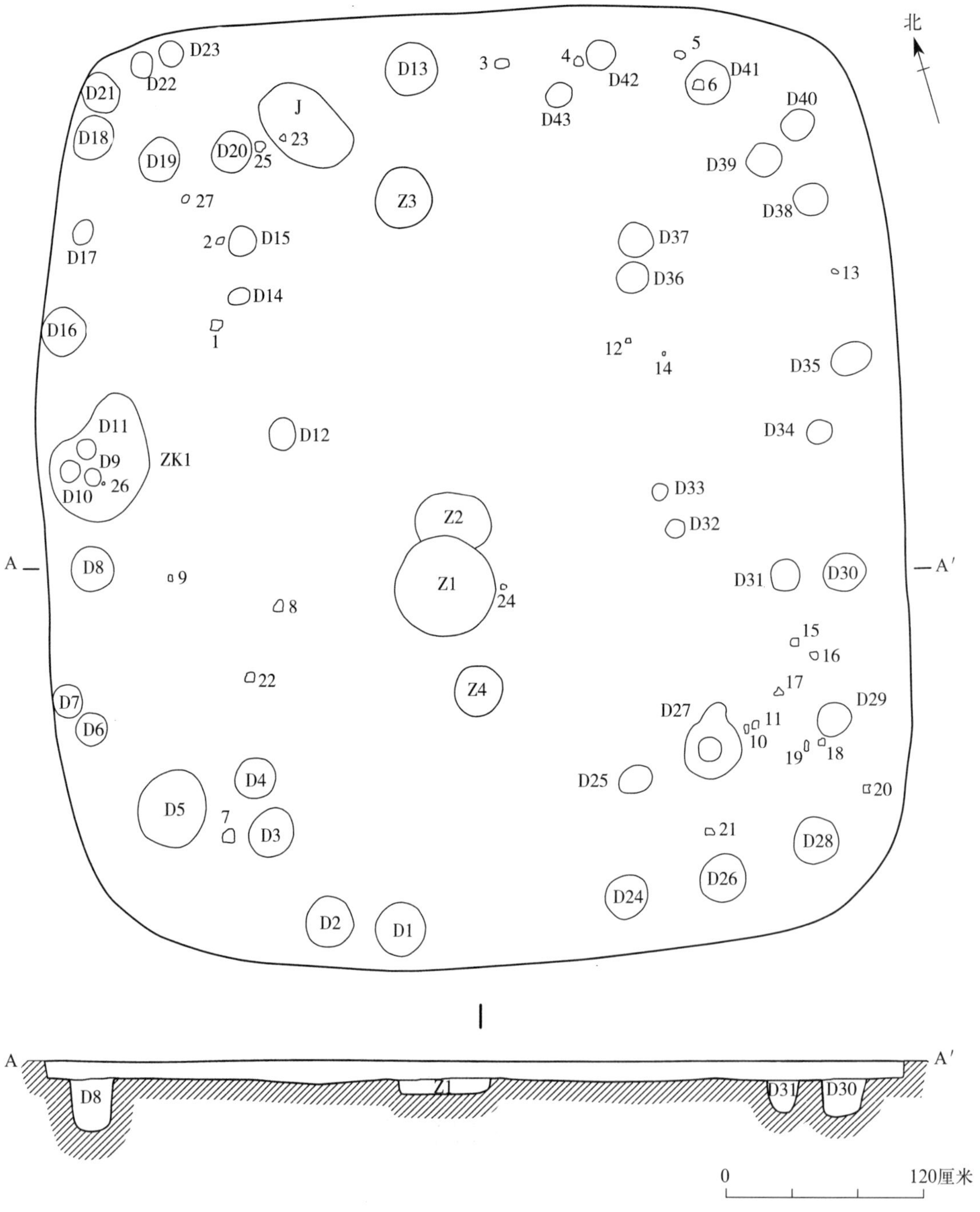

图 3-185　F10 平、剖面图

1. 煤精球形器　2. 石镞　3. 沟磨石　4. 刮削器　5. 石叶　6. 石镞　7. 敲砸器　8. 磨盘残块　9. 沟磨石　10、11. 磨棒头　12. 煤精料　13. 煤精泡形器（残）　14. 磨棒残段　15. 煤精泡形器　16. 敲砸器　17. 敲砸器　18. 刮削器　19. 刮削器　20. 砍砸器　21. 砍砸器　22. 敲砸器 23. 刮削器　24. 刮削器　25. 刮削器　26. 石镞　27. 磨棒

宽 5.4、厚 1.3 厘米（图 3-186，5）。

敲砸器　6 件。

标本 F10∶5，青色板岩。打制，不规则多棱形，局部保留石皮，敲砸痕迹明显。长 7.6、宽 5.7、厚 4.5 厘米（图 3-187，1）。

表 3-3　F10 柱洞（柱坑）登记表　（单位：厘米）

编号	径	深	备注	编号	径	深	备注
D1	32	30		D23	14	7	
D2	30	26		D24	28	24	
D3	28	36		D25	22 × 18	24	
D4	24	33		D26	28	27	
D5	42	20		D27	48 × 34	21	
D6	18	20		D28	26	27	
D7	18	10		D29	20	14	
D8	26	22		D30	28	11	
D9	10	30		D31	20	10	
D10	12	26		D32	14	16	
D11	12	30		D33	10	21	
D12	18	19		D34	14	10	
D13	32	30		D35	28	9	
D14	16 × 8	20		D36	20	15	
D15	16	22		D37	22	21	
D16	28	8		D38	20	12	
D17	16	8		D39	20	8	
D18	28	12		D40	20	8	
D19	26	10		D41	26	19	
D20	26	11		D42	20	25	
D21	22	9		D43	18	46	
D22	14	8		ZK1	60 ～ 78	10	不规则圆形有3柱

标本 F10∶7，青色板岩。打制，不规则多棱形，敲砸痕迹明显。长 6.9、宽 5.1、厚 5.0 厘米（图 3-187，2）。

标本 F10∶9，青灰色板岩。打制，不规则圆形，多棱角，敲砸痕迹明显。长 6.0、宽 5.6、厚 5.4 厘米（图 3-187，3）。

标本 F10∶21，残，褐色砂砾岩。打制，不规则半圆形，局部保留石皮，一侧敲砸痕迹明显。长 8.8、宽 5.3、厚 3.1 厘米（图 3-187，4）。

标本 F10∶26，青色板岩。打制，不规则三角形，多棱角，敲砸痕迹明显。长 4.9、宽 4.1、厚 2.4 厘米（图 3-187，5）。

标本 F10∶42，青灰色板岩。打制，不规则椭圆形，局部保留石皮，一端敲砸痕迹。长 14.0、宽 9.3、厚 9.2 厘米（图 3-187，6；彩版九〇，2）。

石片刮削器　5 件。

标本 F10∶24，青灰色板岩。打制，不规则蚌壳形，局部保留石皮，边刃，有刮削痕迹。长 6.9、

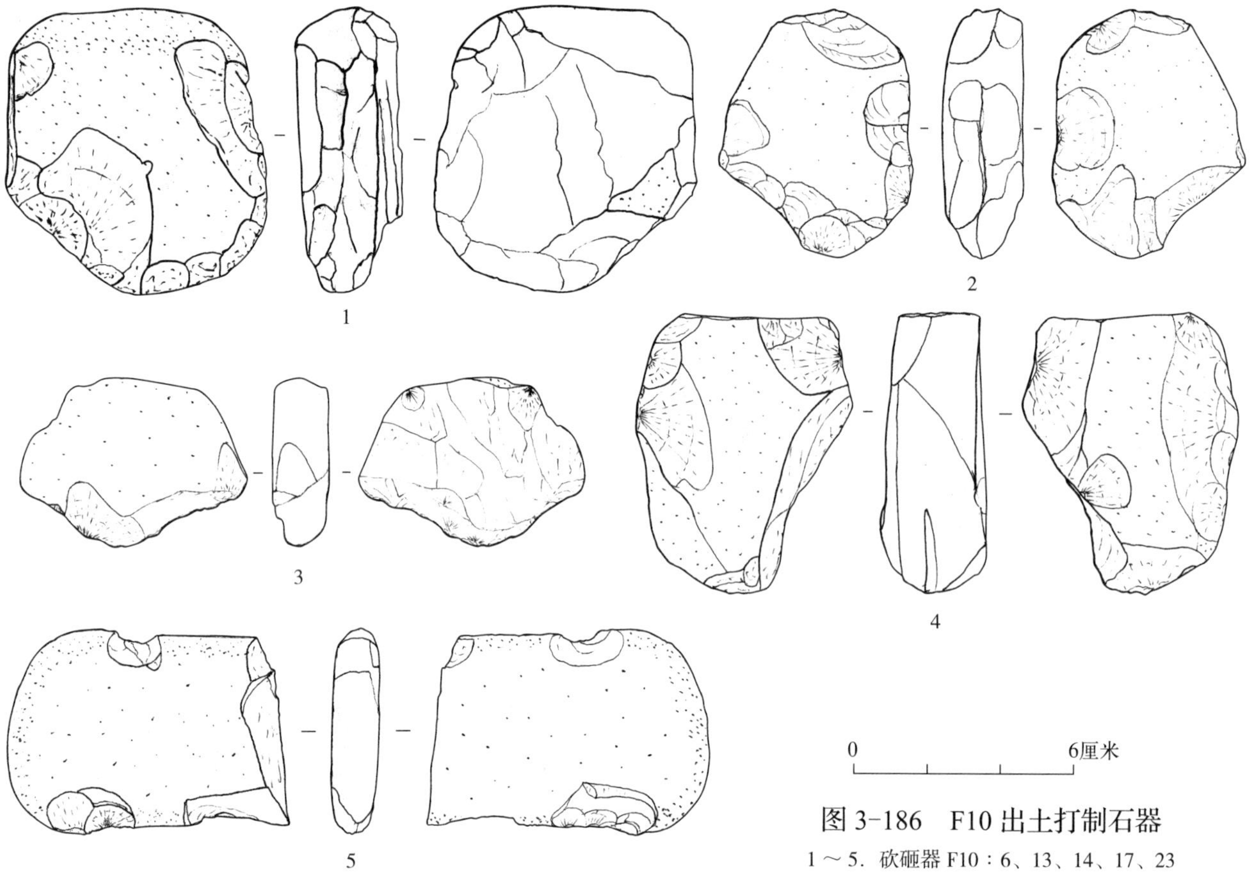

图 3-186 F10 出土打制石器
1～5. 砍砸器 F10：6、13、14、17、23

宽 3.9、厚 1.6 厘米（图 3-188，1）。

标本 F10：25，青灰色板岩。打制，不规则蚌壳形，局部保留石皮，边刃，有刮削痕迹。长 4.0、宽 4.0、厚 1.4 厘米（图 3-188，2）。

标本 F10：27，青灰色板岩。打制，不规则蚌壳形，一侧保留石皮，边刃，有刮削痕迹。长 5.3、宽 5.2、厚 1.7 厘米（图 3-188，3）。

标本 F10：29，残，青灰色板岩。打制，不规则蚌壳形，一侧保留石皮，边刃，有刮削痕迹。长 4.3、宽 4.3、厚 1.0 厘米（图 3-188，4）。

标本 F10：31，青灰色板岩。打制，不规则蚌壳形，边刃，有刮削痕迹。长 3.5、宽 1.9、厚 0.5 厘米（图 3-188，5）。

（2）细石器

3 件。有尖状器 2 件、石叶刮削器 1 件。

尖状器　2 件。

标本 F10：35，黄褐色燧石。琢制，长叶形，横截面三角形，尖部从背面向腹面压琢呈尖齿状。长 2.0、宽 0.6、厚 0.1 厘米（图 3-189，1；彩版九〇，3）。

标本 F10：37，黄褐色燧石。琢制，长三角形，横截面三角形，锋锐利，边刃压琢呈细齿状。长 2.9、宽 0.7、厚 0.1 厘米（图 3-189，2；彩版九〇，4）。

石叶刮削器　1 件。

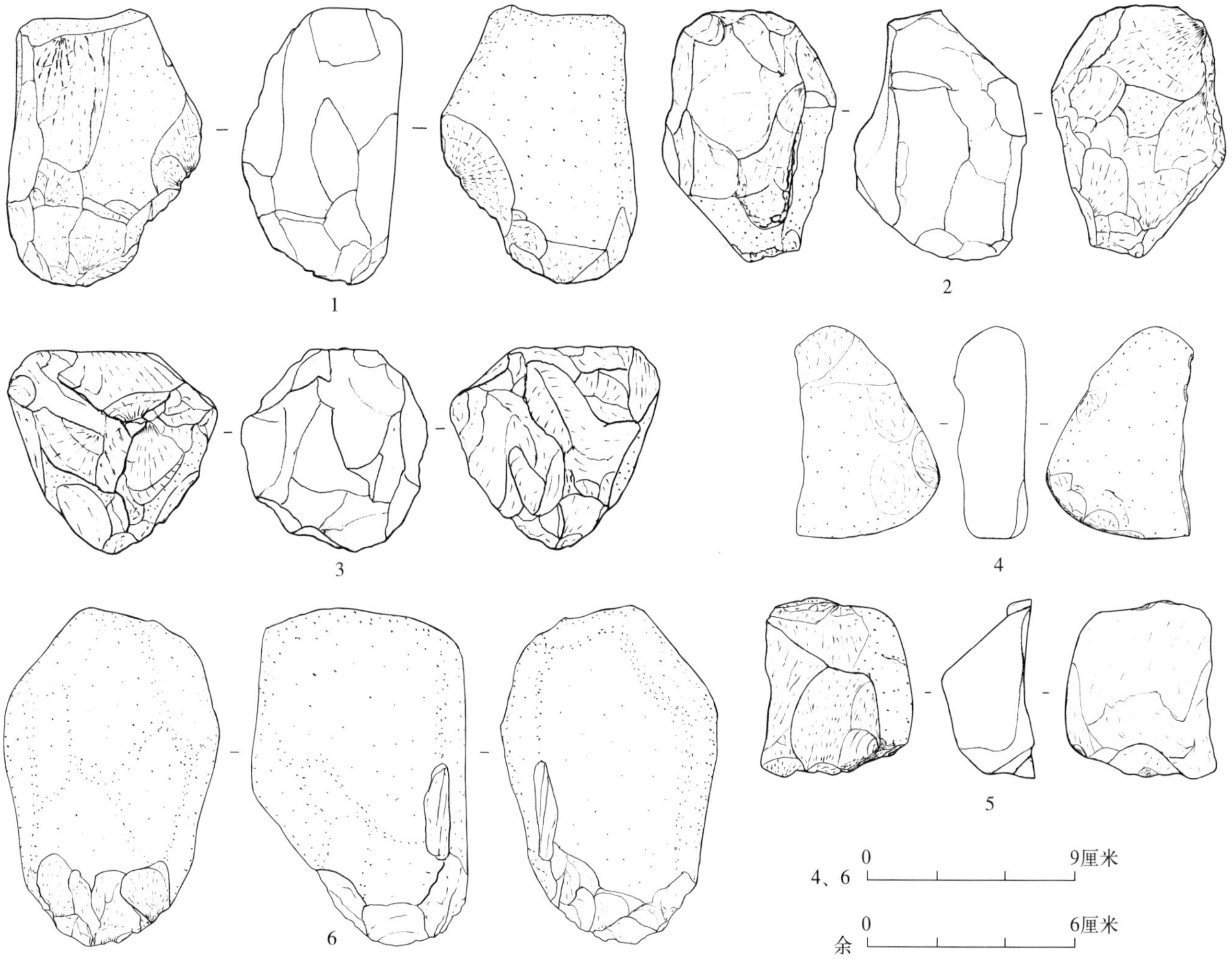

图 3-187　F10 出土打制石器

1～6. 敲砸器 F10：5、7、9、21、26、42

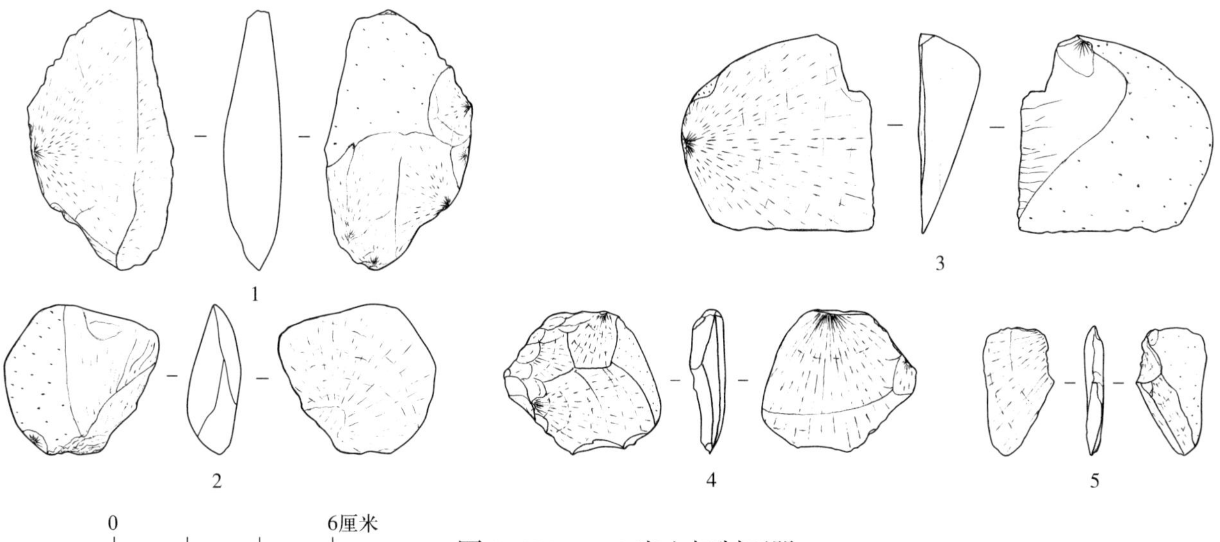

图 3-188　F10 出土打制石器

1～5. 石片刮削器 F10：24、25、27、29、31

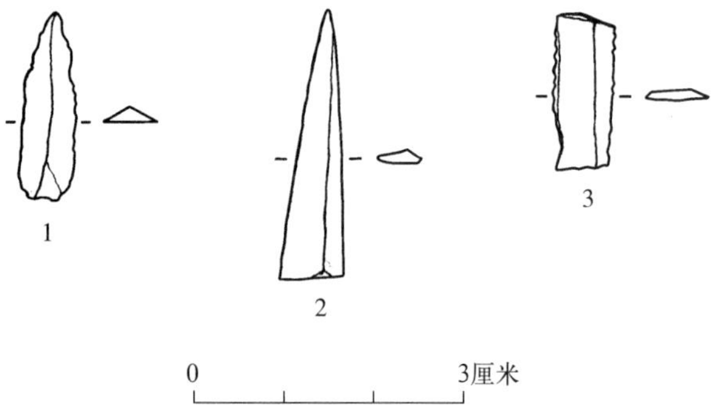

图 3-189　F10 出土细石器

1、2. 尖状器 F10：35、37　3. 石叶刮削器 F10：36

标本 F10∶36，残，黄褐色燧石。琢制，长条形，边刃压琢呈细齿状。长 1.7、宽 0.7、厚 0.1 厘米（图 3-189，3；彩版九〇，5）。

（3）磨制石器

15 件。有石镞 2 件、石磨盘 4 件、石磨棒 7 件、沟磨石 2 件、砺石 1 件。

石镞　2 件。

标本 F10∶38，残，青色板岩。磨制，三角形，边刃对磨。残长 1.6、宽 1.1、厚 0.1 厘米（图 3-190，1）。

标本 F10∶39，残，青色板岩。磨制，长条形，锋残，横截面扁平六棱形，边刃对磨，凹底。残长 3.6、宽 1.1、厚 0.2 厘米（图 3-190，2；彩版九〇，6）。

石磨盘　4 件。

标本 F10∶1，黄褐色砂岩。磨制，圆角长方形，一凹磨面，磨痕明显。长 37.8、宽 24.5、厚 5.2 厘米（图 3-190，3；彩版九一，1）。

标本 F10∶10，残块，黄褐色砂砾岩。磨制，一凹磨面，磨痕明显。长 6.8、宽 5.7、厚 3.8 厘米（图 3-190，4）。

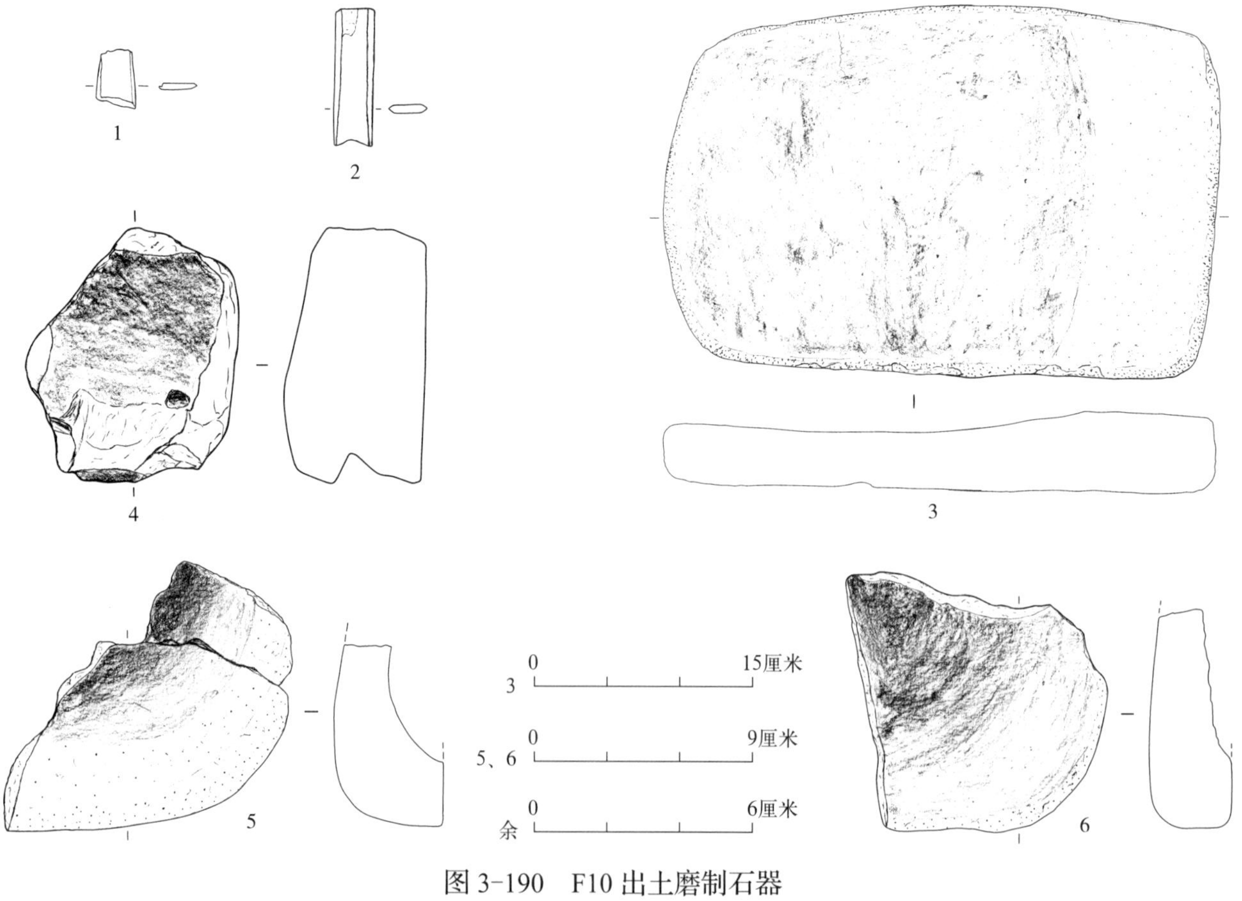

图 3-190　F10 出土磨制石器

1、2. 石镞 F10：38、39　3 ～ 6. 石磨盘 F10：1、10、19、20

标本F10∶19，残块，黄褐色砂砾岩。磨制，一凹磨面，磨痕明显。残长11.7、宽10.0、厚4.5厘米（图3-190，5）。

标本F10∶20，残块，灰白色花岗岩。磨制，一磨面，磨痕明显。残长9.9、宽9.2、厚3.4厘米（图3-190，6）。

石磨棒　7件。

标本F10∶2，残，青色板岩。磨制，长条形，横截面半圆形，多磨面，底平。残长9.2、宽5.6、厚4.6厘米（图3-191，1；彩版九一，2）。

标本F10∶3，残，灰白色石英砂岩。磨制，长条形，横截面椭圆形，多磨面，磨痕明显。残长8.5、宽6.6、厚5.5厘米（图3-191，2）。

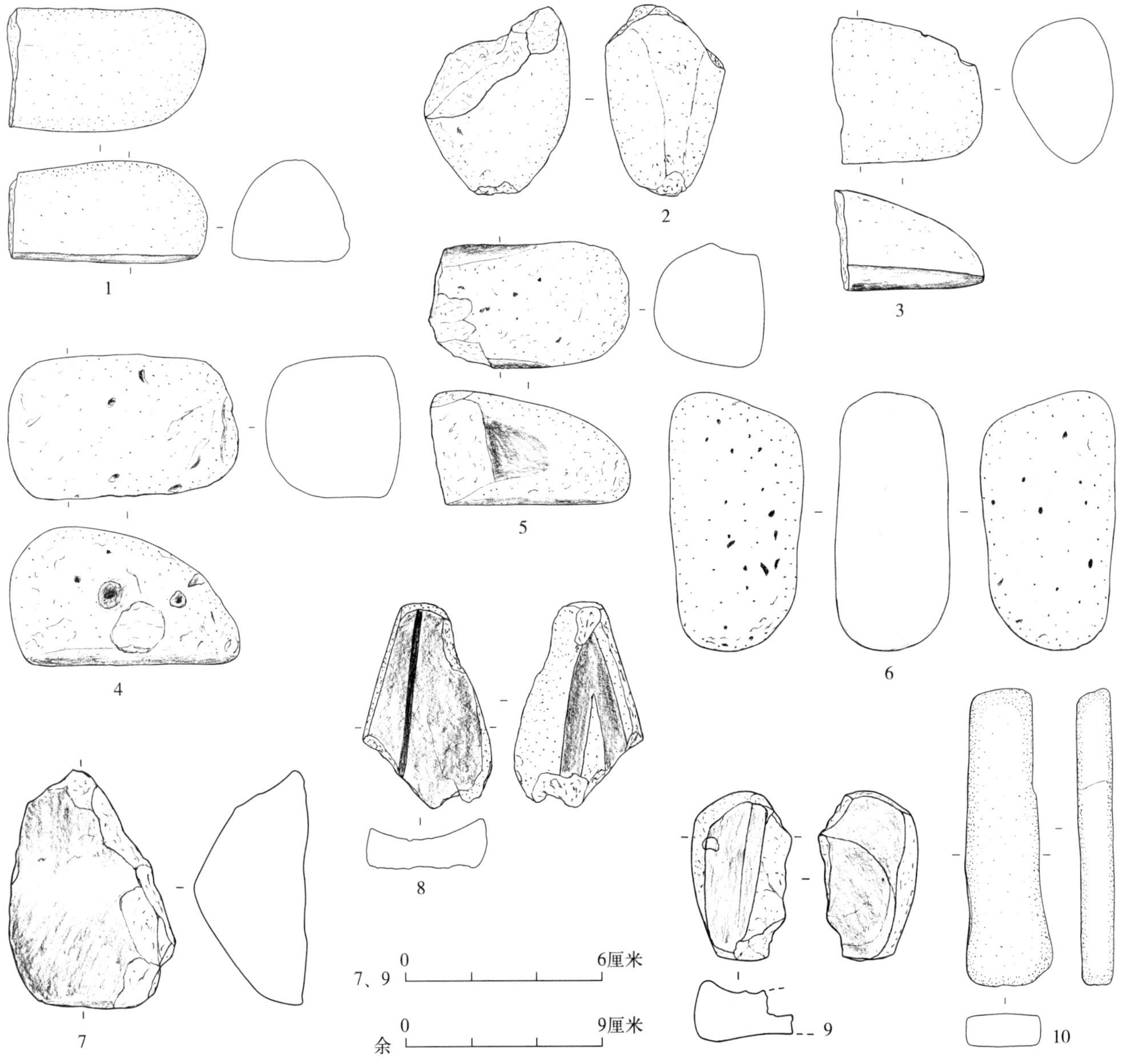

图3-191　F10出土磨制石器

1～7. 石磨棒F10∶2、3、8、11、12、16、22　8、9. 沟磨石F10∶4、28　10. 砺石F10∶15

标本F10∶8，残块，黄褐色花岗。磨制，长条形，横截面椭圆形，多磨面，磨痕明显。残长7.0、宽6.5、厚4.7厘米（图3-191，3）。

标本F10∶11，黄褐色砂砾岩。磨制，长方形，横截圆角方形，多磨面，磨痕明显。长10.6、宽6.3、厚6.2厘米（图3-191，4）。

标本F10∶12，残，黄褐色砂岩。磨制，长条形，横截面半椭圆形，多磨面，磨痕明显。残长9.1、宽5.5、厚5.1厘米（图3-191，5）。

标本F10∶16，红褐色花岗岩。磨制，长方形，横截面圆角方形，一磨面，磨痕明显。长11.5、宽6.2、厚5.3厘米（图3-191，6）。

标本F10∶22，残块，黄褐色花岗岩。磨制，横截面椭圆形，多磨面，磨痕明显。残长5.1、宽7.0、厚3.4厘米（图3-191，7）。

沟磨石　2件。

标本F10∶4，残，黄褐色粉砂岩。两面有磨沟，周边有磨面，磨痕明显。长9.1、宽5.9、厚2.3厘米（图3-191，8；彩版九一，3）。

标本F10∶28，残，黄褐色粉砂岩。表面多磨沟，周边有磨面，磨痕明显。长5.0、宽3.2、厚1.8厘米（图3-191，9；彩版九一，4）。

砺石　1件。

标本F10∶15，青色板岩。磨制，长方条形，横截面圆角长方形，表面磨痕明显。长13.1、宽4.1、厚1.5厘米（图3-191，10）。

2. 陶器

1件。

深腹罐　1件。

Ab型Ⅳ式　1件。

标本F10∶41，残，夹砂红陶。直口，圆唇，斜直腹。口沿处有两周凹带，内饰划压斜线纹、网格纹，腹部饰竖压横排之字纹。口径20.0、残高6.2厘米（图3-192，1）。

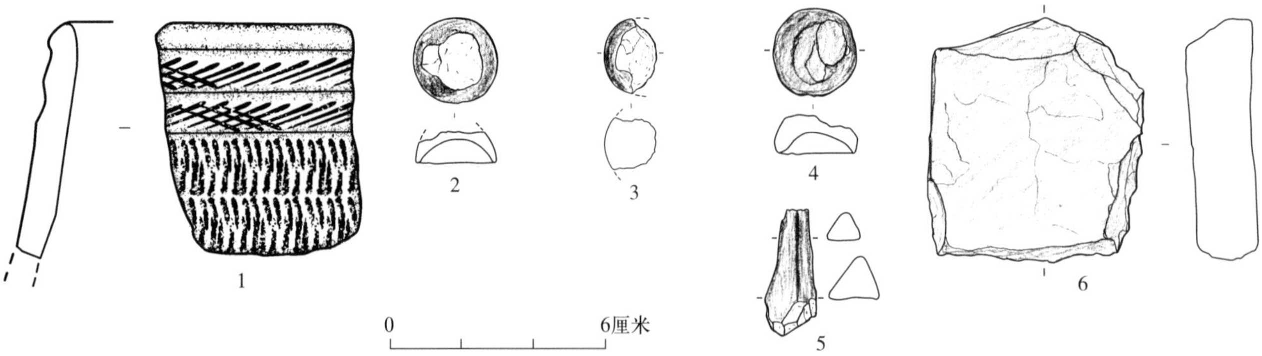

图3-192　F10出土遗物

1. Ab型Ⅳ式深腹罐F10∶41　2. 煤精泡形器F10∶30　3. 煤精球形器F10∶32　4. 泡形半成品F10∶34　5. 耳珰形器半成品F10∶33　6. 煤精料F10∶40

3. 煤精制品

5 件。有泡形器 1 件、球形器 1 件、半成品 2 件、煤精料 1 等。

泡形器　1 件。

标本 F10∶30，顶部残。磨制，表面光滑，内凹光洁，边缘圆滑。直径 2.3、残高 0.8 厘米（图 3-192，2；彩版九一，5）。

球形器　1 件。

标本 F10∶32，残部。磨制，表面光滑。直径 2.2、残高 1.4 厘米（图 3-192，3）。

泡形半成品　1 件。

标本 F10∶34，表面、内凹多刮削痕。直径 2.3、高 1.1 厘米（图 3-192，4；彩版九一，6）。

耳珰形器半成品　1 件。

标本 F10∶33，三棱形，表面多刮削痕迹。长 3.4、宽 1.4、厚 1.1 厘米（图 3-192，5）。

煤精料　1 件。

标本 F10∶40，扁方形。长 6.5、宽 5.8、厚 1.9 厘米（图 3-192，6）。

（一〇）F11

F11 位于 T0401 南侧，东南距 F7 约 4.10 米、东北距 F16 约 6.26 米、西距 F6 约 6.7 米、西北距 F15 约 8.40 米。房址开口②层下，打破生土。平面圆角方形，半地穴式，东北角被晚期灰沟打破。长 5.10、宽 4.70、穴壁残高 0.30 ～ 0.60 米，面积约 23 平方米（图 3-193；彩版九二，1）。

房内发现灶址 2 个，均开口于活动面。Z1 位于房址中心，圆形，平底，直径 0.55 ～ 0.68、深 0.10 米，打破 Z2 南侧。Z2 位于 Z1 北侧，被 Z1 打破灶南侧部分，灶址圆形，平底，直径 0.54、深 0.15 米。灶址四周发现散布红烧土堆积 4 处。

发现柱洞 14 个，柱坑 4 个（表 3-4）。柱洞直径 0.14 ～ 0.50、深 0.06 ～ 0.42 米。

出土遗物有石器、陶器、煤精制品等，共计 36 件。

表 3-4　F11 柱洞（柱坑）登记表　（单位：厘米）

编 号	径	深	备 注	编 号	径	深	备 注
D1	22	42		D10	18	10	
D2	30	13		D11	22	6	
D3	16	17		D12	17	10	
D4	16	16		D13	30	15	
D5	14	6		D14	20	8	
D6	28	10		ZK1	48	24	圆形单柱
D7	28	17		ZK2	48	10	不规则圆形单柱
D8	28	15		ZK3	37 ～ 63	10	不规则椭圆形单柱
D9	32	29		ZK4	74 ～ 94	29	不规则椭圆形单柱

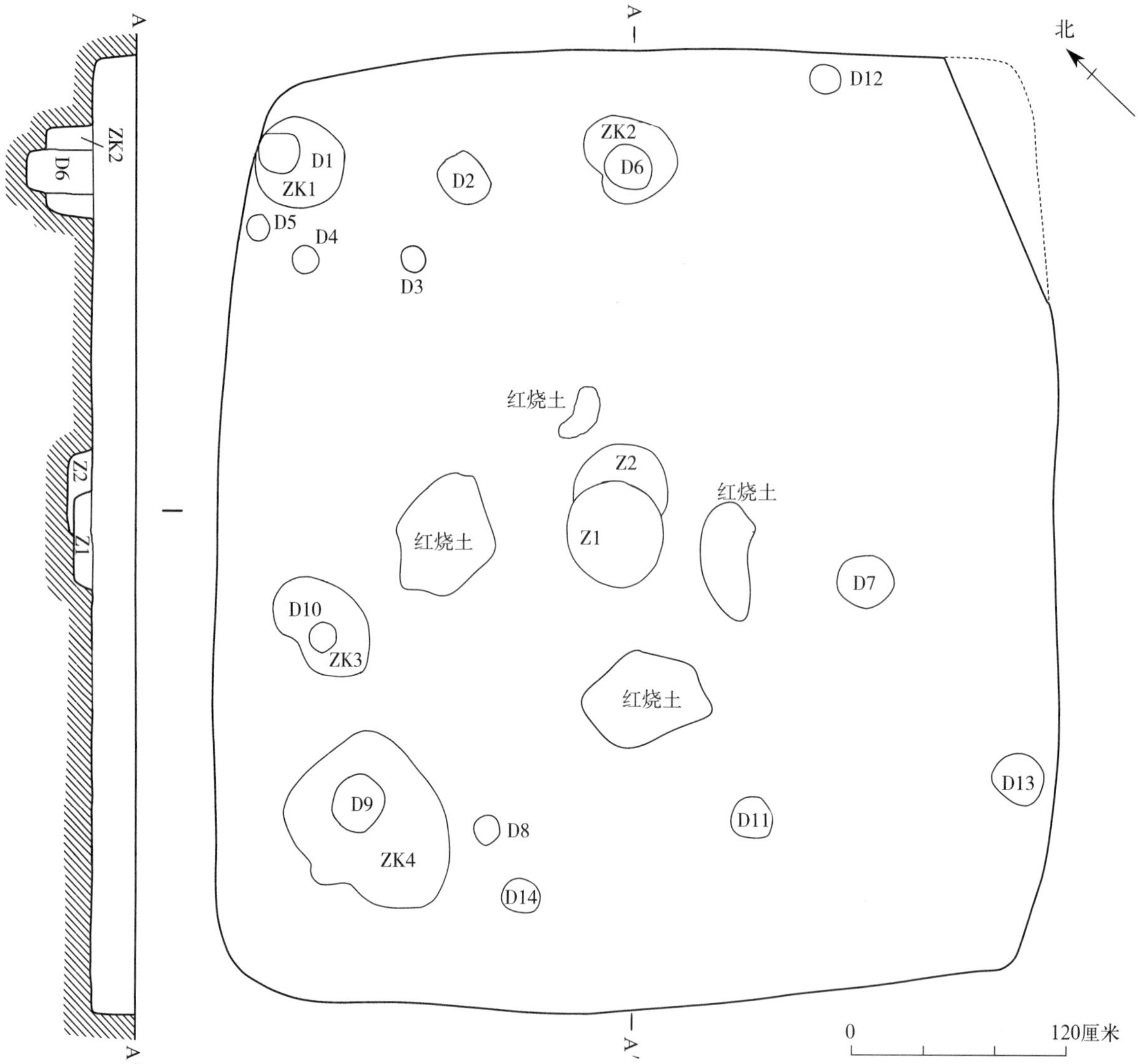

图 3-193　F11 平、剖面图

1. 石器

31 件。有打制石器 21 件、磨制石器 10 件。

（1）打制石器

21 件。有砍砸器 1 件、敲砸器 9 件、石片刮削器 11 件。

砍砸器　1 件。

标本 F11：67，黄褐色石英砂岩。打制，圆角扁长方形，局部保留石皮，周边砍砸痕迹明显。长 12.6、宽 8.6、厚 2.4 厘米（图 3-194，1）。

敲砸器　9 件。

标本 F11：16，青灰色板岩。打制，不规则多棱形，多棱角，多剥片疤，局部保留石皮。敲砸痕迹细碎。长 10.4、宽 7.5、厚 7.0 厘米（图 3-194，2；彩版九二，2）。

标本 F11：17，褐色板岩。打制，不规则多棱形，多棱角，多剥片疤，局部保留石皮。周边敲砸痕迹明显。长 7.2、宽 4.5、厚 3.4 厘米（图 3-194，3；彩版九二，3）。

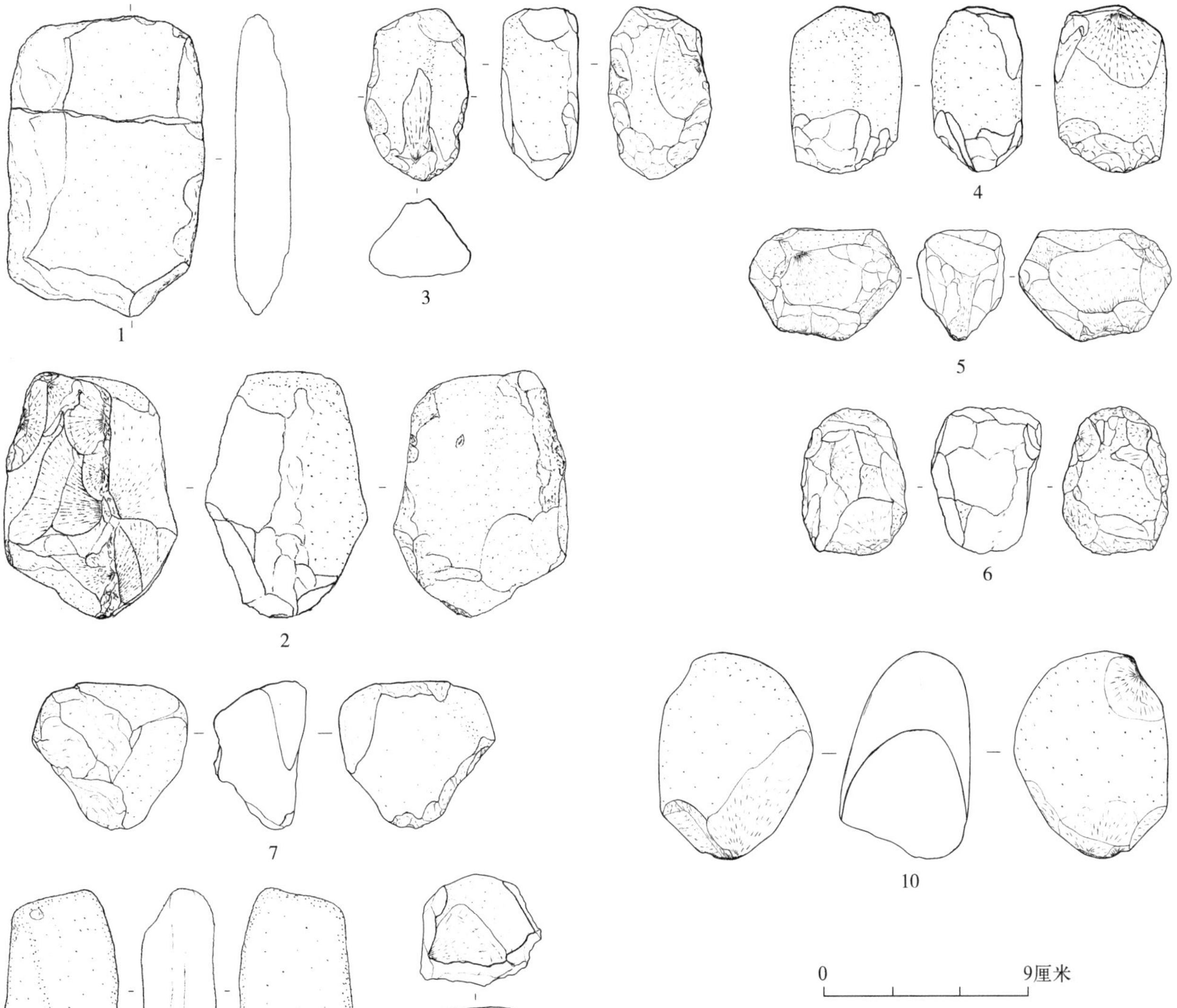

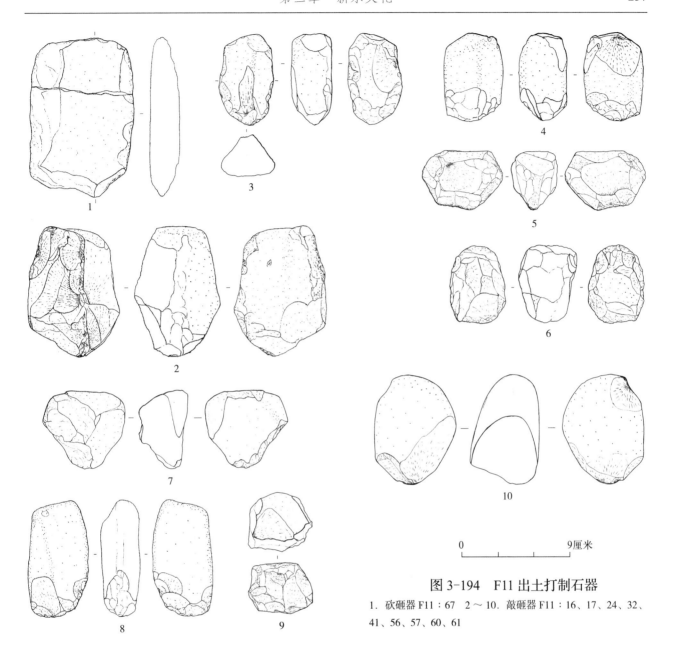

图 3-194　F11 出土打制石器

1．砍砸器 F11：67　2～10．敲砸器 F11：16、17、24、32、41、56、57、60、61

标本 F11：24，青色板岩。打制，圆柱形，局部保留石皮。两端敲砸痕迹明显。长 7.0、宽 5.0、厚 3.9 厘米（图 3-194，4；彩版九三，1）。

标本 F11：32，青色板岩。打制，不规则多棱形，多棱角，多剥片疤，敲砸痕迹明显。长 6.7、宽 4.7、厚 3.9 厘米（图 3-194，5；彩版九三，2）。

标本 F11：41，青褐色板岩。打制，椭圆形，多棱角，多剥片疤，局部保留石皮，敲砸痕迹明显。长 6.2、宽 4.7、厚 5.0 厘米（图 3-194，6）。

标本 F11：56，青色脉岩。打制，不规则三角形，多棱角，多剥片疤，局部保留石皮，敲砸痕迹明显。长 7.0、宽 6.3、厚 4.0 厘米（图 3-194，7）。

标本 F11：57，青褐色板岩。打制，不规则扁椭圆形，大部保留石皮，一端敲砸痕迹明显。长 9.2、宽 5.0、厚 3.3 厘米（图 3-194，8；彩版九三，3）。

标本F11：60，青灰色板岩。打制，不规则多棱形，多棱角，多剥片疤，局部保留石皮，敲砸痕迹明显。长5.4、宽4.7、厚4.0厘米（图3-194，9）。

标本F11：61，黄褐色石英岩。打制，不规则扁椭圆形，大部保留石皮，一端敲砸痕迹明显。长8.7、宽6.7、厚5.6厘米（图3-194，10）。

石片刮削器 11件。

标本F11：11，青灰色板岩。打制，不规则蚌壳形，多剥片疤，边刃，有刮削痕迹。长6.6、宽4.7、厚2.7厘米（图3-195，1）。

标本F11：18，青灰色板岩。打制，长条形，边刃，有刮削痕迹。长5.7、宽1.6、厚1.3厘米（图3-195，2）。

标本F11：19，青灰色板岩。打制，不规则三角形，一侧保留石皮，底刃刮削痕迹明显。长3.8、宽3.5、厚0.8厘米（图3-195，3）。

标本F11：20，青灰色板岩。打制，不规则方形，边刃，有刮削痕迹。长3.4、宽3.2、厚1.6厘米（图3-195，4；彩版九三，4）。

标本F11：44，灰色板岩。打制，不规则蚌壳形，边刃，有刮削痕迹。长4.5、宽3.7、厚0.8厘米（图3-195，5）。

标本F11：46，青灰色板岩。打制，不规则蚌壳形，边刃，有刮削痕迹。长3.5、宽2.9、厚0.7厘米（图3-195，6）。

标本F11：48，青色板岩。打制，不规则菱形，边刃，有刮削痕迹。长3.0、宽0.8、厚0.4厘米（图3-195，7）。

标本F11：50，青灰色板岩。打制，不规则三角形，边刃，有刮削痕迹。长3.1、宽2.6、厚0.4厘米（图

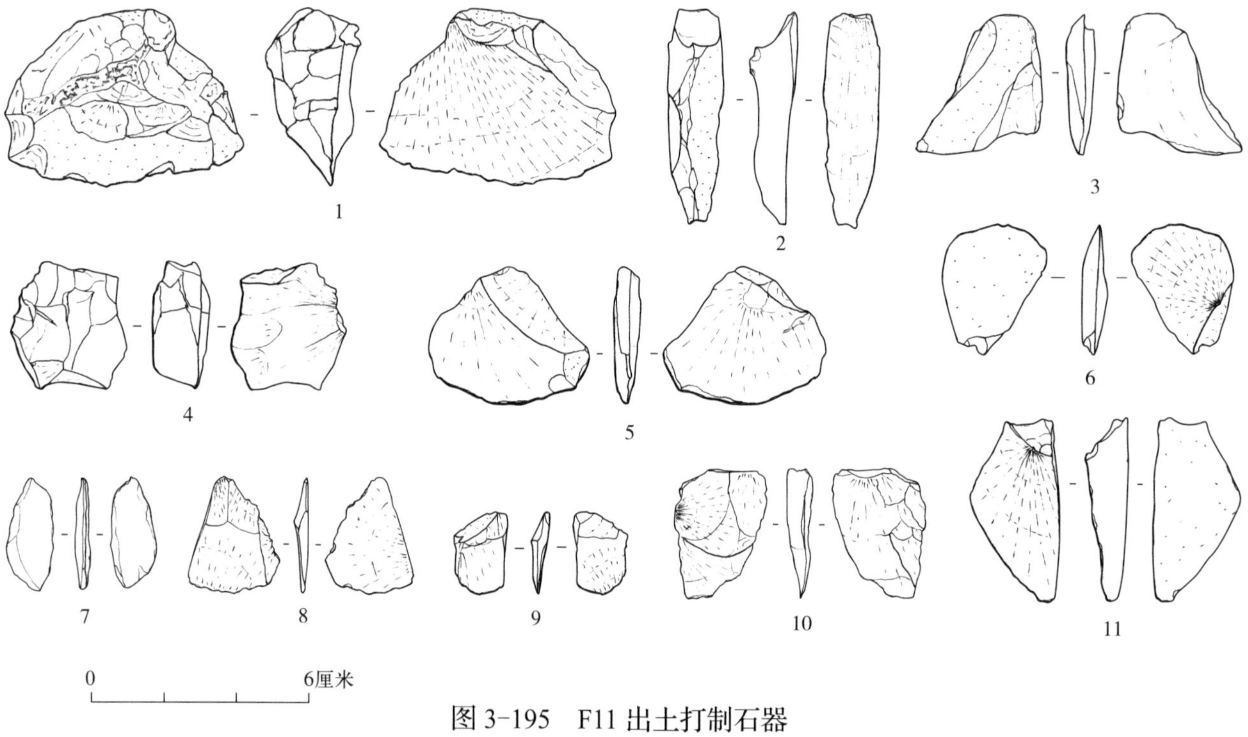

图3-195 F11出土打制石器

1～11. 石片刮削器F11：11、18～20、44、46、48、50、59、69、71

3-195，8）。

标本F11∶59，青灰色板岩。打制，不规则三角形，边刃，有刮削痕迹。长3.4、宽2.6、厚0.7厘米（图3-195，9）。

标本F11∶69，青灰色板岩。打制，多边形，边刃，有刮削痕迹。长2.2、宽1.5、厚0.5厘米（图3-195，10）。

标本F11∶71，青色板岩。打制，不规则三角形，边刃，有刮削痕迹。长4.9、宽2.5、厚2.2厘米（图3-195，11）。

（2）磨制石器

10件。有石磨盘3件、石磨棒6件、砺石1件。

石磨盘　3件。

标本F11∶5，残块，红褐色砂岩。磨制，不规则形，有两个凹磨面，磨痕迹明显。残长10.5、宽9.1、厚3.1厘米（图3-196，1）。

标本F11∶13，残块，青色花岗岩。磨制，不规则形，有两个凹磨面，磨痕迹明显。残长8.9、宽8.3、

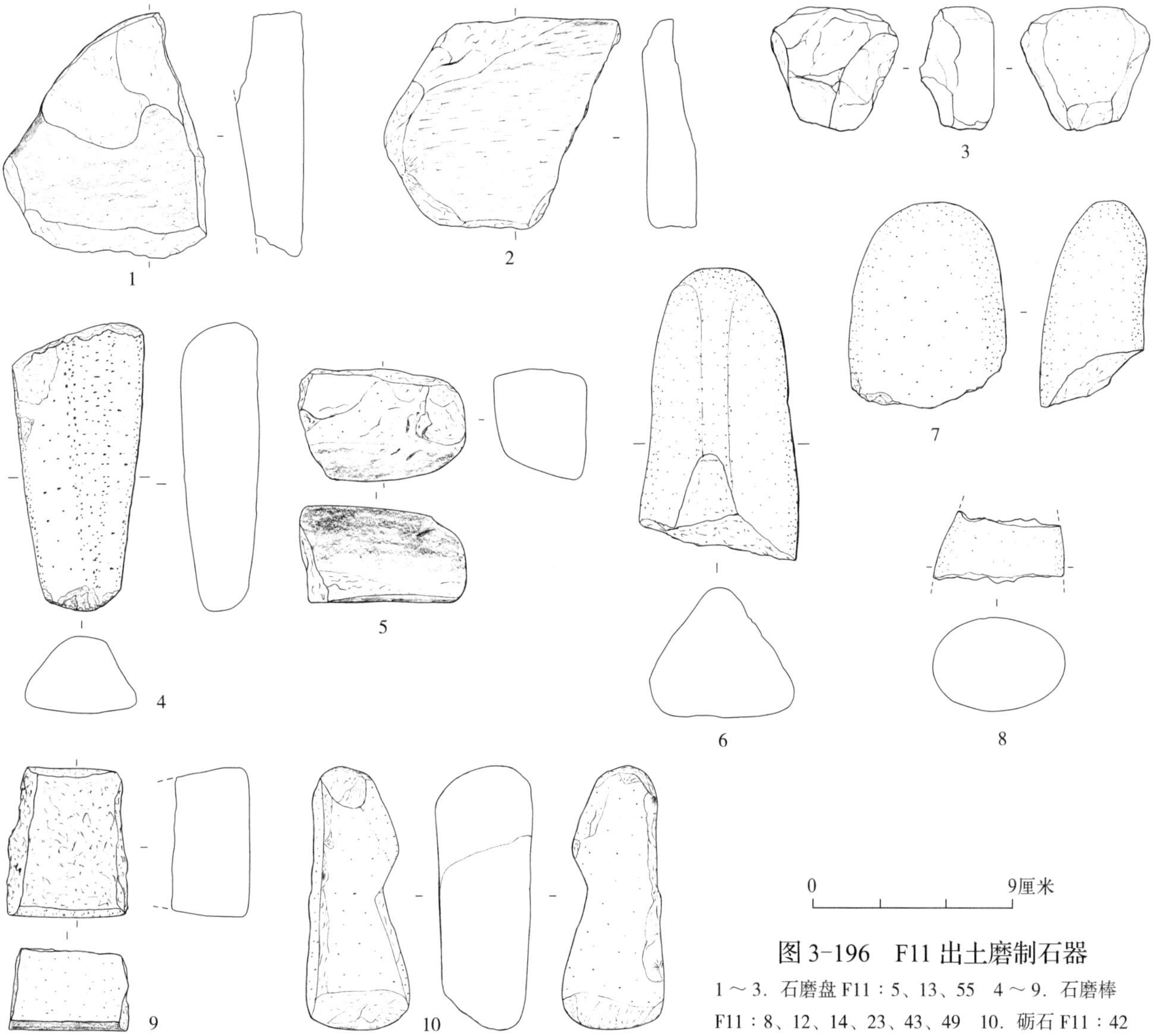

图3-196　F11出土磨制石器

1～3. 石磨盘F11∶5、13、55　4～9. 石磨棒F11∶8、12、14、23、43、49　10. 砺石F11∶42

厚 2.2 厘米（图 3-196，2）。

标本 F11∶55，残块，灰白色砂岩。磨制，有一个平磨面，磨痕明显。残长 5.7、宽 5.3、厚 3.4 厘米（图 3-196，3）。

石磨棒 6 件。

标本 F11∶8，残，青色板岩。琢制，横截面圆角三角形，有三个磨面，磨痕明显。残长 12.4、宽 5.7、厚 3.4 厘米（图 3-196，4；彩版九三，5）。

标本 F11∶12，残块，黄褐色花岗岩。琢制，横截面圆角菱形，多磨面，磨痕明显。残长 7.3、宽 4.8、厚 4.1 厘米（图 3-196，5）。

标本 F11∶14，残，黄褐色花岗岩。磨制，横截面成圆角三角形，有三个磨面，磨痕明显。残长 12.4、宽 7.1、厚 5.6 厘米（图 3-196，6；彩版九三，6）。

标本 F11∶23，残，黄褐色砂砾岩。磨制，横截面圆角三角形，多磨面，磨痕明显。残长 8.8、宽 7.1、厚 4.6 厘米（图 3-196，7）。

标本 F11∶43，残块，青褐色砂岩。磨制，横截面椭圆形，多磨面，磨痕明显。残长 3.0、宽 6.0、厚 4.0 厘米（图 3-196，8）。

标本 F11∶49，残块，黄褐色花岗岩。磨制，有三平磨面，磨痕明显。残长 5.3、宽 6.5、残高 3.6 厘米（图 3-196，9）。

砺石 1 件。

标本 F11∶42，残，黄褐色斑岩。磨制，圆角长条形，横截面不规则方形，三面有磨痕。长 11.3、宽 4.5、厚 4.2 厘米（图 3-196，10；彩版九三，7）。

2. 陶器

1 件。

深腹罐 1 件。

Ab 型Ⅳ式 1 件。

标本 F11∶6，残，夹砂红褐陶。直口，圆唇，斜直腹，底残，口沿处有两周凹带，内饰划压斜线纹、局部为斜线网格纹，腹部满饰竖压横排的之字纹。口径 19.0、残高 26.4 厘米（图 3-197，1）。

3. 煤精制品

4 件。有泡形器 2 件、球形器 2 件。

泡形器 2 件。

标本 F11∶10，残。磨制，圆顶形，表面磨光，内凹光洁，边缘圆滑。残长 2.4、宽 2.8 厘米（图 3-197，2）。

标本 F11∶35，残。磨制，圆顶形，表面磨光，内凹光洁，边缘残。直径 3.9 厘米（图 3-197，3；彩版九三，8）。

球形器 2 件。

标本 F11∶9，磨制，表面光滑。直径 1.2 厘米（图 3-197，4；彩版九三，9）。

标本 F11∶45，磨制，表面光滑。直径 1.0 厘米（图 3-197，5）。

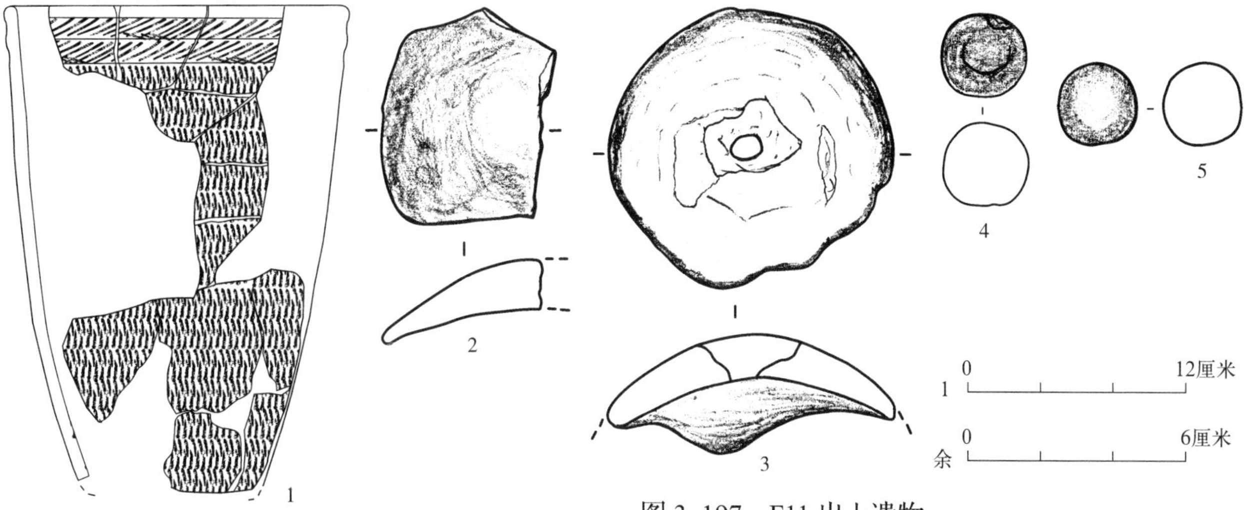

图 3-197　F11 出土遗物

1. Ab 型Ⅳ式深腹罐 F11∶6　2、3. 煤精泡形器 F11∶10、35　4、5. 煤精球形器 F11∶9、45

（一一）F12

F12 位于 T0101 内，东侧 F6 约 7.00 米、北距 F13 约 5.30 米。房址开口②层下，打破生土，为圆角方形半地穴式。东西长 8.06、南北宽 7.30、深 0.62 米，面积约 62 平方米（图 3-198；彩版九四，1）。

居住面土质较杂，内含烧土、木炭粒、陶片、石器等遗物。

发现灶址 3 个，位于房址中部，开口于活动面。Z1 椭圆形，凹底，直径 1.05 ～ 1.14、深 0.19 米。Z2 圆形，平底，东部被 Z1 打破，直径 0.74、深 0.11 米。Z3 西部紧邻 Z1，圆形，直径 0.32、深 0.10 米。灶内均有烧土。房址西南部散布有烧土堆、沙土堆和木炭堆积。

房址内共发现柱洞 42 个，柱坑 14 个（表 3-5）。布局上有壁柱、内柱。其中壁柱发现 29 处，内柱发现 12 处，还有“补柱”。柱坑 12 个。D1 ～ D7 在 ZK1 内，D8 ～ D9 在 ZK2 内，D10 ～ D14 在 ZK3 内，D15 ～ D19 在 ZK4 内，D21 在 ZK5 内，D22 在 ZK6 内，D23 ～ D24 在 ZK7 内，D25 在 ZK8 内，D26 在 ZK9 内，D28 在 ZK10 内，D31 在 ZK11 内，D32 在 ZK12 内，D10 ～ D14 在 ZK14 内。

房内出土有石器、陶器、煤精制品等遗物，共计 272 件。

1. 石器

202 件，其中打制石器 102 件、细石器 46 件、磨制石器 54 件。

（1）打制石器

102 件。有砍砸器 7 件、敲砸器 14 件、石片刮削器 67 件、石铲 1 件、网坠 13 件。

砍砸器　7 件。

标本 F12∶5，青绿色砂砾岩。打制，扁椭圆形，大部保留石皮，一侧砍砸痕迹明显。长 7.9、宽 11.9、厚 1.2 厘米（图 3-199，1）。

标本 F12∶32，青灰色闪长玢岩。打制，不规则扁圆形，局部保留石皮，一端有砍砸痕。长

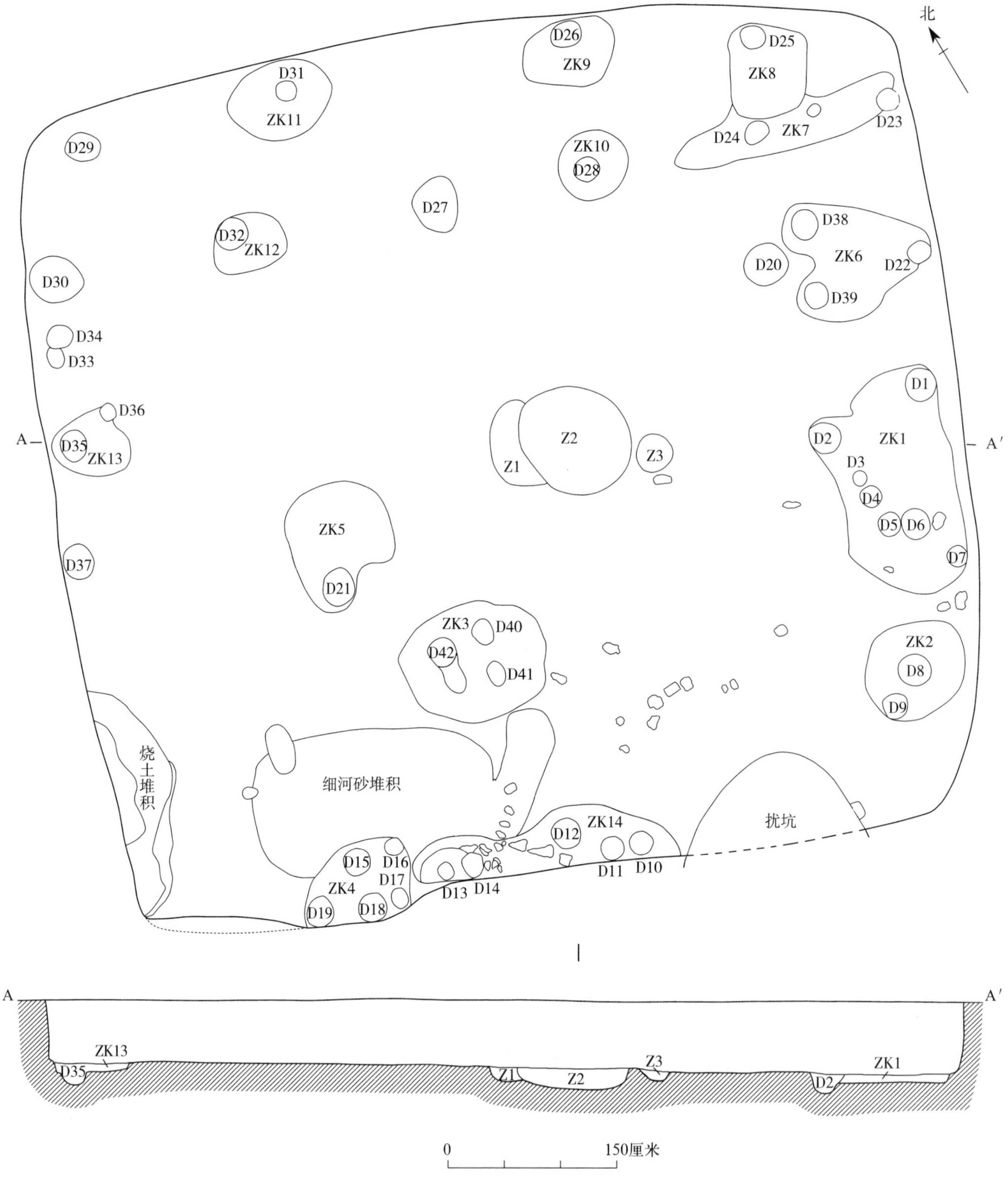

图 3-198　F12 平、剖面图

13.3、宽 8.5、厚 3.0 厘米（图 3-199，2）。

标本 F12 : 38，青褐色板岩。打制，扁圆形，多棱角，多剥片疤，局部保留石皮，周边砍砸痕迹明显。长 6.2、宽 5.6、厚 1.7 厘米（图 3-199，3；彩版九四，2）。

表 3-5　F12 柱洞（柱坑）登记表　（单位：厘米）

编号	径	深	备注	编号	径	深	备注
D1	27	22		D29	25	25	
D2	26	25		D30	40	30	
D3	12	10		D31	17	20	
D4	18	15		D32	27	20	
D5	20	15		D33	15	10	
D6	26	20		D34	20	15	
D7	18	21		D35	23	25	
D8	27	25		D36	14	10	
D9	21	22		D37	26	20	
D10	20	20		D38	25	22	
D11	20	18		D39	24	20	
D12	25	25		D40	20	20	
D13	14	12		D41	18	17	
D14	18	23		D42	22	15	
D15	23	15		ZK1	99 ～ 260	13	不规则圆角长方形内 7 柱
D16	15	16		ZK2	73 ～ 100	18	椭圆形内双柱
D17	15	20		ZK3	98 ～ 123	20	椭圆形内 3 柱
D18	25	20		ZK4	67 ～ 103	22	不规则椭圆形内 5 柱
D19	24	23		ZK5	90 ～ 110	15	椭圆形内单柱
D20	20	25		ZK6	97 ～ 125	13	不规则形内 3 柱
D21	28	27		ZK7	34 ～ 197	18	不规则长条形内双柱
D22	18	13		ZK8	68 ～ 75	15	圆角长方形内单柱
D23	11	10		ZK9	55 ～ 75	18	不规则椭圆形内单柱
D24	18	20		ZK10	58	15	圆形内单柱
D25	20	20		ZK11	62 ～ 98	22	椭圆形内单柱
D26	21	22		ZK12	46 ～ 63	20	椭圆形内单柱
D27	40	30		ZK13	53 ～ 68	18	不规则椭圆形内双柱
D28	22	20		ZK14	47 ～ 228	20	不规则半椭圆形内 5 柱

标本 F12∶47，青褐色闪长玢岩。打制，不规则扁方形，多剥片疤，局部保留石皮，周边有砍砸痕。长 17.4、宽 12.4、厚 4.5 ～ 5.5 厘米（图 3-199，4）。

标本 F12∶56，青色斑岩。打制，长方形，局部保留石皮，一端有砍砸痕。长 8.5、宽 4.9、厚 2.8 厘米（图 3-199，5）。

标本 F12∶76，青灰色斑岩。打制，不规则多边形。周边砍砸痕迹明显。长 7.8、宽 6.8、厚 2.5 厘米（图 3-199，6）。

标本 F12∶111，青色板岩。打制，扁方形，多棱角，多剥片疤，周边砍砸痕迹明显。长 6.6、宽

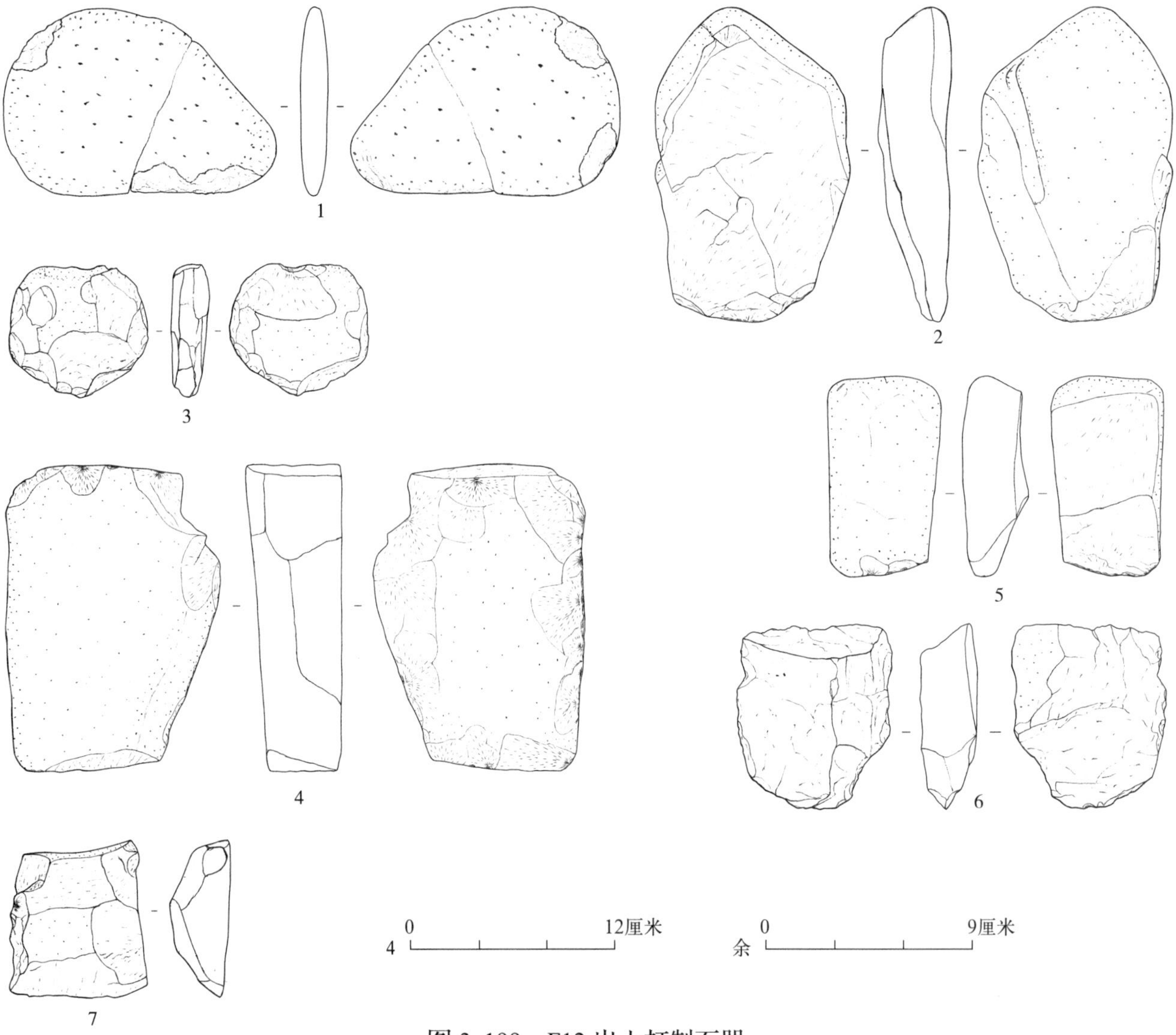

图 3-199 F12 出土打制石器

1～7. 敲砸器 F12：5、32、38、47、56、76、111

6.0、厚 2.6 厘米（图 3-199，7）。

敲砸器 14 件。

标本 F12：2，黄褐色石英岩。打制，椭圆形，多剥片疤，局部保留石皮，敲砸痕迹明显。长 15.0、宽 8.8、厚 6.9 厘米（图 3-200，1）。

标本 F12：31，青灰色板岩。打制，不规则菱形，多棱角，多剥片疤，局部保留石皮，两端敲砸痕迹明显。长 7.7、宽 3.9、厚 3.8 厘米（图 3-200，2）。

标本 F12：61，褐色板岩。打制，不规则多棱形，多剥片疤，局部保留石皮，敲砸痕迹明显。长 16.7、宽 11.6、厚 10.0 厘米（图 3-200，3）。

标本 F12：68，青褐色板岩。打制，不规则方形，多剥片疤，局部保留石皮，敲砸痕迹明显。长 8.4、宽 7.0、厚 6.2 厘米（图 3-200，4）。

标本 F12：77，残，褐色板岩。打制，长棱形，多剥片疤，局部保留石皮，敲砸痕迹明显。长

13.2、宽 4.8、厚 5.0 厘米（图 3-200，5）。

标本 F12：78，黄褐色花岗斑岩。打制，圆角长方形，局部保留石皮，一端敲砸痕迹明显。长 18.3、宽 10.2、厚 6.2 厘米（图 3-200，6）。

标本 F12：79，青色板岩。打制，不规则扁方形，局部保留石皮，敲砸痕迹明显。长 7.6、宽 6.0、厚 3.5 厘米（图 3-200，7）。

标本 F12：84，残，青色板岩。打制，椭圆形，多棱角，多剥片疤，局部保留石皮，敲砸痕迹细碎。长 9.0、宽 5.6、厚 3.9 厘米（图 3-200，8）。

标本 F12：90，青灰色板岩。打制，扁椭圆形，多剥片疤，局部保留石皮，敲砸痕迹细碎。长 8.6、宽 5.0、厚 3.5 厘米（图 3-201，1）。

标本 F12：96，青灰色板岩。打制，不规则多棱形，多剥片疤，敲砸痕迹明显。长 4.1、宽 3.5、

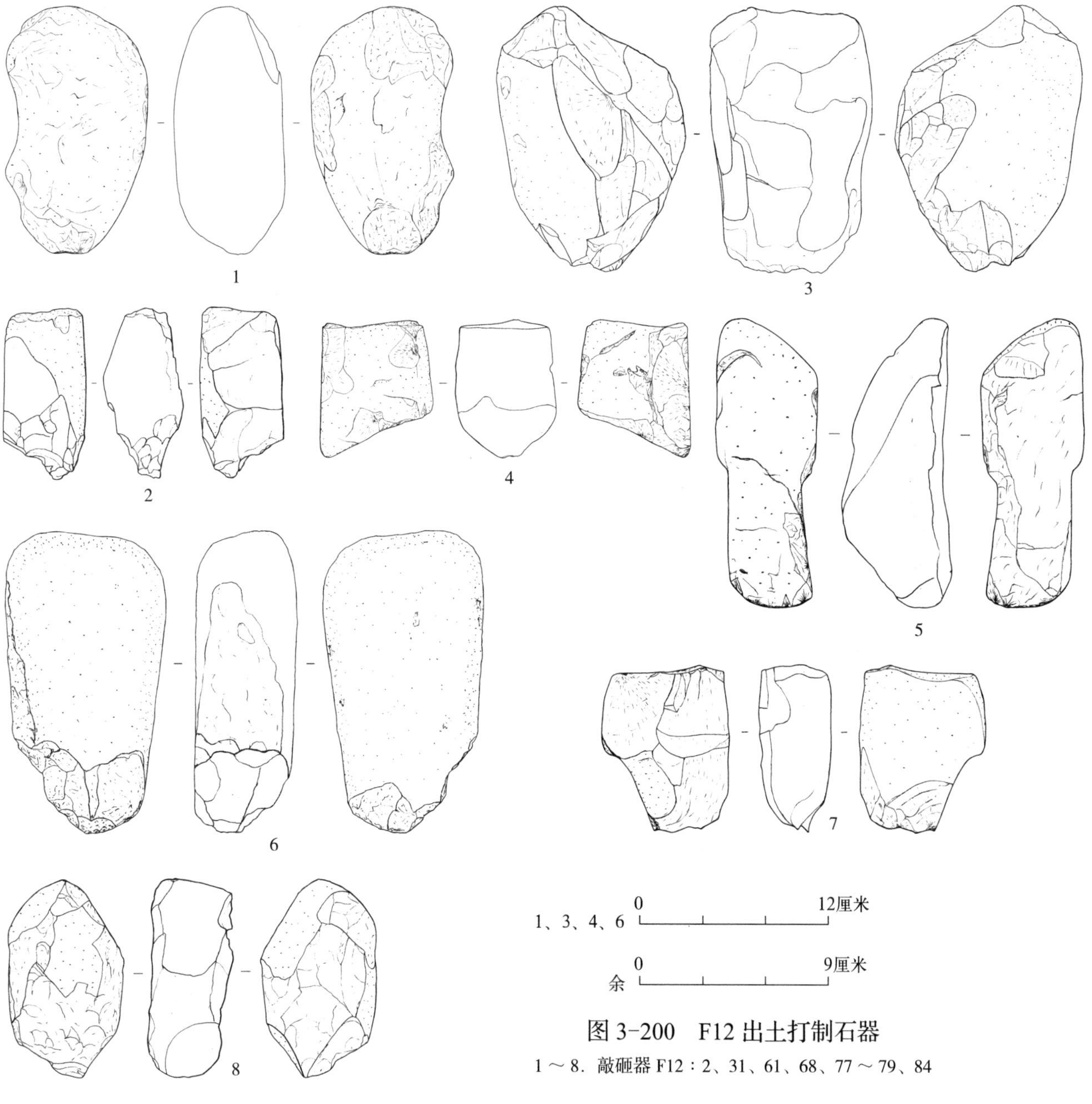

图 3-200　F12 出土打制石器

1～8. 敲砸器 F12：2、31、61、68、77～79、84

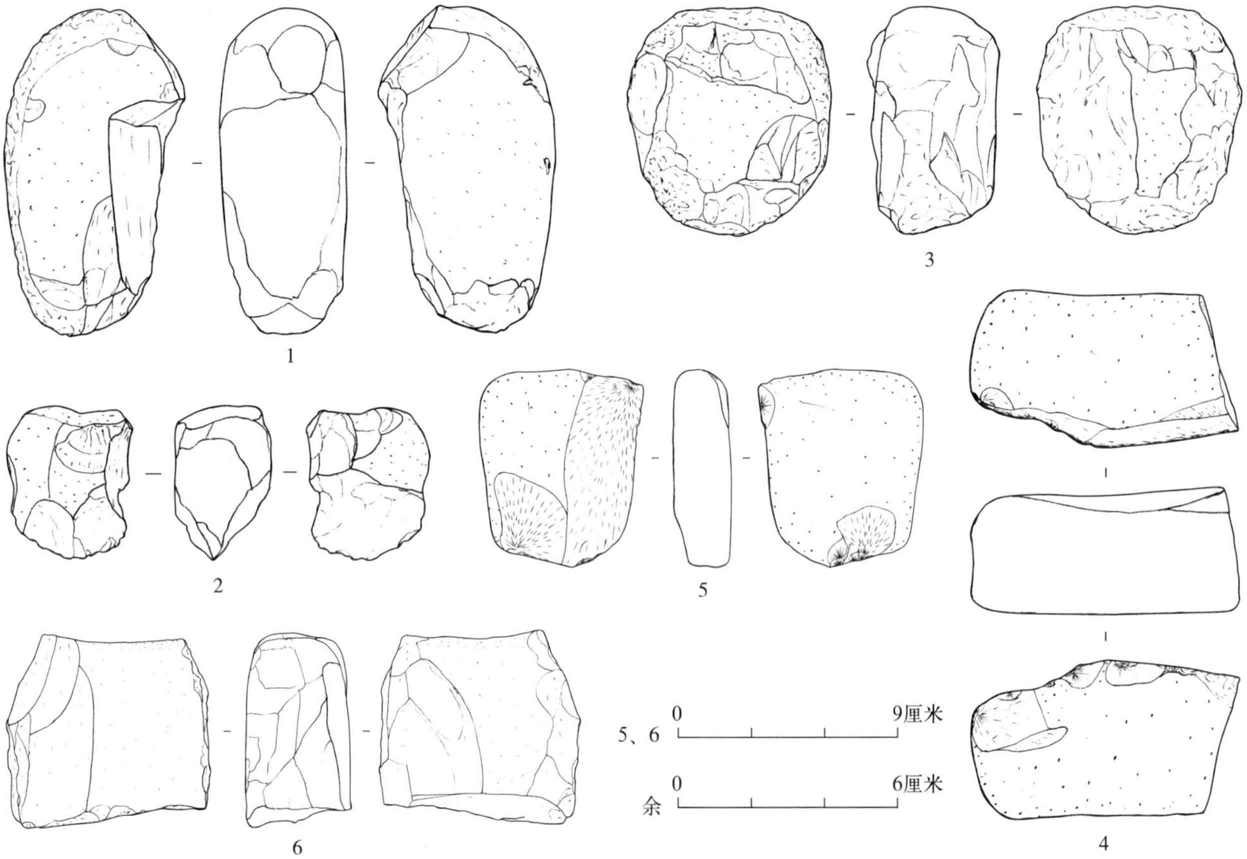

图 3-201　F12 出土打制石器

1～6. 敲砸器 F12：90、96、110、114、169、237

厚 2.7 厘米（图 3-201，2）。

标本 F12：110，青褐色板岩。打制，扁椭圆形，多棱角，多剥片疤，敲砸痕迹细碎。长 6.0、宽 5.5、厚 3.6 厘米（图 3-201，3；彩版九四，3）。

标本 F12：114，褐色闪长玢岩。打制，不规则长方形，局部保留石皮，一侧有敲砸痕迹。长 7.4、宽 4.1、厚 3.3 厘米（图 3-201，4）。

标本 F12：169，残，褐色斑岩。打制，扁方形，局部保留石皮，一侧有敲砸痕迹。长 7.9、宽 6.7、厚 2.3 厘米（图 3-201，5）。

标本 F12：237，残，青灰色板岩。打制，不规则长方形，多棱角，多剥片疤，局部保留石皮，敲砸痕迹明显。长 8.4、宽 7.7、厚 4.4 厘米（图 3-201，6）。

石片刮削器　67 件。

标本 F12：8，黄褐色板岩。打制，不规则多边形，局部保留石皮，边刃，有刮削痕迹。长 6.5、宽 5.0、厚 1.6 厘米（图 3-202，1）。

标本 F12：40，青灰色板岩。打制，不规则多边形，一侧局部保留石皮，边刃，有刮削痕迹。长 5.9、宽 4.4、厚 1.9 厘米（图 3-202，2）。

标本 F12：41，青色板岩。打制，不规则多边形，一侧局部保留石皮，边刃，有刮削痕迹。长 7.7、宽 5.7、厚 1.8 厘米（图 3-202，3）。

标本 F12：42，褐色板岩。打制，不规则多边形，边刃，有刮削痕迹。长 6.1、宽 3.4、厚 1.3 厘米（图 3-202，4）。

标本 F12：43，青灰色板岩。打制，不规则多边形，边刃，有刮削痕迹。长 3.6、宽 2.5、厚 0.5 厘米（图 3-202，5）。

标本 F12：44，青灰色板岩。打制，不规则多边形，边刃，有刮削痕迹。长 4.9、宽 3.8、厚 1.3 厘米（图 3-202，6）。

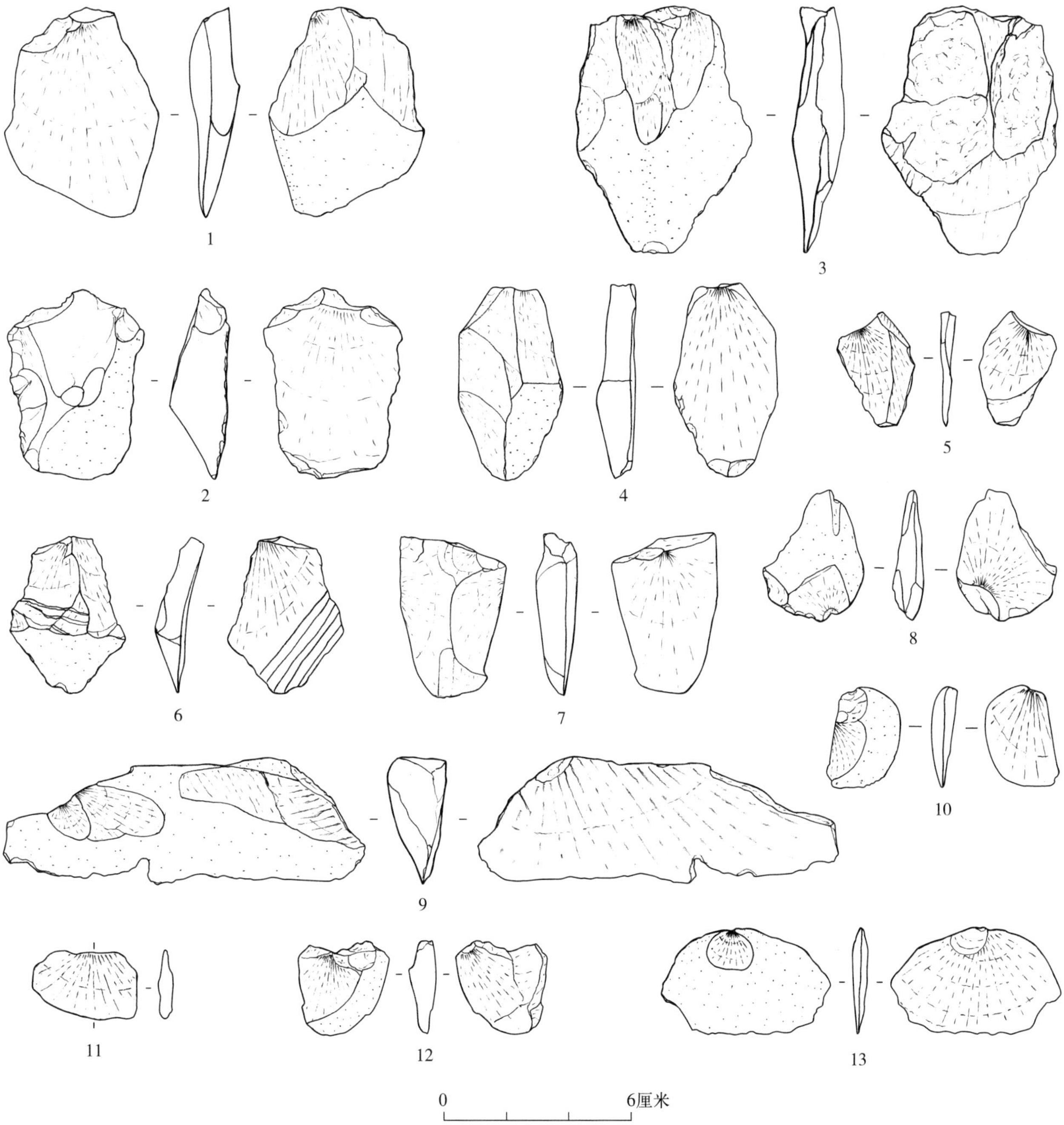

图 3-202　F12 出土打制石器

1～13. 石片刮削器 F12：8、40～45、67、72、98～100、102

标本F12：45，青色板岩。打制，不规则多边形，边刃，有刮削痕迹。长5.1、宽3.5、厚1.3厘米（图3-202，7）。

标本F12：67，青色板岩。打制，不规则多边形，一侧局部保留石皮，边刃，有刮削痕迹。长4.1、宽3.3、厚0.9厘米（图3-202，8）。

标本F12：72，青褐色板岩。打制，不规则长条形，一侧局部保留石皮，边刃，有刮削痕迹。长11.6、宽3.8、厚1.9厘米（图3-202，9）。

标本F12：98，青灰色板岩。打制，半圆形，一侧局部保留石皮，边刃，有刮削痕迹。长3.2、宽2.4、厚0.7厘米（图3-202，10）。

标本F12：99，青色板岩。打制，不规则梯形，边刃，有刮削痕迹。长3.4、宽2.2、厚0.5厘米（图3-202，11）。

标本F12：100，青色板岩。打制，不规则多边形，边刃，有刮削痕迹。长3.0、宽2.9、厚0.8厘米（图3-202，12）。

标本F12：102，残，青灰色板岩。打制，蚌壳形，一侧局部保留石皮，边刃，有刮削痕迹。长5.5、宽3.3、厚0.5厘米（图3-202，13）。

标本F12：103，青灰色板岩。打制，不规则蚌壳形，一侧局部保留石皮，边刃，有刮削痕迹。长4.1、宽3.9、厚0.8厘米（图3-203，1）。

标本F12：104，青灰色板岩。打制，不规则多边形，边刃，有刮削痕迹。长3.3、宽1.7、厚0.7厘米（图3-203，2）。

标本F12：105，青灰色板岩。打制，半圆形，一侧保留石皮，边刃，有刮削痕迹。长3.8、宽2.1、厚0.4厘米（图3-203，3）。

标本F12：106，青灰色板岩。打制，不规则多边形，一侧局部保留石皮，边刃，有刮削痕迹。长4.0、宽3.3、厚1.7厘米（图3-203，4）。

标本F12：107，残，青灰色板岩。打制，不规则蚌壳形，边刃，有刮削痕迹。长6.0、宽5.4、厚1.4厘米（图3-203，5）。

标本F12：109，残，青灰色板岩。打制，不规则多边形，边刃，有刮削痕迹。长5.0、宽4.2、厚1.5厘米（图3-203，6；彩版九五，1）。

标本F12：113，青灰色板岩。打制，不规则菱形，边刃，有刮削痕迹。长6.4、宽4.6、厚2.2厘米（图3-203，7）。

标本F12：115，青色板岩。打制，不规则四边形，一端有刮削痕。长7.5、宽5.0、厚1.6厘米（图3-203，8）。

标本F12：118，青色板岩。打制，尖舌形，边刃，有刮削痕迹。长5.9、宽3.3、厚0.8厘米（图3-203，9）。

标本F12：120，青灰色板岩。打制，不规则蚌壳形，一侧局部保留石皮，一端有刮削痕。长4.5、宽3.6、厚1.1厘米（图3-203，10）。

标本F12：121，青灰色板岩。打制，不规则半圆形，一端有刮削痕。长5.8、宽3.6、厚2.0厘米（图3-203，11）。

标本F12：122，青色板岩。打制，不规则多边形，边刃，有刮削痕迹。长5.2、宽4.9、厚1.9厘米（图

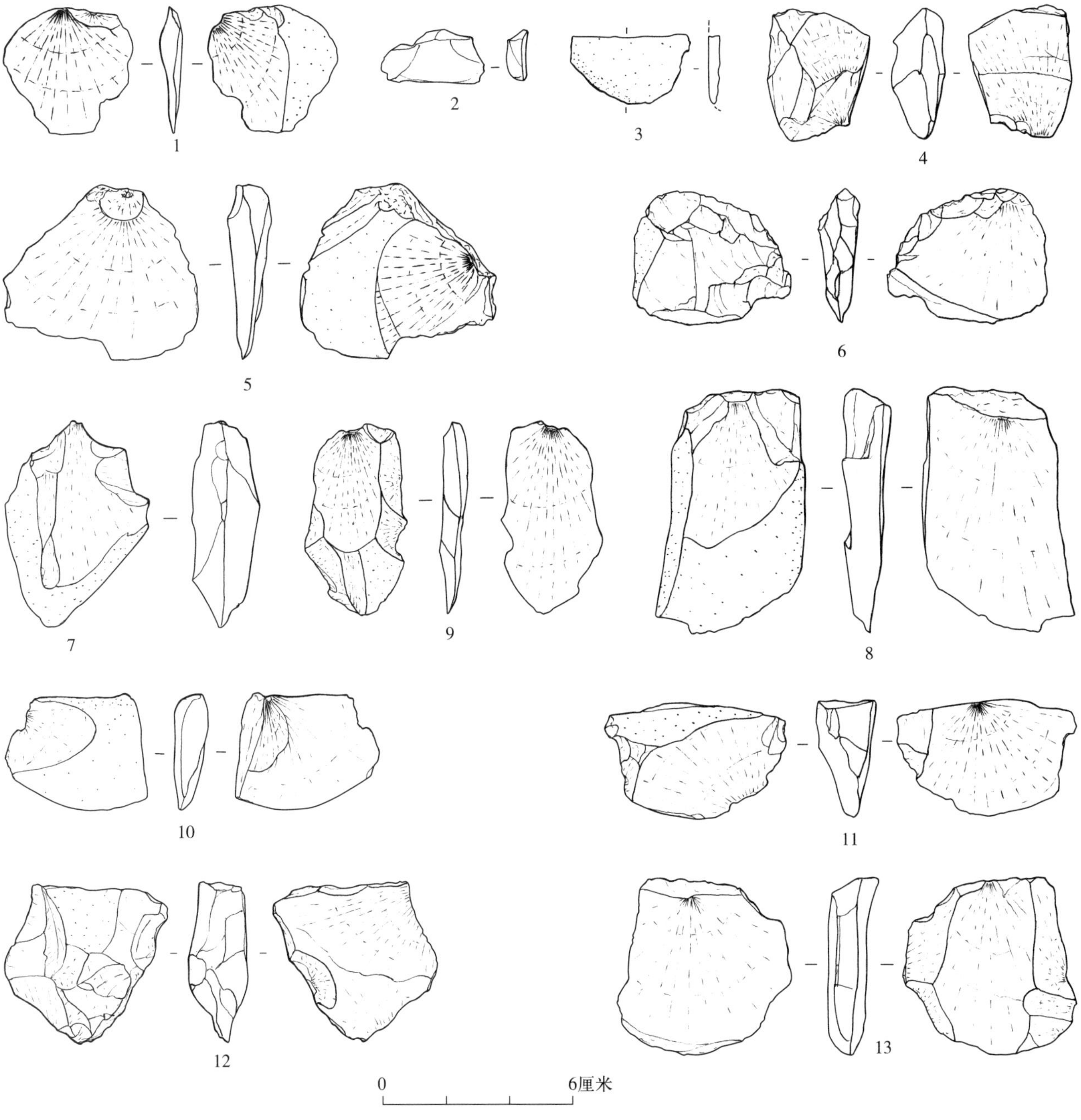

图 3-203　F12 出土打制石器

1 ～ 13．石片刮削器 F12：103 ～ 107、109、113、115、118、120 ～ 122、124

3-203，12）。

标本 F12：124，青灰色板岩。打制，不规则蚌壳形，一侧局部保留石皮，边刃，有刮削痕迹。长 5.4、宽 5.4、厚 1.6 厘米（图 3-203，13）。

标本 F12：125，青灰色板岩。打制，不规则多边形，边刃，有刮削痕迹。长 4.4、宽 4.3、厚 1.4 厘米（图 3-204，1）。

标本 F12：126，青灰色板岩。打制，不规则蚌壳形，边刃，有刮削痕迹。长 4.2、宽 4.0、厚 1.4 厘米（图 3-204，2）。

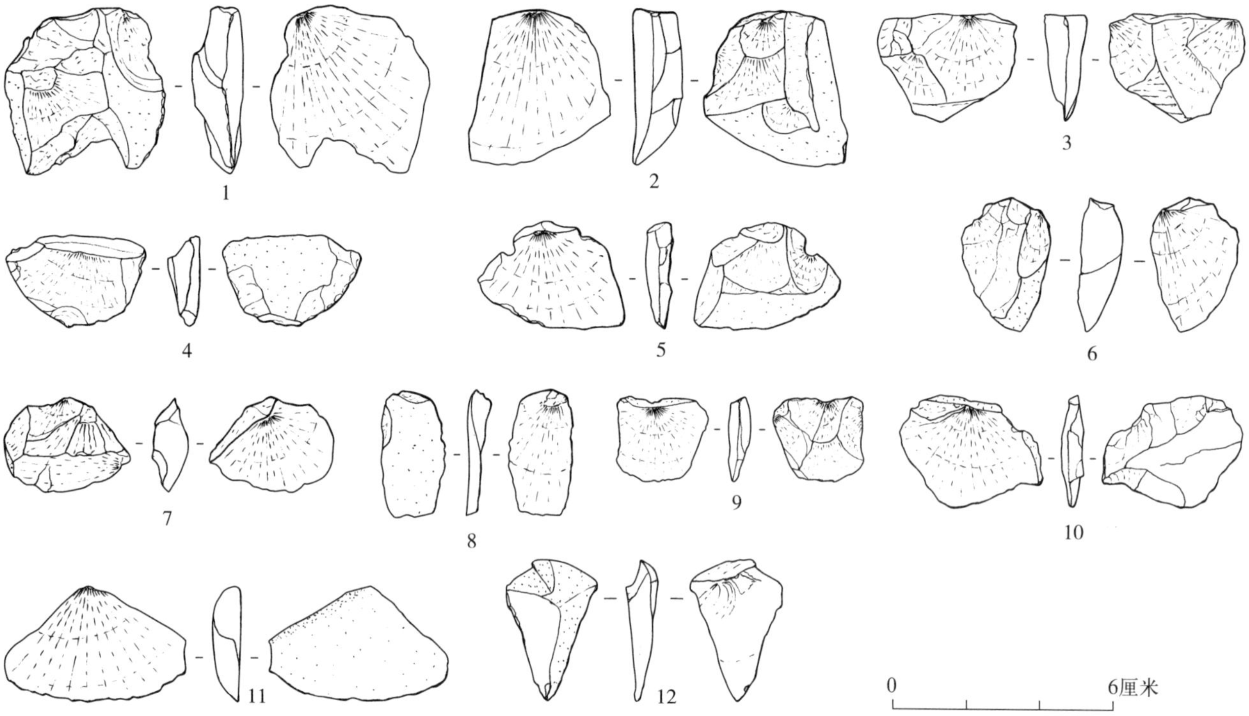

图 3-204　F12 出土打制石器

1～12. 石片刮削器 F12：125～131、133～136、138

标本 F12：127，青色板岩。打制，不规则三角形，边刃，有刮削痕迹。长 3.8、宽 2.9、厚 1.2 厘米（图 3-204，3）。

标本 F12：128，青灰色板岩。打制，不规则半圆形，刃圆弧。长 3.8、宽 2.5、厚 0.9 厘米（图 3-204，4）。

标本 F12：129，青灰色板岩。打制，不规则梯形，一侧局部保留石皮，边刃，有刮削痕迹。长 4.0、宽 2.9、厚 0.8 厘米（图 3-204，5）。

标本 F12：130，青灰色板岩。打制，不规则宽叶形，单边弧刃。长 3.6、宽 2.5、厚 1.2 厘米（图 3-204，6）。

标本 F12：131，青灰色板岩。打制，不规则蚌壳形，边刃，有刮削痕迹。长 3.4、宽 2.5、厚 1.0 厘米（图 3-204，7）。

标本 F12：133，青色板岩。打制，不规则长条形，一侧局部保留石皮，边刃，有刮削痕迹。长 3.4、宽 1.8、厚 0.5 厘米（图 3-204，8）。

标本 F12：134，青色板岩。打制，不规则四边形，边刃，有刮削痕迹。长 2.3、宽 2.5、厚 0.7 厘米（图 3-204，9）。

标本 F12：135，青色板岩。打制，不规则多边形，边刃，有刮削痕迹。长 3.9、宽 3.0、厚 0.7 厘米（图 3-204，10）。

标本 F12：136，褐色板岩。打制，蚌壳形，一侧局部保留石皮，边刃，有刮削痕迹。长 5.9、宽 3.3、厚 0.8 厘米（图 3-204，11）

标本 F12：138，青灰色板岩。打制，不规则三角形，边刃，有刮削痕迹。长 3.8、宽 2.6、厚 0.9

厘米（图 3-204，12）。

标本 F12：139，青灰色板岩。打制，不规则多边形，边刃，有刮削痕迹。长 2.9、宽 2.1、厚 0.6 厘米（图 3-205，1）。

标本 F12：140，黄褐色板岩。打制，不规则蚌壳形，一侧局部保留石皮，边刃，有刮削痕迹。长 2.4、宽 2.1、厚 0.4 厘米（图 3-205，2）。

标本 F12：141，青灰色板岩。打制，不规则多边形，边刃，有刮削痕迹。长 2.4、宽 3.5、厚 0.9 厘米（图 3-205，3）。

标本 F12：146，青色板岩。打制，不规则舌形，边刃，有刮削痕迹。长 5.9、宽 3.5、厚 1.1 厘米（图 3-205，4）。

标本 F12：147，青灰色板岩。打制，不规则多边形，一侧局部保留石皮，边刃，有刮削痕迹。长 4.9、宽 3.8、厚 1.6 厘米（图 3-205，5）。

标本 F12：149，青色板岩。打制，不规则蚌壳形，边刃，有刮削痕迹。长 4.6、宽 3.3、厚 1.3 厘米（图 3-205，6）。

标本 F12：150，青灰色板岩。打制，不规则多边形，边刃，有刮削痕迹。长 3.0、宽 2.9、厚 0.5

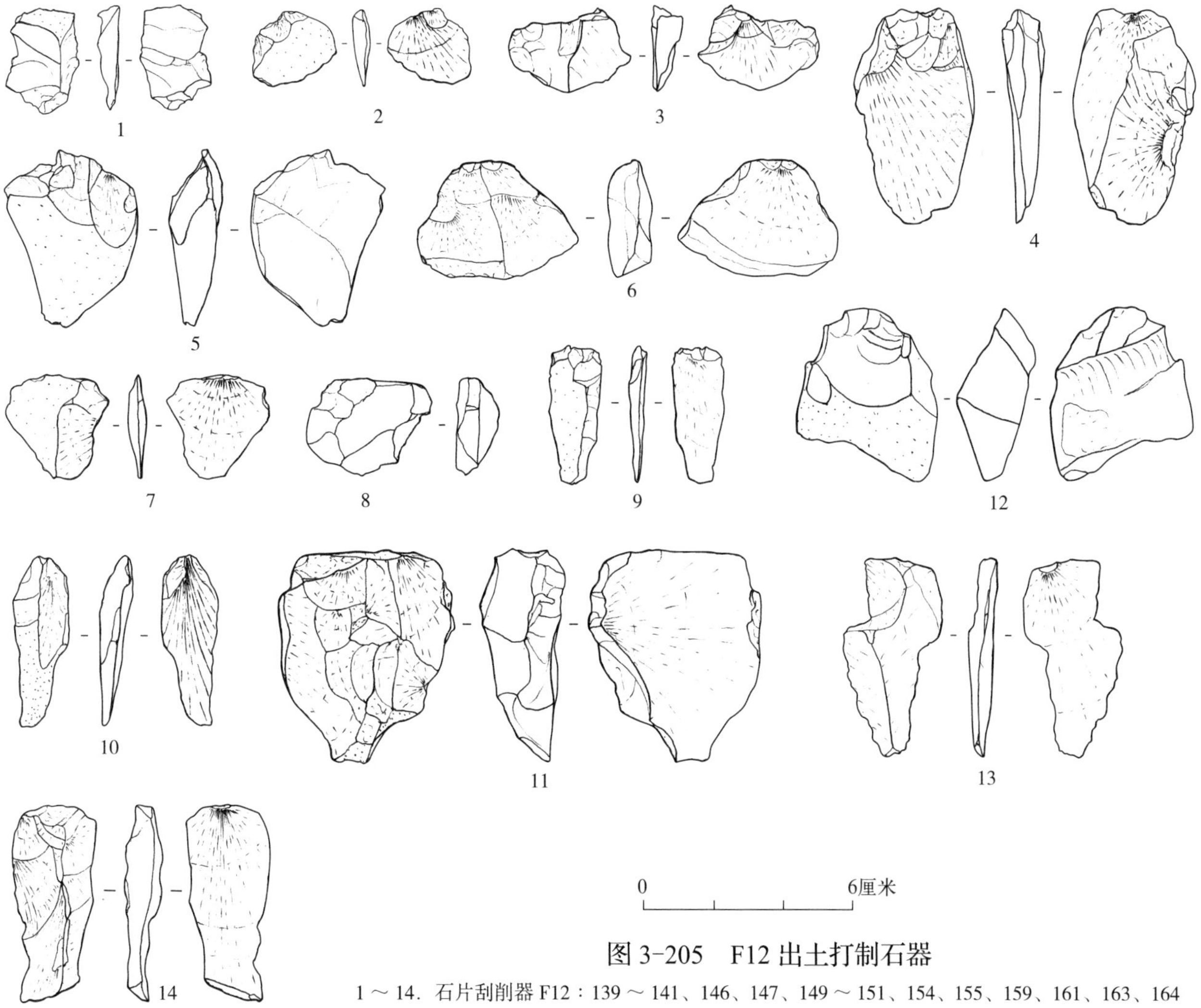

图 3-205　F12 出土打制石器

1～14. 石片刮削器 F12：139～141、146、147、149～151、154、155、159、161、163、164

厘米（图 3-205，7）。

标本 F12：151，青灰色板岩。打制，不规则多边形，边刃，有刮削痕迹。长 3.6、宽 2.7、厚 1.3 厘米（图 3-205，8）。

标本 F12：154，青灰色板岩。打制，不规则长条形，边刃，有刮削痕迹。长 3.8、宽 1.5、厚 0.5 厘米（图 3-205，9）。

标本 F12：155，青色板岩。打制，不规则长条形，局部保留石皮，边刃，有刮削痕迹。长 4.7、宽 1.7、厚 1.0 厘米（图 3-205，10）。

标本 F12：159，青褐色板岩。打制，不规则多边形，边刃，有刮削痕迹。长 5.9、宽 5.0、厚 2.5 厘米（图 3-205，11）。

标本 F12：161，青灰色板岩。打制，不规则多边形，边刃，有刮削痕迹。长 4.8、宽 4.1、厚 2.1 厘米（图 3-205，12）。

标本 F12：163，残，青色板岩。打制，不规则多边形，边刃，有刮削痕迹。长 5.5、宽 2.9、厚 0.8 厘米（图 3-205，13）。

标本 F12：164，青色板岩。打制，不规则长条形，边刃，有刮削痕迹。长 5.5、宽 2.5、厚 1.1 厘米（图 3-205，14）。

标本 F12：165，青灰色板岩。打制，不规则多边形，边刃，有刮削痕迹。长 4.9、宽 4.1、厚 1.3 厘米（图 3-206，1）。

标本 F12：166，青灰色板岩。打制，不规则多边形，边刃，有刮削痕迹。长 5.2、宽 3.6、厚 1.5

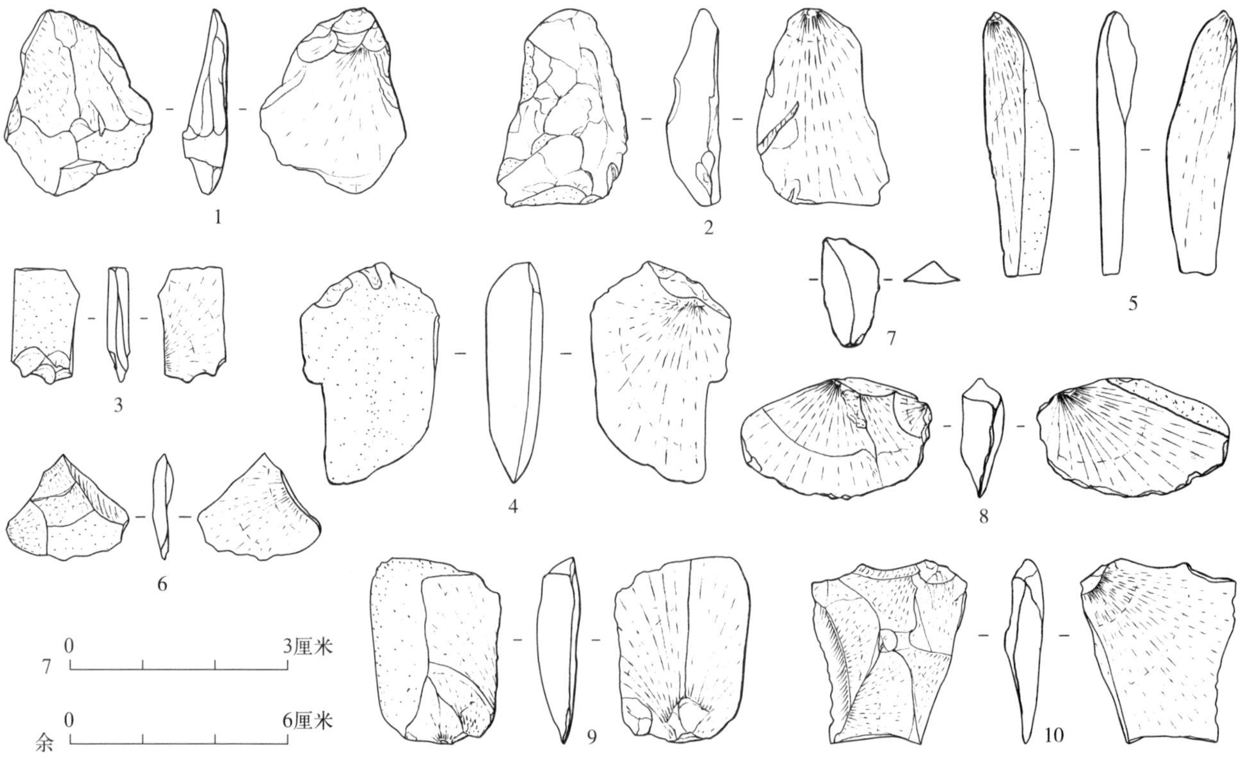

图 3-206 F12 出土打制石器

1 ～ 10. 石片刮削器 F12：165 ～ 168、173、186、212、231、233、236

厘米（图 3-206，2）。

标本 F12：167，残，青灰色板岩。打制，长方形，边刃，有刮削痕迹。长 3.1、宽 2.9、厚 0.6 厘米（图 3-206，3）。

标本 F12：168，青灰色板岩。打制，不规则多边形，一侧局部保留石皮，边刃，有刮削痕迹。长 5.9、宽 3.9、厚 1.7 厘米（图 3-206，4）。

标本 F12：173，青色板岩。打制，长条形，一侧边刃，有刮削痕迹。长 7.0、宽 1.9、厚 1.2 厘米（图 3-206，5）。

标本 F12：186，青色板岩。打制，不规则三角形，边刃，有刮削痕迹。长 3.4、宽 2.8、厚 0.6 厘米（图 3-206，6）。

标本 F12：212，青灰色板岩。打制，叶片状。长 1.5、宽 0.8、厚 0.3 厘米（图 3-206，7）。

标本 F12：231，青色板岩。打制，蚌壳形，边刃，有刮削痕迹。长 5.3、宽 3.2、厚 1.2 厘米（图 3-206，8）。

标本 F12：233，青灰色板岩。打制，圆角长方形，一侧局部保留石皮，边刃，有刮削痕迹。长 5.0、宽 3.7、厚 1.3 厘米（图 3-206，9）。

标本 F12：236，青灰色板岩。打制，不规则多边形，边刃，有刮削痕迹。长 4.9、宽 4.3、厚 1.0 厘米（图 3-206，10）。

标本 F12：142，残，青灰色板岩。打制，长三角形，边刃，有刮削痕迹。长 4.8、宽 3.6、厚 1.1 厘米（图 3-207，1）。

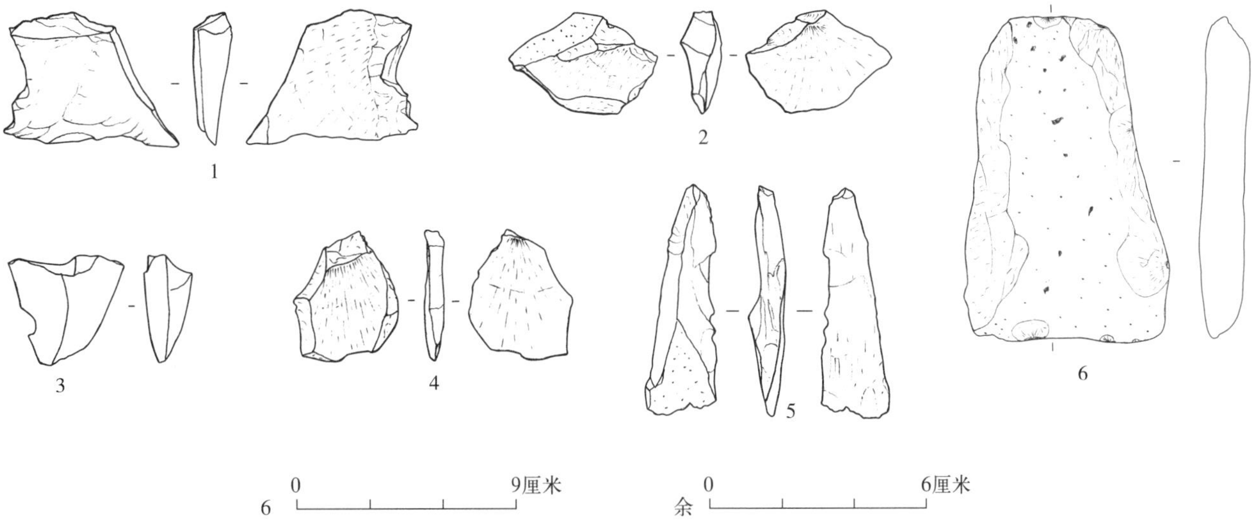

图 3-207　F12 出土打制石器

1～5. 石片刮削器 F12：142～145、156　6. 石铲 F12：1

标本 F12：143，残，青灰色板岩。打制，菱形，边刃，有刮削痕迹。长 4.1、宽 2.7、厚 1.1 厘米（图 3-207，2）。

标本 F12：144，残，青灰色板岩。打制，三棱形，局部保留石皮。长 2.9、宽 3.1、厚 1.3 厘米（图 3-207，3）。

标本 F12：145，残，青灰色板岩。打制，不规则多边形。长 3.5、宽 2.9、厚 0.5 厘米（图 3-207，4）。

标本F12：156，残，青灰色板岩。打制，长条形，横截面三角形。长6.1、宽2.0、厚1.1厘米（图3-207，5）。

石铲 1件。

标本F12：1，残，红褐色花岗岩。打制，扁平梯形，侧边多剥片疤，刃平直。长12.7、宽8.5、厚1.8厘米（图3-207，6；彩版九五，2）。

网坠 13件。

均为扁平形河卵石打制。

标本F12：6，黄褐色石英砂。打制，近椭圆形块状。两侧对称打出豁口。长12.2、宽9.3、厚3.6厘米（图3-208，1）。

标本F12：7，褐色花岗岩。打制，近长方形，两侧对称打出豁口。长11.0、宽6.7、厚2.5厘米（图3-208，2）。

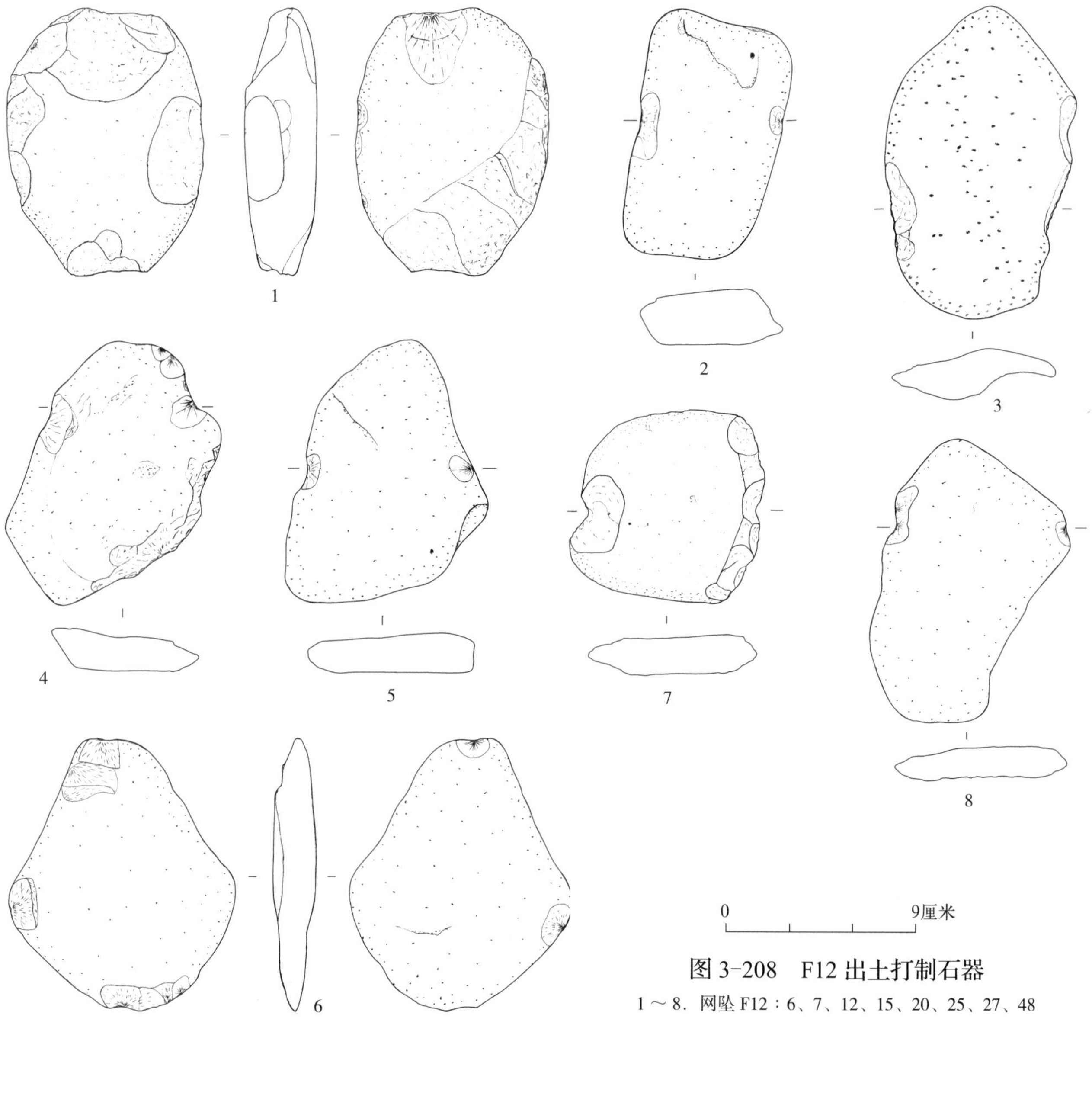

图3-208 F12出土打制石器

1～8. 网坠F12：6、7、12、15、20、25、27、48

标本 F12：12，黄褐色板岩。打制，不规则椭圆形，有两端对称打出豁口。长 14.4、宽 9.0、厚 2.0 厘米（图 3-208，3）。

标本 F12：15，褐色斑岩。打制，不规则圆形，有四个对称打出豁口。长 11.1、宽 8.7、厚 1.8 厘米（图 3-208，4）。

标本 F12：20，黄褐色斑岩。打制，不规则菱形，有一个打制的豁口，一侧利用自然凹窝。长 11.5、宽 9.5、厚 1.8 厘米（图 3-208，5）。

标本 F12：25，残，黄褐色斑岩。打制，四边形，有一个打制的豁口，两侧利用自然凹窝。长 12.5、宽 10.7、厚 2.1 厘米（图 3-208，6）。

标本 F12：27，残，黄褐色花岗岩。打制，近圆角长方形。两端对称打出的豁口，一侧修整。长 9.2、宽 8.9、厚 1.6 厘米（图 3-208，7）。

标本 F12：48，残，黄褐色斑岩。打制，不规则长方形。有一个打制的豁口，一侧利用自然凹窝。长 13.0、宽 8.8、厚 1.4 厘米（图 3-208，8）。

标本 F12：50，残，青灰色板岩。打制，不规则梯形。有四个打出的半圆形豁口。长 12.1、宽 8.9、厚 1.2 厘米（图 3-209，1）。

标本 F12：71，红褐色砂岩。打制，圆角长方形。两端对称打出豁口。长 10.3、宽 9.2、厚 1.8 厘米（图 3-209，2；彩版九五，3）。

标本 F12：74，残，红褐色花岗岩。打制，圆角长方形。对称打出四个豁口。长 11.9、宽 9.6、厚 3.2 厘米（图 3-209，3）。

标本 F12：85，残，褐色斑岩。打制，不规则五边形。两端对称打出豁口。长 11.3、宽 8.2、厚 1.8 厘米（图 3-209，4）。

标本 F12：88，褐色石英斑岩。打制，不规则梯形。两端对称打出豁口。长 9.2、宽 9.1、厚 1.5 厘米（图 3-209，5）。

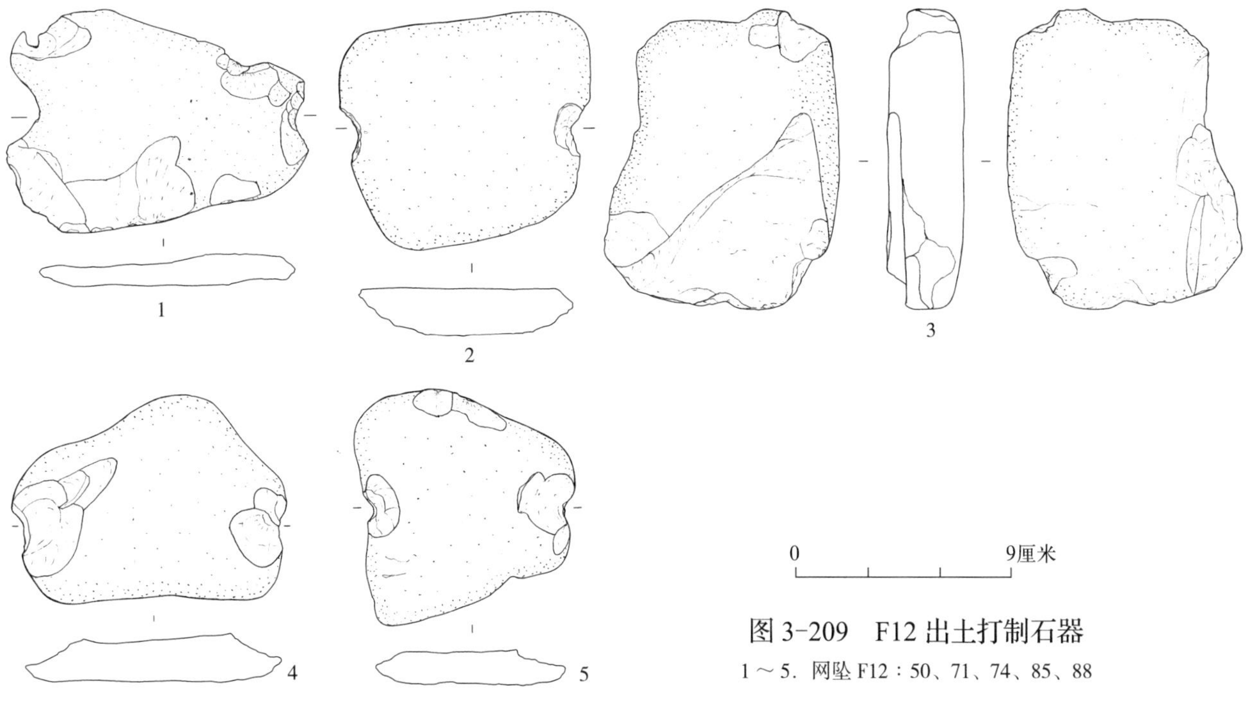

图 3-209 F12 出土打制石器

1～5. 网坠 F12：50、71、74、85、88

（2）细石器

46件。有石叶刮削器32件、石片刮削器2件、尖状器8件、石镞4件。

石叶刮削器　32件。

标本F12∶22，黄褐色燧石。琢制，长条形，横截面梯形，边刃，有刮削痕迹。长2.4、宽0.5、厚0.1厘米（图3-210，1；彩版九五，4）。

标本F12∶119，红褐色燧石。琢制，长条形，横截面梯形，边刃，有刮削痕迹。长1.6、宽0.4、厚0.1厘米（图3-210，2；彩版九五，5）。

标本F12∶123，黄褐色燧石。琢制，长条形，横截面梯形，边刃，有刮削痕迹。长1.4、宽0.6、厚0.1厘米（图3-210，3）。

标本F12∶175，红褐色燧石。琢制，长条形，横截面三角形，边刃，有刮削痕迹。长3.2、宽0.6、厚0.2厘米（图3-210，4；彩版九五，6）。

标本F12∶177，黄褐色燧石。琢制，长条形，横截面梯形，边刃，有刮削痕迹。长1.5、宽0.5、厚0.1厘米（图3-210，5）。

标本F12∶178，红褐色燧石。琢制，长条形，横截面梯形，边刃，有刮削痕迹。长2.8、宽0.4、厚0.2厘米（图3-210，6；彩版九五，7）。

标本F12∶180，黄褐色燧石。琢制，长条形，横截面梯形，边刃，有刮削痕迹。长2.2、宽0.7、厚0.2厘米（图3-210，7）。

标本F12∶182，黄褐色燧石。琢制，长条形，横截面菱形，边刃，有刮削痕迹。长1.3、宽0.7、厚0.1厘米（图3-210，8）。

标本F12∶183，残，黄褐色玛瑙。琢制，长条形，横截面梯形，边刃，有刮削痕迹。长1.9、宽0.7、厚0.1厘米（图3-210，9）。

标本F12∶184，黄褐色燧石。琢制，长条形，横截面三角形，边刃，有刮削痕迹。长1.6、宽0.9、厚0.2厘米（图3-210，10）。

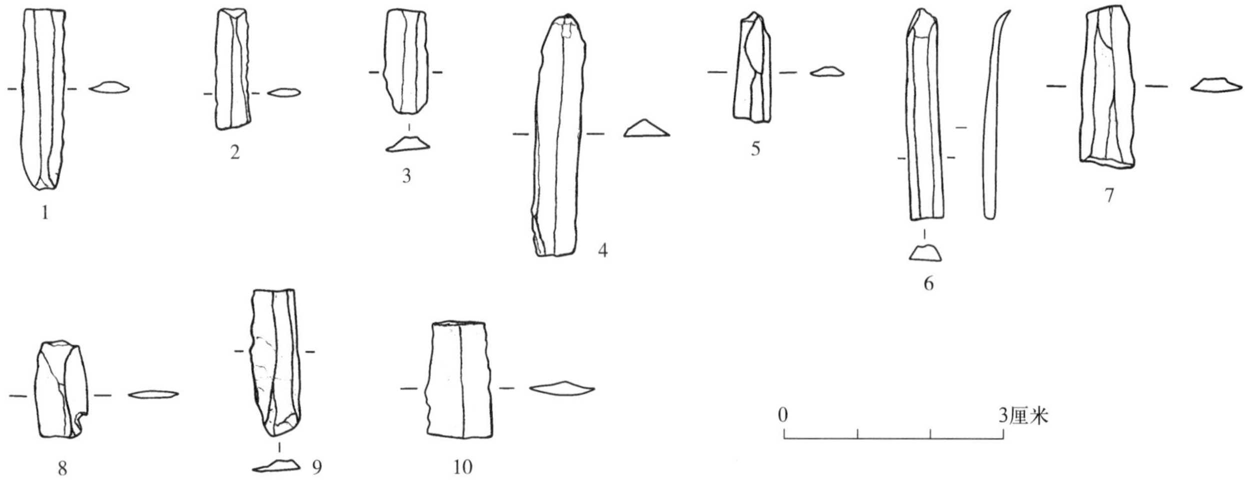

图3-210　F12出土细石器

1～10. 石叶刮削器F12∶22、119、123、175、177、178、180、182～184

标本 F12：185，青灰色板岩。琢制，长条形，横截面梯形，边刃，有刮削痕迹。长 4.2、宽 1.2、厚 0.2 厘米（图 3-211，1；彩版九五，8）。

标本 F12：187，黄褐色燧石。琢制，长条形，横截面梯形，边刃，有刮削痕迹。长 2.4、宽 0.6、厚 0.1 厘米（图 3-211，2）。

标本 F12：192，黄褐色燧石。琢制，长条形。横截面梯形，边刃，有刮削痕迹。长 3.4、宽 0.5、厚 0.1 厘米（图 3-211，3；彩版九六，1）。

标本 F12：197，青色板岩。琢制，长条形。横截面梯形，边刃，有刮削痕迹。长 6.1、宽 1.5、厚 0.2 厘米（图 3-211，4；彩版九六，2）。

标本 F12：199，残，灰褐色板岩。琢制，长条形，横截面三角形，边刃，有刮削痕迹。长 2.5、宽 0.8、厚 0.2 厘米（图 3-211，5）。

标本 F12：200，青灰色板岩。琢制，长条形，横截面梯形，边刃，有刮削痕迹。长 3.2、宽 0.9、厚 0.3 厘米（图 3-211，6）。

标本 F12：201，褐色燧石。琢制，长条形，横截面梯形，边刃压琢刮削痕迹明显。长 3.3、宽 0.9、厚 0.2 厘米（图 3-211，7）。

标本 F12：202，青灰色板岩。琢制，长条形，横截面呈三角形，边刃，有刮削痕迹。长 2.1、宽 0.7、厚 0.2 厘米（图 3-211，8）。

标本 F12：203，青色板岩。琢制，长条形，横截面梯形，边刃，有刮削痕迹。长 4.9、宽 1.3、厚 0.3 厘米（图 3-211，9；彩版九六，3）。

标本 F12：204，青绿色燧石。琢制，长条形，横截面梯形，边刃，有刮削痕迹。长 2.3、宽 0.7、厚 0.1 厘米（图 3-211，10）。

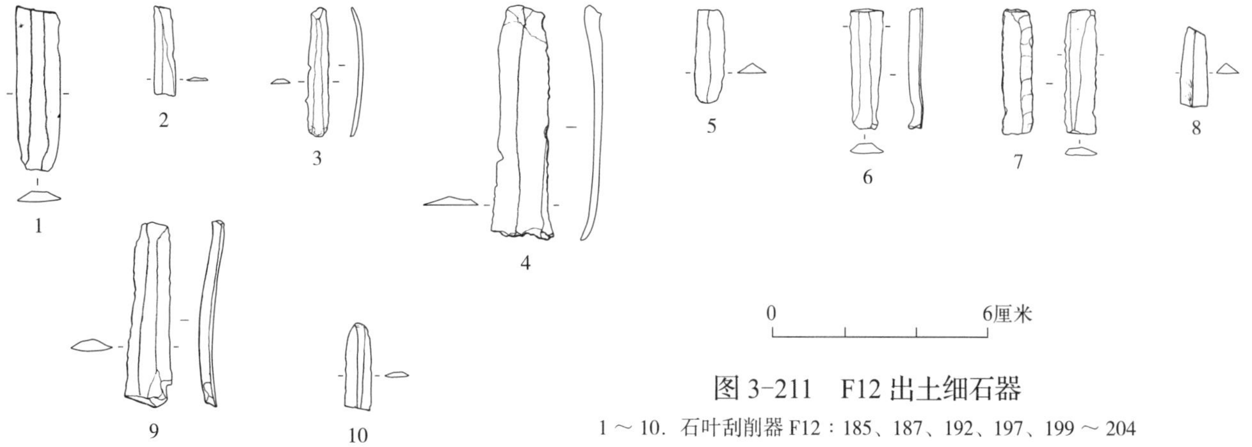

图 3-211　F12 出土细石器

1～10. 石叶刮削器 F12：185、187、192、197、199～204

标本 F12：207，黄褐色燧石。琢制，长条形，横截面三角形，边刃，有刮削痕迹。长 3.1、宽 0.7、厚 0.1 厘米（图 3-212，1；彩版九六，4）。

标本 F12：209，黄褐色玛瑙。琢制，长条形，横截面梯形，边刃，有刮削痕迹。长 1.9、宽 0.6、厚 0.1 厘米（图 3-212，2）。

标本 F12：210，青灰色板岩。琢制，长条形，横截面梯形，边刃，有刮削痕迹。长 3.0、宽 0.9、厚 0.1 厘米（图 3-212，3）。

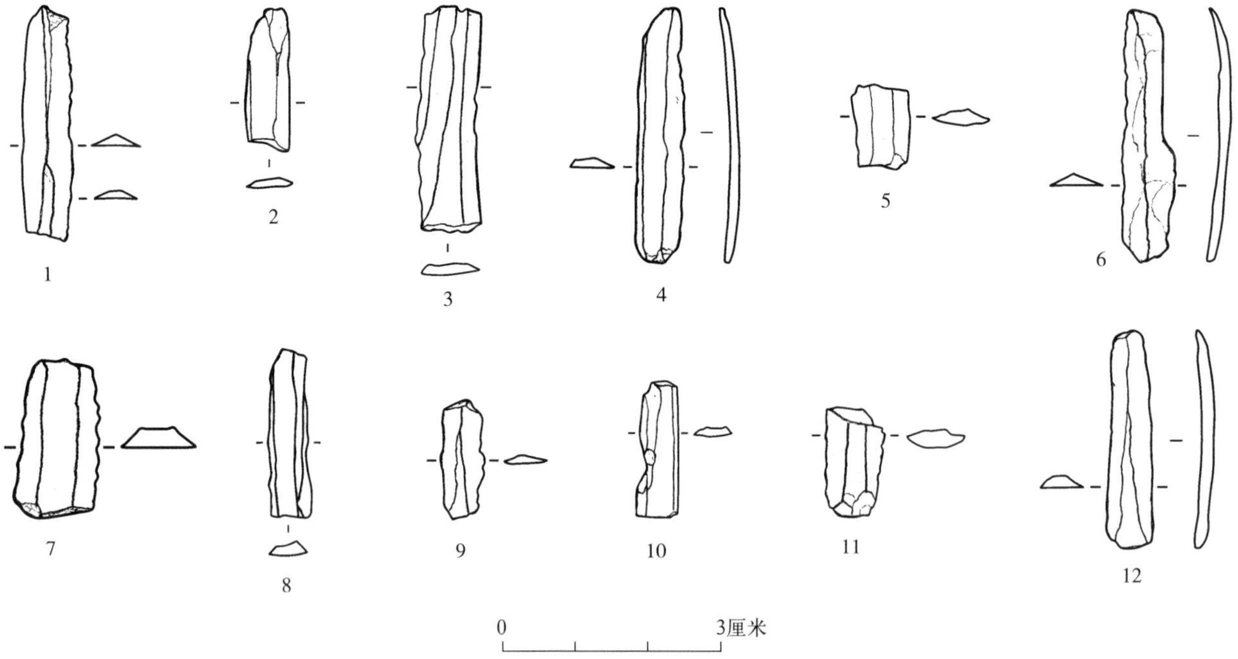

图 3-212　F12 出土细石器

1～12. 石叶刮削器 F12：207、209～211、215、217、220、223、225、226、244、246

标本 F12：211，黄褐色燧石。琢制，长条形，横截面梯形，边刃，有刮削痕迹。长 3.4、宽 0.6、厚 0.1 厘米（图 3-212，4；彩版九六，5）。

标本 F12：215，褐色燧石。琢制，长条形，横截面梯形，边刃，有刮削痕迹。长 1.2、宽 0.8、厚 0.2 厘米（图 3-212，5）。

标本 F12：217，黄褐色燧石。琢制，长条形，横截面三角形，边刃，有刮削痕迹。长 3.3、宽 0.7、厚 0.1 厘米（图 3-212，6；彩版九六，6）。

标本 F12：220，青灰色板岩。琢制，长条形，横截面梯形，边刃，有刮削痕迹压琢呈细齿。长 2.1、宽 1.1、厚 0.2 厘米（图 3-212，7）。

标本 F12：223，黄褐色玛瑙。琢制，长条形，横截面梯形，边刃，有刮削痕迹。长 2.2、宽 0.6、厚 0.2 厘米（图 3-212，8；彩版九六，7）。

标本 F12：225，褐色燧石。琢制，长条形，横截面三角形，边刃，有刮削痕迹。长 1.6、宽 0.6、厚 0.1 厘米（图 3-212，9）。

标本 F12：226，黄褐色燧石。琢制，长条形，横截面梯形，边刃，有刮削痕迹。长 1.8、宽 0.5、厚 0.1 厘米（图 3-212，10）。

标本 F12：244，黄褐色燧石。琢制，长条形，横截面梯形，边刃，有刮削痕迹。长 1.5、宽 0.8、厚 0.2 厘米（图 3-212，11）。

标本 F12：246，黄褐色燧石。琢制，长条形，横截面梯形，边刃，有刮削痕迹。长 3.4、宽 0.6、厚 0.1 厘米（图 3-212，12；彩版九六，8）。

石片刮削器　2 件。

标本 F12：148，黄褐色玛瑙。琢制，不规则菱形，边缘多棱角，有使用痕迹。长 3.0、宽 2.3、厚 0.6

厘米（图 3-213，1）。

标本 F12∶250，灰白色玛瑙。琢制，不规则四边形，边刃，有刮削痕迹。长 1.8、宽 1.3、厚 0.5 厘米（图 3-213，2）。

尖状器　8 件。

标本 F12∶4，黄褐色燧石。琢制，宽叶形，尖部从背面向腹面压琢呈细齿状，横截面三角形。长 1.4、宽 0.6、厚 0.1 厘米（图 3-213，3）。

标本 F12∶176，褐色燧石。琢制，长条形，横截面三角形。长 2.6、宽 0.5、厚 0.4 厘米（图 3-213，4）。

标本 F12∶181，黄褐色燧石。琢制，长三角形，背微弯曲、一侧边刃压琢呈细齿状，横截面三角形。残长 1.6、宽 0.8、厚 0.2 厘米（图 3-213，5）。

标本 F12∶191，红褐色燧石。琢制，叶形，稍尖歪，压琢呈细齿状，横截面三角形。长 1.3、宽 0.4、厚 0.1 厘米（图 3-213，6）。

标本 F12∶214，黄褐色燧石。琢制，长叶形，稍尖歪，背微弯曲，尖压琢呈细齿状，横截面三角形。长 1.8、宽 0.6、厚 0.1 厘米（图 3-213，7）。

标本 F12∶219，棕色燧石。琢制，长叶形。歪尖，横截面梯形，边刃，有刮削痕迹。长 3.0、宽 0.7、厚 0.2 厘米（图 3-213，8；彩版九六，9）。

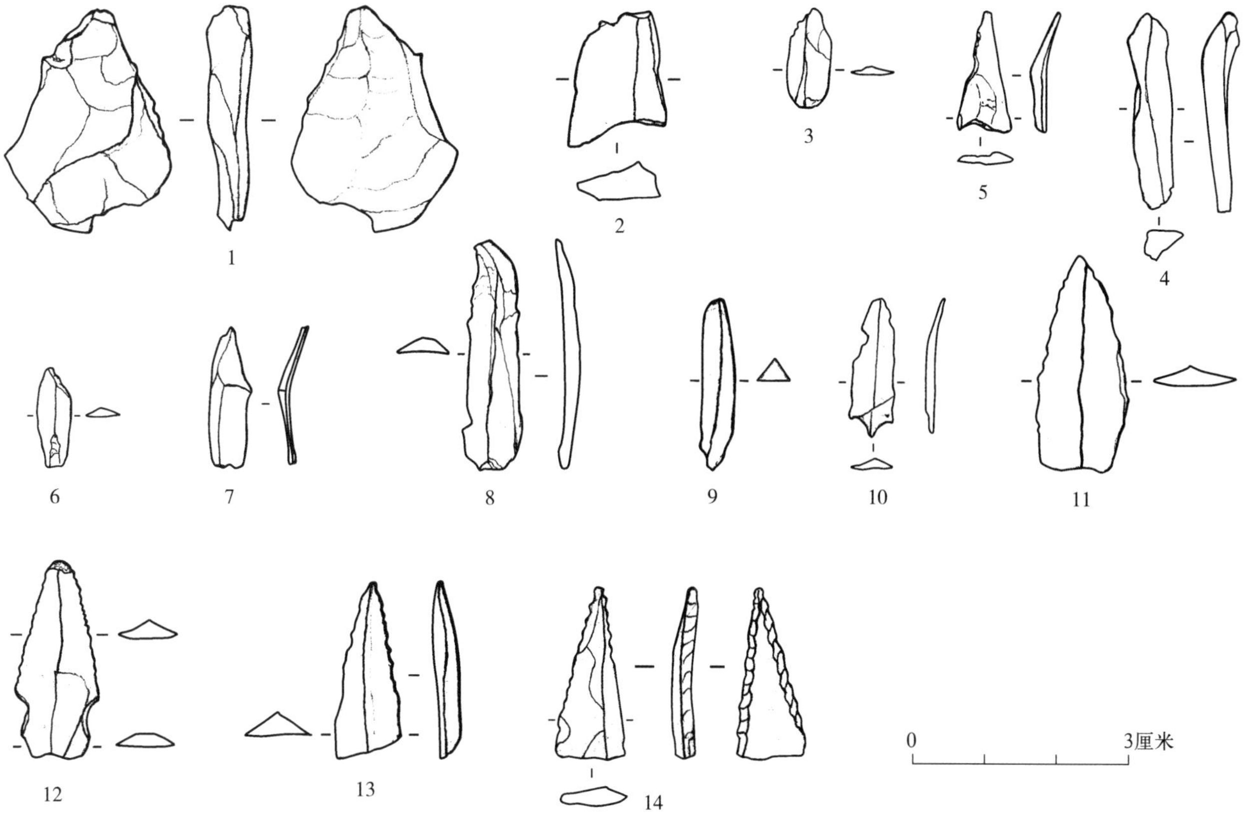

图 3-213　F12 出土细石器

1、2. 石片刮削器 F12∶148、250　3 ～ 10. 尖状器 F12∶4、176、181、191、214、219、224、227　11 ～ 14. 石镞 F12∶196、206、216、221

标本F12∶224，青灰色板岩。琢制，长条形，横截面三角形。长2.2、宽0.4、厚0.3厘米（图3-213，9）。

标本F12∶227，黄褐色燧石。琢制，叶形，横截面三角形，边刃，有刮削痕迹。长1.8、宽0.6、厚0.1厘米（图3-213，10）。

石镞 4件。

标本F12∶196，青灰色板岩。琢制，宽叶形，边刃压琢呈细齿状，平底，横截面三角形。长2.8、宽1.2、厚0.2厘米（图3-213，11；彩版九七，1）。

标本F12∶206，残，青灰色板岩。琢制，镞锋为长三角形，边刃压琢呈细齿状，尾部从背面向腹面压琢微呈束铤。镞锋部横截面三角形，镞铤部横截面梯形。长2.6、宽1.1、厚0.3厘米（图3-213，12；彩版九七，2）。

标本F12∶216，残，青灰色板岩。琢制，圭形，锋部三角形，边刃压琢呈细齿状，方形尾，底部残，横截面三角形。长2.3、宽0.9、厚0.3厘米（图3-213，13；彩版九七，3）。

标本F12∶221，残，黄褐色燧石。琢制，锋部三角形，边刃压琢呈细齿状，横截面三角形，底部残。残长2.3、宽0.9、厚0.2厘米（图3-213，14）。

（3）磨制石器

54件。有石斧2件、石刃器2件、石镞12件、石镞料7件、石磨盘9件、石磨棒11件、沟磨石1件、砺石8件、石球1件、石泡形器1件。

石斧 2件。

标本F12∶75，残，青灰色板岩。磨制，表面经磨光，横截面圆角扁方形，边缘多打制片疤。对磨刃，顶、刃部残。残长9.3、宽5.0、厚2.1厘米（图3-214，1）。

标本F12∶232，残，青灰色板岩。磨制，上宽、下窄，横截面圆角扁方形，对磨弧刃。顶残。残长6.0、宽4.2、厚1.3厘米（图3-214，2）。

石刃器 2件。

标本F12∶101，残，青色板岩，不规则梯形，单面磨直刃。局部有切割痕。长4.1、宽6.1、厚0.2厘米（图3-214，3）。

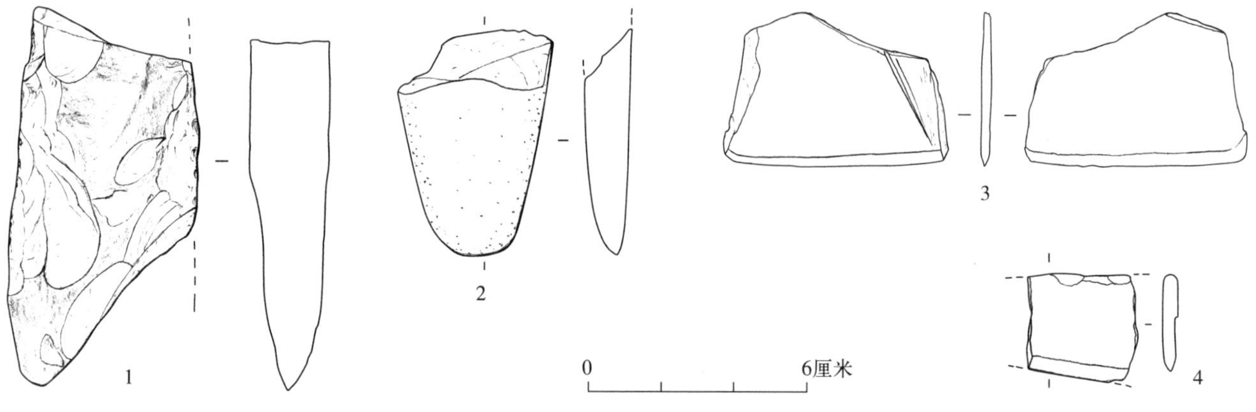

图3-214 F12出土磨制石器

1、2. 石斧F12∶75、232 3、4. 石刃器F12∶101、190

标本 F12∶190，残，青灰色板岩。磨制，直背，对磨直刃。残长 3.0、宽 2.9、厚 0.4 厘米（图 3-214，4）。

石镞　12 件。

标本 F12∶157，稍残，青色板岩。磨制，长叶形，横截面扁六棱形，边锋微弧，锋刃对磨，平底。长 3.3、宽 1.1、厚 0.2 厘米（图 3-215，1；彩版九七，4）。

标本 F12∶158，青色板岩。磨制，长叶形，横截面扁六棱形，锋尖锐，边锋微弧，锋刃对磨，底微圆弧。长 5.1、宽 1.3、厚 0.3 厘米（图 3-215，2；彩版九七，5）。

标本 F12∶179，残，青色板岩。磨制，圭形，横截面扁六棱形，锋尖锐，锋刃对磨，底残。长 3.7、宽 1.2、厚 0.2 厘米（图 3-215，3）。

标本 F12∶188，残，青色板岩。磨制，长叶形，横截面扁六棱形，锋微弧，锋刃对磨，底内凹。残长 3.0、宽 1.1、厚 0.2 厘米（图 3-215，4；彩版九七，6）。

标本 F12∶193，残，青色板岩。磨制，长叶形，横截面扁六棱形，锋尖锐，边锋微弧，锋刃对磨，平底。长 4.9、宽 1.3、厚 0.3 厘米（图 3-215，5；彩版九七，7）。

标本 F12∶194，残，青色板岩。磨制，长叶形，横截面扁六棱形，锋残，边锋较直，锋刃对磨，斜平底。残长 7.0、宽 1.2、厚 0.2 厘米（图 3-215，6）。

标本 F12∶195，残，青色板岩。磨制，长叶形，横截面扁六棱形，锋残。边锋较直，锋刃对磨，斜底微凹。长 5.5、宽 1.1、厚 0.2 厘米（图 3-215，7；彩版九七，8）。

标本 F12∶198，残半。青色板岩。磨制，长条形，直边锋，锋刃对磨。残长 3.1、宽 0.9、厚 0.3 厘米（图 3-215，8；彩版九七，9）。

标本 F12∶205，残，青色板岩。磨制，长叶形，横截面扁六棱形，锋残。直边锋，锋对磨刃。残长 3.9、宽 1.2、厚 0.3 厘米（图 3-215，9）。

标本 F12∶218，残，青灰色板岩。磨制，长叶形，横截面扁六棱形，锋残，直刃，锋刃对磨。残长 2.3、宽 0.9、厚 0.3 厘米（图 3-215，10）。

标本 F12∶229，残，青色板岩。磨制，长叶形，横截面扁六棱形，锋尖锐，边锋微弧，平底。长 4.3、宽 1.3、厚 0.3 厘米（图 3-215，11）。

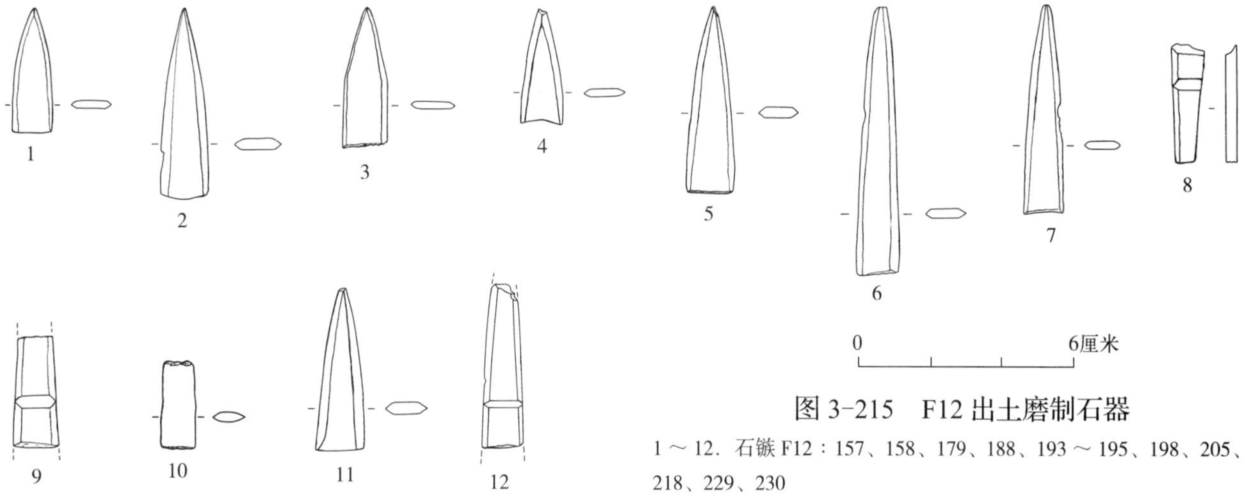

图 3-215　F12 出土磨制石器

1～12. 石镞 F12∶157、158、179、188、193～195、198、205、218、229、230

标本 F12∶230，残，青色板岩。磨制，长叶形，横截面扁六棱形，锋残，直刃，锋刃对磨，锋、尾残断。残长 4.3、宽 1.1、厚 0.2 厘米（图 3-215，12）。

石镞料　7 件。

标本 F12∶16，残，青色板岩。梯形，表面有切割痕迹。长 8.3、宽 6.4、厚 0.3 厘米（图 3-216，1）。

标本 F12∶29，残，青色板岩。多边形，经磨光，表面有切割痕迹。长 2.5、宽 1.8、厚 0.2 厘米（图 3-216，2）。

标本 F12∶49，残，青色板岩。近梯形，表面有切割痕迹。长 6.4、宽 4.6、厚 0.3 厘米（图 3-216，3）。

标本 F12∶97，残，青灰色板岩。不规则长方形，表面有切割痕迹。长 2.7、宽 1.1、厚 0.1 厘米（图 3-216，4）。

标本 F12∶117，残，青色板岩。不规则长方形，表面有切割痕迹。残长 2.3、宽 1.5、厚 0.1 厘米（图 3-216，5）。

标本 F12∶160，残，青灰色板岩。不规则方形，表面有切割痕迹。长 3.4、宽 3.5、厚 0.3 厘米（图 3-216，6）。

标本 F12∶228，残，青色板岩。不规则长条形，表面有切割痕迹。长 3.1、宽 1.8、厚 0.2 厘米（图 3-216，7）。

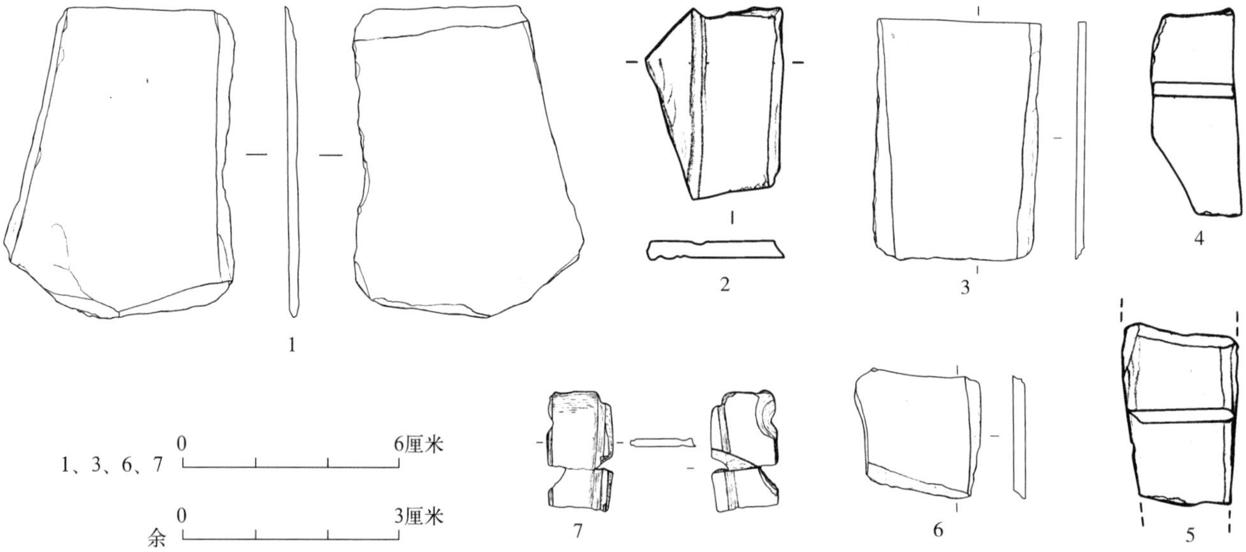

图 3-216　F12 出土磨制石器

1～7. 石镞料 F12∶16、29、49、97、117、160、228

石磨盘　9 件。

标本 F12∶59，残块，红褐色砂岩。磨制，一面有磨痕。残长 5.3、宽 5.0、厚 4.4 厘米（图 3-217，1）。

标本 F12∶60，残块，红褐色砂砾岩。磨制，两面有磨痕。残长 8.8、宽 8.3、厚 4.2 厘米（图 3-217，2）。

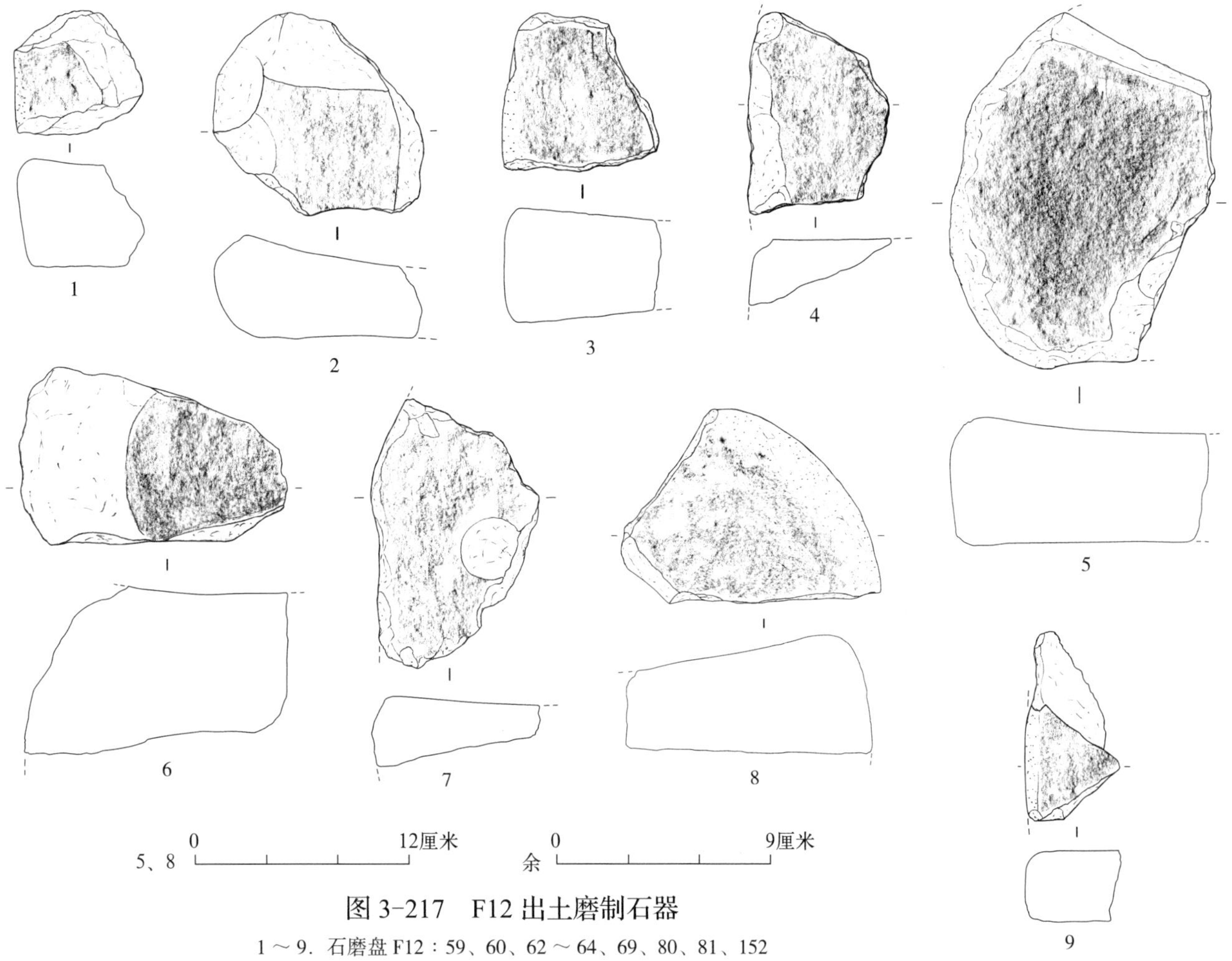

图 3-217　F12 出土磨制石器

1～9. 石磨盘 F12：59、60、62～64、69、80、81、152

标本 F12∶62，残块，红褐色砂岩。磨制，两面有磨痕。残长 6.4、宽 6.5、厚 4.6 厘米（图 3-217，3）。

标本 F12∶63，残块，褐色砂岩。磨制，有一面磨痕。残长 8.2、宽 6.0、厚 2.7 厘米（图 3-217，4）。

标本 F12∶64，残，黄褐色板岩。磨制，两面有磨痕，一面微凹，一面平。残长 19.3、宽 14.8、厚 7.0 厘米（图 3-217，5）。

标本 F12∶69，残块，灰褐色砂砾岩。磨制，一面微凹。残长 11.2、宽 7.1、厚 6.8 厘米（图 3-217，6）。

标本 F12∶80，残块，黄褐色砂砾岩。磨制，一面微凹，磨痕明显。残长 11.0、宽 7.0、厚 2.8 厘米（图 3-217，7）。

标本 F12∶81，残块，黄褐色砂砾岩。磨制，圆角，一面微凹。残长 10.5、宽 14.6、厚 6.4 厘米（图 3-217，8）。

标本 F12∶152，残，红褐色砂岩。磨制，两个平磨面，磨痕明显。残长 7.7、宽 4.0、厚 3.0 厘米（图 3-217，9）。

石磨棒　11 件。

标本 F12∶28，残块，红褐色花岗岩。磨制，多磨面，磨痕明显。残长 6.2、宽 4.9、厚 4.1 厘米（图 3-218，1）。

标本 F12∶55，残，褐色花岗岩。磨制，横截面椭圆形，多磨面，磨痕明显。长 12.0、宽 7.5、厚 4.3 厘米（图 3-218，2）。

标本 F12∶65，残，黄褐色砂岩。磨制，横截面半圆形。多面磨制，磨痕明显。残长 6.6、宽 6.8、厚 4.5 厘米（图 3-218，3）。

标本 F12∶66，残，黄褐色花岗岩。磨制，平面椭圆形，横截面三角形，磨面明显。两端有敲砸痕迹，可单手推磨。长 9.3、宽 7.4、厚 4.9 厘米（图 3-218，4）。

标本 F12∶73，残，褐色花岗岩。磨制，圆角长条形，横截面圆角三角形。多磨面，底部为平磨面，磨痕明显。残长 9.1、宽 7.3、厚 4.1 厘米（图 3-218，5）。

标本 F12∶82，残，黄褐色板岩。磨制，圆角长方形，横截面方形。残长 15.8、宽 7.6、厚 7.0 厘米（图 3-218，6）。

标本 F12∶86，残，黄褐色花岗岩。磨制，圆角长条形，横截面圆角扁方形，多磨面，磨痕明显。残长 8.0、宽 7.0、厚 4.1 厘米（图 3-219，1）。

标本 F12∶87，残，黄褐色石英岩。磨制，圆角长条形，横截面圆角扁方形，多磨面，磨痕明显。

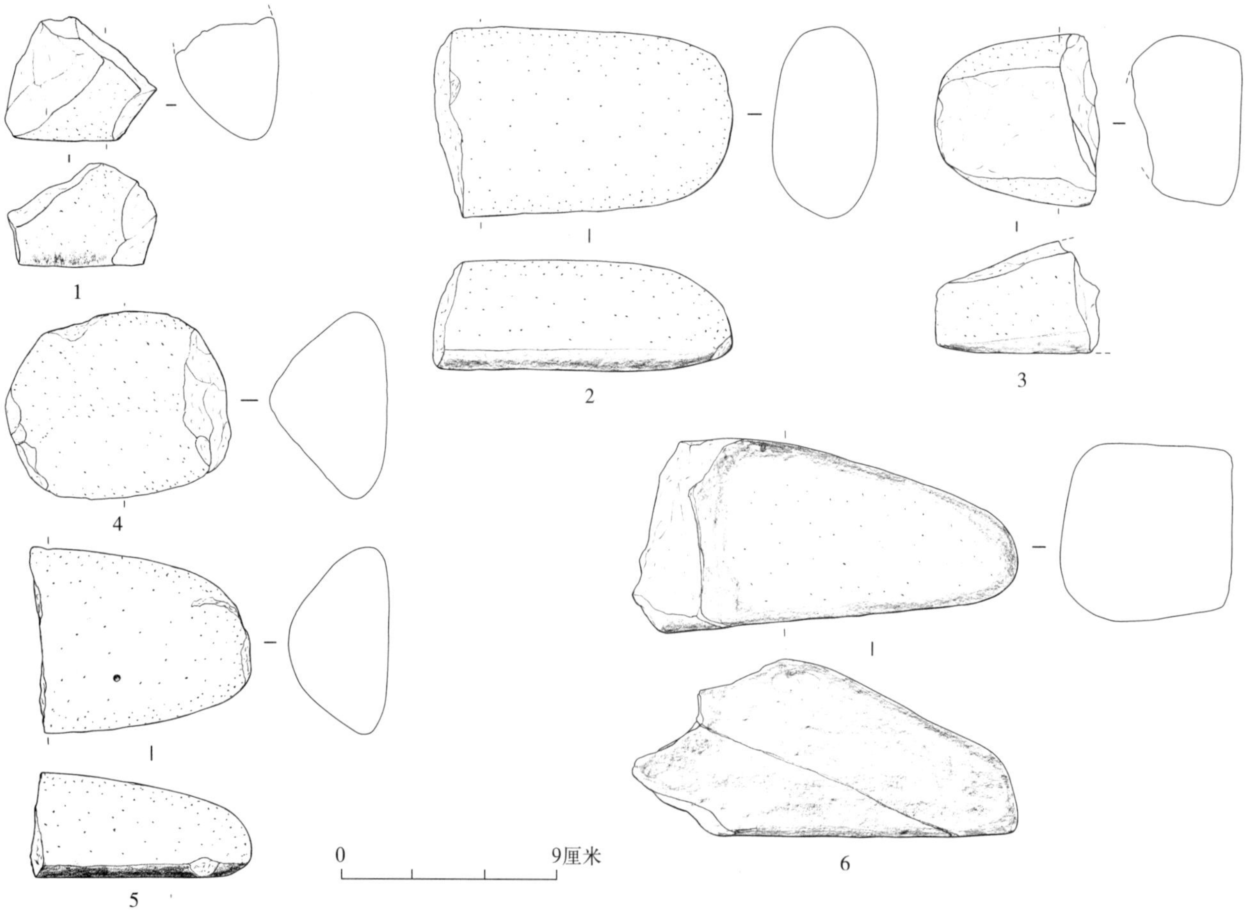

图 3-218　F12 出土磨制石器

1～6. 石磨棒 F12∶28、55、65、66、73、82

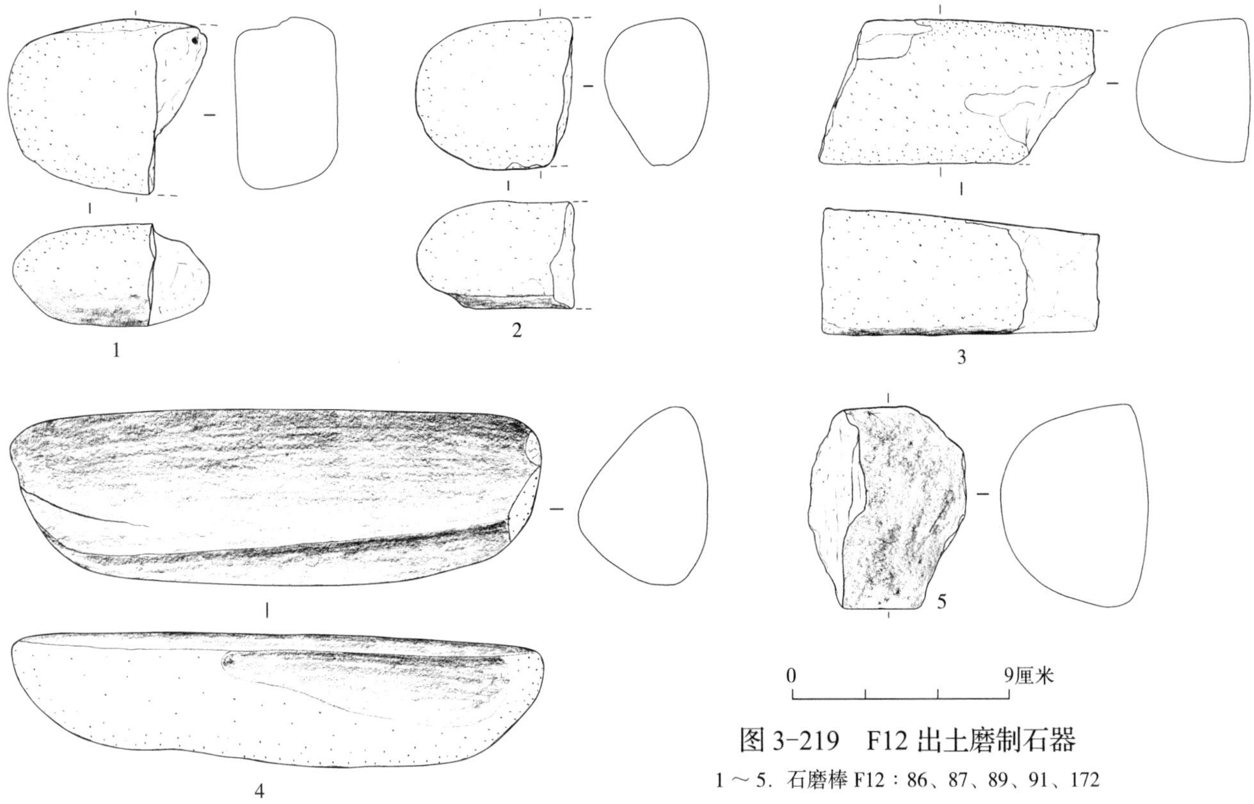

图 3-219　F12 出土磨制石器

1～5. 石磨棒 F12：86、87、89、91、172

残长 6.3、宽 5.9、厚 4.2 厘米（图 3-219，2）。

标本 F12：89，残，黄褐色石英砂岩。磨制，长条形，横截面呈半圆形。多磨面，磨痕明显。残长 11.5、宽 5.7、厚 5.0 厘米（图 3-219，3）。

标本 F12：91，黄褐色花岗岩。磨制，圆角长条形。横截面呈圆角三角形，三磨面，底面磨痕明显。长 21.8、宽 7.0、厚 5.3 厘米（图 3-219，4；彩版九八，1）。

标本 F12：172，残块，褐色粉砂岩。磨制，圆角长条形，横截面半圆形，多磨面，磨痕明显。残长 6.5、宽 8.0、厚 6.1 厘米（图 3-219，5）。

沟磨石　1 件

标本 F12：35，残，红褐色粉砂岩。不规则圆形。表面有多条凹磨沟。长 4.7、宽 3.6、厚 1.6 厘米（图 3-220，3；彩版九八，2）。

砺石　8 件。

标本 F12：19，残，红褐色细砂岩。多边形，两面磨痕明显。长 25.0、宽 14.8、厚 2.3 厘米（图 3-220，1）。

标本 F12：21，残，褐色板岩，天然河卵石。椭圆形。一面有研磨痕。长 9.6、宽 5.7、厚 4.6 厘米（图 3-220，2）。

标本 F12：36，残，黄褐色粉砂岩。不规则多边形。两个凹磨面，磨痕明显。残长 4.7、宽 3.6、厚 2.1 厘米（图 3-220，4）。

标本 F12：46，残，青色板岩。打制，三角形，一面磨痕迹明显。长 7.7、宽 6.2、厚 2.2 厘米（图 3-220，5）。

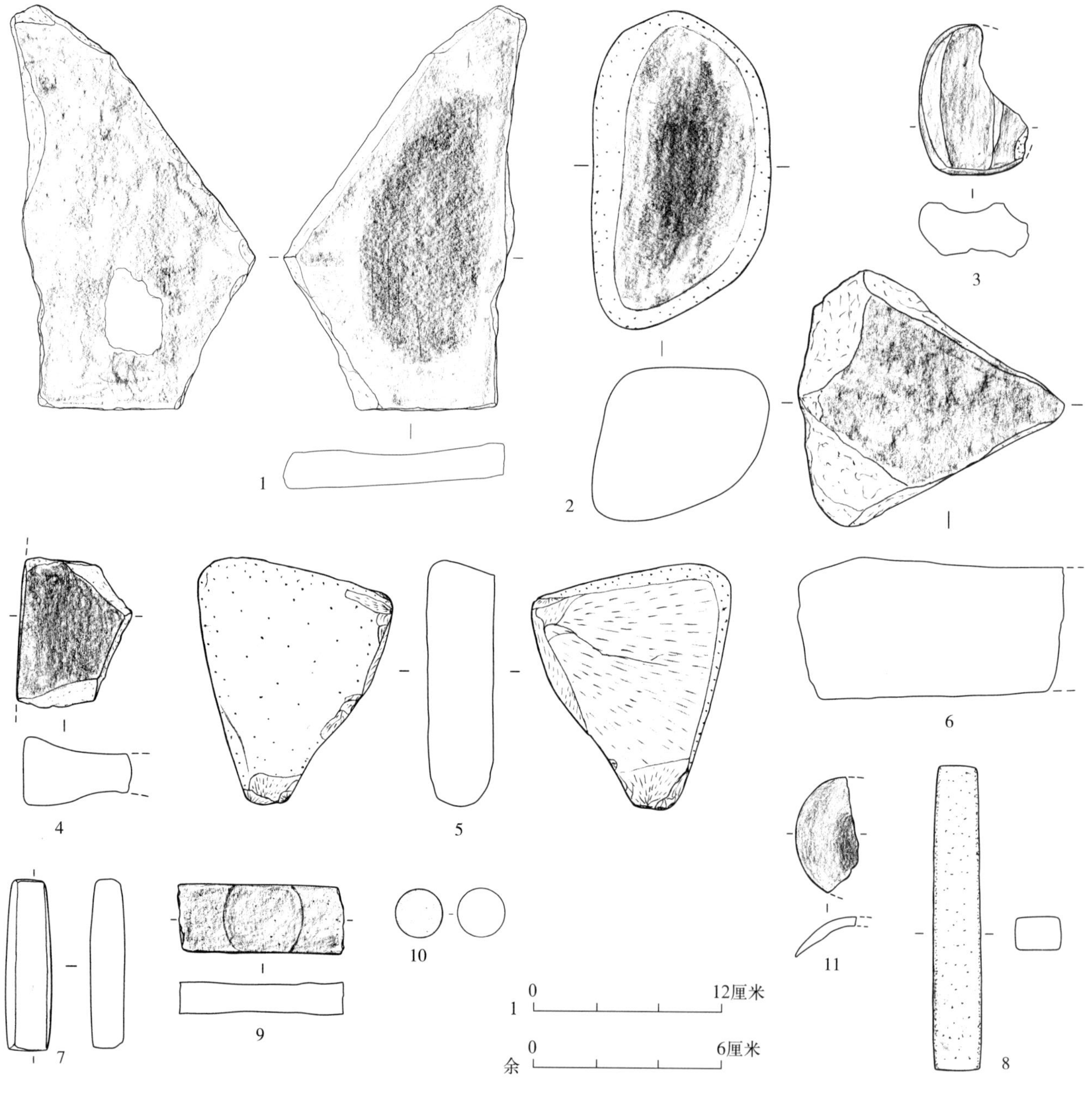

图 3-220　F12 出土磨制石器

1、2、4～9. 砺石 F12 : 19、21、36、46、70、234、235、238　3. 沟磨石 F12 : 35　10. 石球 F12 : 259　11. 石泡形器 F12 : 239

标本 F12 : 70，残块，黄褐色石英砂岩。平面三角形，两个平磨面，磨痕明显。残长 8.5、宽 7.9、厚 4.3 厘米（图 3-220，6）。

标本 F12 : 234，红褐色砂岩。磨制，长方条形，横截面扁方形，四面磨痕明显。长 5.3、宽 1.5、厚 1.2 厘米（图 3-220，7；彩版九八，3）。

标本 F12 : 235，残，黄褐色砂岩。磨制，长方条形，横截面扁方形，四面磨痕明显。长 9.4、宽 1.5、厚 1.0 厘米（图 3-220，8；彩版九八，4）。

标本 F12 : 258，残，灰白色粉砂岩。磨制，长条形，横截面扁方形，四面磨痕明显，一面有圆凹研磨痕。残长 5.4、宽 2.2、厚 1.0 厘米（图 3-220，9；彩版九八，5）。

石球　1 件。

标本 F12∶259，白色粉砂质泥岩。表面光滑。直径 1.5 厘米（图 3-220，10；彩版九八，6）。

石泡形器　1 件。

标本 F12∶239，残，磨制，圆顶，表面光滑，内凹光洁，边缘尖锐。直径 3.8、高 1.3、厚 0.3 厘米（图 3-220，11；彩版九八，7）。

2. 玉器

2 件。有玉凿 1 件、玉料 1 件等。

玉凿　1 件。

标本 F12∶189，残，乳白色蛇纹岩。磨制，表面光滑，横截面椭圆形，顶弧形，刃部残。残长 3.6、宽 2.0、厚 0.9 厘米（图 3-221，1；彩版九八，8）。

玉料　1 件。

标本 F12∶112，残，青白色岫玉。不规则圆角多边形，表面局部经磨光。长 6.2、宽 5.5、厚 3.3 厘米（图 3-221，2）。

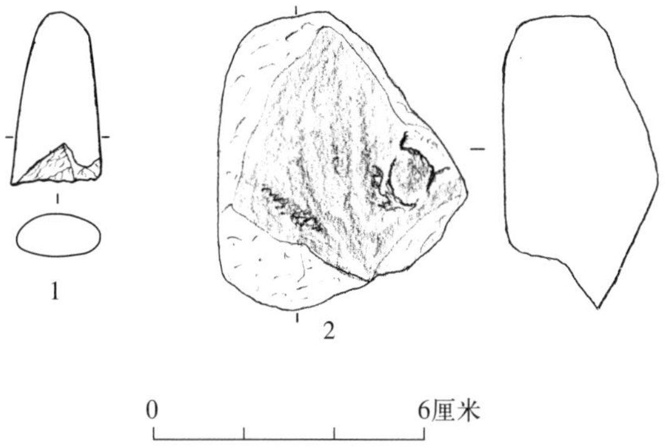

图 3-221　F12 出土玉器

1. 玉凿 F12∶189　2. 玉料 F12∶112

3. 陶器

24 件。有深腹罐 20 件、大口罐、高足钵 3 件、陶泡 1 件。

深腹罐　20 件。

Ab 型Ⅰ式　2 件。

标本 F12∶280，残，夹砂红褐陶。敞口，圆唇，弧腹。腹部饰竖压横排之字纹。口径 20.0、残高 2.3 厘米（图 3-222，1）。

标本 F12∶283，残，夹砂红陶。敞口，圆唇，斜直腹。口沿处有一周竖压横排之字纹。残高 4.2 厘米（图 3-222，2）。

Ab 型Ⅳ式　4 件。

标本 F12∶274，残，夹砂红褐陶。圆唇，敞口，弧腹，底残，口沿处有两周凹带，内饰斜线纹，腹部饰竖压横排的之字纹。口径 24.0、残高 28 厘米（图 3-222，3）。

标本 F12∶287，残，夹砂红陶。敞口，圆唇，斜直腹。口沿处有两周凹带，内饰斜线纹，腹部饰竖压横排之字纹。口径 17.0、残高 8.2 厘米（图 3-222，4）。

标本 F12∶289，残，夹砂红褐陶。敞口，圆唇，斜直腹。口沿处有两周凹带，内饰斜线纹，网格纹。口径 18.0、残高 8.8 厘米（图 3-222，5）。

标本 F12∶297，残，夹砂黑褐陶。敞口，圆唇，直腹。口沿处有两周凹带，内饰斜线纹，网格纹。口径 22.0、残高 4.8 厘米（图 3-222，6）。

罐口沿　2 件。

标本 F12∶300，残，夹砂红褐陶。敞口，圆唇，斜直腹。口沿处有一周凹带，内饰划压横人字纹，

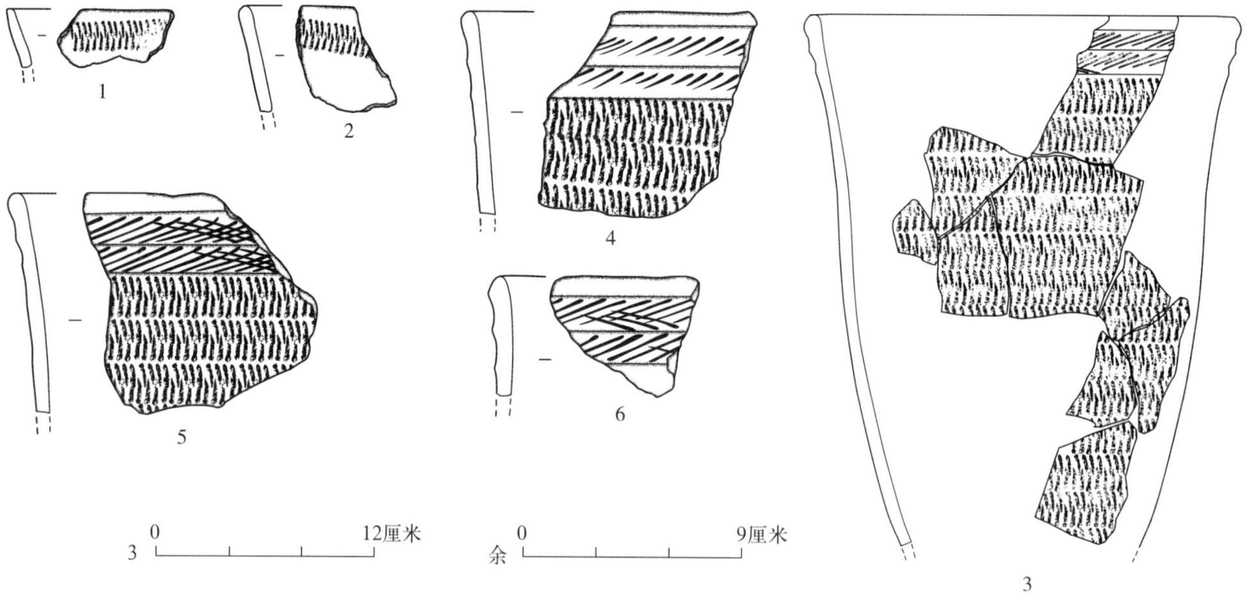

图 3-222 F12 出土深腹罐

1、2. Ab 型Ⅰ式 F12：280、283 3～6. Ab 型Ⅳ式 F12：274、287、289、297

腹部饰竖压横排之字纹。残高 3.8 厘米（图 3-223，1）。

标本 F12：290，残，夹砂红褐陶。敞口，圆唇，直腹。口沿处有一周凹带，内饰划压网格纹，腹部饰竖压横排之字纹。残高 5.5 厘米（图 3-223，2）。

Ba 型Ⅱ式 2 件。

标本 F12：277，可修复，夹砂灰褐陶。尖唇、直口、弧腹、平底。口沿处有两周凹带，内饰戳刺纹，腹部饰压印弦纹，上腹部弦纹较密，规整。下腹部弦纹稍宽。口径 12.6、底径 6.0、通高 14.9 厘米（图 3-223，3；彩版九九，1）。

标本 F12：282，残，夹砂红褐陶。敞口，圆唇，斜直腹。口沿处有两周凹带，内饰划压横人字纹，腹部饰压印弦纹。口径 14.0、残高 3.5 厘米（图 3-223，4）。

Ba 型Ⅲ式 3 件。

标本 F12：275，可修复，尖唇，口稍敞，斜直腹，下收平底。口沿处有三周凹带。内戳刺斜线纹，腹部满饰压印弦纹，纹饰及底。口径 13.8、底径 6.8、高 19.4 厘米（图 3-223，5；彩版九九，2）。

标本 F12：276，残，夹砂红褐陶。圆唇，直口，弧腹。口沿处有三周凹带，内戳刺纹，腹部饰压印弦纹。口径 14.0、残高 14.0 厘米（图 3-223，6）。

标本 F12：288，残，夹砂黑褐陶。直口，圆唇，斜直腹。口沿处有三周凹带，内戳刺纹，腹部饰压印弦纹。口径 13.0、残高 5.9 厘米（图 3-223，7）。

Bb 型Ⅲ式 2 件。

标本 F12：286，残，夹砂黑褐陶。敞口，圆唇，斜直腹。口沿处有三周凹带，内戳刺纹，腹部饰压印弦纹。口径 17.0、残高 4.5 厘米（图 3-224，1）。

标本 F12：279，残，夹砂黑褐陶。敞口，圆唇，斜直腹。口沿处有两周凹带，饰划压横人字纹，腹部饰压印弦纹。口径 19.0、残高 4.5 厘米（图 3-224，2）。

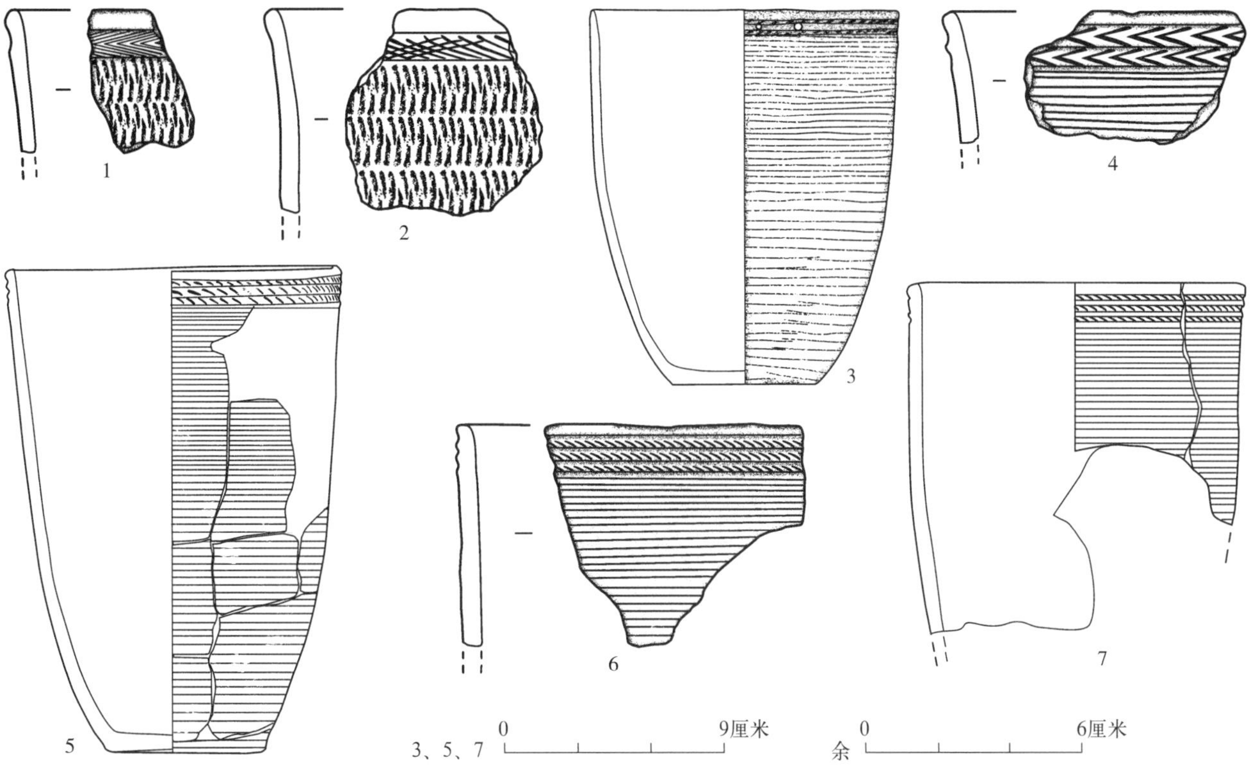

图 3-223　F12 出土深腹罐

1、2. 陶片 F12：300、290　3、4. Ba 型Ⅱ式 F12：277、282　5～7. Ba 型Ⅲ式 F12：275、276、288

陶器底　1 件。

标本 F12：301，残，夹砂红陶。平底。饰压印弦纹。底径 5.2、残高 1.8 厘米（图 3-224，3）。

Ca 型Ⅰ式　2 件。

标本 F12：284，残，夹砂黑褐陶。敛口，圆唇，弧腹。饰压印篦点席纹。口径 16.0、残高 6.5 厘米（图 3-224，4）。

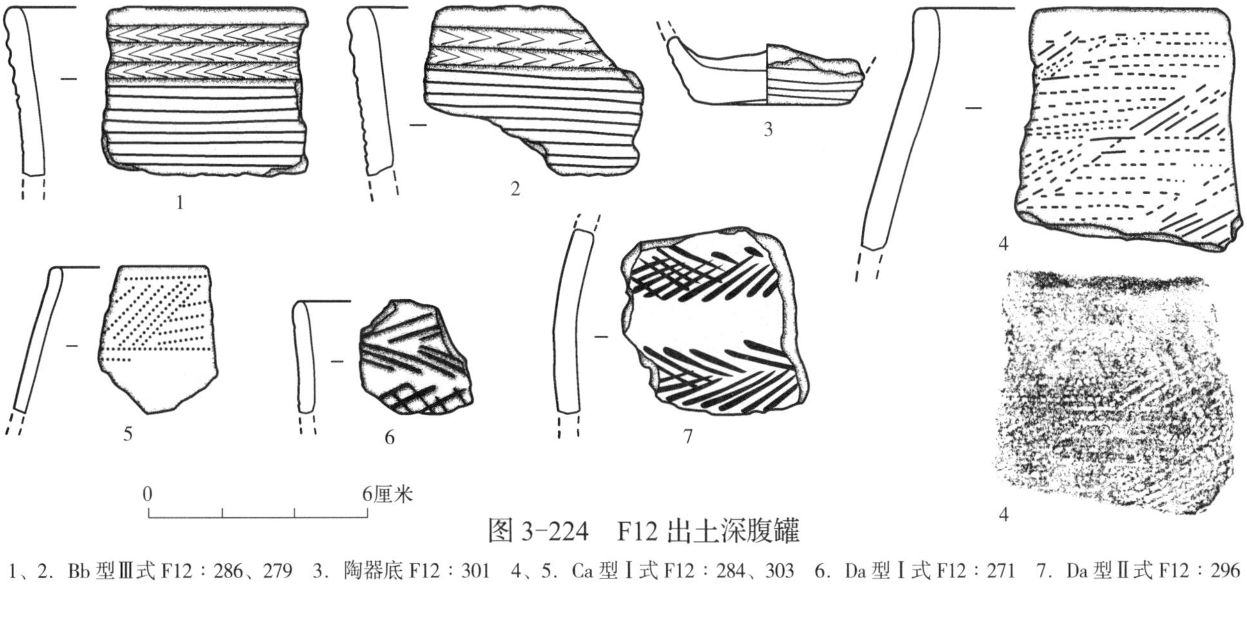

图 3-224　F12 出土深腹罐

1、2. Bb 型Ⅲ式 F12：286、279　3. 陶器底 F12：301　4、5. Ca 型Ⅰ式 F12：284、303　6. Da 型Ⅰ式 F12：271　7. Da 型Ⅱ式 F12：296

F12⑤: 303，残，夹砂灰黑陶。敛口，圆唇。口沿处饰压印篦点蓆纹。残高 3.9 厘米（图 3-224，5）。

D 型　2 件。

Da 型Ⅰ式　1 件。

标本 F12：271，残，夹砂灰陶。直口，圆唇，近直腹。口沿处饰划压横人字纹，腹部饰划压菱格纹。残高 3.0 厘米（图 3-224，6）。

Da 型Ⅱ式　1 件。

标本 F12：296，残，夹砂红陶。腹部饰划压横人字纹、网格纹。残高 4.9 厘米（图 3-224，7）。

高足钵　3 件。

Ⅱ式　1 件。

标本 F12④: 272，残，夹砂灰陶。敛口，圆唇，折鼓腹。腹部饰弧线压印之字纹。口径 18.0、底径 4.6、高约 10.4 厘米（图 3-225，1）。

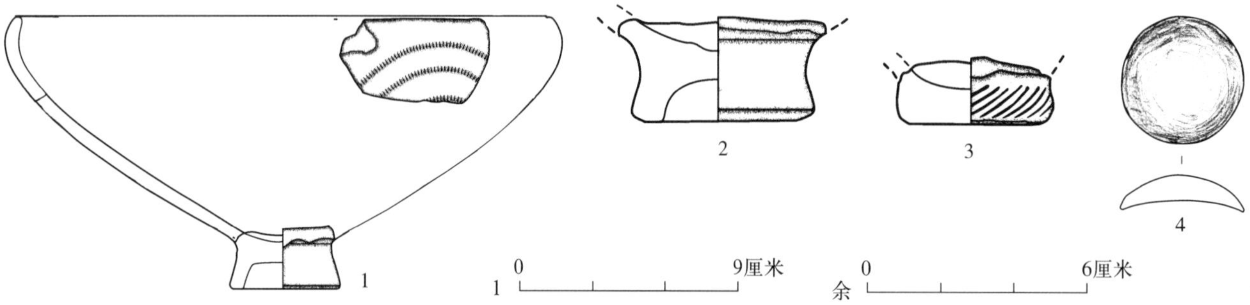

图 3-225　F12 出土陶器

1. Ⅱ式高足钵 F12④: 272　2、3. 钵底 F12：269、273　4. 陶泡 F12：260

钵底　1 件。

标本 F12：273，残，夹砂红陶。圈足，素面。底径 5.0、残高 2.8 厘米（图 3-225，2）。

标本 F12④: 269，残，夹砂红陶。平底，外饰划压斜线纹。底径 4.6、残高 1.8 厘米（图 3-225，3）。

陶泡　1 件。

标本 F12：260，残，夹砂灰黑陶。圆顶半球形，内圆凹。直径 3.4 厘米（图 3-225，4）。

4. 煤精制品

20 件。有泡形器 6 件、球形器 9 件、耳珰形器 2 件、半成品 2 件、煤精料 1 件。

泡形器　6 件。

标本 F12：241，残。磨制，泡形器。球顶形，表面光滑，内凹光洁，边缘残。底厚 0.5 厘米（图 3-226，1）。

标本 F12：243，残。磨制，顶圆弧，内凹粗糙，边缘平滑。直径 4.0、高 1.6 厘米（图 3-226，2）。

标本 F12：247，残。磨制，表面光滑。残高 0.7 厘米（图 3-226，3）。

标本 F12：253，球形器改制。磨制，表面光滑，内凹较浅，底边平滑。直径 1.4 厘米（图 3-226，4）。

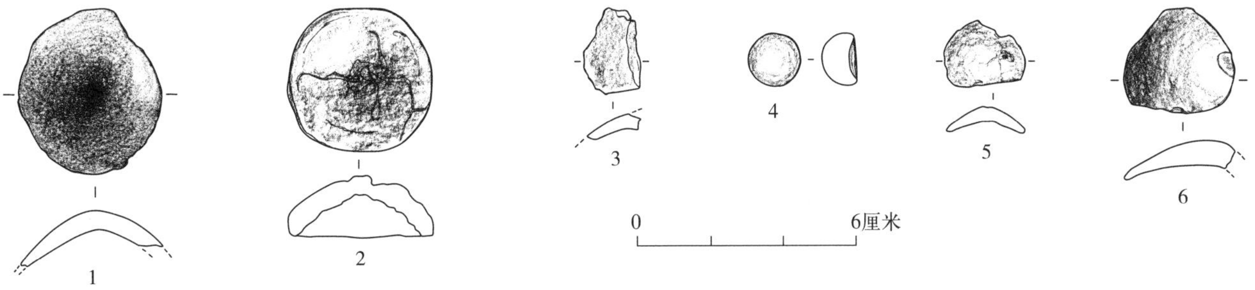

图 3-226　F12 出土煤精制品

1～6. 泡形器 F12：241、243、247、253、262、263

标本 F12：262，残。磨制，表面光滑，内凹光洁，边缘残。直径 2.2 厘米（图 3-226，5）。

标本 F12：263，残。磨制，表面光滑，内凹光洁，边缘圆滑。长 3.0、宽 2.8 厘米（图 3-226，6）。

球形器　9 件。

标本 F12：9，磨制，表面多平磨面，磨痕明显。直径 1.3、厚 1.1 厘米（图 3-227，1）。

标本 F12：37，残。磨制，表面磨光。直径 1.3、残高 0.7 厘米（图 3-227，2）。

标本 F12：248，残。磨制，表面光滑。直径 1.2、残高 1.0 厘米（图 3-227，3）。

标本 F12：249，基本完整。磨制光滑。直径 1.1 ～ 1.2 厘米（图 3-227，4；彩版九九，3）。

标本 F12：252，基本完整。磨制光滑。直径 1.2 厘米（图 3-227，5）。

标本 F12：254，残。磨制光滑。直径 1.50、残高 6 厘米（图 3-227，6）。

标本 F12：256，残。磨制光滑。直径 1.8 厘米（图 3-227，7；彩版九九，4）。

标本 F12：264，残。磨制光滑。直径 1.5 厘米（图 3-227，8；彩版九九，5）。

标本 F12：265，残，扁圆形，表面多平磨面，磨痕明显。直径 1.1 ～ 1.4 厘米（图 3-227，9）。

耳珰形器　2 件。

标本 F12：240，残。磨制，表面光滑。顶残，束颈、平底。底径 1.6、残高 2.8 厘米（图 3-228，1）。

标本 F12：255，残。磨制，表面光滑。顶残，束颈、平底。底径 1.5、残高 2.0 厘米（图 3-228，2）。

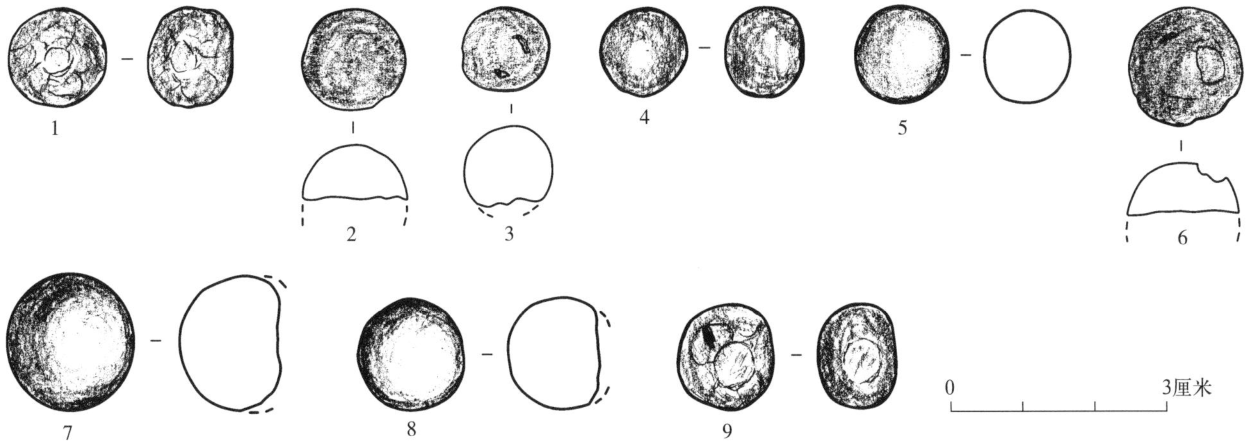

图 3-227　F12 出土煤精制品

1～9. 球形器 F12：9、37、248、249、252、254、256、264、265

半成品　2件。

标本F12∶33，残，圆球形，表面经刮削压琢，属半成品。直径1.6厘米（图3-228，3）。

标本F12∶251，扁圆形，表面刮削压琢。长1.4、宽1.2、厚1.0厘米（图3-228，4）。

煤精块　1件。

标本F12∶242，残，表面经刮削压琢。长2.6、宽2.7、厚0.7厘米（图3-228，5）。

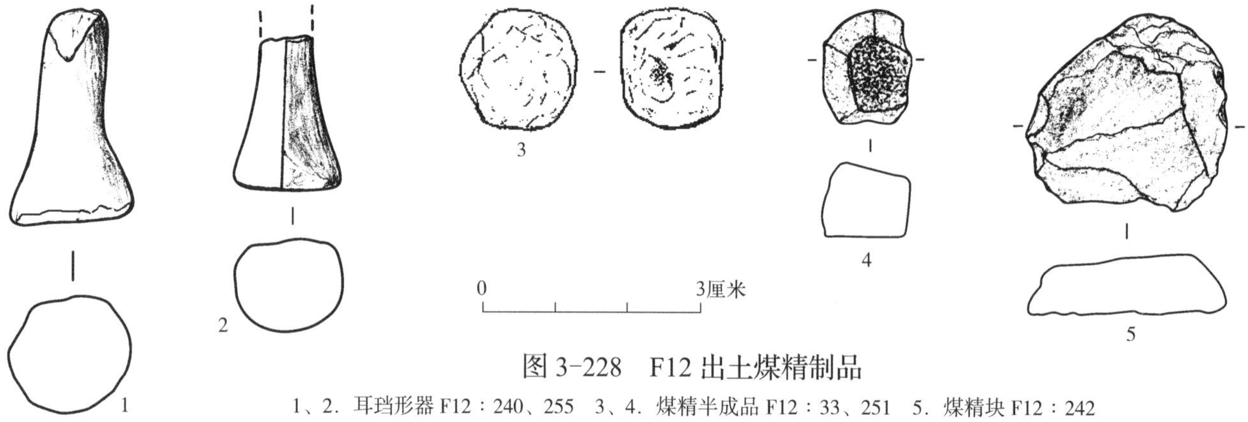

图3-228　F12出土煤精制品

1、2. 耳珰形器F12∶240、255　3、4. 煤精半成品F12∶33、251　5. 煤精块F12∶242

5. 其他

25件。有滑石饰件1件、石墨1件、石片8件、河卵石15件。

滑石饰件　1件。

标本F12∶3，残，青色滑石。磨制，圆柱形。长1.1、宽0.4、厚0.3厘米（图3-229，1；彩版九九，6）。

石墨　1件。

标本F12∶245，残，石墨磨制，表面有研磨面，磨痕明显。直径2.6～2.8、残高1.7厘米（图3-229，2）。

石片　8件。

无使用痕迹。

标本F12∶17，青灰色板岩。不规则三角形。长5.3、宽4.2、厚1.2厘米（图3-229，3）。

标本F12∶18，青色板岩。不规则三角形，局部保留石皮。长6.5、宽4.6、厚2.0厘米（图3-229，4）。

标本F12∶30，青灰色板岩。不规则形，一侧局部保留石皮。长8.4、宽5.2、厚1.5厘米（图3-229，5）。

标本F12∶39，青灰色板岩。不规则多边形，一侧局部保留石皮。长5.6、宽5.4、厚1.4厘米（图3-229，6）。

标本F12∶108，青灰色板岩。不规则四边形，一侧局部保留石皮。长4.5、宽3.6、厚0.8厘米（图3-229，7）。

标本F12∶132，青灰色板岩。不规则梯形。长3.5、宽2.5、厚0.8厘米（图3-229，8）。

标本F12∶137，黄褐色板岩。不规则形，一侧保留石皮。长3.3、宽1.6、厚0.7厘米（图3-229，9）。

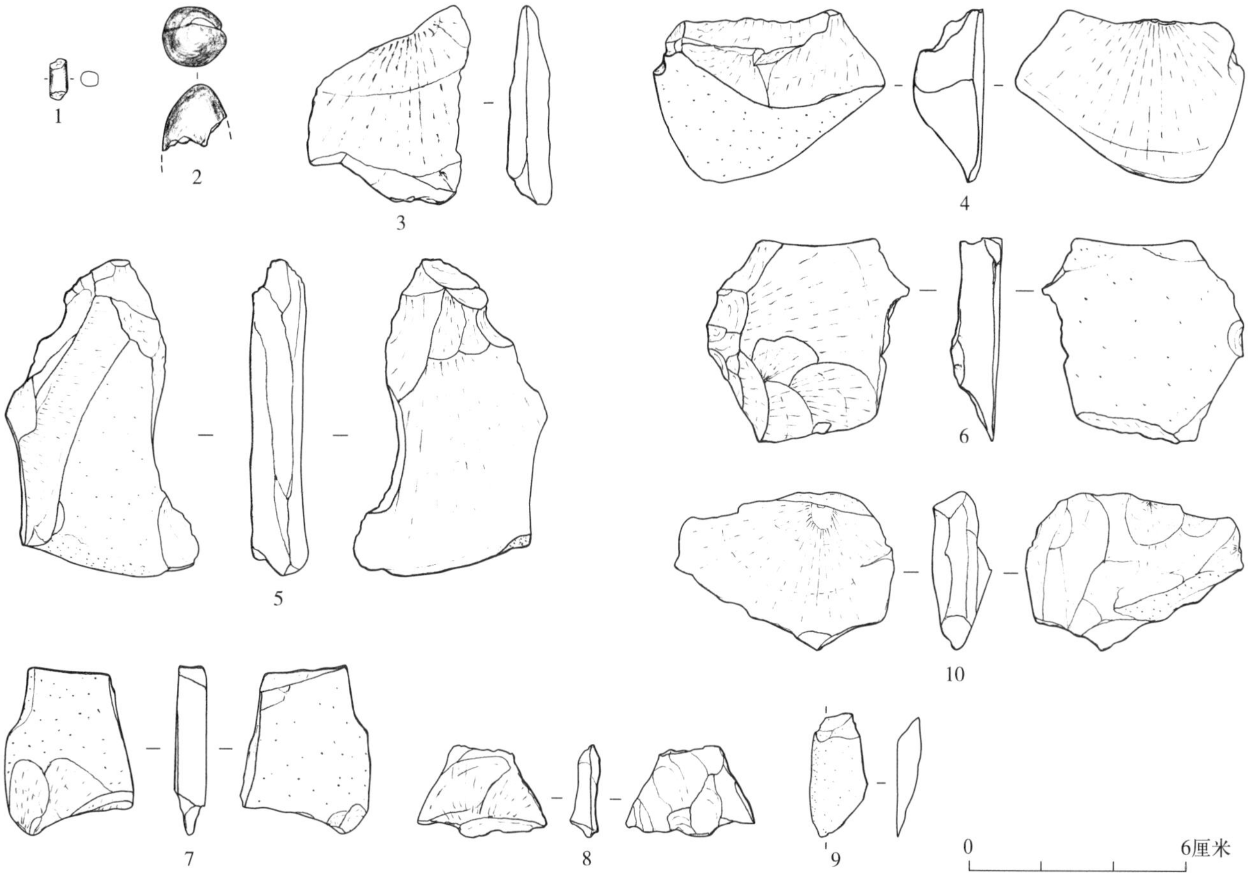

图 3-229　F12 出土其他遗物

1. 滑石饰件 F12：3　2. 石墨 F12：245　3～10. 石片 F12：17、18、30、39、108、132、137、153

标本 F12：153，青色板岩。不规则三角形，多剥片疤。长 6.1、宽 4.2、厚 1.7 厘米（图 3-229，10）。

河卵石　13 件。

无使用痕迹。

标本 F12：10，褐色斑岩。扁平梯形。长 12.2、宽 8.2、厚 1.8 厘米（图 3-230，1）。

标本 F12：11，褐色斑岩。扁平四边形。长 9.2、宽 6.5、厚 1.8 厘米（图 3-230，2）。

标本 F12：13，黄褐色斑岩。扁平圆角长方形。长 12.6、宽 8.3、厚 1.9 厘米（图 3-230，3）。

标本 F12：14，褐色斑岩。扁平菱形。长 15.8、宽 9.8、厚 1.8 厘米（图 3-230，4）。

标本 F12：23，褐色斑岩。扁平四边形。长 10.2、宽 9.2、厚 2.4 厘米（图 3-230，5）。

标本 F12：24，黄褐色花岗岩。扁平圆角长方形。长 9.0、宽 7.8、厚 2.5 厘米（图 3-230，6）。

标本 F12：26，黄褐色斑岩。扁平椭圆形。长 10.9、宽 8.4、厚 2.0 厘米（图 3-230，7）。

标本 F12：51，褐色斑岩。扁平圆角梯形。长 14.0、宽 7.9、厚 2.1 厘米（图 3-230，8）。

标本 F12：52，褐色斑岩。扁平圆角长条形。长 13.2、宽 6.4、厚 2.0 厘米（图 3-230，9）。

标本 F12：53，黄褐色花岗岩长。扁平椭圆形。长 9.8、宽 6.9、厚 2.6 厘米（图 3-230，10）。

标本 F12：54，青色板岩。扁平椭圆形。长 8.4、宽 7.2、厚 1.4 厘米（图 3-230，11）。

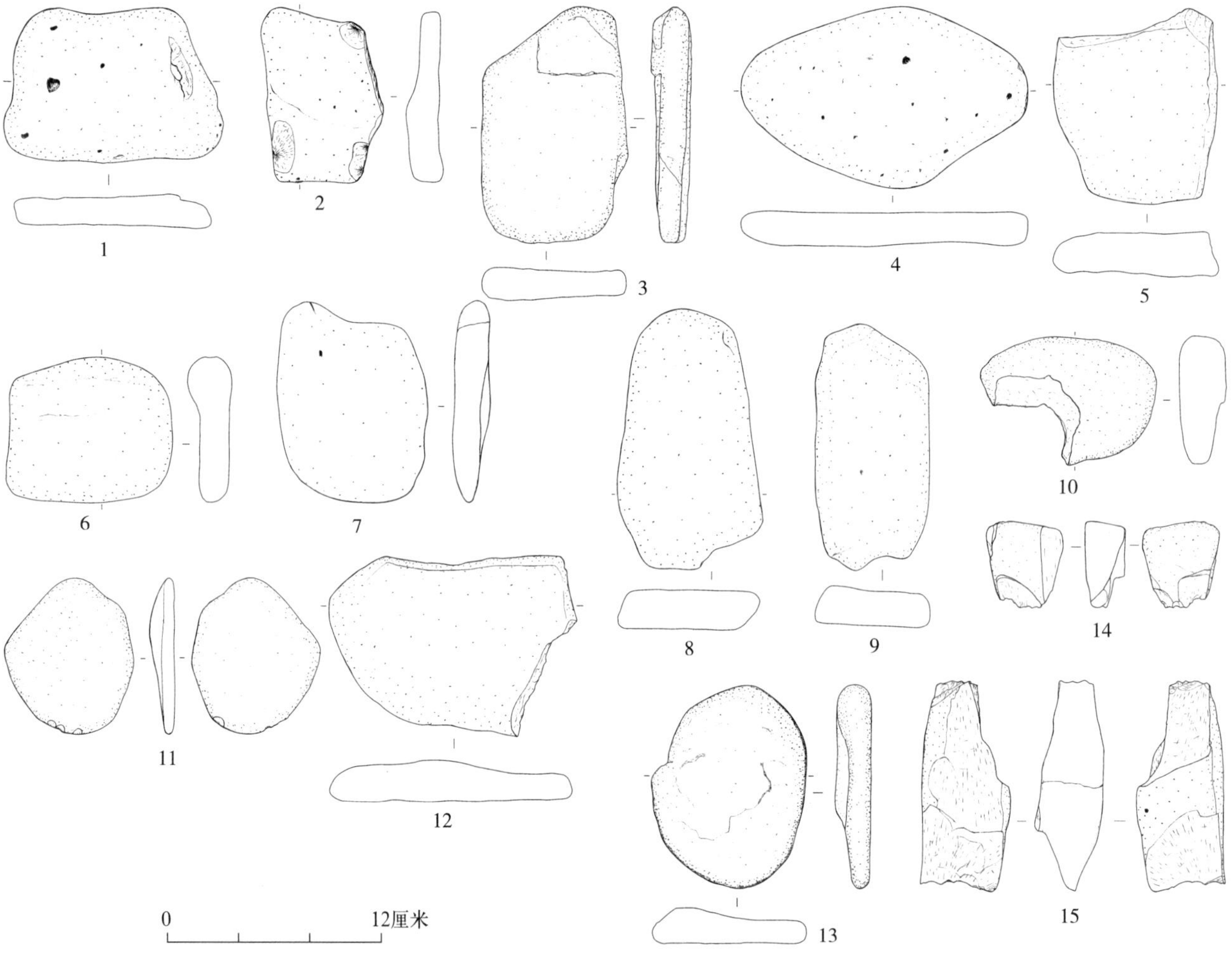

图 3-230 F12 出土其他遗物

1～13. 河卵石 F12：10、11、13、14、23、24、26、51～54、58、116 14、15. 石块 F12：162、171

标本 F12：58，褐色斑岩。扁平圆角不规则形。长 13.9、宽 9.6、厚 2.2 厘米（图 3-230，12）。

标本 F12：116，黄褐色花岗岩。扁平椭圆形。长 11.0、宽 8.6、厚 2.0 厘米（图 3-230，13）。

石块 2 件。

无使用痕迹。

标本 F12：162，青灰色板岩。不规则方形。长 4.7、宽 4.3、厚 2.3 厘米（图 3-230，14）。

标本 F12：171，青色板岩。不规则长方形。长 11.3、宽 4.9、厚 3.6 厘米（图 3-230，15）。

（一二）F13

F13 位于遗址南侧 T0102 西北部，南距 F12 约 5.30、北距 F14 约 13.20 米，东侧为 F15、F6。房址开口②层下，打破生土。平面为不规则圆角方形，半地穴式，北壁稍短，东、西、南三壁外弧，穴壁斜直。东西长 5.80、南北宽 5.67、深 0.67 米，面积 30 平方米（图 3-231；彩版一〇〇，1）。

居住面土质较杂，内含烧土粒、木炭粒、陶片等遗物。发现灶址 2 处（彩版一〇〇，2）。Z1 位于房址中部西侧，圆形，斜壁，平底，直径 0.48、深 0.16 米。Z2 位于房址中部，Z1 东侧，略呈椭圆形，直径 0.85 ～ 0.92、深约 0.17 米。灶内均有红烧土。

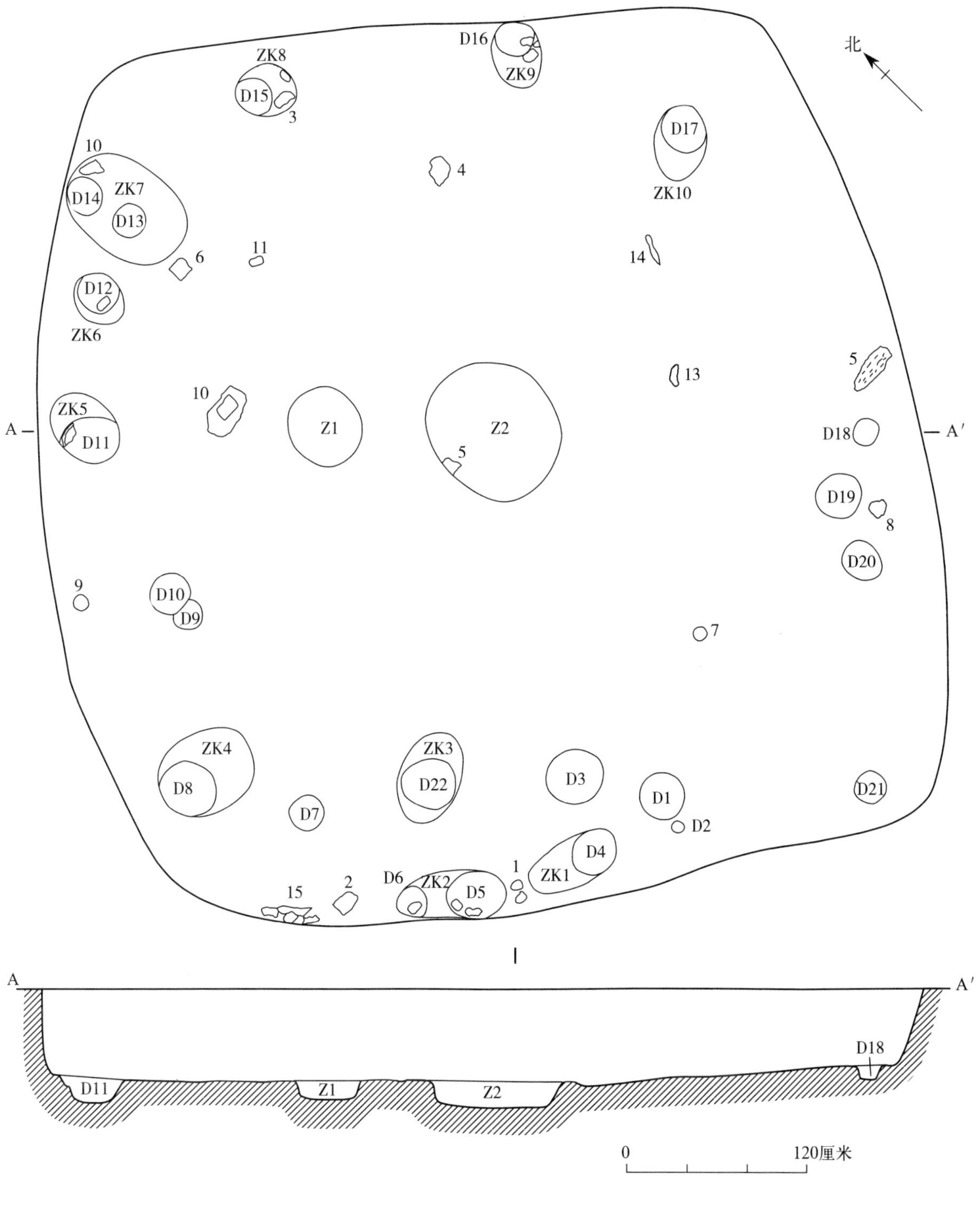

图 3-231　F13 平、剖面图

1. 器底　2. 半弦纹器　3. 木炭　4. 磨盘残　5. 罐　6. 磨盘残　7. 器底　8. 网坠　9. 器底　10. 器底　11-14. 敲砸器

房址内共发现柱洞 22 个，多为壁柱，还有补柱（表 3-6）。柱坑 10 个。D4 在 ZK1 内，D5 ～ D6 在 ZK2 内，D22 在 ZK3 内，D8 在 ZK4 内，D11 在 ZK5 内，D12 在 ZK6 内，D13、D14 在 ZK7 内，D15 在 ZK8 内，D16 在 ZK9 内，D17 在 ZK10 内。

出土石器、陶器、煤精制品等遗物共计 192 件。

表 3-6　F13 柱洞（柱坑）登记表

（单位：厘米）

编 号	径	深	备 注	编 号	径	深	备 注
D1	28	10		D17	27	15	
D2	8	5		D18	15	8	
D3	33	10		D19	27	5	
D4	30	15		D20	22	10	
D5	27	20		D21	20	5	
D6	18	20		D22	30	15	
D7	21	18		ZK1	28 ～ 58	10	椭圆形单柱
D8	31	28		ZK2	28 ～ 69	10	椭圆形双柱
D9	18	5		ZK3	38 ～ 57	5	椭圆形单柱
D10	24	4		ZK4	49 ～ 61	10	椭圆形单柱
D11	27	26		ZK5	34 ～ 48	10	椭圆形单柱
D12	23	10		ZK6	28 ～ 36	5	椭圆形单柱
D13	19	32		ZK7	54 ～ 78	30	椭圆形双柱
D14	19	30		ZK8	33 ～ 38	10	椭圆形单柱
D15	19	15		ZK9	30 ～ 39	10	椭圆形单柱
D16	20	15		ZK10	32 ～ 46	10	椭圆形单柱

1. 石器

123 件。有打制石器 58 件、细石器 28 件、磨制石器 36 件、石砧 1 件。

（1）打制石器

58 件。有砍砸器 11 件、敲砸器 23 件、石片刮削器 15 件、网坠 8 件等。

砍砸器　11 件。

标本 F13：2，青灰色板岩。打制，不规则扁圆多棱形，多剥片疤，砍砸痕迹明显。长 4.9、宽 4.6、厚 1.8 厘米（图 3-232，1；彩版一〇一，1）。

标本 F13：11，青灰色板岩。打制，不规则椭圆多棱形，多剥片疤，砍砸痕迹明显。长 6.3、宽 5.1、厚 2.0 厘米（图 3-232，2）。

标本 F13：24，青灰色板岩。打制，不规则梯形，多棱角，多剥片疤，局部保留石皮，一侧砍砸痕迹明显。长 8.4、宽 6.0、厚 3.7 厘米（图 3-232，3；彩版一〇一，2）。

标本 F13：58，青灰色板岩。打制，不规则多棱形，多剥片疤，局部保留石皮，砍砸痕迹明显。长 7.6、宽 5.7、厚 2.8 厘米（图 3-232，4；彩版一〇一，3）。

标本 F13：83，青灰色安山岩。打制，扁椭圆多棱形，多剥片疤，局部保留石皮，砍砸痕迹细碎。长 8.8、宽 6.4、厚 3.7 厘米（图 3-232，5；彩版一〇一，4）。

标本 F13：86，青色板岩。打制，不规则扁椭圆多棱形，多剥片疤，局部保留石皮，砍砸痕迹明显。长 6.5、宽 4.8、厚 2.3 厘米（图 3-232，6；彩版一〇一，5）。

标本 F13：89，青色板岩。打制，不规则扁椭圆形，多剥片疤，局部保留石皮，砍砸痕迹明显。长 7.1、宽 6.3、厚 1.8 厘米（图 3-233，1；彩版一〇一，6）。

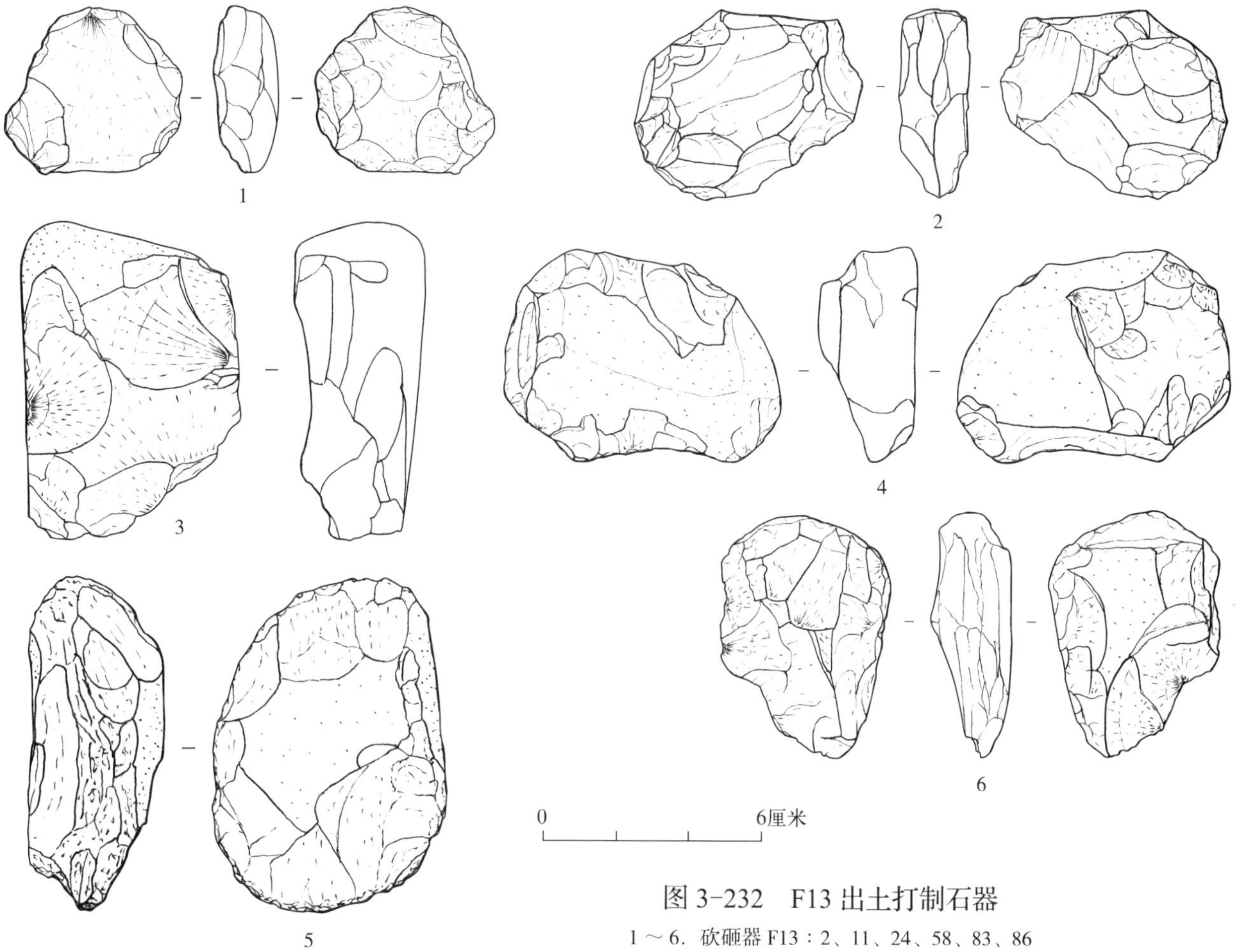

图 3-232　F13 出土打制石器
1～6. 砍砸器 F13：2、11、24、58、83、86

标本 F13：91，黄褐色花岗岩。打制，扁方形。一侧砍砸痕迹明显。长 7.8、宽 7.0、厚 1.8 厘米（图 3-233，2）。

标本 F13：96，青灰色板岩。不规则多棱形，多剥片疤，局部保留石皮，砍砸痕迹明显。长 5.5、宽 5.5、厚 3.1 厘米（图 3-233，3；彩版一〇二，1）。

标本 F13：110，青灰色板岩。打制，不规则多棱三角形，多剥片疤，局部保留石皮，砍砸痕迹明显。长 6.9、宽 5.6、厚 2.9 厘米（图 3-233，4）。

标本 F13：123，青灰色板岩。打制，不规则三角形，局部保留石皮，砍砸痕迹明显。长 7.0、宽 4.9、厚 2.8 厘米（图 3-233，5）。

敲砸器　23 件。

标本 F13：3，青色板岩。打制，圆柱形，大部保留石皮，两端敲砸痕迹明显。长 11.9、宽 5.4、厚 4.3 厘米（图 3-234，1）。

标本 F13：6，青色板岩。打制，椭圆柱形，多棱角，多剥片疤，两端有细碎敲砸痕迹。长 6.3、宽 4.2、厚 4.1 厘米（图 3-234，2；彩版一〇二，2）。

标本 F13：8，青褐色斑岩。打制，长条形，大部保留石皮，一端有敲砸痕迹。长 16.6、宽 5.2、厚 3.6 厘米（图 3-234，3）。

标本 F13：9，青色板岩卵石。打制，不规则多棱形，多剥片疤，局部保留石皮，两端有敲砸痕迹。

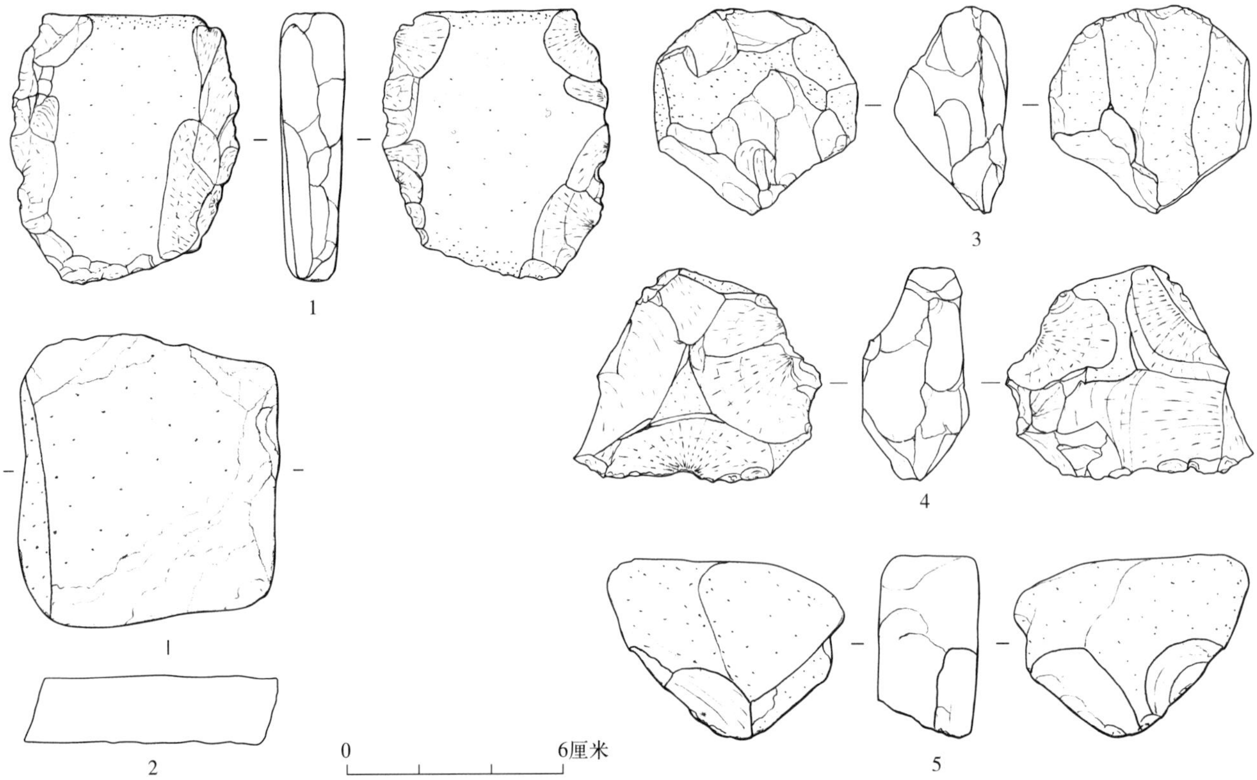

图 3-233　F13 出土打制石器

1～5．砍砸器 F13：89、91、96、110、123

长 9.8、宽 5.9、厚 5.1 厘米（图 3-234，4；彩版一〇二，3）。

标本 F13：12，灰白色石英岩。打制，不规则椭圆形，大部保留石皮，两端有敲砸痕迹。长 10.0、宽 6.2、厚 6.1 厘米（图 3-234，5）。

标本 F13：16，黄褐色板岩。打制，不规则圆角方形，局部保留石皮，两端有敲砸痕迹。长 9.0、宽 5.6、厚 5.0 厘米（图 3-234，6）。

标本 F13：17，灰白色石英砂岩。打制，不规则椭圆形，局部保留石皮，两端有敲砸痕迹。长 7.7、宽 5.7、厚 4.6 厘米（图 3-234，7）。

标本 F13：21，青灰色板岩。打制，不规则方形，局部保留石皮，两端有敲砸痕迹。长 11.2、宽 6.8、厚 5.9 厘米（图 3-234，8）。

标本 F13：25，青色板岩。打制，扁圆形。多剥片疤，局部保留石皮，周边敲砸痕迹明显。长 6.2、宽 5.9、厚 2.4 厘米（图 3-235，1；彩版一〇二，4）。

标本 F13：34，灰色板岩。打制，不规则多棱形，多剥片疤，一端有敲砸痕迹。长 7.4、宽 4.8、厚 5.9 厘米（图 3-235，2）。

标本 F13：63，青色板岩。打制，不规则多棱形，多剥片疤，周边有敲砸痕迹。长 6.3、宽 4.1、厚 2.4 厘米（图 3-235，3）。

标本 F13：70，青褐色砂岩。打制，不规则多边形，有敲砸痕迹。残长 5.7、宽 4.9、厚 5.3 厘米（图 3-235，4）。

标本 F13：72，青灰色板岩。打制，不规则扁圆形，多剥片疤，局部保留石皮，边缘有敲砸痕迹。

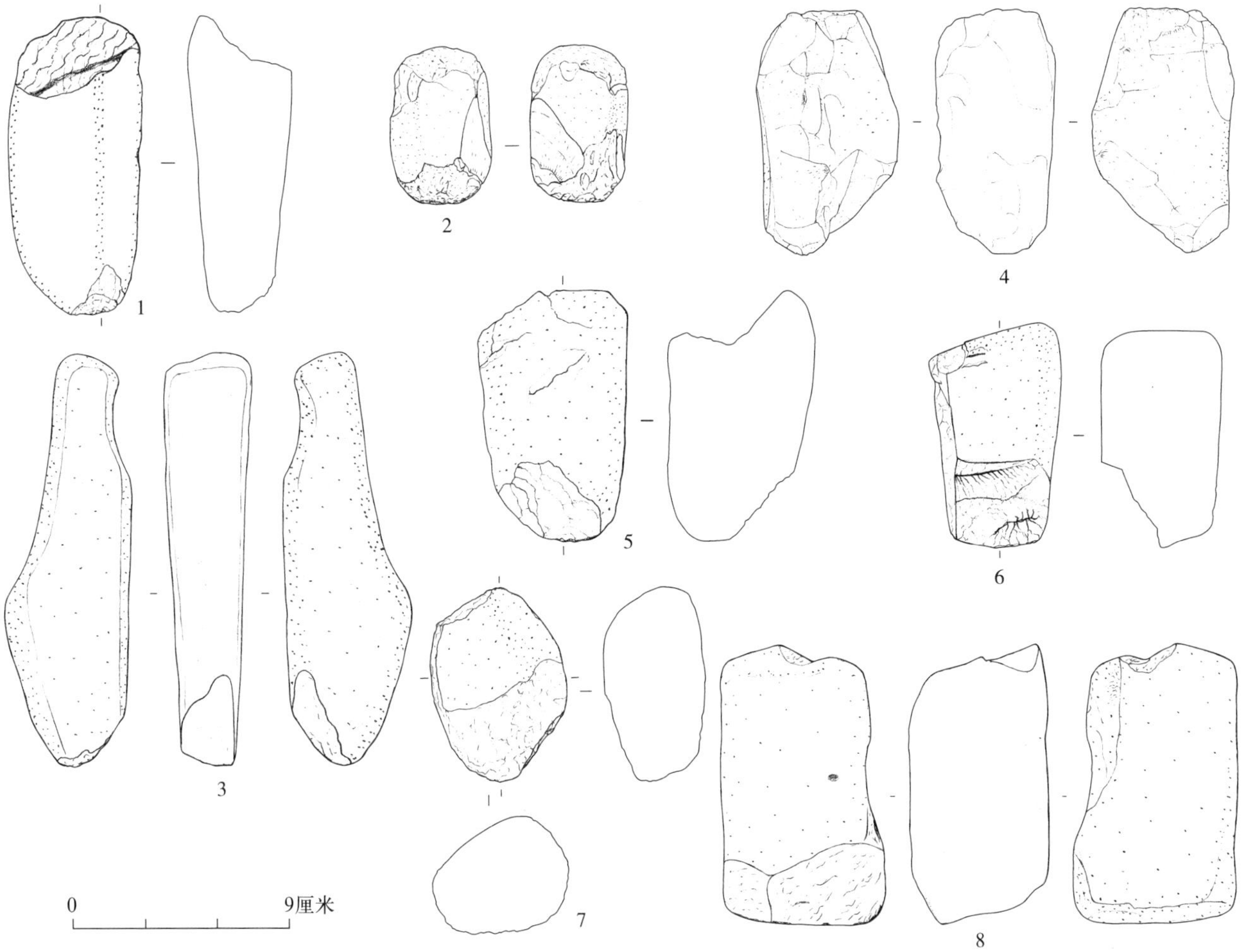

图 3-234　F13 出土打制石器

1～8. 敲砸器 F13：3、6、8、9、12、16、17、21

长 6.3、宽 4.4、厚 2.5 厘米（图 3-235，5；彩版一〇二，5）。

标本 F13：73，黄褐色脉岩。打制，不规则多棱形，多剥片疤，周边有敲砸痕迹。长 9.4、宽 5.6、厚 5.7 厘米（图 3-235，6；彩版一〇二，6）。

标本 F13：74，黄褐色板岩。打制，不规则扁梯形，大部保留石皮，一端有敲砸痕迹。长 8.4、宽 6.6、厚 2.8 厘米（图 3-235，7）。

标本 F13：75，黄褐色脉岩。打制，圆角三角形，大部保留石皮，一端有敲砸痕迹。长 11.8、宽 5.6、厚 3.0 厘米（图 3-235，8）。

标本 F13：82，青灰色板岩。打制，不规则多边形，多剥片疤，局部保留石皮，有敲砸痕迹。长 5.8、宽 3.8、厚 3.5 厘米（图 3-236，1）。

标本 F13：99，灰白色石英砂。打制，椭圆形，边缘有敲砸痕迹。长 7.3、宽 7.0、厚 5.8 厘米（图 3-236，2）。

标本 F13：103，褐色板岩。打制，不规则多棱形，多剥片疤，周边有敲砸痕迹。长 5.8、宽 4.4、厚 3.0 厘米（图 3-236，3）。

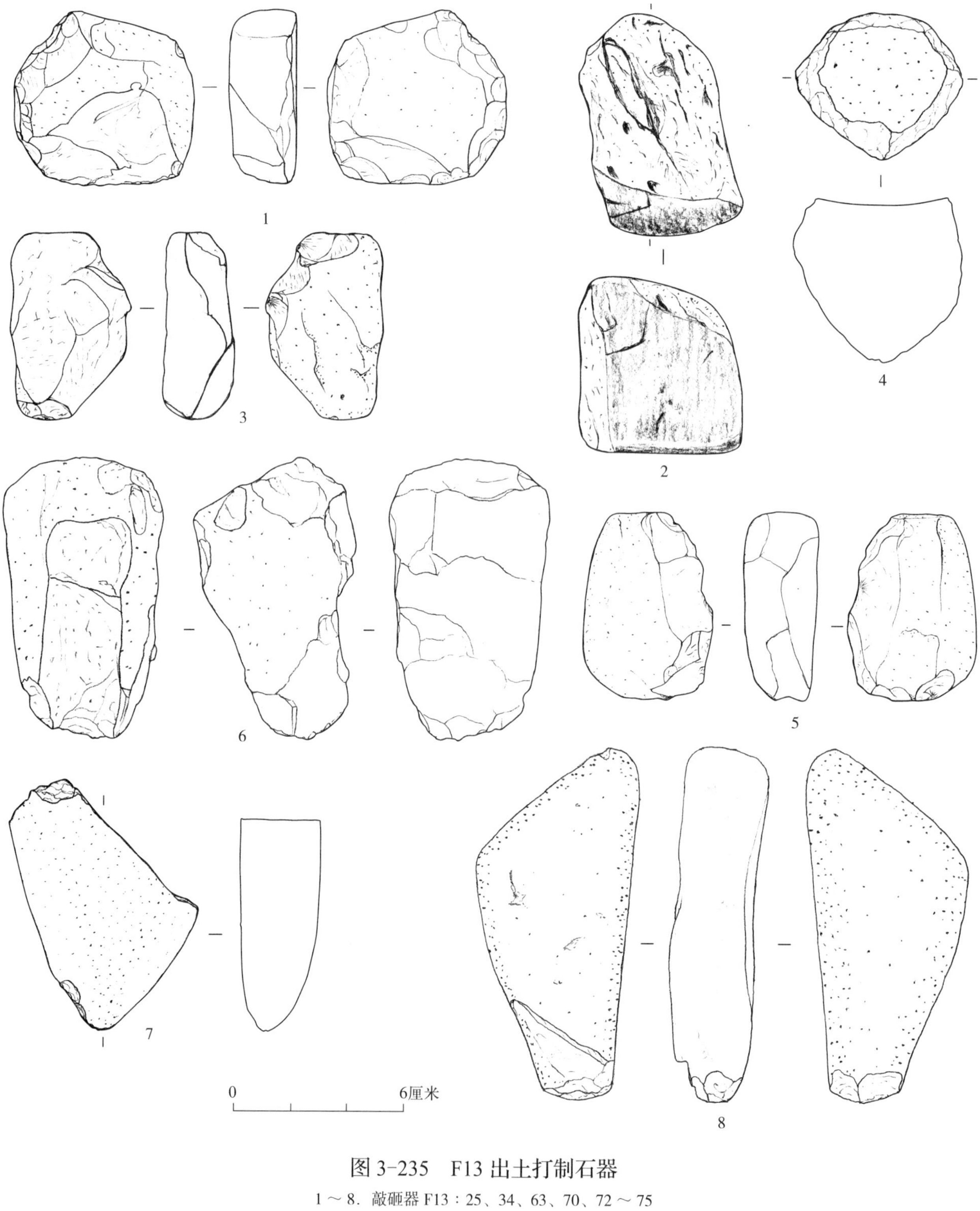

图 3-235 F13 出土打制石器

1～8. 敲砸器 F13：25、34、63、70、72～75

标本 F13：107，青灰色闪长玢岩。打制，不规则椭圆形，多剥片疤，一侧局部保留石皮，周边有敲砸痕迹。长 6.8、宽 6.3、厚 3.9 厘米（图 3-236，4）。

标本 F13：120，青灰色板岩。打制，不规则多棱形，多剥片疤，局部保留石皮，周边有敲砸痕迹。长 6.1、宽 6.0、厚 3.0 厘米（图 3-236，5）。

标本 F13∶195，褐色板岩。打制，不规则三棱形，多剥片疤，局部保留石皮，两端有敲砸痕迹。长 9.4、宽 5.2、厚 5.2 厘米（图 3-236，6）。

标本 F13∶196，青色板岩。打制，三棱形，大部保留石皮，一端敲砸痕迹明显。长 12.3、宽 5.8、厚 4.7 厘米（图 3-236，7）。

石片刮削器　15 件。

标本 F13∶4，青色板岩。打制，不规则四边形，一侧保留石皮，边刃呈齿状，刮削痕迹明显。长 3.1、宽 3.8、厚 0.7 厘米（图 3-237，1）。

标本 F13∶14，青灰色板岩。打制，不规则梯形，边刃，有刮削痕迹。长 7.0、宽 5.1、厚 0.6 厘米（图 3-237，2）。

标本 F13∶15，青色板岩。打制，不规则扇形，边刃，有刮削痕迹。长 6.2、宽 6.1、厚 2.3 厘米（图

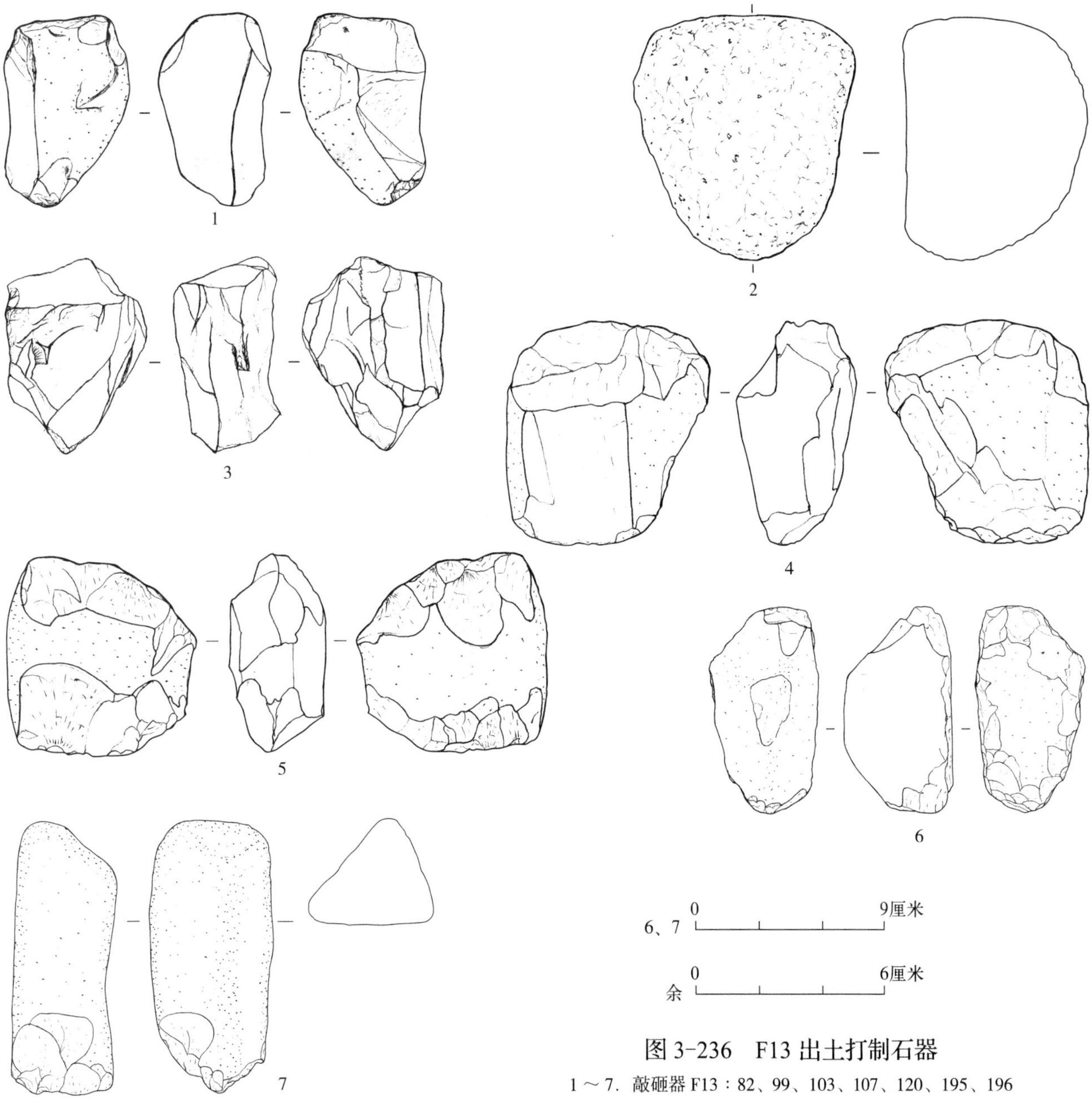

图 3-236　F13 出土打制石器

1～7. 敲砸器 F13∶82、99、103、107、120、195、196

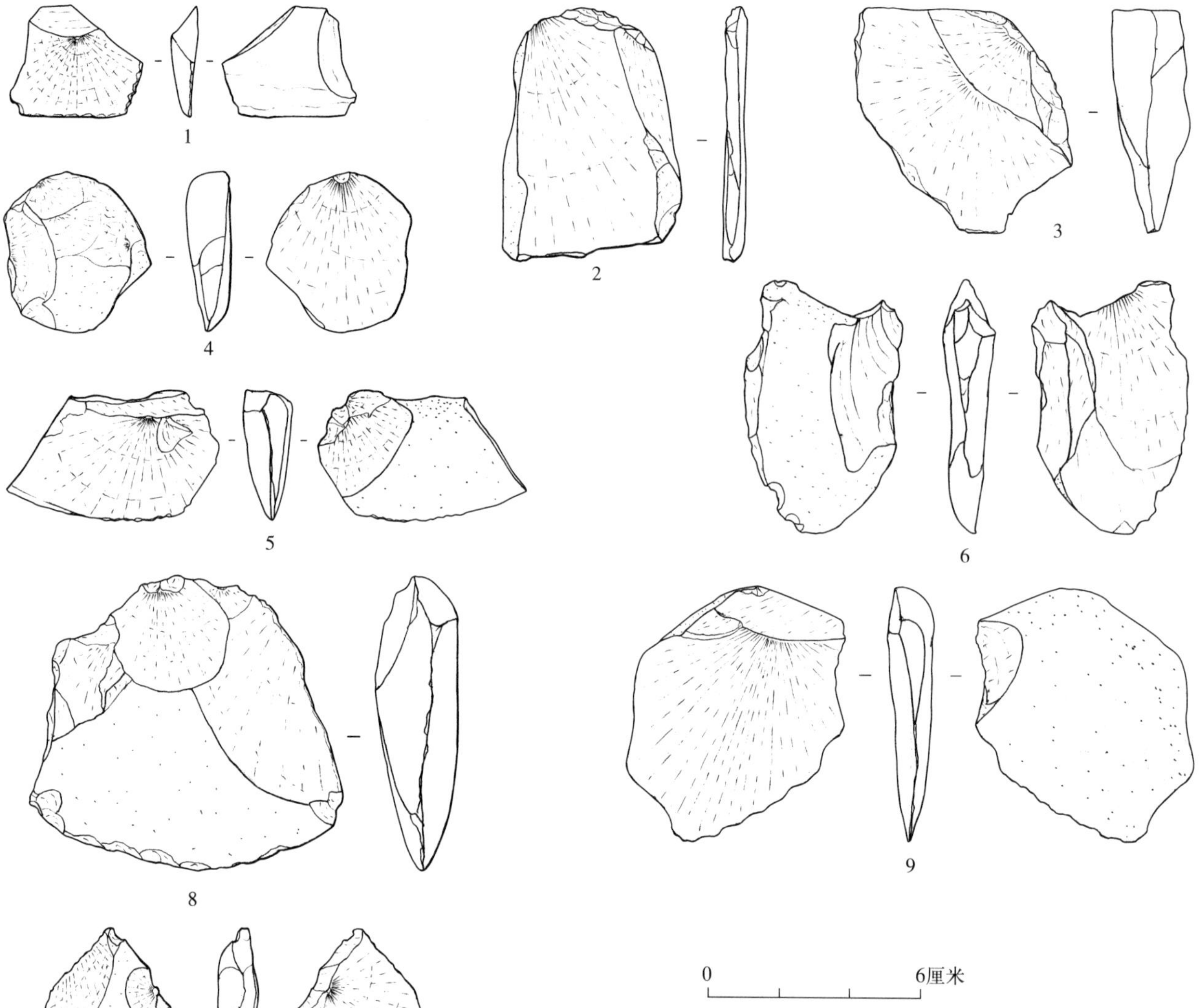

图 3-237 F13 出土打制石器

1～9. 石片刮削器 F13：4、14、15、22、31、44、64、81、88

3-237，3）。

标本 F13：22，青色板岩。打制，不规则蚌壳形，弧刃刮削痕迹明显。长 4.4、宽 4.2、厚 1.2 厘米（图 3-237，4）。

标本 F13：31，青灰色板岩。打制，不规则四边形，弧刃刮削痕迹明显。长 6.0、宽 3.6、厚 1.4 厘米（图 3-237，5）。

标本 F13：44，青灰色板岩。不规则蚌壳形，一侧保留石皮，弧刃刮削痕迹明显。长 7.0、宽 4.4、厚 1.6 厘米（图 3-237，6）。

标本 F13：64，青色板岩。打制，不规则蚌壳形，一侧保留石皮，边刃，有刮削痕迹。长 4.2、宽 3.9、厚 1.1 厘米（图 3-237，7；彩版一〇三，1）。

标本 F13：81，灰色板岩。打制，不规则蚌壳形，一侧保留石皮，边刃，有刮削痕迹。长 9.0、宽 8.1、厚 2.3 厘米（图 3-237，8）。

标本 F13：88，青灰色板岩。打制，不规则多边形，一侧保留石皮，边刃压琢呈齿状，刮削痕迹明显。长 7.0、宽 6.2、厚 1.3 厘米（图 3-237，9）。

标本 F13∶113，青灰色板岩。打制，不规则梯形，边刃压琢呈齿状，刮削痕迹明显。长 4.1、宽 3.5、厚 1.1 厘米（图 3-238，1）。

标本 F13∶121，青色板岩。打制，近三角形片状，刮削痕迹明显。长 3.7、宽 2.2、厚 0.5 厘米（图 3-238，2）。

标本 F13∶124，青灰色板岩。打制，水滴形，有尖锋、边刃，有刮削痕迹。长 3.5、宽 2.5、厚 0.5 厘米（图 3-238，3）。

标本 F13∶125，青灰色板岩。打制，不规则圆角长条形，一侧保留石皮，边刃压琢呈齿状，刮削痕迹明显。长 7.9、宽 3.5、厚 1.8 厘米（图 3-238，4）。

标本 F13∶126，青色板岩。打制，不规则长方形，边刃压琢呈齿状，刮削痕迹明显。长 5.5、宽 3.5、厚 1.6 厘米（图 3-238，5）。

标本 F13∶153，青灰色板岩。打制，不规则三角形，边刃，有刮削痕迹。长 2.4、宽 1.5、厚 0.5 厘米（图 3-238，6）。

石砧　1 件。

标本 F13∶19，红褐色砂砾岩。打制，不规则扁圆形，一面有不规则椭圆形凹窝。长 14.0、宽 13.6、厚 8.8 厘米（图 3-238，7）。

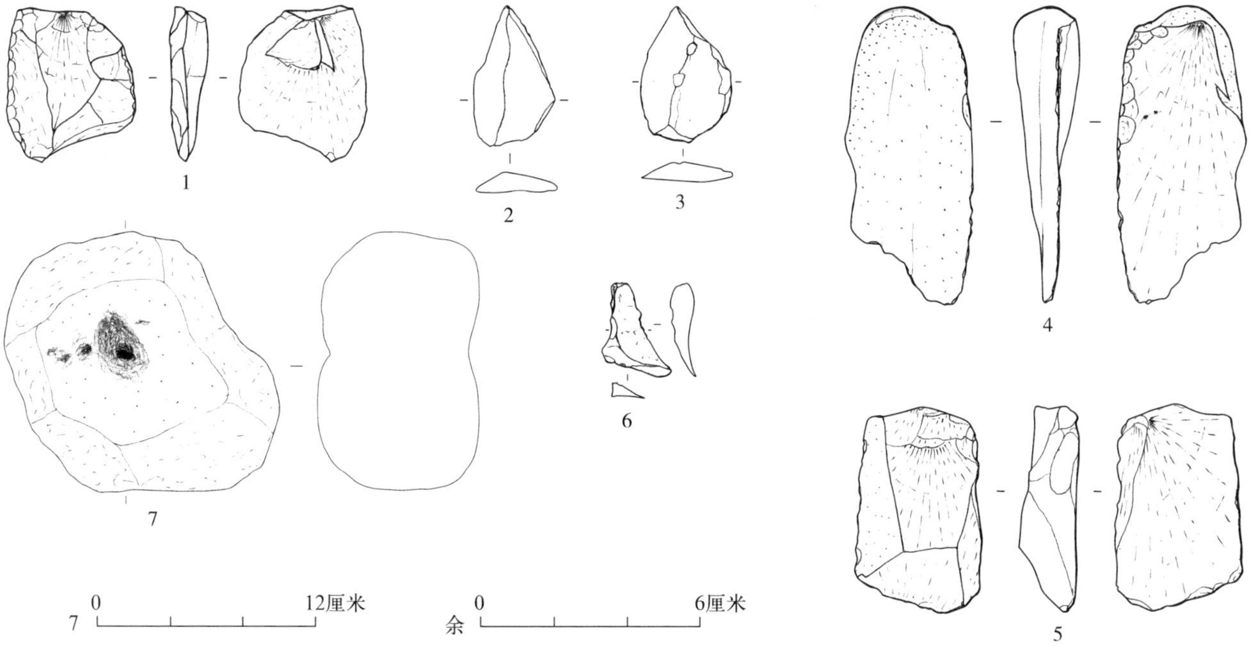

图 3-238　F13 出土打制石器

1～6. 石片刮削器 F13∶113、121、124～126、153　7. 石砧 F13∶19

网坠　8 件。

标本 F13∶7，残半，黄褐色斑岩。打制，扁圆形，一侧有打出豁口。长 7.8、宽 3.9、厚 2.5 厘米（图 3-239，1）。

标本 F13∶18，褐色砂岩。打制，扁平椭圆形。一侧有打出豁口。长 10.2、宽 10.0、厚 2.0 厘米（图

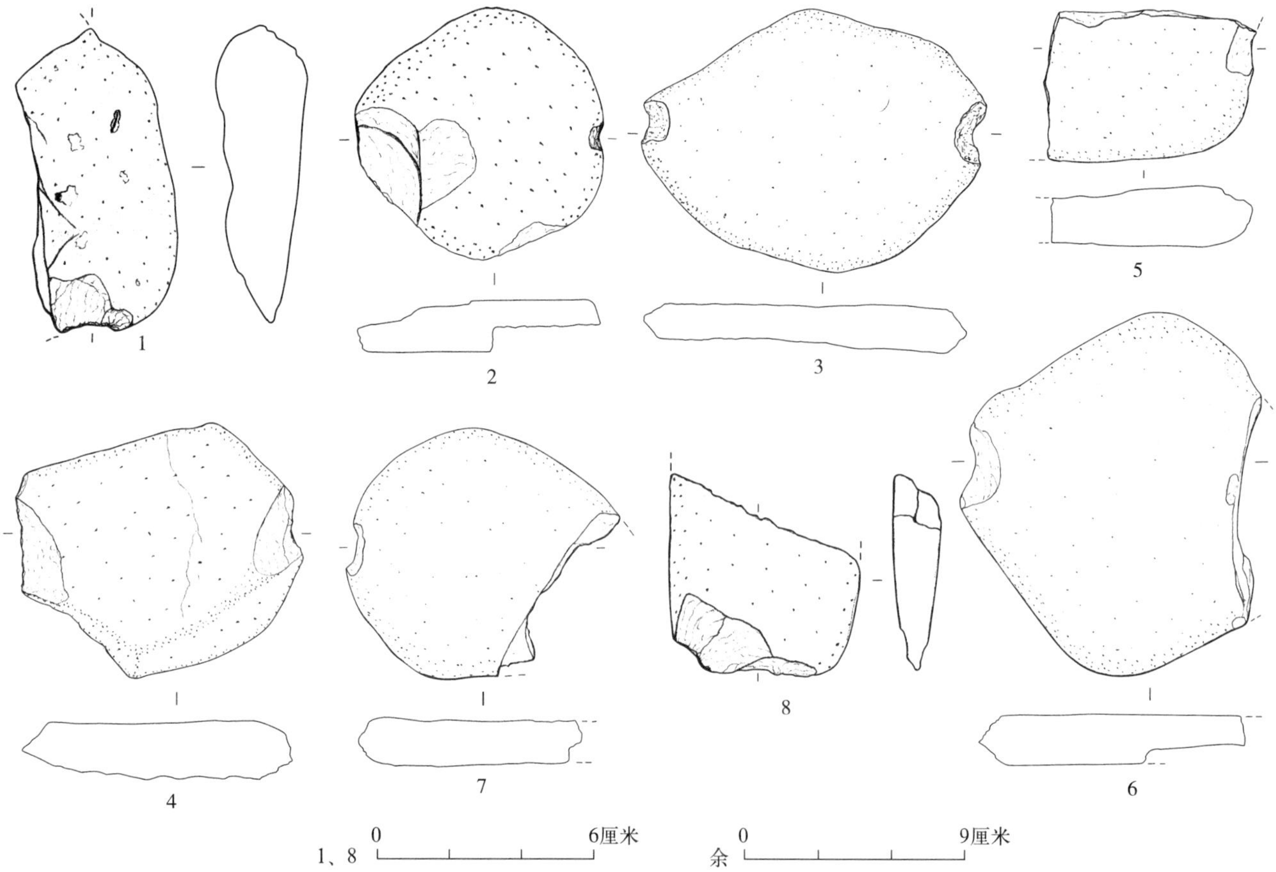

图 3-239 F13 出土打制石器

1～8. 网坠 F13∶7、18、76、78、97、104、106、154

3-239，2）。

标本 F13∶76，黄褐色花岗质脉岩。打制，扁平圆角菱形，两侧对称打出豁口。长 14.2、宽 10.4、厚 1.5 ～ 1.8 厘米（图 3-239，3；彩版一〇三，2）。

标本 F13∶78，黄褐色花岗斑岩。打制，不规则菱形，两侧对称打出豁口。长 10.1、宽 11.3、厚 2.2 厘米（图 3-239，4）。

标本 F13∶97，残，黄褐色斑岩。打制，残存一侧打出豁口。残长 8.5、宽 6.0、厚 2.4 厘米（图 3-239，5）。

标本 F13∶104，黄褐色斑岩。不规则圆角方形。两侧对称打出豁口。长 12.0、宽 14.5、厚 2.0 厘米（图 3-239，6）。

标本 F13∶106，残，黄褐色斑岩。椭圆形，两侧对称打出豁口。残长 11.2、宽 10.0、厚 1.9 厘米（图 3-239，7）。

标本 F13∶154，残，青色斑岩。打制，扁平，残存一个打出豁口。长 5.2、宽 5.1、厚 1.3 厘米（图 3-239，8）。

（2）细石器

28 件。有石叶刮削器 14 件、尖状器 5 件、石镞 2 件、石片 7 件。

石叶刮削器 14 件。

标本 F13：28，青色板岩。琢制，长条形，横截面三角形，边刃压琢呈细齿状。长 4.1、宽 1.6、厚 0.6 厘米（图 3-240，1）。

标本 F13：29，红褐色板岩。琢制，长条形，横截面三角形，边刃，有刮削痕迹。长 1.6、宽 0.6、厚 0.2 厘米（图 3-240，2；彩版一〇三，3）。

标本 F13：46，红褐色燧石。琢制，长条形，横截面三角形，边刃压琢呈细齿状，刮削痕迹明显。长 1.6、宽 0.4、厚 0.1 厘米（图 3-240，3）。

标本 F13：50，黄褐色燧石。琢制，长条形，横截面梯形，边刃，有刮削痕迹。长 2.4、宽 0.5、厚 0.1 厘米（图 3-240，4；彩版一〇三，4）。

标本 F13：52，黄褐色燧石。琢制，长条形，横截面三角形，边刃，有刮削痕迹。长 2.8、宽 0.3、厚 0.1 厘米（图 3-240，5）。

标本 F13：108，红褐色燧石。琢制，长条形，横截面三角形，边刃，有刮削痕迹。长 2.1、宽 0.5、厚 0.1 厘米（图 3-240，6）。

标本 F13：128，青色板岩。琢制，长方形，横截面梯形，边刃，有刮削痕迹。长 1.7、宽 1.1、厚 0.3 厘米（图 3-240，7）。

标本 F13：136，青绿色玛瑙。琢制，长条形，横截面梯形，边刃，有刮削痕迹。长 1.5、宽 0.8、厚 0.2 厘米（图 3-240，8）。

标本 F13：137，棕色燧石。琢制，长条形，横截面三角形，边刃，有刮削痕迹。长 2.5、宽 0.8、厚 0.2 厘米（图 3-240，9）。

标本 F13：138，棕色燧石。琢制，长条形，横截面梯形，边刃压琢呈细齿状，刮削痕迹明显。长 3.0、宽 0.6、厚 0.1 厘米（图 3-240，10；彩版一〇三，5）。

标本 F13：139，青灰色板岩。琢制，长条形，横截面梯形，边刃压琢呈细齿状。长 1.9、宽 1.2、厚 0.2 厘米（图 3-240，11）。

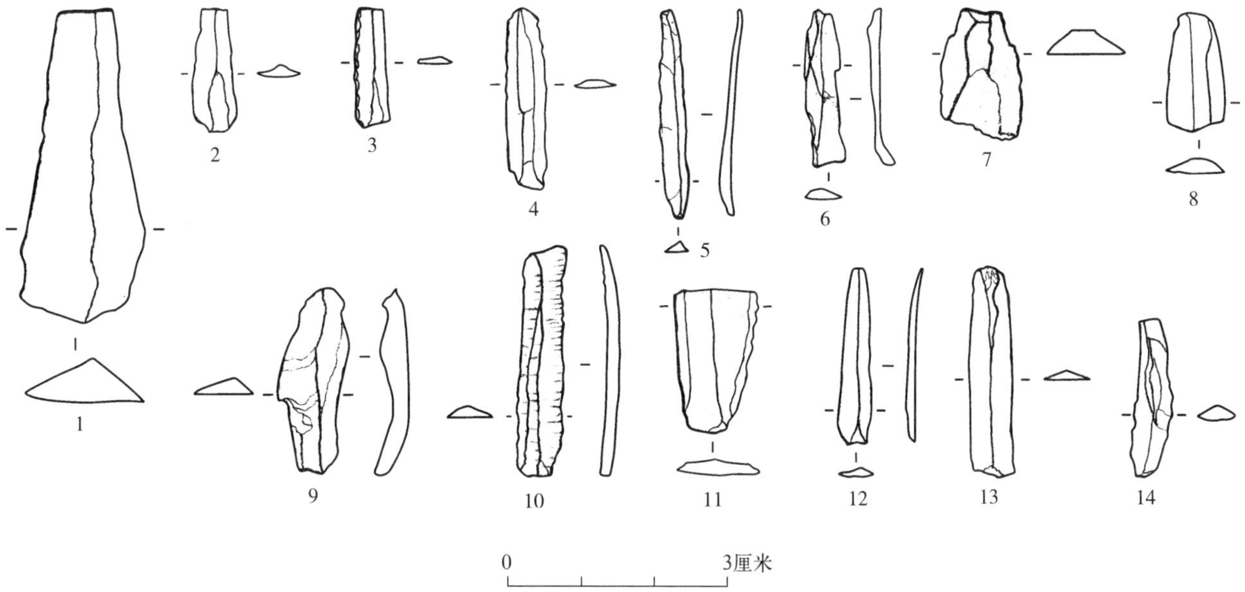

图 3-240　F13 出土细石器

1 ～ 14. 石叶刮削器 F13：28、29、46、50、52、108、128、136 ～ 141、143

标本F13∶140，黄褐色燧石。琢制，长叶形，横截面三角形，边刃，有刮削痕迹。长2.4、宽0.4、厚0.1厘米（图3-240，12；彩版一〇三，6）。

标本F13∶141，黄褐色燧石。琢制，长条形，横截面三角形，边刃，有刮削痕迹。长2.8、宽0.6、厚0.1厘米（图3-240，13；彩版一〇三，7）。

标本F13∶143，黄褐色燧石。琢制，长条形，横截面三角形，边刃，有刮削痕迹。长2.1、宽0.5、厚0.1厘米（图3-240，14；彩版一〇三，8）。

尖状器 5件。

标本F13∶43，青灰色板岩。琢制，有尖锋，横截面三角形，扁圆形柄。长2.8、宽1.8、厚0.5厘米（图3-241，1）。

标本F13∶49，青色板岩。琢制，尖叶形，横截面三角形，边刃，有刮削痕迹。长5.4、宽1.4、厚0.5厘米（图3-241，2）。

标本F13∶56，黄褐色燧石。琢制，尖叶形，歪尖，横截面三角形，边刃，有刮削痕迹，边刃，有刮削痕迹。长3.3、宽0.6、厚0.1厘米（图3-241，3）。

标本F13∶142，黄褐色燧石。琢制，尖叶形，横截面三角形，边刃，有刮削痕迹。长2.7、宽0.4、厚0.3厘米（图3-241，4；彩版一〇三，9）。

标本F13∶144，青灰色板岩。琢制，尖叶形，歪尖，横截面三角形，边刃，有刮削痕迹。长2.6、宽0.7、厚0.3厘米（图3-241，5）。

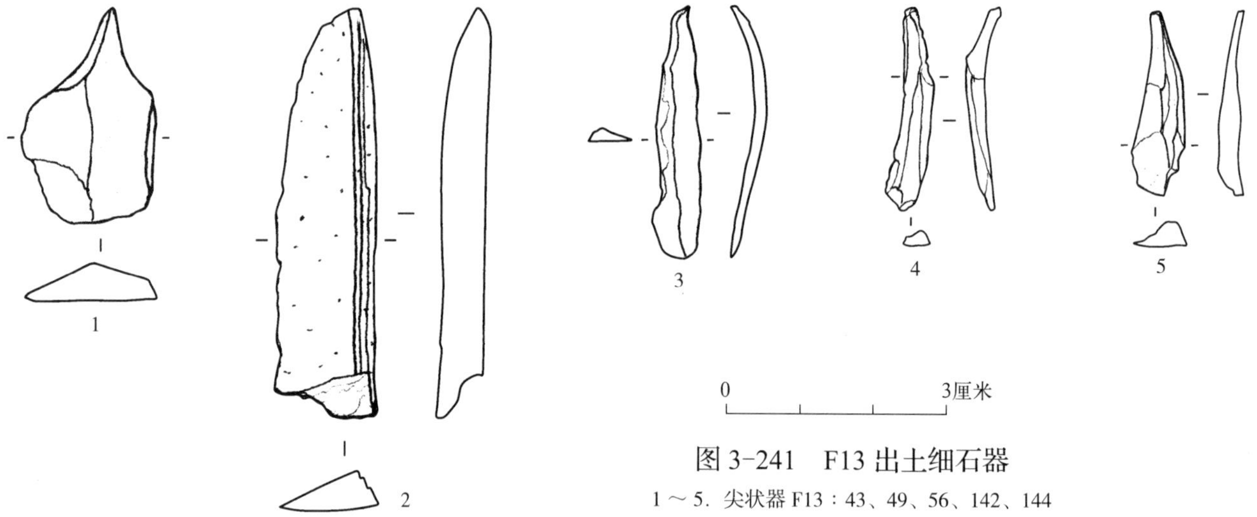

图3-241 F13出土细石器

1～5. 尖状器F13∶43、49、56、142、144

石镞 2件。

标本F13∶54，青灰色板岩。琢制，圭形，横截面梯形，锋、刃压琢呈细齿状。底端残。长3.2、宽1.1、厚0.4厘米（图3-242，1）。

标本F13∶62，青灰色板岩。琢制，圭形，横截面三角形，锋、刃压琢呈细齿状，底残。残长2.8、宽1.3、厚0.4厘米（图3-242，2）。

石片 7件。无使用痕迹。

标本F13∶26，白色玛瑙。琢制，不规则片状，横截面梯形。长1.8、宽1.2、厚0.3厘米（图3-242，3）。

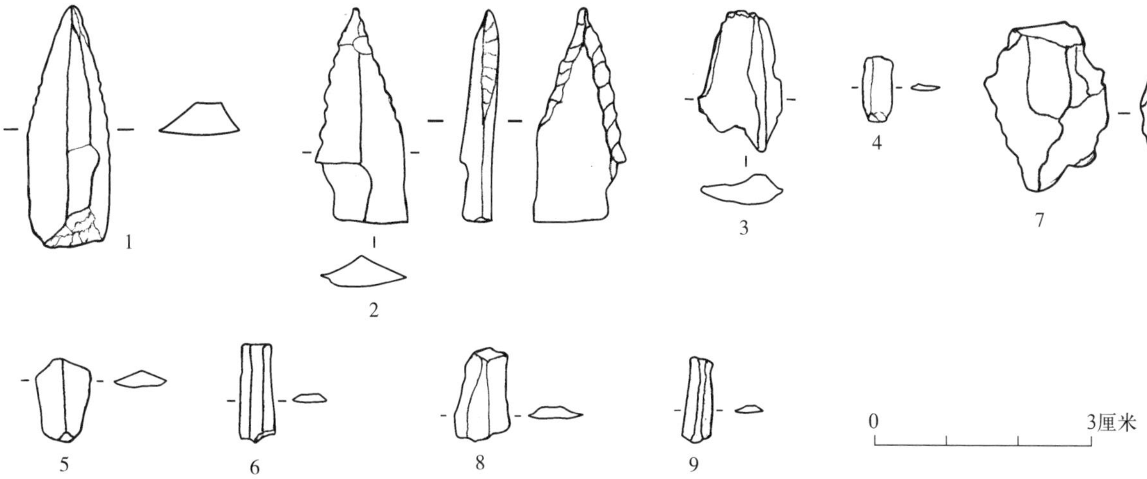

图 3-242　F13 出土细石器

1、2. 石镞 F13：54、62　3～9. 石片 F13：26、36、37、53、59、135、145

标本 F13：36，红褐色燧石。琢制，长方形，横截面三角形。长 0.9、宽 0.4、厚 0.1 厘米（图 3-242，4）。

标本 F13：37，青色板岩。琢制。长方形，横截面梯形。长 1.1、宽 0.7、厚 0.2 厘米（图 3-242，5）。

标本 F13：53，黄褐色燧石。琢制。长条形，横截面梯形。长 1.3、宽 0.4、厚 0.1 厘米（图 3-242，6）。

标本 F13：59，红褐色燧石。琢制，不规则形。长 2.2、宽 1.7、厚 1.1 厘米（图 3-242，7）。

标本 F13：135，残，青绿色玛瑙。琢制，长方形，横截面梯形。长 1.3、宽 0.7、厚 0.2 厘米（图 3-242，8）。

标本 F13：145，残，黄褐色燧石。琢制，长条形，横截面梯形。长 1.1、宽 0.4、厚 0.1 厘米（图 3-242，9）。

（3）磨制石器

37 件。有石斧 2 件、石镞 5 件、石镞料 2 件、石磨盘 12 件、石磨棒 9 件、砺石 4 件、研磨器 2 件。

石斧　2 件。

标本 F13：51，残，灰白色高岭土岩。磨制，表面光滑，平顶，长身，对磨弧刃，风化腐蚀。长 9.4、宽 4.5、厚 1.5 厘米（图 3-243，1）。

标本 F13：102，残，褐色砂岩。磨制，锛形，顶圆弧，有束肩，直刃，仅刃部对磨。长 3.9、宽 2.5、厚 0.9 厘米（图 3-243，2；彩版一〇四，1）。

石镞　5 件。

标本 F13：10，青色板岩。磨制，宽叶形，横截面扁六棱形，边锋圆弧，刃对磨。凹底。长 2.8、宽 1.2、厚 0.2 厘米（图 3-243，3；彩版一〇四，2）。

标本 F13：47，残段，青色板岩。磨制，长叶形，横截面扁六棱形，直刃，锋刃对磨，平底。长 3.1、宽 1.1、厚 0.2 厘米（图 3-243，4）。

标本 F13：57，残，青色板岩。磨制，长叶形，横截面扁六棱形，直刃，锋刃对磨。残长 3.2、宽 1.1、

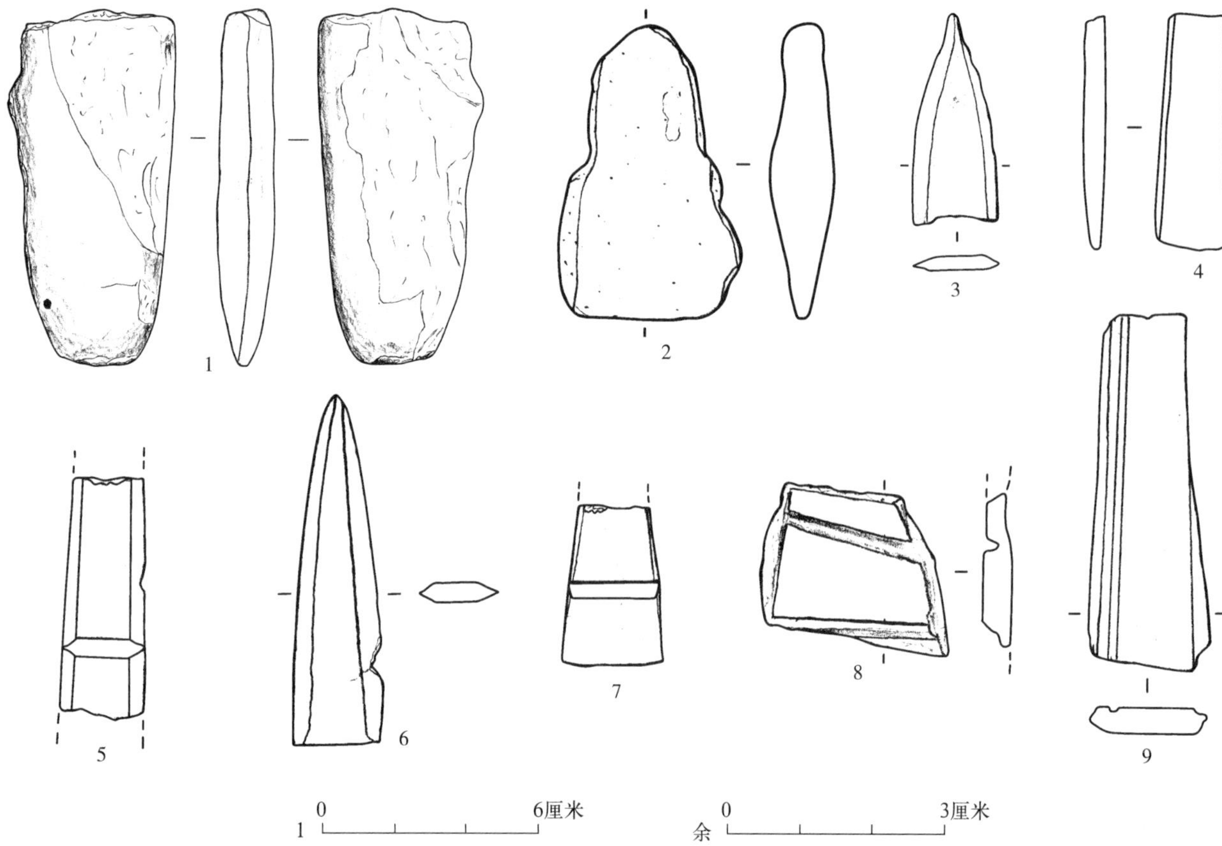

图 3-243 F13 出土磨制石器

1、2. 石斧 F13：51、102 3～7. 石镞 F13：10、47、57、69、134 8、9. 石镞料 F13：40、42

厚 0.2 厘米（图 3-243，5；彩版一〇四，3）。

标本 F13：69，残，青色板岩。磨制，长叶形，横截面扁六棱形，锋微弧，刃对磨，平底。长 4.6、宽 1.2、厚 0.2 厘米（图 3-243，6；彩版一〇四，4）。

标本 F13：134，残，青色板岩。磨制，长叶形，横截面扁方形，直锋刃。残长 2.4、宽 2.1、厚 0.2 厘米（图 3-243，7）。

石镞料 2 件。

标本 F13：40，青色板岩。不规则片状，一面有切割痕迹。残长 2.4、宽 2.3、厚 0.4 厘米（图 3-243，8）。

标本 F13：42，青色板岩。长条形，两边有切割痕迹。长 4.7、宽 1.7、厚 0.3 厘米（图 3-243，9）。

石磨盘 12 件。

标本 F13：27，残块，褐色砂岩。磨制，两面有磨痕，一面磨痕粗糙，一面较光滑。残长 10.7、宽 4.8、厚 4.4 厘米（图 3-244，1）。

标本 F13：39，残块，红褐色砂砾岩。磨制。残长 7.4、宽 6.2、厚 3.2 厘米（图 3-244，2）。

标本 F13：71，残块，黄褐色砂砾岩。磨制，一面有磨痕。残长 8.2、宽 8.0、厚 3.4 厘米（图 3-244，3）。

标本 F13：80，残，黄褐色石英砂岩。磨制，圆角，两面有磨痕，一面磨痕，一面微内凹，一面

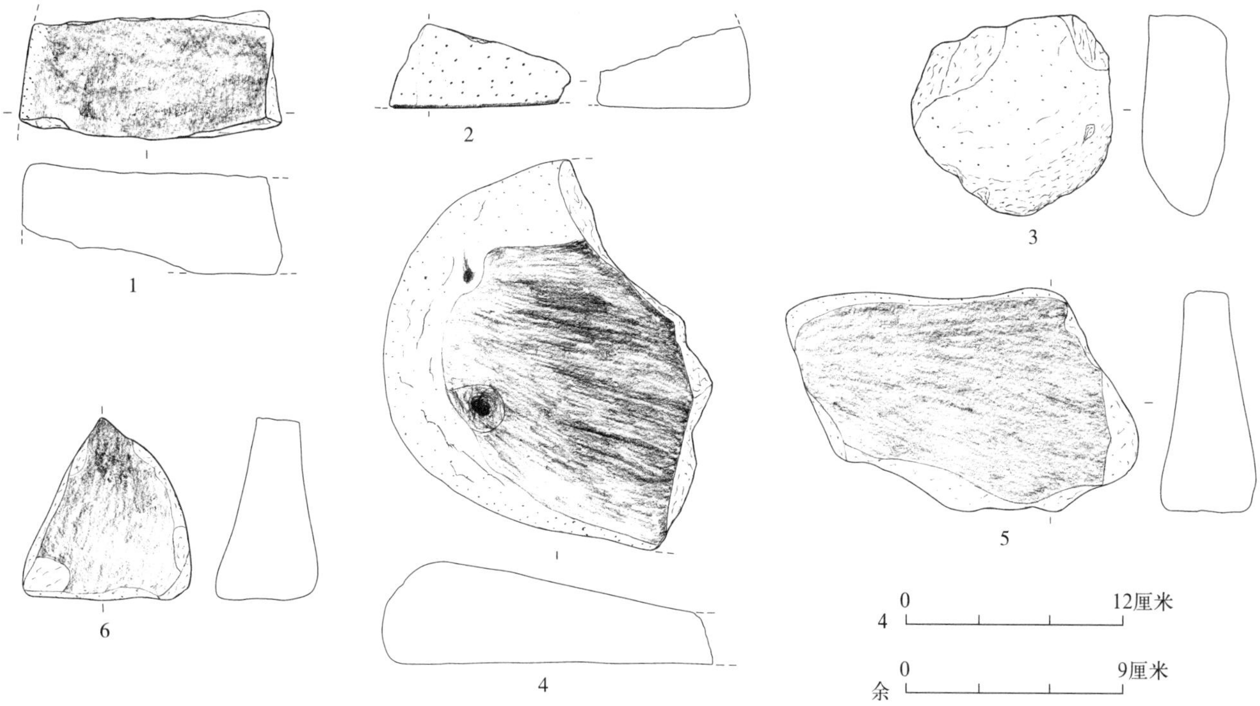

图 3-244　F13 出土磨制石器

1 ～ 6. 石磨盘 F13：27、39、71、80、85、87

平。残长 19.6、宽 18.0、厚 2.8 ～ 5.4 厘米（图 3-244，4）。

标本 F13：85，残块，黄褐色砂岩。磨制，两面有磨痕，磨面微内凹。残长 12.2、宽 8.7、厚 1.8 ～ 3.9 厘米（图 3-244，5）。

标本 F13：87，残，褐色砂岩。磨制，两面有磨痕，磨面微内凹。残长 7.2、宽 6.9、厚 4.1 厘米（图 3-244，6）。

标本 F13：92，残块，褐色砂砾岩。磨制，两面有磨痕，磨面微内凹。残长 4.7、宽 4.1、厚 3.8 ～ 4.4 厘米（图 3-245，1）。

标本 F13：93，残块，灰褐色砂岩。磨制，两面有磨痕，一面内凹，一面平。残长 7.5、宽 6.6、厚 4.8 厘米（图 3-245，2）。

标本 F13：95，残，黄褐色石英砂岩。磨制，两磨面，一面微内凹，一面平。残长 12.2、宽 10.5、厚 3.4 厘米（图 3-245，3）。

标本 F13：105，残块，黄褐色砂砾岩。磨制，一平磨面，磨痕明显。残长 5.1、宽 8.1、厚 3.9 厘米（图 3-245，4）。

标本 F13：111，残块，灰褐色砂岩。磨制，一平磨面，磨痕明显。残长 9.6、宽 4.5、厚 6.0 厘米（图 3-245，5）。

标本 F13：155，残块，黄褐色粉砂岩。磨制，两面有磨痕，一面内凹，一面平。残长 6.5、宽 6.3、厚 1.5 ～ 2.4 厘米（图 3-245，6）。

石磨棒　9 件。

标本 F13：5，残，红褐色花岗岩。磨制，长条形，横截面椭圆形，多磨面，磨痕明显。残长 8.9、

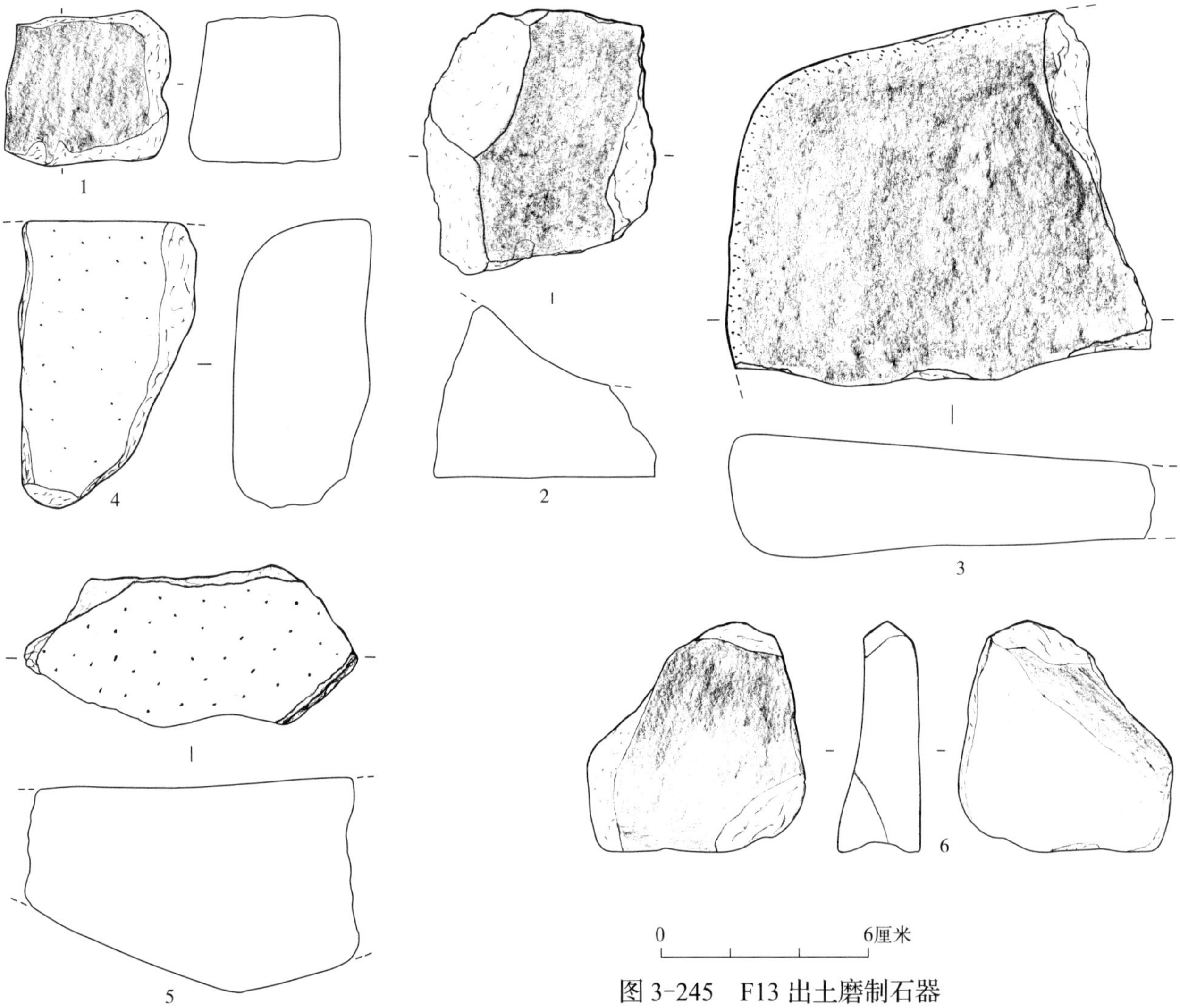

图 3-245 F13 出土磨制石器

1～6. 石磨盘 F13：92、93、95、105、111、155

宽 7.9、厚 5.6 厘米（图 3-246，1）。

标本 F13：20，残，黄褐色石英岩。磨制，椭圆形，横截面椭圆形，多磨面，磨痕明显。长 10.0、宽 8.2、厚 5.3 厘米（图 3-246，2）。

标本 F13：23，残块，灰白色石英砂岩。磨制，表面有磨痕。残长 6.4、宽 4.8、厚 6.3 厘米（图 3-246，3）。

标本 F13：30，黄褐色花岗岩。磨制，圆角三角形，横截面圆角长方形，两面有磨痕。长 12.6、宽 5.9、厚 3.7 厘米（图 3-246，4）。

标本 F13：77，残块，灰白色石英砂。磨制，横截面半圆形，多磨面，磨痕明显。残长 5.9、宽 6.1、厚 5.1 厘米（图 3-246，5）。

标本 F13：79，残，灰白色花岗岩。磨制，横截面半圆形，多磨面，磨痕明显。长 10.1、宽 5.5、厚 2.9 厘米（图 3-246，6）。

标本 F13：90，残，红褐色石英砂。磨制，横截面半圆形，多磨面，磨痕明显。残长 8.5、宽 6.6、厚 6.4 厘米（图 3-246，7）。

标本F13∶101，残，黄褐色石英砂岩。扁椭圆形，横截面椭圆形，多磨面，磨痕明显。长12.0、宽8.0、厚5.1厘米（图3-246，8；彩版一〇四，5）。

标本F13∶122，基本完整，灰白色花岗岩。磨制，椭圆形，多磨面，磨痕明显。长11.2、宽6.1、厚4.0厘米（图3-246，9；彩版一〇四，6）。

砺石　4件。

标本F13∶60，残，黄褐色砂岩。磨制，不规则形，多磨面，磨痕明显。长6.4、宽4.2、厚1.5厘米（图3-247，1）。

标本F13∶84，残，黄褐色粉砂岩。磨制，不规则方棱形。表面有磨沟、磨面，磨痕明显。长5.2、宽3.9、厚4.0厘米（图3-247，2）。

标本F13∶98，残，褐色板岩。扁长条形，磨痕明显。残长9.9、宽3.5、厚1.4厘米（图3-247，3）。

标本F13∶100，残，红褐色粉砂岩。磨制，圆角扁方形，磨痕明显。残长5.5、宽4.3、厚2.0厘米（图3-247，4）。

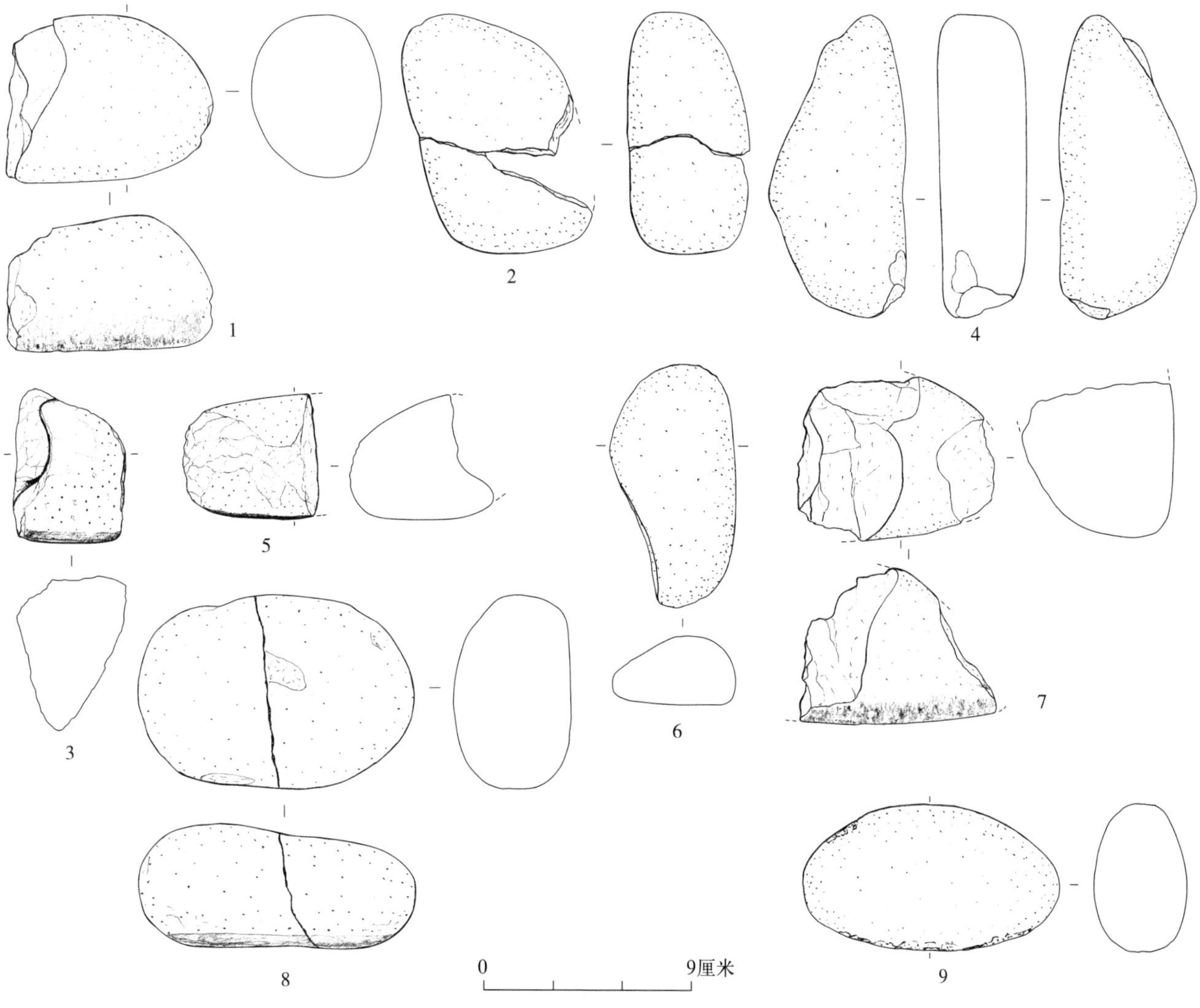

图3-246　F13出土磨制石器

1～9. 石磨棒F13∶5、20、23、30、77、79、90、101、122

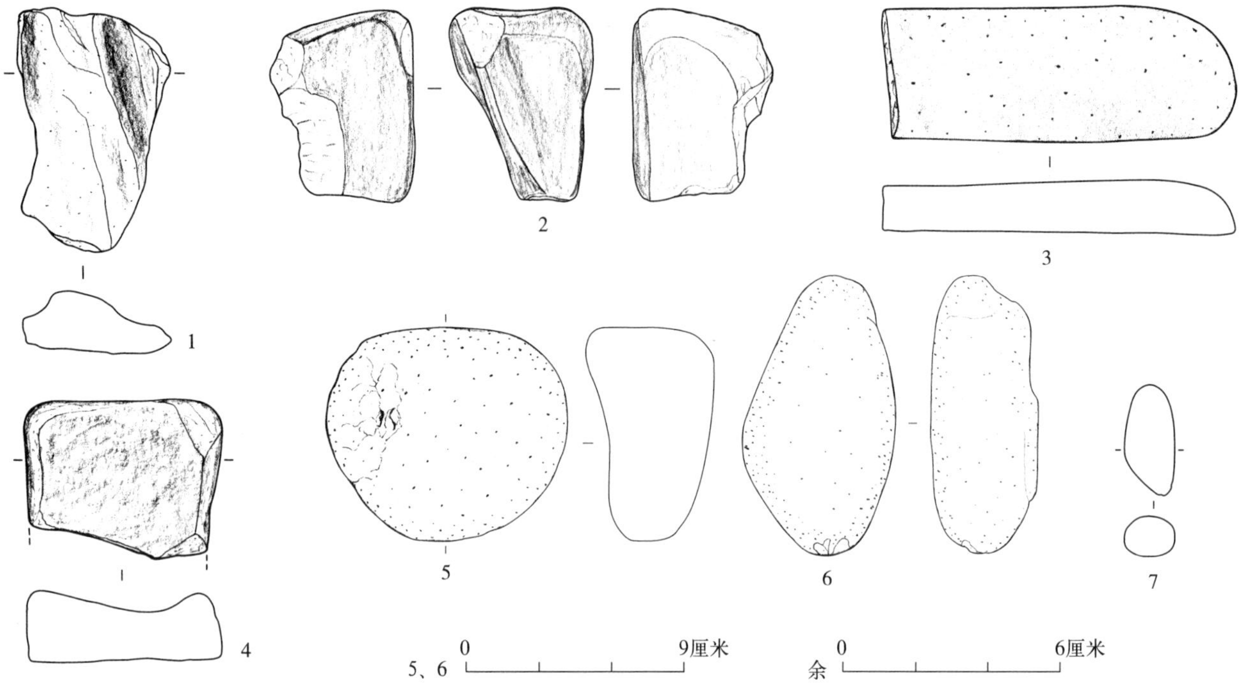

图 3-247　F13 出土磨制石器

1～4. 砺石 F13：60、84、98、100　5、6. 研磨器 F13：94、157　7. 玩赏石 F13：127

研磨器　2 件。

标本 F13：94，黄褐色砂砾岩。椭圆角，表面有研磨凹面。长 10.0、宽 9.5、厚 5.3 厘米（图 3-247，5；彩版一〇四，7）。

标本 F13：157，黄褐色花岗岩。圆角菱形，表面有研磨凹面。长 11.2、宽 6.3、厚 4.4 厘米（图 3-247，6）。

玩赏石　1 件。

标本 F13：127，青绿色板岩。椭圆形，表面光滑，色彩炫丽，无使用痕，似观赏石。长 2.9、宽 1.4、厚 1.1 厘米（图 3-247，7）。

2. 陶器

41 件。有深腹罐 36 件、大口罐 1 件、高足钵 3 件、圆陶饼 1 件。

深腹罐　36 件。

Aa 型Ⅲ式　2 件。

标本 F13：149，夹砂红褐陶。直口，圆唇，直腹弧收，平底。口沿处有一周凹带，内饰划压横人字纹，腹部饰竖压横排之字纹，共 13 周。纹饰不及底。口径 13.2、底径 6.2、高 17.1 厘米（图 3-248，1；彩版一〇五，1）。

标本 F13：170，残，夹砂红褐陶。直口，微侈，圆唇，直腹。口沿处有一周凹带，内饰划压横人字纹，腹部饰竖压横排之字纹。口径 13.0、残高 6.3 厘米（图 3-248，2）。

Ab 型Ⅱ式　1 件。

标本 F13：167，残，夹砂红褐陶。直口，圆唇，直腹。口沿处饰一周压印席纹，间隔有长方形篦点，

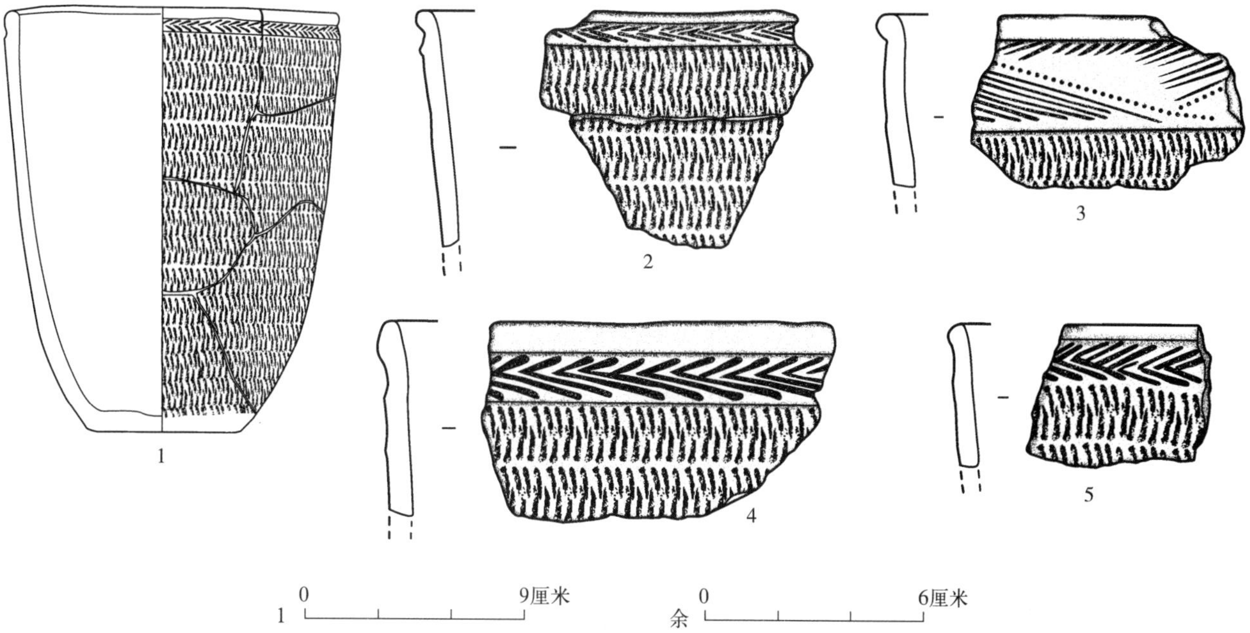

图 3-248　F13 出土深腹罐

1、2. Aa 型Ⅲ式 F13：149、170　3. Ab 型Ⅱ式 F13：167　4、5. Ab 型Ⅲ式 F13：166、182

腹部饰竖压横排之字纹。口径 19.0、残高 4.6 厘米（图 3-248，3）。

Ab 型Ⅲ式　2 件。

标本 F13：166，残，夹砂红褐陶。直口，圆唇，斜直腹。口沿处有一周凹带，内饰划压横人字纹，腹部饰竖压横排之字纹。口径 18.0、残高 5.3 厘米（图 3-248，4）。

标本 F13：182，残，夹砂红陶。直口，圆唇。斜直腹。口沿处有一周凹带，内饰划压横人字纹，腹部饰竖压横排之字纹。口径 22.0、残高 3.8 厘米（图 3-248，5）。

Ab 型Ⅳ式　7 件。

标本 F13：158，残，夹砂红褐陶。直口，圆唇，斜直腹。口沿处有两周凹带，内饰斜线纹，横人字纹，腹部饰竖压横排之字纹。口径 18.0、残高 7.6 厘米（图 3-249，1）。

标本 F13：150，残，夹砂红褐陶。直口，圆唇，弧腹，底残，口沿处有两周凹带，内饰划压横人字纹，腹部饰竖压横排的之字纹。口径 19.8、残高 23.0 厘米（图 3-249，2）。

标本 F13：160，残，夹砂红陶。直口，圆唇，斜直腹。口沿处有两周凹带，内饰斜线纹，网格纹，腹部饰竖压横排之字纹。口径 20.0、残高 9.4 厘米（图 3-249，3）。

标本 F13：162，残，夹砂红陶。直口，圆唇，直腹。口沿处有两周凹带，内饰斜线纹，网格纹，腹部饰竖压横排之字纹。口径 20.0、残高 9.2 厘米（图 3-249，4）。

标本 F13：165，残，夹砂红褐陶。直口，圆唇，斜直腹。口沿处有两周凹带，上周饰划压斜线纹，下周饰划压横人字纹，腹部饰竖压横排之字纹。口径 18.0、残高 6.4 厘米（图 3-249，5）。

标本 F13：169，残，夹砂红褐陶。直口，圆唇，斜直腹。口沿处有两周凹带，内饰划压横人字纹，腹部饰竖压横排之字纹。口径 21.0、残高 6.4 厘米（图 3-249，6）。

标本 F13：177，残，夹砂黑褐陶。直口，圆唇，斜直腹。口沿处有两周凹带，内饰斜线纹，腹部饰竖压横排之字纹。口径 17.0、残高 6.1 厘米（图 3-249，7）。

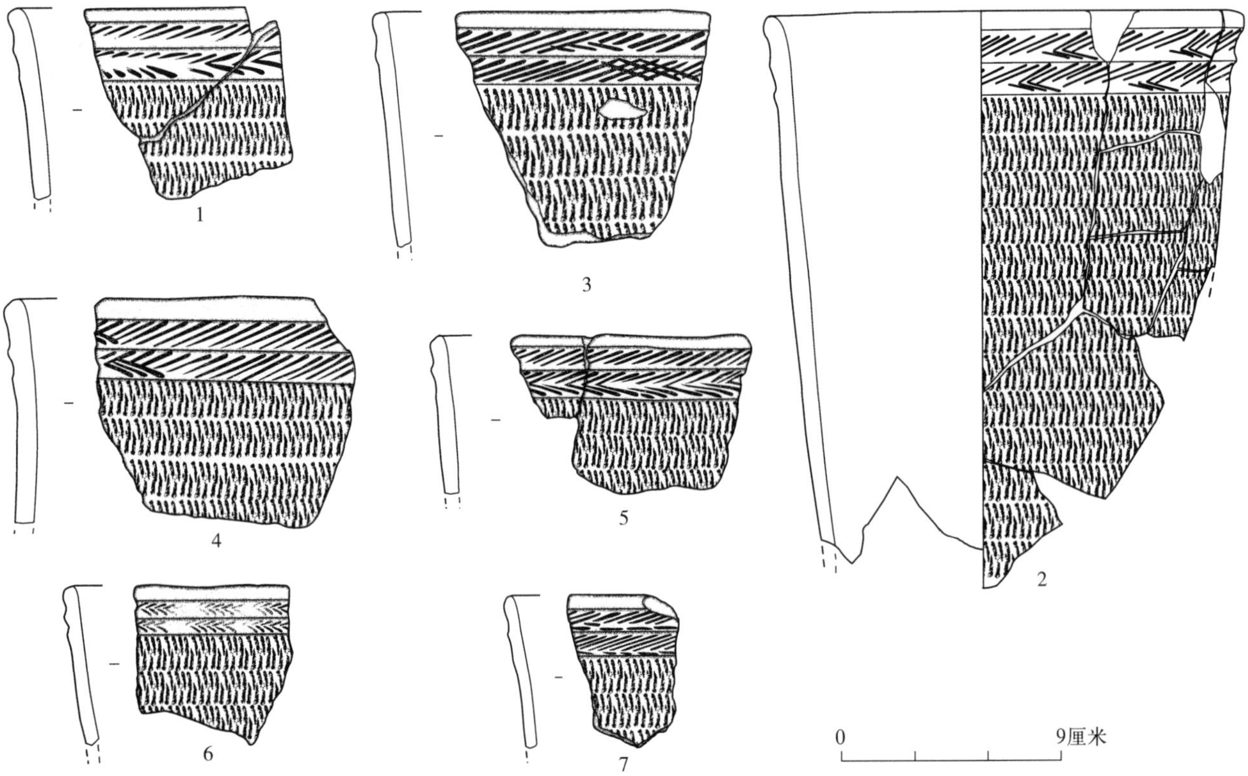

图 3-249　F13 出土深腹罐

1～7. Ab 型Ⅳ式 F13：158、150、160、162、165、169、177

Ac 型Ⅲ式　1 件。

标本 F13：168，残，夹砂红褐陶。直口，圆唇，斜直腹。口沿处有两周凹带，内饰划压横人字纹，斜线纹，腹部饰竖压横排之字纹。口径 25.0、残高 6.2 厘米（图 3-250，1）。

罐口沿　5 件。

标本 F13：174，残。夹砂红陶。直口，圆唇，斜直腹。口沿处有两周凹带，饰斜线纹，人字纹，腹部饰竖压横排之字纹。残高 7.1 厘米（图 3-250，2）。

标本 F13：176，残。夹砂黑褐陶。直口，圆唇，斜直腹。口沿处有两周凹带，上周饰划压斜线纹，下周饰划压横人字纹，腹部饰竖压横排之字纹（图 3-250，3）。

标本 F13：183，残。夹砂红陶。直口，圆唇，斜直腹。口沿处有两周凹带，饰斜线纹，腹部饰竖压横排之字纹。残高 4.4 厘米（图 3-250，4）。

标本 F13：186，残。夹砂红陶。直口，圆唇，斜直腹。口沿处有两周凹带，饰蓆纹，腹部饰竖压横排之字纹。残高 4.1 厘米（图 3-250，5）。

标本 F13：184，残，夹砂黑褐陶。直口，圆唇，斜直腹。口沿处饰一周划压斜点线纹，腹部饰竖压横排之字纹。残高 4.7 厘米（图 3-250，6）。

器底　2 件。

标本 F13：163，残，夹砂红陶。平底。腹部装饰竖压横排之字纹。底径 6.0、残高 2.6 厘米（图 3-250，7）。

标本 F13：171，残，夹砂红陶。弧腹，平底。腹部饰竖压横排之字纹。底径 8.0、残高 4.8 厘米（图

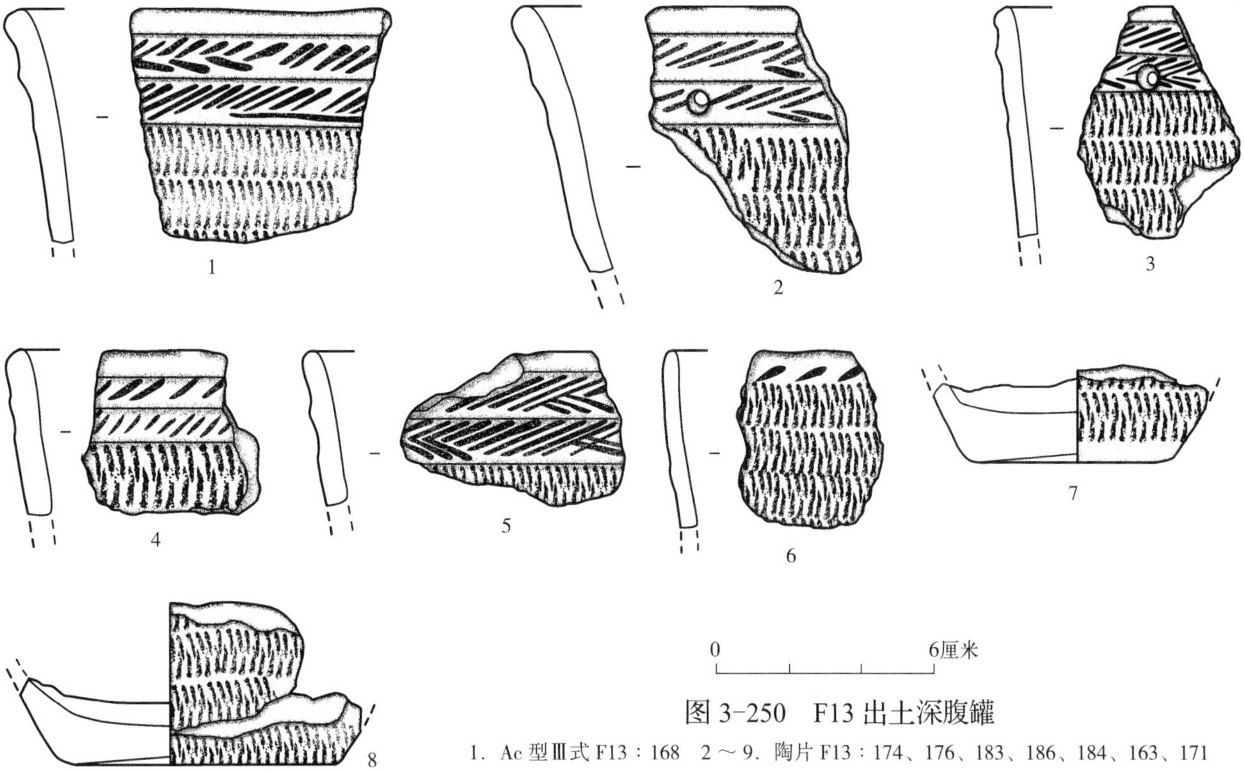

图 3-250　F13 出土深腹罐

1. Ac 型Ⅲ式 F13：168　2 ～ 9. 陶片 F13：174、176、183、186、184、163、171

3-250，8）。

Ba 型Ⅲ式　1 件。

标本 F13：151，可修复，夹砂红褐陶。口稍敞，尖唇，弧腹，平底。口沿处有三周凹带，内饰戳刺纹，腹部饰压印弦纹。口径 12.0、底径 6.0、高 15.0 厘米（图 3-251，1；彩版一〇五，2）。

Ba 型Ⅳ式　2 件。

标本 F13：147，可修复，夹砂褐陶。直口，圆唇，弧腹，平底。口沿处有三周凹带，内饰戳刺纹，腹上、下部饰压印弦纹，腹中部饰菱格网纹。口径 11.4、底径 5.3、高 12.2 厘米（图 3-251，2；

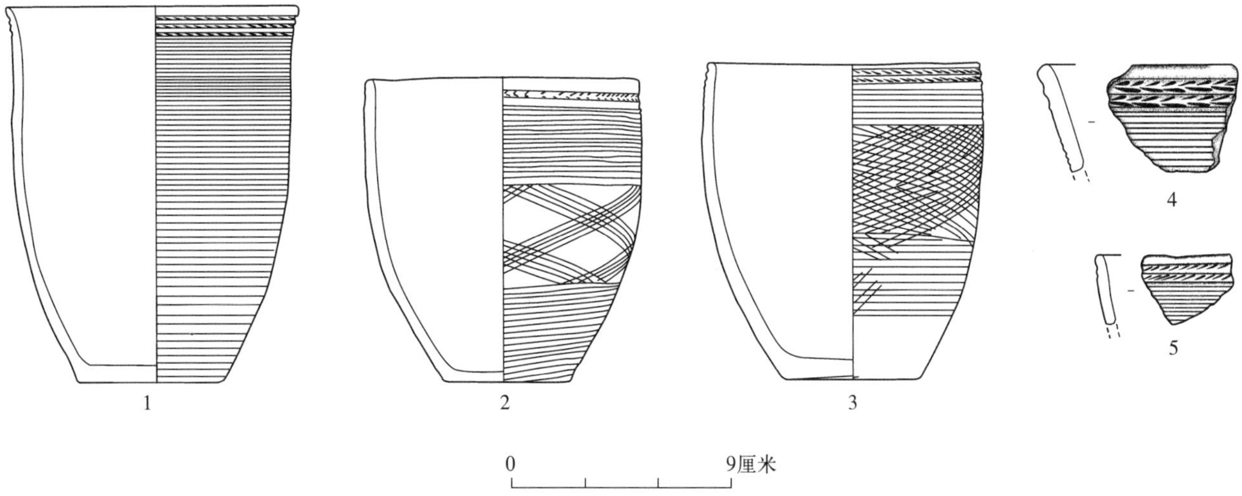

图 3-251　F13 出土深腹罐

1. Ba 型Ⅲ式 F13：151　2、3. Ba 型Ⅳ式 F13：147、146　4、5. Bb 型Ⅲ式 F13：181、194

彩版一〇五，3）。

标本 F13：146，可修复，夹砂红褐陶。直口，圆唇，弧腹。平底。纹饰由 3 部分组成。口沿处有两周凹带，内戳刺纹，腹部为 7 条横弦纹，再下为网纹。纹饰不及底。口径 11.2、底径 5.5、高 12.6 厘米（图 3-251，3；彩版一〇五，4）。

Bb 型Ⅲ式 2 件。

标本 F13：181，残，夹砂黑褐陶。直口，圆唇，斜直腹。口沿处有两周凹带，内饰划压横人字纹，腹部饰压印弦纹。口径 22.0、残高 4.3 厘米（图 3-251，4）。

标本 F13：194，残，夹砂红褐陶。直口，圆唇，直腹。口沿处有两周凹带，饰斜线纹，腹部饰压印弦纹。口径 18.0、残高 2.8 厘米（图 3-251，5）。

罐口沿 5 件。

标本 F13：179，残。夹砂红褐陶。直口，圆唇，斜直腹。口沿处有两周凹带，内饰划压横人字纹，腹部饰压印弦纹。残高 5.6 厘米（图 3-252，3）。

标本 F13：180，残。夹砂红陶。直口，圆唇，斜直腹。口沿处有两周凹带，内饰划压横人字纹，腹部饰压印弦纹。残高 5.9 厘米（图 3-252，4）。

标本 F13：185，残。夹砂红陶。直口，圆唇，弧腹。口沿处有两周凹带，内饰戳刺纹，腹部饰压印弦纹。残高 6.3 厘米（图 3-252，5）。

标本 F13：187，残。夹砂黑褐陶。直口，圆唇，弧腹。口沿处有 3 条凹纹带，内饰戳刺纹，腹部饰压印弦纹。残高 4.8 厘米（图 3-252，6）。

标本 F13：191，残。夹砂红褐陶。直口，圆唇，口沿处有两周凹带，内饰划压横人字纹，腹部饰压印弦纹。残高 3.7 厘米（图 3-252，7）。

器底 2 件。

标本 F13：164，残，夹砂红陶。平底。腹部饰压印弦纹。底径 10.0、残高 2.9 厘米（图 3-252，1）。

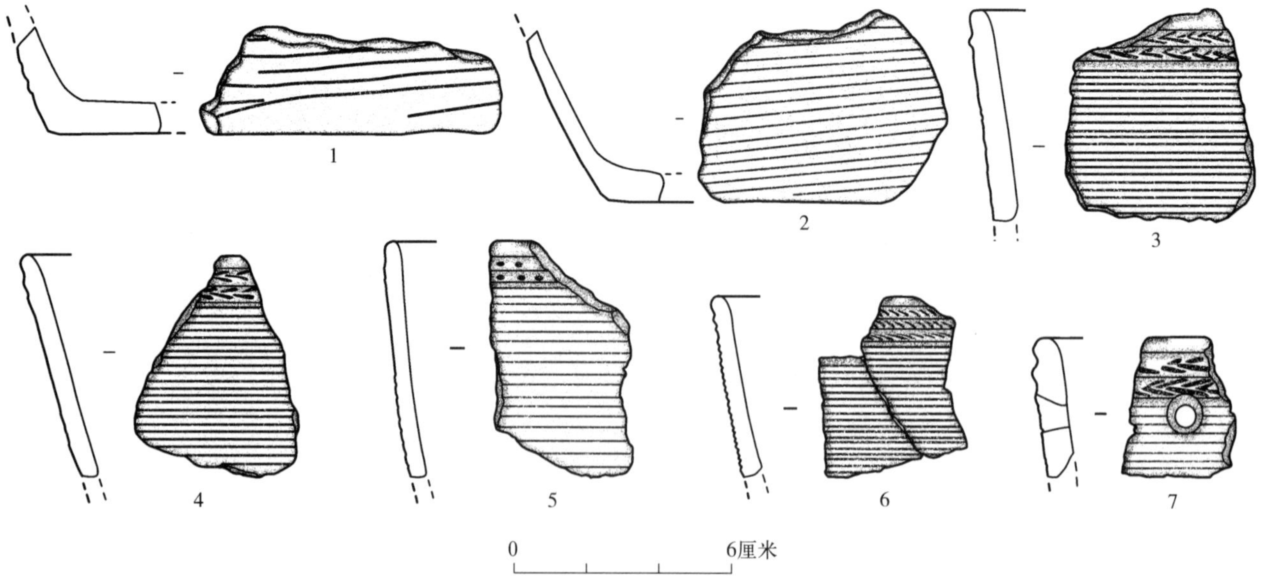

图 3-252 F13 出土深腹罐

1～7. 陶片 F13：164、172、179、180、185、187、191

标本 F13：172，残，夹砂红陶。弧腹，平底。腹部饰压印弦纹。底径 6.0、残高 5.1 厘米（图 3-252，2）。

Ca 型Ⅰ式　1 件。

标本 F13：159，残，夹砂红陶。直口，圆唇，弧腹。口沿下素面，腹部饰篦点几何纹。口径 11.0、残高 5.7 厘米（图 3-253，1）。

罐口沿　1 件。

标本 F13：190，残，夹砂红陶。直口，圆唇，直腹。口沿处饰长方篦齿纹。残高 3.5 厘米（图 3-253，2）。

腹片　2 件。

标本 F13：193，残，夹砂红陶。弧腹。腹部饰压印篦点、折三角纹。残高 3.3 厘米（图 3-253，3）。

标本 F13：175，残。夹砂黑褐陶。弧腹。腹部间饰竖压横排之字纹。残高 5.3 厘米（图 3-253，4）。

大口罐　1 件。

Ⅱ式　1 件。

标本 F13：152，可修复，夹砂红褐陶。直口，圆唇，弧腹，平底。口沿处有一周凹带，内饰划压横人字纹，腹部饰竖压横排的之字纹。口径 9.7、底径 5.0、高 10.2 厘米（图 3-253，5）。

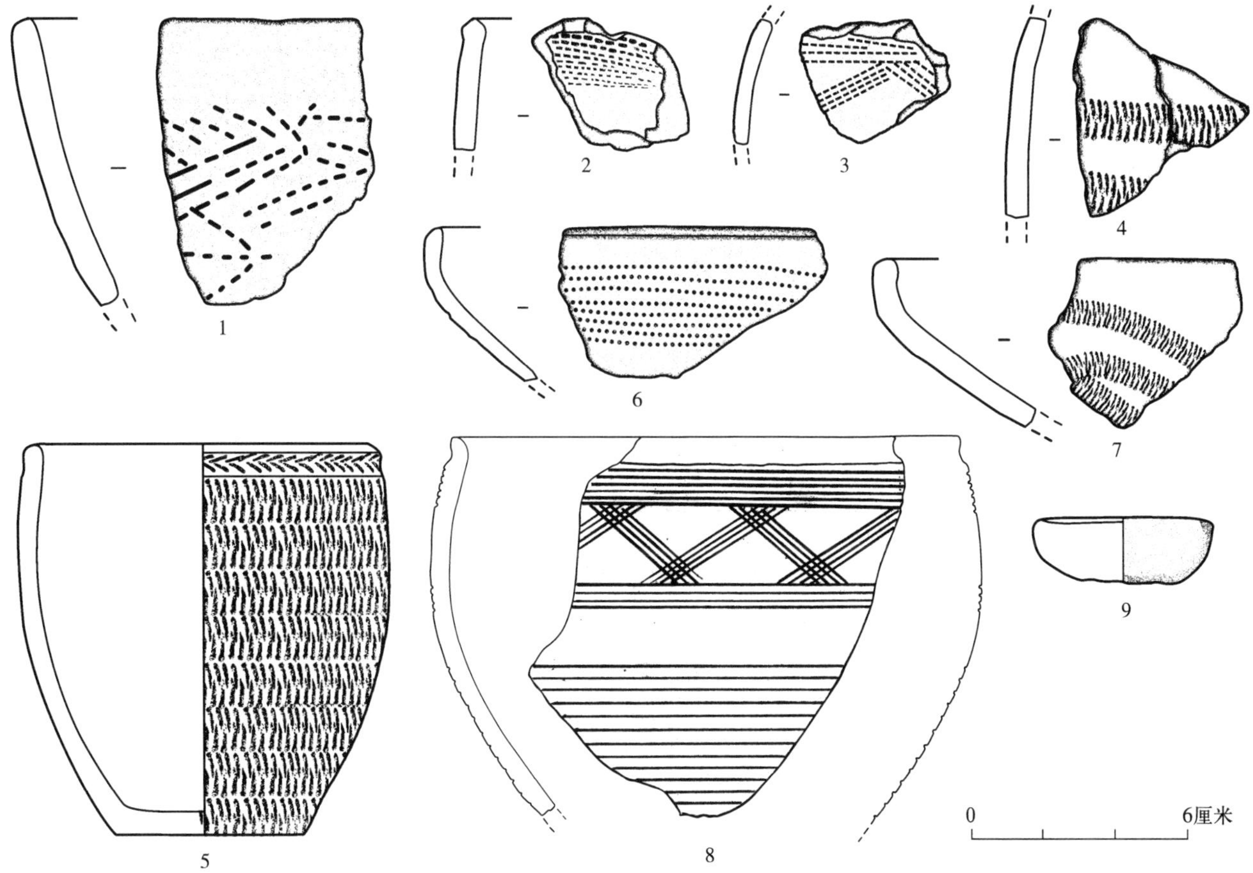

图 3-253　F13 出土陶器

1. Ca 型Ⅰ式深腹罐 F13：159　2～4. 深腹罐陶片 F13：190、193、175　5. Ⅱ式大口罐 F13：152　6、7. Ⅱ式高足钵 F13：161、173　8. Ⅳ式高足钵 F13：148　9. 圆陶饼 F13：178

高足钵 3件。

Ⅱ式 2件。

标本F13∶161，残，夹砂褐陶。直口，圆唇，折腹。腹部饰压印方齿篦点纹。口径18.0、残高4.1厘米（图3-253，6）。

标本F13∶173，残，夹砂褐陶。直口，圆唇，折腹。腹部饰波曲形竖压横排之字纹。口径24.0、残高4.5厘米（图3-253，7）。

Ⅳ式 1件。

标本F13∶148，残，夹砂红褐陶。敛口、尖唇、圆弧腹。口沿处有一周素面凹带，凹带下饰一组压印弦纹，腹部以三至四条压印弦纹为宽格，内饰划压交叉斜线纹组，呈菱格形。腹下部饰压印弦纹。口径14.0、残高10.0厘米（图3-253，8；彩版一〇六，1）。

圆陶饼 1件。

标本F13∶178，残，夹砂红陶。手制，圆顶形，横截面半圆形，底面稍凹。直径5.0、厚1.5厘米（图3-253，9）。

3. 煤精制品

26件。有泡形器11件、球形器8件、耳珰形器3件、圆片1件、半成品1件、煤精料2件。

泡形器 11件。

标本F13∶13，基本完整。磨制，圆顶形，表面光滑，内凹光洁，底边圆滑。直径3.2、高1.0厘米（图3-254，1；彩版一〇六，2）。

标本F13∶32，残。磨制，圆顶形，表面光滑，内凹光洁，底边圆滑。直径3.6、高1.4厘米（图3-254，2）。

标本F13∶55，残。磨制，圆尖顶，表面光滑，内凹光洁，底边残。残长2.2、残宽2.2、厚0.9厘米（图3-254，3）。

标本F13∶66，残。磨制，圆顶形。表面光滑，内凹光洁，底边圆滑。直径3.1、高0.8厘米（图3-254，4）。

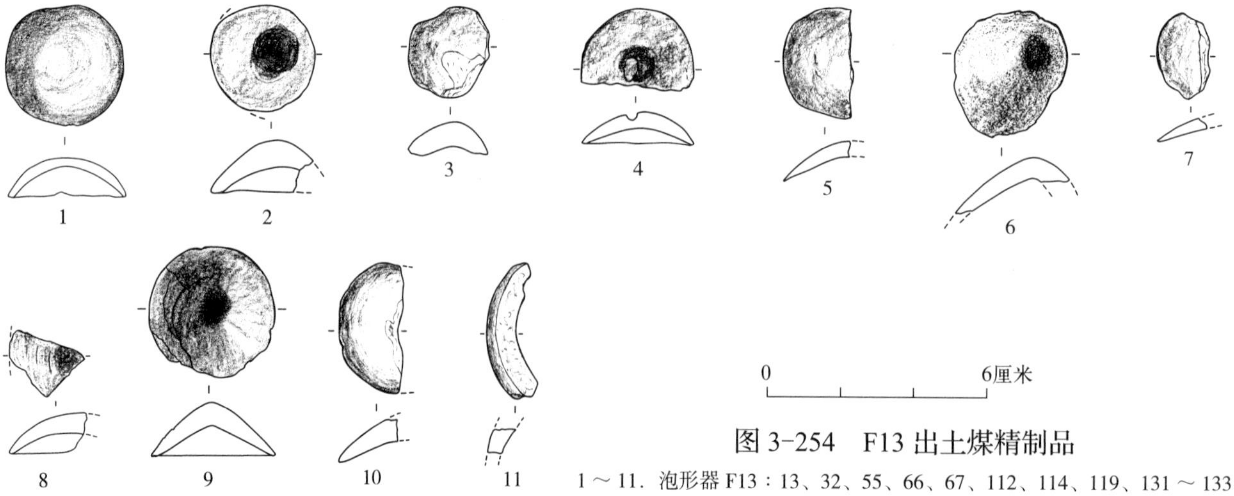

图3-254 F13出土煤精制品

1～11. 泡形器F13∶13、32、55、66、67、112、114、119、131～133

标本 F13：67，残。磨制，圆顶形。表面光滑，内凹光洁，底边尖锐。直径 3.9、高 1.3 厘米（图 3-254，5）。

标本 F13：112，残。磨制，圆尖顶，表面光滑，内凹光洁，底边残。厚 0.5 厘米（图 3-254，6）。

标本 F13：114，残。磨制，表面光滑，内凹光洁，底边尖锐，顶残。残长 1.5、宽 2.3、厚 0.6 厘米（图 3-254，7）。

标本 F13：119，磨制，圆尖顶，表面光滑，内凹光洁，底边圆滑。直径 2.5 ～ 3.4、高 1.4 厘米（图 3-254，8）。

标本 F13：131，残。磨制，圆顶形，表面光滑，内凹光洁，底边尖锐。残高 1.1 厘米（图 3-254，9）。

标本 F13：132，残。磨制，表面光滑，内凹光洁，底边尖锐。直径 3.4、高 1.8 厘米（图 3-254，10）。

标本 F13：133，残。磨制。残长 3.6、宽 1.4 厘米（图 3-254，11）。

球形器　8 件。

标本 F13：33，磨制，表面光滑。直径 1.1 厘米（图 3-255，1）。

标本 F13：41，基本完整。磨制，表面光滑。直径 1.3 ～ 1.4 厘米（图 3-255，2；彩版一〇六，3）。

标本 F13：45，基本完整。磨制，表面光滑。直径 1.3 厘米（图 3-255，3；彩版一〇六，4）。

标本 F13：48，残，椭圆形，表面有刮磨痕。直径 1.2 ～ 1.5 厘米（图 3-255，4）。

标本 F13：65，残，表面有刮磨痕迹。直径 0.9、高 0.8 厘米（图 3-255，5）。

标本 F13：115，基本完整。磨制，表面光滑。直径 1.3 ～ 1.5 厘米（图 3-255，6；彩版一〇六，5）。

标本 F13：117，残半。磨制，表面光滑。直径 1.6 厘米（图 3-255，7）。

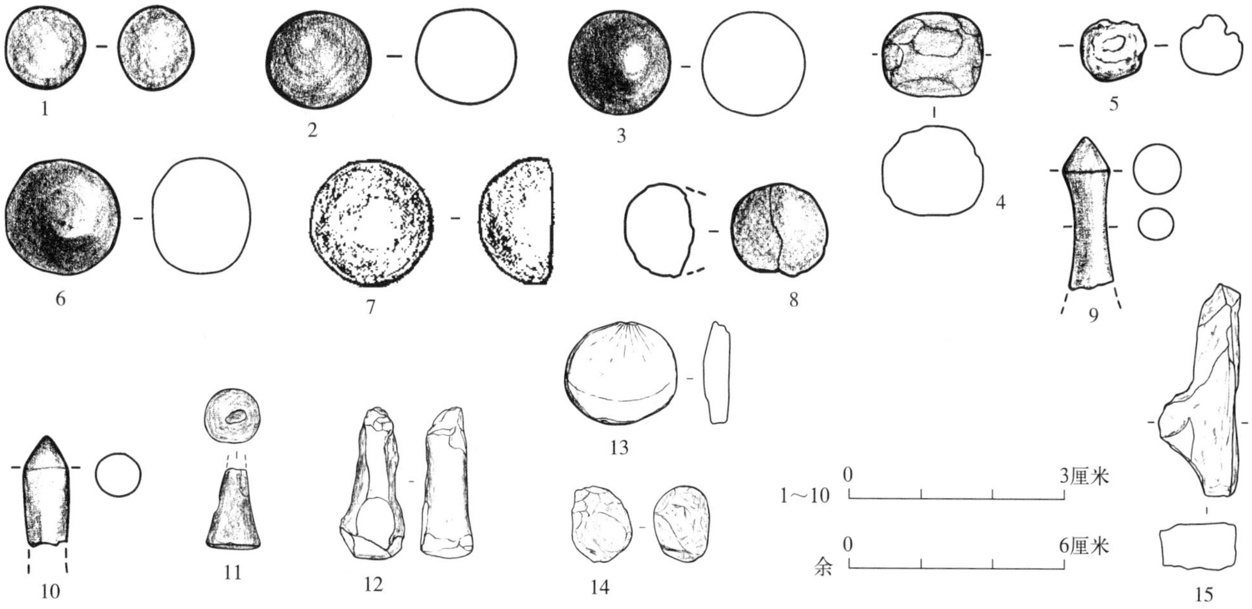

图 3-255　F13 出土煤精制品

1 ～ 8. 球形器 F13：33、41、45、48、65、115、117、118　9 ～ 11. 耳珰形器 F13：35、68、156　12. 煤精半成品 F13：109　13. 圆片 F13：61　14、15. 煤精料 F13：129、130

标本 F13 : 118，残半。磨制，表面有刮磨痕。直径 1.2 ～ 1.3 厘米（图 3-255，8）。

耳珰形器　3 件。

标本 F13 : 35，残。磨制，尖顶，束颈，表面光滑。残高 2.0、直径 0.6 厘米（图 3-255，9）。

标本 F13 : 68，残。磨制，尖顶，束颈，表面光滑。残高 1.5、直径 0.6 厘米（图 3-255，10）。

标本 F13 : 156，残，磨制，束颈，平底。表面光滑。直径 1.5、残高 2.1 厘米（图 3-255，11）。

半成品　1 件。

标本 F13 : 109，耳珰形，磨制，表面有刮磨痕。高 4.1、宽 1.8、厚 1.5 厘米（图 3-255，12；彩版一〇六，6）。

圆片　1 件。

标本 F13 : 61，残，扁圆片形，稍加磨制。直径 2.7 ～ 3.1、厚 0.7 厘米（图 3-255，13；彩版一〇六，7）。

煤精料　2 件。

标本 F13 : 129，不规则椭圆形，表面有刮磨痕迹。长 2.0、宽 1.6、厚 1.5 厘米（图 3-255，14）。

标本 F13 : 130，不规则长条形，表面有刮磨痕迹。长 5.6、宽 2.2、厚 1.3 厘米（图 3-255，15）。

4. 其他

2 件。有赤铁矿石、石墨等。

赤铁矿石　1 件。

标本 F13 : 1，三角形块状，表面多磨痕。长 1.1、宽 1.0、厚 0.8 厘米（图 3-256，1；彩版一〇六，8）。

石墨　1 件。

标本 F13 : 116，不规则块状，表面多磨痕。长 1.0、宽 0.9、厚 0.6 厘米（图 3-256，2）。

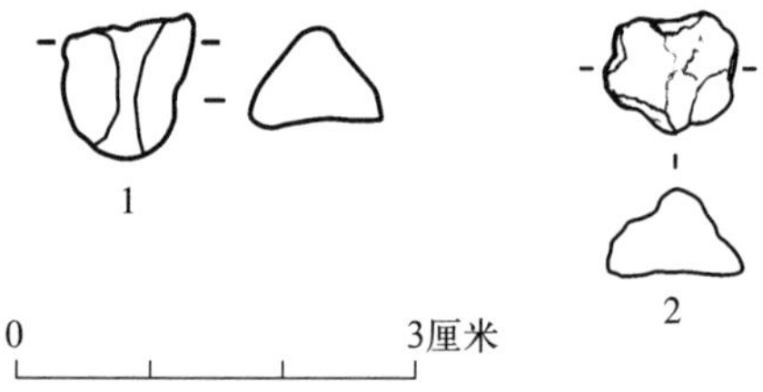

图 3-256　F13 出土其他遗物

1. 赤铁矿石 F13 : 1　2. 石墨 F13 : 116

（一三）F14

F14 位于 T0104 西侧中部，东距 F2 约 11.00、北距 F9 约 7.00 米。房址开口②层下，打破生土。平面为圆角长方形，半地穴式，东、西、南三壁外弧，穴壁较直，西北角因有大树未进行清理。东西长 4.60、南北宽 3.80、深 0.56 米，面积约 17 平方米（图 3-257；彩版一〇七，1）。

居住面土质较杂，内含烧土粒、木炭粒、陶片、石器等。发现灶址 1 个，位于房内中部，开口于活动面，圆形，斜壁，平底，直径 0.60 米，有较厚的烧烤壁。

房内共发现柱洞 16 个，均属于壁柱（表 3-7）。柱坑 4 个。D1 在 ZK1 内，D14 在 ZK2 内，D6、D15 在 ZK3 内，D9 在 ZK4 内。柱洞直径约 0.16 ～ 0.36、深 0.10 ～ 0.27 米。

出土遗物有石器、陶器、煤精制品等，共计 82 件。

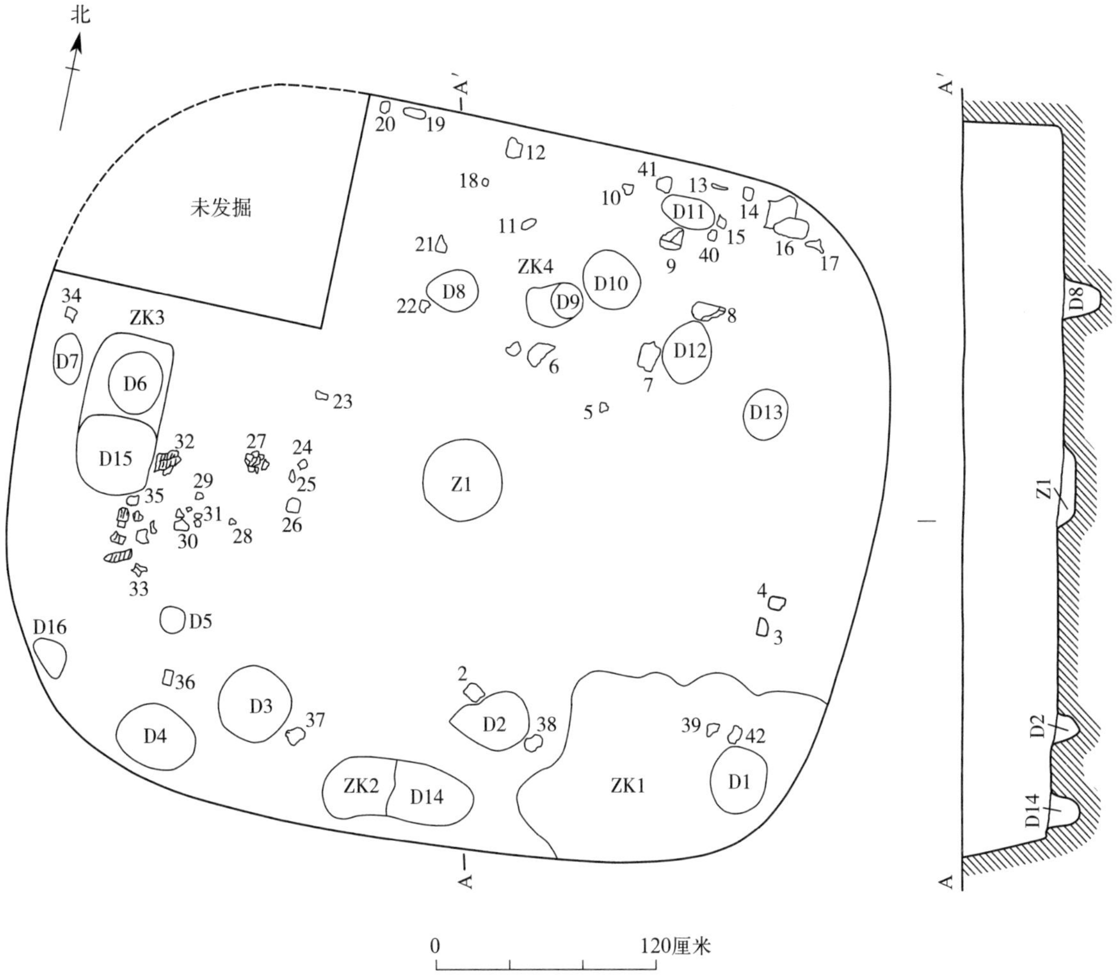

图 3-257　F14 平、剖面图

Z. 灶址　2、8、12、15、17、21、26、40. 敲砸器　3、4、10、22、23、25、31、35、42. 石器　5、16. 磨盘　6、11、13、27～30、32～34、36、41. 陶片　7、37～39. 网坠　9. 磨棒　18. 煤精泡形器　19、20、24. 陶器底

表 3-7　F14 柱洞（柱坑）登记表　（单位：厘米）

编号	径	深	备注	编号	径	深	备注
D1	27	22		D11	15	14	
D2	27	15		D12	25	26	
D3	36	20		D13	21	15	
D4	27	18		D14	31	20	
D5	12	10		D15	38	30	
D6	26	18		D16	16	15	
D7	14	13		ZK1	97～150	13	不规则形单柱
D8	20	18		ZK2	28～78	15	不规则形单柱
D9	15	13		ZK3	40～80	20	圆角长方形双柱
D10	30	22		ZK4	20～30	10	不规则形单柱

1. 石器

59件。有打制石器38件、细石器1件、磨制石器20件。

（1）打制石器

38件。有敲砸器14件、石片刮削器19件、石片1件、网坠4件。

敲砸器　14件。

标本F14∶3，青色板岩。打制，不规则扁椭圆多棱形，多剥片疤，局部保留石皮，敲砸痕迹明显。长5.8、宽5.0、厚3.5厘米（图3-258，1）。

标本F14∶4，青灰色板岩。打制，不规则扁椭圆多棱形，多剥片疤，一侧保留石皮，敲砸痕迹明显。长6.9、宽4.8、厚2.9厘米（图3-258，2）。

标本F14∶5，青色板岩。打制，不规则扁椭圆多棱形，多剥片疤，局部保留石皮，敲砸痕迹明显。长6.7、宽5.6、厚3.5厘米（图3-258，3）。

标本F14∶6，青色板岩。打制，不规则扁三角形，一侧局部保留石皮，两端敲砸痕迹明显。长6.2、宽4.8、厚2.5厘米（图3-258，4）。

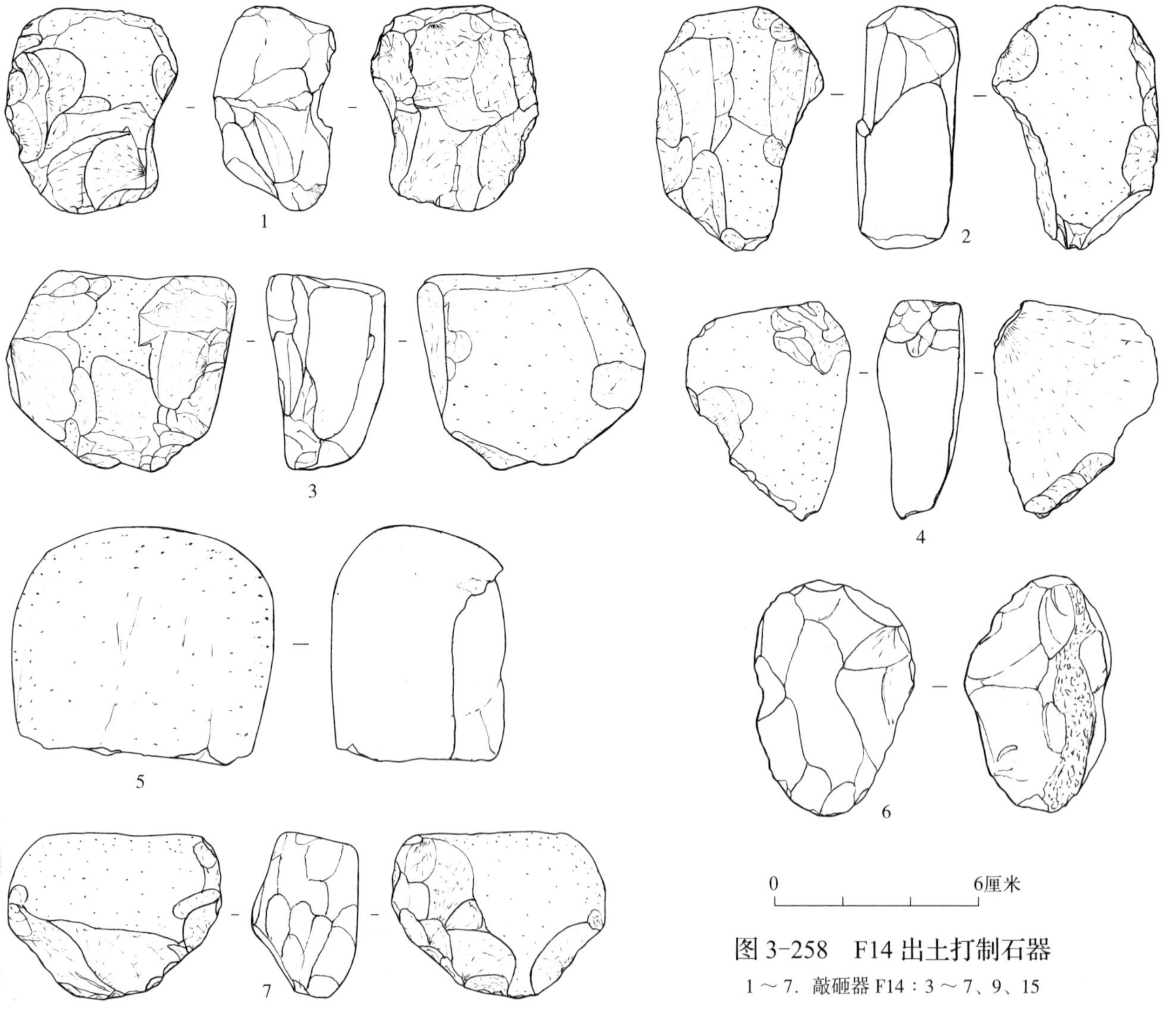

图3-258　F14出土打制石器

1～7. 敲砸器F14∶3～7、9、15

标本F14∶7，黄褐色花岗岩。不规则椭圆形，局部保留石皮，敲砸痕迹明显。长7.8、宽6.7、厚5.3厘米（图3-258，5）。

标本F14∶9，青色板岩。打制，不规则椭圆多棱形，多剥片疤，敲砸痕迹细碎。长6.7、宽4.8、厚4.4厘米（图3-258，6；彩版一〇七，1）。

标本F14∶15，青色板岩。打制，不规则圆角多棱形，多剥片疤，局部保留石皮，敲砸痕迹明显。长6.3、宽4.7、厚3.2厘米（图3-258，7）。

标本F14∶16，红褐色花岗岩。打制，不规则多棱形，多剥片疤，局部保留石皮，敲砸痕迹明显。长9.2、宽9.2、厚4.2厘米（图3-259，1）。

标本F14∶21，青色板岩。打制，不规则多边形，多棱角，局部保留石皮，敲砸痕迹明显。长8.5、宽5.4、厚3.8厘米（图3-259，2）。

标本F14∶22，青灰色板岩。打制，不规则椭圆形，多棱角，两端敲砸痕迹明显。长5.5、宽4.1、厚2.5厘米（图3-259，3）。

标本F14∶49，青灰色板岩。打制，不规则扁六角形，局部保留石皮，两端敲砸痕迹明显。长6.8、

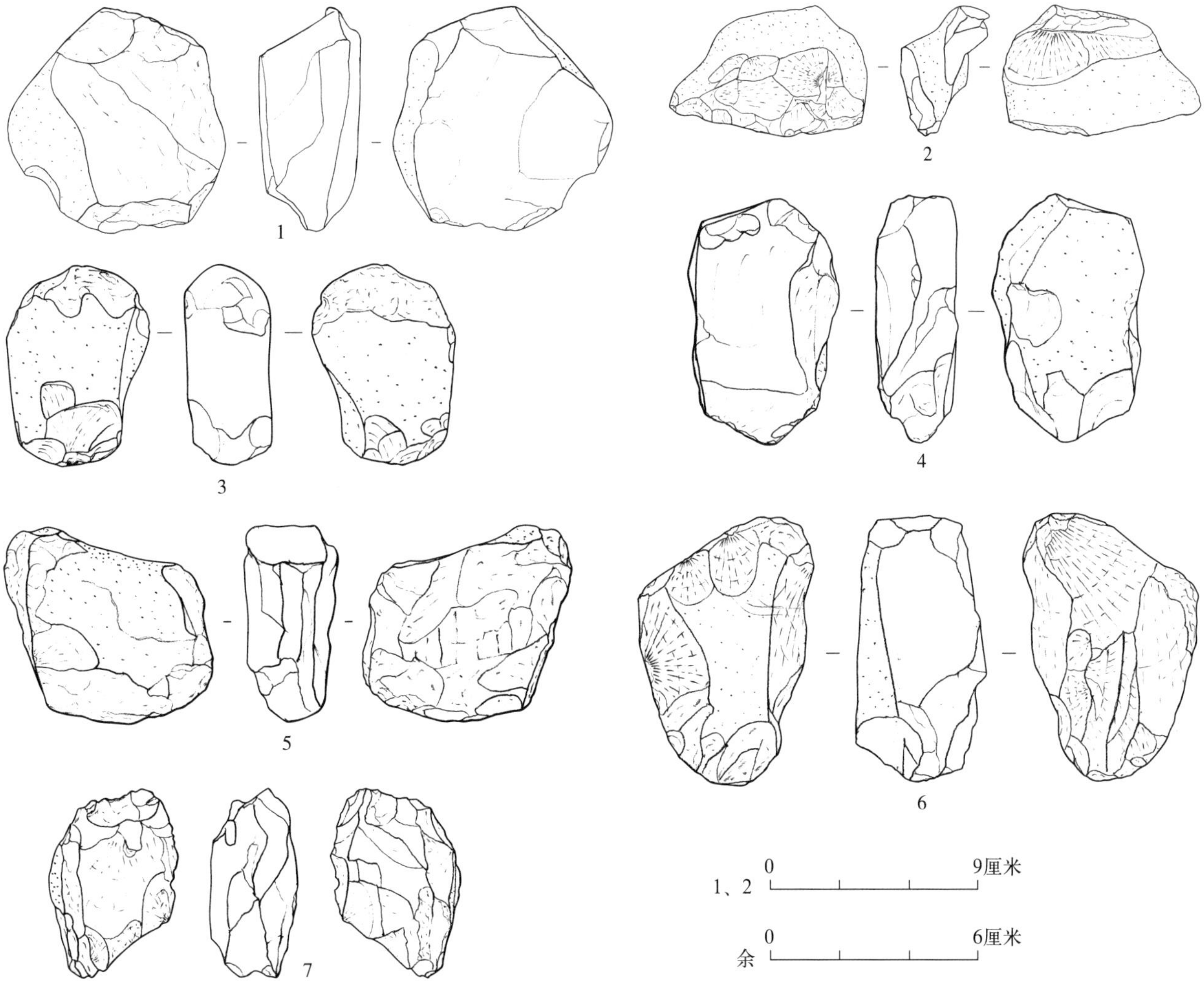

图3-259　F14出土打制石器

1～7. 敲砸器F14∶16、21、22、49、51、53、77

宽 4.3、厚 2.4 厘米（图 3-259，4；彩版一〇七，2）。

标本 F14 : 51，青色板岩。打制，不规则菱形，多棱角，多剥片疤，局部保留石皮，敲砸痕迹明显。长 6.0、宽 5.4、厚 2.6 厘米（图 3-259，5）。

标本 F14 : 53，青色板岩。打制，不规则三角形，多棱角，多剥片疤，局部保留石皮，敲砸痕迹明显。长 7.3、宽 5.1、厚 3.8 厘米（图 3-259，6）。

标本 F14 : 77，青灰色板岩。打制，不规则菱形，多棱角，多剥片疤，敲砸痕迹明显。长 5.1、宽 3.7、厚 2.5 厘米（图 3-259，7）。

石片刮削器　19 件。

标本 F14 : 37，青灰色板岩。打制，不规则多边形，边刃，有刮削痕迹。长 3.4、宽 2.1、厚 0.8 厘米（图 3-260，1）。

标本 F14 : 38，青色板岩。打制，不规则舌形，边刃，有刮削痕迹。长 4.6、宽 3.3、厚 1.0 厘米（图 3-260，2）。

标本 F14 : 39，青灰色板岩。打制，不规则多边形，一面有石皮，边刃，有刮削痕迹。长 3.7、宽 2.9、厚 0.8 厘米（图 3-260，3）。

标本 F14 : 40，青灰色板岩。打制，不规则多边形，一面有石皮，边刃，有刮削痕迹。长 4.0、宽 2.5、厚 0.6 厘米（图 3-260，4）。

标本 F14 : 41，青色板岩。打制，不规则梯形，边刃呈齿状，刮削痕迹明显。长 3.0、宽 1.8、厚 0.3 厘米（图 3-260，5）。

标本 F14 : 42，青灰色板岩。打制，不规则三角形，边刃，有刮削痕迹。残长 4.8、宽 4.2、厚 1.3 厘米（图 3-260，6）。

标本 F14 : 43，青灰色板岩。打制，不规则多边形，边刃，有刮削痕迹。残长 4.3、宽 2.9、厚 1.2 厘米（图 3-260，7）。

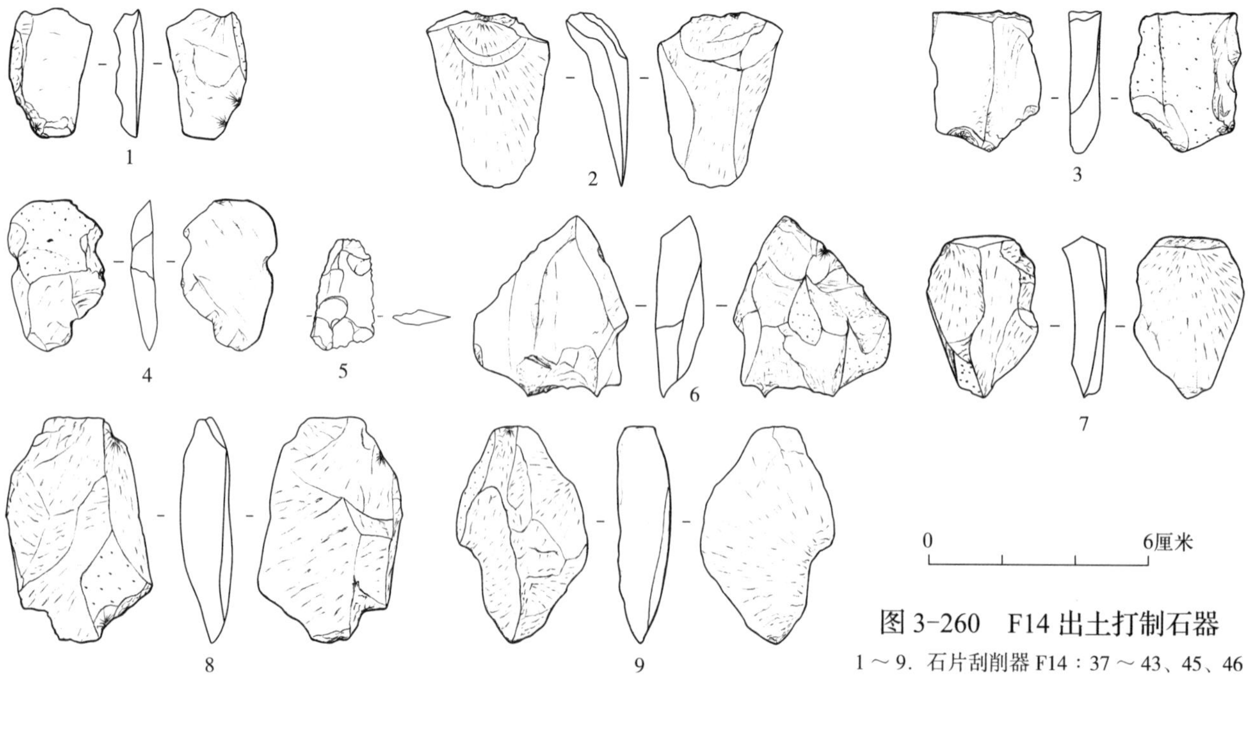

图 3-260　F14 出土打制石器

1～9. 石片刮削器 F14 : 37～43、45、46

标本 F14：45，青灰色板岩。打制，不规则多边形，边刃，有刮削痕迹。长 6.0、宽 3.6、厚 1.3 厘米（图 3-260，8）。

标本 F14：46，青色板岩。打制，不规则菱形，边刃，有刮削痕迹。长 5.7、宽 3.5、厚 1.4 厘米（图 3-260，9）。

标本 F14：60，青色板岩。打制，不规则椭圆形，凸刃刮削痕迹明显。长 6.5、宽 6.2、厚 2.3 厘米（图 3-261，1）。

标本 F14：62，青灰色板岩。打制，不规则多边形，边刃，有刮削痕迹。长 3.2、宽 2.8、厚 0.6 厘米（图 3-261，2）。

标本 F14：63，青灰色板岩。打制，不规则圆形，边刃，有刮削痕迹。长 2.3、宽 2.2、厚 0.5 厘米（图 3-261，3）。

标本 F14：64，青灰色板岩。打制，不规则多边形，边刃，有刮削痕迹。长 3.5、宽 1.9、厚 0.5 厘米（图 3-261，4）。

标本 F14：69，青灰色板岩。打制，不规则多边形，边刃，有刮削痕迹。长 3.3、宽 2.0、厚 0.2 厘米（图 3-261，5）。

标本 F14：70，青灰色板岩。打制，不规则多边形，边刃，有刮削痕迹。长 2.1、宽 2.0、厚 0.4 厘米（图 3-261，6）。

标本 F14：72，残，青灰色板岩。打制，不规则圆形，边刃，有刮削痕迹。长 2.0、宽 1.5、厚 0.2

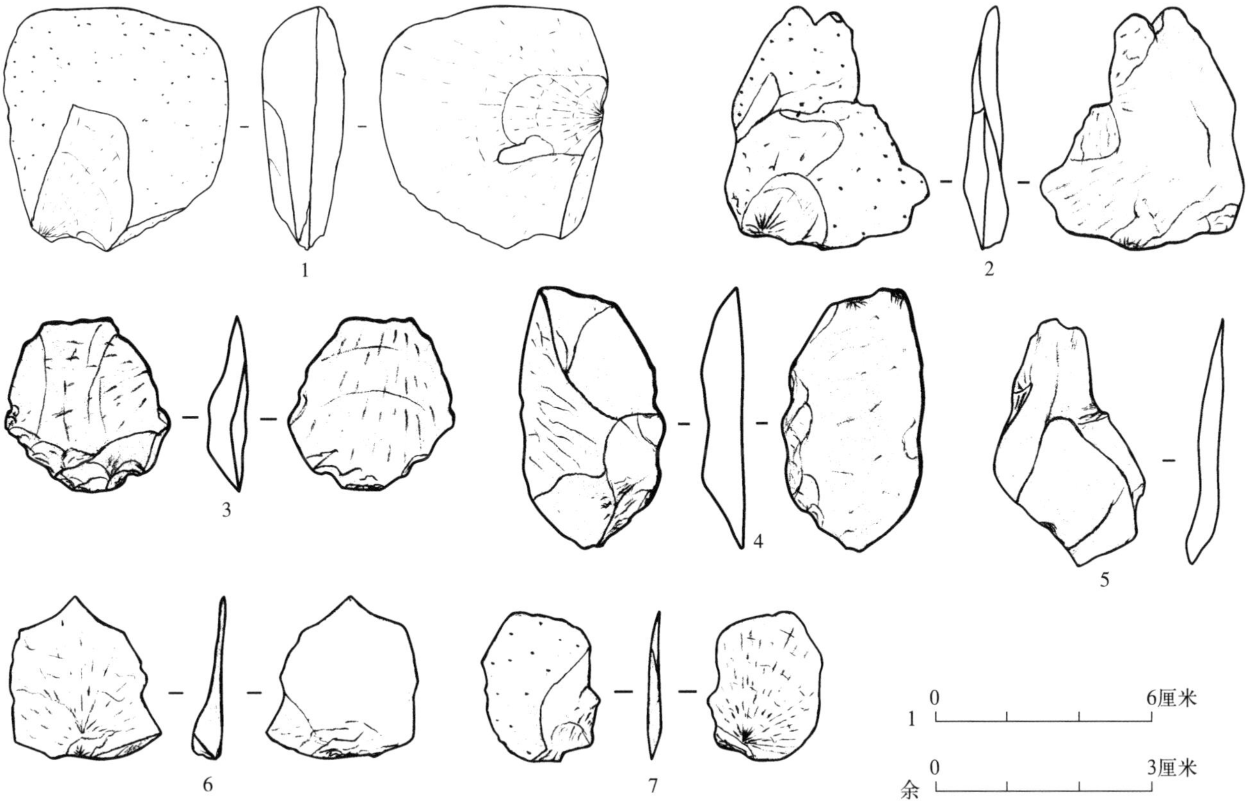

图 3-261 F14 出土打制石器

1～7. 石片刮削器 F14：60、62～64、69、70、72

厘米（图 3-261，7）。

标本 F14 : 44，青色板岩。打制，尖叶形，边刃，有刮削痕迹。长 4.2、宽 2.2、厚 0.5 厘米（图 3-262，1）。

标本 F14 : 66，青灰色板岩。打制，不规则三角形，边刃，有刮削痕迹。长 1.3、宽 1.2、厚 0.4 厘米（图 3-262，2）。

标本 F14 : 73，青灰色板岩。打制，宽叶形，边刃，有刮削痕迹。长 3.7、宽 1.9、厚 0.7 厘米（图 3-262，3）。

石片　1 件。

标本 F14 : 30，灰白色板岩。打制，半圆形，无使用。长 1.9、宽 1.2、厚 0.5 厘米（图 3-262，4）。

网坠　4 件。

标本 F14 : 1，黄褐色花岗斑岩。打制，扁平椭圆形。两侧对称打出豁口。长 11.3、宽 8.3、厚 2.0 厘米（图 3-262，5；彩版一〇八，1）。

标本 F14 : 52，褐色砂砾岩。打制，扁平圆形，两侧对称打出豁口。长 9.3、宽 8.0、厚 1.9 厘米（图 3-262，6）。

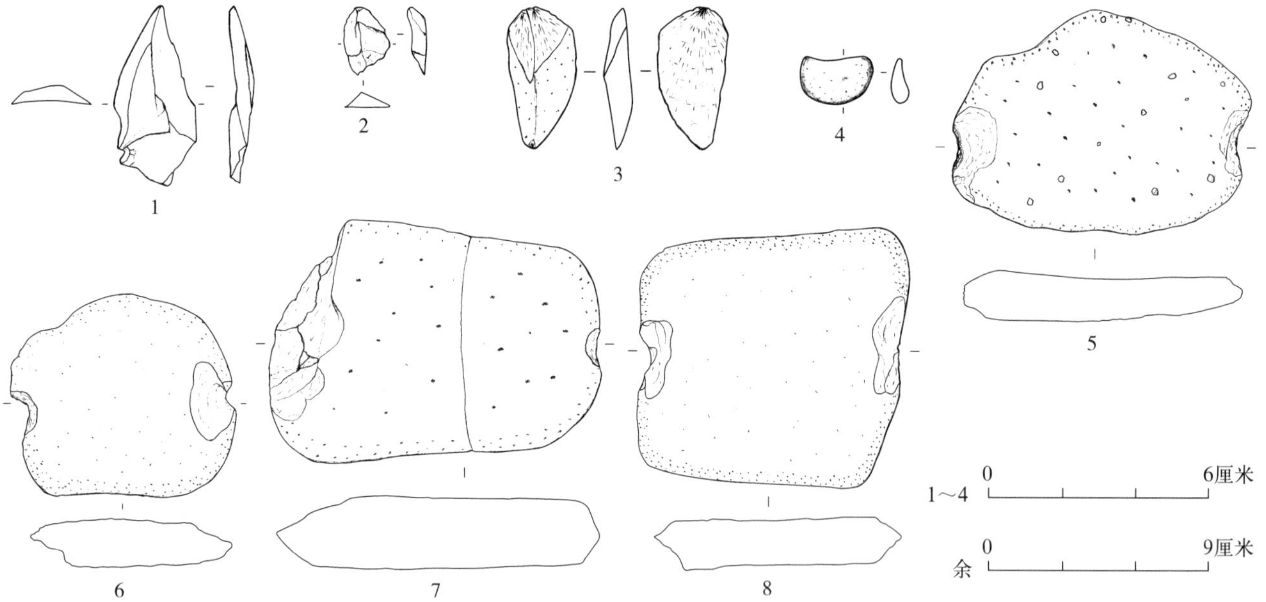

图 3-262　F14 出土打制石器

1～3. 石片刮削器 F14 : 44、66、73　4. 石片 F14 : 30　5～8. 网坠 F14 : 1、52、54、55

标本 F14 : 54，残，黄褐色脉岩。打制，扁平圆角梯形。两侧对称打出豁口。长 13.6、宽 9.7、厚 2.8 厘米（图 3-262，7）。

标本 F14 : 55，褐色斑岩。打制，扁平长方形。两侧对称打出豁口。长 11.5、宽 10.3、厚 1.8 厘米（图 3-262，8）。

（2）细石器

1 件。

石叶　1 件。

标本 F14：65，残，青灰色板岩。打制，长条形，横截面三角形。长 1.5、宽 0.4、厚 0.3 厘米（图 3-263，1）。

（3）磨制石器

20 件。有石斧 1 件、石镞 1 件、石磨盘 5 件、石磨棒 8 件、砺石 1 件、研磨器 2 件、圆石片 1 件。

石斧　1 件。

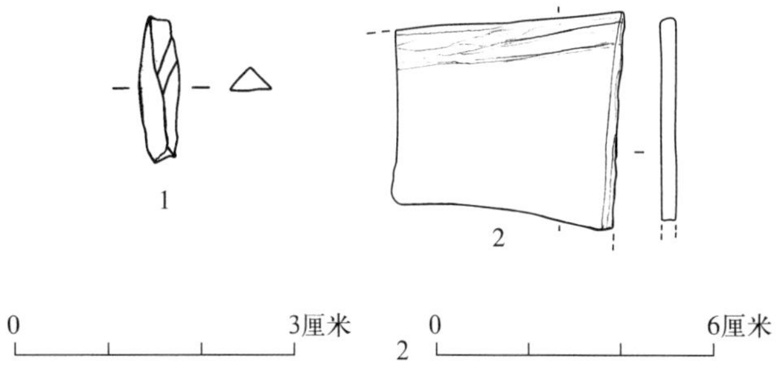

图 3-263　F14 出土细石器与石料

1. 石叶 F14：65　2. 石料 F14：25

标本 F14：14，残，青灰色板岩。磨制，通体磨光，长身梯形，横截面扁椭圆形，顶部残，对磨弧刃。残长 9.0、宽 8.0、厚 3.5 厘米（图 3-264，1；彩版一〇八，2）。

石镞　1 件。

标本 F14：74，残，青色板岩。磨制，长条形，直边刃，锋刃对磨，平底，横截面扁平六角形。残长 5.1、宽 1.4、厚 0.2 ～ 0.3 厘米（图 3-264，2；彩版一〇八，3）。

石磨盘　5 件。

标本 F14：12，残块，黄褐色砂岩。磨制，两面有磨痕，一面稍圆凹，一面较平。残长 10.7、宽 6.4、厚 2.2 厘米（图 3-264，3）。

标本 F14：47，褐色花岗岩。磨制，圆角长方形，两面有磨痕，一面稍凹，一面较平。长 43.2、宽 25.6、厚 3.3 厘米（图 3-264，4；彩版一〇八，4）。

标本 F14：48，残块，红褐色砂砾岩。磨制，一个平磨面，磨痕明显。残长 15.1、宽 9.0、厚 7.5 厘米（图 3-264，5）。

标本 F14：57，残块，褐色砂岩。磨制，两面有磨痕，两面均稍凹。残长 6.0、宽 5.0、厚 3.0 厘米（图 3-264，6）。

标本 F14：71，残块，灰褐色砂岩。磨制，一平磨面，磨痕明显。残长 6.1、宽 3.3、厚 3.6 厘米（图 3-264，7）。

石磨棒　8 件。

标本 F14：8，红褐色砂砾岩。磨制，椭圆形，横截面圆角方形，多磨面，磨痕明显。长 8.3、宽 6.5、厚 4.7 厘米（图 3-265，1；彩版一〇八，5）。

标本 F14：10，残，黄褐色石英岩。磨制，长条形，横截面呈圆角长方形，多磨面，磨痕明显。残长 6.8、宽 5.1、厚 3.9 厘米（图 3-265，2）。

标本 F14：13，黄褐色花岗岩。磨制，不规则长圆形。多磨面，磨痕明显。长 20.2、宽 10.0、厚 7.8 厘米（图 3-265，3；彩版一〇八，6）。

标本 F14：17，残块，黄褐色石英岩。磨制，长条形，横截面椭圆形，多磨面，磨痕明显。残长 6.5、宽 6.2、厚 5.4 厘米（图 3-265，4）。

标本 F14：20，青灰色砂岩。磨制，长圆形。长条形，横截面半圆形，多磨面，磨痕明显。长 11.3、宽 6.2、厚 4.4 厘米（图 3-265，5；彩版一〇八，7）。

标本 F14：24，残块，红褐色砂岩。磨制。长 4.5、宽 2.2、厚 4.5 厘米（图 3-265，6）。

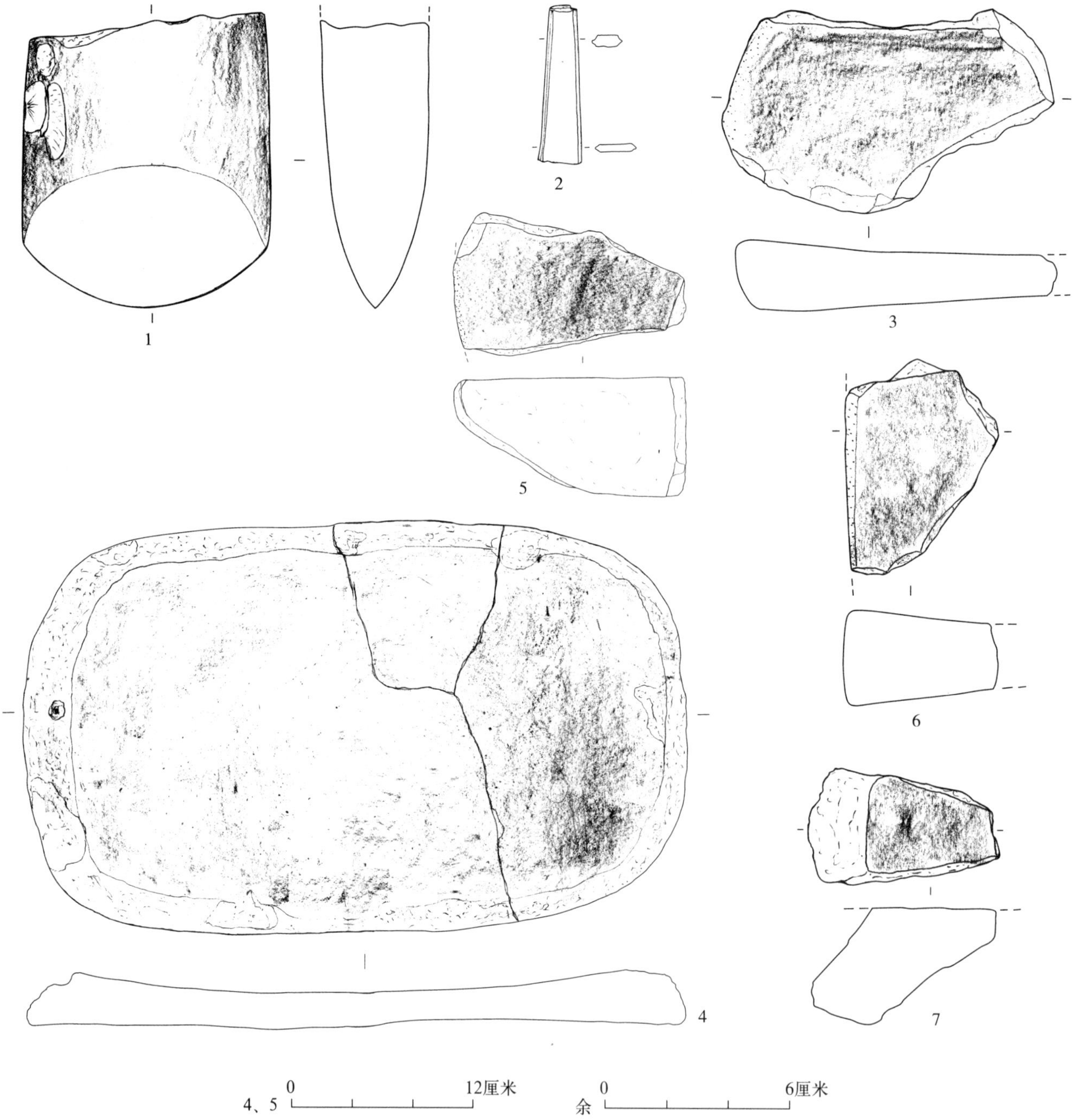

图 3-264 F14 出土磨制石器

1. 石斧 F14：14 2. 石镞 F14：74 3～7. 石磨盘 F14：12、47、48、57、71

标本 F14：35，残块，红褐色花岗岩。磨制。残长 8.4、宽 4.3、厚 4.7 厘米（图 3-265，7）。

标本 F14：50，灰褐色砂砾岩。磨制，长条形，横截面圆角四边形。多磨面，磨痕明显。残长 11.9、宽 7.5、厚 4.7 厘米（图 3-265，8）。

砺石 1 件。

标本 F14：19，残，红褐色粉砂岩。磨制，不规则三角形，多磨面，磨痕明显。长 6.6、宽 4.0、厚 2.3 厘米（图 3-266，1）。

研磨器　3件。

标本F14：2，灰白色石英岩。磨制，不规则扁圆三角形，一个磨面，磨痕明显。长4.6、宽4.5、厚2.2厘米（图3-266，2）。

标本F14：11，黄褐色石英岩。打制，不规则三角形，一个磨面，磨痕明显。长11.2、宽8.0、厚5.7厘米（图3-266，3）。

标本F14：18，青色板岩。圆角锥形，多面磨面，磨痕明显。直径3.2～3.3、厚3.1厘米（图3-266，4）。

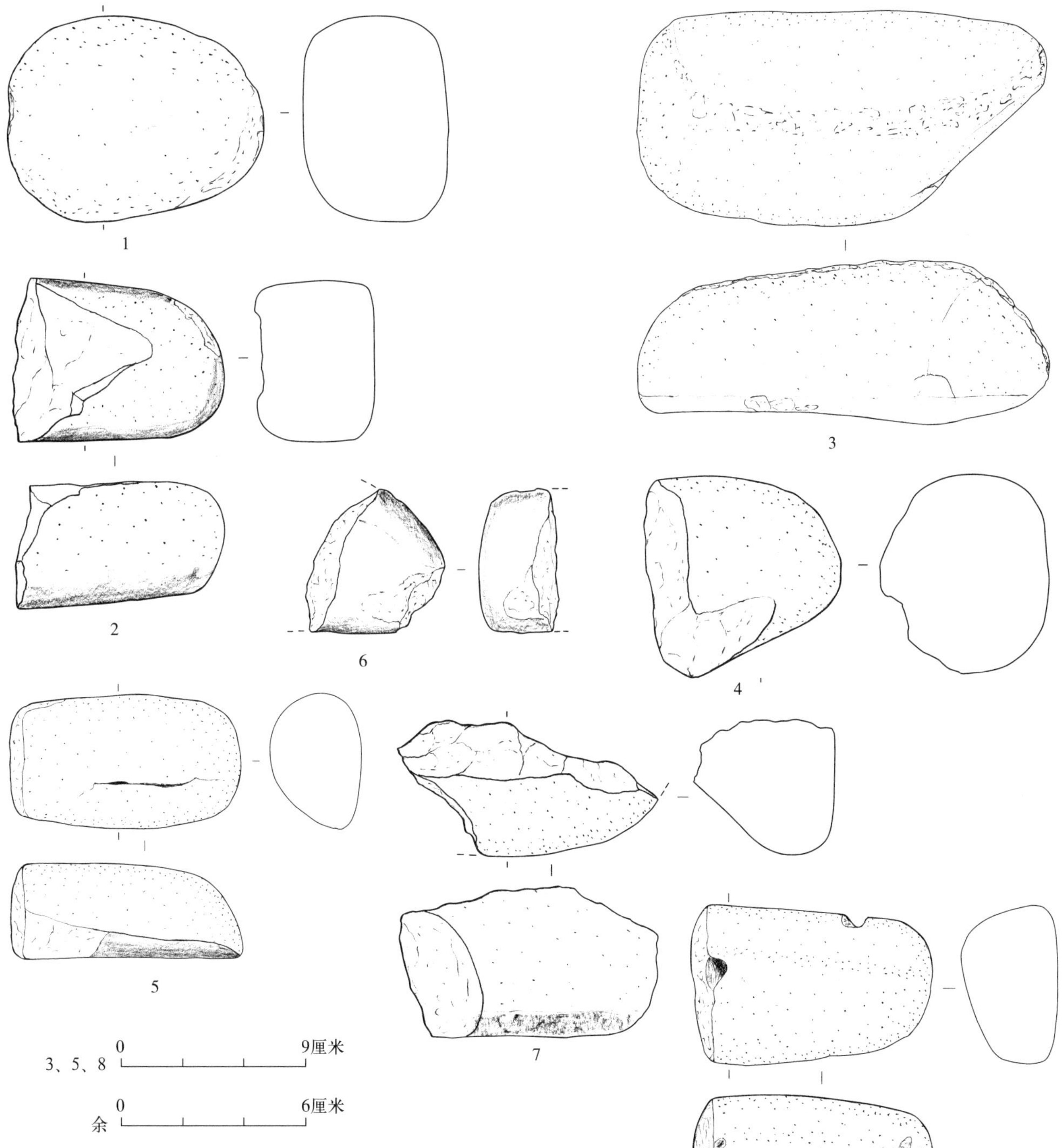

图3-265　F14出土磨制石器

1～8. 石磨棒F14：8、10、13、17、20、24、35、50

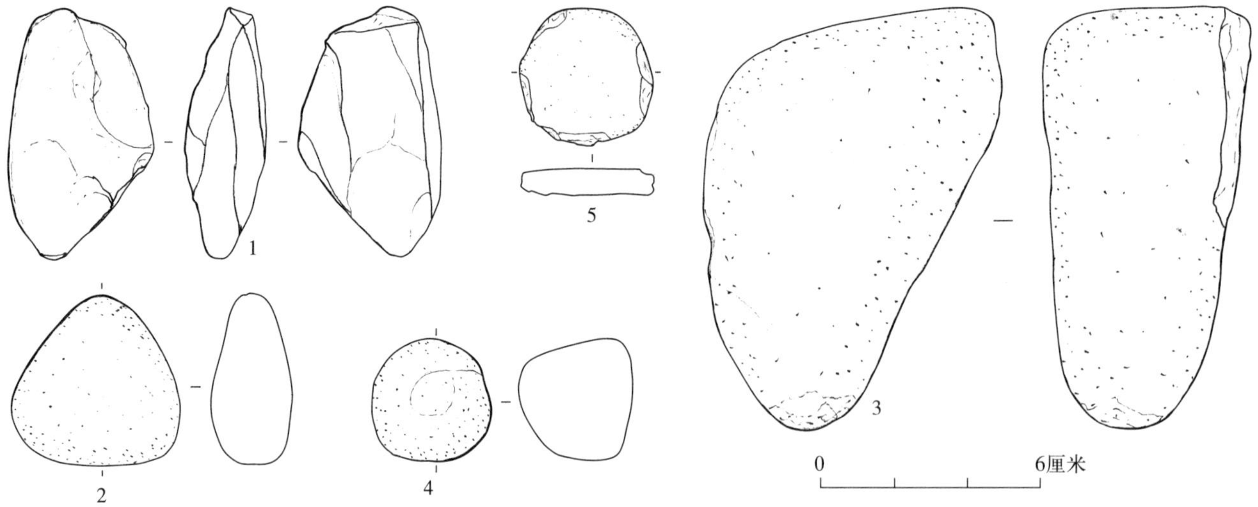

图 3-266 F14 出土磨制石器

1. 砺石 F14：19 2～4. 研磨器 F14：2、11、18 5. 圆石片 F14：23

圆石片 1 件。

标本 F14：23，白色石灰岩。磨制，扁圆片形，边缘有压琢痕。直径 3.6～3.8、厚 0.75 厘米（图 3-266，5）。

2. 陶器

10 件。有深腹罐 6 件、高足钵 3 件、陶杯 1 件。

深腹罐 6 件。

Aa 型Ⅲ式 1 件。

标本 F14：83，残，夹砂红褐陶。敞口，圆唇，斜直腹。口沿处有一周素凹带，腹部饰竖压横排之字纹。口径 11.0、残高 4.3 厘米（图 3-267，1）。

Ac 型Ⅱ式 1 件。

标本 F14：58，残，夹砂红陶。敞口，圆唇，斜直腹。口沿处有一周凹带，内饰划压斜线纹，腹部饰横压竖排之字纹。口径 24.0、残高 6.7 厘米（图 3-267，2）。

罐口沿 1 件。

标本 F14：84，残，夹砂红褐陶。敞口，圆唇，直腹。口沿处有两周凹纹带，内饰划压斜线纹，腹部饰竖压横排之字纹（图 3-267，3）。

陶器底 1 件。

标本 F14：80，残，夹砂红陶。斜腹，平底。腹部饰竖压横排之字纹。底径 12.0、残高 4.9 厘米（图 3-267，4）。

B 型 1 件。

标本 F14：79，残，夹砂红陶。斜腹，平底。腹部饰压印弦纹。底径 8.0、残高 3.9 厘米（图 3-267，5）。

C 型 1 件。

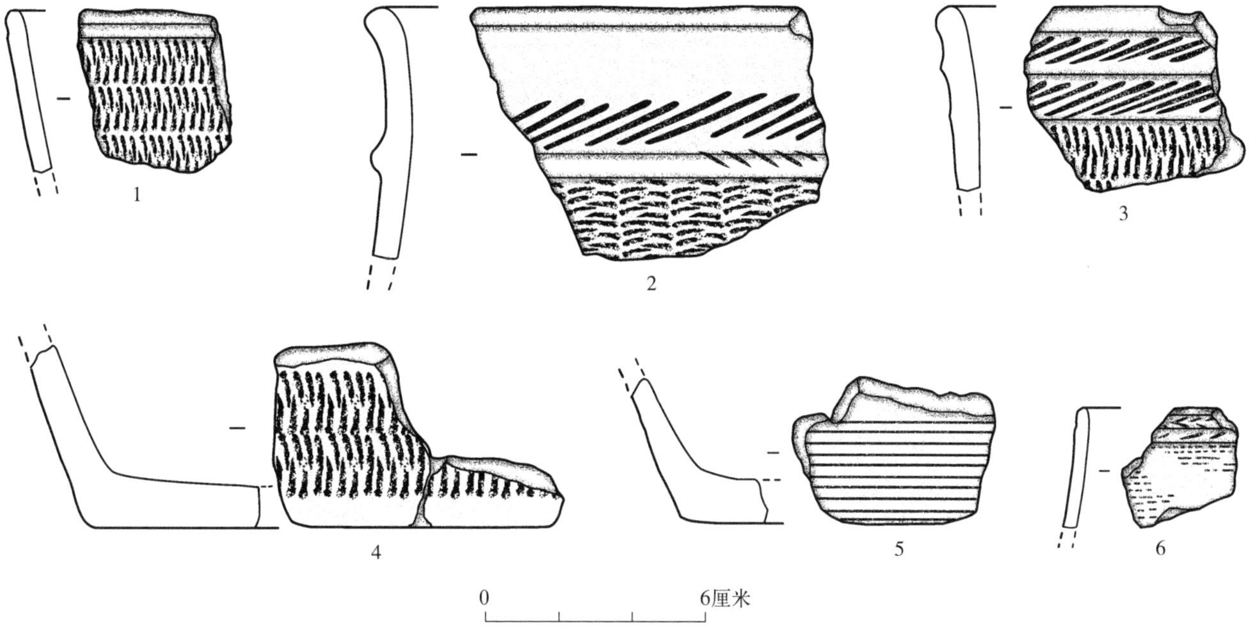

图 3-267 F14 出土深腹罐

1. Aa 型Ⅲ式 F14：83 2. Ac 型Ⅱ式 F14：58 3、4. 陶片 F14：84、80 5. B 型 F14：79 6. C 型 F14：85

标本 F14：85，残，夹砂红褐陶。直口，圆唇，斜直腹。口沿处有两周凹纹带，内饰划压横人字纹，腹部饰压印长方形篦齿纹弦纹。残高 3.2 厘米（图 3-267，6）。

高足钵 3 件。

标本 F14：59，残，夹砂红陶，有红陶衣。敞口，圆唇，弧腹。口沿下有一周素凹带，腹上部饰划压斜线纹。残高 2.6 厘米（图 3-268，1）。

标本 F14：56，残，夹砂红陶。圈足。足部饰压印弦纹、划压斜线纹。底径 5.2、残高 2.8 厘米（图 3-268，2）。

标本 F14：81，残，夹砂红陶。弧腹，圈足，素面。底径 6.4、残高 3.1 厘米（图 3-268，3）。

陶杯 1 件。

标本 F14：76，可修复，细泥黑褐陶。捏制。尖唇，深弧腹，平底，素面。口径 4.4、底径 2.4、高 6.2 厘米（图 3-268，4；彩版一〇九，1）。

3. 煤精制品

12 件。有泡形器 5 件、其中半成品 1 件，煤精球 2 件、煤精料 5 件。

泡形器 4 件。

标本 F14：29，残块。长 2.1、宽 2.8、厚 0.7 厘米（图 3-269，1）。

标本 F14：32，残。磨制，圆尖形顶，表面光滑，内凹光洁，边缘圆滑。直径 3.9、高 1.3 厘米（图 3-269，2）。

标本 F14：33，残。磨制，圆顶形，表面光滑，内凹光洁，边缘残。直径 3.1、残高 1.3 厘米（图 3-269，3）。

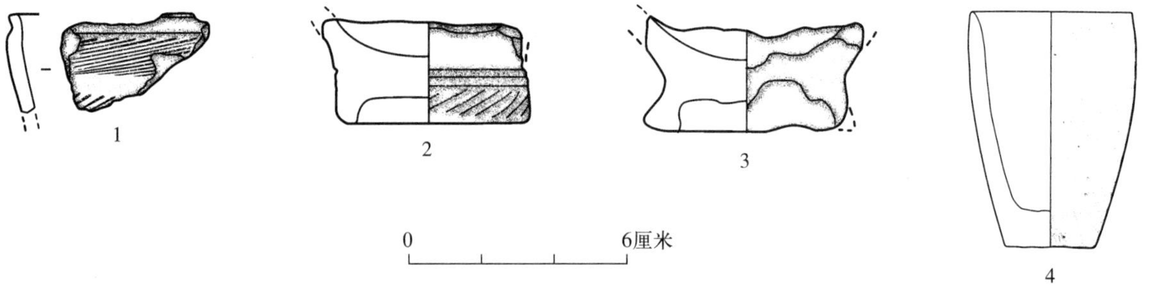

图 3-268　F14 出土陶器

1～3. 高足钵 F14∶59、56、81　4. 陶杯 F14∶76

标本 F14∶36，残块，磨制，表面光滑，内凹光洁，边缘尖锐。长 2.3、宽 1.8、厚 0.6 厘米（图 3-269，4）。

标本 F14∶75，磨制。直径 1.7 厘米（图 3-269，7；彩版一〇九，3）。

半成品　1 件。

标本 F14∶67，表面、内凹、边缘有刮削痕，直径 3.6、厚 1.6 厘米（图 3-269，5）。

球形器　2 件。

标本 F14∶34，磨制，表面光滑。直径 1.5 厘米（图 3-269，6；彩版一〇九，2）。

标本 F14∶75，残。磨制。直径 1.7 厘米（图 3-269，7；彩版一〇九，3）。

煤精料　5 件。

标本 F14∶26，残，不规则形。长 3.4、宽 2.2、厚 1.4 厘米（图 3-269，8）。

标本 F14∶27，残，不规则形。长 3.2、宽 1.8、厚 0.6 厘米（图 3-269，9）。

标本 F14∶28，残，表面刮削，扁椭圆形，表面有刮磨痕。直径 1.3 ～ 1.9 厘米（图 3-269，10）。

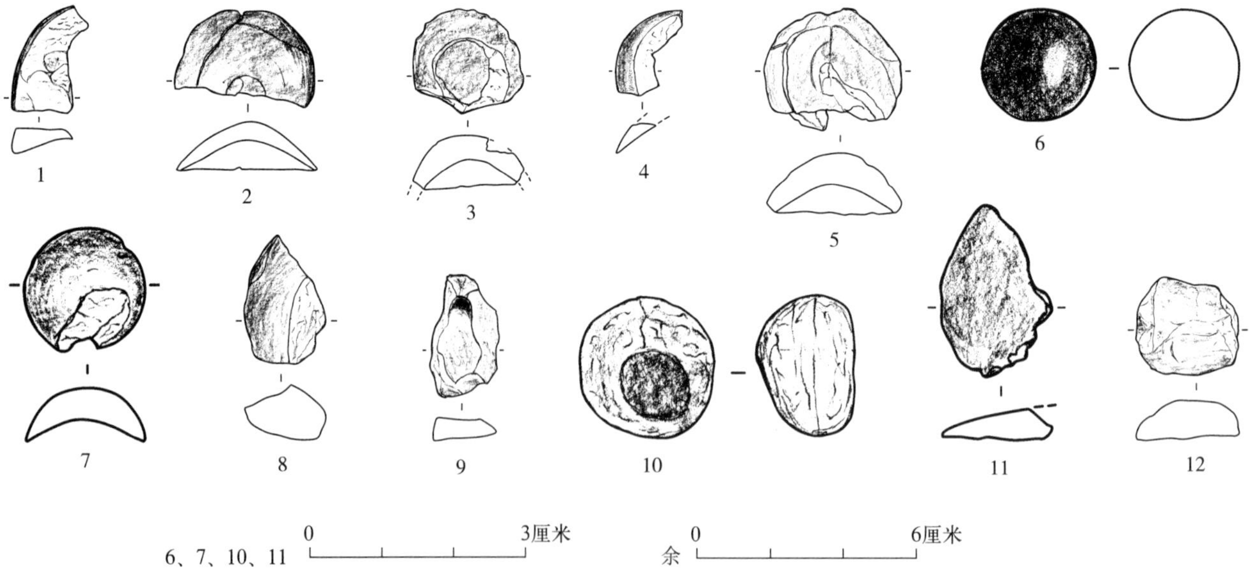

图 3-269　F14 出土煤精制品

1～4、7. 泡形器 F14∶29、32、33、36、75　5. 半成品 F14∶67　6、7. 球形器 F14∶34、75　8～12. 煤精料 F14∶26～28、31、68

标本 F14：31，残，不规则形。长 1.5、宽 2.3、厚 0.4 厘米（图 3-269，11）。

标本 F14：68，残，不规则扁圆形。长 2.8、宽 2.5、厚 1.0 厘米（图 3-269，12）。

4. 其他

1 件。

石料　1 件。

标本 F14：25，青色板岩。长方形，片状，表面有刮割痕。长 4.9、宽 4.5、厚 0.3 厘米（图 3-263，2）。

（一四）F15

F15 位于 T0302 内，西南距 F6 约 3.90、东南距 F11 约 8.40 米。房址开口②层下，打破生土。平面圆角长方形，半地穴式，四壁略外弧，穴壁斜直。房址从东南角至北壁中部被一近代沟打破。东西长 5.66、南北宽 5.00、深 0.72 米，面积约 28 平方米（图 3-270；彩版一〇九，4）。

活动面土质较杂，内含陶片、石器、煤精制品等遗物。发现灶址 1 个，位于房内中部，开口于活动面，圆形，圜底，直径 0.50、深 0.21 米，灶壁较硬，内有红烧土。

房内共发现柱洞 29 个，有壁柱和内柱（表 3-8）。柱坑 6 个，D25 ～ D29 在 ZK1 内，D5 ～ D7 在 ZK2 内，D9 在 ZK3 内，D13 ～ D14 在 ZK4 内，D24 在 ZK6 内。

出土遗物有石器、玉器、陶器、煤精制品、石墨、赤铁矿石等共计 240 件。

表 3-8　F15 柱洞（柱坑）登记表　（单位：厘米）

编号	径	深	备注	编号	径	深	备注
D1	18	8		D18	20	11	
D2	25	16		D19	26	12	
D3	23	11		D20	18	9	
D4	36	19		D21	29	12	
D5	18	13		D22	21	9	
D6	20	7		D23	23	11	
D7	20	17		D24	25	14	
D8	23	13		D25	19	13	
D9	30	26		D26	25	16	
D10	34	18		D27	18	15	
D11	21	13		D28	19	12	
D12	38	15		D29	32	30	
D13	24	20		ZK1	124 ～ 180	12	不规则形内 5 柱
D14	22	11		ZK2	70 ～ 114	8	不规则形内 3 柱
D15	13	6		ZK3	58 ～ 80	8	不规则形单柱
D16	17	10		ZK4	138 ～ 170	9	不规则形内双柱单柱
D17	21	10		ZK5	25 ～ 54	13	椭圆形单柱

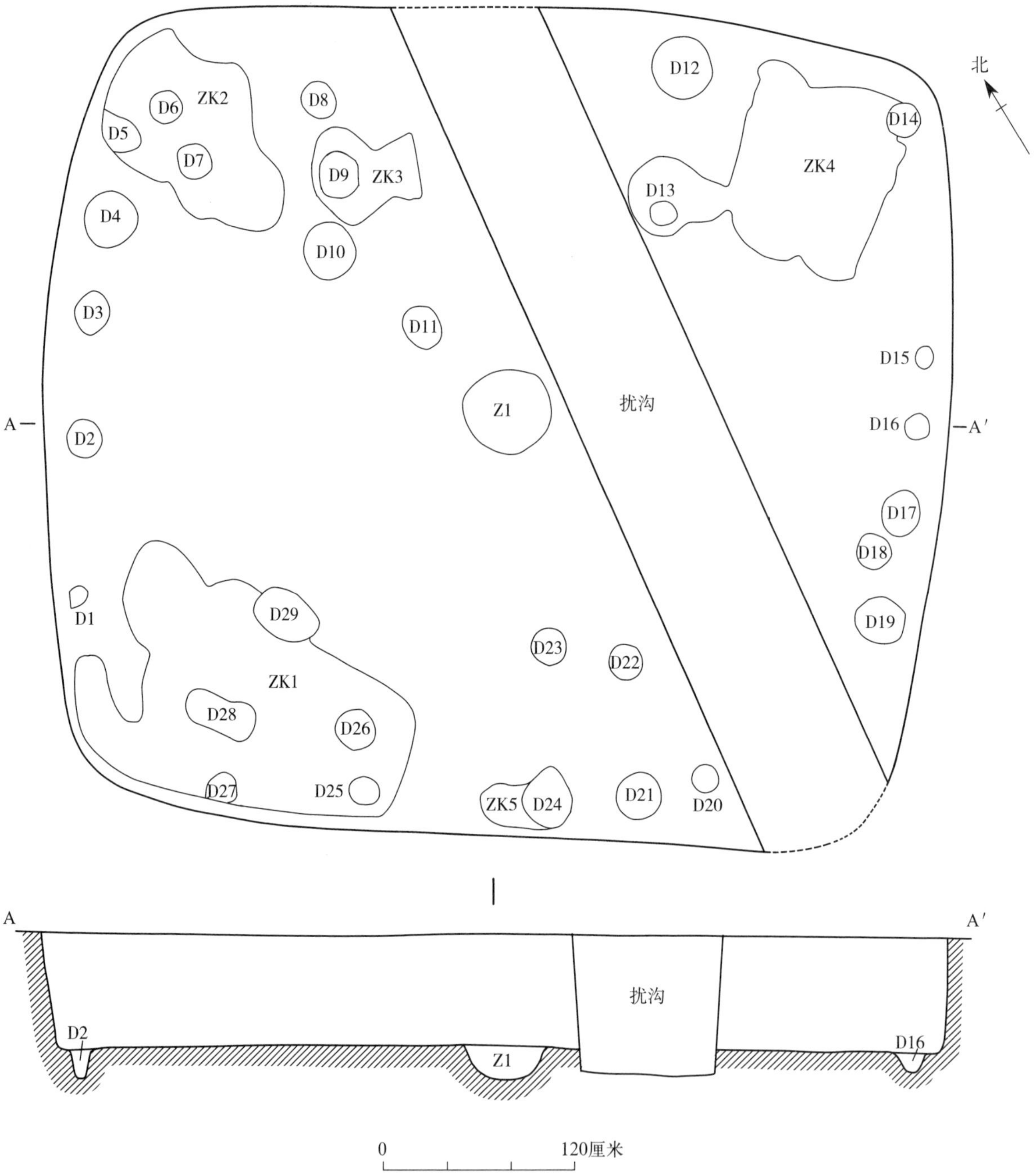

图 3-270 F15 平、剖面图

1. 石器

166 件。有打制石器 78 件、细石器 41 件、磨制石器 47 件。

（1）打制石器

78 件，有砍砸器 5 件、敲砸器 30 件、石片刮削器 30 件、石片 8 件、网坠 5 件。

砍砸器 5 件。

标本 F15：63，青灰色板岩。打制，不规则扁圆多棱形，多剥片疤，局部保留石皮，边刃，砍砸痕迹明显。长 9.4、宽 10.2、厚 4.2 厘米（图 3-271，1；彩版一一〇，1）。

标本 F15∶85，青灰色板岩。打制，不规则扁圆多棱形，多剥片疤，局部保留石皮，边刃，砍砸痕迹明显。长 6.3、宽 7.6、厚 2.2 厘米（图 3-271，2；彩版一一〇，2）。

标本 F15∶144，红褐色板岩。打制，不规则扁圆形，一侧砍砸痕迹明显。长 9.9、宽 8.0、厚 4.0 厘米（图 3-271，3）。

标本 F15∶146，青灰色板岩。打制，不规则扁圆多棱形，多剥片疤，局部保留石皮，边刃，砍砸痕迹明显。长 5.9、宽 6.2、厚 2.0 厘米（图 3-271，4；彩版一一〇，3）。

标本 F15∶154，青灰色板岩。不规则扁平三角形，多棱角，多剥片疤，局部保留石皮，边刃，砍砸痕迹明显。长 7.4、宽 8.0、厚 2.7 厘米（图 3-271，5）。

敲砸器　30 件。

标本 F15∶79，黄褐色斑岩。打制，不规则菱形，多棱角，多剥片疤，局部保留石皮，敲砸痕迹明显。长 14.3、宽 7.5、厚 6.0 厘米（图 3-272，1）。

标本 F15∶84，青灰色板岩。打制，不规则菱形，多棱角，多剥片疤，局部保留石皮，多棱角，敲砸痕迹明显。长 4.8、宽 5.2、厚 3.2 厘米（图 3-272，2）。

标本 F15∶89，青灰色板岩。打制，不规则多边形，多棱角，多剥片疤，局部保留石皮，敲砸痕迹明显。长 4.6、宽 4.3、厚 2.4 厘米（图 3-272，3）。

标本 F15∶90，青色板岩。打制，不规则多棱形，多棱角，多剥片疤，局部保留石皮，敲砸痕迹明显。长 9.8、宽 6.0、厚 3.2 厘米（图 3-272，4）。

标本 F15∶92，青灰色板岩。打制，不规则多边形，多棱角，多剥片疤，敲砸痕迹明显。长 5.2、宽 3.5、厚 2.1 厘米（图 3-272，5）。

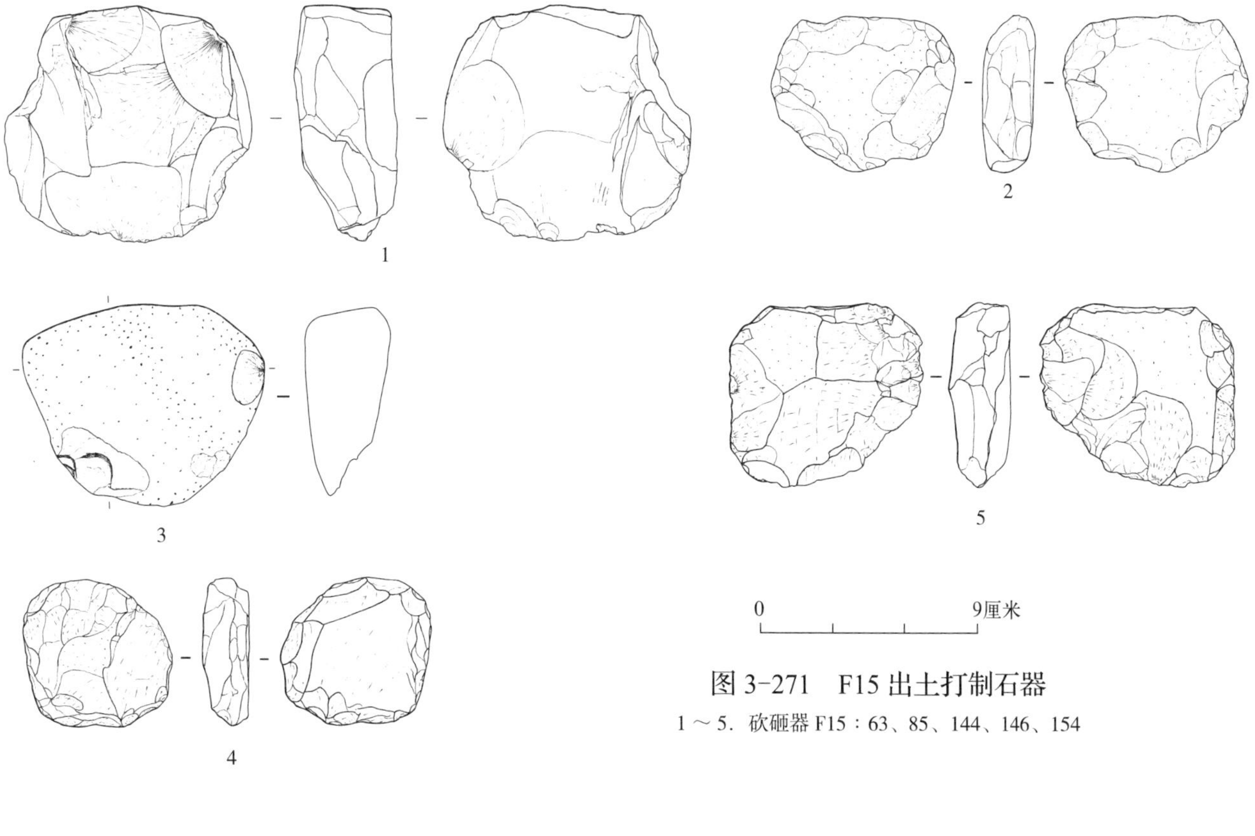

图 3-271　F15 出土打制石器

1～5. 砍砸器 F15∶63、85、144、146、154

标本F15∶117，青色板岩。打制，不规则梯形，局部保留石皮，两端敲砸痕迹明显。长7.4、宽4.5、厚2.4厘米（图3-272，6）。

标本F15∶140，青色板岩。打制，不规则梯形，局部保留石皮，一端敲砸痕迹明显。长8.0、宽3.7、厚4.1厘米（图3-272，7）。

标本F15∶141，青色斑岩。打制，不规则长方形，局部保留石皮，两端敲砸痕迹明显。长10.0、宽3.9、厚3.4厘米（图3-272，8）。

标本F15∶142，青色板岩。打制，不规则圆形，多棱角，多剥片疤，敲砸痕迹明显。长6.5、宽6.3、厚4.8厘米（图3-272，9；彩版一一〇，4）。

标本F15∶143，黄褐色板岩。打制，不规则椭圆多棱形，局部保留石皮，一端敲砸痕迹明显。长10.0、宽6.1、厚3.7厘米（图3-273，1）。

标本F15∶145，褐色板岩。打制，不规则椭圆形，多棱角，多剥片疤，局部保留石皮，敲砸痕迹明显。

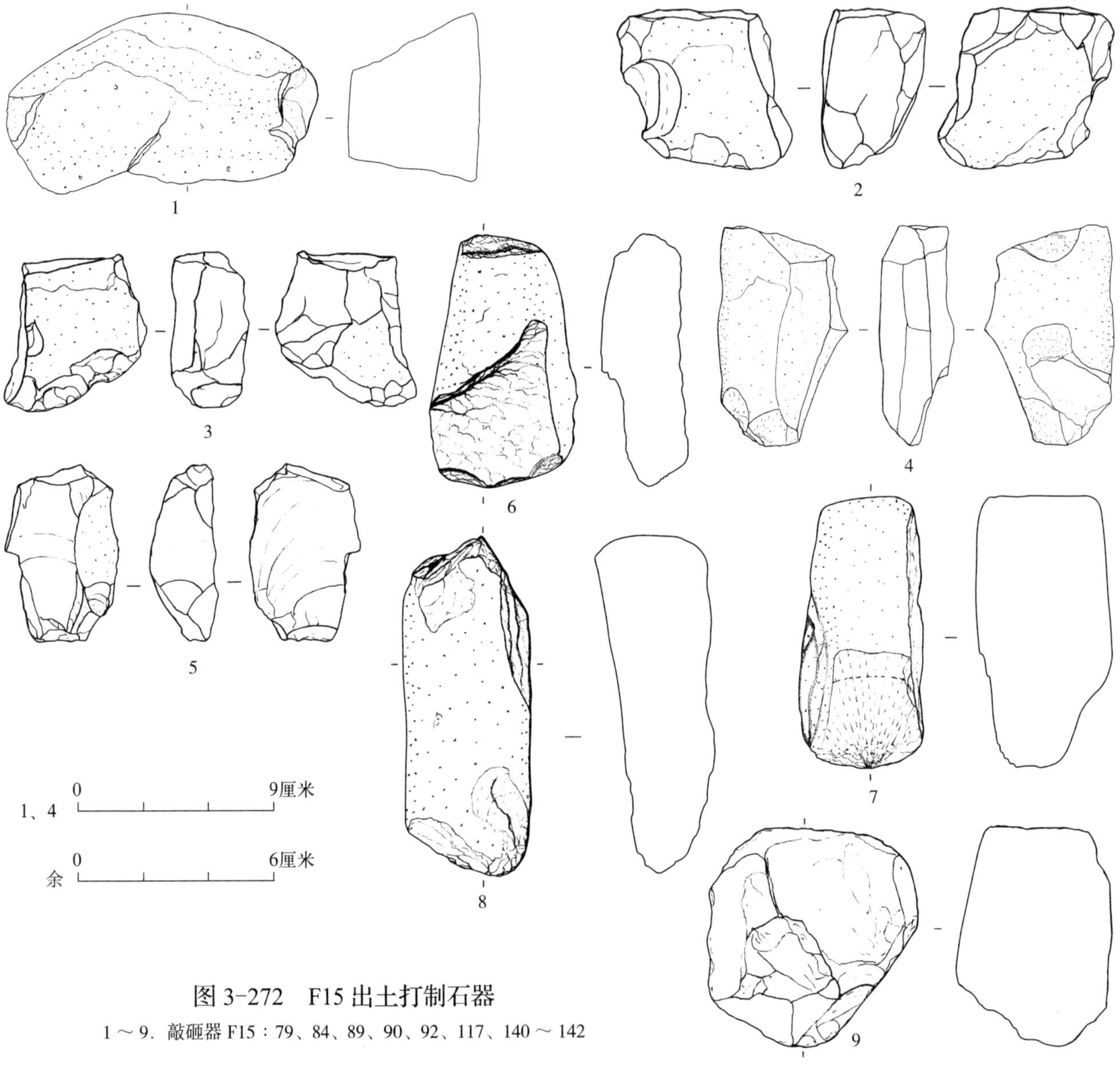

图3-272　F15出土打制石器

1～9. 敲砸器F15∶79、84、89、90、92、117、140～142

长 5.9、宽 4.6、厚 3.6 厘米（图 3-273，2）。

标本 F15：147，青灰色板岩。打制，不规则椭圆形，多棱角，多剥片疤，敲砸痕迹明显。长 6.8、宽 4.6、厚 3.7 厘米（图 3-273，3）。

标本 F15：148，青灰色板岩。打制，不规则椭圆形，多棱角，多剥片疤，局部保留石皮，敲砸

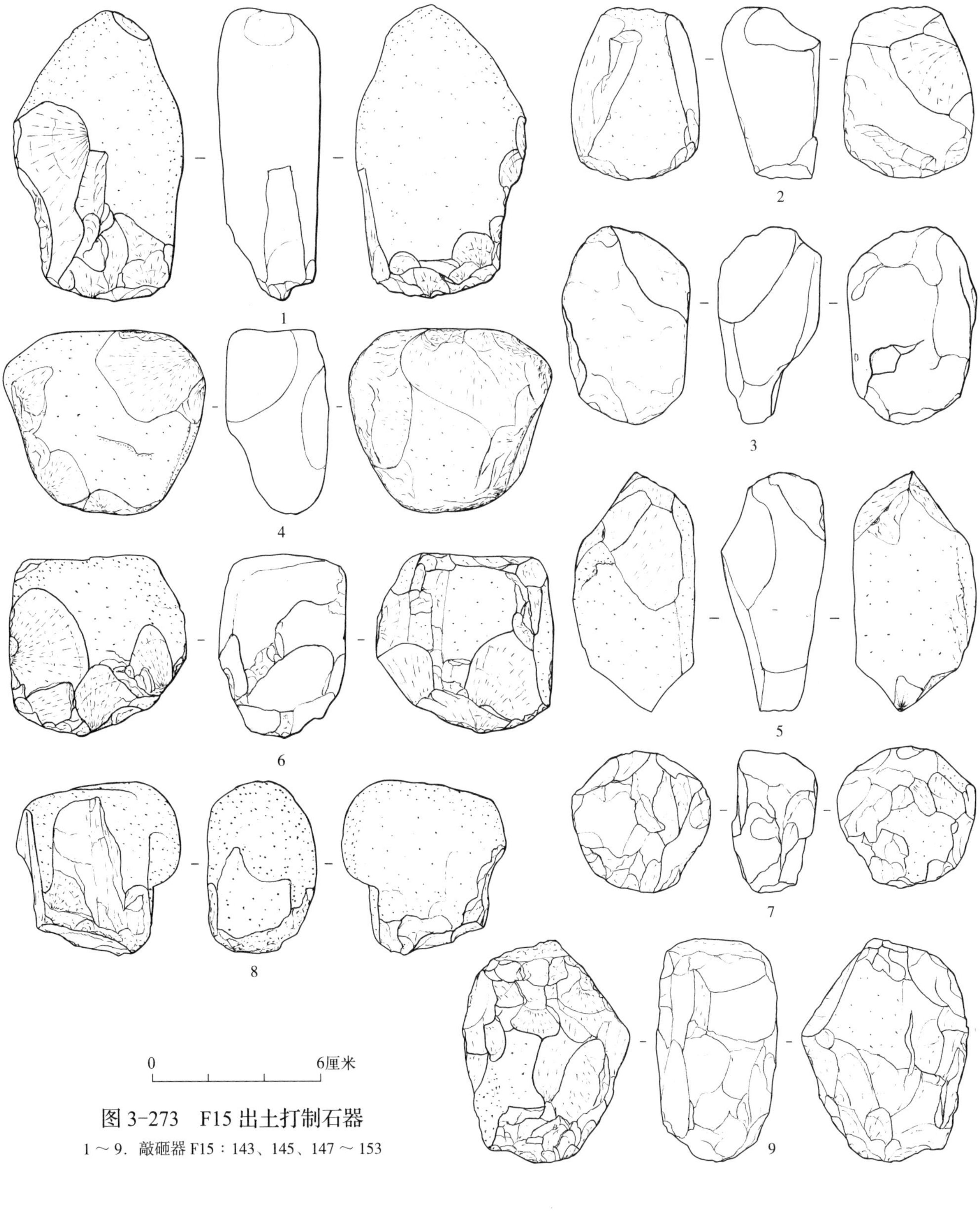

图 3-273　F15 出土打制石器

1～9. 敲砸器 F15：143、145、147～153

痕迹细碎。长 6.4、宽 8.2、厚 3.6 厘米（图 3-273，4）。

标本 F15∶149，褐色板岩。打制，不规则梭形，多棱角，局部保留石皮，敲砸痕迹明显。长 8.2、宽 4.3、厚 3.7 厘米（图 3-273，5）。

标本 F15∶150，青灰色板岩。打制，不规则椭圆多棱形，多剥片疤，局部保留石皮，敲砸痕迹明显。长 6.3、宽 6.2、厚 4.6 厘米（图 3-273，6）。

标本 F15∶151，青色板岩。打制，不规则扁圆多棱形，多剥片疤，敲砸痕迹明显。长 4.9、宽 5.0、厚 3.1 厘米（图 3-273，7；彩版一一〇，5）。

标本 F15∶152，青色板岩。打制，不规则椭圆形，多剥片疤，局部保留石皮，一端敲砸痕迹明显。长 5.9、宽 5.8、厚 3.9 厘米（图 3-273，8）。

标本 F15∶153，褐色板岩。打制，不规则椭圆多棱形，多剥片疤，敲砸痕迹明显。长 7.7、宽 5.9、厚 4.4 厘米（图 3-273，9；彩版一一〇，6）。

标本 F15∶155，青色板岩。打制，不规则多棱形，多剥片疤，局部保留石皮，敲砸痕迹明显。长 5.7、宽 4.7、厚 3.6 厘米（图 3-274，1）。

标本 F15∶156，青灰色闪长玢岩。打制，不规则椭圆多棱形，多剥片疤，局部保留石皮，敲砸痕迹明显。长 5.1、宽 4.9、厚 4.4 厘米（图 3-274，2）。

标本 F15∶157，青灰色片麻岩。打制，不规则多棱形，多剥片疤，局部保留石皮，敲砸痕迹明显。长 6.5、宽 5.0、厚 3.4 厘米（图 3-274，3）。

标本 F15∶158，青色板岩。打制，不规则三角多棱形，多剥片疤，敲砸痕迹明显。长 5.2、宽 5.1、厚 5.0 厘米（图 3-274，4）。

标本 F15∶160，青色板岩。打制，不规则多棱形，多剥片疤，局部保留石皮，敲砸痕迹明显。长 7.3、宽 4.0、厚 4.2 厘米（图 3-274，5）。

标本 F15∶162，青灰色板岩。打制，不规则多棱形，多剥片疤，局部保留石皮，敲砸痕迹明显。长 7.2、宽 4.8、厚 2.7 厘米（图 3-274，6）。

标本 F15∶163，青灰色板岩。打制，不规则多棱形，多剥片疤，局部保留石皮，敲砸痕迹明显。长 7.2、宽 6.0、厚 4.3 厘米（图 3-274，7）。

标本 F15∶164，红褐色砂岩。打制，不规则三棱形，多剥片疤，局部保留石皮，敲砸痕迹明显。长 9.3、宽 6.4、厚 4.6 厘米（图 3-274，8）。

标本 F15∶165，黄褐色板岩。打制，不规则方形，局部保留石皮，一端敲砸痕迹明显。长 9.6、宽 5.2、厚 5.6 厘米（图 3-275，1）。

标本 F15∶166，青色板岩。打制，不规则多棱方形，多剥片疤，敲砸痕迹明显。长 6.0、宽 5.2、厚 4.6 厘米（图 3-275，2）。

标本 F15∶167，青灰色板岩。打制，不规则多棱形，多剥片疤，局部保留石皮，敲砸痕迹明显。长 7.1、宽 7.2、厚 4.6 厘米（图 3-275，3）。

标本 F15∶168，黄褐色石英岩。不规则椭圆形，大部保留石皮，一端敲砸痕迹明显。长 10.8、宽 7.3、厚 6.0 厘米（图 3-275，4）。

石片刮削器　30 件。

标本 F15∶86，青色板岩。打制，不规则三角形，边刃细齿状，刮削痕迹明显。长 5.3、宽 4.3、厚 2.5 厘米（图 3-276，1）。

标本 F15：87，青色板岩。打制，不规则多边形，边刃，有刮削痕迹。长 5.1、宽 4.2、厚 2.0 厘米（图 3-276，2）。

标本 F15：88，青灰色石英岩。打制，不规则多边形，边刃，有刮削痕迹。长 4.2、宽 3.5、厚 2.9 厘米（图 3-276，3；彩版一一一，1）。

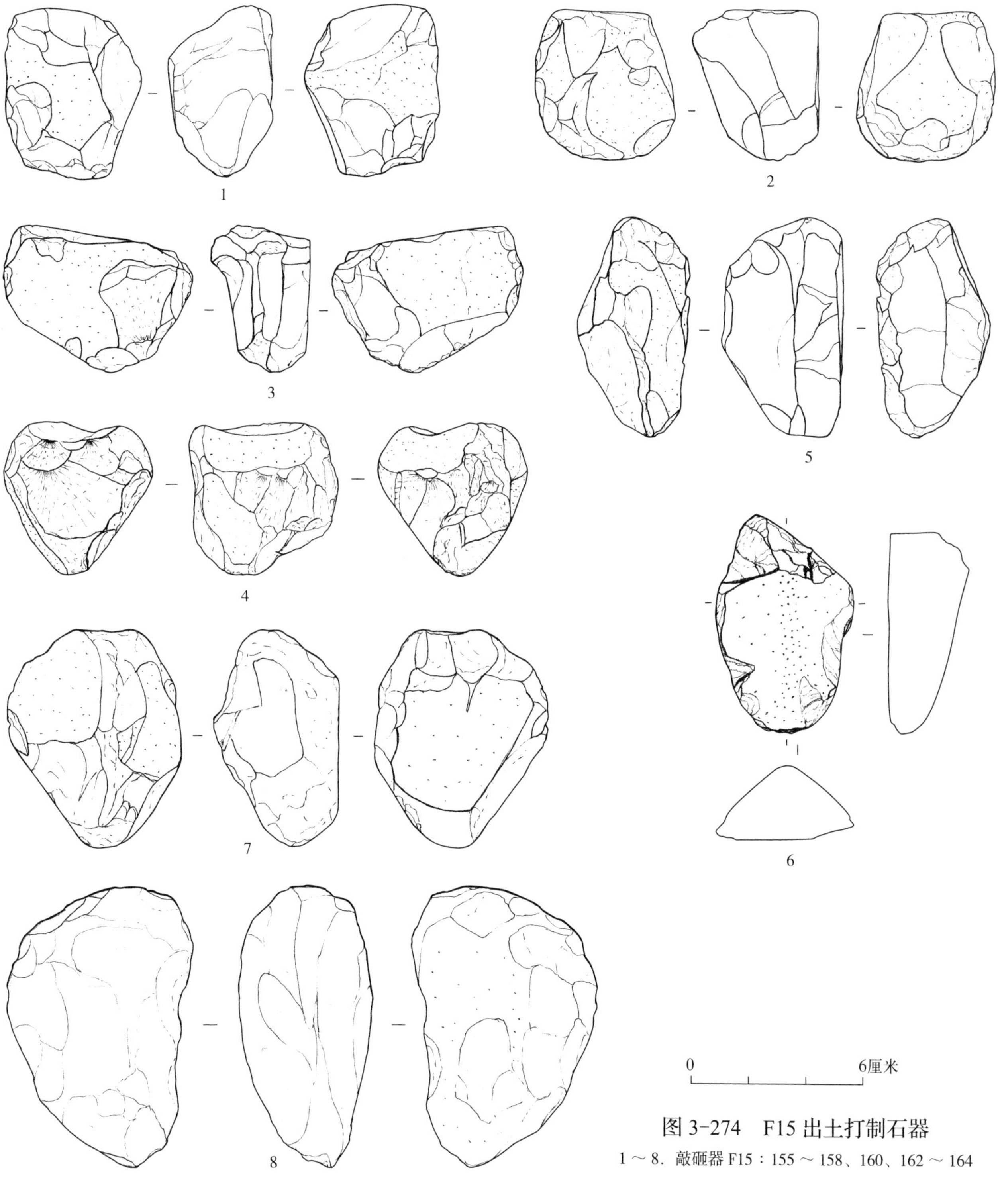

图 3-274　F15 出土打制石器

1～8．敲砸器 F15：155～158、160、162～164

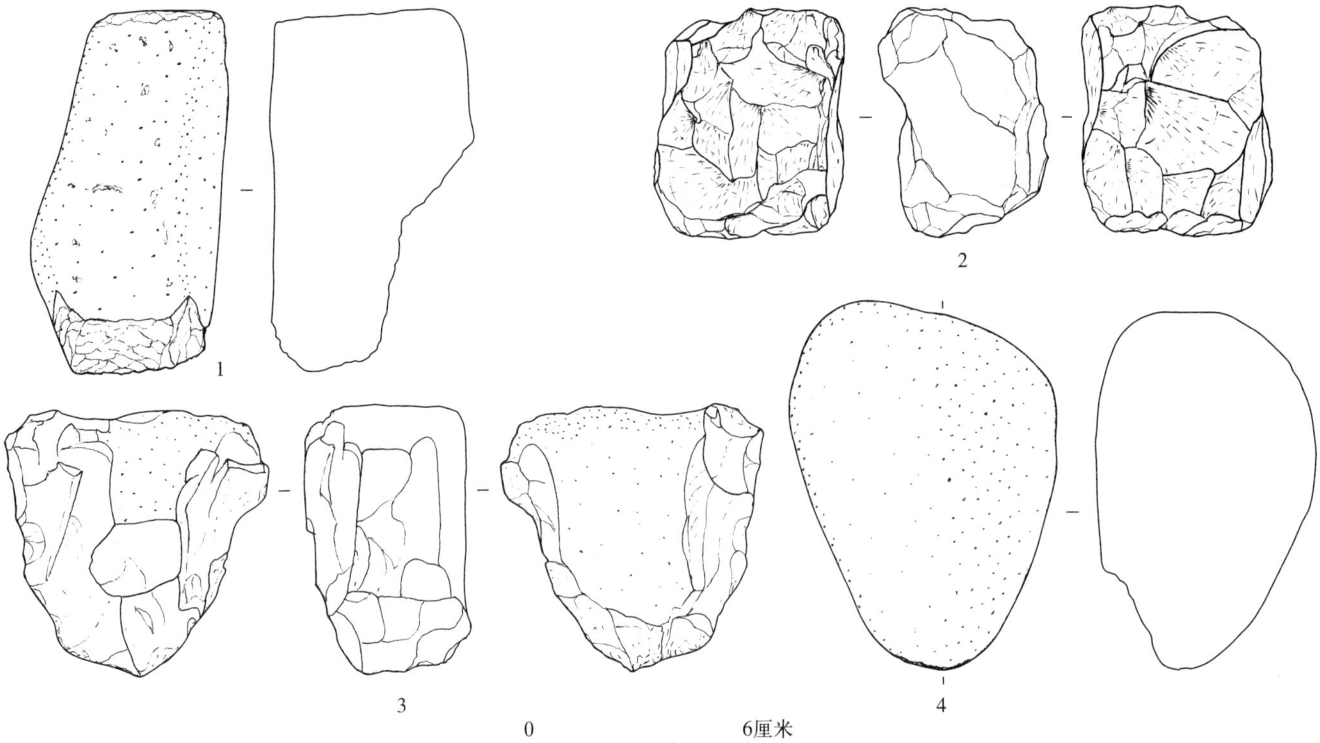

图3-275　F15出土打制石器

1～4. 敲砸器F15：165～168

标本F15：91，青色板岩。打制，不规则多边形，边刃，有刮削痕迹。长5.8、宽4.9、厚2.4厘米（图3-276，4）。

标本F15：93，青色板岩。打制，不规则圆形，边刃，有刮削痕迹。长4.9、宽4.6、厚1.9厘米（图3-276，5）。

标本F15：94，青灰色板岩。打制，不规则椭圆形，边刃，有刮削痕迹。长5.4、宽3.9、厚1.8厘米（图3-276，6）。

标本F15：95，青色板岩。打制，不规则圆形，边刃，有刮削痕迹。长4.3、宽4.0、厚1.4厘米（图3-276，7；彩版一一一，2）。

标本F15：96，青灰色板岩。打制，不规则蚌壳形，边刃，有刮削痕迹。长11.4、宽6.3、厚1.5厘米（图3-276，8）。

标本F15：97，青灰色板岩。打制，不规则多边形，边刃，有刮削痕迹。长5.0、宽4.1、厚1.7厘米（图3-276，9）。

标本F15：98，青色板岩。打制，长舌形，边刃，有刮削痕迹，圆弧。长4.6、宽2.8、厚0.6厘米（图3-276，10）。

标本F15：99，青灰色板岩。打制，宽舌形，一侧保留石皮，刃圆弧，刮削痕迹明显。长6.8、宽6.2、厚1.1厘米（图3-277，1）。

标本F15：100，青灰色板岩。打制，不规则梯形，边刃，有刮削痕迹。长2.8、宽2.4、厚0.6厘米（图3-277，2）。

标本 F15∶101，青色板岩。打制，蚌壳形，一侧保留石皮，刃圆弧，刮削痕迹明显。长 5.3、宽 4.2、厚 1.1 厘米（图 3-277，3）。

标本 F15∶102，青灰色板岩。打制，不规则四边形，一侧局部保留石皮，三边刃，有刮削痕迹。长 5.8、宽 5.6、厚 1.5 厘米（图 3-277，4）。

标本 F15∶104，青灰色板岩。打制，不规则半圆形，一侧保留石皮，一侧弧刃，刮削痕迹明显。长 6.9、宽 3.6、厚 1.5 厘米（图 3-277，5）。

标本 F15∶105，青灰色板岩。打制，不规则三边形，边刃，有刮削痕迹。长 5.7、宽 5.1、厚 1.7 厘米（图 3-277，6）。

标本 F15∶106，青色板岩。打制，蚌壳形，一侧局部保留石皮，边刃，有刮削痕迹。长 6.0、宽 4.8、厚 1.4 厘米（图 3-277，7）。

标本 F15∶107，残，青色板岩。打制，蚌壳形，一侧局部保留石皮，边刃，有刮削痕迹。长 3.7、宽 4.6、厚 1.0 厘米（图 3-277，8）。

标本 F15∶109，青灰色板岩。打制，不规则梯形，底边刃，有刮削痕迹。长 4.8、宽 2.9、厚 0.5

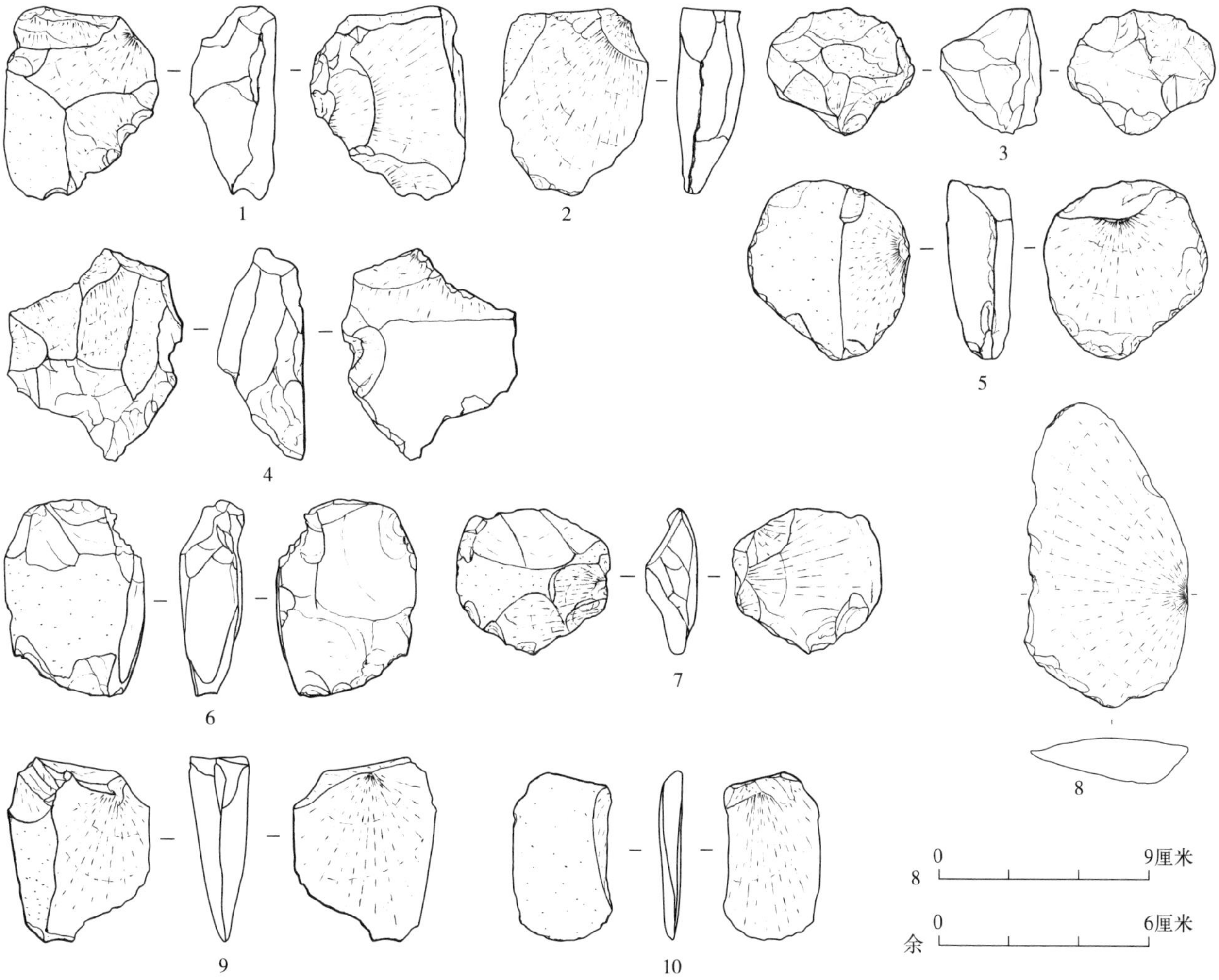

图 3-276　F15 出土打制石器

1 ～ 10. 石片刮削器 F15∶86 ～ 88、91、93 ～ 98

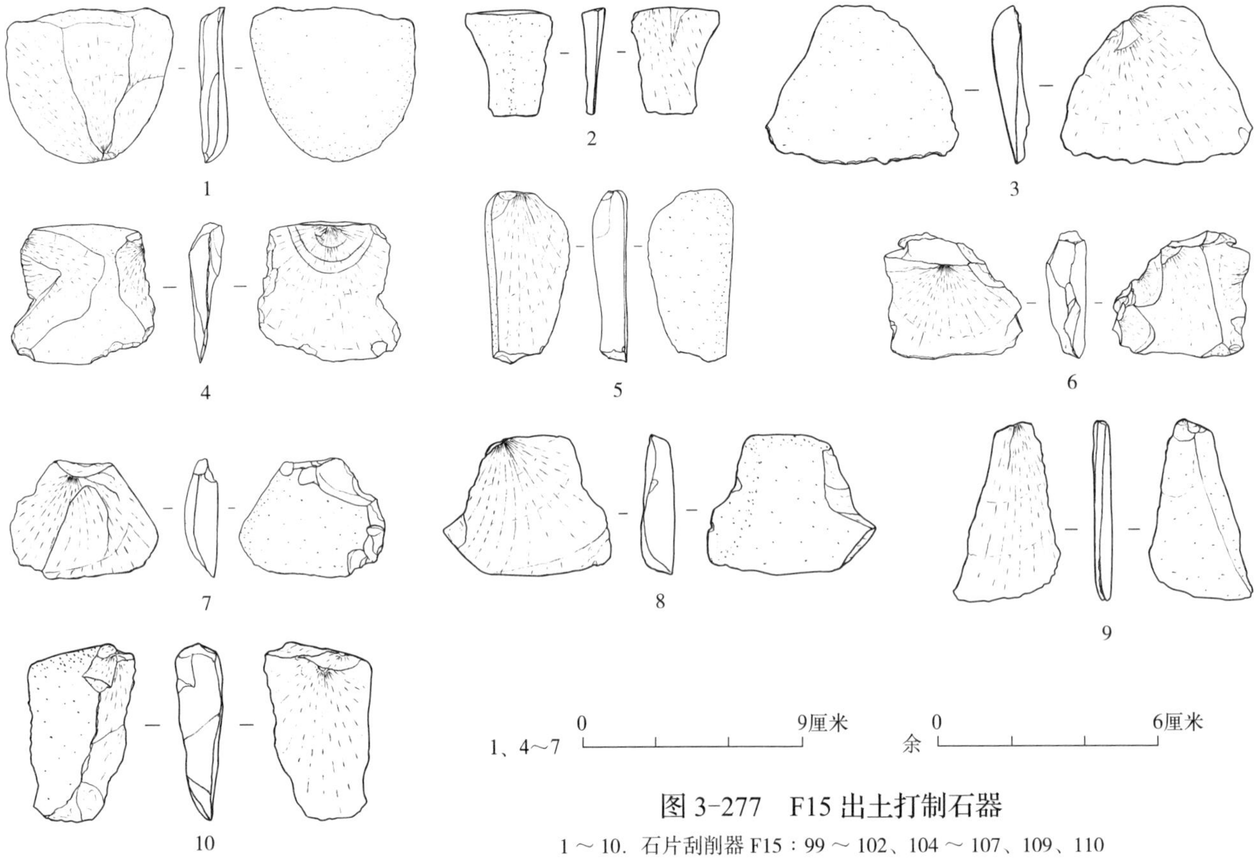

图3-277 F15出土打制石器

1～10. 石片刮削器 F15：99～102、104～107、109、110

厘米（图3-277，9）。

标本F15：110，青色板岩。打制，不规则四边形，边刃，有刮削痕迹。长4.7、宽3.0、厚1.3厘米（图3-277，10）。

标本F15：111，青灰色板岩。打制，不规则三角形，一边刃，压琢呈细齿状。长4.6、宽2.2、厚1.0厘米（图3-278，1）。

标本F15：112，青灰色板岩。打制，不规则四边形，边刃，有刮削痕迹。长3.9、宽3.2、厚0.8厘米（图3-278，2）。

标本F15：113，青灰色板岩。打制，不规则多边形，弧刃，刮削痕迹明显。长3.7、宽3.5、厚0.9厘米（图3-278，3）。

标本F15：114，红褐色板岩。打制，蚌壳形，弧刃，刮削痕迹明显。长4.0、宽2.5、厚1.0厘米（图3-278，4）。

标本F15：115，青灰色板岩。打制，长条形，边刃，有刮削痕迹。长4.3、宽1.9、厚0.8厘米（图3-278，5）。

标本F15：116，青色板岩。打制，蚌壳形，弧刃，刮削痕迹明显。长3.6、宽2.5、厚0.8厘米（图3-278，6）。

标本F15：118，青色板岩。打制，长三形角，边刃，有刮削痕迹。长2.8、宽2.0、厚0.4厘米（图3-278，7）。

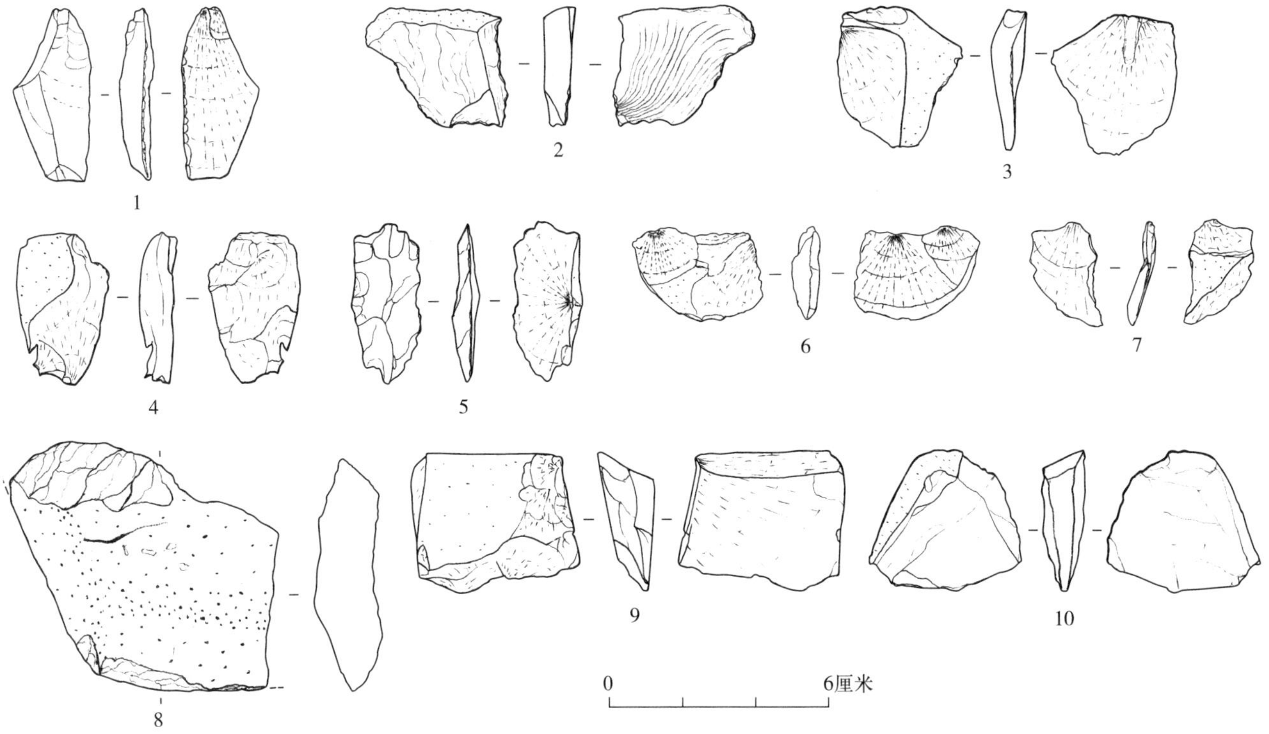

图 3-278　F15 出土打制石器

1 ～ 10. 石片刮削器 F15：111 ～ 116、118、170、171、181

标本 F15：170，青灰色闪长玢岩。打制，不规则形，边刃，有刮削痕迹。长 7.4、宽 6.5、厚 1.5 厘米（图 3-278，8）。

标本 F15：171，青色板岩。打制，不规则四边形，边刃，有刮削痕迹。长 4.6、宽 3.7、厚 1.6 厘米（图 3-278，9）。

标本 F15：181，青灰色板岩。打制，蚌壳形，弧刃。长 4.2、宽 3.8、厚 1.2 厘米（图 3-278，10）。

石片　8 件。

无使用痕迹。

标本 F15：119，残，青灰色板岩。打制，长方形。长 2.6、宽 1.9、厚 0.4 厘米（图 3-279，1）。

标本 F15：120，残，青灰色板岩。打制，长方形。长 2.0、宽 1.7、厚 0.2 厘米（图 3-279，2）。

标本 F15：246，残，青色板岩。打制，多边形。长 1.9、宽 1.7、厚 0.4 厘米（图 3-279，3）。

标本 F15：250，残，青色板岩。打制，菱形。长 2.0、宽 2.4、厚 0.3 厘米（图 3-279，4）。

标本 F15：252，残，青灰色板岩。打制，叶形。长 3.6、宽 1.2、厚 0.3 厘米（图 3-279，5）。

标本 F15：253，残，青色板岩。打制，不规则片状。长 2.8、宽 1.5、厚 0.9 厘米（图 3-279，6）。

标本 F15：254，残，青色板岩。打制，三角形。长 2.5、宽 0.9、厚 0.2 厘米（图 3-279，7）。

标本 F15：255，残，青灰色板岩。打制，四边形。长 1.7、宽 1.5、厚 0.3 厘米（图 3-279，8）。

网坠　5 件。

标本 F15：133，红褐色闪长玢岩。打制，不规则扁圆形，三处打出豁口。长 7.1、宽 5.8、厚 1.2 厘米（图 3-280，1）。

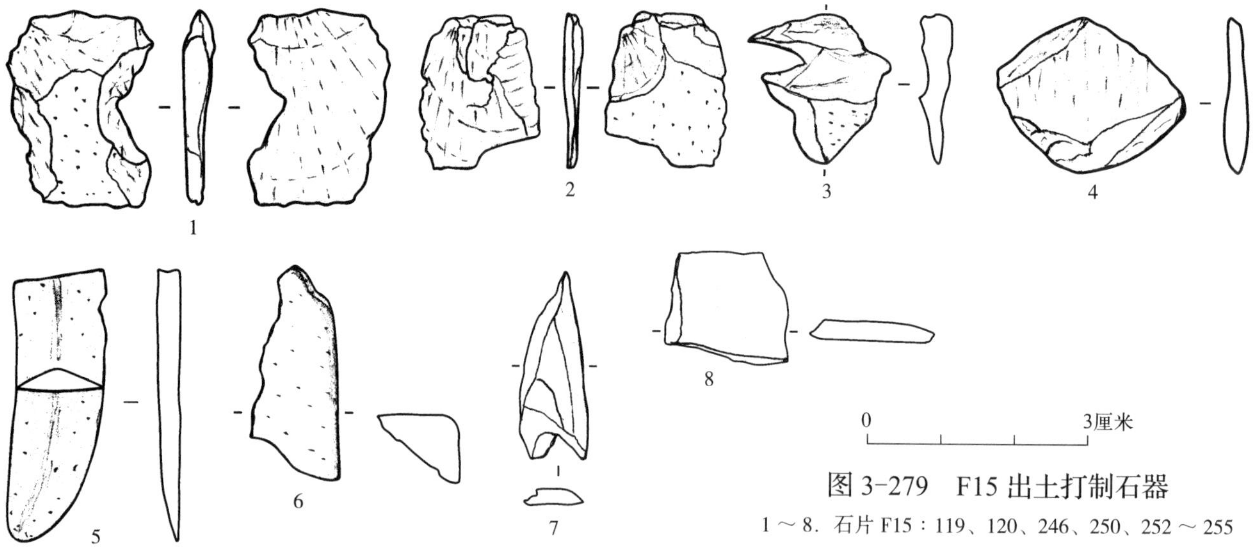

图 3-279 F15 出土打制石器

1～8. 石片 F15：119、120、246、250、252～255

标本 F15：134，黄褐色花岗岩。打制，扁平椭圆形。两侧对称打出豁口。长 8.1、宽 1.6、厚 1.2 厘米（图 3-280，2；彩版一一一，3）。

标本 F15：136，褐色板岩。打制，扁平四边形。两侧对称打出豁口。长 13.6、宽 11.4、厚 2.5 厘米（图 3-280，3）。

标本 F15：137，红褐色斑岩。打制，扁平菱形。有三处打出的豁口。长 16.1、宽 10.0、厚 2.2 厘米（图 3-280，4）。

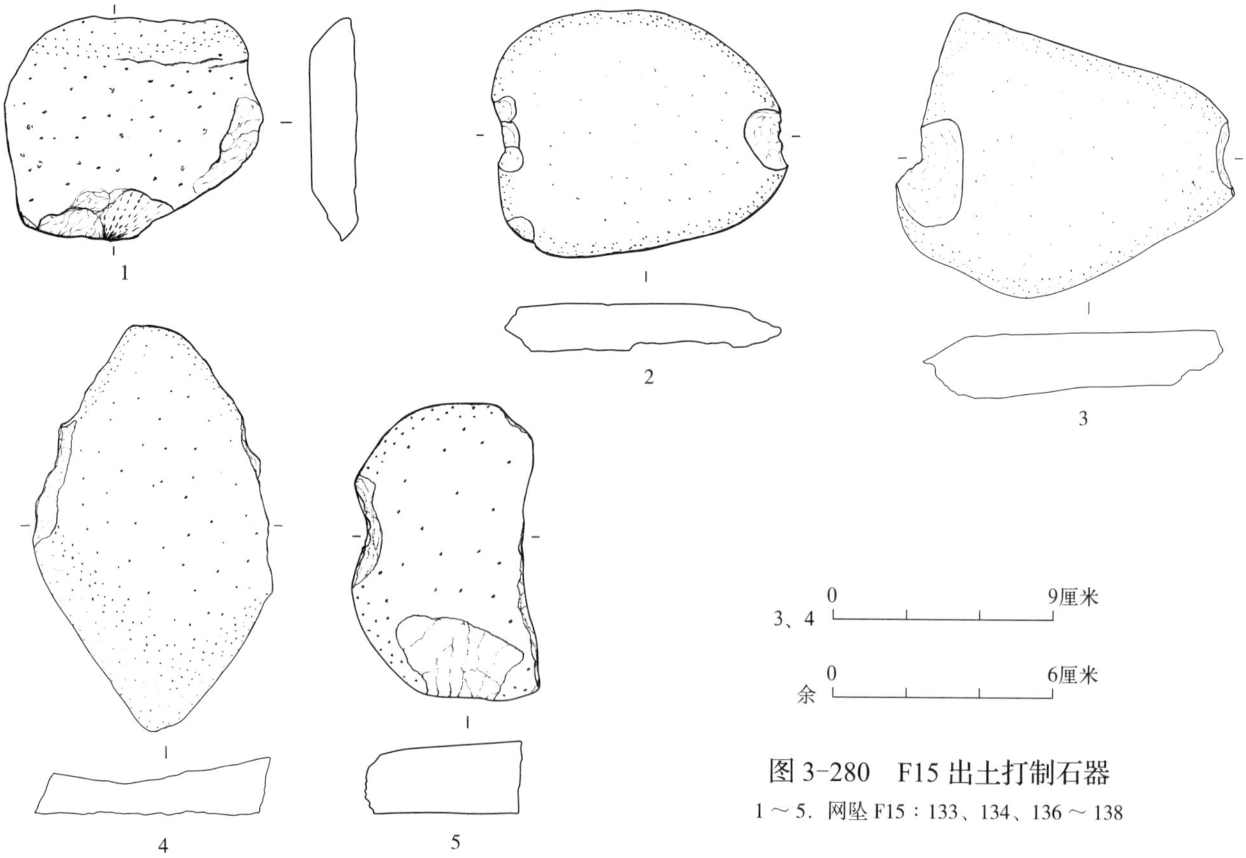

图 3-280 F15 出土打制石器

1～5. 网坠 F15：133、134、136～138

标本 F15：138，残，黄褐色黄岗岩。打制，残存一处豁口。长 7.8、宽 5.2、厚 1.9 厘米（图 3-280，5）。

（2）细石器

41 件。有石叶刮削器 28 件、石片刮削器 1 件、尖状器 9 件、石镞 3 件。

石叶刮削器　28 件。

标本 F15：1，褐色玛瑙。琢制，长条形，横截面梯形，边刃，有刮削痕迹。长 4.8、宽 1.1、厚 0.3 厘米（图 3-281，1；彩版一一一，4）。

标本 F15：3，青绿色玛瑙琢制，长条形，横截面梯形，边刃，有刮削痕迹压琢呈细齿状。长 2.7、宽 1.1、厚 0.2 厘米（图 3-281，2；彩版一一一，5）。

标本 F15：5，灰白色燧石。琢制，长条形，横截面梯形，边刃，有刮削痕迹。长 3.1、宽 0.8、厚 0.1 厘米（图 3-281，3）。

标本 F15：6，白色玛瑙。琢制，长条形，横截面梯形，边刃，有刮削痕迹。长 2.5、宽 0.7、厚 0.2 厘米（图 3-281，4）。

标本 F15：10，黄褐色玛瑙。琢制，长条形，横截面梯形，边刃，有刮削痕迹。长 1.9、宽 0.6、厚 0.1 厘米（图 3-281，5）。

标本 F15：11，青绿色燧石。琢制，长条形，横截面梯形，边刃，有刮削痕迹。长 2.5、宽 0.5、厚 0.1 厘米（图 3-281，6；彩版一一一，6）。

标本 F15：12，黄褐色燧石。琢制，长条形，横截面三角形，边刃，有刮削痕迹。长 2.3、宽 0.7、厚 0.2 厘米（图 3-281，7）。

标本 F15：13，残，黄褐色燧石。琢制，长条形，横截面梯形，边刃，有刮削痕迹。长 2.2、宽 0.6、厚 0.1 厘米（图 3-281，8）。

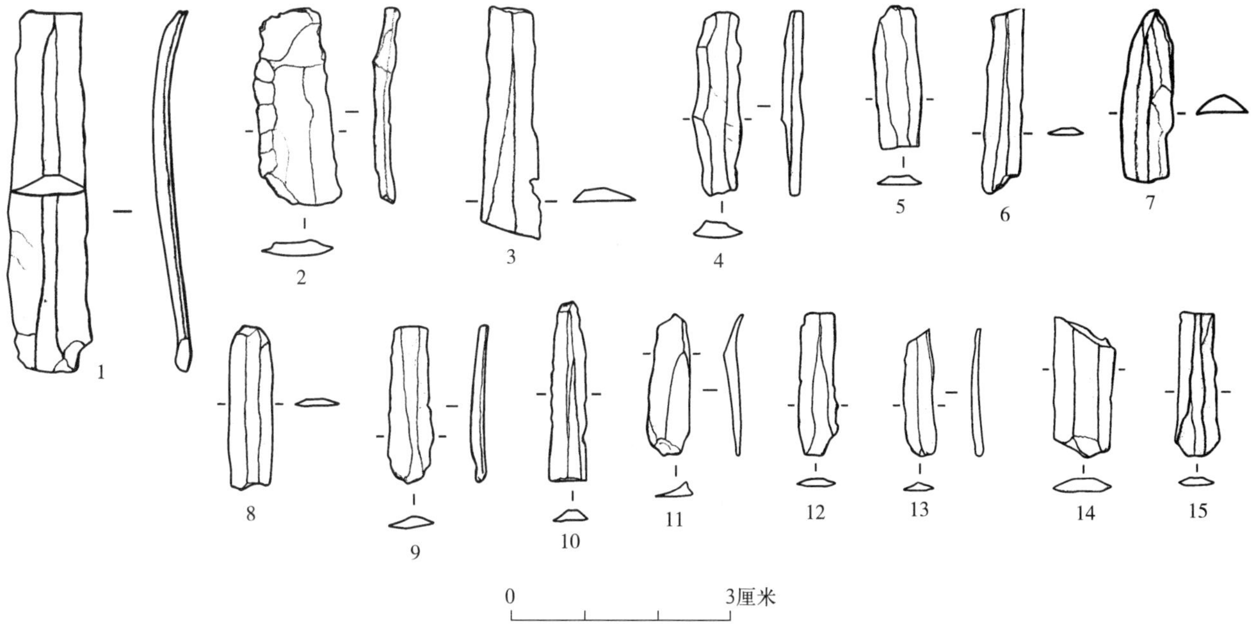

图 3-281　F15 出土细石器

1～15. 石叶刮削器 F15：1、3、5、6、10～13、15、17～22

标本 F15：15，黄褐色燧石。琢制，长条形，横截面菱形，边刃，有刮削痕迹。长 2.1、宽 0.6、厚 0.1 厘米（图 3-281，9）。

标本 F15：17，黄褐色燧石。琢制，长条形，横截面梯形，边刃，有刮削痕迹。长 2.4、宽 0.5、厚 0.1 厘米（图 3-281，10；彩版一一一，7）。

标本 F15：18，褐色燧石。琢制，长条形，横截面三角形，边刃，有刮削痕迹。长 1.8、宽 0.6、厚 0.1 厘米（图 3-281，11）。

标本 F15：19，黄褐色燧石。琢制，长条形，横截面梯形，边刃，有刮削痕迹。长 1.9、宽 0.5、厚 0.1 厘米（图 3-281，12）。

标本 F15：20，褐色燧石。琢制，长条形，横截面三角形，边刃，有刮削痕迹。长 1.7、宽 0.4、厚 0.1 厘米（图 3-281，13）。

标本 F15：21，黄褐色燧石。琢制，长条形，横截面梯形，边刃，有刮削痕迹。长 1.8、宽 0.8、厚 0.2 厘米（图 3-281，14）。

标本 F15：22，青色燧石。琢制，长条形，横截面梯形，边刃，有刮削痕迹。长 1.9、宽 0.5、厚 0.1 厘米（图 3-281，15）。

标本 F15：23，红褐色燧石。琢制，长条形，横截面梯形，边刃，有刮削痕迹。长 2.2、宽 0.5、厚 0.1 厘米（图 3-282，1）。

标本 F15：24，残，青绿色燧石。长条形，横截面梯形，边刃，有刮削痕迹压琢呈细齿状。长 1.5、宽 0.5、厚 0.1 厘米（图 3-282，2）。

标本 F15：25，黄褐色燧石。琢制，长条形，横截面梯形，边刃，有刮削痕迹。长 1.5、宽 0.6、厚 0.1 厘米（图 3-282，3）。

标本 F15：27，黄褐色燧石。琢制，长条形，横截面梯形，边刃，有刮削痕迹。长 1.2、宽 0.5、厚 0.1 厘米（图 3-282，4）。

标本 F15：28，黄褐色燧石。琢制，长条形，横截面梯形，边刃，有刮削痕迹。长 1.4、宽 0.4、厚 0.2 厘米（图 3-282，5）。

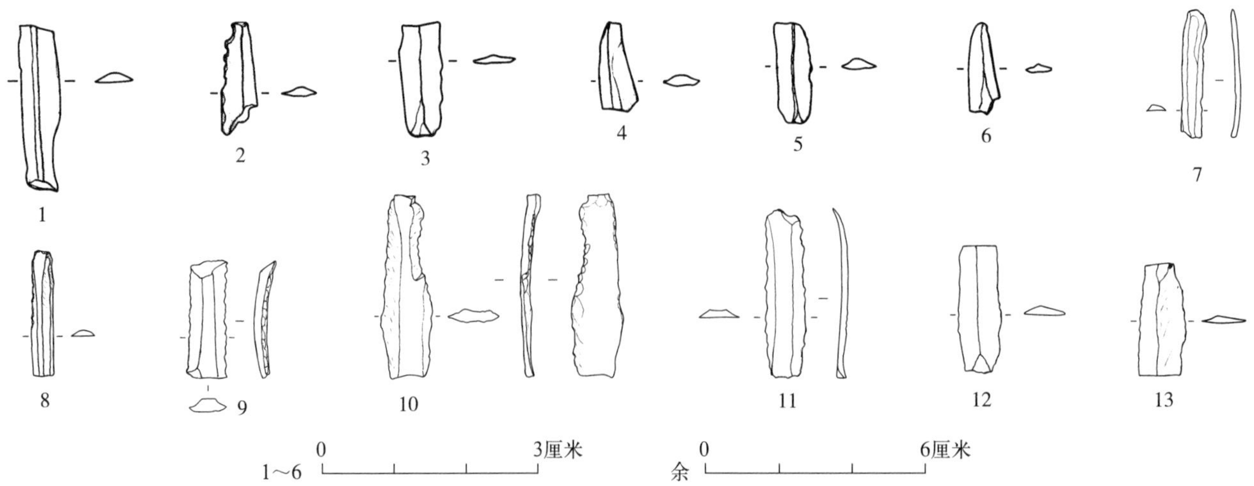

图 3-282　F15 出土细石器

1～13. 石叶刮削器 F15：23～25、27～29、31、32、36、38、39、121、173

标本 F15∶29，褐色燧石。琢制，长条形，横截面三角形，边刃，有刮削痕迹。长 1.2、宽 0.4、厚 0.1 厘米（图 3-282，6）。

标本 F15∶31，棕红色燧石。琢制，长条形，横截面梯形，边刃，有刮削痕迹。长 3.4、宽 0.5、厚 0.1 厘米（图 3-282，7；彩版一一一，8）。

标本 F15∶32，棕红燧石。琢制，长条形，横截面梯形，边刃，有刮削痕迹。长 3.3、宽 0.6、厚 0.1 厘米（图 3-282，8；彩版一一一，9）。

标本 F15∶36，褐色板岩。琢制，长条形，横截面梯形，边刃，有刮削痕迹压琢呈细齿状。长 3.1、宽 1.1、厚 0.3 厘米（图 3-282，9）。

标本 F15∶38，青灰色板岩。琢制，长条形，横截面梯形，边刃，有刮削痕迹压琢呈细齿状。长 4.9、宽 1.5、厚 0.35 厘米（图 3-282，10）。

标本 F15∶39，青色板岩。琢制，长条形，横截面梯形，边刃，有刮削痕迹压琢呈细齿状。长 4.4、宽 1.1、厚 0.2 厘米（图 3-282，11；彩版一一二，1）。

标本 F15∶121，青灰色板岩。琢制，长条形，横截面三角形，边刃，有刮削痕迹。长 3.3、宽 1.1、厚 0.2 厘米（图 3-282，12）。

标本 F15∶173，青色板岩。琢制，长条形，横截面梯形，边刃，有刮削痕迹。长 2.9、宽 1.2、厚 0.2 厘米（图 3-282，13；彩版一一二，2）。

石片刮削器　1 件。

标本 F15∶249，青绿色燧石。琢制，不规则多边形，边刃，有刮削痕迹。长 3.6、宽 2.7、厚 0.9 厘米（图 3-283，1）。

尖状器　9 件。

标本 F15∶2，褐色玛瑙。琢制，尖叶形，横截面梯形，边刃，有刮削痕迹压琢，尖部呈细齿状。

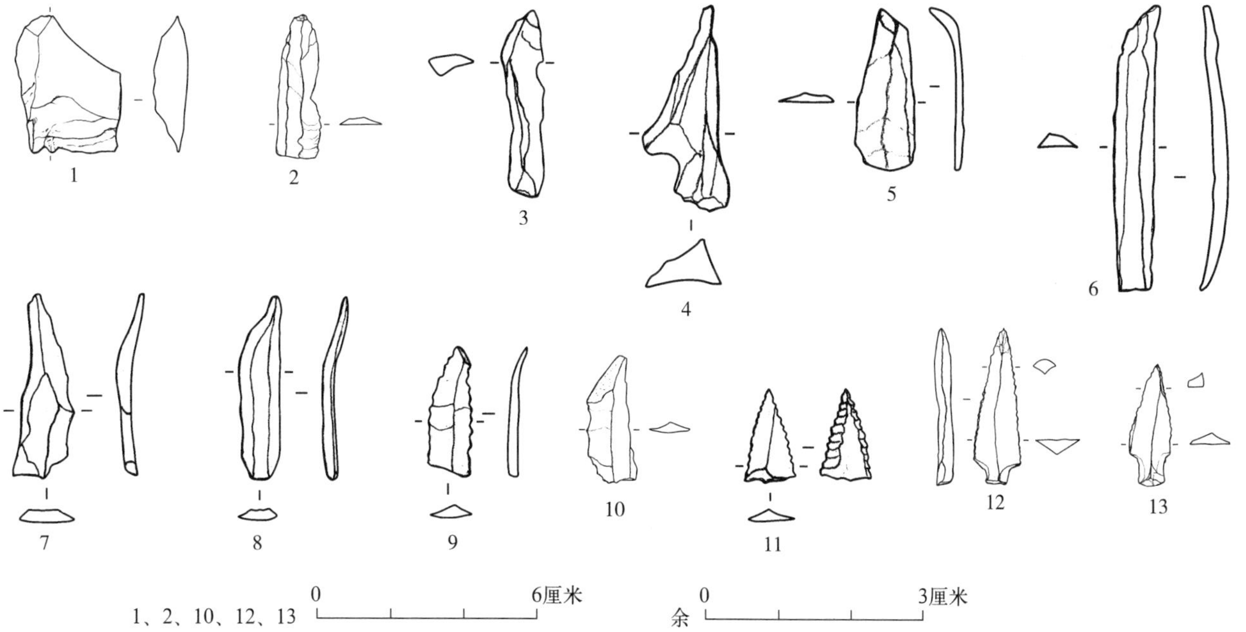

图 3-283　F15 出土细石器

1. 石片刮削器 F15∶249　2～10. 尖状器 F15∶2、4、7～9、14、16、26、179　11～13. 石镞 F15∶30、35、40

长 3.7、宽 11.5、厚 0.2 厘米（图 3-283，2）。

标本 F15：4，黄褐色燧石。琢制，尖叶形，横截面梯形，边刃，有刮削痕迹。长 2.5、宽 0.6、厚 0.3 厘米（图 3-283，3）。

标本 F15：7，残，黄色玛瑙。琢制，三角形，横截面三角形。长 2.8、宽 1.2、厚 0.5 厘米（图 3-283，4）。

标本 F15：8，青绿色玛瑙。琢制，长叶形，横截面梯形，边刃，有刮削痕迹。长 2.1、宽 0.8、厚 0.1 厘米（图 3-283，5）。

标本 F15：9，褐色燧石。琢制，尖叶形，歪尖，横截面梯形，边刃，有刮削痕迹。长 3.7、宽 0.5、厚 0.2 厘米（图 3-283，6）。

标本 F15：14，黄褐色燧石。琢制，尖叶形，横截面梯形，边刃，有刮削痕迹。长 2.4、宽 0.8、厚 0.2 厘米（图 3-283，7）。

标本 F15：16，残，红褐色燧石。琢制，尖叶形，歪尖，横截面梯形，身微曲。长 2.4、宽 0.6、厚 0.1 厘米（图 3-283，8）。

标本 F15：26，残，黄褐色燧石。琢制，尖叶形，歪尖，横截面三角形，边刃压琢呈细齿状。长 1.7、宽 0.6、厚 0.1 厘米（图 3-283，9）。

标本 F15：179，青色板岩。琢制，尖叶形，歪尖，横截面三角形。长 3.4、宽 1.3、厚 0.4 厘米（图 3-283，10）。

石镞　3 件。

标本 F15：30，残，红褐色燧石。琢制，锋部三角形，横截面三角形，边锋压琢呈细齿状，底部残。残长 1.2、宽 0.7、厚 0.1 厘米（图 3-283，11）。

标本 F15：35，黄色板岩。琢制，长三角形，横截面三角形，边锋压琢呈细齿状，底端压琢出束铤。长 4.1、宽 1.8、厚 0.4 厘米（图 3-283，12；彩版一一二，3）。

标本 F15：40，青灰色板岩。琢制，锋部圭形，横截面三角形，边锋压琢呈细齿状，底端压琢出束铤。长 3.2、宽 1.1、厚 0.3 厘米（图 3-283，13；彩版一一二，4）。

（3）磨制石器

47 件。有石斧 1 件、石刃器 2 件、石镞 10 件、石磨盘 5 件、石磨棒 16 件、砺石 10 件、研磨器 2 件、石球 1 件。

石斧　1 件。

标本 F15：70，灰白色高岭土化花岗岩。磨制，顶圆弧，身梯形，横截面半月形，对磨刃，刃部残。残长 12.7、宽 6.3、厚 3.2 厘米（图 3-284，1；彩版一一二，5）。

石镞　10 件。

标本 F15：34，残，青色板岩。磨制，长圭形，横截面扁六棱形，锋刃对磨。锋、底部残。残长 3.2、宽 1.1、厚 0.2 厘米（图 3-284，2）。

标本 F15：37，残，青色板岩。磨制，直边刃，横截面扁六棱形，锋刃对磨，底部残。长 2.6、宽 0.9、厚 0.2 厘米（图 3-284，3）。

标本 F15：41，残，青色板岩。磨制，长圭形，横截面扁六棱形，锋刃对磨，底部残。长 3.4、宽 1.2、厚 0.2 厘米（图 3-284，4；彩版一一二，6）。

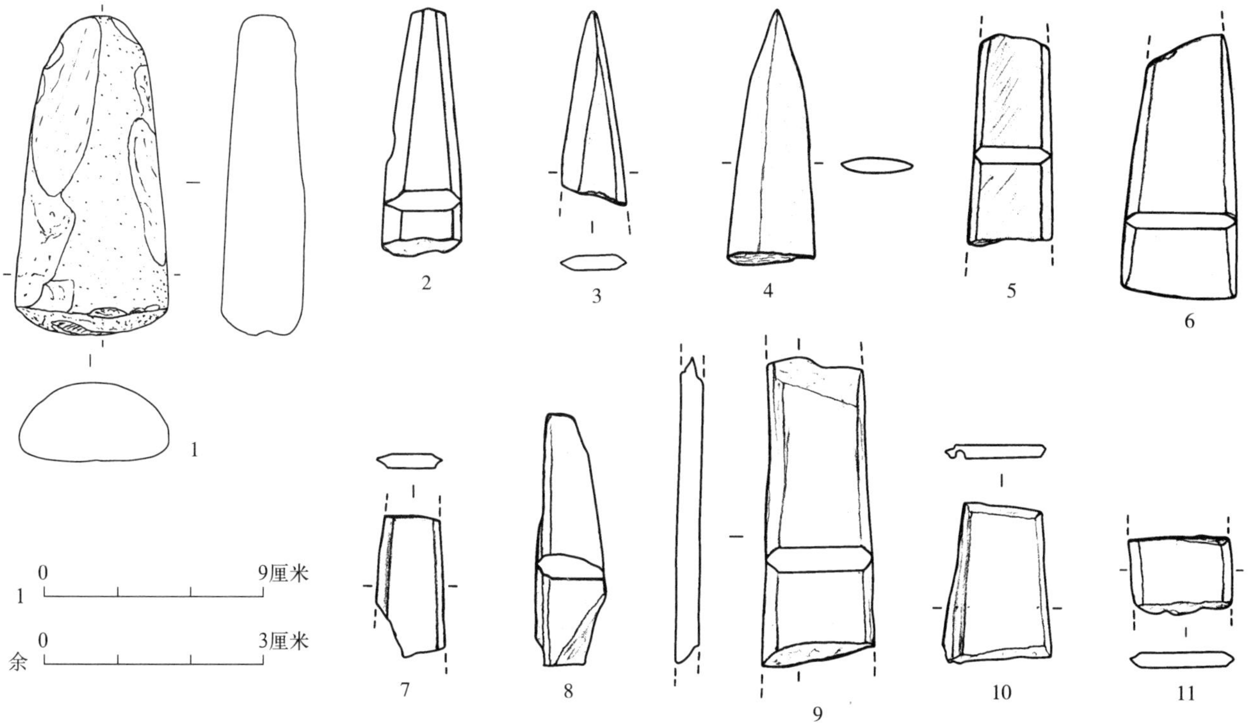

图 3-284　F15 出土打制石器

1. 石斧 F15：70　2 ～ 11. 石镞 F15：34、37、41、42、43、122 ～ 124、247、248

标本 F15：42，残，青色板岩。磨制，长叶形，横截面扁六棱形，直边对磨刃。残长 2.7、宽 1.1、厚 0.2 厘米（图 3-284，5）。

标本 F15：43，残，青色板岩。磨制，长叶形，横截面扁六棱形，弧边对磨刃，锋残。残长 3.5、宽 1.5、厚 0.2 厘米（图 3-284，6）。

标本 F15：122，残，青色板岩。磨制，长叶形，横截面扁六棱形，直边对磨刃。长 1.8、宽 0.9、厚 0.2 厘米（图 3-284，7）。

标本 F15：123，残，青色板岩。磨制，长叶形，表面有切割痕迹。残长 3.4、宽 0.9、厚 0.3 厘米（图 3-284，8）。

标本 F15：124，残，青色板岩。磨制，长叶形，横截面扁六棱形，直边对磨刃。残长 4.1、宽 1.5、厚 0.3 厘米（图 3-284，9）。

标本 F15：247，残，青色板岩。磨制，长叶形，表面有切割痕迹。残长 2.1、宽 1.5、厚 0.2 厘米（图 3-284，10）。

标本 F15：248，残，青色板岩。磨制，横截面扁六棱形，直边对磨刃。残长 1.0、宽 1.4、厚 0.2 厘米（图 3-284，11）。

石磨盘　5 件。

标本 F15：61，残块，青灰色闪长玢岩。磨制，两面有磨痕。残长 13.8、宽 7.6、厚 8.8 ～ 9.5 厘米（图 3-285，1）。

标本 F15：77，残块，红褐色砂岩。磨制，两面有磨痕。长 7.4、宽 7.5、厚 3.9 ～ 5.0 厘米（图 3-285，2）。

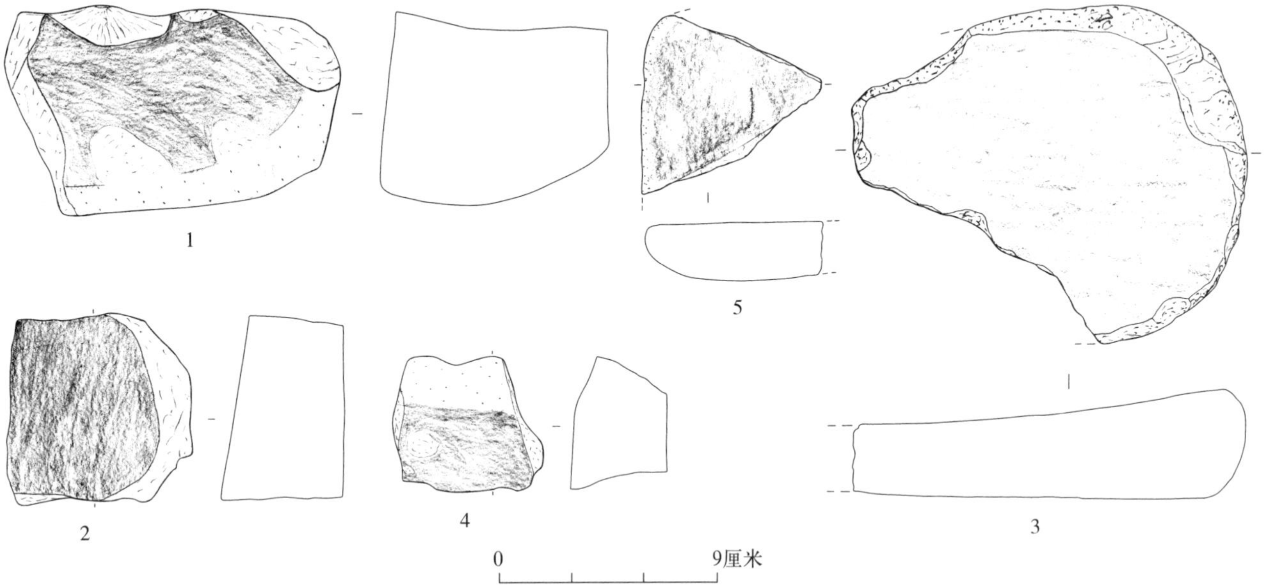

图3-285 F15出土打制石器
1～5. 石磨盘 F15：61、77、126、128、129

标本F15：126，残，灰褐色砂岩。磨制，两面有磨痕，一面微内凹。残长16.0、宽13.5、厚4.3厘米（图3-285，3）。

标本F15：128，残块，灰褐色片麻岩。磨制，两面有磨痕。残长6.2、宽5.3、厚3.9厘米（图3-285，4）。

标本F15：129，残，黄褐色砂岩。磨制，两面有磨痕。残长7.3、宽7.1、厚2.4厘米（图3-285，5）。

石磨棒 16件。

标本F15：60，残，灰褐色闪长玢岩。磨制，长条形，横截面椭圆形，多磨面，磨痕明显。残长12.2、宽6.0、厚4.3厘米（图3-286，1）。

标本F15：64，残，黄褐色花岗岩。磨制，长条形，横截面圆角三角形，三个磨面，磨痕明显。残长11.7、宽5.4、厚4.4厘米（图3-286，2）。

标本F15：65，残，黄褐色石英砂岩。磨制，长条形，横截面圆角三角形，三个磨面，磨痕明显。残长12.5、宽6.8、厚4.2厘米（图3-286，3）。

标本F15：66，残，黄褐色砂岩。磨制，长条形，横截面圆角三角形，三个磨面，磨痕明显。残长10.6、宽6.9、厚7.3厘米（图3-286，4）。

标本F15：67，残，褐色砂岩。磨制，长条形，横截面圆角三角形，多磨面，磨痕明显。残长6.1、宽6.2、厚3.0厘米（图3-286，5）。

标本F15：68，黄褐色石英砂岩。磨制，长条形，横截面半圆形，多磨面，磨痕明显。长21.4、宽7.4、厚4.4厘米（图3-286，6；彩版一一二，7）。

标本F15：69，残，黄褐色花岗岩。磨制，长椭圆形，横截面半圆形，多磨面，磨痕明显。残长10.6、宽7.5、厚3.4厘米（图3-286，7）。

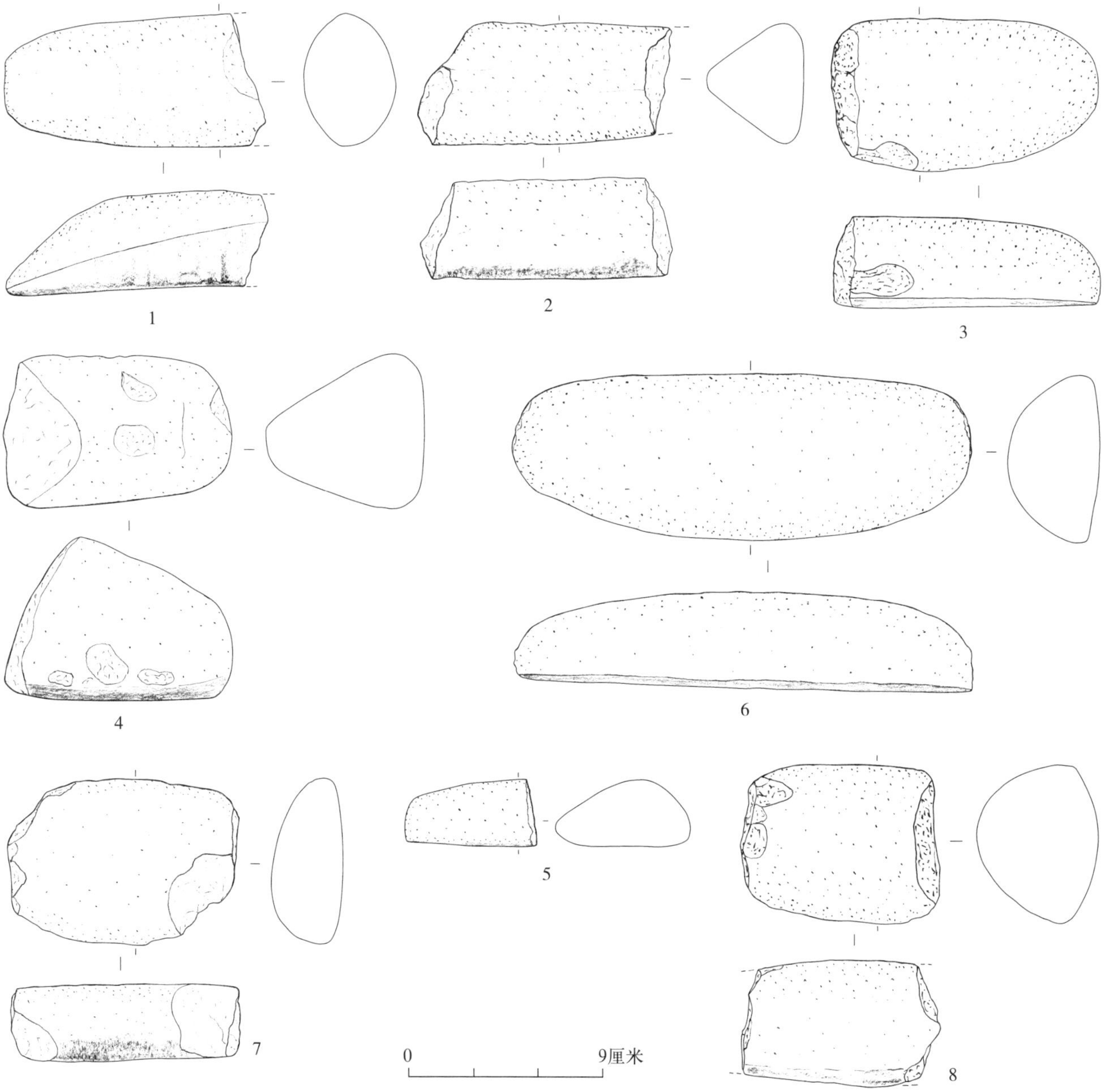

图 3-286　F15 出土打制石器

1 ～ 8. 石磨棒 F15：60、64 ～ 69、72

标本 F15：72，残，黄褐色石英砂岩。磨制，长椭圆形，横截面呈椭圆形，多磨面，磨痕明显。残长 9.5、宽 7.2、厚 5.7 厘米（图 3-286，8）。

标本 F15：73，残，黄褐色花岗岩。磨制，横截面呈半圆形，多磨面，磨痕明显。残长 6.7、宽 6.4、厚 6.4 厘米（图 3-287，1）。

标本 F15：74，残，黄褐色花岗岩。磨制，长条形，横截面圆角四边形，多磨面，磨痕明显。残长 11.2、宽 7.6、厚 7.0 厘米（图 3-287，2）。

标本 F15：78，残，红褐色砂岩。磨制，长条形，横截面三角形，三磨面，磨痕明显。长 12.1、宽 5.1、厚 3.5 厘米（图 3-287，3；彩版一一二，8）。

标本 F15：80，残块，黄褐色花岗岩。磨制，横截面半圆形，多磨面，磨痕明显。残长 6.0、宽 7.5、厚 5.6 厘米（图 3-287，4）。

标本 F15：130，残，青灰色花岗岩。磨制，长条形，横截面半圆形，多磨面，磨痕明显。残长 7.8、宽 4.9、厚 5.5 厘米（图 3-287，5）。

标本 F15：131，残，黄褐色花岗岩。磨制，不规则长条形，横截面椭圆形，一平磨面，磨痕明显。长 12.7、宽 7.4、厚 5.2 厘米（图 3-287，6）。

标本 F15：132，残，黄褐色砂砾岩。磨制，三棱形，横截面不规则三角形，一平磨面。残长 13.5、宽 8.5、厚 7.0 厘米（图 3-287，7）。

标本 F15：139，残，灰白色高岭土化花岗岩。磨制，椭圆形，两面磨痕。残长 6.7、宽 5.3、厚 3.7 厘米（图 3-287，8）。

砺石　10 件。

标本 F15：62，残，自然条形青灰色板岩。长方形，横截面圆角扁方形，有磨痕。残长 8.3、宽 4.1、厚 2.4 厘米（图 3-288，1）。

标本 F15：75，残，青色砂岩。磨制，不规则方形，多磨面，磨面微内凹。长 6.6、宽 5.2、厚 2.4 ～ 4.1

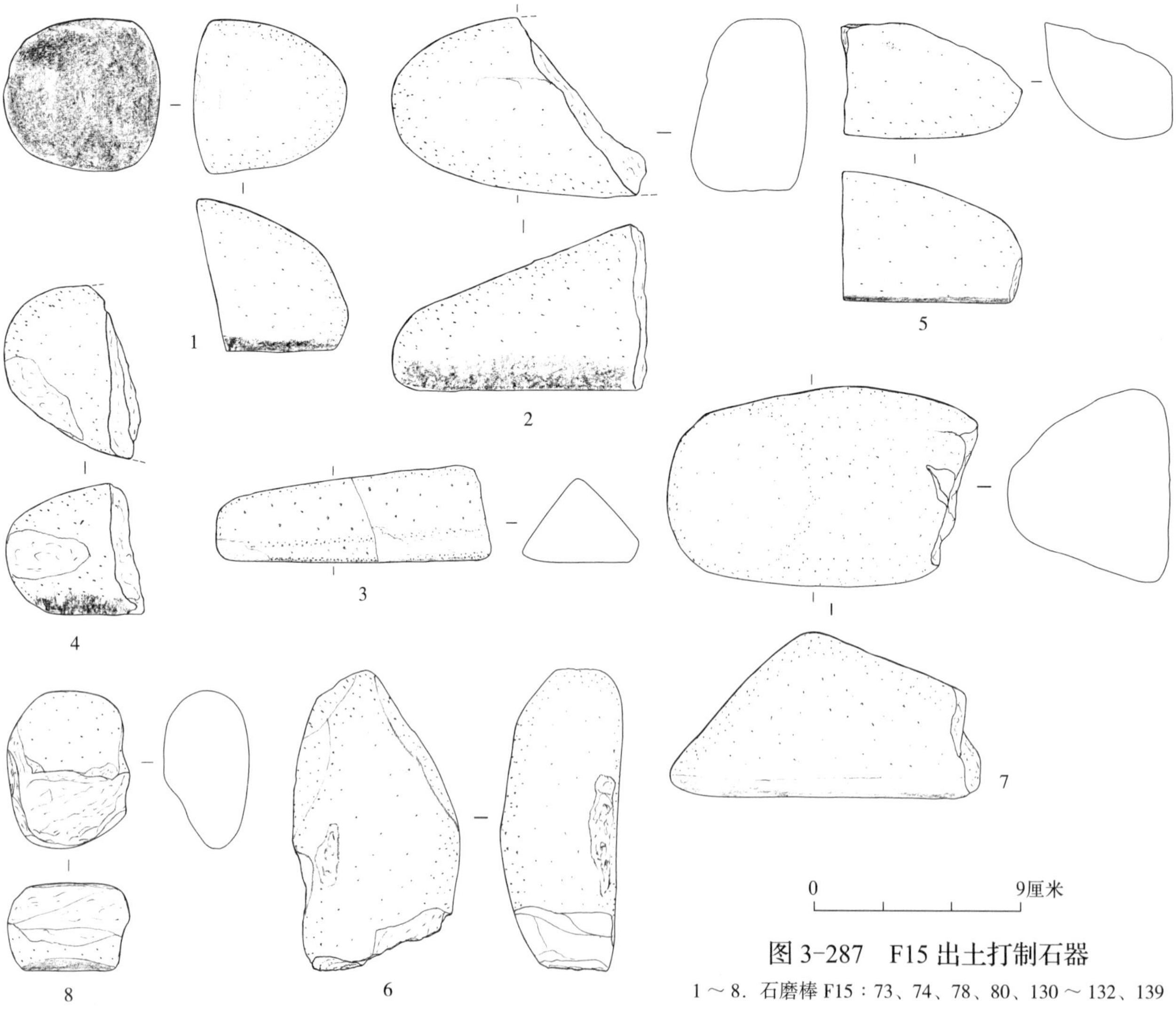

图 3-287　F15 出土打制石器

1 ～ 8. 石磨棒 F15：73、74、78、80、130 ～ 132、139

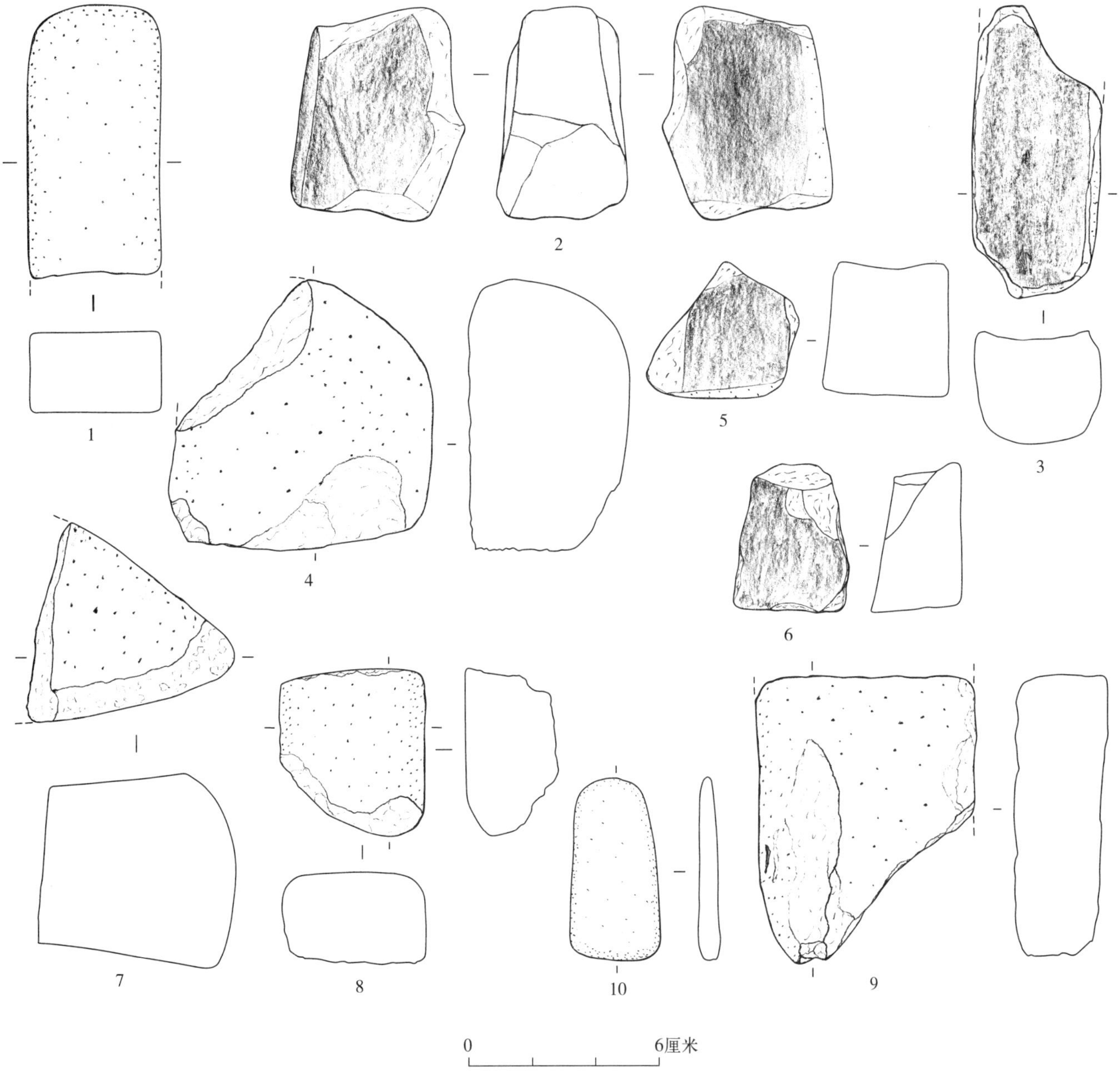

图 3-288　F15 出土打制石器

1～10. 砺石 F15：62、75、76、81～83、127、159、161、172

厘米（图 3-288，2）。

标本 F15：76，残，灰白色高岭土化的花岗岩。磨制，舟形，磨面微内凹。残长 9.0、宽 4.1、厚 3.6 厘米（图 3-288，3；彩版一一三，1）。

标本 F15：81，残，灰白色石英岩。打制，不规则多边形，一面有磨凹窝。长 8.2、宽 8.2、厚 5.0 厘米（图 3-288，4）。

标本 F15：82，残块，青色砂岩。磨制，不规则多边形，有两磨面，磨痕明显。长 4.5、宽 4.1、厚 3.7～4.1 厘米（图 3-288，5）。

标本 F15：83，残，红褐色粉砂岩。磨制，不规则多边形，一磨面稍凹。长 4.6、宽 3.6、厚 2.1～2.8

厘米（图 3-288，6）。

标本 F15 : 127，残，褐色砂岩。磨制，三角形，一面磨稍凹。残长 6.6、宽 6.1、厚 6.0 厘米（图 3-288，7）。

标本 F15 : 159，残块，褐色砂岩。磨制，不规则四边形，一面有凹磨面，磨痕明显。长 5.1、宽 4.1、厚 2.7 厘米（图 3-288，8）。

标本 F15 : 161，残块，褐色细砂岩。磨制，不规则四边形，一面有凹磨面，磨痕明显。长 8.7、宽 7.0、厚 2.9 厘米（图 3-288，9）。

标本 F15 : 172，青色板岩。扁平梯形，表面有磨痕。长 5.6、宽 2.9、厚 0.7 厘米（图 3-288，10；彩版一一三，2）。

石刃器　2 件。

标本 F15 : 44，青色板岩。磨制，圆顶梯形，底部对磨直刃。长 2.7、宽 2.0、厚 0.2 厘米（图 3-289，1；彩版一一三，3）。

标本 F15 : 103，残，青色板岩。磨制，长方形，直刃，一侧保留石皮。长 5.6、宽 3.5、厚 0.5 厘米（图 3-289，2）。

研磨器　2 件。

标本 F15 : 71，黄褐色花岗岩。磨制，扁椭圆形，大部保留石皮，表面有研磨凹痕。长 7.7、宽 7.0、厚 4.1 厘米（图 3-289，3）。

标本 F15 : 169，灰白色石英岩。椭圆形，大部保留石皮，表面有研磨凹痕。长 7.5、宽 5.7、厚 6.0 厘米（图 3-289，4）。

石球　1 件。

标本 F15 : 45，红褐色粉砂质泥岩，磨制，表面光滑。直径 1.7 ～ 1.8 厘米（图 3-289，5；彩版一一三，4）。

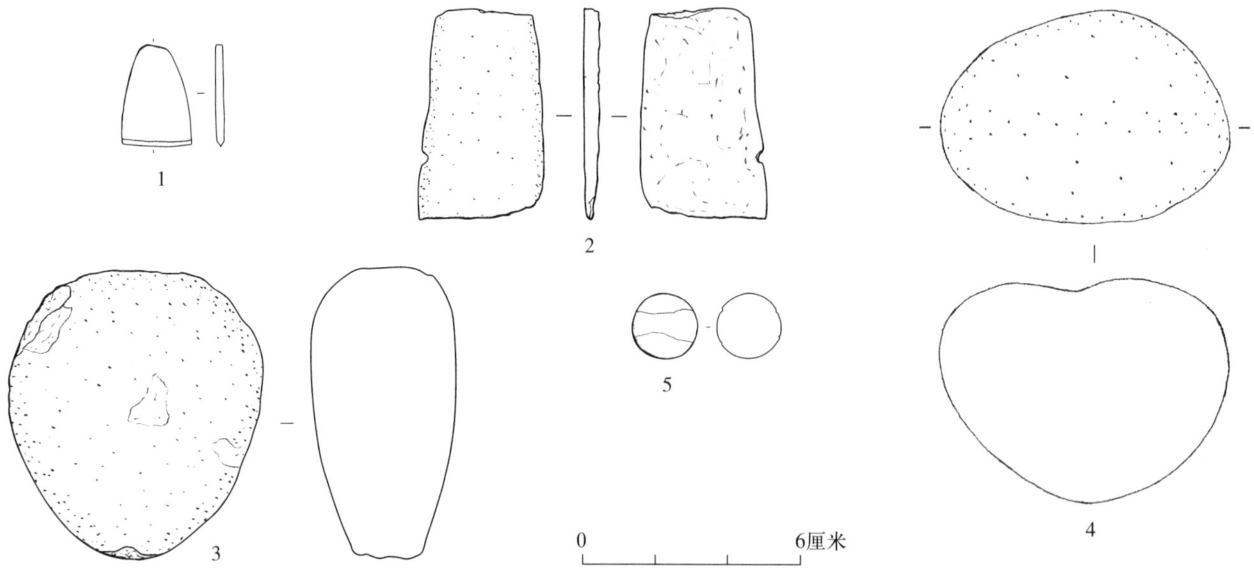

图 3-289　F15 出土打制石器

1、2. 石刃器 F15 : 44、103　3、4. 研磨器 F15 : 71、169　5. 石球 F15 : 45

2. 玉器

2 件。

玉串珠　1 件。

标本 F15：185，白色玉石。磨制，扁圆形，中有对磨穿孔。直径 0.7、高 0.4、孔径 0.45 厘米（图 3-290，1；彩版一一三，5）。

玉料　1 件。

标本 F15：33，青绿色玉。扁方条形，表面磨光。长 1.5、宽 0.7、厚 0.3 厘米（图 3-290，2）。

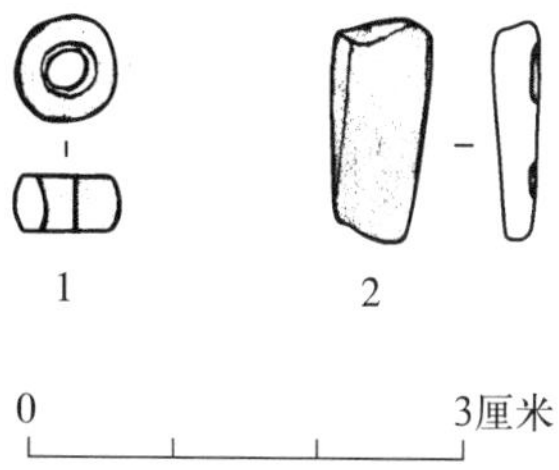

图 3-290　F15 出土玉器
1. 玉串珠 F15：185　2. 玉料 F15：33

3. 陶器

50 件。有深腹罐 39 件、大口罐 1 件、高足钵 4 件、陶泡形器 1 件、陶球 1 件、有孔陶片 1 件、圆陶片 3 件。

深腹罐　39 件。

Aa 型Ⅰ式　1 件。

标本 F15：215，残，夹砂红陶。敞口，圆唇，弧腹。口沿处有两周压印弦纹，腹部饰竖压横排之字纹。口径 8.0、残高 4.7 厘米（图 3-291，1）。

Aa 型Ⅲ式　1 件。

标本 F15：174，可修复，夹砂红褐陶。敞口，圆唇，深腹下收，平底。口沿处有一周凹带，内饰划压横人字纹，腹部饰竖压横排之字纹。口径 12.4、底径 6.6、高 15.5 厘米（图 3-291，2；彩版一一四，1）。

Ad 型Ⅲ式　19 件。

标本 F15：178，残，夹砂红陶。直口，圆唇，深腹弧收，平底。口沿处有两周凹带，内饰划压横人字纹，腹部饰竖压横排之字纹。口径 21.2、残高 29.2 厘米（图 3-291，3；彩版一一四，2）。

标本 F15：182，残，夹砂红陶。直口，圆唇。口沿处有两周凹带，内划压斜线纹，腹部饰竖压横排之字纹。口径 16.0、残高 7.7 厘米（图 3-291，4）。

标本 F15：186，残，夹砂红陶。直口，圆唇，直腹。口沿处有两周凹带，内饰划压斜线纹，腹部饰竖压横排之字纹。口径 22.0、残高 11.4 厘米（图 3-291，5）。

标本 F15：187，残，夹砂红褐陶。直口，圆唇，直腹。口沿处有两周凹带，内饰划压横人字纹，腹部饰竖压横排之字纹。口径 21.0、残高 10.0 厘米（图 3-291，6）。

标本 F15：189，残，夹砂红陶。直口，圆唇，斜直腹。口沿处有两周凹带，内饰划压横人字纹、网格纹，腹部饰竖压横排之字纹。口径 21.0、残高 6.2 厘米（图 3-292，1）。

标本 F15：190，残，夹砂红褐陶。敞口，圆唇，斜直腹。口沿处有两周凹带，内饰划压斜线纹，腹部饰竖压横排之字纹。口径 20.0、残高 7.8 厘米（图 3-292，2）。

标本 F15：191，残，夹砂红陶。敞口，圆唇，斜直腹。口沿处有两周凹带，内饰斜线纹，腹部饰竖压横排之字纹。口径 21.0、残高 5.9 厘米（图 3-292，3）。

标本 F15：192，残，夹砂红陶。直口，圆唇，斜直腹。口沿处有两周凹带，内饰划压横人字纹、网格纹，腹部饰竖压横排之字纹。口径 22.0、残高 14.1 厘米（图 3-292，4）。

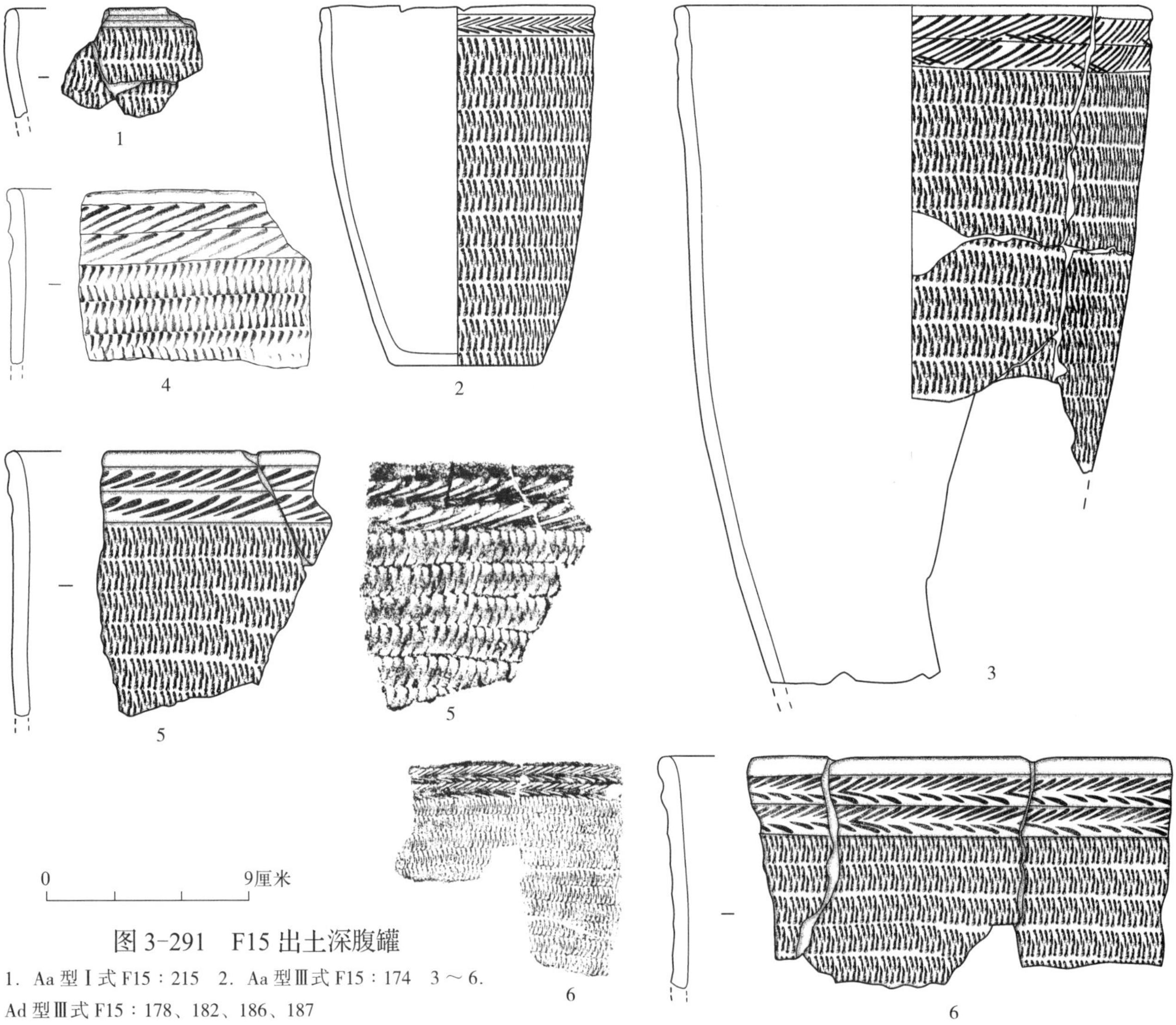

图 3-291　F15 出土深腹罐

1. Aa 型Ⅰ式 F15：215　2. Aa 型Ⅲ式 F15：174　3～6. Ad 型Ⅲ式 F15：178、182、186、187

标本 F15：195，残，夹砂红陶。口稍敞，圆唇，斜直腹。口沿处有两周凹纹带，内饰划压横人字纹，腹部饰竖压横排之字纹。口径 22.0、残高 11.7 厘米（图 3-292，5）。

标本 F15：197，残，夹砂红陶。敞口，圆唇，斜直腹。口沿处还有两周凹纹带，上部饰划压横人字纹，下部饰斜线纹，腹部饰竖压横排之字纹。口径 21.0、残高 6.4 厘米（图 3-292，6）。

标本 F15：198，残，夹砂红褐陶。直口，圆尖唇，直腹。口沿处有两周凹带，内饰斜线纹，腹部饰竖压横排之字纹。口径 22.0、残高 7.5 厘米（图 3-293，1）。

标本 F15：199，残，夹砂红陶。直口，圆唇，直腹。口沿处有两周凹带，内饰斜线纹，腹部饰竖压横排之字纹。口径 20.0、残高 6.9 厘米（图 3-293，2）。

标本 F15：202，残，夹砂红褐陶。直口，圆尖唇，斜直腹。口沿处有两周凹带，内饰划压横人字纹，腹部饰竖压横排之字纹。口径 20.0、残高 11.4 厘米（图 3-293，3）。

标本 F15：203，残，夹砂红陶。直口，圆唇，斜直腹。口沿处有两周凹带，内饰划压横人字纹，腹部饰竖压横排之字纹。口径 21.0、残高 9.3 厘米（图 3-293，4）。

标本 F15：210，残，夹砂红陶。敞口，平唇，斜直腹。口沿处有两周凹带，内饰斜线纹、人字纹，

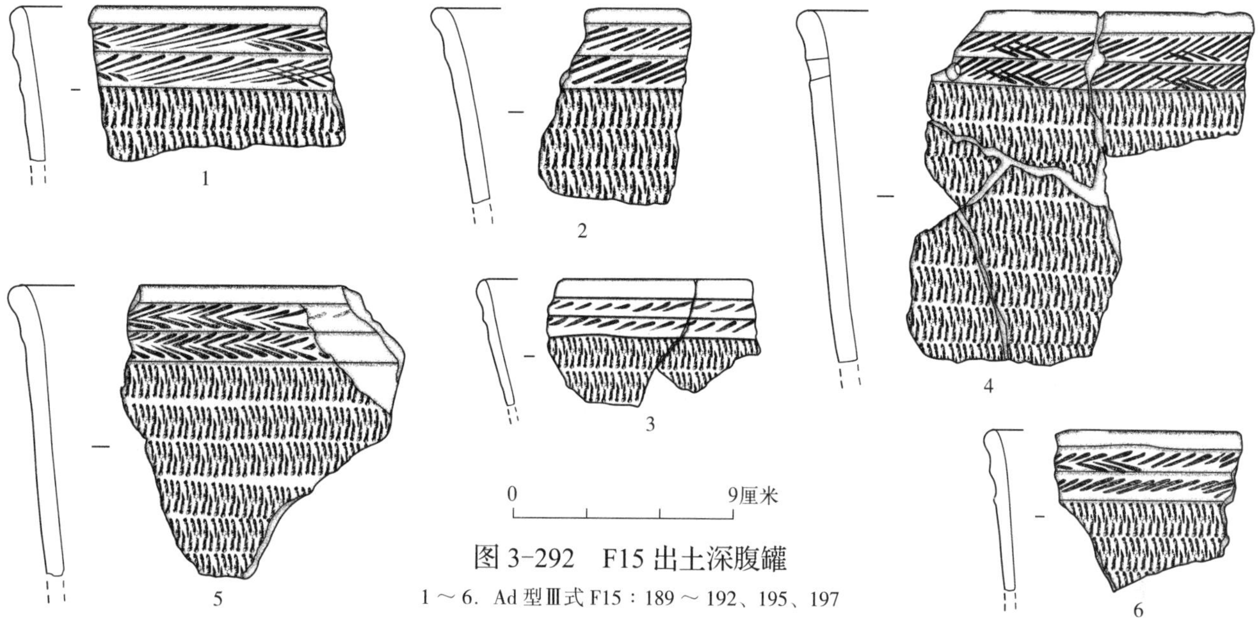

图 3-292　F15 出土深腹罐

1～6. Ad 型Ⅲ式 F15：189～192、195、197

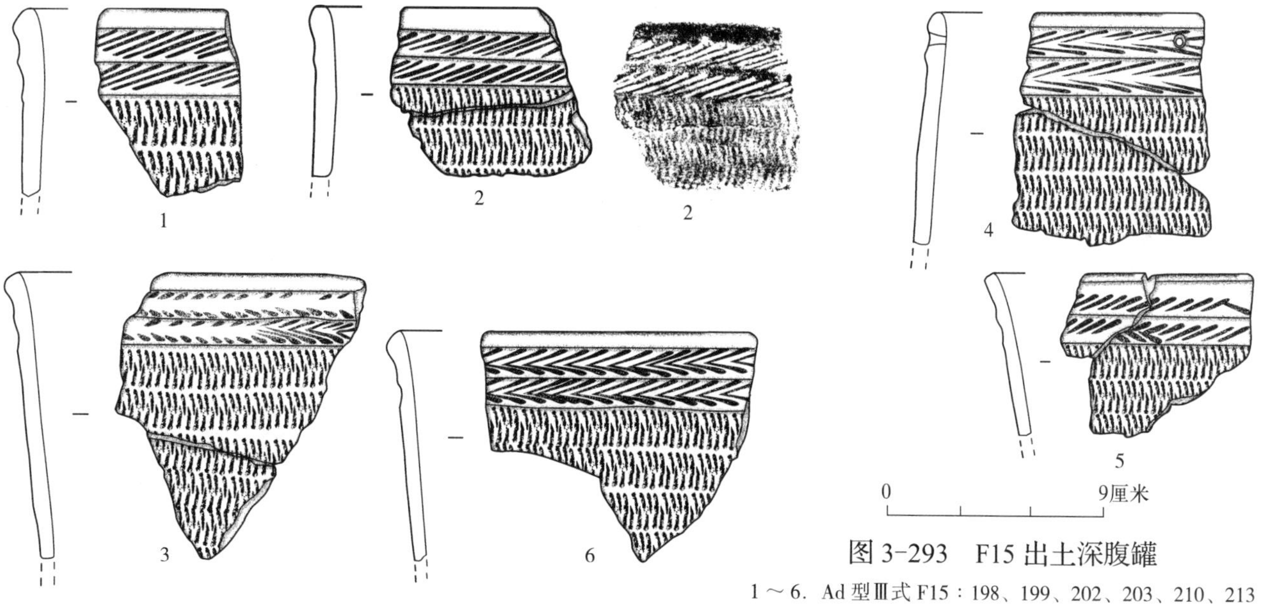

图 3-293　F15 出土深腹罐

1～6. Ad 型Ⅲ式 F15：198、199、202、203、210、213

腹部饰竖压横排之字纹。口径 19.0、残高 6.5 厘米（图 3-293，5）。

标本 F15：213，残，夹砂红陶。直口，尖唇，斜直腹。口沿处有两周凹带，内饰划压横人字纹，腹部饰竖压横排之字纹。口径 23.0、残高 9.2 厘米（图 3-293，6）。

标本 F15：218，残，夹砂红褐陶。敞口，圆唇，斜直腹。口沿处有两周凹带，内饰斜线纹、网格纹，腹部饰竖压横排之字纹。口径 22.0、残高 16.0 厘米（图 3-294，1）。

标本 F15：219，残，夹砂红陶。直口，圆唇，直腹。口沿处有两周凹带，内饰网格纹，腹部饰竖压横排之字纹。口径 22.0、残高 15.0 厘米（图 3-294，2）。

标本 F15：220，残，夹砂红褐陶。直口，圆唇，直腹。口沿处有一周凹纹带，内饰划压横人字纹，腹部饰竖压横排之字纹。口径 17.0、残高 12.7 厘米（图 3-294，3）。

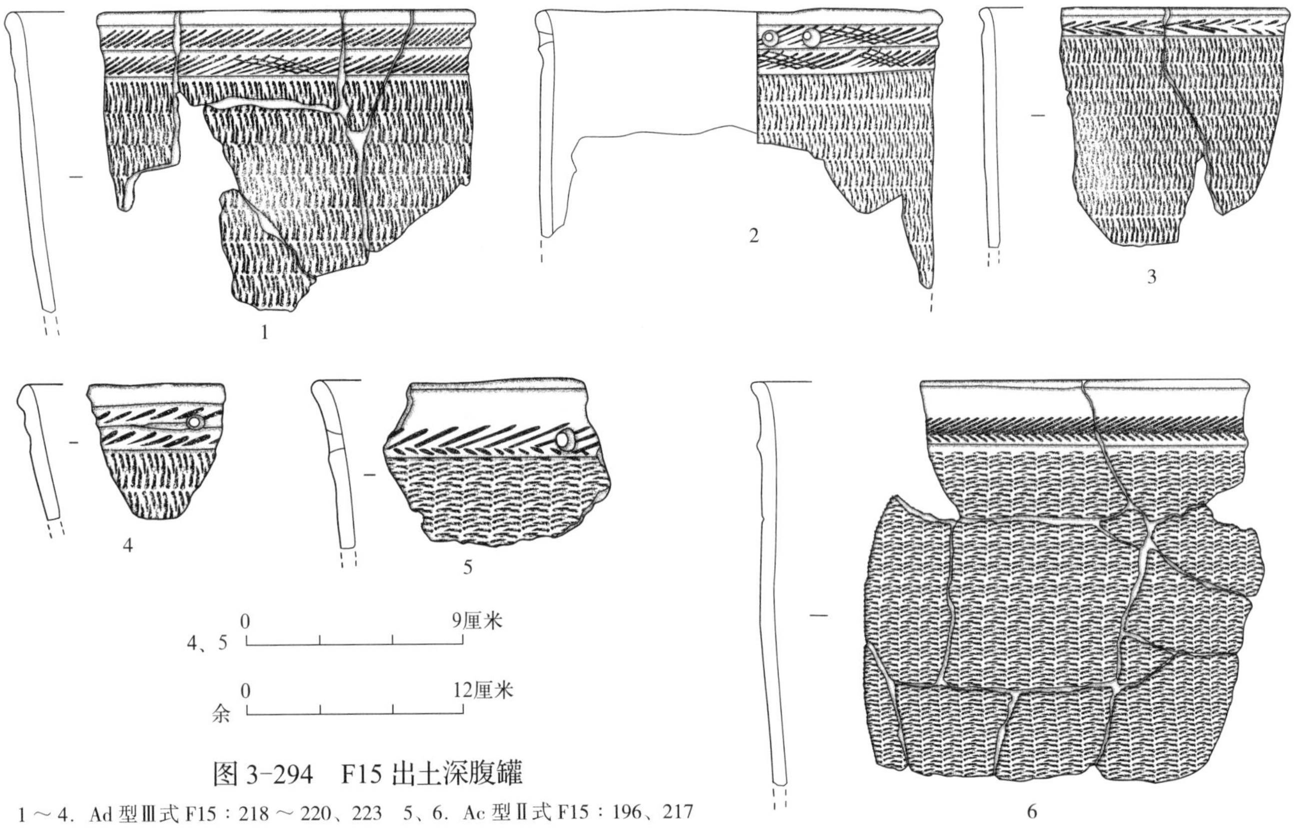

图 3-294　F15 出土深腹罐

1～4. Ad 型Ⅲ式 F15：218～220、223　5、6. Ac 型Ⅱ式 F15：196、217

标本 F15：223，残，夹砂红陶。敞口，尖唇，斜直腹。口沿处有两周凹纹带，内饰短斜线纹，腹部饰竖压横排之字纹。口径 23.0、残高 5.4 厘米（图 3-294，4）。

Ac 型Ⅱ式　2 件。

标本 F15：196，残，夹砂红陶。敞口，圆唇，斜直腹。口沿处有一周宽凹带，凹带下部饰划压横人字纹，腹上部饰横压竖排之字纹。口径 23.0、残高 6.7 厘米（图 3-294，5）。

标本 F15：217，残，夹砂红褐陶。直口，圆唇，直腹。口沿处有一周宽凹带，凹带下部饰划压横人字纹，腹上部饰横压竖排之字纹，腹下部饰横压之字纹。口径 28.0、残高 21.5 厘米（图 3-294，6）。

Ac 型Ⅲ式　1 件。

标本 F15：194，残，夹砂红褐陶。口稍敞，圆唇，斜直腹。口沿处有两周凹纹带，内饰斜线纹，横人字纹，腹部饰竖压横排之字纹。口径 28.0、残高 11.2 厘米（图 3-295，1）。

陶器底　4 件。

标本 F15：227，残，夹砂红陶。弧腹，平底。腹部饰竖压横排之字纹。底径 15.2、残高 15.8 厘米（图 3-295，2）。

标本 F15：228，残，夹砂红陶。弧腹，平底。腹部饰竖压横排之字纹。底径 9.0、残高 3.8 厘米（图 3-295，3）。

标本 F15：229，残，夹砂红陶。斜直腹，平底。腹部饰竖压横排之字纹。底径 7.6、残高 6.4 厘米（图 3-295，4）。

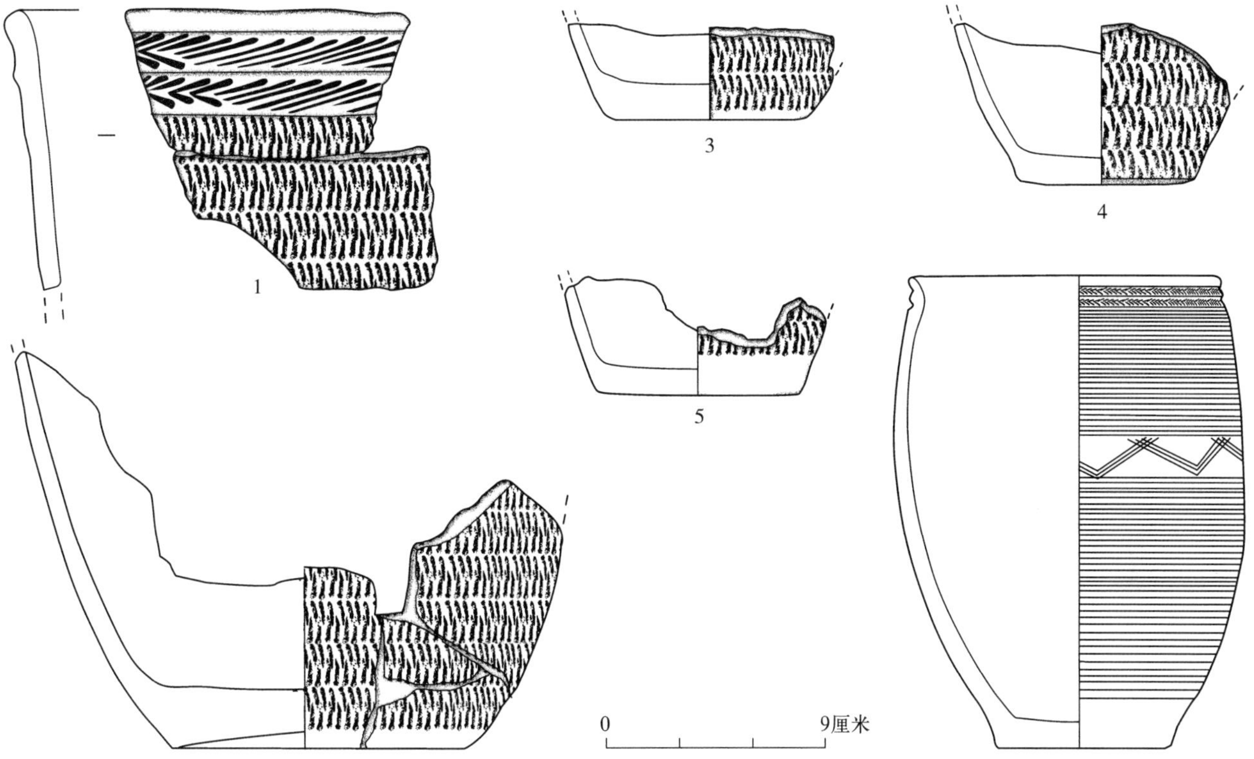

图 3-295　F15 出土深腹罐

1. Ac 型Ⅲ式 F15∶194　2 ～ 5. 陶片 F15∶227 ～ 229、231　6. Ba 型Ⅳ式 F15∶135

标本 F15∶231，残，夹砂红陶。斜直腹，平底。腹部饰竖压横排之字纹。底径 9.4、残高 4.8 厘米（图 3-295，5）。

Ba 型Ⅳ式　1 件。

标本 F15∶135，可修复，夹砂红褐陶。尖唇，敞口，弧腹，平底。口沿处有两条凹带，内饰划压斜线纹，在凸棱处划压斜线似绳索纹。在腹中部以三条斜线为组，划压一周连续折三角形纹，此外饰压印弦纹，纹饰不及底。口径 13.0、底径 6.6、高 18.8 厘米（图 3-295，6；彩版一一四，3）。

Bb 型Ⅱ式　2 件。

标本 F15∶176，可修复，夹砂红褐陶。圆唇，敞口，弧腹，平底。器身满饰纹饰。纹饰由 2 部分组成。口沿处有两周压印的戳刺纹，腹部饰压印弦纹。口径 19.4、底径 8.6、高 27.5 厘米（图 3-296，1）。

标本 F15∶214，残，夹砂褐陶。直口，圆唇，直腹下收。口沿处有两周凹带，内饰斜短线纹，腹部饰压印弦纹。口径 16.0、残高 16.7 厘米（图 3-296，2）。

陶器底　2 件。

标本 F15∶230，残，夹砂红陶。弧腹，平底。饰压印弦纹。底径 6.8、残高 7.2 厘米（图 3-296，3）。

标本 F15∶233，夹砂褐陶。斜腹，平底。饰压印弦纹。底径 8.2、残高 5.2 厘米（图 3-296，4）。

Ca 型Ⅱ式　1 件。

标本 F15∶226，残，夹砂红褐陶。敞口，圆唇，弧腹。口径 11.0、残高 5.2 厘米（图 3-296，5）。

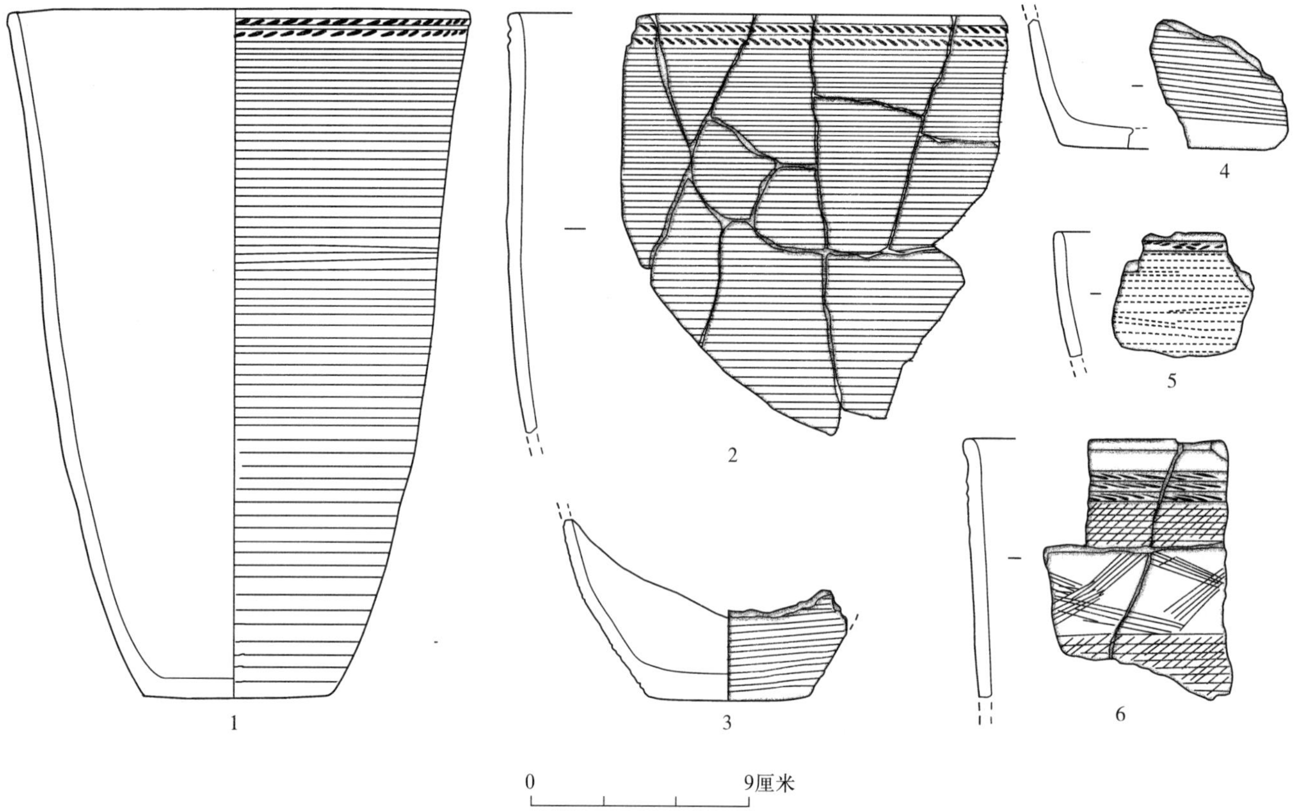

图 3-296 F15 出土深腹罐

1、2. Bb 型Ⅱ式 F15：176、214 3、4. 陶片 F15：230、233 5. Ca 型Ⅱ式 F15：226 6. Cb 型Ⅲ式 F15：201

Cb 型Ⅲ式 1 件。

标本 F15：201，残，夹砂褐陶。直口，圆唇，直腹。口沿处有一周素凹带，腹部有三周凹带，在凸棱上划压斜线似绳索纹。腹部纹饰可见有三段，上段凹带下部压印七周弦纹，再划压斜线，呈细网格纹。中段以四至五条划压斜线为组，划压交叉菱格纹。下段与上段格纹相同。口径 20.0、残高 10.3 厘米（图 3-296，6）。

E 型 3 件。

标本 F15：205，残，夹砂红陶。敞口，圆唇，斜直腹。仅口沿处划压一周横人字纹，腹部素面。口径 17.0、残高 5.7 厘米（图 3-297，2）。

标本 F15：209，残，夹砂褐陶。直口，圆唇，斜直腹。仅口沿处有一周凹带，内划压短斜线，腹部素面。口径 10.0、残高 6.9 厘米（图 3-297，3）。

陶器底 1 件。

标本 F15：232，残，夹砂红陶。斜直腹，平底。素面。底径 11.0、残高 6.9 厘米（图 3-297，4）。

大口罐 1 件。

标本 F15：175，可修复，夹砂红褐陶。圆唇，直口，弧腹，收平底。口沿处有一周凹带，内饰划压横人字纹，腹部饰压印弦纹，底部饰划压竖线纹。口径 10.6、底径 5.5、高 11.0 厘米（图 3-297，1；彩版一一四，4）。

高足钵 4 件。

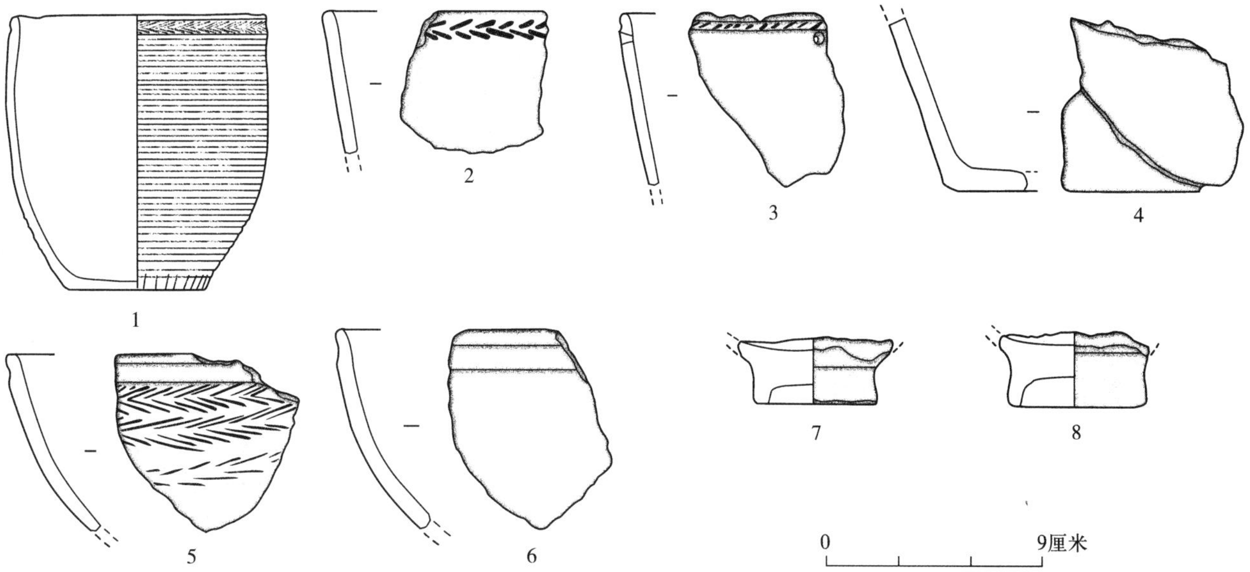

图 3-297　F15 出土陶器

1. 大口罐 F15：175　2、3. E 型深腹罐 F15：205、209　4. 深腹罐陶片 F15：232　5. Ⅰ式高足钵 F15：207　6. Ⅲ式高足钵陶片 F15：211　7、8. 高足钵器底 F15：235、256

Ⅰ式　1 件。

标本 F15：207，残，夹砂红褐陶。敞口，圆唇，弧腹。口沿处有一周凹带，腹部饰划压横人字纹。口径 19.0、残高约 11.4 厘米（图 3-297，5）。

Ⅲ式　1 件。

标本 F15：211，残，夹砂褐陶。敞口，圆唇，弧腹。口沿处有一周凹带，素面。口径 19.0、残高约 13.2 厘米（图 3-297，6）。

器底　2 件。

标本 F15：235，残，夹砂红陶。弧腹，圈足，素面。底径 5.4、残高 2.7 厘米（图 3-297，7）。

标本 F15：256，残，夹砂红陶。圈足，素面。底径 6.2、残高 2.3 厘米（图 3-297，8）。

陶泡形器　1 件。

标本 F15：53，基本完整，夹砂褐陶。捏制。圆尖顶，底边圆滑，素面。直径 3.6、高 1.4 厘米（图 3-298，1；彩版一一五，1）。

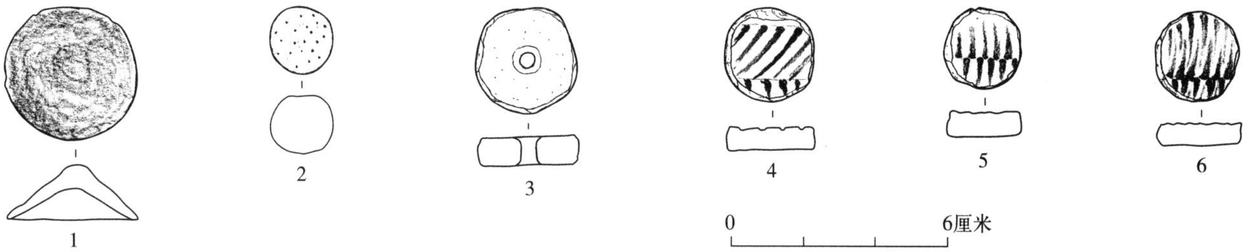

图 3-298　F15 出土陶器

1. 陶泡形器 F15：53　2. 陶球 F15：59　3. 有孔陶片 F15：55　4～6. 圆陶片 F15：56～58

陶球 1件。

标本F15：59，基本完整，夹砂红褐陶，表面粗糙。直径1.7～1.8厘米（图3-298，2；彩版一一五，2）。

有孔陶片 1件。

标本F15：55，夹砂红褐陶。圆形，边缘压剥，表面粗糙，中间有一圆穿孔。直径2.8、厚0.7、孔径0.4厘米（图3-298，3；彩版一一五，3）。

圆陶片 3件。

标本F15：56，夹砂红褐陶。压印之字纹陶片磨制，一面有纹饰。直径2.5、厚0.6厘米（图3-298，4）。

标本F15：57，夹砂红褐陶。压印之字纹陶片磨制，一面有纹饰。直径2.2、厚0.7厘米（图3-298，5）。

标本F15：58，夹砂灰褐陶。压印之字纹陶片磨制，一面有纹饰。直径2.4、厚0.6厘米（图3-298，6）。

4. 煤精制品

20件。有泡形器11件、耳珰形器1件、球形器5件、有孔圆片1件、圆片2件等。

泡形器 11件。

标本F15：51，残部。磨制，圆尖顶，表面光滑，内凹光洁，底边残。厚0.8厘米（图3-299，1）。

标本F15：54，残。磨制，圆顶形，表面光滑，内凹光洁，底边圆锐。直径3.3、高1.1厘米（图3-299，2；彩版一一五，4）。

标本F15：180，残。磨制，圆尖顶，表面光滑，内凹光洁，底边残。厚0.7厘米（图3-299，3）。

标本F15：183，残。磨制，圆顶，表面光滑，内凹光洁，底边圆锐。直径3.5、厚0.6厘米（图3-299，4）。

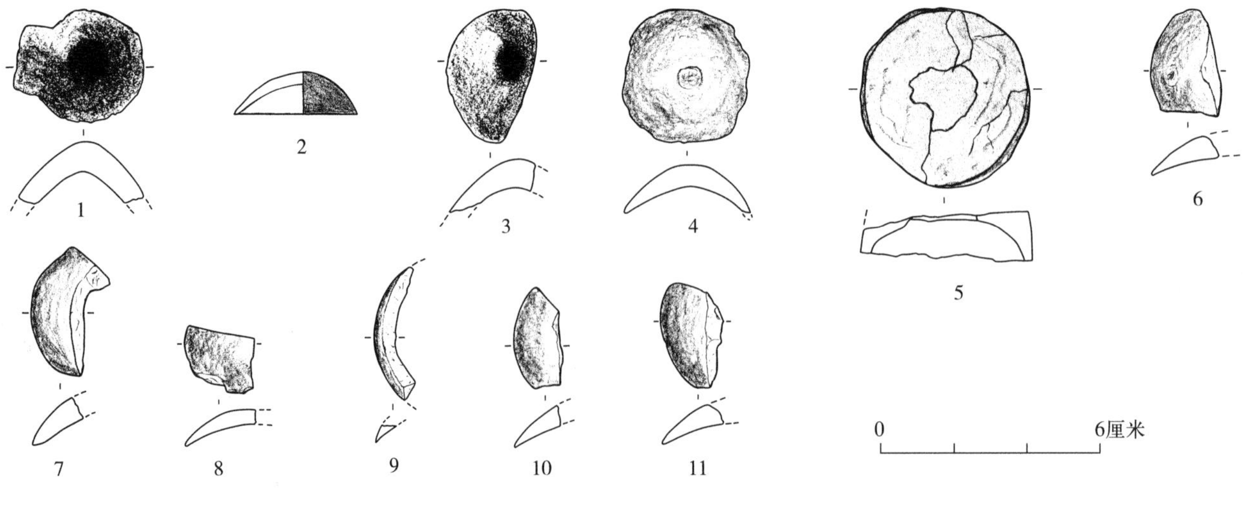

图3-299 F15出土煤精制品

1～11. 泡形器F15：51、54、180、183、184、237～242

标本 F15：184，残。磨制，内凹刮磨，底边平。直径 4.6 ～ 4.7、残高 1.4 厘米（图 3-299，5）。

标本 F15：237，残。磨制，表面光滑，内凹光洁，底边圆锐。残长 1.9、宽 2.8 厘米（图 3-299，6）。

标本 F15：238，残。磨制，表面光滑，内凹光洁，底边圆锐。长 2.1、宽 3.4 厘米（图 3-299，7）。

标本 F15：239，残。磨制，表面光滑，内凹光洁，底边圆锐。长 1.9、宽 1.8、厚 0.4 厘米（图 3-299，8）。

标本 F15：240，残。磨制，表面光滑，内凹光洁，底边圆锐。直径 4.2 厘米（图 3-299，9）。

标本 F15：241，残。磨制，表面光滑，内凹光洁，底边圆锐。长 1.3、宽 2.6 厘米（图 3-299，10）。

标本 F15：242，残。磨制，表面光滑，内凹光洁，底边圆锐。长 1.7、宽 2.8 厘米（图 3-299，11）。

耳珰形器　1 件。

标本 F15：49，顶残。磨制，束腰，平底，表面光滑。残高 3.2、底径 1.1 ～ 1.3 厘米（图 3-300，1；彩版一一五，5）。

球形器　5 件。

标本 F15：46，磨制，表面光滑。直径 1.6 厘米（图 3-300，2；彩版一一五，6）。

标本 F15：47，磨制，表面光滑。直径 1.6 ～ 1.7 厘米（图 3-300，3）。

标本 F15：48，磨制，表面光滑。直径 1.4 厘米（图 3-300，4；彩版一一五，7）。

标本 F15：243，残半。磨制，表面光滑。残长 1.4、宽 1.6、厚 0.5 厘米（图 3-300，5）。

标本 F15：244，残半。磨制，直径约 1.2 厘米（图 3-300，6）。

有孔圆片　1 件。

标本 F15：50，磨制，圆饼形，表面磨光，底面内凹，中部有一个对穿孔。直径 2.3、高 0.6、孔

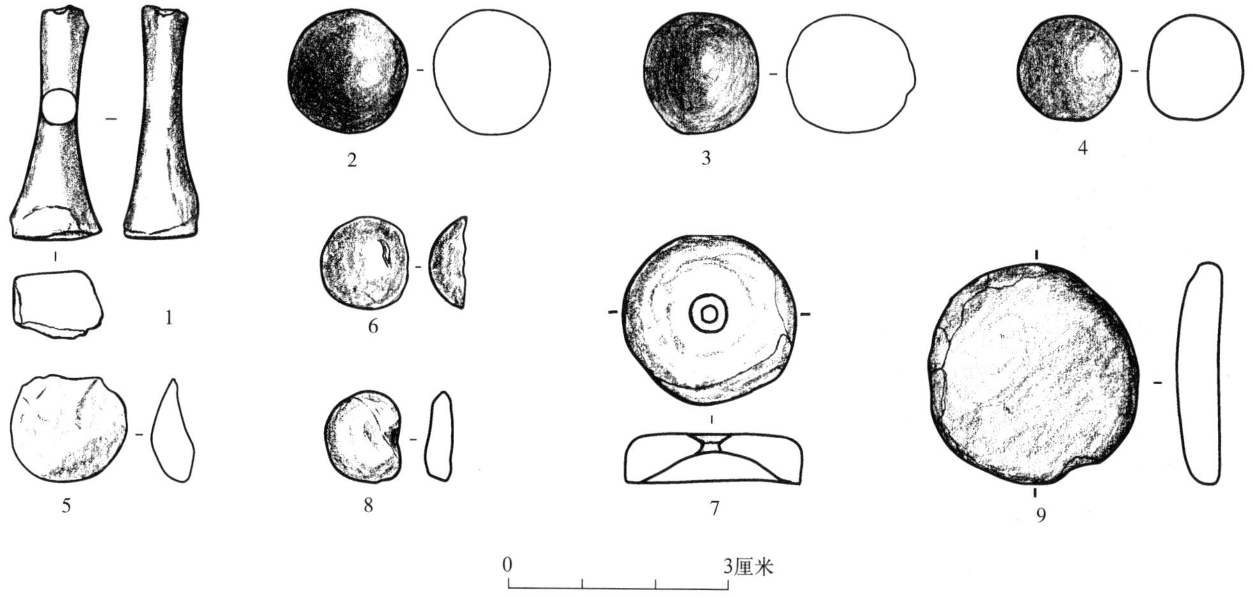

图 3-300　F15 出土煤精制品

1. 耳珰形器 F15：49　2 ～ 6. 球形器 F15：46 ～ 48、243、244　7. 有孔圆片 F15：50　8、9. 圆片 F15：52、245

径 0.25 厘米（图 3-300，7；彩版一一五，8）。

圆片　2 件。

标本 F15∶52，磨制，圆饼形，表面磨光。直径 2.9、厚 0.6 厘米（图 3-300，8；彩版一一五，9）。

标本 F15∶245，残。磨制，直径长 1.2 ～ 1.0、厚 0.3 厘米（图 3-300，9）。

5. 其他

2 件。

石墨　1 件。

标本 F15∶125，不规则圆形，表面有磨擦痕。长 2.0、宽 2.0、厚 0.7 厘米（图 3-301，1；彩版一一三，6）。

铁矿石　1 件。

标本 F15∶251，不规则形，表面有磨擦痕。长 1.4、宽 1.8、厚 1.0 厘米（图 3-301，2；彩版一一三，7）。

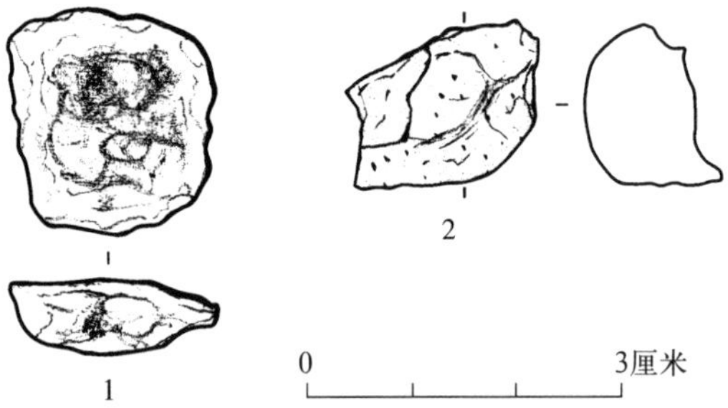

图 3-301　F15 出土其他遗物

1. 石墨 F15∶125　2. 铁矿石 F15∶251

（一五）F16

F16 位于 T0502 西南部，部分在 T0501、T0402 之内。东侧距 F1 约 5.00、西南距 F11 约 6.20、南距 F7 约 3.80、北距 F25 约 5.50 米。房址开口②层下，打破生土。平面圆角方形，半地穴式，四壁局部稍外弧，壁面斜直。东西长 5.20、南北宽 4.80、深 0.40 米，面积约 24.50 平方米（图 3-302；彩版一一六，1）。

活动面土质较杂，内含有石器、陶器、煤精等遗物（彩版一一六，2）。灶址发现 2 处，编号 Z1、Z2。Z1 位于房内中部稍偏东侧，开口于活动面，椭圆形，圜底。直径 0.32 ～ 0.38、深约 0.11 米，灶内有红烧土层，厚 0.03 米。Z2 位于房内西部偏北，椭圆形，圜底，直径 0.36 ～ 0.39、深约 0.13 米，灶内烧土层厚 0.03 米。

窖穴 1 处，位于房内中部，Z1 西侧，圆形，圜底，开口于活动面。直径 0.70、深约 0.52 米。

房内共发现柱洞 13 个，均为壁柱（表 3-9）。

出土遗物有石器、陶器、煤精等共计 87 件。

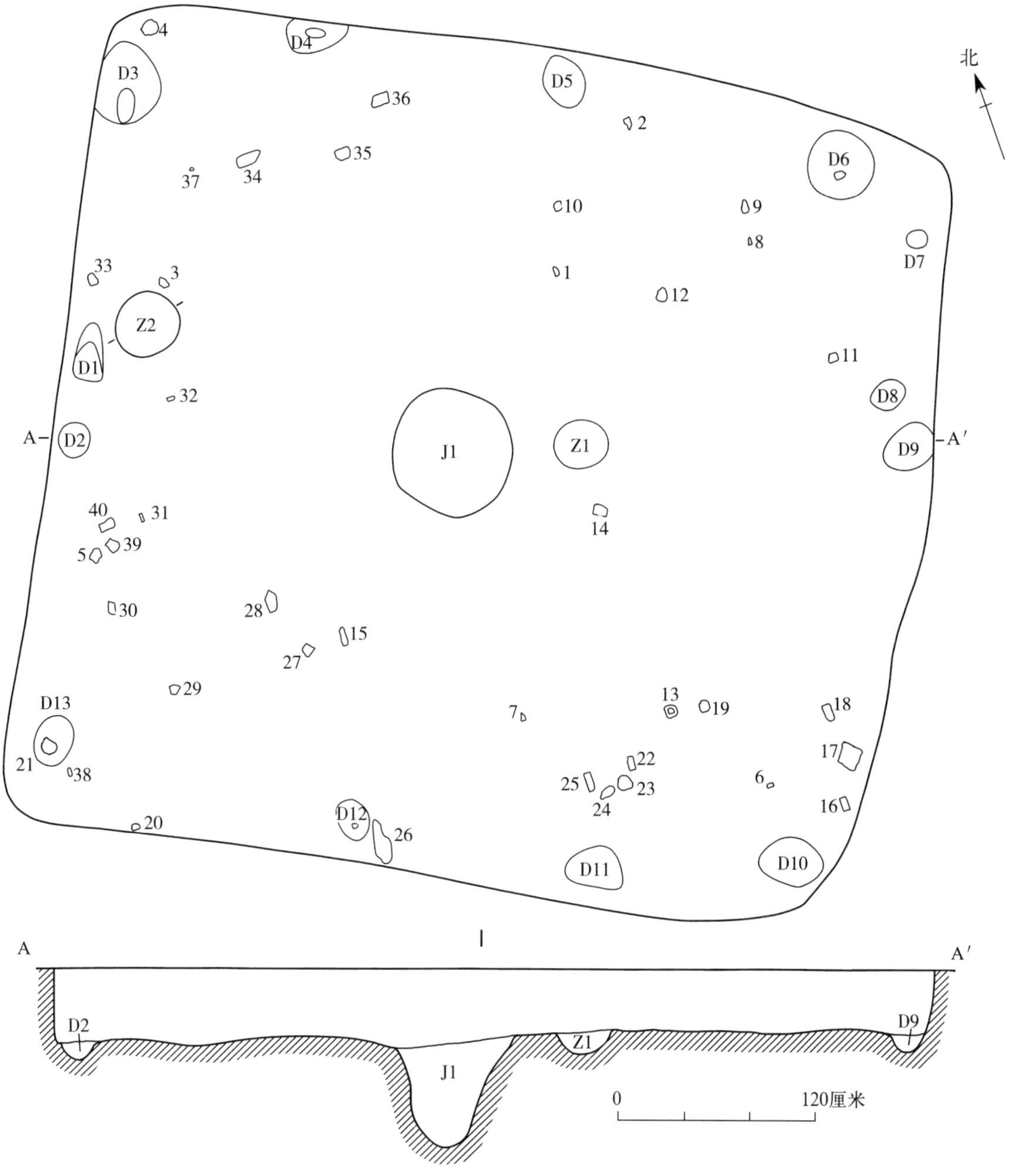

图 3-302　F16 平、剖面图

1、6、31、38. 细石器　2、5、11. 刮削器　3、14、15、19、20、22、23、27、28、29、30、35、36、39. 敲砸器　4、16、17、40. 磨盘　7、8. 石镞　9、10、12. 石核　13. 陶罐　18、25、26、34. 磨棒　21. 斜口器　24、32. 研磨器　33. 砍砸器　37. 煤精球形器

表 3-9　F16 柱洞（柱坑）登记表　（单位：厘米）

编号	径	深	备注	编号	径	深	备注
D1	16	15		D8	15	8	
D2	17	10		D9	22	10	
D3	39	26		D10	25	15	
D4	34	20		D11	23	18	
D5	22	8		D12	18	9	
D6	38	10		D13	21	18	
D7	12	3					

1. 石器

73 件。其中打制石器 46 件、细石器 12 件、磨制石器 15 件。

（1）打制石器

46 件。有砍砸器 4 件、敲砸器 28 件、石片刮削器 8 件、网坠 6 件。

砍砸器　4 件。

标本 F16∶35，青色板岩。打制，铲形，圆弧顶，束腰，弧刃，局部保留石皮，砍砸痕迹明显。长 7.6、宽 5.5、厚 2.1 厘米（图 3-303，1；彩版一一七，1）。

标本 F16∶43，青灰色板岩。打制，扁椭圆形，多剥片疤，局部保留石皮，周边砍砸痕迹明显。长 10.1、宽 9.1、厚 2.1 厘米（图 3-303，2；彩版一一七，2）。

标本 F16∶54，灰白色板岩。打制，扁圆多棱形，多剥片疤，周边砍砸痕迹明显。长 5.2、宽 4.7、厚 2.1 厘米（图 3-303，3）。

标本 F16∶71，黄褐色石英岩。长方条形，大部分保留石皮，一端砍砸痕迹明显。长 19.0、宽 7.6、厚 4.7 厘米（图 3-303，4）。

敲砸器　28 件。

标本 F16∶3，青灰色板岩。打制，不规则梯形，多棱角，多剥片疤，局部保留石皮，敲砸痕迹明显。长 8.2、宽 4.9、厚 3.5 厘米（图 3-304，1）。

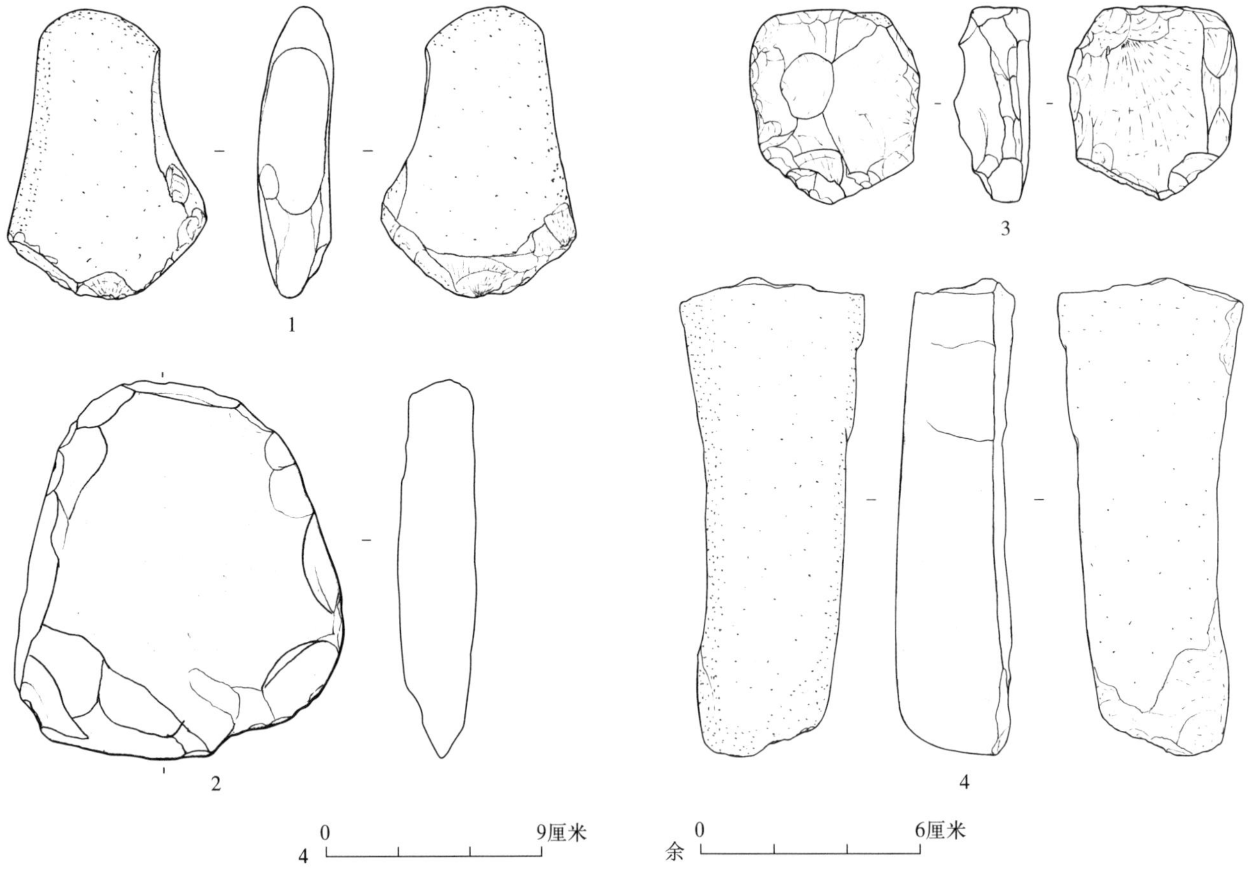

图 3-303　F16 出土打制石器

1～4. 砍砸器 F16∶35、43、54、71

标本F16∶5，青色板岩。打制，不规则椭圆形，多棱角，多剥片疤，局部保留石皮，敲砸痕迹明显。长8.8、宽5.0、厚3.9厘米（图3-304，2）。

标本F16∶9，褐色板岩。打制，不规则扁圆形，多棱角多剥片疤，敲砸痕迹明显。长6.2、宽5.5、厚3.6厘米（图3-304，3）。

标本F16∶10，青褐色板岩。打制，扁圆形，局部保留石皮，周缘敲砸痕迹细碎。长6.5、宽5.4、厚2.8厘米（图3-304，4）。

标本F16∶12，青灰色板岩。打制，不规则椭圆形，多棱角，多剥片疤，敲砸痕迹细碎。长6.8、宽4.9、厚4.7厘米（图3-304，5；彩版一一七，3）。

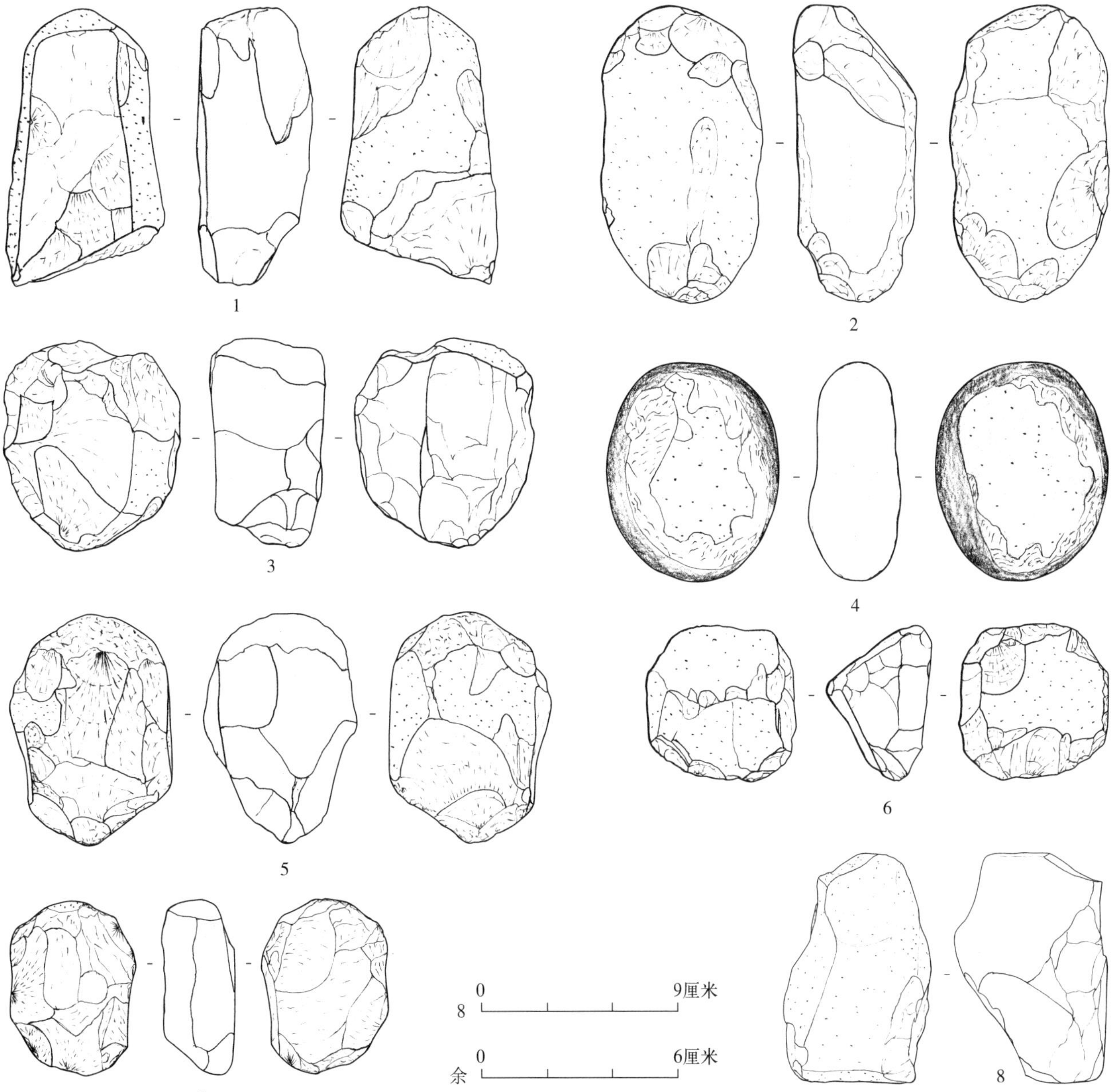

图3-304　F16出土打制石器

1～8. 敲砸器F16∶3、5、9、10、12～15

标本 F16：13，青色板岩。打制，不规则三棱形，多棱角，多剥片疤，局部保留石皮，敲砸痕迹明显。长 4.6、宽 4.6、厚 3.2 厘米（图 3-304，6；彩版一一七，4）。

标本 F16：14，青灰色板岩。打制，不规则扁椭圆形，多棱角，多剥片疤，敲砸痕迹明显。长 5.2、宽 3.8、厚 2.1 厘米（图 3-304，7）。

标本 F16：15，青灰色板岩。打制，不规则多棱形，多剥片疤，局部保留石皮，敲砸痕迹明显。长 10.1、宽 6.9、厚 7.0 厘米（图 3-304，8）。

标本 F16：17，青灰色板岩。打制，不规则多棱形，多剥片疤，局部保留石皮，敲砸痕迹明显。长 6.3、宽 5.3、厚 5.2 厘米（图 3-305，1）。

标本 F16：19，青灰色板岩。打制，不规则扁椭圆形，多棱角，多剥片疤，局部保留石皮，两端

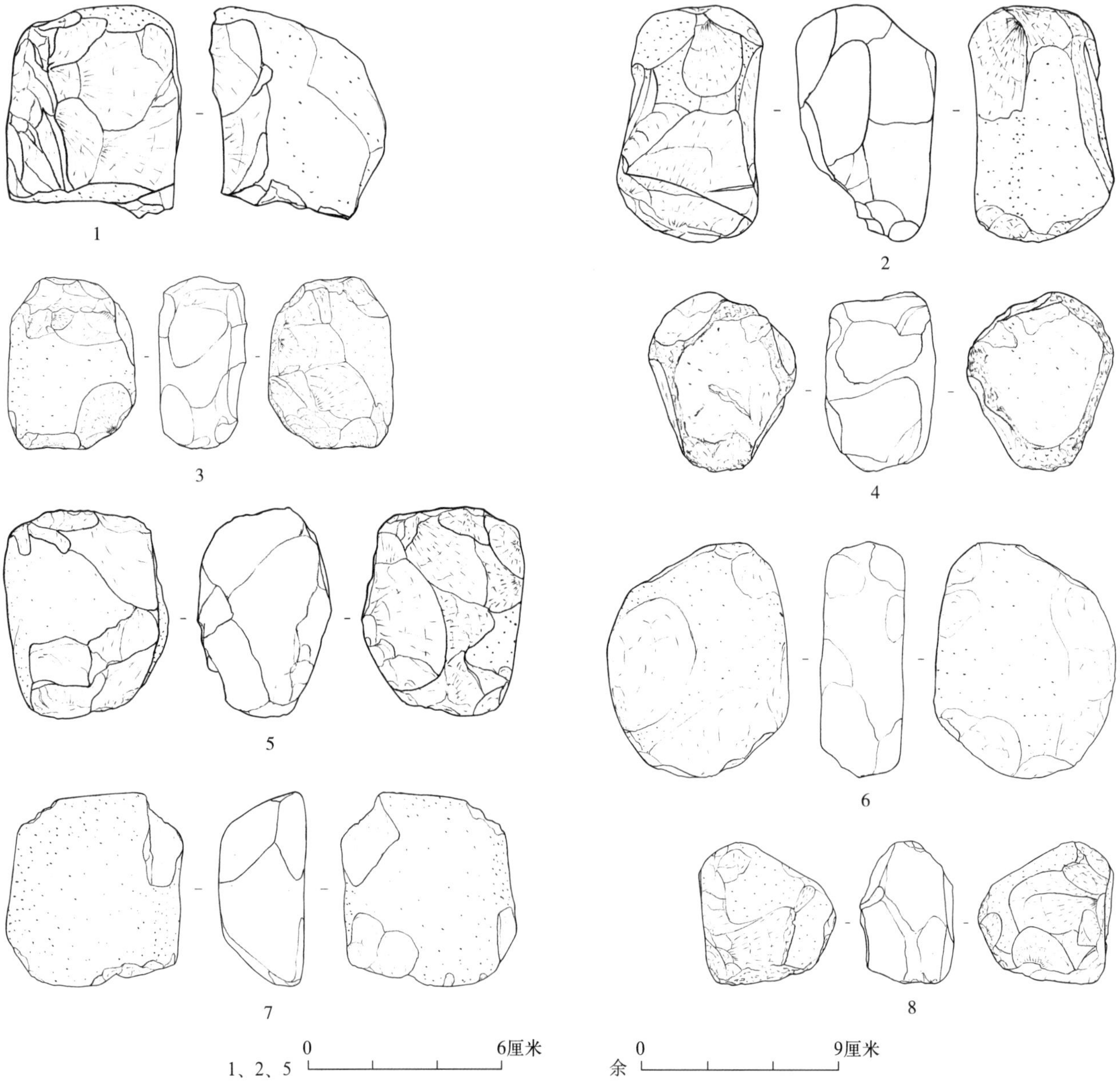

图 3-305　F16 出土打制石器

1～8. 敲砸器 F16：17、19、22、23、27～30

敲砸痕迹明显。长 7.0、宽 4.3、厚 4.2 厘米（图 3-305，2）。

标本 F16：22，青色板岩。打制，不规则扁椭圆形，多棱角，多剥片疤，局部保留石皮，敲砸痕迹明显。长 7.6、宽 5.8、厚 4.1 厘米（图 3-305，3）。

标本 F16：23，青灰色板岩。打制，不规则扁椭圆形，多剥片疤，局部保留石皮，敲砸痕迹细碎。长 8.0、宽 6.7、厚 5.0 厘米（图 3-305，4）。

标本 F16：27，青色板岩。打制，不规则椭圆多棱形，多剥片疤，局部保留石皮，敲砸痕迹明显。长 6.2、宽 5.0、厚 4.1 厘米（图 3-305，5）。

标本 F16：28，红褐色砂岩。打制，扁椭圆形，多棱角，多剥片疤，局部保留石皮，敲砸痕迹明显。长 10.3、宽 8.2、厚 3.8 厘米（图 3-305，6）。

标本 F16：29，青灰色闪长玢岩。圆角扁方形，局部保留石皮，敲砸痕迹明显。长 8.5、宽 8.1、厚 4.0 厘米（图 3-305，7）。

标本 F16：30，青色板岩。打制，不规则多棱形，多剥片疤，局部保留石皮，敲砸痕迹明显。长 6.4、宽 6.3、厚 4.3 厘米（图 3-305，8）。

标本 F16：33，青灰色板岩。打制，不规则长方多棱形，多剥片疤，敲砸痕迹明显。长 5.9、宽 4.0、厚 3.5 厘米（图 3-306，1）。

标本 F16：39，青灰色板岩。打制，不规则椭圆形，多剥片疤，局部保留石皮，两端敲砸痕迹明显。长 8.1、宽 6.0、厚 5.3 厘米（图 3-306，2）。

标本 F16：40，残，褐色砂岩。石磨棒改制，一侧部有敲砸痕迹。残长 8.4、宽 6.0、厚 4.4 厘米（图 3-306，3）。

标本 F16：41，青色石英岩。打制，不规则扁圆多棱形，多剥片疤，局部保留石皮，敲砸痕迹明显。长 8.1、宽 8.3、厚 4.9 厘米（图 3-306，4）。

标本 F16：44，青灰色板岩。打制，不规则椭圆多棱形，多剥片疤，局部保留石皮，敲砸痕迹明显。长 6.7、宽 5.2、厚 3.8 厘米（图 3-306，5）。

标本 F16：47，青色板岩。不规则长条形，局部保留石皮，一侧敲砸痕迹明显。长 6.2、宽 3.3、厚 2.2 厘米（图 3-306，6）。

标本 F16：53，灰白色板岩。打制，椭圆形，多剥片疤，局部保留石皮，一侧敲砸痕迹明显。长 6.6、宽 5.5、厚 4.7 厘米（图 3-306，7）。

标本 F16：60，青灰色板岩。打制，不规则多棱形，多剥片疤，敲砸痕迹明显。长 5.2、宽 4.7、厚 3.9 厘米（图 3-306，8）。

标本 F16：62，青灰色板岩。打制，不规则椭圆多棱形，多剥片疤，敲砸痕迹明显。长 6.9、宽 6.4、厚 5.0 厘米（图 3-306，9）。

标本 F16：67，黄褐色板岩。打制，不规则长方形，局部保留石皮，两端敲砸痕迹明显。长 7.4、宽 5.0、厚 3.9 厘米（图 3-306，10）。

标本 F16：69，青色板岩。打制，不规则扁椭圆形，大部分保留石皮，一端敲砸痕迹明显。长 10.5、宽 6.7、厚 4.0 厘米（图 3-306，11）。

标本 F16：70，青色板岩。打制，不规则长方形，大部分保留石皮，两端敲砸痕迹明显。长 5.0、宽 3.5、厚 3.1 厘米（图 3-306，12）。

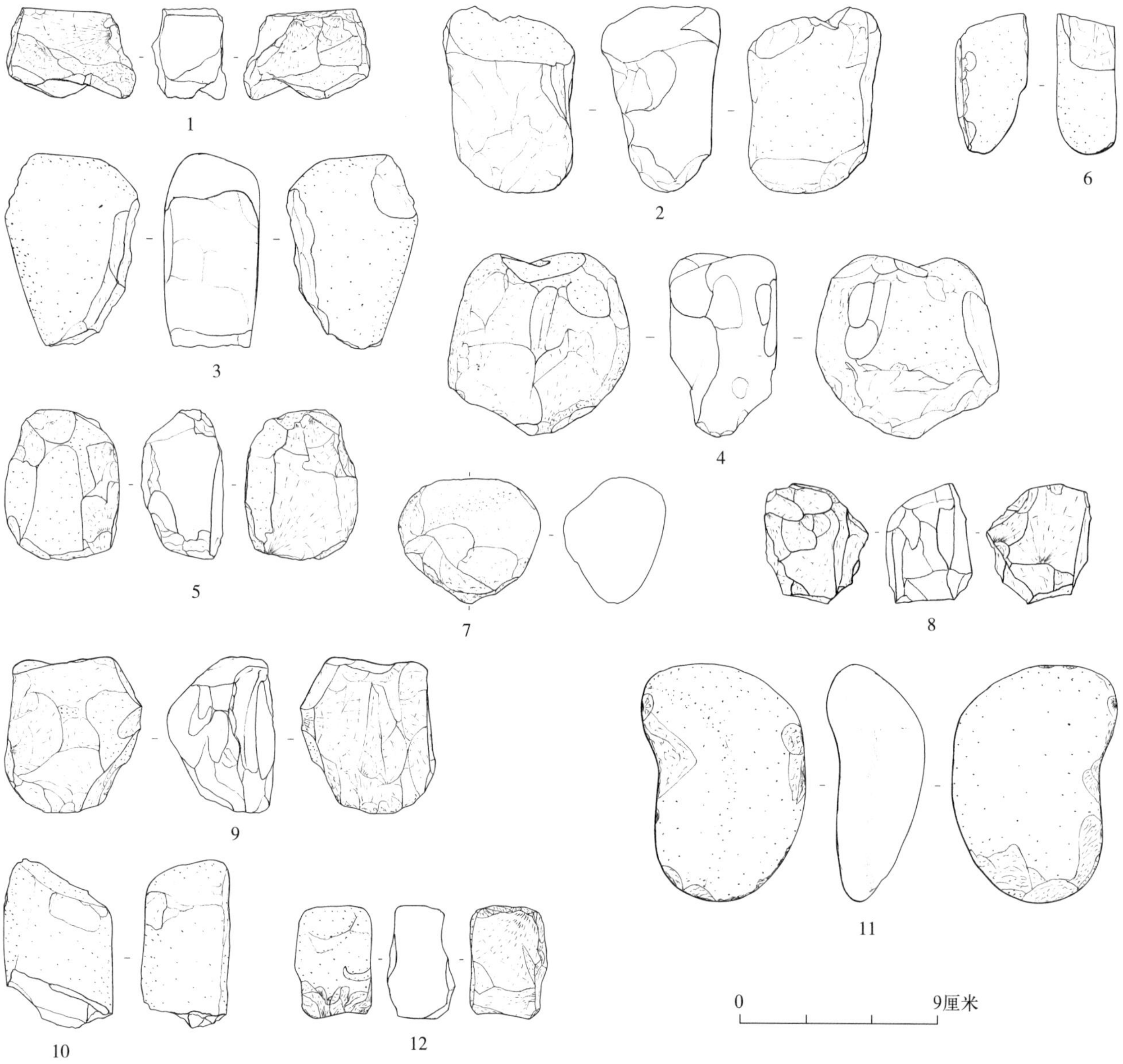

图 3-306　F16 出土打制石器

1～12. 敲砸器 F16：33、39～41、44、47、53、60、62、67、69、70

石片刮削器　8 件。

标本 F16：2，青灰色板岩。打制，三角形，局部保留石皮，边刃，有刮削痕迹。长 6.0、宽 3.5、厚 1.4 厘米（图 3-307，1）。

标本 F16：55，青色板岩。打制，不规则三角形，一侧保留石皮，边刃，有刮削痕迹。长 4.3、宽 2.8、厚 0.9 厘米（图 3-307，2）。

标本 F16：56，灰白色板岩。打制，不规则蚌壳形，边刃，有刮削痕迹。长 3.3、宽 2.7、厚 1.2 厘米（图 3-307，3）。

标本 F16：58，青灰色板岩。打制，不规则菱形，边刃，有刮削痕迹。长 5.8、宽 4.6、厚 2.6 厘米（图 3-307，4）。

标本 F16：64，青色板岩。打制，不规则三角形，一面有石皮，边刃，有刮削痕迹。长 5.0、宽 4.0、

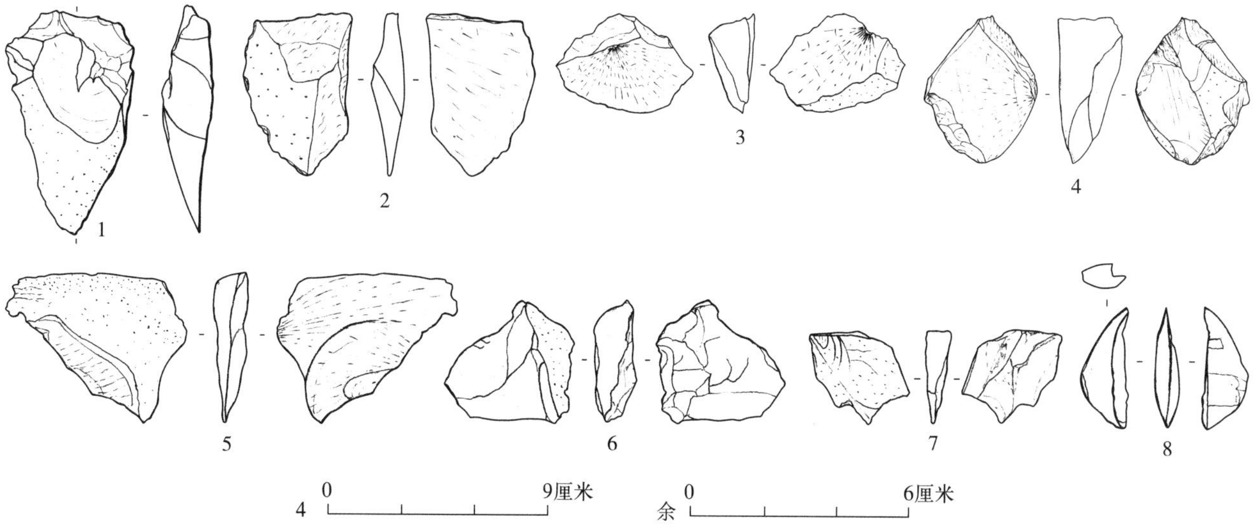

图 3-307　F16 出土打制石器

1～8. 石片刮削器 F16：2、55、56、58、64、65、79、80

厚 0.9 厘米（图 3-307，5）。

标本 F16：65，青灰色板岩。打制，不规则多边形，边刃，有刮削痕迹。长 3.6、宽 3.2、厚 1.1 厘米（图 3-307，6）。

标本 F16：79，褐色板岩。打制，不规则多边形。边刃，有刮削痕迹。长 2.8、宽 2.5、厚 0.7 厘米（图 3-307，7）。

标本 F16：80，红棕色硅质岩。打制，不规则长条形，边刃，有刮削痕迹。长 3.2、宽 1.2、厚 0.6 厘米（图 3-307，8）。

网坠　6 件。

标本 F16：36，残，褐色斑岩。扁圆角长方形。两侧对称打出豁口。残长 10.0、宽 7.3、厚 1.9 厘米（图 3-308，1）。

标本 F16：50，残，青色板岩。打制，扁条形，两侧对称打出豁口。长 9.3、宽 4.6、厚 1.3 厘米（图 3-308，2）。

标本 F16：51，残半。红褐色斑岩。打制，扁椭圆形。残存一端豁口。残长 9.0、宽 7.8、厚 2.2 厘米（图 3-308，3）。

标本 F16：52，红褐色斑岩。打制，扁椭圆形，两侧对称打出豁口。长 14.1、宽 8.6、厚 3.4 厘米（图 3-308，4；彩版一一七，5）。

标本 F16：63，残半。黄褐色斑岩。打制，扁长方形。残存一侧豁口。残长 8.8、宽 6.2、厚 2.7 厘米（图 3-308，5）。

标本 F16：72，残，黄褐色斑岩。打制，残存一侧豁口。残长 6.6、宽 6.3、厚 1.8 厘米（图 3-308，6）。

（2）细石器

12 件。有石叶刮削器 7 件、石镞 1 件、石片 4 件。

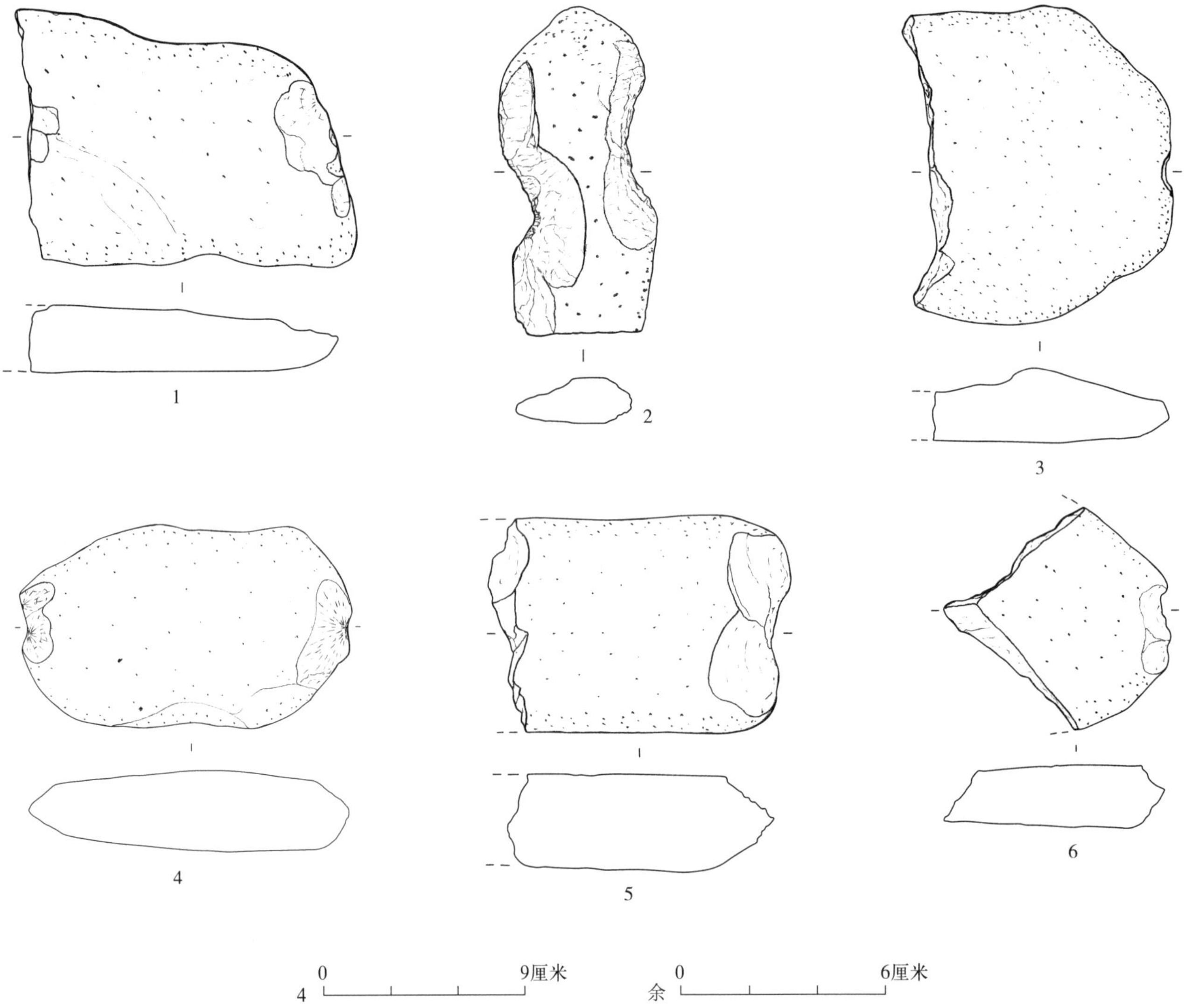

图 3-308 F16 出土打制石器

1～6. 网坠 F16：36、50～52、63、72

石叶刮削器 7件。

标本F16：1，红褐色燧石。琢制，长条形，横截面梯形，边刃呈细齿状，刮削痕迹明显。长2.5、宽0.5、厚0.1厘米（图3-309，1；彩版一一七，6）。

标本F16：6，棕红色燧石。琢制，长条形，横截面梯形，边刃，有刮削痕迹。长4.3、宽1.3、厚0.2厘米（图3-309，2；彩版一一七，7）。

标本F16：8，青色板岩。琢制，长条形，横截面三角形，边刃，有刮削痕迹。长2.2、宽1.2、厚0.2厘米（图3-309，3）。

标本F16：31，残，青色板岩。琢制，长条形，横截面三角形，边刃，压琢呈细齿状，刮削痕迹明显。长3.8、宽1.0、厚0.4厘米（图3-309，4）。

标本F16：38，红褐色板岩。琢制，横截面梯形，边刃呈细齿状，刮削痕迹明显。长4.4、宽1.4、厚0.3厘米（图3-309，5；彩版一一七，8）。

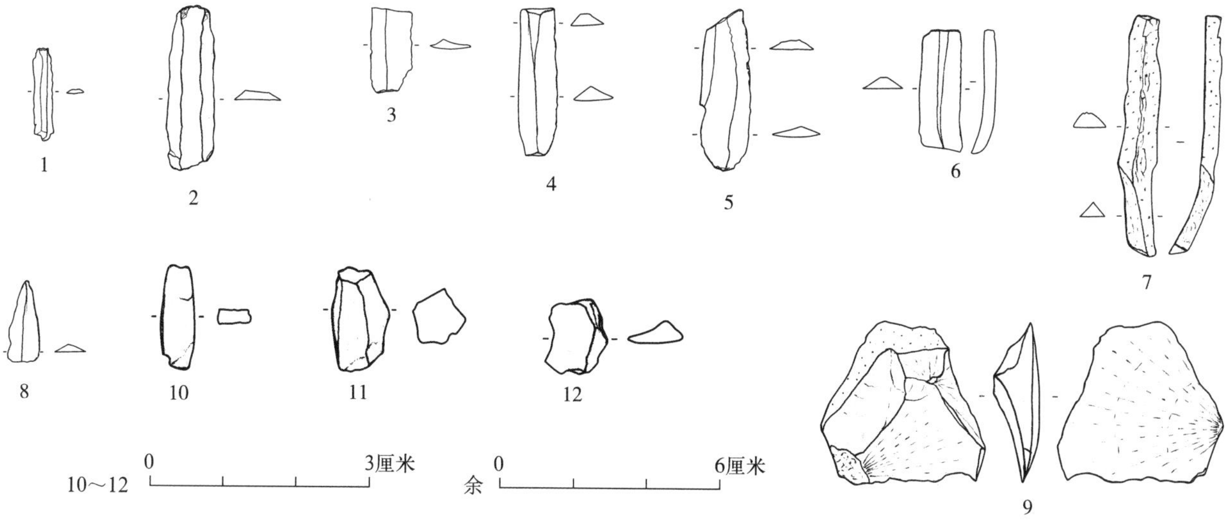

图 3-309 F16 出土细石器

1～7. 石叶刮削器 F16：1、6、8、31、38、57、59 8. 石镞 F16：7 9～12. 石片 F16：11、82～84

标本 F16：57，残，红褐色燧石。琢制，长条形，横截面梯形，边刃呈细齿状，刮削痕迹明显。长 3.2、宽 1.1、厚 0.3 厘米（图 3-309，6）。

标本 F16：59，残，青色板岩。琢制，长条形，横截面三角形，边刃，有刮削痕迹。长 6.4、宽 1.2、厚 0.4 厘米（图 3-309，7）。

石镞 1 件。

标本 F16：7，残，青灰色板岩。琢制，长三角形，横截面三角形。长 2.1、宽 0.8、厚 0.2 厘米（图 3-309，8）。

石片 4 件。

标本 F16：11，残，灰褐色燧石。琢制。不规则梯形。长 4.3、宽 4.6、厚 1.3 厘米（图 3-309，9）。

标本 F16：82，残，青褐色燧石。琢制，长方条形。长 1.4、宽 0.5、厚 0.2 厘米（图 3-309，10）。

标本 F16：83，残，青灰色玛瑙。打制，不规则方形。长 1.4、宽 0.7、厚 0.7 厘米（图 3-309，11）。

标本 F16：84，残，褐色燧石。琢制，残片。长 1.0、宽 0.8、厚 0.4 厘米（图 3-309，12）。

（3）磨制石器

15 件。有石斧 1 件、石磨盘 4 件、石磨棒 8 件、砺石 1 件、研磨器 1 件。

石斧 1 件。

标本 F16：48，青色板岩。磨制，梯形，横截面圆角长方形，圆弧顶，对磨直刃，一侧宽磨，刃部呈凿形，有砍砸细碎痕。长 14.1、宽 6.7、厚 4.1 厘米（图 3-310，1；彩版一一八，1）。

石磨盘 4 件。

标本 F16：4，残，灰褐色片麻岩。磨制，两面有磨痕。残长 8.6、宽 5.8、厚 3.6 厘米（图 3-310，2）。

标本 F16：16，残，黄褐色花岗岩。磨制，两面有磨痕。残长 10.5、宽 10.7、厚 3.2 厘米（图 3-310，3）。

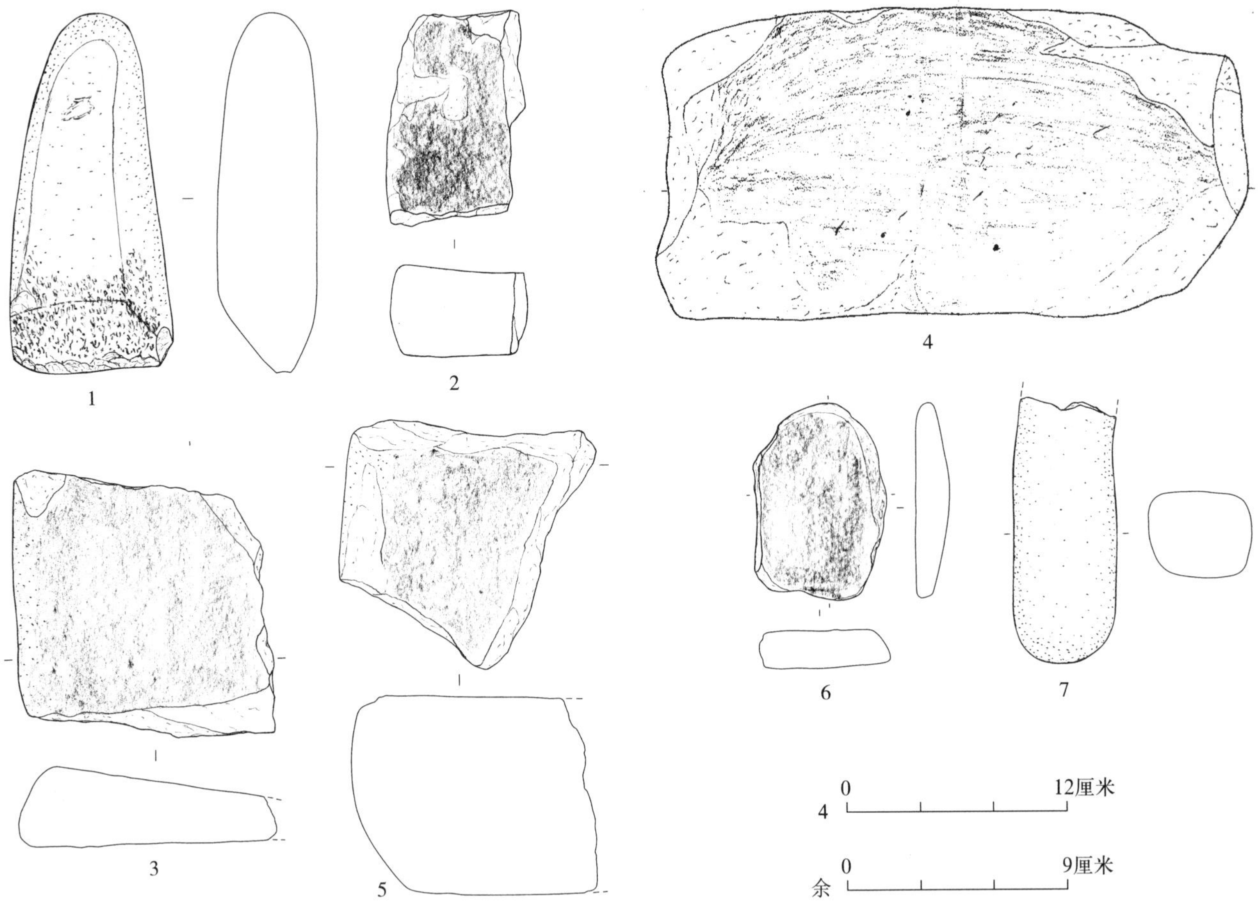

图 3-310　F16 出土磨制石器

1. 石斧 F16∶48　2～5. 石磨盘 F16∶4、16、20、42　6. 砺石 F16∶49　7. 研磨器 F16∶32

标本 F16∶20，红褐色砂砾岩。磨制，圆角长方形。一面有凹磨痕。长 31.0、宽 16.3、厚 5.7～7.9 厘米（图 3-310，4；彩版一一八，2）。

标本 F16∶42，残，红褐色砂砾岩。磨制，两面有磨痕。残长 10.5、宽 9.8、厚 7.9 厘米（图 3-310，5）。

石磨棒　8 件。

标本 F16∶18，残，青灰色花岗岩。磨制，横截面圆角三角形，三面磨，底面平。残长 9.1、宽 7.7、厚 7.3 厘米（图 3-311，1）。

标本 F16∶24，残，黄褐色砂砾岩。磨制，横截面圆角三角形，多磨面，底面平。残长 9.6、宽 5.8、厚 4.7 厘米（图 3-311，2）。

标本 F16∶25，残，黄褐色混合岩。磨制，横截面圆角三角形，多磨面，底面平。残长 13.0、宽 7.4、高 5.1 厘米（图 3-311，3）。

标本 F16∶26，残，黄褐色花岗岩。磨制，圆角长方形，横截面圆角四边形，多磨面，底面平。长 20.4、宽 6.4、厚 8.4 厘米（图 3-311，4）。

标本 F16∶34，青褐色斑岩。磨制，圆角长条形，横截面菱形，多磨面，磨痕明显。长 15.3、宽 6.2、厚 4.2 厘米（图 3-311，5）。

标本 F16∶61，残，红褐色砂砾岩。磨制，椭圆形，多磨面，磨痕明显。直径 8.3、厚 5.5 厘米（图 3-311，6）。

标本 F16∶68，黄褐色花岗岩。磨制，长圆角三角形，横截面椭圆形，多磨面，底面平。长 19.7、宽 9.0、厚 7.5 厘米（图 3-311，7；彩版一一八，3）。

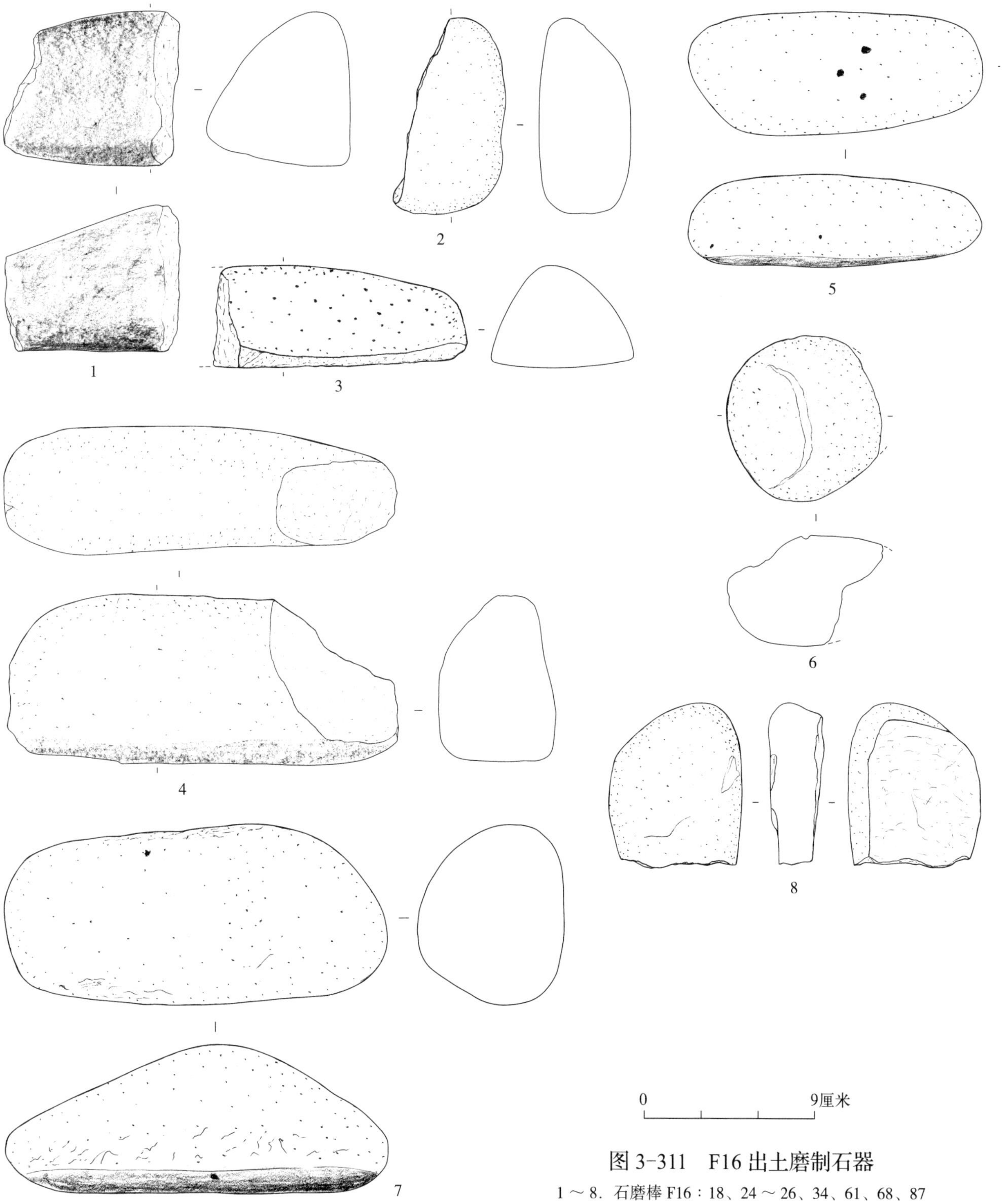

图 3-311　F16 出土磨制石器

1～8. 石磨棒 F16∶18、24～26、34、61、68、87

标本 F16∶87，残块，红褐色砂砾岩。磨制。长 8.1、宽 7.0、厚 2.9 厘米（图 3-311，8）。

砺石 1 件。

标本 F16∶49，残，黄褐色砂岩。磨制，不规则扁平椭圆形，两个磨面，磨痕明显。长 7.8、宽 5.3、厚 1.5 厘米（图 3-310，6）。

研磨器 1 件。

标本 F16∶32，残，青灰色砂岩。磨制，圆角长方形。横截面圆角四边形，表面多磨痕。残长 10.6、宽 4.2、厚 3.4 厘米（图 3-310，7；彩版一一八，4）。

2. 陶器

7 件。有深腹罐 4 件、高足钵 2 件、斜口器 1 件。

深腹罐 4 件。

Aa 型Ⅲ式 1 件。

标本 F16∶75，残，夹砂红陶。直口，圆唇，直腹。口沿处有一周凹带，内饰划压横人字纹，腹部饰竖压横排之字纹。口径 15.0、残高 2.7 厘米（图 3-312，1）。

口沿 1 件。

标本 F16∶76，残，夹砂红陶。敞口，圆唇，斜直腹。口沿处有两周凹带，内饰划压斜线纹，腹部饰竖压横排之字纹。残高 3.9 厘米（图 3-312，2）。

器底 2 件

标本 F16∶73，残，夹砂红陶。平底。腹部饰竖压横排之字纹。底径 7.3、残高 2.4 厘米（图 3-312，3）。

标本 F16∶74，残，夹砂红陶。斜直腹，平底。腹部饰竖压横排之字纹。底径 9.2、残高 5.6 厘米（图 3-312，4）。

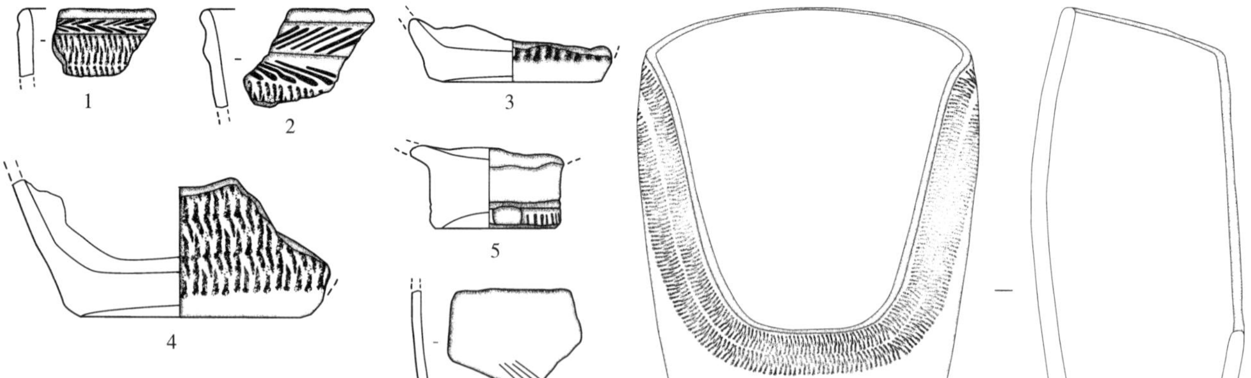

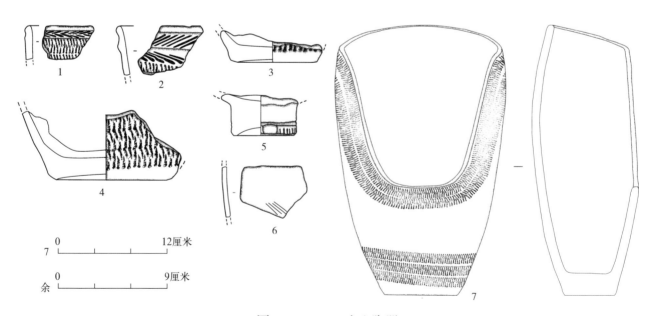

图 3-312 F16 出土陶器

1. Aa 型Ⅲ式深腹罐 F16∶75 2～4. 深腹罐陶片 F16∶76、73、74 5、6. 高足钵陶片 F16∶78、77 7. Ⅱ式斜口器 F16∶21

高足钵　2 件。

器底 1 件

标本 F16：78，残，夹砂红陶。表面有红陶衣，假圈足。足部有两周弦纹，下戳刺竖齿纹。底径 5.4、残高 3.3 厘米（图 3-312，5）。

罐腹片 1 件

标本 F16：77，夹砂红陶。表面有红陶衣，腹部多素面，仅见一短组划压纹斜线纹，残高 4.1、壁厚 0.3 厘米（图 3-312，6）。

斜口器　1 件。

Ⅱ式　1 件。

标本 F16：21，可修复，夹砂红褐陶。扁圆口，圆唇，底沿前突圆弧，腹弧收，椭圆形平底。斜口过半腹。斜口处饰两条竖压横排之字纹，近底部饰三条竖压横排之字纹，腹中部素面。口径 9.0 ～ 18.0、底径 5.5 ～ 8.0、高 28.6 厘米（图 3-312，7；彩版一一八，5）。

3. 煤精制品

7 件。有泡形器 2 件、球形器 1 件、煤精块 4 件。

泡形器　2 件。

标本 F16：45，残。磨制，圆尖顶，表面光滑，内凹光洁，边缘尖锐。直径 3.6、厚 0.9 厘米（图 3-313，1）。

标本 F16：46，残块。磨制，表面光滑，内凹光洁，边缘圆锐。长 3.9、宽 1.9、厚 0.5 厘米（图 3-313，2）。

球形器　1 件。

标本 F16：37，残半。磨制，表面光滑。直径 1.4、厚 0.6 厘米（图 3-313，3）。

煤精块　4 件。

标本 F16：66，不规则形扁圆。长 4.8、宽 4.0、厚 1.0 厘米（图 3-313，4）。

标本 F16：81，不规则形。长 2.5、宽 1.7、厚 0.9 厘米（图 3-313，5）。

标本 F16：85，不规则形。长 1.7、宽 1.3、厚 1.0 厘米（图 3-313，6）。

标本 F16：86，不规则形。残长 2.5、残宽 1.7、残高 0.8 厘米（图 3-313，7）。

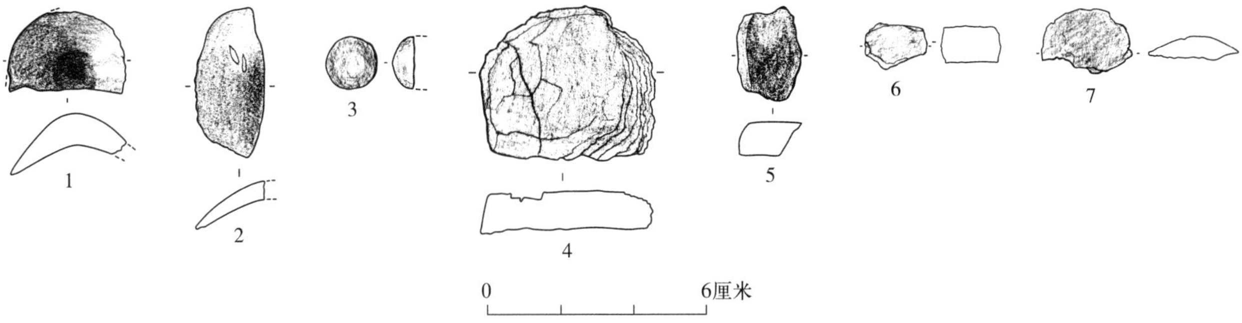

图 3-313　F16 出土煤精制品

1、2. 泡形器 F16：45、46　3. 球形器 F16：37　4 ～ 7. 煤精块 F16：66、81、85、86

（一六）F17

F17 位于 T0603 东南部，东距 F8 约 2.10、南距 F1 约 6.10、西距 F18 约 4.70、北距 F20 约 7.10 米。房址开口②层下，打破生土。平面为圆角长方形，半地穴式。南北长 5.80、东西宽 5.00、深 0.50 米，面积 29 平方米（图 3-314；彩版一一九，1）。

房址北部有一条近代沟从中穿过，房址东部被近代扰坑打破。居住面土质较杂，内含石器、陶器残片、陶器、煤精制品等。

灶址发现 2 个，编号 Z1、Z2。Z1 位于房址中部，圆形，圜底，直径 0.76、深约 0.11 米。Z2 位于 Z1 南部，椭圆形，圜底，直径 0.36 ～ 0.50、深 0.07 米。灶内有红烧土。

因房址局部破坏，房内现发现柱洞 7 个（表 3-10）。

出有石器、陶器、煤精制品等遗物共计 13 件。

表 3-10　F17 柱洞（柱坑）登记表　（单位：厘米）

编号	径	深	备注	编号	径	深	备注
D1	29	10		D5	22	17	
D2	28	20		D6	20	13	
D3	23	15		D7	28	12	
D4	28	18					

1. 石器

9 件。有打制石器 2 件、细石器 4 件、磨制石器 3 件。

（1）打制石器

2 件。有砍砸器 1 件、敲砸器 1 件。

砍砸器　1 件。

标本 F17∶8，青色板岩。打制，扁椭圆形。多剥片疤，局部保留石皮，边刃，周缘砍砸痕迹明显。长 5.5、宽 7.1、厚 2.7 厘米（图 3-315，1；彩版一一九，2）。

敲砸器　1 件。

标本 F17∶5，灰白色石英岩。打制，椭圆形，有剥片疤，局部保留石皮，敲砸痕迹明显。长 6.6、宽 6.8、厚 4.9 厘米（图 3-315，2）。

（2）细石器

4 件。

石叶刮削器　4 件。

标本 F17∶2，棕红色燧石。琢制，长条形，横截面梯形，边刃，一侧压琢呈细齿状，刮削痕迹明显。长 3.3、宽 0.9、厚 0.2 厘米（图 3-316，1；彩版一一九，3）。

标本 F17∶3，青灰色板岩。琢制，长条形，横截面三角形，边刃，有刮削痕迹。长 2.4、宽 1.2、厚 0.2 厘米（图 3-316，2）。

标本 F17∶9，残，乳白色燧石。琢制，长条形，横截面三角形，边刃，一侧压琢呈细齿状，刮削痕迹明显。长 2.7、宽 0.7、厚 0.2 厘米（图 3-316，3；彩版一一九，4）。

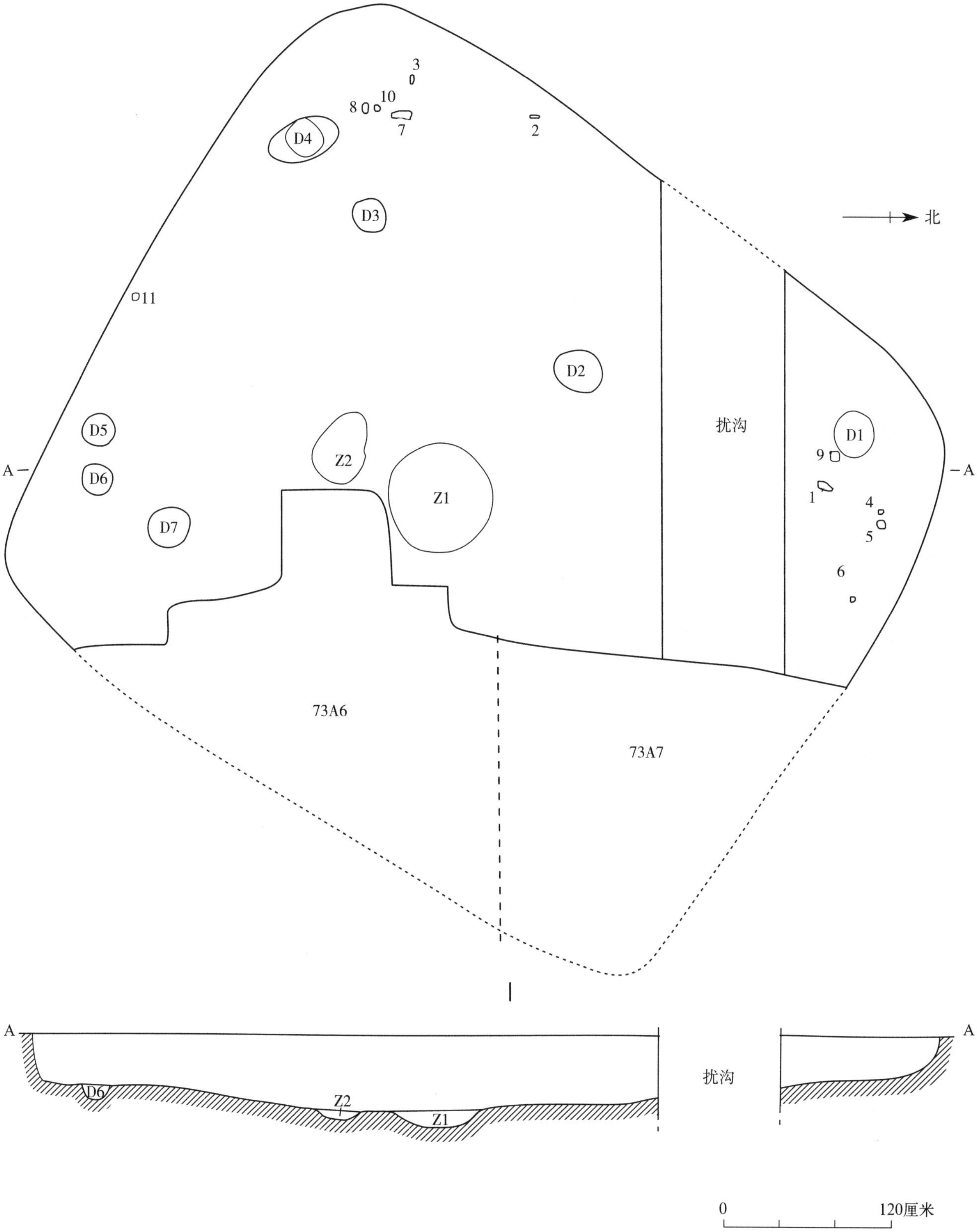

图 3-314　F17 平、剖面图

1、5、8、11. 敲砸器　2、3. 石叶　4. 煤精球形器　6. 陶环　7. 磨棒　9. 器底　10. 陶片

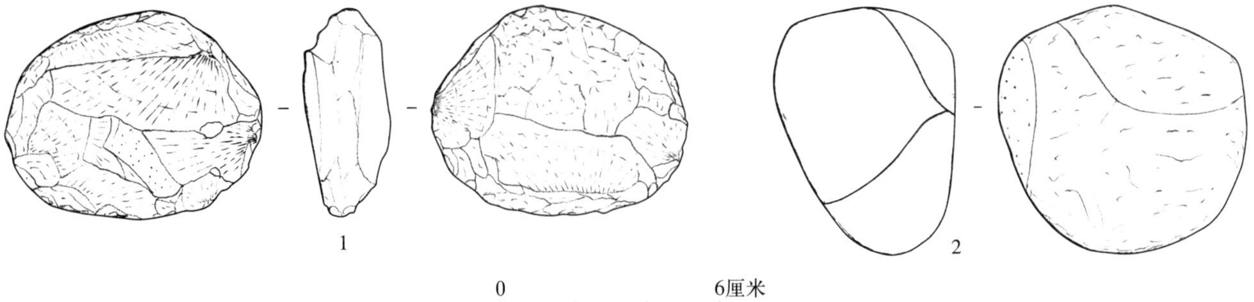

图 3-315 F17 出土打制石器

1. 砍砸器 F17：8 2. 敲砸器 F17：5

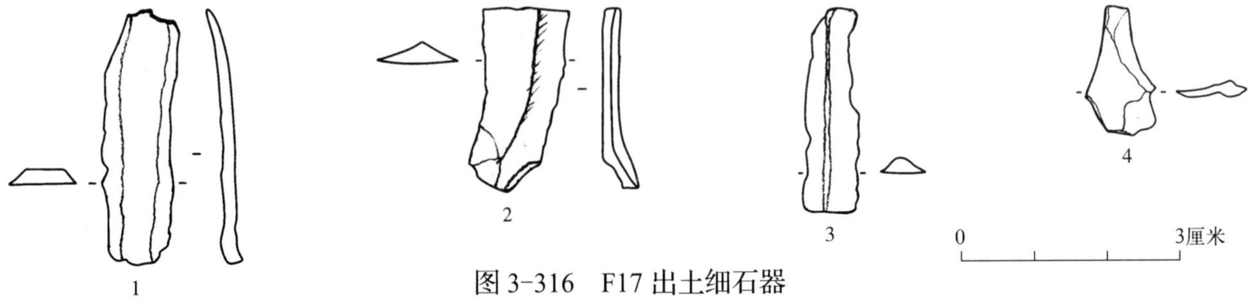

图 3-316 F17 出土细石器

1～4. 石叶刮削器 F17：2、3、9、11

标本 F17：11，残，褐色燧石。琢制，不规则片状。长 1.7、宽 0.9、厚 0.2 厘米（图 3-316，4）。

（3）磨制石器

3 件。

石磨棒 3 件。

标本 F17：1，黄褐色石英砂岩。磨制，长椭圆形，横截面半圆形，一个平磨面，磨痕明显。长 12.0、宽 6.2、厚 4.7 厘米（图 3-317，1；彩版一二〇，1）。

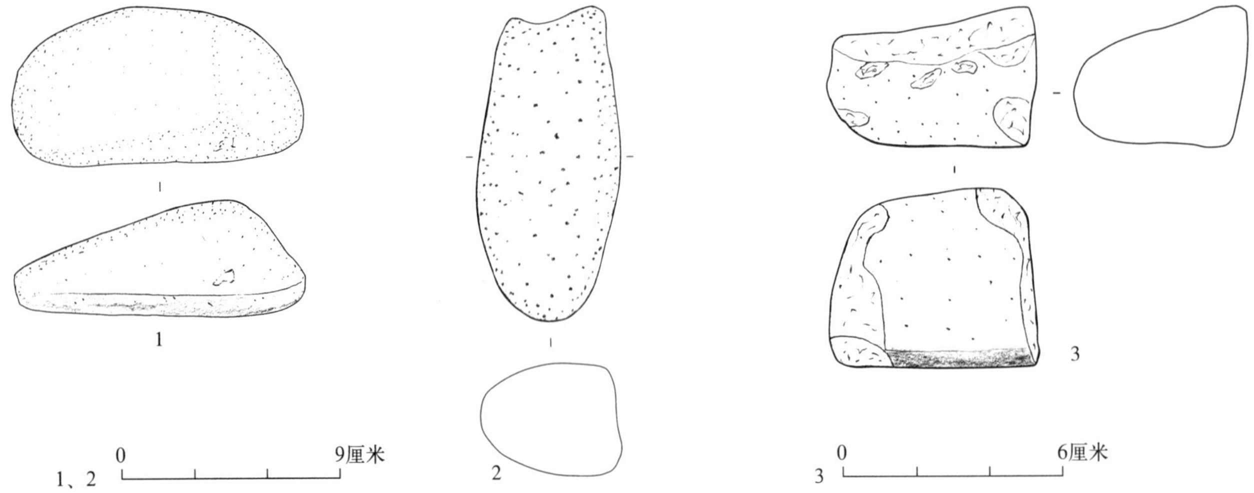

图 3-317 F17 出土磨制石器

1～3. 石磨棒 F17：1、7、10

标本 F17：7，残，黄褐色砂砾岩。磨制，长椭圆形，横截面椭圆形，多磨面，磨痕明显。长12.5、宽 5.9、厚 4.4 厘米（图 3-317，2；彩版一二〇，2）。

标本 F17：10，残块，褐色砂岩。磨制，多磨面，磨痕明显。残长 5.7、宽 3.7、厚 4.7 厘米（图 3-317，3）。

2. 陶器

3 件。

深腹罐　2 件。

Ba 型Ⅱ式　1 件。

标本 F17：12，残，夹砂褐陶。直口，圆唇，直腹。口沿处有两周凹带，内饰戳刺纹，腹部饰压印弦纹。口径 14.0、残高 6.0 厘米（图 3-318，1）。

陶器底　1 件。

标本 F17：13，残，夹砂红褐陶。弧腹，平底。腹部有弦纹。底径 7.4、残高 1.1 厘米（图 3-318，2）。

有孔陶片　1 件。

标本 F17：6，残，夹砂红褐陶。扁圆形，胎质较粗糙，中有一圆孔。直径 1.9、孔径 0.4、厚 0.6 厘米（图 3-318，3；彩版一二〇，3）。

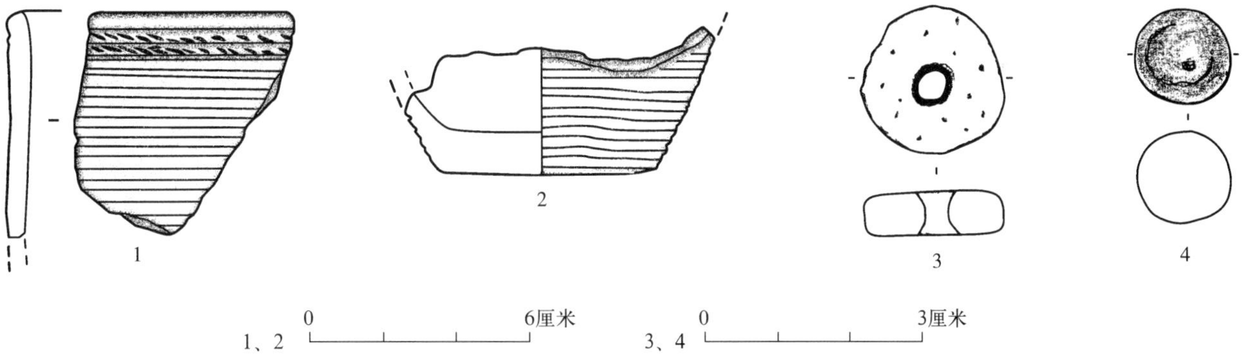

图 3-318　F17 出土遗物

1. Ba 型Ⅱ式深腹罐 F17：12　2. 深腹罐陶片 F17：13　3. 有孔陶片 F17：6　4. 煤精球形器 F17：4

3. 煤精制品

1 件。

球形器　1 件。

标本 F17：4，磨制，表面光滑。直径 1.2 ～ 1.3 厘米（图 3-318，4；彩版一二〇，4）。

（一七）F18

位于 T0503 东部，部分在 T0603 之内。东南距 F17 约 4.70、西南距 F25 约 4.40 米。房址开口②层下，打破生土。平面圆角方形，半地穴式，壁面斜直。东西长 5.80、南北宽 5.60、深 0.68 米，面积约 32 平方米（图 3-319；彩版一二一，1）。

居住面土质较杂，内含石器、陶器、煤精制品等遗物。

发现灶址 1 个，位于房内中部，编号 Z1。开口于活动面。圆形，圜底，直径 0.90、深 0.20 米。灶内有红烧土堆积。

房内共发现柱洞 46 个，柱坑 13 个（表 3-11）。

出土遗物有陶器、石器、煤精制品等共计 92 件。

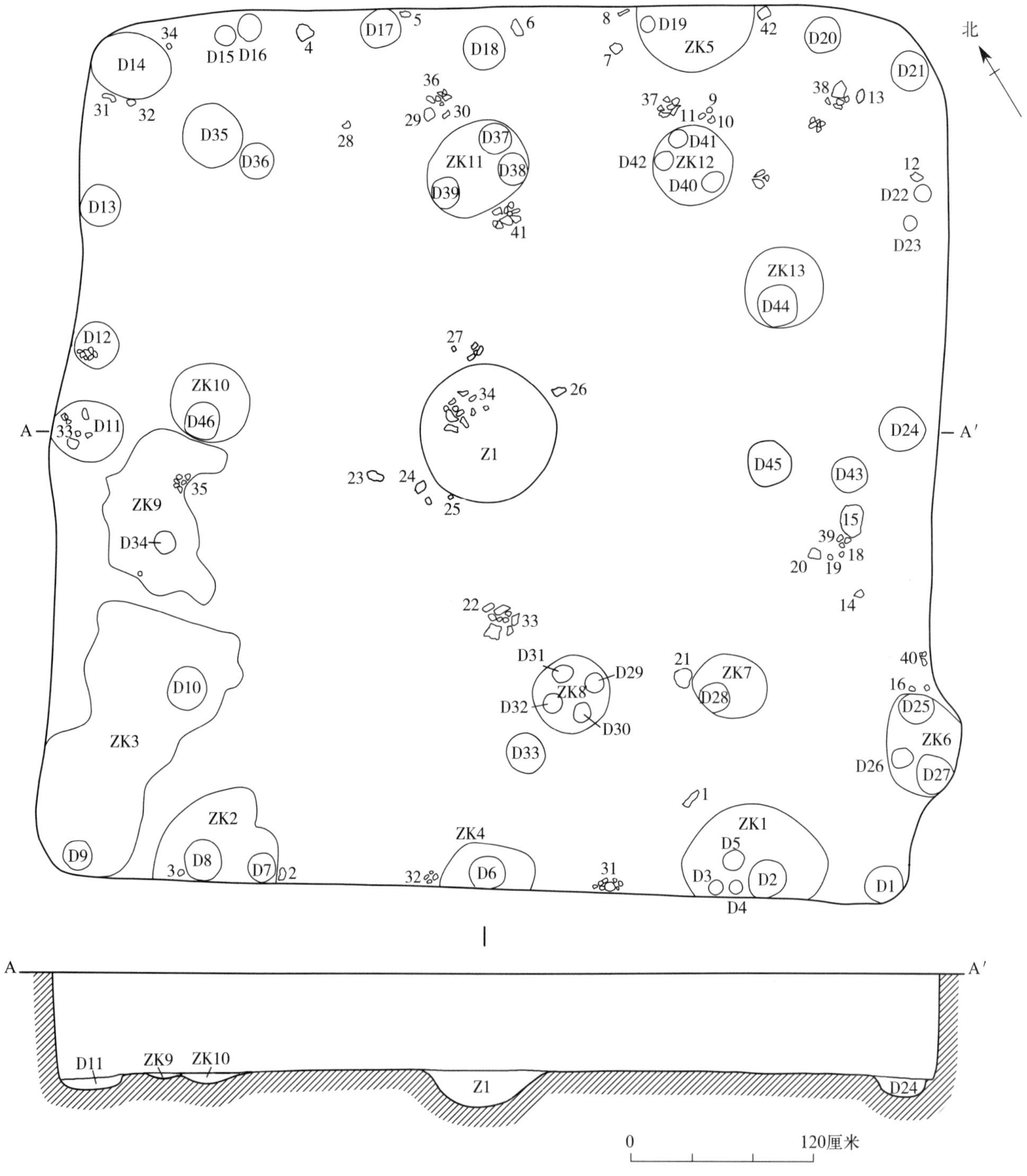

图 3-319 F18 平、剖面图

1. 磨棒 2、3、7、9、10、11、12、16、23、24、26、28. 敲砸器 4、6、18、19. 砍砸器 5、14. 石斧 8、13、21、22. 石器 15. 石铲 17、20. 石核 25、29. 石磨盘 27、30. 刮削器

表 3-11　F18 柱洞（柱坑）登记表　（单位：厘米）

编 号	径	深	备 注	编 号	径	深	备 注
D1	25	13		D31	11	20	
D2	24	27		D32	12	20	
D3	9	19		D33	24	12	
D4	8	15		D34	13	32	
D5	12	15		D35	40	30	
D6	20	21		D36	22	10	
D7	18	12		D37	20	30	
D8	24	30		D38	19	23	
D9	19	28		D39	19	25	
D10	25	38		D40	12	20	
D11	38	12		D41	12	20	
D12	29	20		D42	23	20	
D13	26	23		D43	20	21	
D14	40	19		D44	24	30	
D15	12	10		D45	20	22	
D16	15	10		D46	22	18	
D17	26	16		ZK1	54～88	15	半椭圆形内 4 柱
D18	26	8		ZK2	57～76	17	半椭圆形内双柱
D19	9	14		ZK3	78～160	21	不规则形内双柱
D20	23	12		ZK4	28～60	23	半圆形内单柱
D21	24	15		ZK5	42～71	16	半圆形内单柱
D22	11	10		ZK6	42～65	14	椭圆形内 3 柱
D23	8	7		ZK7	46～40	19	椭圆形内单柱
D24	27	8		ZK8	46	14	圆形内 4 柱
D25	23	18		ZK9	53～100	18	不规则椭圆形内单柱
D26	13	5		ZK10	50	15	圆形内单柱
D27	24	14		ZK11	52～65	22	椭圆形内 3 柱
D28	20	20		ZK12	48	20	圆形内 3 柱
D29	12	18		ZK13	47	18	圆形内单柱
D30	11	24					

1. 石器

78 件。有打制石器 43 件、细石器 7 件、磨制石器 28 件。

（1）打制石器

43 件。有砍砸器 5 件、敲砸器 24 件、石片刮削器 13、网坠 1 件。

砍砸器　5件。

标本F18∶4，青灰色板岩。打制，不规则多棱形，多剥片疤，砍砸痕迹明显。长4.9、宽4.8、厚2.9厘米（图3-320，1）。

标本F18∶14，褐色板岩。打制，圆角梯形，多剥片疤，局部保留石皮，周边砍砸痕迹明显。长10.8、宽7.0、厚2.3厘米（图3-320，2；彩版一二一，2）。

标本F18∶37，青色板岩。打制，扁长方形，局部保留石皮，一侧砍砸痕迹明显。长9.7、宽5.6、厚2.9厘米（图3-320，3）。

标本F18∶45，残，黄褐色砂砾岩。打制，外表脱砂严重。长10.1、宽7.0、厚2.9厘米（图3-320，4）。

标本F18∶57，青色板岩。打制，不规则菱形，多棱角，多剥片疤，局部保留石皮，砍砸痕迹明显。长8.8、宽4.1、厚3.2厘米（图3-320，5）。

敲砸器　24件。

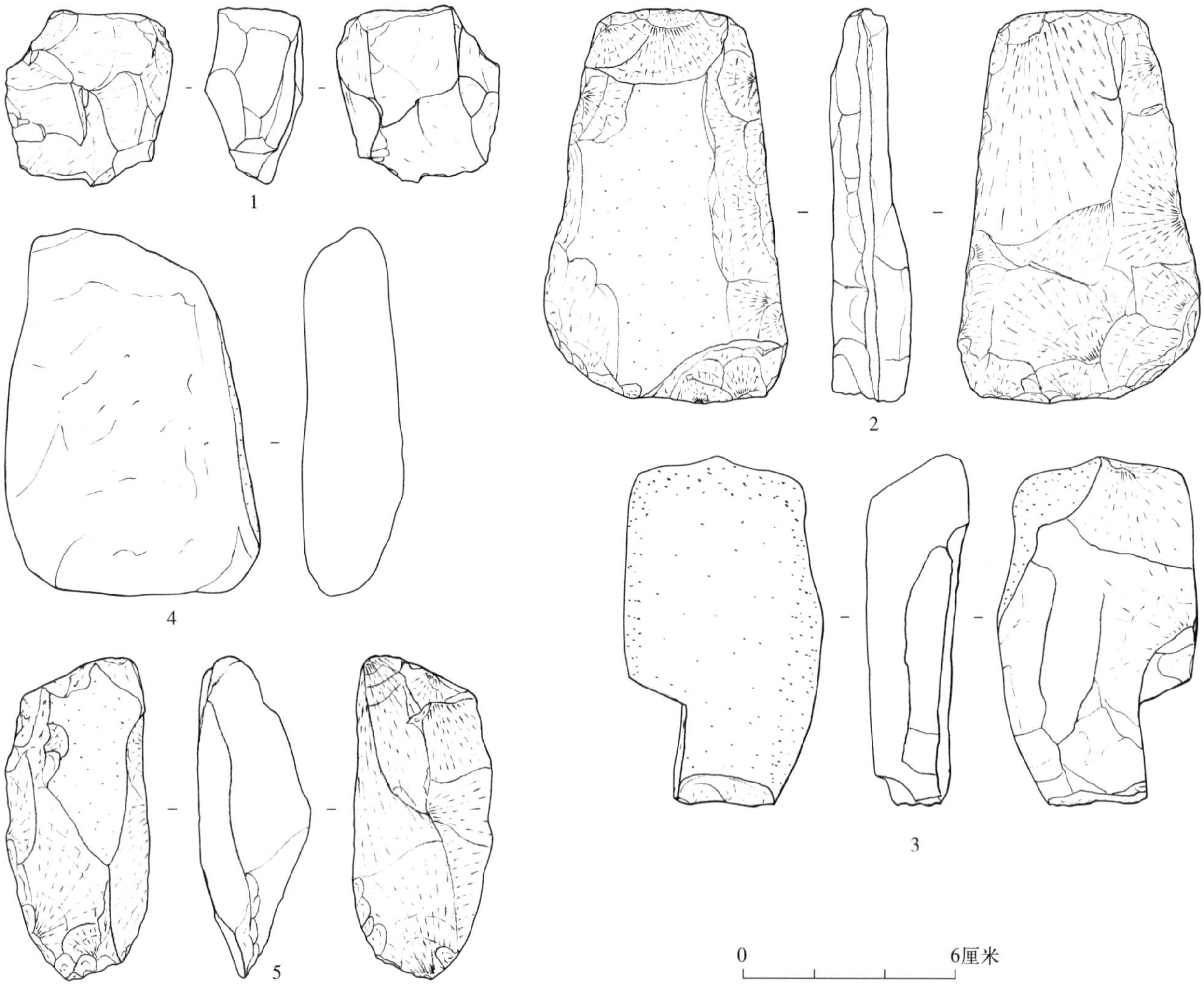

图3-320　F18出土打制石器

1～5. 砍砸器F18∶4、14、37、45、57

标本 F18∶6，残，褐色砂砾岩。打制，圆棱柱形，中部打出一周凹槽，两端敲砸痕迹明显。长 21.5、宽 8.0 ～ 10.3、厚 10.4 厘米（图 3-321，1；彩版一二二，1）。

标本 F18∶11，青色板岩。打制，不规则扁方形，局部保留石皮，两端敲砸痕迹明显。长 7.1、宽 6.3、厚 3.5 厘米（图 3-321，2）。

标本 F18∶16，黄褐色花岗岩。打制，扁椭圆形，局部保留石皮，一端有敲砸痕迹明显。长 13.1、宽 6.4、厚 3.5 厘米（图 3-321，3；彩版一二二，2）。

标本 F18∶17，青色板岩。打制，扁椭圆形，局部保留石皮，两端有敲砸痕迹。长 8.0、宽 6.6、厚 2.9 厘米（图 3-321，4）。

标本 F18∶24，青色板岩。打制，扁椭圆多棱形，多剥片疤，局部保留石皮，敲砸痕迹明显。长 8.3、宽 5.1、厚 2.9 厘米（图 3-321，5）。

标本 F18∶26，青色斑岩。打制，扁圆角梯形，多棱角，多剥片疤，局部保留石皮，两端敲砸痕迹明显。长 10.3、宽 6.2、厚 4.0 厘米（图 3-321，6；彩版一二二，3）。

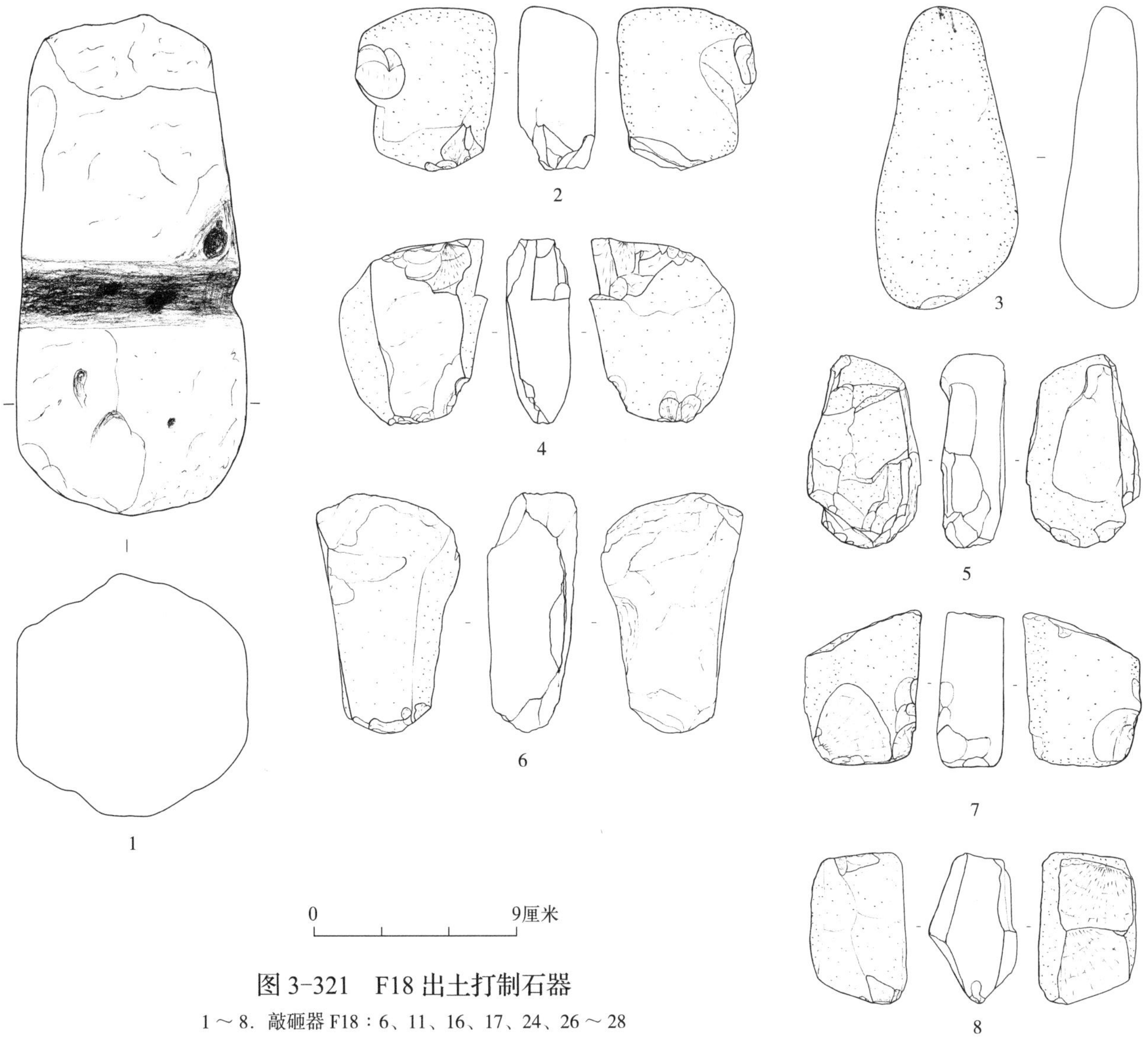

图 3-321 F18 出土打制石器

1 ～ 8. 敲砸器 F18∶6、11、16、17、24、26 ～ 28

标本 F18：27，红棕色板岩。打制，不规则扁方形，一端敲砸痕迹明显。长 6.6、宽 5.2、厚 2.9 厘米（图 3-321，7）。

标本 F18：28，青色板岩。不规则棱形，有剥片疤，局部保留石皮，两端敲砸痕迹明显。长 6.5、宽 4.3、厚 3.9 厘米（图 3-321，8；彩版一二二，4）。

标本 F18：29，青色砂砾岩。打制，不规则多棱形，有剥片疤，敲砸痕迹明显。长 7.4、宽 5.1、厚 4.2 厘米（图 3-322，1）。

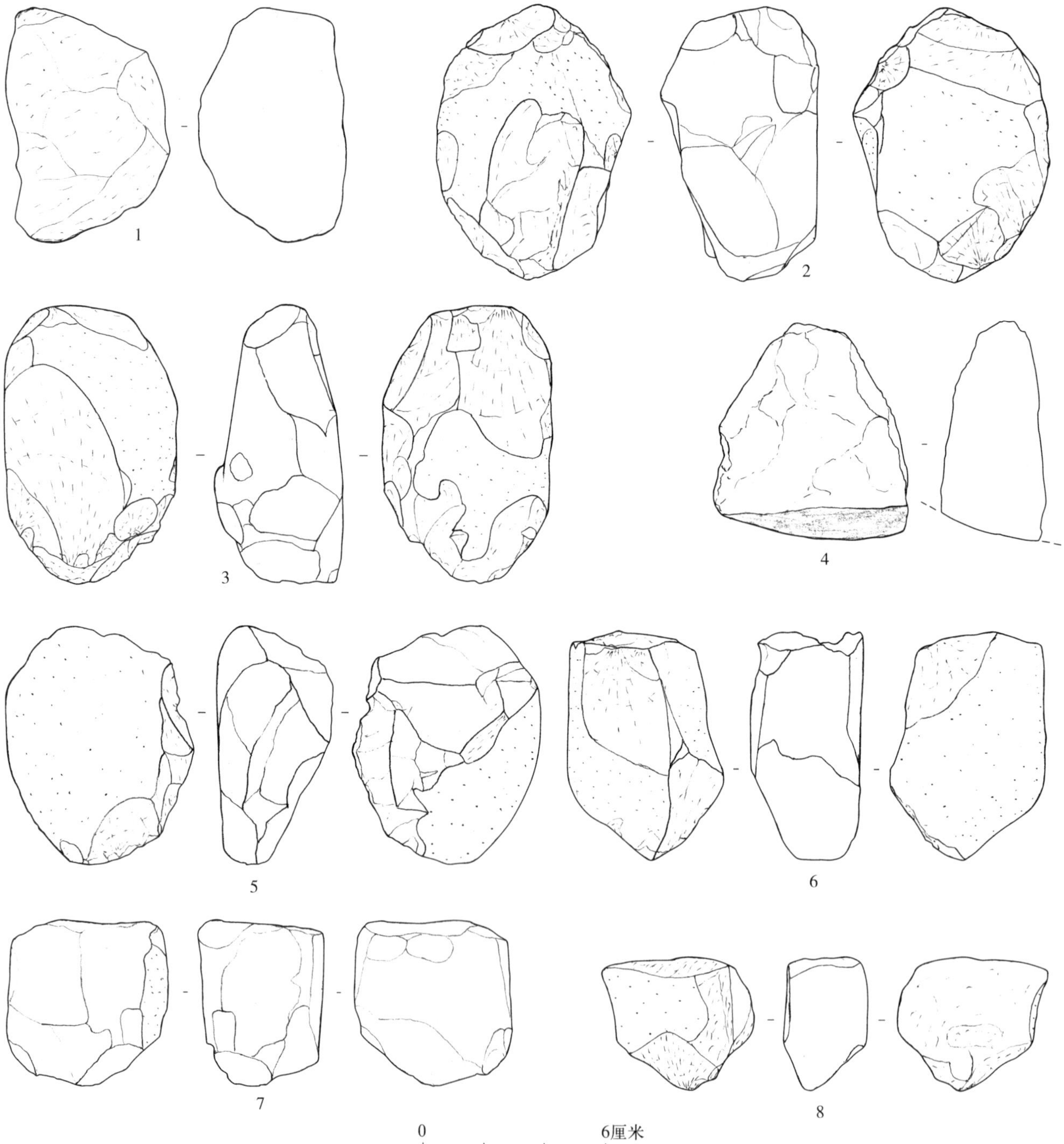

图 3-322　F18 出土打制石器

1～8. 敲砸器 F18：29～33、36、39、40

标本 F18：30，青灰色闪长玢岩。椭圆多棱形，多剥片疤，局部保留石皮，敲砸痕迹明显。长 8.6、宽 6.4、厚 5.0 厘米（图 3-322，2；彩版一二二，5）。

标本 F18：31，青色板岩。打制，扁椭圆多棱形，有剥片疤，局部保留石皮，周边有砸痕。长 8.7、宽 5.7、厚 4.2 厘米（图 3-322，3；彩版一二二，6）。

标本 F18：32，黄褐色砂砾岩。打制，不规则三角形，敲砸痕迹明显。长 6.8、宽 6.3、厚 3.4 厘米（图 3-322，4）。

标本 F18：33，青色板岩。打制，椭圆形，多棱角，有剥片疤，局部保留石皮，一侧有敲砸痕迹。长 7.5、宽 6.1、厚 3.8 厘米（图 3-322，5）。

标本 F18：36，青灰色板岩。打制，不规则多边棱，有剥片疤，局部保留石皮，敲砸痕迹明显。长 7.1、宽 5.1、厚 3.6 厘米（图 3-322，6）。

标本 F18：39，青灰色板岩。不规则多棱方形，有剥片疤，局部保留石皮，敲砸痕迹明显。长 5.2、宽 5.1、厚 4.1 厘米（图 3-322，7）。

标本 F18：40，青色板岩。打制，不规则多棱形，有剥片疤，局部保留石皮，周边有敲砸痕迹明显。长 4.2、宽 4.5、厚 2.7 厘米（图 3-322，8）。

标本 F18：42，黄褐色板岩。打制，不规则扁三角形，多棱角，多剥片疤，敲砸痕迹明显。长 10.6、宽 8.0、厚 3.6 厘米（图 3-323，1）。

标本 F18：47，青灰色板岩。打制，多棱柱形，有剥片疤，局部保留石皮，敲砸痕迹明显。长 7.8、宽 3.1、厚 3.0 厘米（图 3-323，2）。

标本 F18：48，褐色板岩。打制，不规则多棱形，多剥片疤，局部保留石皮，敲砸痕迹明显。长 5.8、宽 5.5、厚 4.2 厘米（图 3-323，3）。

标本 F18：49，青色板岩。打制，不规则多棱形，有剥片疤，敲砸痕迹明显。长 6.3、宽 5.5、厚 3.2 厘米（图 3-323，4）。

标本 F18：52，残，青色板岩。打制，不规则多棱形，多剥片疤，敲砸痕迹明显。长 5.8、宽 6.2、厚 4.2 厘米（图 3-323，5）。

标本 F18：53，黄褐色石英岩。打制，扁椭圆形，有剥片疤，局部保留石皮，敲砸痕迹明显。长 8.2、宽 6.3、厚 4.3 厘米（图 3-323，6）。

标本 F18：54，灰白色石英岩。打制，半圆形，局部保留石皮，一端有敲砸痕迹。长 5.7、宽 4.7、厚 2.5 厘米（图 3-323，7）。

标本 F18：58，黄褐色石英岩。石磨棒改制，有剥片疤，有敲砸痕迹。长 10.5、宽 6.3、厚 4.0 厘米（图 3-323，8）。

石片刮削器 13 件。

标本 F18：13，青色板岩。打制，宽叶形，尖锋、边刃压琢呈细齿状，刮削痕迹明显。长 6.5、宽 3.0、厚 0.9 厘米（图 3-324，1）。

标本 F18：19，青色板岩。打制，不规则四边形，边刃，有刮削痕迹。长 2.9、宽 2.4、厚 0.5 厘米（图 3-324，2）。

标本 F18：20，青色板岩。打制，长条形，一侧保留石皮，边刃，有刮削痕迹。长 4.1、宽 2.1、厚 0.8 厘米（图 3-324，3）。

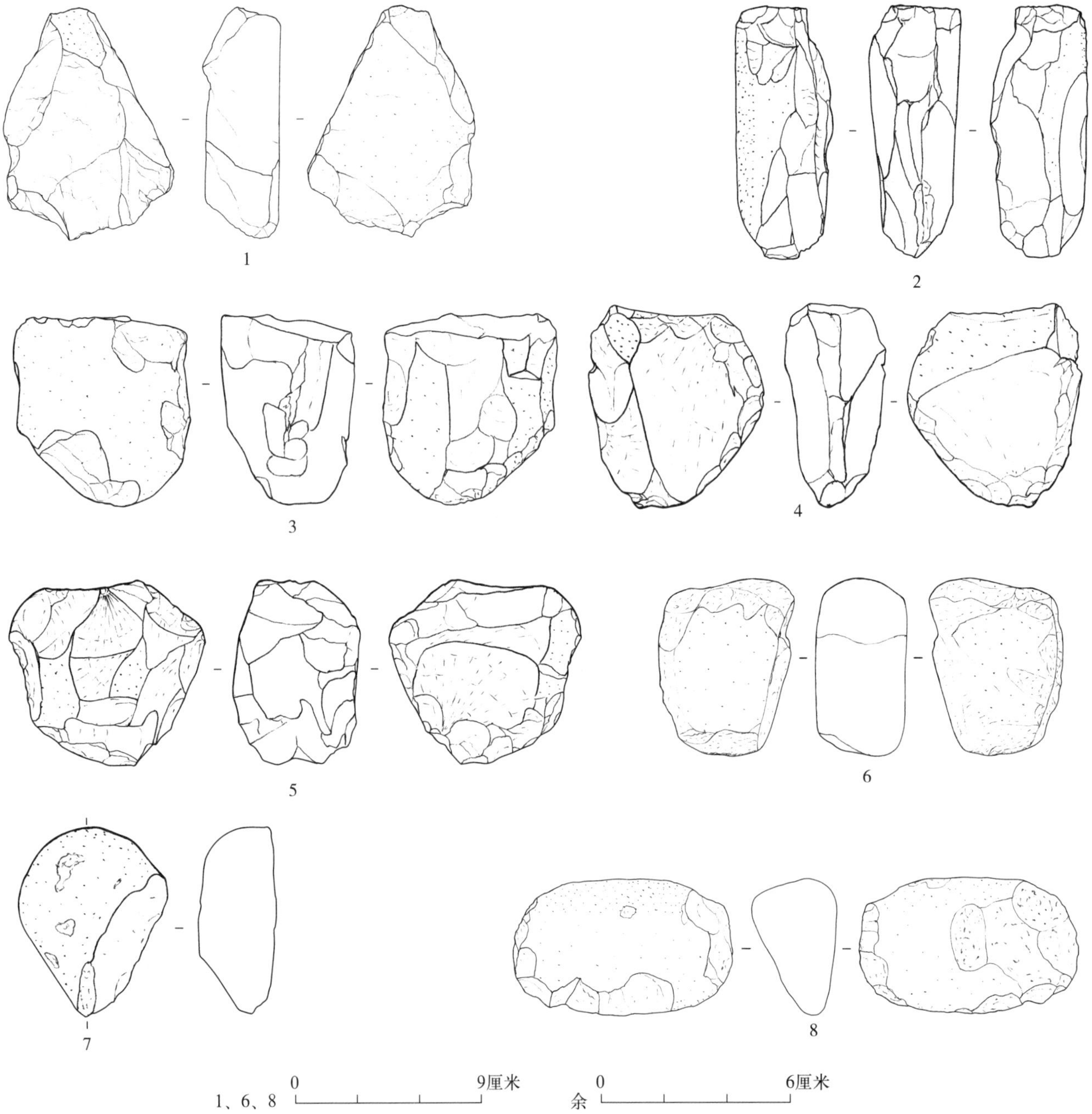

图 3-323 F18 出土打制石器

1～8. 敲砸器 F18：42、47～49、52～54、58

标本 F18：23，青灰色板岩。打制，不规则长三角形，边刃，有刮削痕迹。长 5.0、宽 2.7、厚 1.3 厘米（图 3-324，4）。

标本 F18：44，青灰色板岩。打制，龟背形，边刃，有刮削痕迹。长 4.4、宽 3.2、厚 1.4 厘米（图 3-324，5）。

标本 F18：46，青灰色板岩。打制，多边形。多刃，刮削痕迹明显。长 4.6、宽 5.0、厚 2.1 厘米（图 3-324，6）。

标本 F18：50，青灰色板岩。打制，不规则菱形，一侧局部保留石皮，边刃呈细齿状，刮削痕迹明显。长 5.4、宽 4.1、厚 1.3 厘米（图 3-324，7）。

标本 F18：64，青灰色板岩。打制，不规则椭圆形，边刃，有刮削痕迹。长 2.5、宽 2.4、厚 0.4 厘米（图 3-324，8）。

标本 F18：65，青灰色板岩。打制，不规则长条形，一侧局部保留石皮，边刃，有刮削痕迹。长 6.4、宽 3.9、厚 1.3 厘米（图 3-324，9）。

标本 F18：67，青灰色板岩。打制，不规则多边形，边刃，有刮削痕迹。长 3.4、宽 2.4、厚 0.8 厘米（图 3-324，10）。

标本 F18：68，青灰色板岩。打制，不规则菱形，边刃，有刮削痕迹。长 5.8、宽 3.8、厚 1.3 厘米（图 3-324，11）。

标本 F18：71，青色板岩。打制，不规则蚌壳形，一侧局部保留石皮，边刃，有刮削痕迹。长 2.4、

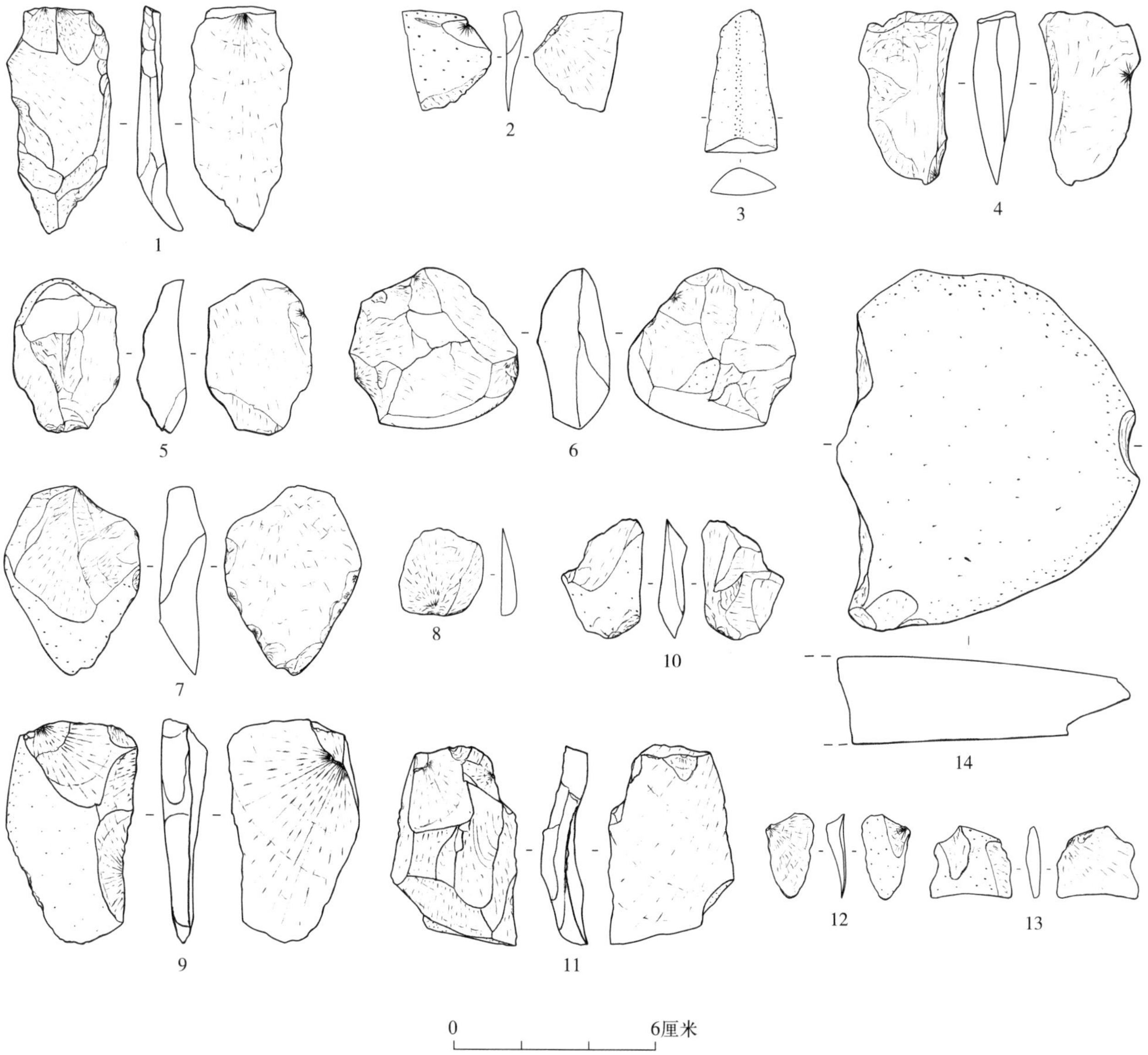

图 3-324 F18 出土打制石器

1～13. 石片刮削器 F18：13、19、20、23、44、46、50、64、65、67、68、71、90 14. 网坠 F18：25

宽 1.4、厚 0.5 厘米（图 3-324，12）。

标本 F18∶90，青色板岩。打制，不规则长梯形，一侧局部保留石皮，边刃，有刮削痕迹。长 2.0、宽 2.4、厚 0.4 厘米（图 3-324，13）。

网坠　1 件。

标本 F18∶25，残半。黄褐色斑岩。打制，椭圆形。存一端打出豁口。残长 9.0、宽 10.4、厚 2.5 厘米（图 3-324，14）。

（2）细石器

7 件。有石叶刮削器 6 件、尖状器 1 件等。

石叶刮削器　6 件。

标本 F18∶62，黄褐色燧石。琢制，叶形，横截面梯形，边刃一侧压琢呈细齿状。长 1.6、宽 0.7、厚 0.1 厘米（图 3-325，1；彩版一二一，3）。

标本 F18∶63，黄褐色燧石。打制，长条形，横截面三角形，边刃，有刮削痕迹。长 1.7、宽 0.6、厚 0.1 厘米（图 3-325，2；彩版一二一，4）。

标本 F18∶72，青灰色板岩。打制，长条形，横截面梯形，边刃，有刮削痕迹。长 3.4、宽 0.8、厚 0.2 厘米（图 3-325，3）。

标本 F18∶76，青灰色板岩。打制，横截面梯形，边刃，有刮削痕迹。长 2.1、宽 1.4、厚 0.4 厘米（图 3-325，4）。

标本 F18∶78，红褐色燧石。打制，横截面三角形，边刃，有刮削痕迹。长 0.9、宽 0.6、厚 0.1 厘米（图 3-325，5）。

标本 F18∶91，青色板岩。打制，横截面方形。两端刃。长 1.7、宽 0.8、厚 0.1 厘米（图 3-325，6）。

尖状器　1 件。

标本 F18∶66，残，青灰色板岩。打制，尖叶形，横截面半月形，边刃，有刮削痕迹。长 4.1、宽 1.4、厚 0.4 厘米（图 3-325，7）。

（3）磨制石器

28 件。有石斧 3 件、石磨盘 5 件、石磨棒 6 件、砺石 5 件、石料 9 件。

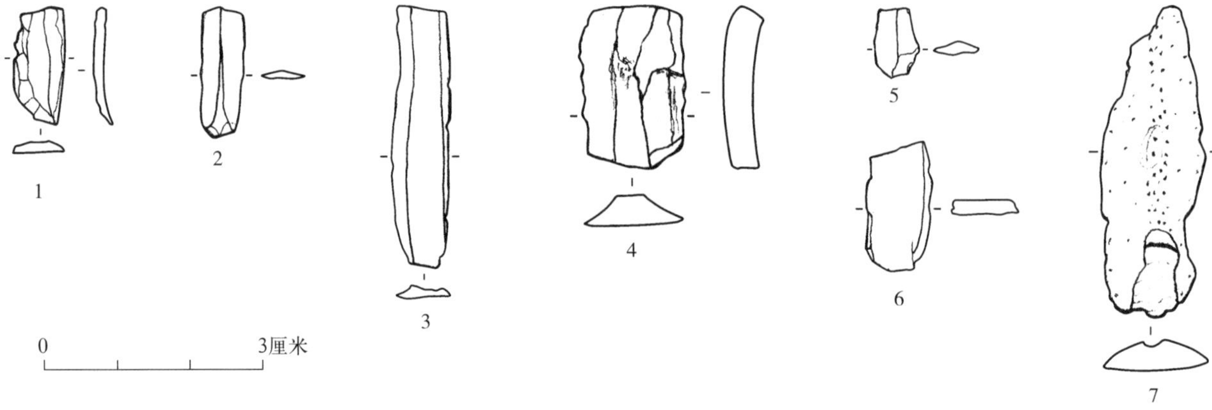

图 3-325　F18 出土细石器

1～6. 石叶刮削器 F18∶62、63、72、76、78、91　7. 尖状器 F18∶66

石斧　3件。

标本F18：2，残，灰白色高岭土化的花岗岩。磨制，表面光滑，长条形，横截面扁椭圆形，顶残，对磨弧刃。残长7.9、宽5.8、厚1.8厘米（图3-326，1；彩版一二三，1）。

标本F18：5，青灰色板岩。周身经打琢痕成斧型，局部保留石皮。顶部圆弧，下部稍宽，仅在刃部对磨，弧刃。长12.3、宽4.9、厚1.5厘米（图3-326，2；彩版一二三，2）。

标本F18：77，残，灰白色高岭土化的花岗岩，基本风化。表面磨光，边缘均残。长20.8、宽14.2、厚1.7厘米（图3-326，3）。

石磨盘　5件。

标本F18：3，残块，黄褐色砂岩。磨制，一面有磨痕。残长4.8、宽4.4、厚3.8厘米（图3-326，4）。

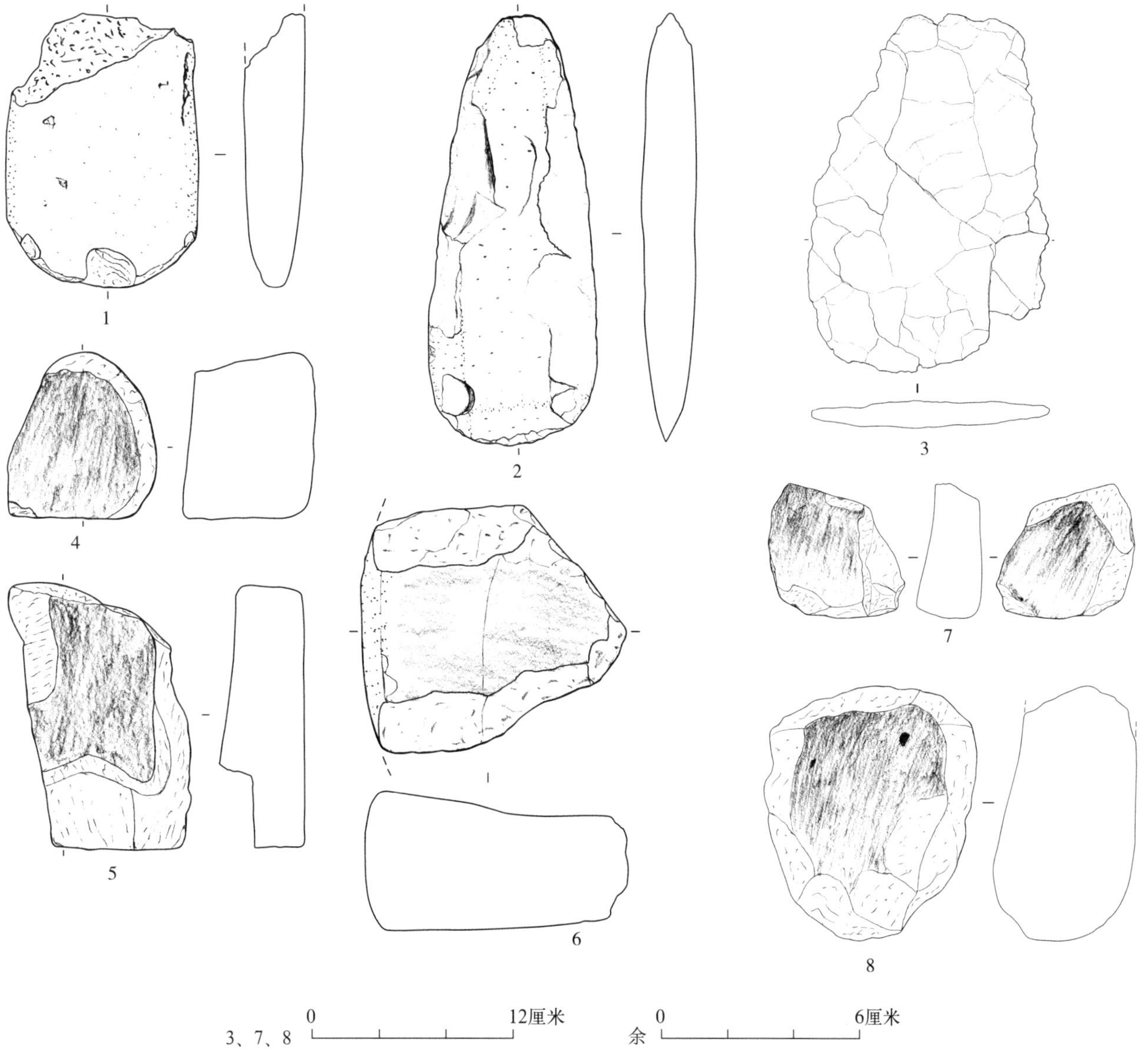

图3-326　F18出土磨制石器

1～3. 石斧F18：2、5、77　4～8. 石磨盘F18：3、15、18、21、56

标本F18∶15，残块，红褐色砂岩。磨制，两面有磨痕。残长7.6、宽4.7、厚2.5厘米（图3-326，5）。

标本F18∶18，残块，褐色砂岩。磨制，两面有磨痕。残长7.9、宽7.0、厚4.0厘米（图3-326，6）。

标本F18∶21，残块，红褐色砂岩。磨制。长7.8、宽7.8、厚2.7～3.8厘米（图3-326，7）。

标本F18∶56，残，红褐色砂砾岩。磨制，两面有磨痕。残长14.7、宽12.8、厚6.9～8.2厘米（图3-326，8）。

石磨棒　6件。

标本F18∶12，青褐色砂岩。磨制，长三棱形，横截面三角形，三个平磨面，一端有敲砸痕迹。长11.4、宽6.1、厚5.5厘米（图3-327，1；彩版一二三，3）。

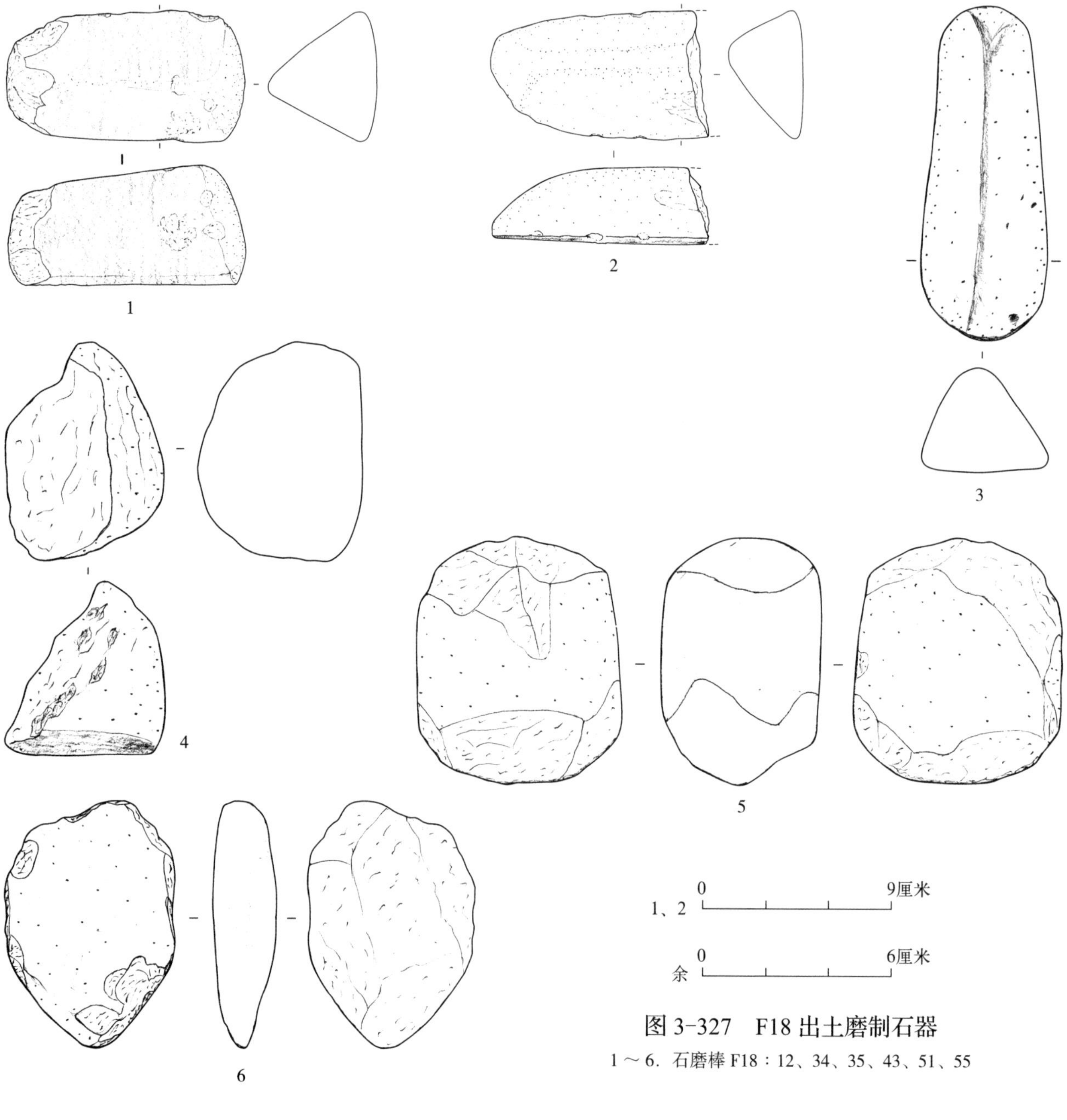

图3-327　F18出土磨制石器

1～6. 石磨棒F18∶12、34、35、43、51、55

标本 F18：34，残，青褐色砂岩。磨制，长条形，横截面三角形，三个平磨面，磨痕明显。残长 10.4、宽 5.9、厚 3.6 厘米（图 3-327，2）。

标本 F18：35，灰白色斑岩。磨制，长三棱形，横截面三角形，三个平磨面，磨痕明显。长 10.3、宽 4.0、厚 3.2 厘米（图 3-327，3；彩版一二三，4）。

标本 F18：43，残块，黄褐色花岗岩。磨制。横截面椭圆形，多磨面，磨痕明显。长 6.8、宽 5.1、厚 5.3 厘米（图 3-327，4）。

标本 F18：51，残，黄褐色花岗岩。磨制，椭圆形，横截面椭圆形，多磨面，磨痕明显。长 7.6、宽 6.6、厚 5.0 厘米（图 3-327，5）。

标本 F18：55，残片。黄褐色砂岩。磨制，一面磨痕。长 7.1、宽 5.4、厚 2.0 厘米（图 3-327，6）

砺石　5 件。

标本 F18：9，残，黄褐色粉砂岩。磨制，不规则形，多磨面，磨痕明显。长 3.8、宽 2.8、厚 1.5 厘米（图 3-328，1）。

标本 F18：10，残，黄褐色粉砂岩。磨制，不规则形长方形。有凹磨痕。残长 4.9、宽 3.3、厚 1.1 厘米（图 3-328，2）。

标本 F18：22，残，黄褐色粉砂岩。磨制，不规则形，有磨沟。残长 2.6、残宽 2.0、厚 1.8 厘米（图 3-328，3）。

标本 F18：38，残块，褐色砂岩。磨制，不规则形，两磨面，磨痕明显。长 5.4、宽 4.2、厚 1.9 厘米（图 3-328，4）。

标本 F18：41，残，褐色闪长玢岩。磨制，不规则三角形，两面磨制。残长 6.5、宽 5.4、厚 2.7 厘米（图 3-328，5）。

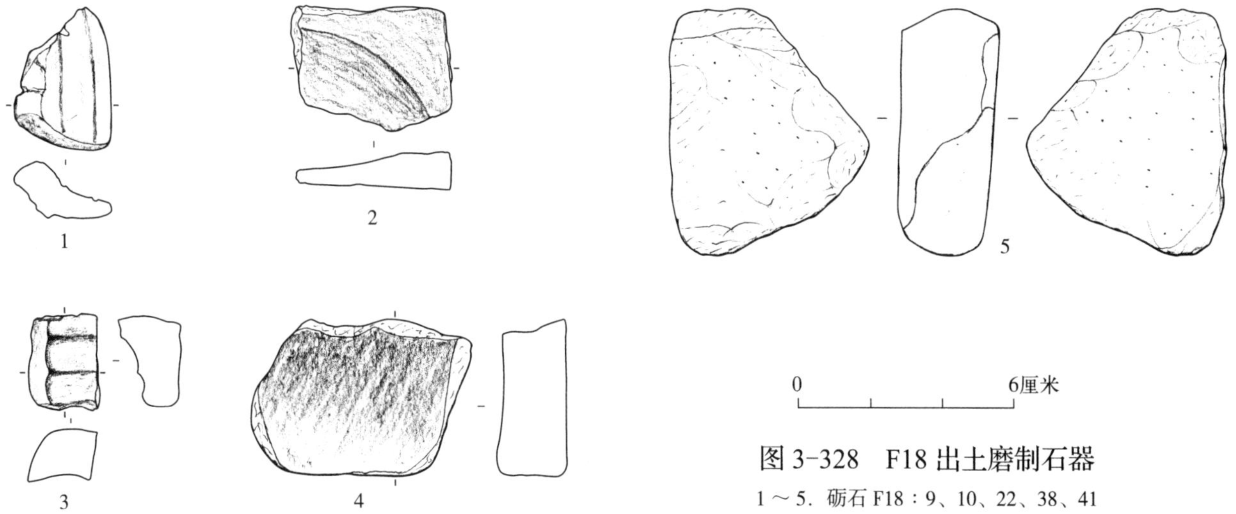

图 3-328　F18 出土磨制石器

1～5. 砺石 F18：9、10、22、38、41

石料　9 件。

标本 F18：59，青灰色板岩。不规则形片状。长 4.0、宽 3.3、厚 0.2 厘米（图 3-329，1）。

标本 F18：60，青灰色板岩。不规则形片状。长 4.4、宽 3.7、厚 0.2 厘米（图 3-329，2）。

标本 F18：61，青色板板岩。不规则形片状。长 9.7、宽 3.2、厚 0.2 厘米（图 3-329，3）。

标本 F18：69，青灰色板岩。不规则片状。长 5.9、宽 5.0、厚 0.2 厘米（图 3-329，4）。

标本 F18：70，青灰色板岩。不规则形片状。长 3.2、宽 2.0、厚 0.2 厘米（图 3-329，5）。

标本 F18：73，青灰色板岩。不规则形片状。长 5.3、宽 2.0、厚 0.2 厘米（图 3-329，6）。

标本 F18：74，青灰色板岩。不规则形片状。长 4.6、宽 3.8、厚 0.2 厘米（图 3-329，7）。

标本 F18：75，青灰色板岩。不规则形片状。长 3.1、宽 1.2、厚 0.2 厘米（图 3-329，8）。

标本 F18：92，青色板岩。不规则形片状。长 4.6、宽 3.4、厚 0.2 厘米（图 3-329，9）。

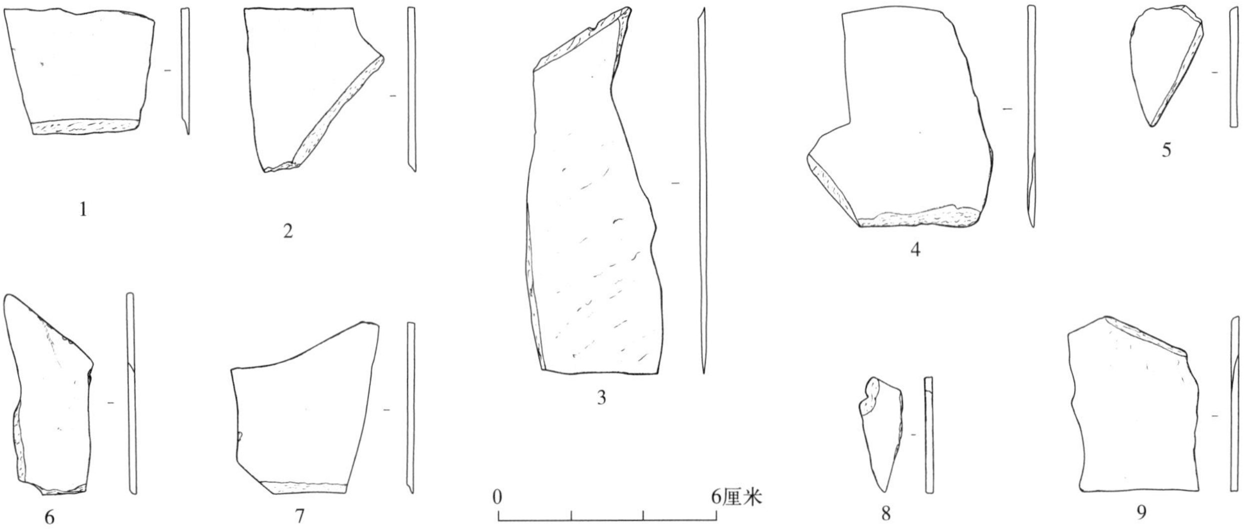

图 3-329　F18 出土磨制石器

1～9. 石料 F18：59～61、69、70、73～75、92

2. 陶器

11 件。有深腹罐 9 件、陶杯 1 件、泡形器 1 件。

深腹罐　9 件。

Ab 型Ⅳ式　3 件。

标本 F18：80，残，夹砂红褐陶。直口，圆唇，直腹。口沿处有两周凹带，内饰划压斜线纹，腹部饰竖压横排之字纹。口径 21.0、残高 5.3 厘米（图 3-330，1）。

标本 F18：84，残，夹砂红褐陶。敞口，圆唇，斜直腹。口沿处有两周凹带，内饰划压斜线纹，腹部饰竖压横排之字纹。口径 22.0、残高 7.2 厘米（图 3-330，2）。

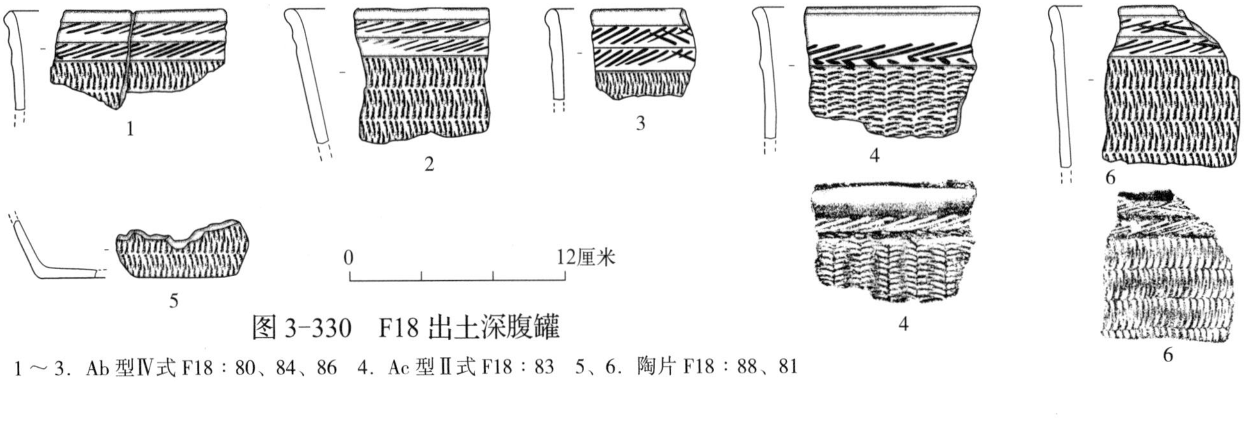

图 3-330　F18 出土深腹罐

1～3. Ab 型Ⅳ式 F18：80、84、86　4. Ac 型Ⅱ式 F18：83　5、6. 陶片 F18：88、81

标本 F18：86，残，夹砂红褐陶。敞口，圆唇，直腹。口沿处有两周凹带，内饰斜线、网格纹，腹部饰竖压横排之字纹。口径 22.0、残高 4.8 厘米（图 3-330，3）。

Ac 型Ⅱ式　1 件。

标本 F18：83，残，夹砂红陶。敞口，圆唇，斜直腹。口沿处有一周宽凹带，下部饰划压横人字纹，腹部饰横压竖排之字纹。口径 23.0、残高 7.0 厘米（图 3-330，4）。

器底　1 件。

标本 F18：88，残，夹砂红陶。斜直腹，平底。腹部饰竖压横排之字纹。底径 6.2、残高 3.1 厘米（图 3-330，5）。

口沿　1 件。

标本 F18：81，残，夹砂红褐陶。直口，圆唇，直腹。口沿处有两周凹带，内饰斜线纹，腹部饰竖压横排之字纹。残高 8.6 厘米（图 3-330，6）。

Ba 型Ⅲ式　1 件。

标本 F18：79，残，夹砂黑褐陶。直口，圆唇，直腹，口沿处有两周凹带，内戳压斜短线纹，腹部饰压印弦纹。口径 15.0、残高 7.5 厘米（图 3-331，1）。

器底　1 件。

标本 F18：87，残，夹砂红陶。斜直腹，平底。腹部饰压印弦纹。底径 6.4、残高 3.9 厘米（图 3-331，2）。

Ca 型Ⅳ式　1 件。

标本 F18：85，残，夹砂红褐陶。直口，圆唇，直腹。口沿处有三周凹带，内戳压斜短线纹，腹部饰压印弦纹、划压网格纹。口径 12.0、残高 4.5 厘米（图 3-331，3）。

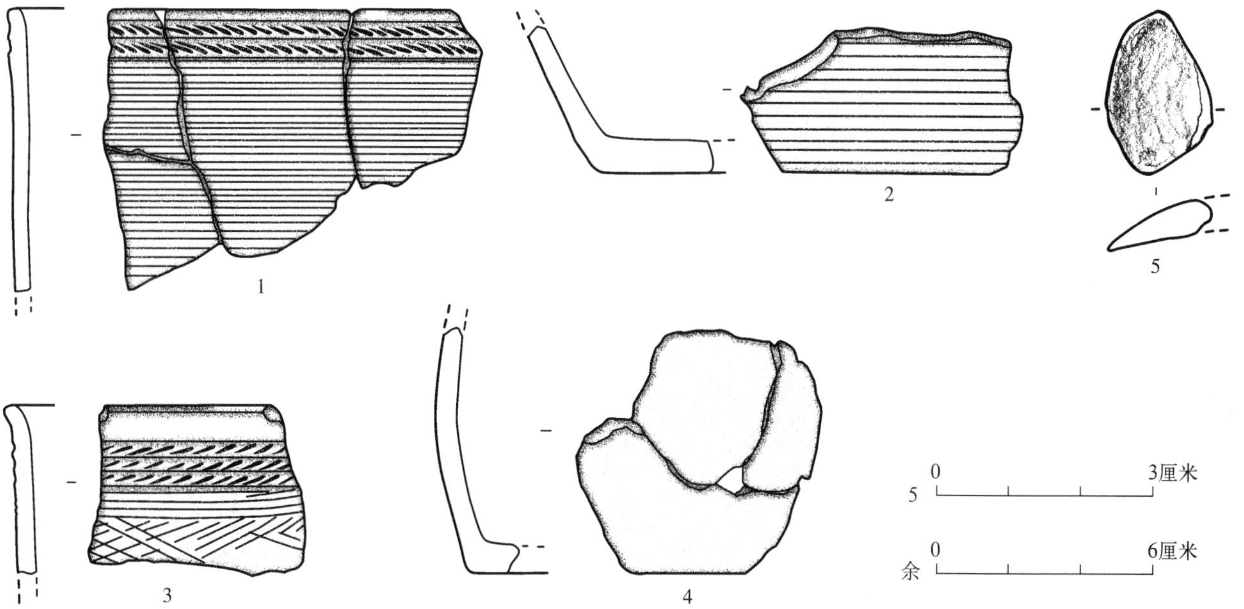

图 3-331　F18 出土陶器

1. Ba 型Ⅲ式 F18：79　2. 陶片 F18：87　3. Ca 型Ⅳ式 F18：85　4. 陶杯 F18：89　5. 泡形器 F18：82

陶杯 1件。

标本F18：89，残，夹砂红陶。鼓腹，平底，素面。底径5.0、残高6.5厘米（图3-331，4）。

泡形器 1件。

标本F18：82，残片。泥质褐陶。捏制，素面，底边圆滑。残长2.2、宽1.5、厚0.7厘米（图3-331，5）。

3. 煤精制品

3件。

球形器 1件。

标本F18：1，磨制，不规则椭圆形，表面磨光。长1.1、宽0.9、厚1.1厘米（图3-332，1；彩版一二三，5）。

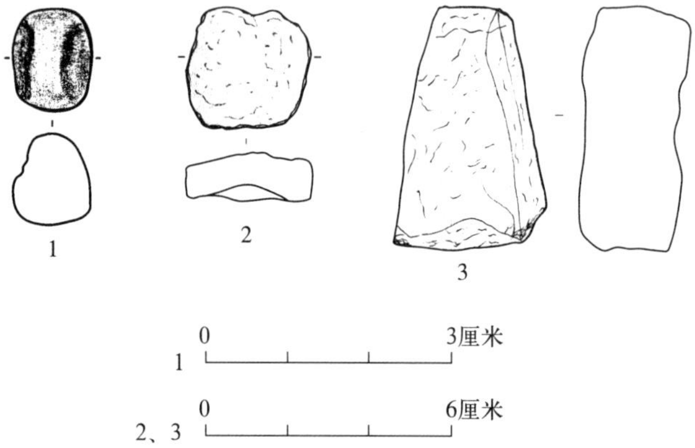

图3-332 F18出土煤精制品

1. 球形器F18：1 2、3. 煤精料F18：7、8

煤精料 2件。

标本F18：7，不规则扁圆形，周边、表面粗糙。长3.2、宽2.9、厚1.2厘米（图3-332，2）

标本F18：8，不规则扁方锥形，表面粗糙。长5.7、宽3.5、厚2.4厘米（图3-332，3）。

（一八）F19

F19位于T0604北部，东距F20约1.10米。房址开口②层下，打破生土。平面圆角方形，半地穴式，四壁略外弧，壁面斜直。长4.90、宽4.80、深0.50米，面积约24平方米（图3-333；彩版一二四，1）。

居住面土质较杂，内含石器、陶器、煤精制品等遗物。房址内发现灶址3个（彩版一二四，2），均开口于活动面，编号Z1～Z3。Z1位于房址中部，圆形，圜底，直径0.74、深约0.16米。Z2位于Z1南部，北部被Z1打破，圆形，圜底，直径0.48、深0.06米。Z3位于Z1北部，与北壁相隔0.25米，圆形，圜底，直径0.50、深0.08米。3个灶址在南北直线上。在Z1、Z3中间，发现有大面积红烧土散落堆积。

房内共发现柱洞21个，有壁和内柱。柱坑7个（表3-12）。

出土有石器、陶器、煤精制品等遗物89件。

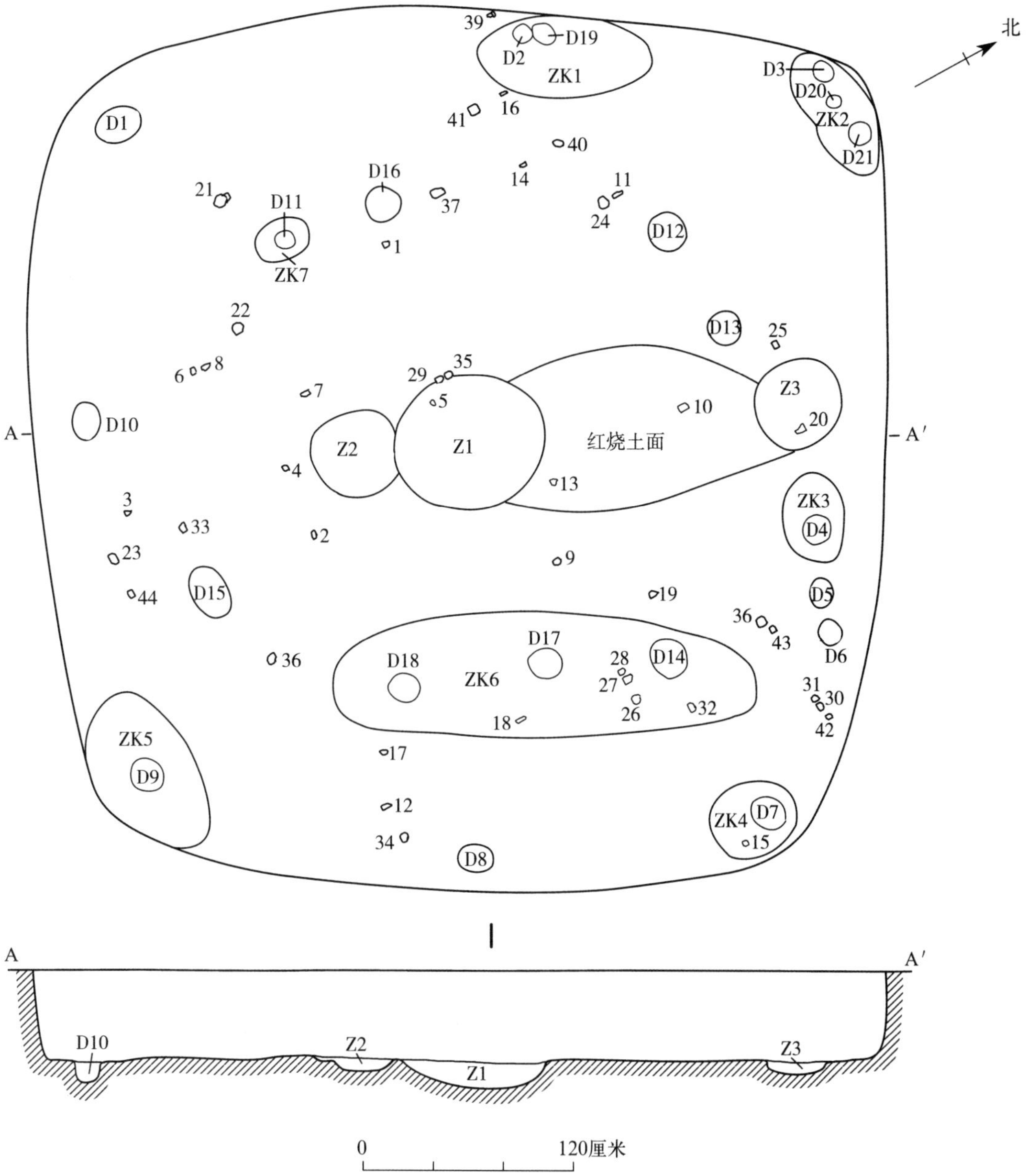

图 3-333　F19 平、剖面图

1、2、9、13. 煤精泡形器　3. 石镞　4～6. 煤精球形器　7、8、11、12、14、16、19. 石叶　10. 网坠　17、18. 煤精耳珰形器　20、21、24、29、32、33、37、39～41. 敲砸器　15. 玛瑙　22. 陶器底　23、28、43、44. 石片刮削器　26. 磨棒　27、42. 砍砸器　30、35、36. 砺石　31、34、38. 陶器

1. 石器

52 件。有打制石器 36 件，细石器 6 件、磨制石器 10 件。

（1）打制石器

36 件。有敲砸器 16 件、石片刮削器 18 件、石片 1 件、网坠 1 件等。

敲砸器　16 件。

标本 F19：21，青色板岩。打制，扁长方形，局部保留石皮，两端有敲砸痕迹。长 7.2、宽 4.7、

表 3-12　F19 柱洞（柱坑）登记表　（单位：厘米）

编号	径	深	备注	编号	径	深	备注
D1	19	不详		D15	20	不详	
D2	11	不详		D16	17	不详	
D3	11	不详		D17	16	不详	
D4	16	不详		D18	16	不详	
D5	13	不详		D19	11	不详	
D6	13	不详		D20	8	不详	
D7	18	不详		D21	12	不详	
D8	19	不详		ZK1	43～95	不详	椭圆形内双柱
D9	18	不详		ZK2	32～74	不详	椭圆形内 3 柱
D10	10	不详		ZK3	34～48	不详	椭圆形内单柱
D11	11	不详		ZK4	40～49	不详	椭圆形内单柱
D12	20	不详		ZK5	55～90	不详	椭圆形内单柱
D13	18	不详		ZK6	66～230	不详	长椭圆形内 3 柱
D14	20	不详		ZK7	22～28	不详	椭圆形内单柱

厚 3.5 厘米（图 3-334，1）。

标本 F19∶24，青色板岩。打制，不规则多棱形，局部保留石皮，敲砸痕迹明显。长 7.2、宽 6、厚 3.9 厘米（图 3-334，2）。

标本 F19∶27，青色板岩。打制，不规则多棱形，多剥片疤，局部保留石皮，敲砸痕迹明显。长 7.8、宽 6.5、厚 4.7 厘米（图 3-334，3）。

标本 F19∶28，青灰色板岩。打制，不规则扁椭圆形，多剥片疤，一侧局部保留石皮，边缘敲砸痕迹明显。长 8.0、宽 7.0、厚 3.0 厘米（图 3-334，4；彩版一二五，1）。

标本 F19∶31，青灰色板岩。磨制，表面局部磨光，或为石斧残段。两端敲砸痕迹明显。长 6.7、宽 5.6、厚 2.8 厘米（图 3-334，5）。

标本 F19∶32，青色板岩。打制，椭圆多棱形，多剥片疤，敲砸痕迹明显。长 5.9、宽 5.3、厚 3.7 厘米（图 3-334，6）。

标本 F19∶33，青灰色板岩。打制，扁长方形，局部保留石皮，两端有敲砸痕迹。长 8.0、宽 4.5、厚 1.6 厘米（图 3-334，7）。

标本 F19∶41，青灰色板岩。打制，圆角长方形，局部保留石皮，一端有敲砸痕迹。长 12.1、宽 5.9、厚 4.2 厘米（图 3-334，8；彩版一二五，2）。

标本 F19∶42，青灰色斑岩。打制，长三角形，局部保留石皮，一侧有敲砸痕迹。长 6.8、宽 4.2、厚 2.6 厘米（图 3-335，1）。

标本 F19∶44，青灰色板岩。打制，长方形，局部保留石皮，一端有敲砸痕迹。长 6.9、宽 3.4、厚 2.7 厘米（图 3-335，2）。

标本F19：48，青色板岩。打制，不规则圆角长方形，多剥片疤，局部保留石皮，敲砸痕迹明显。长3.7、宽2.8、厚2.2厘米（图3-335，3）。

标本F19：68，青灰色板岩。打制，不规则圆柱形。有剥片疤，大部保留石皮，敲砸痕迹明显。长8.7、宽3.6、厚3.5厘米（图3-335，4；彩版一二五，3）。

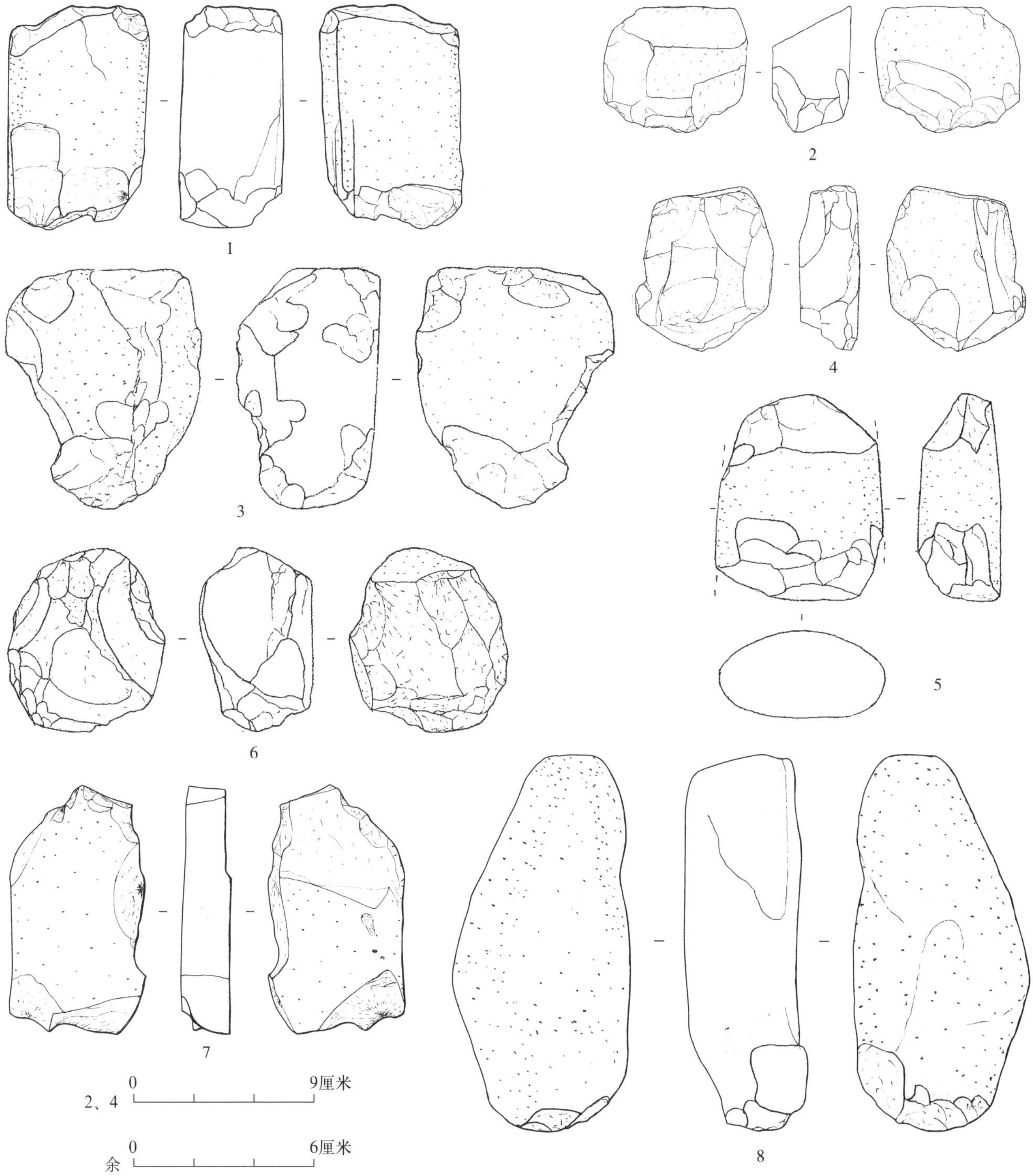

图3-334　F19出土打制石器

1～8. 敲砸器F19：21、24、27、28、31～33、41

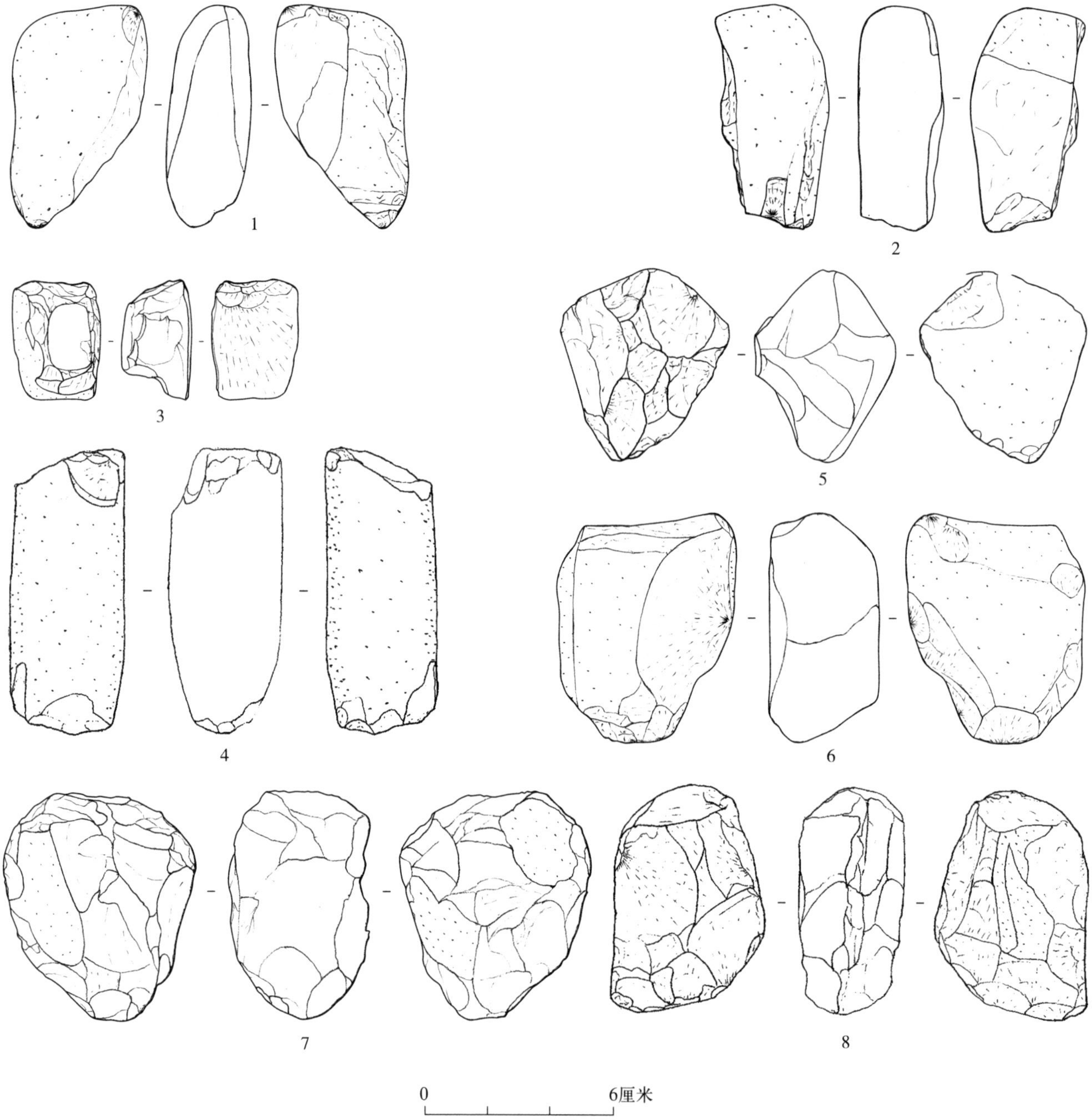

图 3-335 F19 出土打制石器

1 ～ 8. 敲砸器 F19∶42、44、48、68 ～ 72

标本 F19∶69，残，青灰色板岩。打制，不规则多棱形，多剥片疤，局部保留石皮，敲砸痕迹明显。长 5.9、宽 5.2、厚 4.4 厘米（图 3-335，5）。

标本 F19∶70，黄褐色板岩。打制，不规则多棱形，有剥片疤，局部保留石皮，敲砸痕迹明显。长 7.0、宽 5.6、厚 3.4 厘米（图 3-335，6）。

标本 F19∶71，青色脉岩。打制，不规则多棱形，一侧局部保留石皮，敲砸痕迹明显。长 7.0、宽 6.1、厚 4.6 厘米（图 3-335，7；彩版一二五，4）。

标本 F19∶72，青色板岩。打制，不规则多棱形，多剥片疤，局部保留石皮，敲砸痕迹明显。长

7.0、宽4.8、厚3.3厘米（图3-335，8）。

石片刮削器　18件。

标本F19∶37，褐色板岩。打制，不规则三角形，一侧局部保留石皮，边刃，有刮削痕迹。长5.4、宽4.8、厚1.2厘米（图3-336，1）。

标本F19∶40，青色板岩。打制，不规则四边形，边刃，有刮削痕迹。长6.3、宽5.6、厚1.4厘米（图3-336，2）。

标本F19∶43，青灰色板岩。打制，不规则三角形，边刃呈齿状，刮削痕迹明显。长4.6、宽4.2、厚0.9厘米（图3-336，3）。

标本F19∶45，青灰色板岩。打制，不规则长条形，边刃，有刮削痕迹。长7.2、宽2.2、厚0.9厘米（图3-336，4）。

标本F19∶46，青色板岩。打制，不规则三角形，一侧局部保留石皮，边刃，有刮削痕迹。长4.5、宽3.8、厚0.9厘米（图3-336，5）。

标本F19∶47，青灰色板岩。打制，长条形，一侧局部保留石皮，边刃，有刮削痕迹。长6.5、宽2.7、厚1.2厘米（图3-336，6；彩版一二五，5）。

标本F19∶49，青灰色板岩。打制，不规则蚌壳形，边刃，有刮削痕迹。长2.8、宽2.2、厚0.6

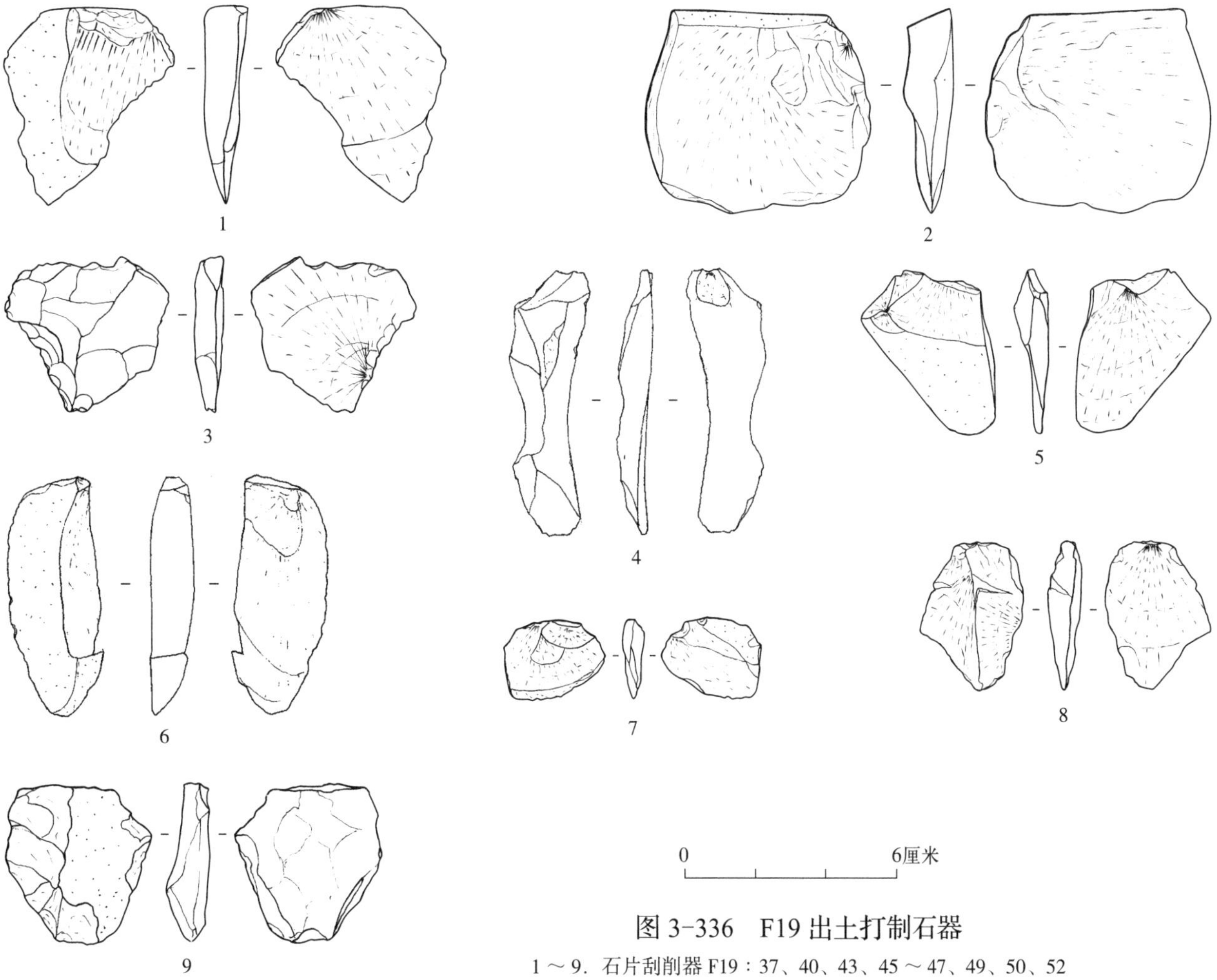

图3-336　F19出土打制石器

1～9. 石片刮削器F19∶37、40、43、45～47、49、50、52

厘米（图 3-336，7）。

标本 F19：50，青灰色板岩。打制，不规则多边形，边刃，有刮削痕迹。长 4.1、宽 3.0、厚 0.9 厘米（图 3-336，8）。

标本 F19：52，青色斑岩片状，不规则多边形，边刃，有刮削痕迹。长 4.3、宽 4.1、厚 1.2 厘米（图 3-336，9）。

标本 F19：54，青灰色板岩。打制，不规则长条形，一侧局部保留石皮，边刃，有刮削痕迹。长 4.0、宽 1.8、厚 0.5 厘米（图 3-337，1）。

标本 F19：56，褐色板岩。打制，不规则多边形，边刃呈齿状，刮削痕迹明显。长 3.0、宽 2.6、厚 0.6 厘米（图 3-337，2）。

标本 F19：57，青灰色板岩。打制，不规则蚌壳形，边刃，有刮削痕迹。长 3.2、宽 1.9、厚 0.6 厘米（图 3-337，3）。

标本 F19：58，青色板岩。打制，不规则多边形，边刃，有刮削痕迹。长 4.5、宽 4.1、厚 0.7 厘米（图 3-337，4）。

标本 F19：59，青灰色板岩。打制，不规则形，一侧局部保留石皮，边刃，有刮削痕迹。长 3.9、宽 2.0、厚 0.6 厘米（图 3-337，5）。

标本 F19：61，青灰色板岩。打制，不规则四边形，边刃，有刮削痕迹。长 2.5、宽 1.9、厚 0.5 厘米（图 3-337，6）。

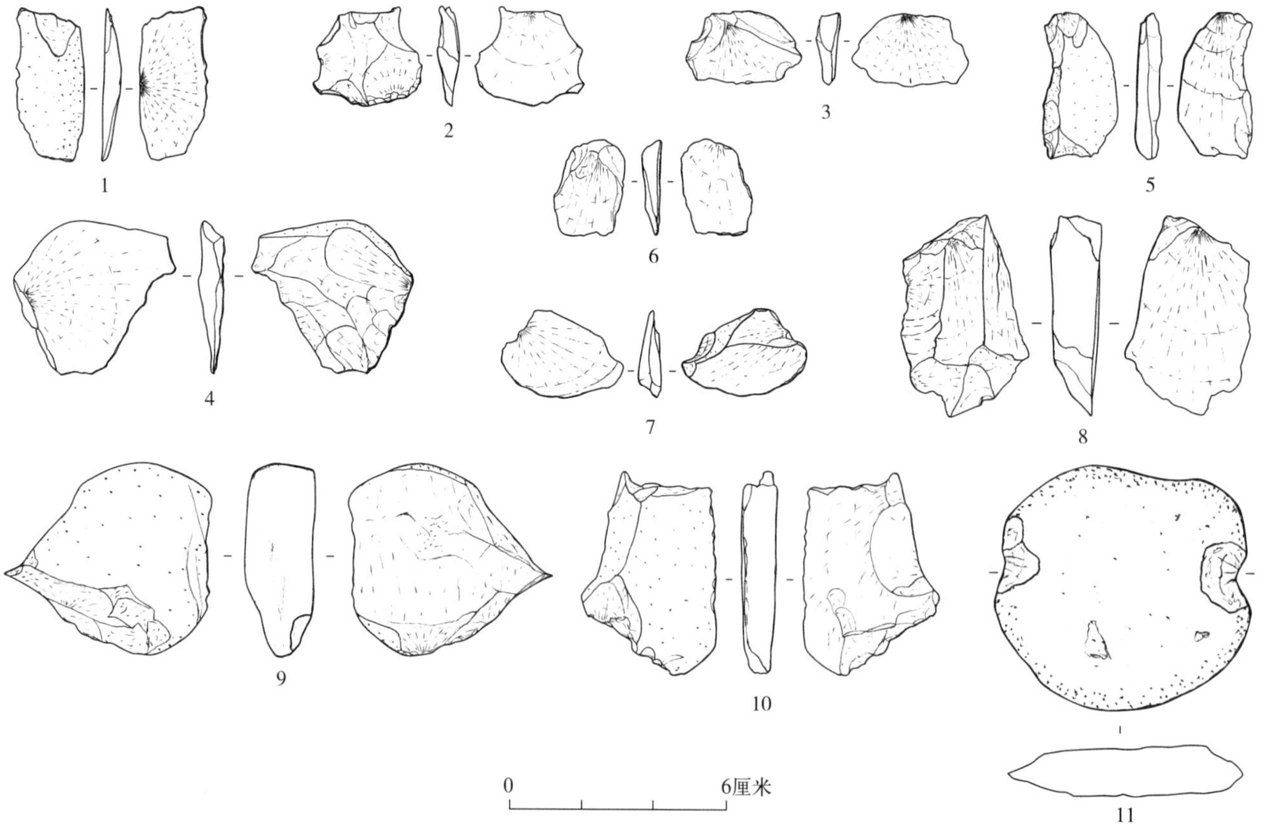

图 3-337　F19 出土打制石器

1～9．石片刮削器 F19：54、56～59、61、62、66、67　10．石片 F19：51　11．网坠 F19：10

标本 F19∶62，青色板岩。打制，不规则蚌壳形，边刃，有刮削痕迹。长 3.4、宽 2.3、厚 0.6 厘米（图 3-337，7）。

标本 F19∶66，青灰色板岩。不规则四边形，边刃，有刮削痕迹。长 5.3、宽 3.5、厚 1.4 厘米（图 3-337，8）。

标本 F19∶67，青灰色板岩。打制，宽叶形，一侧局部保留石皮，一侧刮削痕迹明显。长 5.6、宽 5.1、厚 1.8 厘米（图 3-337，9）。

石片 1 件。

标本 F19∶51，青色板岩，无使用痕。片状。长 5.4、宽 3.7、厚 1.0 厘米（图 3-337，10）。

网坠 1 件。

标本 F19∶10，青色砂岩。打制，扁平椭圆形。两侧对称打出豁口。长 7.1、宽 6.4、厚 1.4 厘米（图 3-337，11；彩版一二五，6）。

（2）细石器

6 件。有石叶刮削器 4 件、石片刮削器 1 件、石镞 1 件。

石叶刮削器 4 件。

标本 F19∶11，青色板岩。琢制，长条形，横截面三角形，边刃，有刮削痕迹。长 5.0、宽 1.0、厚 0.4 厘米（图 3-338，1；彩版一二六，1）。

标本 F19∶12，青色板岩。琢制，长叶形，横截面梯形，边刃，有刮削痕迹。长 6.8、宽 1.7、厚 0.4 厘米（图 3-338，2；彩版一二六，2）。

标本 F19∶16，黄褐色燧石。琢制，长条形，横截面三角形，边刃，有刮削痕迹。长 1.6、宽 0.6、厚 0.3 厘米（图 3-338，3）。

标本 F19∶17，红褐色燧石。琢制，长条形，横截面梯形，边刃，有刮削痕迹。长 2.0、宽 0.6、厚 0.2 厘米（图 3-338，4）。

石片刮削器 1 件。

标本 F19∶15，黄色玛瑙。琢制，半圆形，横截面三角形，边刃，有刮削痕迹。长 2.5、宽 1.6、厚 0.6 厘米（图 3-338，5；彩版一二六，3）。

石镞 1 件。

标本 F19∶19，残，青灰色板岩。琢制，长三角形，平底，边刃压琢，呈细齿状。残长 2.7、宽 1.0、

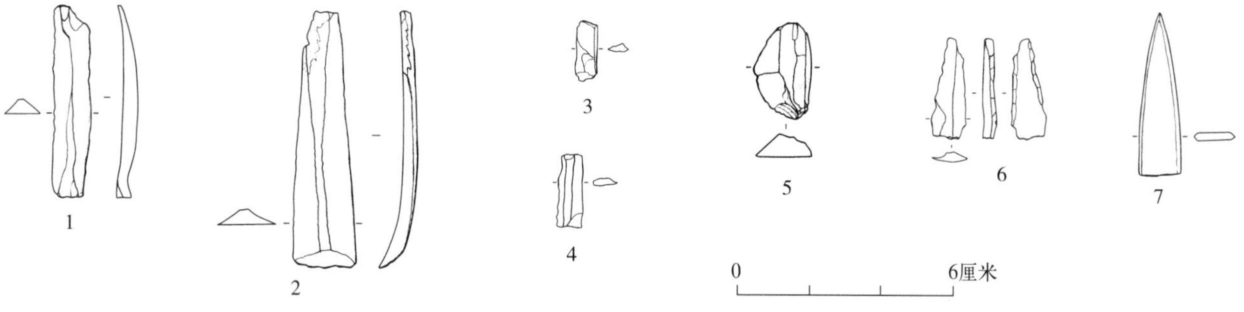

图 3-338 F19 出土细石器与磨制石器

1～4. 石叶刮削器 F19∶11、12、16、17 5. 石片刮削器 F19∶15 6、7. 石镞 F19∶19、3

厚 0.3 厘米（图 3-338，6；彩版一二六，4）。

（3）磨制石器

10 件。有石磨盘 2 件、石磨棒 3 件、沟磨石 1 件、砺石 2 件、石料 1 件。

石镞　1 件

标本 F19 : 3，青色板岩。磨制，尖叶形，横截面扁六棱形，锋刃对磨，平底。长 4.3、宽 1.1、厚 0.2 厘米（图 3-338，7）。

石磨盘　2 件。

标本 F19 : 29，残块，红褐色花岗岩。磨制，两个凹磨面，较光滑。残长 11.4、宽 8.0、厚 6.3 厘米（图 3-339，1）。

标本 F19 : 30，残块，褐色斑岩。磨制，不规则形，一面平磨面，磨痕明显。长 8.6、宽 6.2、厚 2.2 厘米（图 3-339，2）。

石磨棒　3 件。

标本 F19 : 26，残块，黄褐色花岗岩。磨制，多磨面，磨痕明显。残长 8.5、宽 5.7、厚 4.3 厘米（图 3-339，3）。

标本 F19 : 34，残块，红褐色石英岩。磨制，多磨面，磨痕明显。长 4.6、宽 4.1、厚 2.8 厘米（图 3-339，4）。

标本 F19 : 39，残块，黄褐色石英岩。磨制。残长 4.2、宽 3.9、厚 2.5 厘米（图 3-339，5）。

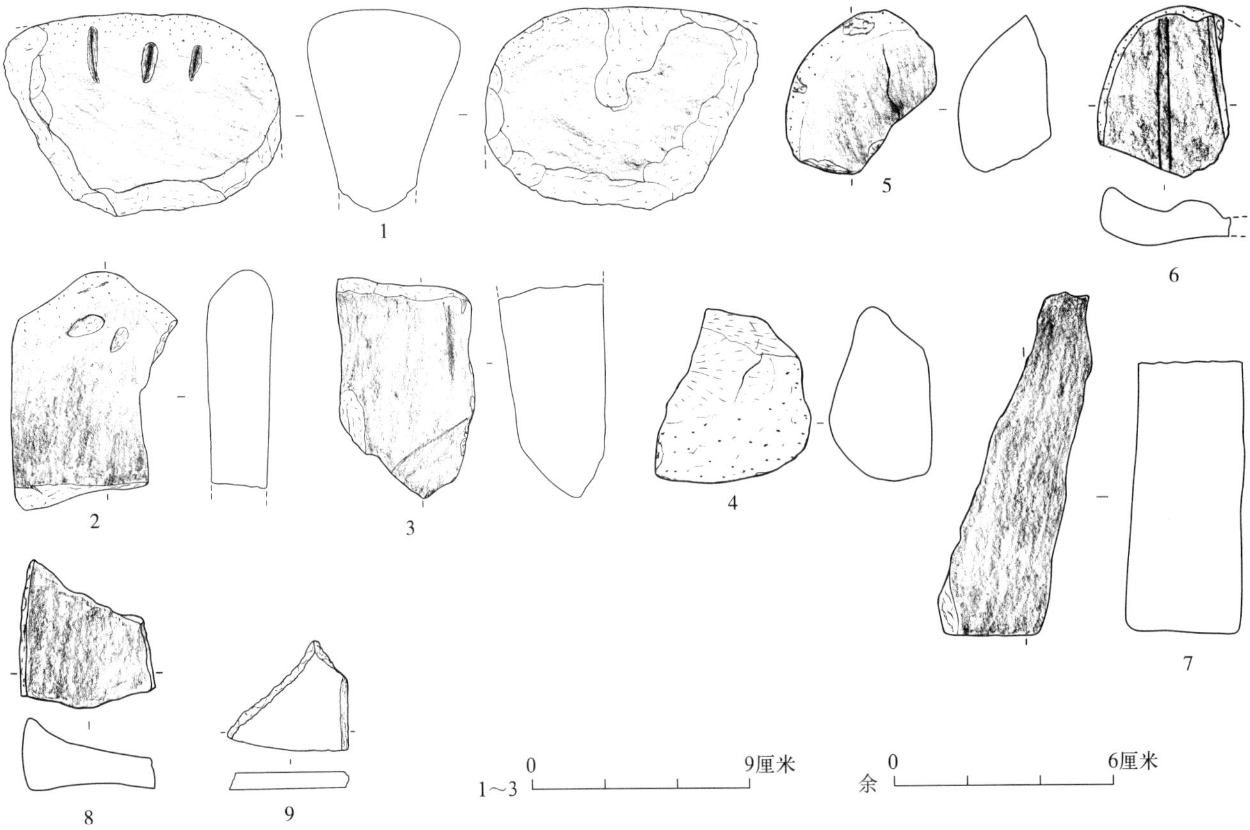

图 3-339　F19 出土磨制石器

1、2. 石磨盘 F19 : 29、30　3～5. 石磨棒 F19 : 26、34、39　6. 沟磨石 F19 : 35　7、8. 砺石 F19 : 36、55　9. 石料 F19 : 60

沟磨石 1件。

标本 F19∶35，残，红褐色粉砂岩。磨制，两面有凹磨面、沟槽。长 4.6、宽 3.7、厚 1.6 厘米（图 3-339，6；彩版一二六，5）。

砺石 2件。

标本 F19∶36，残块，褐色板岩。磨制，两个平磨面，磨痕明显。长 9.1、宽 3.0、厚 3.1 厘米（图 3-339，7）。

标本 F19∶55，残块，黄褐色粉砂岩。磨制，两个凹磨面，磨痕明显。残长 3.6、宽 3.7、厚 2.0 厘米（图 3-339，8）。

石料 1件。

标本 F19∶60，青色板岩。不规则片状。长 3.3、宽 2.9、厚 0.4 厘米（图 3-339，9）。

2. 陶器

19 件。有深腹罐 16 件、高足钵 2 件、陶盅 1 件。

深腹罐 16件。

Ab 型Ⅱ式 1件。

标本 F19∶84，残，夹砂红陶。直口，外圆唇。口沿处饰划压蓆纹，腹部饰竖压横排之字纹。口径 21.0、残高 3.8 厘米（图 3-340，1）。

Ab 型Ⅲ式 2件。

标本 F19∶76，残，夹砂红褐陶。直口，圆唇，斜直腹。口沿处有一周宽凹带，凹带下部饰划压横人字纹，腹部饰横压竖排之字纹。口径 16.0、残高 9.4 厘米（图 3-340，2）。

标本 F19∶79，残，夹砂红褐陶。直口，圆唇，斜直腹。口沿处有一周宽凹带，凹带凸棱上划压短斜线纹，腹部饰横压竖排之字纹。口径 17.0、残高 5.2 厘米（图 3-340，3）。

Ab 型Ⅳ式 4件。

标本 F19∶78，残，夹砂红陶。直口，圆唇，直腹。口沿处有两周凹带，内饰划压斜线纹，腹部饰横压竖排之字纹。口径 16.0、残高 4.0 厘米（图 3-340，4）。

标本 F19∶38，残，夹砂红褐陶。直口，圆尖唇，直腹。口沿处有两周凹纹带，内饰斜线纹，腹部饰竖压横排之字纹。口径 22.0、残高 6.4 厘米（图 3-340，5）。

标本 F19∶73，残，夹砂红陶。直口，圆唇，弧腹。口沿处有两周凹纹带，内饰斜线纹、网格纹，腹部饰竖压横排之字纹。口径 17.4 ～ 18.4、残高 16.4 厘米（图 3-340，6）。

标本 F19∶77，残，夹砂红陶。敞口，圆唇，斜直腹。口沿处有两周凹纹带，内饰斜线纹，腹部饰竖压横排之字纹。口径 19.0、残高 6.8 厘米（图 3-340，7）。

口沿 1件。

标本 F19∶81，残，夹砂红褐陶。直口，圆唇，斜直腹。口沿处有一周凹带，内饰划压横人字纹，腹部饰竖压横排之字纹。残高 6.5 厘米（图 3-340，8）。

器底 2件。

标本 F19∶86，残，夹砂红陶。斜直腹，平底。腹部饰竖压横排之字纹，纹饰及底。底径 8.8、残高 4.3 厘米（图 3-340，9）。

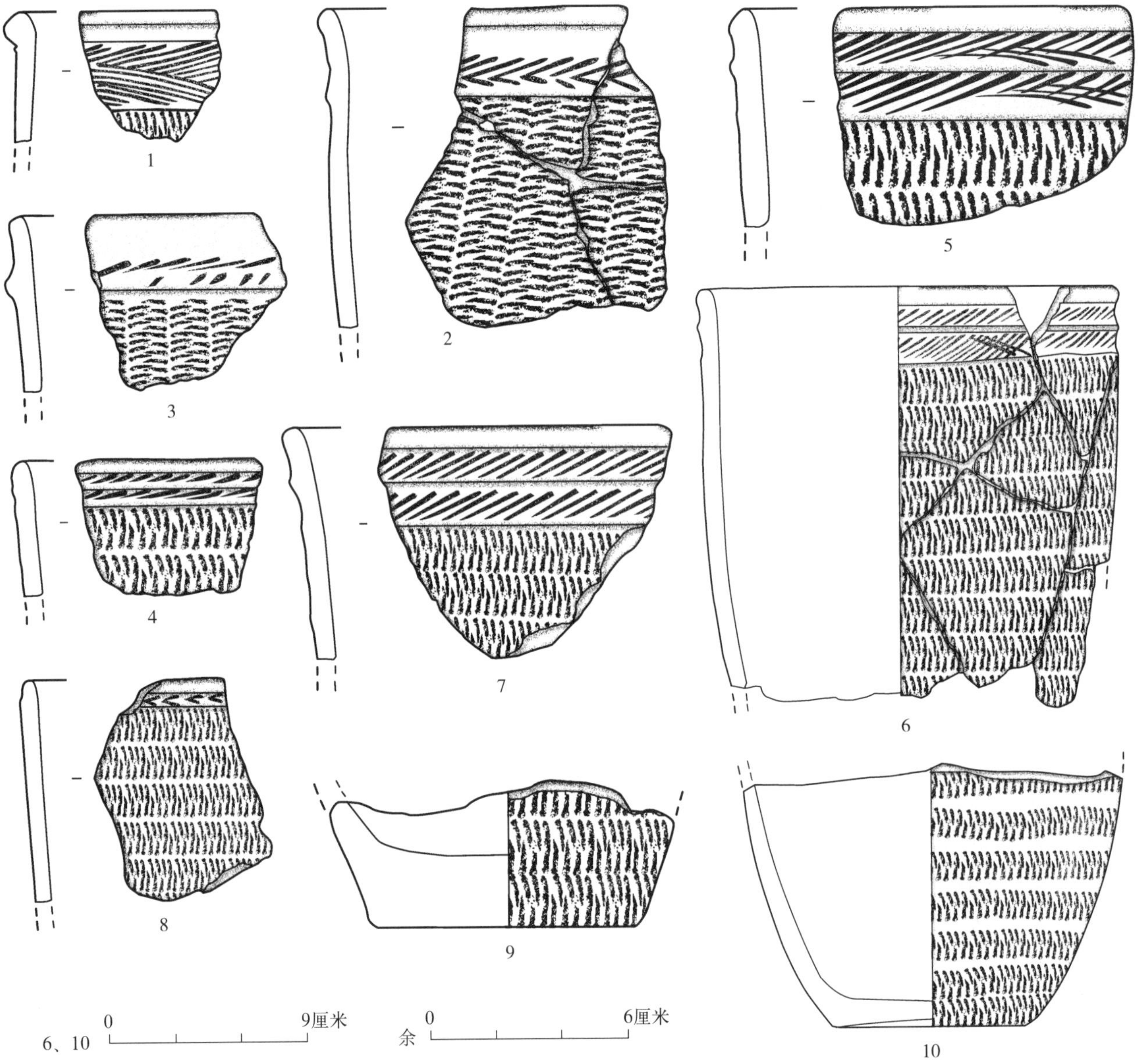

图 3-340 F19 出土深腹罐

1. Ab 型Ⅱ式 F19：84 2、3. Ab 型Ⅲ式 F19：76、79 4～7. Ab 型Ⅳ式 F19：78、38、73、77 8～10. 陶片 F19：81、86、88

标本 F19：88，残，夹砂红陶。弧腹，平底。腹部饰竖压横排之字纹。底径 8.2、残高 11.2 厘米（图 3-340，10）。

Ba 型Ⅲ式 1 件。

标本 F19：74，残，夹砂红褐陶。直口，圆唇，斜直腹。口沿处有两周凹纹带，内饰戳刺纹，腹部饰压印弦纹。口径 15.0、残高 6.5 厘米（图 3-341，1）。

Bb 型Ⅱ式 1 件。

标本 F19：82，残，夹砂红陶。直口，圆唇，斜直腹。口沿处有两周凹纹带，内饰戳刺纹，腹部饰压印弦纹。口径 18.0、残高 4.3 厘米（图 3-341，2）。

器底 4 件。

标本 F19 : 87，残，夹砂红陶。弧腹，平底。腹部饰压印弦纹，交接处交叉错位。底径 8.0、残高 5.4 厘米（图 3-341，3）。

标本 F19 : 89，残，夹砂红褐陶。弧腹，平底。腹部饰压印弦纹。底径 5.8、残高 10.0 厘米（图 3-341，4）。

标本 F19 : 90，残，夹砂红褐陶。弧腹，平底。腹部饰压印弦纹。底径 6.6、残高 9.4 厘米（图 3-341，5）。

标本 F19 : 91，残，夹砂红褐陶。弧腹，平底。腹部饰压印弦纹。底径 6.0、残高 2.2 厘米（图 3-341，6）。

高足钵　2 件。

Ⅰ式　1 件。

标本 F19 : 14，可修复，夹砂红陶。内外有红陶衣。圆唇，敞口，圆弧腹，高足，底内微凹。在口沿处有一周凹带，凹带内素面。凹带下饰一周划压斜线纹，以素面相间，再饰一周划压横人字纹，再下间隔饰一周素面，下划压斜线纹。足部素面。口径 16.2、底径 5.8、高 10.4 厘米（图 3-341，7；彩版一二六，6）。

钵口沿　1 件。

标本 F19 : 85，残，夹砂红陶。敞口，圆唇，口沿处有一周凹带，斜直腹。腹部饰划压斜线纹。残高 2.0 厘米（图 3-341，8）。

陶盅　1 件。

标本 F19 : 92，残，夹砂红陶。捏制。斜直腹，平底微内凹，素面。底径 1.6、残高 1.7 厘米（图 3-341，9）。

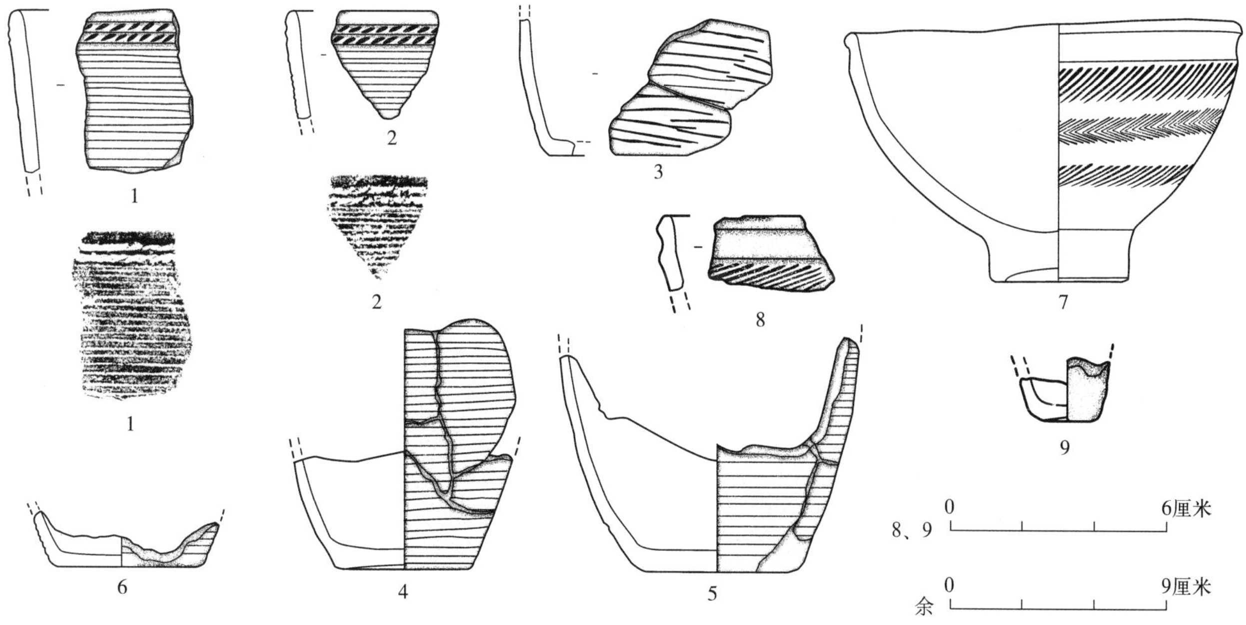

图 3-341　F19 出土陶器

1. Ba 型Ⅲ式深腹罐 F19 : 74　2. Bb 型Ⅱ式深腹罐 F19 : 82　3～6. Bb 型Ⅱ式深腹罐陶片 F19 : 87、89～91　7. Ⅰ式高足钵 F19 : 14　8. 高足钵陶片 F19 : 85　9. 陶盅 F19 : 92

3. 煤精制品

16件。有泡形器7件、球形器4件、耳珰形器1件、半成品1件、煤精块3件。

泡形器 7件。

标本F19∶1，残。磨制，圆尖顶，表面磨光，内凹光洁，边缘残。直径约3.3、厚0.4厘米（图3-342，1）。

标本F19∶8，残。磨制，圆尖顶，表面磨光，内凹光洁，边缘圆锐。直径3.5～3.7、高1.5厘米（图3-342，2；彩版一二六，7）。

标本F19∶13，残片。磨制，表面磨光，内凹光洁，底边圆锐。长2.0、宽2.2厘米（图3-342，3）。

标本F19∶20，残片。磨制，表面磨光，内凹光洁，边缘圆滑。长2.2、宽2.2、厚0.8厘米（图3-342，4）。

标本F19∶22，残片。磨制，表面磨光，内凹光洁，底边尖锐。长2.3、宽2.0、厚0.5厘米（图3-342，5）。

标本F19∶25，残。磨制，圆尖顶，表面磨光，底边圆锐。厚0.5厘米（图3-342，6）。

标本F19∶65，残。磨制，球顶形，表面磨光，内凹光洁，边残，直径3.8、厚0.6厘米（图3-342，7；彩版一二六，8）。

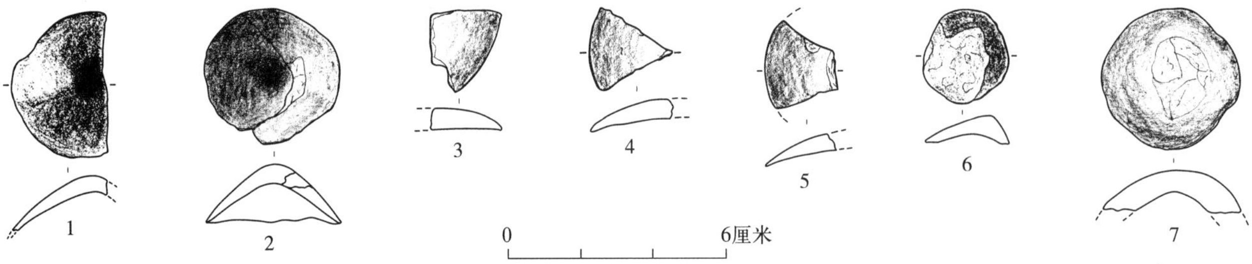

图3-342　F19出土煤精制品

1～7. 泡形器F19∶1、8、13、20、22、25、65

球形器 4件。

标本F19∶4，残。磨制，表面磨光。直径1.1～1.3、厚0.3厘米（图3-343，1）。

标本F19∶6，磨制，表面光滑。直径1.3厘米（图3-343，2；彩版一二六，9）。

标本F19∶9，残。磨制，表面磨光。直径1.4厘米（图3-343，3）。

标本F19∶23，残。磨制，表面光滑。直径1.6～1.7、厚1.1厘米（图3-343，6）。

耳珰形器 1件。

标本F19∶7，残，磨制，束颈，平底。表面光滑。残高2.6、底径1.0～1.2厘米（图3-343，4）。

半成品 1件。

标本F19∶18，圆柱形，表面有刮磨痕迹。长3.8、宽1.4、厚1.2厘米（图3-343，5）。

煤精块 3件。

标本 F19：53，长条块状。长 4.7、宽 1.9、厚 1.2 厘米（图 3-343，7）。

标本 F19：63，扁圆块状。长 5.0、宽 4.6、厚 1.5 厘米（图 3-343，8）。

标本 F19：64，三角块状。长 4.8、宽 4.0、厚 1.6 厘米（图 3-343，9）。

4. 其他

1 件。

炭化果仁　1 件。

标本 F19：5，残，已炭化成黑色，半圆形。长 0.9、宽 0.7、厚 0.4 厘米（图 3-343，10）。

（一九）F20

F20 位于 T0604 中南部，局部在 T0704 之内。西北距 F19 约 1.10 米。房址开口②层下，打破生土。东北部被近代扰坑破坏。房址平面为圆角方形，半地穴式，穴壁局部外弧，壁面垂直。南北约 4.65、东西 4.60、深约 0.52 米，面积约 21 平方米（图 3-344；彩版一二七，1、2）。

房址活动面土质较杂，内含石器、陶器、煤精制品等遗物。

房址内中部发现灶址一处，编号 Z1。Z1 残留西半部，为圆形，圜底，直径 0.54、深 0.07 米。灶内有红烧土。在房址西南部有一处红烧土堆积，长 1.30、宽 0.90、厚 0.10 米。

房内发现柱洞 17 个，柱坑 4 个（表 3-13）。

出有石器、陶器、煤精制品等遗物 36 件。

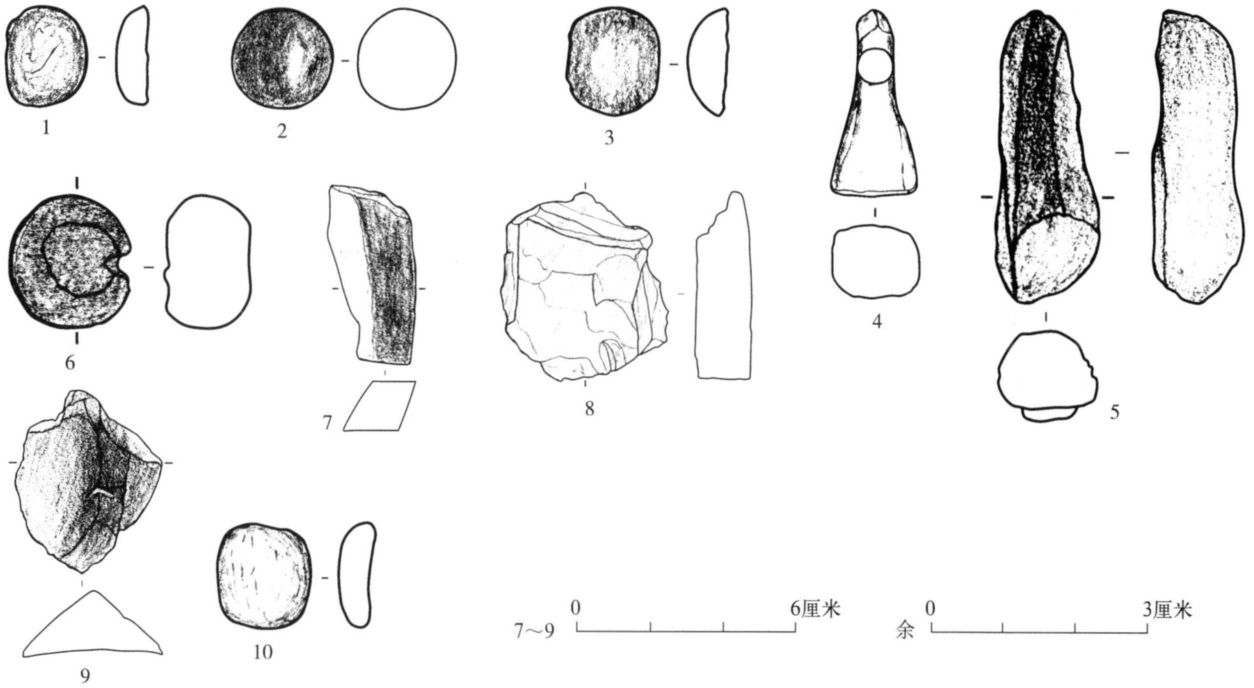

图 3-343　F19 出土煤精制品与炭化果仁

1～3、6. 球形器 F19：4、6、9、23　4. 耳珰形器 F19：7　5. 煤精半成品 F19：18　7～9. 煤精块 F19：53、63、64　10. 炭化果仁 F19：5

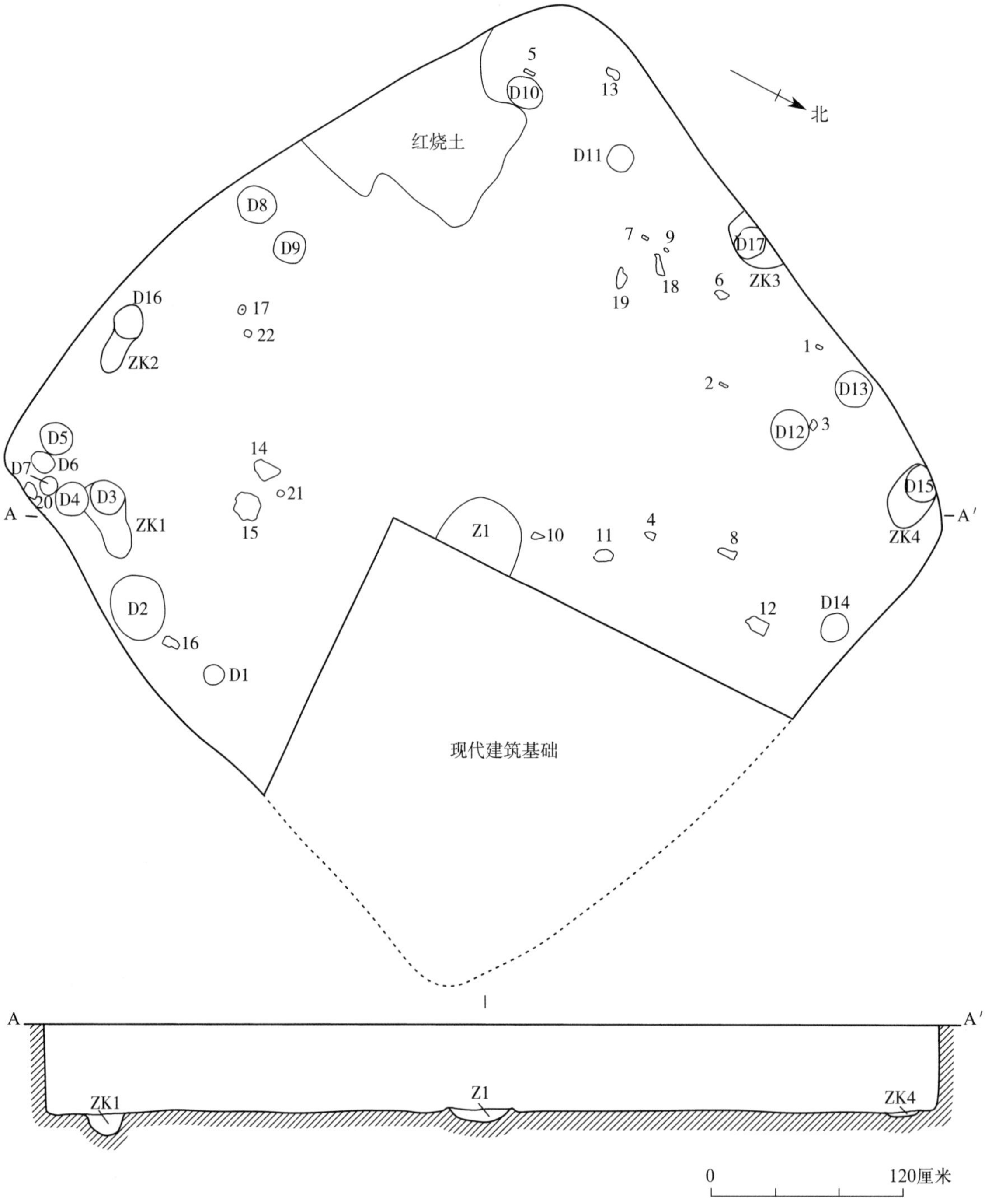

图 3-344 F20 平、剖面图

1～3、5、7、9. 石叶 4. 刮削器 6、11、13、18、19. 敲砸器 8、12、14. 石磨盘 10、20. 磨棒 15. 石网坠 16. 砍砸器 17. 陶纺轮

1. 石器

31 件。有打制石器 9 件、细石器 7 件、磨制石器 15 件。

（1）打制石器

9 件。有敲砸器 3 件、石片刮削器 5 件、网坠 1 件。

表 3-13　F20 柱洞（柱坑）登记表　（单位：厘米）

编号	径	深	备注	编号	径	深	备注
D1	12	4		D12	22	7	
D2	35	9		D13	14	5	
D3	16	18		D14	17	6	
D4	20	17		D15	20	15	
D5	18	10		D16	17	10	
D6	12	8		D17	16	11	
D7	10	8		ZK1	18 ～ 48	7	椭圆形内单柱
D8	22	5		ZK2	18 ～ 45	10	椭圆形内单柱
D9	20	6		ZK3	36 ～ 47	5	椭圆形内单柱
D10	20	8		ZK4	20 ～ 40	6	椭圆形内单柱
D11	19	5					

敲砸器　3 件。

标本 F20∶13，青灰色板岩。打制，不规则菱形，局部保留石皮，敲砸痕迹明显。长 8.0、宽 6.1、厚 4.7 厘米（图 3-345，1）。

标本 F20∶18，青灰色板岩。打制，长方形，局部保留石皮，两端有敲砸痕迹。长 14.1、宽 5.4、厚 5.1 厘米（图 3-345，2；彩版一二八，1）。

标本 F20∶22，残，褐色板岩。打制，不规则棱形，局部保留石皮，敲砸痕迹明显。长 5.4、宽 4.8、厚 3.6 厘米（图 3-345，3）。

石片刮削器　5 件。

标本 F20∶4，青灰色板岩。打制，不规则舌形，边刃，有刮削痕迹。长 5.4、宽 3.5、厚 1.0 厘米（图 3-345，4）。

标本 F20∶6，青灰色板岩。打制，蚌壳形，边刃，呈细齿状，刮削痕迹明显。长 5.6、宽 6.2、厚 1.7 厘米（图 3-345，5）。

标本 F20∶23，青色板岩。打制，三角形，边刃，呈细齿状。长 4.9、宽 4.6、厚 1.7 厘米（图 3-345，6；彩版一二八，2）。

标本 F20∶24，残，褐色板岩。打制，不规则多边形，边刃，有刮削痕迹。长 3.5、宽 2.9、厚 1.1 厘米（图 3-345，7）。

标本 F20∶25，青灰色板岩。打制，不规则长方形，局部保留石皮，边刃，有刮削痕迹。长 5.1、宽 4.0、厚 1.6 厘米（图 3-345，8）。

网坠　1 件。

标本 F20∶15，褐色板岩。打制，圆角扁方形，两侧对称打出豁口。长 13.3、宽 12.6、厚 2.4 厘米（图 3-345，9；彩版一二八，3）。

（2）细石器

7 件。有尖状器 2 件、石叶刮削器 5 件。

尖状器　2 件。

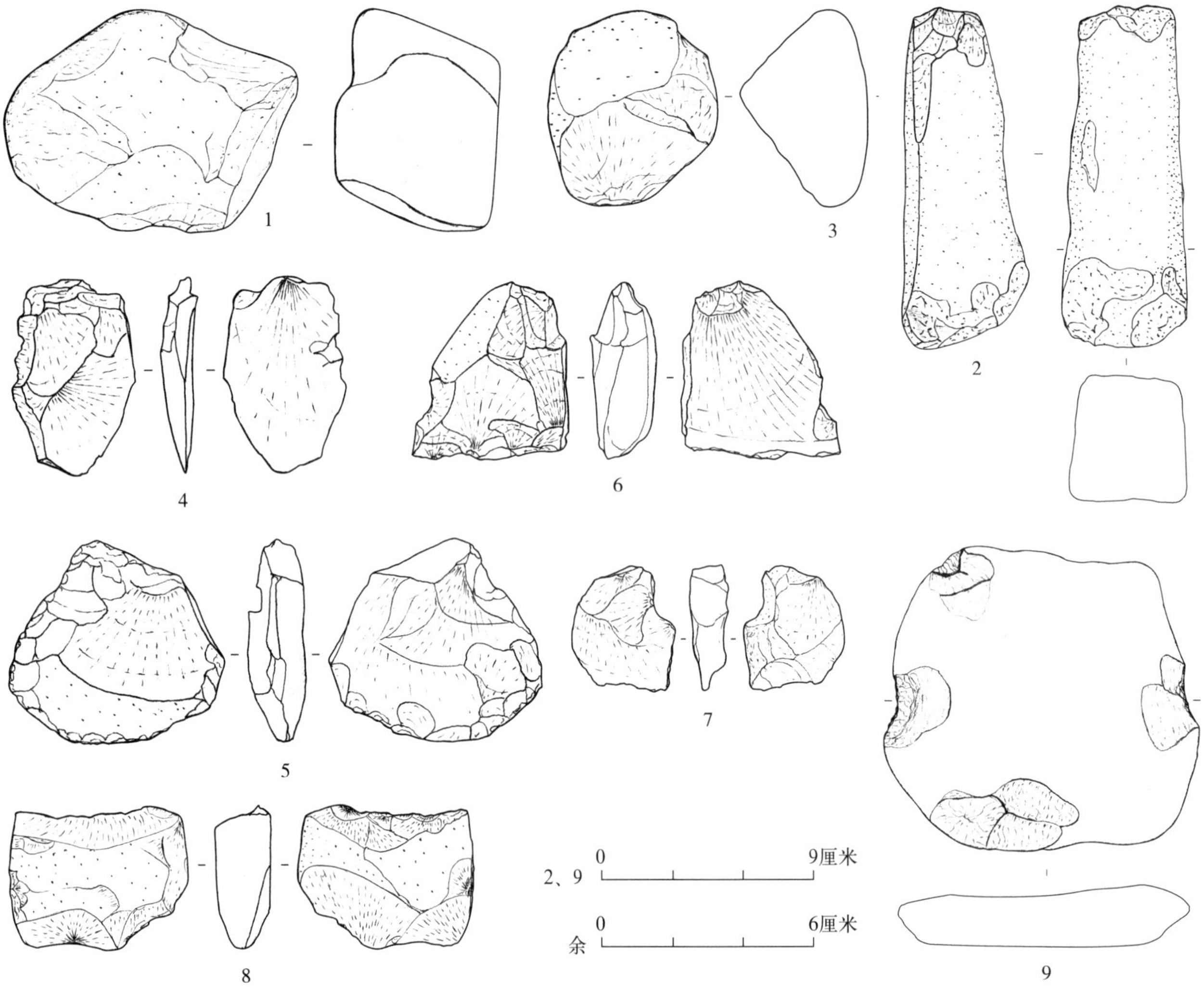

图 3-345　F20 出土打制石器

1～3. 敲砸器 F20：13、18、22　5～8. 石片刮削器 F20：4、6、23～25　9. 网坠 F20：15

标本 F20：1，残，黄褐色燧石。琢制，尖叶形，歪尖，横截面梯形，边刃压琢呈齿状。长 2.1、宽 0.6、厚 0.1 厘米（图 3-346，1）。

标本 F20：9，黄褐色燧石。琢制，宽叶形，横截面梯形，边刃压琢呈齿状。长 1.4、宽 0.6、厚 0.1 厘米（图 3-346，2）。

石叶刮削器　5 件。

标本 F20：2，黄褐色燧石。琢制，长叶形，横截面三角形，边刃，有刮削痕迹。长 2.3、宽 0.6、厚 0.1 厘米（图 3-346，3）。

标本 F20：3，青灰色板岩。琢制，长条形，横截面三角形，边刃，有刮削痕迹。长 3.0、宽 1.2、厚 0.2 厘米（图 3-346，4；彩版一二八，4）。

标本 F20：5，青灰色板岩。琢制，长条形，横截面三角形，边刃，有刮削痕迹。长 2.7、宽 0.9、厚 0.2 厘米（图 3-346，5）。

标本 F20：7，黄褐色燧石。琢制，长条形，横截面三角形，边刃，有刮削痕迹。长 1.7、宽 0.5、厚 0.1 厘米（图 3-346，6）。

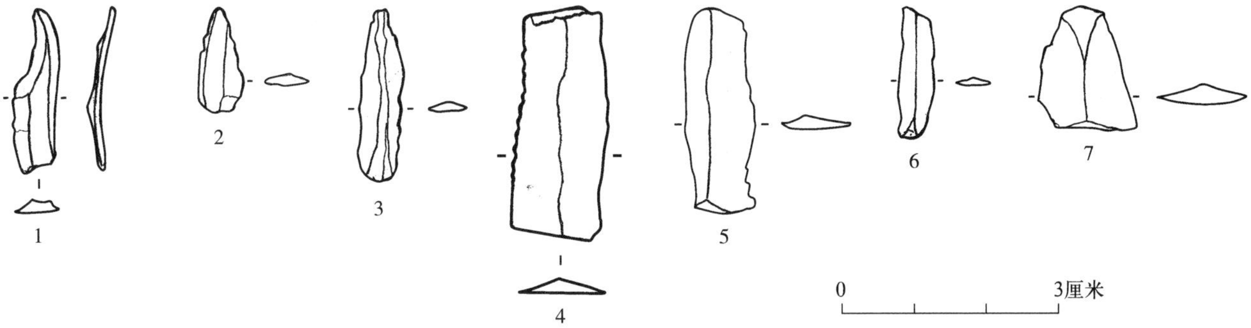

图 3-346　F20 出土细石器

1、2. 尖状器 F20：1、9　3～7. 石叶刮削器 F20：2、3、5、7、27

标本 F20：27，青灰色板岩。琢制，宽叶形，横截面菱形，边刃，有刮削痕迹。长 1.6、宽 1.4、厚 0.3 厘米（图 3-346，7）。

（3）磨制石器

15 件。有石磨盘 4 件、石磨棒 6 件、石料 5 件。

石磨盘　4 件。

标本 F20：8，黄褐色细砂岩。磨制，两个凹磨面，磨痕明显。残长 11.6、宽 9.5、厚 3.0 厘米（图 3-347，1）。

标本 F20：12，红褐色砂砾岩。磨制，两面平磨制。残长 10.9、宽 10.5、厚 5.8～6.2 厘米（图 3-347，2）。

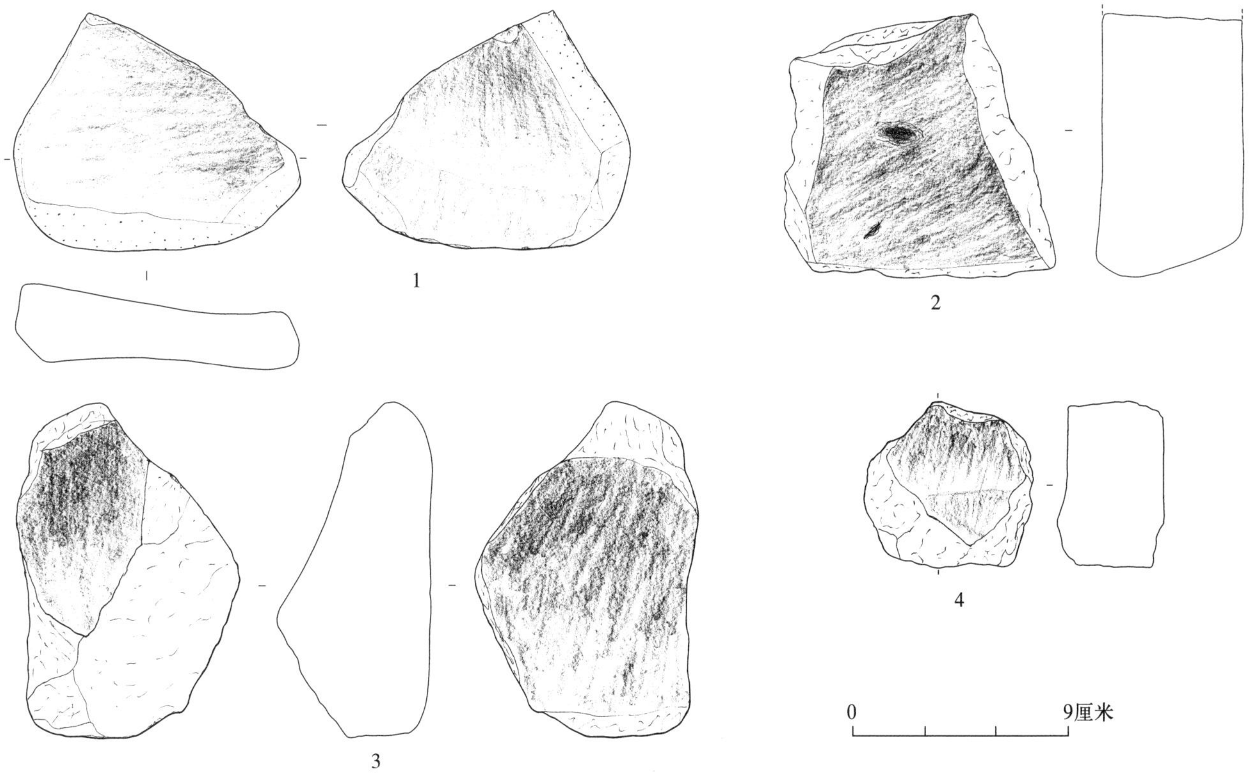

图 3-347　F20 出土磨制石器

1～4. 石磨盘 F20：8、12、14、17

标本 F20：14，浅红褐色砂砾岩。磨制，两面有磨痕，一面圆凹，一面平。残长 13.0、宽 8.7、厚 6.3 厘米（图 3-347，3）。

标本 F20：17，褐色砂砾岩。磨制，两面有磨痕，一面稍圆凹，一面平。残长 7.0、宽 6.6、厚 3.9～4.4 厘米（图 3-347，4）。

石磨棒　6 件。

标本 F20：10，残，黄褐色花岗岩。磨制，横截面椭圆形，多磨面，磨痕明显。残长 7.1、宽 4.5、厚 4.9 厘米（图 3-348，1）。

标本 F20：11，残，灰白色石英砂。磨制，椭圆形，底部平磨面，磨痕明显。残长 9.9、宽 7.6、厚 5.8 厘米（图 3-348，2）。

标本 F20：16，黄褐色砂砾岩。磨制，不规则长三棱形，横截面三角形，三个磨面，磨痕明显。长 12.6、宽 7.2、厚 5.2 厘米（图 3-348，3）。

标本 F20：19，残，黄褐色花岗岩。磨制，不规则棱形，两个磨面，磨痕明显。残长 13.3、宽 7.3、厚 5.6 厘米（图 3-348，4）。

标本 F20：20，残，灰白色花岗岩。磨制，不规则形圆形，一个平磨面，磨痕明显。残长 7.3、宽 5.1、

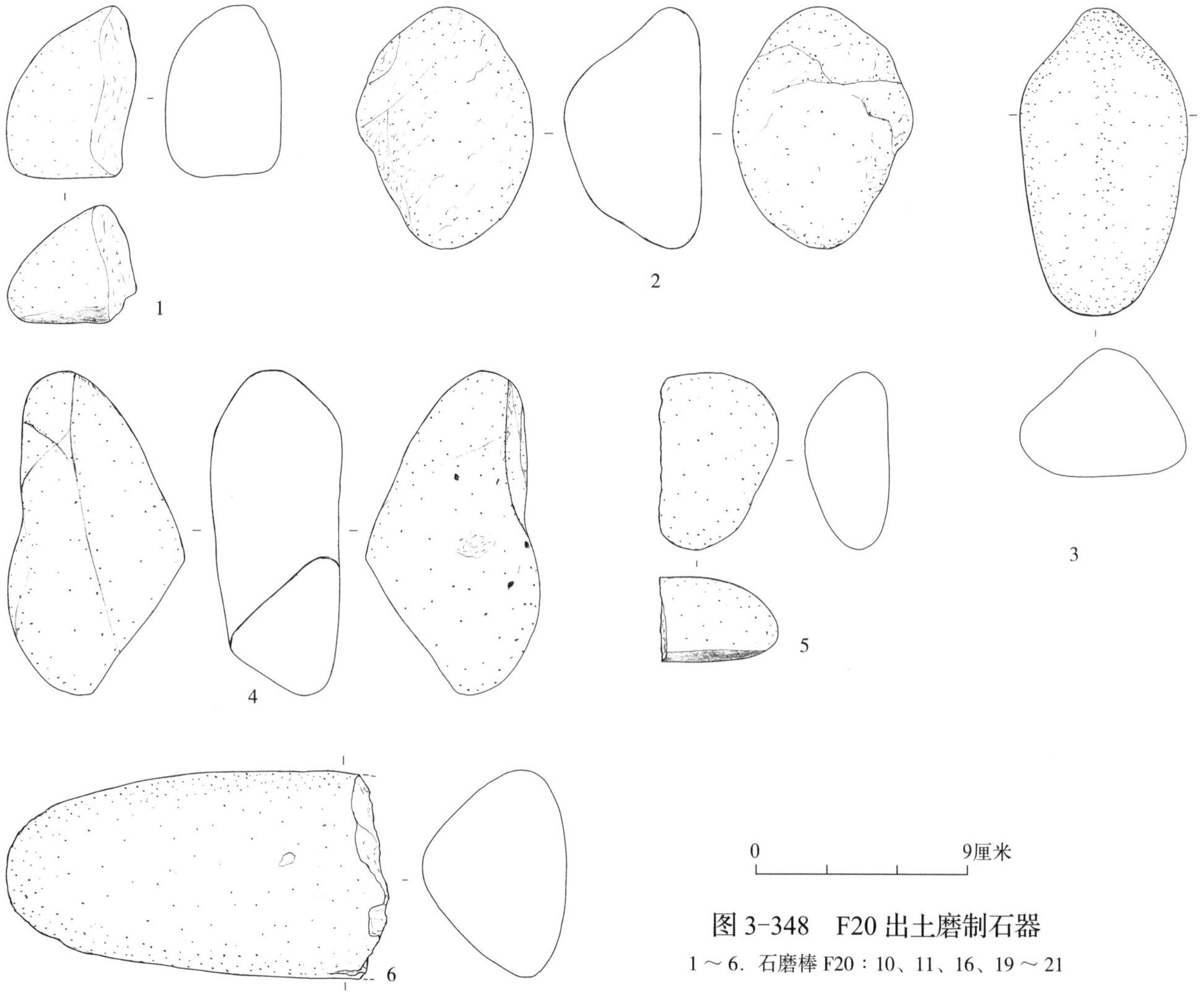

图 3-348　F20 出土磨制石器

1～6. 石磨棒 F20：10、11、16、19～21

厚 3.5 厘米（图 3-348，5）。

标本 F20：21，残，黄褐色砂砾岩。磨制，横截面圆角三角形，三个磨面，磨痕明显。残长 16.5、宽 8.5、厚 6.3 厘米（图 3-348，6；彩版一二八，5）。

石料　5 件。

标本 F20：28，青色板岩。近三角形片状。长 3.4、宽 2.8、厚 0.2 厘米（图 3-349，1）。

标本 F20：29，青色板岩。长条形。表面有切割痕。长 3.0、宽 1.5、厚 0.2 厘米（图 3-349，2；彩版一二八，6）。

标本 F20：30，青色板岩。长条形。表面有切割痕。长 4.2、宽 1.5、厚 0.2 厘米（图 3-349，3；彩版一二八，7）。

标本 F20：31，青色板岩。长条形。长 4.9、宽 1.2、厚 0.2 厘米（图 3-349，4；彩版一二八，8）。

标本 F20：32，青灰色板岩。方形。长 1.2、宽 1.1、厚 0.2 厘米（图 3-349，5）。

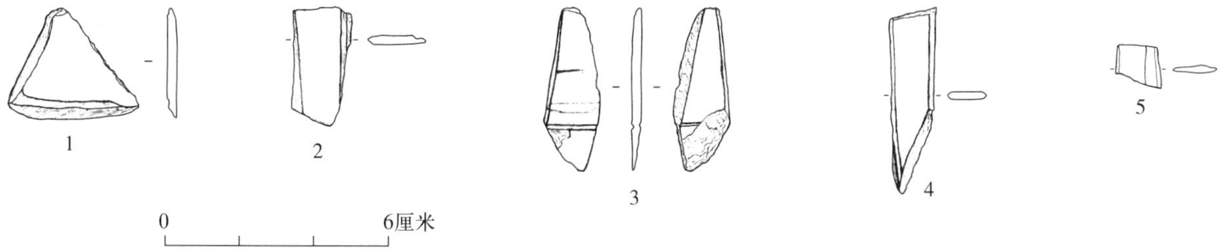

图 3-349　F20 出土磨制石器

1～5. 石料 F20：28～32

2. 陶器

4 件。

深腹罐　3 件。

Ba 型Ⅱ式　2 件。

标本 F20：35，残，夹砂红褐陶。直口，圆尖唇，斜直腹。口沿处有两周窄凹带，内饰戳刺纹，腹部饰压印弦纹。口径 11.0、残高 5.6 厘米（图 3-350，1）。

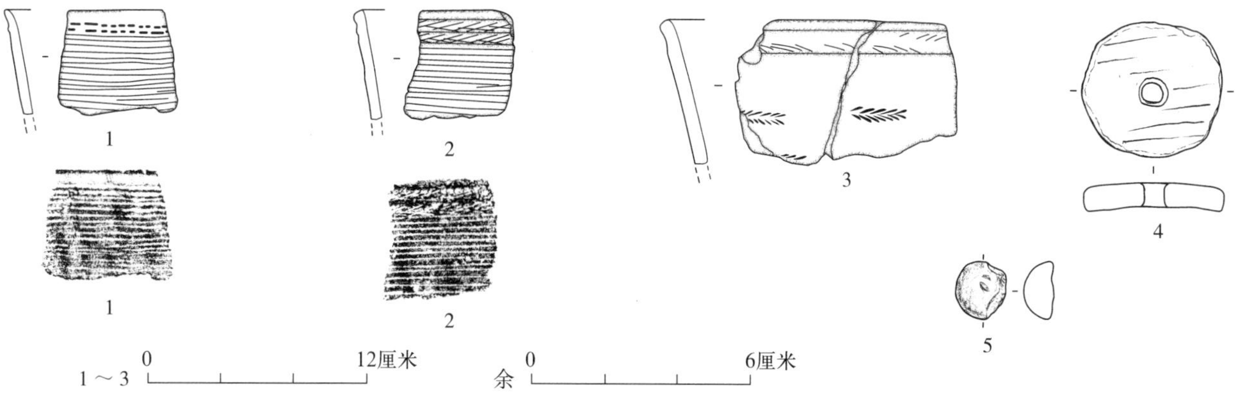

图 3-350　F20 出土陶器与煤精制品

1、2. Ba 型Ⅱ式深腹罐 F20：35、34　3. Db 型Ⅱ式深腹罐 F20：36　4. 穿孔圆陶片 F20：33　5. 煤精球形器 F20：26

标本 F20∶34，残，夹砂红褐陶。直口，圆唇，斜直腹。口沿处有两周凹带，内饰划压网格纹，腹部饰压印弦纹。口径 15.0、残高 5.8 厘米（图 3-350，2）。

Db 型Ⅱ式 1 件。

标本 F20∶36，残，夹砂红陶。敞口，圆唇，斜直腹。口沿处有一周凹带，内饰划压横人字纹，腹部以素面为主，间隔饰短组横枝叶纹。口径 17.0、残高 7.8 厘米（图 3-350，3）。

穿孔圆陶片 1 件。

标本 F20∶33，夹砂红褐陶。弦纹陶片磨制，中间有圆穿孔。直径 3.6～3.9、厚 0.7、孔径 0.6 厘米（图 3-350，4；彩版一二八，8）。

3. 煤精制品

1 件。

球形器 1 件。

标本 F20∶26，残半。磨制，表面光滑。直径 1.5 厘米（图 3-350，5）。

（二〇）F21

F21 位于 T0804 中部，东南距 F26 约 7.34、西距 F20 约 11.80 米。房址开口②层下，打破生土。为圆角方形，半地穴式，四壁略外弧，壁面斜直。西北部被现代建筑打破。东西 2.90、南北 2.90、深 0.31 米（图 3-351）。

房址内中部发现灶址 1 处，编号 Z1，圆形，圜底，直径 0.48、深 0.10 米，灶内有烧土堆积。

房内未发现柱洞。

出有石器、陶器、煤精制品等遗物共计 29 件。

1. 石器

16 件。有打制石器 6 件、细石器 5 件、磨制石器 6 件。

（1）打制石器

6 件。有砍砸器 1 件、敲砸器 4 件、石片刮削器 1 件。

砍砸器 1 件。

标本 F21∶16，青灰色板。打制，不规则椭圆形，多剥片疤，局部保留石皮，边刃砍砸痕迹明显。长 7.1、宽 4.7、厚 1.2 厘米（图 3-352，1；彩版一二九，1）。

敲砸器 4 件。

标本 F21∶11，青色板岩。打制，不规则圆角长方形，多棱角，局部保留石皮，两端有敲砸痕迹。长 8.4、宽 4.8、厚 3.1 厘米（图 3-352，2；彩版一二九，2）。

标本 F21∶14，青色板岩。打制，不规则椭圆多棱形，局部保留石皮，敲砸痕迹明显。长 5.4、宽 4.0、厚 3.0 厘米（图 3-352，3）。

标本 F21∶17，红褐色板岩。不规则形多棱形，多棱角，敲砸痕迹明显。长 9.0、宽 4.5、厚 4.2 厘米（图 3-352，4）。

标本 F21∶19，黄褐色花岗岩。打制，规则长方形，局部保留石皮，一端敲砸痕迹明显。长

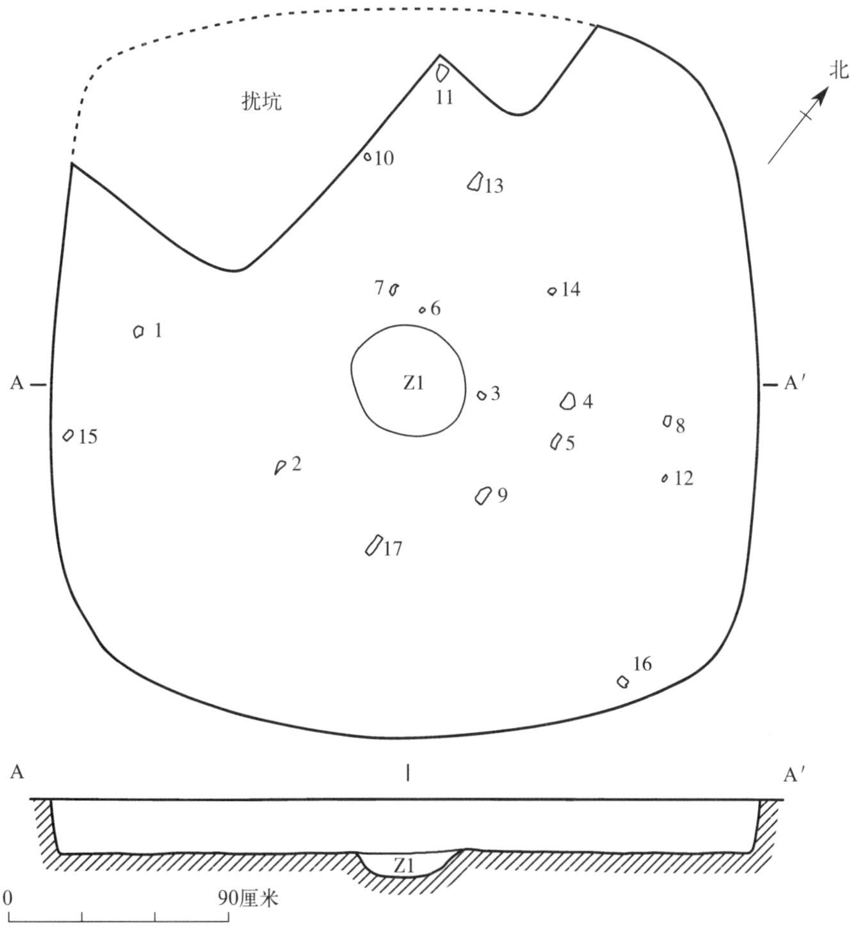

图 3-351 F21 平、剖面图

1、5、8、12. 石叶 2. 石镞 3、10. 煤精球形器 4. 磨盘 6. 石球 7. 煤精耳珰形器 9. 石斧 11、13、14、17. 敲砸器 15. 磨棒 16. 刮削器

12.8、宽 8.3、厚 7.4 厘米（图 3-352，5）。

石片刮削器 1 件。

标本 F21：13，褐色斑岩。不规则梯形，局部保留石皮，边刃，有刮削痕迹。长 8.7、宽 5.8、厚 2.4 厘米（图 3-352，6）。

（2）细石器

5 件。有石叶刮削器 2 件、尖状器 3 件。

石叶刮削器 2 件。

标本 F21：5，残，褐色燧石，琢制，长条形，横截面梯形，边刃，有刮削痕迹。长 2.5、宽 1.0、厚 0.3 厘米（图 3-353，1）。

标本 F21：12，棕色燧石。琢制，长条形，横截面梯形，边刃，有刮削痕迹。长 3.3、宽 0.6、厚 0.1 厘米（图 3-353，2；彩版一二九，3）。

尖状器 3 件。

标本 F21：1，棕红色燧石。琢制，长尖叶形，横截面三角形，边刃，有刮削痕迹。长 3.5、宽 0.5、厚 0.1 厘米（图 3-353，3；彩版一二九，4）。

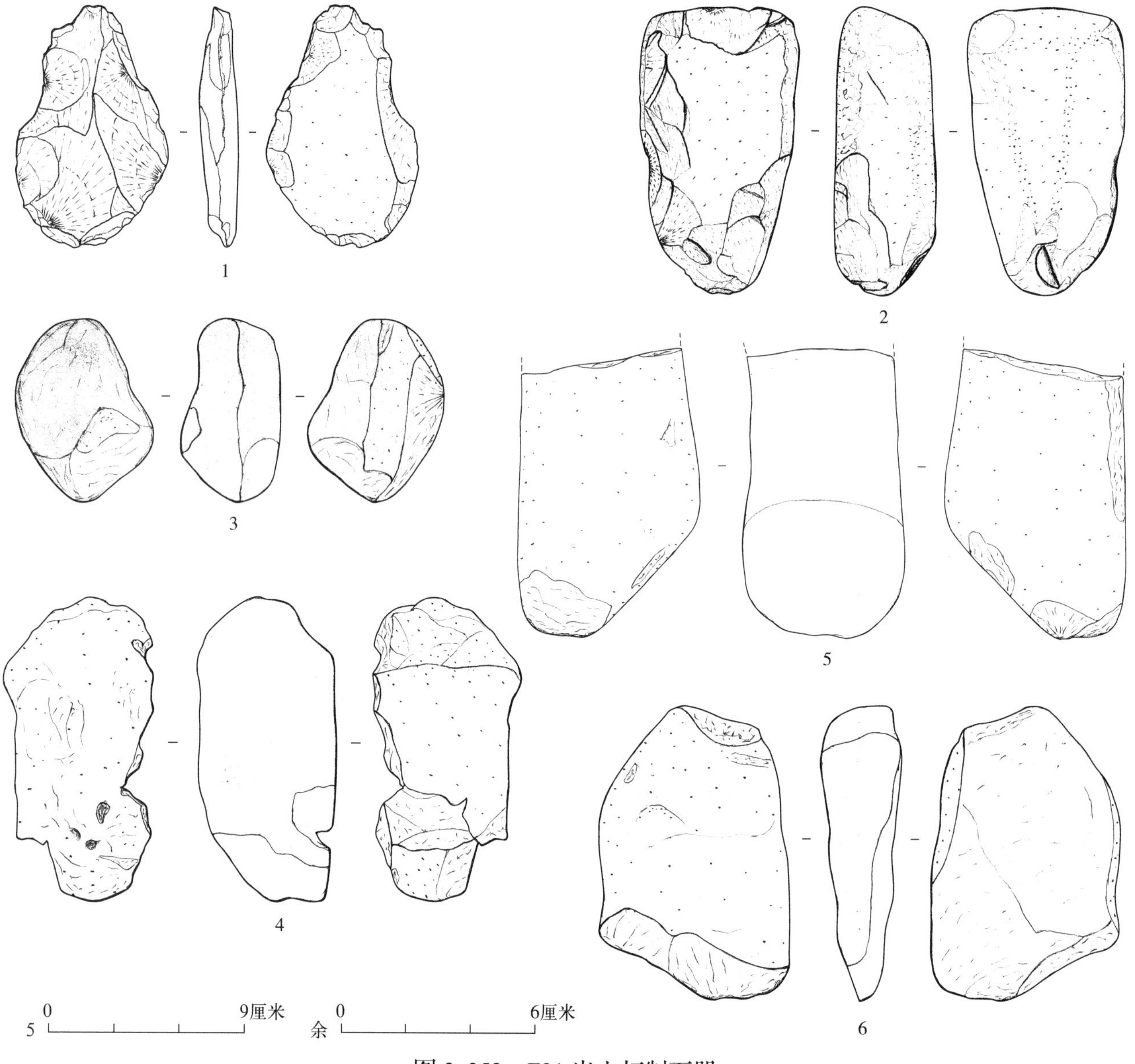

图 3-352 F21 出土打制石器

1. 砍砸器 F21：16 2～5. 敲砸器 F21：11、14、17、19 6. 石片刮削器 F21：13

标本 F21：2，青灰色板岩。琢制，长尖叶形，横截面梯形。尖部、边刃压琢呈细齿。长 3.6、宽 0.8、厚 0.3 厘米（图 3-353，4；彩版一二九，5）。

标本 F21：8，黄褐色燧石。琢制，长尖叶形，横截面三角形，边刃，有刮削痕迹。长 3.4、宽 0.5、厚 0.1 厘米（图 3-353，5；彩版一二九，6）。

（3）磨制石器

5 件。有石斧 2 件、石磨盘 1 件、石磨棒 1 件、石球 1 件。

石斧 2 件。

标本 F21：9，残，白色高岭土化的花岗岩。磨制，表面光滑。横截面椭圆形，圆角平顶，刃残，侧边有打击痕。残长 8.9、宽 4.5、厚 1.7 厘米（图 3-354，1）。

标本 F21：18，残，青绿色凝灰质碎屑岩。磨制，表面光滑，横截面椭圆形，圆角平顶，对磨弧

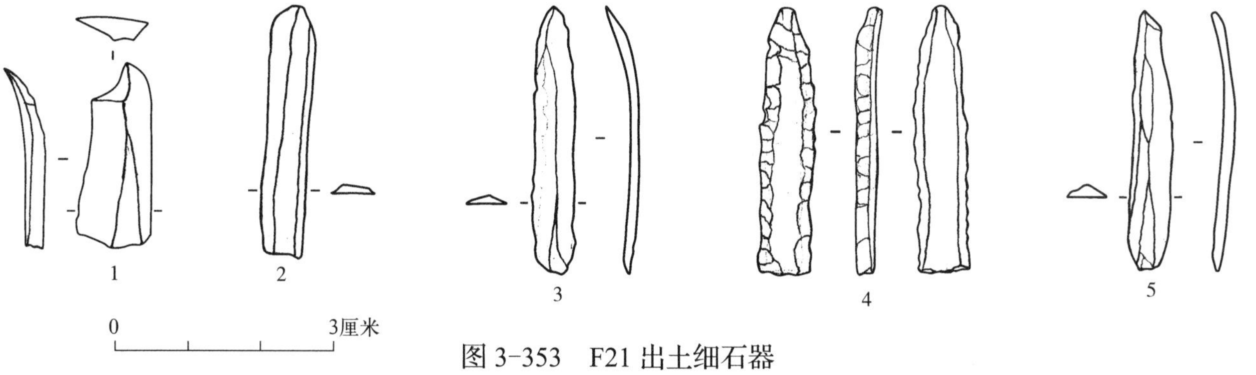

图 3-353　F21 出土细石器

1、2. 石叶刮削器 F21∶5、12　3～5. 尖状器 F21∶1、2、8

刃。残长 14.5、宽 7.6、厚 3.3 厘米（图 3-354，2；彩版一二九，7）。

石磨盘　1 件。

标本 F21∶4，残块，青褐色砂岩。磨制，两面磨面，一面稍凹，一面较平磨痕明显。长 6.8、宽 5.5、厚 2.6～4.0 厘米（图 3-354，3）。

石磨棒　1 件。

标本 F21∶15，残块，黄褐色花岗岩。磨制，两个磨面，磨痕明显。残长 5.5、宽 5.3、厚 4.7 厘米（图 3-354，4）。

石球　1 件。

标本 F21∶6，基本完整，粉砂岩。磨制，表面圆滑，椭圆形。直径 1.2～1.3 厘米（图 3-354，5；彩版一二九，8）。

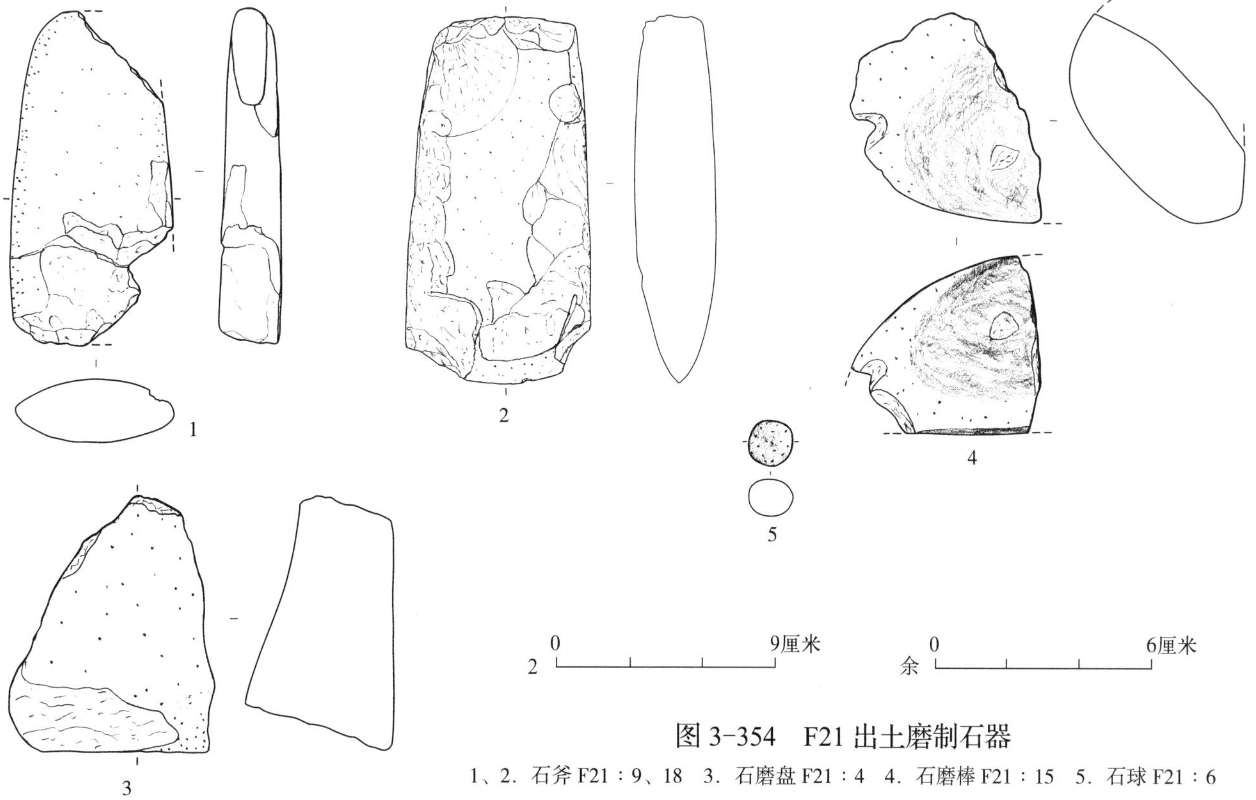

图 3-354　F21 出土磨制石器

1、2. 石斧 F21∶9、18　3. 石磨盘 F21∶4　4. 石磨棒 F21∶15　5. 石球 F21∶6

2. 陶器

10件。其中深腹罐8件，陶钵2件。

深腹罐 8件。

Ab型Ⅲ式 1件。

标本F21：29，残，夹砂红陶。敞口，圆唇，斜直腹，平底。口沿处有一周凹带，内饰划压横人字纹，腹部饰竖压横排之字纹。口径19.9、底径10.4、残高28.3厘米（图3-355，1；彩版一三〇，1）。

Ab型Ⅳ式 3件。

标本F21：22，残，夹砂红褐陶。敞口，圆唇，直腹。口沿处有两周凹带，内饰划压斜线纹、网格，腹部饰竖压横排之字纹。口径21.0、残高5.4厘米（图3-355，2）。

标本F21：23，残，夹砂红褐陶。敞口，圆唇，斜直腹。口沿处有两周凹带，内饰划压斜线纹、网格，腹部饰竖压横排之字纹。口径21.0、残高6.8厘米（图3-355，3）。

标本F21：24，残，夹砂红褐陶。敞口，圆唇，斜直腹。口沿处有两周凹带，内饰斜线纹、网格，腹部饰竖压横排之字纹。口径22.0、残高4.0厘米（图3-355，4）。

Ac型Ⅱ式 2件。

标本F21：20，残，夹砂红陶。敞口，圆唇，斜直腹。口沿处有一周凹带，内饰划压横人字纹，腹上部饰横压竖排之字纹，下部饰竖压横排之字纹。口径27.0、残高17.4厘米（图3-355，5）。

标本F21：21，残，夹砂红褐陶。敞口，圆唇，斜直腹。口沿处有一周凹带，内饰划压横人字纹，腹部饰横压竖排之字纹。口径24.0、残高9.2厘米（图3-355，6）。

器底 2件。

标本F21：28，残，夹砂红褐陶。斜直腹，平底。腹部饰竖压横排之字纹。底径10.0、残高13.6厘米（图3-356，1）。

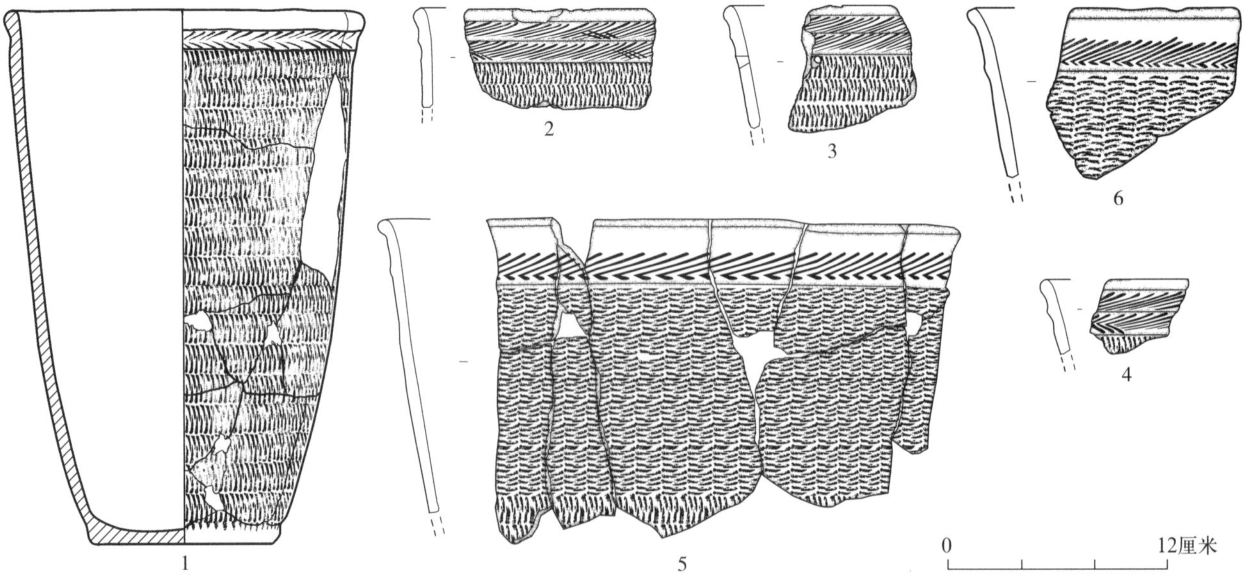

图3-355 F21出土深腹罐

1. Ab型Ⅲ式F21：29 2～4. Ab型Ⅳ式F21：22～24 5、6. Ac型Ⅱ式F21：20、21

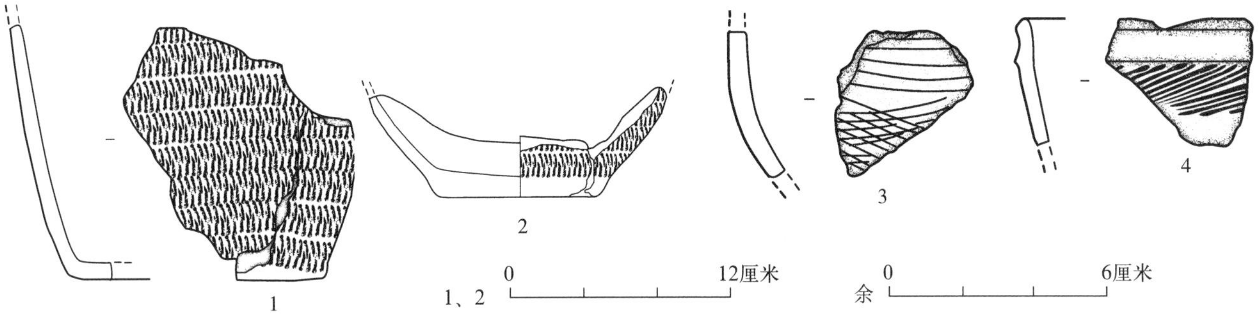

图 3-356　F21 出土陶器

1、2. 深腹罐陶片 F21：28、27　3. 陶钵腹片 F21：26　4. Ⅰ式陶钵陶片 F21：25

标本 F21：27，残，夹砂红陶。弧腹，平底。腹部饰竖压横排之字纹。底径 8.8、残高 5.9 厘米（图 3-356，2）。

陶钵　2 件。

Ⅰ式　1 件。

标本 F21：25，残，夹砂红陶，内外有红陶衣。敞口，圆唇，弧腹。口沿处有一周凹带，其下饰一周划压斜线纹。残高 3.4 厘米（图 3-356，4）。

钵腹片　1 件。

标本 F21：26，残，夹砂红陶。弧腹。腹部饰压印弦纹，网格纹。残高 3.9 厘米（图 3-356，3）。

3. 煤精制品

3 件。

球形器　2 件。

标本 F21：3，残。磨制，表面光滑。直径 1.3、残高 0.8 厘米（图 3-357，1）。

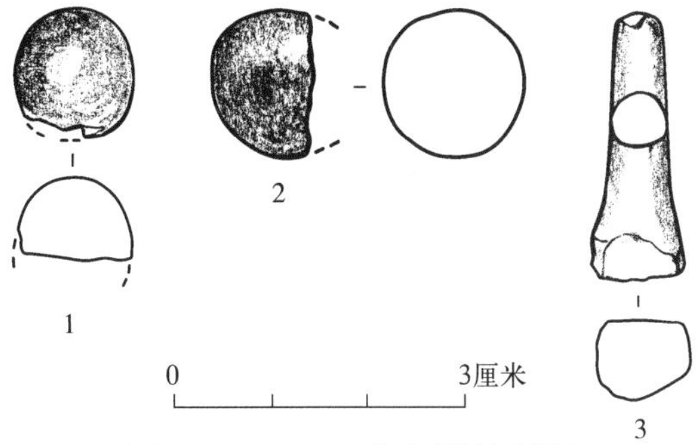

图 3-357　F21 出土煤精制品

1、2. 球形器 F21：3、10　3. 耳珰形器 F21：7

标本 F21：10，残。磨制，表面光滑。直径 1.5 厘米（图 3-357，2）。

耳珰形器　1 件。

标本 F21：7，残。磨制，圆顶，表面光滑。残高 2.7、底径 0.8 ～ 1.0 厘米（图 3-357，3）。

（二一）F24

F24 位于 T0902 东南部，北距 F27 约 4.50、南距 F4、F5 约 3.80 米。房址开口②层下，打破生土。平面圆角长方形，半地穴式，西壁略外弧，穴壁面斜直。房址东南角被现代沟打破。东西宽 3.90、南北长 5.40、深 0.50 米，面积约 19.80 平方米（图 3-358；彩版一三〇，2）。

活动面土质较杂，内含有石器、陶器、煤精制品等遗物。

在房址中南部发现灶址两处，编号 Z1、Z2，两灶南北并列。Z1 圆形，平底，直径 0.44、深 0.05 米。Z2 椭圆形，圜底，东西直径 0.80、南北 0.92、深 0.12 米。灶内有红烧土堆积。

房内共发现柱洞 31 个，有壁柱和内柱，柱坑 5 个（表 3-14）。

出土遗物有石器、陶器、煤精制品等 75 件。

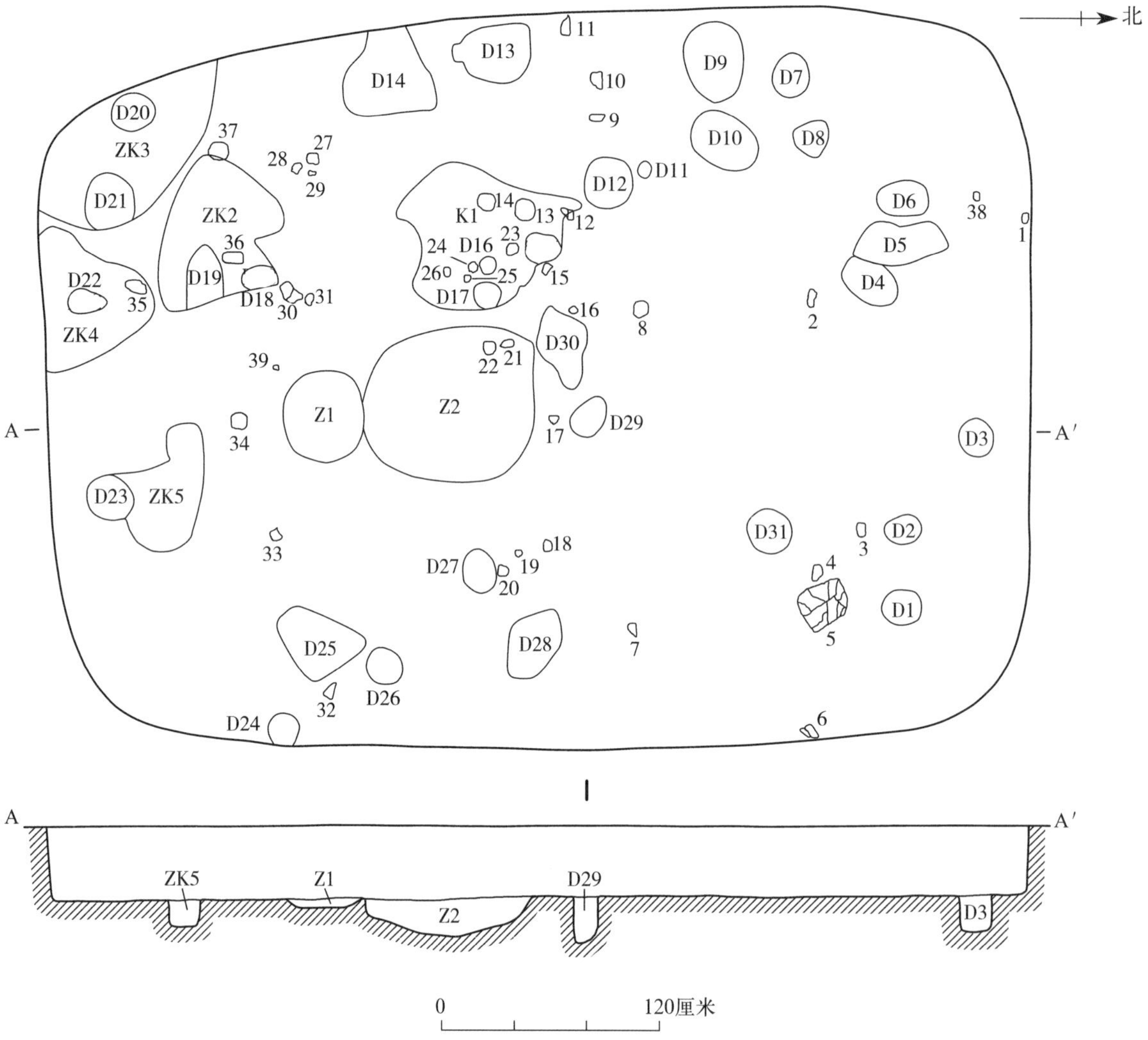

图 3-358 F24 平、剖面图

1、8、12、13、14、20～24、34、37. 陶器底 2、3、7、15、18、25、27、32、33. 敲砸器 4、10、36. 网坠 5、30. 陶片 6. 石磨盘 9、16、19、29、31. 刮削器 11、21、35. 石磨棒 26. 高足钵 28. 砍砸器 38. 陶纺轮 39. 煤精泡形器

1. 石器

59 件。有打制石器 41 件、细石器 4 件、磨制石器等 14 件。

（1）打制石器

43 件。其中砍砸器 1 件、敲砸器 17 件、石片刮削 1 件、网坠 4 个、石球 2 件。

砍砸器 1 件。

标本 F24 : 29，黄褐色斑岩。打制，扁平圆角梯形，局部保留石皮，三侧边刃，砍砸痕迹明显。长 11.4、宽 8.2、厚 1.8 厘米（图 3-359，1）。

敲砸器 17 件。

标本 F24 : 27，红褐色石英砂岩。打制，不规则方形，局部保留石皮，一端有敲砸痕迹明显。长 7.4、宽 6.2、厚 5.9 厘米（图 3-359，2）。

标本 F24 : 30，黄褐色花岗岩。打制，圆角长方条形，局部保留石皮，两端有敲砸痕迹。长

表 3-14　F24 柱洞（柱坑）登记表　（单位：厘米）

编号	径	深	备注	编号	径	深	备注
D1	20	15		D19	19	13	
D2	18	9		D20	18	10	
D3	20	10		D21	22	11	
D4	25	20		D22	12	14	
D5	20	15		D23	19	12	
D6	20	19		D24	16	10	
D7	20	10		D25	22	28	
D8	19	10		D26	19	19	
D9	29	13		D27	18	10	
D10	26	11		D28	25	19	
D11	9	6		D29	16	10	
D12	25	26		D30	21	12	
D13	28	13		D31	21	14	
D14	33	37		ZK1	74 ～ 95	15	不规则形内 3 柱
D15	14	16		ZK2	32 ～ 74	14	不规则形内双柱
D16	9	7		ZK3	58 ～ 115	11	半圆形内双柱
D17	14	9		ZK4	55 ～ 68	12	不规则半圆形内单柱
D18	16	6		ZK5	60 ～ 62	11	不规则形内单柱

12.1、宽 5.9、厚 5.8 厘米（图 3-359，3；彩版一三一，1）。

标本 F24 : 36，黄褐色花岗岩。打制，不规则扁圆形，局部保留石皮，敲砸痕迹明显。长 7.6、宽 6.1、厚 4.6 厘米（图 3-359，4）。

标本 F24 : 38，黄褐色砂岩。打制，不规则多棱形，局部保留石皮，敲砸痕迹明显。长 8.5、宽 6.0、厚 5.2 厘米（图 3-359，5）。

标本 F24 : 39，红褐色砂岩。打制，不规则椭圆形，局部保留石皮，敲砸痕迹明显。长 6.7、宽 6.1、厚 5.9 厘米（图 3-359，6）。

标本 F24 : 41，青色板岩。打制，不规则扁圆多棱形，多剥片疤，局部保留石皮，敲砸痕迹明显。长 7.0、宽 6.0、厚 2.8 厘米（图 3-360，1；彩版一三一，2）。

标本 F24 : 42，残，黄褐色板岩。打制，不规则多棱形，多剥片疤，局部保留石皮，敲砸痕迹明显。长 7.3、宽 5.3、厚 5.1 厘米（图 3-360，2）。

标本 F24 : 43，黄褐色砂砾岩。打制，不规则圆角多棱形，多剥片疤，局部保留石皮，敲砸痕迹明显。长 8.0、宽 6.5、厚 5.0 厘米（图 3-360，3）。

标本 F24 : 44，青色板岩。打制，不规则圆角多棱形，多剥片疤，局部保留石皮，敲砸痕迹明显。长 7.6、宽 6.5、厚 4.3 厘米（图 3-360，4）。

标本 F24 : 45，青褐色砂砾岩。打制，不规则方形，敲砸痕迹明显。长 8.8、宽 8.3、厚 5.7 ～ 6.5 厘米（图 3-360，5）。

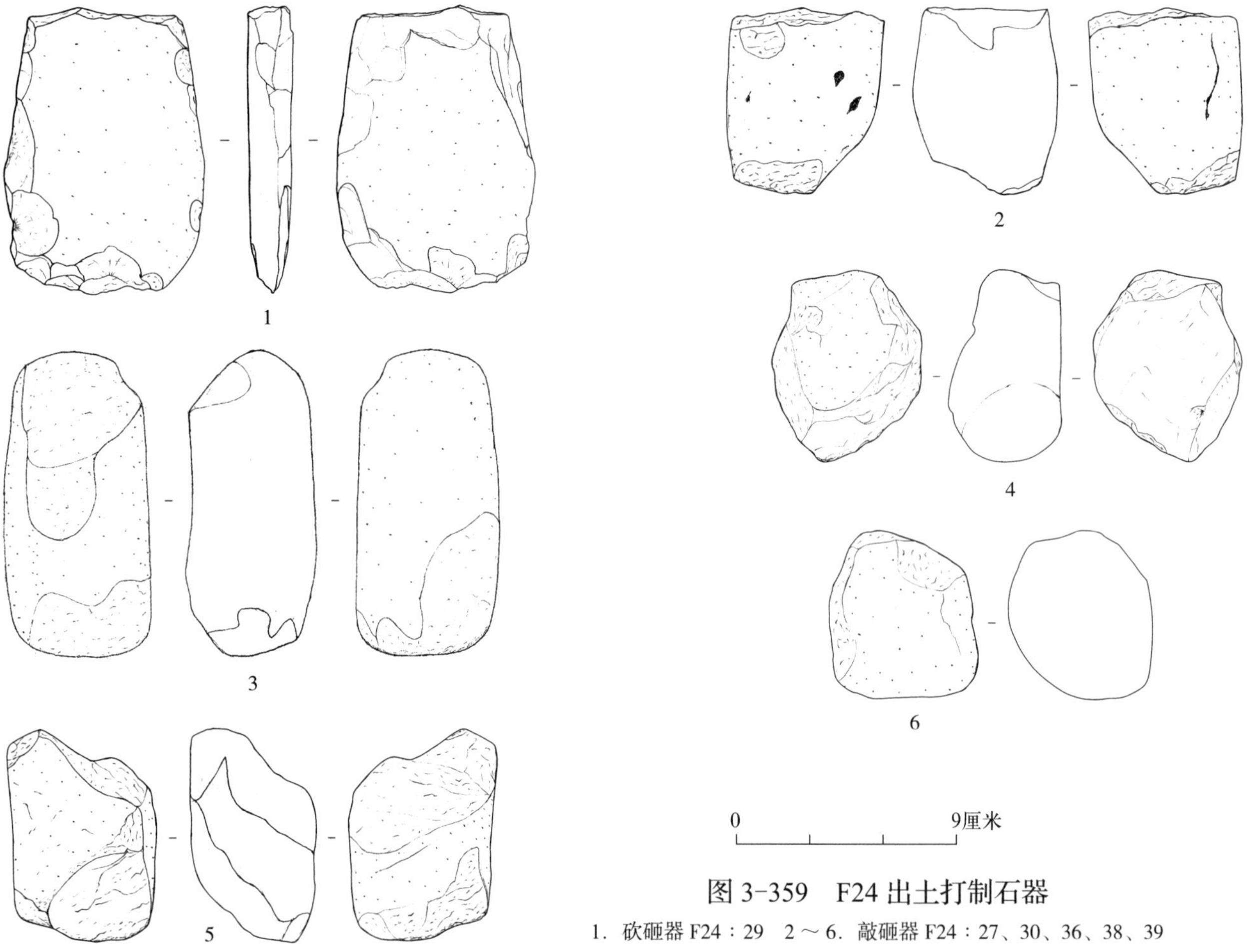

图 3-359 F24 出土打制石器

1．砍砸器 F24：29 2～6．敲砸器 F24：27、30、36、38、39

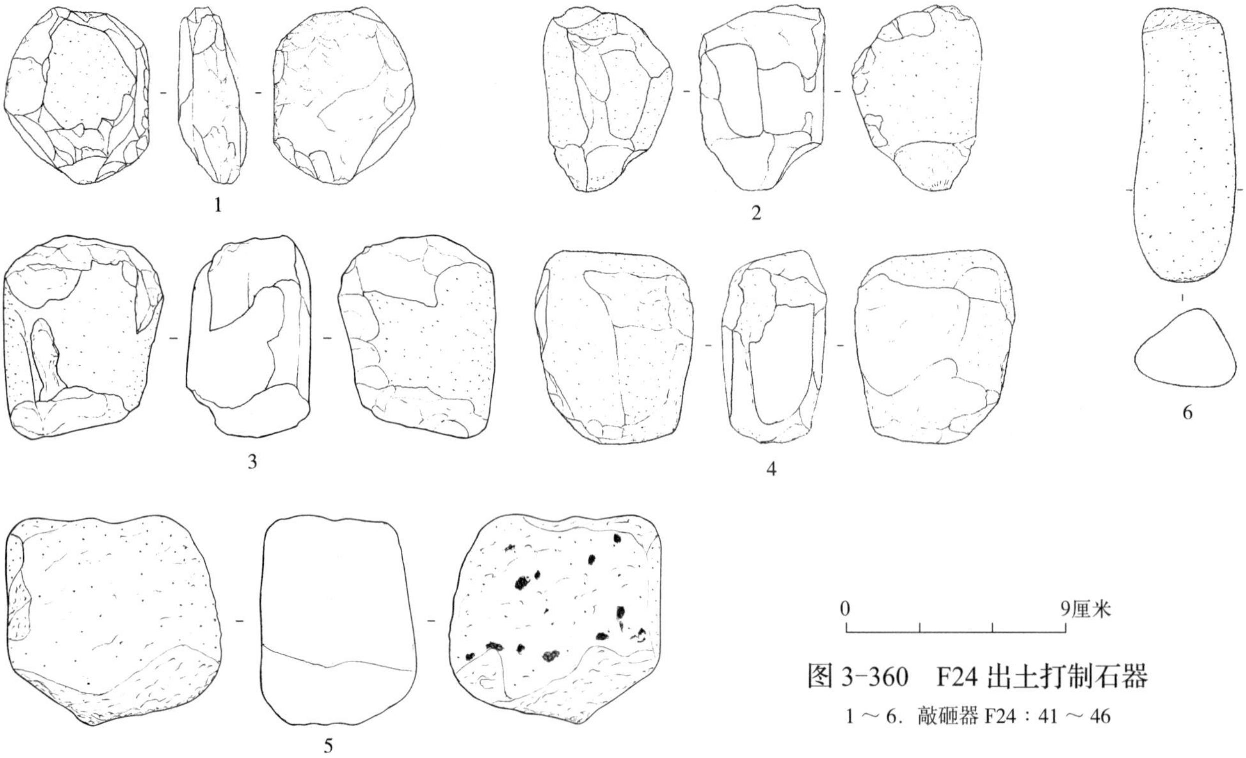

图 3-360 F24 出土打制石器

1～6．敲砸器 F24：41～46

标本 F24∶46，黄褐色砂岩。打制，长三角形，大部保留石皮，两端有敲砸痕迹。长 10.8、宽 4.2、厚 3.1 厘米（图 3-360，6；彩版一三一，3）。

标本 F24∶47，黄褐色花岗岩。打制，不规则形，局部保留石皮，敲砸痕迹明显。长 6.1、宽 4.0、厚 4.4 厘米（图 3-361，1）。

标本 F24∶48，青灰色板岩。打制，扁平三角形，局部保留石皮，一端敲砸痕迹明显。长 13.0、宽 8.0、厚 4.0 厘米（图 3-361，2；彩版一三一，4）。

标本 F24∶49，青灰色闪长玢岩。不规则多棱形，有剥片疤，局部保留石皮，敲砸痕迹明显。长 7.1、宽 5.7、厚 4.8 厘米（图 3-361，3）。

标本 F24∶52，青色板岩。打制，圆角长方形，局部保留石皮，两侧敲砸痕迹明显。长 9.1、宽 4.0、厚 2.8 厘米（图 3-361，4）。

标本 F24∶53，残，青色板岩。打制，圆角长方形，局部保留石皮，一端敲砸痕迹明显。长 9.8、宽 4.7、厚 3.6 厘米（图 3-361，5）。

标本 F24∶56，残，青色板岩。打制，半圆形，局部保留石皮，敲砸痕迹明显。长 5.9、宽 4.2、厚 2.2 厘米（图 3-361，6）。

石片刮削器　18 件。

标本 F24∶3，青灰色板岩。打制，长条形，一侧保留石皮，边刃，有刮削痕迹。长 3.9、宽 1.7、厚 0.7 厘米（图 3-362，1）。

标本 F24∶4，褐色板岩。打制，不规则多边形，边刃，有刮削痕迹。长 5.8、宽 3.2、厚 0.8 厘米（图 3-362，2）。

标本 F24∶5，青色板岩。打制，不规则多边形，边刃，有刮削痕迹。长 4.2、宽 2.6、厚 0.9 厘米（图

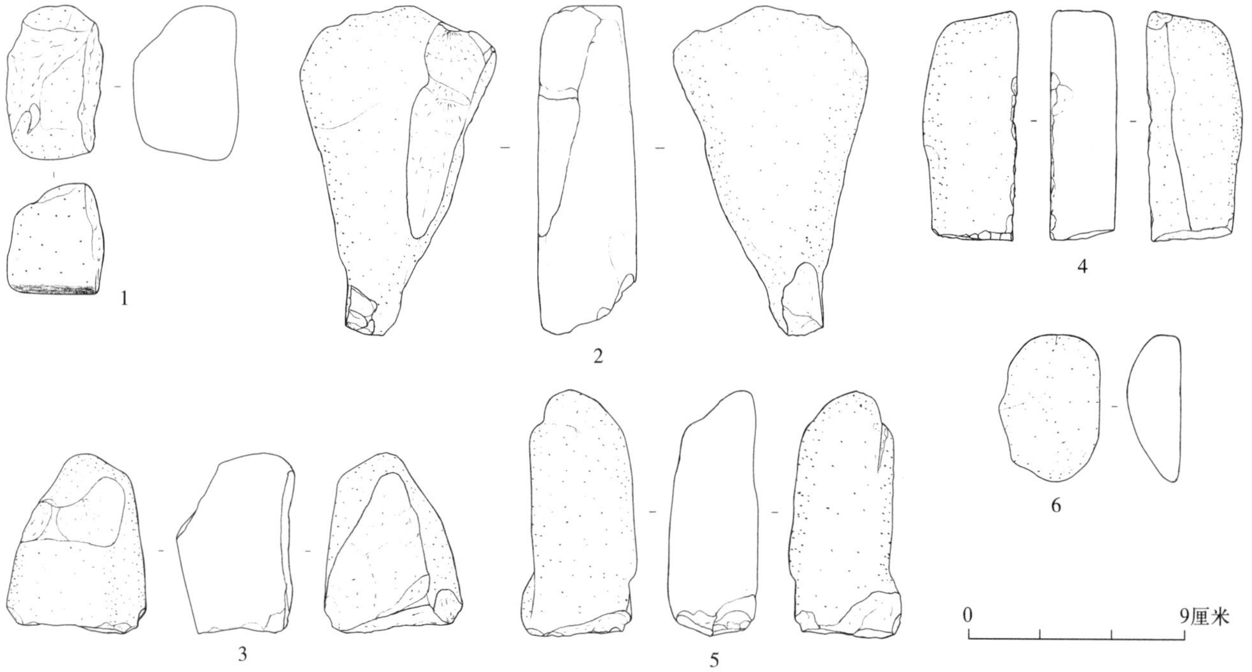

图 3-361　F24 出土打制石器

1～6. 敲砸器 F24∶47～49、52、53、56

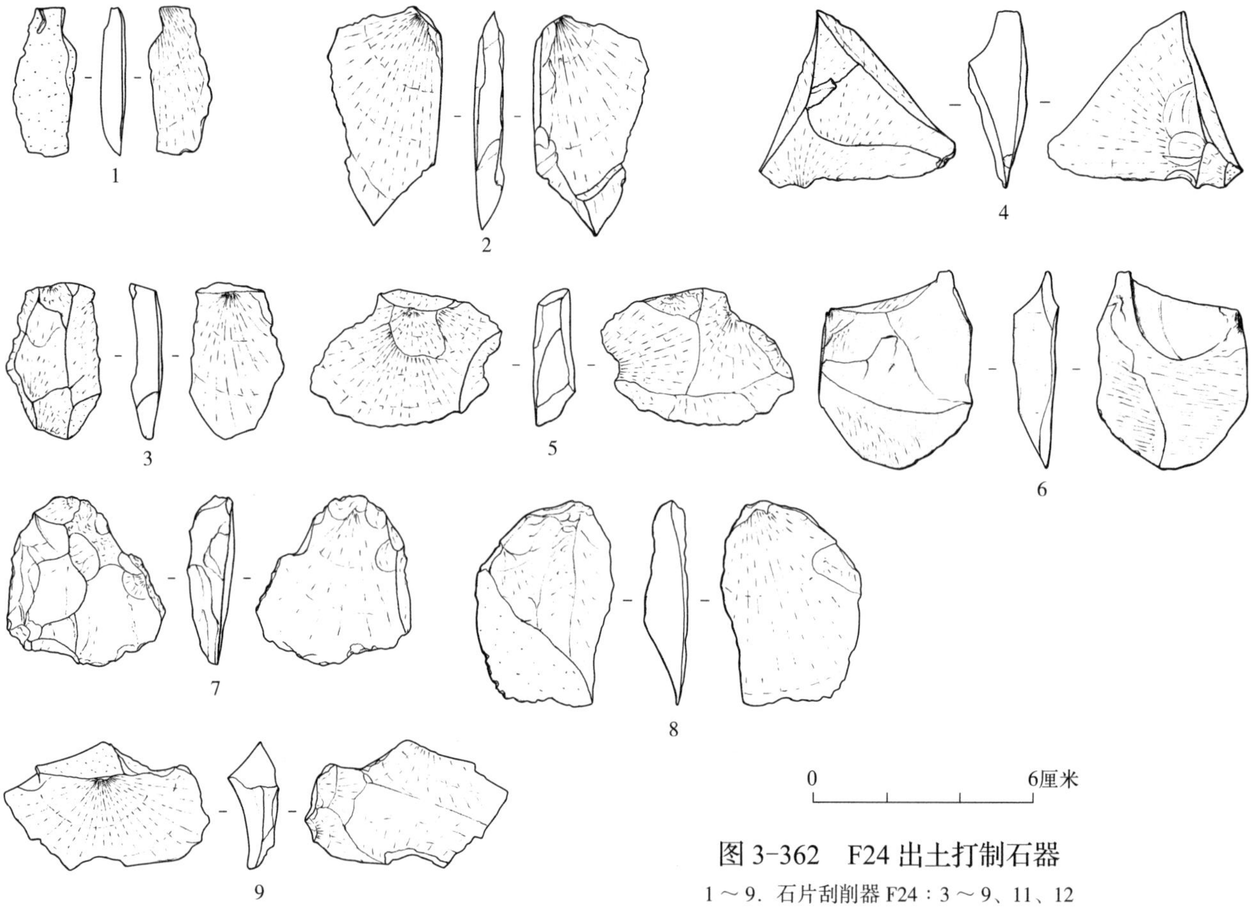

图3-362 F24出土打制石器

1～9. 石片刮削器F24∶3～9、11、12

3-362，3）。

标本F24∶6，青灰色板岩。打制，三角形，边刃，有刮削痕迹。长4.7、宽5.4、厚1.6厘米（图3-362，4）。

标本F24∶7，青灰色板岩。打制，不规则蚌壳形，边刃，有刮削痕迹。长3.7、宽5.3、厚1.2厘米（图3-362，5）。

标本F24∶8，青灰色板岩。打制，不规则舌形，边刃，有刮削痕迹。长5.7、宽4.1、厚1.2厘米（图3-362，6）。

标本F24∶9，青灰色板岩。打制，不规则三角形，边刃，有刮削痕迹。长4.5、宽4.3、厚1.3厘米（图3-362，7）。

标本F24∶11，青灰色板岩。打制，不规则多边形，一侧保留石皮，边刃，有刮削痕迹。长5.5、宽3.8、厚1.3厘米（图3-362，8）。

标本F24∶12，褐色板岩。打制，不规则多边形，边刃，有刮削痕迹。长5.6、宽3.4、厚1.4厘米（图3-362，9）。

标本F24∶13，青灰色板岩。打制，不规则多边形，边刃，有刮削痕迹。长3.0、宽2.2、厚0.6厘米（图3-363，1）。

标本F24∶14，青灰色板岩。打制，不规则多边形，边刃，有刮削痕迹。长5.0、宽3.1、厚0.9厘米（图3-363，2）。

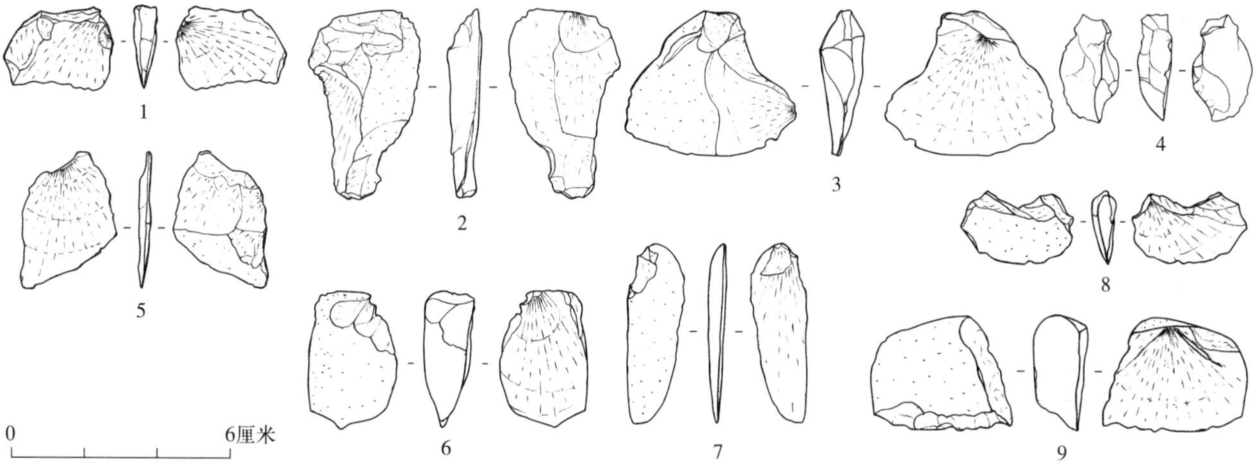

图 3-363　F24 出土打制石器
1～9. 石片刮削器 F24：13～20、54

标本 F24：15，青灰色板岩。打制，不规则蚌壳形，边刃，有刮削痕迹。长 3.8、宽 4.7、厚 1.2 厘米（图 3-363，3）。

标本 F24：16，青色板岩。打制，不规则多边形，边刃，有刮削痕迹。长 2.8、宽 1.6、厚 0.9 厘米（图 3-363，4）。

标本 F24：17，青色板岩。打制，不规则菱形，边刃，有刮削痕迹。长 3.7、宽 2.6、厚 0.4 厘米（图 3-363，5）。

标本 F24：18，青色板岩。打制，不规则舌形，一侧保留石皮，边刃，有刮削痕迹。长 3.6、宽 2.4、厚 1.3 厘米（图 3-363，6）。

标本 F24：19，青灰色板岩。打制，长条形，一侧保留石皮，边刃，有刮削痕迹。长 4.7、宽 1.5、厚 0.5 厘米（图 3-363，7）。

标本 F24：20，青色板岩。打制，不规则半圆形，一侧保留石皮，边刃，有刮削痕迹。长 2.0、宽 3.1、厚 0.6 厘米（图 3-363，8）。

标本 F24：54，青灰色板岩。打制，不规则菱形，一侧保留石皮，边刃，有刮削痕迹。长 3.0、宽 3.9、厚 1.5 厘米（图 3-363，9）。

石片　1 件。

标本 F24：32，青褐色斑岩。扁平半圆形。长 9.6、宽 6.9、厚 2.1 厘米（图 3-364，1）。

网坠　4 件。

标本 F24：31，黄褐色斑岩。打制，扁椭圆形。两侧对称打出豁口。长 8.5、宽 4.4、厚 2.9 厘米（图 3-364，2；彩版一三一，5）。

标本 F24：33，残半。黄褐色斑岩。打制，可见一处豁口。长 11.2、宽 4.4、厚 1.1 厘米（图 3-364，3）。

标本 F24：34，残，黄褐色斑岩。打制，不规则扁平三角形，两侧对称打出豁口。长 8.9、宽 6.7、厚 0.8 厘米（图 3-364，4）。

标本 F24：35，残半。青灰色板岩。打制，不规则形，两侧对称打出豁口。长 10.0、宽 7.8、厚 2.0

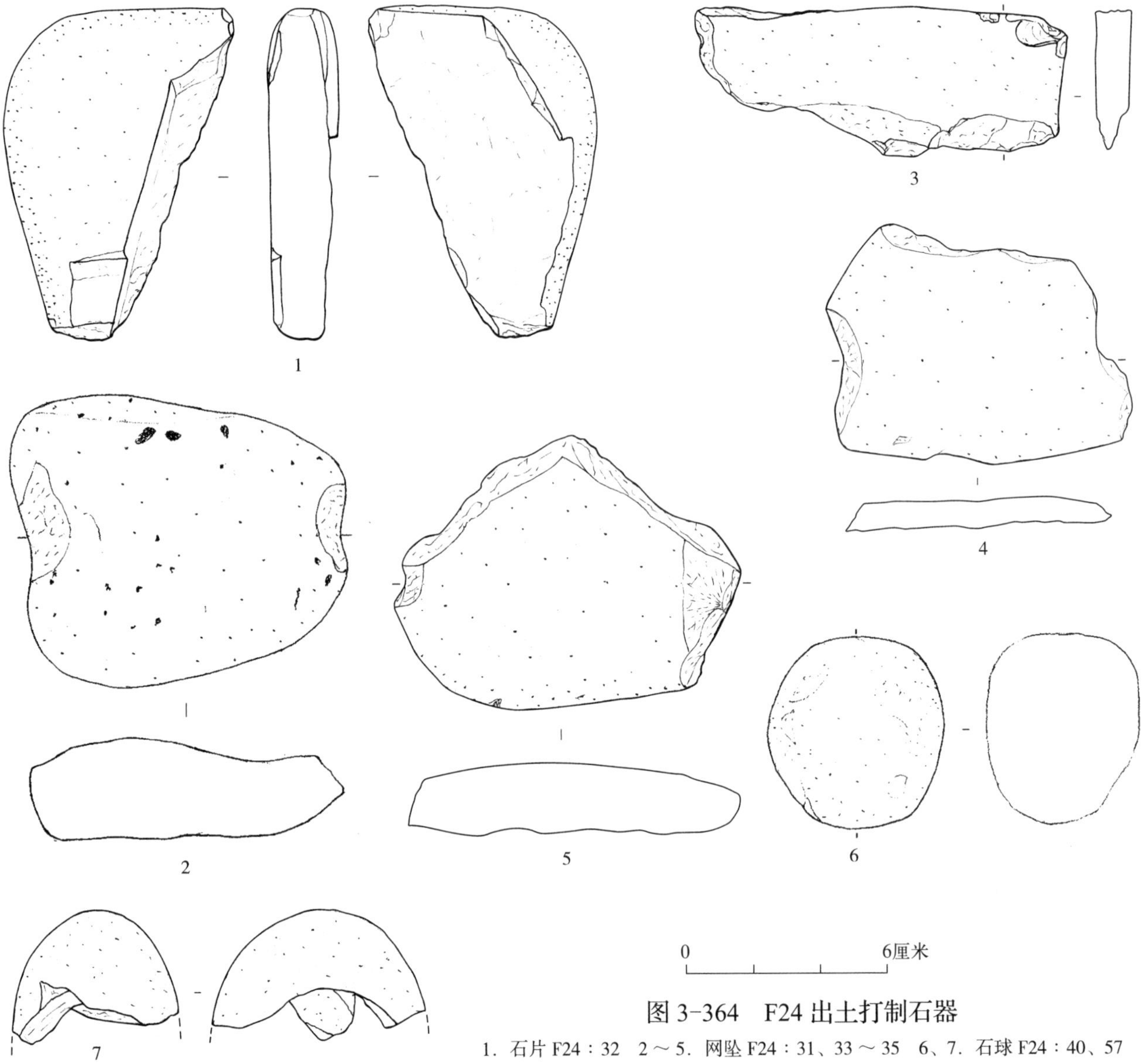

图 3-364　F24 出土打制石器

1．石片 F24：32　2～5．网坠 F24：31、33～35　6、7．石球 F24：40、57

厘米（图 3-364，5）。

石球　2 件。

标本 F24：40，青色板岩。打制，椭圆形，表面有细碎敲砸痕迹。直径 4.5、高 5.5 厘米（图 3-364，6；彩版一三一，6）。

标本 F24：57，残半，红棕色石英岩。打制，椭圆形，表面有细碎敲砸痕迹。残。长 6.4、宽 5.0、厚 3.9 厘米（图 3-364，7）。

（2）细石器

4 件。

石镞　3 件。

标本 F24：2，黄褐色燧石。琢制，长条形，横截面三角形。残长 1.8、宽 1.0、厚 0.2 厘米（图 3-365，1）。

标本 F24：58，黄褐色燧石。琢制，长身圭形，横截面三角形。镞锋部从背面向腹面压琢，尖锐，

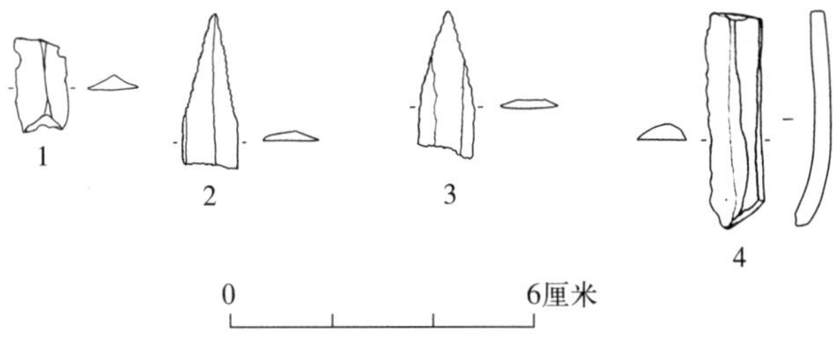

图 3-365　F24 出土细石器

1～3. 石镞 F24：2、58、60　4. 石叶刮削器 F24：61

边锋压琢呈细齿，平底。长 3.0、宽 1.1、厚 0.2 厘米（图 3-365，2；彩版一三二，1）。

标本 F24：60，黄褐色燧石。琢制，尖叶形，横截梯形，镞锋部从背面向腹面压琢锐利，边锋压琢呈细齿，稍凹底。长 2.8、宽 1.1、厚 0.15 厘米（图 3-365，3；彩版一三二，2）。

石叶刮削器　1 件。

标本 F24：61，灰褐色板岩。琢制，长条形，横截面三角形，边刃压琢呈细齿。长 4.1、宽 1.1、厚 0.3 厘米（图 3-365，4；彩版一三二，3）。

（3）磨制石器

12 件。有石镞 1 件、石镞料 2 件、石磨盘 2 件、石磨棒 4 件、砺石 1 件、研磨器 2 件。

石镞　1 件。

标本 F24：59，青灰色板岩。磨制，长圭形，横截面圆角扁方形，尖锋，边刃稍磨，平底。长 3.2、宽 1.0、厚 0.2 厘米（图 3-366，1；彩版一三二，4）。

石镞料　2 件。

标本 F24：10，青色板岩。长条形，表面有切割痕。长 3.3、宽 1.7、厚 0.3 厘米（图 3-366，2）。

标本 F24：21，青色板岩。稍磨制，近三角形，表面有切割痕。长 2.1、宽 1.0、厚 0.1 厘米（图 3-366，3）。

石磨盘　2 件。

标本 F24：23，残块，黄褐色砂岩。磨制，两个磨面制，一面微凹。残长 17.0、宽 9.4、厚 4.3 厘米（图 3-366，4）。

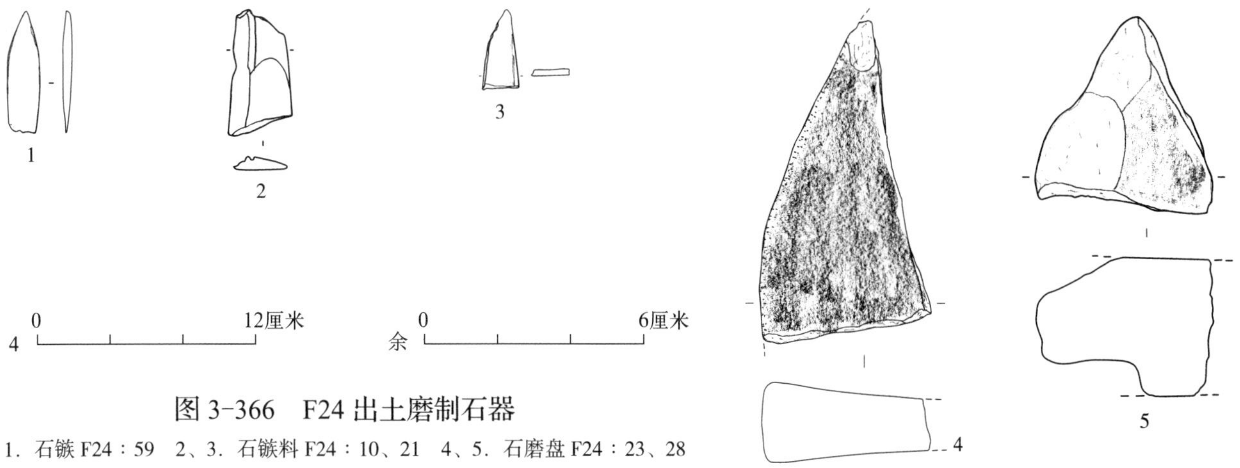

图 3-366　F24 出土磨制石器

1. 石镞 F24：59　2、3. 石镞料 F24：10、21　4、5. 石磨盘 F24：23、28

标本 F24∶28，残块，黄褐色砂岩。磨制，两个磨面制。残长 5.2、宽 4.9、厚 3.6 厘米（图 3-366，5）。

石磨棒 4 件。

标本 F24∶24，残，黄褐色花岗岩。磨制，长条形，横截面半圆形，多磨面，磨痕明显。残长 5.7、宽 4.5、厚 5.1 厘米（图 3-367，1）。

标本 F24∶25，残，黄褐色花岗岩。磨制，长条形，横截面圆角三角形，多磨面，磨痕明显。残长 10.2、宽 8.0、厚 6.8 厘米（图 3-367，2）。

标本 F24∶26，残，黄褐色花岗岩。磨制，长条形，横截面圆角方形，一个磨面，磨痕明显。残长 12.0、宽 7.5、高 5.9 厘米（图 3-367，3）。

标本 F24∶50，残，灰白色石英岩。磨制，长方形，横截面圆角方形，一个磨面，磨痕明显。残长 11.3、宽 5.1、厚 6.0 厘米（图 3-367，4）。

砺石 1 件。

标本 F24∶22，红褐色粉砂岩。磨制，长条形，两面有磨痕。长 10.2、宽 4.4、厚 3.3 厘米（图 3-367，5）。

研磨器 2 件。

标本 F24∶37，褐色砂岩。扁椭圆形，中部有圆凹形磨研面。长 6.4、宽 4.2、厚 2.5 厘米（图 3-367，6）。

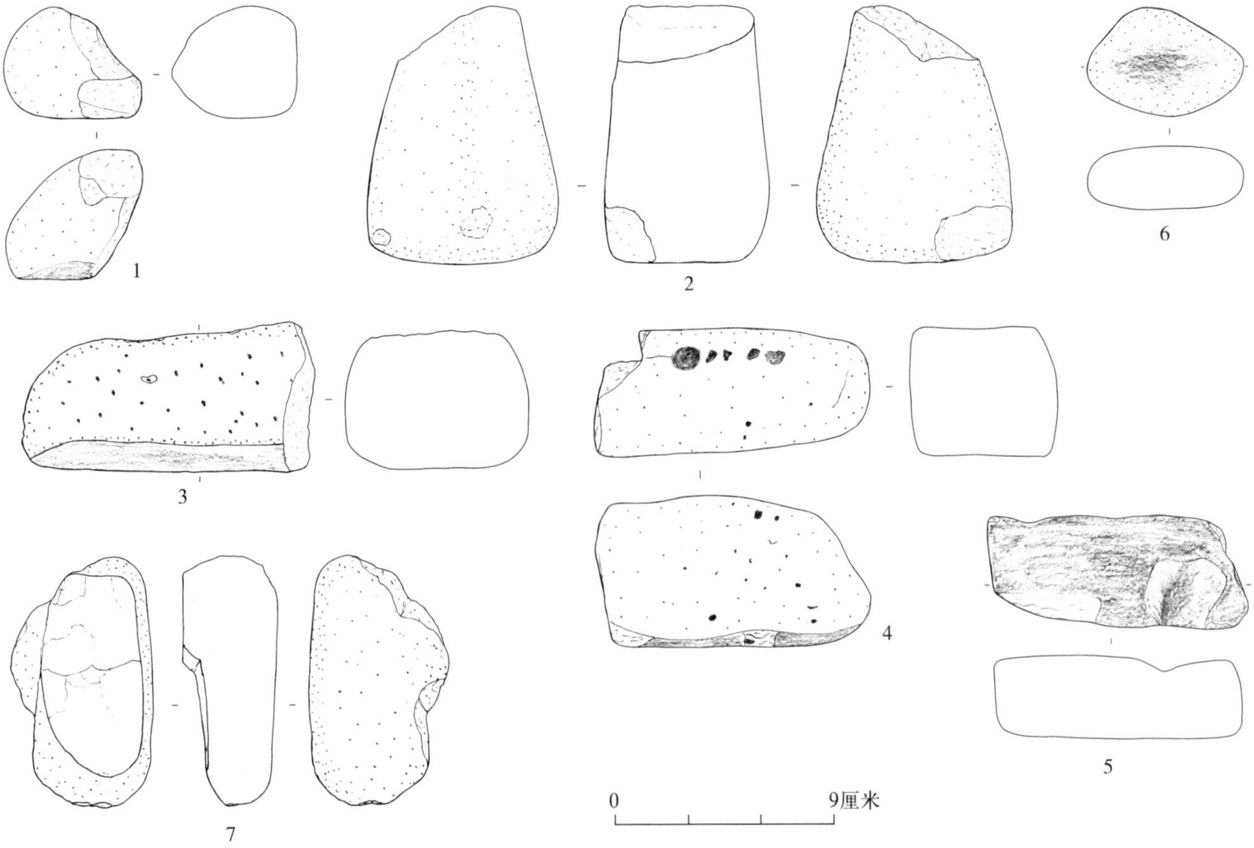

图 3-367 F24 出土磨制石器

1～4. 石磨棒 F24∶24～26、50 5. 砺石 F24∶22 6、7. 研磨器 F24∶37、51

标本 F24：51，黄褐色花岗岩。不规则扁圆形，中部有研磨研面。长 9.9、宽 5.8、厚 4.0 厘米（图 3-367，7）。

2. 陶器

13 件。有深腹罐 9 件、高足钵 3 件、穿孔陶片 1 件。

深腹罐　9 件。

Ab 型Ⅳ式　3 件。

标本 F24：62，可修复，夹砂红陶。直口，圆唇，弧腹，平底。口沿处有两周凹带，内饰划压横人字交叉纹，腹部饰竖压横排的之字纹。口径 20.5、底径 9.5、高 26.7 厘米（图 3-368，1；彩版一三二，5）。

标本 F24：64，残，夹砂红褐陶。直口，圆唇，弧腹，平底。口沿处有两周凹带，内饰斜线纹，腹部饰竖压横排的之字纹。口径 23.0、残高 17.4 厘米（图 3-368，2）。

标本 F24：65，残，夹砂黑褐陶。直口，圆唇，弧腹，平底。口沿处有两周凹带，内饰划压横人字纹，腹部饰竖压横排的之字纹。口径 20.0、残高 13.8 厘米（图 3-368，3）。

Ac 型Ⅲ式　1 件。

标本 F24：67，残，夹砂红褐陶。敞口，圆唇，斜直腹。口沿处有两周凹带，饰划压横人字纹，腹部饰竖压横排之字纹。口径 26.0、残高 9.6 厘米（图 3-368，4）。

口沿　2 件。

标本 F24：68，夹砂红陶。敞口，圆唇，斜直腹。口沿处有两周凹带，内饰划压斜线纹、网格纹，腹部饰竖压横排之字纹。残高 8.2 厘米（图 3-368，5）。

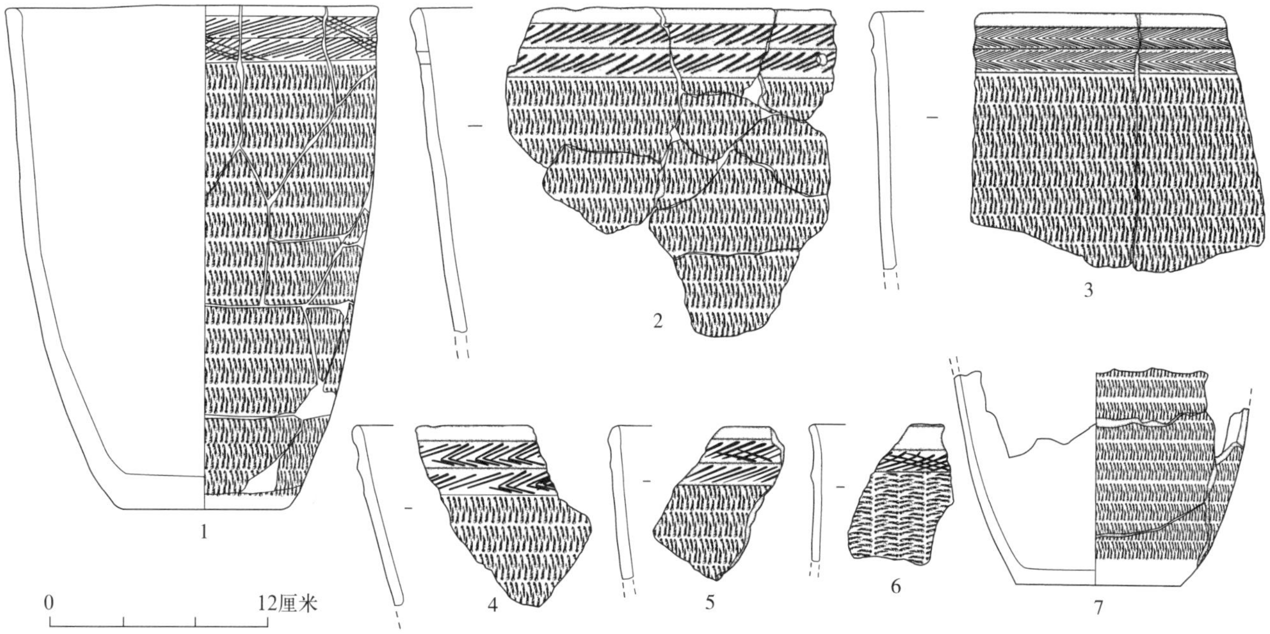

图 3-368　F24 出土深腹罐

1～3. Ab 型Ⅳ式 F24：62、64、65　4. Ac 型Ⅲ式 F24：67　5～7. 陶片 F24：68、73、63

标本 F24：73，夹砂红陶。敞口，圆唇，直腹。口沿处有一周宽凹带，下部饰网格纹，腹部饰横压竖排之字纹。残高 7.6 厘米（图 3–368，6）。

器底　1 件。

标本 F24：63，夹砂红陶。弧腹。平底。腹部饰竖压横排之字纹。底径 9.0、残高 11.6 厘米（图 3–368，7）。

Cb 型Ⅲ式　1 件。

标本 F24：66，残，夹砂红褐陶。直口，方唇，直腹。口沿处有三周凹带，内饰划短斜线纹，腹部饰划压网格纹。口径 23.0、残高 4.3 厘米（图 3–369，1）。

口沿　1 件。

标本 F24：69，夹砂黑褐陶。敞口，圆唇，斜直腹。口沿处有两周凹带，内饰斜线、横人字纹，腹部饰压印弦纹。残高 7.7 厘米（图 3–369，2）。

高足钵　3 件。

Ⅱ式　1 件。

标本 F24：70，残，夹砂红陶。敛口，圆尖唇，折鼓腹。腹部多素面，局部饰竖压横排三角纹。口径 15.0、残高 3.7 厘米（图 3–369，3）。

器底　2 件。

标本 F24：71，残，夹砂红陶。弧腹，圈足。足底部竖压短线纹。残高 3.5、底径 6.1 厘米（图 3–369，4）。

标本 F24：72，残，夹砂红褐陶。弧腹，高圈足，素面。底径 5.7、残高 3.1 厘米（图 3–369，5）。

穿孔陶片　1 件。

标本 F24：1，夹砂红褐陶。陶片磨制，圆形，表面有压印之字纹，中间有圆穿孔。直径 3.4 ～ 3.9、厚 0.8、孔径 0.2 厘米（图 3–369，6；彩版一三二，6）。

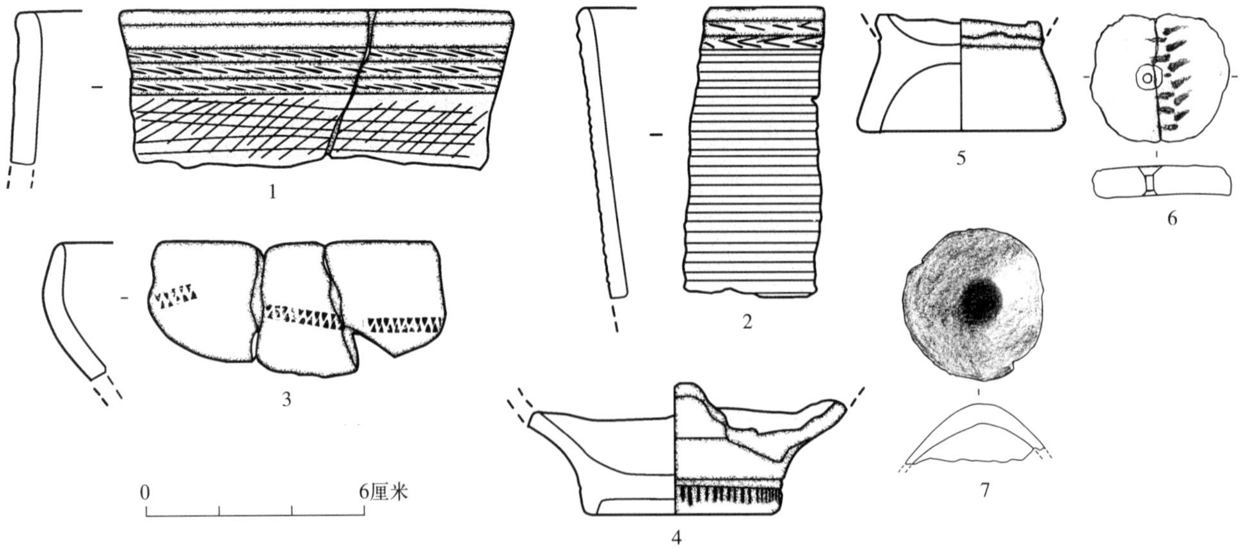

图 3–369　F24 出土陶器与煤精制品

1. Cb 型Ⅲ式深腹罐 F24：66　2. 深腹罐陶片 F24：69　3. Ⅱ式高足钵 F24：70　4、5. 高足钵陶片 F24：71、72　6. 穿孔陶片 F24：1　7. 煤精泡形器 F24：55

3. 煤精制品

1 件。

泡形器　1 件。

标本 F24 : 55，残。磨制，圆尖顶，表面光滑，内凹光洁，边缘残，直径 3.8 ～ 4.0、高 1.5 厘米（图 3-369，7；彩版一三二，7）。

（二二）F25

F25 位于 T0403 东南部，东北距 F18 约 4.36、东南距 F16 约 5.46、西北距 F2 约 12.60 米。房址开口②层下，打破生土。平面圆角方形，半地穴式，西壁、南壁略外弧。东西长 4.00、南北宽 3.80、深 0.20 米，面积约 15 平方米（图 3-370）。

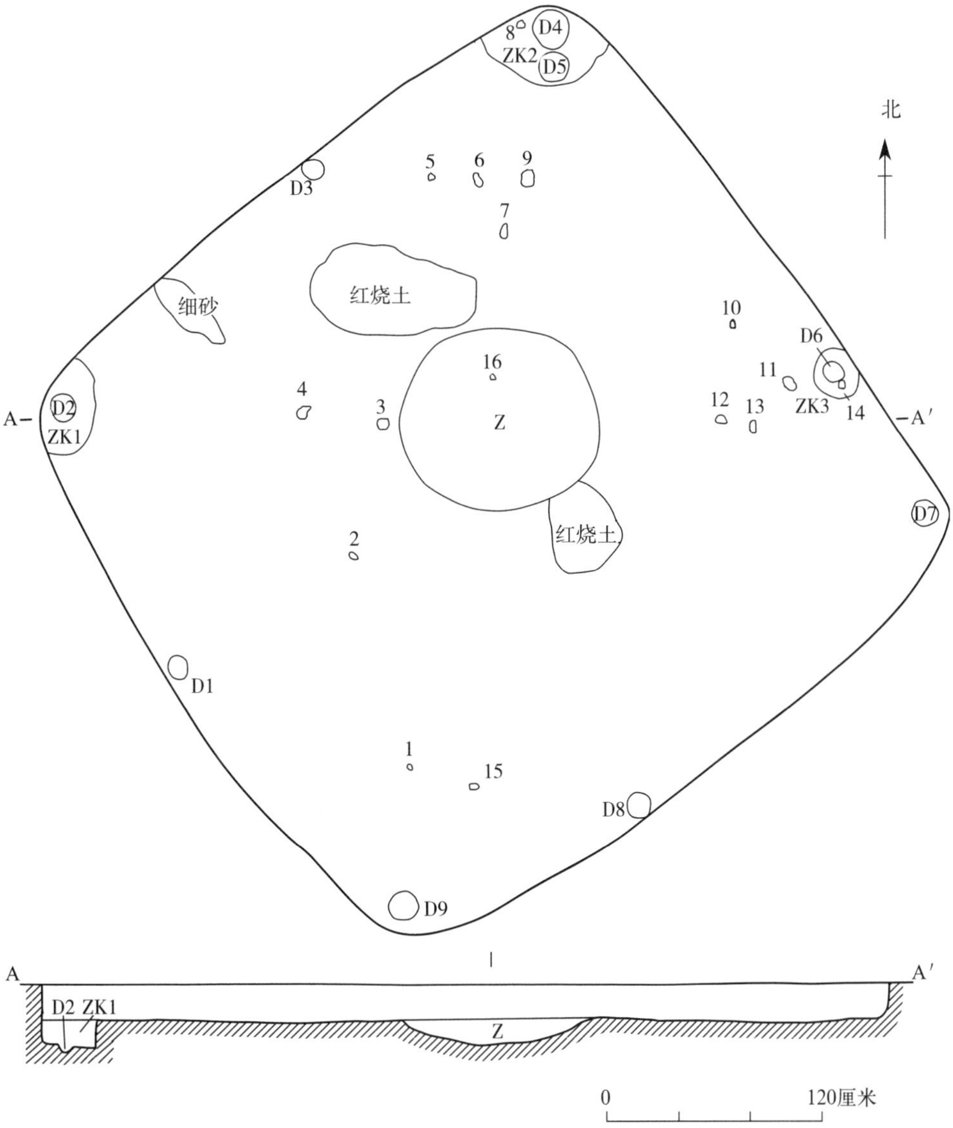

图 3-370　F25 平、剖面图

1. 煤精球形器　2、5、9、10、15. 敲砸器　3. 石核　4、7、8、12. 石磨盘　6. 石磨棒　11、14. 砍砸器　13. 石斧　16. 石叶

活动面土质较杂，内含有石器、陶器、煤精制品遗物。

房内中部发现灶址 1 个，编号 Z1。圆形，圜底，直径 1.06、深 0.12 米。灶址的南北两侧发现红烧土散落堆积。房址西壁下有细砂堆积。

房内共发现柱洞 9 个，均为壁柱。柱坑 3 个（表 3-15）。

出土遗物有石器、陶器、煤精制品等 36 件。

表 3-15　F25 柱洞（柱坑）登记表　（单位：厘米）

编 号	径	深	备 注	编 号	径	深	备 注
D1	10	7		D7	13	14	
D2	13	13		D8	13	12	
D3	11	14		D9	14	14	
D4	19	18		ZK1	28 ～ 49	13	半圆形内单柱
D5	16	12		ZK2	40 ～ 65	18	半圆形内双柱
D6	10	13		ZK3	24	13	椭圆形内单柱

1. 石器

28 件。有打制石器 17 件、磨制石器 10 件、细石器 1 件。

（1）打制石器

17 件。有砍砸器 5 件、敲砸器 3 件、石片刮削器 8 件、网坠 1 件。

砍砸器　5 件。

标本 F25：14，青色斑岩。打制，扁平扇面形，局部保留石皮，砍砸痕迹明显。长 9.2、宽 9.8、厚 2.4 厘米（图 3-371，1）。

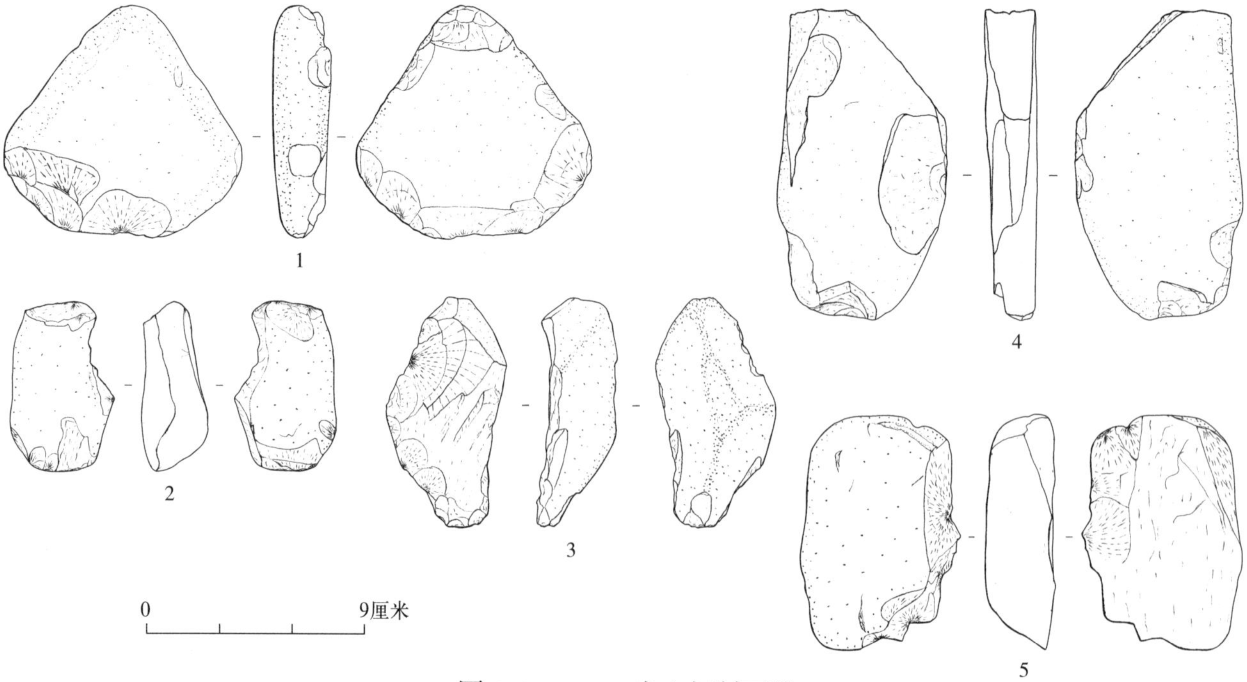

图 3-371　F25 出土打制石器

1 ～ 5. 砍砸器 F25：14、15、18、21、28

标本 F25：15，青色板岩。打制，一侧为劈裂面，一侧保留石皮，砍砸痕迹明显。长 6.8、宽 4.2、厚 2.7 厘米（图 3-371，2）。

标本 F25：18，青灰色板岩。打制，不规则扁菱形，一侧保留石皮，砍砸痕迹明显。长 9.1、宽 5.0、厚 3.2 厘米（图 3-371，3）。

标本 F25：21，青色长石玢岩。打制，不规则半圆形，局部保留石皮，砍砸痕迹明显。长 12.3、宽 7.0、厚 2.2 厘米（图 3-371，4）。

标本 F25：28，青色斑岩。打制，扁平圆角长方形，一侧为劈裂面，一侧保留石皮，砍砸痕迹明显。长 9.4、宽 6.4、厚 2.8 厘米（图 3-371，5）。

敲砸器　3 件。

标本 F25：8，青灰色板岩。打制，扁圆角长方形，一侧为劈裂面，一侧保留石皮，两端敲砸痕迹明显。长 5.7、宽 2.7、厚 2.3 厘米（图 3-372，1）。

标本 F25：26，青色板岩。打制，圆角三角形。局部保留石皮，边角敲砸痕迹明显。长 7.8、宽 7.6、厚 4.6 厘米（图 3-372，2）。

标本 F25：27，青色板岩。打制，不规则扁椭圆形，有剥片疤，局部保留石皮，周边敲砸痕迹明

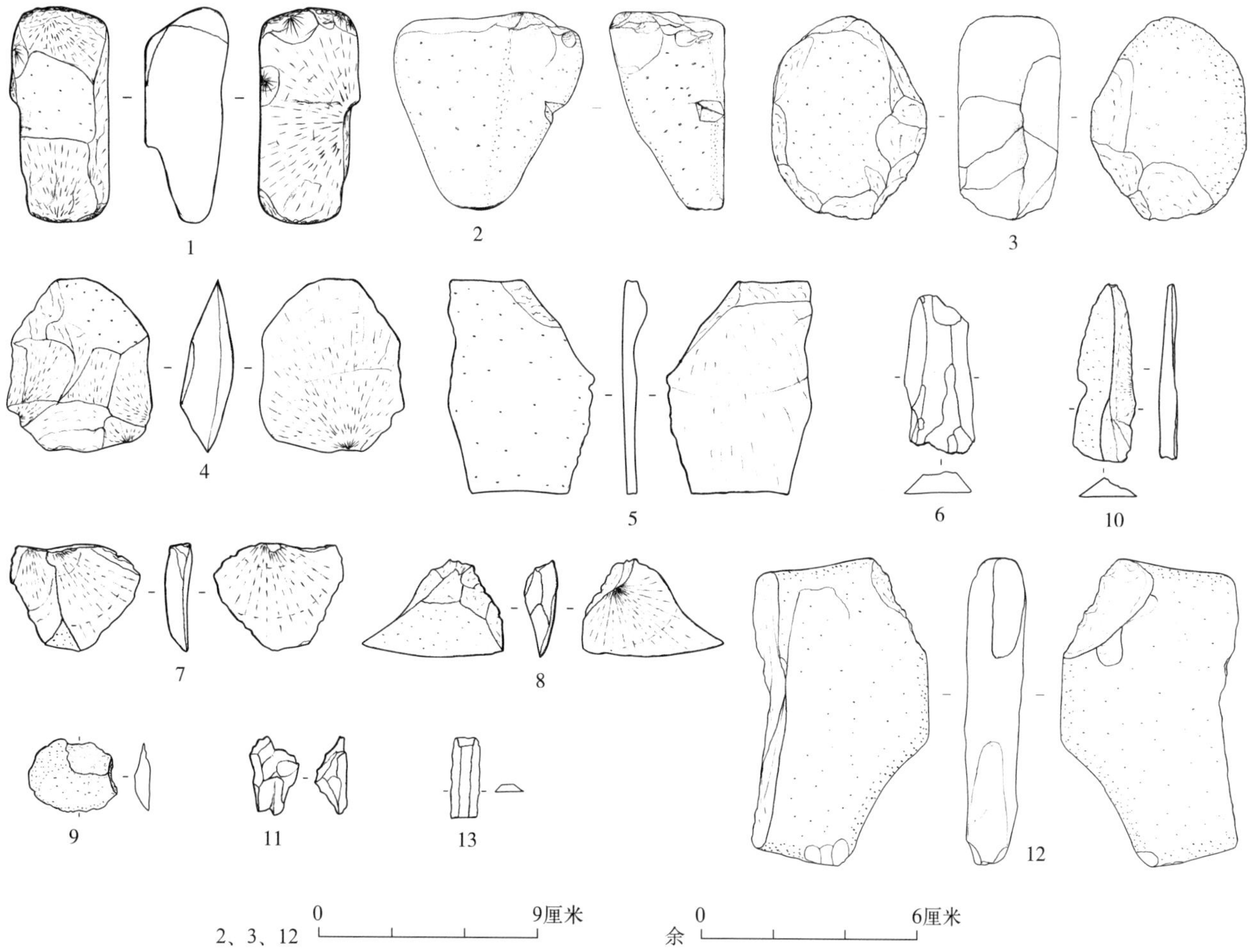

图 3-372　F25 出土打制石器与细石器

1～3. 敲砸器 F25：8、26、27　4～11. 石片刮削器 F25：9、23、2、4～6、19、33　12. 网坠 F25：22　13. 石叶刮削器 F25：3

显。长 8.1、宽 6.4、厚 4.2 厘米（图 3-372，3）。

石片刮削器 8 件。

标本 F25：9，青灰色板岩。打制，龟背形。表面有多剥片疤，边刃，有刮削痕迹。长 4.6、宽 4.0、厚 1.3 厘米（图 3-372，4）。

标本 F25：23，青灰色板岩。打制，不规则多边形，一侧保留石皮，边刃，有刮削痕迹。长 5.7、宽 3.9、厚 0.6 厘米（图 3-372，5）。

标本 F25：2，青色板岩。打制，长条片状，横截面梯形，边刃，有刮削痕迹。长 4.2、宽 1.9、厚 0.5 厘米（图 3-372，6）。

标本 F25：4，青色板岩。打制，不规则三角形，边刃，有刮削痕迹。长 3.6、宽 2.9、厚 0.8 厘米（图 3-372，7）。

标本 F25：5，青灰色板岩。打制，不规则三角形，一侧保留石皮，边刃，有刮削痕迹。长 3.9、宽 2.6、厚 0.9 厘米（图 3-372，8）。

标本 F25：6，青色板岩。打制，不规则椭圆形，一侧保留石皮，边刃，有刮削痕迹。长 1.9、宽 1.8、厚 0.4 厘米（图 3-372，9）。

标本 F25：19，青色板岩。打制，宽叶形，横截面三角形，边刃，有刮削痕迹。长 4.8、宽 1.8、厚 0.5 厘米（图 3-372，10）。

标本 F25：33，青色板岩。打制，不规则三角形，边刃，有刮削痕迹。长 2.1、宽 1.4、厚 0.9 厘米（图 3-372，11）。

网坠 1 件。

标本 F25：22，残，黄色砂岩。打制。不规则扁平多边形，一侧存打出豁口。长 12.3、宽 7.2、厚 2.4 厘米（图 3-372，12）。

（2）细石器

1 件。

石叶刮削器 1 件。

标本 F25：3，残，红褐色燧石。打制，长条形，横截面梯形，边刃，有刮削痕迹。长 2.1、宽 0.8、厚 0.2 厘米（图 3-372，13；彩版一三三，1）。

（3）磨制石器

10 件。有石斧 2 件、石磨盘 6 件、石磨棒 1 件、砺石 1 件。

石斧 2 件。

标本 F25：11，残，灰白色片麻岩。磨制，表面腐蚀。残长 10.5、宽 7.1、厚 1.8 厘米（图 3-373，1）。

标本 F25：24，残，青色板岩。磨制，长方形，横截面圆角长方形。残长 6.8、宽 5.7、厚 3.4 厘米（图 3-373，2）。

石磨盘 6 件。

标本 F25：7，残块，黄褐色砂岩。磨制，一磨面，磨面微凹。残长 4.2、宽 3.9、厚 2.6 厘米（图 3-374，1）。

标本 F25：25，残块，黄褐色砂岩。磨制，两面有磨痕，一面稍凹，一面较平。残长 12.8、宽

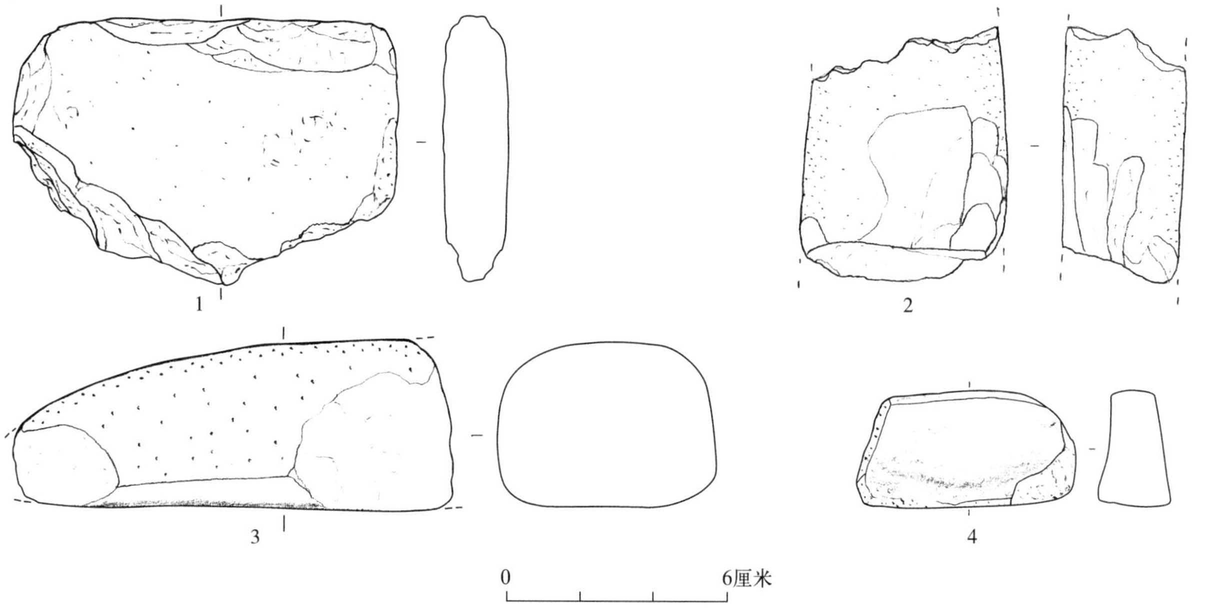

图 3-373　F25 出土磨制石器

1、2. 石斧 F25：11、24　3. 石磨棒 F25：12　4. 砺石 F25：10

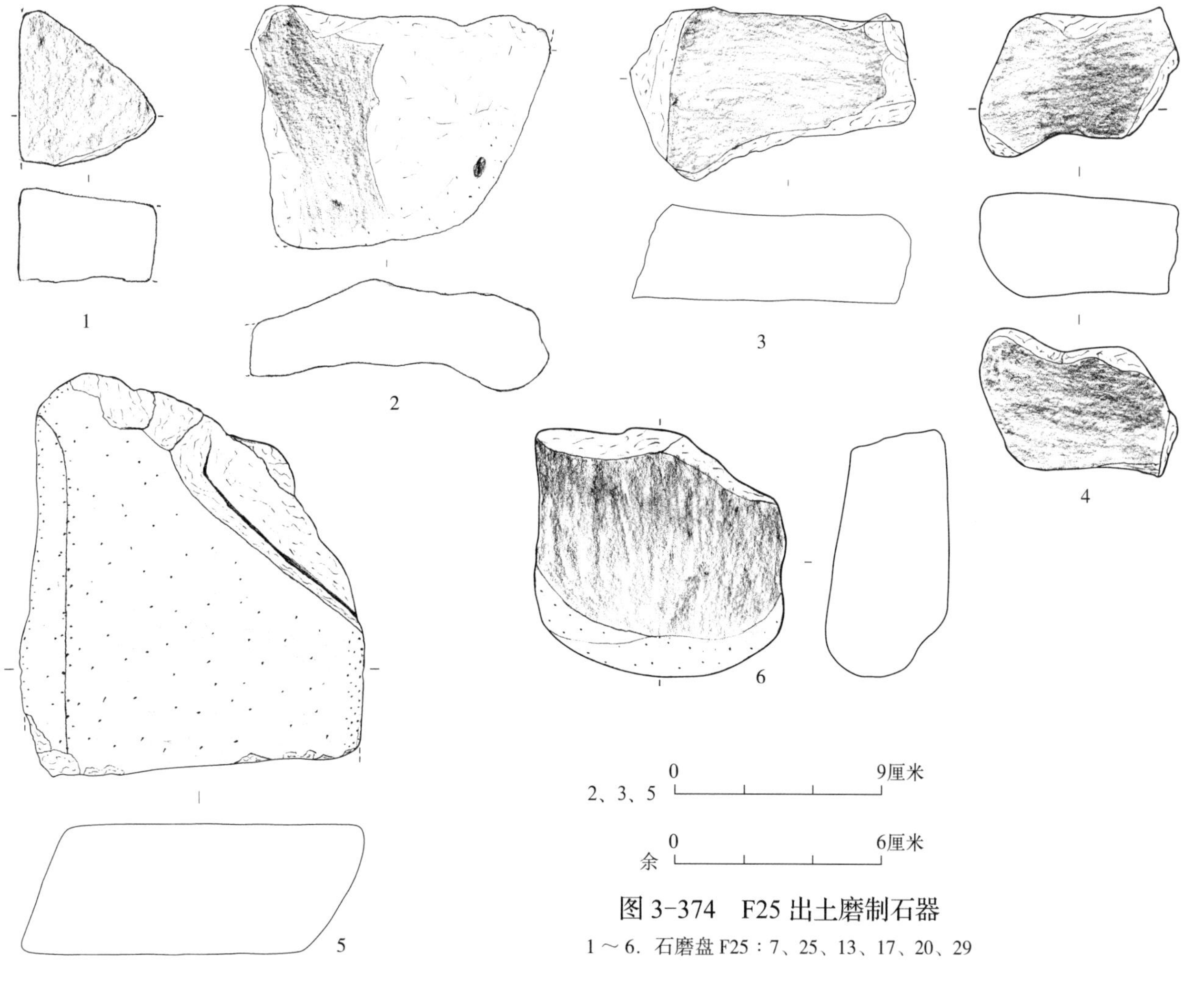

图 3-374　F25 出土磨制石器

1～6. 石磨盘 F25：7、25、13、17、20、29

10.0、厚3.9厘米（图3-374，2）。

标本F25∶13，残，红褐色砂岩。磨制，块状。两面有磨痕，一面稍凹，一面较平。长12.0、宽7.0、厚3.8厘米（图3-374，3）。

标本F25∶17，残块，黄褐色砂岩。磨制，两个磨面，磨痕明显。残长5.0、宽3.6、厚2.9厘米（图3-374，4）。

标本F25∶20，残块，青褐色闪长玢岩。磨制，两个平磨面，磨痕明显。残长16.8、宽14.7、厚5.4厘米（图3-374，5）。

标本F25∶29，残块，褐色砂岩。磨制，一面有凹磨面，磨痕明显。残长6.9、宽7.1、厚2.8～3.5厘米（图3-374，6）。

石磨棒　1件。

标本F25∶12，残，红褐色砂岩。磨制，长条形，横截面圆角方形，四个磨面，磨痕明显。残长12.0、宽5.9、厚4.5厘米（图3-373，3）。

砺石　1件。

标本F25∶10，红褐色砂岩。磨制，两面有磨棒痕。长6.1、宽3.1、厚2.0厘米（图3-373，4）。

2. 陶器

4件。有深腹罐1件、高足钵陶片1件、陶杯2件。

深腹罐　1件。

Ab型Ⅱ式　1件。

标本F25∶36，残，夹砂黑褐陶。直口，圆唇，斜直腹。口沿下有一周凹带，内饰划压横人字纹，腹部饰竖压横排之字纹。口径19.0、残高2.8厘米（图3-375，1）。

高足钵　1件。

标本F25∶35，残，夹砂红陶。圈足，素面。底径6.0、残高2.7厘米（图3-375，2）。

陶杯　2件。

标本F25∶34，残，夹砂黑褐陶。弧腹，平底。腹部饰压印弦纹，疏密不一。底径3.5、残高6.6厘米（图3-375，3）。

标本F25∶37，残，夹砂红褐陶。平底。腹部饰划斜线纹。底径3.8、残高2.3厘米（图3-375，4）。

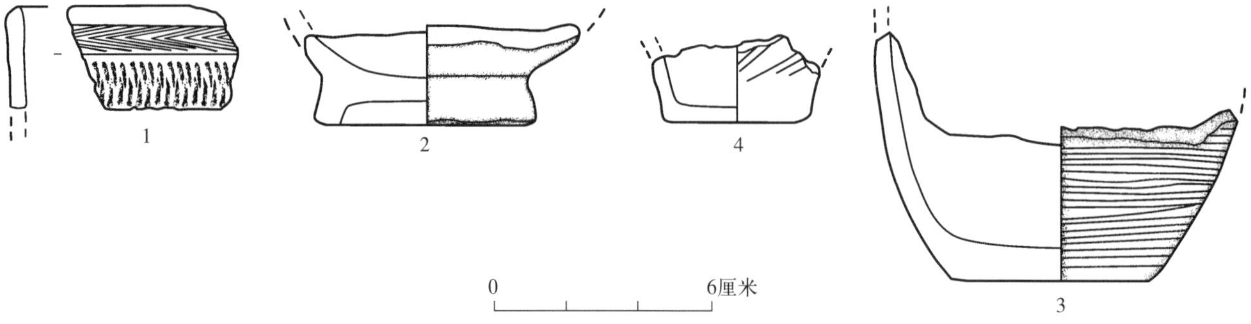

图3-375　F25出土陶器

1. Ab型Ⅱ式深腹罐F25∶36　2. 高足钵陶片F25∶35　3、4. 陶杯F25∶34、37

3. 煤精制品

4 件。

泡形器　1 件。

标本 F25 : 1，残。磨制，圆尖顶形，表面光滑，内凹光洁，边缘圆锐。直径 3.2 ～ 3.5、高 1.3 厘米（图 3-376，1；彩版一三三，2）。

球形器　1 件。

标本 F25 : 31，残。磨制，表面光滑。直径 1.2 ～ 1.4 厘米（图 3-376，2）。

煤精块　2 件。

标本 F25 : 30，残块。不规则形，局部有磨痕。残长 2.6、宽 2.6、厚 1.0 厘米（图 3-376，3）。

标本 F25 : 32，残块。长 2.1、宽 0.8、厚 0.6 厘米（图 3-376，4）。

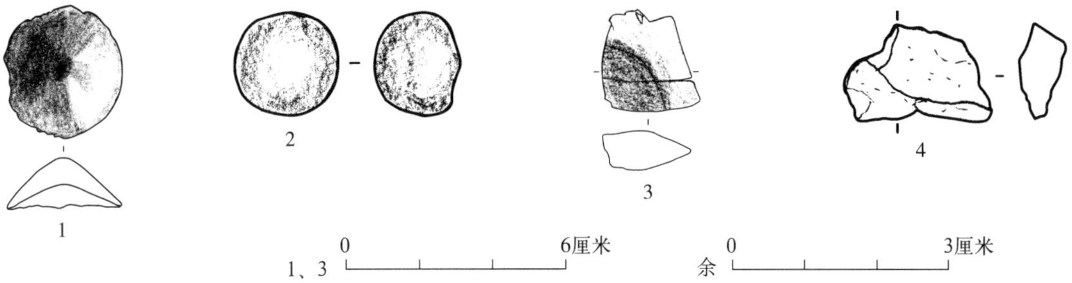

图 3-376　F25 出土煤精制品

1. 泡形器 F25 : 1　2. 球形器 F25 : 31　3、4. 煤精块 F25 : 30、32

（二三）F26

F26 位于 T0903 西北部，东距 F27 约 2.45、南距 F24 约 6.30 米。房址开口②层下，打破生土。为圆角长方形，半地穴式，穴壁局部外弧，壁面斜直。南北长 5.60、东西宽 4.50、深 0.16 米，面积约 25 平方米（图 3-377；彩版一三三，3）。

房址中部被现代排水沟、水井打破，北部被一座上层的墓葬 M1 打破。

活动面土质较杂，内含有石器、陶器等遗物。

在房内中部偏南发现灶址 2 个，编号 Z1、Z2。Z1 位于东侧，椭圆形，圜底，直径 0.68 ～ 0.80、深 0.25 米。Z2 位于 Z1 西侧，北部被现代排水沟破坏，椭圆形，圜底，南北残长 0.88、东西径 0.70、深 0.13 米。内有红烧土堆积。

房内共发现柱洞 31 个，柱坑 1 个，D19 在 ZK1 内，其他柱洞均无柱坑（表 3-16）。

出土遗物 27 件，其中石器 26 件，陶器 1 件。

1. 石器

26 件。有打制石器 20 件、细石器 1 件、磨制石器 5 件。

（1）打制石器

20 件。有砍砸器 3 件、敲砸器 4 件、石片刮削器 11 件、石片 2 件。

砍砸器　3 件。

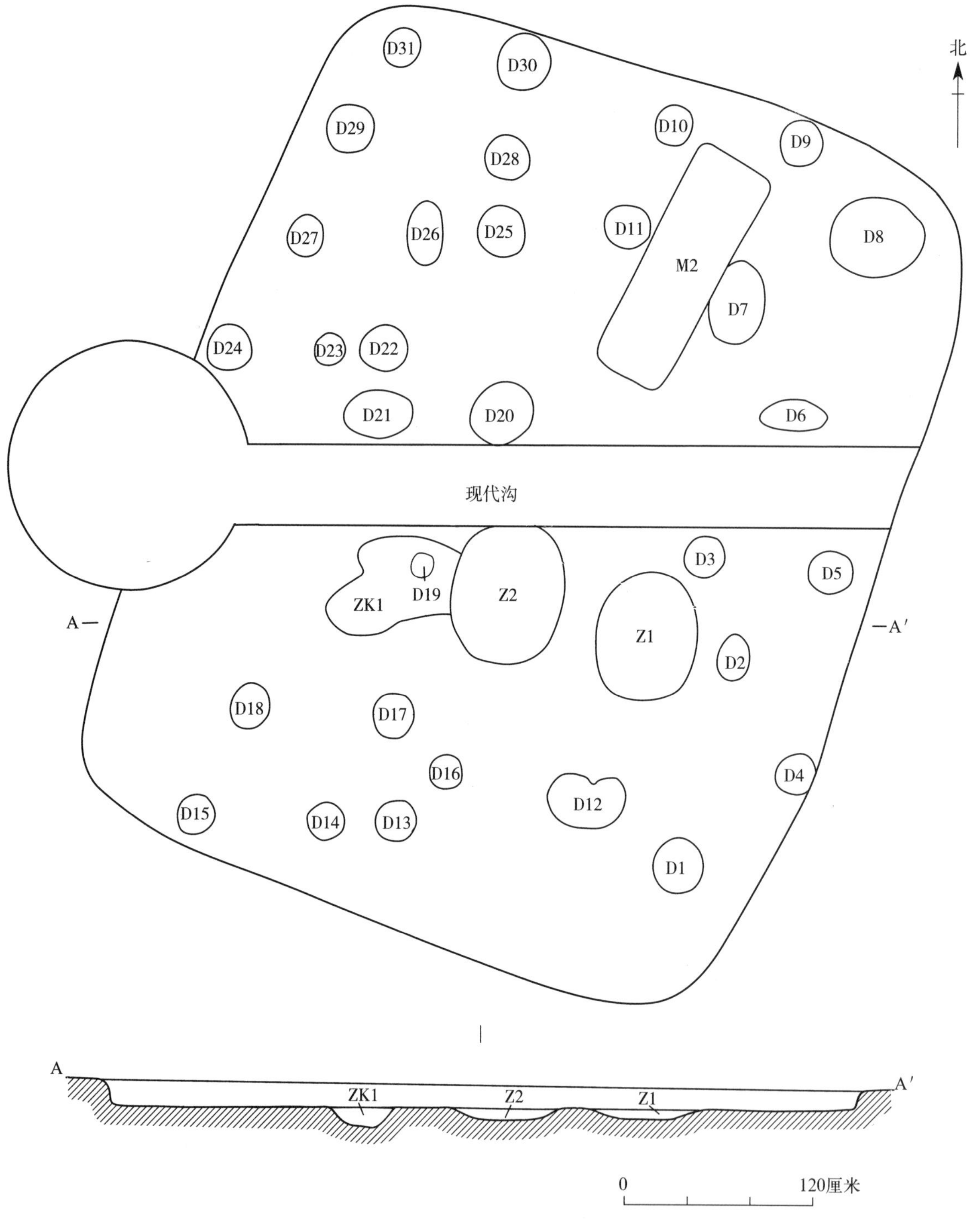

图 3-377　F26 平、剖面图

标本 F26∶2，红褐色斑岩。打制，不规则扁平半圆形，一侧为劈裂面，一侧保留石皮，砍砸痕迹明显。长 11.0、宽 5.3、厚 1.0 厘米（图 3-378，1）。

标本 F26∶9，青灰色板岩。打制，不规则扁平四边形，局部保留石皮，砍砸痕迹明显。长 6.5、宽 5.9、厚 2.8 厘米（图 3-378，2）。

标本 F26∶19，青灰色板岩。打制，不规则多边形，多剥片疤，砍砸痕迹明显。残长 5.4、宽 3.6、

表 3-16 F26 柱洞（柱坑）登记表 （单位：厘米）

编号	径	深	备注	编号	径	深	备注
D1	36	23		D17	26	20	
D2	27	19		D18	25	22	
D3	25	23		D19	15	17	
D4	25	26		D20	40	30	
D5	27	20		D21	30	25	
D6	20	20		D22	28	27	
D7	37	34		D23	20	26	
D8	40	20		D24	32	23	
D9	26	16		D25	33	25	
D10	23	18		D26	25	24	
D11	33	18		D27	25	24	
D12	24	29		D28	26	25	
D13	22	27		D29	32	30	
D14	20	25		D30	32	23	
D15	20	23		D31	16	18	
D16	20	20		ZK1	43 ～ 50	22	不规则形内单柱

厚 2.2 厘米（图 3-378，3）。

敲砸器 4 件。

标本 F26 : 6，青灰色板岩。打制，长方多棱形，多剥片疤，局部保留石皮，两端敲砸痕迹明显。长 8.7、宽 4.3、厚 3.7 厘米（图 3-378，4；彩版一三四，1）。

标本 F26 : 12，青灰色板岩。打制，不规则三角形，一侧保留石皮，敲砸痕迹明显。长 6.5、宽 3.5、厚 1.7 厘米（图 3-378，5）。

标本 F26 : 18，红褐色花岗岩。打制，不规则三角形，局部保留石皮，一端敲砸痕迹明显。长 9.5、宽 8.6、厚 6.1 厘米（图 3-378，6）。

标本 F26 : 26，红褐色脉岩。打制，不规则三角形，局部保留石皮，两端敲砸痕迹明显。长 13.9、宽 6.0、厚 6.2 厘米（图 3-378，7；彩版一三四，2）。

石片刮削器 11 件。

标本 F26 : 4，青灰色板岩。打制，不规则蚌壳形，一侧保留石皮，边刃，有刮削痕迹。长 3.0、宽 2.3、厚 0.7 厘米（图 3-379，1）。

标本 F26 : 10，青灰色板岩。打制，不规则形，一侧保留石皮，边刃，有刮削痕迹。长 2.4、宽 2.5、厚 1.2 厘米（图 3-379，2）。

标本 F26 : 14，青灰色板岩。打制，不规则形，一侧保留石皮，边刃，有刮削痕迹，残。长 3.3、宽 2.0、厚 0.9 厘米（图 3-379，3）。

标本 F26 : 15，青色板岩。打制，不规则三角形，边刃，有刮削痕迹。长 3.5、宽 3.2、厚 1.4 厘米（图 3-379，4）。

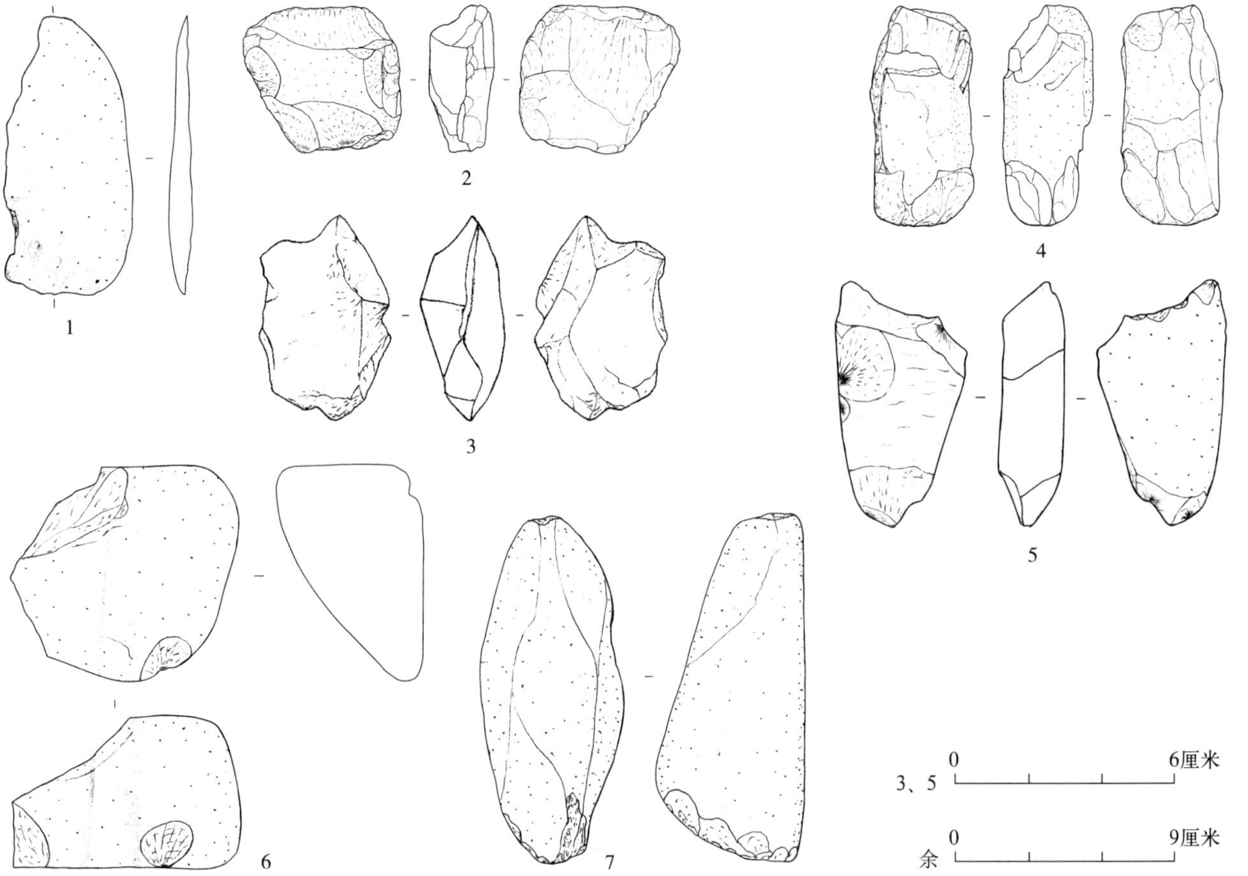

图 3-378　F26 出土打制石器

1 ～ 3. 砍砸器 F26：2、9、19　4 ～ 7. 敲砸器 F26：6、12、18、26

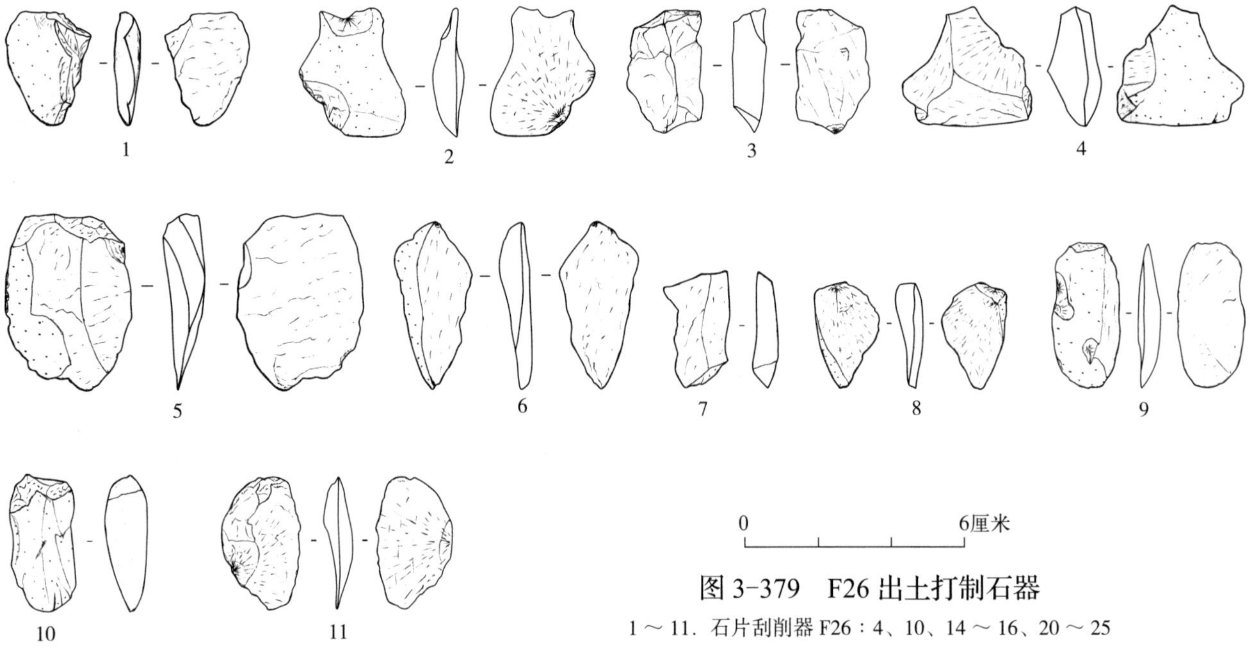

图 3-379　F26 出土打制石器

1 ～ 11. 石片刮削器 F26：4、10、14 ～ 16、20 ～ 25

标本 F26∶16，褐色板岩。打制，椭圆形，边刃，有刮削痕迹。长 4.4、宽 4.1、厚 1.0 厘米（图 3-379，5）。

标本 F26∶20，青色板岩。打制，不规则长三角形，边刃，有刮削痕迹。长 4.4、宽 2.1、厚 0.9 厘米（图 3-379，6）。

标本 F26∶21，青色板岩。打制，不规则形，边刃，有刮削痕迹。长 3.1、宽 1.8、厚 0.7 厘米（图 3-379，7）。

标本 F26∶22，青灰色板岩。打制，不规则蚌壳形。凸边刃，有刮削痕迹。长 2.8、宽 1.7、厚 0.7 厘米（图 3-379，8）。

标本 F26∶23，青色板岩。打制，长椭圆形，一侧保留石皮，边刃，有刮削痕迹。长 3.8、宽 1.8、厚 0.6 厘米（图 3-379，9；彩版一三四，3）。

标本 F26∶24，青灰色板岩。打制，长椭圆形，边刃，有刮削痕迹。长 3.6、宽 1.7、厚 1.2 厘米（图 3-379，10）。

标本 F26∶25，青灰色板岩。打制，不规则蚌壳形。凸边刃，有刮削痕迹。长 3.5、宽 2.2、厚 0.7 厘米（图 3-379，11）。

石片　2 件。

标本 F26∶11，红褐色砂岩。不规则长方形，长 3.7、宽 2.8、厚 2.1 厘米（图 3-380，1）。

标本 F26∶13，青色板岩。不规则长菱形，长 2.8、宽 1.6、厚 0.4 厘米（图 3-380，2）。

（2）细石器

1 件。

石叶刮削器　1 件。

标本 F26∶1，黄褐色燧石。琢制，长条形，横截面梯形，边刃，一侧压琢呈细齿状。长 4.3、宽 0.8、厚 0.2 厘米（图 3-380，3；彩版一三四，4）。

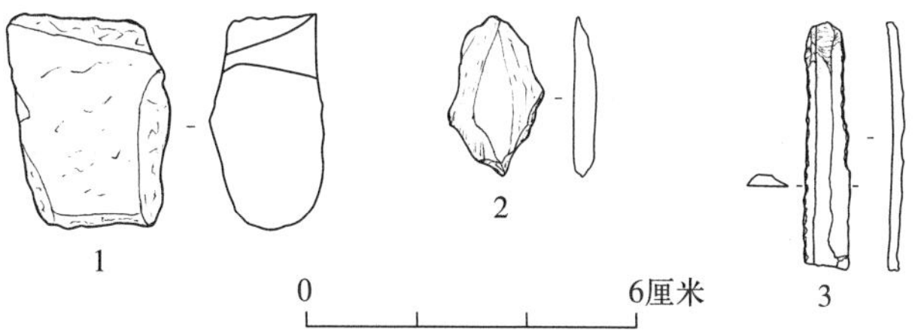

图 3-380　F26 出土打制石器与细石器

1、2. 石片 F26∶11、13　3. 石叶刮削器 F26∶1

（3）磨制石器

5 件。

石刃器　1 件。

标本 F26∶3，青色板岩。磨制，舌形，表面光滑，对磨圆弧。残长 3.6、宽 4.0、厚 1.0 厘米（图 3-381，1）。

石磨棒　3 件。

标本 F26∶5，残，黄褐色花岗岩。磨制，横截面圆角三角形，三个磨面，磨痕明显。残长 8.9、

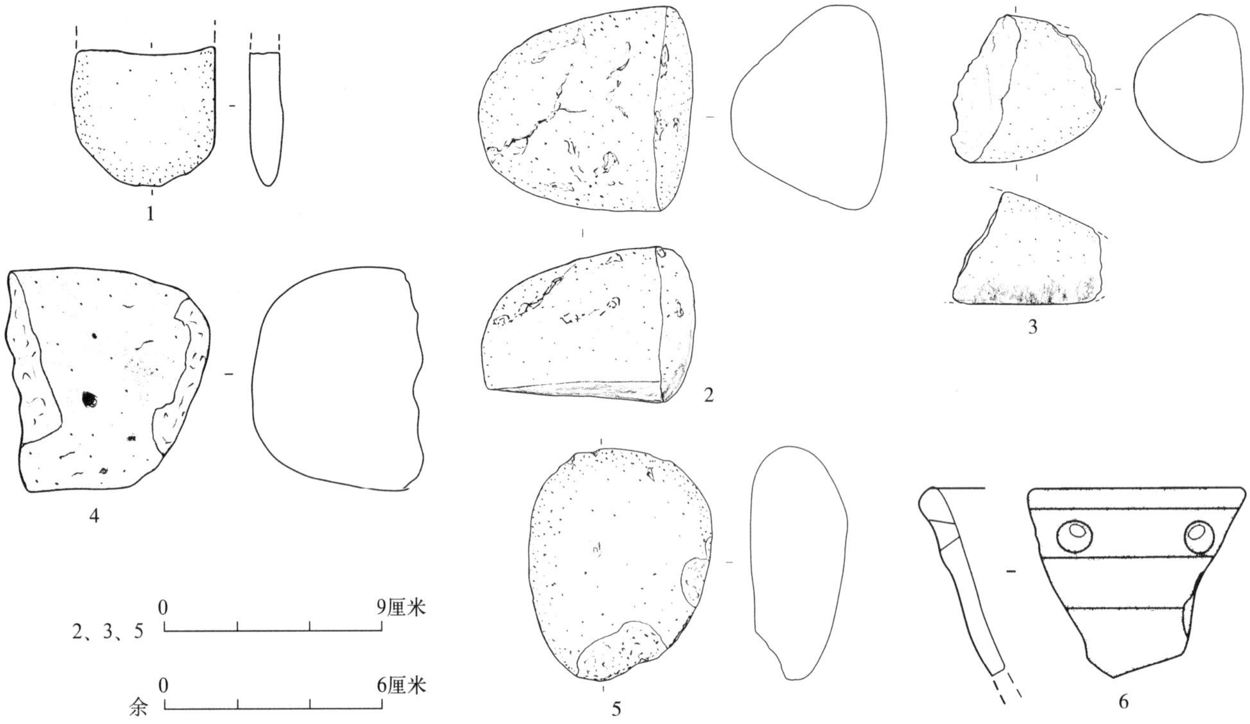

图 3-381 F26 出土磨制石器与陶器

1. 石刃器 F26：3 2～4. 石磨棒 F26：5、7、8 5. 研磨器 F26：17 6. Ac 型Ⅲ式深腹罐 F26：27

宽 8.1、厚 6.4 厘米（图 3-381，2）。

标本 F26：7，残，黄褐色花岗岩。磨制，横截面圆角三角形，三个磨面，磨痕明显。残长 6.2、宽 5.8、厚 4.4 厘米（图 3-381，3）。

标本 F26：8，残块，黄褐色花岗岩。磨制，横截面半椭圆形，多磨面，磨痕明显。残长 5.6、宽 5.9、厚 4.6 厘米（图 3-381，4）。

研磨器 1 件。

标本 F26：17，残，黄褐色花岗岩。磨制，扁椭圆形，表面有圆凹磨痕。长 9.3、宽 7.5、厚 4.0 厘米（图 3-381，5）。

2. 陶器

1 件。

深腹罐 1 件。

Ac 型Ⅲ式 1 件。

标本 F26：27，残，夹砂红陶。敞口，圆唇，斜腹。口沿处有两周凹带，有两个焗孔，表面纹饰脱落。口径 24.0、残高 5.0 厘米（图 3-381，6）。

（二四）F27

F27 位于 T1003、T0903、T1103、T1004、T1104 之内，西距 F26 约 2.45、南距 F24 约 4.50 米。房址开口②层下，打破生土。为圆角长方形，半地穴式，壁面斜直。东西长 14.77、南北宽 9.50、深约 0.74

米，面积约 140 平方米（图 3-382；彩版一三四，5）。

房址北壁西侧被辽代墓葬打破，东壁至南壁被晚期灰沟叠压。发现灶址 1 个，编号 Z1，位于房址内西侧稍偏北处。开口于活动面，椭圆形，平底，直径 1.08 ～ 1.32、深 0.20 米。灶壁烧烤面较厚，灶内有红烧土堆积。

发现窖穴 1 处，编号 J1，位于房址中部偏北处，开口于活动面，椭圆形，平底，长径 1.50、深 0.47 米。

房内发现柱洞 70 个，柱坑 7 个，有壁柱、间柱和内柱（表 3-17）。

出土有石器等遗物 74 件，其中石器 65 件、陶器 9 件。

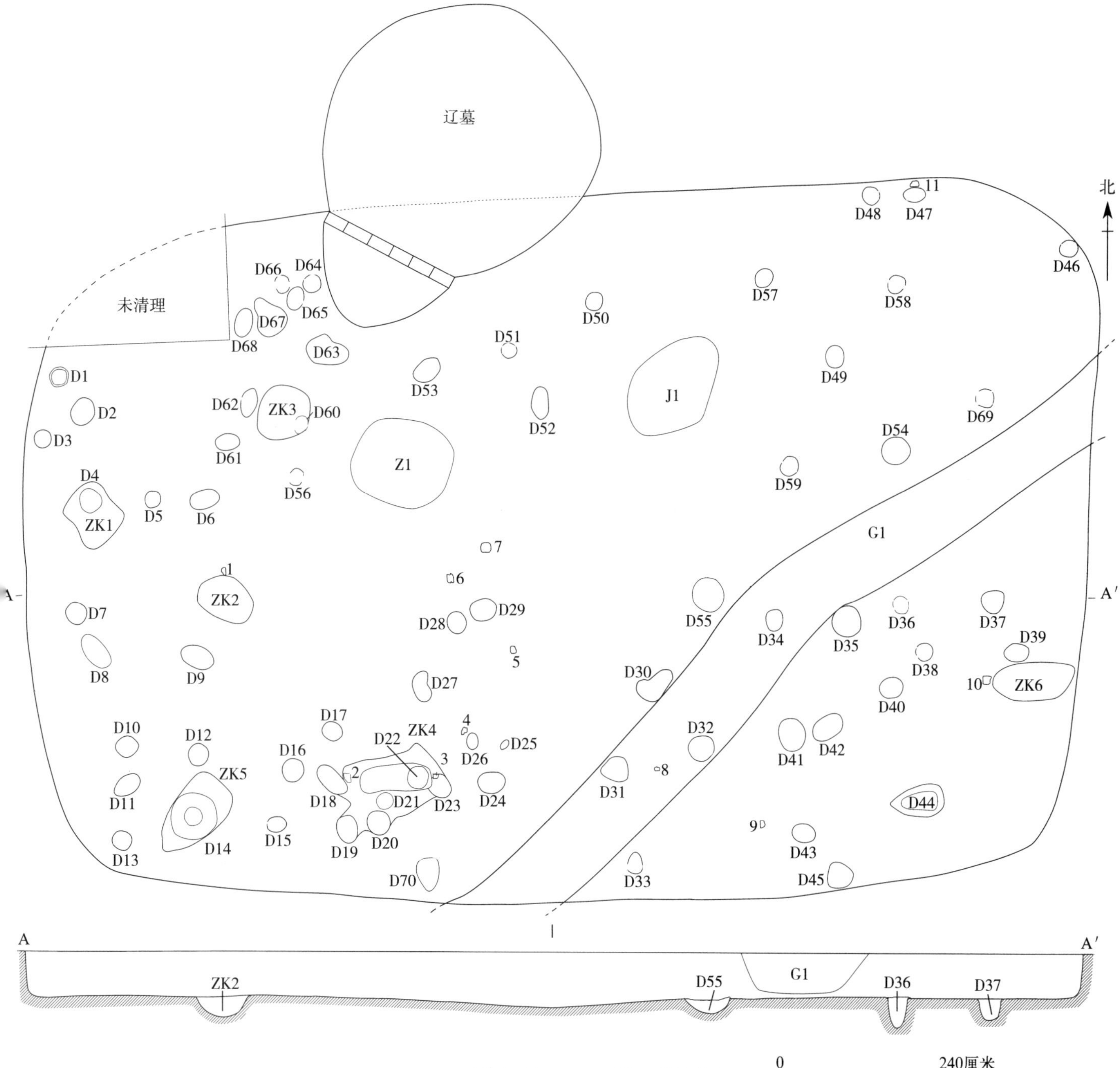

图 3-382　F27 平、剖面图

1、2、4～6、9～11. 网坠　3、8. 敲砸器　7. 陶器底

表 3-17 F27 柱洞（柱坑）登记表 （单位：厘米）

编号	径	深	备注	编号	径	深	备注
D1	31	30		D40	25	28	
D2	30	25		D41	35	20	
D3	22	20		D42	29	25	
D4	27	15		D43	24	18	
D5	21	13		D44	23	52	
D6	24	20		D45	34	15	
D7	27	32		D46	23	12	
D8	26	50		D47	24	15	
D9	28	24		D48	24	10	
D10	26	15		D49	27	13	
D11	23	30		D50	24	20	
D12	27	15		D51	21	15	
D13	23	30		D52	23	23	
D14	25	60		D53	26	16	
D15	20	30		D54	35		
D16	30	30		D55	43	44	
D17	24	13		D56	19	10	
D18	24	50		D57	23		
D19	28	25		D58	22		
D20	30	75		D59	24		
D21	30	22		D60	18	10	
D22	30	50		D61	21	15	
D23	26	14		D62	20	17	
D24	26	27		D63	28	13	
D25	13	40		D64	23	10	
D26	15	25		D65	22	12	
D27	19	6		D66	20	17	
D28	25	15		D67	37	14	
D29	30	20		D68	23	14	
D30	25	22		D69	22		
D31	30	32		D70	30	40	
D32	30	25		ZK1	57 ～ 76	5	圆角长方形内单柱
D33	18	16		ZK2	55 ～ 76	25	椭圆形内柱数不详
D34	24	27		ZK3	70 ～ 78	12	椭圆形内单柱
D35	40	34		ZK4	80 ～ 140	12	不规则形内 6 柱
D36	23	40		ZK5	65 ～ 110	15	椭圆形内单柱
D37	30	30		ZK6	49 ～ 104	27	长椭圆形内柱数不详
D38	23	22		ZK7	41 ～ 68	30	长椭圆形内单柱
D39	24	14					

1. 石器

65 件。有打制石器 48 件、细石器 3 件、磨制石器 14。

（1）打制石器

48 件。有砍砸器 2 件、敲砸器 12 件、石片刮削器 18 件、石片 6 件。

砍砸器　2 件。

标本 F27：4，褐色石英岩。打制，不规则半圆形，一侧为劈裂面，一侧保留石皮，弧刃，砍砸痕迹明显。长 10.0、宽 7.8、厚 3.7 厘米（图 3-383，1）。

标本 F27：26，黄褐色板岩。打制，扁平三角形，大部保留石皮，边刃，砍砸痕迹明显。长 14.3、宽 10.9、厚 2.9 厘米（图 3-383，2）。

敲砸器　12 件。

标本 F27：1，青灰色板岩。打制，扁椭圆形，多棱角，局部保留石皮，两端敲砸痕迹明显。长 10.9、宽 4.7、厚 3.1 厘米（图 3-383，3；彩版一三五，1）。

标本 F27：2，青灰色板岩。打制，不规则圆角梯形，局部保留石皮，敲砸痕迹明显。长 6.8、宽 4.9、厚 3.5 厘米（图 3-383，4；彩版一三五，2）。

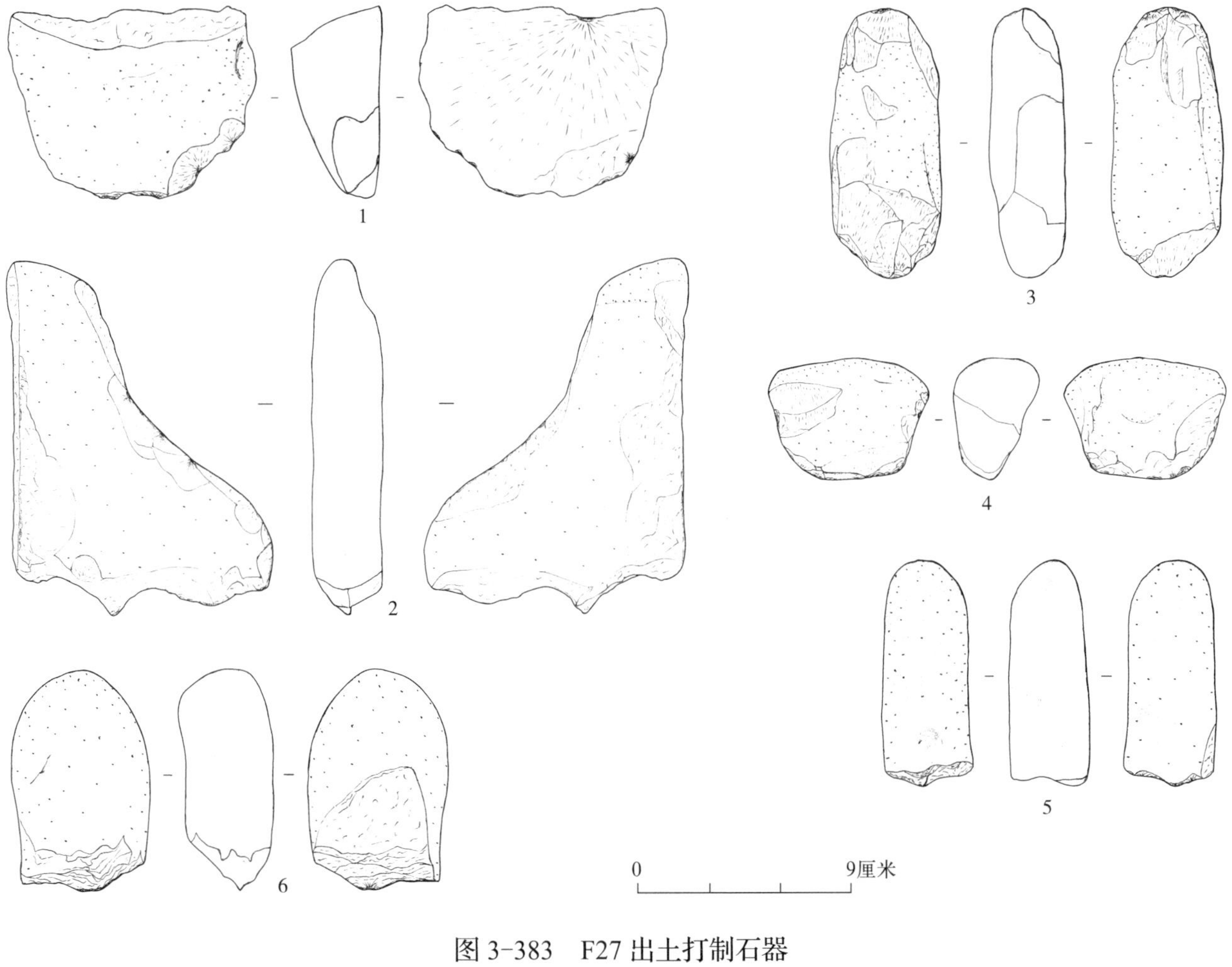

图 3-383　F27 出土打制石器

1、2. 砍砸器 F27：4、26　3～6. 敲砸器 F27：1、2、9、19

标本 F27：9，灰褐色砂岩。圆角长条形，大部保留石皮，一端有敲砸痕迹。长 9.1、宽 3.7、厚 3.3 厘米（图 3-383，5）。

标本 F27：19，灰褐色闪长岩。打制，椭圆形，大部保留石皮，一端有敲砸痕迹。长 9.0、宽 5.8、厚 3.8 厘米（图 3-383，6）。

标本 F27：21，青色板岩。打制，不规则多棱形，敲砸痕迹细碎。长 7.3、宽 5.5、厚 4.0 厘米（图 3-384，1）。

标本 F27：23，褐色花岗岩。打制，不规则扁椭圆形，局部保留石皮，两端敲砸痕迹明显。长 9.8、宽 6.3、厚 3.3 厘米（图 3-384，2）。

标本 F27：36，青灰色板岩。打制，不规则三角形，局部保留石皮，两端敲砸痕迹明显。长 11.2、宽 6.6、厚 2.6 厘米（图 3-384，3）。

标本 F27：48，青色板岩。打制，不规则多棱形，敲砸痕迹明显。长 7.8、宽 4.5、厚 3.7 厘米（图 3-384，4；彩版一三五，3）。

标本 F27：55，黄褐色石英岩。打制，椭圆形，多棱角，局部保留石皮，两端敲砸痕迹明显。长 8.9、宽 5.5、厚 4.8 厘米（图 3-384，5）。

标本 F27：56，褐色板岩。打制，长条形，局部保留石皮，两端有敲砸痕迹。长 8.5、宽 4.2、厚 3.6 厘米（图 3-384，6）。

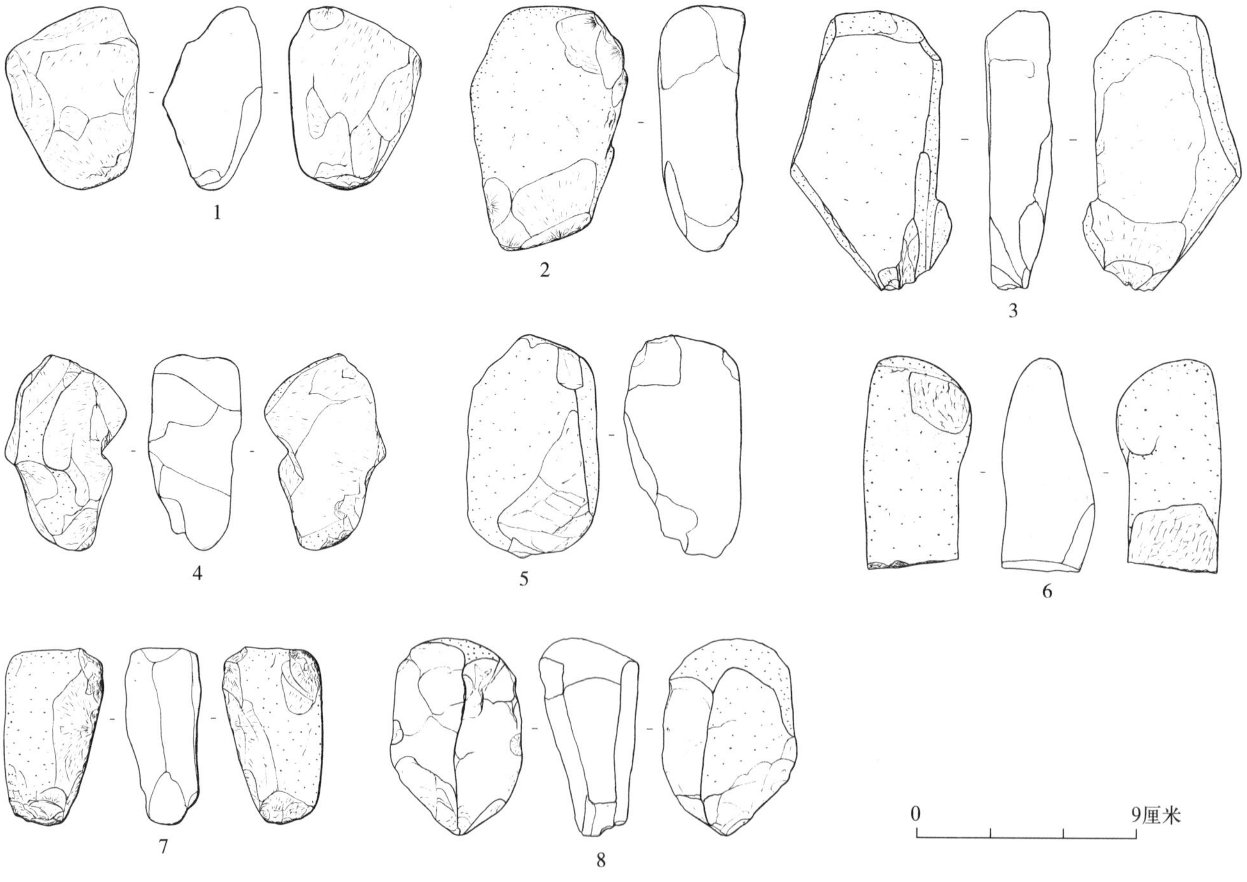

图 3-384 F27 出土打制石器

1～8. 敲砸器 F27：21、23、36、48、55～57、64

标本 F27：57，青灰色板岩。打制，长三棱形，局部保留石皮，敲砸痕迹细碎。长 7.1、宽 4.0、厚 3.1 厘米（图 3-384，7；彩版一三五，4）。

标本 F27：64，青灰色板岩。打制，椭圆多棱形，局部保留石皮，敲砸痕迹明显。长 7.9、宽 5.6、厚 4.2 厘米（图 3-384，8；彩版一三五，5）。

石片刮削器　18 件。

标本 F27：6，青灰色板岩。打制，三角形，边刃，有刮削痕迹。长 4.2、宽 2.4、厚 1.2 厘米（图 3-385，1）。

标本 F27：7，青灰色板岩。打制，不规则蚌壳形，一侧保留石皮，弧刃，有刮削痕迹。长 5.0、宽 4.1、厚 1.8 厘米（图 3-385，2）。

标本 F27：8，青灰色板岩。打制，不规则半圆形，一侧保留石皮，弧刃，有刮削痕迹。长 4.2、宽 4.1、厚 1.2 厘米（图 3-385，3）。

标本 F27：16，青色板岩。打制，不规则蚌壳形，弧刃，有刮削痕迹。长 4.2、宽 2.6、厚 0.8 厘米（图 3-385，4）。

标本 F27：17，青灰色板岩。打制，不规则多边形，边刃，有刮削痕迹。长 4.7、宽 3.2、厚 1.3 厘米（图 3-385，5；彩版一三六，1）。

标本 F27：24，青色板岩。打制，不规则长条形，边刃，有刮削痕迹。长 5.5、宽 2.1、厚 1.0 厘米（图 3-385，6）。

标本 F27：28，青色板岩。打制，不规则蚌壳形，弧刃，有刮削痕迹。长 2.5、宽 3.2、厚 0.5 厘米（图 3-385，7）。

标本 F27：34，青灰色板岩。打制，不规则多边形，弧刃，有刮削痕迹。长 6.1、宽 3.6、厚 1.2

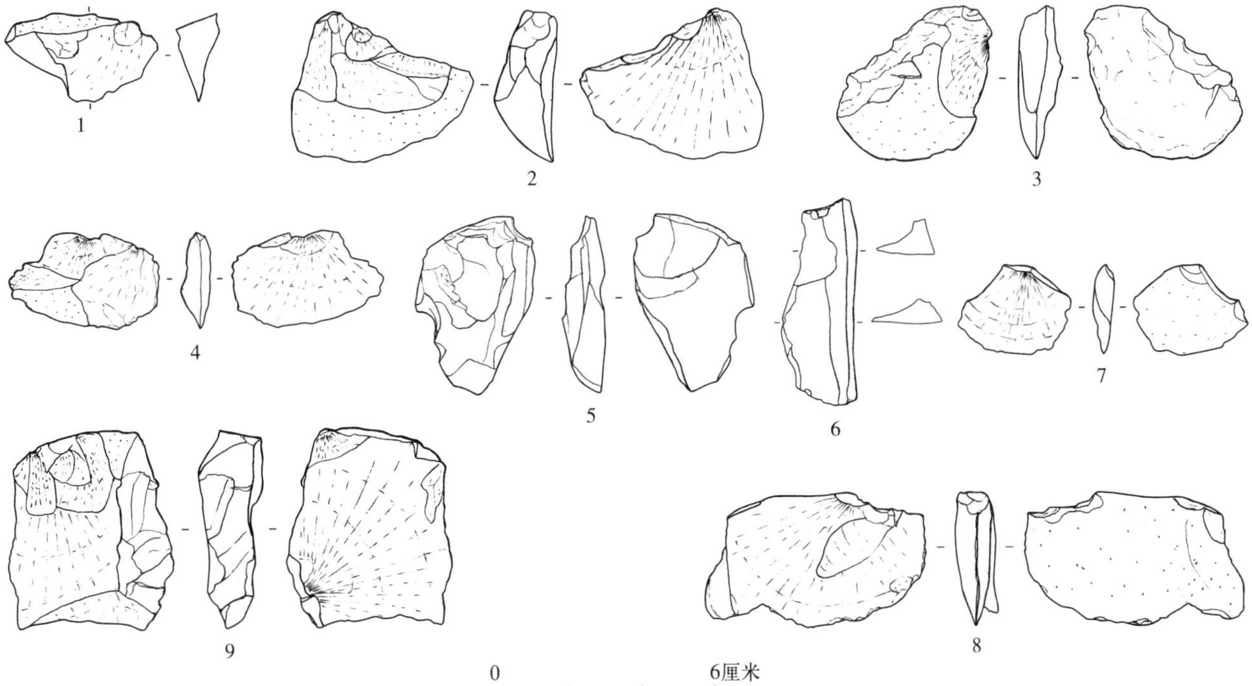

图 3-385　F27 出土打制石器

1～9. 石片刮削器 F27：6～8、16、17、24、28、34、38

厘米（图3-385，8；彩版一三六，2）。

标本F27：38，青灰色板岩。打制，不规则四边形，边刃，有刮削痕迹。长5.3、宽4.6、厚1.8厘米（图3-385，9）。

标本F27：40，青色板岩。打制，不规则梯形，边刃，有刮削痕迹。长4.3、宽2.7、厚1.0厘米（图3-386，1）。

标本F27：41，青色板岩。打制，不规则梯形，一侧保留石皮，边刃，有刮削痕迹。长3.2、宽2.6、厚1.0厘米（图3-386，2）。

标本F27：44，青色板岩。打制，不规则三角形，边刃，有刮削痕迹。长4.2、宽3.2、厚2.1厘米（图3-386，3）。

标本F27：45，褐色斑岩。打制，不规则三角形，边刃，有刮削痕迹。长4.9、宽3.9、厚2.2厘米（图3-386，4）。

标本F27：46，青灰色板岩。打制，不规则多边形，边刃，有刮削痕迹。长5.5、宽3.5、厚1.5厘米（图3-386，5；彩版一三六，3）。

标本F27：47，青灰色板岩。打制，不规则多边形，一侧保留石皮，边刃，有刮削痕迹。长8.0、宽5.2、厚2.2厘米（图3-386，6）。

标本F27：52，青色板岩。打制，不规则多边形，边刃，有刮削痕迹。长4.0、宽2.6、厚1.5厘米（图3-386，7）。

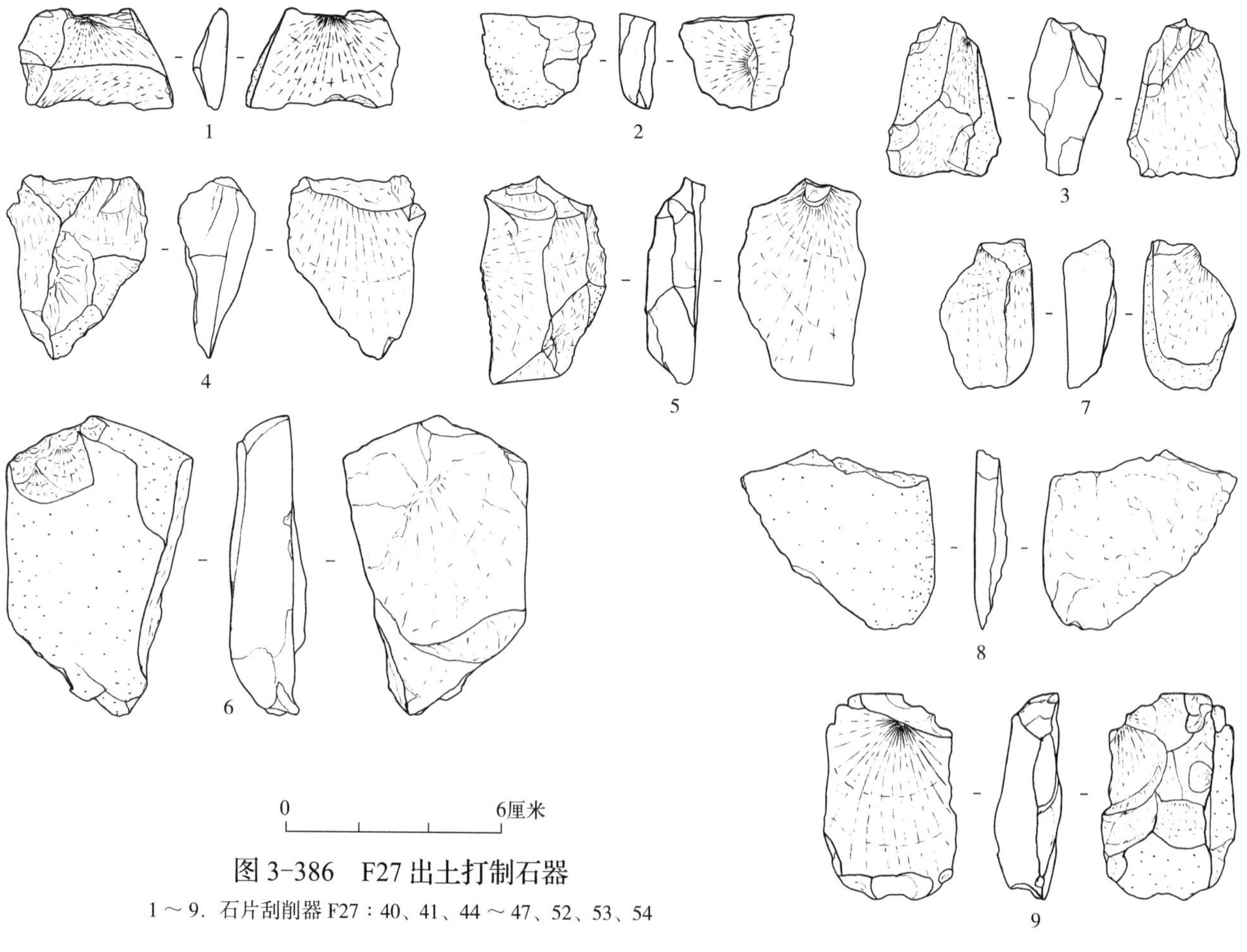

图3-386　F27出土打制石器

1～9. 石片刮削器F27：40、41、44～47、52、53、54

标本 F27∶53，红褐色板岩。打制，不规则三角形，一侧保留石皮，边刃，有刮削痕迹。长 5.4、宽 4.8、厚 0.9 厘米（图 3-386，8）。

标本 F27∶54，青灰色板岩。打制，不规则长方多边形，边刃，有刮削痕迹。长 5.5、宽 3.5、厚 1.9 厘米（图 3-386，9）。

石片　6 件。

标本 F27∶15，黄褐色斑岩。扁平四边形。长 9.3、宽 8.6、厚 1.5 厘米（图 3-387，1）。

标本 F27∶25，红褐色砂岩。扁平不规则形。长 9.7、宽 8.1、厚 3.1 厘米（图 3-387，2）。

标本 F27∶33，青色斑岩。不规则三棱形，局部保留石皮。长 6.5、宽 5.6、厚 4.3 厘米（图 3-387，3）。

标本 F27∶63，青色板岩，三角形。长 3.7、宽 2.6、厚 1.3 厘米（图 3-387，4）。

标本 F27∶58，青色板岩。打制，不规则多边形。长 5.6、宽 4.0、厚 2.3 厘米（图 3-387，5）。

标本 F27∶59，黄褐色砂砾岩。不规则圆角扁方形。长 7.9、宽 5.8、厚 2.4 厘米（图 3-387，6）。

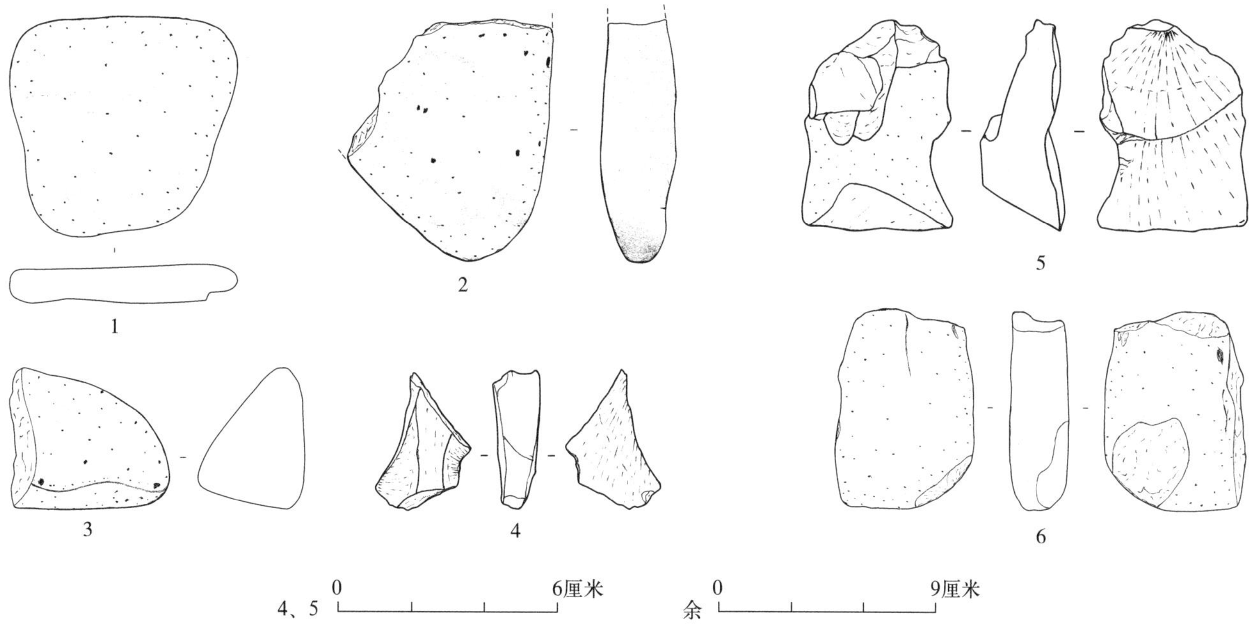

图 3-387　F27 出土打制石器

1～6. 石片 F27∶15、25、33、63、58、59

网坠　10 件。

标本 F27∶11，褐色花岗岩。打制，扁平椭圆形，两侧对称打出豁口。长 9.5、宽 8.7、厚 1.8 厘米（图 3-388，1；彩版一三六，4）。

标本 F27∶12，残，红褐色斑岩。打制，残存一处豁口。长 12.6、宽 10.3、厚 1.8 厘米（图 3-388，2）。

标本 F27∶13，灰褐色板岩。打制，圆角扁方形，两侧对称打出豁口。长 8.5、宽 9.9、厚 1.6 厘米（图 3-388，3）。

标本 F27∶14，红褐色花岗岩。打制，不规则圆形，两侧对称打出豁口。长 13.5、宽 12.7、厚 2.8 厘米（图 3-388，4；彩版一三六，5）。

标本 F27 : 18，浅红褐色砂砾岩。打制，扁平椭圆形，两侧对称打出豁口。长 12.3、宽 11.2、厚 2.0 ～ 2.5 厘米（图 3-388，5）。

标本 F27 : 22，残，红褐色板岩。打制，扁平不规则椭圆形，两侧对称打出豁口。长 11.6、宽 10.2、厚 2.7 厘米（图 3-388，6）。

标本 F27 : 27，残，红褐色斑岩。打制，残存一个豁口。长 10.1、宽 9.9、厚 1.8 厘米（图 3-388，7）。

标本 F27 : 29，黄褐色花岗岩。打制，扁平椭圆形，两侧对称打出豁口。长 10.7、宽 9.7、厚 1.2

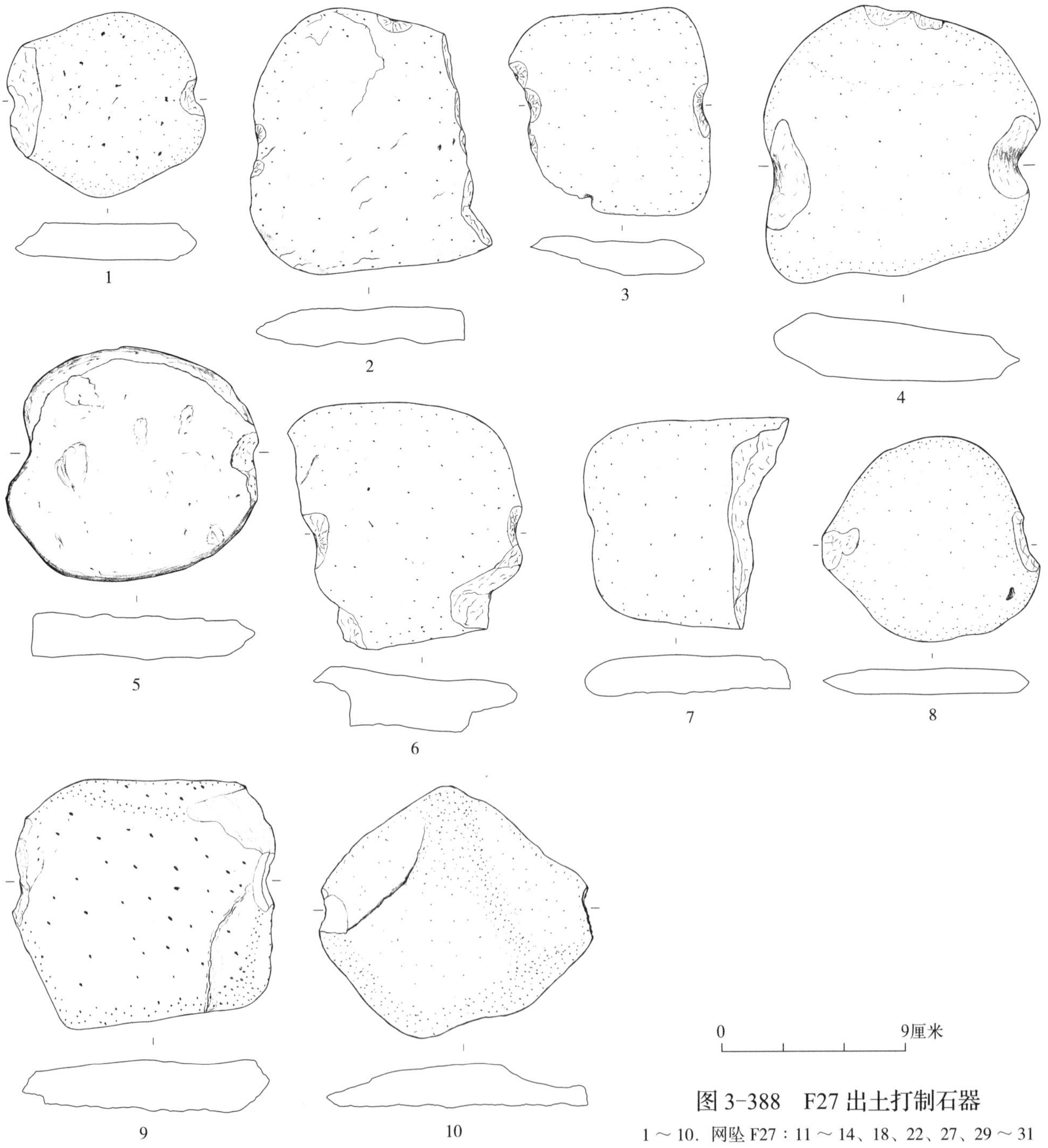

图 3-388　F27 出土打制石器

1 ～ 10. 网坠 F27 : 11 ～ 14、18、22、27、29 ～ 31

厘米（图 3-388，8）。

标本 F27∶30，红褐色脉岩。打制，圆角扁方形，两侧对称打出豁口。长 12.7、宽 11.9、厚 2.5 厘米（图 3-388，9）。

标本 F27∶31，红褐色砂岩。打制，扁平菱形，两侧对称打出豁口。长 13.5、宽 12.0、厚 1.9 厘米（图 3-388，10）。

（2）细石器

3 件。

石叶刮削器　2 件。

标本 F27∶50，青灰色板岩。琢制，长条形，横截面三角形，边刃，有刮削痕迹。长 2.5、宽 1.1、厚 0.3 厘米（图 3-389，1）。

标本 F27∶66，红褐色燧石。琢制，长条形，横截面三角形，边刃，有刮削痕迹。长 2.3、宽 0.5、厚 0.1 厘米（图 3-389，2；彩版一三五，6）。

石片刮削器　1 件。

标本 F27∶65，青褐色燧石。打制，不规则多边形，边刃，有刮削痕迹。长 2.9、宽 1.7、厚 0.6 厘米（图 3-389，3）。

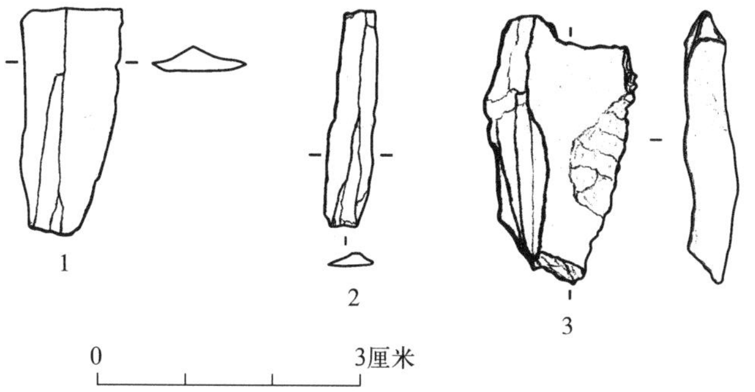

图 3-389　F27 出土细石器

1、2. 石叶刮削器 F27∶50、66　3. 石片刮削器 F27∶65

（3）磨制石器

14 件。有石斧 1 件、石镞 1 件、石磨盘 3 件、石磨棒 5 件、砺石 3 件、石环 1 件。

石斧　1 件。

标本 F27∶10，残，风化高岭土。磨制，表面光滑，对磨刃。顶、刃部残。残长 7.0、宽 4.6、厚 1.7 厘米（图 3-390，1）。

石镞　1 件。

标本 F27∶51，残，青色板岩。磨制，长三角形，横截面扁六棱形，锋残，对磨边刃，凹底。残长 2.4、宽 1.6、厚 0.2 厘米（图 3-390，2）。

石磨盘　3 件。

标本 F27∶5，残块，黄褐色砂岩。磨制，一凹磨面，磨痕迹明显。残长 6.5、宽 5.4、厚 2.5 ～ 3.1 厘米（图 3-390，3）。

标本 F27∶37，残块，黄褐色砂岩。磨制，一平面磨面，磨痕迹明显。残长 10.0、宽 8.5、厚 3.3 ～ 4.5

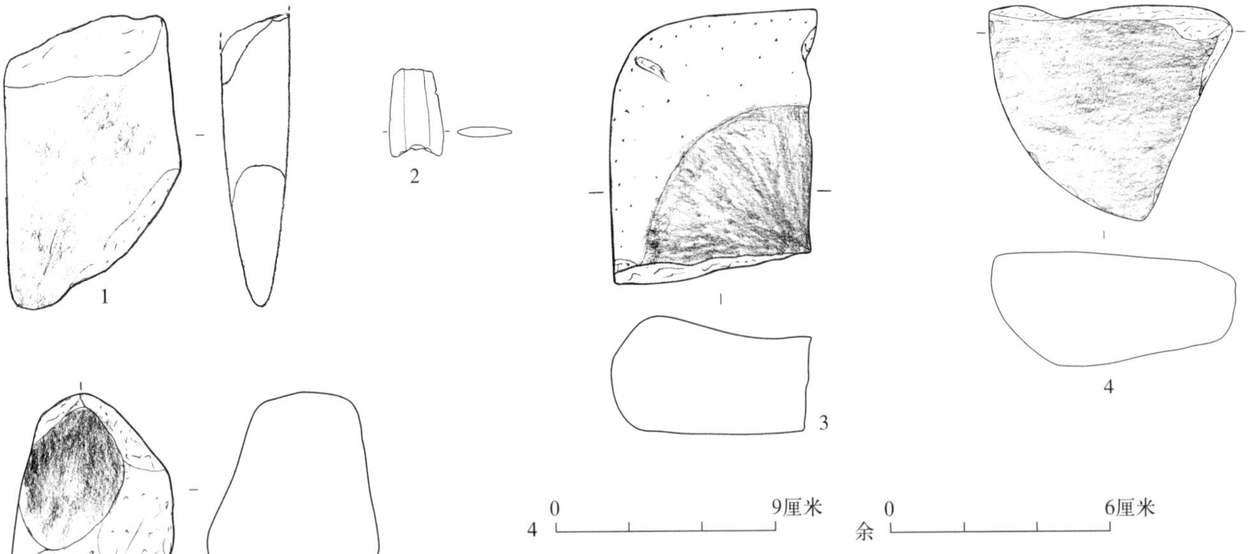

图 3-390 F27 出土磨制石器

1. 石斧 F27：10 2. 石镞 F27：51 3～5. 石磨盘 F27：5、37、39

厘米（图 3-390，4）。

标本 F27：39，残块，褐色砂岩。磨制，一凹磨面，磨痕迹明显。残长 5.4、宽 4.4、厚 4.7 厘米（图 3-390，5）。

石磨棒 5 件。

标本 F27：3，残，灰白色砂砾岩。磨制，横截面半圆形，多磨面，磨痕明显。残长 11.0、宽 5.4、厚 7.8 厘米（图 3-391，1）。

标本 F27：35，残块，黄褐色砂岩。磨制，多磨面，磨痕明显。残长 5.6、宽 6.1、厚 5.9 厘米（图 3-391，2）。

标本 F27：43，残块，黄褐色花岗岩。磨制。残长 3.1、宽 3.3、厚 4.2 厘米（图 3-391，3）。

标本 F27：49，残块，黄褐色花岗岩。磨制，多磨面，磨痕明显。残长 6.5、宽 5.2、厚 4.0 厘米（图 3-391，4）。

标本 F27：60，残块，灰白色石英砂。磨制，一平磨面，磨痕明显。残长 6.6、宽 6.6、厚 5.3 厘米（图 3-391，5）。

砺石 3 件。

标本 F27：32，残，褐色板岩。磨制，不规则多边形，一平磨面，磨痕明显。长 6.4、宽 5.2、厚 0.6 厘米（图 3-391，6）。

标本 F27：61，残块，黄褐色花岗岩。磨制，不规则扁椭圆形，一平磨面，磨痕明显。长 4.1、宽 2.9、厚 1.9 厘米（图 3-391，7）。

标本 F27：62，褐色斑岩。圆角长条形，大部分保留石皮，仅一端有磨擦痕。长 5.6、宽 2.3、厚 1.3 厘米（图 3-391，8）。

石环 1 件。

标本 F27：20，红褐色板岩。磨制，不规则长椭圆形，中间有对磨椭圆形穿孔。长 5.5、宽 2.5、厚 1.6、孔径 1.5～5.1 厘米（图 3-391，9；彩版一三六，6）。

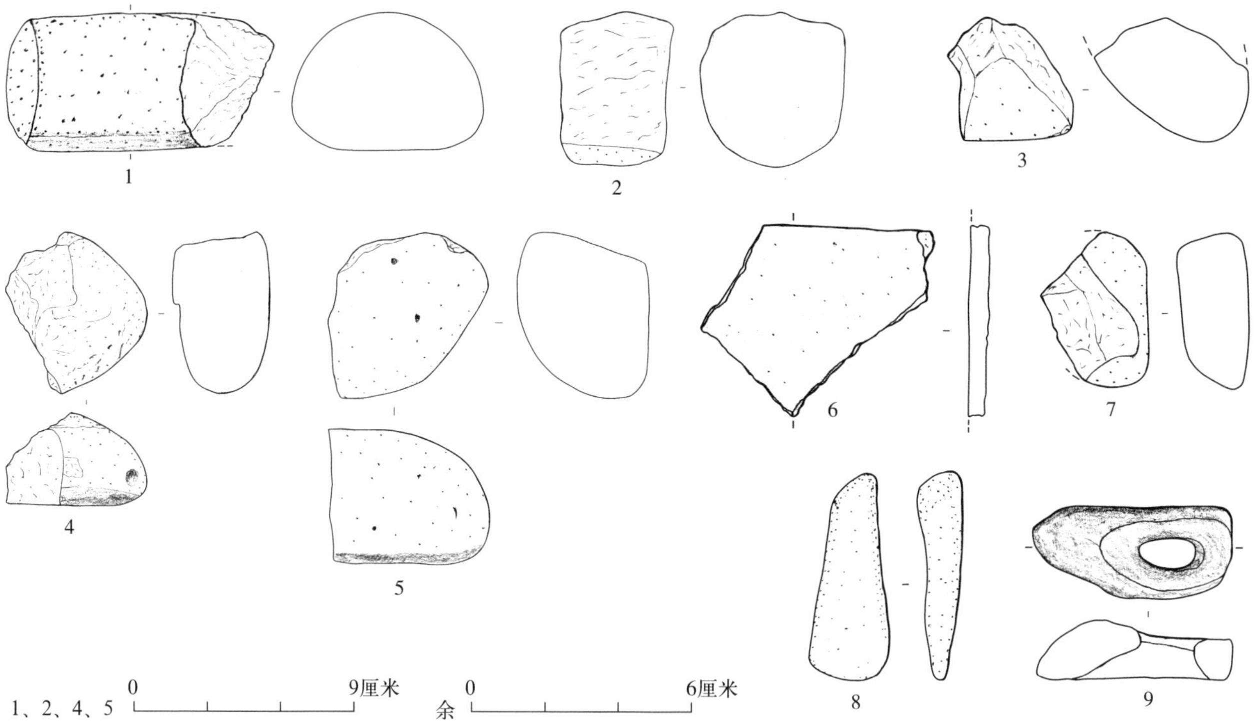

图 3-391　F27 出土磨制石器

1～5. 石磨棒 F27：3、35、43、49、60　6～8. 砺石 F27：32、61、62　9. 石环 F27：20

2. 陶器

9 件。

深腹罐　8 件。

Aa 型Ⅱ式　1 件。

标本 F27：73，残，夹砂红褐陶。直口，圆唇，直腹。口沿处饰一周划压编织席纹，腹部饰竖压横排之字纹。口径 14.0、残高 3.6 厘米（图 3-392，1）。

Ac 型Ⅰ式　1 件。

标本 F27：72，残，夹砂红陶。直口，圆唇，斜直腹。口沿有一周素面，腹部饰竖压横排之字纹。口径 28.0、残高 3.6 厘米（图 3-392，2）。

Ac 型Ⅲ式　1 件。

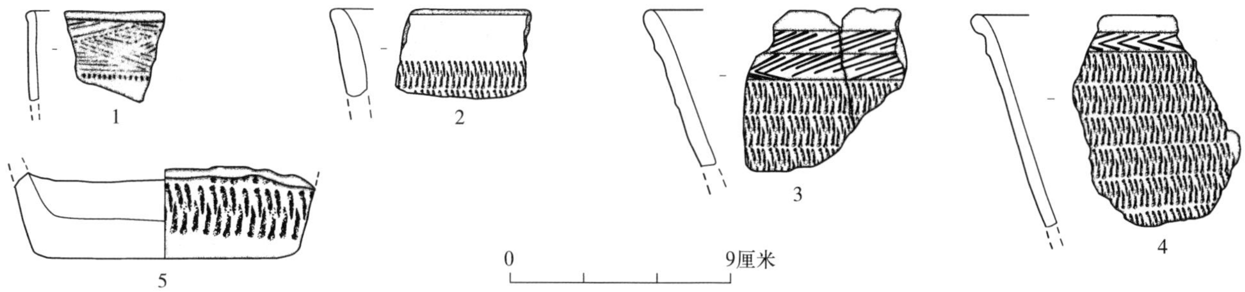

图 3-392　F27 出土深腹罐

1. Aa 型Ⅱ式 F27：73　2. Ac 型Ⅰ式 F27：72　3. Ac 型Ⅲ式 F27：68　4、5. 陶片 F27：69、77

标本F27∶68，残，夹砂红陶。敞口，圆唇，斜直腹。口沿处有两周凹带，内饰划压斜线纹、人字纹，腹部饰竖压横排之字纹。口径30.0、残高6.4厘米（图3-392，3）。

罐口沿　1件。

标本F27∶69，残，夹砂黑褐陶。直口，圆唇，斜直腹。口沿处有一周凹带，内饰划压横人字纹，腹部饰竖压横排之字纹。残高8.5厘米（图3-392，4）。

器底　1件。

标本F27∶77，残，夹砂红陶。弧腹，平底。腹部饰竖压横排之字纹，不及底。残高3.7、底径11.4厘米（图3-392，5）。

Ba型Ⅲ式　1件。

标本F27∶75，残，夹砂黑褐陶。直口，圆唇，弧腹。口沿处有两周凹带，内饰戳刺纹，腹部饰压印弦纹。口径16.0、残高2.0厘米（图3-393，1）。

陶罐腹片　1件。

标本F27∶74，残，夹砂黑褐陶。弧腹，腹部饰压印弦纹，疏密不一。残高4.5厘米（图3-393，2）。

Db型Ⅰ式　1件。

标本F27∶76，残，夹砂黑褐陶。直口，圆唇，直腹。口沿处饰一周划压编织蓆纹。口径26.0、残高5.2厘米（图3-393，3）。

高足钵　1件。

Ⅰ式　1件。

标本F27∶67，残，夹砂红陶，表面有红陶衣。敞口，圆唇，弧腹，高圈足。口沿有一周素面凹带，腹部以一周戳刺纹为分隔，上部饰斜线纹，中部饰斜线交叉网格纹，下部饰斜线、连线折三角斜线纹组。足部饰压印弦纹、划斜线纹。口径23.6、底径6.2、残高14.4厘米（图3-393，4）。

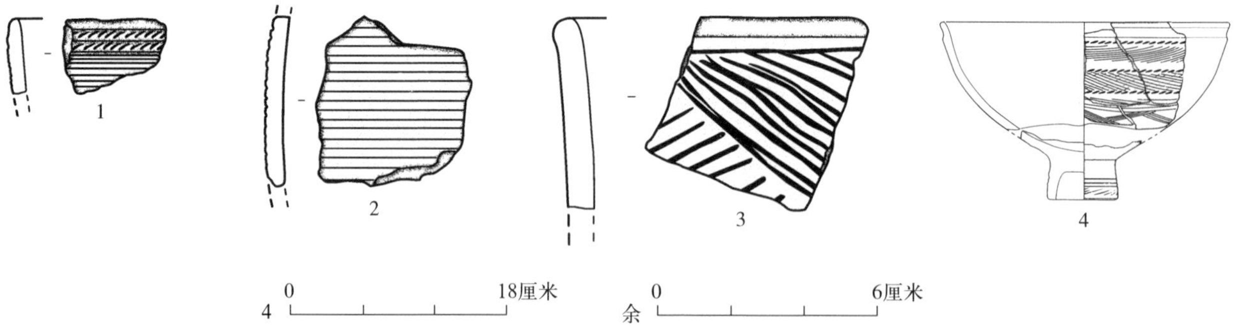

图3-393　F27出土陶器

1. Ba型Ⅲ式深腹罐F27∶75　2. 深腹罐陶片F27∶74　3. Db型Ⅰ式深腹罐F27∶76　4. Ⅰ式高足钵F27∶67

（二五）F28

F28位于TN10E08东部，开口于第②B层下，打破生土。房址未完全揭露，推测形状为圆角长方形，东部被现代沟打破，为半地穴式。东西残长3.30、南北残长3.00～3.60、存深0.50米（图3-394；彩版一三七，1）。

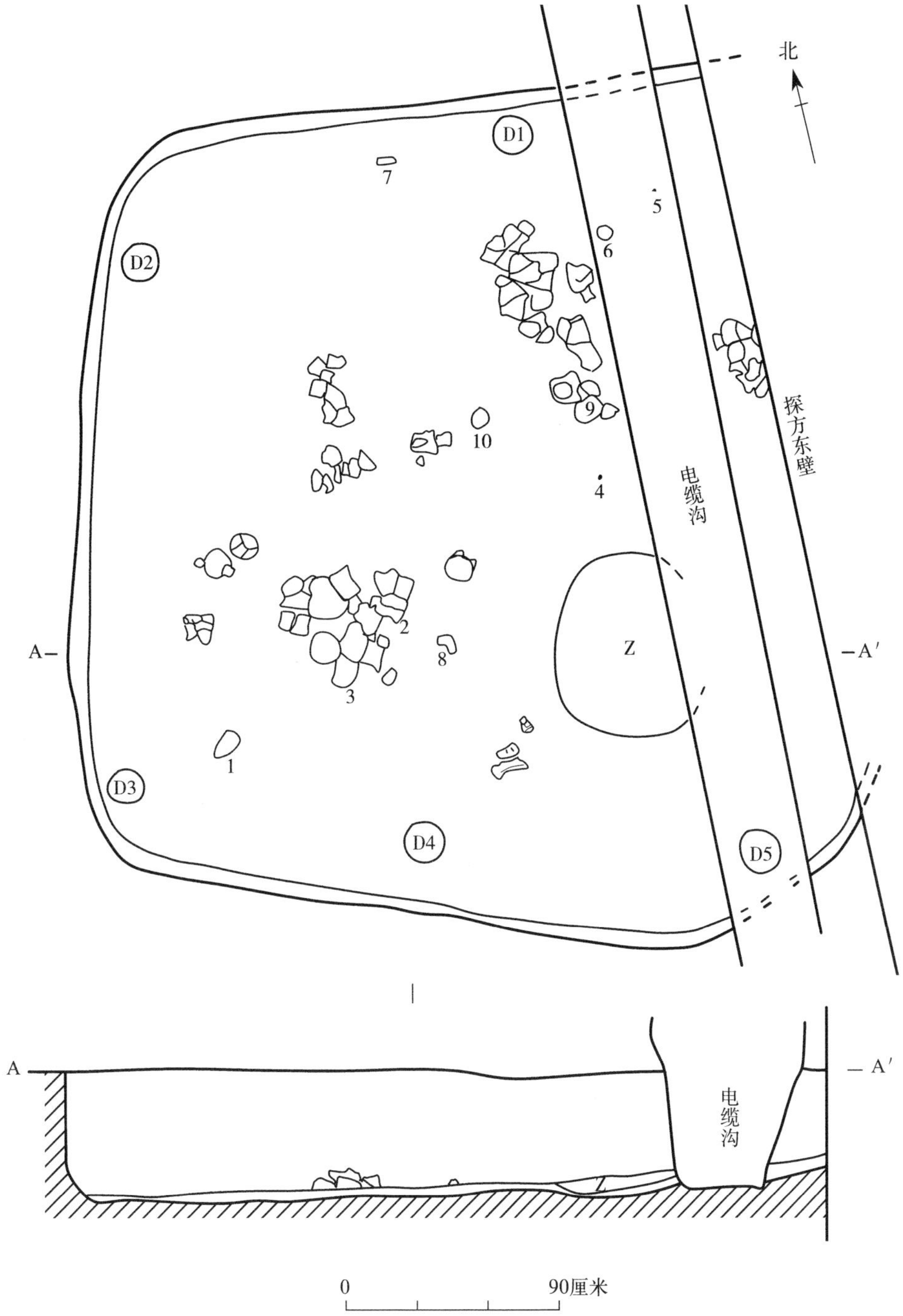

图 3-394 F28 平、剖面图

1、3、6～10. 石器 2. 深腹罐 4～5. 煤精球形器

房内的堆积为浅灰褐色黏土，土质致密，填土中出土了数量较多的夹砂陶片。房址中部偏南有1处灶址，灶平面呈椭圆形，圜底，南北长 0.75、东西宽 0.56、存深 0.06 米。

在房址穴壁处发现 5 个柱洞（表 3-18），

在活动面上保留了大量的深腹罐或高足钵的残片和一些石器，有深腹罐、高足钵、砺石、石叶、煤精球形器等 45 件。

表 3-18　F28 柱洞（柱坑）登记表　（单位：厘米）

编号	径	深	备注	编号	径	深	备注
D1	15	6		D4	16	6	
D2	14	6		D5	16	6	
D3	13	6					

1. 石器

30 件。有打制石器 22 件，磨制石器 8 件。

（1）打制石器

22 件。有砍砸器 2 件、敲砸器 1 件、石片刮削器 15 件、尖状器 1 件、石核 1 件、网坠 2 件。

砍砸器　2 件。

标本 F28∶13，砂板岩。打制，不规则扁平四边形，局部保留石皮，一端砍砸痕迹明显。长 8.0、宽 5.8、厚 1.3 厘米（图 3-395，1）。

标本 F28∶54，硅质岩。打制，三角多棱形，局部保留石皮，边刃，砍砸痕迹明显。长 3.2、宽 6.7、厚 4.0 厘米（图 3-395，2）。

敲砸器　1 件。

标本 F28∶11，残，花岗岩。打制，长扁圆形，大部保留石皮，一端有敲砸痕迹。长 14.2、宽 7.4、厚 5.2 厘米（图 3-395，3）。

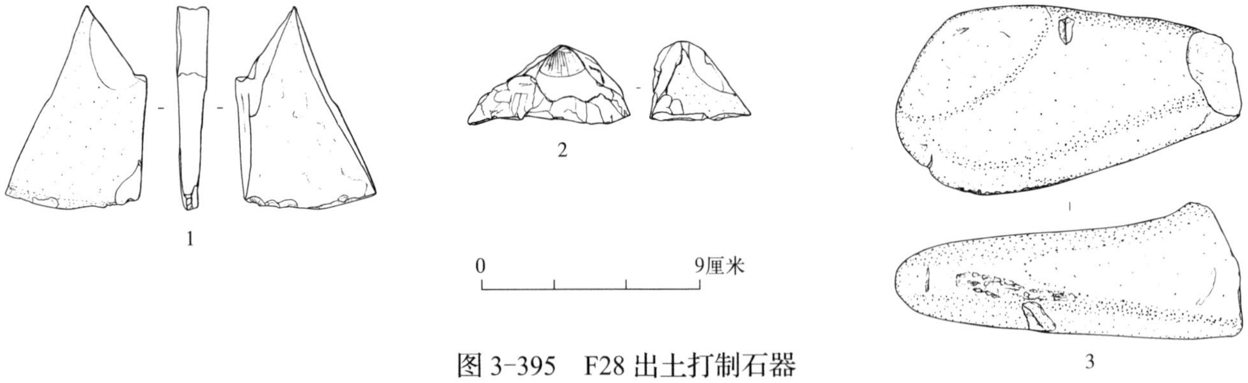

图 3-395　F28 出土打制石器

1、2. 砍砸器 F28∶13、54　3. 敲砸器 F28∶11

石片刮削器　15 件。

标本 F28∶15，砂质板岩。打制，不规则三角形，一侧局部留石皮，边刃，有刮削痕迹。残长 5.9、宽 3.8、厚 1.9 厘米（图 3-396，1）。

标本 F28∶18，板岩。打制，扁椭圆形，多剥片疤，边刃，有刮削痕迹。长 6.2、宽 4.5、厚 2.4 厘米（图 3-396，2）。

标本 F28∶21，板岩。打制，扁椭圆形，一侧局部留石皮，边刃，有刮削痕迹。长 5.2、宽 4.3、厚 1.4 厘米（图 3-396，3）。

标本 F28∶22，粉砂质板岩。打制，不规则四边形，边刃，有刮削痕迹。长 4.0、宽 3.6、厚 0.7 厘米（图 3-396，4）。

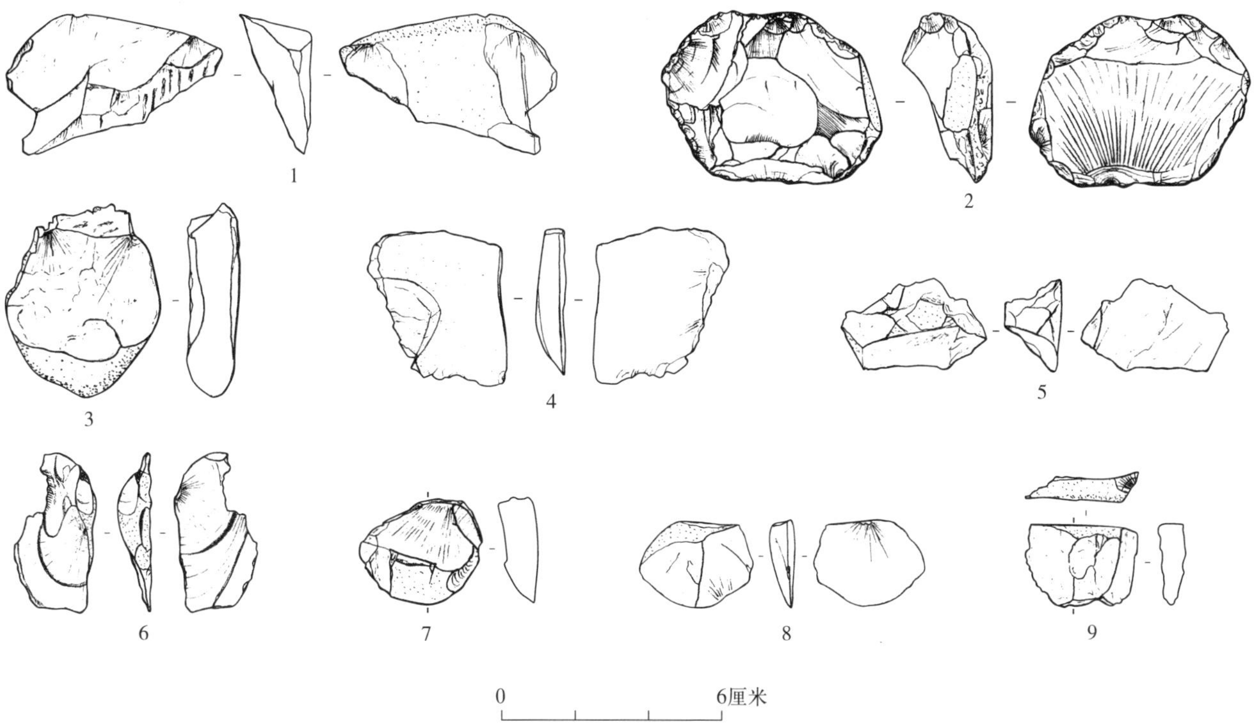

图 3-396 F28 出土打制石器

1～9. 石片刮削器 F28：15、18、21～26、28

标本 F28：23，砂板岩。打制，不规则多边形，边刃，有刮削痕迹。长 4.0、宽 2.4、厚 1.5 厘米（图 3-396，5）。

标本 F28：24，微细粒板岩。打制，不规则多边形，边刃，有刮削痕迹。长 4.1、宽 2.1、厚 0.9 厘米（图 3-396，6）。

标本 F28：25，粉砂质板岩。打制，不规则蚌壳形，弧刃，有刮削痕迹。长 3.4、宽 2.8、厚 0.9 厘米（图 3-396，7）。

标本 F28：26，青色砂板岩。打制，不规则蚌壳形，弧刃，有刮削痕迹。长 2.3、宽 3.1、厚 0.7 厘米（图 3-396，8）。

标本 F28：28，硅质岩。打制，不规则梯形，边刃，有刮削痕迹。长 3.0、宽 2.2、厚 0.8 厘米（图 3-396，9）。

标本 F28：29，粉砂质板岩。打制，不规则多边形，一侧局部保留石皮，边刃，有刮削痕迹。长 2.2、宽 2.0、厚 0.2 厘米（图 3-397，1）。

标本 F28：30，板岩。打制，不规则三角形，一侧局部留石皮，边刃，有刮削痕迹。长 2.5、宽 2.1、厚 0.4 厘米（图 3-397，2）。

标本 F28：33，砂板岩。打制，不规则多边形，边刃，有刮削痕迹。长 4.3、宽 2.4、厚 1.4 厘米（图 3-397，3）。

标本 F28：34，板岩。打制，不规则扁椭圆形，边刃，有刮削痕迹。长 3.1、宽 3、厚 1.4 厘米（图 3-397，4）。

标本 F28：37，砂岩。打制，不规则多边形，边刃，有刮削痕迹。长 2.5、宽 2.3、厚 0.3 厘米（图

3-397，5）。

标本F28∶42，青灰色板岩。打制，刃边压琢，有刮削痕迹。长1.7、宽1.4、厚0.3厘米（图3-397，6）。

尖状器　1件。

标本F28∶7，残，硅质岩。打制，圭形，尖锋，边刃经压琢呈细齿，有刮削痕迹，平底。长5.2、宽2.6、厚0.9厘米（图3-397，7；彩版一三七，2）。

石核　1件。

标本F28∶10，青褐色砂板岩。打制，不规则多棱形，两端台面有剥片疤。长6.0、宽3.6、厚3.5厘米（图3-397，8）。

网坠　2件。

标本F28∶9，残，花岗岩。打制，扁平椭圆形。两侧对称打出豁口。长7.6、宽7.0、厚1.5厘米（图3-397，9；彩版一三七，3）。

标本F28∶56，残，砂砾岩。打制，片状。残存一端豁口。残长5.0、宽3.8、厚0.8厘米（图3-397，10）。

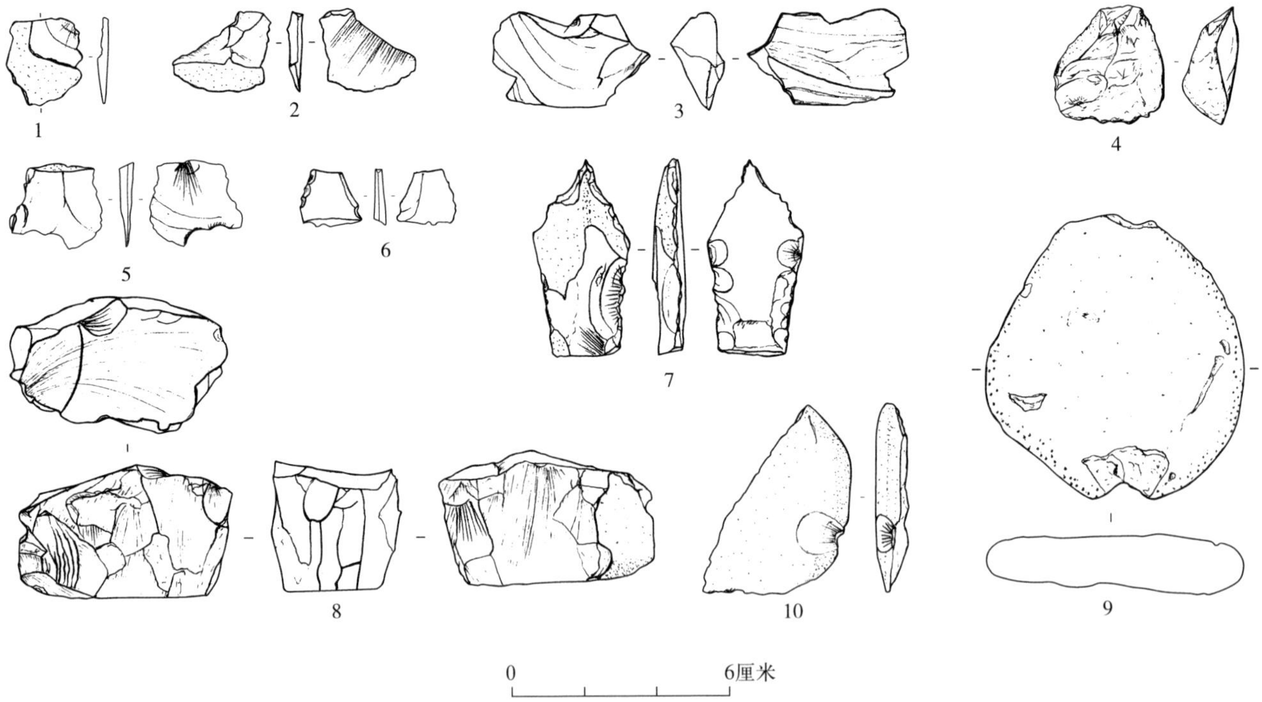

图3-397　F28出土打制石器

1～6. 石片刮削器F28∶29、30、33、34、37、42　7. 尖状器F28∶7　8. 石核F28∶10　9、10. 网坠F28∶9、56

（2）磨制石器

8件。

石磨棒　5件。

标本F28∶1，砂岩。磨制，圆角长三棱形，横截面圆角三角形，两面磨，痕迹明显。长13.2、宽6.9、厚6.0厘米（图3-398，1）。

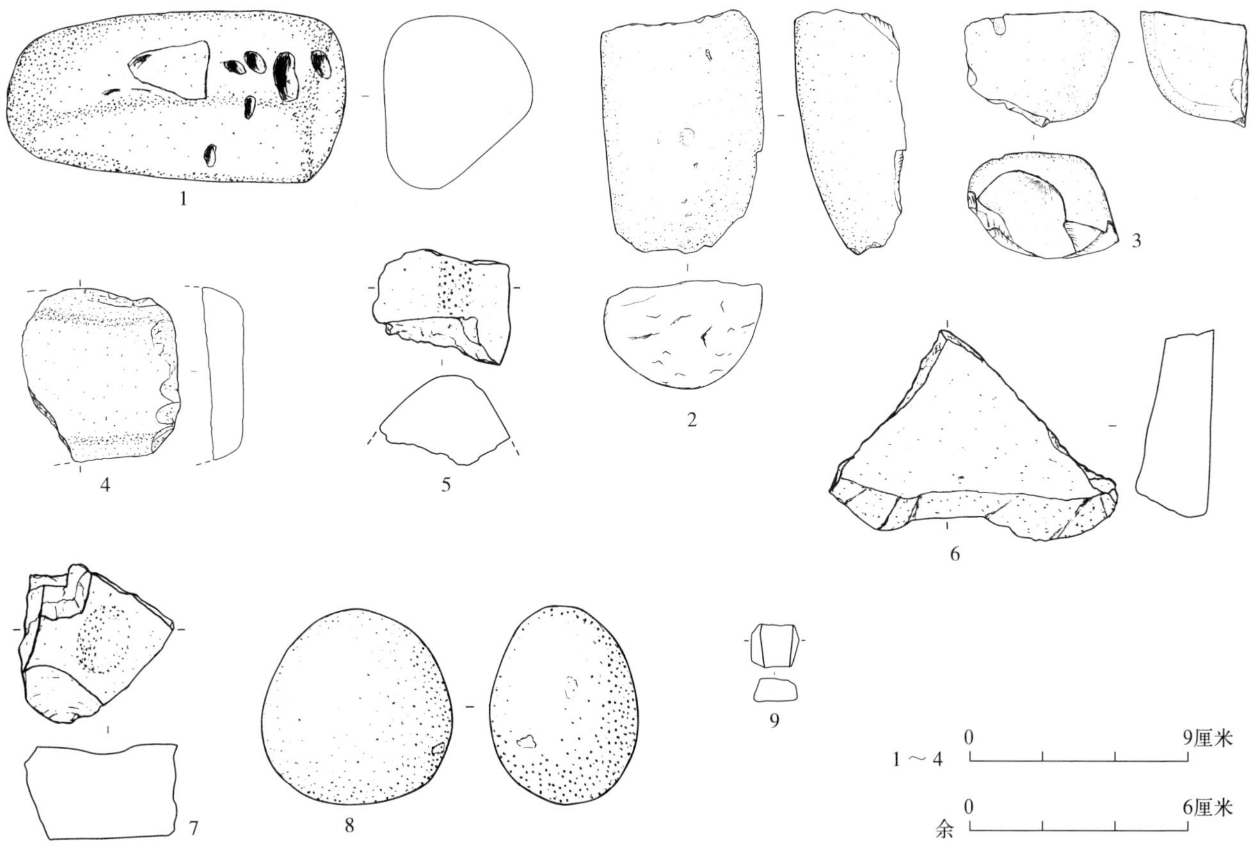

图 3-398　F28 出土磨制石器与玉器

1～5. 石磨棒 F28：1、12、49、52、55　6、7. 砺石 F28：8、53　8. 石球 F28：6　9. 玉料 F28：31

标本 F28：12，残块，细粒花岗岩。磨制，一面磨痕迹明显。残长 9.6、宽 6.3、厚 4.3 厘米（图 3-398，2）。

标本 F28：49，残块，细粒花岗岩。磨制，一面磨痕迹明显。残长 4.2、宽 5.8、厚 4.0 厘米（图 3-398，3）。

标本 F28：52，残块，细粒花岗岩。磨制，磨痕迹明显。残长 6.3、宽 6.9、厚 1.7 厘米（图 3-398，4）。

标本 F28：55，残块，细粒花岗岩。磨制，磨痕迹明显。残长 3.0、宽 3.5、厚 2.4 厘米（图 3-398，5）。

砺石　2 件。

标本 F28：8，残块，石英砂岩。磨制，扁平三角形，两面磨痕迹明显。长 7.8、宽 5.4、厚 2.0 厘米（图 3-398，6）。

标本 F28：53，残块，砂岩。磨制，三角形，一面磨痕迹明显。长 4.2、宽 4.1、厚 2.4 厘米（图 3-398，7）。

石球　1 件。

标本 F28：6，基本完整，花岗岩。磨制，椭圆形，表面光滑。直径 5.2～4.0 厘米（图 3-398，8）。

2. 玉器

1 件。

玉料 1 件。

标本 F28：31，青绿色玉。磨制，不规则扁方形。表面光滑。长 1.2、宽 1.3、厚 0.6 厘米（图 3-398，9；彩版一三七，4）。

3. 陶器

7 件。

深腹罐 7 件。

Aa 型Ⅱ式 1 件。

标本 F28：58，残，夹砂黑褐陶。直口，圆唇，直腹。口沿处有一周凹带，内饰划压横人字纹，腹部饰竖压横排之字纹。口径 15.2、残高 15.3 厘米（图 3-399，1）。

Ab 型Ⅲ式 2 件。

标本 F28：57，残，夹砂红褐陶。敞口，圆唇，弧腹。口沿处有一周凹带，内饰划压斜线纹、网格纹等，腹部饰竖压横排之字纹。口径 23.4、残高 24.0 厘米（图 3-399，2）。

标本 F28：59，残，夹砂红褐陶。敞口，圆唇，弧腹。口沿处有两周凹带，内饰划压斜线纹，腹部饰竖压横排之字纹。口径 21.0、残高 22.6 厘米（图 3-399，3）。

陶器底 2 件。

标本 F28：60，残，夹砂红陶。斜直腹，平底。腹部饰竖压横排之字纹。底径 6.2、残高 5.6 厘米（图 3-399，4）。

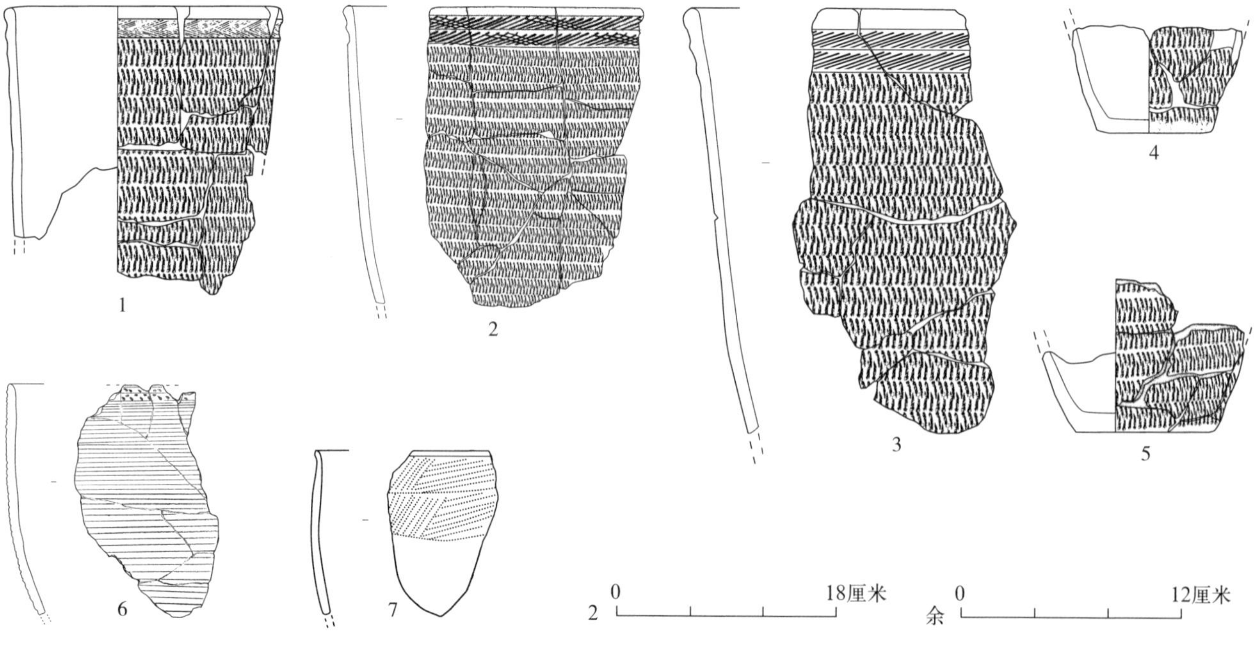

图 3-399 F28 出土深腹罐

1. Aa 型Ⅱ式 F28：58 2、3. Ab 型Ⅲ式 F28：57、59 4、5. 陶片 F28：60、62 6. Ba 型Ⅲ式 F28：3 7. Ca 型Ⅰ式 F28：61

标本 F28：62，残，夹砂红陶。斜直腹，平底。腹部饰竖压横排之字纹。底径 7.5、残高 8.1 厘米（图 3-399，5）。

Ba 型Ⅲ式　1 件。

标本 F28：3，残，夹砂红褐陶。尖圆唇、直口，深腹。口沿处有两周凹带，内饰压印篦点纹，腹部饰压印弦纹，弦纹上密下疏。口径 11.0、残高 12.0 厘米（图 3-399，6）。

Ca 型Ⅰ式　1 件。

标本 F28：61，残，夹砂灰褐陶。尖唇，口稍敞，弧腹。口沿饰压印篦点蓆纹，腹部素面。口径 10.0、残高 8.8 厘米（图 3-399，7）。

4. 煤精制品

7 件。

球形器　2 件。

标本 F28：4，磨制，椭圆形。直径 1.2 ～ 1.4 厘米（图 3-400，1）。

标本 F28：5，磨制，椭圆。直径 1.5 ～ 1.6 厘米（图 3-400，2）。

煤精块　5 件。

标本 F28：43，长 2.3、宽 3.9、厚 1.4 厘米（图 3-400，3）。

标本 F28：44，长 2.0、宽 2.5、厚 0.7 厘米（图 3-400，4）。

标本 F28：45，长 3.0、宽 1.2、厚 0.6 厘米（图 3-400，5）。

标本 F28：46，长 2.1、宽 1.2、厚 0.4 厘米（图 3-400，6）。

标本 F28：50，长 2.2、宽 3.0、厚 1.1 厘米（图 3-400，7）。

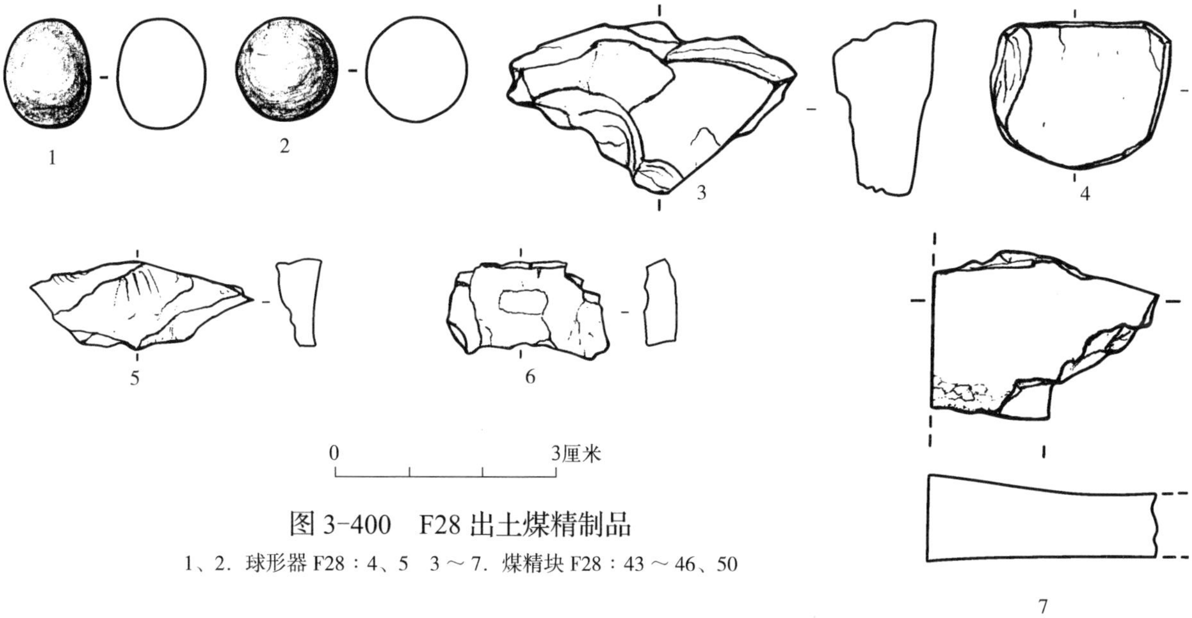

图 3-400　F28 出土煤精制品

1、2. 球形器 F28：4、5　3 ～ 7. 煤精块 F28：43 ～ 46、50

（二六）F30

F30 位于 TN08E07 南部，开口于第②B 层下，打破生土。平面圆角梯形，半地穴式。东西长 3.10、南北长 2.60 ～ 3.40、存深 0.30 ～ 0.40 米，面积约 9.3 平方米（图 3-401；彩版一三八，1）。

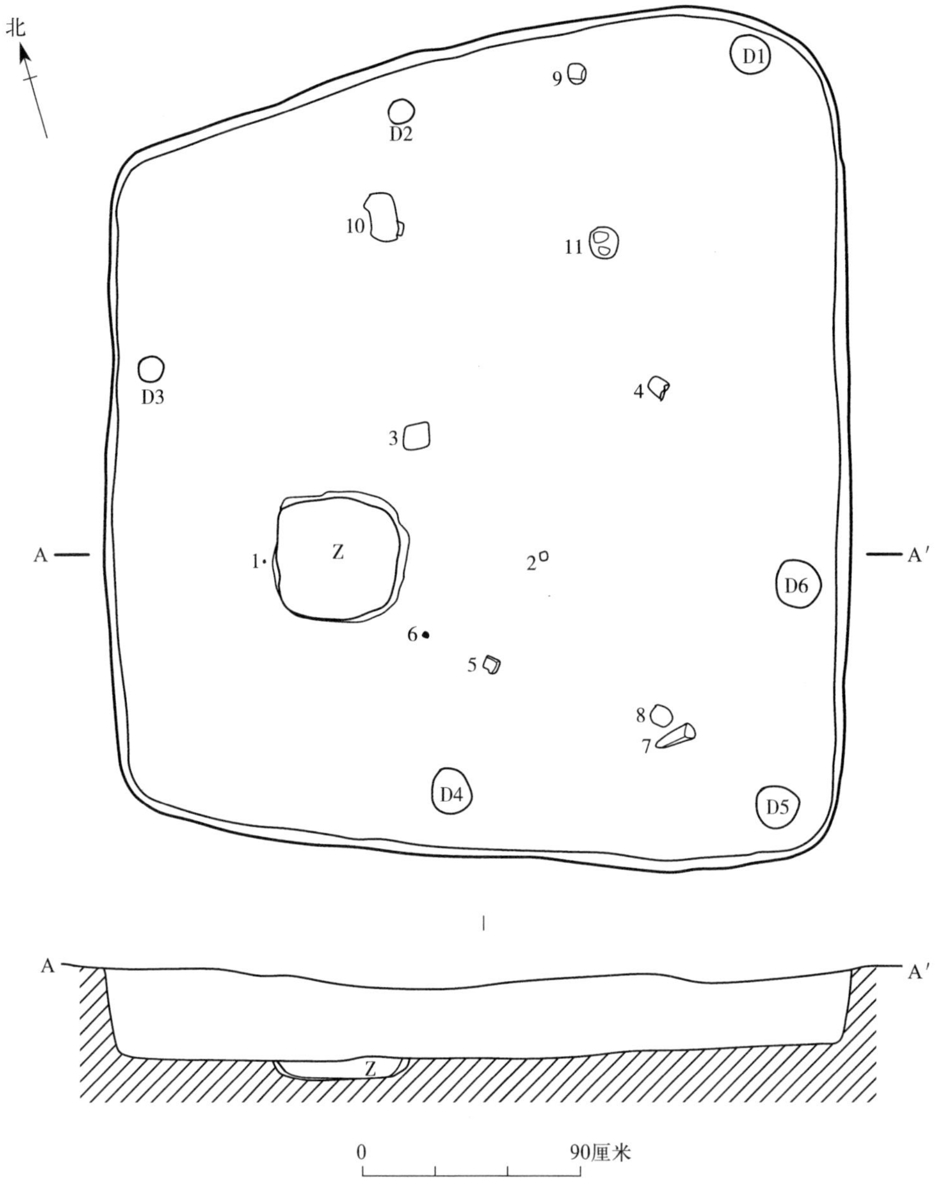

图 3-401 F30 平、剖面图

1. 煤精球形器 2～5、7～11. 石器 6. 煤精块

在房址中部偏西南发现 1 处灶址，平面近圆形，直径约 0.50、存深 0.10 米。房内的堆积为浅灰褐色黏土，土质致密。出土石器、陶器、煤精制品等，共计 14 件。

在房址半地穴穴壁处发现 6 个柱洞（表 3-19）。

表 3-19 F30 柱洞（柱坑）登记表 （单位：厘米）

编号	径	深	备注	编号	径	深	备注
D1	15	6		D4	15	6	
D2	10	6		D5	16	6	
D3	10	6		D6	17	6	

1. 石器

10 件。有打制石器 9 件、磨制石器 1 件。

（1）打制石器

9 件。有敲砸器 6 件、石片刮削器 3 件。

敲砸器　6 件。

标本 F30：2，青色板岩。打制，圆角多棱形，局部保留石皮，两端敲砸痕迹明显。长 5.1、宽 4.5、厚 3.4 厘米（图 3-402，1）。

标本 F30：5，石英岩。打制，圆角多棱形，边棱敲砸痕迹明显。长 6.7、宽 5.7、厚 4.3 厘米（图 3-402，2）。

标本 F30：7，青灰色板岩。打制，圆角长条形，局部保留石皮，两端敲砸痕迹明显。长 12.8、宽 4.1、厚 2.6 厘米（图 3-402，3）。

标本 F30：8，青灰色硅质岩。打制，椭圆多棱形，多剥片疤，敲砸痕迹细碎。长 7.8、宽 7.1、厚 5.6

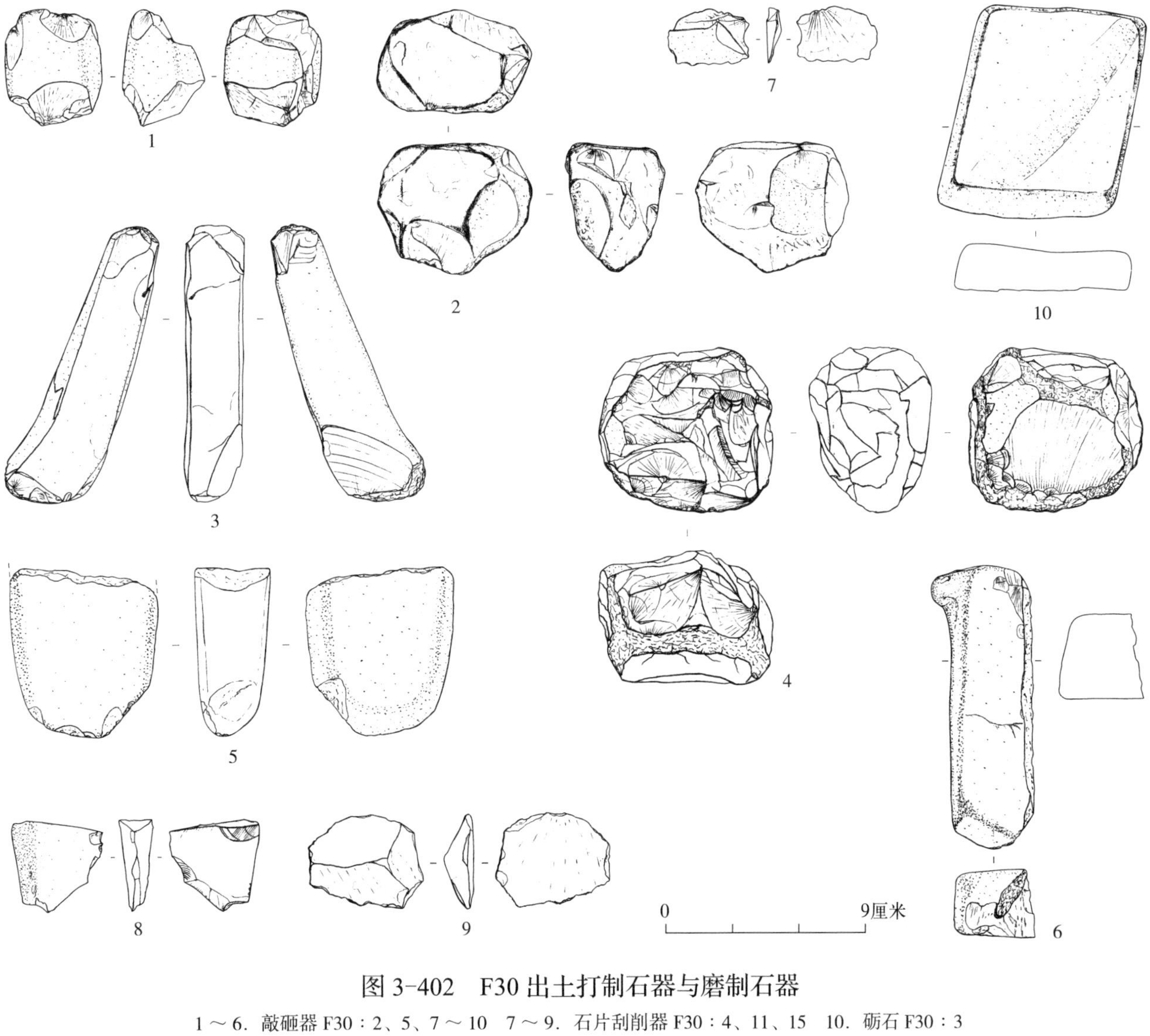

图 3-402　F30 出土打制石器与磨制石器

1～6. 敲砸器 F30：2、5、7～10　7～9. 石片刮削器 F30：4、11、15　10. 砺石 F30：3

厘米（图 3-402，4；彩版一三八，2）。

标本 F30∶9，砂岩，打制，扁方形，大部保留石皮，一端有敲砸痕迹。残长 7.3、宽 6.5、厚 3.4 厘米（图 3-402，5）。

标本 F30∶10，残，板岩。打制，长方条形，大部保留石皮，一端敲砸痕迹明显。长 12.3、宽 4.5、厚 3.7 厘米（图 3-402，6）。

石片刮削器　3 件。

标本 F30∶4，青灰色板岩。打制，多边长方形，一侧保留石皮，边刃，有刮削痕迹。残长 3.7、宽 2.4、厚 0.7 厘米（图 3-402，7）。

标本 F30∶11，青色板岩。打制，三角形，一侧保留石皮，边刃，有刮削痕迹。残长 3.9、宽 3.8、厚 1.5 厘米（图 3-402，8）。

标本 F30∶15，青灰色板岩。打制，不规则半圆形，边刃，有刮削痕迹。残长 5.0、宽 4.1、厚 1.4 厘米（图 3-402，9）。

（2）磨制石器

1 件。

砺石　1 件。

标本 F30∶3，板岩。磨制，四边形，一面磨痕明显。残长 9.0、宽 7.8、厚 2.0 厘米（图 3-402，10）。

2. 陶器

2 件。

深腹罐　2 件。

Ab 型Ⅲ式　1 件。

标本 F30∶16，残，夹砂红褐陶。直口，圆唇，斜直腹，底残，口沿处有两周凹带，内饰刻压斜线纹、横人字纹，腹部饰竖压横排的压印之字纹。口径 20.0、残高 8.5 厘米（图 3-403，1）。

Ba 型Ⅲ式　1 件。

标本 F30∶17，残，夹砂红褐陶。直口，圆唇，直腹。口沿处有三周凹带，内饰篦点纹，腹部饰压印弦纹。口径 11.0、残高 4.3 厘米（图 3-403，2）。

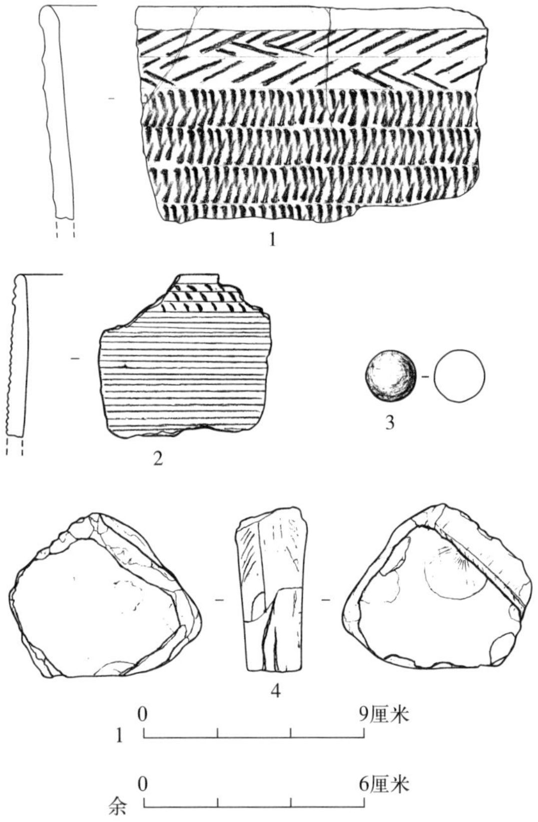

图 3-403　F30 出土陶器与煤精制品

1. Ab 型Ⅲ式深腹罐 F30∶16　2. Ba 型Ⅲ式深腹罐 F30∶17　3. 煤精球形器 F30∶1　4. 煤精块 F30∶6

3. 煤精制品

2 件。

球形器　1 件。

标本 F30∶1，磨制，表面光滑。直径近 1.4 厘米（图 3-403，3；彩版一三八，3）。

煤精块　1 件。

标本 F30∶6，残，近圆角三角形。块状。长 4.4、宽 5.2、厚 2.0 厘米（图 3-403，4）。

新乐遗址发掘报告

（下）

沈阳市文物考古研究所
新 乐 遗 址 博 物 馆 编著

文物出版社

Excavating Report on Xinle Site

(Ⅱ)

by

Shenyang Municipal Institute of Cultural Relics and Archaeology

Museum of Xinle Site

Cultural Relics Press

第三节　一般保护区

一　房址

（一）CDF1

CDF1 位于 CDT1 北侧，南距 CDF3 约 2.50、东北距 CDF6 约 6.40、东南距 CDF4 约 8.35 米。房址开口于第②层下，打破生土。平面圆角方形，半地穴式，穴壁稍内倾。房址北部、东部和中部在施工中已被局部破坏，仅南壁保存较好。南北长 3.30、东西宽 3.20 米，面积约 10.50 平方米（图 3-404；彩版一三九，1）。

房内堆积分两层，第一层黄褐土，厚 0.20 ～ 0.35 米，土质较实，基本不见遗物；第二层灰褐土，

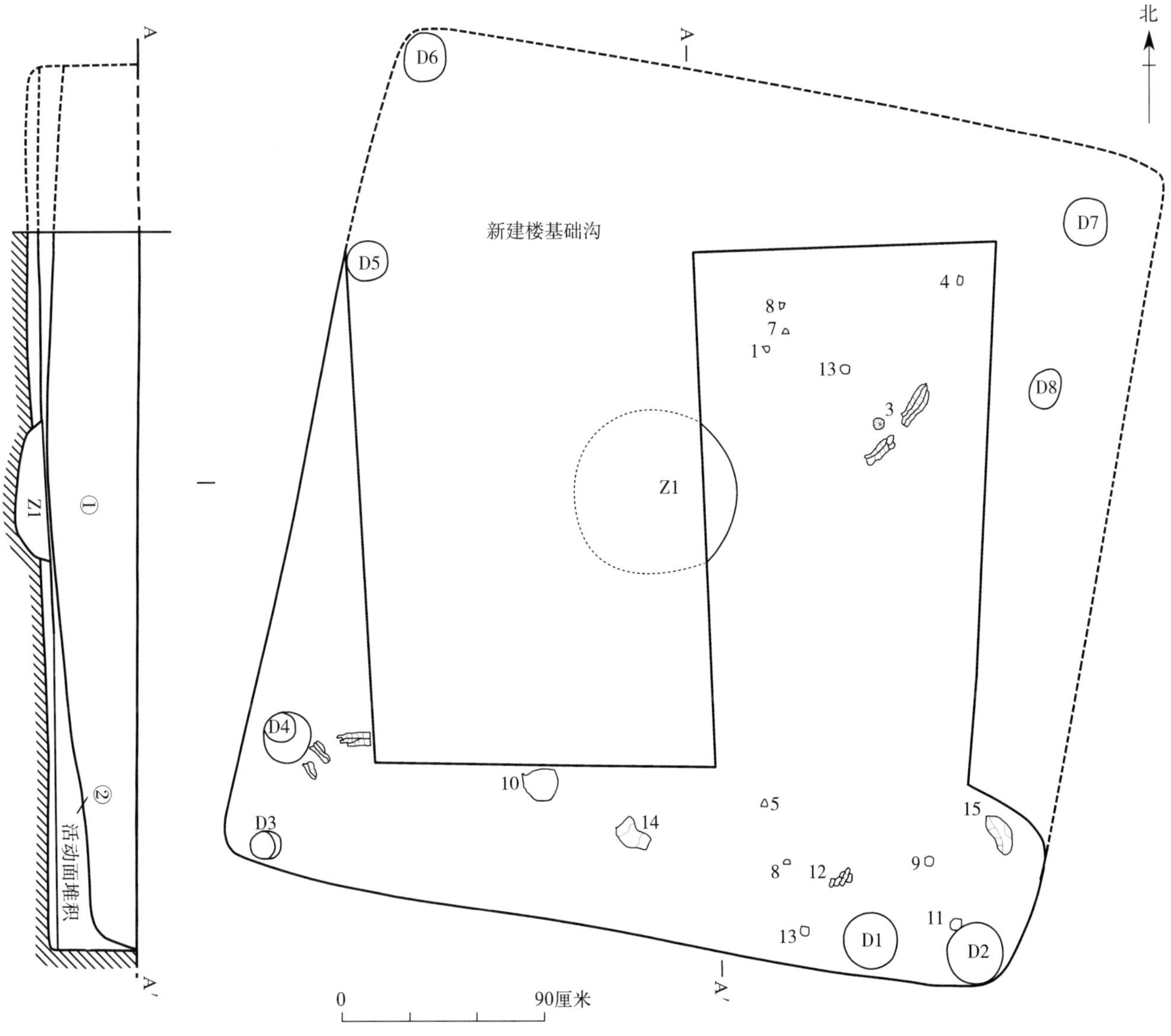

图 3-404　CDF1 平、剖面图

1、6. 煤精制品　2. 刮削器　3. 磨制工具　4、5. 石镞　7、8. 石叶　9. 石器　10、14. 磨盘　11、15. 磨棒　12、16. 陶器　13. 石球

厚0.05～0.25米，内含炭化的木柱、烧土粒、灰烬及陶片石器等。本层下为房址活动面，厚0.05～0.10米，活动面在灶址附近较为明显，陶片、石器、煤精等遗物多出于活动面之上。房址中部稍偏西处发现灶址1个，编号Z1。灶址西部已破坏，为圆形，凹底，灶内径0.75、深0.12米，灶内壁有烧烤面，底部烧土堆积厚6～8厘米。

在靠近穴壁的底部发现柱洞8个，对其中南侧的柱洞解剖（表3-20）。

遗物有石器、陶器、煤精制品15件。

表3-20 CDF1柱洞（柱坑）登记表 （单位：厘米）

编号	径	深	备注	编号	径	深	备注
D3	14	20		D8	12	不详	
D4	14	16		ZK1	20	18	圆形内单柱
D5	17	不详		ZK2	18	22	圆形内单柱
D6	17	不详		ZK3	18	22	圆形内柱数不详
D7	19	不详		ZK4	22	30	圆形内柱数不详

1. 石器

13件。有打制石器4件、细石器4件、磨制石器5件。

（1）打制石器

4件。有敲砸器3件、石片刮削器1件。

敲砸器 3件。

标本CDF1∶9，残，红褐色板岩。打制，圆顶长方形，大部保留石皮，一端有砸击痕。长14.0、宽5.8、厚5.6厘米（图3-405，1；彩版一三九，2）。

标本CDF1∶13，青灰色板岩。打制，不规则椭圆形，多棱角，敲砸痕迹明显。长5.5、宽5.0、厚4.6厘米（图3-405，2；彩版一三九，3）。

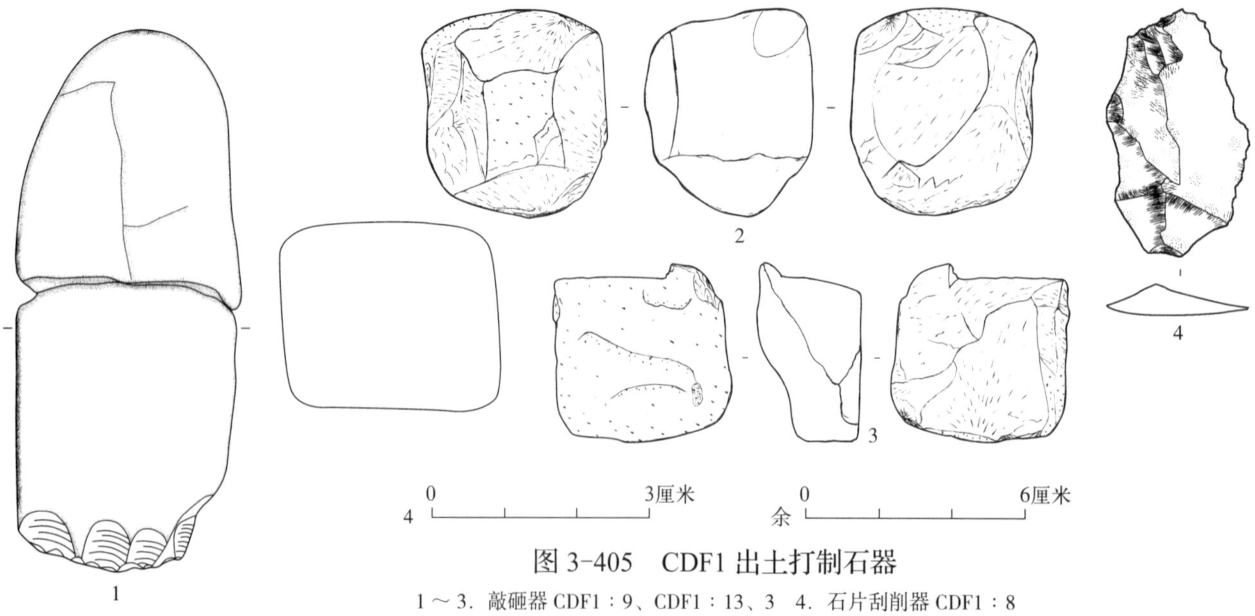

图3-405 CDF1出土打制石器

1～3. 敲砸器CDF1∶9、CDF1∶13、3 4. 石片刮削器CDF1∶8

标本 CDF1：3，残，青灰色板岩。打制，扁方多棱形，一侧保留石皮，敲砸痕迹明显。长 4.9、宽 4.6、厚 3.1 厘米（图 3-405，3）。

石片刮削器 1 件。

标本 CDF1：8，打制，不规则宽叶形，横截面三角形，边刃呈齿状，有刮削痕迹。长 3.2、宽 2.0、厚 0.5 厘米（图 3-405，4）。

（2）细石器

4 件。有石叶刮削器 3 件、指甲形刮削器 1 件。

石叶刮削器 3 件。

标本 CDF1：5，红褐色玛瑙打制，长条状，横截面三角形，边刃压琢呈细齿状，有刮削痕迹。长 2.0、宽 0.6、厚 0.3 厘米（图 3-406，1；彩版一四〇，1）。

标本 CDF1：7，青灰色板岩。琢制，长条状，横截面三角形，边刃，有刮削痕迹。长 1.7、宽 0.8、厚 0.3 厘米（图 3-406，2）。

标本 CDF1：21，红褐色玛瑙。琢制，长条状，横截面梯形，边刃压琢呈细齿状，有刮削痕迹。长 1.6、宽 0.8、厚 0.3 厘米（图 3-406，3）。

指甲形刮削器 1 件。

标本 CDF1：2，玛瑙琢制，指甲形，腹面压琢，横截面三角形，周边呈齿状，有刮削痕迹。长 1.6、宽 1.3、厚 0.3 厘米（图 3-406，4）。

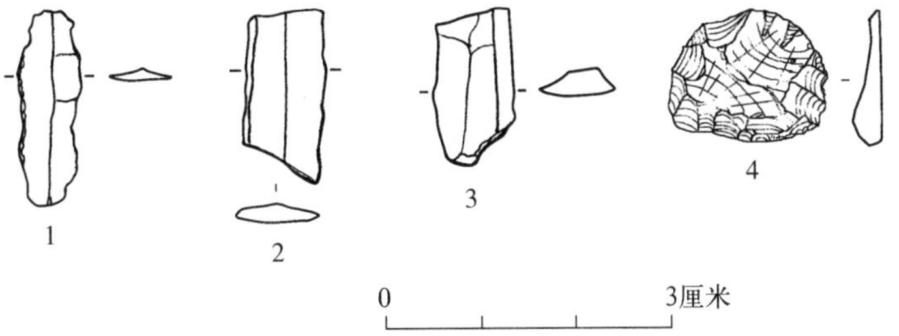

图 3-406 CDF1 出土细石器

1～3. 石叶刮削器 CDF1：5、7、21 4. 指甲形刮削器 CDF1：2

（3）磨制石器

5 件。有石镞 1 件、石磨盘 2 件、石磨棒 2 件。

石镞 1 件。

标本 CDF1：4，青色板岩。磨制，尖叶形，横截面扁平六棱形。锋刃对磨。残长 4.1、宽 1.2、厚 0.2 厘米（图 3-407，1；彩版一四〇，2）。

石磨盘 2 件。

标本 CDF1：10，残，褐色砂砾岩。琢制，圆角长方形，体扁平，两磨面，磨面圆凹。残长 22.4、宽 24.0、厚 4.7 厘米（图 3-407，2；彩版一四〇，3）。

标本 CDF1：14，残，黄褐色花岗岩。琢制，圆角长方形。两磨面，磨面圆凹。残长 35.0、宽 24.0、厚 1.8～5.2 厘米（图 3-407，3）。

石磨棒 2 件。

标本 CDF1：11，褐色花岗岩河卵石。磨制，不规则条形，横截面呈圆角方形，底部一磨平，其

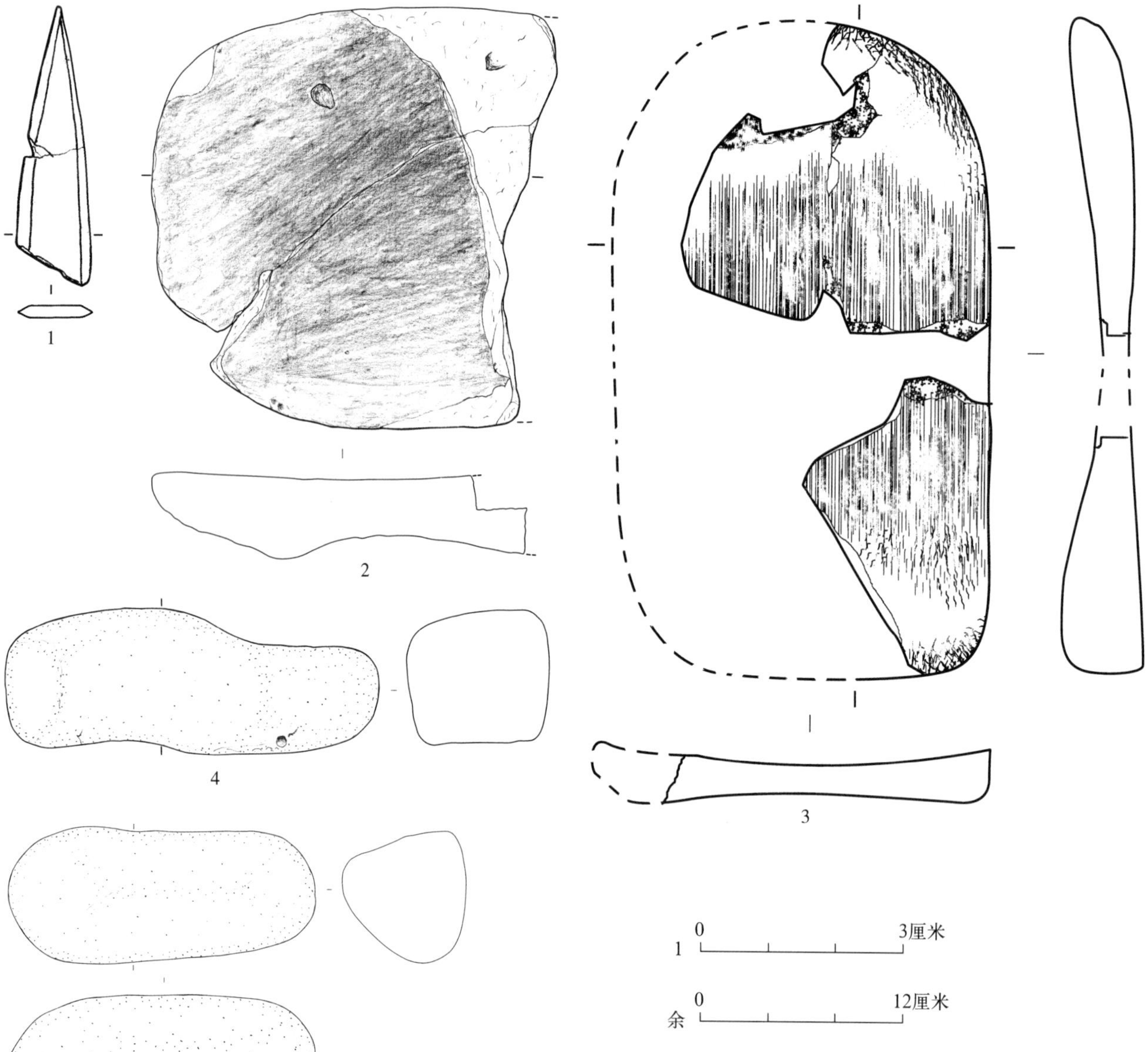

图 3-407 CDF1 出土磨制石器

1. 石镞 CDF1：4 2、3. 石磨盘 CDF1：10、14 4、5. 石磨棒 CDF1：11、15

余保留石皮。长 22.2、宽 7.8、厚 8.5 厘米（图 3-407，4；彩版一四〇，4）。

标本 CDF1：15，褐色砂岩河卵石。磨制，三棱形，表面局部经打琢，横截面呈圆角三角形，三个平磨面，磨痕明显。长 19、宽 7.9、厚 7.8 厘米（图 3-407，5；彩版一四〇，5）。

2. 陶器

1 件。

深腹罐 1 件。

C 型Ⅳ式 1 件。

标本 CDF1：12，夹砂陶，外红褐内黑，火候较高，圆唇，直口，深直腹，平底。口沿处饰三周锥刺连点纹，在下饰八周压印篦齿弦纹，腹部以两周篦齿弦纹为分隔线，饰压印篦齿连续三角字纹，并有在“人”字纹内压印竖向篦齿纹。口径 13.8、底径 7.5、高 16.0、壁厚 0.5 厘米（图 3-408，1）。

3. 煤精制品

1 件。

泡形器　1 件。

标本 CDF1：1，残半。磨制，圆顶形，顶稍残，表面光滑，内凹光洁，边缘圆滑。直径 4.0、高 1.4、凹深 0.7、中厚 0.7 厘米（图 3-408，2）。

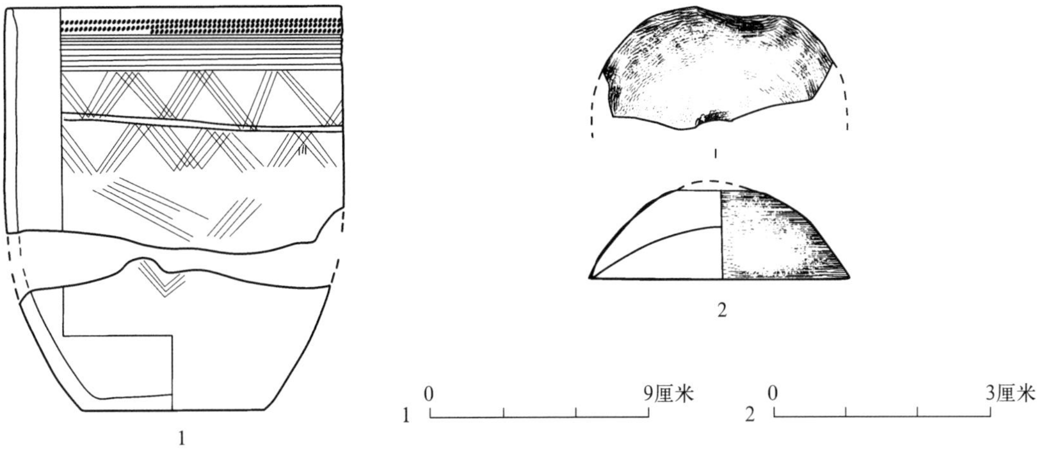

图 3-408　CDF1 出土陶器与煤精制品

1. C 型Ⅳ式深腹罐 CDF1：12　2. 煤精泡形器 CDF1：1

（二）CDF2

CDF2 位于 CDT2 南部，西距 CDF4 约 10.20、北距 CDF8 约 7.00 米。房址开口于第②层下，打破生土。房址为圆角方形半地穴式，南壁上部被晚期灰沟破坏。东侧两角稍圆弧，西侧两角较直折。穴壁上口稍向内倾。南北长 6.30、东西宽 6.20、房址穴壁存高 0.85 米，面积约 39 平方米（图 3-409；彩版一四一，1）。在东壁中部发现的呈斜坡式门道，宽 1.15、长 2.00 米，门道外侧部分稍长于房内侧。

房内堆积分三层，第一层厚 0.36 米，根据土色可区分为 A、B、C 三层。A 层土色黑褐，较坚硬，不含遗物。厚 0.13 米。B 层褐色土，呈栗状，内含夹砂陶片，厚 0.18 米。C 层黄褐色土，厚 0.15 米，内含陶片。第二层烧土、木炭堆积，厚 0.15 ～ 0.25 米，是房址经过火烧毁后的原始现场。房址木架结构经过火烧的现象有三种，一是炭化程度较好，可见炭化木架的直径、连续长度和走向。二是木架已部分成为灰烬，但可与炭化的木炭走向相连。三是经木架构燃烧后在地面上形成的条状烧土（图 3-410）。在房址东侧堆积中发现有成片的红烧土，厚度 0.05 ～ 0.07 米。其中还发现有草茎较细的草泥烧结块。在房址西北角穴壁上，有 0.5 ～ 0.9 厘米厚的烧烤壁面现象，因房址内大量经过燃烧的木架结构炭化堆积，房址局部出现的烧烤壁，并非刻意处理。第三层活动面堆积，土质较杂，厚 0.08 米，内含石器、陶片等遗物。

房址中部发现灶址 1 个，编号 Z1。灶口与居住活动面平齐，圆形，凹底，直径 0.90、深 0.30 米，灶壁垂直，烧结面坚硬，灶内烧土灰烬厚 0.13 米。西侧少半部分经修整形成双层灶壁。

发现窖穴 1 个，编号 J1，位于房址内北侧偏西，椭圆形，开口于居住面，底稍大于口，上口径 1.70、

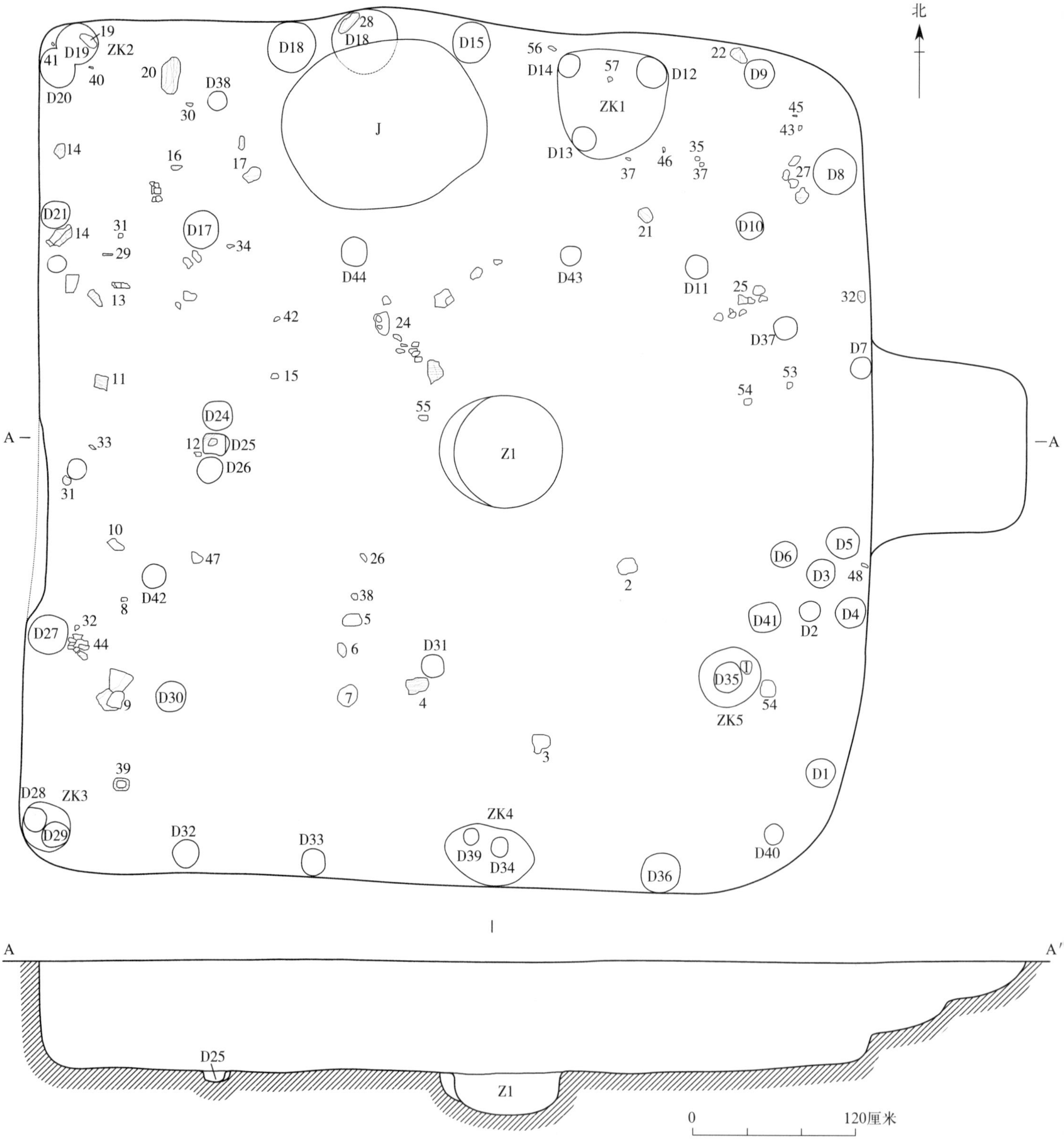

图 3-409　CDF2 平、剖面图

1. 陶杯　2. 网坠　3、4、8、9、11、14、24、55、56、58. 陶器　5、19、28. 石磨棒　6、46、57. 石片刮削器　7. 磨盘　12、21、29、33、40、41、47、51、53、59. 石叶刮削器　13. 石砧　15. 石锥　16. 研磨器　18. 斜口器　20. 沟磨石　26. 陶泡形器　30、39、43、44. 石镞　31、54. 砺石　33、34. 煤精制品　42. 石料　48. 玉料　50. 条磨石

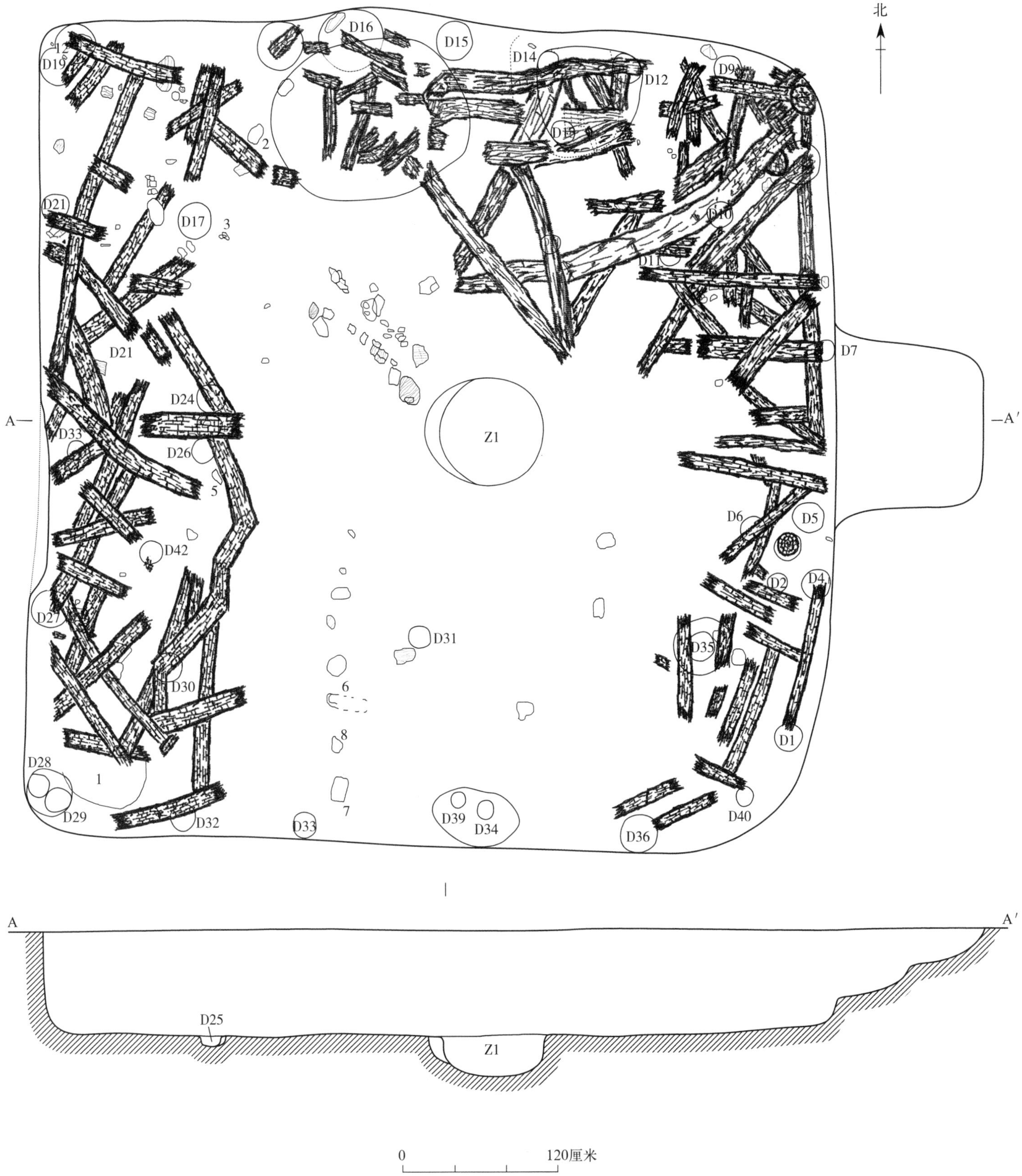

图 3-410　CDF2 上层木炭堆积平面图

深 0.80 米。底较平，有较薄的灰白色细泥堆积，其中发现有少量细小的飞禽类肢骨、陶片、石器、煤精等。所发现的陶片与活动面上的陶器合成一器。

房内共发现柱洞 44 个，其中靠壁柱 25 个，“间柱”15 个（表 3-21），排列较为规律，壁柱相距 1.00 ～ 1.30 米。角柱和“间柱”都有“组柱”的现象。如 D25、D26、D27 三柱为一组，南北并列，位于间柱的位置，柱洞底部有的发现陶片“柱础”。“间柱”一般较深，还有的柱洞底部填沙夯实。

房内共出土石器、玉器、陶器、煤精制品等遗物 57 件。

表 3-21　CDF2 柱洞（柱坑）登记表　（单位：厘米）

编号	径	深	备注	编号	径	深	备注
D1	18	16	内有木炭	D26	14	16	内有木炭
D2	13	13		D27	30	16	底部有陶片
D3	20	33	底部有烧土、木炭	D28	15	25	
D4	20	16		D29	15	16	
D5	21	15	周围有烧土、内有木炭	D30	23	45	内有木炭灰
D6	17	10		D31	20	15	内有木炭灰
D7	15	20		D32	23	20	
D8	30	20		D33	20	30	内有木炭
D9	15	20		D34	11	20	
D10	18	13	有木炭	D35	20	45	底部有烧土
D11	22	47	有木炭	D36	35	20	
D12	14	35		D37	18	24	
D13	18	20		D38	15	20	
D14	18	20		D39	13	22	
D15	25	30		D40	14	35	
D16	46	20	底有砂土、础石	D41	20	33	
D17	24	45	底有木炭灰土	D42	15	20	
D18	30	18		D43	18	30	
D19	15	16	底部有陶片	D44	17	30	
D20	17	20	底部有石块	ZK1	73	15	不规则圆形内 3 柱
D21	24	30		ZK2	26 ～ 50	19	双环形内双柱
D22	13	20		ZK3	37	16	圆形内双柱
D23	16	18		ZK4	40 ～ 49	20	椭圆形内双柱
D24	22	18		ZK5	45	30	圆形内单柱
D25	13	14	底部有陶片				

1. 石器

40 件。有打制石器 11 件、细石器 18 件、磨制石器 11 件。

（1）打制石器

11 件。有砍砸器 1 件、敲砸器 3 件、石片刮削器 3 件、石砧 1 件、凿形器 1 件、锥钻器 1 件、网坠 1 件。

砍砸器　1 件。

标本 CDF2∶27，青灰色板岩。打制，不规则多棱长条形，弧背，局部保留石皮，底边刃，砍砸痕迹明显。长 8.6、宽 5.0、厚 3.2 厘米（图 3-411，1）。

敲砸器　3 件。

标本 CDF2∶10，青灰色板岩。打制，不规则形，局部保留石皮，敲砸痕迹明显。长 11.0、宽 6.6、

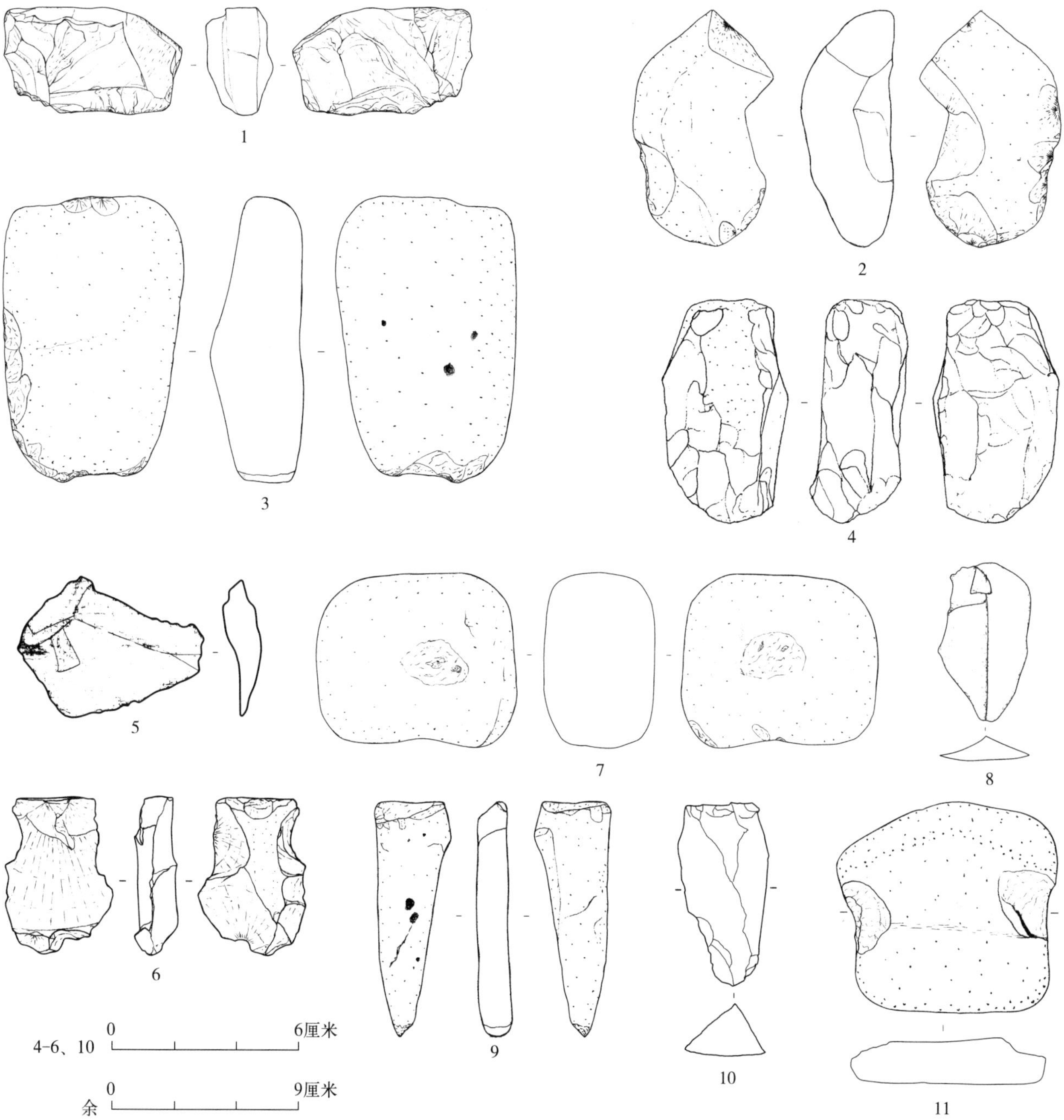

图 3-411　CDF2 出土打制石器

1. 砍砸器 CDF2∶27　2～4. 敲砸器 CDF2∶10、17、22　5～7. 片刮削器 CDF2∶6、52、57　8. 石砧 CDF2∶13　9. 凿形器 CDF2∶50　10. 锥钻器 CDF2∶15　11. 网坠 CDF2∶2

厚 4.4 厘米（图 3-411，2）。

标本 CDF2∶17，灰褐色板岩。打制，扁圆角梯形。局部保留石皮，敲砸痕迹明显。长 13.3、宽 8.7、厚 4.3 厘米（图 3-411，3）。

标本 CDF2∶22，灰褐色板岩。打制，不规则多长方棱形，多剥片疤，局部保留石皮，敲砸痕迹明显。长 6.9、宽 4.0、厚 3.0 厘米（图 3-411，4）。

片刮削器　3 件。

标本 CDF2∶6，青灰色板岩。打制，靴形，一侧保留石皮，边刃呈细齿状，有刮削痕迹。长 5.5、宽 4.1、厚 1.3 厘米（图 3-411，5）。

标本 CDF2∶52，青灰色板岩。打制，不规则多边形，横截面三角形，一侧局部保留石皮，边刃呈细齿状，有刮削痕迹。长 4.7、宽 3.5、厚 1.4 厘米（图 3-411，6）。

标本 CDF2∶57，宽叶形，横截面三角形，边刃，有刮削痕迹。长 5.6、宽 3.0、厚 1.6 厘米（图 3-411，7）。

石砧　1 件。

标本 CDF2∶13，黄褐色花岗岩。打制，圆角长方形，横截面圆角扁方形，大部保留石皮。两侧中部打出凹窝，边部有敲砸痕。高 10.6、宽 8.5、厚 5.6 厘米（图 3-411，8）。

凿形器　1 件。

标本 CDF2∶50，青灰色板岩。长尖角形，横截面长方形，大部保留石皮。平顶，有打击点，底刃呈锐角。长 10.9、宽 3.5、厚 1.1 厘米（图 3-411，9）。

锥钻器　1 件。

标本 CDF2∶15，青灰色板岩。打制，长三棱形，横截面三角形，平顶，锥尖有钻磨痕。长 6.9、宽 4.0、厚 2.6 厘米（图 3-411，10）。

网坠　1 件。

标本 CDF2∶2，黄褐色花岗斑岩。扁平圆角方形，两侧对称打出豁口。长 9.8、宽 10.6、厚 2.2 厘米（图 3-411，11）。

（2）细石器

18 件。有石叶刮削器 10 件、尖状器 5 件、石镞 3 件。

石叶刮削器　10 件。

标本 CDF2∶12，青灰色板岩。琢制，长条形，横截面三角形，边刃，有刮削痕迹。长 4.15、宽 1.0、厚 0.2 厘米（图 3-412，1）。

标本 CDF2∶25，残，黄褐色燧石。琢制，长条形，横截面三角形，边刃呈细齿状，有刮削痕迹。长 1.3、宽 0.6、厚 0.1 厘米（图 3-412，2）。

标本 CDF2∶29，黄褐色燧石。打制，长条形，横截面三角形，边刃，有刮削痕迹。长 1.3、宽 0.5、厚 0.1 厘米（图 3-412，3）。

标本 CDF2∶33，黄褐色燧石。琢制，长条形，横截面三角形，边刃，有刮削痕迹。长 1.6、宽 0.8、厚 0.3 厘米（图 3-412，4）。

标本 CDF2∶36，红褐色燧石。琢制，长条形，横截面梯形，边刃，有刮削痕迹。长 1.5、宽 0.8、厚 0.1 厘米（图 3-412，5）。

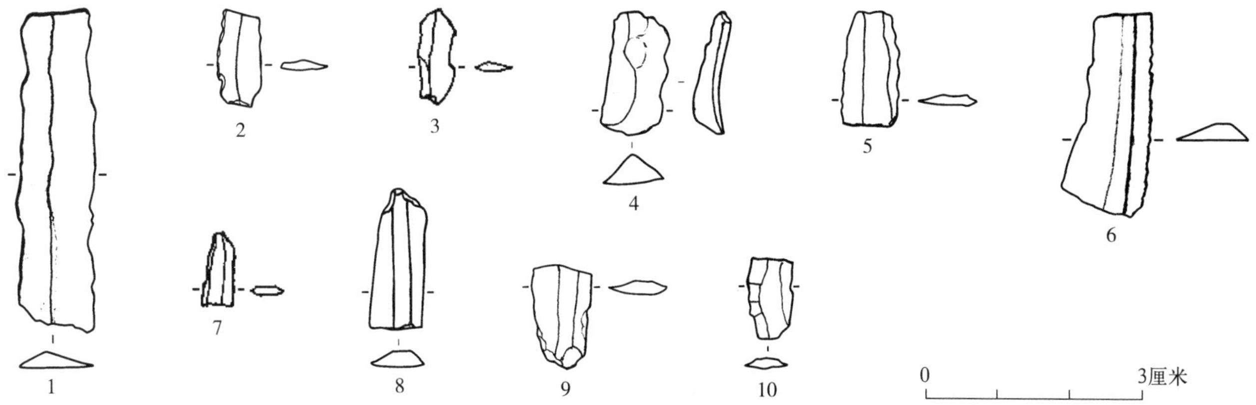

图 3-412　CDF2 出土细石器

1～10．石叶刮削器 CDF2：12、25、29、33、36、46、47、51、53、59

标本 CDF2：46，青灰色板岩。琢制，长条形，横截面梯形，边刃，有刮削痕迹。长 2.2、宽 1.1、厚 0.2 厘米（图 3-412，6）。

标本 CDF2：47，黄褐色燧石。琢制，长条形，横截面梯形，边刃，有刮削痕迹。长 1.0、宽 0.4、厚 0.1 厘米（图 3-412，7）。

标本 CDF2：51，青灰色板岩。琢制，长条形，横截面梯形，边刃，有刮削痕迹。长 1.8、宽 0.7、厚 0.2 厘米（图 3-412，8）。

标本 CDF2：53，黄褐色燧石。琢制，长条形，横截面梯形，边刃，有刮削痕迹。长 1.4、宽 0.9、厚 0.2 厘米（图 3-412，9）。

标本 CDF2：59，黄褐色燧石。琢制，长条形，横截面菱形，边刃，有刮削痕迹。长 1.1、宽 0.6、厚 0.15 厘米（图 3-412，10）。

尖状器　5 件。

标本 CDF2：21，黄褐色燧石。琢制，长条形，歪尖，横截面梯形，有刮削痕迹。长 3.9、宽 1.2、厚 0.8 厘米（图 3-413，1）。

标本 CDF2：23，黄褐色燧石，琢制，长叶形，歪尖，横截面梯形，有刮削痕迹。长 3.8、宽 0.7、

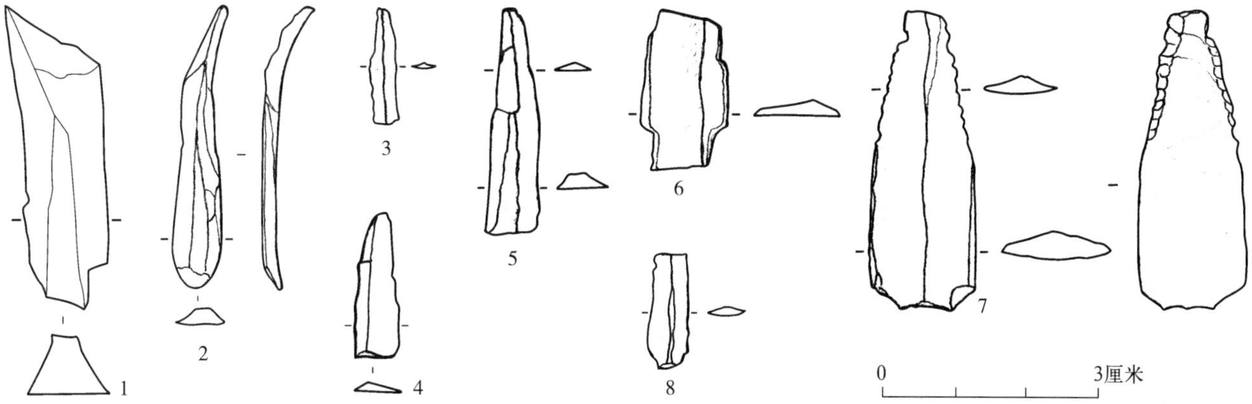

图 3-413　CDF2 出土细石器

1～5．尖状器 CDF2：21、23、40、41、45　6～8．石镞 CDF2：30、43、44

厚 0.2 厘米（图 3-413，2）。

标本 CDF2 : 40，黄褐色燧石。长叶形，横截面三角形，有刮削痕迹。长 1.5、宽 0.3、厚 0.1 厘米（图 3-413，3）。

标本 CDF2 : 41，红褐色燧石。尖叶形，横截面三角形，有刮削痕迹。长 1.9、宽 0.6、厚 0.1 厘米（图 3-413，4）。

标本 CDF2 : 45，黄褐色燧石，尖叶形，稍弯曲，横截面梯形，有刮削痕迹。长 2.9、宽 0.6、厚 0.3 厘米（图 3-413，5）。

石镞　3 件。

标本 CDF2 : 30，残，青灰色板岩。琢制，横截面三角形，边刃压琢呈细齿，有铤。残长 2.1、宽 1.2、厚 0.1 ～ 0.2 厘米（图 3-413，6）。

标本 CDF2 : 43，青灰色板岩。琢制，锋圭形，横截面近三角形，锋前部从背面向腹面压琢呈细齿，边刃。铤残。残长 4.0、宽 1.5、厚 0.3 厘米（图 3-413，7）。

标本 CDF2 : 44，玛瑙质。打制，叶形，横截面近三角形，边锋压琢呈细齿。铤残。残长 1.6、宽 0.5、厚 0.2 厘米（图 3-413，8）。

（3）磨制石器

11 件。

石镞　2 件。

标本 CDF2 : 32，为青色板岩。磨制，尖叶形，横截面扁六棱形。锋、刃对磨，凹底。残长 2.2、宽 1.2、厚 0.2 厘米（图 3-414，1）。

标本 CDF2 : 39，为青色板岩。磨制，横截面扁六棱形，锋、刃对磨，平底。残长 2.6、宽 1.1、厚 0.2 厘米（图 3-414，2）。

石镞半成品　1 件。

标本 CDF2 : 42，为青色板岩。磨制，一侧表面有切割痕。长 4.5、宽 1.2、厚 0.4 厘米（图 3-414，3）。

石磨盘　2 件。

标本 CDF2 : 7，残，黄褐色砂岩。磨制，圆角长方形，两磨面，磨痕明显。残长 16.5、宽 11、中厚 2.4、边缘厚 4 厘米（图 3-414，4）。

标本 CDF2 : 31，残，黄褐色砂岩。磨制。两磨面，磨痕明显。残长 9.8、宽 8.3、厚 2.4 厘米（图 3-414，5）。

石磨棒　3 件。

标本 CDF2 : 5，黄褐色花岗岩。磨制，圆角长条形，横截面圆角长方形，多磨面，磨迹明显。残长 14.8、宽 7.6、厚 5.7 厘米（图 3-414，6）。

标本 CDF2 : 19，褐色花岗岩。磨制，圆角长条形，横截面呈半圆形，有平面和圆弧磨面，磨痕明显。长 23.8、宽 7.9、厚 5.0 厘米（图 3-414，7）。

标本 CDF2 : 28，残，黄褐色砂岩。磨制，长条形，横截面呈圆角三棱形，三个磨面，磨痕明显。残长 16.1、宽 7.2、厚 5.2 厘米（图 3-414，8）。

砺石　1 件。

标本 CDF2 : 54，残，青灰色砂岩。磨制，两磨面，磨痕明显。长 7.8、宽 3.6、厚 2.6 厘米（图 3-414，9）。

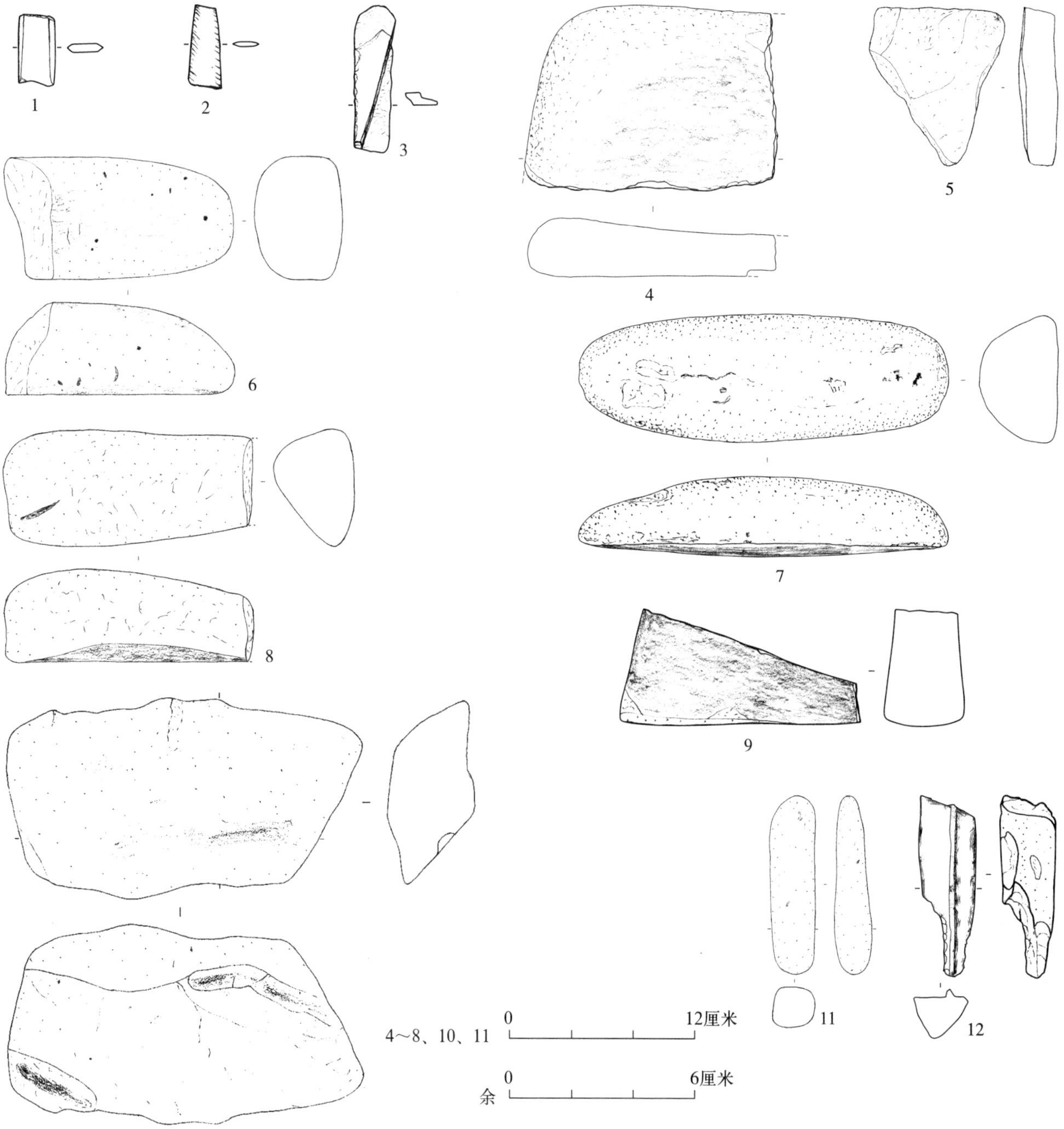

图 3-414 CDF2 出土磨制石器与玉器

1、2. 石镞 CDF2：32、39 3. 石镞半成品 CDF2：42 4、5. 石磨盘 CDF2：7、31 6～8. 石磨棒 CDF2：5、19、28 9. 砺石 CDF2：54 10. 沟磨石 CDF2：20 11. 研磨器 CDF2：16 12. 玉锥形器 CDF2：48

沟磨石 1件。

标本 CDF2∶20，黄褐色粉砂岩。不规则形块状。大部分保留原石面，表面有三条凹槽。长 22.9、宽 11.4、厚 5.6 厘米（图 3-414，10）。

研磨器 1件。

标本 CDF2∶16，灰褐色花岗岩。圆角长条形，表面有磨痕。长 11.0、宽 2.7、厚 2.5 厘米（图 3-414，11）。

2. 玉器

1 件。

玉锥形器　1 件。

标本 CDF2 : 48，锥形，横截面三角形，尖部有锥钻痕，柄部两侧经对称切割，表面局部磨光。长 5.6、宽 1.8、厚 1.3 厘米（图 3-414，12）。

3. 陶器

13 件。有深腹罐 7 件、大口罐 1 件、陶杯 2 件、陶泡形器 1 件、纹饰陶片 1 件。

深腹罐　7 件。

Ab 型Ⅲ式　3 件。

标本 CDF2 : 9，夹砂红褐陶。口稍敞，尖唇，深腹弧收，平底。口沿处有两周凹带，内饰划压斜线纹，局部交叉呈网格纹，腹部饰竖压横排之字纹。口径 19.0、底径 9.5、高 27.8、壁厚 0.6 厘米（图 3-415，1）。

标本 CDF2 : 14，夹砂红褐陶，内黑色。直口，尖唇，深腹弧腹，底残，口沿处有两周凹带，内

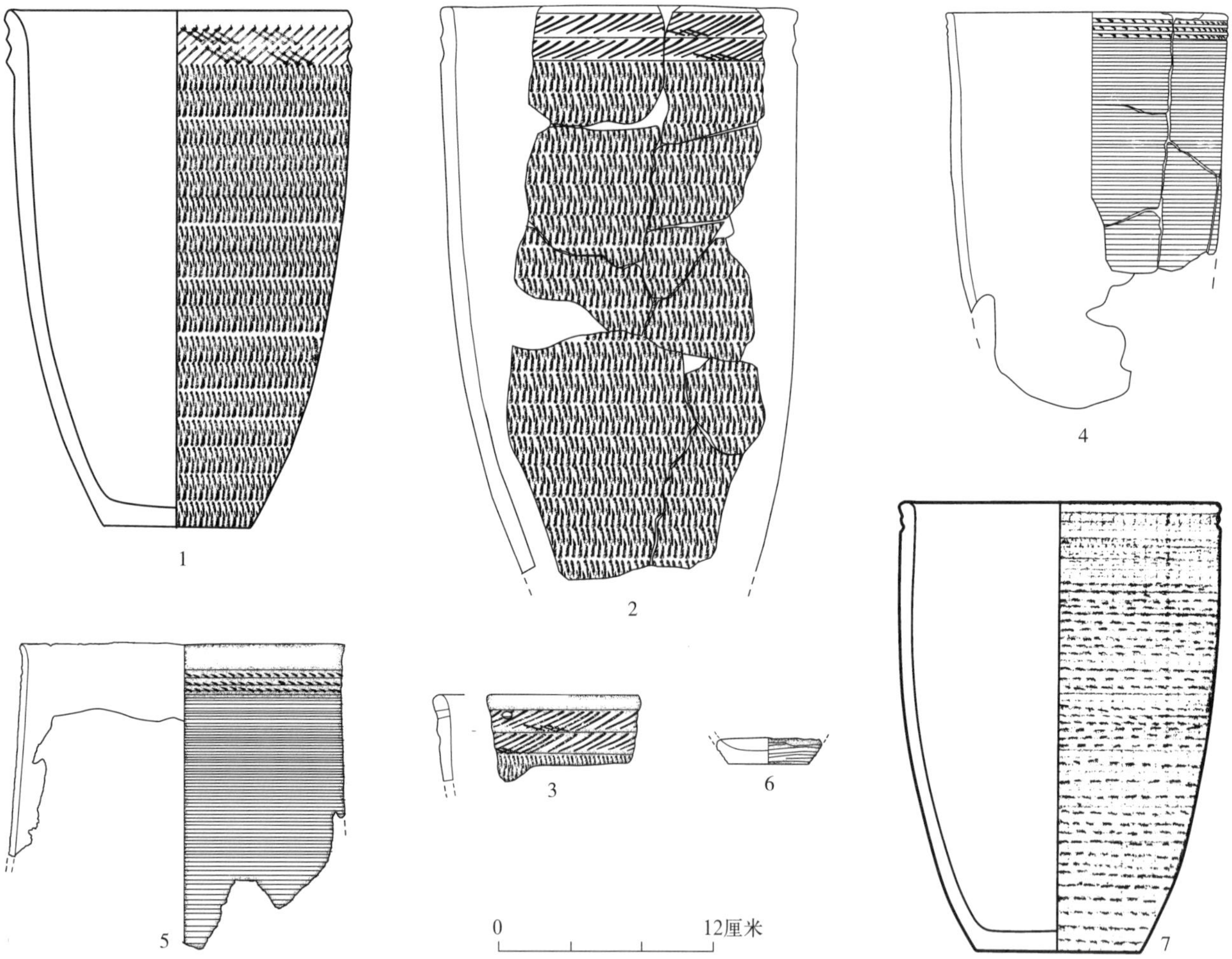

图 3-415　CDF2 出土深腹罐

1～3. Ab 型Ⅲ式 CDF2 : 9、14、55　4、5. Bb 型Ⅲ式 CDF2 : 11、24　6. Bb 型Ⅲ式陶片 CDF2 : 56　7. Cb 型Ⅲ式 CDF2 : 3

饰划压斜线纹，局部交叉呈网格纹，腹部饰竖压横排之字纹，上密下疏。口径 21.0、底径 12.5、高 31.3、壁厚 0.6 厘米（图 3-415，2）。

标本 CDF2∶55，残，夹砂灰褐陶。圆唇，敞口，弧腹。口沿处有两周凹带，内饰划压斜线、网格纹，腹部饰竖压横排之字纹。口径 18.0、残高 4.6 厘米（图 3-415，3）。

Bb 型Ⅲ式　2 件。

标本 CDF2∶11，夹砂红褐陶，局部黄褐色，内经压光，灰黑色。口稍敞，圆唇，弧腹。口沿处有三周凹带，内戳刺长圆点纹，腹部饰压印弦纹。口径 15.7、底径 8.0、残高 21.0、壁厚 0.5 厘米（图 3-415，4）。

标本 CDF2∶24，夹砂灰褐陶，外有陶衣。直口，外圆唇。口沿外侧有一周素带，再下有三周凹带，内戳刺短斜线纹，腹部压印弦纹。口径 18.0、残高 16.0、壁厚 0.4 厘米（图 3-415，5）。

器底　1 件。

标本 CDF2∶56，残，夹砂黑褐陶。弧腹，平底。腹部饰划压弦纹。底径 5.2、残高 1.5 厘米（图 3-415，6）。

Cb 型Ⅲ式　1 件。

标本 CDF2∶3，夹砂红褐陶。直口，圆唇，深腹弧收，平底。口沿处有两周凹带，内饰戳点纹，腹部饰压印长方形篦点纹、弦纹。口径 18.0、底径 9.0、残高 24.0、壁厚 0.5 厘米（图 3-415，7）。

大口罐　1 件。

Ⅲ式　1 件。

标本 CDF2∶4，夹砂红褐陶，内黑色。口稍敞，圆唇，弧腹，平底。口沿有两周凹带，内饰戳压短斜线纹，腹部饰七周竖压横排之字纹。上密下疏，口径 13.5、底径 6.3、高 13.7、壁厚 0.5 厘米（图 3-416，1）。

陶杯　2 件。

标本 CDF2∶1，夹砂红陶。敞口，内斜尖唇，直腹弧收，平底。沿下有一周凹带，内饰划压斜点纹，腹饰竖压横排之字纹，纹饰不至底。口径 5.7、底径 4.0、高 5.1 厘米（图 3-416，2）。

标本 CDF2∶8，夹砂褐陶。弧腹，平底。腹部饰竖压横排之字纹。底径 4.7、残高 4.0 厘米（图 3-416，3）。

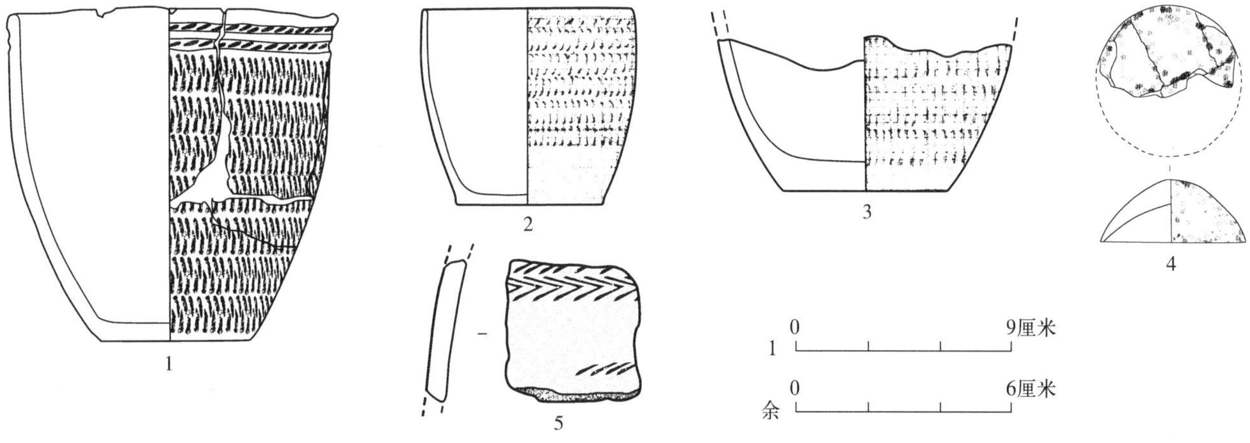

图 3-416　CDF2 出土陶器

1. Ⅲ式大口罐 CDF2∶4　2、3. 陶杯 CDF2∶1、8　4. 陶泡形器 CDF2∶26　5. 纹饰陶片 CDF2∶58

斜口器　1件。

标本CDF2∶18，夹砂红褐陶。仅见口沿部分，外有陶衣，饰压印弦纹。内壁粗糙，有手指印。

陶泡形器　1件。

标本CDF2∶26，残，夹砂红褐陶。捏制。表面稍压光，边缘圆滑，素面。直径3.8、高1.7、中厚0.7、凹深1.0厘米（图3-416，4）。

纹饰陶片　1件。

标本CDF2∶58，残，夹砂红褐陶。腹部饰划压横人字纹、斜线纹等。残高3.8厘米（图3-416，5）。

4. 煤精制品

3件。有泡形器1件、半成品1件、扁圆形器1件。

泡形器　1件。

标本CDF2∶34，残。磨制，圆尖顶形，表面光滑，内凹光洁。直径3.6、高1.8、中厚0.6、边厚0.25、凹深1.2厘米（图3-417，1）。

半成品　1件。

标本CDF2∶38，残，不规则梯形，表面多刮磨痕迹，底面经磨圆凹。长3.7、宽3.6、高2.4厘米（图3-417，2）。

扁圆形器　1件。

标本CDF2∶35，磨制，扁平椭圆形，表面。圆弧，底面稍凹。直径1.5～1.7、厚0.6厘米（图3-417，3）。

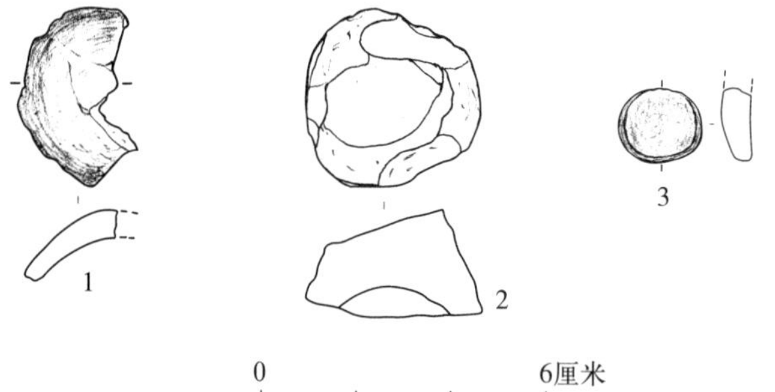

图3-417　CDF2出土煤精制品

1. 泡形器CDF2∶34　2. 煤精半成品CDF2∶38　3. 扁圆形器CDF2∶35

（三）CDF3

CDF3位于CDT1南侧，北距CDF1约2.50、东距CDF4约8.00米。房址开口于第②层下，打破生土。房址平面呈长圆角方形，半地穴式，因建筑施工，房址中部已遭到破坏。南北长约3.80、东西宽3.20、穴壁存高0.40米，面积约12平方米（图3-418；彩版一四一，2）。

房内堆积分两层，第一层，黄褐色，土质较实，纯净，厚0.38米，基本不见遗物，属于房址淤填堆积。第二层，黄褐土，土质较杂，厚0.05～0.08米，内含木炭、烧土粒、陶片、石器等，活动面较明显。

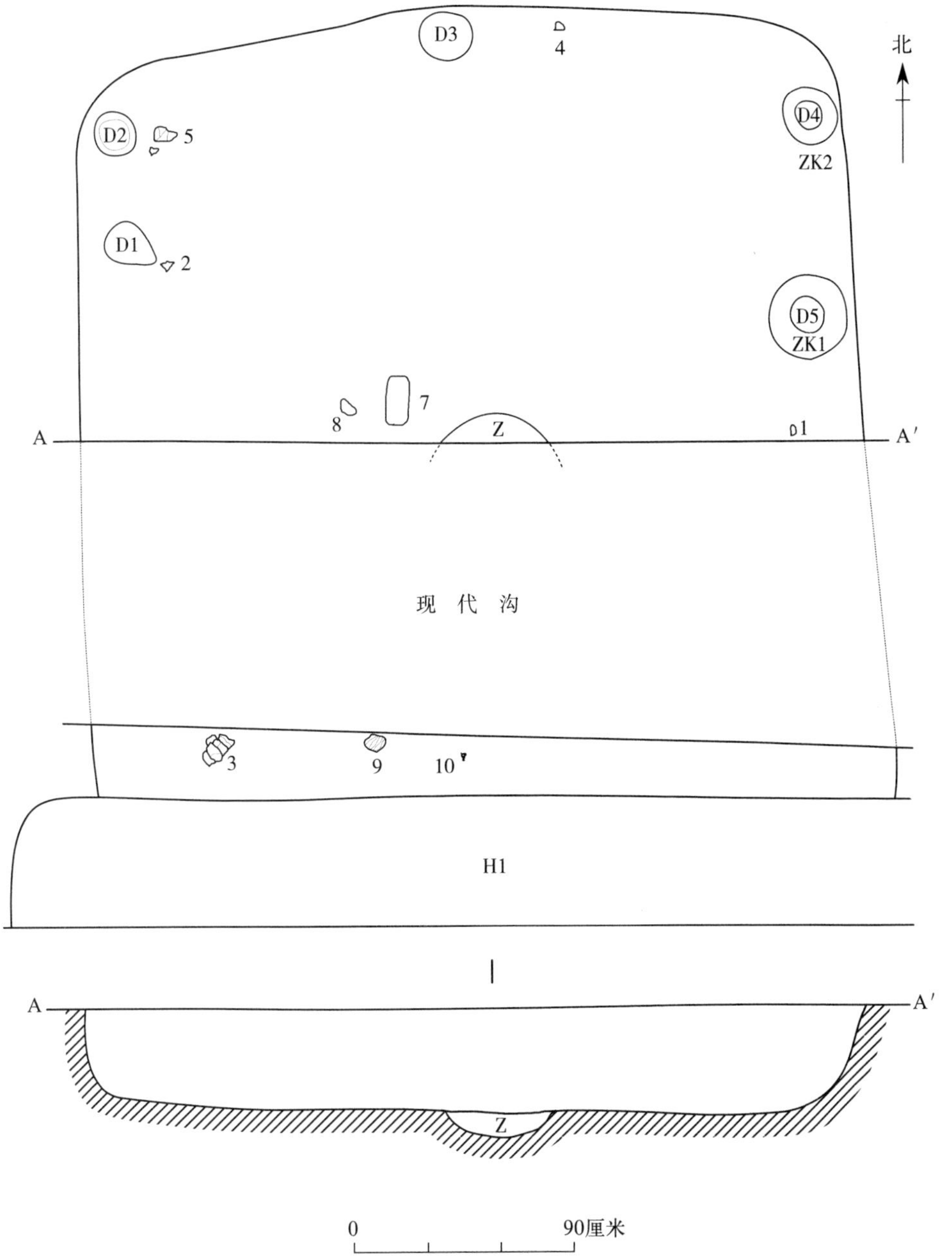

图 3-418　CDF3 平、剖面图

1、3、9. 石叶　2、10. 煤精泡形器　4. 石镞　5. 陶器　6. 敲砸器　7. 石磨盘　8. 石磨棒

在房址中部发现灶址 1 个，南侧被现代沟打破，编号 Z，灶址为圆形，凹底，直径约 0.60、深 0.15 ～ 0.20 米，灶内壁有烧结面，烧土堆积 0.05 ～ 0.10 米。

在房址靠近穴壁处，发现柱洞 5 个，北侧有两个角柱和一个壁柱，西南有一处角柱，东、西各发现一个壁柱（表 3-22）。柱坑深 0.10 ～ 0.15 米，柱坑底部有灰黑色的硬土层，厚约 2 厘米。柱径不明显。

遗物均出土于活动面堆积内，有石器、陶器、煤精制品计 10 件。

表 3-22 CDF3 柱洞（柱坑）登记表 （单位：厘米）

编号	径	深	备注	编号	径	深	备注
D1	15	11	底部有细砂土	D5	9	10	
D2	17	19		ZK1	31	10	圆形内单柱
D3	10	17		ZK2	22	10	圆形内单柱
D4	10	10					

1. 石器

7 件。有打制石器 1 件、细石器 4 件、磨制石器 2 件。

（1）打制石器

1 件。

敲砸器 1 件。

标本 CDF3∶6，青色板岩质。打制，不规则三棱形，多棱角，局部保留石皮，敲砸痕迹明显。长 6.9、宽 5.4、厚 3.7 厘米（图 3-419，1）。

（2）细石器

4 件。

石镞 1 件。

标本 CDF3∶4，青灰安山岩。琢制，长身圭形，平底，横截面呈梯形，尖锋部两侧压琢，边刃一侧压琢，均呈细齿状。长 3.6、宽 1.4、厚 0.4 厘米（图 3-419，2；彩版一四二，1）。

石叶 3 件。

标本 CDF3∶1，青灰安山岩质。琢制，不规则形，横截面三角形。长 1.6、宽 0.9、厚 0.2 厘米（图 3-419，3）。

标本 CDF3∶3，残，黄褐色燧石。琢制，片状。长 1.4、宽 1.0、厚 0.2 厘米（图 3-419，4；彩版一四二，2）。

标本 CDF3∶9，残，黄褐色燧石。琢制，片状。长 1.1、宽 0.6、厚 0.1 厘米（图 3-419，5）。

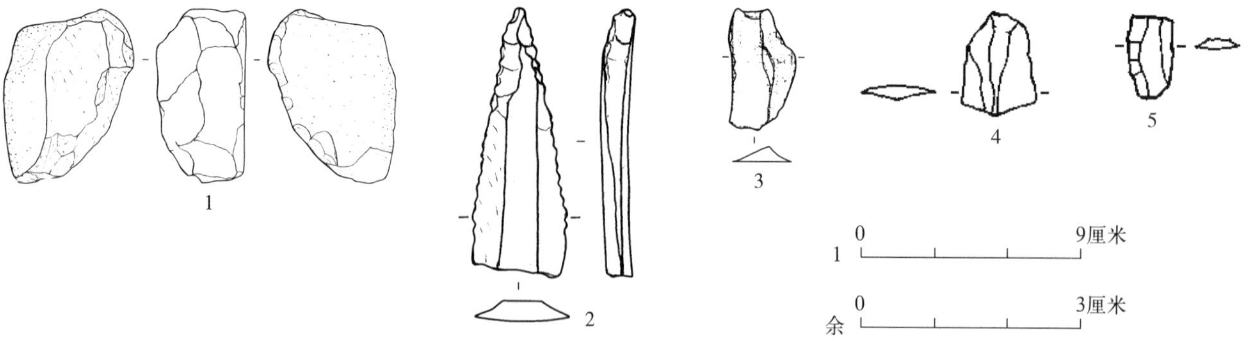

图 3-419 CDF3 出土石器

1. 敲砸器 CDF3∶6 2. 石镞 CDF3∶4 3～5. 石叶 CDF3∶1、3、9

（3）磨制石器

2件。

石磨盘　1件。

标本CDF3∶7，灰褐色砂岩。琢制，圆角长方形。两磨面，一面为马鞍形，一面为椭圆凹坑，磨痕明显。长37.2、宽21.8、厚2.3～9.2厘米（图3-420，1；彩版一四二，3）。

石磨棒　1件。

标本CDF3∶8，残，灰白色石英砂岩。圆角长条形，横截面呈半椭圆形，有平面和圆弧推磨面，磨痕明显。残长12.0、宽7.8、厚4.9厘米（图3-420，7；彩版一四二，4）。

2. 陶器

1件。

深腹罐　1件。

E型　1件。

标本CDF3∶5，夹砂红褐陶。直口，尖唇，直腹，收平底，素面。口径13.0、底径约8.5、高13.5、壁厚0.5厘米（图3-420，3；彩版一四二，5）。

3. 煤精制品

2件。

泡形器　2件。

标本CDF3∶2，残片。磨制，表面光滑，底缘圆滑。直径3.1、残高0.8厘米。

标本CDF3∶10，残片。磨制，表面光滑，底缘圆滑。直径3.5、残高0.9厘米。

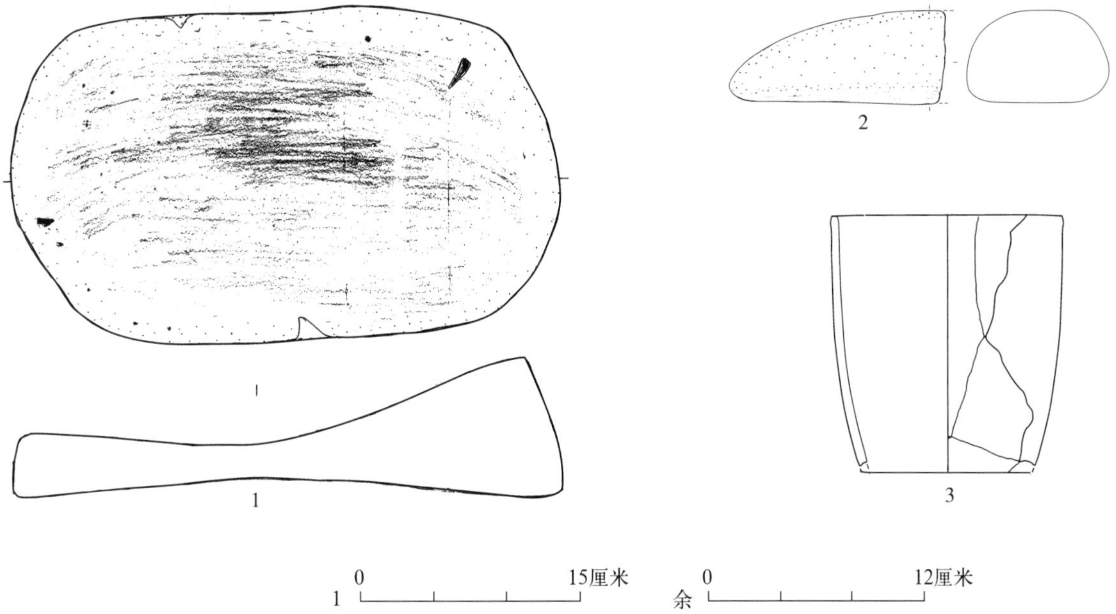

图3-420　CDF3出土磨制石器与陶器

1. 石磨盘CDF3∶7　2. 石磨棒CDF3∶8　3. E型深腹罐CDF3∶5

（四）CDF4

CDF4位于CDT2东南部，东距CDF2约10.20、西距CDF3约8.20、北距CDF6约5.50米。房址开口第②层底部，打破生土层。平面圆角长方形半地穴式。东西长5.80、南北宽5.00、穴壁存高0.50米，面积约29平方米（图3-421；彩版一四三，1）。

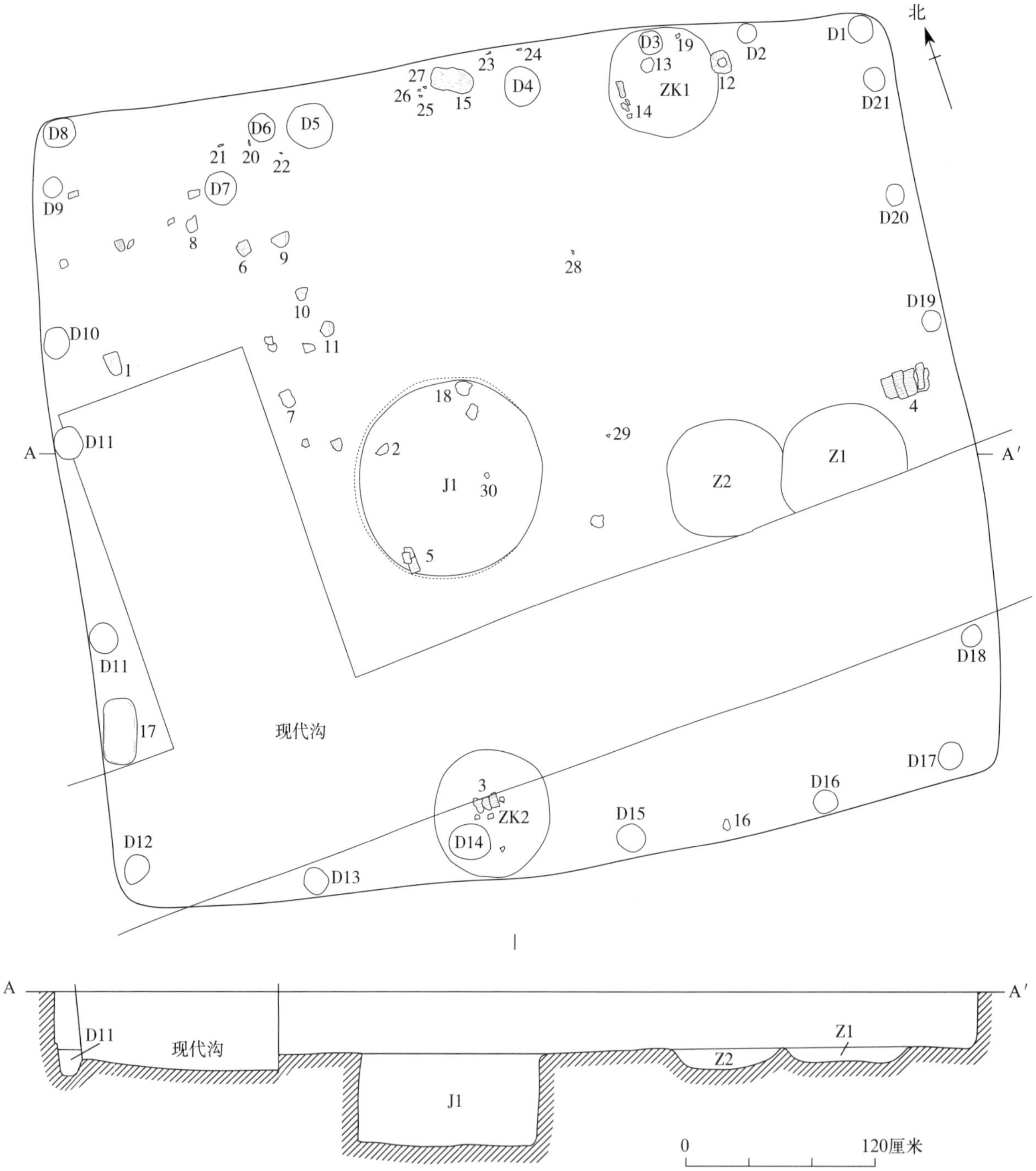

图3-421 CDF4平、剖面图

1. 石磨棒 2、7、9、11. 敲砸器 3、4、5、12、14、15. 陶器 6、8、10、16、18. 石器 13. 骨器 17. 磨盘 19. 煤精器 20. 石镞 21～30. 细石器

房址南侧部分被现代地沟和建筑基础打破。房内堆积分三层，第一层淤积土，土色灰褐，无遗物，厚 0.30 米。第二层土色较杂，有草拌泥烧土块，草径较细，厚 0.15 米，下部发现有散落炭化木架。第三层居住面堆积，厚 0.03 ～ 0.05 米，土质较杂，散落有陶片、石器、煤精等遗物。南侧有细沙土堆积，面积约 1 平方米，厚 1 ～ 3 厘米。

房址偏东处发现灶址 2 个，东西并列。编号 Z1、Z2。Z1 位于 Z2 东侧，圆形，长 0.72、宽 0.60、深 0.06 米，灶口面高于 Z2 的开口面 0.04 米，并打破 Z2 东侧壁。Z2 位于 Z1 西侧，椭圆形，直径 0.70、宽 0.60、深 0.12 米，Z2 应早于 Z1 的使用时间。

房址内发现窖穴 1 个，编号 J1，位于房址西侧中部，开口于活动面，圆形，直壁，平底，上口直径 1.32、深 0.58、底部直径 1.35 米。窖穴内堆积分四层，第一层淤积土，土灰黑，内含大量木炭灰粒，厚 0.20 米。第二层房址塌落堆积，土色灰褐，内含烧土、木炭，厚 0.18 米。第三层黄褐土，内含陶片、石器等，厚 0.10 米。第四层灰褐土，土质杂，内含烧土灰烬，陶片、石器等，出土的陶片与房址居住面上的陶器可合为一体。

房址内共发现靠壁柱 21 个，柱坑 2 个（表 3–23）。

出土石器、陶器、煤精等遗物，共计 40 件。

表 3–23　CDF4 柱洞（柱坑）登记表　（单位：厘米）

编号	径	深	备注	编号	径	深	备注
D1	15	不详		D13	18	不详	
D2	10	40		D14	20	38	
D3	14	38		D15	15	不详	
D4	21	30		D16	13	不详	
D5	25	8		D17	16	不详	
D6	16	不详		D18	12	不详	
D7	19	26		D19	11	不详	
D8	16	30		D20	10	不详	
D9	10	10		D21	12	不详	
D10	16	39		ZK1	70	30	圆形内单柱
D11	17	19		ZK2	76	30	圆形内单柱
D12	15	不详					

1. 石器

22 件。有打制石器 8 件、细石器 7 件、磨制石器 7 件。

（1）打制石器

8 件。有砍砸器 2 件、敲砸器 3 件、石片刮削器 3 件。

砍砸器　2 件。

标本 CDF4 : 2，红褐色花岗岩。打制，不规则三棱形，局部保留石皮，砍砸痕迹明显。长 6.3、宽 6.2、厚 3.0 厘米（图 3–422，1）。

标本 CDF4 : 9，青灰色板岩。打制，扁方形，一面有石皮，一面为劈裂面，砍砸痕迹明显。长 7.9、宽 6.9、厚 3.5 厘米（图 3–422，2）。

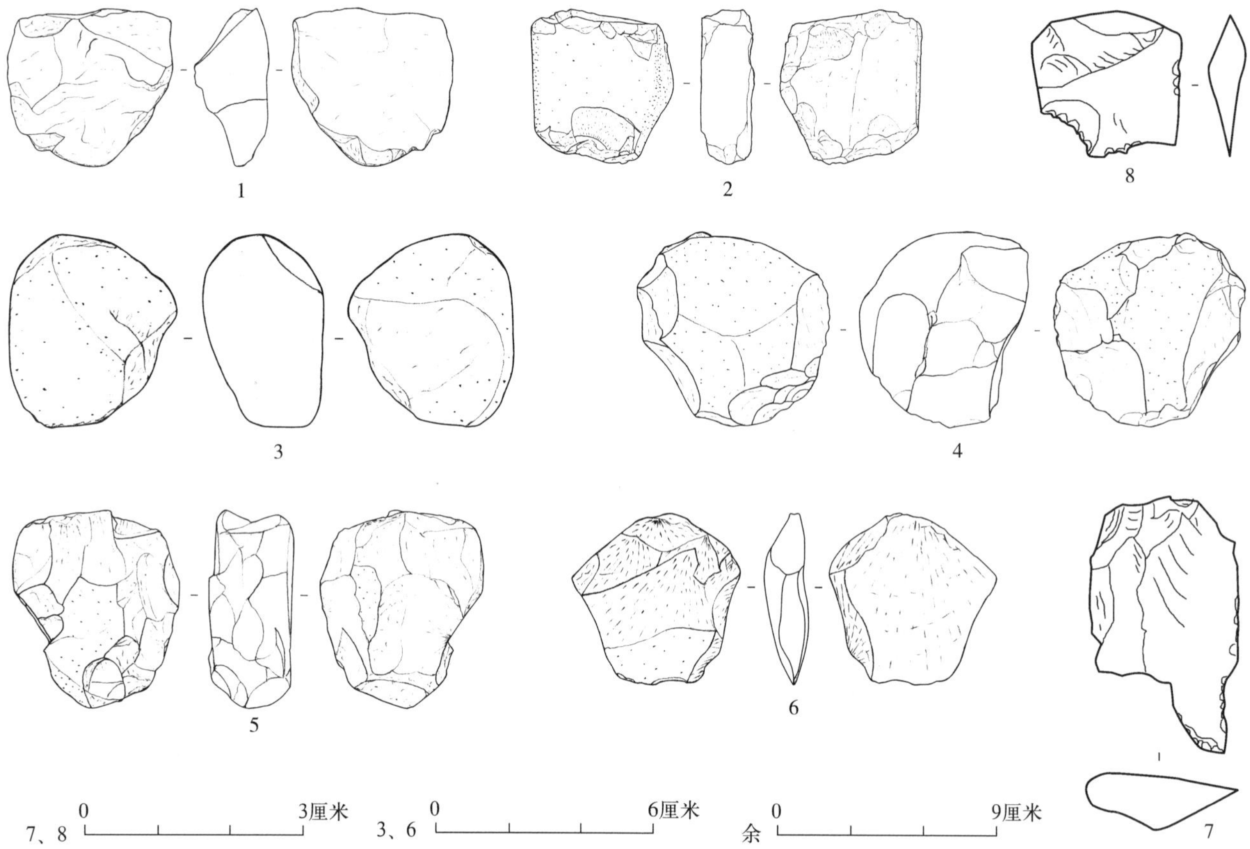

图 3-422　CDF4 出土打制石器

1、2. 砍砸器 CDF4：2、9　3～5. 敲砸器 CDF4：1、7、11　6～8. 石片刮削器 CDF4：8、32、33

敲砸器　3 件。

标本 CDF4：1，黄褐色花岗岩。打制，不规则扁圆形，局部保留石皮，敲砸痕迹明显。长 5.1、宽 4.5、厚 3.3 厘米（图 3-422，3）。

标本 CDF4：7，青灰色板岩。打制，椭圆形，多棱角，多剥片疤，局部保留石皮，敲砸痕迹明显。长 7.7、宽 7.9、厚 7.0 厘米（图 3-422，4）。

标本 CDF4：11，青灰色斑岩。打制，不规则扁圆形，多棱角，多剥片疤，局部保留石皮，敲砸痕迹明显。长 7.8、宽 7.0、厚 3.7 厘米（图 3-422，5）。

石片刮削器　3 件。

标本 CDF4：8，灰黑色安山岩，打制，多边形，边刃，有刮削痕迹。长 4.6、宽 4.5、厚 1.1 厘米（图 3-422，6）。

标本 CDF4：32，安山岩。打制，不规则长方形，一侧有突尖，边刃，有刮削痕迹，尖部有钻磨痕。长 3.2、宽 2.1、厚 0.7 厘米（图 3-422，7）。

标本 CDF4：33，安山岩石片。打制，不规则方形，局部有石皮，边刃，有刮削痕迹。长 2.0、宽 1.9、厚 0.5 厘米（图 3-422，8）。

（2）细石器

7 件。有尖状器 1 件、石叶 6 件。

尖状器　1件。

标本CDF4∶29，黄褐色玛瑙。琢制，尖叶形，横截面三角形，圆底，尖部有钻磨痕。长1.3、宽0.6、厚0.2厘米（图3-423，1）。

石叶刮削器　6件。

标本CDF4∶22，黄褐色燧石。琢制，横截面三角形，边刃，有刮削痕迹。1.7、宽0.3、厚0.1厘米（图3-423，2）。

标本CDF4∶23，黄褐色燧石。琢制，横截面梯形，边刃，有刮削痕迹。长1.6、宽0.5、厚0.1厘米（图3-423，3；彩版一四四，1）。

标本CDF4∶24，黄褐色燧石。琢制，横截面梯形，边刃，有刮削痕迹。长2.2、宽0.8、厚0.2厘米（图3-423，4；彩版一四四，2）。

标本CDF4∶25，青灰色板岩。琢制，横截面梯形，边刃，有刮削痕迹。长1.6、宽0.8、厚0.3厘米（图3-423，5；彩版一四四，3）。

标本CDF4∶27，黄褐色燧石。琢制，横截面菱形，边刃，有刮削痕迹。长1.9、宽0.4、厚0.1厘米（图3-423，6；彩版一四四，4）。

标本CDF4∶30，黄褐色燧石。琢制，横截面梯形，边刃，有刮削痕迹。长1.1、宽0.6、厚0.1厘米（图3-423，7）。

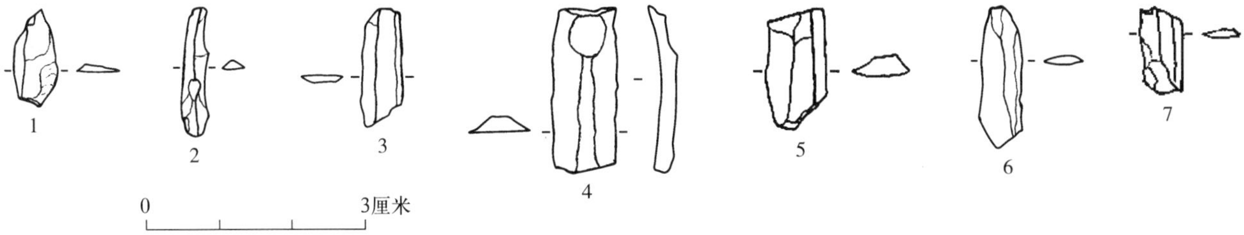

图3-423　CDF4出土细石器

1. 尖状器CDF4∶29　2～7. 石叶刮削器CDF4∶22～25、27、30

（3）磨制石器

7件。有石镞1件、石镞半成品1件、石磨盘3件、石磨棒1件、砺石1件。

石镞　1件。

标本CDF4∶21，残，青色板岩。磨制，尖叶形，横截面扁平六棱形，表面有切割痕。锋、刃对磨，中部微凸，锋尖稍残，圆底。长4.1、宽0.9、厚0.2厘米（图3-424，1；彩版一四四，5）。

石镞半成品　1件。

标本CDF4∶17，残，青色板岩。表面有切割痕。长3.9、宽1.4、厚0.4厘米（图3-424，2）。

石磨盘　3件。

标本CDF4∶18，红褐色砂岩。磨制，圆角长方形。两磨面，一面平，一面凹。长37.4、宽18.4、厚6.5～10.2厘米（图3-424，3；彩版一四四，6）。

标本CDF4∶13，残，红褐色砂岩。磨制，两磨面，磨痕有凹。残长9.4、宽9.7、厚6.1厘米（图3-424，4）。

标本CDF4∶44，残，红褐色砂岩。磨制，两平磨面，磨痕明显。残长6.9、残宽5.5、厚2.3厘米（图

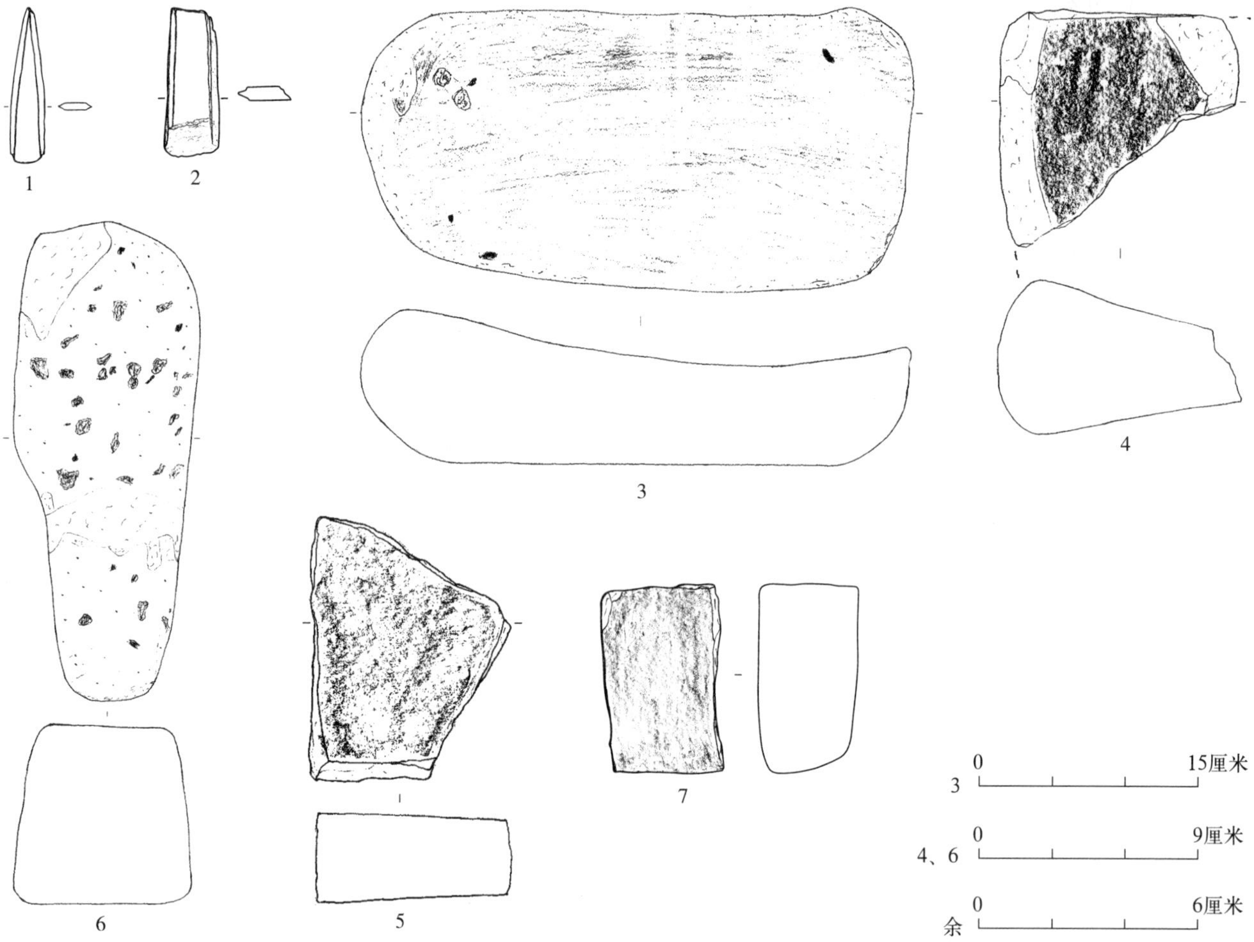

图 3-424 CDF4 出土磨制石器

1. 石镞 CDF4：21 2. 石镞半成品 CDF4：17 3～5. 石磨盘 CDF4：18、13、44 6. 石磨棒 CDF4：4 7. 砺石 CDF4：14

3-424，5）。

石磨棒 1 件。

标本 CDF4：4，红褐色砂岩。磨制，不规则圆角长方形，横截面方形，四个平磨面，磨痕明显。长 19.1、宽 7.2、厚 7.2 厘米（图 3-424，6）。

砺石 1 件。

标本 CDF4：14，残块，青褐色砂岩。磨制，有两个磨面，磨痕明显。长 5.0、宽 3.3、厚 2.3 厘米（图 3-424，7）。

2. 陶器

16 件。有深腹罐 12 件、陶钵 1 件、陶泡形器 1 件、陶坠形器 1 件、纹饰陶片 1 件。

深腹罐 12 件。

Aa 型Ⅲ式 2 件。

标本 CDF4：41，夹砂褐陶。口稍敛，稍唇尖，直腹。沿下有一周凹带，内饰划压横人字纹，腹饰竖压横排之字纹。口径 11.7、残高 5.0、壁厚 0.5 厘米（图 3-425，1）。

标本 CDF4∶38，残，夹砂红陶。直口，圆唇，弧腹。口沿处有一周凹带，内饰划压横人字纹，腹饰竖压横排之字纹。口径 13.0、残高 9.2 厘米（图 3-425，2）。

Ab 型Ⅱ式　1 件。

标本 CDF4∶5，夹砂红褐陶，局部呈黑色。口稍敛，圆唇，深直腹。沿下饰一周划压编织蓆纹，腹饰竖压横排之字纹。口径 17.2、残高 15.2、壁厚 0.6 厘米（图 3-425，3）。

Ab 型Ⅲ式　1 件。

标本 CDF4∶10，夹砂红褐陶，内外有泥浆陶衣。口稍外侈，圆唇，口沿处有一周凹带，内饰划压横人字纹，腹饰竖压横排之字纹，纹带宽 1.5 厘米，口径 18.0、残高 10.0、壁厚 0.5 厘米（图 3-425，4）。

Ab 型Ⅳ式　2 件。

标本 CDF4∶6，夹砂褐陶，内黑褐。沿稍外侈，圆唇，口沿处有两周凹带，内压划横人字纹，腹饰竖压横排之字纹，上密下疏，纹不及底。口径 17.3、底径 8.3、高 22.5、壁厚 0.5 厘米（图 3-425，5）。

标本 CDF4∶39，残，夹砂红陶。直口，弧腹。口沿处有两条凹纹带，内饰划压斜线纹、网格纹，腹饰竖压横排之字纹。口径 19.0、残高 9.0 厘米（图 3-425，6）。

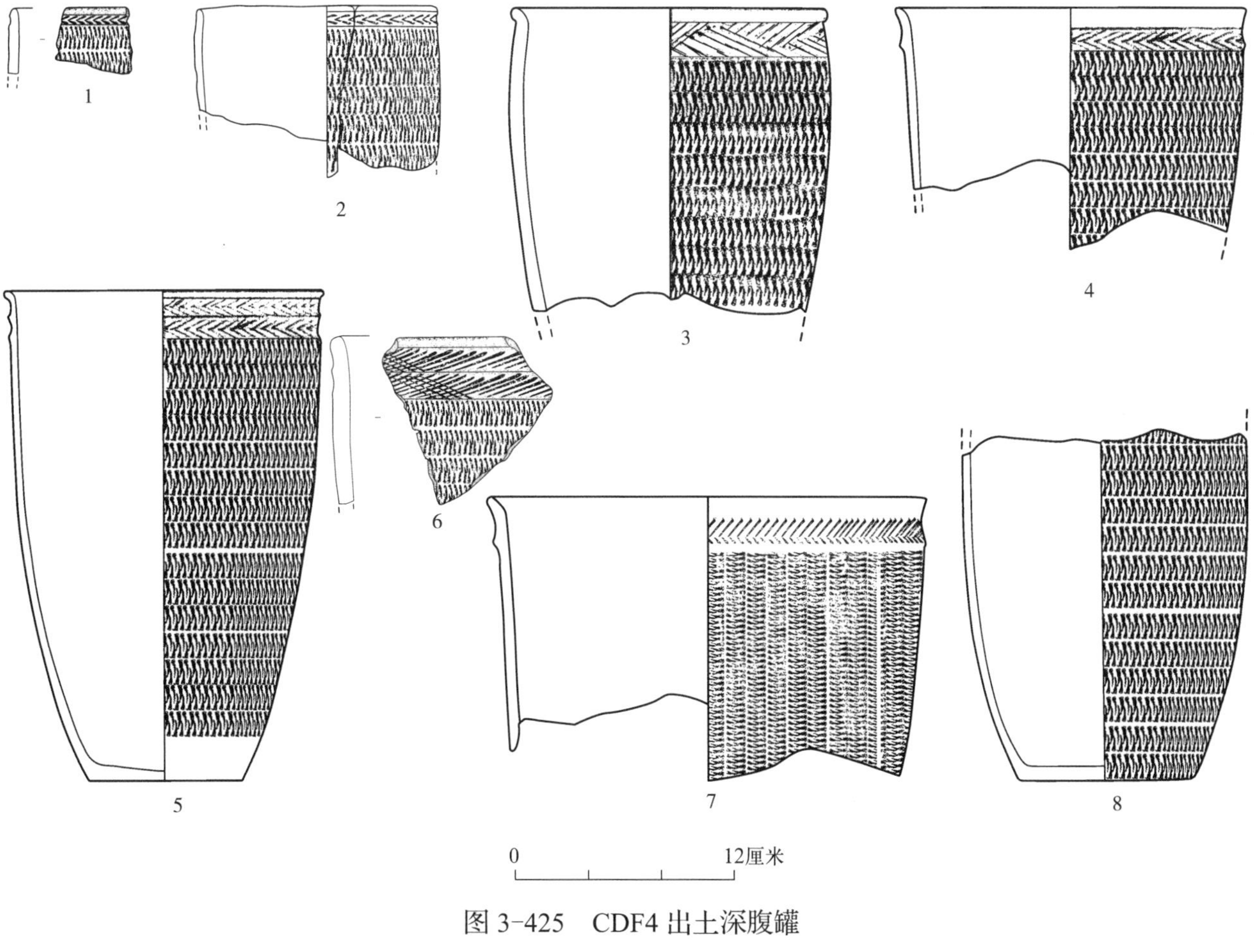

图 3-425　CDF4 出土深腹罐

1、2. Aa 型Ⅲ式 CDF4∶41、38　3. Ab 型Ⅱ式 CDF4∶5　4. Ab 型Ⅲ式 CDF4∶10　5、6. Ab 型Ⅳ式 CDF4∶6、39　7. Ac 型Ⅱ式 CDF4∶15　8. Ac 型Ⅱ式陶片 CDF4∶37

Ac型Ⅱ式　1件。

标本CDF4∶15，夹砂褐陶，内灰黑。侈口，尖唇。沿下有一周凹带，内压划斜线纹。凹带与腹身凸棱处饰压短斜线纹，形似绳索，腹饰横压竖排之字纹，纹带宽1.2、口径28.0、残高15.0厘米（图3-425，7）。

器底　1件。

标本CDF4∶37，夹砂红陶。口部残，直腹。腹饰横压之字纹，宽1.6厘米。残高17.0、底径9.5、壁厚0.5厘米（图3-425，8）。

Ba型Ⅰ式　2件。

标本CDF4∶40，残，夹砂黑褐陶。直口，圆唇，直腹。口沿处有一周凹纹带，内饰戳刺纹，腹部饰压印弦纹。口径11.0、残高3.4厘米（图3-426，1）。

标本CDF4∶16，夹砂黑褐陶。微侈口，尖唇，深直腹。口沿下有一周凹带，内戳压连点纹。腹部压印弦纹，上密下疏。口径8.6、残高6.0、壁厚0.4厘米（图3-426，2）。

Ba型Ⅲ式　1件。

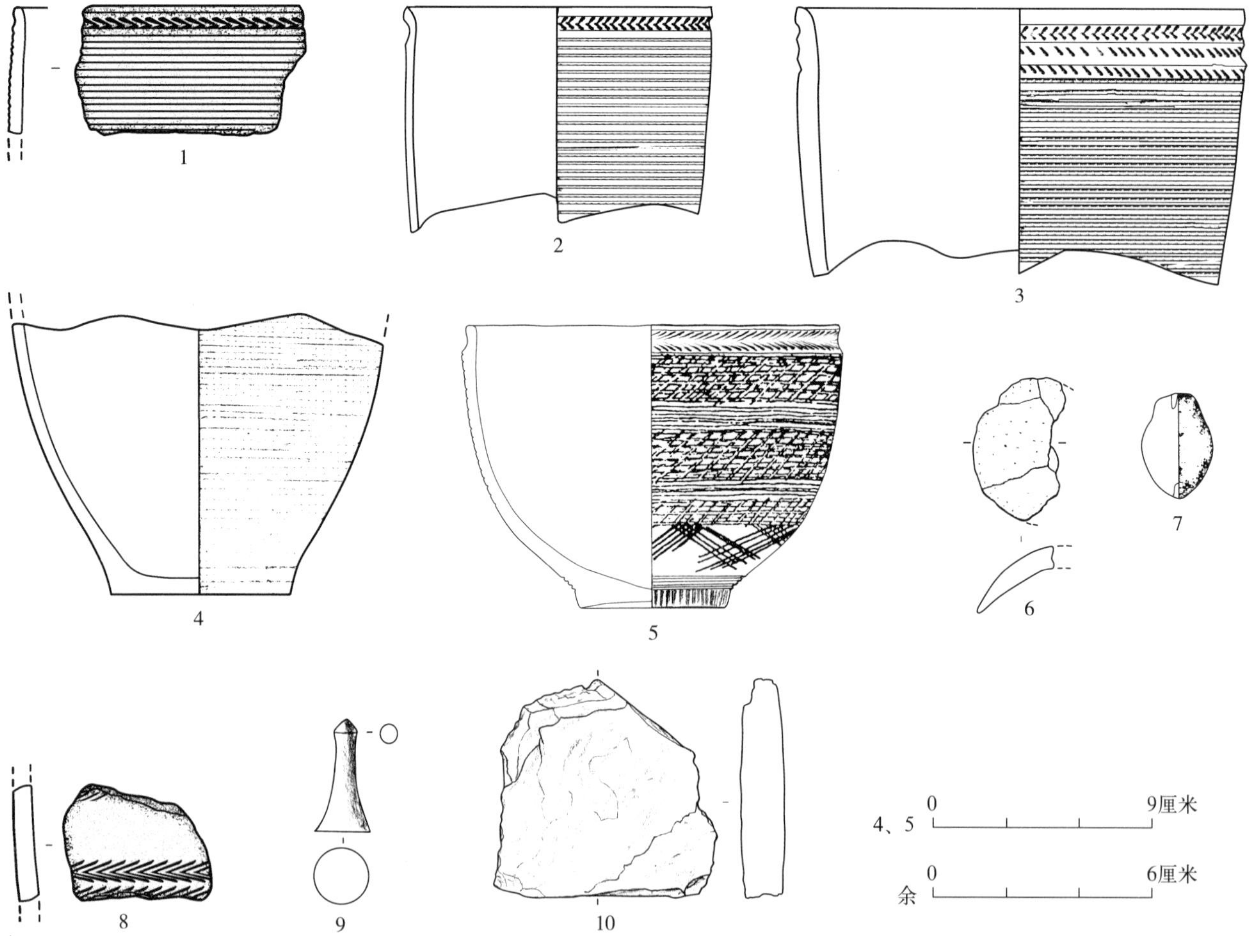

图3-426　CDF4出土陶器与煤精制品

1、2. Ba型Ⅰ式深腹罐CDF4∶40、16　3. Ba型Ⅲ式深腹罐CDF4∶35　4. Ba型Ⅲ式陶片CDF4∶26　5. Ⅳ式陶钵CDF4∶19　6. 陶泡形器CDF4∶36　7. 陶坠形器CDF4∶30　8. 纹饰陶片CDF4∶42　9. 煤精耳珰形器CDF4∶20　10. 煤精料CDF4∶34

标本 CDF4∶35，夹砂黑褐陶。直口，圆唇，微鼓腹。口沿下有三周窄凹带，内饰戳连点纹。腹部压印弦纹，上密下疏。口径 12.0、残高 7.6、壁厚 0.3 厘米（图 3-426，3）。

器底　1 件。

标本 CDF4∶26，夹砂黑褐陶。弧腹、平底。腹部压印弦纹，上密下疏。残高 10.9、底径 7.5、壁厚 0.5 厘米（图 3-426，4）。

陶钵　1 件。

Ⅳ式　1 件。

标本 CDF4∶19，夹砂红褐陶，内外饰红色泥浆陶衣，内压磨光滑。圆尖唇，深圆腹，矮圈足。沿外饰一周凹带，内划压横“人”形纹带，腹至足饰压印网格纹、弦纹、交叉“人”形纹、足部饰压印粗线纹。口径 15.0、底径 5.6、高 11.0、壁厚 0.3 厘米（图 3-426，5；彩版一四三，2）。

陶泡形器　1 件。

标本 CDF4∶36，残，夹砂红褐陶。圆顶形，底边圆滑。直径 4.2、厚 0.6 厘米（图 3-426，6）。

陶坠形器　1 件。

标本 CDF4∶30，夹砂红褐陶。心形，平顶，尖底，素面。上下有对称的浅孔。高 2.8、最大直径 2.0 厘米（图 3-426，7）。

纹饰陶片　1 件。

标本 CDF4∶42，夹砂红褐陶。饰有划压横人字纹。残高 3.1 厘米（图 3-426，8）。

3. 煤精制品

2 件。

耳珰形器　1 件。

标本 CDF4∶20，基本完整。磨制，表面光滑。尖顶，束颈，平底。高 3.0、底径 1.5 厘米（图 3-426，9；彩版一四三，3）。

煤精料　1 件。

标本 CDF4∶34，不规则形扁平三角形，有刮划和磨痕。长 5.8、宽 6.0、厚 1.2 厘米（图 3-426，10）。

（五）CDF5

CDF5 位于 CDT5 中部，北距 CDF2 约 9.35 米。房址开口于第②层底部，打破生土层，房址圆角略长方形半地穴式。南北稍宽于东西，东壁、西北壁上部被现代基础沟打破。东西长 3.00、西北宽 2.90、北侧壁残存高 0.08 ～ 0.24 米，面积约 8.70 平方米（图 3-427）。

房内堆积分两层，第一层土色黑褐，呈粟状，分布在房址中部。第二层厚 0.05 米，属于活动面堆积层，土色较杂，在灶址东西两侧和南壁下散落有灰烬和烧土，厚 0.07 米左右，活动面堆积内含陶片、石片。

房址中部发现灶址 1 个，编号 Z1。开口在活动面上，椭圆形，平底，直径 0.56、深 0.15 米。

房址内共发现柱洞 4 个，均属靠壁柱。到南壁 2 个，北壁 2 个，D1 直径 0.28、D2 直径 10.6、D3 直径 0.17、D4 直径 0.18 米，未作解剖，深度不详。

房址内共出土各类遗物 13 件。

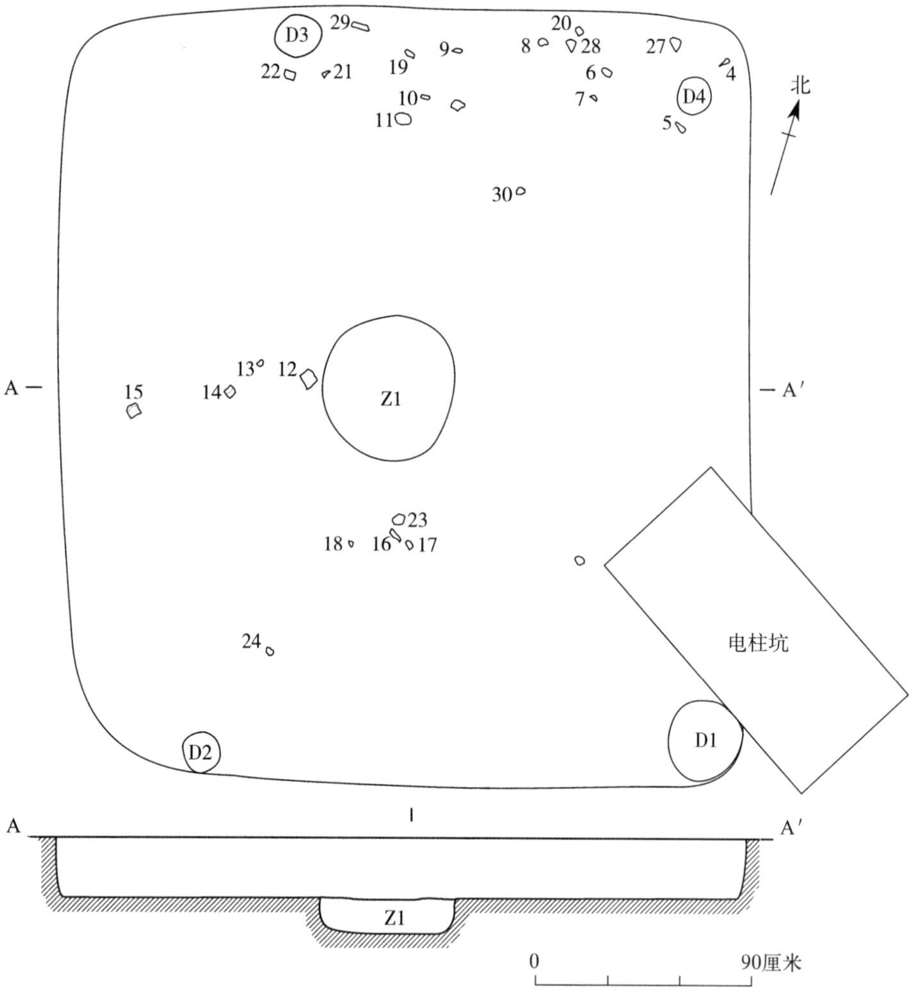

图 3-427 CDF5 平面图

1、2、3. 柱洞 4、6、7、13、16～19、21、24～26、29、30. 石片 5. 石镞 8、28. 刮削器 9～11. 石器 12、14、15. 陶片 20、28. 石叶 22. 陶器器底 23. 敲砸器 27. 煤精球形器

1. 石器

12 件。有打制石器 8 件、细石器 5 件、磨制石器等。

（1）打制石器

7 件。

敲砸器 4 件。

标本 CDF5∶2，青灰色板岩。打制，扁长方形，局部保留石皮，两端敲砸痕迹明显。长 10.4、宽 4.1、厚 2.7 厘米（图 3-428，1；彩版一四五，1）。

标本 CDF5∶3，青灰色板岩。打制，不规则扁椭圆形，一侧为劈裂面，一侧局部保留石皮，敲砸痕迹明显。长 7.6、宽 4.7、厚 2.8 厘米（图 3-428，2；彩版一四五，2）。

标本 CDF5∶11，青灰色板岩。打制，不规则扁椭圆形，局部保留石皮，两端敲砸痕迹明显。长 5.7、宽 4.5、厚 2.8 厘米（图 3-428，3；彩版一四五，3）。

标本 CDF5∶12，青色板岩。打制，不规则多棱形，多剥片疤，局部保留石皮，敲砸痕迹明显。

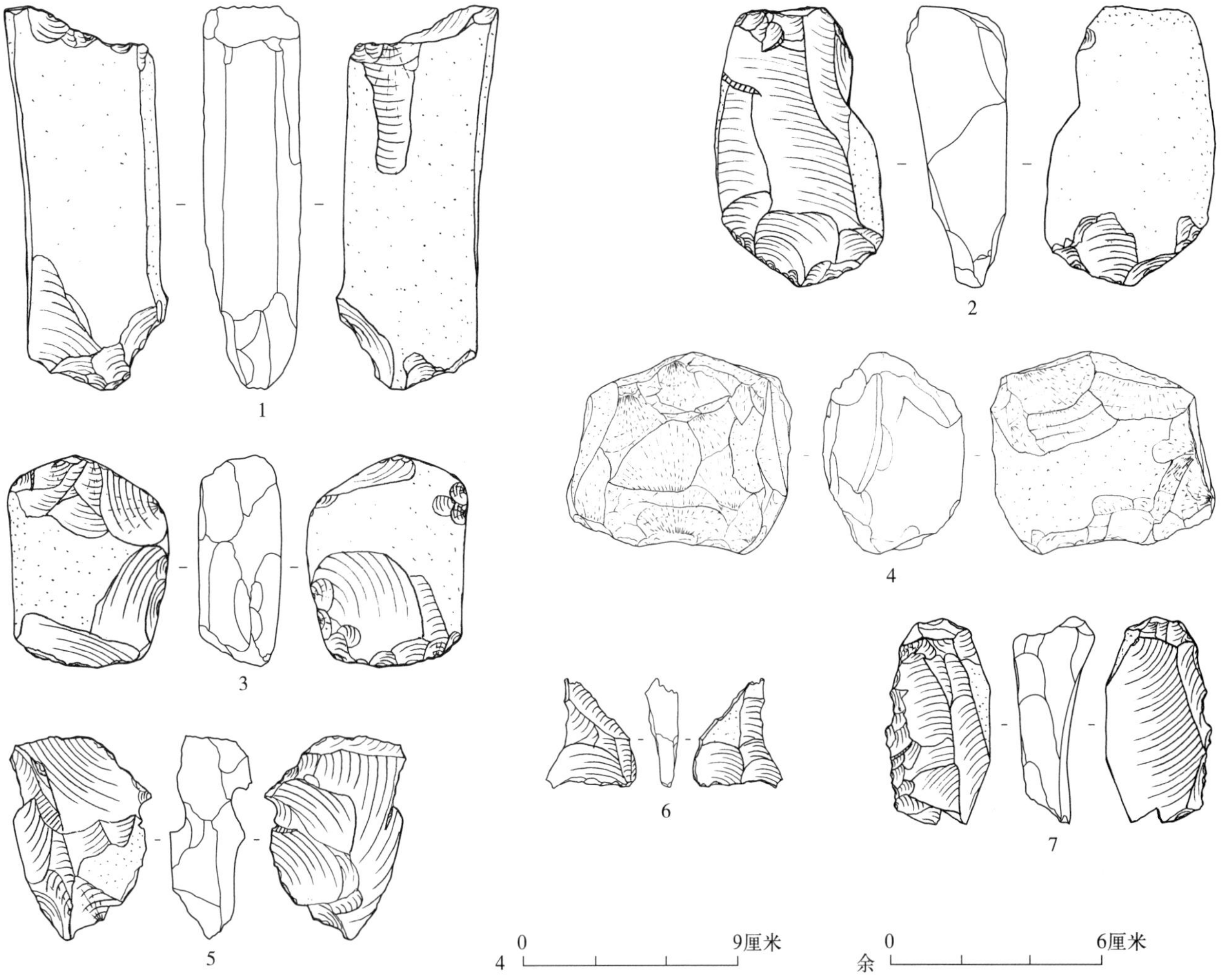

图 3-428　CDF5 出土打制石器

1～4. 敲砸器 CDF5：2、3、11、12　5、6. 石片刮削器 CDF5：29、1　7. 石核刮削器 CDF5：27

长 10.0、宽 8.7、厚 6.4 厘米（图 3-428，4）。

石片刮削器　3 件。

标本 CDF5：29，深青色板岩。打制，不规则多边形，边刃，有刮削痕迹。长 5.6、宽 3.8、厚 2.2 厘米（图 3-428，5；彩版一四五，4）。

标本 CDF5：1，青灰色板岩。打制，不规则三角形，边刃，有刮削痕迹。长 2.9、宽 2.4、厚 0.9 厘米（图 3-428，6）。

标本 CDF5：4，残，青色板岩。磨制，块状。长 8.8、宽 4.6、厚 2.0 厘米。

石核刮削器　1 件。

标本 CDF5：27，深青色燧石。打制，扁椭圆形，腹面内凹，表面有石叶剥落痕，边刃呈齿状，有刮削痕迹。长 5.6、宽 3.0、厚 2.2 厘米（图 3-428，7；彩版一四五，5）。

（2）细石器

5 件。

尖状器 1件。

标本CDF5：9，棕黄色燧石。琢制，叶形，横截面三角形。尖部经钻磨圆钝，边刃呈细齿状。长1.6、宽0.5、厚0.15厘米（图3-429，1；彩版一四五，6）。

石叶刮削器 4件。

标本CDF5：16，棕褐色板岩。琢制，长条形，横截面三角形。长5.9、宽1.3、厚0.7厘米（图3-429，2）。

标本CDF5：8，青灰色板岩。琢制，指甲形，边刃压琢呈细齿状，有刮削痕迹。长2.1、宽1.9、厚0.9厘米（图3-429，3；彩版一四五，7）。

标本CDF5：10，褐色燧石。琢制，长条形，横截面梯形，边刃，有刮削痕迹。长1.6、宽0.7、厚0.2厘米（图3-429，4；彩版一四五，8）。

标本CDF5：5，黄褐色燧石。琢制，长条形，横截面三角形，边刃，有刮削痕迹。长1.0、宽0.6、厚0.1厘米（图3-429，5）。

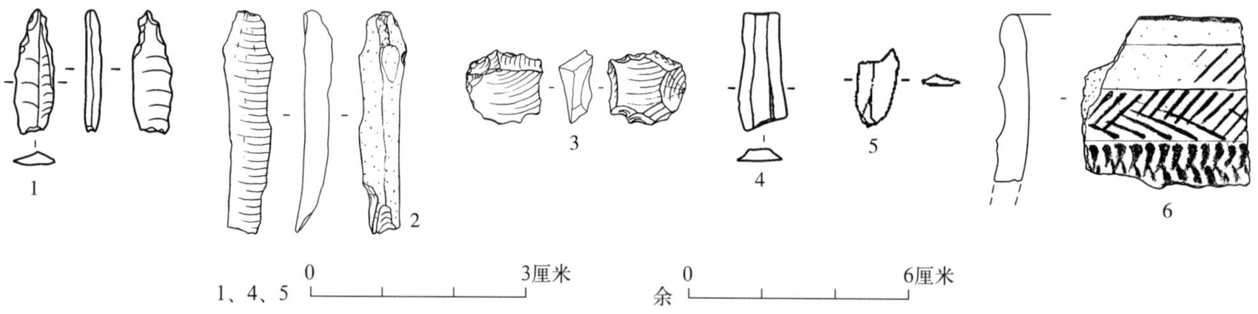

图3-429 CDF5出土细石器与陶器

1. 尖状器CDF5：9 2～5. 石叶刮削器CDF5：16、8、10、5 6. Ac型Ⅲ式深腹罐CDF5：14

2. 陶器

1件。

深腹罐 1件。

Ac型Ⅲ式 1件。

标本CDF5：14，残，夹砂褐。直口，圆唇，口沿处有两周凹带，内饰划压斜线、横人字纹，腹部饰竖压横排之字纹。口径24、残高4.5、壁厚0.7厘米（图3-429，6）。

（六）CDF6

CDF6位于CDT6F南侧，东距CDF8约13.00、南距CDF4约5.50、西南距CDF1约6.40、北距CDF7约10.50米。房址开口②层下，打破生土。平面圆角长方形，半地穴式，南壁压在住宅楼北侧散水护坡下，西北壁和东北壁被现代沟打破。东西宽3.60、南北长4.00、穴壁深存0.40米，面积约12.80平方米（图3-430；彩版一四六，1）。

房内堆积分两层，第一层土质黄褐，有火烧过的炭化木柱，烧土堆积，内含石器、陶片等，堆积厚0.15～0.25米，属于塌落堆积，第二层活动面堆积，内含石器、碎陶器等，堆积厚0.08～0.10米，活动面底部有一层1～2厘米的细砂，西、南、北侧较厚，东侧较薄。

在房址中部偏西处发现灶址 1 个，编号 Z1。灶圆形，凹底，直径 0.66、深 0.16 米，灶壁和灶底部烧烤面坚实。

在穴壁内发现柱洞 4 个，均为壁柱，D1 柱径 0.22、深 0.25 米。D2 柱径 0.14、深 0.15 米。D3 柱径 0.24、深 0.20 米。D4 柱径 0.12、深 0.18 米。

出土遗物 29 件，有石器 21 件、陶器 8 件。

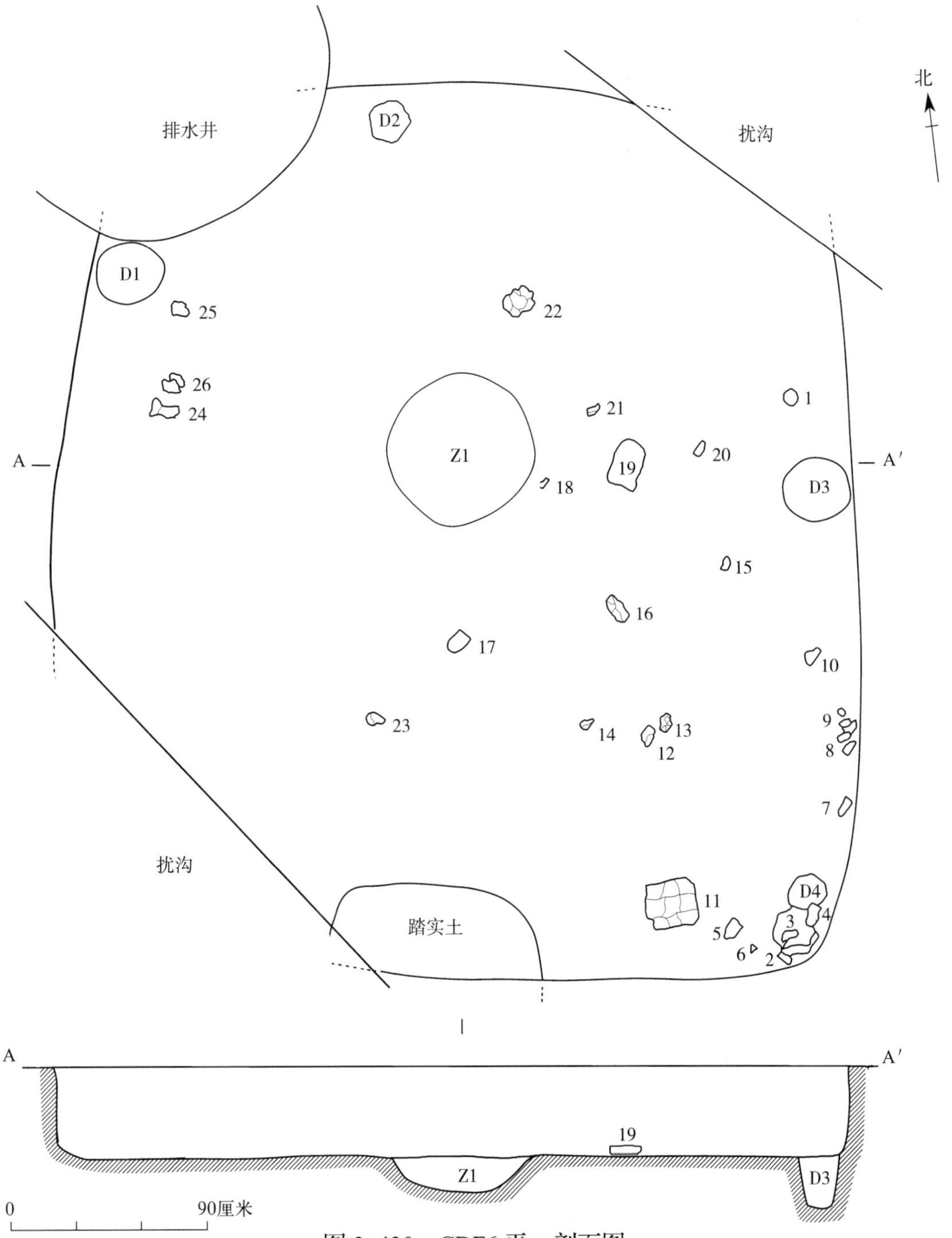

图 3-430　CDF6 平、剖面图

1．陶泡形器　2．磨盘　3、16．敲砸器　4、5、17．磨棒　6～8、14、15、18、20、21．石片刮削器　9、11～13、22～25．陶器　10．煤精料　19．砍砸器　26．煤精泡形器

1. 石器

21 件。有打制石器 15 件、细石器 1 件、磨制石器 5 件。

（1）打制石器

15 件。有砍砸器 1 件、敲砸器 3 件、石片刮削器 11 件。

砍砸器 1 件。

标本 CDF6∶10，青色板岩。打制，不规则扁椭圆多棱形，多剥片疤，周边砍砸痕迹明显。长 7.7、宽 5.6、厚 2.1 厘米（图 3-431，1；彩版一四六，2）。

敲砸器 3 件。

标本 CDF6∶3，灰色板岩。打制，不规则椭圆多棱形，局部保留有石皮，敲砸痕迹明显。长 14.0、宽 10.5、厚 6.3 厘米（图 3-431，2；彩版一四六，3）。

标本 CDF6∶16，灰色板岩。打制，不规则扁椭圆形，多剥片疤，局部保留有石皮，敲砸痕迹明显。长 11.0、宽 7.0、厚 4.8 厘米（图 3-431，3；彩版一四七，1）。

标本 CDF6∶30，灰色板岩。打制，不规则椭圆多棱形，多剥片疤，局部保留有石皮，敲砸痕迹明显。长 8.2、宽 6.1、厚 3.4 厘米（图 3-431，4；彩版一四七，2）。

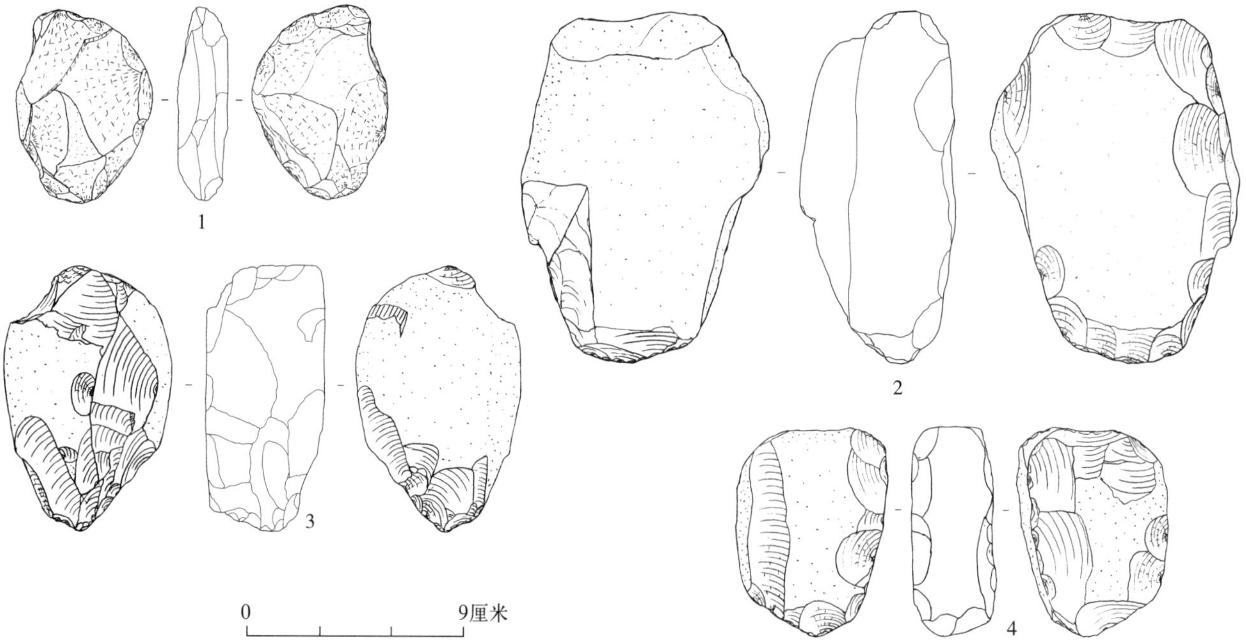

图 3-431 CDF6 出土打制石器

1. 砍砸器 CDF6∶10 2～4. 敲砸器 CDF6∶3、16、30

石片刮削器 11 件。

标本 CDF6∶8，灰色板岩。打制，扁椭圆形，一侧局部保留石皮，边刃，有刮削痕迹。长 6.2、宽 4.5、厚 2.1 厘米（图 3-432，1；彩版一四七，3）。

标本 CDF6∶11，灰白色板岩。打制，不规则椭圆形，边刃，有刮削痕迹。长 3.7、宽 2.8、厚 0.9 厘米（图 3-432，2）。

标本 CDF6：12，青灰板岩。打制，长三角形，边刃，有刮削痕迹。长 4.8、宽 2.1、厚 0.7 厘米（图 3-432，3）。

标本 CDF6：14，浅灰色板岩。打制，长方形，边刃，有刮削痕迹。长 3.8、宽 2.9、厚 1.5 厘米（图 3-432，4）。

标本 CDF6：15，青灰色板岩。打制，不规则多边形，边刃，有刮削痕迹。长 6.3、宽 3.9、厚 1.6 厘米（图 3-432，5）。

标本 CDF6：18，青灰色板岩。打制，不规则半圆形，一侧保留石皮，边刃，有刮削痕迹。长 7.3、宽 4.3、厚 1.8 厘米（图 3-432，6）。

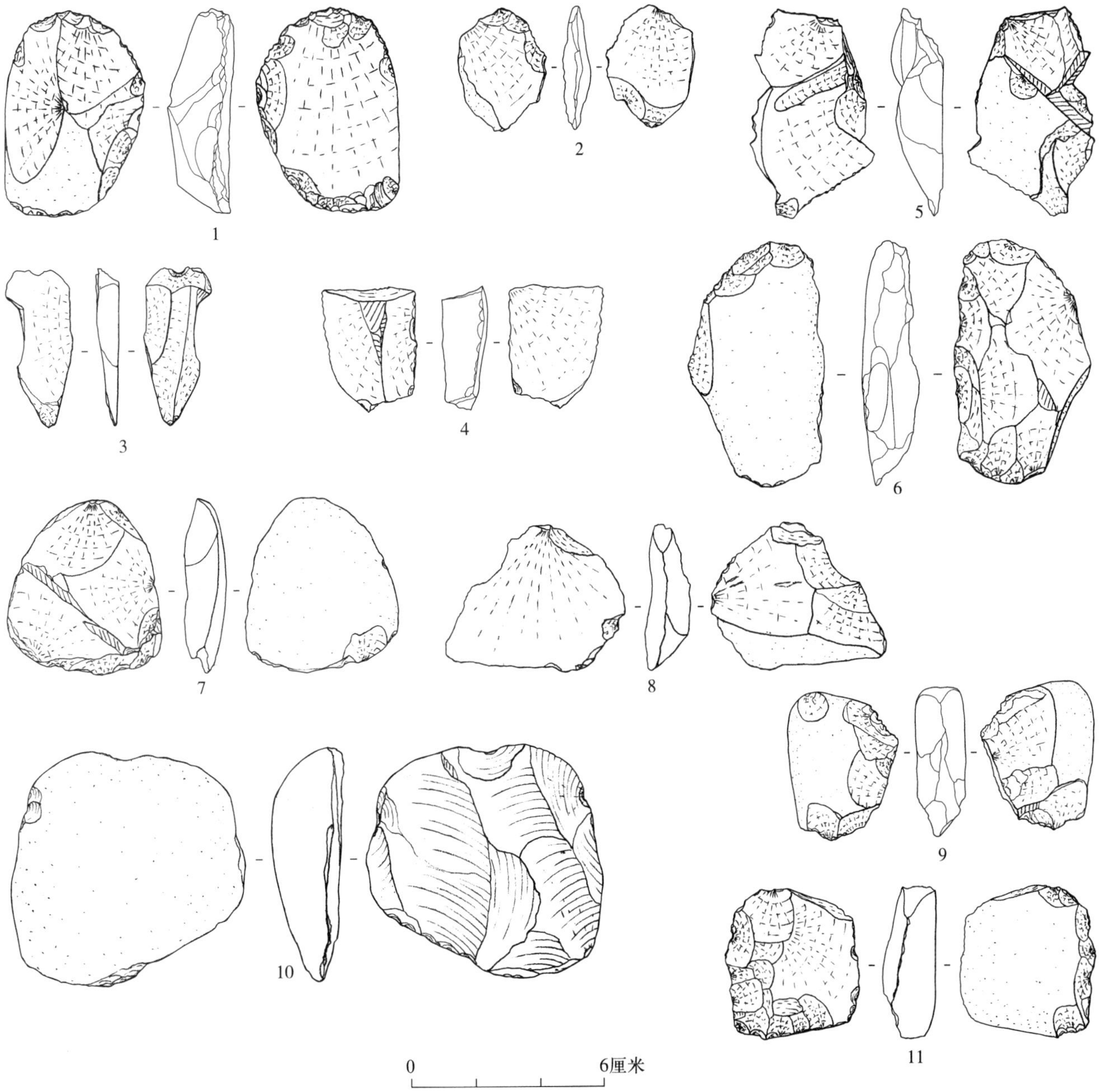

图 3-432　CDF6 出土打制石器

1～11. 石片刮削器 CDF6：8、11、12、14、15、18、21、23、26、31、32

标本CDF6：21，浅灰色板岩。打制，不规则蚌壳形，一侧保留石皮，边刃，有刮削痕迹。长5.3、宽4.7、厚1.3厘米（图3-432，7）。

标本CDF6：23，浅灰白色板岩。打制，不规则三角形，边刃，有刮削痕迹。长5.6、宽4.4、厚1.4厘米（图3-432，8；彩版一四七，4）。

标本CDF6：26，青灰色板岩。打制，不规则三角形，局部保留有石皮，边刃，有刮削痕迹。长4.5、宽3.6、厚1.6厘米（图3-432，9；彩版一四七，5）。

标本CDF6：31，灰白色板岩。打制，不规则椭圆形，一侧保留有石皮，边刃，有刮削痕迹。高7.0、宽7.3、厚2.2厘米（图3-432，10；彩版一四七，6）。

标本CDF6：32，灰色板岩。打制，圆角方形，一侧保留有石皮。边刃，有刮削痕迹。长4.5、宽4.2、厚1.7厘米（图3-432，11）。

（2）细石器

石叶刮削器　1件。

标本CDF6：29，黄褐色玛瑙。琢制，长条形，横截面梯形，边刃，有刮削痕迹。长2.3、宽0.5、厚0.15厘米（图3-433，1）。

（3）磨制石器

5件。

石磨盘　1件。

标本CDF6：2，浅黄褐砂岩。磨制，圆角长方形，两磨面，一面为马鞍形，一侧圆凹。残长18.5、宽21.0、厚4.0～5.5厘米（图3-433，2；彩版一四八，1）。

石磨棒　3件。

标本CDF6：4，浅黄褐砂岩。磨制，圆角长条形，横截面椭圆形，有两个推磨面。残长11、宽8.3、厚4.1厘米（图3-433，3；彩版一四八，2）。

标本CDF6：5，浅黄褐石英岩。磨制，圆角长条形，横截面椭圆形，有三个推磨面。长10.6、宽8.3、厚5厘米（图3-433，4；彩版一四八，3）。

标本CDF6：17，浅黄褐砂岩。磨制，圆角长条形，横截面椭圆形，有两个推磨面，磨痕明显。长10.2、宽7.7、厚5厘米（图3-433，5；彩版一四八，4）。

砺石　1件。

标本CDF6：19，浅黄褐长石砂岩。磨制，扁平长方形，一面平磨，一面有磨沟。长17.3、宽11.5、厚3.8厘米（图3-433，6；彩版一四八，5）。

2. 陶器

8件。有深腹罐7件、陶泡器1件。

深腹罐　7件。

Aa型Ⅰ式　2件。

标本CDF6：9，残，夹砂红褐陶。口稍敞，圆唇，直腹。口沿处有一周素面，腹部饰横压竖排之字纹。口径11.0、残高5.6厘米（图3-434，1）。

标本CDF6：41，残，夹砂褐陶。直口，圆唇，深腹。口沿至腹部饰横压竖排之字纹。口径8.0、

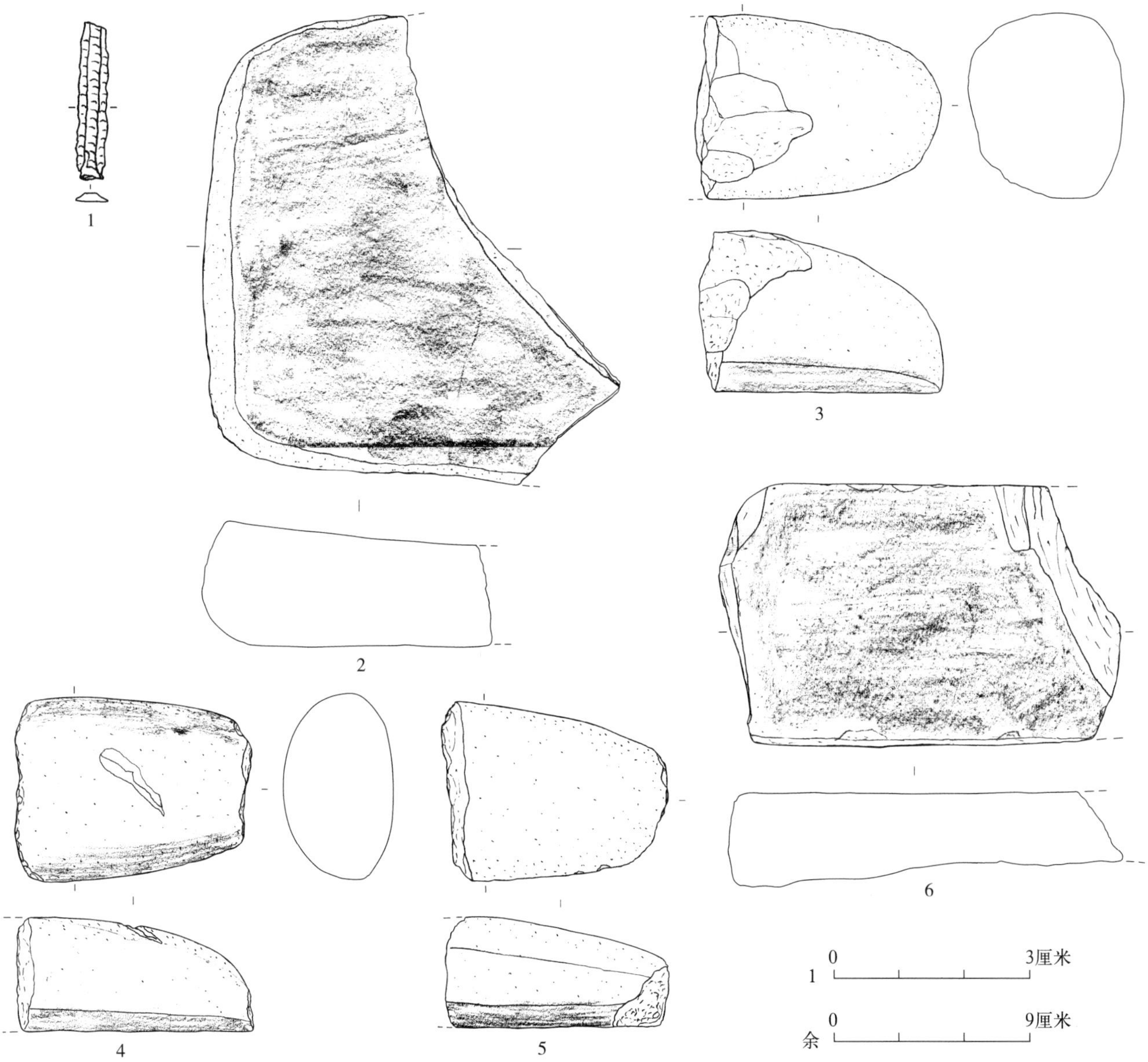

图 3-433　CDF6 出土细石器与磨制石器

1. 石叶刮削器 CDF6：29　2. 石磨盘 CDF6：2　3～5. 石磨棒 CDF6：4、5、17　6. 砺石 CDF6：19

残高 2.2 厘米（图 3-434，2）。

Aa 型Ⅲ式　1 件。

标本 CDF6：13，残，夹砂红褐陶。口稍敞，圆唇，深直腹。口沿下有一周凹带，内饰划压横人字纹，腹部饰横压竖排之字纹。口径 13.0、残高 4.5 厘米（图 3-434，3）。

Aa 型Ⅳ式　1 件。

标本 CDF6：24，残，夹砂褐陶。直口，圆唇，深腹。口沿下有两周凹带，内饰划压斜线纹，局部饰交叉网格纹，腹部饰横压竖排之字纹。口径 15.0、残高 7.0 厘米（图 3-434，4）。

Ab 型Ⅲ式　1 件。

标本 CDF6：20，残，夹砂褐陶。直口，圆唇，深腹。口沿下有一周凹带，内饰划压横人字纹，局部饰交叉网格纹，腹部饰横压竖排之字纹。口径 20、残高 12 厘米（图 3-434，5）。

Ba 型Ⅱ式 1 件。

标本 CDF6：25，残，夹砂黑褐陶。直口，圆唇，深腹。口沿下有两周凹带，内饰划压斜线纹，腹部饰压弦纹。口径 15.0、残高 2.4 厘米（图 3-434，6）。

陶罐腹片 1 件。

标本 CDF6：22，细泥红陶，火候稍低。直腹，表面有浆泥红陶衣。腹部饰横压竖排之字纹。壁厚 0.7 厘米（图 3-434，8）。

陶泡器 1 件。

标本 CDF6：1，夹砂红褐陶，表面有红陶衣。圆顶形，凹窝内较光滑。底径 3.2、高 1.5、凹窝深 0.9 厘米（图 3-434，7；彩版一四八，6）。

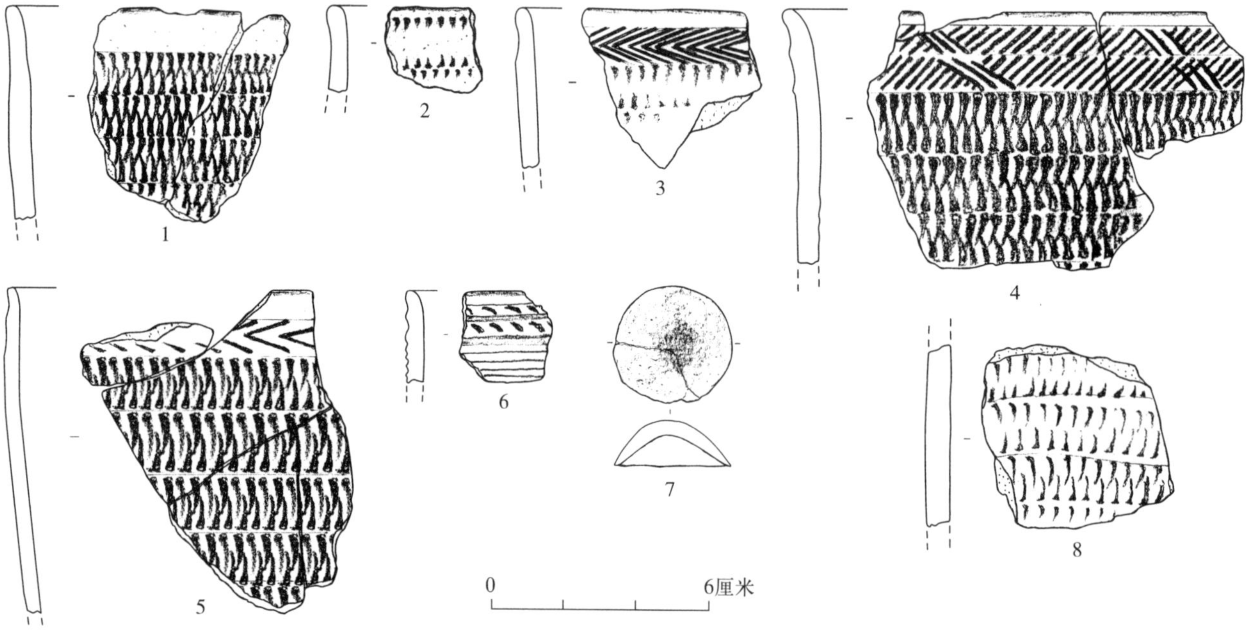

图 3-434 CDF6 出土陶器

1、2. Aa 型Ⅰ式深腹罐 CDF6：9、41 3. Aa 型Ⅲ式深腹罐 CDF6：13 4. Aa 型Ⅳ式深腹罐 CDF6：24 5. Ab 型Ⅲ式深腹罐 CDF6：20 6. Ba 型Ⅱ式深腹罐 CDF6：25 7. 陶泡器 CDF6：1 8. 陶片 CDF6：22

（七）CDF7

CDF7 位于 CDT7 内，南距 CDF6 约 10.50、东南距 CDF8 约 13.00 米。开口于第②层下，打破生土，平面圆角方形为半地穴式。房址西侧被现代扰沟打破。长 2.90、宽 2.70、穴壁深 0.55 米，面积约 7.80 平方米（图 3-435）。

房内填土堆积土色黄褐，深 0.43 米，底部有木炭、烧土堆积，厚 3 ～ 4 厘米。居住面较为平整，土质较杂，厚 8 ～ 10 厘米，上部散落有炭化木架和烧土堆积。

房址中部发现灶址 1 个，编号 Z1。灶圆形，平底，烧壁较厚，直径 0.50、深 0.12 米。

发现柱洞 9 个，均为壁柱，分布较规律（表 3-24）。

房址内出土遗物 22 件，其中石器 16 件、陶器 6 件。

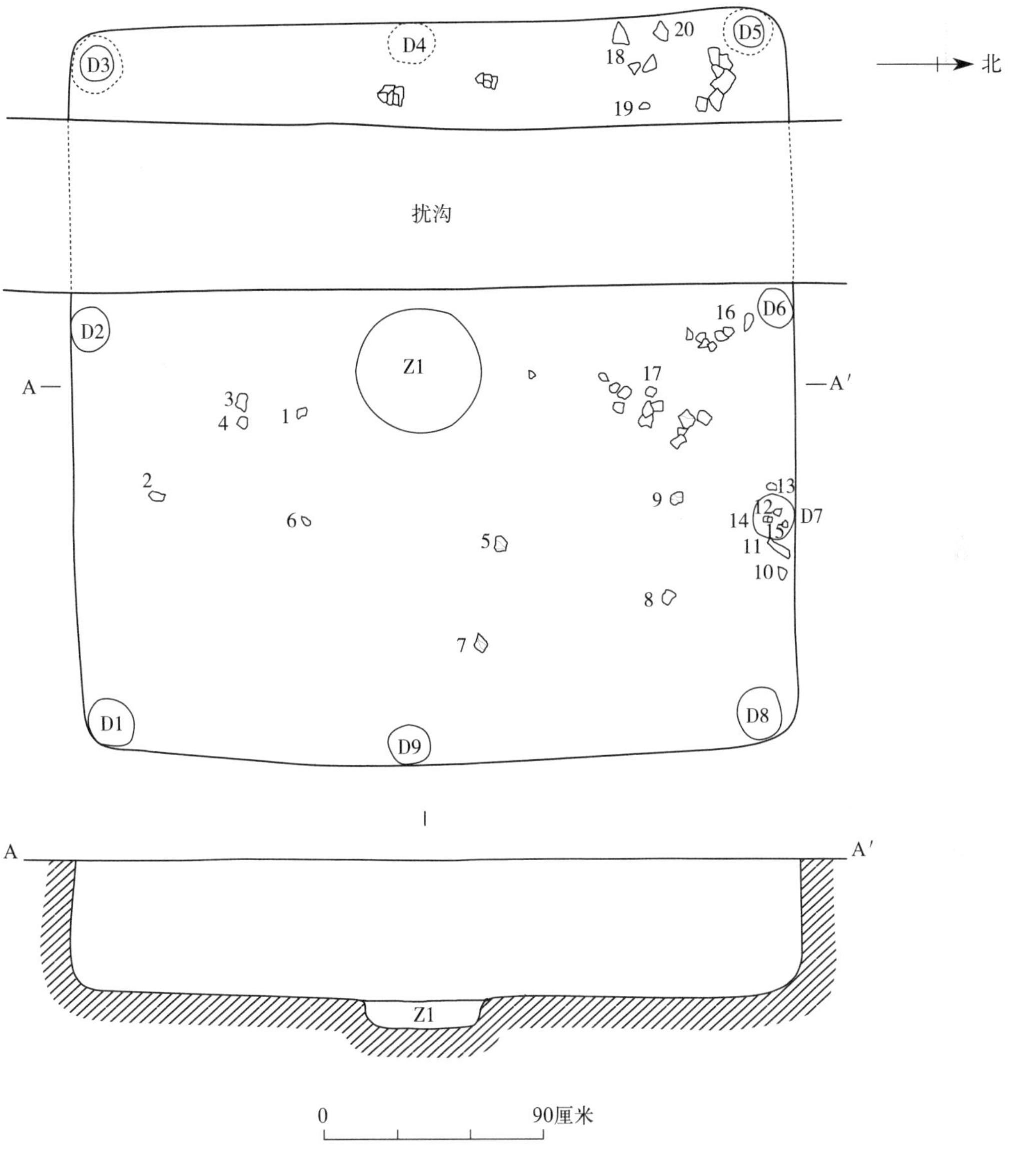

图3-435　CDF7平、剖面图

1、3～5. 陶片　2. 柱础石　6、7、11、15. 细石器　8～10、12、16、17. 石片刮削器　18～20. 敲砸器

表3-24　CDF7柱洞（柱坑）登记表　（单位：厘米）

编号	径	深	备注	编号	径	深	备注
D1	20	10		D6	18	20	
D2	21	10		D7	17	15	
D3	22	20		D8	19	10	
D4	16	10		D9	16	10	
D5	16	20					

1. 石器

16 件。有打制石器 11 件、细石器 4 件、磨制石器 1 件。

（1）打制石器

11 件。有砍砸器 1 件、敲砸器 2 件、石片刮削器 8 件。

砍砸器　1 件。

标本 CDF7：21，青灰色板岩。打制，不规则扁铲形，一侧为劈裂面，一侧保留石皮，周边砍砸痕迹明显。长 6.3、宽 5.3、厚 1.2 厘米（图 3-436，1；彩版一四九，1）。

敲砸器　2 件。

标本 CDF7：18，青灰色板岩。打制，扁长条多棱形，有剥片疤，局部保留石皮，两端敲砸痕迹细碎。长 6.0、宽 4.5、厚 2.5 厘米（图 3-436，2；彩版一四九，2）。

标本 CDF7：19，青灰色板岩。打制，不规则多棱方形，有剥片疤，一侧保留石皮，敲砸痕迹明显。长 7.1、宽 5.6、厚 3.9 厘米（图 3-436，3；彩版一四九，3）。

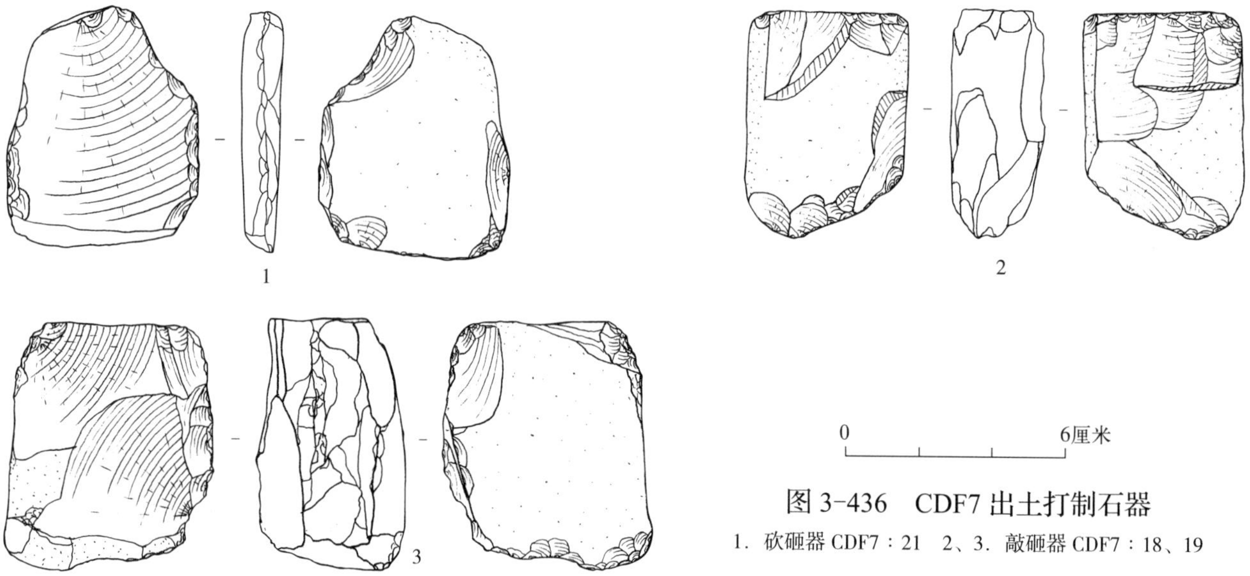

图 3-436　CDF7 出土打制石器

1. 砍砸器 CDF7：21　2、3. 敲砸器 CDF7：18、19

石片刮削器　8 件。

标本 CDF7：7，青灰色板岩。打制，不规则方形，边刃，有刮削痕迹。长 3.9、宽 3.7、厚 1.4 厘米（图 3-437，1）。

标本 CDF7：10，青灰色板岩。打制，不规则多边形，边刃，有刮削痕迹。长 3.6、宽 3.2、厚 0.7 厘米（图 3-437，2）。

标本 CDF7：12，浅灰色燧石。打制，不规则多边形，边刃，有刮削痕迹。长 3.6、宽 3.2、厚 0.7 厘米（图 3-437，3；彩版一四九，4）。

标本 CDF7：13，青灰色板岩。打制，龟背形，一侧局部保留石皮，边刃，有刮削痕迹。长 3.4、宽 2.5、厚 1 厘米（图 3-437，4；彩版一四九，5）。

标本 CDF7：14，青灰色板岩。打制，蚌壳形，一侧保留石皮，弧刃。长 2.4、宽 1.85、厚 0.5 厘米（图

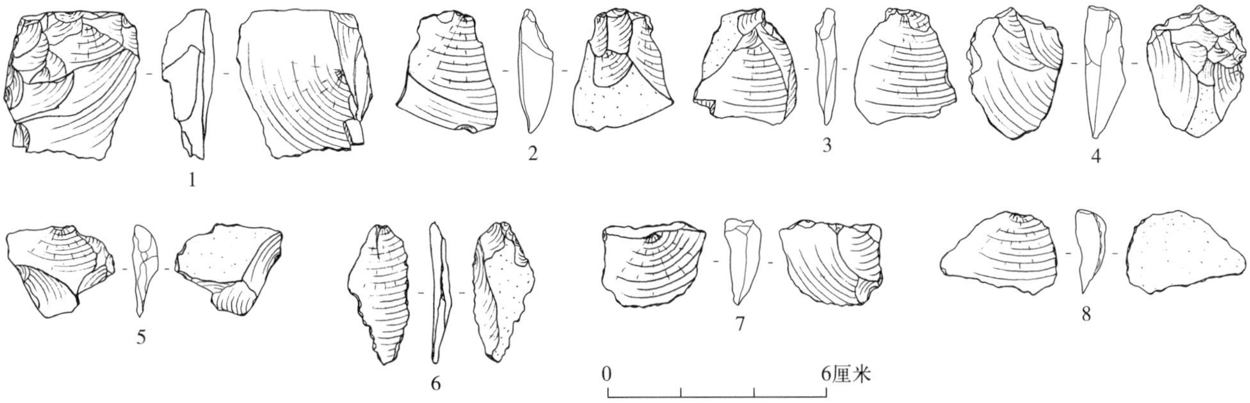

图 3-437　CDF7 出土打制石器

1～8. 石片刮削器 CDF7：7、10、12、13、14、17、22、24

3-437，5）。

标本 CDF7∶17，灰褐色板岩。打制，不规则叶形，边刃呈细齿状。长 3.2、宽 2.3、厚 1 厘米（图 3-437，6；彩版一四九，6）。

标本 CDF7∶22，浅灰色板岩。打制，蚌壳形，边刃，有刮削痕迹。长 3.2、宽 2.3、厚 1 厘米（图 3-437，7）。

标本 CDF7∶24，青灰色板岩。打制，蚌壳形，一面保留石皮，弧刃。长 3.3、宽 2.1、厚 0.9 厘米（图 3-437，8）。

（2）细石器

4 件。

石叶刮削器　4 件。

标本 CDF7∶6，浅黄色玛瑙打制，长条形，横截面梯形，边刃，有刮削痕迹。长 3.0、宽 0.6、厚 0.1 厘米（图 3-438，1；彩版一四九，7）。

标本 CDF7∶16，浅红色玛瑙打制，平底，横截三角形，边刃，有刮削痕迹。长 2.6、宽 0.7、厚 0.15 厘米（图 3-438，2；彩版一四九，8）。

标本 CDF7∶15，青灰色板岩。打制，长条形，横截面三角形，一侧局部保留石皮，边刃，有刮削痕迹。长 4.3、宽 1.3、厚 0.4 厘米（图 3-438，3）。

标本 CDF7∶11，青灰色板岩。打制，不规则长条形，横截面三角形，边刃，有刮削痕迹。长 6.3、宽 1.6、厚 0.8 厘米（图 3-438，4）。

（3）磨制石器

1 件。

砺石　1 件。

标本 CDF7∶20，残，砂岩。磨制，两磨面，一面微凹，一面较平。残长 9.1、宽 6.1、厚 3 厘米（图 3-438，5）。

2. 陶器

6 件。

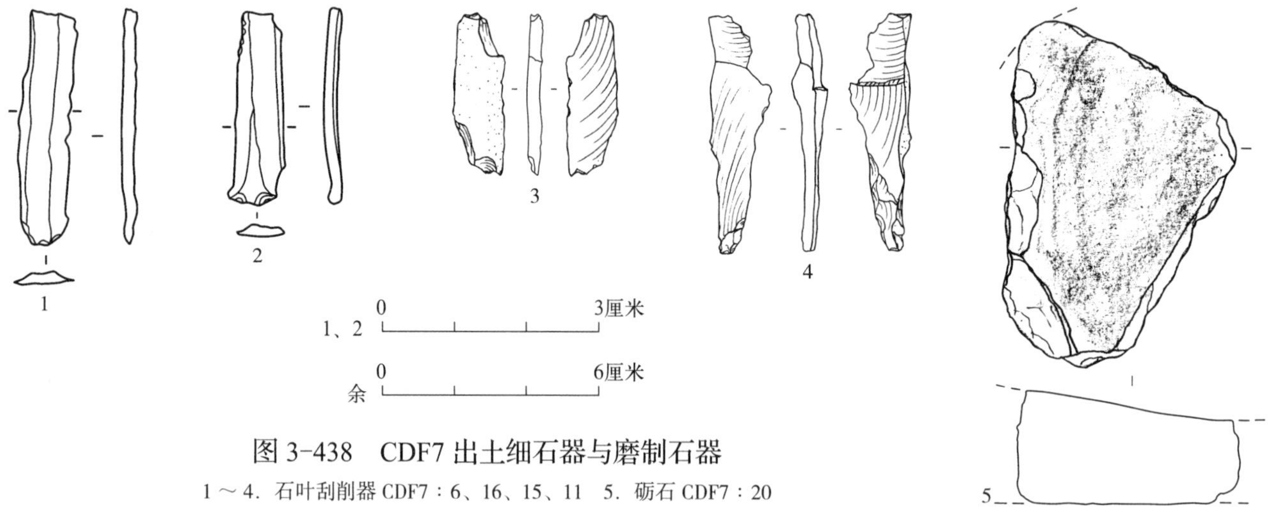

图 3-438　CDF7 出土细石器与磨制石器

1～4. 石叶刮削器 CDF7：6、16、15、11　5. 砺石 CDF7：20

深腹罐　6 件。

Aa 型Ⅳ式　1 件。

标本 CDF7∶34，夹砂红褐陶。直口，尖唇，直腹。口沿下有两周凹带，内饰划压斜线、网格纹，腹饰竖压横排之字纹。口径 10.0、残高 4.4、壁厚 0.3 厘米（图 3-439，1）。

Ab 型Ⅰ式　1 件。

标本 CDF7∶33，夹砂黄褐陶。敛口，平唇，微鼓腹。口沿处有一周素面，腹饰竖压横排之字纹，后抹平，呈列点状纹。口径 18.0、残高 9.5、壁厚 0.7 厘米（图 3-439，2）。

Ab 型Ⅳ式　1 件。

标本 CDF7∶38，夹砂红褐陶。直口，尖唇，直腹。口沿下有两周凹带，内饰斜线、网格纹，腹饰竖压横排之字纹。口径 21.0、残高 5.4、壁厚 0.63 厘米（图 3-439，3）。

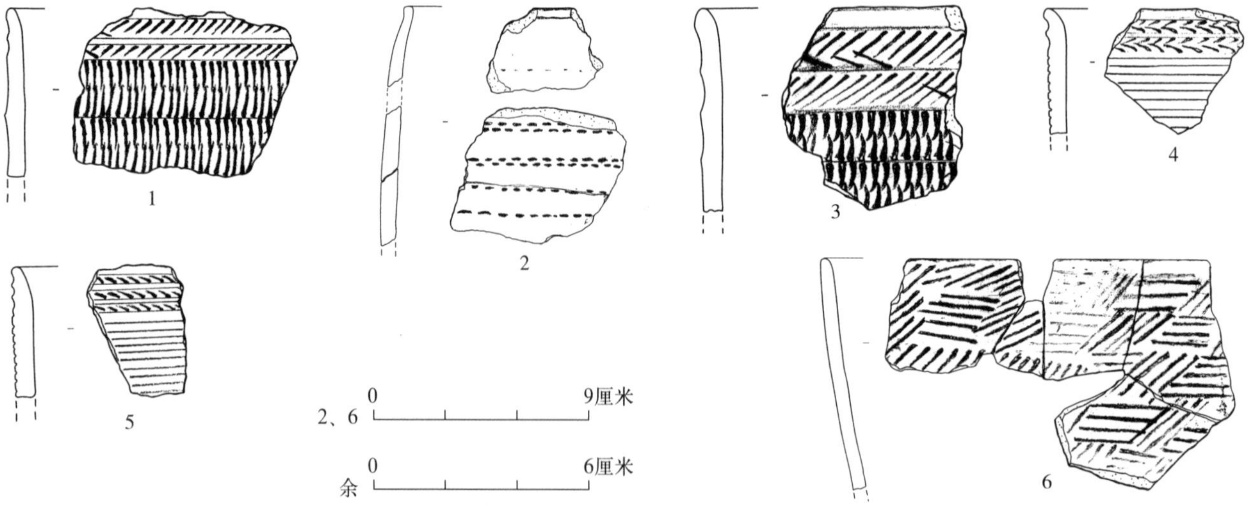

图 3-439　CDF7 出土深腹罐

1. Aa 型Ⅳ式 CDF7：34　2. Ab 型Ⅰ式 CDF7：33　3. Ab 型Ⅳ式 CDF7：38　4、5. Bb 型Ⅱ式 CDF7：29、30　6. Da 型Ⅰ式 CDF7：27

Bb 型Ⅱ式　2 件。

标本 CDF7 : 29，夹砂褐陶。直口，唇外尖，直腹。口沿下有两周凹带，内饰压划横人字纹，腹饰压印弦纹。口径 26.0、残高 3.3、壁厚 0.5 厘米（图 3-439，4）。

标本 CDF7 : 30，夹砂红褐陶。直口，内抹尖唇，直腹。口沿下有三周凹带，内饰压划斜点纹，腹饰压印弦纹。口径 30.0、残高 3.5、壁厚 0.6 厘米（图 3-439，5）。

Da 型Ⅰ式　1 件。

标本 CDF7 : 27，残，夹砂黑褐陶。口稍敞，圆唇，斜收腹。器表饰划压编织蓆纹。口径 18.0、残高 9.2、壁厚 0.3 厘米（图 3-439，6）。

（八）CDF8

CDF8 位于 CDT8 内，开口于第②层下，打破生土。平面圆角长方形，半地穴式，东北部被现代水井打破，南侧被现代扰沟打破。残长 3.60、宽 3.50、穴壁深 0.31 米（图 3-440；彩版一五〇，1）。

活动面堆积厚 0.05 ～ 0.08 米，内含石器、碎陶片等遗物（彩版一五〇，2）。

发现灶址 1 个，编号 Z1，位于房址中部稍偏西侧，开口于活动面，圆形平底，灶壁面较硬，底部有烧土堆积。东北部被现代扰坑打破。直径 0.75、深 0.14 米。

在穴壁处发现有 4 个柱洞。D1 柱径 0.20、深 0.07 米。D2 椭圆形，柱径 0.40、深 0.23 米。D3 柱径 0.20、深 0.15 米。D4 柱径 0.22、深 0.12 米。

出土遗物 23 件，有石器 19 件、陶器 4 件。

1. 石器

19 件。有砍砸器 2 件、敲砸器 2 件、石片刮削器 8 件。

（1）打制石器

12 件。

砍砸器　2 件。

标本 CDF8 : 29，灰色板岩。打制，不规则扁方形，多剥片疤，周边砍砸痕迹明显。长 6.9、宽 4.9、厚 1.9 厘米（图 3-441，1）。

标本 CDF8 : 30，浅灰色板岩。打制，不规则扁菱形，多棱角，多剥片疤，局部保留石皮，边刃砍砸痕迹明显。长 6.9、宽 4.6、厚 2.7 厘米（图 3-441，2）。

敲砸器　2 件。

标本 CDF8 : 28，青灰色板岩。打制，多棱形，局部保留石皮，两端敲砸痕迹明显。长 7.8、宽 4.7、厚 4.0 厘米（图 3-441，3；彩版一五一，1）。

标本 CDF8 : 9，灰色板岩。打制，长条多棱形，局部保留石皮，敲砸痕迹明显。长 8.0、宽 4.7、厚 3.2 厘米（图 3-441，4）。

石片刮削器　8 件。

标本 CDF8 : 11，青色板岩。打制，不规则蚌壳形。一侧有石皮，边刃，有刮削痕迹。长 4.9、宽 3.5、厚 1.4 厘米（图 3-442，1）。

标本 CDF8 : 12，青色板岩。打制，不规则圆形。一侧有石皮，边刃，有刮削痕迹。长 3.6、宽 3.7、

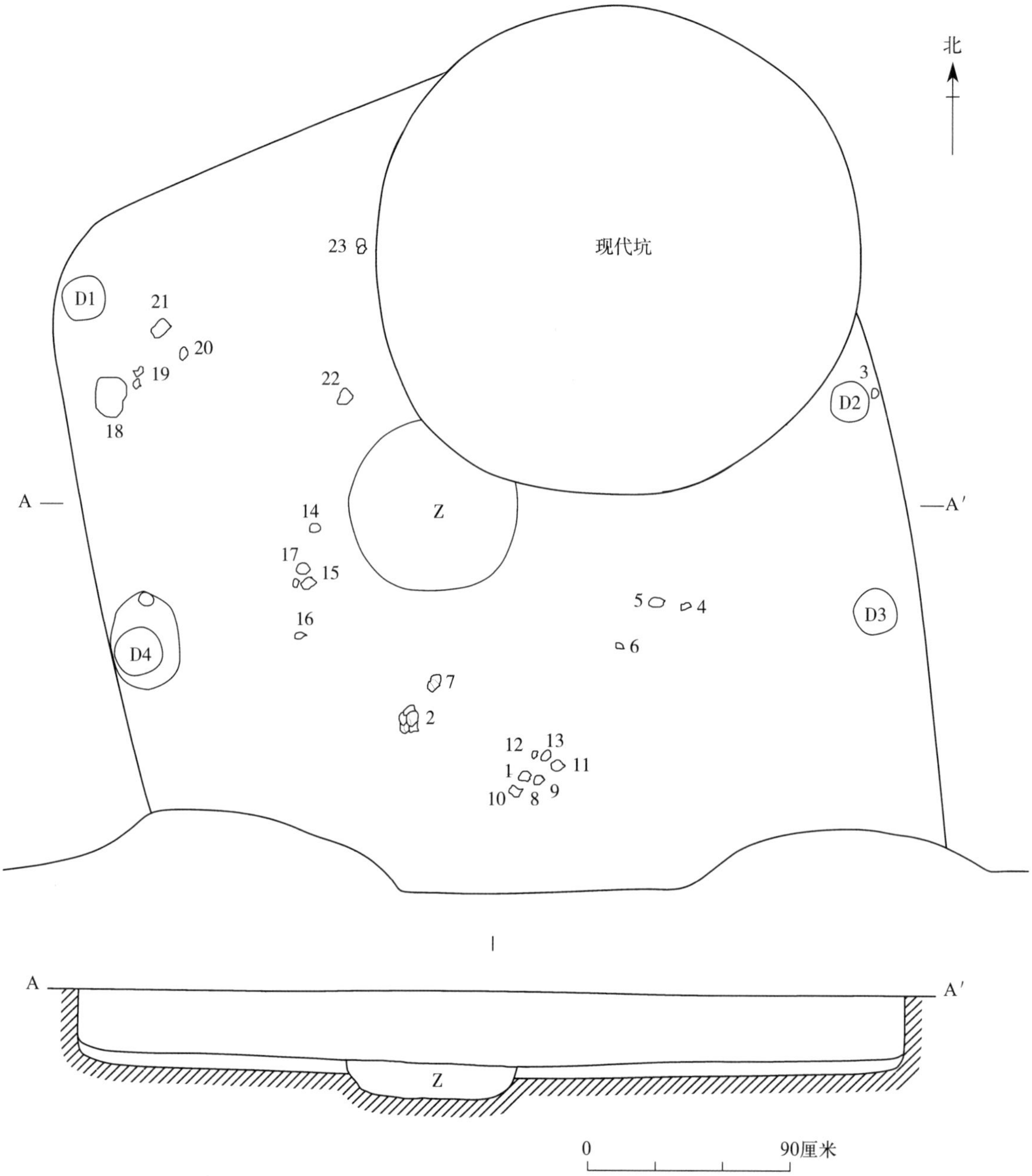

图 3-440 CDF8 平、剖面图

1、5、10、14. 石叶刮削器 2、3、7、15. 陶器 4、6. 石镞 8、24. 砺石 9. 敲砸器 11、12、16、17、19～23. 石片刮削器

厚 0.8 厘米（图 3-442，2）。

标本 CDF8：16，青色板岩。打制，不规则长条形，一端有尖，边刃，有刮削痕迹。长 5.0、宽 1.9、厚 1.7 厘米（图 3-442，3）。

标本 CDF8：17，青色板岩。打制，不规则舌形，边刃，有刮削痕迹。长 4.9、宽 3.5、厚 1.4 厘米（图 3-442，4；彩版一五一，2）。

标本 CDF8：19，青色板岩。打制，不规则多边形。一侧直刃，一侧弧刃。长 6.9、宽 3.3、厚 1.4 厘米（图 3-442，5）。

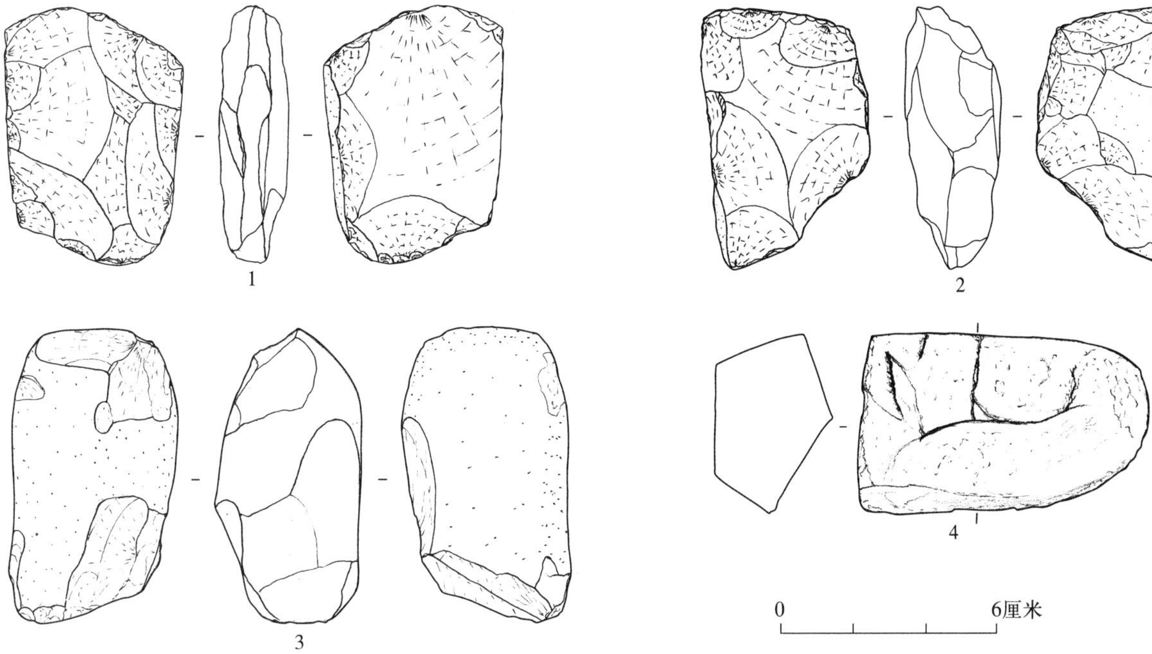

图 3-441　CDF8 出土打制石器

1、2. 砍砸器 CDF8：29、30　3、4. 敲砸器 CDF8：28、9

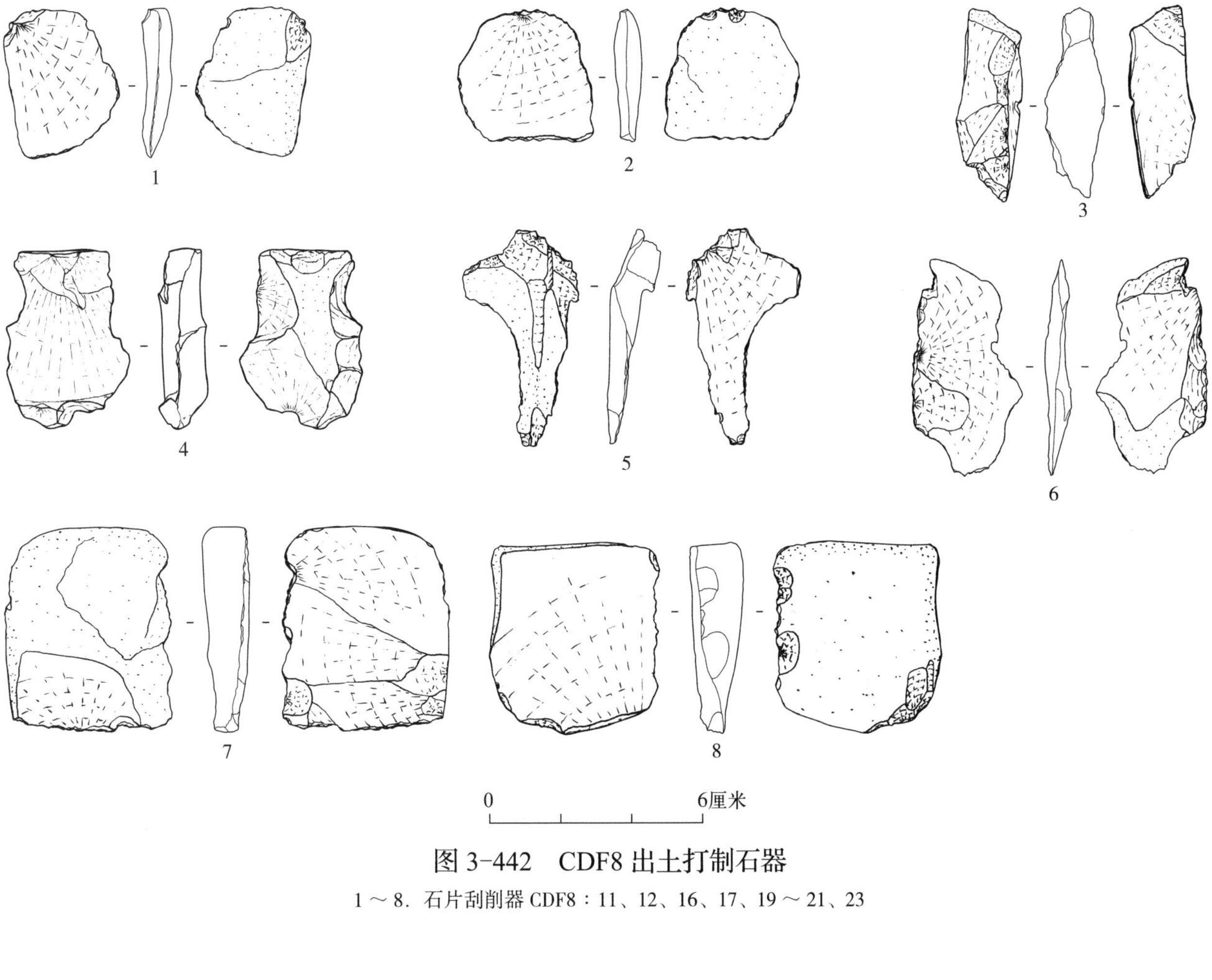

图 3-442　CDF8 出土打制石器

1～8. 石片刮削器 CDF8：11、12、16、17、19～21、23

标本CDF8∶20，青色板岩。打制，不规则多边形，边刃，有刮削痕迹。长5.9、宽3.2、厚0.8厘米（图3-442，6）。

标本CDF8∶21，浅灰色板岩。打制，不规则长方形，一侧保留石皮，边刃，有刮削痕迹。长5.6、宽4.7、厚1.8厘米（图3-442，7）。

标本CDF8∶23，青灰色板岩。打制，不规则长方形，一侧保留石皮，边刃，有刮削痕迹。长5.2、宽4.6、厚1.5厘米（图3-442，8）。

（2）细石器

4件。有石叶刮削器3件、石片1件。

石叶刮削器　3件。

标本CDF8∶1，棕色燧石。琢制，长条形，横截面梯形，边刃，有刮削痕迹。长1.1、宽0.4、厚0.1厘米（图3-443，1；彩版一五一，3）。

标本CDF8∶10，棕色玛瑙。琢制，长条形，横截面梯形，边刃，有刮削痕迹。长3.1、宽0.7、厚0.4厘米（图3-443，2）。

标本CDF8∶14，棕色燧石。琢制，长方形，横截面梯形，边刃，有刮削痕迹。长1.8、宽0.5、厚0.1厘米（图3-443，3；彩版一五一，4）。

石片　1件。

标本CDF8∶5，无色玛瑙。琢制，多边形。长2.5、宽1.9、厚0.9厘米（图3-443，4）。

（3）磨制石器

3件。

砺石　2件。

标本CDF8∶18，浅红褐色石英岩。打制，椭圆形，表面有圆凹研磨面，磨痕明显。残长9.6、宽10.0、厚3.6厘米（图3-443，5；彩版一五一，5）。

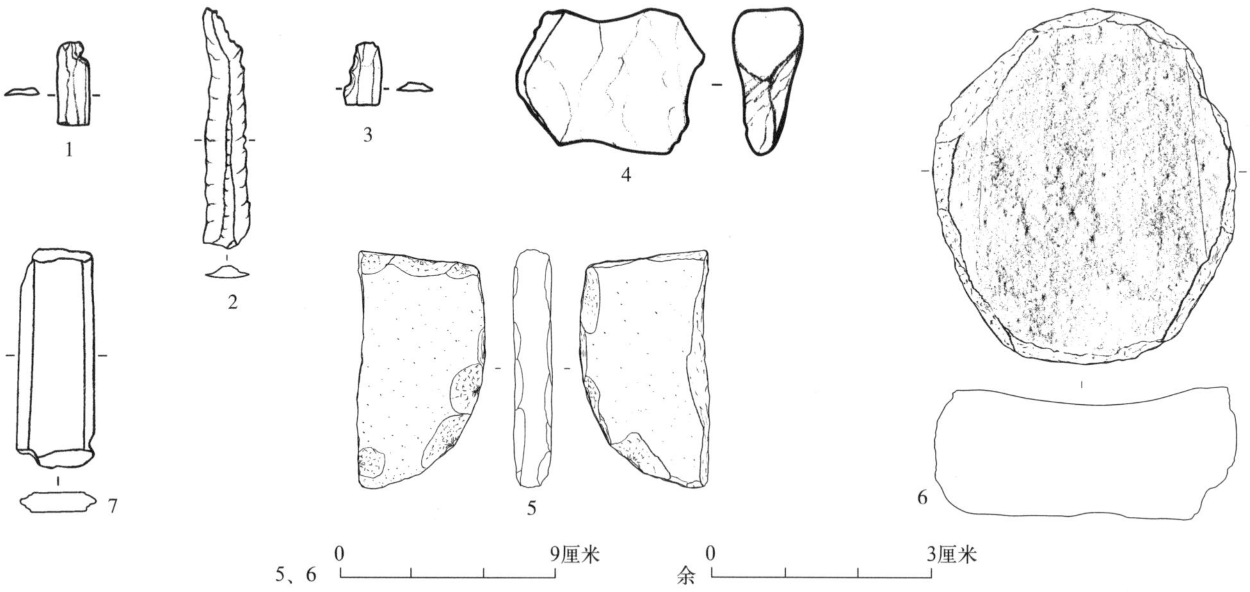

图3-443　CDF8出土细石器与磨制石器

1～3. 石叶刮削器CDF8∶1、10、14　4. 石片CDF8∶5　5、6. 砺石CDF8∶18、24　7. 石镞CDF8∶4

标本 CDF8：24，浅黄色细砂岩。打制，椭圆形，两个平磨面，磨痕明显。残长 9.5、宽 5.3、厚 1.6 厘米（图 3-443，6）。

石镞　1 件。

标本 CDF8：4，残，青灰色页岩，磨制，长叶形，横截面扁平六棱形，锋、刃对磨。表面有对切割痕。残长 2.9、宽 1.1、厚 0.25 厘米（图 3-443，7）。

2. 陶器

4 件。

深腹罐　4 件。

Da 型Ⅲ式　1 件。

标本 CDF8：15，残，夹细砂褐陶，外饰深褐色泥浆陶衣，内壁压光。直口稍侈，圆唇，深腹。口沿处有一周素面，再下有三周凹带，内饰压印斜点状纹，上腹部饰六周压印弦纹，腹中部饰两周划压横人字形纹，下腹部饰压印弦纹。口径 10.0、残高 7.3、壁厚 0.4 厘米（图 3-444，1）。

Da 型Ⅳ式　1 件。

标本 CDF8：7，残，夹细砂红褐陶，外饰红褐色泥浆陶衣，内壁压光。直口，圆唇，深腹。口沿有一周素面宽凹带，再下有两周窄凹带，内饰划压横人字纹。上腹部以压篦点双菱形纹为格界，分别饰划斜线纹、压印篦点纹、压印弦纹，下腹部饰压印篦点纹、弦纹。口径 11.0、残高 8.2、壁厚 0.5 厘米（图 3-444，2）。

陶器底　2 件。

标本 CDF8：2，残，泥质红褐陶。器底部，外饰竖压横排之字纹。斜直腹，平底。底径 8.0、残高 4.5 厘米（图 3-444，3）。

标本 CDF8：3，残，泥质灰褐陶，外饰压印弦纹。斜直腹，平底微凹。底径 6.8、残高 2.0 厘米（图 3-444，4）。

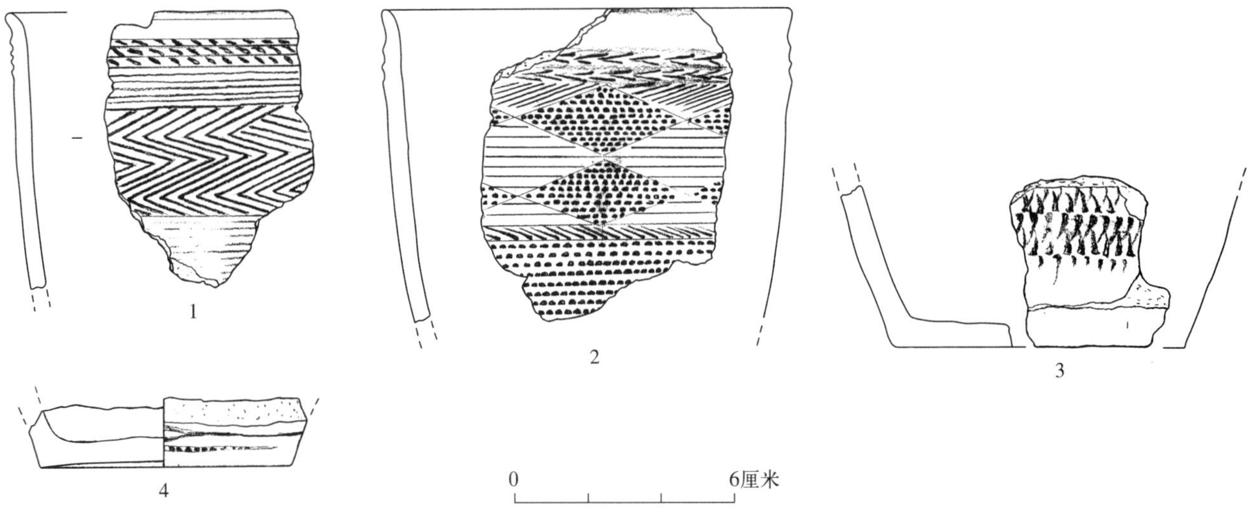

图 3-444　CDF8 出土深腹罐

1. Da 型Ⅲ式 CDF8：15　2. Da 型Ⅳ式 CDF8：7　3、4. 陶片 CDF8：2、3

（九）CDF9

CDF9 位于 CDT9 内，西南距 CDF8 约 11.3 米。房址开口于第②层下，打破生土，房址平面为圆角长方形，半地穴房式。房址北侧部分叠压道路之下，又因时遇大雪，仅局部清理。南北长 4.30、东西宽 4.20、穴壁深 0.63 米（图 3-445）。

在房址中部发现灶址 1 个，编号 Z1，椭圆形，凹底，径 0.44 ～ 0.69、深 0.09 米。灶面有烧烤壁，灶内有红烧堆积，内有烧过的禽类肢骨。

发现柱洞 4 个，均为壁柱。D1 柱径 0.20、D2 柱径 0.21、D3 柱径 0.23 米。D4 柱径 0.23、深 0.21 米。

出土遗物 50 件，有石器 33 件、陶器 13 件、煤制品 4 件。

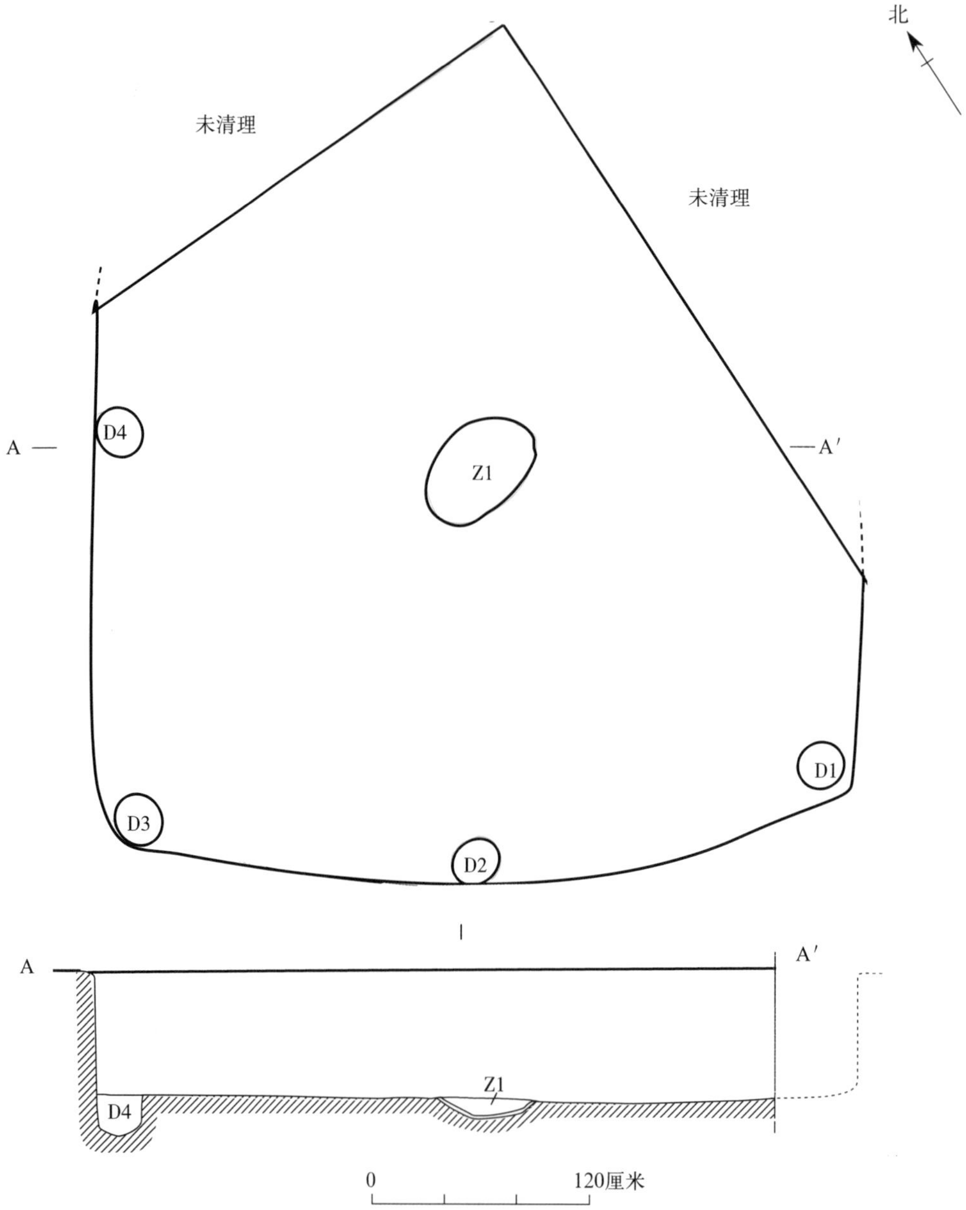

图 3-445　CDF9 平、剖面图

1. 石器

33件。有打制石器17件、细石器14件、磨制石器2件。

（1）打制石器

17件。有砍砸器2件、敲砸器1件、石片刮削器12件、网坠2件。

砍砸器　2件。

标本CDF9∶35，残，浅灰色细砂岩。残石斧改制，不规则扁菱形，磨面光滑，边刃，砍砸痕迹明显。长12.4、宽6.2、厚3.5厘米（图3-446，1）。

标本CDF9∶42，灰色砂岩。打制，圆角扁方形，一侧保留石皮，底部砍砸痕迹明显。长8.8、宽4.2、厚2.5厘米（图3-446，2）。

敲砸器　1件。

标本CDF9∶43，灰白色石英岩。打制，不规则椭圆形，局部保留石皮，两端敲砸痕迹明显。长8.5、宽6.1、厚4.5厘米（图3-446，3）。

石片刮削器　12件。

标本CDF9∶2，青灰色板岩。打制，不规则菱形，一侧局部保留石皮，边刃，有刮削痕迹。长5.6、宽3.2、厚1.0厘米（图3-447，1）。

标本CDF9∶3，深褐色板岩。打制，不规则靴形，一侧局部保留石皮，边刃，有刮削痕迹。长5.9、宽3.9、厚0.9厘米（图3-447，2）。

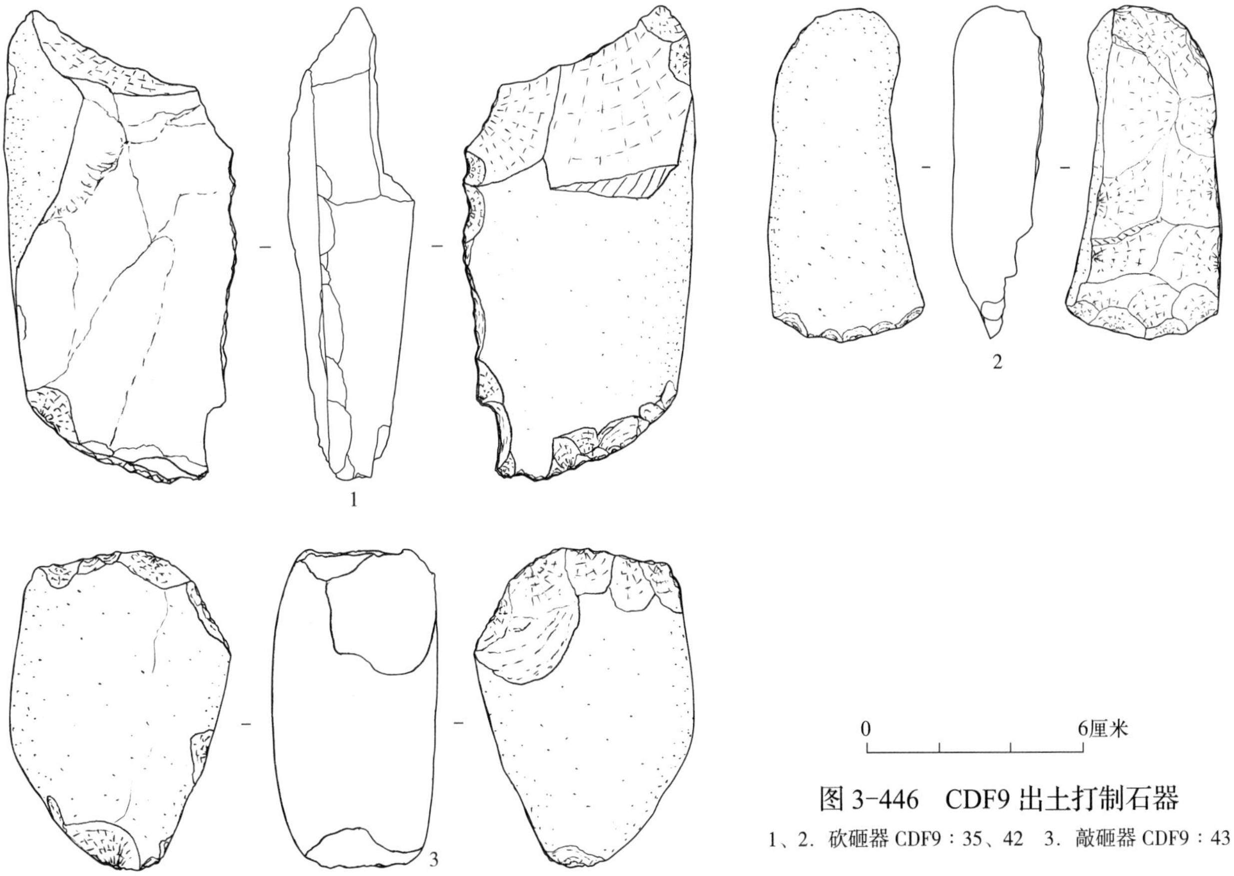

图3-446　CDF9出土打制石器

1、2. 砍砸器CDF9∶35、42　3. 敲砸器CDF9∶43

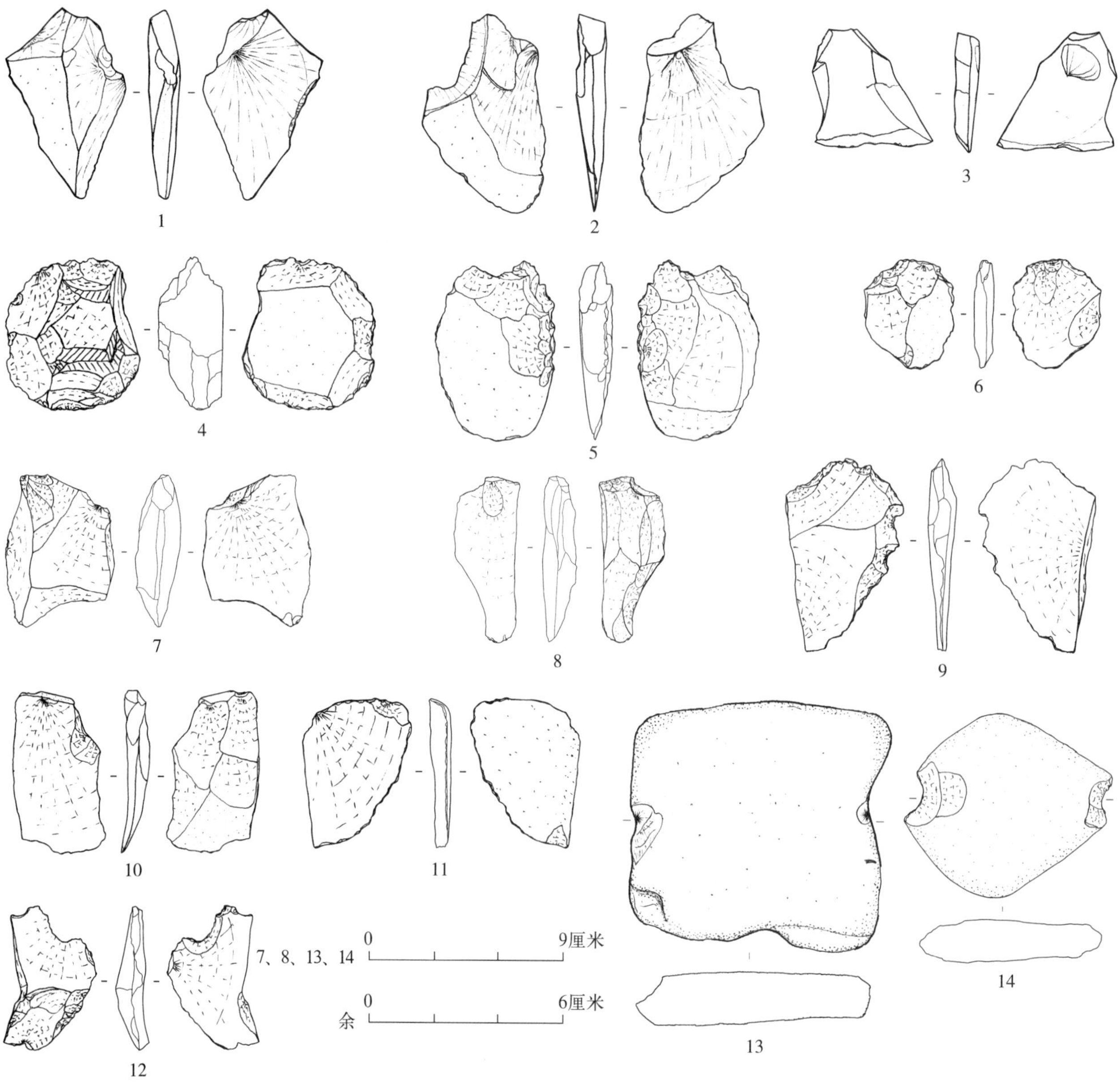

图 3-447　CDF9 出土打制石器

1～12. 石片刮削器 CDF9∶2～4、30、31、38、41、44～48　13、14. 网坠 CDF9∶12、28

标本 CDF9∶4，深红色硅质岩。打制，不规则三角形，边刃，有刮削痕迹。长 3.6、宽 3.6、厚 0.7 厘米（图 3-447，3）。

标本 CDF9∶30，深青色板岩。打制，扁圆形，一侧局部有石皮。边刃呈细齿状。长 4.6、宽 4.1、厚 2.0 厘米（图 3-447，4；彩版一五二，1）。

标本 CDF9∶31，深青色板岩。打制，椭圆形，一侧有石皮，边刃呈细齿状。长 5.7、宽 3.7、厚 1.1 厘米（图 3-447，5；彩版一五二，2）。

标本 CDF9∶38，深青色板岩。打制，椭圆形，边刃，有刮削痕迹。长 3.2、宽 2.2、厚 0.6 厘米（图 3-447，6）。

标本 CDF9∶41，深青色板岩。打制，不规则多边形，边刃，有刮削痕迹。长 6.8、宽 5.0、厚 2.0

厘米（图 3-447，7）。

标本 CDF9 : 44，深青色板岩。打制，不规则长条形，边刃，有刮削痕迹。长 7.3、宽 3.1、厚 1.7 厘米（图 3-447，8）。

标本 CDF9 : 45，深青色板岩。打制，不规则三角形，边刃呈细齿状。长 5.7、宽 3.6、厚 0.9 厘米（图 3-447，9）。

标本 CDF9 : 46，青色板岩。打制，不规则长方形，边刃，有刮削痕迹。长 4.8、宽 2.9、厚 0.7 厘米（图 3-447，10）。

标本 CDF9 : 47，深灰色板岩。打制，蚌壳形。一面有石皮，边刃呈细齿状。长 4.4、宽 3.4、厚 0.6 厘米（图 3-447，11）。

标本 CDF9 : 48，深青色板岩。打制，不规则多边形，边刃，有刮削痕迹。长 4.2、宽 2.6、厚 0.9 厘米（图 3-447，12）。

网坠　2 件。

标本 CDF9 : 12，基本完整，青色板岩。打制，扁方形，两侧对称打出豁口。长 11.9、宽 10.6、厚 2.3 厘米（图 3-447，13；彩版一五二，3）。

标本 CDF9 : 28，浅灰色砂岩。打制，不规则菱形，两侧对称打出豁口。长 9.5、宽 8.2、厚 2.0 厘米（图 3-447，14；彩版一五二，4）。

（2）细石器

14 件。有石镞 5 件、尖状器 4 件、石叶刮削器 5 件。

石镞　5 件。

标本 CDF9 : 32，深黄色燧石。琢制，尖叶形，平底，横截面梯形，锋、边刃压琢呈细齿状。长 2.4、宽 0.8、厚 0.16 厘米（图 3-448，1）。

标本 CDF9 : 34，青灰色燧石。琢制，圭形，平底，横截面三角形，锋部从背面向腹面压琢呈细齿状。长 3.2、宽 1.25、厚 0.4 厘米（图 3-448，2）。

标本 CDF9 : 37，浅黄色燧石。琢制，叶形，圜底，横截面梯形，锋、边刃压琢呈细齿状。长 1.8、宽 0.7、厚 0.12 厘米（图 3-448，3）。

标本 CDF9 : 50，黄褐色燧石。琢制，圭形，横截面梯形，锋部从背面向腹面压琢呈细齿状，底残。残长 1.6、宽 0.9、厚 0.2 厘米（图 3-448，4）。

标本 CDF9 : 54，青色板岩。琢制，圭形，底微弧，横截面梯形，锋部从背面向腹面压琢呈细齿状。残长 2.7、宽 1.3、厚 0.3 厘米（图 3-448，5）。

尖状器　4 件。

标本 CDF9 : 7，青灰色燧石。琢制，尖叶形，横截面梯形，边刃，有刮削痕迹。残长 2.6、宽 0.8、厚 0.1 厘米（图 3-448，6；彩版一五二，5）。

标本 CDF9 : 8，深黄色燧石。琢制，窄长叶形，横截面梯形，尖部、边刃压琢呈细齿状。长 3.5、宽 0.6、厚 0.2 厘米（图 3-448，7；彩版一五二，6）。

标本 CDF9 : 36，浅灰色燧石。琢制，叶形，歪尖，横截面三角形。长 1.8、宽 0.7、厚 0.15 厘米（图 3-448，8）。

标本 CDF9 : 49，青灰色燧石。琢制，长叶形，歪尖，横截面三角形。长 5.0、宽 1.2、厚 0.6 厘米（图

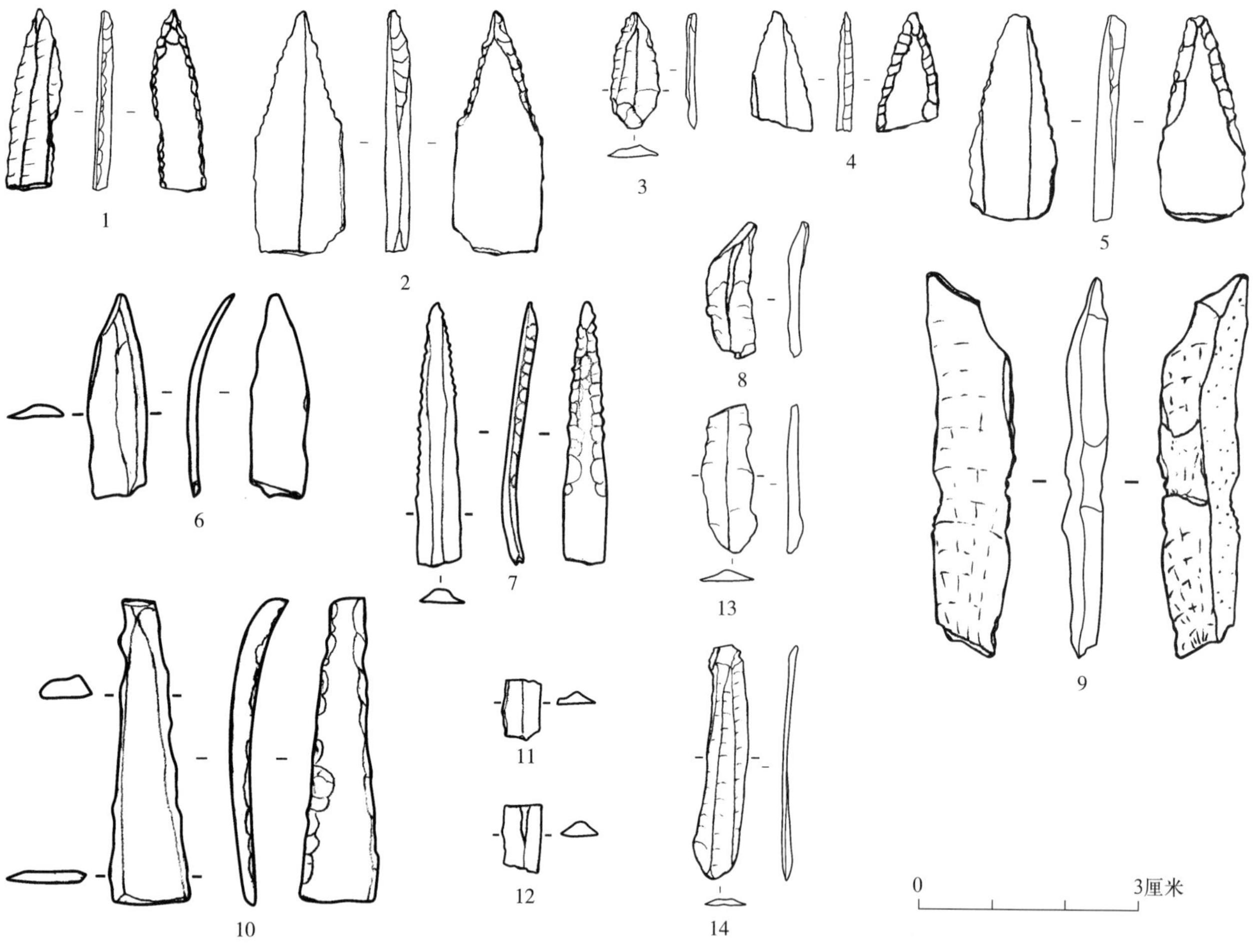

图 3-448 CDF9 出土细石器

1～5. 石镞 CDF9：32、34、37、50、54 6～9. 尖状器 CDF9：7、8、36、49 10～14. 石叶刮削器 CDF9：9～11、33、51

3-448，9）。

石叶刮削器 5件。

标本 CDF9∶9，青灰色燧石。琢制，长条梯形，横截面梯形，边刃压琢呈细齿状。长 4.0、宽 1.1、厚 0.1～0.3 厘米（图 3-448，10；彩版一五二，7）。

标本 CDF9∶10，残，棕色燧石。琢制，长方形，横截面三角形，边刃，有刮削痕迹。长 0.8、宽 0.5、厚 0.1 厘米（图 3-448，11）。

标本 CDF9∶11，残，棕色燧石。琢制，长方形，横截面三角形，边刃，有刮削痕迹。长 0.9、宽 0.5、厚 0.2 厘米（图 3-448，12）。

标本 CDF9∶33，残，浅黄色燧石。琢制，长叶形，横截面三角形，边刃，有刮削痕迹。长 2.0、宽 0.8、厚 0.1.5 厘米（图 3-448，13）。

标本 CDF9∶51，浅黄色燧石。琢制，长条形，横截面梯形，边刃，有刮削痕迹。长 3.1、宽 0.7、厚 0.15 厘米（图 3-448，14）。

（3）磨制石器

2件。石磨盘 1件、石磨棒 1件。

石磨盘　1件。

标本CDF9：5，残，浅红褐色石英岩。磨制，两磨面，磨面稍凹。残长9.6、宽10.0、厚3.6厘米（图3-449，1）。

石磨棒　1件。

标本CDF9：6，残，浅黄褐色石英岩。磨制，横截面椭圆形，多磨面，磨痕明显。残长5.5、宽7.8、厚5.5厘米（图3-449，2）。

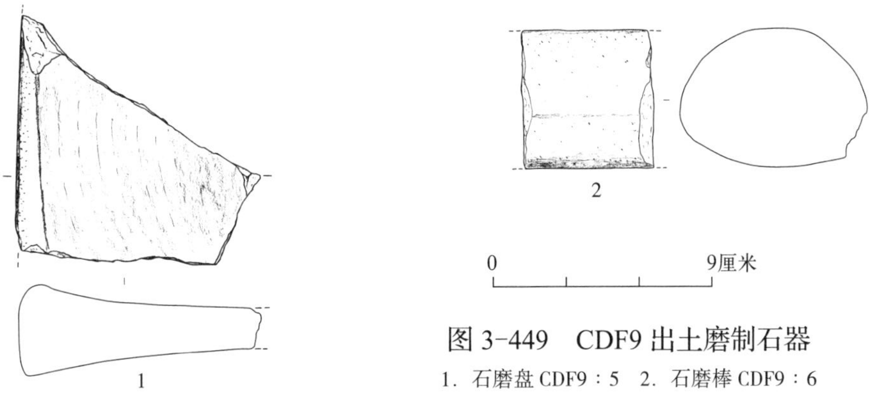

图3-449　CDF9出土磨制石器

1. 石磨盘CDF9：5　2. 石磨棒CDF9：6

2. 陶器

13件。有深腹罐11件、陶钵1件、斜口器1件。

深腹罐　11件。

Aa型Ⅲ式　1件。

标本CDF9：13，残，夹砂红褐陶。直口，尖唇，深腹。口沿处有一周凹带，内饰划压横人字纹，腹部饰竖压横排之字纹。口径12.0、残高3.1厘米（图3-450，1）。

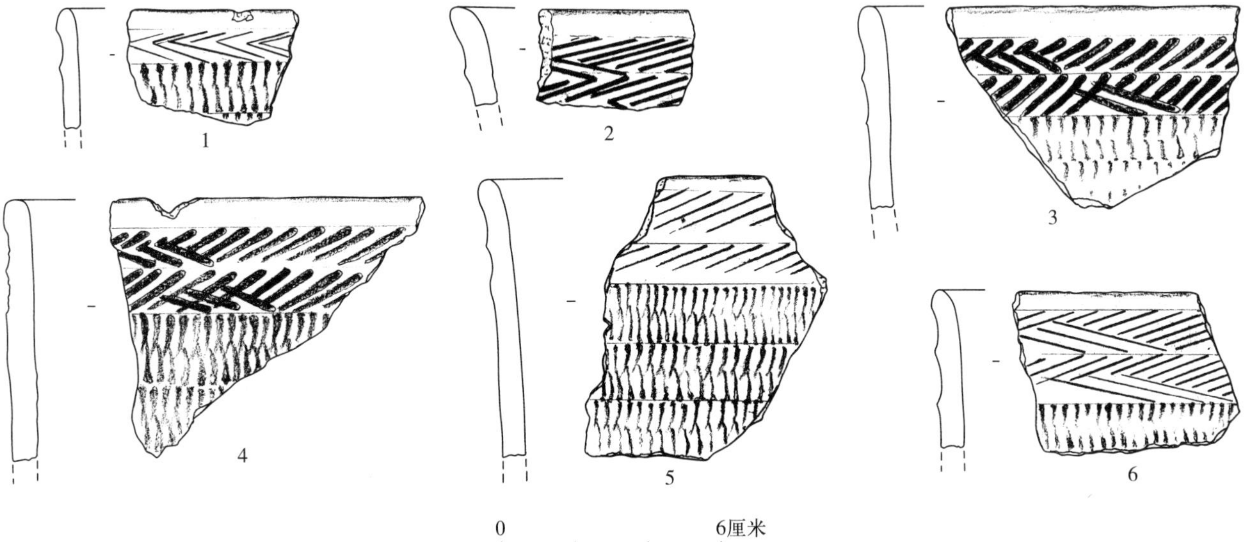

图3-450　CDF9出土深腹罐

1. Aa型Ⅲ式CDF9：13　2～6. Ab型Ⅳ式CDF9：14～18

Ab 型Ⅳ式　5 件。

标本 CDF9：14，残，夹砂红褐陶。敞口，圆唇，深腹。口沿处有两周凹带，内饰划压横人字纹。口径 23.0、残高 2.6 厘米（图 3-450，2）。

标本 CDF9：15，残，夹砂红褐陶。直口，圆唇，深腹。口沿处有两周凹带，内饰划压横人字纹、斜线纹，腹部饰竖压横排之字纹。口径 22.0、残高 5.5 厘米（图 3-450，3）。

标本 CDF9：16，残，夹砂褐陶。直口，圆唇，深腹。口沿处有两周凹带，内饰划压横人字纹、斜线纹，腹部饰竖压横排之字纹。口径 25.0、残高 6.9 厘米（图 3-450，4）。

标本 CDF9：17，残，夹砂红褐陶。直口，圆唇，深腹。口沿处有两周凹带，内饰斜线纹，腹部饰竖压横排之字纹。口径 25.0、残高 7.5 厘米（图 3-450，5）。

标本 CDF9：18，残，夹砂褐陶。直口，圆唇，深腹。口沿处有两周凹带，内饰划压横人字纹、斜线纹，腹部饰竖压横排之字纹。口径 23.0、残高 4.4 厘米（图 3-450，6）。

罐腹片　1 件。

标本 CDF9：19，残，夹砂褐陶。深腹。上部饰竖压横排之字纹，下部饰横压竖排之字纹。残高 4.1 厘米（图 3-451，1）。

Ba 型Ⅱ式　1 件。

标本 CDF9：21，可修复，夹砂黑褐陶。直口，圆唇，深弧腹，平底。器身满饰纹饰。口沿处有两周凹带，内饰戳点纹，腹部饰压印弦纹。口径 10.7、底径 6.3、腹径 11.3、高 16.5 厘米（图 3-451，

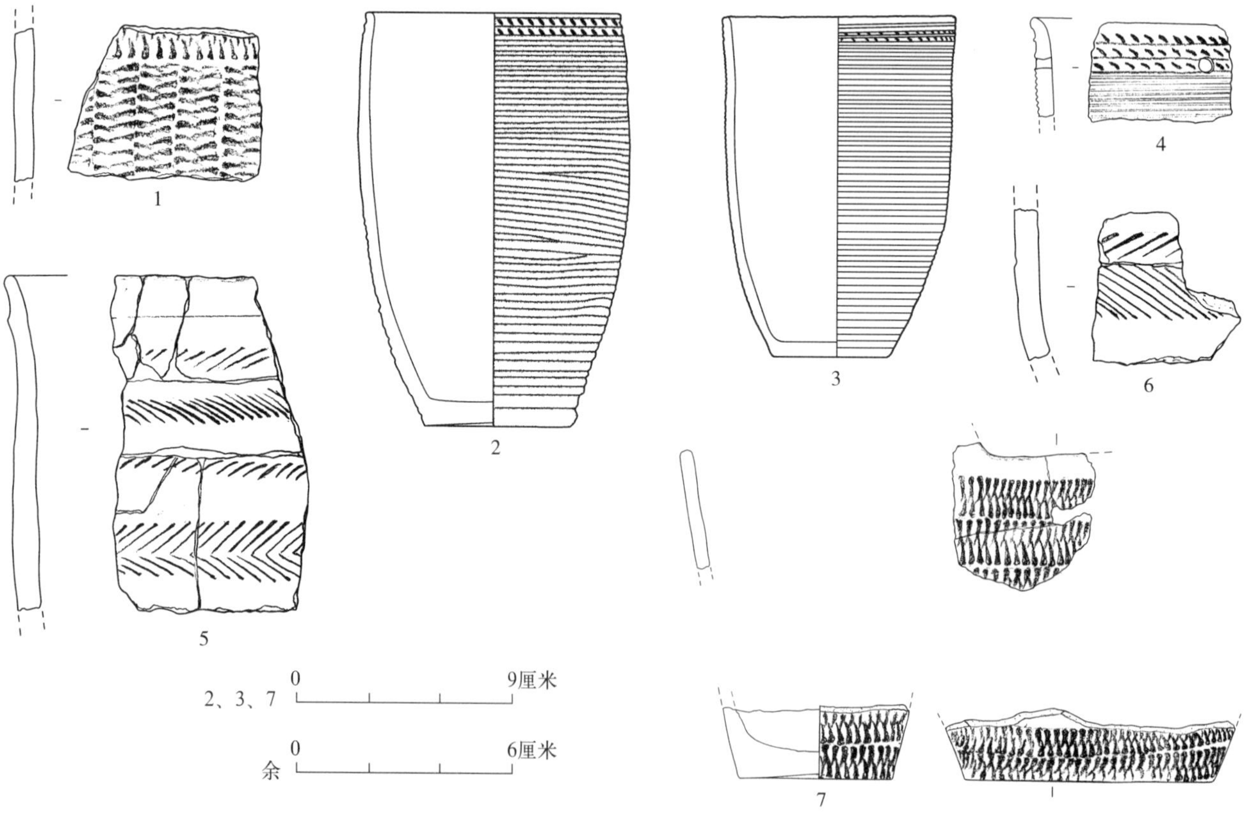

图 3-451　CDF9 出土陶器

1. 罐腹陶片 CDF9：19　2. Ba 型Ⅱ式深腹罐 CDF9：21　3、4. Ba 型Ⅲ式深腹罐 CDF9：20、22　5. Da 型Ⅱ式深腹罐 CDF9：23　6. 陶钵 CDF9：25　7. Ⅱ式斜口器 CDF9：25

2；彩版一五三，1）。

Ba 型Ⅲ式　2 件。

标本 CDF9∶20，可修复，夹砂黑陶。直口，平唇，深弧腹，平底。口沿处有三周凹带，内饰戳点纹，腹部饰压印弦纹。口径 9.6、底径 4.8、高 13.6 厘米（图 3-451，3；彩版一五三，2）。

标本 CDF9∶22，夹砂黑褐陶。口稍敞，圆唇，深弧腹，平底。口沿处有三周凹带，内饰戳点纹，腹部饰压印弦纹。口径 15.0、残高 2.6 厘米（图 3-451，4）。

Da 型Ⅱ式　1 件。

标本 CDF9∶23，夹砂黑褐陶。口稍敞，圆唇，深弧腹，口沿处有一周素凹带，腹部间隔有素面，内饰划压斜线纹、划压横人字纹。口径 15.0、残高 8.9 厘米（图 3-451，5）。

陶钵腹片　1 件。

标本 CDF9∶25，残，夹砂红陶。腹上部饰压划斜线纹，腹下部素面。残高 4.0 厘米（图 3-451，6）。

斜口器　1 件。

Ⅱ式　1 件。

标本 CDF9∶25，残，夹砂红褐。椭圆腹，椭圆形底。斜口下部饰横压竖排之字纹。残高 13.8、底径 6.3 ～ 10.2 厘米（图 3-451，7）。

3. 煤精制品

4 件。

泡形器　4 件。

标本 CDF9∶26，基本完整，磨制，圆尖顶，表面光滑，内凹光洁，边缘圆滑。直径 3.7、高 1.3 厘米（图 3-452，1；彩版一五三，3）。

标本 CDF9∶27，残，磨制，圆顶。表面光滑，内凹光洁，边缘圆锐。直径 4.6、高 1.5 厘米（图 3-452，2；彩版一五三，4）。

标本 CDF9∶40，残，磨制，表面光滑，内凹光洁，边缘圆滑。直径 4.5、残高 0.5 厘米（图 3-452，3）。

标本 CDF9∶55，残，磨制，表面光滑，内凹光洁，边缘圆滑。直径 4.0、残高 0.5 厘米（图 3-452，4）。

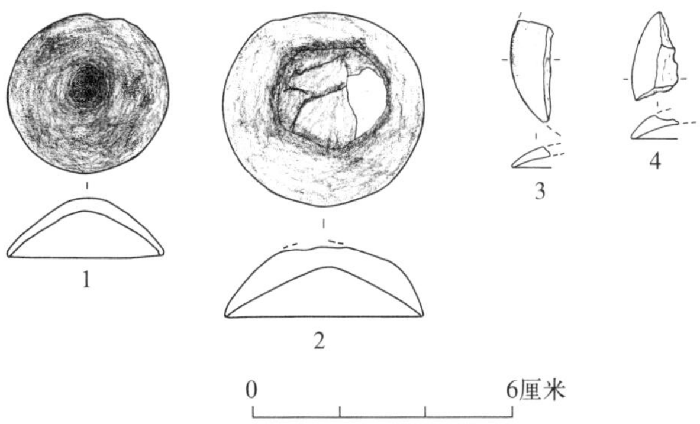

图 3-452　CDF9 出土煤精制品

1 ～ 4. 泡形器 CDF9∶26、27、40、55

（一〇）〇六 F1

〇六 F1 位于 830 六 T1 南部，因下水管道、暖气管道和扰沟破坏，仅存房址西北角部分。房址开口于扰土层下，打破生土，为圆角方形，半地穴式。北壁残长 4.50、西壁残长 4.10、穴壁存深 0.30 米（图 3-453）。

房内堆积分两层，第一层黄褐土，较纯净，内含少量陶片，厚 0.20 米，本层下部有烧土、木炭层，厚 0.03 米。第二层土色灰褐，内含陶片、石片等，厚 0.07 米。

在房址靠壁处发现柱洞 3 个，间柱 1 个，柱坑 2 个。ZK1 坑径 0.40、深 0.30 米，内有 D1，D1 柱径 0.20、深 0.30 米，柱洞向房址内倾斜。D2、D3 为双柱，D2 柱径 0.10、深 0.25 米，D3 柱径 0.15、深 0.25 米。ZK2 坑径 0.52、深 0.30 米，内有 D4，D4 柱径 0.18、深 0.30 米。

出土遗物 11 件，有石器 6 件、陶器 5 件。

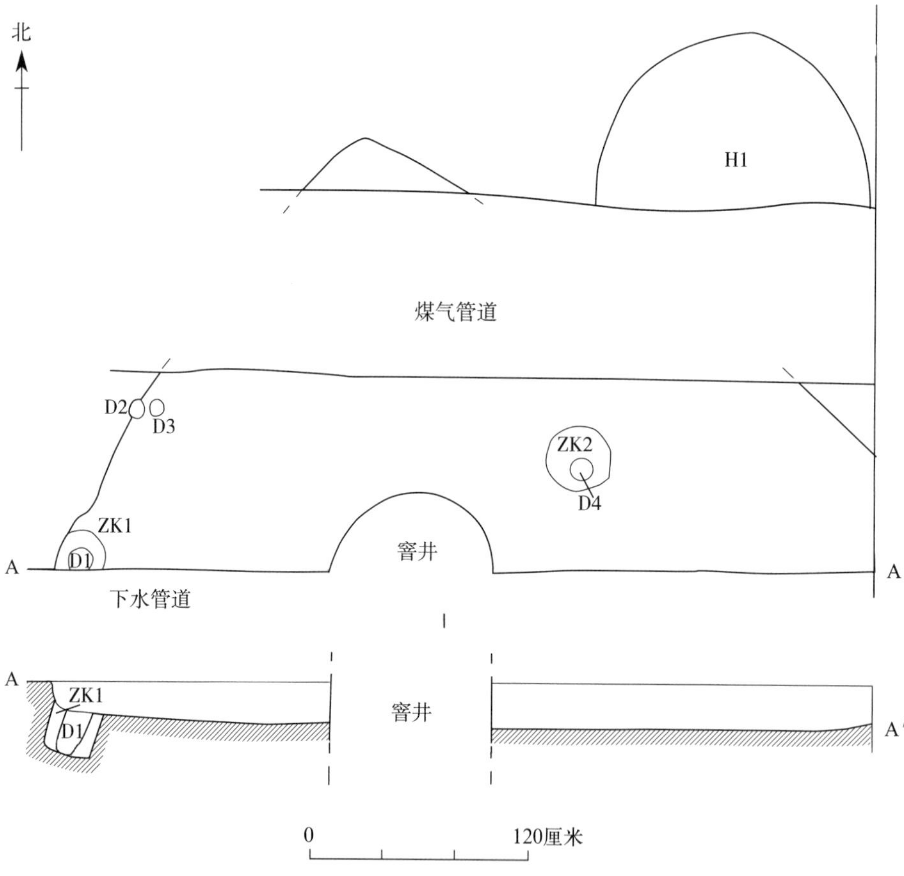

图 3-453　〇六 F1 平、剖面图

1. 石器

6 件。有打制石器 5 件、细石器 1 件。

（1）打制石器

5 件。有石片刮削器 4 件、网坠 1 件。

石片刮削器　4 件。

标本〇六 F1：10，安山岩。打制，不规则三角形，一侧有石皮，边刃，有刮削痕迹。长 4.7、宽 4.3、厚 0.8 厘米（图 3-454，1）。

标本〇六 F1：11，安山岩。打制，不规则四边形，一侧有石皮，边刃，有刮削痕迹。长 2.9、宽 2.7、厚 0.7 厘米（图 3-454，2）。

标本〇六 F1：12，安山岩。打制，不规则蚌壳形，一侧有石皮，边刃，有刮削痕迹。长 4.2、宽 3.6、厚 0.7 厘米（图 3-454，3）。

标本〇六 F1：13，安山岩。打制，不规则多边形，一侧有石皮，边刃，有刮削痕迹。长 3.9、宽 2.4、厚 0.6 厘米（图 3-454，4）。

网坠　1 件。

标本〇六 F1：1，不规则形扁平河卵石，两侧对称打出豁口。长 11.0、宽 6.0 ～ 10.0、厚 1.6 厘米（图 3-454，5；彩版一五四，1）。

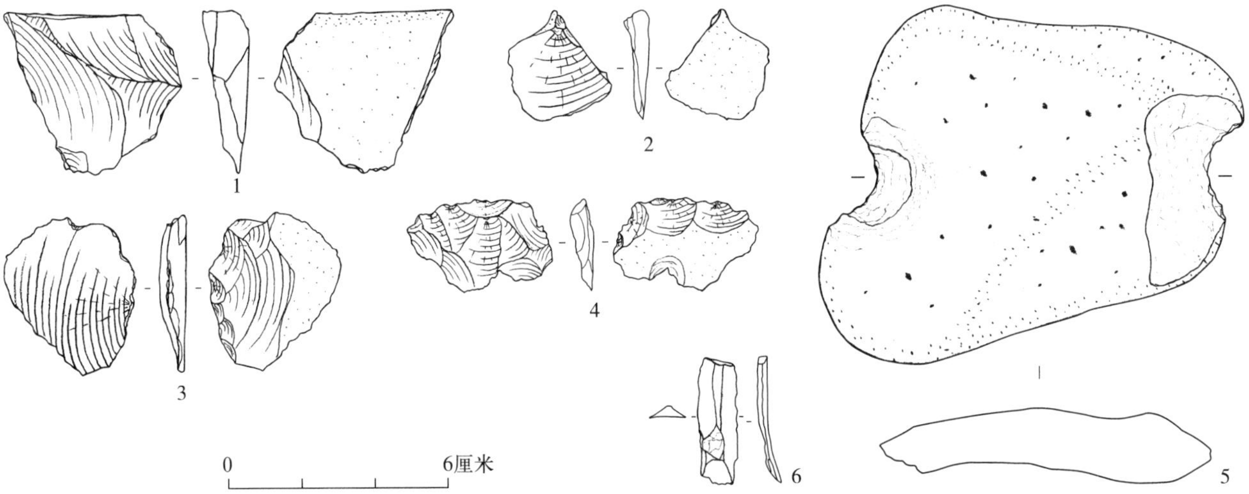

图 3-454　〇六 F1 出土石器

1 ～ 4. 石片刮削器〇六 F1：10 ～ 13　5. 网坠〇六 F1：1　6. 石叶刮削器〇六 F1：2

（2）细石器

1 件。

石叶刮削器　1 件。

标本〇六 F1：2，安山岩。琢制，长条形，背微弧，横截面梯形，边刃，有刮削痕迹。长 3.4、宽 1.1、厚 0.3 厘米（图 3-454，6；彩版一五四，2）。

2. 陶器

5 件。

深腹罐　5 件。

Ab 型Ⅱ式　1 件。

标本〇六 F1：5，夹砂黑褐陶。敞口，圆唇，腹微鼓。口沿下有一周凹带，内饰划压横人字纹，腹饰竖压横排之字纹，平底。口径 17.0、底径 8.0、残高约 20.0、壁厚 0.5 厘米（图 3-455，1）。

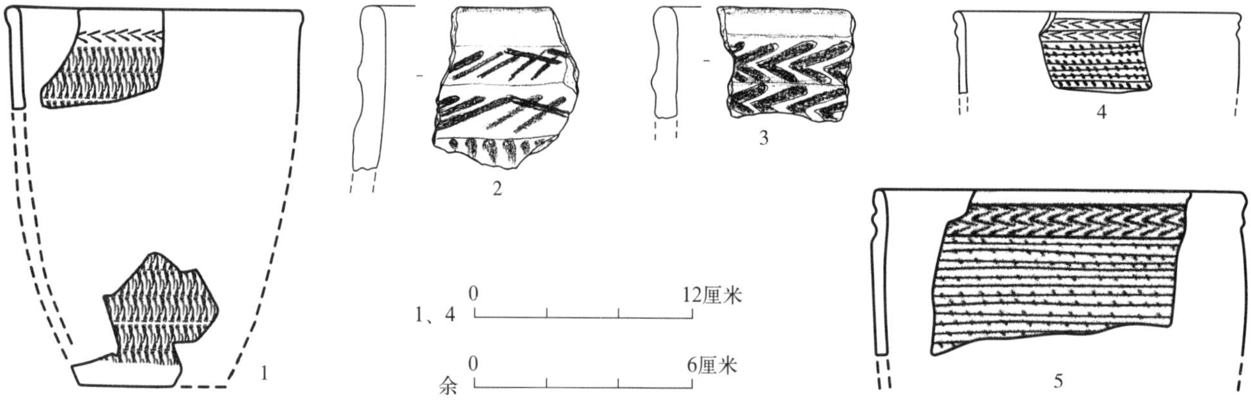

图 3-455 〇六 F1 出土深腹罐

1. Ab 型Ⅱ式〇六 F1：5 2、3. Ab 型Ⅲ式〇六 F1：3、4 4、5. Ca 型Ⅲ式〇六 F1：9、8

Ab 型Ⅲ式 2 件。

标本〇六 F1：3，夹砂红褐陶。直口，圆唇，直腹，口沿下有两周凹带，内饰划压斜线网格纹，口径 23.0、残高 4.6、壁厚 0.5 厘米（图 3-455，2）。

标本〇六 F1：4，夹砂红褐陶。直口，圆唇，直腹，口沿下有两周凹带，内饰划压横人字斜纹，口径 26.0、残高 5.0、壁厚 0.5 厘米（图 3-455，3）。

Ca 型Ⅲ式 2 件。

标本〇六 F1：9，夹砂灰黑陶。直口，平唇，直腹，口沿下有两周凹带，内饰划压横人字纹，腹饰压印篦点弦纹。口径 11.0、残高 6.0、壁厚 0.3 厘米（图 3-455，4）。

标本〇六 F1：8，夹砂灰黑陶。直口，圆唇，直腹，口沿下有两周凹带，内饰划压横人字纹，腹饰压印篦点弦纹。口径 16.0、残高 5.0、壁厚 0.4 厘米（图 3-455，5）。

（一一）〇六 F2

〇六 F2 位于 83 〇六 T2 内。开口于扰土层下，打破生土，南壁局部和房内中部及西北壁均遭近现代建筑破坏。房址圆角长方形，半地穴式。东西残长 8.20、南北残宽 6.30、穴壁存深 0.58 米（图 3-456；彩版一五四，3）。房址中部叠压有战国时期灰沟，宽 2.80 ～ 3.10、最深 0.50 米。

房内堆积分两层。第一层黄褐土，内含遗物有陶片、石器等。厚 0.15 ～ 0.30 米，该层下，在房址东侧分布有红烧土堆积。第二层褐土，土质杂，与东侧烧土相连，厚 0.10 ～ 0.20 米。烧土堆积下部有木炭。居住面厚 5 ～ 8 厘米，上部发现烧土、木炭等遗存，东北角较厚，并发现有树皮类炭化物。居住面中部略低于四周，散落陶片、石器、煤精等遗物。

房址内发现灶址 3 处，编号 Z1、Z2、Z3。编号 Z1、Z2 位于房址中部，东西排列，灶口与活动面平齐，均为凹坑式。Z1 圆角长方形，长 0.80、深 0.10 米。Z2 位于 Z1 西侧，圆形，直径 0.50、深 0.10 米。这两个灶址的南部均被现代暖气沟破坏。Z3 位于房址西北部，圆形盆坑式，开口于居住面，径 0.40、深 0.07 米，烧烤壁较薄，内有石块摆放为品字形，灶内灰烬中有碎小烧骨等。

房内居住面上发现柱洞 25 个，其中靠壁柱 14 个，“间柱”11 个（表 3-25）。有的柱洞底部垫有烧土，粗砂砾。还发现柱坑 4 个，有长方形和不规则形，柱坑一般深 0.50 米左右，柱坑底部再向下挖出的

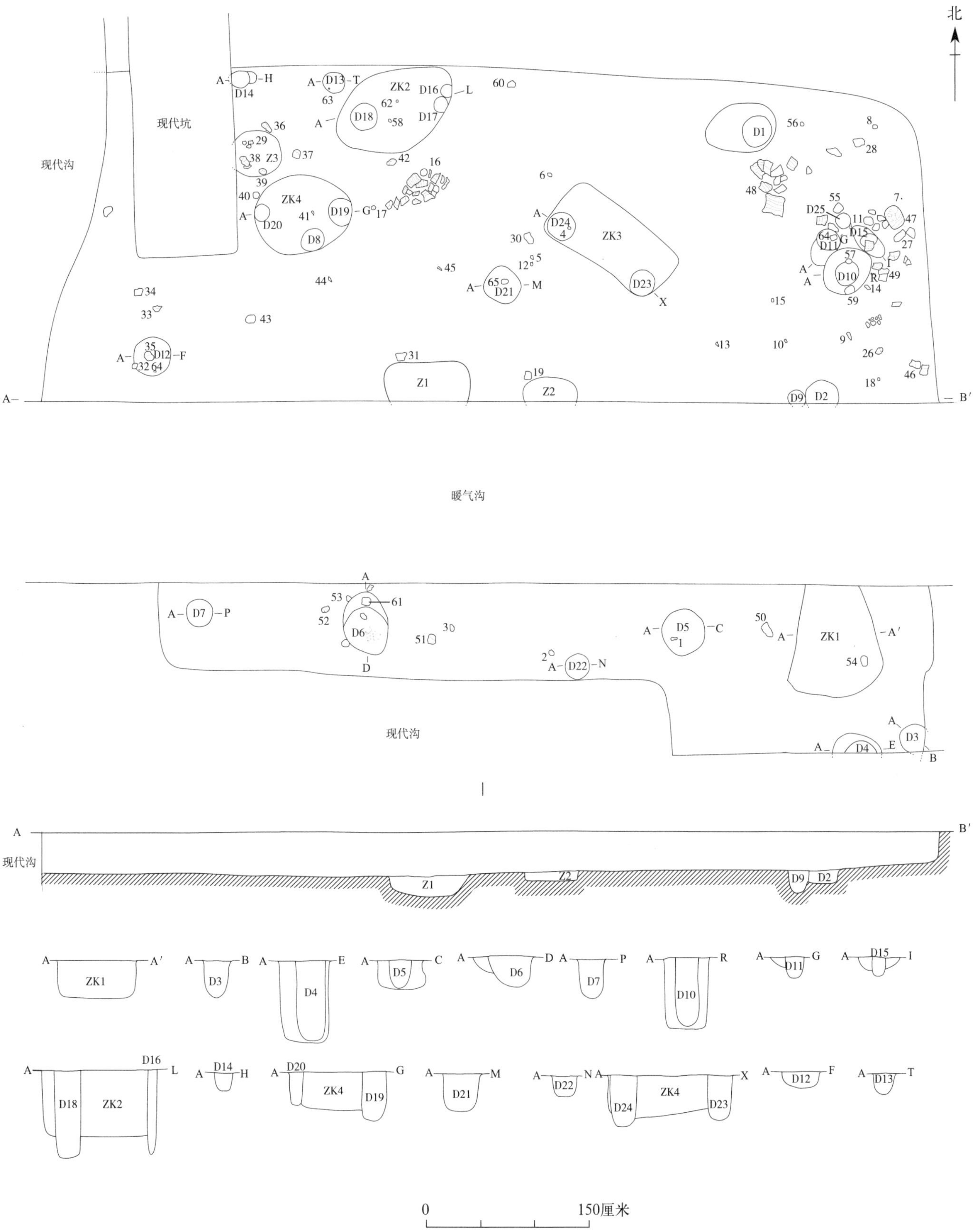

图 3-456　○六 F2 平、剖面图

表 3-25　〇六 F2 柱洞（柱坑）登记表　（单位：厘米）

编号	径	深	备注	编号	径	深	备注
D1	26	不详		D16	11	不详	
D2	29	12		D17	13	不详	
D3	24	33		D18	24	不详	
D4	42	71		D19	24	42	
D5	38	24		D20	14	30	
D6	36	26		D21	27	34	
D7	28	34		D22	21	18	
D8	19	不详		D23	21	40	
D9	16	18		D24	24	46	
D10	19	60		D25	13	不详	
D11	17	18		ZK1	68 ～ 98	32	梯形内柱数不详
D12	34	14		ZK2	70 ～ 109	57	椭圆形内双柱
D13	20	21		ZK3	52 ～ 114	37	长方形斜坡底内双柱
D14	15	不详		ZK4	65 ～ 86	34	椭圆形内 3 柱
D15	11	18					

柱洞。如 ZK3，长 1.20、宽 0.58、深 0.30 ～ 0.40 米，柱坑内两端各发现柱洞一个，D24，径 0.25、深 0.45 米。柱坑填土普遍较坚硬，似经过人工夯实，在柱坑填土中出土的石器、陶器、煤精等遗物，或应比房址活动面发现的遗物为早。

房址内出土 113 件。有石器 69 件、陶器 25 件、煤精制品 19 件。

1. 〇六 F2 遗物

（1）石器

49 件。有打制石器 20、细石器 14、磨制石器 14 件。

打制石器

20 件。有砍砸器 4 件、敲砸器 8 件、石片刮削器 4 件、石矛形器 1 件、网坠 3 件。

砍砸器　4 件。

标本〇六 F2 : 35，青灰色板岩。打制，不规则扁方形，一侧局部保留石皮，弧刃，砍砸痕迹明显。长 8.5、宽 7.5、厚 2.3 厘米（图 3-457，1）。

标本〇六 F2 : 52，黄褐色石英岩。打制，不规则半圆形，砍砸痕迹明显。长 12.1、宽 9.7、厚 5.7 厘米（图 3-457，2）。

标本〇六 F2 : 61，青灰色板岩。打制，扁平长方形，一面保留石皮，一侧为劈裂面。直背，弧刃，砍砸痕迹明显。长 10.1、宽 8.2、厚 1.2 厘米（图 3-457，3）。

标本〇六 F2 : 84，青灰色板岩。打制，不规则扁方形，局部保留石皮，砍砸痕迹明显。长 9.2、

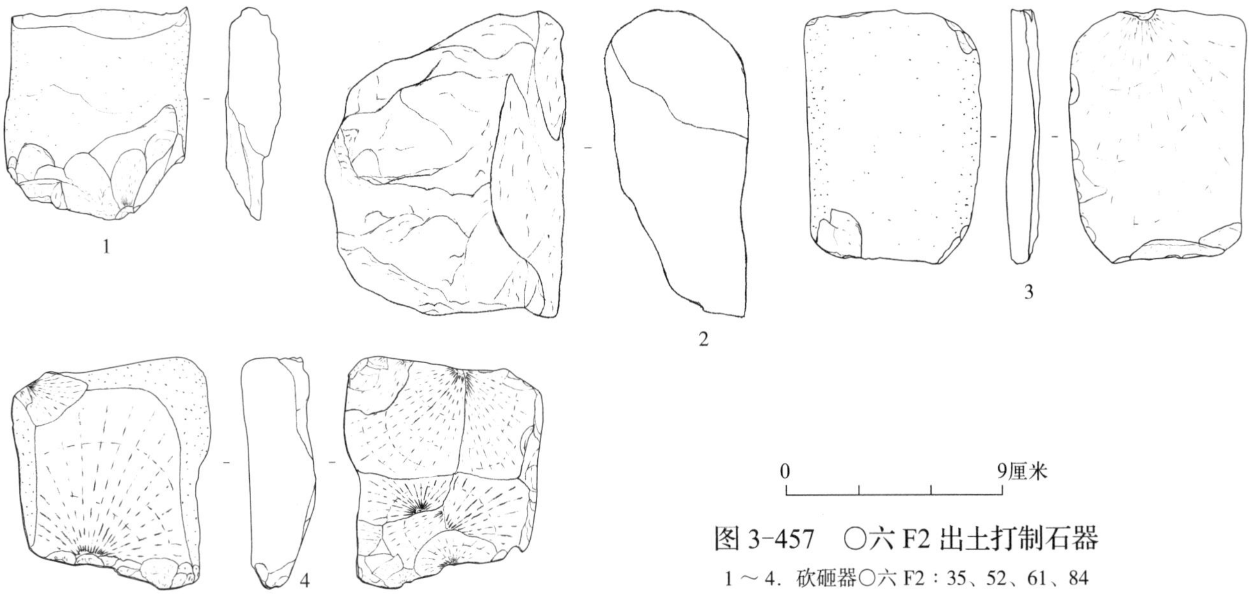

图 3-457 ○六 F2 出土打制石器

1～4. 砍砸器○六 F2：35、52、61、84

宽 8.2、厚 3.2 厘米（图 3-457，4）。

敲砸器 8 件。

标本○六 F2：5，青灰色板岩。打制，不规则多棱形，局部保留石皮，敲砸痕迹明显。长 5.6、宽 4.9、厚 4.7 厘米（图 3-458，1）。

标本○六 F2：26，青色板岩。打制，扁椭圆形，大部保留石皮，两端敲砸痕迹明显。长 10.0、宽 7.2、厚 3.0 厘米（图 3-458，2）。

标本○六 F2：32，青灰色板岩。打制，扁椭圆多棱形，有剥片疤，局部保留石皮，周边敲砸痕迹明显。长 6.7、宽 5.8、厚 3.0 厘米（图 3-458，3）。

标本○六 F2：36，青灰色板岩。打制，多棱圆柱形，有剥片疤，局部保留石皮，敲砸痕迹细碎。长 9.7、宽 6.0、厚 5.8 厘米（图 3-458，4）。

标本○六 F2：37，黄褐色石英岩。石磨盘改制，扁椭圆形，多棱角，敲砸痕迹明显。长 9.3、宽 6.2、厚 2.8 厘米（图 3-458，5）。

标本○六 F2：38，青灰色板岩。打制，不规则椭圆形，局部保留石皮，两端有敲砸痕迹。长 9.7、宽 6.5、厚 5.7 厘米（图 3-458，6）。

标本○六 F2：59，黄褐色花岗岩。打制，不规则椭圆形，大部保留石皮，一端有敲砸痕迹。长 11.0、宽 8.0、厚 7.4 厘米（图 3-458，7）。

标本○六 F2：65，青色板岩。打制，扁椭圆形，有剥片疤，局部保留石皮，周边敲砸痕迹明显。长 8.2、宽 6.4、厚 2.8 厘米（图 3-458，8）。

石片刮削器 4 件。

标本○六 F2：50，青灰色板岩。不规则三角形，边刃呈细齿状。长 3.7、宽 2.7、厚 1.3 厘米（图 3-459，1）。

标本○六 F2：82，青灰色板岩。打制，蚌壳形，一侧保留石皮，弧刃，有刮削痕迹。长 4.7、宽 3.5、厚 1.6 厘米（图 3-459，2）。

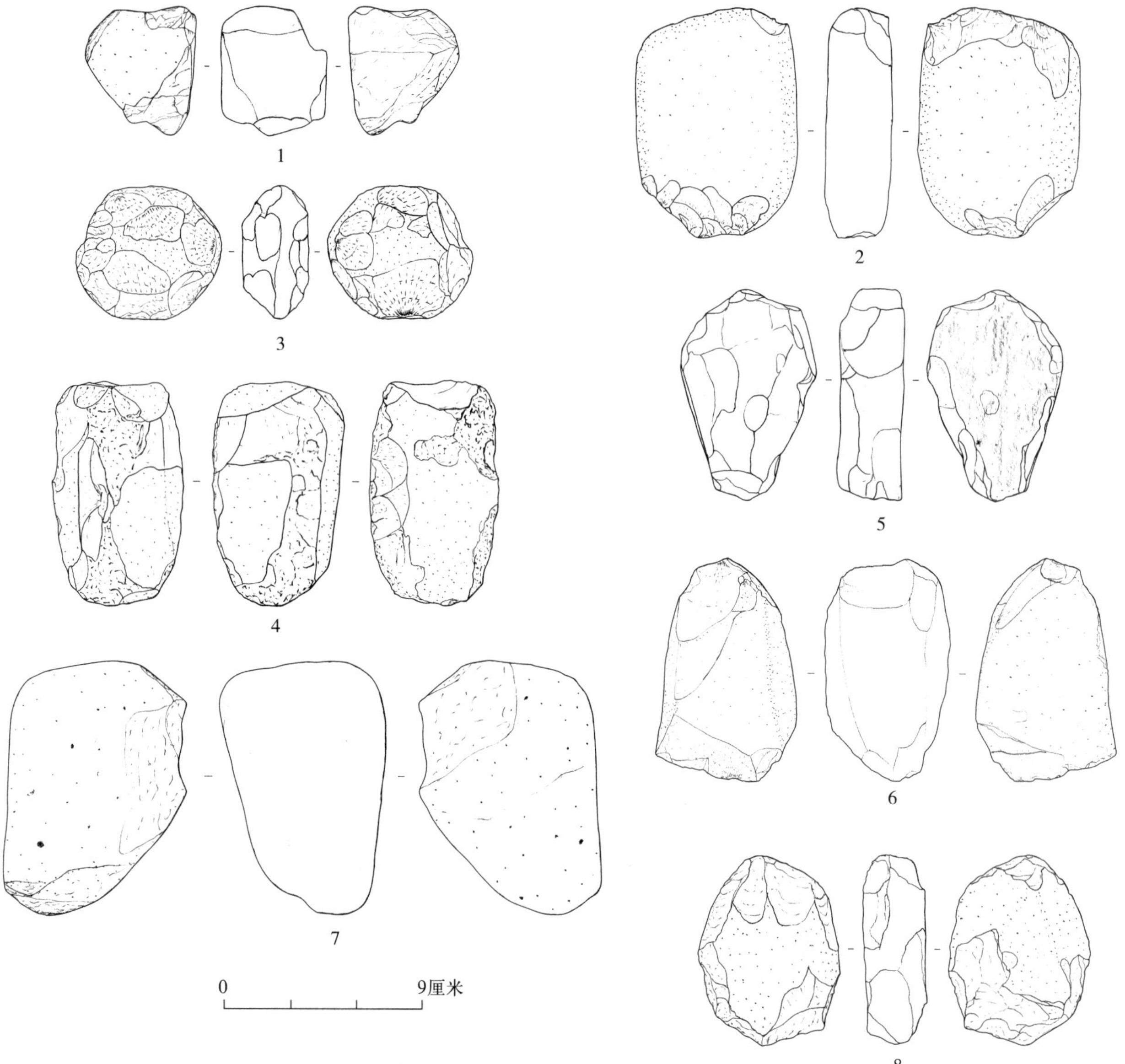

图 3-458　〇六 F2 出土打制石器

1～8. 敲砸器〇六 F2：5、26、32、36～38、59、65

标本〇六 F2：83，青灰色板岩。打制，不规则圆形，一侧局部保留石皮，边刃呈细齿状。长 5.1、宽 5、厚 0.7 厘米（图 3-459，3）。

标本〇六 F2：88，青灰色板岩。打制，叶形，横截面三角形，边刃，有刮削痕迹。长 2.3、宽 1.4、厚 0.6 厘米（图 3-459，4）。

石矛形器　1 件。

标本〇六 F2：12，青灰色板岩。打制，有尖锋，平底。局部有石皮，锋部横截面三角形，尾部横截面梯形，边刃呈细齿状。长 7.8、宽 3.0、厚 0.9 厘米（图 3-459，5）。

网坠　3 件。

标本〇六 F2：2，残，褐色砂岩。打制，不规则扁圆角方形，残存一侧豁口。长 11.6、宽 7.7、厚 2.1 厘米（图 3-459，6）。

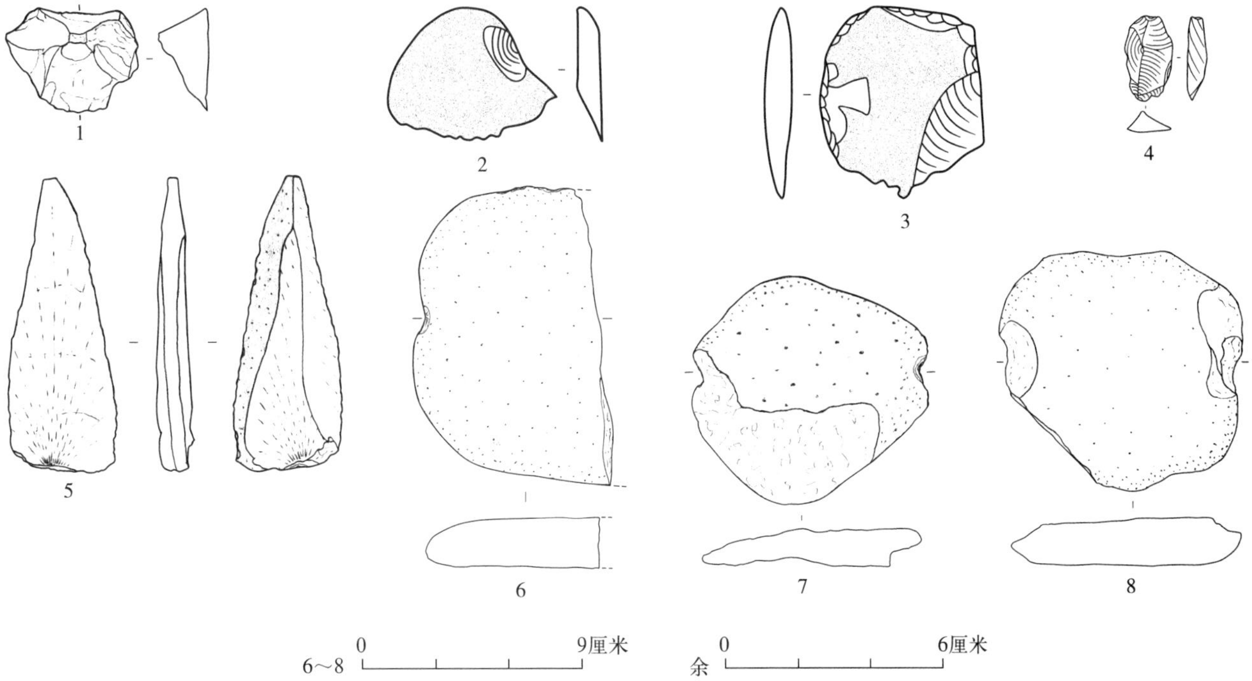

图 3-459　〇六 F2 出土打制石器

1～4. 石片刮削器〇六 F2：50、82、83、88　5. 石矛形器〇六 F2：12　6～8. 网坠〇六 F2：2、57、60

标本〇六 F2∶57，褐色花岗岩。打制，不规则扁菱形，两端对称打出豁口。长 9.6、宽 9.0、厚 1.4 厘米（图 3-459，7）。

标本〇六 F2∶60，褐色花岗斑岩。打制，不规则扁圆形，两端对称打出豁口。长 10.0、宽 9.5、厚 2.0 厘米（图 3-459，8）。

细石器

14 件。有石叶刮削器 11 件、尖状器 1 件、石镞 2 件。

石叶刮削器　11 件。

标本〇六 F2∶7，青灰色板岩。琢制，长条形，两端平齐，身平直，横截面扁棱形。边刃压琢呈细齿状，一侧经锯割呈内弧。长 7.3、宽 1.4、厚 0.3 厘米（图 3-460，1）。

标本〇六 F2∶13，青灰色板岩。琢制，长条形，横截面三角形，边刃呈细齿状。长 4.0、宽 1.2、厚 0.25 厘米（图 3-460，2）。

标本〇六 F2∶23，黄褐色燧石。琢制，长条形，横截面三角形，边刃，有刮削痕迹。长 1.6、宽 0.8、厚 0.3 厘米（图 3-460，3）。

标本〇六 F2∶41，红褐色燧石。琢制，长条形，横截面梯形，边刃，有刮削痕迹。长 2.0、宽 0.4、厚 0.2 厘米（图 3-460，4）。

标本〇六 F2∶42，红褐色燧石。琢制，长条形，横截面三角形，边刃，有刮削痕迹。长 1.7、宽 0.5、厚 0.1 厘米（图 3-460，5）。

标本〇六 F2∶44，青灰色板岩。琢制，长条形，平身，平底。横截面三角形，边刃，有刮削痕迹。长 3.8、宽 1.4、厚 0.5 厘米（图 3-460，6）。

标本〇六 F2∶45，黄褐色燧石。琢制，长条形，歪尖。横截面三角形，平底，边刃，有刮削痕迹。

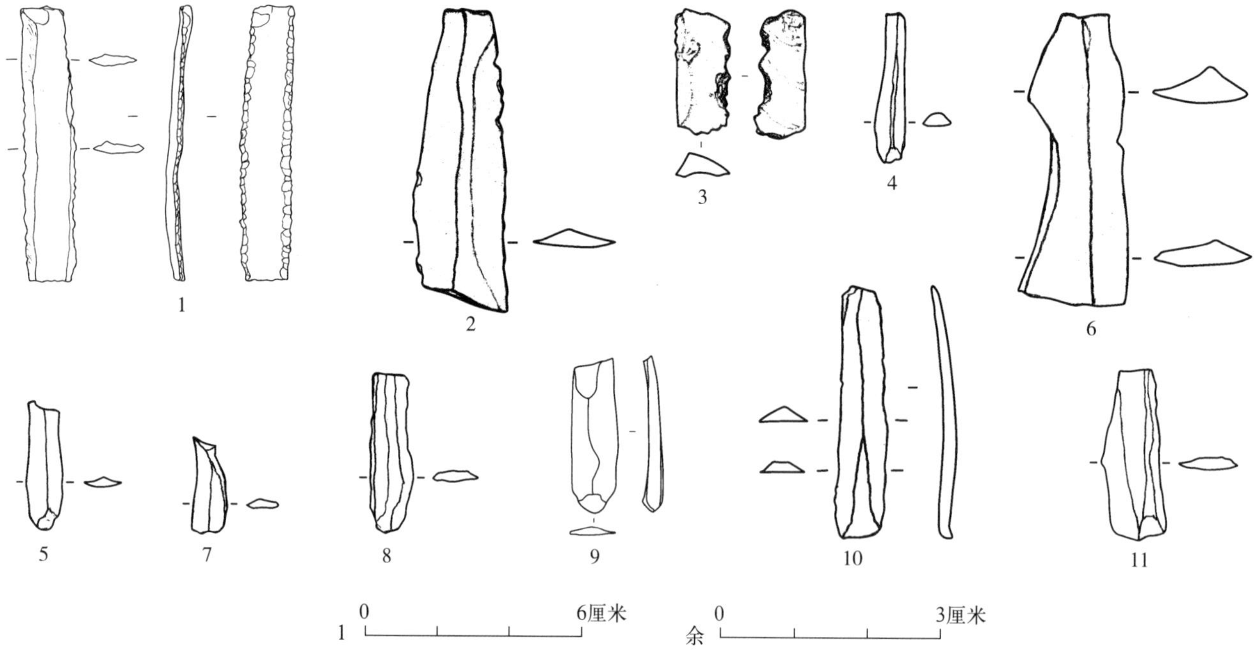

图 3-460 〇六 F2 出土细石器

1～11. 石叶刮削器〇六 F2：7、13、23、41、42、44、45、53、54、56、86

长 1.3、宽 0.4、厚 0.12 厘米（图 3-460，7）。

标本〇六 F2：53，红褐色燧石。琢制，长条形，横截面梯形，一侧边刃压琢呈细齿状。长 2.1、宽 0.6、厚 0.1 厘米（图 3-460，8）。

标本〇六 F2：54，黄褐色燧石。琢制，长条形，横截面三角形。长 2.0、宽 0.8、厚 0.15 厘米（图 3-460，9）。

标本〇六 F2：56，黄褐色燧石。琢制，长条形，横截面三角形，边刃，有刮削痕迹。长 3.4、宽 0.6、厚 0.2 厘米（图 3-460，10）。

标本〇六 F2：86，黄色玛瑙。琢制，长条形，横截面梯形，边刃，有刮削痕迹。长 2.3、宽 0.9、厚 0.15 厘米（图 3-460，11）。

尖状器 1 件。

标本〇六 F2：85，红褐色燧石。琢制，尖叶形，歪尖，圆底，横截面三角形。长 1.9、宽 0.5、厚 0.1 厘米（图 3-461，1）。

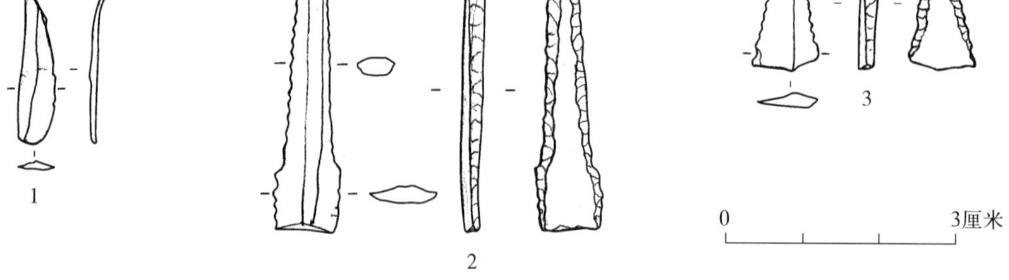

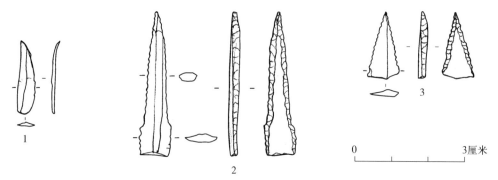

图 3-461 〇六 F2 出土细石器

1. 尖状器〇六 F2：85 2、3. 石镞〇六 F2：21、22

石镞　2件。

标本〇六F2∶21，黄色玛瑙。琢制，锥形，锋细长，体平直，尾部扁方形，平底。横截面扁平六棱形，锋部背面向腹面压琢呈细齿状。长3.8、锋宽0.6、尾宽0.9、厚0.3厘米（图3-461，2）。

标本〇六F2∶22，残，红色玛瑙。琢制，锋三角形，体平直，横截面三角形。锋部背面向腹面压琢呈细齿状。残长1.8、宽0.9、厚0.2厘米（图3-461，3）。

磨制石器

14件。有石斧1件、石磨盘5件、石磨棒3件、沟磨石5件。

石斧　1件。

标本〇六F2∶92，残，灰白色脉岩。磨制，表面光滑，横截面圆角扁方形，对磨弧刃。残长7.0、残宽5.4、厚2.4厘米（图3-462，1）。

石磨盘　5件。

标本〇六F2∶24，残，褐色花岗岩。磨制，两个平磨面，磨痕明显。残长11.0、宽9.1、厚4.0厘米（图3-462，2）。

标本〇六F2∶27，残，黄褐色砂岩。磨制，两个平磨面，磨痕明显。残长9.5、宽7.5、厚4.4厘米（图3-462，3）。

标本〇六F2∶33，残，黄褐色砂岩。磨制，一个平磨面，磨痕明显。残长9.5、宽8.2、厚2厘米（图3-462，4）。

标本〇六F2∶40，残，红褐色砂岩。磨制，一个平磨面，磨痕明显。长8.6、宽9.2、厚4.9厘米（图3-462，5）。

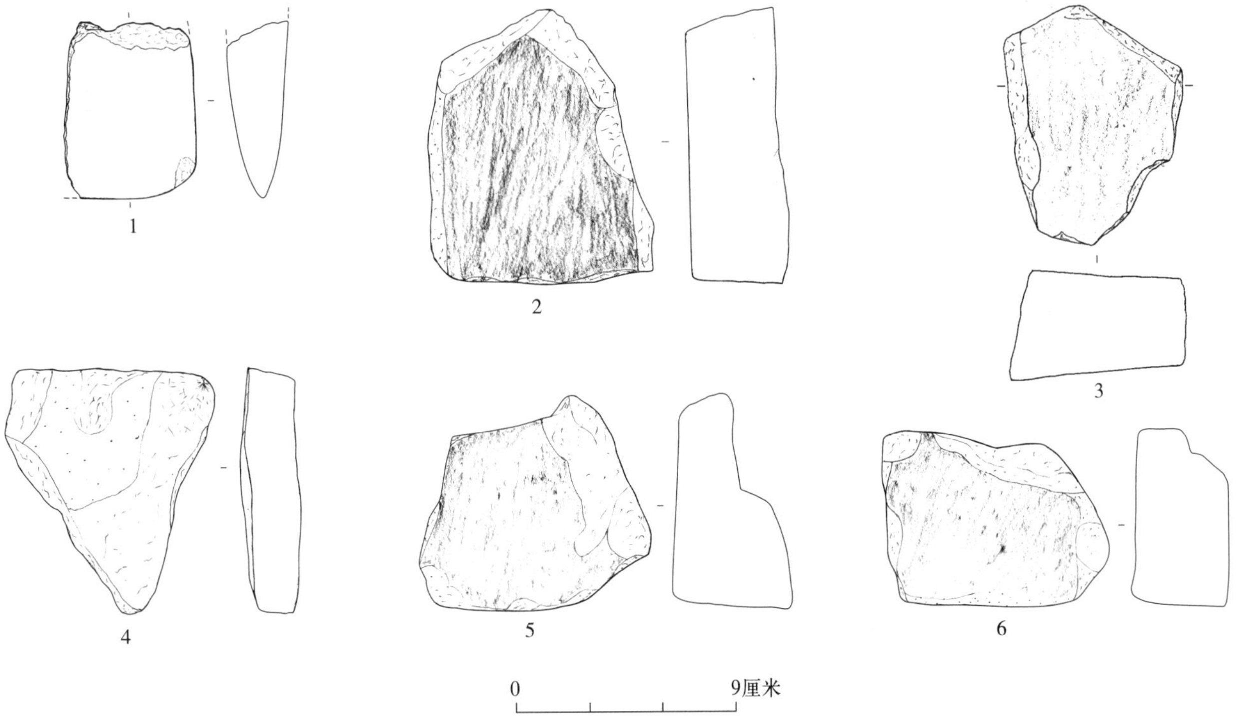

图3-462　〇六F2出土磨制石器

1. 石斧〇六F2∶92　2～6. 石磨盘〇六F2∶24、27、33、40、55

标本〇六 F2∶55，残，黄褐色粉砂岩。磨制，一个平磨面，磨痕明显。残长 9.5、宽 7.1、厚 4.1 厘米（图 3-462，6）。

石磨棒 3 件。

标本〇六 F2∶28，残，黄褐色花岗岩。磨制，多磨面，磨痕明显。残长 7.0、宽 6.4、厚 3.5 厘米（图 3-463，1）。

标本〇六 F2∶29，残，黄褐色石英岩。磨制，多磨面，磨痕明显。残长 5.1、残宽 3.5、厚 3.4 厘米（图 3-463，2）。

标本〇六 F2∶30，残断，黄褐色花岗岩。磨制，长扁椭圆形，横截面椭圆形，两个磨面，磨痕明显。长 16.8、宽 7.3、厚 4.3 厘米（图 3-463，3）。

沟磨石 5 件。

标本〇六 F2∶31，灰褐色粉砂岩，不规则马蹄形，表面有两处圆凹窝，磨面较粗糙。长 9.5、宽 5 厘米（图 3-463，4）。

标本〇六 F2∶51，黄褐色砂岩。不规则椭圆形，表面有磨沟槽。长 11.5、宽 10.0、厚 6～7.6 厘米（图 3-463，5）。

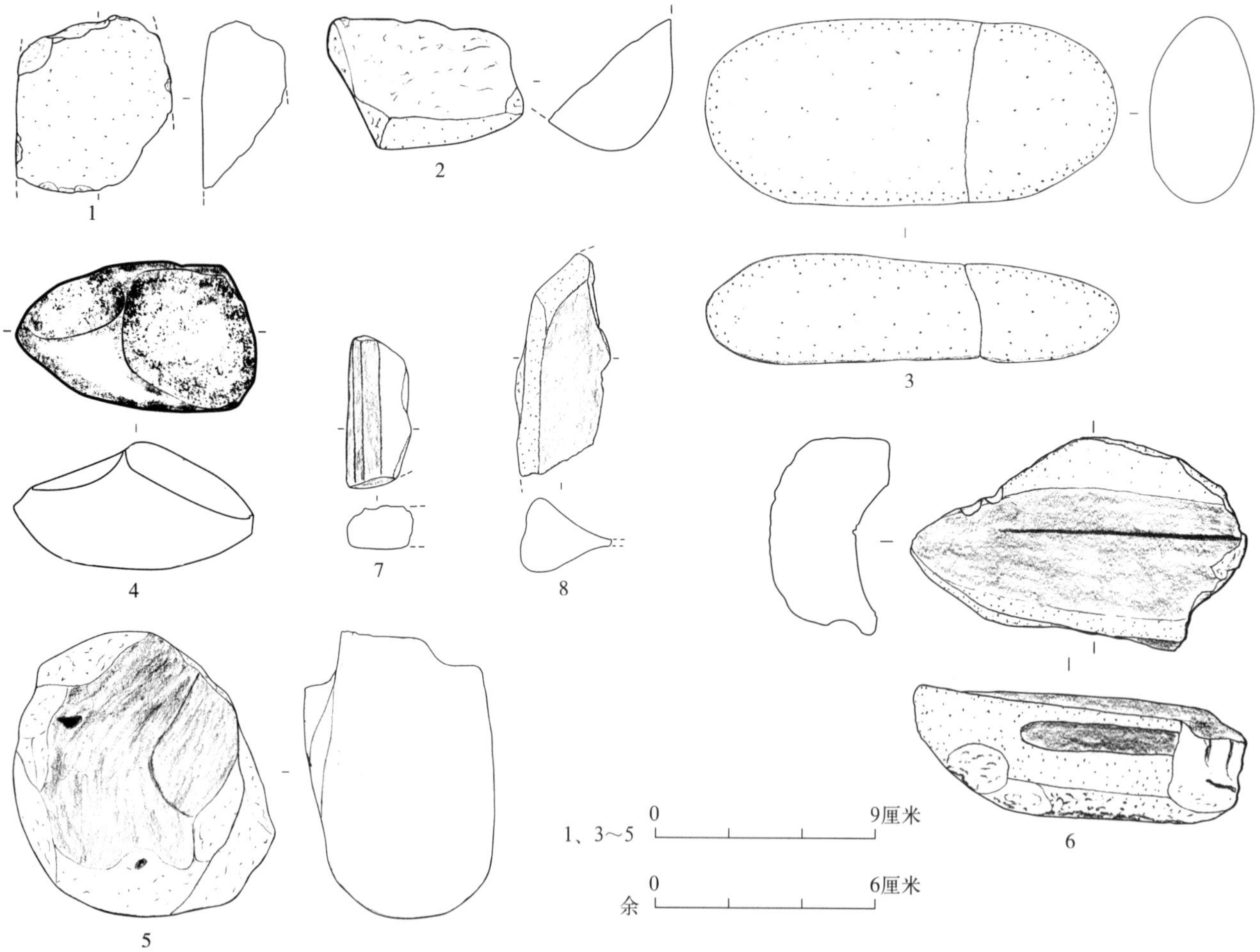

图 3-463 〇六 F2 出土磨制石器

1～3．石磨棒〇六 F2∶28、29、30 4～8．沟磨石〇六 F2∶31、51、89～91

标本〇六 F2∶89，褐色粉砂岩。横截面船底形，表面有多处磨沟。长 9.2、宽 5.7、厚 3.4 厘米（图 3–463，6）。

标本〇六 F2∶90，灰白色石灰岩。不规则长条形，磨面、表面有磨沟。长 4.1、宽 1.8、厚 1.1 厘米（图 3–463，7）。

标本〇六 F2∶91，灰白色石灰岩。有对磨凹槽。残长 6.0、宽 2.7、厚 2.0 厘米（图 3–463，8）。

（2）陶器

16 件。有深腹罐 12 件、陶钵 1 件、陶泡形器 3 件。

深腹罐　12 件。

Aa 型Ⅰ式　1 件。

标本〇六 F2∶98，夹砂褐陶。直口，平唇，口沿处有一周素面，腹部饰横压竖排之字纹。口径 15、残高 3.5 厘米（图 3–464，1）。

Aa 型Ⅱ式　1 件。

标本〇六 F2∶96，夹粗砂褐陶。内壁压光，外饰泥浆陶衣。直口，平唇，口沿处饰划压编织席纹，腹部饰竖压横排之字纹。口径 14.2、残高 4.5、壁厚 0.5 厘米（图 3–464，2）。

Ab 型Ⅰ式　1 件。

标本〇六 F2∶95，夹砂褐陶。直口，方平唇，口沿处下有一周素面，腹部饰横压竖排之字纹。口径 20.0、残高 5.0、壁厚 0.5 厘米（图 3–464，3）。

Ab 型Ⅱ式　1 件。

标本〇六 F2∶97，夹砂灰褐陶，内壁压光，外有泥浆陶衣。直口，尖唇，口沿处饰一周压印编织席纹，

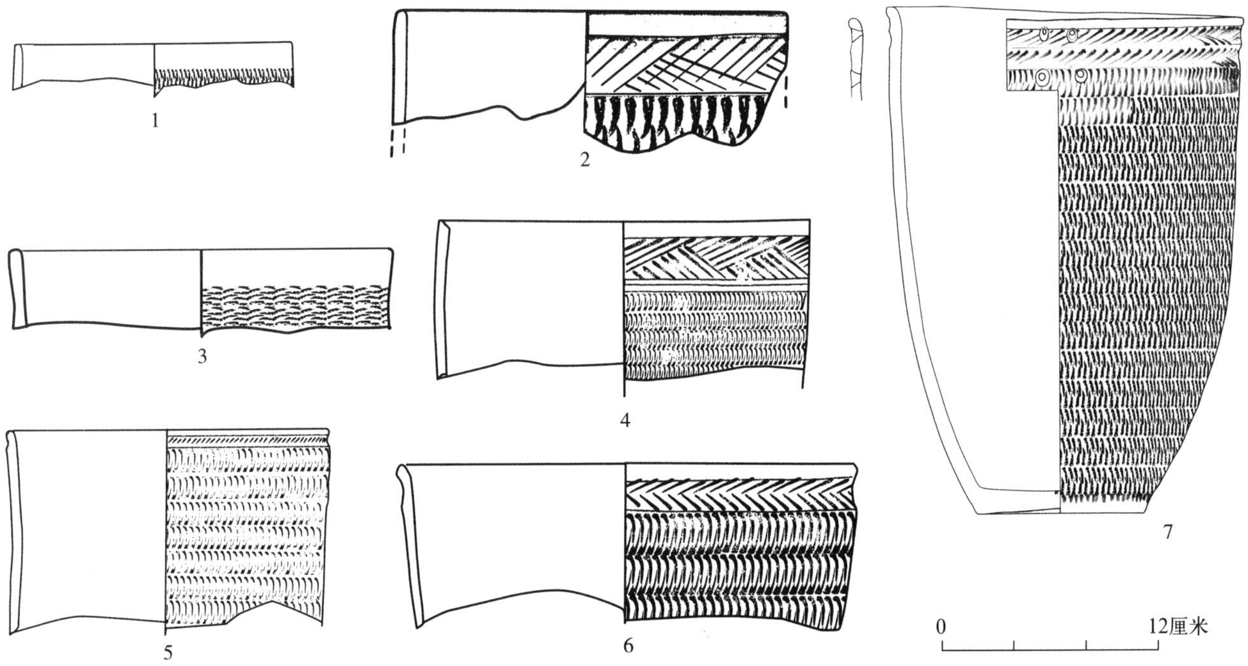

图 3–464　〇六 F2 出土深腹罐

1. Aa 型Ⅰ式〇六 F2∶98　2. Aa 型Ⅱ式〇六 F2∶96　3. Ab 型Ⅰ式〇六 F2∶95　4. Ab 型Ⅱ式〇六 F2∶97　5～7. Ab 型Ⅲ式〇六 F2∶99、100、47

下饰两周压印弦纹，腹部饰竖压横排之字纹。口径 20.0、残高 8.0、壁厚 0.5 厘米（图 3-464，4）。

Ab 型Ⅲ式 3 件。

标本〇六 F2：99，夹粗砂红褐陶。口稍敞，圆唇，斜直腹。口沿处有一周凹带，内饰划压斜线纹，腹部饰竖压横排之字纹。口径 22.0、残高 22.0 厘米（图 3-464，5）。

标本〇六 F2：100，夹砂红褐陶。口稍敞，圆唇，斜直腹。口沿处有一周凹带，内饰划压横人字纹，腹部饰竖压横排之字纹。口径 25.0、残高 8.4 厘米（图 3-464，6）。

标本〇六 F2：47，夹砂褐陶。外饰泥浆陶衣。口稍敞，平唇，斜直腹，平底微凹。口沿处有两周凹带，内饰划压斜线纹、人字纹，腹部饰竖压横排之字纹。口径 18.4、腹径 18.1、底径 9.3、高 26.0 厘米（图 3-464，7）。

Ac 型Ⅱ式 1 件。

标本〇六 F2：106，夹砂红褐陶。口稍敞，尖唇。口沿处有一周宽凹带，凹带内下部内横压人字纹，腹部饰横压横排之字纹。口径 33.0、残高 6.0 厘米（图 3-465，1）。

Ac 型Ⅳ式 1 件。

标本〇六 F2：48，夹砂红褐陶。内壁压光，外饰泥浆陶衣。直口，圆唇，深腹，平底。口沿处有三周凹带，内饰划压斜线纹，腹部饰竖压横排之字纹，纹不及底。口径 29.0、底径 14.5、高 41.7、壁厚 0.9 厘米（图 3-465，2）。

Ba 型Ⅰ式 1 件。

标本〇六 F2：14，夹砂灰黑陶。圆唇，腹下收，平底。沿外饰一周凹带，内饰戳压横人字形纹，口径 12.0、底径 6.3、高 15.0、壁厚 0.3 厘米（图 3-465，3）。

Ba 型Ⅱ式 1 件。

标本〇六 F2：16，夹砂红褐陶。内壁压光，外饰泥浆陶衣。口稍敛，圆唇，沿微外侈，腹微弧，平底。口沿处有两周凹纹带，内饰划压椭圆点横人字纹，腹部饰压印篦点弦纹。口径 16.5、腹径 16.7、底径 7.5、高 25.0 厘米（图 3-465，4）。

C 型Ⅰ式 1 件。

标本〇六 F2：94，夹砂灰黑陶，内经压光。口稍敛，平唇，腹部饰压印篦点编织席纹。口径 16.0、残高 7.8、壁厚 0.5 厘米（图 3-465，5）。

陶钵 1 件。

Ⅲ式 1 件。

标本〇六 F2：11，夹砂红陶。内外饰粉红色陶衣，表面经压光。敞口，尖唇。口沿下部有一周凹带，半圆形腹，素面。口径 18.0、残高 7.0、壁厚 0.3 厘米（图 3-465，6）。

陶泡形器 3 件。

标本〇六 F2：1，夹砂红褐陶。捏制，圆尖顶形，表面有红泥浆陶衣，内凹窝经刮磨，边缘圆滑。表面有十字绳索形痕。直径 3.9、高 1.5、凹窝深 0.9 厘米（图 3-465，7）。

标本〇六 F2：34，夹砂红褐陶。捏制，表面有红泥浆陶衣，内凹磨光，边缘圆滑。直径 3.9、高 1.2、凹窝深 0.8 厘米（图 3-465，8）。

标本〇六 F2：67，残，夹砂红褐陶。捏制，表面有红泥浆陶衣，内凹磨光，边缘尖锐。直径 3.3、残长 2.3 厘米（图 3-465，9）。

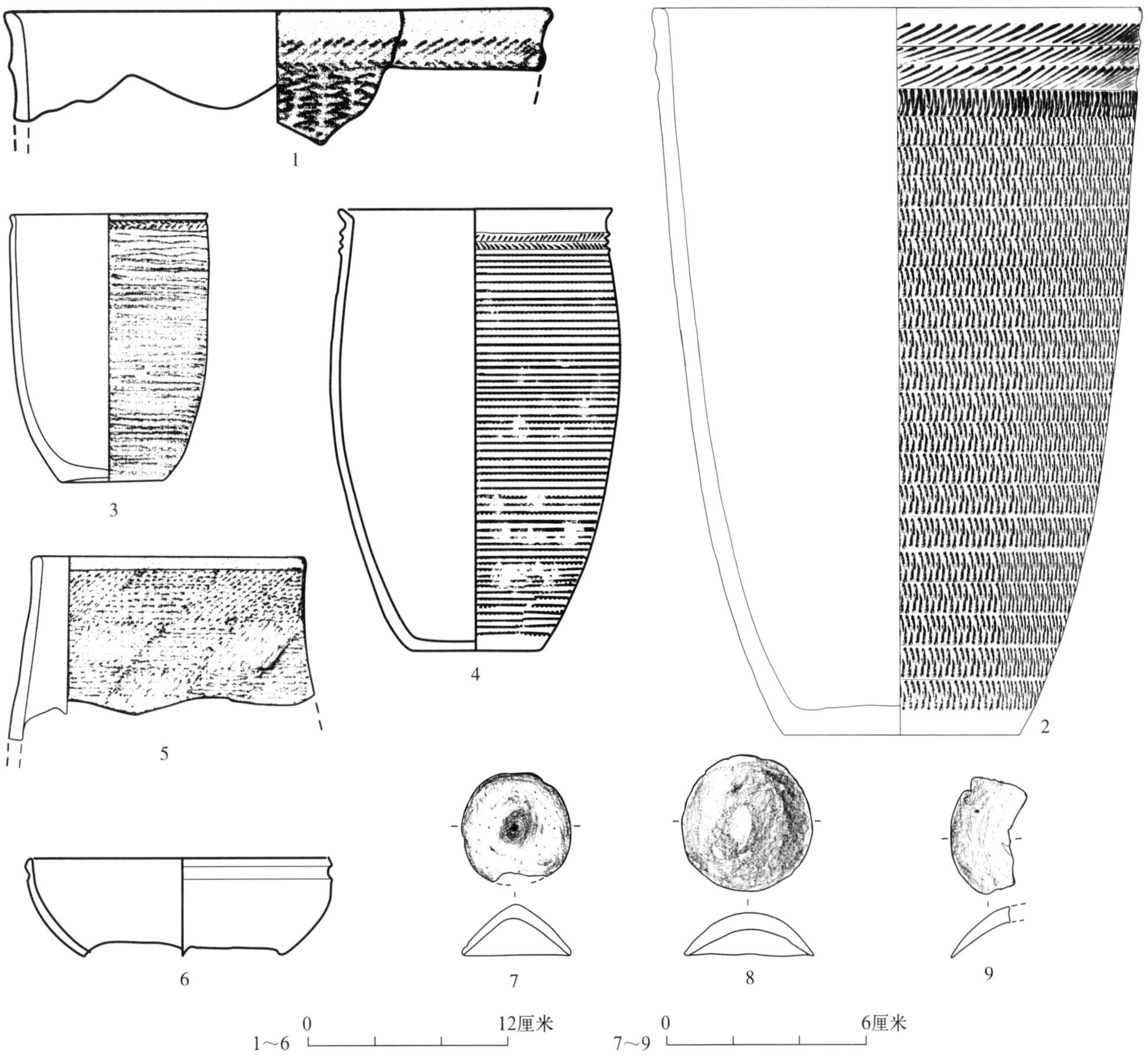

图 3-465　〇六 F2 出土陶器

1. Ac 型Ⅱ式深腹罐〇六 F2：106　2. Ac 型Ⅳ式深腹罐〇六 F2：48　3. Ba 型Ⅰ式深腹罐〇六 F2：14　4. Ba 型Ⅱ式深腹罐〇六 F2：16　5. C 型Ⅰ式深腹罐〇六 F2：94　6. Ⅲ式陶钵〇六 F2：11　7～9. 陶泡形器〇六 F2：1、34、67

（3）煤精制品

19 件。有泡形器 6 件、球形器 8 件、耳珰形器 1 件、半成品 1 件、煤精料 3 件。

泡形器　6 件。

标本〇六 F2：4，残。磨制，圆尖形顶，外表光滑，凹窝内光亮细腻，边缘圆滑。直径 4.0、残高 1.4、中部厚 0.6、内凹深 0.8 厘米（图 3-466，1）。

标本〇六 F2：10，残，圆尖顶形，表面粗糙，凹窝内光亮细腻，边缘圆锐。直径 3.8、残高 1.8、中部厚 0.9、内凹深 0.8 厘米（图 3-466，2）。

标本〇六 F2：25，残。磨制，圆形顶，外表较粗糙，凹窝内光亮细腻，边缘圆锐。直径 3.8、残高 1.4、中部厚 0.5、内凹深 0.9 厘米（图 3-466，3）。

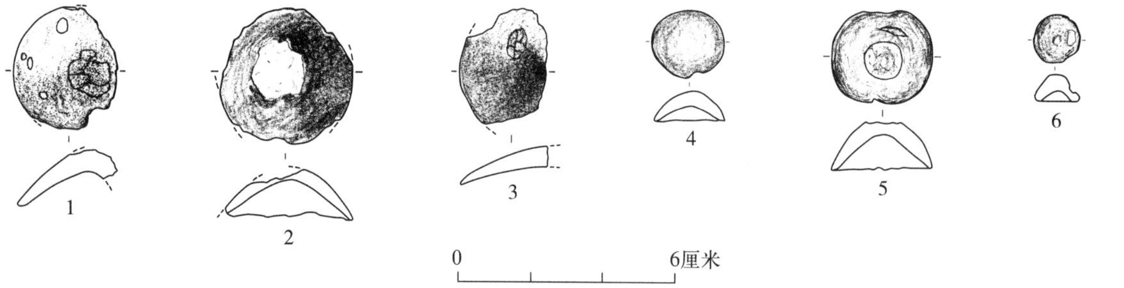

图 3-466 〇六 F2 出土煤精制品

1～6. 泡形器〇六 F2：4、10、25、58、64、93

标本〇六 F2：58，残。磨制，圆尖形顶，表面粗糙，凹窝有刮痕，边缘圆滑。直径 1.9、残高 0.8、中部厚 0.5、内凹深 0.3 厘米（图 3-466，4）。

标本〇六 F2：64，磨制，表面光滑，凹窝内细腻，边缘圆滑。顶部稍残。直径 2.8、高 1.4、中部厚 0.6、内凹深 0.8 厘米（图 3-466，5）。

标本〇六 F2：93，残。磨制，圆顶，表面光滑，凹窝内细腻，边缘圆钝。直径 1.2、残高 0.7、中部厚 0.4、内凹深 0.3 厘米（图 3-466，6）。

球形器 8 件。

标本〇六 F2：19，残半。磨制，表面光滑。直径 1.1 厘米（图 3-467，1）。

标本〇六 F2：20，磨制，扁圆形，表面有刮磨痕迹。直径 1.5、厚 1.1 厘米（图 3-467，2）。

标本〇六 F2：66，残，磨制，椭圆形，表面光滑。直径 1.0、残高 0.6 厘米（图 3-467，3）。

标本〇六 F2：68，残。磨制，表面光滑。直径 1.5、残高 0.9 厘米（图 3-467，4）。

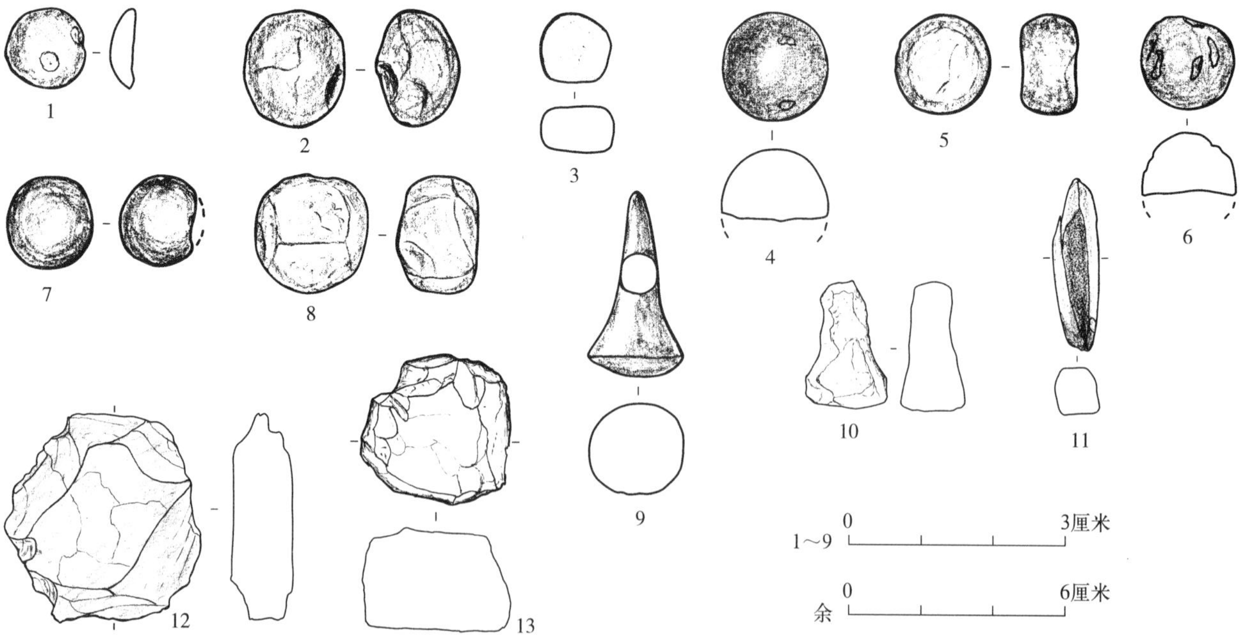

图 3-467 〇六 F2 出土煤精制品

1～8. 球形器〇六 F2：19、20、66、68～71、74 9. 耳珰形器〇六 F2：18 10. 煤精半成品〇六 F2：77 11～13. 煤精料〇六 F2：43、73、75

标本〇六 F2：69，残。磨制，表面光滑。直径 1.3 厘米（图 3-467，5）。

标本〇六 F2：70，残。磨制，表面光滑。直径 1.1 ～ 1.3、残高 0.8 厘米（图 3-467，6）。

标本〇六 F2：71，残。磨制，表面光滑。直径 1.2 厘米（图 3-467，7）。

标本〇六 F2：74，磨制，扁圆形，表面有刮磨痕迹。直径 1.6 厘米（图 3-467，8）。

耳珰形器　1 件。

标本〇六 F2：18，磨制，表面光滑，圆锥形，尖顶，底微圆弧。高 2.5、底径 1.3 厘米（图 3-467，9）。

半成品　1 件。

标本〇六 F2：77，耳珰形，通身有刮磨痕。高 3.3、中宽 1.8、底宽 2.3 厘米（图 3-467，10）。

煤精料　3 件。

标本〇六 F2：43，梭形，表面有刮磨，横截面圆角方形。长 4.6、宽 1.4、厚 1.3 厘米（图 3-467，11）。

标本〇六 F2：73，不规则扁圆形，表面有刮磨。长 5.6、宽 5.4、厚 1.7 厘米（图 3-467，12）。

标本〇六 F2：75，不规则扁圆形，表面有刮磨。长 4.1、宽 4.0、厚 2.7 厘米（图 3-467，13）。

2. 〇六 F2 柱坑内遗物

〇六 F2ZK1

出土遗物 9 件。石器 8 件，陶器 1 件。

（1）石器

打制石器

8 件。有敲砸器 2 件、石片刮削器 5 件、锥形器 1 件。

敲砸器　2 件。

标本〇六 F2ZK1：3，青色板岩。打制，不规则椭圆形，局部保留石皮，两端敲砸痕迹细碎。长 7.8、宽 5 厘米（图 3-468，1）。

标本〇六 F2ZK1：8，黄褐色花岗岩。打制，不规则半圆形，大部保留石皮，一侧敲砸痕迹明显。长 9.5、宽 7.1、厚 6.0 厘米（图 3-468，2）。

石片刮削器　5 件。

标本〇六 F2ZK1：1，青色板岩。打制，舌形，一侧保留石皮，边刃，有刮削痕迹。高 5.3、宽 3.5、厚 1.1 厘米（图 3-468，3）。

标本〇六 F2ZK1：2，青色板岩。打制，不规则多边形，边刃，有刮削痕迹。长 4.8、宽 4.6、厚 0.8 厘米（图 3-468，4）。

标本〇六 F2ZK1：5，青色板岩。打制，舌形，局部保留石皮，腹面内曲，背面压琢，边刃压琢成齿状。长 3.1、宽 1.6、厚 0.6 厘米（图 3-468，5）。

标本〇六 F2ZK1：6，青色板岩。打制，指甲形，平顶，弧刃，边刃，有刮削痕迹。长 2.6、宽 2.0、厚 0.8 厘米（图 3-468，6）。

标本〇六 F2ZK1：7，青色板岩。打制，桂叶形，一面局部保留石皮，边刃，压琢成齿状。长 5.1、宽 2.6、厚 0.5 厘米（图 3-468，7）。

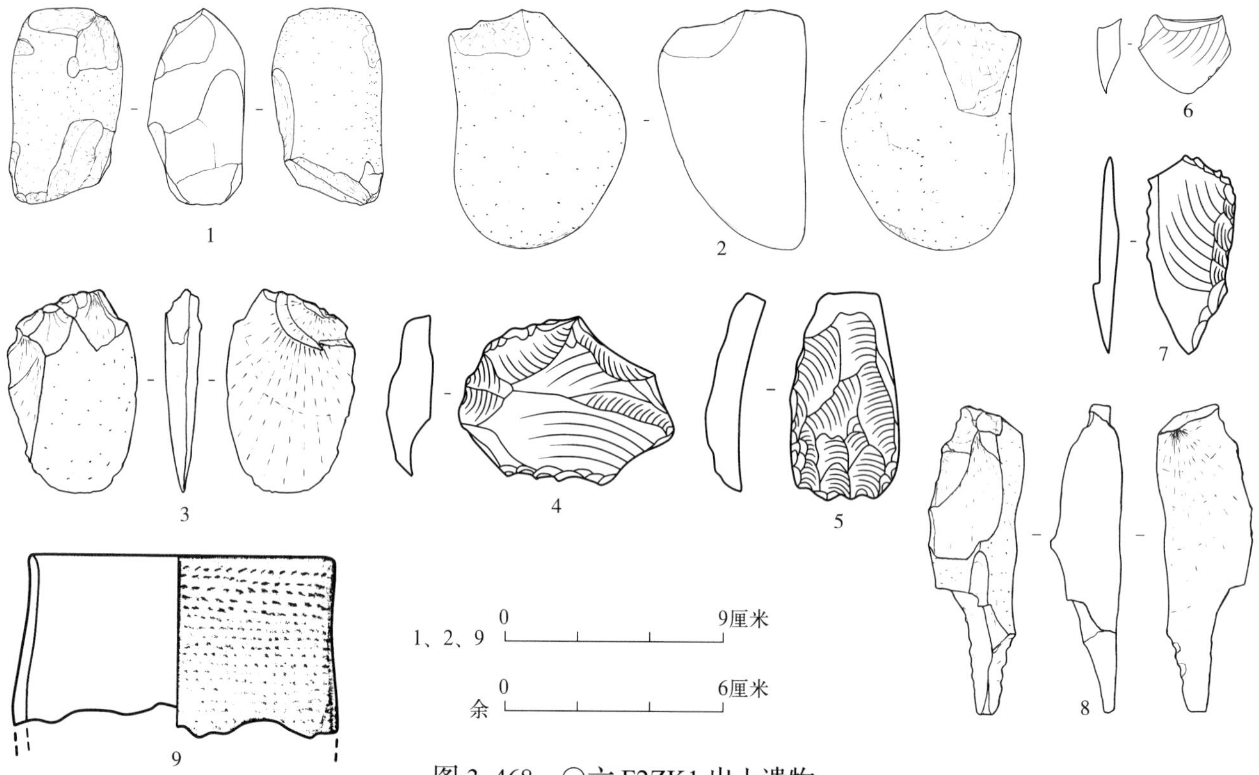

图 3-468　〇六 F2ZK1 出土遗物

1、2. 敲砸器〇六 F2ZK1：3、8　3～7. 石片刮削器〇六 F2ZK1：1、2、5～7　8. 锥形器〇六 F2ZK1：9　9. C 型Ⅰ式深腹罐〇六 F2ZK1：4

锥形器　1 件。

标本〇六 F2ZK1：9，青灰色板岩。打制，三角形柄，平顶。局部保留石皮，锥锋部从背面向腹面压琢，有钻磨痕。柄长 5.2、宽 2.8、锥锋长 3.0、宽 1.25～0.3、通长 8.2 厘米（图 3-468，8）。

（2）陶器

1 件。

深腹罐　1 件。

C 型Ⅰ式　1 件。

标本〇六 F2ZK1：4，夹砂褐陶。直口，尖唇，腹稍鼓。饰压印篦点弦纹。口径 13.0、残高 7.0 厘米（图 3-468，9）。

〇六 F2ZK2

出土遗物 21 件。有石器 13 件、陶器 9 件。

（1）石器

13 件。有打制石器 9 件、细石器 2 件、磨制石器 2 件。

打制石器

9 件。有砍砸器 1 件、敲砸器 2 件、尖状器 1 件、石片刮削器 5 件。

砍砸器　1 件。

标本〇六 F2ZK2：11，青色板岩。打制，不规则扁椭圆形，局部保留石皮，砍砸痕迹明显。长

10.4、宽 7.2、厚 1.5 厘米（图 3-469，1）。

敲砸器　2 件。

标本〇六 F2ZK2：1，青色板岩。打制，不规则椭圆多棱形，有剥片疤，敲砸痕迹明显。长 6.0、宽 4.2、厚 3.6 厘米（图 3-469，2）。

标本〇六 F2ZK2：9，黄色板岩。打制，不规则扁圆多棱形，多剥片疤，局部保留石皮，砍砸痕迹明显，两端敲砸痕迹细碎。长 8.8、宽 5.2、厚 5.1 厘米（图 3-469，3）。

尖状器　1 件。

标本〇六 F2ZK2：22，青色板岩。打制，不规则菱形，边刃，压琢呈细齿状。长 2.6、宽 2.3、厚 0.7 厘米（图 3-469，4）。

石片刮削器　5 件。

标本〇六 F2ZK2：3，青色板岩。打制，多边形，边刃，有刮削痕迹。长 3.2、宽 3.0、厚 0.9 厘米（图 3-469，5）。

标本〇六 F2ZK2：4，青色板岩。打制，不规则梯形，一侧局部保留石皮，边刃，有刮削痕迹。长 2.5、宽 3.1、厚 1.0 厘米（图 3-469，6）。

标本〇六 F2ZK2：7，青色板岩。打制，不规则三角形，边刃，有刮削痕迹。长 4.0、宽 3.0、厚 1.0 厘米（图 3-469，7）。

标本〇六 F2ZK2：8，青色板岩。打制，不规则宽叶形，边刃，有刮削痕迹。长 5.0、宽 2.8、厚 1.0 厘米（图 3-469，8）。

标本〇六 F2ZK2：23，青色板岩。打制，不规则方形，边刃，有刮削痕迹。长 1.7、宽 1.8、厚 0.4 厘米（图 3-469，9）。

细石器

2 件。

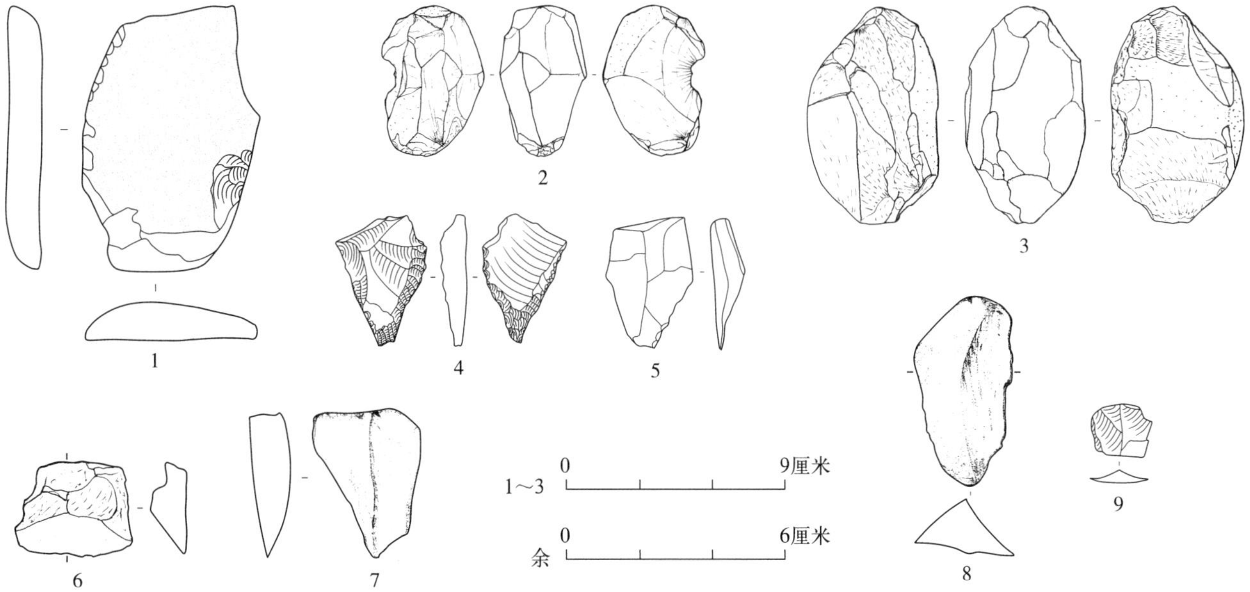

图 3-469　〇六 F2ZK2 柱坑出土打制石器

1. 砍砸器〇六 F2ZK2：11　2、3. 敲砸器〇六 F2ZK2：1、9　4. 尖状器〇六 F2ZK2：22　5～9. 石片刮削器〇六 F2ZK2：3、4、7、8、23

石叶刮削器　1件。

标本〇六F2ZK2∶13，青色板岩。琢制，长三角形，横截面三角形，边刃，有刮削痕迹。长1.6、宽0.85、厚0.6厘米（图3-470，1）。

尖状器　1件。

标本〇六F2ZK2∶5，残，青灰色板岩。琢制，三角形，横截面三角形，平底。锋尖部经钻磨，边刃呈齿状。长2.8、宽1.2、厚0.4厘米（图3-470，2）。

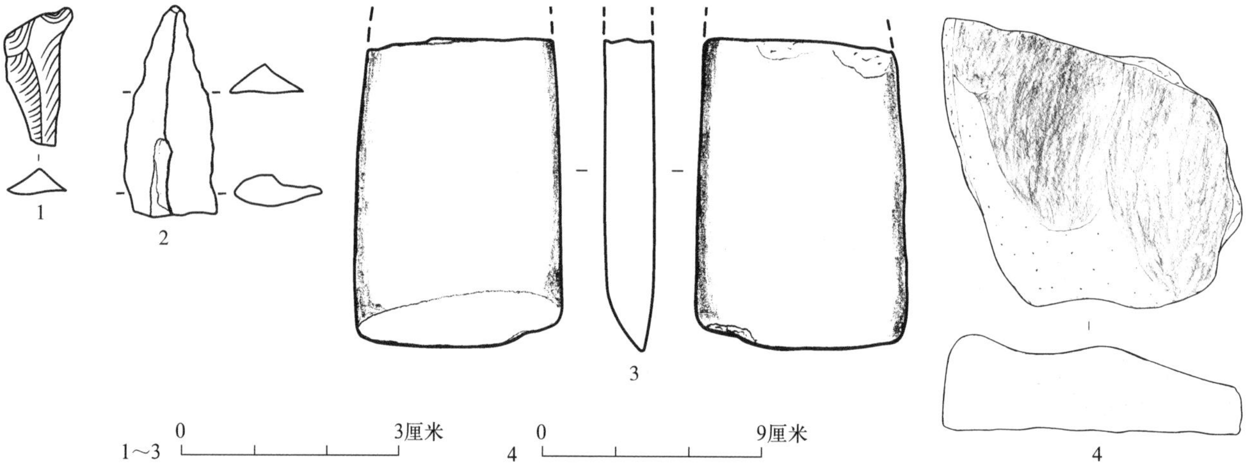

图3-470　〇六F2ZK2柱坑出土细石器与磨制石器

1. 石叶刮削器〇六F2ZK2∶13　2. 尖状器〇六F2ZK2∶5　3. 石斧〇六F2ZK2∶2　4. 石磨盘〇六F2ZK2∶10

磨制石器

2件。

石斧　1件。

标本〇六F2ZK2∶2，残，青灰色板岩。磨制，扁平长方形，表面光滑，一面磨弧刃。残长4.0、宽2.9、厚0.7厘米（图3-470，3）。

石磨盘　1件。

标本〇六F2ZK2∶10，残，黄褐色砂砾岩。磨制，一面磨痕明显。残长10.7、宽12.2、厚1.9～3.8厘米（图3-470，4）。

（2）陶器

8件。有深腹罐7件、斜口器1件。

深腹罐　7件。

Aa型Ⅰ式　1件。

标本〇六F2ZK2∶14，残，泥质褐陶，有羼合料。火候较底，胎酥松，内壁压光。直口、方唇、直腹。口沿下有一周窄素带，腹部饰竖压横排之字纹。口径13.0、残高10.0、壁厚0.6厘米（图3-471，1）。

Ab型Ⅱ式　4件。

标本〇六F2ZK2∶15，残，夹砂红褐陶。直口，圆唇，直腹。口沿下有两周凹带，内饰划压斜线纹，局部交叉呈网格纹，腹部饰竖压横排之字纹。口径22、残高12.5、壁厚0.5厘米（图3-471，2）。

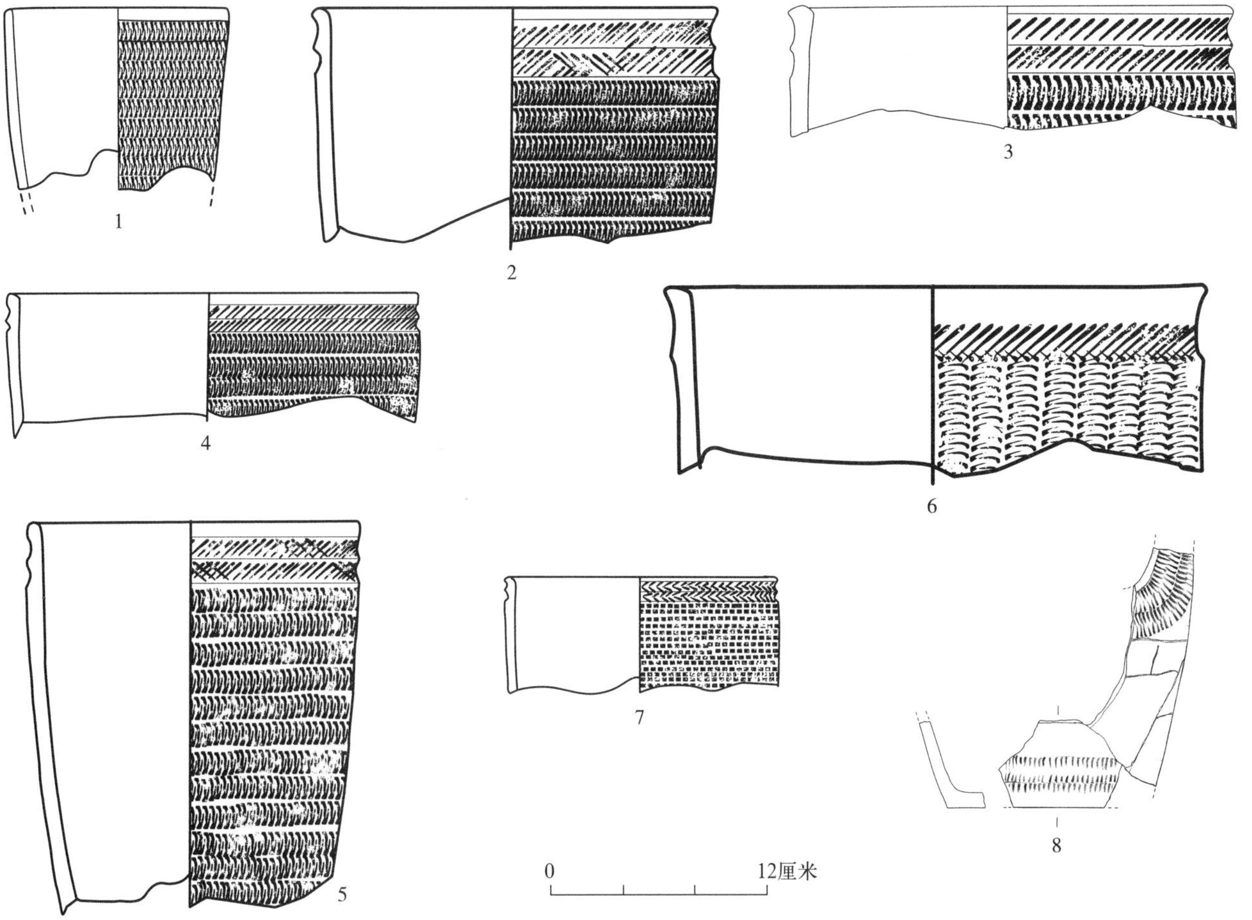

图 3-471　〇六 F2ZK2 柱坑出土陶器

1. Aa 型Ⅰ式深腹罐〇六 F2ZK2：14　2～5. Ab 型Ⅱ式深腹罐〇六 F2ZK2：15、16、17、21　6. Ac 型Ⅱ式深腹罐〇六 F2ZK2：18　7. C 型Ⅲ式深腹罐〇六 F2ZK2：19　8. 斜口器〇六 F2ZK2：20

标本〇六 F2ZK2：16，残，夹砂红褐陶。直口、圆唇、直腹。口沿下有两周凹带，内饰划压斜线纹，腹部饰竖压横排之字纹。口径 16.0、残高 4.4、壁厚 0.5 厘米（图 3-471，3）。

标本〇六 F2ZK2：17，残，夹砂红褐陶。直口、尖唇、直腹。口沿下有两周凹带，内饰划压斜线纹，腹部饰压印横排之字纹。口径 23.0、残高 6.5、壁厚 0.5 厘米（图 3-471，4）。

标本〇六 F2ZK2：21，残，夹砂红褐陶。直口，平唇。口沿处有两周凹带，内饰划压斜线纹，局部交叉呈网格纹，腹部饰横之字纹。口径 18.0、残高 20.0、壁厚 0.5 厘米（图 3-471，5）。

Ac 型Ⅱ式　1 件。

标本〇六 F2ZK2：18，残，夹砂红褐陶。口稍敞、方唇、直腹。口沿下有一周凹带，下部饰划压斜线纹，凹带凸棱处压短斜线，仿绳索纹，腹部饰横压竖排之字纹。口径 30.0、残高 9.0、壁厚 0.7 厘米（图 3-471，6）。

C 型Ⅲ式　1 件。

标本〇六 F2ZK2：19，残，夹砂褐陶。直口、方唇、直腹。口沿下有两周凹带，内划压横人字纹线，腹部饰压印篦点弦纹。口径 15.0、残高 9.0、壁厚 0.6 厘米（图 3-471，7）。

斜口器　1 件。

标本〇六 F2ZK2：20，残，夹砂褐陶。“U”字形斜口，扁圆腹，椭圆形底，斜口处饰两条压印之字纹，底部饰两条压印之字纹。口径 14.0 ～ 18.0、底径 6.0 ～ 9.0、残高 14.0 厘米（图 3-471，8）。

（一二）〇六 F5

〇六 F5 位于 87 〇六 T3 内。开口于扰土层下，北侧被现代暖气沟、下水井、电柱坑等打破，西壁被扰沟破坏，中部被 H1 坑打破。房址为圆角长方形半地穴式，东西残长 4.50、南北残宽 3.85 米（图 3-472）。

房内堆积厚 0.50 米，分两层。第一层，淤填堆积，厚 0.35 ～ 0.20 米，土质黄褐，土质较实，呈粟状，内含烧土块、木炭块、陶片、石器。第二层，活动面堆积，厚 0.10 ～ 0.15 米，活动面东、北侧上部散落有炭化木架堆积。活动面路土明显。

灶址发现 1 处，编号 Z1，位于房址中部稍偏东南，为圆形凹坑式，灶面有烧烤壁。直径 0.58、深 0.07 米。灶址东侧被 H1 打破。

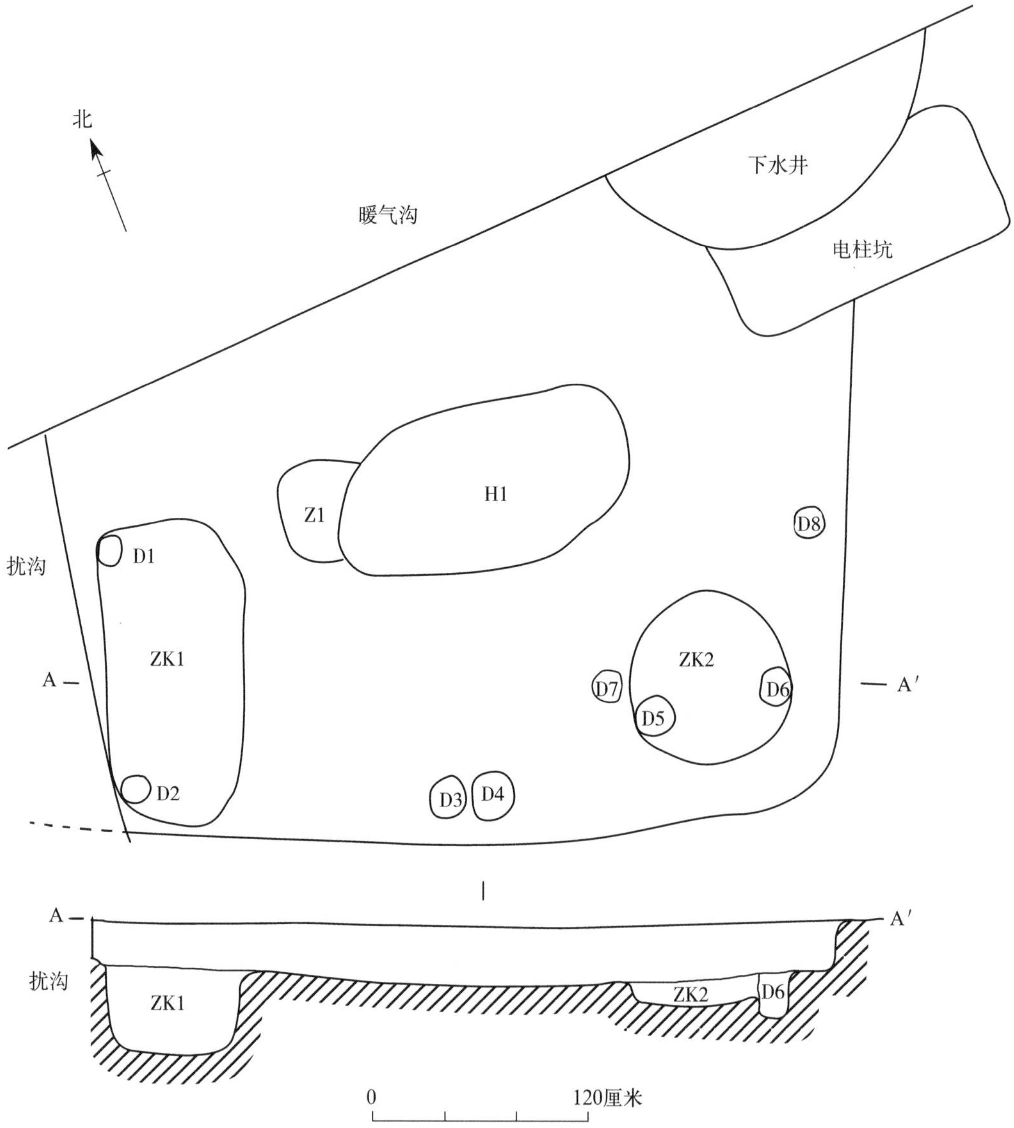

图 3-472 〇六 F5 平、剖面图

发现柱洞8个，柱坑2个（表3-26）。

出土遗物30件。石器10件、玉器2件、陶器13件、煤精制品4件、赤铁矿石1件。

表3-26 〇六F5柱洞（柱坑）登记表 （单位：厘米）

编号	径	深	备注	编号	径	深	备注
D1	24	35		D6	16	25	
D2	19	37		D7	13	不详	
D3	24	20		D8	15	不详	
D4	35	33	底部有烧土、砂石为柱础	ZK1	76～160	20	圆形内双柱
D5	17	16		ZK2	91	47	圆角长方形内双柱

1. 石器

10件。有打制石器2件、细石器5件、磨制石器3件。

（1）打制石器

2件。

砍砸器 2件。

标本〇六F5：2，浅青灰色板岩。打制，不规则多棱形，多剥片疤，局部保留石皮，砍砸痕迹明显。长5.8、宽7.4、厚3.0厘米（图3-473，1）。

标本〇六F5：13，残，青色板岩。扁平三角形，局部保留石皮，砍砸痕迹明显。残长5.4、宽4.2、厚1.4厘米（图3-473，2）。

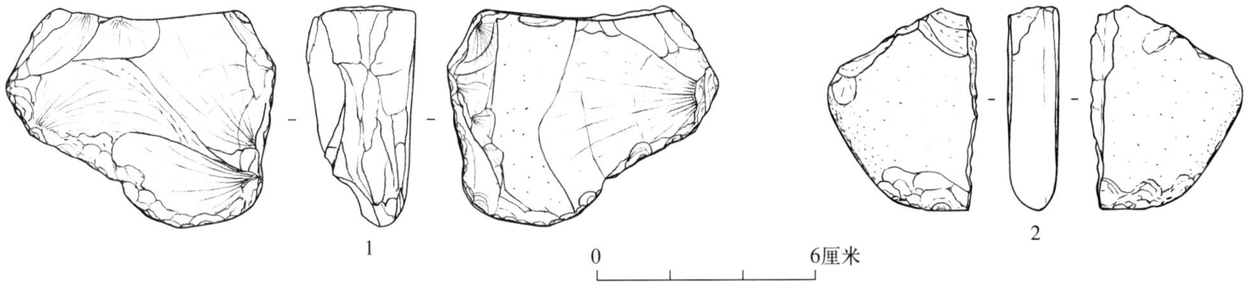

图3-473 〇六F5出土打制石器

1、2. 砍砸器〇六F5：2、13

（2）细石器

5件。有石叶刮削器1件、石片刮削器1件、石片2件、尖状器1件。

石叶刮削器 1件。

标本〇六F5：15，黄色燧石。琢制，长条形，横截面三角形，边刃，有刮削痕迹。长2.5、宽0.6、厚0.1厘米（图3-474，1）。

石片刮削器 1件。

标本〇六F5：30，青灰色板岩。打制，不规则半圆形，边刃呈齿状。长3.5、宽1.8、厚0.7厘米（图3-474，4）。

石片 2件。

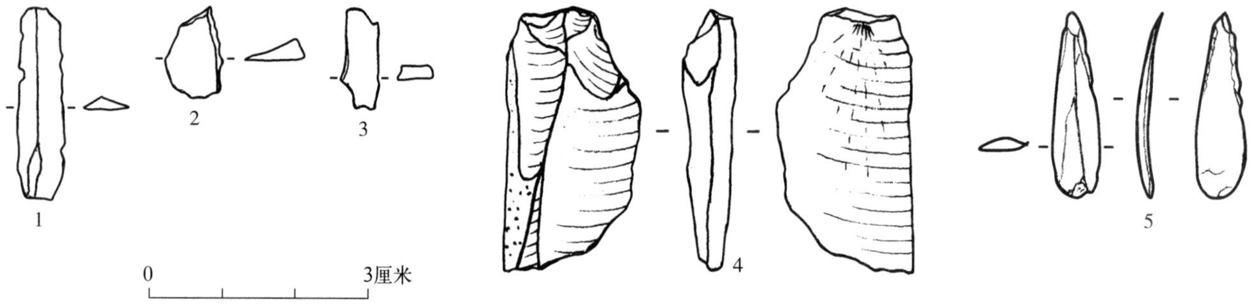

图 3-474 〇六 F5 出土细石器

1. 石叶刮削器〇六 F5：15 2～4. 石片〇六 F5：9、14、30 5. 尖状器〇六 F5：11

标本〇六 F5：9，红褐色燧石。琢制，长条形。长 1.2、宽 0.7、厚 0.3 厘米（图 3-474，2）。

标本〇六 F5：14，褐色燧石。琢制，半圆形。长 1.4、宽 0.5、厚 0.2 厘米（图 3-474，3）。

尖状器 1 件。

标本〇六 F5：11，红褐色玛瑙。琢制，尖叶形，底圆弧，横截面三角形，腹微内曲，边刃压琢呈细齿状。长 2.4、宽 0.7、厚 0.15 厘米（图 3-474，5）。

（3）磨制石器

3 件。有石斧 1 件、石镞 1 件、石磨盘 1 件。

石斧 1 件。

标本〇六 F5：12，残，白色高岭土化的花岗岩。磨制，表面光滑，梯形，横截面圆角长方形，圆顶，刃部残。残长 7.0、宽 4.5、厚 1.6 厘米（图 3-475，1）。

石镞 1 件。

标本〇六 F5：7，灰色板岩。磨制，尖叶形，平底，横截面扁六棱形。对磨锋、边刃。长 4.3、宽 1.2、厚 0.2 厘米（图 3-475，2）。

石磨盘 1 件。

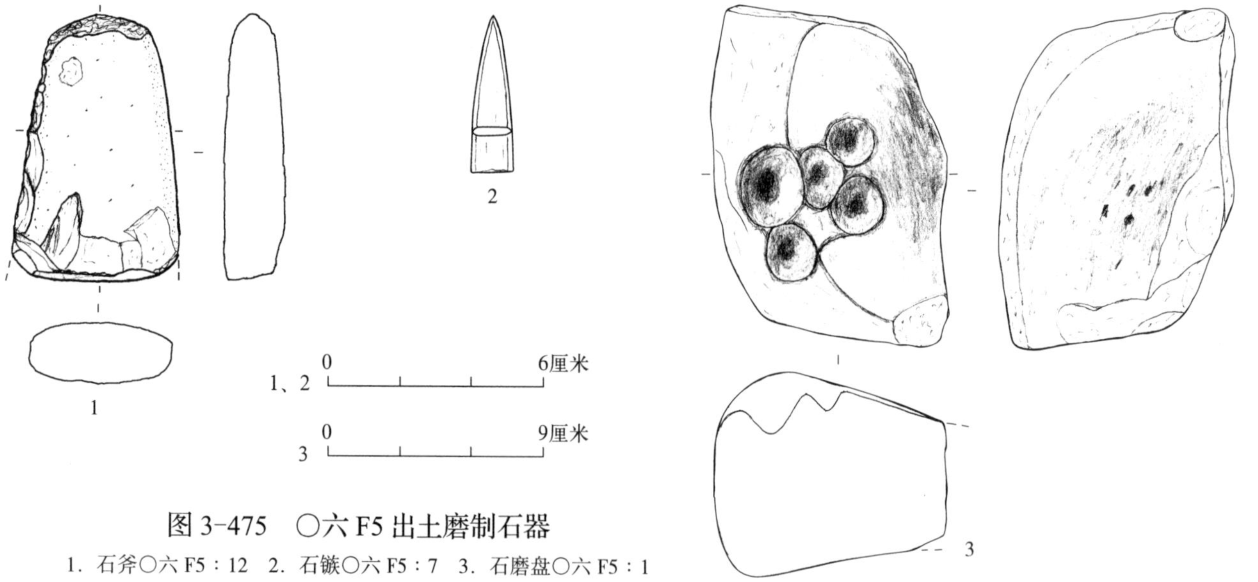

图 3-475 〇六 F5 出土磨制石器

1. 石斧〇六 F5：12 2. 石镞〇六 F5：7 3. 石磨盘〇六 F5：1

标本〇六 F5∶1，残，浅灰色砂岩。磨制，两个磨面，磨痕明显，一个磨面上有 5 个圆凹窝。残长 12.5、宽 9.5、厚 5.0 ～ 8.0 厘米（图 3-475，3）。

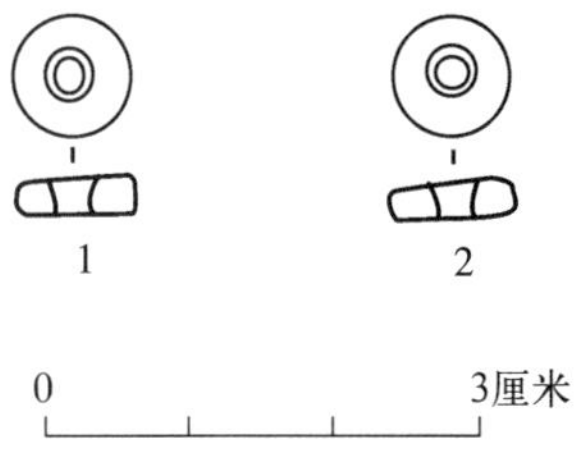

图 3-476 〇六 F5 出土玉器

1、2. 玉串珠〇六 F5∶4、5

2. 玉器

2 件。

玉串珠 2 件。

标本〇六 F5∶4，青色岫玉。磨制，扁圆形，中间有圆孔。外径 0.8、内径 0.2、厚 0.2 厘米（图 3-476，1）。

标本〇六 F5∶5，青色岫玉。磨制，扁圆形，中间有圆孔。外径 0.8、内径 0.2、厚 0.2 厘米（图 3-476，2）。

3. 陶器

13 件。有深腹罐 10 件、陶钵 2 件、陶球 1 件。

深腹罐 10 件。

Ab 型Ⅲ式 2 件。

标本〇六 F5∶21，残，夹砂红褐。口稍侈，圆唇。口沿下有两周凹带，内饰划压斜线纹，腹部饰竖压横排之字纹。口径 20.0、残高 7.0 厘米（图 3-477，1）。

标本〇六 F5∶22，残，夹砂红褐。口稍侈，圆唇。口沿下有两周凹带，内饰划压斜线、网格纹，腹部饰横排竖压之字纹。口径 22.0、残高 6.3 厘米（图 3-477，2）。

Ac 型Ⅲ式 4 件。

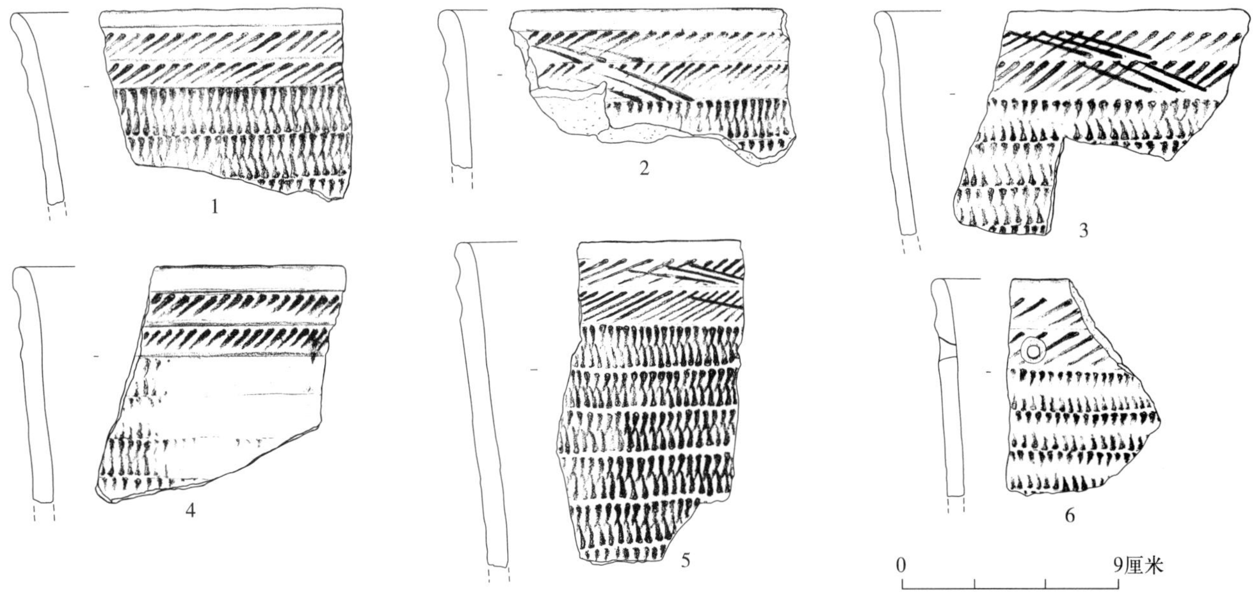

图 3-477 〇六 F5 出土深腹罐

1、2. Ab 型Ⅲ式〇六 F5∶21、22 3 ～ 6. Ac 型Ⅲ式〇六 F5∶20、23 ～ 25

标本〇六F5：20，残，夹砂红褐。口稍侈，圆唇。口沿下有两周凹带，内饰划压斜线、网格纹，腹部饰竖压横排之字纹。口径26.0、残高9.0厘米（图3-477，3）。

标本〇六F5：23，残，夹砂红褐。口稍侈，圆唇。口沿下有两周凹带，内饰划压斜线纹，腹部饰竖压横排之字纹。口径24.0、残高9.4厘米（图3-477，4）。

标本〇六F5：24，残，夹砂红褐。口稍侈，圆唇。口沿下有两周凹带，内饰划压斜线、网格纹，腹部饰竖压横排之字纹。口径27.0、残高12.8厘米（图3-477，5）。

标本〇六F5：25，残，夹砂红褐。口稍侈，圆唇。口沿下有两周凹带，内饰划压斜线，腹部饰竖压横排之字纹。口沿处有缀合穿孔。口径26.0、残高8.6厘米（图3-477，6）。

Ac型Ⅱ式　1件。

标本〇六F5：19，残，夹砂红褐。口稍侈，圆唇。口沿下有一周凹带，内饰划压斜线纹，腹部饰横压竖排之字纹，口沿处有缀合穿孔。口径32.0、残高5.8厘米（图3-478，1）。

器底　2件。

标本〇六F5：29，残，夹砂红褐。腹部饰竖压横排之字纹，平底。底径10.3、残高3.7厘米（图3-478，2）。

标本〇六F5：26，残，夹砂红褐。腹圆弧，饰压印弦纹，平底。底径4.2、残高4.3厘米（图3-478，3）。

Da型Ⅲ式　1件。

标本〇六F5：18，残，夹砂黑陶。直口，圆唇，稍鼓腹。口沿处有三周凹带，内饰划压斜点纹，上腹部饰压印弦纹，间隔饰划压横人字纹，下腹部饰压印弦纹。口径13.0、残高7.4厘米（图3-478，4）。

钵　2件。

Ⅰ式　1件。

标本〇六F5：27，残，夹砂红褐，表面施有粉色陶衣。口稍侈，圆唇。口沿下有一周凹带，腹

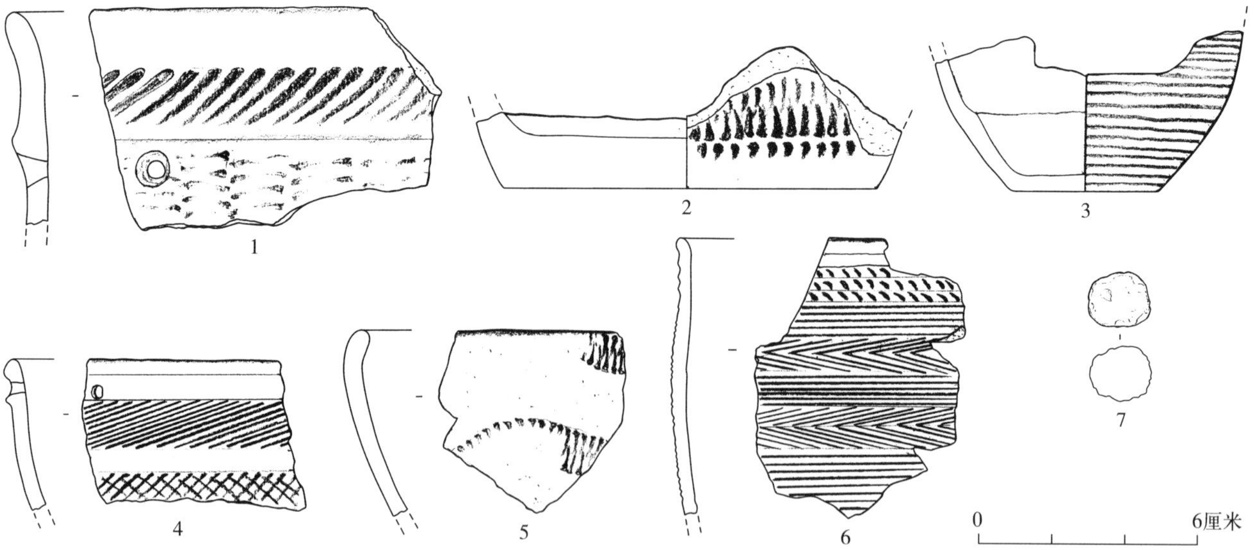

图3-478　〇六F5出土陶器

1. Ac型Ⅱ式深腹罐〇六F5：19　2、3. 深腹罐陶片〇六F5：29、26　4. Da型Ⅲ式深腹罐〇六F5：18　5. Ⅰ式钵〇六F5：27　6. Ⅱ式钵〇六F5：28　7. 陶球〇六F5：9

部饰划压斜线，腹中部饰交叉网格纹。口沿处有缀合穿孔。口径 21.0、残高 4.0 厘米（图 3-478，5）。

Ⅱ式 1 件。

标本〇六 F5∶28，残，夹砂黑褐，表面饰有褐色陶衣。口稍敛，圆唇。口沿、腹部波曲状压印之字纹。口径 21.0、残高 4.0 厘米（图 3-478，6）。

陶球 1 件。

标本〇六 F5∶9，残，泥质黄褐色陶。表面残，素面。直径 1.5 ～ 1.7 厘米（图 3-478，7）。

4. 煤精制品

4 件。

煤精球 1 件。

标本〇六 F5∶3，基本完整。磨制，椭圆形，表面磨光。直径 0.9 ～ 1.2 厘米（图 3-479，1）。

煤精块 3 件。

标本〇六 F5∶6，扁圆形，表面有刮磨痕迹。直径 1.8 ～ 2.0、厚 1.2 厘米（图 3-479，2）。

标本〇六 F5∶10，扁圆形，表面有刮磨痕迹。长 2.2、宽 2.2、厚 0.7 厘米（图 3-479，3）。

标本〇六 F5∶17，扁圆形，表面有刮磨痕迹。长 2.3、宽 25.2、厚 1.6 厘米（图 3-479，4）。

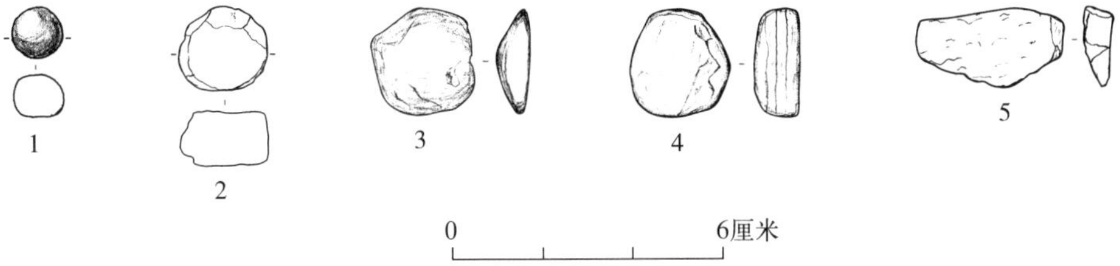

图 3-479 〇六 F5 出土煤精制品与赤铁矿石

1 ～ 5. 煤精球〇六 F5∶3 2 ～ 4. 煤精块〇六 F5∶6、10、17 5. 赤铁矿石〇六 F5∶16

5. 其他

1 件。

赤铁矿石 1 件。

标本〇六 F5∶16，红褐色赤铁矿石。不规则扁条形，表面有摩擦痕。长 3.3、宽 1.7、厚 0.6 厘米（图 3-479，5）。

二 灰坑

87 〇六 T1H1

位于〇六单位一号住宅楼北侧，在 1987 年煤气管道工程中发现，编号 87 〇六 T1H1。开口于扰土层下，不规则圆角长方形，斜壁，平底。打破〇六 F5 房址中部的居住面和灶址。灰坑东西长 1.95、南北宽 0.99、深 0.55 米（图 3-480）。填土黄褐色，较坚硬，内含遗物有陶器、石器等。

陶器无可复原者，陶质有夹砂红陶、泥质红褐陶，器形有深腹罐、钵等。

出土遗物 13 件。

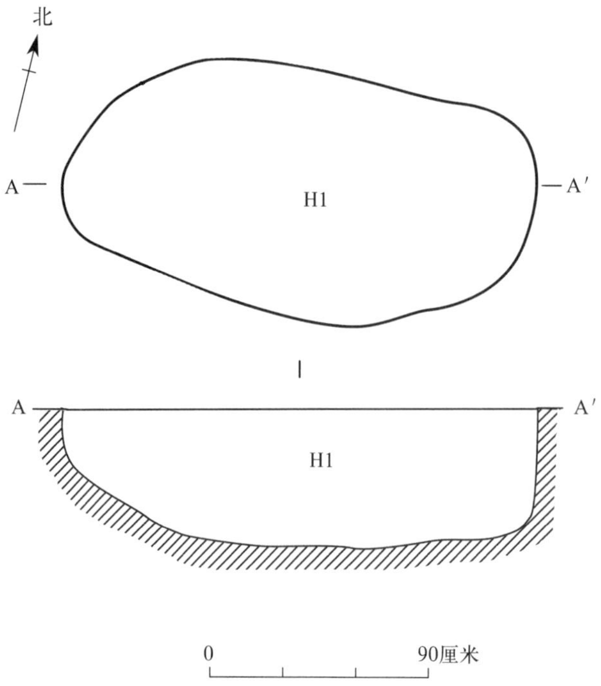

图 3-480 87 〇六 T1H1 平、剖面图

1. 石器

9 件。有打制石器 7 件、磨制石器 2 件。

（1）打制石器

7 件。敲砸器 2 件、石片刮削器 4 件。

敲砸器 2 件。

标本 87 〇六 T1H1∶6，浅灰色板岩。打制，不规则多棱形，有剥片疤，局部保留石皮，敲砸痕迹明显。长 10.0、宽 8.7、厚 6.4 厘米（图 3-481，1）。

标本 87 〇六 T1H1∶7，褐色板岩。打制，不规则扁椭圆形，有剥片疤，局部保留石皮，周边敲砸痕迹明显。长 7.7、宽 6.2、厚 1.9 厘米（图 3-481，2）。

石片刮削器 4 件。

标本 87 〇六 T1H1∶8，青灰色板岩。打制，不规则半圆形，边刃，有刮削痕迹。长 5.8、宽 3.3、厚 1.2 厘米（图 3-481，3）。

标本 87 〇六 T1H1∶9，青灰色燧石。打制，圆角长条形，一侧保留石皮，边刃，有刮削痕迹。长 6.4、宽 2.9、厚 1.6 厘米（图 3-481，4）。

标本 87 〇六 T1H1∶10，青灰色板岩。打制，不规则多边形，边刃呈细齿状。长 3.8、宽 3.5、厚 0.7 厘米（图 3-481，5）。

标本 87 〇六 T1H1∶11，青灰色板岩。打制，不规则蚌壳形，边刃呈细齿状。长 3.2、宽 3.5、厚 0.7 厘米（图 3-481，6）。

（2）细石器 1 件。

石叶刮削器 1 件。

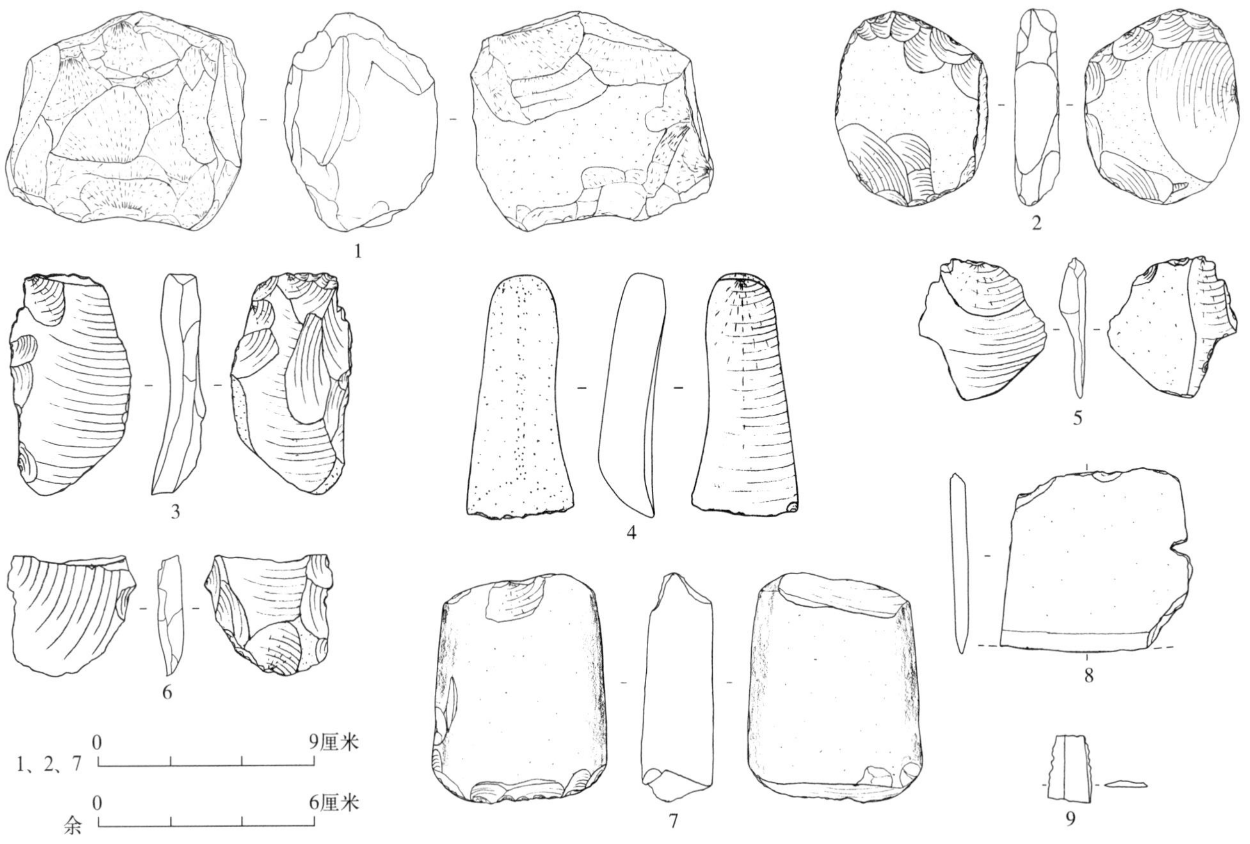

图 3-481　87 〇六 T1H1 出土石器

1、2. 敲砸器 87 〇六 T1H1：6、7　3～6. 石片刮削器 87 〇六 T1H1：8～11　7. 石叶刮削器 87 〇六 T1H1：12　8. 石斧 87 〇六 T1H1：4　9. 石刃器 87 〇六 T1H1：5

标本 87 〇六 T1H1：12，青灰色板岩。琢制，不规则梯形，横截面梯形，边刃压琢呈细齿状。长 1.8、宽 1.2、厚 0.15 厘米（图 3-481，7）。

（3）磨制石器

2 件。有石斧 1 件、石刃器 1 件。

石斧　1 件。

标本 87 〇六 T1H1：4，残，青灰色安山岩。磨制，表面磨光，横截面椭圆形。顶部、刃部残，两端有砍砸痕。残长 9、宽 7.1、厚 2.6 厘米（图 3-481，8）。

石刃器　1 件。

标本 87 〇六 T1H1：5，残，青灰色板岩。磨制，表面磨光，背部残，对磨直刃。残长 5.2、宽 4.8、厚 0.5 厘米（图 3-481，9）。

2. 陶器

4 件。

深腹罐　3 件。

标本 87 〇六 T1H1：1，残，夹砂黄褐陶。直口稍侈，圆尖唇，重叠沿，口沿表面饰划压横线、斜线纹。口径 24.0、残高 3.6 厘米（图 3-482，1）。

Aa 型Ⅳ式 1 件。

标本 87 〇六 T1H1：2，残，细泥夹砂黄褐陶。直口，圆唇，口沿下有两周凹带，内饰划压横人字纹带，腹部饰竖压横排之字纹带。口径 16.0、残高 6.0 厘米（图 3-482，2）。

罐腹片 1 件。

标本 87 〇六 T1H1：3，夹砂褐陶。腹上部饰竖压横排之字纹带，腹下部饰竖压竖排之字纹。腹径 40.0、残高 6.9 厘米（图 3-482，3）。

陶钵 1 件。

标本 87 〇六 T1H1：13，残，夹砂红陶，表面有红陶衣。高足，凹底。底部饰两周压印篦点纹，一周竖短线纹。底径 6.6、残高 3.0 厘米（图 3-482，4）。

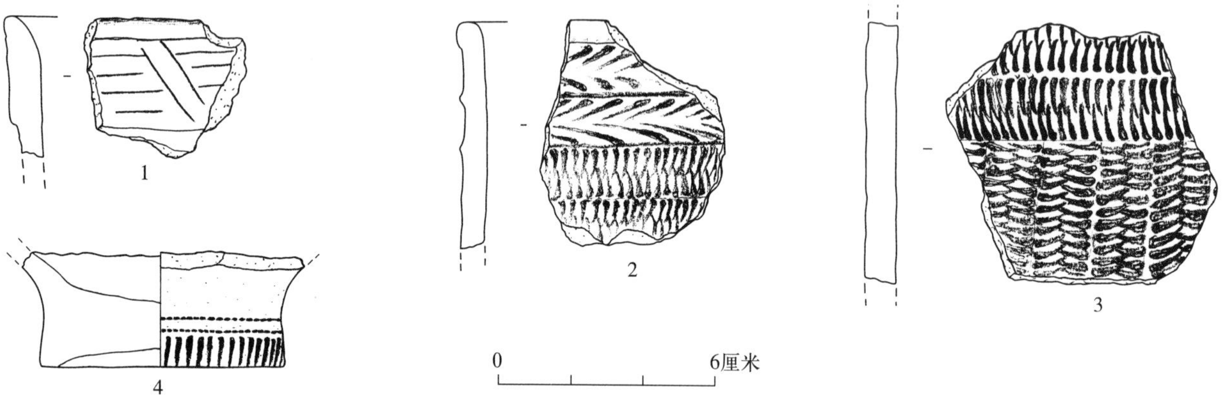

图 3-482 87 〇六 T1H1 出土陶器

1. 深腹罐 87 〇六 T1H1：1 2. Aa 型Ⅳ式深腹罐 87 〇六 T1H1：2 3. 深腹罐腹片 87 〇六 T1H1：3 4. 陶钵 87 〇六 T1H1：13

三 壕沟

1983 年 12 月中旬，在辽宁省医药公司住宅楼的南侧，住宅楼附属工程的平房、菜窖施工中发现 1 条壕沟。这条壕沟已位于遗址重点保护区的外侧，方向东北至西南，微呈弧形，暴露长度 40 余米。清理壕沟东侧一段，长度 5 米。遗迹编号为 YG1（图 3-483）。

地层堆积以东侧地层横截面为例。

第①层：表土层，浅灰褐色黏土。土质疏松，厚 0.30 ～ 0.35 米。包含红砖粒、炉灰等现代遗物。

第②层：分 a、b 两层，② a 层灰褐色黏土层。土质疏松，包含夹砂红陶片等，厚 0.24 ～ 0.32 米，为新乐上层文化层。② b 层黄褐色黏土层。土质疏松，包含夹砂陶片等，厚 0.15 ～ 0.20 米，为新乐上层文化层。

第②层下为黄色黏土层，土质纯净，为生土。

壕沟开口于第②层底部。沟上口宽 3.08、深 2.16、底部宽 2.10 米。剖呈“U”形，沟壁较斜直，底部平整。底部有 0.3 ～ 0.5 厘米的浅灰褐色与淤积。壕沟堆积至上而下未见有遗物。从地层堆积与遗迹开口的层位关系，壕沟的相对时代应该早于新乐上层文化地层堆积。

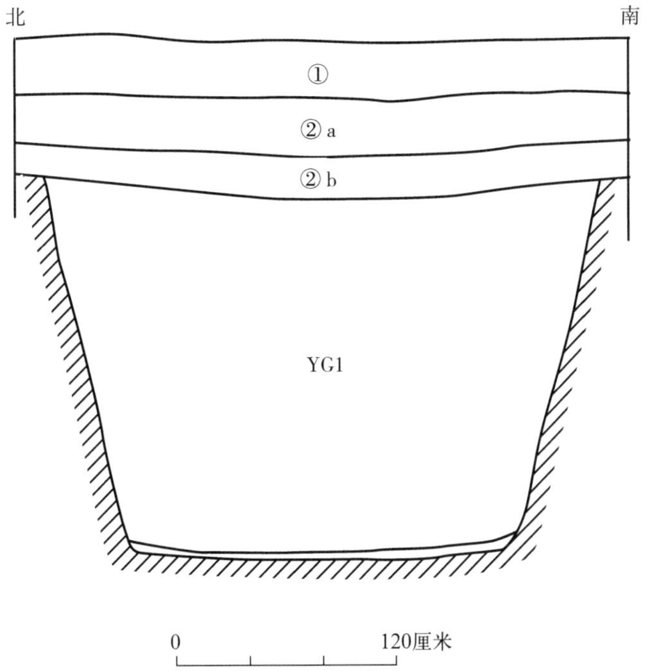

图 3-483　YG1 东壁地层剖面图

第四节　小结

新乐遗址自 1972 年发现以来，历经数年，在保护区内的调查、勘查、抢救发掘、以及正式发掘，总计发现属于新乐文化的房址 50 座，发掘清理房址 38 座（表 3-27、28）。

在重点保护区内发现房址 34 座，发掘清理的房址 26 座，局部清理 2 座（F9、F29）。因受发掘时间阶段限制，已经发现有编号而未能清理的房址 2 座（F22、F23），另有经确认是房址而未编号的房址 4 座。

西侧保护区发现房址 11 座，发掘清理的房址 9 座，局部清理 2 座（CDF10、CDF11）。东侧保护区发现房址 5 座，清理 3 座，局部清理 2 座（○六 F3、○六 F4）。新乐文化房址遗迹分布平面图（图 3-484）。

目前已知遗址分布区域东西长 269.00、南北宽 90.30 米，从清理的房址分析，建筑面积有大、小区别，近于百平方米或大于百平方米大型房址 3 座，依次为 F27、F8、F2。中型房址建筑面积约 60 ～ 75 平方米之间，目前有 4 座（F3、F7、F12、O 六 F2）。“小型房址”从目前发现房址的面积分析相差比较大，最小房址如 CDF7 面积不足 7.80 平方米，最大的 F6 面积约 45 平方米，其间存在有小于中型房址而大于小型房址的中小型一类房址，故将 20 平方米左右以下的房址归类于小型房址，将 20 ～ 40 平方米左右的房址归类于“中小型房址”。

所有发现的房址均为半地穴式，圆角长方形或方形，木架结构。目前仅可见到房址的柱洞分布状况，从柱洞格局方面看。

小型房址：仅四角有角柱的房址较少，如 CDF5，长 3.00、宽 2.90 米，仅存四处角柱。在四角有立柱，

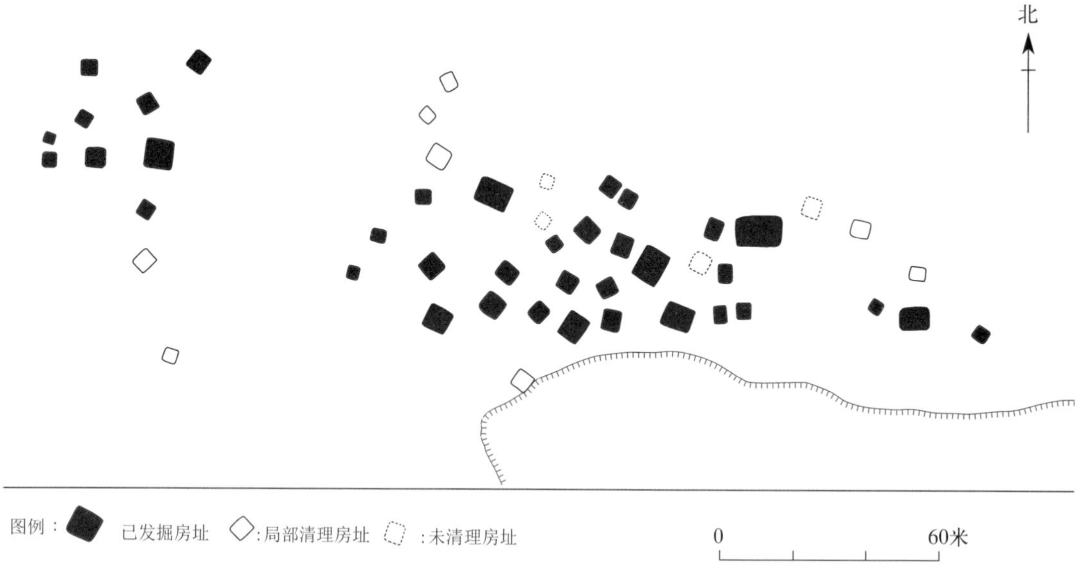

图 3-484 新乐文化房址遗迹分布平面图

角柱之间加立有1个壁柱的房址，如CDF7，房址长2.90、宽2.70米，房址内立8个壁柱，平面格局为“口”字形。

中小型房址：在角柱之间加立2个壁柱，如F16，东西长5.20、南北宽4.80米，房址内立壁柱为12个，平面格局为“口”字形。面积稍大的中小型房址如CDF2，柱洞44个，角柱使用双柱，靠壁的柱子壁柱增加到3～4个，在距离穴壁内1.20～1.40米之间立有“间柱”13处，（其中有“补柱”）平面格局为“回”字形。

中型房址如F3，东西长9.40、南北宽7.70米。发现柱66个，其中仅东壁壁柱有8个，“间柱”发现13处，而在房址中部偏南侧发现东西向排列的4个“内柱”。房址东南和西南角处柱洞分布密集，其中应有因对房址进行维修而增加的“补柱”。

大型房址除有靠壁柱，间柱，还在间柱内侧立“内柱”，如F2所发现的第三排柱子。F27发现柱洞70个，位于房址内侧的D55、D28、D29、D56、D60、D52，从柱洞格局上属于“内柱”。

综合分析房址的结构形式，小型、中小型房址柱洞排列比较规律，中型、大型房址柱洞排列，在柱洞结点上较为混乱，特别是在房址的角柱处，有多柱洞现象。或是大中型房址居住时间较长，木柱因地穴形式、受自然条件影响，地下部分腐朽，承载力不足，更换、附加新的柱子，采用维修手段，以延长房址使用时间。

房内的灶址多有移位、叠压、打破，也可证实房址有重新布局现象。从遗址中多个C-14测定年代标本的数据表明，新乐文化在遗址本身存在一定的时间跨度，并且不是较短。

遗址区域内目前尚未全部进行科学发掘，从目前所暴露出的房址遗迹所占位置与面积对比分析，（不包括南侧断崖部分）遗址中尚有一定数量的房址遗迹有待发现。目前看房址平面布局是大型房址位于遗址中部区域，中型房址分布在大型房址外围，中小型房址和小型房址分布在大型房址、中型房址周围，排列紧密。相临近的房址或有一定的相互关系，如CDF1～F9，在平面布局、房址朝向方面反映出是关系密切一组群体，以CDF2中小型房址核心，南、西、北均有房址（东侧因属于现代道路不能发掘）。这类遗迹现象对分析新乐文化的原始社会形态有一定的研究价值。

在发掘过程中，多数房址塌落堆积层内发现有经过火烧过的木炭，还有烧烤壁现象，如F2；房址木结构塌落后，不仅将房址的四壁、活动面烧结成有一定面积和厚度烧烤面，局部还保留较长的炭化木柱、木架堆积。又如CDF2；塌落堆积经清理，木柱在柱洞内原位炭化，炭化木架多可辩认长度、宽度，表明是经过大火燃烧过后，房屋木架结构塌落形成的火灾现场。从多数房址有经火烧后存有木炭堆积情况，这一遗址发生过火灾。

第四章　偏堡文化

在新乐遗址历次发掘过程中，属于偏堡文化遗迹发现不多，目前仅发现一处灰坑，编号80T1H1，灰坑内出土遗物与典型偏堡文化因素除夹滑石外有所不同，但与偏堡文化时代相近。偏堡文化地层堆积也仅在80TG1的地层堆积中得以确认。因偏堡文化遗物特征明显，陶质有夹砂红褐陶，夹滑石灰褐陶、黑褐陶等，火度稍高。陶器器型多为大口罐、长腹壶，大口罐口沿多为附加泥片叠唇或折叠尖唇。陶器腹上部饰纹，下腹部素面。唇部纹饰有划压斜线纹、网格纹、蓆纹、弦纹，上腹部饰纹以附加捏按泥条状堆纹为主，附加泥条或粗或细，经捏按与器壁粘合，泥条在器壁上呈凸棱状，相间有双指对捏的凹窝。以竖向为常见，或宽松或紧密，也有斜向或竖斜相间，竖向与"之"字形相间者。腹下部多有一周稍宽的附加按压泥条为隔断，常见有指窝纹，以下为素面。壶腹纹饰有划双线纹、方格内划斜线纹为常见。与新乐文化和新乐上层文化有明显区别，现将遗址各探方地层内所发现的遗物一并叙述。

一　灰坑

80T1H1

位于重点保护区东南侧，80T1中部，因推土地层已被破坏，开口层位不详。打破F5房址东南部。圆角长方形，长2.80、宽1.35、深0.18米（图4-1）。填土为棕褐色，较坚硬，出土遗物有夹滑石黑陶罐、划斜线纹深腹罐等。

陶器

3件。

深腹罐　1件。

标本80T1H1：10，残，夹砂红陶。圆唇、直口、弧腹。口沿微内凹，腹部饰多周划压斜线纹，可见有六条，分布间隙不均匀。口径14.0、残高11.1厘米（图4-2，1）。

陶罐　2件。

标本80T1H1：1，夹滑石灰陶。敛口，圆唇，鼓腹，平底。口径5.8、底径4.4、高8.4厘米（图4-2，2）。

标本80T1H1：2，可修复，夹砂灰陶。敛口，圆唇，鼓腹，平底。素面。口径11.8、底径7.0、高17.8厘米（图4-2，3）。

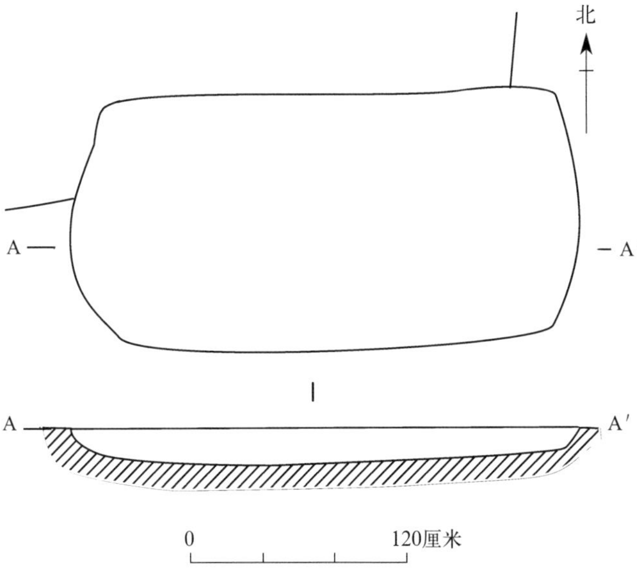

图 4-1　80T1H1 平、剖面图

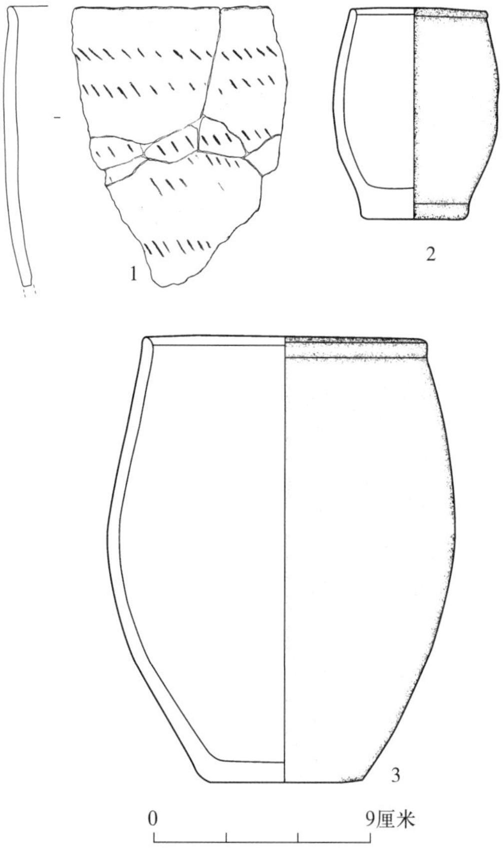

图 4-2　80T1H1 出土陶器

1．深腹罐 80T1H1：10　2、3．陶罐 80T1H1：1、2

二　地层遗物

地层内出土这一时期文化遗物多为陶器，以夹砂红陶为主，还有夹滑石灰褐陶、灰黑陶。器类以直口罐为主，标本 51 件。

直口罐　34 件。

标本 73A2：13，残，夹砂红褐陶。直口，尖唇，附加泥片叠沿，直腹。叠沿饰划压网格纹，腹部饰附加捏按竖条状堆纹。口径 28、残高 4.1 厘米（图 4-3，1）。

标本 73A9：27，残，夹砂红褐陶。直口，尖唇，附加泥片叠沿，直腹。叠沿饰划压网格纹，腹部饰附加捏按竖条状堆纹。口径 26、残高 3.8 厘米（图 4-3，2）。

标本 73T1 ②: 1，残，夹砂红褐陶。陶质稍粗，夹粗砂粒，直口，圆唇，附加泥片叠沿，直腹。口沿饰划压网格纹、斜线纹，腹部饰附加捏按竖泥条堆纹。口径 22、残高 7.7 厘米（图 4-3，3）。

标本 73T1 ②: 5，残，夹砂红褐陶。直口，附加泥片叠沿，直腹。口沿饰划压编织蓆纹，腹部饰附加捏按竖泥条堆纹。口径 22、残高 7.7 厘米（图 4-3，4）。

标本 73T1 ②: 6，残，夹砂灰褐陶。直口，附加泥片叠沿，直腹。口沿饰划压横线斜线、线纹，腹部饰附加捏按竖泥条堆纹。口径 28、残高 6.2 厘米（图 4-3，5）。

标本 73T1 ②: 7，残，夹砂红褐陶。直口，尖唇，附加泥片叠沿，呈三角形直腹。口沿饰划压编织蓆纹，腹部饰附加捏按竖泥条堆纹。口径 18、残高 4.3 厘米（图 4-3，6）。

标本 73T1 ②: 9，残，夹砂红褐陶。敞口，尖唇，附加泥片叠沿，直腹。口沿饰划压编织蓆纹，

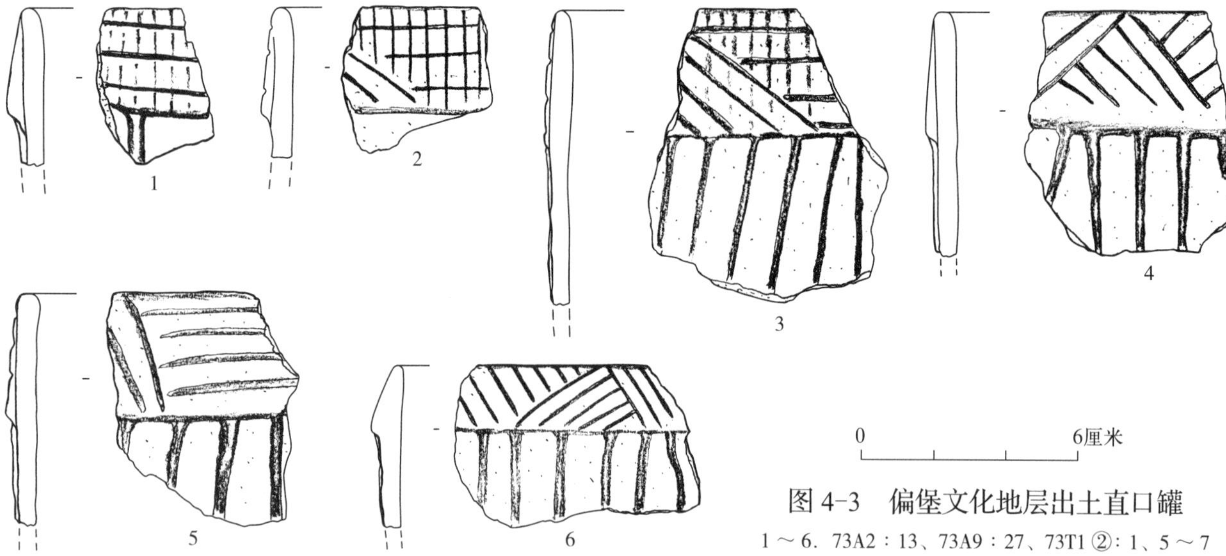

图 4-3 偏堡文化地层出土直口罐

1～6. 73A2：13、73A9：27、73T1 ②：1、5～7

腹部饰附加捏按竖泥条堆纹。口径 18、残高 4.3 厘米（图 4-4，1）。

标本 73T1 ②: 10，残，夹砂红褐陶。直口，圆唇，外折泥片叠沿，直腹。口沿饰划压编织蓆纹，腹部饰附加捏按竖泥条堆纹。口径 17、残高 4.6 厘米（图 4-4，2）。

标本 80TG1 ③: 1，残，夹砂褐陶。直口，圆尖唇，口沿为附加一周泥片，呈长三角形。直腹。口沿上饰划压斜线纹，腹部饰附加捏按竖泥条堆纹。口径 30、残高 7.4、壁厚 0.6 厘米（图 4-4，3）。

标本 80TG1 ③: 2，残，夹红砂褐陶。直口，圆尖唇，口沿为附加一周泥片，呈长三角形。直腹。口沿上饰划压网格纹，腹部饰附加捏按泥条堆纹，有竖向和斜向。口径 27、残高 5.4、壁厚 0.5 厘米（图 4-4，4）。

标本 80TG1 ③: 3，残，夹砂黄褐陶。直口，圆尖唇，口沿为附加一周泥片。直腹。口沿上饰划压网格纹加斜线纹，腹部饰附加捏按竖泥条堆纹。口径 20、残高 4.4、壁厚 0.4 厘米（图 4-4，5）。

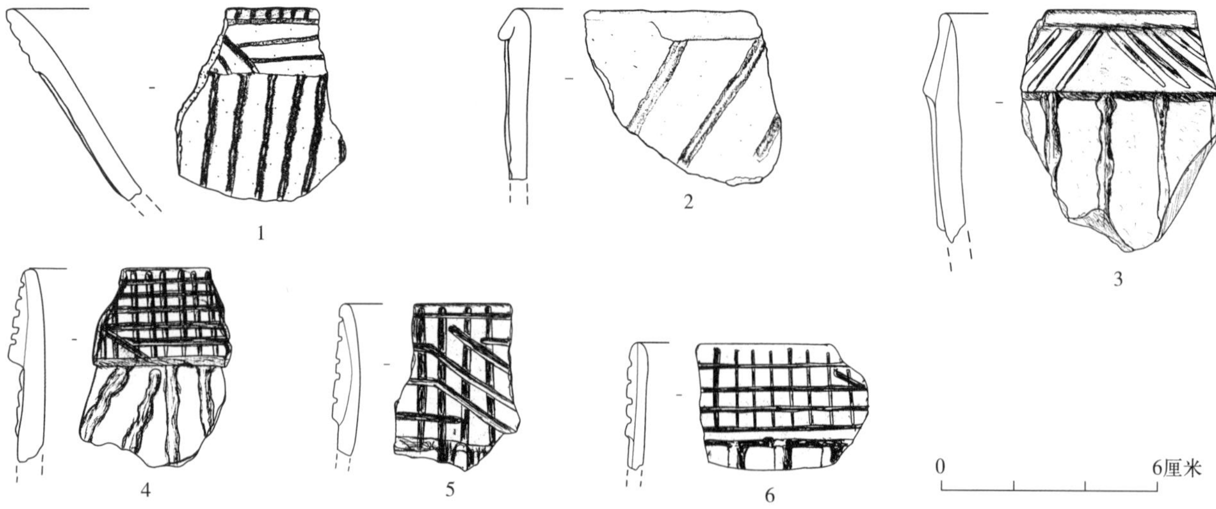

图 4-4 偏堡文化地层出土直口罐

1～6. 73T1 ②: 9、10、80TG1 ③: 1～4

标本 80TG1 ③: 4，残，夹砂褐陶。直口，圆尖唇，口沿为附加一周泥片。直腹。口沿上饰划压网格纹加斜线纹，腹部饰附加捏按竖泥条堆纹。口径 21、残高 3.4、壁厚 0.4 厘米（图 4-4，6）。

标本 80TG1 ③: 5，残，夹红砂褐陶。直口，尖唇，口沿为附加一周三角形泥片。直腹。口沿上饰划压斜线纹，腹部饰附加捏按泥条堆纹。口径 22、残高 5.4、壁厚 0.5 厘米（图 4-5，1）。

标本 80TG1 ③: 7，残，夹砂红陶，内壁有红陶衣。敛口，尖唇，叠重沿呈三角形，直腹。口沿饰划压斜线纹，腹部饰附加捏按竖泥条堆纹。口径 18、残高 3.5 厘米（图 4-5，2）。

标本 80TG1 ③: 20，残，夹砂灰褐陶。直口，圆唇，叠重沿，直腹。口沿饰划压网格纹、斜线纹，腹部饰附加捏按泥条堆纹。口径 29、残高 3.5 厘米（图 4-5，3）。

标本 80TG1 ③: 21，残，夹砂灰褐陶。直口，圆尖唇，口沿为附加一周泥片。直腹。口沿上饰划压网格纹加斜线纹，腹部饰附加捏按泥条堆纹。口径 13、残高 4.1、壁厚 0.4 厘米（图 4-5，4）。

标本 80TG1 ③: 22，残，夹砂褐陶。直口，圆尖唇，口沿为附加一周泥片。直腹。口沿上饰划压斜线纹，腹部饰附加捏按泥条堆纹。口径 25、残高 4.4、壁厚 0.4 厘米（图 4-5，5）。

标本 80TG1 ③: 25，残，夹砂红陶。直口，圆唇，口沿为附加一周泥片。直腹。口沿上饰划压斜线网格纹，腹部饰附加捏按泥条堆纹。口径 18、残高 4.9、壁厚 0.4 厘米（图 4-5，6）。

标本 80TG1 ③: 26，残，夹砂红褐陶。直口，圆唇，口沿为附加一周泥片。直腹。口沿上饰划压斜线纹，腹部饰附加捏按泥条堆纹。口径 26、残高 3.9、壁厚 0.5 厘米（图 4-6，1）。

标本 80TG1 ③: 28，残，夹砂黑褐陶。直口，圆唇，口沿为附加一周泥片。直腹。口沿上饰划

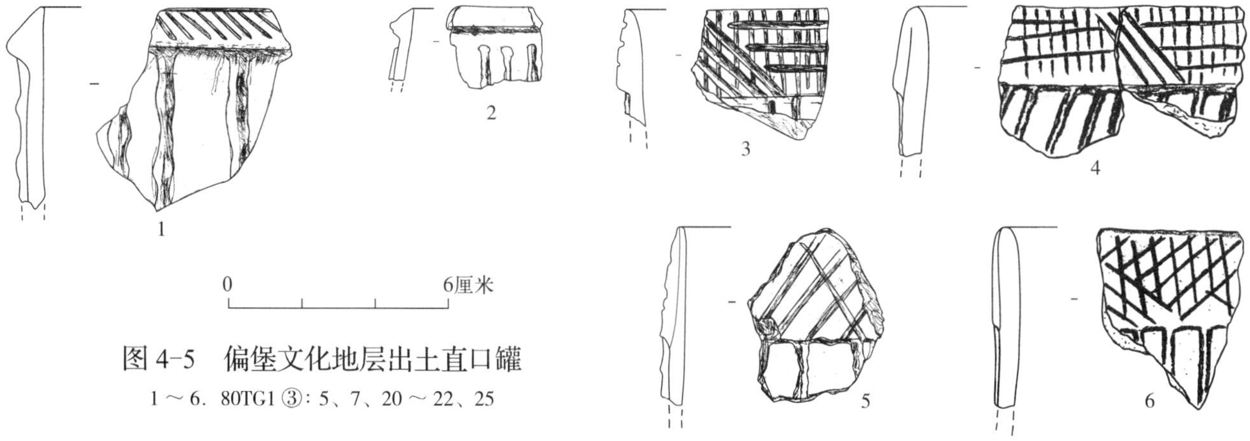

图 4-5　偏堡文化地层出土直口罐

1 ～ 6. 80TG1 ③: 5、7、20 ～ 22、25

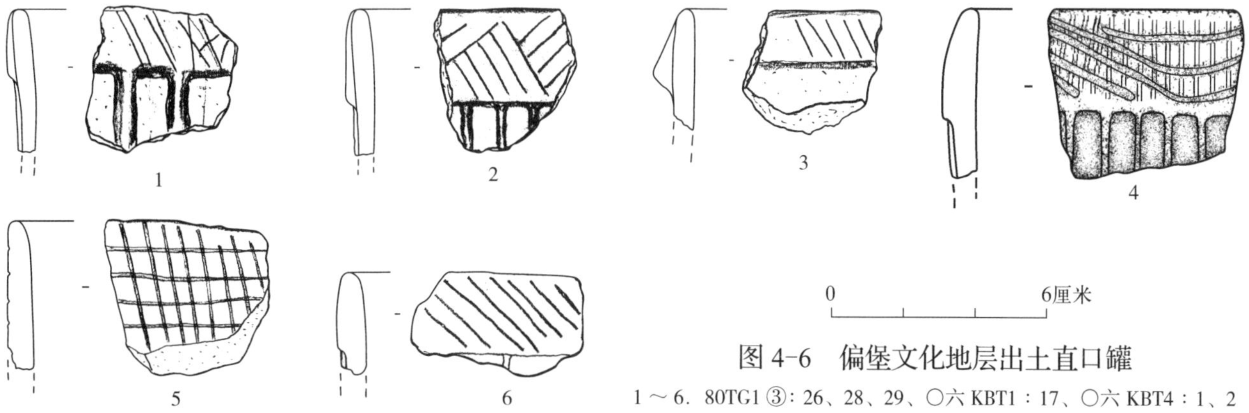

图 4-6　偏堡文化地层出土直口罐

1 ～ 6. 80TG1 ③: 26、28、29、〇六 KBT1 : 17、〇六 KBT4 : 1、2

压斜线编织纹，腹部饰附加捏按泥条堆纹。口径 18、残高 3.9、壁厚 0.4 厘米（图 4-6，2）。

标本 80TG1 ③: 29，残，夹红砂褐陶。直口，圆唇，口沿为附加一周三角形泥片。直腹。口沿上饰划压斜线纹，腹部饰附加捏按泥条堆纹。口径 18、残高 3.2、壁厚 0.5 厘米（图 4-6，3）。

标本〇六 KBT1 : 17，残，夹砂红陶。直口，圆唇，口沿为附加一周泥片。口沿饰划压网格纹。口径 28、残高 4.1 厘米（图 4-6，4）。

标本〇六 KBT4 : 1，残，夹砂红陶。直口，圆唇，口沿为附加一周泥片。口沿饰划压网格纹。口径 28、残高 4.1 厘米（图 4-6，5）。

标本〇六 KBT4 : 2，残，夹砂红陶。直口，圆唇，口沿为附加一周泥片。口沿饰划压斜线纹。口径 28、残高 2.5. 壁厚 0.6 厘米（图 4-6，6）。

标本〇六 KBT5 : 4，残，夹砂红褐陶。直口，圆唇，口沿为附加一周泥片。直腹。口沿上饰划压斜线纹，腹部饰附加捏按泥条堆纹。口径 20、残高 3.9、壁厚 0.7 厘米（图 4-7，1）。

标本 T0401 : 66，残，夹砂红陶，有红陶衣。敞口，圆唇，叠沿，斜直腹。口沿处饰压印弦纹。残高 5.1 厘米（图 4-7，2）。

标本 T0504 : 6，残，夹砂灰陶。敞口，圆唇，折沿。腹部饰附加捏按泥条堆纹。残高 2.3 厘米（图 4-7，3）。

标本 T0604 : 18，残，夹砂红褐陶。敞口，圆唇，叠沿。口沿饰网格纹，腹部附加饰捏按泥条堆纹。残高 4.6 厘米（图 4-7，4）。

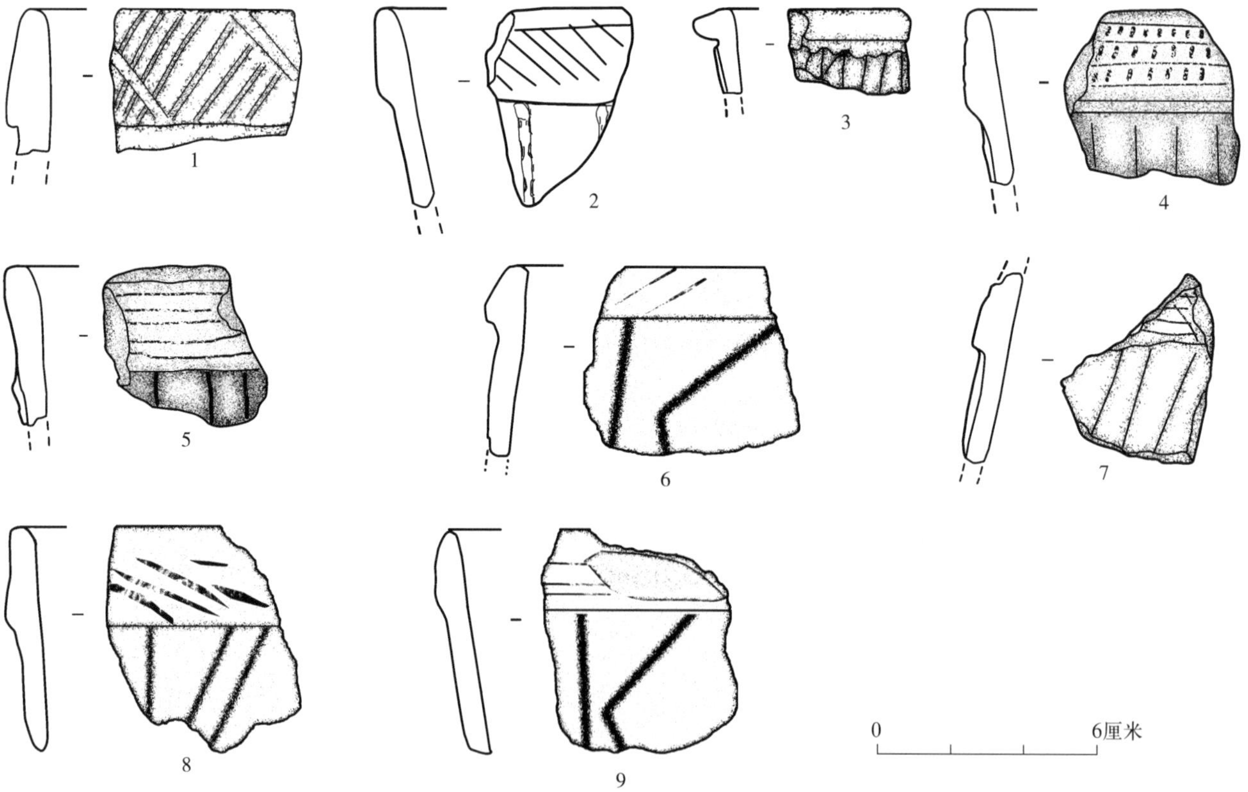

图 4-7　偏堡文化地层出土直口罐

1～9. 〇六 KBT5 : 4、T0401 : 66、T0504 : 6、T0604 : 18、19、T0802 : 17、T0904 : 13、T1003 : 9、T1004 : 8

标本 T0604 : 19，残，夹砂红陶。敞口，圆唇，斜直腹。口沿处饰横弦纹，腹部附加捏按泥条堆纹。残高 4.3 厘米（图 4-7，5）。

标本 T0802 : 17，残，夹砂红陶。敞口，尖唇，三角形叠沿。腹部附加捏按泥条堆纹。口径 27.0、残宽 6.0、残高 5.0 厘米（图 4-7，6）。

标本 T0904 : 11，残，夹砂红陶。敞口，尖唇，三角形叠沿，口沿饰划压斜线纹。腹部饰附加捏按附加泥条堆纹。残高 5.1 厘米（图 4-10，3）。

标本 T0904 : 13，残，夹砂红陶。腹部饰附加捏按泥条堆纹。残高 5.0 厘米（图 4-7，7）。

标本 T1003 : 9，残，夹砂红褐陶。直口，圆唇，叠沿，直腹。口沿饰斜线纹，腹部饰附加捏按泥条堆纹。残宽 5.4、高 6.0 厘米（图 4-7，8）。

标本 T1004 : 8，残，夹砂红陶。敞口，尖唇，叠沿。斜直腹。口沿处饰弦纹，腹部饰附加捏按泥条堆纹。残宽 5.4、残高 6.0 厘米（图 4-7，9）。

罐腹片　17 件。

标本 73T1 ②: 16 残，夹砂粗红陶，内壁压光。弧腹，腹上部饰附加捏按竖泥条堆纹、划斜线纹，下部饰附加一周横泥条堆纹。下腹部素面。腹径 28、残高 5.8 厘米（图 4-8，1）。

标本 80TG1 ③: 30，残，夹滑石灰褐陶。腹部上部饰附加捏按竖泥条堆纹，下部饰附加一周横泥条堆纹，下腹部素面。残高 5.3、腹径 11、壁厚 0.4 厘米（图 4-8，2）。

标本 80TG1 ③: 8，残，夹砂红褐陶。腹部上部饰附加捏按竖泥条堆纹，下部饰横泥条堆纹。下部饰横附加一周按压泥条堆纹，泥条稍粗，捏按指窝纹，下腹部素面。壁厚 0.4 厘米（图 4-8，3）。

标本 80TG1 ③: 9，残，夹砂粗红陶，内壁压光。弧腹，腹上部饰捏按竖泥条堆纹，下部饰一周按压泥条堆纹，泥条稍粗，捏按指窝纹，下腹部素面。残高 5 厘米（图 4-8，4）。

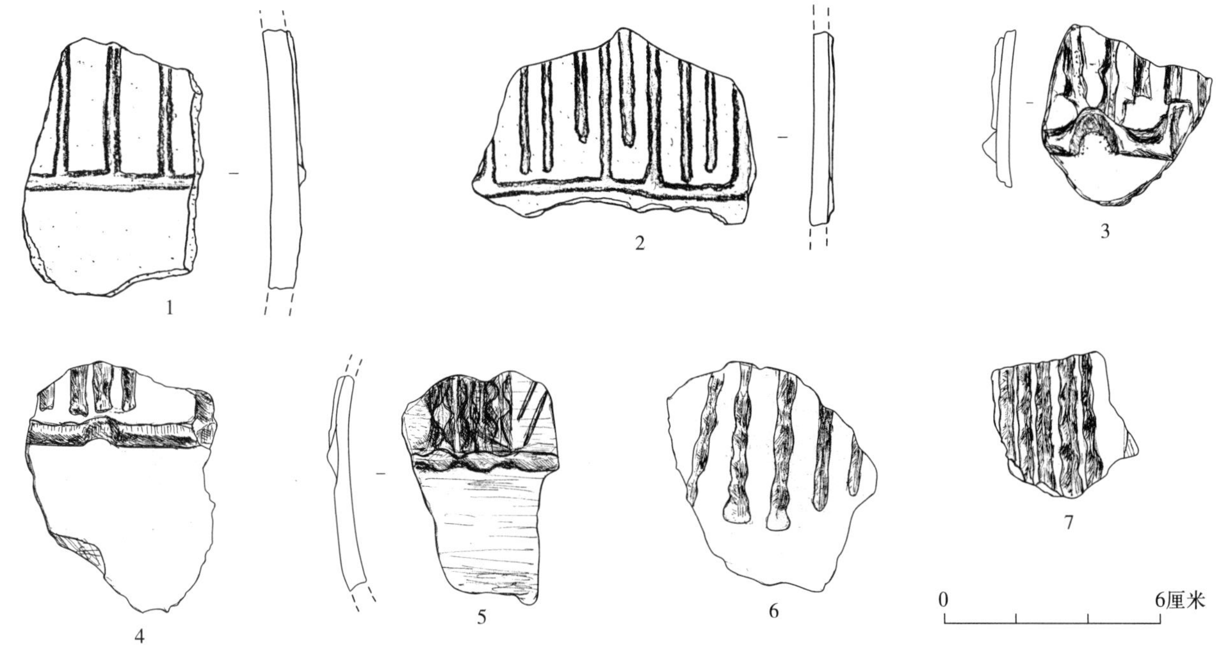

图 4-8　偏堡文化地层出土陶器腹片

1～7. 73T1 ②: 16、80TG1 ③: 30、8～10、16、17

标本 80TG1 ③: 10，残，夹砂红褐陶。腹上部饰附加捏按竖泥条堆纹、划斜线纹，下部饰横一周按压泥条堆纹，泥条稍粗，捏按指窝纹，下腹部素面。壁厚 0.4 厘米（图 4-8，5）。

标本 80TG1 ③: 16，残，夹砂红褐陶。内壁压光。弧腹，腹上部饰附加捏按竖泥条堆纹，下腹部素面。壁厚 0.5 厘米（图 4-8，6）。

标本 80TG1 ③: 17，残，夹滑石黑陶。腹部饰附加捏按竖泥条堆纹，泥条排列密集。壁厚 0.6 厘米（图 4-8，7）。

标本 80TG1 ③: 27，残，夹砂红褐陶。腹上部饰附加捏按竖泥条堆纹。壁厚 0.6 厘米（图 4-9，1）。

标本 80TG1 ③: 19，残，红黄褐陶。腹部饰方格纹，格内划斜线纹。壁厚 0.35 厘米（图 4-9，2）。

标本 80TG1 ③: 24，残，掺滑石黄褐陶。腹部饰划双线纹。壁厚 0.25 厘米（图 4-9，3）。

标本 T0106G1：1，残，夹砂红陶。弧腹。腹部饰附加捏按竖条堆纹。残高 11.0 厘米（图 4-9，4）。

标本〇六 KBT1：19，残，夹砂红陶，腹部以附加捏按竖泥条堆纹为格，内饰附加捏按之字形堆纹。残高 6.1 厘米（图 4-9，5）。

标本〇六 KBT5：5，残，夹砂红褐陶，腹上部饰附加捏按附加泥条堆纹，中部饰一周附加捏按附加泥条堆纹，下部素面。腹径 19、残高 5.2、壁厚 0.5 厘米（图 4-9，6）。

标本 T0803：20，残，夹砂红陶。腹部饰附加捏按附加泥条堆纹。残宽 4.1、残高 4.3 厘米（图 4-10，1）。

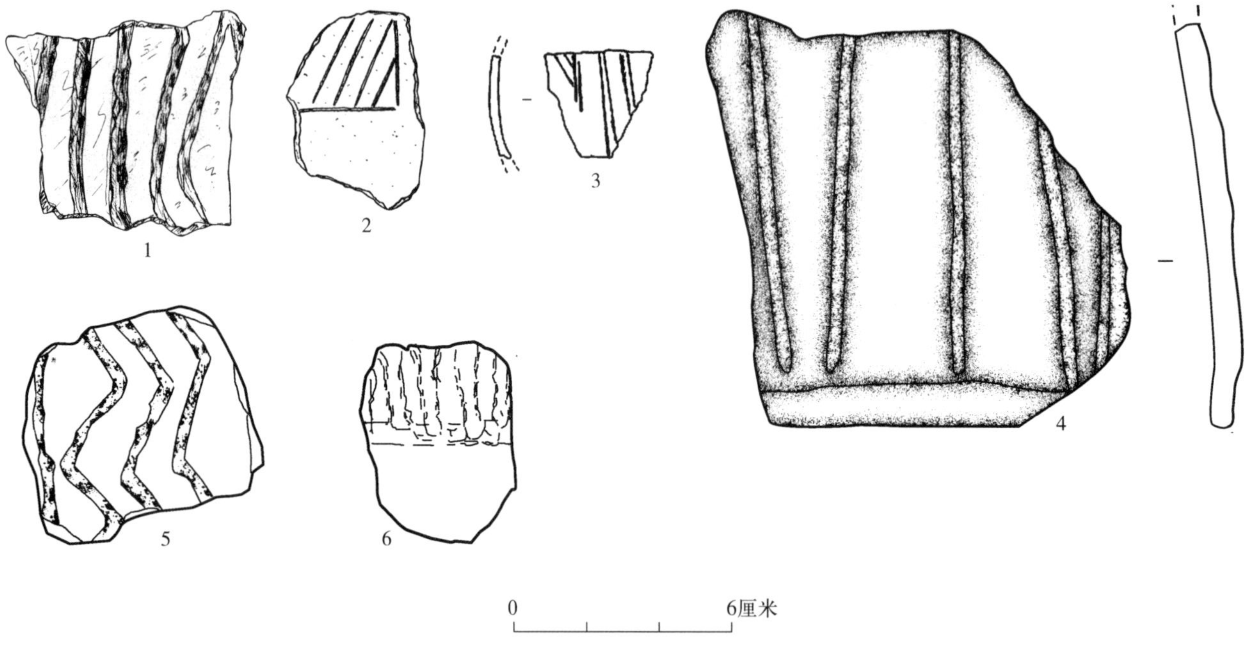

图 4-9　偏堡文化地层出土陶器腹片

1～6. 80TG1 ③: 27、19、24、T0106G1：1、〇六 KBT1：19、〇六 KBT5：5

标本 T0903：16，残，夹砂红陶。腹部饰附加捏按附加泥条堆纹。残高 4.9 厘米（图 4-10，2）。

标本 T0904：12，残，夹砂红陶。腹部饰附加捏按附加泥条堆纹。残高 5.4 厘米（图 4-10，4）。

标本 T1104：12，残，夹砂红陶。腹部饰附加捏按附加泥条堆纹。残高 8.0 厘米（图 4-10，5）。

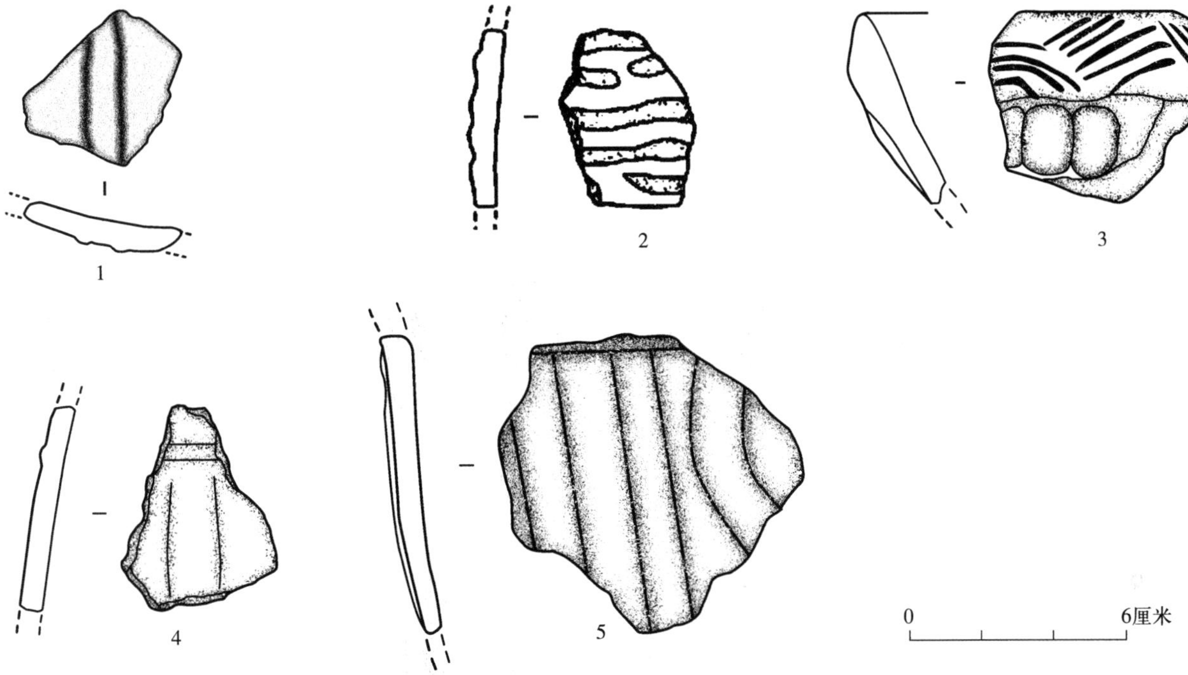

图 4-10　偏堡文化地层出土陶器腹片

1 ～ 5．T0803 : 20、T0903 : 16、T0904 : 11、12、T1104 : 12

第五章　新乐上层文化

新乐上层文化是根据1973年新乐遗址内发现的青铜时代文化遗迹、遗物而定名考古学文化。文化层堆积遍及新乐遗址区内，遗址中部稍厚，周边区域堆积较薄，文化层堆积厚约0.15～0.50米。

目前已发现遗迹有房址1座、灰坑16个、灰沟7条、土坑墓10座、瓮棺墓2座。

2014年重点保护区内发现清理1座房址，为半地穴式，编号为F31。

墓葬多为土坑墓，因土壤腐蚀性较大，人骨多腐朽，可辨葬式单人多屈肢葬。随葬器物仅有一件或二件，多为陶罐、壶、钵等。发现瓮棺葬2座，其以两件或三件陶瓮相套合为葬具，内有人骨，已朽。

文化基本特征是：陶器以夹砂红陶、褐陶为主，陶质较粗糙，内含有砂粒和石英粒，泥质陶极少。陶器均为手制，制作方法多以泥片接筑而成。以素面为主。三足器较多见，主要器形有鼎、鬲、甗、甑，还有陶碗、钵、罐、豆、壶、瓮、纺轮等。

石器以磨制石器为主，主要器形有石斧、石刀、石镞、石磨棒、棍棒头。打制石器有敲砸器、网坠等。

第一节　遗迹

一　房址

F31

位于14TG6内，开口于第②b层下。未完全发掘，推测平面为椭圆形，南北长3.64、宽1.68、深0.54米（图5-1）。

北部有1门道，长0.48、残宽0.42、深0.18米，方向7°。在房址中部发现一处烧烤面，长0.80、残宽0.46米。在穴壁处发现2个柱洞，直径0.15、深0.10～0.15米。房址内堆积为深灰褐色黏土，土质疏松，出土了大量的夹砂陶片和少量石器。有石片刮削器、石斧、石刀、玉料、陶鬲、陶罐、陶瓮、器底、器耳、陶纺轮等20件。

1. 石器

（1）细石器

石片刮削器　1件。

标本F31∶3，残，玛瑙琢制。不规则三角形，边刃，有刮削痕迹。长2.7、宽2.5、厚0.5厘米（图5-2，1）。

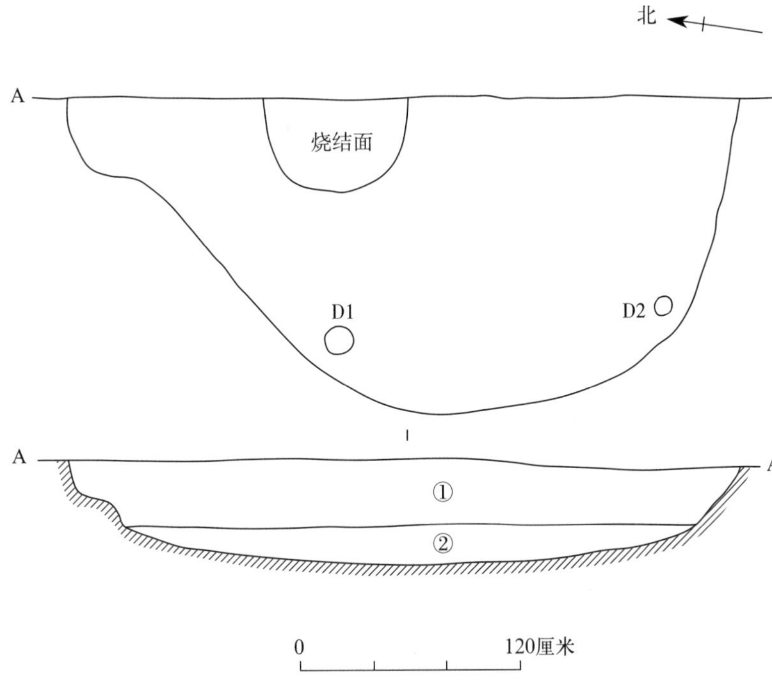

图 5-1 新乐上层文化 F31 平、剖面图

（2）磨制石器

3 件。

石斧 1 件。

标本 F31∶2，残，青灰色砂板岩。磨制，表面光滑，扁平梯形，顶圆弧，横截面圆角扁方形，对磨刃。一侧有敲砸痕迹。残长 13.7、宽 5.8、厚 3.7 厘米（图 5-2，4）。

石刀 2 件。

标本 F31∶3，残，泥砂质板岩。磨制，直背，一侧磨直刃。近背部有 1 个对钻孔。残长 6.9、宽 3.2、孔径 0.4 厘米（图 5-2，2）。

标本 F31∶6，残。泥质板岩。磨制，残片。残长 3.9、宽 2.5、厚 0.5 厘米（图 5-2，3）。

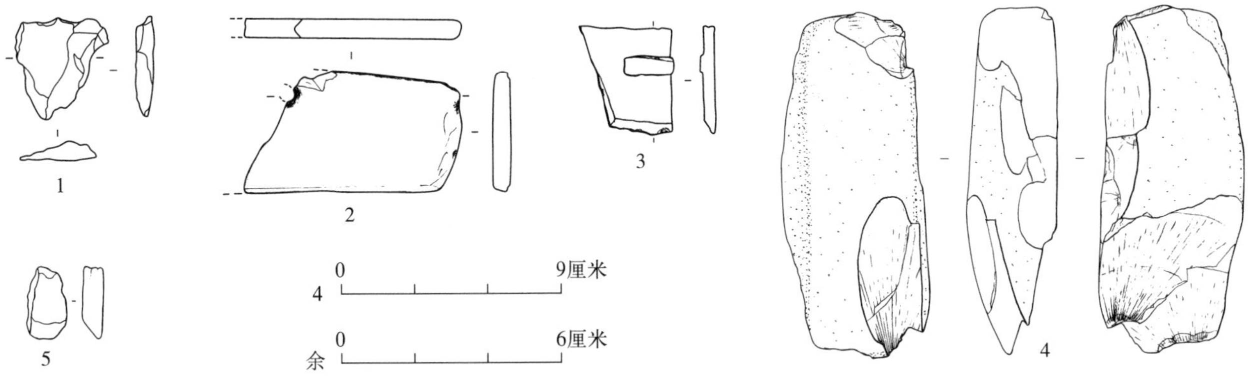

图 5-2 新乐上层文化 F31 出土石器与玉器

1. 石片刮削器 F31∶3 2、3. 石刀 F31∶3、6 4. 石斧 F31∶2 5. 玉料 F31∶5

2. 玉器

玉料　1件。

标本F31：5，残，青绿色岫玉。磨制，不规则扁椭圆形，表面有磨痕，一侧磨弧刃。残长1.9、宽1.1、厚0.6厘米（图5-2，5）。

3. 陶器

14件。

鬲（鼎）　1件。

标本F31：8，残，夹砂红陶。敞口，稍侈，圆唇，收弧腹。素面。残宽8.5、高5.9、壁厚0.9厘米（图5-3，1）。

瓮　2件。

标本F31：9，残，夹砂红陶。直口，圆唇。颈部有一周指窝附加堆纹。残宽11.9、残高7.0、壁厚0.6厘米（图5-3，2）。

标本F31：17，残，夹砂红陶。敛口，尖唇，弧腹。颈部有一周指窝附加堆纹。残宽5.3、残高5.4、厚0.7厘米（图5-3，3）。

罐　6件。

标本F31：7，残，夹砂黑褐陶。敛口，外侈圆唇，斜肩。肩部饰弦纹、戳刺纹。口径9、残高7.8、壁厚0.8厘米（图5-3，4）。

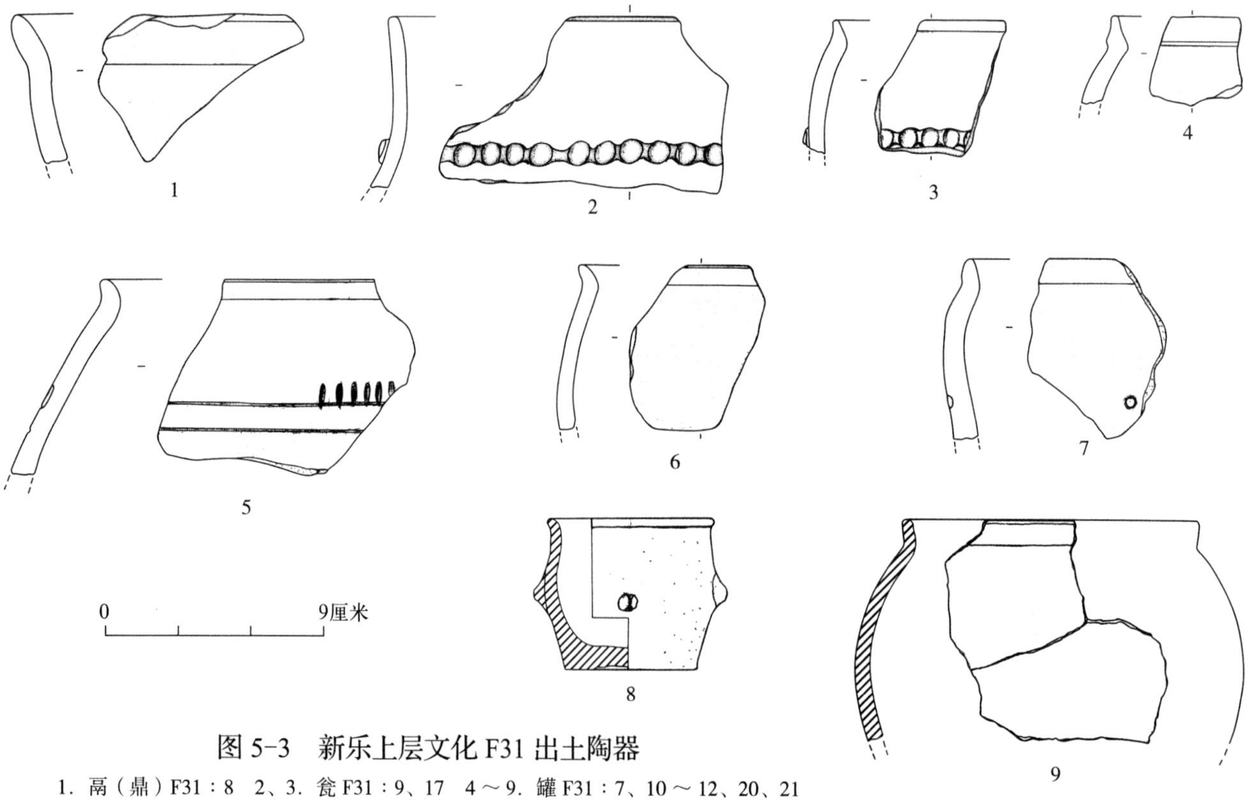

图5-3　新乐上层文化F31出土陶器

1. 鬲（鼎）F31：8　2、3. 瓮F31：9、17　4～9. 罐F31：7、10～12、20、21

标本 F31 : 10，残，夹砂红陶。敛口，外折尖唇，弧腹。素面。残宽 5.6、残高 6.6、壁厚 0.7 厘米（图 5-3，5）。

标本 F31 : 11，残，夹砂红陶。敛口，尖唇，弧腹。素面。腹部有一个圆窝。残宽 5.7、高 7.2、壁厚 1.0 厘米（图 5-3，6）。

标本 F31 : 12，残，夹砂红陶。敛口，尖唇，弧腹。素面。残宽 3.8、高 3.6、壁厚 0.9 厘米（图 5-3，7）。

标本 F31 : 20，可修复，夹细砂灰褐陶。侈口，弧腹，底稍内凹。素面。腹部有 4 个横置盲耳。口径 6.8、底径 5.3、通高 6.0 厘米（图 5-3，8）。

标本 F31 : 21，残，夹细砂红褐陶，局部呈黑褐色。敛口，平唇稍侈，溜肩，鼓腹。素面。口径 12.0、残高 8.8 厘米（图 5-3，9）。

器底　3 件。

标本 F31 : 16，残，夹砂红陶。斜收腹，凹底。素面。底径 5.0、残高 3.9 厘米（图 5-4，1）。

标本 F31 : 18，残，夹砂红陶。收弧腹，凹底。素面。底径 6.6、残高 3.9、壁厚 0.6 厘米（图 5-4，2）。

标本 F31 : 19，残，夹砂红陶。平底。素面。底径 7.2、残高 3.1、壁厚 0.6 厘米（图 5-4，3）。

器耳　2 件。

标本 F31 : 13，残，夹砂红陶。器耳横置。耳残长 6.6、宽 4.5、厚 0.8 厘米（图 5-4，5）。

标本 F31 : 15，残，夹砂红陶。器耳竖置。耳残长 5.8、宽 2.7、壁厚 0.7 厘米（图 5-4，6）。

陶纺轮　1 件。

标本 F31 : 4，残，夹砂红陶。扁圆形，素面。中有一孔。直径 4.0、厚 0.9、孔径 0.5 厘米（图 5-4，4）。

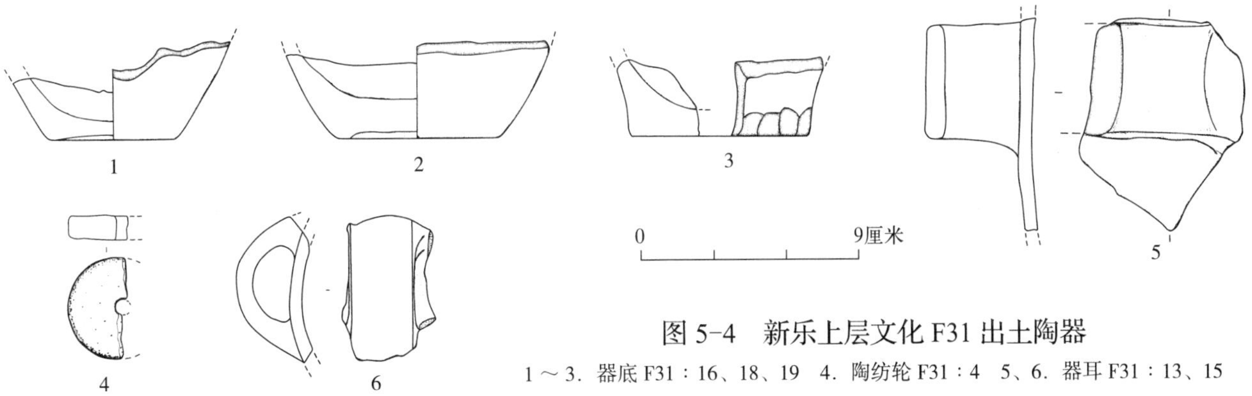

图 5-4　新乐上层文化 F31 出土陶器

1～3. 器底 F31 : 16、18、19　4. 陶纺轮 F31 : 4　5、6. 器耳 F31 : 13、15

二　灰坑

历次发掘中，在遗址的重点保护区和一般保护区内清理灰坑 16 个，遗物标本 53 件。

（一）73A1H1

位于 73A1 东部（图 5-5），开口于第②层下部，叠压在 F1 房址之上，椭圆形，南北长 1.73、深 0.65 米。填土黑褐色，土质稍松软，内含遗物有陶器、石器等。

1. 石器

1 件。

石磨棒　1 件。

标本 73A1H1：1，浅黄色石英岩。磨制，不规则梯形，横截面半圆形，平底，多磨面，磨痕明显。长 14.9、宽 6.7、厚 4.3 厘米（图 5-5，1）。

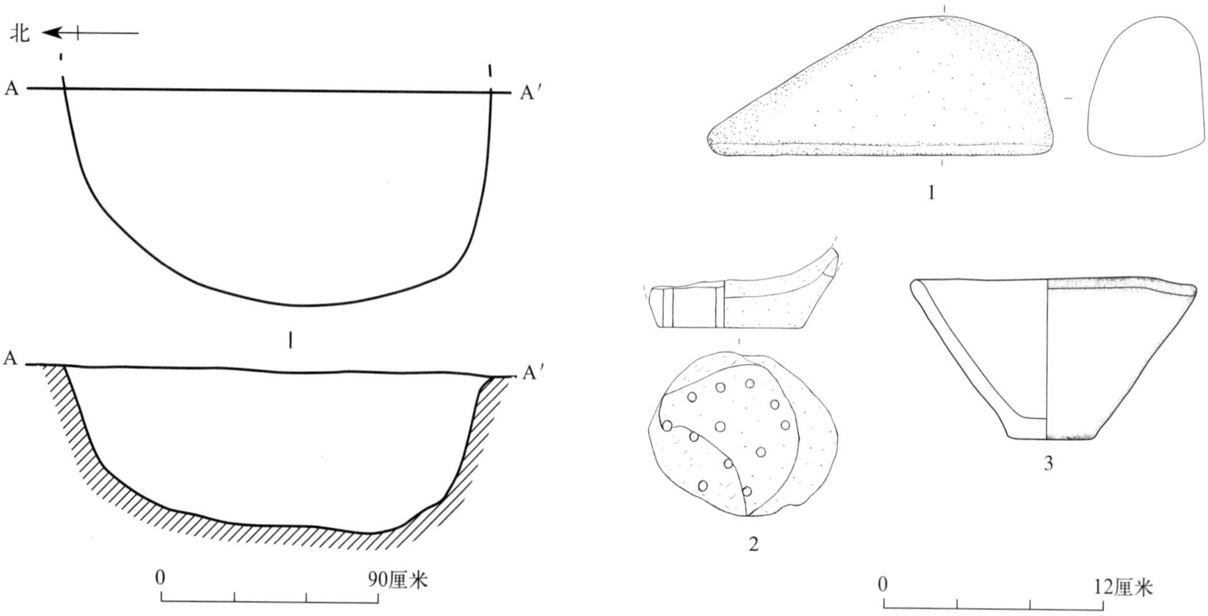

图 5-5　新乐上层文化 73A1H1 及出土遗物

1. 石磨棒 73A1H1：1　2. 陶甑 73A1H1：9　3. 陶碗 73A1H1：38

2. 陶器

2 件。

陶甑　1 件。

标本 73A1H1：9，残，夹砂红褐陶。平底。底上不规则排列 12 个透孔。底径 8.4、甑孔径 0.5、残高 4.3 厘米（图 5-5，2）。

陶碗　1 件。

标本 73A1H1：38，可修复，夹砂红褐陶。圆唇，敞口，斜直腹，平底。素面。口径 15.7、底径 5、高 8.7 厘米（图 5-5，3）。

（二）73T2H2

石器

2 件。

石斧　2 件。

标本 73T2H2：27，残，青灰色闪长玢岩。磨制，扁长方形，表面光滑，顶圆弧，对磨直刃。长 13.6、宽 6.5、厚 2.8 厘米（图 5-6，1；彩版一五五，1）。

标本 73T2H2∶28，残，沙岩。磨制，表面光滑。扁长方梯形，顶圆弧，对磨弧刃。长 11.6、宽 4.8、厚 2 厘米（图 5-6，2；彩版一五五，2）。

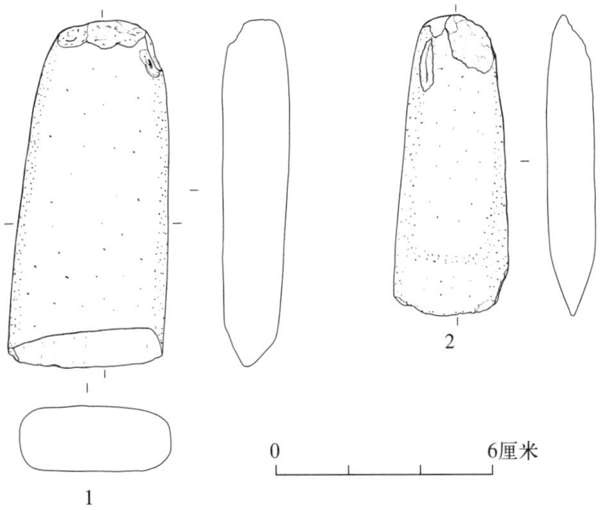

图 5-6　新乐上层文化 73T2H2 出土石器

1、2. 石斧 73T2H2∶27、28

（三）73A5H1

1. 石器

1 件。

石刀　1 件。

标本 73A5H1∶20，残，褐色板岩。磨制，表面光滑，近背部有对钻孔。残长 2.9、宽 1.8、厚 0.8 厘米（图 5-7，1）。

2. 陶器

2 件。

鼎足　1 件。

标本 73A5H1∶2，残，夹砂红褐陶。扁圆柱形。残高 6.4 厘米（图 5-7，2）。

陶壶耳　1 件。

标本 73A5H1∶8，残，夹砂黄褐陶。圆唇，弧腹。上口至腹部有竖桥状耳。残高 9.9 厘米（图 5-7，3）。

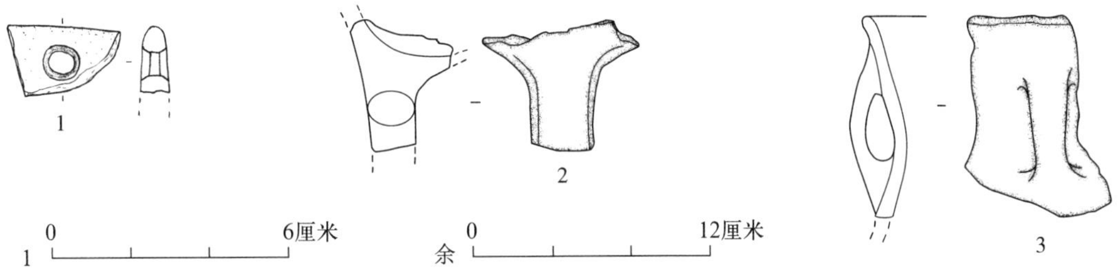

图 5-7　新乐上层文化 73A5H1 出土遗物

1. 石刀 73A5H1∶20　2. 鼎足 73A5H1∶2　3. 陶壶耳 73A5H1∶8

（四）83 〇六 KBT3H2

位于 83 〇六 KBT3 东南部，地层堆积有三层。第①层表土层，厚 0.30 米。第②层，厚 0.21 ～ 0.30 米，内含夹砂陶片等遗物，第②层下为生土。灰坑开口于第①层底部，为不规则圆角长方形，凹底。长 1.40、宽 0.75、深 0.15 米（图 5-8）。灰坑内填土灰褐色，土质较软，内含遗物有陶片，石器等。

石器

1 件。

石刀　1 件。

标本 83 〇六 KBT3H2∶1，残，灰褐色板岩。磨制，弧背，对磨直刃。刀身前端圆弧，后端较直。近背部有三个对磨穿孔。长 8.7、宽 4.3、厚 0.6、孔径 0.6 厘米（图 5-8，1；彩版一五五，3）。

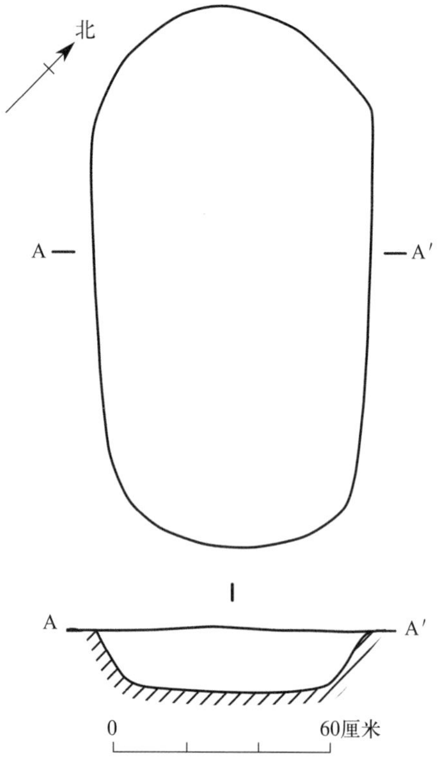

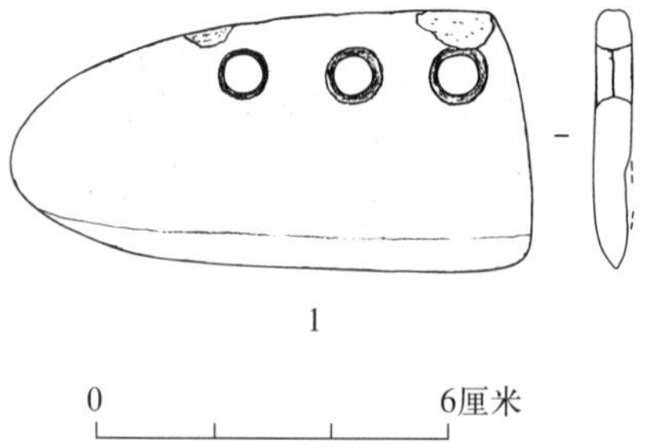

图 5-8　新乐上层文化 83 〇六 KBT3H2 及出土石器

1. 石刀 83 〇六 KBT3H2：1

（五）83 〇六 KBT4H1

位于 83 〇六 KBT4 西部南侧，开口于②层底部，圆角长方形，坑壁较直，平底。长 1.89、宽 1.42、深 0.40 米（图 5-9）。填土黄褐色，较实。内含遗物有陶鼎、陶纺轮、陶罐口沿、器底等。

陶器

4 件。

陶鼎　1 件。

标本 83 〇六 KBT4H1：3，残，夹砂红褐陶，局部黑褐色。直口，圆唇，直腹，平底，素面。三足，足呈锥形。上腹部有四个对称横錾耳。口径 28、残高约 30 厘米（图 5-9，1）。

陶纺轮　1 件。

标本 83 〇六 KBT4H1：1，完整，夹砂褐陶。扁圆台形，中有一孔。上面边缘有一周凸棱，表面饰连点放射线纹，边缘饰连点纹。底面饰十字连点纹，底边缘饰一周连点纹。上径 2.6、底径 4.6、厚 1.6、孔径 0.5 厘米（图 5-9，2）。

陶罐口沿　1 件。

标本 83 〇六 KBT4H1：2，残，夹砂红褐陶。直口，圆唇，折沿重唇，唇面上饰划压线纹。口径 18、残高 2.9 厘米（图 5-9，3）。

器底　1 件。

标本 83 〇六 KBT4H1：4，残，夹砂红褐陶。圆腹，平底，素面。底径 10.5、残高 5.1 厘米（图 5-9，4）。

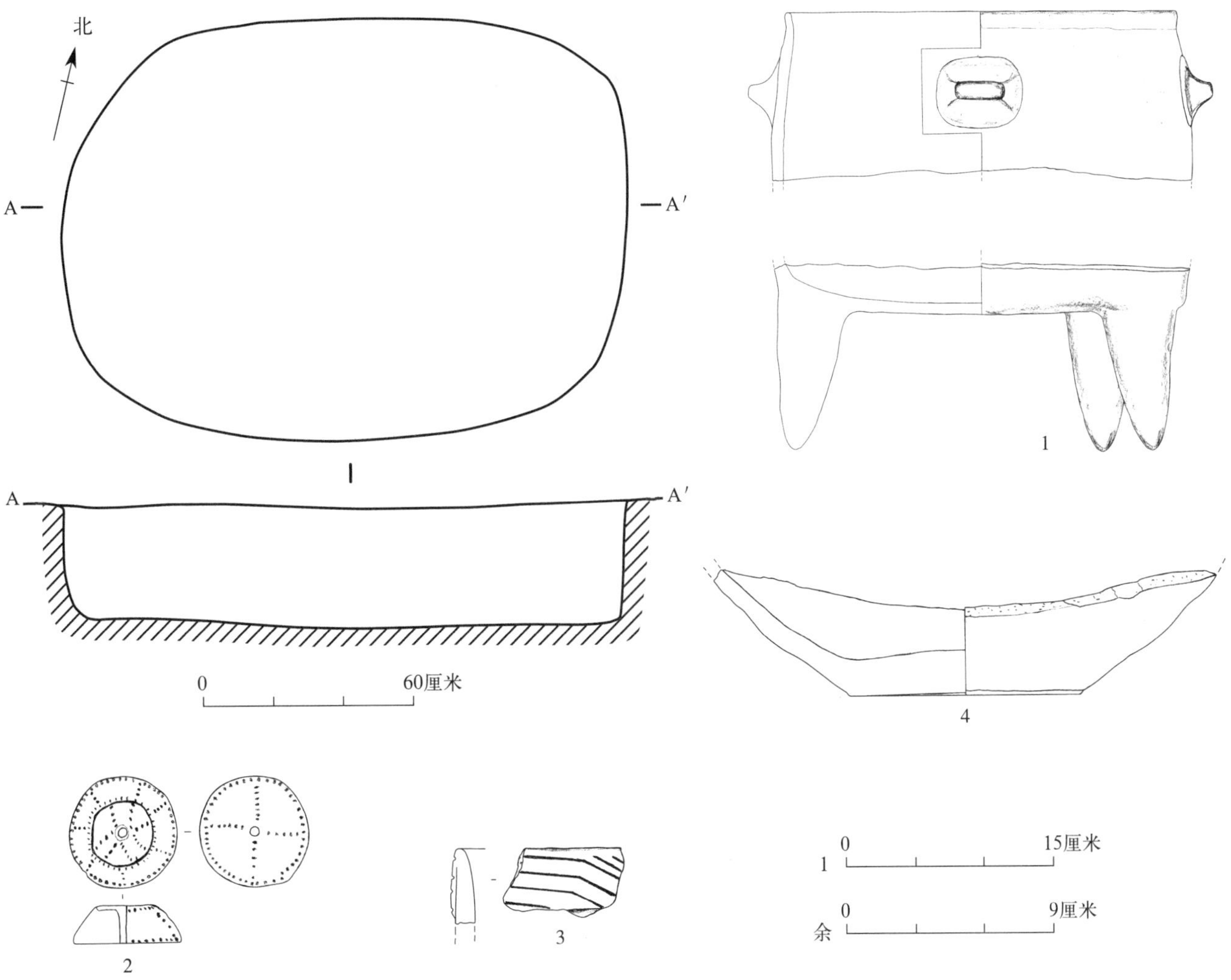

图 5-9 新乐上层文化 83 〇六 KBT4H1 及出土陶器

1. 陶鼎 83 〇六 KBT4H1：3 2. 陶纺轮 83 〇六 KBT4H1：1 3. 陶罐口沿 83 〇六 KBT4H1：2 4. 器底 83 〇六 KBT4H1：4

（六）83 〇六 KBT6H1

位于 83 〇六 KBT6 东南部，地层堆积有三层。第①层表土层，厚 0.30 米。第②层厚 0.21 ～ 0.30 米，内含夹砂陶片等遗物，第③层生土。灰坑开口于第①层底部。为不规则圆角长方形，凹底。东西长 2.40、南北宽 1.83、深 0.42 米（图 5-10），叠压在〇六 KBT6M1 之上。灰坑内填土灰褐色，土质较软，内含遗物有石器、陶片、陶器口沿、器耳、器底、器足等 15 件。

1. 石器

1 件。

石刃器 1 件。

标本 83 〇六 KBT6H1：1，残，青灰色沉积岩。磨制，不规则形，对磨直刃，表面有切割痕迹。残长 4.6、宽 4.0、厚 0.6 厘米（图 5-10，1）。

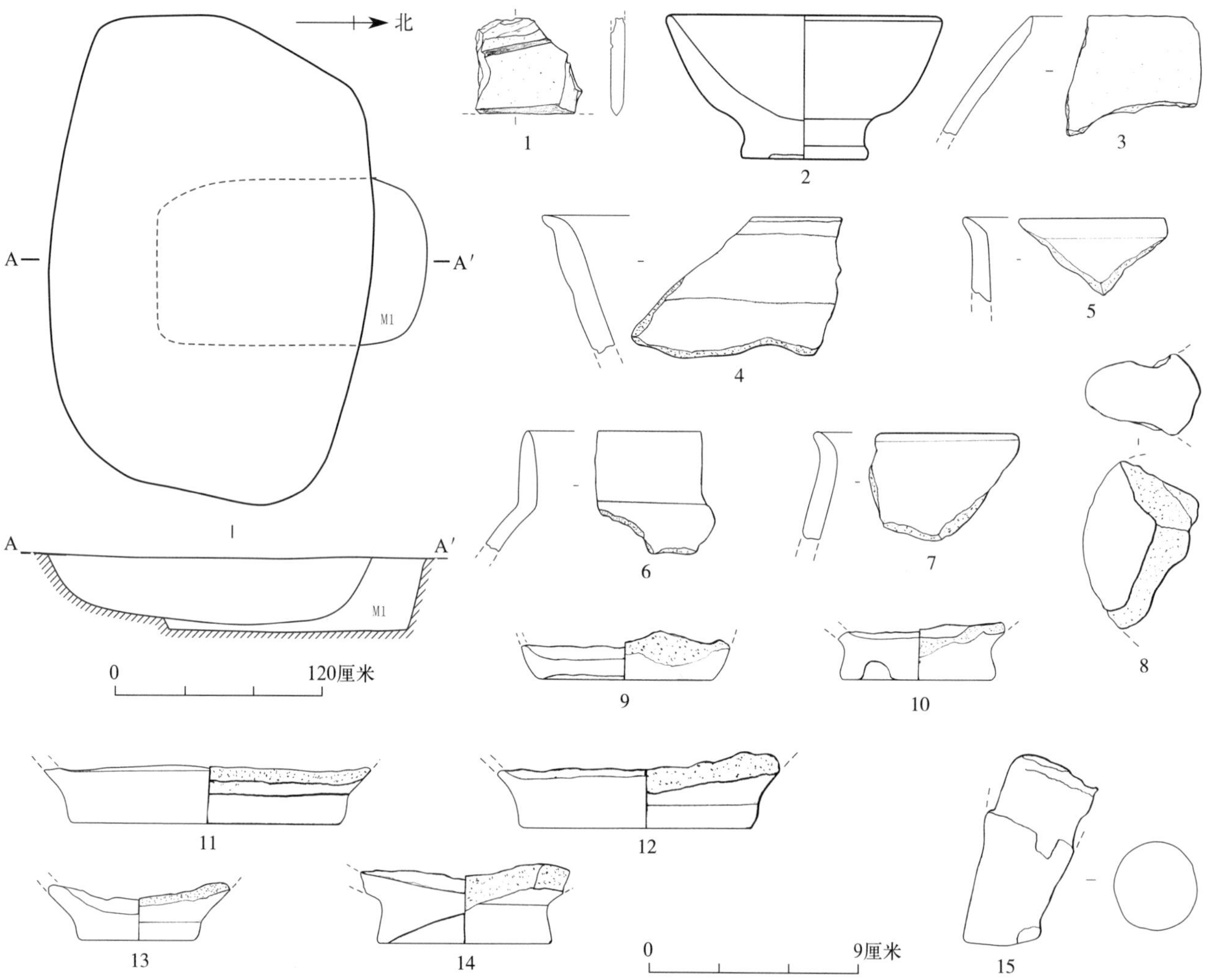

图 5-10 新乐上层文化 83 〇六 KBT6H1 及出土遗物

1. 石刃器 83 〇六 KBT6H1：1 2. 陶碗 83 〇六 KBT6H1：15 3～7. 陶器口沿 83 〇六 KBT6H1：2、5～7、14 8. 器耳 83 〇六 KBT6H1：4 9～14. 器底 83 〇六 KBT6H1：8～13 15. 器足 83 〇六 KBT6H1：3

2. 陶器

14 件。

陶碗 1 件。

标本 83 〇六 KBT6H1：15，残，夹砂红褐陶。敞口，圆唇，腹斜收，圈足。素面。口径 12.0、高 6.0、底径 5.4 厘米（图 5-10，2）。

陶器口沿 5 件。

标本 83 〇六 KBT6H1：2，残，夹砂红褐陶。敛口，尖唇，素面。口径 12.0、残高 5.0 厘米（图 5-10，3）。

标本 83 〇六 KBT6H1：5，残，夹砂红陶。敞口，尖唇，素面。口径 22.0、残高 6.0、壁厚 1.0 厘米（图 5-10，4）。

标本 83 〇六 KBT6H1：6，残，夹砂红褐陶。直口，沿微外侈，尖唇，直领。素面。口径

18.0、残高 3.3、壁厚 0.8 厘米（图 5-10，5）。

标本 83 〇六 KBT6H1：7，残，夹砂红褐陶。直口，短直领，尖唇，圆肩。素面。口径 12.0、残高 5.2、壁厚 0.7 厘米（图 5-10，6）。

标本 83 〇六 KBT6H1：14，残，夹砂红褐陶。敛口，沿微外折，尖唇，素面。口径 21.6、残高 4.0、壁厚 0.8 厘米（图 5-10，7）。

器耳　1 件。

标本 83 〇六 KBT6H1：4，残，夹砂红褐陶。半圆形横鋬耳，素面。耳长 7.0、宽 4.9、厚 3.5 厘米（图 5-10，8）。

器底　6 件。

标本 83 〇六 KBT6H1：8，残，夹砂红褐陶。底微内凹。素面。底径 7.6、残高 2.1、底厚 0.7 厘米（图 5-10，9）。

标本 83 〇六 KBT6H1：9，残，夹砂红褐陶。圈足，底内有圆凸。素面。底径 6.2、残高 2.3 厘米（图 5-10，10）。

标本 83 〇六 KBT6H1：10，残，夹砂红褐陶。平底。素面。底径 8.6、残高 1.7 厘米（图 5-10，11）。

标本 83 〇六 KBT6H1：11，残，夹砂红褐陶。平底。素面。底径 6.2、残高 1.8 厘米（图 5-10，12）。

标本 83 〇六 KBT6H1：12，残，夹砂红褐陶。平底。素面。底径 5.2、残高 2.4 厘米（图 5-10，13）。

标本 83 〇六 KBT6H1：13，残，夹砂红陶。表面有泥浆红陶衣，底内圆凹。素面。底径 7.6、残高 3.4 厘米（图 5-10，14）。

器足　1 件。

标本 83 〇六 KBT6H1：3，残，夹砂红褐陶。斜撇足，平足根，横截面圆形，素面。残高 8.0、足径 4.1 厘米（图 5-10，15）。

（七）83 〇六 KBT6H2

位于 83 〇六 KBT6 东部，地层堆积有三层。第①层表土层，厚 0.30 米。第②层厚 0.21 ～ 0.30 米，内含夹砂陶片等遗物，第②层以下为生土。灰坑开口于第①层底部。为不规则圆角长方形，凹底。东西长 1.10、南北宽 0.91、深 0.25 米。灰坑内填土灰褐色，土质较软，内含遗物有陶片，陶器口沿、器足等（图 5-11）。

陶器

3 件。

陶器口沿　1 件。

标本 83 〇六 KBT6H2：1，残，夹砂红褐陶。敞口，沿外侈，圆唇，素面。口径 10.0、残高 4.9 厘米（图 5-11，1）。

器耳　1 件。

标本 83 〇六 KBT6H2：2，残，夹砂红褐陶。桥状耳，横置，素面。耳长 6.4、宽 2.3、厚 1.0 厘

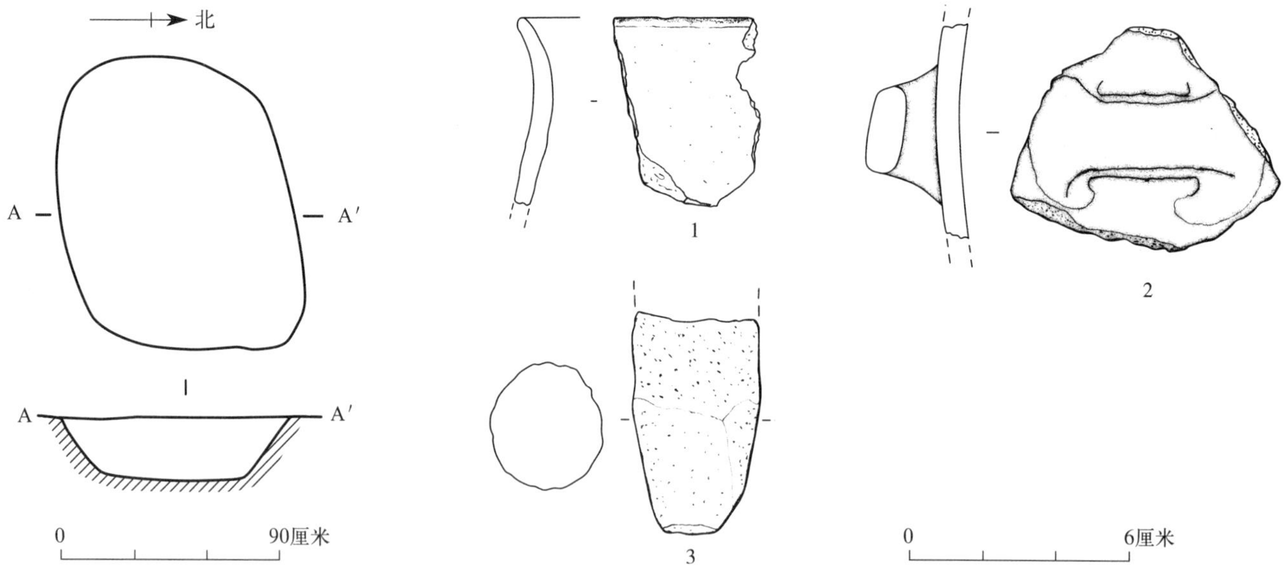

图 5-11 新乐上层文化 83 〇六 KBT6H2 及出土陶器

1. 陶器口沿 83 〇六 KBT6H2：1 2. 器耳 83 〇六 KBT6H2：2 3. 器足 83 〇六 KBT6H2：3

米（图 5-11，2）。

器足 1 件。

标本 83 〇六 KBT6H2：3，残，夹砂红褐陶。微圆锥形，素面。残长 5.9、足径 1.5 ～ 3.4 厘米（图 5-11，3）。

（八）83 〇六 KBT6H3

位于 83 〇六 KBT6 东南部，地层堆积有三层。第①层表土层，厚 0.30 米。第②层厚 0.20 ～ 0.24 米，内含夹砂陶片等遗物，第③层生土。灰坑开口于第①层底部。为圆形，凹底。直径 0.68、深 0.22 米（图 5-12），灰坑内填土灰褐色，土质较软，内含遗物有陶片、陶鼎等。

陶器

1 件。

陶鼎 1 件。

标本 83 〇六 KBT6H3：1，残，夹砂褐陶。口稍敛，圆唇，直腹，收圜底，足稍外撇。素面，腹上部有三处瘤状鋬耳。口径 15.0、腹径 14.0、残高 14.5 厘米（图 5-12，1）。

（九）T0703H5

开口于①层下，不规则圆角长方形，南侧被现代扰坑打破。坑口长 1.60、宽 1.05、深 0.30 米（图 5-13），凹底。填土黑灰色，土质呈粒状，遗物有口沿、陶片、陶盏等。

陶器

1 件。

陶盏 1 件。

标本 T0703H5：1，可修复，夹砂红褐陶。敞口，方唇，斜腹，平底。素面。口径 3.8、底径 2.2、通高 2.2 厘米（图 5-13，1）。

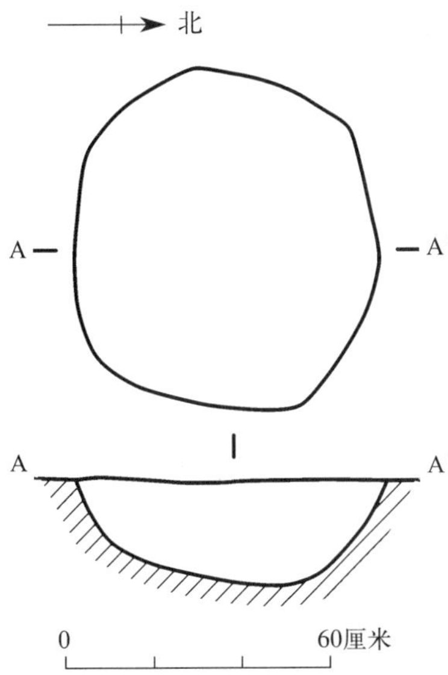

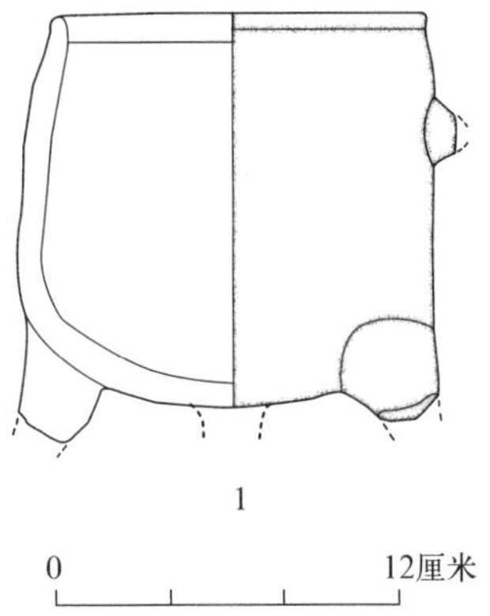

图 5-12　新乐上层文化 83 〇六 KBT6H3 及出土陶器

1．陶鼎 83 〇六 KBT6H3：1

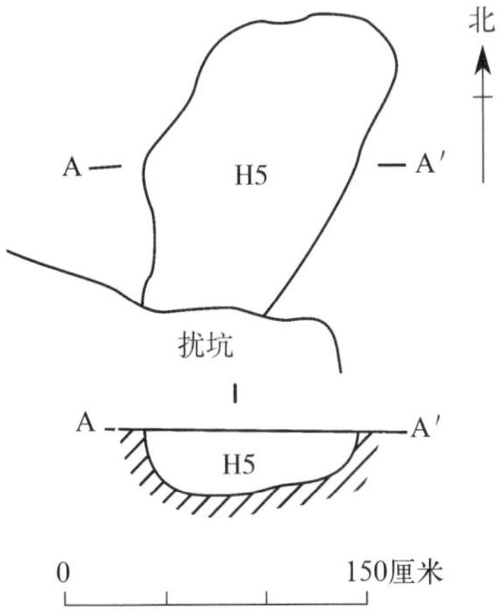

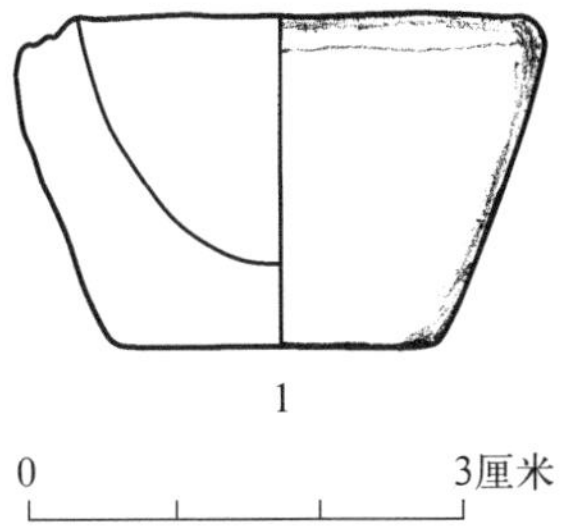

图 5-13　新乐上层文化 T0703H5 及出土陶器

1．陶盏 T0703H5：1

（一〇）T0803H1

T0803H1 位于 T0803 西南，开口于①层下，不规则多边形，上口长 3.58、宽 3.20、深 0.70 米（图 5-14），凹底。填土灰褐色，土质较软。内含遗物有夹砂陶片、口沿残片、器耳、器底等。

陶器

6 件。

陶罐口沿　1 件。

标本 T0803H1：1，残，夹砂红褐陶。敛口，折尖唇，斜直腹。素面。口径 12.0、残高 5.0 厘米（图 5-14，1）。

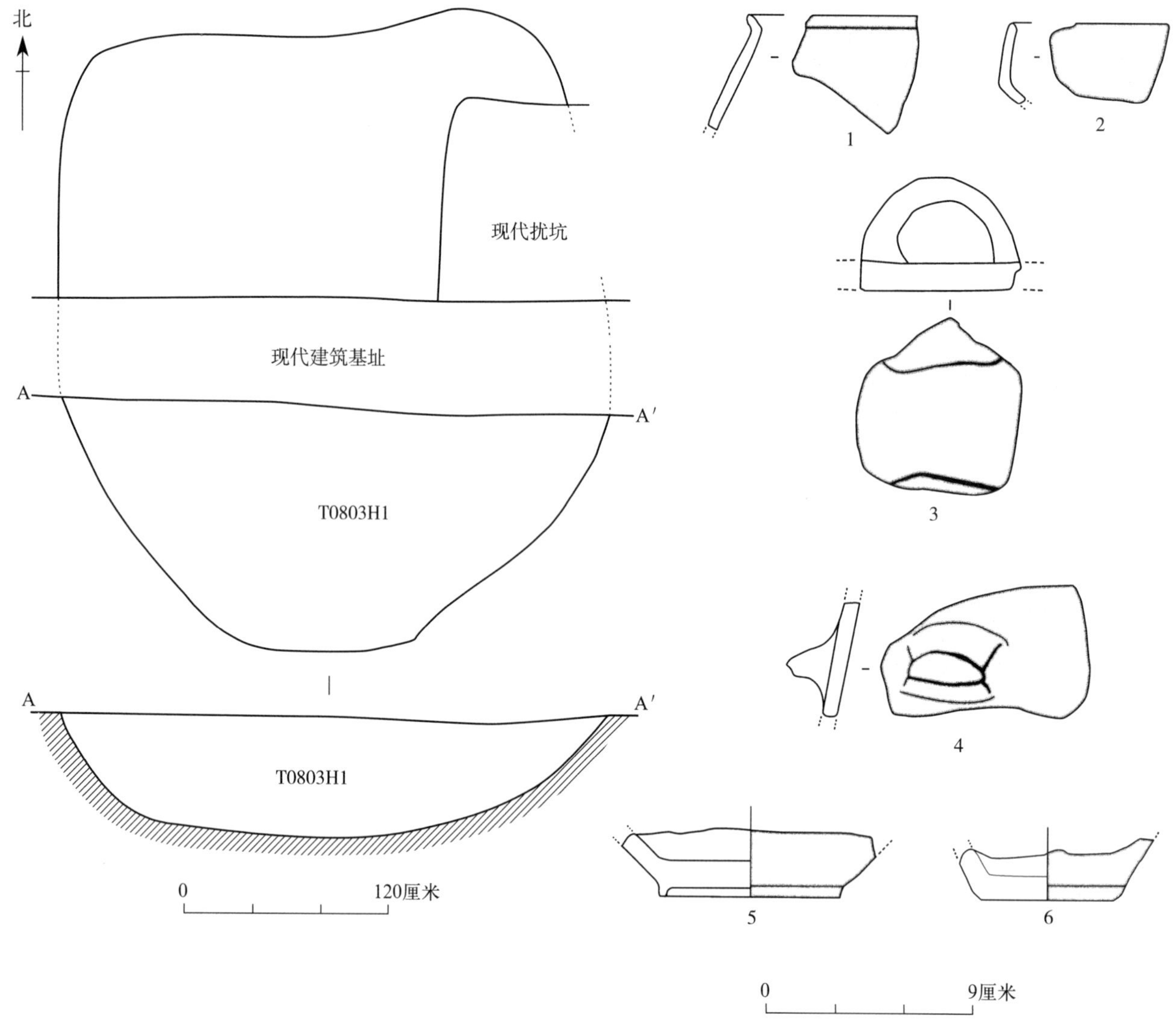

图 5-14　新乐上层文化 T0803H1 及出土陶器

1. 陶罐口沿 T0803H1∶1　2. 陶钵口沿 T0803H1∶2　3、4. 器耳 T0803H1∶3、4　5、6. 器底 T0803H1∶5、6

陶钵口沿　1 件。

标本 T0803H1∶2，残，夹砂红陶。敛口，尖唇，折腹。残宽 5.2、高 3.4 厘米（图 5-14，2）。

器耳　2 件。

标本 T0803H1∶3，残，夹砂灰褐陶。桥耳，横置。残宽 6.9、高 4.9 厘米（图 5-14，3）。

标本 T0803H1∶4，残，夹砂红陶。鋬耳，横置。素面。残宽 9.2、高 5.7 厘米（图 5-14，4）。

器底　2 件。

标本 T0803H1∶5，残，夹砂红褐陶。弧腹，凹底。素面。底径 7.8、残高 2.9 厘米（图 5-14，5）。

标本 T0803H1∶6，残，夹砂红陶。斜腹，平底。素面。底径 6.0、残高 2.8 厘米（图 5-14，6）。

（一一）T0803H5

T0803H5 位于 T0803 西北部，圆形，开口于②层下，叠压在 H7 之下，东壁部分被 M2 打破，南侧被现代沟、扰坑打破。西侧、北侧压在探方外。现南北长 4.30、东西宽 3.20、深 0.31 米（图 5–15）。填土灰褐色，内含遗物有陶器残片，陶器耳、器足、器底等。

陶器

6 件。

器耳　2 件。

标本 T0803H5：2，残，夹砂红陶。桥耳，横置。素面。残长 7.1、宽 6.3、高 4.5 厘米（图 5–15，1）。

标本 T0803H5：3，残，夹砂红陶。横鋬耳。素面。残宽 5.7、高 5.7 厘米（图 5–15，2）。

器底　2 件。

标本 T0803H5：6，残，夹砂红陶。弧腹，平底。素面。底径 10.0、残高 6.0 厘米（图 5–15，3）。

标本 T0803H5：1，残，夹砂红陶。凹底。底径 7.0、残高 2.3 厘米（图 5–15，4）。

鼎足　1 件。

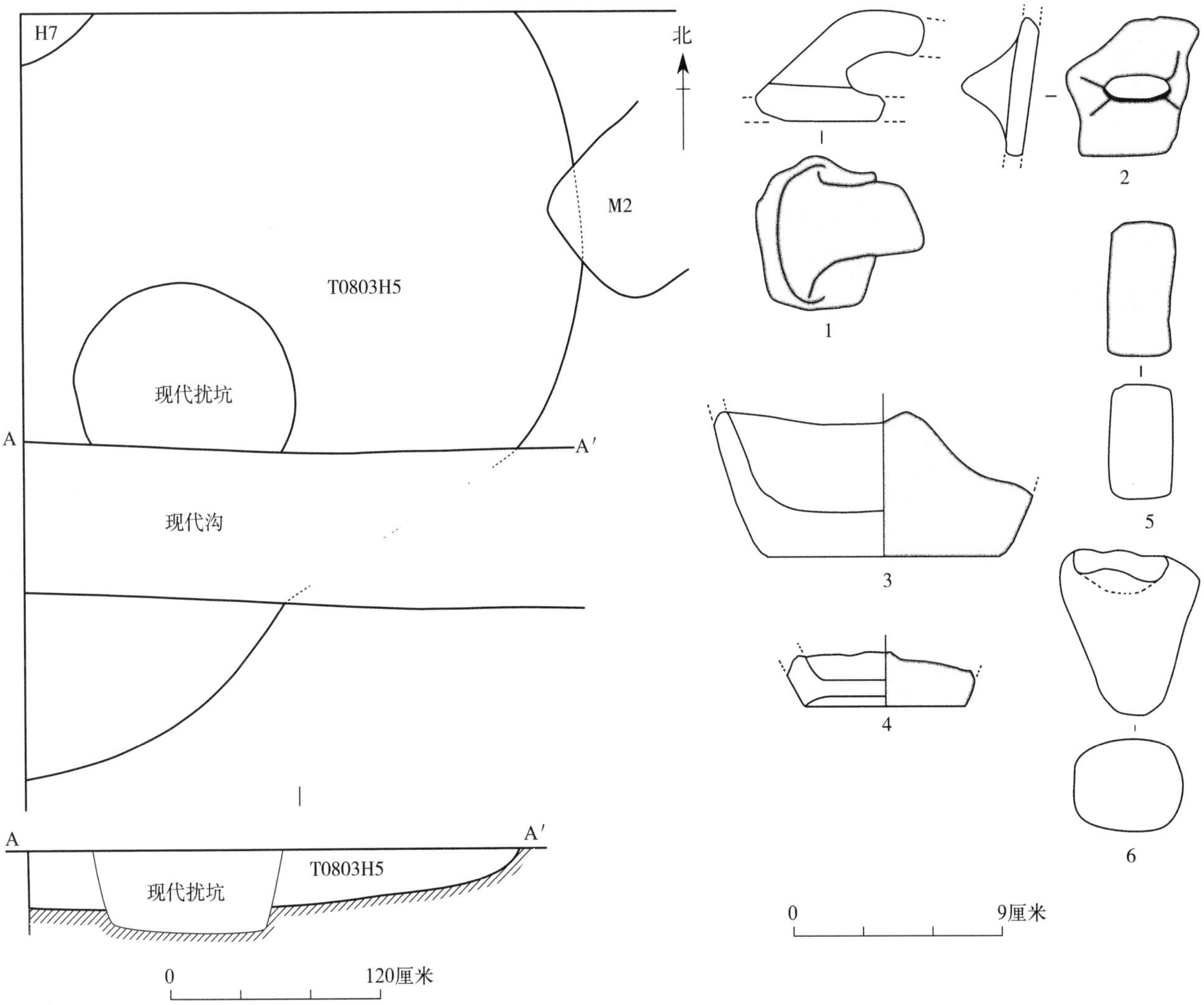

图 5–15　新乐上层文化 T0803H5 及出土陶器

1、2. 器耳 T0803H5：2、3　3、4. 器底 T0803H5：6、1　5. 鼎足 T0803H5：5　6. 鬲足 T0803H5：4

标本 T0803H5∶5，残，夹砂红陶。扁方形。宽 4.8、厚 2.8、残高 5.6 厘米（图 5-15，5）。

鬲足　1 件。

标本 T0803H5∶4，残，夹砂红陶。锥状足。残宽 6.0、残高 6.9 厘米（图 5-15，6）。

（一二）T0903H3

T0903H3 位于 T0903 探方中东部，开口于①层下，叠压 0903M1 之上。长 2.90、宽 2.30、深 0.42 米（图 5-16）。土质疏松，土色灰黑。内含遗物有夹砂红褐陶器耳、陶器底、口沿等，其中有偏堡文化陶片。

陶器

4 件。

器耳　2 件。

标本 T0903H3∶1，残，夹砂红陶。桥状耳，竖置。残高 8.6 厘米（图 5-16，1）。

标本 T0903H3∶2，残，夹砂红陶。桥耳，横置。残高 6.6 厘米（图 5-16，2）。

甗腰　1 件。

标本 T0903H3∶3，残，夹砂红陶。腰部饰按压指窝附加堆纹。残高 2.7 厘米。

器底　1 件。

标本 T0903H3∶5，残，夹砂红陶。平底。底径 9.9、残高 3.0 厘米（图 5-16，3）。

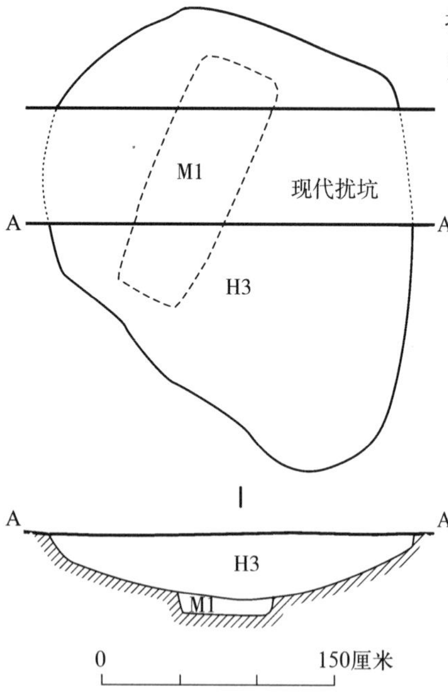

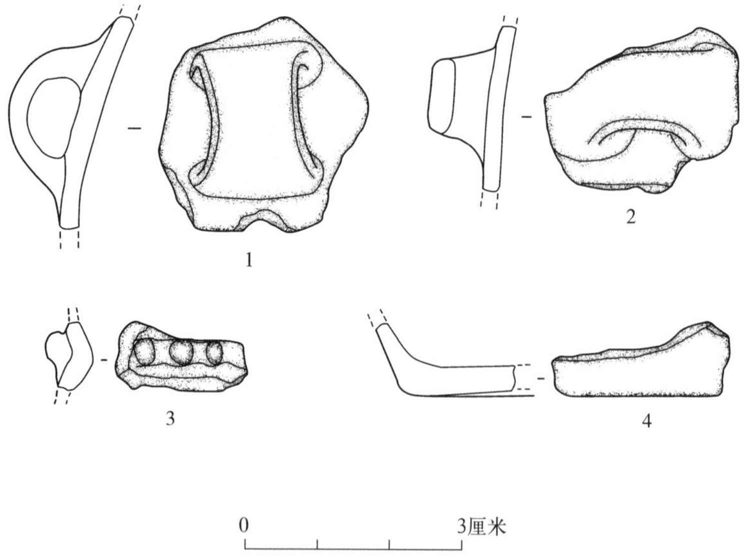

图 5-16　新乐上层文化 T0903H3 及出土陶器

1、2. 器耳 T0903H3∶1、2　3. 甗腰 T0903H3∶3　4. 器底 T0903H3∶5

（一三）14H1

14H1 位于 TG1 内，开口于②a 层下。未完全揭露，平面呈长方形，清理长度 1.60、宽 2.40、深 0.80 米（图 5-17）。H1 堆积分为两层，第一层为灰褐色黏土层，土质疏松。第二层为灰褐色黏土层，土质致密。出土了少量的夹砂红陶、石片，器形有鬲足、器耳等。

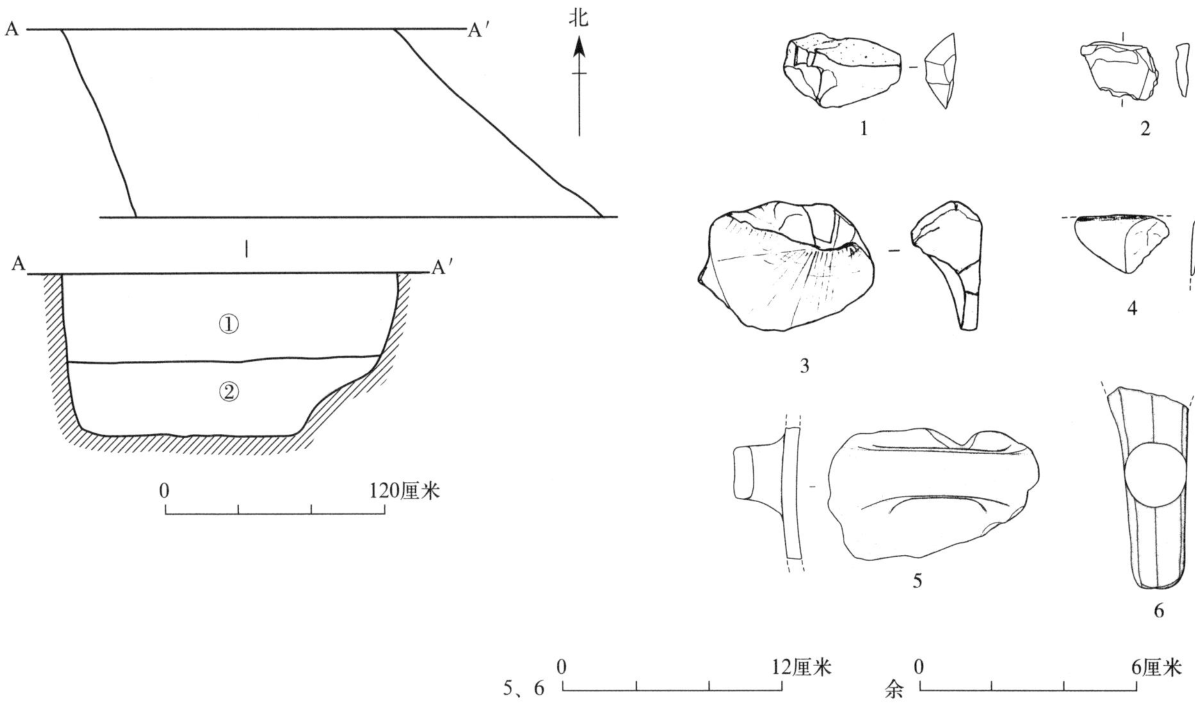

图 5-17　新乐上层文化 14H1 及出土遗物

1 ～ 3. 石片刮削器 14H1 ①：2、14H1 ②：1、2　4. 石刀 14H1 ①：1　5. 器耳 14H1 ①：3　6. 器足 14H1 ①：4

1. 石器

4 件。

石片刮削器　3 件。

标本 14H1 ①：2，打制。不规则椭圆形，边刃，有刮削痕迹。长 3.2、宽 2、厚 0.9 厘米（图 5-17，1）。

标本 14H1 ②：1，打制。不规则三角形，边刃，有刮削痕迹。长 2.1、宽 1.5、厚 0.3 厘米（图 5-17，2）。

标本 14H1 ②：2，打制，不规则椭圆形，边刃，有刮削痕迹。长 4.8、宽 3.4、厚 2.0 厘米（图 5-17，3）。

石刀　1 件。

标本 14H1 ①：1，残，残片。磨制。残长 2.6、宽 1.5、厚 0.4 厘米（图 5-17，4）。

2. 陶器

2 件。

器耳　1 件。

标本 14H1 ①：3，残，夹砂红陶。横置，素面。耳长 9.7、宽 2.7、残高 6.9 厘米（图 5-17，5）。

器足　1 件。

标本 14H1 ①：4，残，夹砂红陶。多棱柱状，素面。残高 10.6、足径 3.4 厘米（图 5-17，6）。

（一四）14H2

14H2 位于 TG3 内，开口于② a 层下，打破 G2。平面呈椭圆形，弧壁，圜底，长 1.20、宽 1.00、深 0.60 米（图 5-18）。H2 堆积为灰褐色黏土，土质疏松，出土了少量的夹砂陶片。器形有鬲、壶等。

陶器

3 件。

陶壶口沿　1 件。

标本 14H2∶3，残，夹砂红陶。稍敛口，内抹尖唇。颈部有指窝状附加堆纹。残宽 7.0、高 7.1 厘米（图 5-18，1）。

器耳　1 件。

标本 14H2∶2，残，夹砂红陶。横置，素面。耳长 9.1、宽 2.3、厚 1.4 厘米（图 5-18，2）。

鬲足　1 件。

标本 14H2∶1，残，夹砂红陶。圆柱形，中束，呈蹄形足。残高 15.4、足径 5.6 厘米（图 5-18，3）。

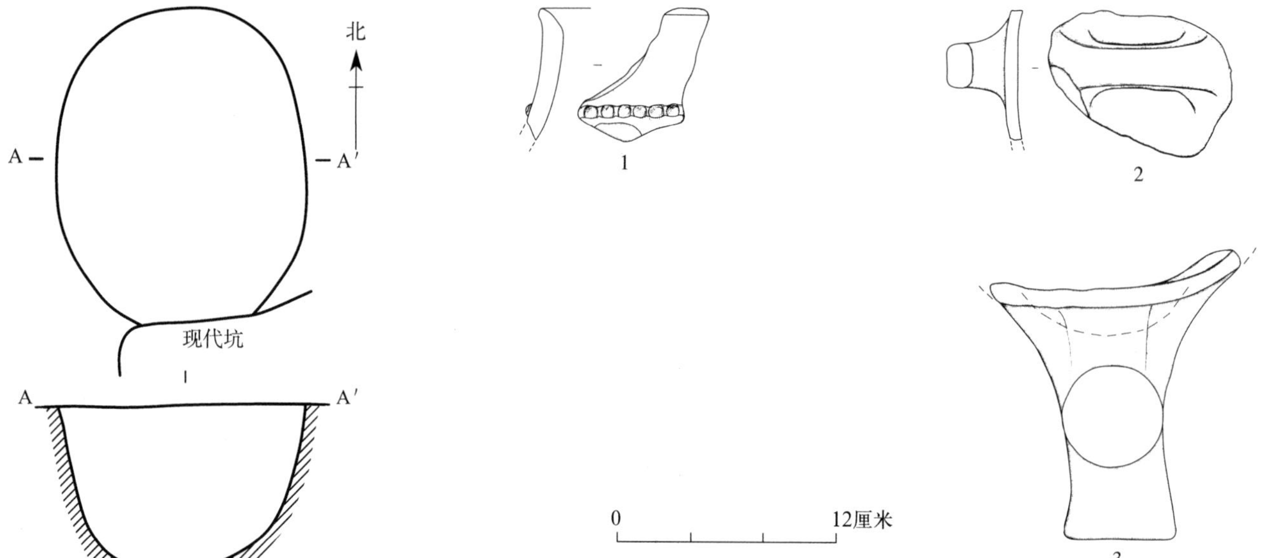

图 5-18　新乐上层文化 14H2 及出土陶器

1. 陶壶口沿 14H2∶3　2. 器耳 14H2∶2　3. 鬲足 14H2∶1

（一五）14H3

14H3 位于 TN10E08 东南部，开口于第②层下。平面呈椭圆形，弧壁，近平底。长 1.50、宽 0.60、深 0.30 米（图 5-19）。H3 堆积为灰褐色黏土，土质疏松，出土了少量的夹砂陶片，器形有陶罐等。

1. 石器

1 件。

石片刮削器　1 件。

标本 14H3∶1，残。打制，不规则多边形。一侧局部保留石皮，边刃，有刮削痕迹。长 4.2、宽 2.8、厚 0.6 厘米（图 5-19，1）。

2. 陶器

1 件。

陶器腹片　1 件。

标本 14H3∶2，残，夹砂红陶。表面饰划压弦纹、网格纹。残长 3.0、宽 2.9、厚 0.5 厘米（图 5-19，2）。

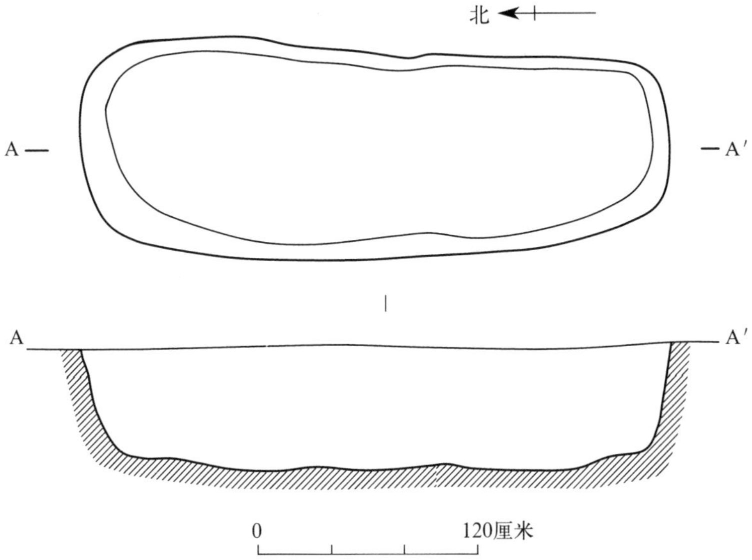

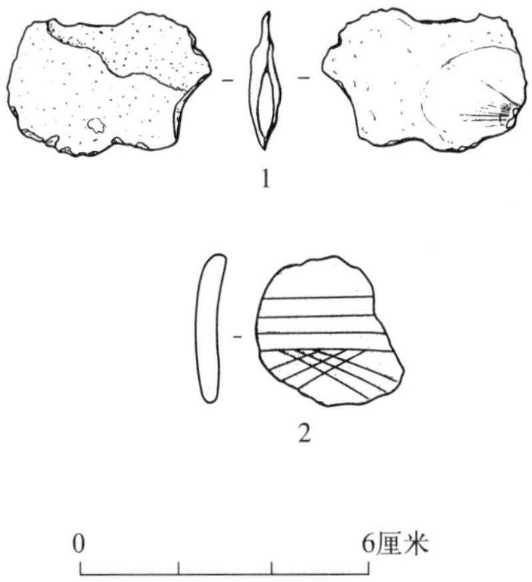

图 5-19　新乐上层文化 14H3 及出土遗物

1. 石片刮削器 14H3∶1　2. 陶器腹片 14H3∶2

（一六）14H4

14H4 位于 TN12E07 东南部，开口于第②a 层下。未完全发掘，近直壁，近平底。残长 2.80、宽 2.40、深 0.40 米（图 5-20）。H4 堆积为浅灰色黏土，土质较疏松，出土了大量的夹砂陶片，器形有壶、罐等。

1. 石器

3 件。

石镞　1 件。

标本 14H4∶3，残。叶形。表面有磨痕，边缘有切割痕，单面磨边刃。残长 2.9、宽 1.7、厚 0.4 厘米（图 5-20，1）。

敲砸器　1 件。

标本 14H4∶1，打制，圆角三角形。大部保留石皮，敲砸痕迹明显。残长 8.9、宽 5.3、厚 3.1 厘米（图 5-20，2）。

网坠　1 件。

标本 14H4∶2，残。打制，体扁平，存一侧打出豁孔。残长 6.2、宽 4.0、厚 1.8 厘米（图 5-20，3）。

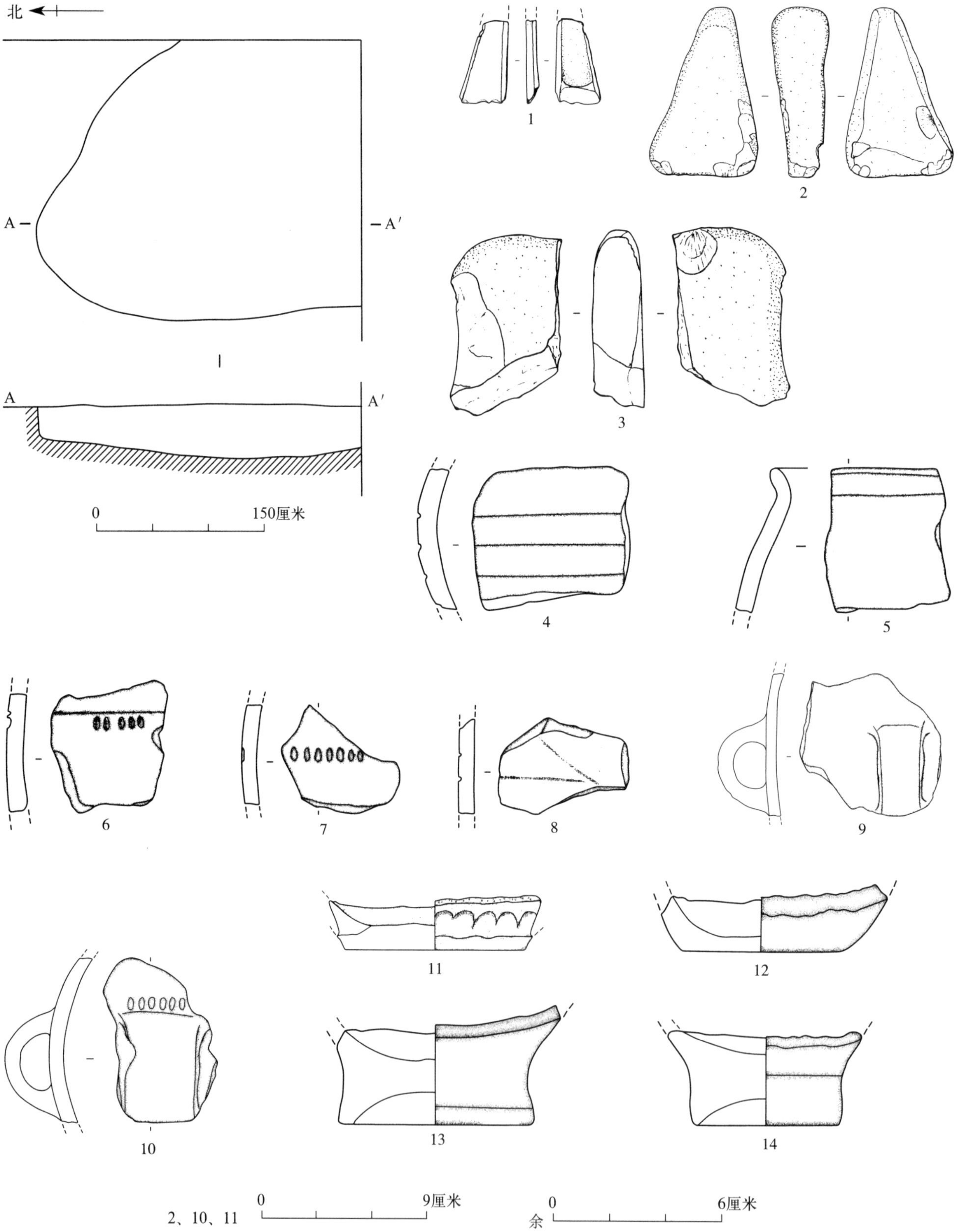

图 5-20 新乐上层文化 14H4 及出土遗物

1．石镞 14H4：3 2．敲砸器 14H4：1 3．网坠 14H4：2 4～8．陶器腹片 14H4：4、5、7、8、10 9、10．陶器耳 14H4：6、9 11～14．器底 14H4：14、15、12、13

2. 陶器

11 件。

口沿　1 件。

标本 14H4：5，残，夹砂红陶。敛口，外折圆唇，弧腹。素面。残长 5.0、宽 4.5、壁厚 0.6 厘米（图 5-20，5）。

腹片　4 件。

标本 14H4：4，残，夹砂红陶。弧腹，腹部饰弦纹。残长 5.6、宽 5.0、壁厚 0.7 厘米（图 5-20，4）。

标本 14H4：7，残，夹砂红陶。腹片，腹部饰弦纹、戳刺纹。残长 4.6、宽 4.2、壁厚 0.6 厘米（图 5-20，6）。

标本 14H4：8，残，夹砂红陶。腹片，腹部饰戳刺纹。残长 4.3、宽 3.8、壁厚 0.5 厘米（图 5-20，7）。

标本 14H4：10，残，夹砂红陶。腹片，腹部饰弦纹。残长 4.6、宽 3.3、壁厚 0.6 厘米（图 5-20，8）。

器耳　2 件。

标本 14H4：6，残，夹砂红陶。竖置，素面。耳残长 6.3、宽 3.4、厚 1.0 厘米（图 5-20，9）。

标本 14H4：9，残，夹砂红陶。竖置，耳端有戳刺纹。耳残长 5.6、宽 3.9、壁厚 0.8 厘米（图 5-20，10）。

器底　4 件。

标本 14H4：14，残，夹砂红陶。平底，素面。底径 9.8、残高 2.9 厘米（图 5-20，11）。

标本 14H4：15，残，夹砂红陶。平底，素面。底径 5.6、残高 2.3 厘米（图 5-20，12）。

标本 14H4：12，残，夹砂红陶。圈足内凹，素面。底径 7.0、残高 4.2 厘米（图 5-20，13）。

标本 14H4：13，残，夹砂红陶。圈足内凹，素面。底径 5.2、残高 3.2 厘米（图 5-20，14）。

三　灰沟

先后清理灰沟 7 条，遗物标本 78 件。

（一）BLSG1

1987 年北陵乡政府在新乐遗址西侧保护区内铺设暖气，在暖气沟南侧发现一处灰沟，编号为 BLSG1。灰沟东北至西南向，宽 1.20、深 1.50 米（图 5-21）。

此处地层堆积有 3 层，第①层表土层，厚 0.25 ～ 0.30 米。第②层，灰褐土内含夹砂陶片等，为新乐上层文化层。第②层下为黄土，为生土层。灰沟开口于第①层底部，打破生土层。

灰沟内填土为黄褐色，土质较实，内含遗物有陶片、陶纺轮、陶器耳、磨制石镞、打制石器等。

1. 石器

3 件。

石刀　1 件。

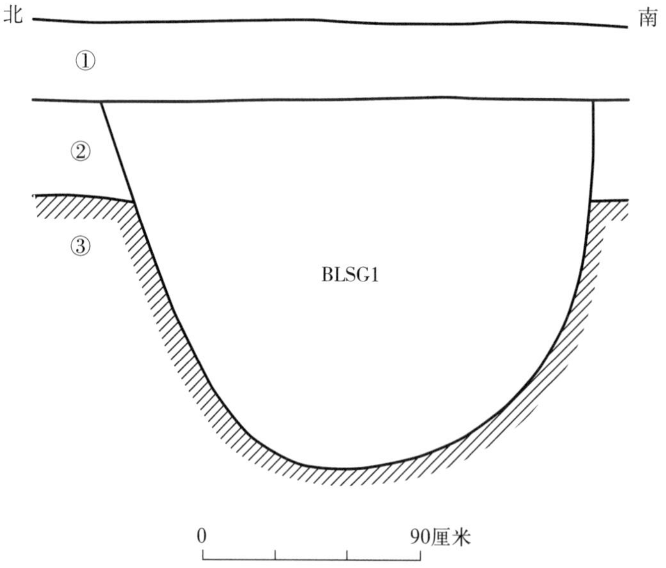

图 5-21 新乐上层文化灰沟 BLSG1 平、剖面图

标本 BLSG1∶5，残，黄褐色页岩。磨制，弧背，对磨斜刃，近背部可见两个穿孔。残长 3.8、宽 4、厚 0.4 厘米（图 5-22，1）。

石矛形器 1 件。

标本 BLSG1∶4，浅黄色板岩。打制，矛形，一面保留石皮，横截面三棱形。锋微圆弧，锋、边刃压琢呈齿状。长 9.4、宽 4.2、厚 3 厘米（图 5-22，2）。

石镞 1 件。

标本 BLSG1∶3，灰褐色板岩。磨制，尖叶形，横截面前锋部六棱形，后部菱形。锋、刃对磨，表面有风槽，底圆凹。长 4.3、宽 1.1、厚 0.3 厘米（图 5-22，3）。

2. 陶器

5 件。

陶器口沿 3 件。

标本 BLSG1∶6，残，夹砂红陶，表面有红陶衣。直口，圆唇，短直领，圆肩。腹部饰划网格纹。口径 12、残高 3.2 厘米（图 5-22，4）。

标本 BLSG1∶7，残，夹砂红陶。敞口，尖唇，斜直领。素面。口径 30、残高 9 厘米（图 5-22，5）。

标本 BLSG1∶8，残，夹砂红陶。敛口，内抹尖唇，圆弧领。颈部圆窝纹。口径 10、残高 5.5 厘米（图 5-22，6）。

器耳 1 件。

标本 BLSG1∶1，残，夹砂红陶，表面有红陶衣。板状桥耳，竖置。残长 8、耳宽 3.3 厘米（图 5-22，7）。

陶纺轮 1 件。

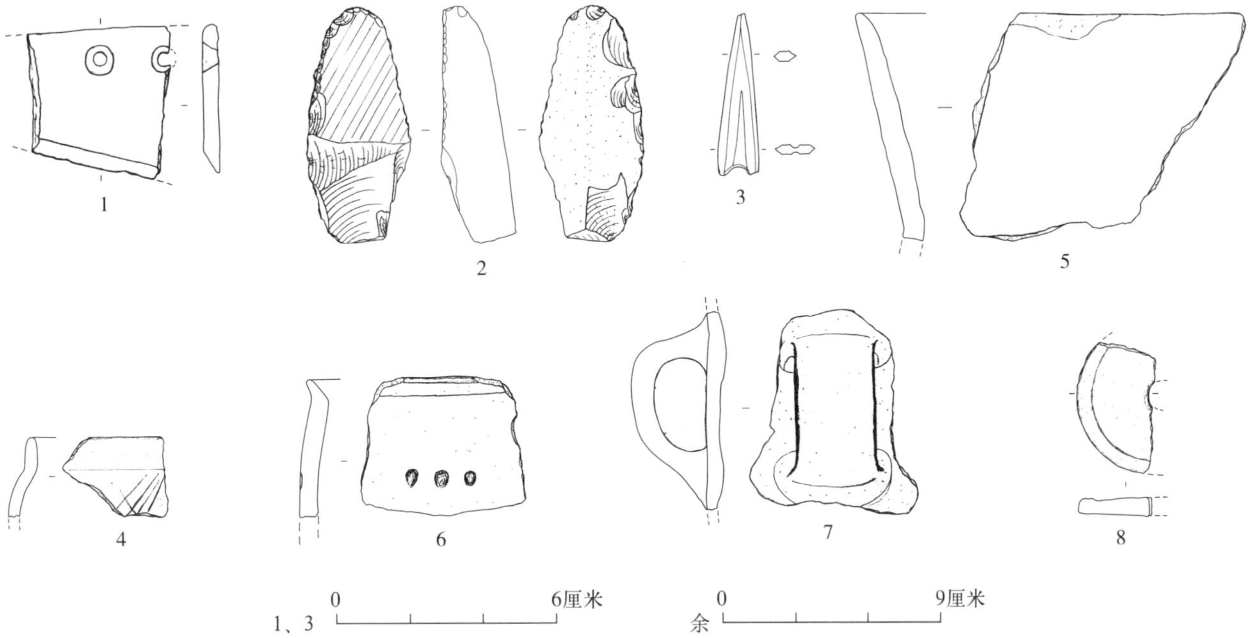

图 5-22　新乐上层文化灰沟 BLSG1 出土遗物

1. 石刀 BLSG1∶5　2. 石矛形器 BLSG1∶4　3. 石镞 BLSG1∶3　4～6. 陶器口沿 BLSG1∶6、7、8　7. 器耳 BLSG1∶1　8. 陶纺轮 BLSG1∶2

标本 BLSG1∶2，残，夹砂红陶，表面有红陶衣。扁圆形，表面边缘有边廓，中有圆孔。直径 6.0、厚 0.8 厘米（图 5-22，8）。

（二）T0105G1

T0105G1 位于 T0105 中部，开口于①层下，打破房址 F9 东侧。东北至西南向，清理长度 10.30、宽 1.80、深 1.50 米（图 5-23）。

填土灰黑色，内含夹砂红、褐片，口沿，器底，器耳、打制石器等。

陶器

9 件。

陶器口沿　2 件。

标本 T0105G1∶1，残，夹砂红黄陶。敞口，圆唇，弧腹。素面。口径 25、残高 3.3 厘米（图 5-24，1）。

标本 T0105G1∶10，残，夹砂红陶。敞口，方唇，束颈。口沿下部有竖桥状耳。素面。口径 12.0、残高 4.9 厘米（图 5-24，2）。

器耳　4 件。

标本 T0105G1∶4，残，夹砂红陶。桥状耳。横置。素面。残高 9.7 厘米（图 5-24，3）。

标本 T0105G1∶6，残，夹砂红陶。横鋬耳，饰戳刺纹。残宽 6.9、高 4.8 厘米（图 5-24，4）。

标本 T0105G1∶7，残，夹砂红陶。横鋬耳。残宽 5.5、高 4.8 厘米（图 5-24，5）。

标本 T0105G1∶11，残，夹砂红陶。有宽平状鋬耳，素面。残宽 9.6、高 6.0 厘米（图 5-24，6）。

器底　3 件。

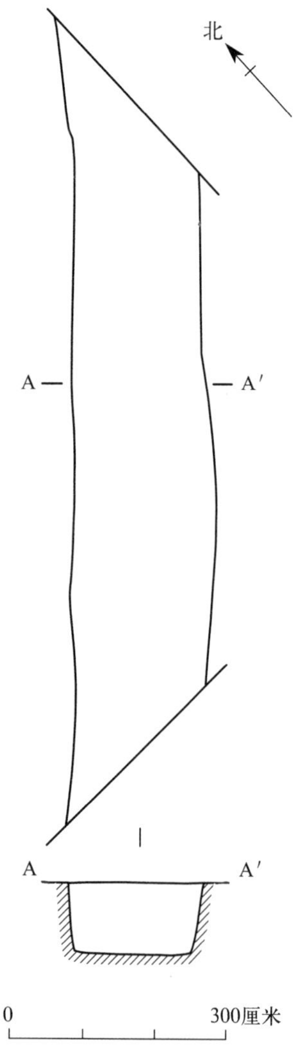

图 5-23　新乐上层文化灰沟 T0105G1 平、剖面图

标本 T0105G1：2，残，夹砂红陶。凹底。底径 8.0、残高 3.3 厘米（图 5-24，7）。

标本 T0105G1：5，残，夹砂红陶。平底。底径 9.0、残高 2.9 厘米（图 5-24，8）。

标本 T0105G1：9，残，夹砂红黄陶。平底。素面。残高 3.3 厘米（图 5-24，9）。

器足　2 件。

标本 T0105G1：3，残，夹砂红陶。柱状足。足径 2.1 ～ 3.3、残高 6.1 厘米（图 5-24，10）。

标本 T0105G1：8，残，夹砂红陶。棱柱状足，有 4 棱面。残高 10.7 厘米（图 5-24，11）。

（三）T0106G1

T0106G1 位于 T0106 南侧。开口于①层下，东西向，东、西、南侧在探方外，清理长度 7.00、宽 2.00、深 1.30 米（图 5-25）。

填土灰黑色，较坚硬，内含遗物有夹砂红陶片。

陶器

11 件。

陶器口沿　2 件。

标本 T0106G1：2，残，夹砂红褐陶。敞口，圆唇，弧腹。素面。口径 30.0、残高 6.2 厘米（图 5-26，1）。

标本 T0106G1：3，残，夹砂红陶。敞口，圆唇，上腹部较直。素面。残高 7.2 厘米（图 5-26，2）。

陶器耳　4 件。

标本 T0106G1：7，残，夹砂红陶。横桥状耳。素面。耳残长 10.1、宽 6.1 厘米（图 5-26，3）。

标本 T0106G1：8，残，夹砂红黄陶。弧腹。竖桥状耳。素面。耳长 8.0、宽 2.6、残高 13.6 厘米（图 5-26，4）。

标本 T0106G1：11，残，夹砂红陶。横耳，两侧有戳刺纹。耳长 8.4、宽 2.4 厘米（图 5-26，5）。

标本 T0106G1：13，残，夹砂红陶。横耳，两侧有戳刺纹。耳长 9.8、宽 3.4 厘米（图 5-26，6）。

甗腰　1 件。

标本 T0106G1：14，残，夹砂红陶。腰部饰按压指窝附加堆纹，下腹部有瘤状耳。残高 4.5 厘米（图 5-26，7）。

陶器足　4 件。

标本 T0106G1：15，残，夹砂红陶。扁平足，横截面呈圆角长方形。素面。残高 7.0 厘米（图 5-26，8）。

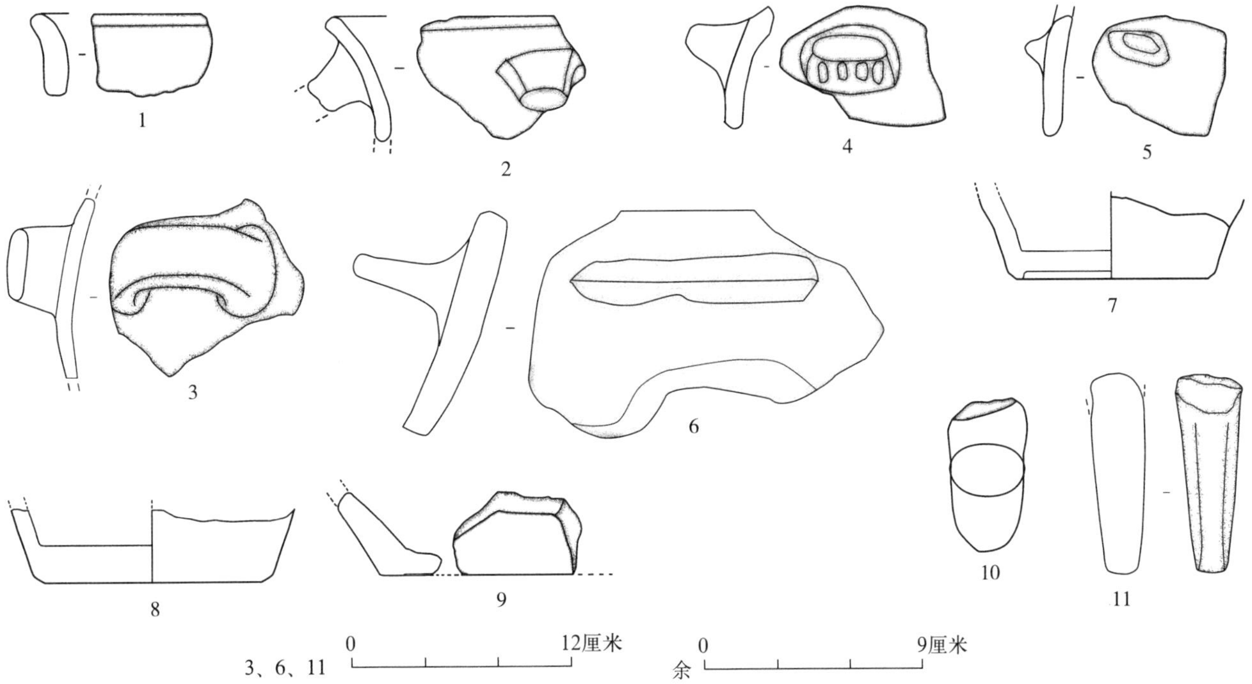

图 5-24　新乐上层文化灰沟 T0105G1 出土陶器

1、2. 陶器口沿 0105G1∶1、10　3～6. 器耳 0105G1∶4、6、7、11　7～9. 器底 0105G1∶2、5、9　10、11. 器足 0105G1∶3、8

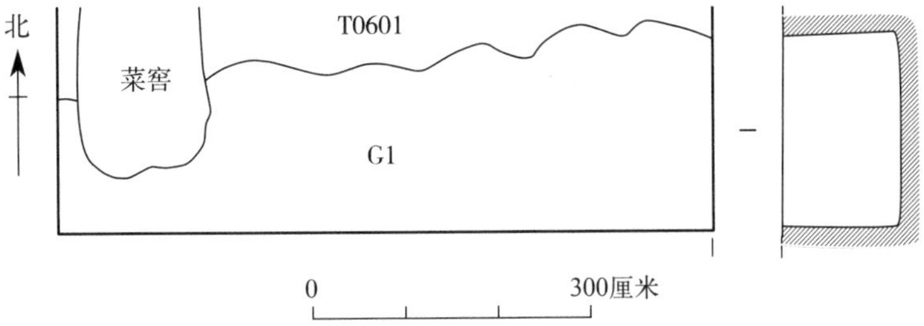

图 5-25　新乐上层文化灰沟 T0106G1 平、剖面图

标本 T0106G1∶17，残，夹砂红陶。柱形足，素面。残高 9.0 厘米（图 5-26，9）。

标本 T0106G1∶22，残，夹砂红陶。方棱形足。横截面为抹角方形。残高 13.7 厘米（图 5-26，10）。

标本 T0106G1∶23，残，夹砂红褐陶。柱状足，横截面呈椭圆形。残高 9.4 厘米（图 5-26，11）。

（四）T0902G1

T0902G1 位于 T0902 探方东南部，开于第②层下，清理长度 6.05、宽 1.45、深 0.98 米（图 5-27）。土质较疏松，土色黑褐。内含遗物有夹砂红褐陶口沿、器耳、器足、器底等。

陶器

5 件。

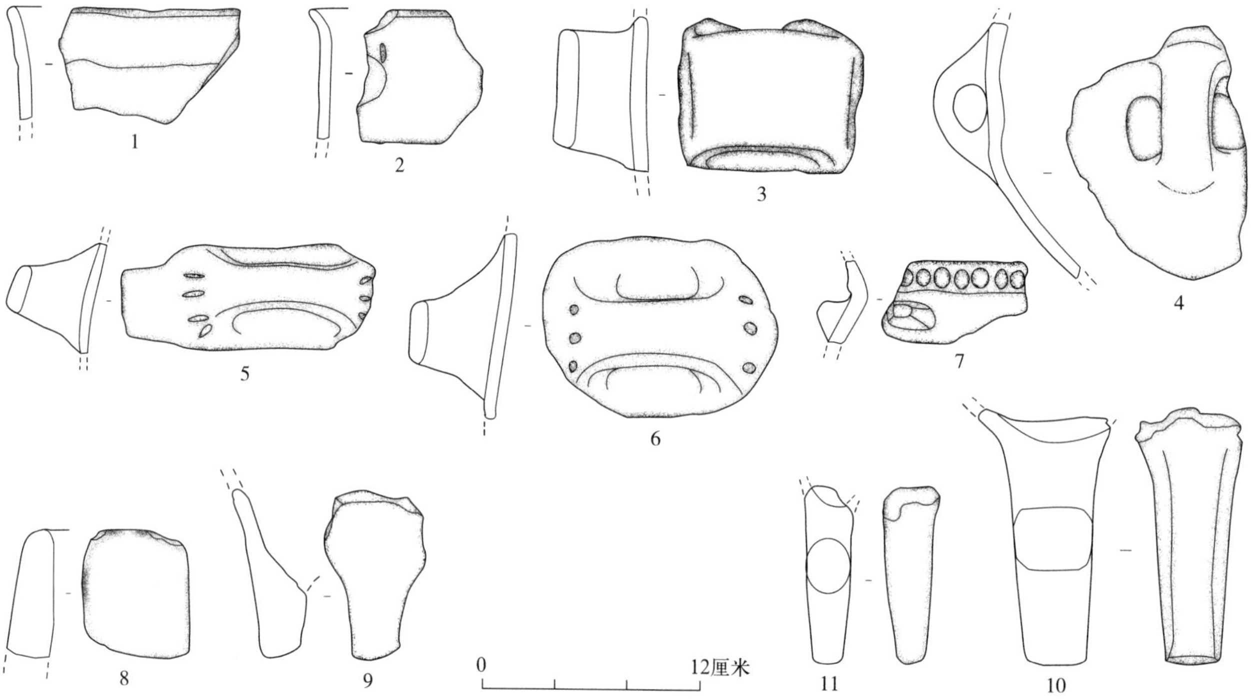

图 5-26　新乐上层文化灰沟 T0106G1 出土陶器

1、2. 陶器口沿 T0106G1 : 2、3　3～6. 陶器耳 T0106G1 : 7、8、11、13　7. 甗腰 T0106G1 : 14　8～11. 陶器足 T0106G1 : 15、17、22、23

陶器口沿　1 件。

标本 T0902G1 : 1，残，夹砂灰褐陶。敞口，圆唇，斜腹。口沿下部饰圆窝纹。残高 4.0 厘米（图 5-28，1）。

器耳　1 件。

标本 T0902G1 : 5，残，夹砂红陶。瘤状横鋬耳。残高 2.8 厘米（图 5-28，2）。

器底　1 件。

标本 T0902G1 : 2，残，夹砂红褐陶。平底。素面。底径 7.0、残高 2.5 厘米（图 5-28，3）。

器足　1 件。

标本 T0902G1 : 4，残，夹砂红陶。横截面扁圆柱形。残高 5.4 厘米（图 5-28，4）。

网坠　1 件。

标本 T0902G1 : 3，残，夹砂红陶。圆柱状，中有一圆穿孔。长 6.7、直径 3.0、孔径 0.5 厘米（图 5-28，5）。

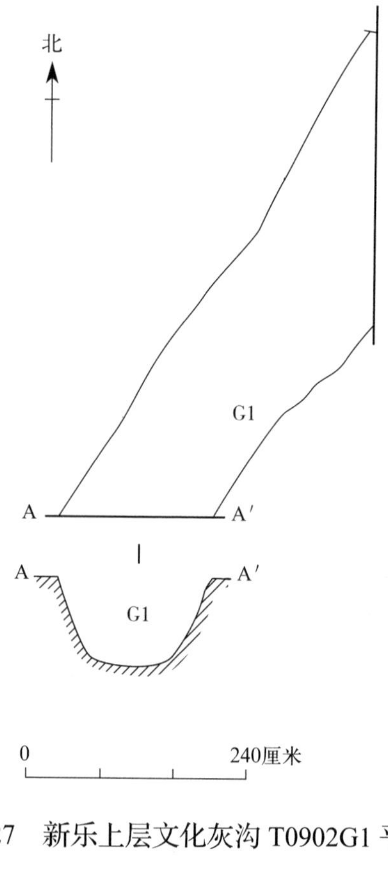

图 5-27　新乐上层文化灰沟 T0902G1 平、剖面图

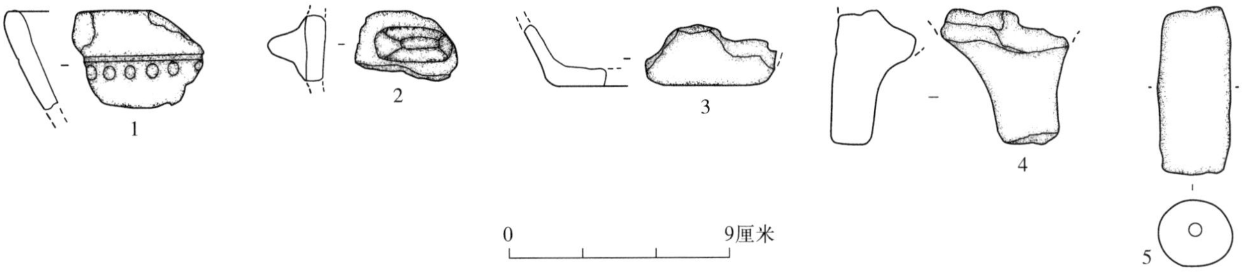

图 5-28　新乐上层文化灰沟 T0902 G1 出土陶器

1. 陶器口沿 T0902G1：1　2. 器耳 T0902G1：5　3. 器底 T0902G1：2　4. 器足 T0902G1：4　5. 网坠 T0902G1：3

（五）T1104G2

T1104G2 位于 T1104 探方东北部，开口第①层下，打破生土。西北—东南向，清理长度 11.50、宽 3.82、深 0.65 米（图 5-29）。

填土分两层，第①层土质疏松，土色黑褐深，深 0.30 米。第②层土质较实，颗粒状，土色黄褐，深 0.35 米。内含遗物有夹砂红陶、褐陶、黑陶、灰陶、黄陶。可见器形有器底、器足、鬲足、桥耳、口沿、甑底残、甗残片。石器有刮削器、石磨棒、敲砸器、石核、石网坠等。

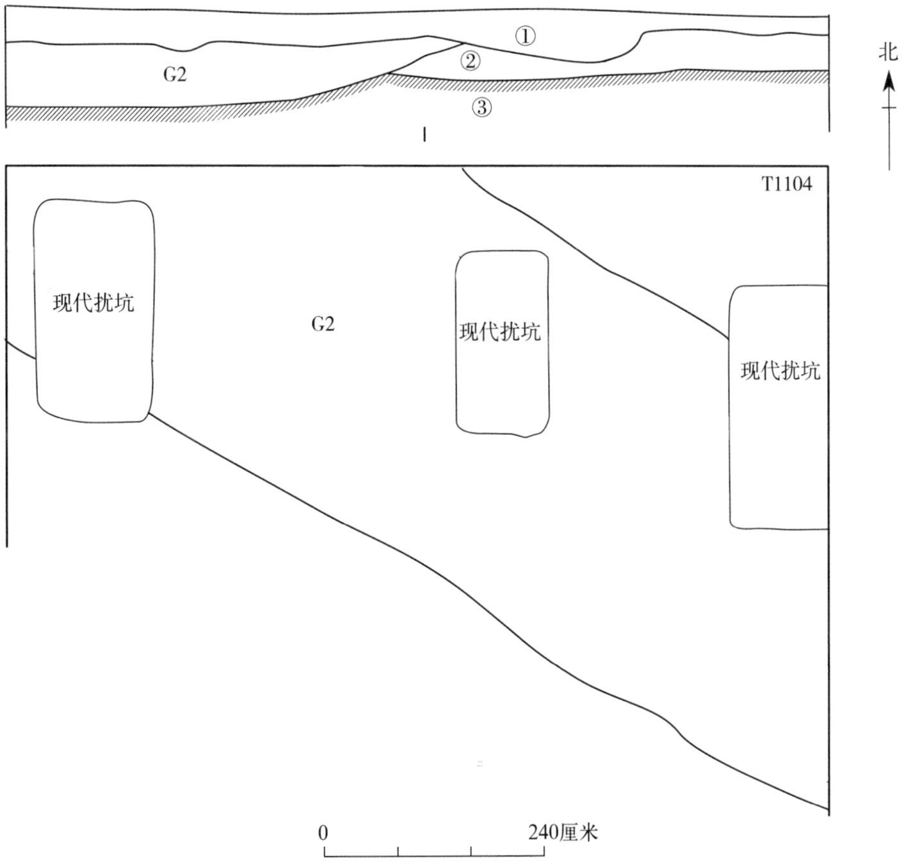

图 5-29　新乐上层文化灰沟 T1104G2 平、剖面图

1. 石器

12 件。

敲砸器 3 件。

标本 T1104G2：7，青褐色板岩。打制，不规则扁椭圆形，局部保留石皮，敲砸痕迹明显。长 8.1、宽 9.0、厚 3.1 厘米（图 5-30，1；彩版一五五，4）。

标本 T1104G2：9，青灰色片麻岩。打制，不规则圆角长条形，局部保留石皮两端敲砸痕迹明显。长 11.2、宽 4.8、厚 2.8 ～ 4.8 厘米（图 5-30，2）。

标本 T1104G2：11，灰褐色砂岩。打制，不规则扁圆形，局部保留石皮，一端敲砸痕迹明显。长 8.3、宽 7.1、厚 4.4 厘米（图 5-30，3）。

石片刮削器 2 件。

标本 T1104G2：3，青褐色闪长玢岩。打制，不规则扁圆形，局部保留石皮，边刃，有刮削痕迹。长 5.9、宽 6.4、厚 3.2 厘米（图 5-30，4）。

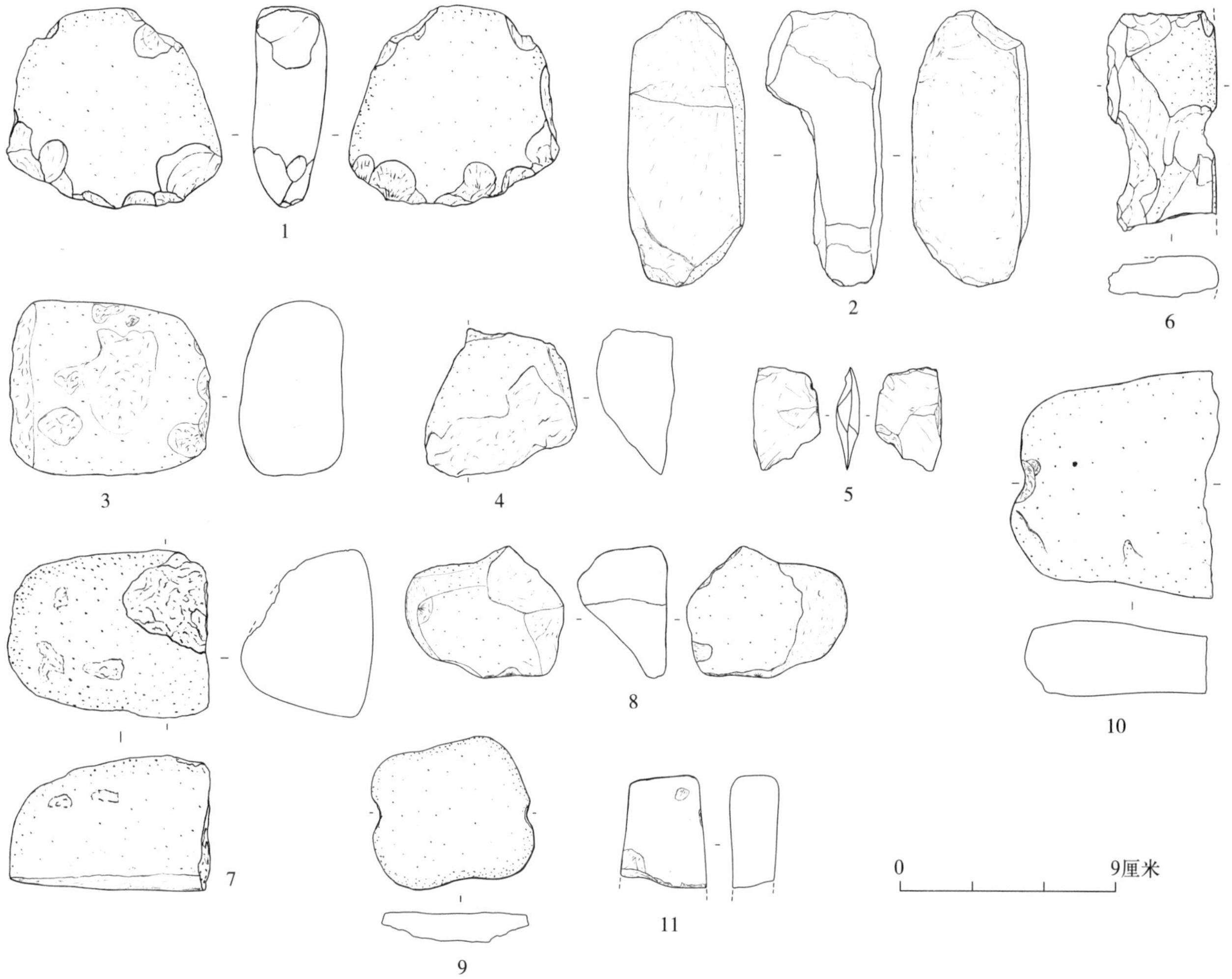

图 5-30 新乐上层文化灰沟 T1104G2 出土石器

1 ～ 3. 敲砸器 T1104G2：7、9、11 4、5. 石片刮削器 T1104G2：3、25 6. 亚腰形石器 T1104G2：1 7. 石磨棒 T1104G2：10 8. 砺石 T1104G2：4 9、10. 网坠 T1104G2：5、6 11. 石块 T1104G2：8

标本 T1104G2∶25，青灰色板岩。打制，不规则扁梯形，边刃，有刮削痕迹。长 4.2、宽 2.7、厚 1.0 厘米（图 5–30，5）。

亚腰形石器　1 件。

标本 T1104G2∶1，青色板岩。打制，扁圆角长方形，局部保留石皮，中部两侧打出豁口。两端有敲砸痕迹。残长 8.7、宽 4.6、厚 1.6 厘米（图 5–30，6）。

石磨棒　1 件。

标本 T1104G2∶10，残，灰白色石英砂岩。磨制，圆角长条形，横截面三角形，多磨面，磨痕明显。残长 8.4、宽 6.8、厚 5.5 厘米（图 5–30，7）。

砺石　1 件。

标本 T1104G2∶4，红褐色粉砂岩。磨制，不规则形，表面有圆凹磨面，磨痕明显。长 6.7、宽 5.3、厚 3.7 厘米（图 5–30，8）。

网坠　2 件。

标本 T1104G2∶5，黄褐色花岗岩打制，圆角扁方形。两侧对称打出豁口。长 7.0、宽 6.2、厚 1.0 厘米（图 5–30，9；彩版一五五，5）。

标本 T1104G2∶6，残，红褐色斑岩。打制，体扁平，残半，存一侧豁口。残长 7.6、宽 9.2、厚 3.0 厘米（图 5–30，10）。

石块　1 件。

标本 T1104G2∶8，青色板岩。打制，圆角扁方形，局部保留石皮。长 4.1、宽 3.1、厚 2.0 厘米（图 5–30，11）。

2. 陶器

13 件。

陶器口沿　2 件。

标本 T1104G2∶13，残，夹砂红陶。敞口，圆唇，斜直腹。口沿处有盲耳。素面。口径 11.0、残高 6.4 厘米（图 5–31，1）。

标本 T1104G2∶14，残，泥质黄褐陶。直口，圆唇，束颈、圆肩。素面。口径 15.0、残高 4.4 厘米（图 5–31，2）。

钵腹片　1 件。

标本 T1104G2∶15，残，夹砂红陶。弧腹。腹部饰划压斜线纹。残高 3.0 厘米（图 5–31，3）。

甑底　1 件。

标本 T1104G2∶17，残，夹砂红褐陶。弧腹，平底，有圆穿孔。底径 6.0、孔径 0.4、残高 4.2 厘米（图 5–31，4）。

器底　5 件。

标本 T1104G2∶16，残，夹砂红陶。平底。素面。底径 8.9、残高 3.4 厘米（图 5–31，5）。

标本 T1104G2∶18，残，夹砂红陶。底微凹。底径 6.3、残高 2.8 厘米（图 5–31，6）。

标本 T1104G2∶19，残，夹砂红褐陶。平底。素面。底径 9.8、残高 3.5 厘米（图 5–31，7）。

标本 T1104G2∶20，残，夹砂红陶。平底。素面。底径 5.9、残高 2.1 厘米（图 5–31，8）。

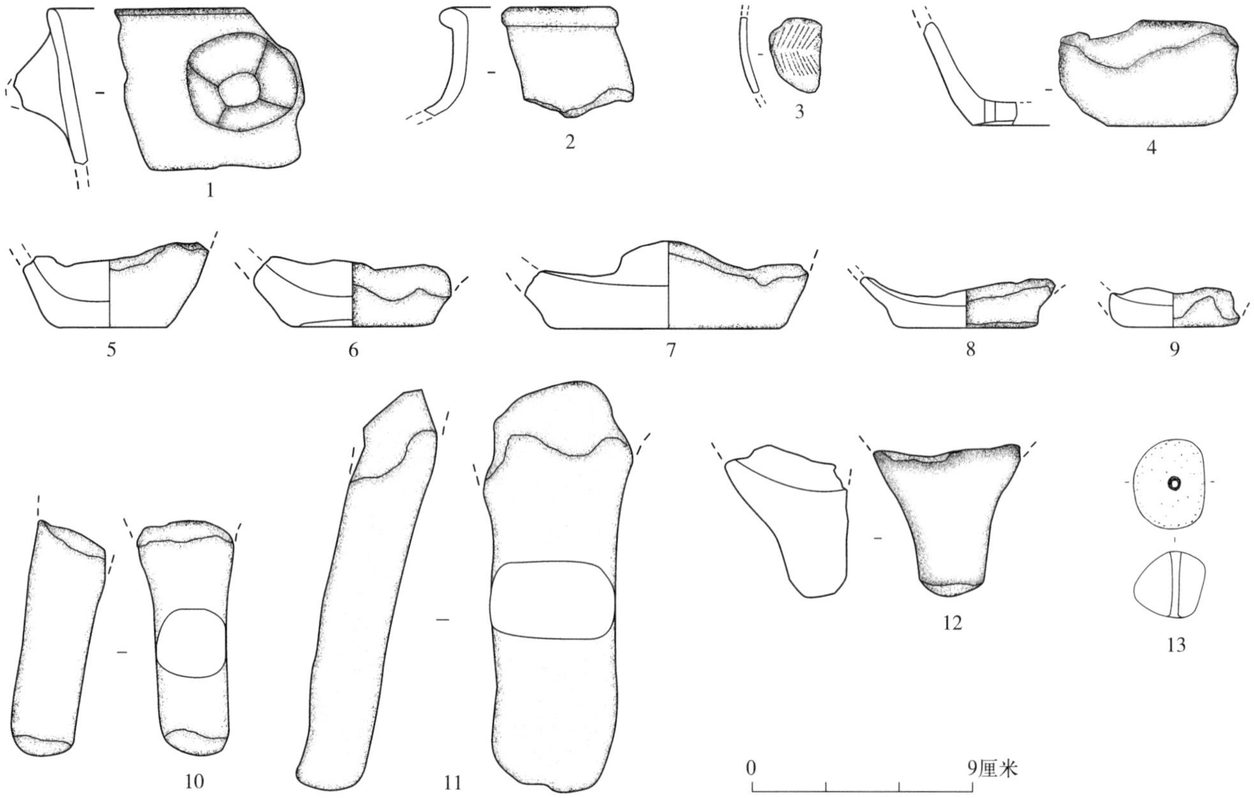

图 5-31　新乐上层文化灰沟 T1104G2 出土陶器

1、2. 陶器口沿 T1104G2：13、14　3. 钵腹片 T1104G2：15　4. 甑底 T1104G2：17　5 ～ 9. 器底 T1104G2：16、18 ～ 21　10、11. 鼎足 T1104G2：22、24　12. 鬲足 T1104G2：23　13. 陶纺轮 T1104G2：2

标本 T1104G2：21，残，夹砂灰褐陶。平底。底径 5.2、残高 1.6 厘米（图 5-31，9）。

鼎足　2 件。

标本 T1104G2：22，残，夹砂红陶。柱状。素面。残高 9.4、径 2.8 厘米（图 5-31，10）。

标本 T1104G2：24，残，夹砂红陶。横截面扁方抹圆角形。残高 16.2、宽 5.2、厚 3 厘米（图 5-31，11）。

鬲足　1 件。

标本 T1104G2：23，残，夹砂红陶。柱状足。残高 6.1 厘米（图 5-31，12）。

陶纺轮　1 件。

标本 T1104G2：2，残，夹砂红褐陶。横截面呈菱形。中有圆孔。直径 2.7 ～ 3.3、孔径 0.2、高 2.4 厘米（图 5-31，13；彩版一五五，6）。

（六）14G1

在 TN09E07、TN10E08、TN11E08 内均有发现。东北—西南向，斜壁，圜底。14G1 清理长 13.2、上口宽 3.50、下口宽 0.60、存深 1.30 米（图 5-32）。

堆积分为两层，第①层为黄褐色黏土，土质疏松，出土了大量的夹砂陶片、少量石器。第②层为浅灰褐色黏土，土质致密，出土有夹砂陶片、石器。可辨器形有鬲、壶、甗、纺轮、石刀等。

1. 石器

21 件。

敲砸器　4 件。

标本 14G1 ①: 4，打制。扁长方形，局部保留石皮，多剥片疤。长 5.4、宽 3.4、厚 1.6 厘米（图 5-34，1）。

标本 14G1 ②: 1，青灰色硅质板岩。打制，不规则多棱形，多剥片疤，局部保留石皮，敲砸痕迹明显。长 7.7、宽 4.6、厚 3.7 厘米（图 5-33，1）。

标本 14G1 ②: 2，打制。不规则多棱形，多剥片疤，局部保留石皮，敲砸痕迹明显。长 8.3、宽 5.3、厚 2.8 厘米（图 5-33，2）。

标本 14G1 ②: 14，打制。椭圆多棱形，多剥片疤，局部保留石皮，两端敲砸痕迹明显。长 7.0、宽 5.5、厚 4.2 厘米（图 5-33，3）。

石片刮削器　6 件。

标本 14G1 ①: 2，打制。长三角形，弧刃。长 5.7、宽 3.0、厚 0.9 厘米（图 5-33，4）。

标本 14G1 ②: 6，青灰色砂板岩。打制，三角形。弧刃，刮削痕迹明显。长 2.5、宽 2.1、厚 0.5 厘米（图 5-33，5）。

标本 14G1 ②: 15，打制，多边形，边刃，有刮削痕迹。长 4.1、宽 7.0、厚 2.4 厘米（图 5-34，3）。

标本 14G1 ②: 17，青色板岩。打制，长三角形。两侧刮削痕迹明显。长 3.7、宽 4.7、厚 1.2 厘米（图 5-33，6）。

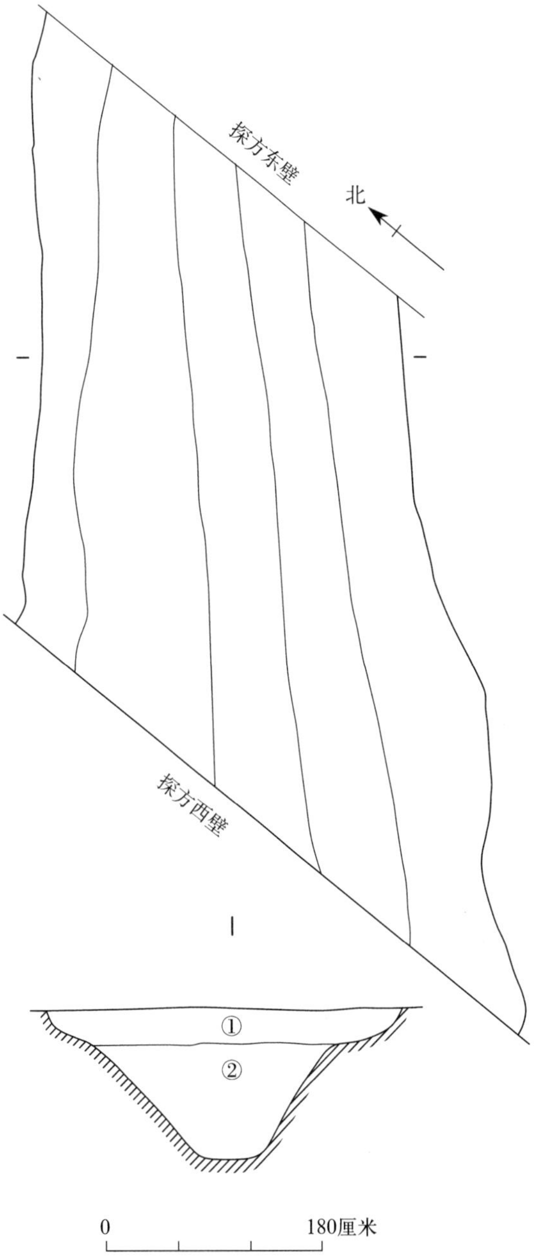

图 5-32　新乐上层文化灰沟 14G1 平、剖面图

标本 14G1 ②: 18，打制，多边形，边刃，有刮削痕迹。残长 3.4、宽 2.7、厚 1.2 厘米（图 5-34，5）。

标本 14G1 ②: 19，青色板岩。打制，半圆形，边刃，有刮削痕迹。长 5.3、宽 4.0、厚 2.2 厘米（图 5-34，6）。

石核　2 件。

标本 14G1 ②: 4，打制。长方形，有平台面，有剥片疤。长 5.0、宽 3.1、厚 3.0 厘米（图 5-34，2）。

标本 14G1 ②: 16，打制，不规则菱形，有平台面，一侧有剥片疤。残长 5.9、宽 2.2、厚 3.2 厘米（图

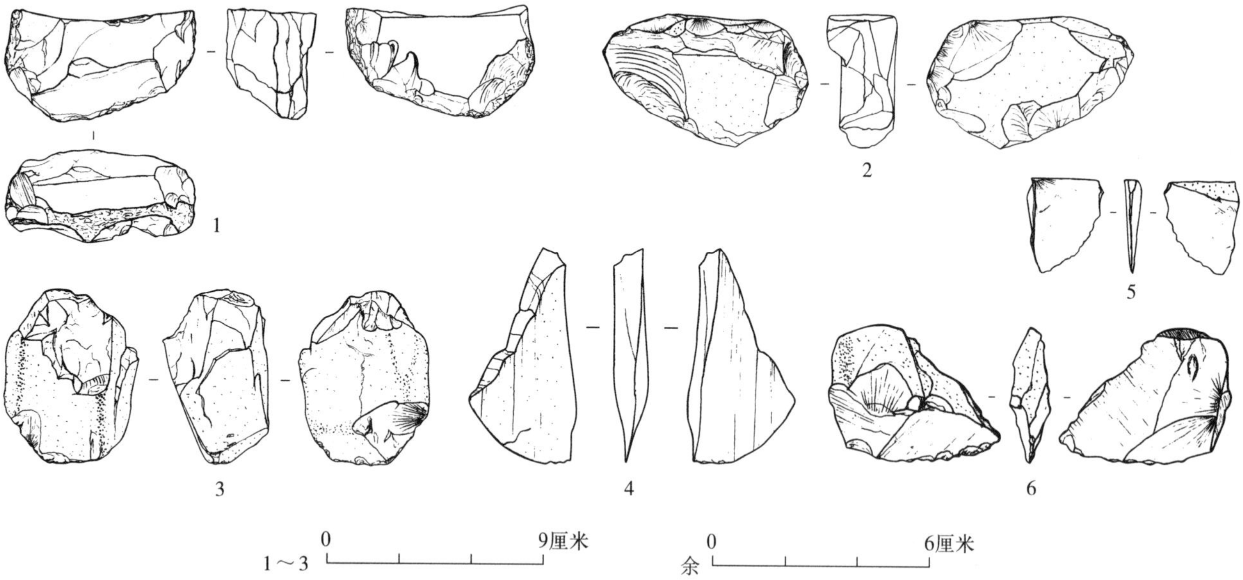

图 5-33　新乐上层文化灰沟 14G1 出土打制石器

1～3. 敲砸器 14G1②：1、2、14　4～6. 石片刮削器 14G1①：2、14G1②：6、17

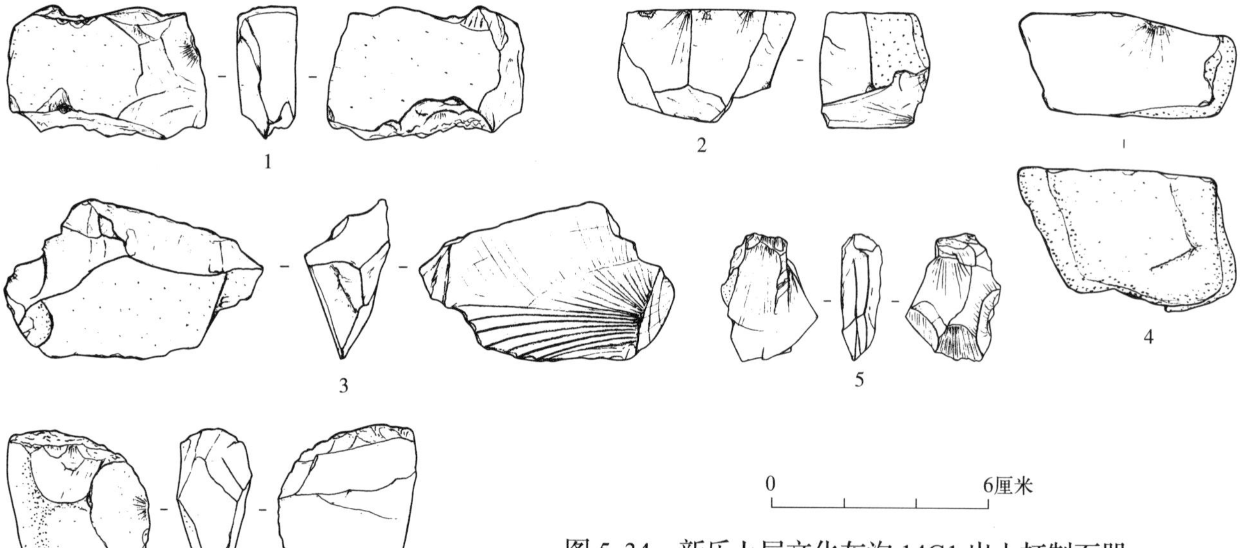

图 5-34　新乐上层文化灰沟 14G1 出土打制石器

1. 敲砸器 14G1①：4　2、4. 石核 14G1②：4、16　3、5、6. 石片刮削器 14G1②：15、18、19

5-34，4）。

石斧　1 件。

标本 14G1②：11，残。磨制，扁方形，表面磨光，刃部有敲砸痕迹。残长 6.1、宽 5.0、厚 1.8 厘米（图 5-35，1）。

石刀　4 件。

标本 14G1②：5，残。磨制，表面光滑，对磨直刃。残长 4.3、宽 4.2、厚 0.4 厘米（图 5-35，2）。

标本 14G1②：7，残。磨制，表面光滑，对磨直刃。残长 5.2、宽 5.1、厚 0.4 厘米（图 5-35，3）。

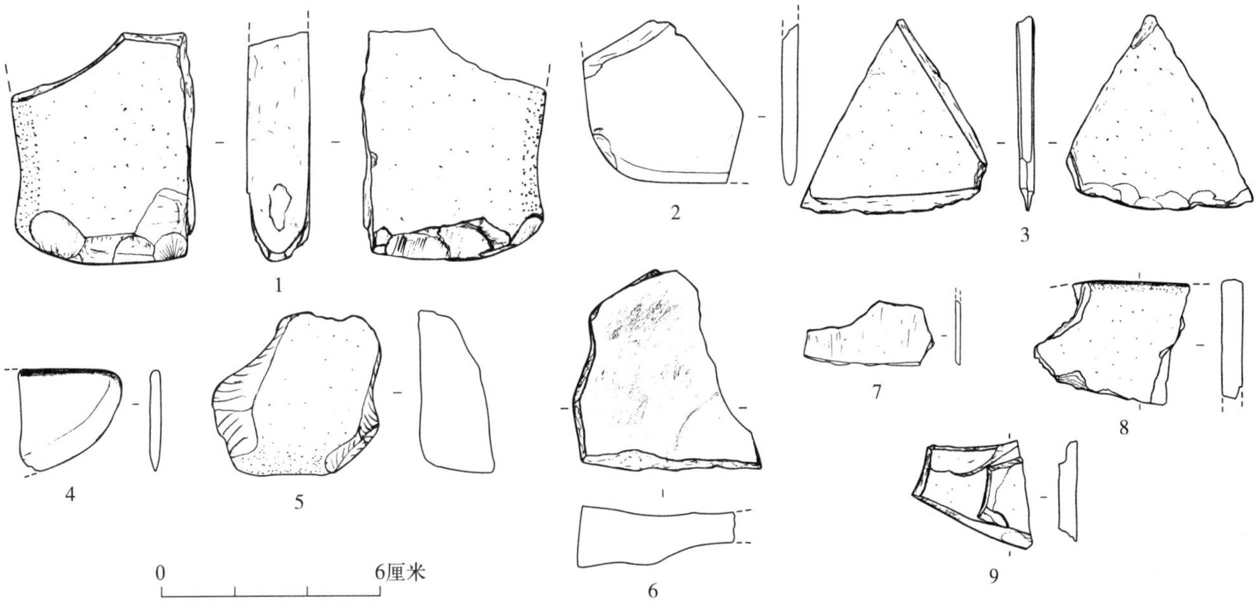

图 5-35　新乐上层文化灰沟 14G1 出土石器

1. 石斧 14G1②：11　2～4、8. 石刀 14G1②：5、7、9、12　5、6. 砺石 14G1①：1、G1②：8　7、9. 石料 14G1②：10、13

标本 14G1②：9，残，青灰色板岩。磨制，直背，对磨弧刃。残长 2.8、宽 2.7、厚 0.3 厘米（图 5-35，4）。

标本 14G1②：12，残。青褐色板岩，磨制，直背。残长 3.3、残宽 4.1、厚 0.5 厘米（图 5-35，8）。

砺石　2 件。

标本 14G1①：1，残。磨制，不规则三棱形。表面磨痕明显。残长 4.5、宽 4.2、厚 2.0 厘米（图 5-35，5）。

标本 G1②：8，残，青褐色板岩。磨制，不规则形。两面有磨痕。长 5.3、宽 5.1、厚 1.7 厘米（图 5-35，6）。

石料　2 件。

标本 14G1②：10，残。青褐色板岩，片状。残长 3.5、宽 1.7、厚 0.1 厘米（图 5-35，7）。

标本 14G1②：13，残。青褐色板岩磨制，不规则形片状。残长 2.8、宽 3.3、厚 0.5 厘米（图 5-35，9）。

2. 陶器

18 件。

口沿　3 件。

标本 14G1②：30，残，夹砂红陶。敛口，尖唇，斜直腹。素面。残高 10.1 厘米（图 5-36，1）。

标本 14G1②：21，残，夹砂红陶。敛口，折唇，弧腹。素面。口径 9.6、残高 3.0 厘米（图 5-36，2）。

标本 14G1②：26，残，夹砂红陶。敛口，圆唇，弧腹。素面。口径 9.8、残高 4.0 厘米（图 5-36，3）。

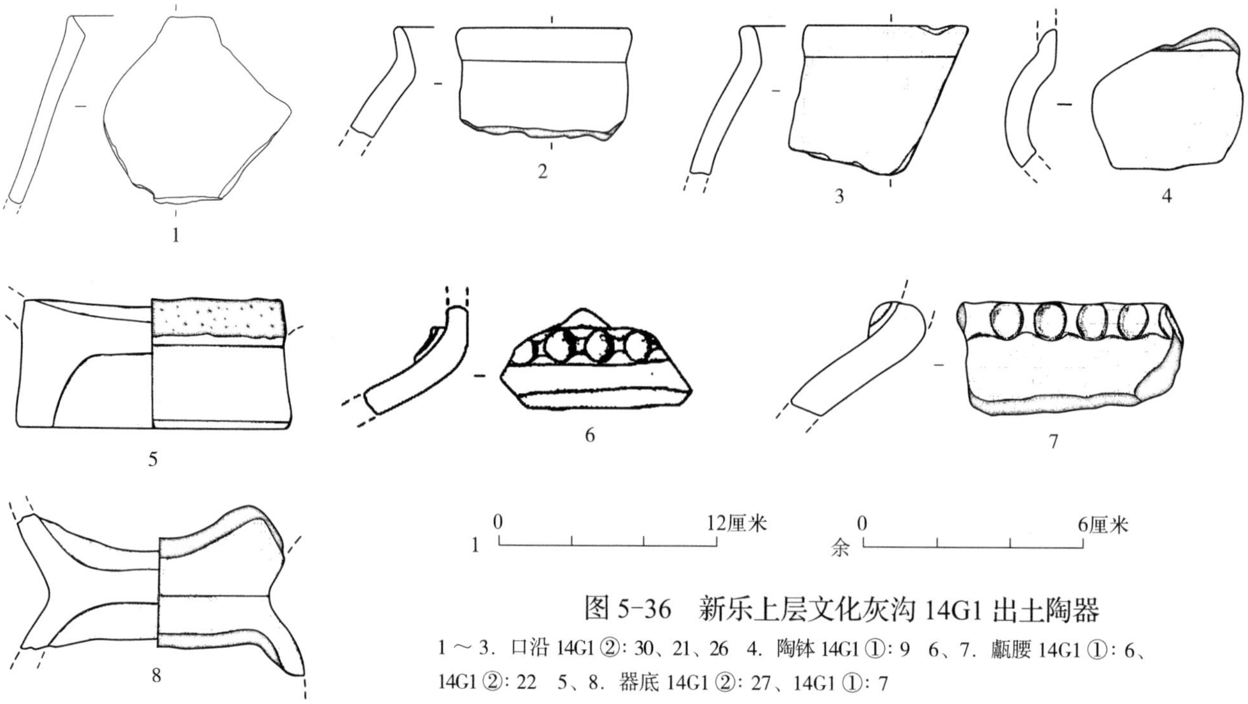

图 5-36　新乐上层文化灰沟 14G1 出土陶器

1～3. 口沿 14G1②: 30、21、26　4. 陶钵 14G1①: 9　6、7. 甗腰 14G1①: 6、14G1②: 22　5、8. 器底 14G1②: 27、14G1①: 7

陶钵　1 件。

14G1①: 9，残，夹砂红陶。鼓腹。残宽 4.2、高 3.8 厘米（图 5-36，4）。

甗腰　2 件。

标本 14G1①: 6，残，夹砂红陶。腰部有窝状附加堆纹。残宽 5.2、残高 2.6 厘米（图 5-36，6）。

标本 14G1②: 22，残，夹砂红陶。腰部装饰窝状附加堆纹。残宽 6.2、残高 3.0 厘米（图 5-36，7）。

器底　5 件。

标本 14G1①: 7，残，夹砂红陶。高圈足器，素面。径 5.8、残高 4.5 厘米（图 5-36，8）。

标本 14G1①: 8，残，夹砂红陶。平底，素面。底径 13.0、残高 4.4 厘米（图 5-37，1）。

标本 14G1②: 27，残，夹砂红陶。圈足。素面。底径 7.4、残高 3.4 厘米（图 5-36，5）。

标本 14G1②: 28，残，夹砂红陶。平底，素面。底径 5.8、残高 3.3 厘米（图 5-37，2）。

标本 14G1②: 29，残，夹砂红陶。平底，素面。残高 3.0 厘米（图 5-37，3）。

器耳　3 件。

标本 14G1②: 23，残，夹砂红陶。竖桥状耳，耳根部饰戳刺纹。残宽 7.5、高 4.5 厘米（图 5-37，4）。

标本 14G1②: 24，残，夹砂红陶。竖桥状耳，素面。残宽 5.0、高 5.2 厘米（图 5-37，5）。

标本 14G1②: 25，残，夹砂红陶。竖桥状耳，素面。残长 6.6、宽 2.5 厘米（图 5-37，6）。

陶纺轮　2 件。

标本 14G1①: 3，残，夹砂红陶。扁圆形，中有圆孔，素面。直径 6.2、高 0.8 厘米（图 5-37，7）。

标本 14G1②: 3，残，夹砂红陶。扁圆形，中有圆孔，底边饰一周戳刺纹。直径 6.2、高 1.0、孔径 0.7 厘米（图 5-37，8）。

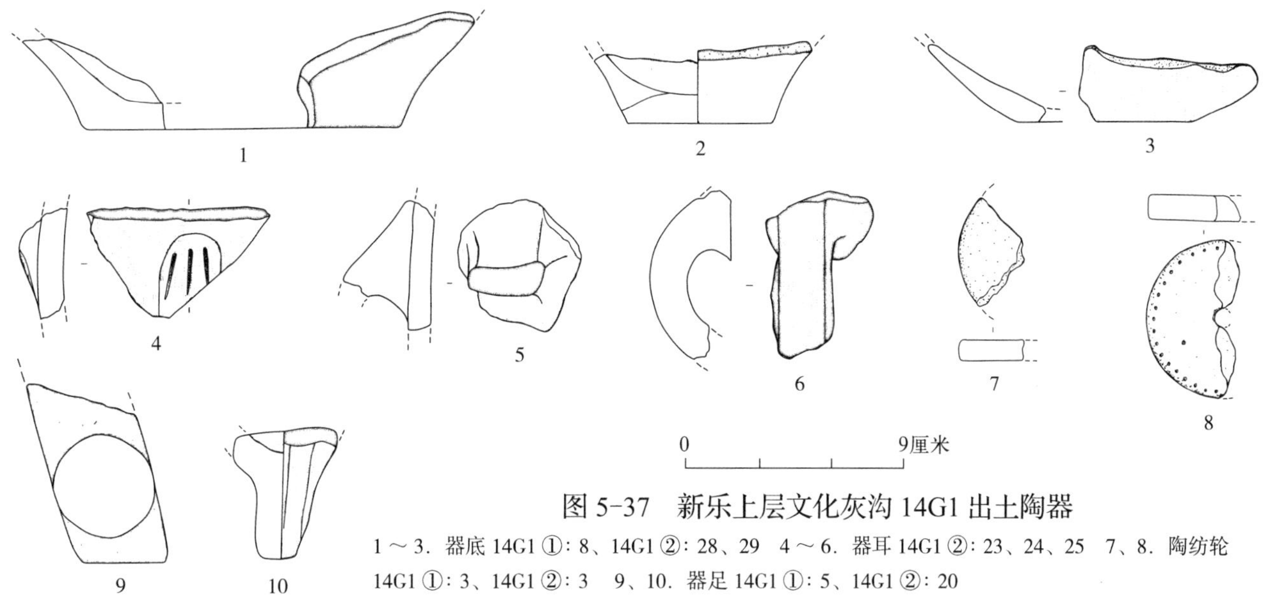

图 5-37　新乐上层文化灰沟 14G1 出土陶器

1～3. 器底 14G1 ①：8、14G1 ②：28、29　4～6. 器耳 14G1 ②：23、24、25　7、8. 陶纺轮 14G1 ①：3、14G1 ②：3　9、10. 器足 14G1 ①：5、14G1 ②：20

器足　2 件。

标本 14G1 ①：5，残，夹砂红陶。柱状足，斜平根。径 4.0～4.2、残高 7.4 厘米（图 5-37，9）。

标本 14G1 ②：20，残，夹砂红陶。鬲足。足径 2.2、残高 5.2 厘米（图 5-37，10）。

（七）14G2

14G2 位于 14TG3 内。开口于第②层下，长条形。残长 2.90、宽 1.10、深 0.70 米（图 5-38）。

G1 堆积分为两层，第一层为灰褐色黏土，土质疏松，出土少量夹砂陶片。第二层为浅灰褐色黏土，土质致密，出土少量夹砂陶片。

陶器

1 件。

器耳　1 件。

标本 14G2：1，残，夹砂红陶。桥状耳，横置。耳长 7.9、宽 3.3～4.4 厘米（图 5-38，1）。

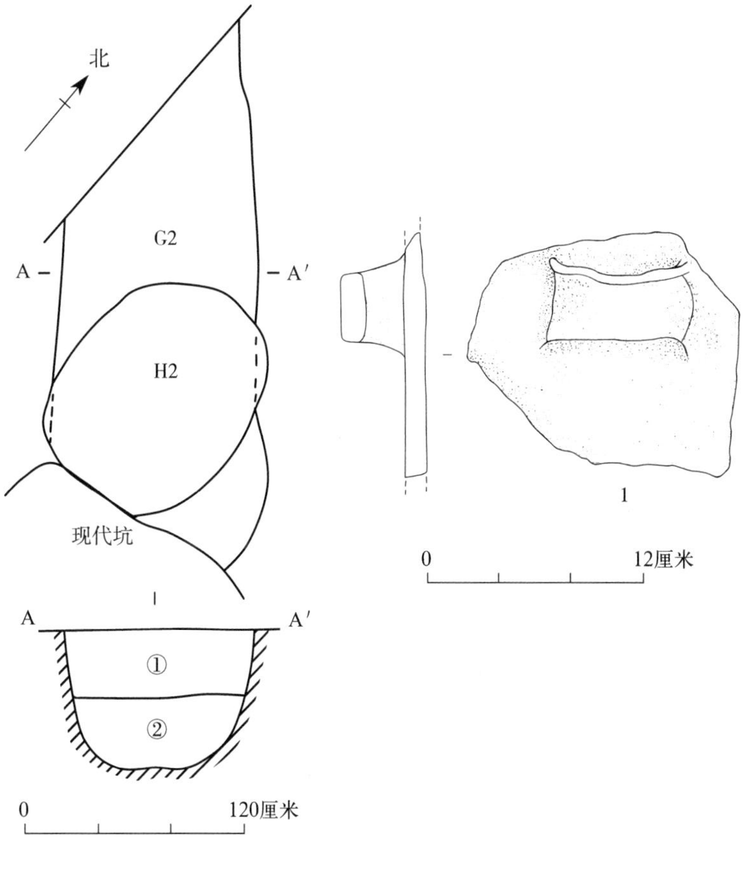

图 5-38　新乐上层文化灰沟 14G2 及出土陶器

1. 器耳 14G2：1

四　墓葬

新乐上层文化目前发现的墓葬形式有两种，一种是土坑葬，一种是瓮棺葬，还发现有祭祀坑。土坑墓相对较多，已发现清理 11 座，瓮棺墓葬清理 2 座，祭祀坑 2 处。骨质保存较差，多是屈肢葬。随葬遗物仅一至二件，最多三件。均为陶器，器型有罐、壶、碗、杯、纺轮等 17 件。

（一）土坑墓

1983年6月上旬至10月下旬，在新乐遗址东侧一般保护区内的航天部东北物资供应站（〇六单位）清理墓葬 4 座，祭祀坑 1 个。编号为 83 〇六 KBTM。

1. 83 〇六 KBT6M1

83 〇六 KBT6M1 位于 83 〇六 KBT6 南侧，开口于①层下，叠压在 83 〇六 KBT6H1 之下，长方形土坑竖穴。墓口长 1.30、宽 0.78、深 0.42 米，墓底长 1.14、宽 0.55 米（图 5-39；彩版一五六，1）。

墓内仅发现残留的部分肢骨，并多已腐朽成泥带状，唯头盖骨保存的较好，为侧身屈肢葬。头向南，面向东。墓葬方位正北稍偏东。无随葬品。

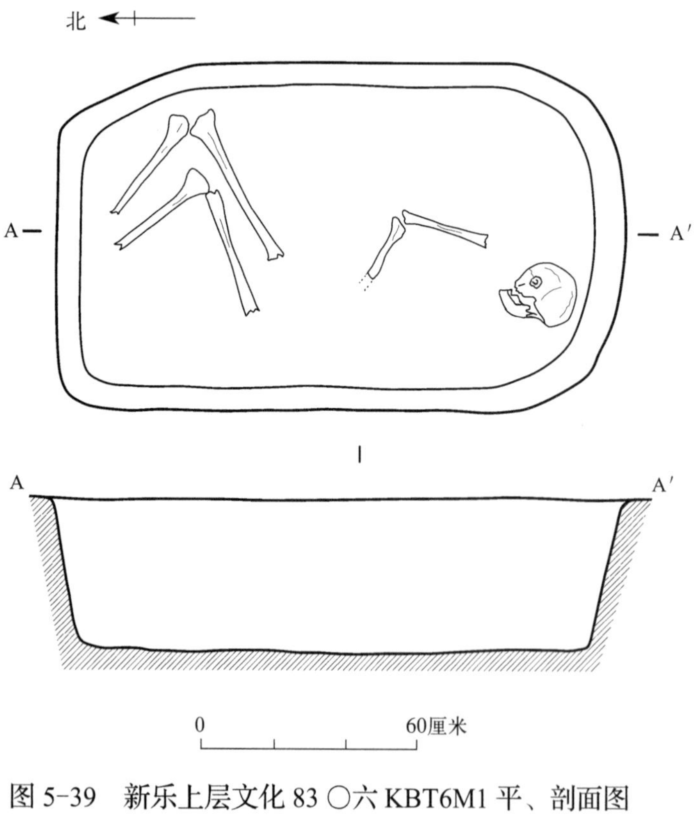

图 5-39　新乐上层文化 83 〇六 KBT6M1 平、剖面图

2. 83 〇六 KBT6M2

83 〇六 KBT6M2 位于 83 〇六 KBT1 北壁东侧。开口于①层下，长方形土坑竖穴。方位北 21°。墓口长 2.70、宽 1.16、深 0.34 米，墓底长 1.57、宽 0.73 米（图 5-40；彩版一五六，2）。骨架腐朽，仅在墓穴北部发现少许残留牙齿，面向西。底部有二层台较矮。二层台宽0.12、深0.14米。

随葬品 3 件。陶罐 2 件，分置在墓穴的东南部，陶罐（83 〇六 KBT6M2：2）内有陶纺轮 1 件。

陶罐　2 件。

标本 83 〇六 KBT6M2：1，夹砂褐陶。手制，广口，折圆唇，小鼓腹，底稍凹。腹下饰三个瘤状耳，器表较粗。口径 8.8、底径 5.6、腹径 9.4、通高 7.8、壁厚 0.8 厘米（图 5-40，1）。

标本 83 〇六 KBT6M2：2，夹砂黄褐陶。广口，沿外附加有一周薄泥片，

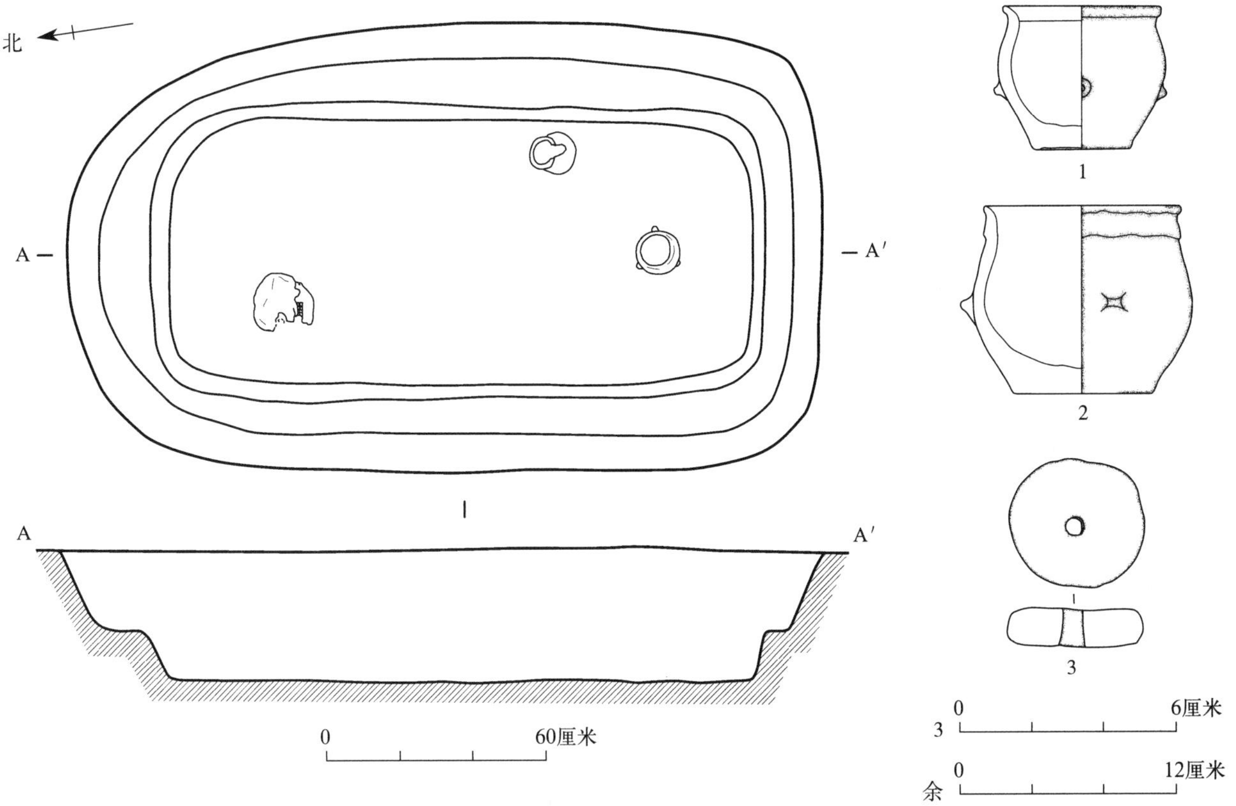

图 5-40 新乐上层文化 83 〇六 KBT6M2 及出土陶器

1. 陶罐 83 〇六 KBT6M2：1 2. 陶罐 83 〇六 KBT6M2：2 3. 陶纺轮 83 〇六 KBT6M2：3

呈三角形尖唇。弧腹，平底。腹中部饰有三瘤状耳。口径 11、底径 7.8、腹径 12.4、通高 10、壁厚 0.8 厘米（图 5-40，2）。

陶纺轮 1 件。

标本 83 〇六 KBT6M2：3，夹细砂红褐陶。手捏制。圆饼状，素面。中部穿孔。孔上窄下宽。直径 3.7、孔径 0.5 ～ 0.7 厘米（图 5-40，3）。

3. 83 〇六 KBT6M3

83 〇六 KBT6M3 位于 83 〇六 KBT6M2 南部，开口于①层下，长方形土坑竖穴。北偏西 20° 为屈肢葬。墓口长 2.13、宽 1.36、深 0.48 米，墓底长 1.87、宽 1.20 米（图 5-41；彩版一五七，1）。头向南，面向东，可见部分肢骨和牙齿。

随葬品在骨架胸部东侧，有陶壶、陶罐各 1 件。

陶罐 1 件。

标本 83 〇六 KBT6M3：1，夹砂红褐陶。器表粗糙。广口，圆唇，沿外附加有一周极薄的泥片，呈宽带三角形复尖唇。弧腹，平底微内凹。素面。腹饰有三瘤状耳。口径 9.4、底径 7.6、腹径 11.0、通高 9.6、壁厚 0.6 厘米（图 5-41，1；彩版一五七，2）。

陶壶 1 件。

标本 83 〇六 KBT6M3：2，夹砂红褐陶。手制，圆尖唇，长颈，上细下粗。颈底部附加一周按

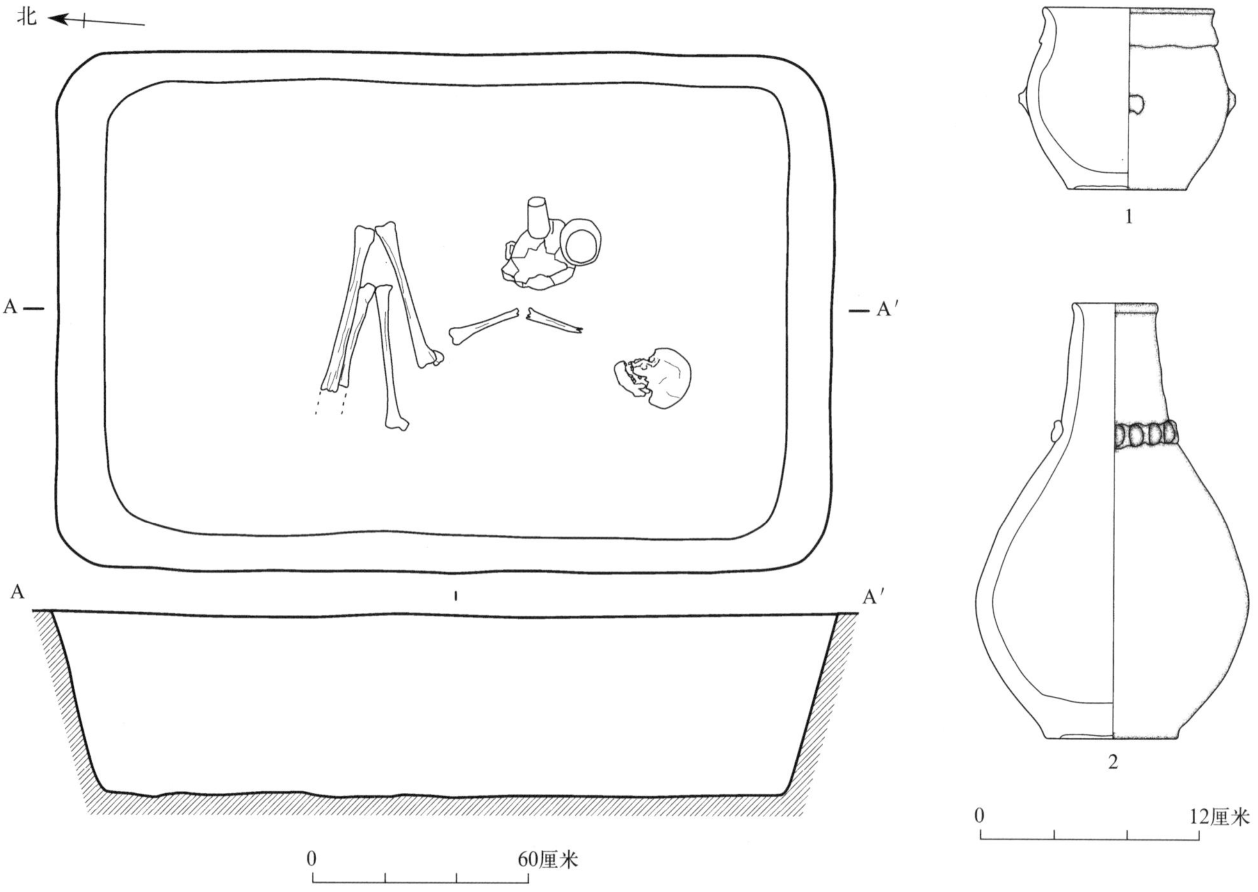

图 5-41 新乐上层文化 83 〇六 KBT6M3 及出土陶器

1. 陶罐 83 〇六 KBT6M3：1 2. 陶壶 83 〇六 KBT6M3：2

压指窝堆纹。柳肩，垂鼓腹，平底微凹。口径 4.6、腹径 14.8、底径 7.2、厚 0.8 厘米（图 5-41，2；彩版一五七，3）。

4. 83 〇六 KBT1M4

83 〇六 KBT1M4 位于 83 〇六 KBT1 西北角。开口于①层下，长方形土坑竖穴。从残存的下肢骨形状看，亦为屈肢葬。头东足西，面向南。墓口长 2.15、宽 1.45、深 0.28 米（图 5-42；彩版一五六，4）。墓底中部偏西有 0.30 米的浅凹槽，形成墓底可视为二层台痕迹。墓底长 1.36、宽 0.60 米。

随葬品在墓底中部偏南，置陶壶 1 件。

陶壶 1 件。

标本 83 〇六 KBT1M4：1，夹砂褐陶。手制，素面。器表压光不均。圆唇微外侈，长直颈，圆鼓腹，平底微凹。口径 5.8、底径 6.4、腹径 11.4 厘米（图 5-42，1）。

5. 祭祀坑

83 〇六 KBT6JK

祭祀坑位于 83 〇六 KBT6M2 和 83 〇六 KBT6M3 之间。圆形，平底，直径 0.68、残存深度 0.05

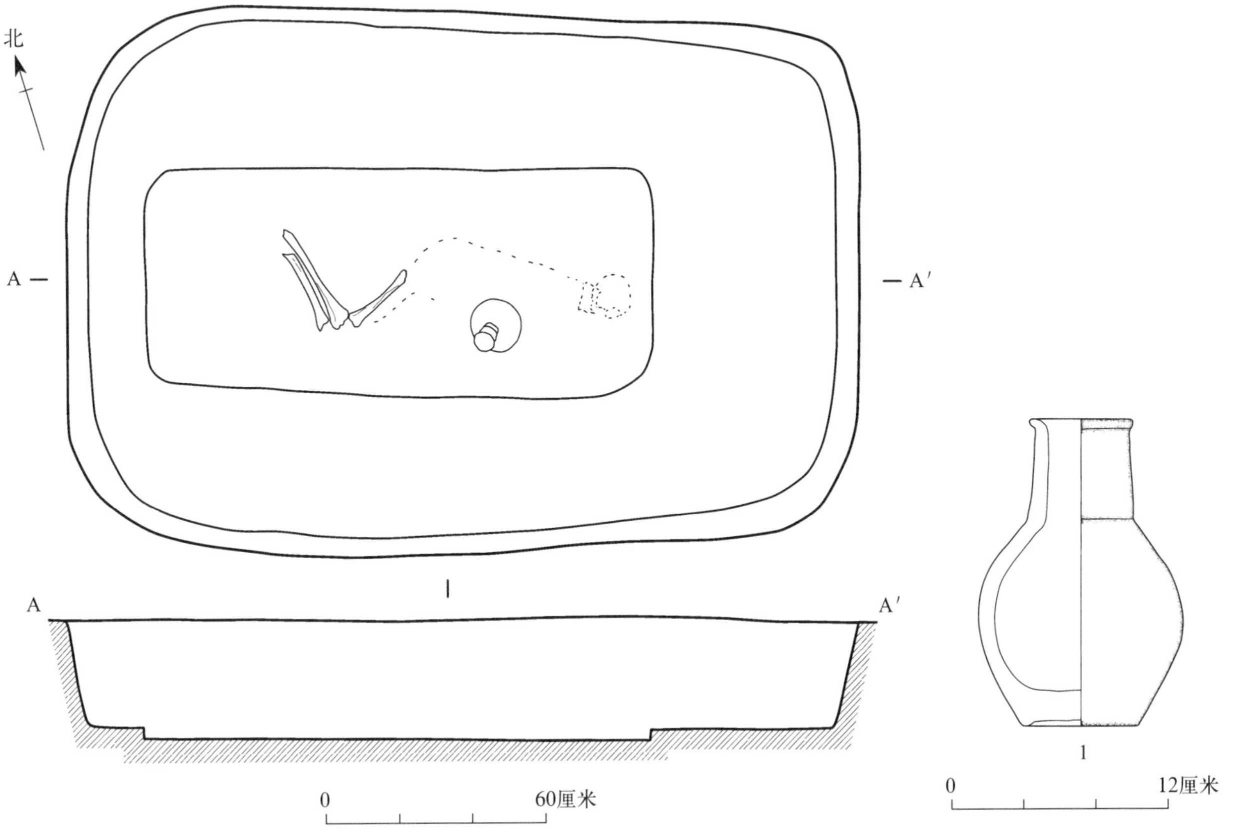

图 5-42　新乐上层文化 83 〇六 KBT1M4 及出土陶器

1．陶壶 83 〇六 KBT1M4：1

米（图 5-43）。

在祭祀坑中部置小陶杯 2 件。由于此坑所处位置及形状特殊，因此推测可能为祭祀坑，坑内遗物为祭品。

陶杯　2 件。

标本 83 〇六 KBT6JK：1，夹细砂黄褐陶。手制，尖唇微内敛。口不整齐，平底较厚，素面。口径 4.2、底径 3.4、高 4.4、壁厚 0.6 厘米（图 5-43，1）。

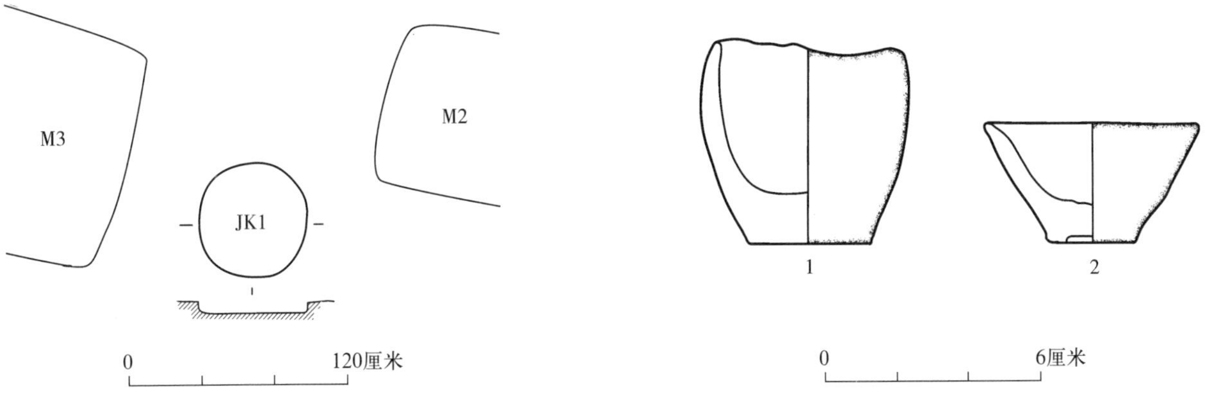

图 5-43　新乐上层文化 83 〇六 KBT6JK 及出土陶器

1、2．陶杯 83 〇六 KBT6JK：1、2

标本 83 〇六 KBT6JK : 2，夹砂黄褐陶。手制，敞口，圆唇，斜直腹，凹底，素面。口径 6.0、底径 2.4、高 3.2、壁厚 0.4 厘米（图 5-43，2）。

6. T0101M1

T0101M1 位于 T0101 东壁中部，开口于①层下，长方形土坑竖穴，穴壁微斜，平底。墓口长 1.30、宽 0.78、深 0.42 米，墓底长 1.14、宽 0.55 米（图 5-44）。

由于墓内未发现遗骨，葬式不清，推测头向北。仅在墓穴南部发现陶罐 1 件。

陶罐　1 件。

标本 T0101M1 : 1，夹砂红褐陶。手制，火候较低。器表粗糙，圆唇口稍外侈，鼓腹平底。腹中部饰三个横盲耳。口径 12.3、底径 6.6、腹径 14.2、通高 11.0、壁厚 0.8 厘米（图 5-44，1；彩版一五七，5）。

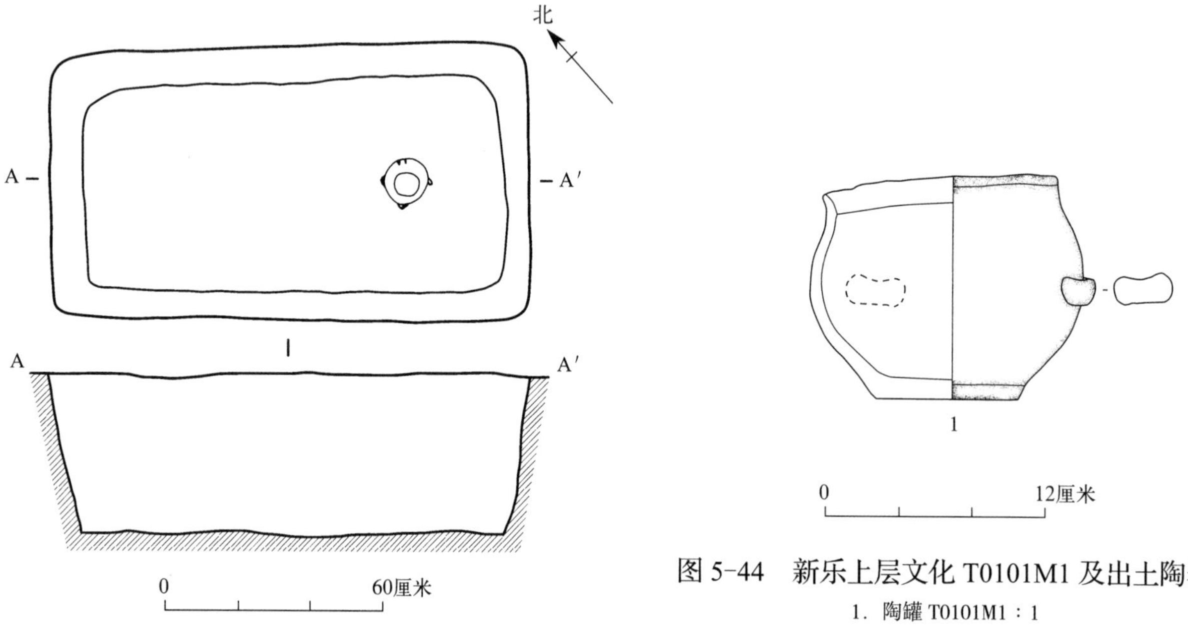

图 5-44　新乐上层文化 T0101M1 及出土陶器

1. 陶罐 T0101M1 : 1

7. T0301M1

T0301M1 位于 T0301 内，开口层位、形制不清。出土陶壶 1 件。

陶壶　1 件。

标本 T0301M1 : 1，可修复，夹砂红陶。敞口，圆唇，斜直领，束颈，鼓腹，平底。素面。口径 7.2、底径 6.2、高 18.9 厘米（图 5-45，1；彩版一五七，6）。

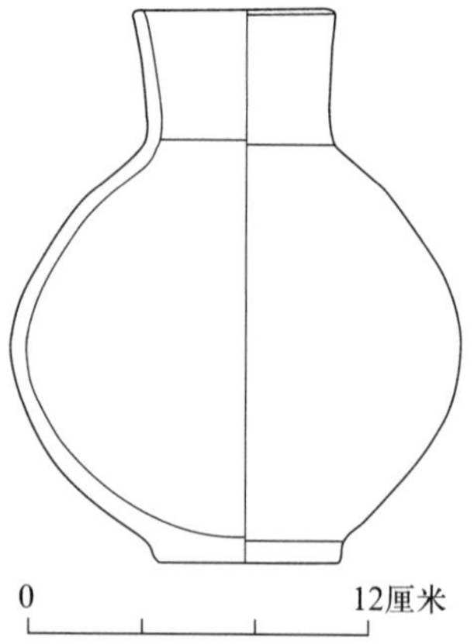

图 5-45　新乐上层文化 T0301M1 出土陶壶 T0301M1 : 1

8. T0802M1

T0802M1 位于 T0802 北壁中部。开口于①层下，其中有一半延伸至北壁隔梁内。长方形土坑竖穴。墓口长 1.30、宽 0.50、深 0.25 米，墓底长 1.20、宽 0.40 米（图 5-46）。未见人骨。

在墓的东南角发现 1 件单耳陶壶。

陶壶　1 件。

标本 T0802M1：1，夹砂黄褐陶，直口，圆唇。上口不平。从口至肩腹有状桥耳，对称部位，有竖盲耳。口径 6.4、底径 4.6、腹径 9.1、通高 11.0、厚 0.8 厘米（图 5-46，1；彩版一五八，1）。

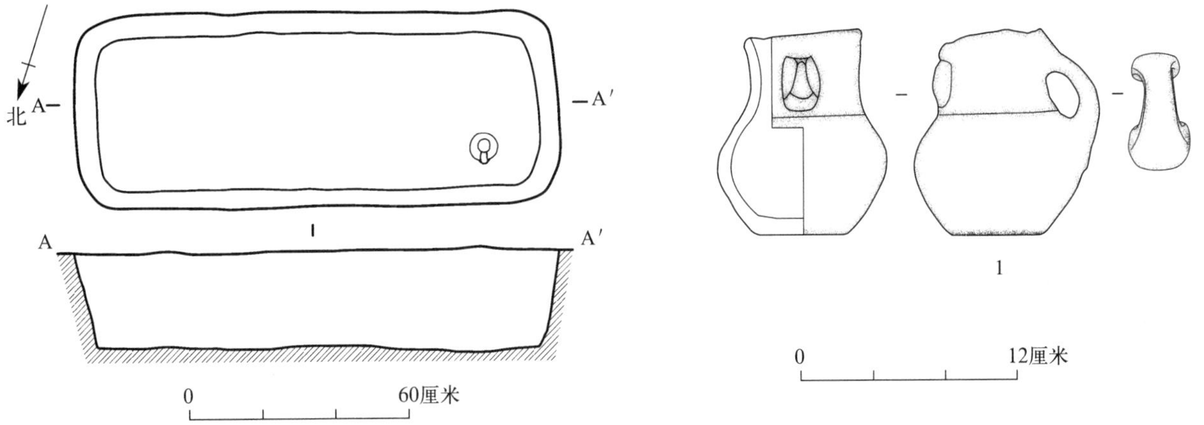

图 5-46　新乐上层文化 T0802M1 及出土陶器

1. 陶壶 T0802M1：1

9. T0903M1

T0903M1 位于 T0903 探方中部。开口于①层下，长方形土坑竖穴，叠压在 T0903H3 之下。灰坑底部露出墓口。墓口长 1.50、宽 0.62、深 0.45 米，墓底长 1.40、宽 0.52 米（图 5-47；彩版一五八，2）。在墓穴南部发现有少许人的牙齿。其面向不清。

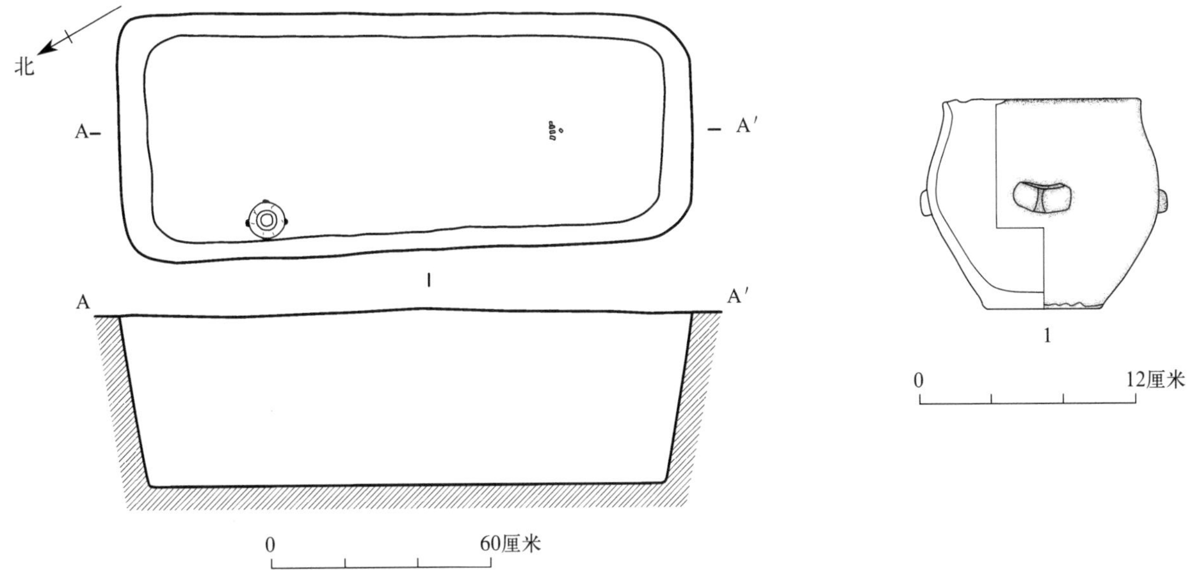

图 5-47　新乐上层文化 T0903M1 及出土陶器

1. 陶罐 T0903M1：1

在墓的西北角置陶罐 1 件。

陶罐　1 件。

标本 T0903M1：1，夹砂褐陶。局部青黑色，手制，广口稍侈，尖唇，鼓腹，平底。腹部饰 4 个横盲耳。素面。口径 10.6、底径 6.4、腹径 12.4、通高 11.2、壁厚 0.7 厘米（图 5-47，1；彩版一五八，3）。

10. T0903M2

T0903M2 位于 T0903 西北处。开口于①层下，长方形土坑竖穴，打破 F26。墓口长 1.40、宽 0.50、深 0.25 米，墓底长 1.30、宽 0.42 米（图 5-48；彩版一五八，4）。葬式为屈肢葬，头南面东。

在墓的东北角随葬陶壶 1 件，中部置陶罐 1 件。

双耳壶　1 件。

标本 T0903M2：1，基本完整。夹砂红褐陶。尖唇，直口，溜肩，长鼓腹，平底。口沿到肩饰对称竖桥状耳，颈部饰对称横盲耳。素面。口径 6.5、底径 8.4、高 19.3、最大腹径 13.0 厘米（图 5-48，1；彩版一五九，1）。

陶罐　1 件。

标本 T0903M2：2，可修复。夹砂红陶。广口，外抹尖唇，口不平。弧腹，平底。下腹部饰 3 个竖盲桥耳。口径 10.1、底径 7.8、高 11.8 ~ 12.3、最大腹径 13.8 厘米（图 5-48，2；彩版一五九，2）。

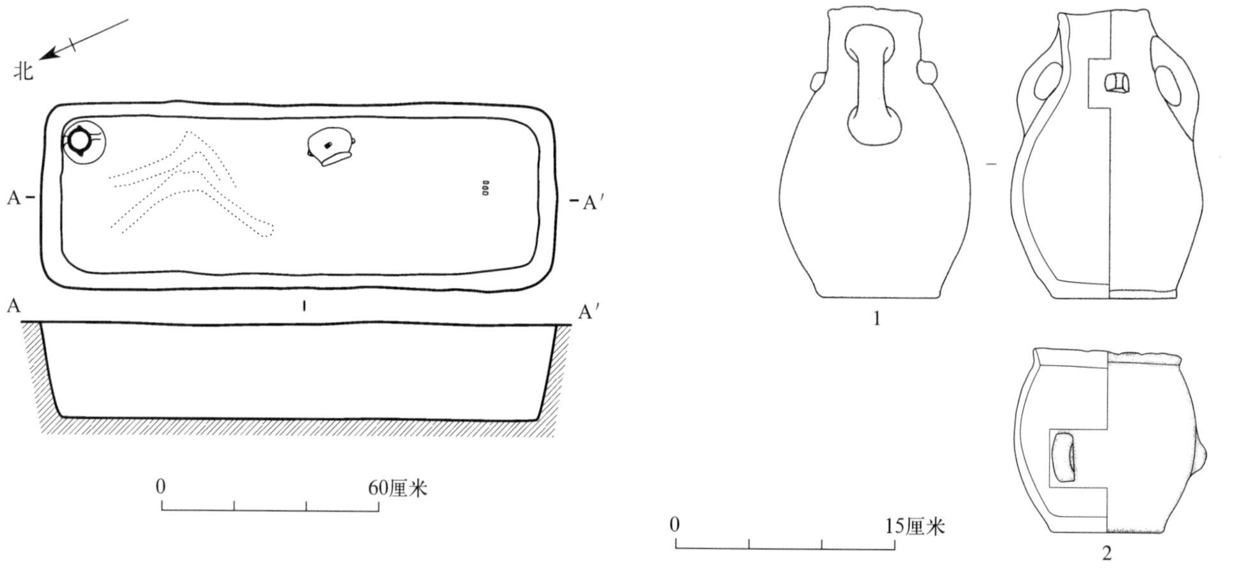

图 5-48　新乐上层文化 T0903M2 及出土陶器

1. 双耳壶 T0903M2：1　2. 陶罐 T0903M2：2

11. TG2M1

墓葬位置、形式资料不详，有出土陶壶 1 件。

双耳壶　1 件。

标本 TG2M1：1，可修复。夹砂红褐陶。在壶口一侧陶色发黑。口稍敞，圆唇，弧腹，平底。

对称饰2个竖桥状耳，耳上部接近壶口，下部在上腹部处。耳上部有戳刺纹，器身素面。底径6.2、高13.0、最大腹径9.0厘米（图5-49；彩版一五九，3）。

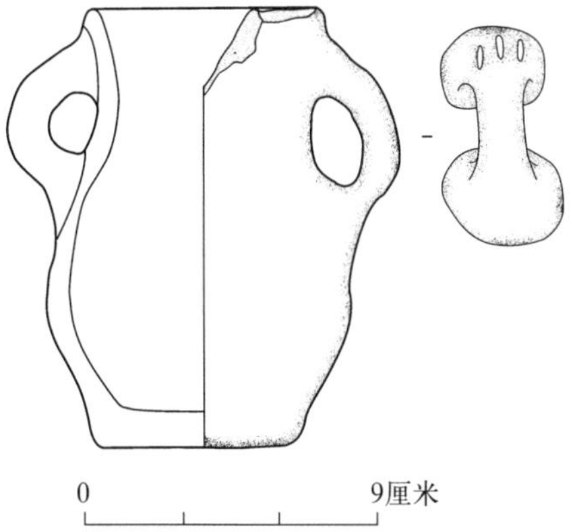

图5-49 新乐上层文化TG2M1出土陶双耳壶TG2M1：1

（二）瓮棺墓

发现清理2座，均发现于东侧一般保护区〇六单位院内。

1. 83〇六CM1

83〇六CM1位于〇六单位2号住宅楼北侧，在暖气管道工程中发现。墓葬开口于扰土层下，圆角长方形，墓坑长2.20、宽1.30、深0.30米（图5-50）。

瓮棺由两件陶瓮套接而成，瓮棺长1.66米。南部陶瓮无口部和肩部，为瓮的下部，套扣于北部的陶瓮口部，北侧的陶瓮保存较完整，两件陶瓮合成为一具陶瓮棺葬。在瓮棺内发现有人的两排牙齿，从牙齿观察属于成年人。在瓮棺墓的前面发现一处凹坑，直径0.80、深0.20米，凹坑内有烧土灰烬，烧土灰烬上平放置有三块动物骨头，与墓葬属于同时的遗迹。

陶瓮 2件。

标本83〇六CM1∶2，修复完整，夹砂红陶。制法为泥片套接，敞口，口呈椭圆形，唇内抹呈尖唇，斜直领，束颈，圆肩，腹下收，小平底，素面。肩腹部有对称两横桥状耳，腹部有对称两竖桥状耳。口径40～50、最大腹径62.0、底径13.5、通高78.0、壁厚0.5厘米（图5-50，1；彩版一五九，4）。

标本83〇六CM1∶1，夹砂红陶。制法为泥片套接，为陶瓮的下半腹部分，残高45.0、腹径55.0、底径12.6厘米。

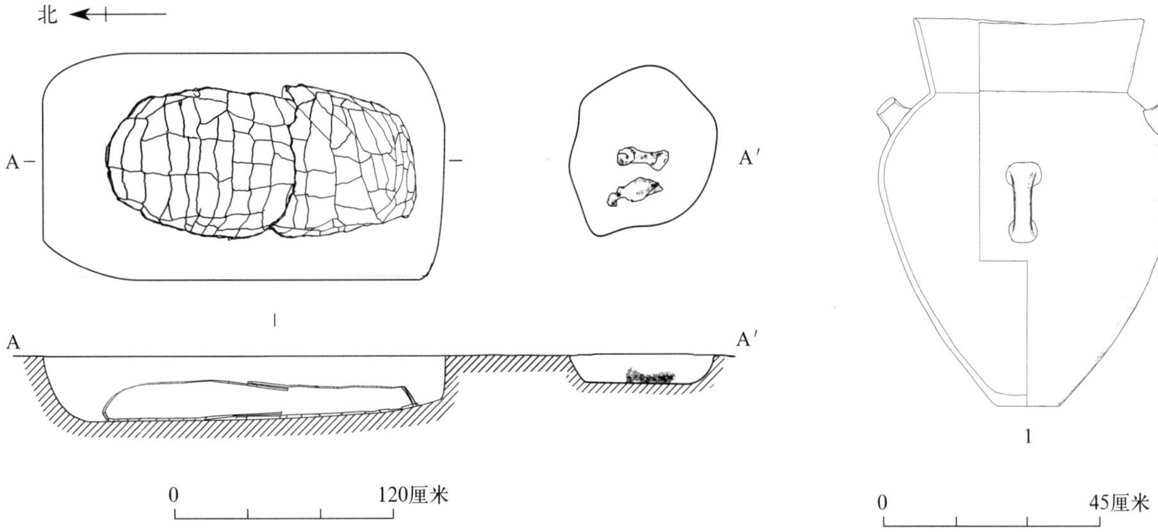

图5-50 新乐上层文化83〇六CM1及出土陶器

1. 陶瓮83〇六CM1∶2

2. 87 〇六 T3M1

87 〇六 T3M1 位于〇六单位 1 号住宅楼北侧，在煤气管道工程中发现。墓葬开口于扰土层下，长方形，墓坑长 1.82、宽 1.13、深 0.28 米（图 5-51）。

瓮棺由两件陶瓮套接而成，瓮棺长 1.41 米。西部陶瓮无口部和肩部，为瓮的下部，套扣于东部的陶瓮口部，东侧的陶瓮保存较完整，两件陶瓮合成为一具陶瓮棺葬。在瓮棺东侧有一件瓮底部残，覆扣于墓底。陶瓮未经修复。仅有墓葬平横截面图。

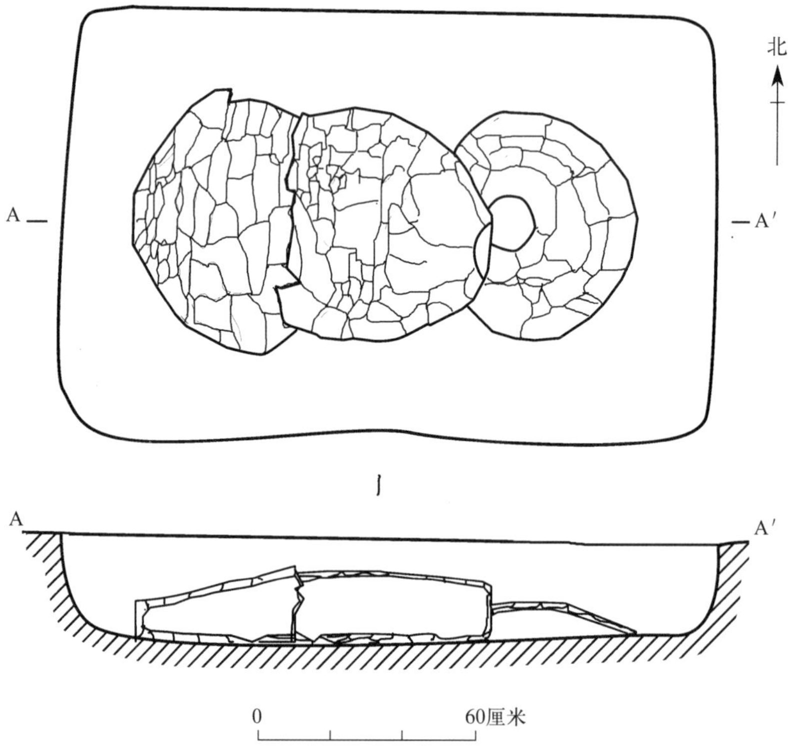

图 5-51　新乐上层文化 87 〇六 T3M1 平、剖面图

第二节　地层遗物

地层遗物是从 1973 年新乐遗址首次试掘至 2014 年发掘中有明确地层关系，其中包括对保护区内基建工程勘查清理中出土的遗物，计标本 521 件。从遗物的特征观察分析，有属于新乐文化的各类打制石器、磨制石器、细石器、陶器、煤精制品等，也有属于偏堡文化时期的典型遗物，如捏按泥条纹、划几何大口叠唇深腹罐类遗物，也有郑家洼子文化类型遗物，如丁字形剑柄加重器、外折叠唇罐、喇叭口形高足等。

地层遗物以新乐上层文化遗物为主，磨制石器以石斧、石刀、石镞为常见，陶器中三足器类有鼎、鬲、甗、甑，还有罐、壶、碗、钵、纺轮、网坠。器耳有横桥状耳、竖桥状耳、横鋬耳、瘤状耳。多为素面，少见有戳点纹弦纹、按压指窝纹、指甲纹。

（一）73A1

石镞　1件。

标本73A1③: 15，残，青灰色板岩。磨制，叶形，横截面双菱形，锋刃对磨，中部有风槽，凹底。残长2.6、宽1.6、厚0.2厘米（图5-52，1）。

（二）73A3

网坠　1件。

标本73A3②: 1，基本完整，灰白色斑岩。打制，扁平椭圆形，两侧对称打出豁口。长10.2、宽8.7、厚1.6厘米（图5-52，2；彩版一六〇，1）。

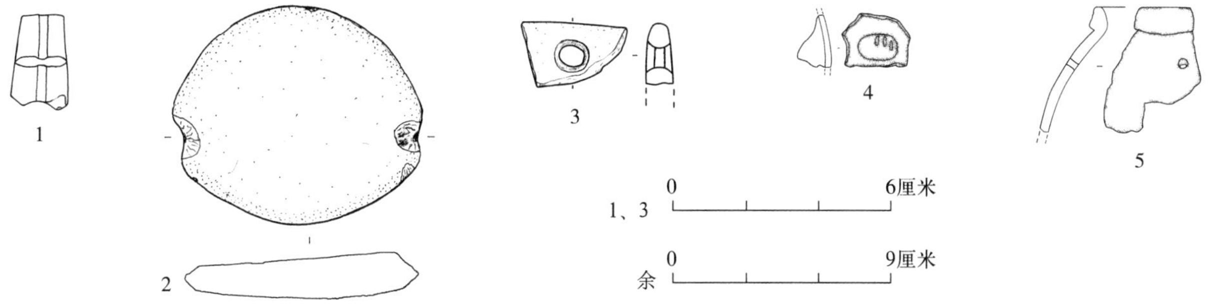

图5-52　新乐上层文化73A1等出土遗物

1. 石镞73A1③: 15　2. 网坠73A3②: 1　3. 石刀73A5②: 20　4、5. 器耳73A7②: 10、25

（三）73A5

石刀　1件。

标本73A5②: 20，残，褐色板岩。磨制，弧背，有一个对磨钻孔。残长2.9、宽1.8、厚0.8厘米（图5-52，3）。

（四）73A7

陶罐　1件。

标本73A7②: 6，残，夹砂灰褐陶。敛口，圆唇，溜肩，素面。残高9.0厘米。

器耳　3件。

标本73A7②: 10，残，夹砂灰褐陶。竖桥状耳，耳上有戳刺纹。残高4.3厘米（图5-52，4）。

标本73A7②: 13，残，夹砂灰褐陶。半环形横耳。残高7.7厘米。

标本73A7②: 25，残，夹砂灰褐陶。方唇，凸沿，弧腹。素面。残高10.0厘米（图5-52，5）。

（五）73A8

石镞　2件。

标本73A8②: 15，残，青色板岩。磨制，残片。长2.8、宽1.5、厚0.2厘米（图5-53，1）。

石斧　1件。

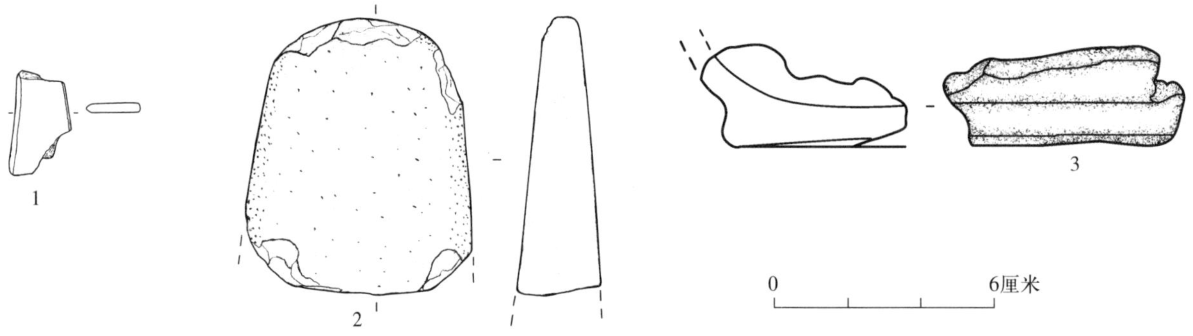

图 5-53 新乐上层文化 73A8、A9 出土遗物

1. 石镞 73A8②：15 2. 石斧 73A8②：16 3. 器底 73A9：1

标本 73A8②：16，残断，白色花岗岩，磨制，扁顶梯形，刃部残。残长 7.4、宽 6.3、厚 1.2 厘米（图 5-53，2；彩版一六〇，2）。

（六）73A9

器底 1 件。

标本 73A9：1，残，夹砂红陶。弧腹，平底。残高 2.8 厘米（图 5-53，3）。

（七）73T1

遗物标本 15 件。

1. 石器

1 件。

石磨棒 1 件。

标本 73T1②：3，残，浅黄色石英岩。磨制，圆长条形，横截面圆角扁方形，多磨面，底面平磨。残长 14.9、宽 6.7、厚 4.3 厘米（图 5-54，1）。

2. 陶器

14 件。

陶鼎 1 件。

标本 73T1②：2，夹砂红褐陶。素面。口沿外折，尖唇，侈口，鼓腹，圜底，圆锥形足，足较外撇，器形不甚规整。腹中部对称饰四个瘤状盲耳，素面。裆处有烟炱痕。口径 21.5、腹径 22.8、腹深 16.0、高 23.9 厘米（图 5-54，2；彩版一六〇，3）。

陶甗 1 件。

标本 73T1②：1，夹砂红陶。敞口，圆唇，深腹，长圆形垂袋空足，实足根。腹壁饰对称横桥形耳与一对瘤状耳。甗腰附加一周扁平泥条，素面。口径 34.5、高 56.0 厘米（图 5-54，3；彩版一六〇，4）。

深腹罐 5 件。

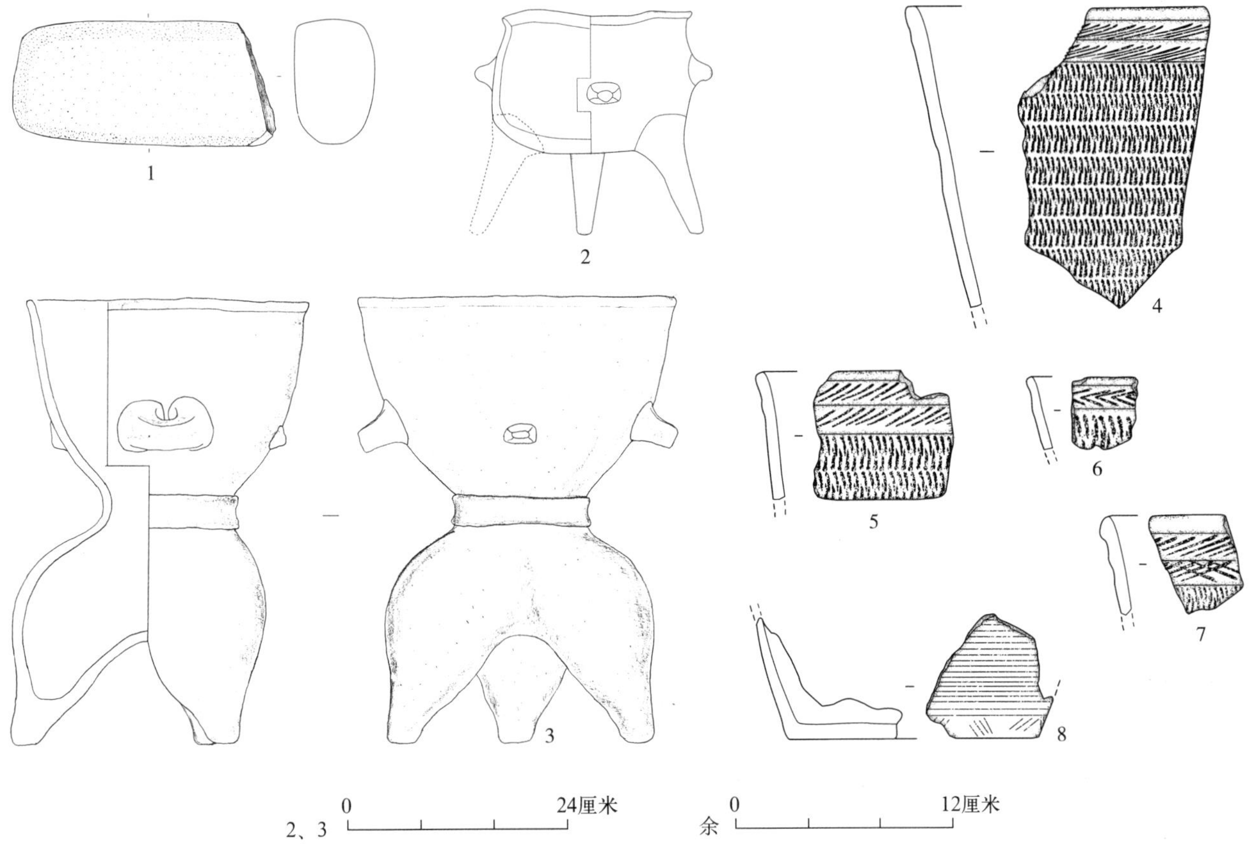

图 5-54　新乐上层文化 73T1 出土遗物

1. 石磨棒 73T1 ②: 3　2. 陶鼎 73T1 ②: 2　3. 陶甗 73T1 ②: 1　4～8. 深腹罐 73T1 ②: 9、13、25、35、121

标本 73T1 ②: 9，残，夹砂黑褐陶。敞口，圆唇，斜直腹。口沿处有两周条凹带，内饰划压斜线纹，腹部饰竖压横排之字纹。口径 27.0、残高 16.0 厘米（图 5-54，4）。

标本 73T1 ②: 13，残，夹砂黑褐陶。敞口，圆唇，斜直腹。口沿处有两周凹带，内饰斜线纹，腹部饰竖压横排之字纹。残高 6.9 厘米（图 5-54，5）。

标本 73T1 ②: 25，残，夹砂黑褐陶。敞口，圆唇，斜直腹。口沿处有一周条凹带，内饰划压横人字纹，腹部饰竖压横排之字纹。残高 3.9 厘米（图 5-54，6）。

标本 73T1 ②: 35，残，夹砂黑褐陶。敞口，尖唇，斜直腹。口沿处有两周凹带，内饰斜线纹、网格纹，腹部饰竖压横排之字纹。残高 5.3 厘米（图 5-54，7）。

标本 73T1 ②: 121，残，夹砂黑褐陶。弧腹，平底。腹部饰压印弦纹，底部饰划斜线纹。底径 7.0、残高 6.6 厘米（图 5-54，8）。

陶钵　1 件。

标本 73T1 ②: 4，可修复，夹砂红陶。敛口，圆唇，鼓腹，平底。素面。口径 9.9、底径 6.9、通高 5.1 厘米（图 5-55，1；彩版一六〇，5）。

陶纺轮　1 件。

标本 73T1 ②: 17，夹砂红陶，表面有陶衣。扁圆棱珠形，表面有划纹，一面有点刺纹。中有一孔。直径 4.6、高 3.6、孔径 0.7 厘米（图 5-55，2；彩版一六〇，6）。

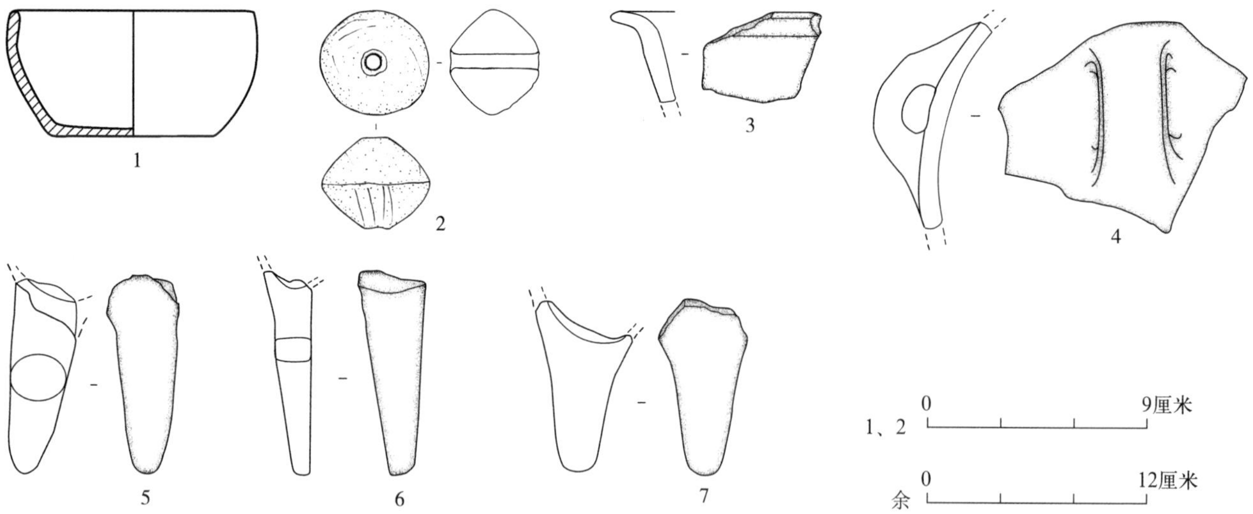

图 5-55 新乐上层文化 73T1 出土遗物

1. 陶钵 73T1 ②: 4 2. 陶纺轮 73T1 ②: 17 3. 陶器口沿 73T1 ②: 8 5. 器耳 73T1 ②: 7 5、6. 鼎足 73T1 ②: 10、T1 ②: 12 7. 鬲足 73T1 ②: 13

陶器口沿 2 件。

标本 73T1 ②: 8，残，夹砂红褐陶。敞口，圆唇，弧腹。素面。残高 4.9 厘米（图 5-55，3）。

标本 73T1 ②: 5，残，陶壶口沿，夹砂红褐陶。有红陶衣。弧腹，平底。素面。底径 11.0、残高 10.5 厘米。

器耳 1 件。

标本 73T1 ②: 7，残，夹砂红黄陶。竖桥状耳。残高 11.3 厘米（图 5-55，4）。

鼎足 1 件。

标本 73T1 ②: 10，夹砂红陶。圆锥形足。残高 10.5 厘米（图 5-55，5）。

标本 73T1 ②: 12，夹砂灰褐陶。扁方形足。残高 10.8 厘米（图 5-55，6）。

鬲足 1 件。

标本 73T1 ②: 13，残，夹砂红陶。圆锥形足。素面。残高 9.4 厘米（图 5-55，7）。

（八）73T2

鼎足 1 件。

标本 73T2 ②: 8，残，夹砂红黄陶。扁方形足。残高 5.0 厘米（图 5-56，1）。

器耳 1 件。

标本 73T2 ②: 13，残，夹砂红陶。横桥状耳，饰戳刺纹。残长 4.5、宽 2.3 厘米（图 5-56，2）。

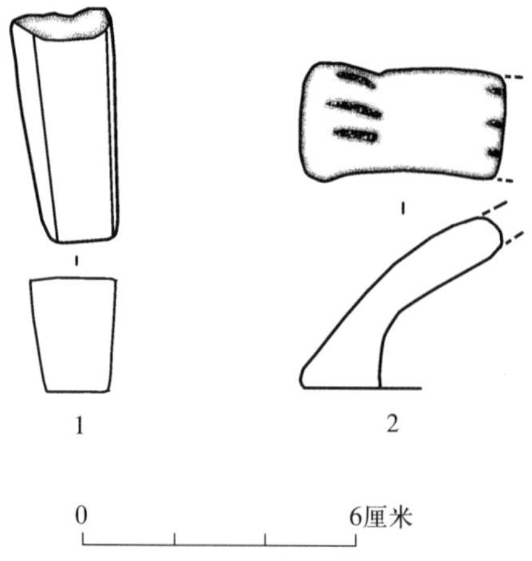

图 5-56 新乐上层文化 73T2 出土遗物

1. 鼎足 73T2 ②: 8 2. 器耳 73T2 ②: 13

（九）78A10 ②

遗物标本 34 件。

1. 石器

29件。

（1）打制石器

15件。

砍砸器　2件。

标本78A10②: 85，青灰色板岩。打制，扁椭圆形，有剥片疤，局部保留石皮，周边砍砸痕迹明显。长6.0、宽5.2、厚3.2厘米（图5-57，1）。

标本78A10②: 3，青色板岩。打制，扁平梯形，局部保留石皮，边刃砍砸痕迹明显。长9.1、宽7.3、厚1.7厘米（图5-57，2）。

敲砸器　6件。

标本78A10②: 14，青色火山岩。打制，椭圆形，局部保留石皮，敲砸痕迹细碎。长5.4、宽5.0、厚4.0厘米（图5-57，3）。

标本78A10②: 17，褐色粉砂岩。打制，不规则多棱形，有剥片疤，局部保留石皮，敲砸痕迹明显。长6.0、宽6.2、厚5.0厘米（图5-57，4）。

标本78A10②: 19，深灰色板岩。打制，不规则棱形，有剥片疤，局部保留石皮，敲砸痕迹明显。长6.8、宽6.1、厚3.7厘米（图5-57，5）。

标本78A10②: 20，青色粉砂岩。打制，不规则椭圆形，多棱角，局部保留石皮，敲砸痕迹明显。长6.3、宽7.2、厚5.9厘米（图5-57，6）。

标本78A10②: 81，青色板岩。打制，扁椭圆形。一端敲砸痕迹明显。残长6.3、宽4.4、厚3.6

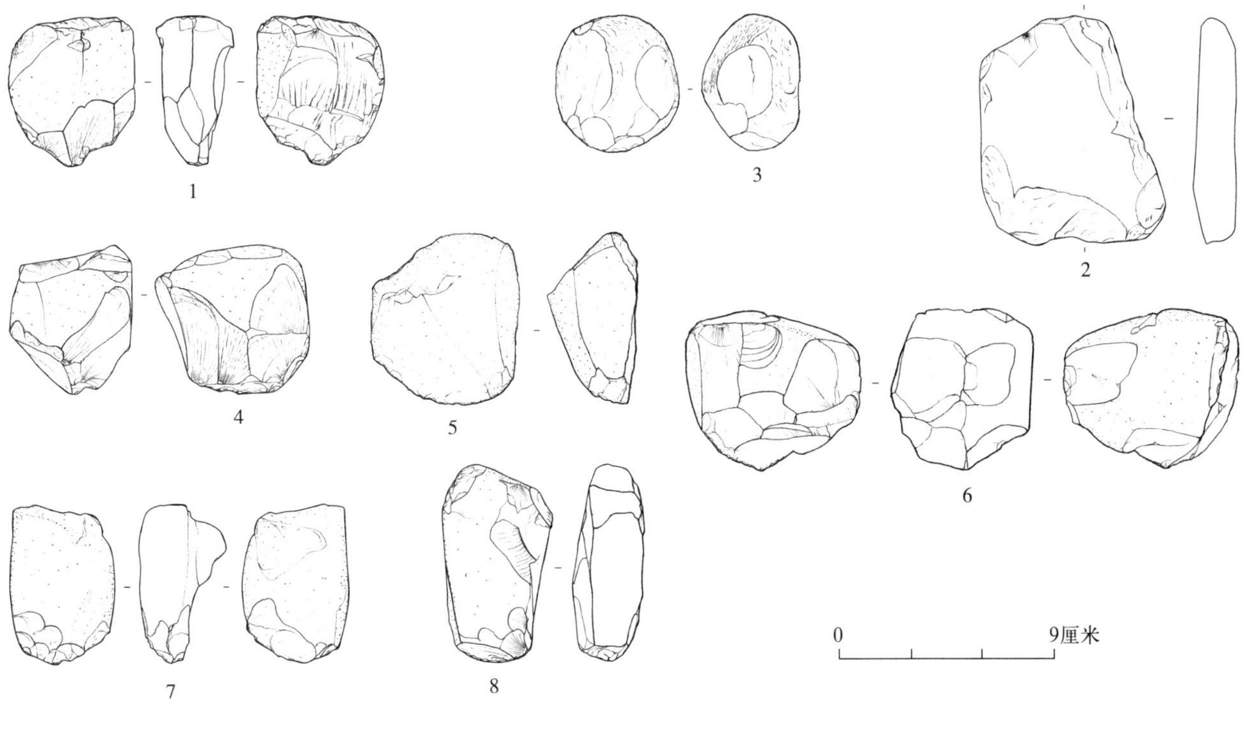

图5-57　新乐上层文化78A10②层出土打制石器

1、2. 砍砸器78A10②: 85、3　3～8. 敲砸器78A10②: 14、17、19、20、81、82

厘米（图 5-57，7）。

标本 78A10 ②: 82，浅褐色粉砂岩。打制，不规则扁椭圆形，多棱角，局部保留石皮，两端敲砸痕迹明显。长 7.9、宽 4.6、厚 2.9 厘米（图 5-57，8）。

石片刮削器 3 件。

标本 78A10 ②: 18，灰色板岩。打制，不规则蚌壳形，一侧局部保留石皮，边刃呈齿状。长 4.4、宽 3.9、厚 0.7 厘米（图 5-58，1）。

标本 78A10 ②: 84，青灰色板岩。打制，不规则多边形，边刃，刮削痕明显。长 4.4、宽 5.5、厚 2.2 厘米（图 5-58，2）。

标本 78A10 ②: 86，青色板岩。打制，长方形，边刃，刮削痕迹明显。长 3.8、宽 5.4、厚 0.6 厘米（图 5-58，3）。

网坠 2 件。

标本 78A10 ②: 22，残，暗红色砂岩。磨制，一侧存有豁口。残长 4.3、宽 6.0、厚 1.7 厘米（图 5-58，4）。

标本 78A10 ②: 29，浅绿色砂砾岩。打制，扁平长方形，两侧对称打出豁口。长 11.5、宽 8.3、厚 2.8 厘米（图 5-58，5）。

石片 2 件。

标本 78A10 ②: 24，红褐色花岗岩。扁圆形。长 11.0、宽 7.6、厚 4.0 厘米（图 5-58，6）。

标本 78A10 ②: 25，浅黄褐色花岗岩。扁平菱形。长 11.9、宽 9.4、厚 2.0 厘米（图 5-58，7）。

（2）磨制石器

14 件。

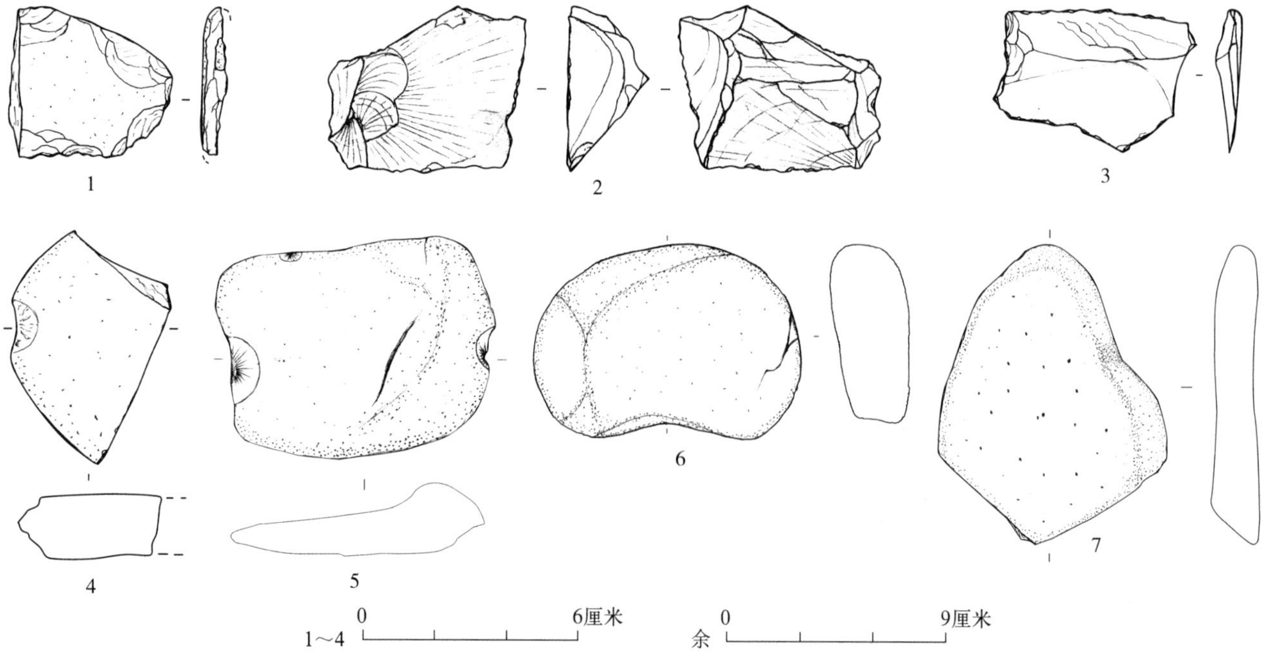

图 5-58 新乐上层文化 78A10 ②层出土打制石器

1～3. 石片刮削器 78A10 ②: 18、84、86 4、5. 网坠 78A10 ②: 22 6、7. 石片 78A10 ②: 29、24、25

石斧　1件。

标本78A10②:1，深灰色角闪长玢岩。磨制，梯形，表面光滑，横截面椭圆形，对磨直刃，刃稍残。长12.7、宽3.1、厚5.2厘米（图5-59，1；彩版一六一，1）。

石刀　4件。

标本78A10②:4，残，青色板岩。磨制，表面光滑，尖首，直背，双磨弧刃。残长8.3、宽4.2、厚0.5厘米（图5-59，2）。

标本78A10②:5，残，褐色板岩。磨制，表面光滑，弧背，对磨直刃，近背部有对磨穿孔。长8.0、宽5.8、厚0.9厘米（图5-59，3）。

标本78A10②:7，残，灰色板岩。磨制，表面光滑，直背，近背部有两个单面钻磨孔。残长4.0、

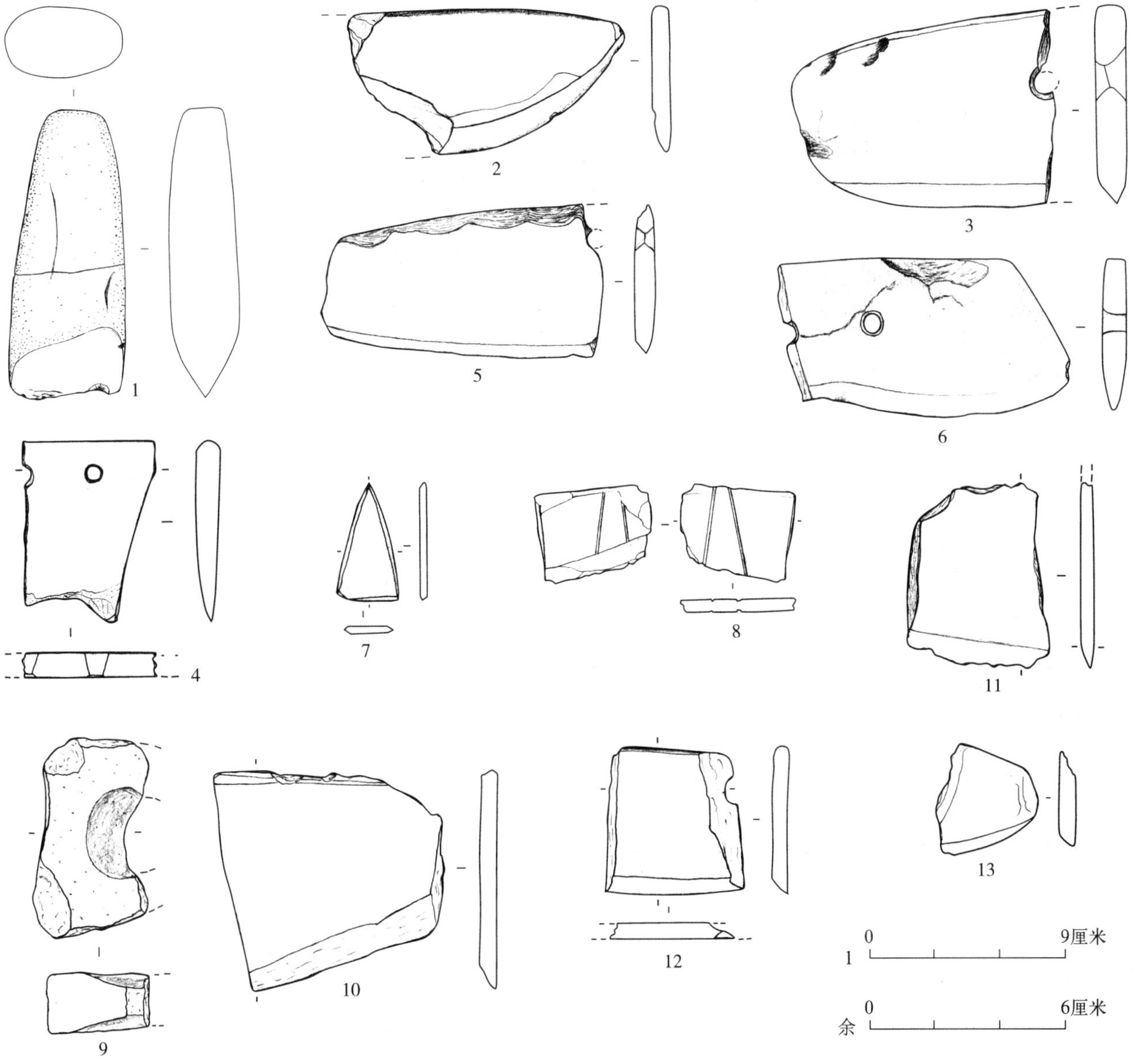

图5-59　新乐上层文化78A10②层出土磨制石器

1. 石斧78A10②:1　2～5. 石刀78A10②:4、5、7、13　6. 石镰78A10②:6　7. 石镞78A10:80　8、10～13. 石镞料78A10②:46、8、9、11、12　9. 研磨石78A10②:16

宽 5.2、厚 0.6 厘米（图 5-59，4）。

标本 78A10②: 13，残，灰白色板岩。磨制，表面光滑，平首，弧背，对磨弧刃，近背部有对磨穿孔。长 8.5、宽 4.5、厚 0.7 厘米（图 5-59，5）。

石镰　1 件。

标本 78A10②: 6，残，褐色板岩。磨制，斜尖首，直背，弧刃稍内凹，对磨刃，中部有两个对磨穿孔。长 8.9、宽 4.7、厚 0.7、孔径 0.7 厘米（图 5-59，6）。

石镞　1 件。

标本 78A10 : 80，青色板岩。磨制，长三角形，横截面扁平六棱形，平底。长 3.5、宽 1.8、厚 0.2 厘米（图 5-59，7）。

研磨石　1 件。

标本 78A10②: 16，残，灰白色闪长岩。磨制，不规则扁方形。两面有研磨凹窝。残长 5.9、宽 3.6、厚 1.7 厘米（图 5-59，9）。

石镞料　5 件。

标本 78A10②: 46，残，青色板岩。磨制，两面有对切割痕。长 3.5、宽 2.7、厚 0.4 厘米（图 5-59，8）。

标本 78A10②: 8，青色板岩。不规则薄石片，边缘有切割痕。长 6.8、宽 6.4、厚 0.5 厘米（图 5-59，10）。

标本 78A10②: 9，残，深灰色板岩。磨制，表面光滑，边缘有切割痕。长 4.3、宽 5.3、厚 0.3 厘米（图 5-59，11）。

标本 78A10②: 11，残，青色板岩。磨制，表面光滑，边缘有切割痕。残长 4.2、宽 4.3、厚 0.5 厘米（图 5-59，12）。

标本 78A10②: 12，残，青色板岩。磨制，表面光滑，边缘有切割痕。残长 3.1、宽 3.2、厚 0.5 厘米（图 5-59，13）。

2. 陶器

6 件。

陶纺轮　4 件。

标本 78A10②: 35，残，夹砂红褐陶。扁圆台形，横截面为梯形。中有一孔，底面有戳十字形点连纹，边缘有一周连点纹。外径 6.4、孔径 0.8、高 1.5 厘米（图 5-60，1；彩版一六一，2）。

标本 78A10②: 36，基本完整，红褐色泥质陶。扁圆形，中部略凸，中部有一个圆孔。表面饰连点放射线纹，底面饰戳点纹。直径 4.5、厚 1.5、孔径 0.6 厘米（图 5-60，2；彩版一六一，3）。

标本 78A10②: 37，残，夹砂红褐陶。扁圆形，素面。中部有对穿孔。外径 4.0、孔径 0.2、高 1.1 厘米（图 5-60，3；彩版一六一，4）。

标本 78A10②: 42，残，夹砂红褐陶。扁圆形，素面，中间有一孔。外径 5.4、孔径 0.6、高 1.5 厘米（图 5-60，4；彩版一六一，5）。

陶网坠　2 件。

标本 78A10②: 44，夹砂红褐陶。椭圆形，有 2 个穿孔。直径 3.3 厘米（图 5-60，5）。

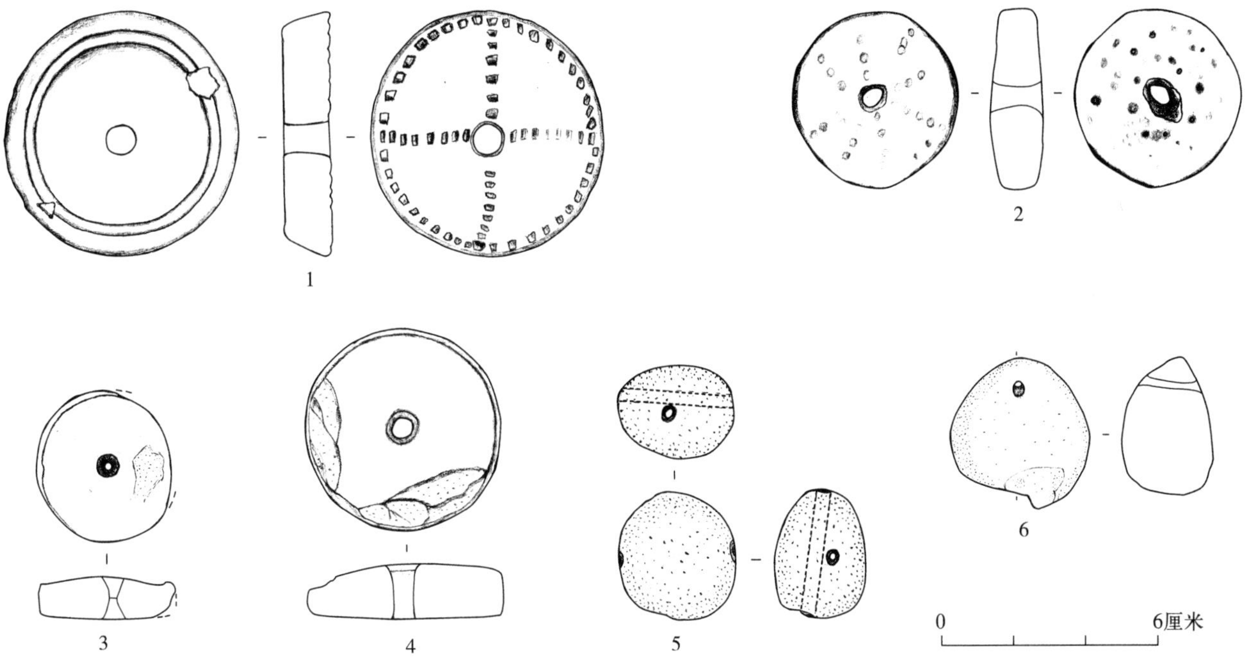

图 5-60　新乐上层文化 78A10 ②层出土陶器

1～4. 陶纺轮 78A10 ②：35～37、42　5、6. 陶网坠 78A10 ②：44、45

标本 78A10 ②：45，残，夹细砂红褐陶。水滴形，上端有对穿孔。长 4.0、宽 3.8、厚 2.5 厘米（图 5-60，6）。

（一〇）80T1

1. 石器

3 件。

石刀　1 件。

标本 80T1 ②：2，残，青色板岩。磨制，表面光滑，一侧磨弧刃。残长 3.3、宽 3.0、厚 0.6 厘米（图 5-61，1）。

石片刮削器　1 件。

标本 80T1 ②：1，青灰色板岩。打制，三角形，一面有石皮，边刃，有刮削痕迹。长 4.8、宽 5.5、厚 1.6 厘米（图 5-61，2）。

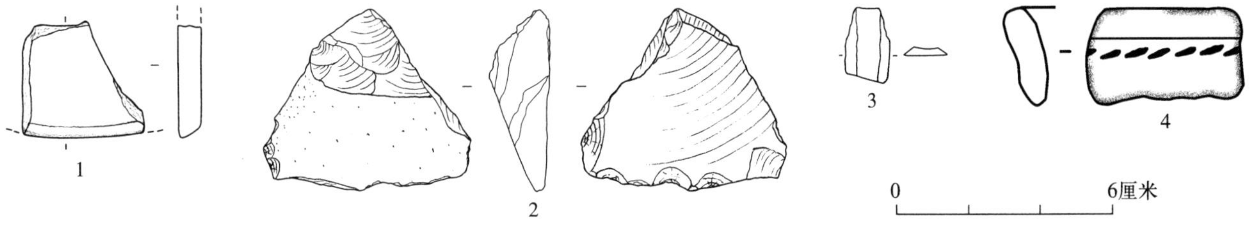

图 5-61　新乐上层文化 80T1 出土遗物

1. 石刀 80T1 ②：2　2. 石片刮削器 80T1 ②：1　3. 石叶刮削器 81T1 ③：4　4. 口沿 80T1 ②：5

石叶刮削器　1件。

标本81T1③:4，残，灰色板岩。琢制，长条形，横截面为梯形，边刃，有刮削痕迹。长2.0、宽1.2、厚0.2厘米（图5-61，3）。

2. 陶器

1件。

口沿　1件。

标本80T1②:5，残，夹砂红陶。敞口，圆唇。沿部饰戳刺纹。口径20.0、残高2.6厘米（图5-61，4）。

（一一）80T3

遗物标本5件。

1. 石器

4件。

石片刮削器　4件。

标本80T3②:1，褐色斑岩。打制，半月形，弧刃。长10.6、宽6.0、厚2.3厘米（图5-62，1）。

标本80T3②:2，灰色板岩。打制，蚌壳形，边刃，有刮削痕迹。长2.6、宽3.2、厚0.9厘米（图5-62，2）。

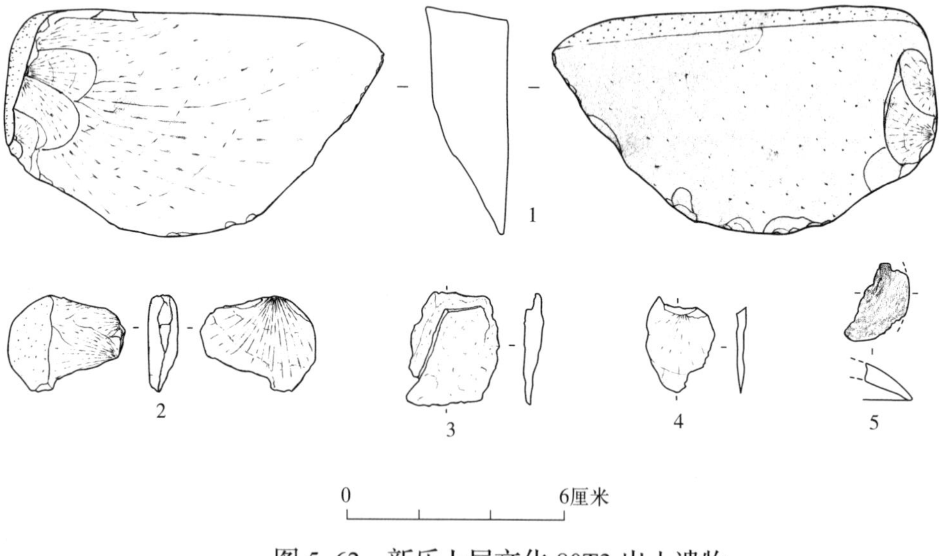

图5-62　新乐上层文化80T3出土遗物

1～4. 石片刮削器80T3②:1～4　5. 泡形器80T3:5

标本80T3②:3，红褐色板岩。打制，菱形，边刃，有刮削痕迹。长3.0、宽2.5、厚0.5厘米（图5-62，3）。

标本80T3②:4，青灰色板岩。打制，不规则半圆形，边刃，有刮削痕迹。长2.6、宽1.9、厚0.3厘米（图5-62，4）。

2. 煤精制品

1件。

泡形器　1件。

标本80T3∶5，残块。磨制，表面光滑，内凹光洁，边缘圆滑。残长2.1、宽1.0厘米（图5-62，5）。

（一二）80T9

石铲　1件。

标本80T9∶10，残，深色角细粒闪长岩。磨制，局部保留石皮，弧刃。残长5.7、宽5.4、厚1.3厘米（图5-63，1）。

石球　1件。

标本80T9∶17，青灰色砂岩。磨制，表面稍粗糙。直径5.0～5.9厘米（图5-63，2；彩版一六一，6）。

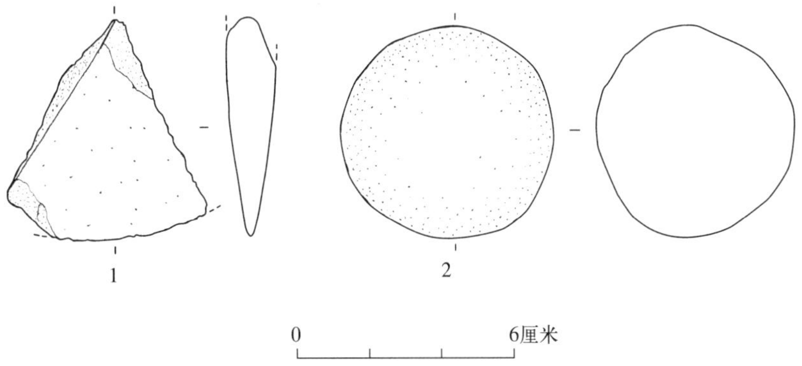

图5-63　新乐上层文化80T9出土遗物

1. 石铲80T9∶10　2. 石球80T9∶17

（一三）80T11

遗物标本13件。

1. 石器

11件。

（1）打制石器

8件。

砍砸器　1件。

标本80T11②∶9，黄褐色砂质板岩。打制，不规则扁半圆形，一侧有石皮，弧刃，砍砸痕迹明显。长8.1、宽6.3、厚2.1厘米（图5-64，1）。

石叶刮削器　2件。

标本80T11②∶2，青灰色燧石。打制，长条状，横截面梯形，边刃呈细齿状。长5.6、宽1.1、厚0.3厘米（图5-64，2）。

标本81T11②∶11，青灰色板岩。打制，横截面梯形，边刃，有刮削痕迹。长1.4、宽1.1、厚0.2厘米。

石片刮削器　4件。

标本80T11②∶4，青色板岩。打制，不规则三角形，边刃，有刮削痕迹。长3.9、宽3.4、厚1.0厘米（图5-64，3）。

标本80T11②∶5，青色板岩。打制，不规则三角形，边刃，有刮削痕迹。长4.1、宽3.4、厚0.9厘米（图5-64，4）。

标本80T11②∶6，青灰色板岩。打制，不规则三角形，底边呈齿状刃。长2.4、宽2.5、厚0.5厘米（图5-64，5）。

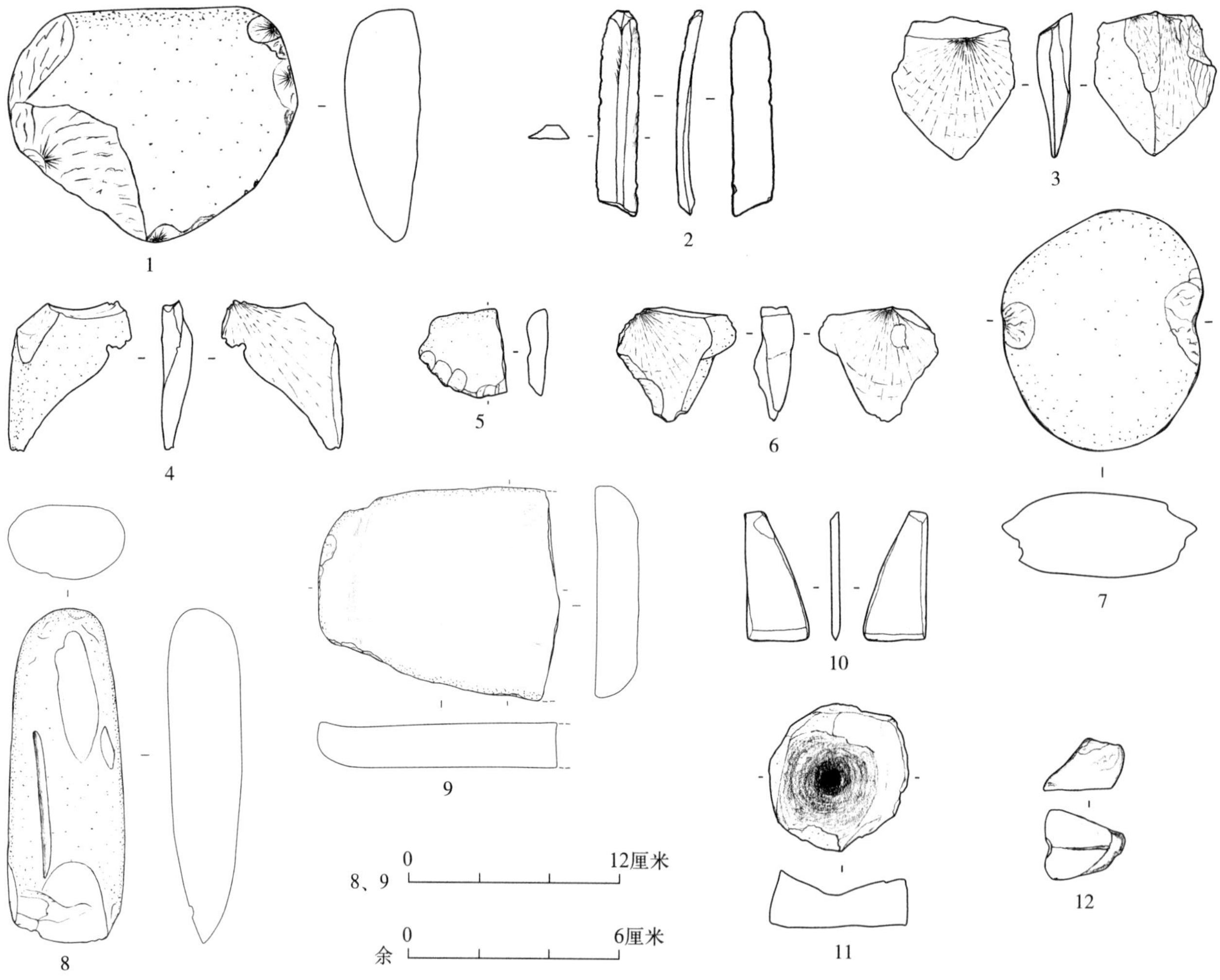

图 5-64　新乐上层文化 80T11 出土遗物

1．砍砸器 80T11 ②：9　2．石叶刮削器 80T11 ②：2　3 ～ 6．石片刮削器 80T11 ②：4 ～ 6、8　7．网坠 80T11 ②：13　8．石斧 80T11 ②：12　9．石磨盘 80T11 ②：1　10．石料 80T11 ②：7　11．煤精半成品 80T11 ②：10　12．铁矿石 80T11 ②：3

标本 80T11 ②：8，残，青色板岩。打制，不规则梯形，边刃，有刮削痕迹。长 3.1、宽 3.3、厚 1.2 厘米（图 5-64，6）。

网坠　1 件。

标本 80T11 ②：13，青色石英岩。扁椭圆形，两侧对称打出豁口。长 5.6、宽 6.5、厚 2.3 厘米（图 5-64，7）。

（2）磨制石器

3 件。

石斧　1 件。

标本 80T11 ②：12，深灰色板岩。磨制，表面光滑，横截面梯形，圆顶，对磨弧刃。长 18.3、宽 6.5、厚 4.0 厘米（图 5-64，8）。

石磨盘　1 件。

标本 80T11 ②：1，残，灰褐色砂岩。磨制，圆角长条形，两个平磨面，磨痕明显。残长 13.8、宽 11.6、厚 2.5 厘米（图 5-64，9）。

石料　1 件。

标本 80T11 ②: 7，青色板岩。磨制，边缘有切割痕。长 3.5、宽 1.7、厚 0.2 厘米（图 5-64，10）。

2. 煤精制品

1 件。

半成品　1 件。

标本 80T11 ②: 10，磨制，扁圆形，一面有凹磨痕。长 4.1、宽 3.9、高 1.6 厘米（图 5-64，11）。

3. 其他

1 件。

铁矿石　1 件。

标本 80T11 ②: 3，残，红褐色铁矿石。近三角形块状。长 2.3、宽 1.9、高 1.5 厘米（图 5-64，12）。

（一四）82T13

1. 石器

石叶　1 件。

标本 82T13 ②: 1，乳白色燧石。琢制，长方形。长 2.0、宽 1.2、厚 0.3 厘米（图 5-65，1）。

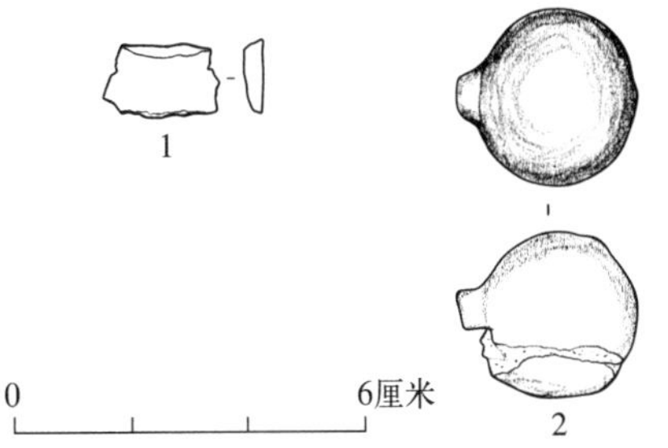

图 5-65　新乐上层文化 82T13 出土遗物

1. 石叶 82T13 ②: 1　2. 陶塑 82T13 ②: 2

2. 陶器

陶塑　1 件。

标本 82T13 ②: 2，残，夹细砂灰褐陶。圆形，有一突吻部，似是猪头状。长 3.1、宽 2.9、高 2.7 厘米（图 5-65，2）。

（一五）83 〇六 KBT1

遗物标本 16 件。

1. 石器

8 件。

（1）打制石器

3 件。

砍砸器　1 件。

标本 83 〇六 KBT1 ②: 16，石质浅黄色板岩。打制，长条形，大部保留石皮，两端砍砸痕迹明显。长 16.5、宽 6.9、厚 2.7 厘米（图 5-66，1）。

敲砸器 1件。

标本83〇六KBT1②: 18，青灰板岩。打制，不规则扁圆多棱形，有剥片疤，局部保留石皮，敲砸痕迹明显，一端痕迹细碎。长5.8、宽4.7、厚3.5厘米（图5-66，2）。

石片刮削器 1件。

标本83〇六KBT1②: 4，青灰板岩。打制，扁平梯形，一侧局部保留石皮，一侧打剥修整，边刃，刮削痕明显。长7.1、宽5.6、厚0.7厘米（图5-66，3）。

（2）磨制石器

5件。

石斧 2件。

标本83〇六KBT1②: 3，残，浅灰色页岩。磨制，扁平长方形，表面磨光，对磨刃。顶残。残长9.1、残宽5.3、厚1.0厘米（图5-66，4）。

标本83〇六KBT1②: 13，残，青灰色板岩。磨制，表面光滑，横截面扁圆形，对磨弧刃。残长4.7、宽7.2、厚2.9厘米（图5-66，5）。

石刀 2件。

标本83〇六KBT1②: 5，残，褐色板岩。磨制，表面光滑，直背，对磨弧刃。中部有两处对磨孔。残长7.2、宽5.5、厚0.9厘米（图5-66，6）。

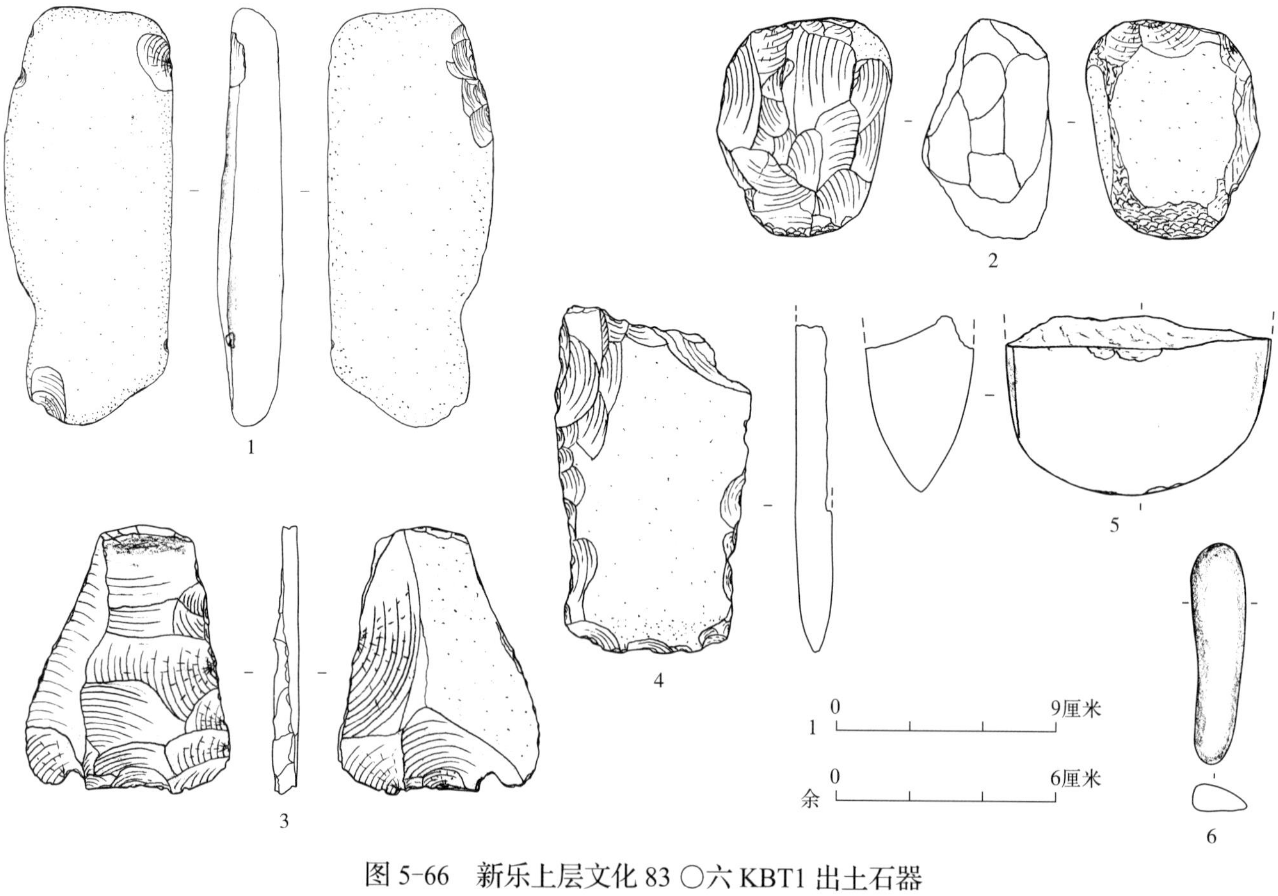

图5-66 新乐上层文化83〇六KBT1出土石器

1. 砍砸器83〇六KBT1②: 16 2. 敲砸器83〇六KBT1②: 18 3. 石片刮削器83〇六KBT1②: 4 4、5. 石斧83〇六KBT1②: 3、13 6、7. 石刀83〇六KBT1②: 5、7 8. 砺石〇六KBT1②: 6

标本 83 〇六 KBT1 ②: 7，青灰色板岩。磨制，直背，刃残。残长 2.9、宽 4.5、厚 0.9 厘米（图 5-66，7）。

砺石　1 件。

标本 83 〇六 KBT1 ②: 6，褐色石英质。长条形，表面有磨擦痕迹。长 5.8、宽 1.6、厚 0.7 厘米（图 5-66，8）。

2. 陶器

8 件。

陶纺轮　2 件。

标本 83 〇六 KBT1 ②: 1，残，泥质红褐陶。扁圆台形，上边缘有凸棱，平底，素面，中部一孔。直径 3.6、底径 4.4、孔径 0.4、厚 1.0 厘米（图 5-67，1）。

标本 83 〇六 KBT1 ②: 2，夹砂红陶。扁棱珠形，表面有红陶衣，饰划线纹，中部有一孔。直径 4.9、孔径 0.6、高 3.5 厘米（图 5-67，2）。

陶支座　1 件。

标本 83 〇六 KBT1 ②: 8，残，夹砂红陶。半圆形，表面有红陶衣，素面。中上部有两孔。底径 13.0、孔径 1.6、残高 6.5 厘米（图 5-67，3）。

陶器口沿　1 件。

标本 83 〇六 KBT1 ②: 12，残，夹砂红陶。侈口，沿外折，重唇，唇下部饰压斜点纹。口径

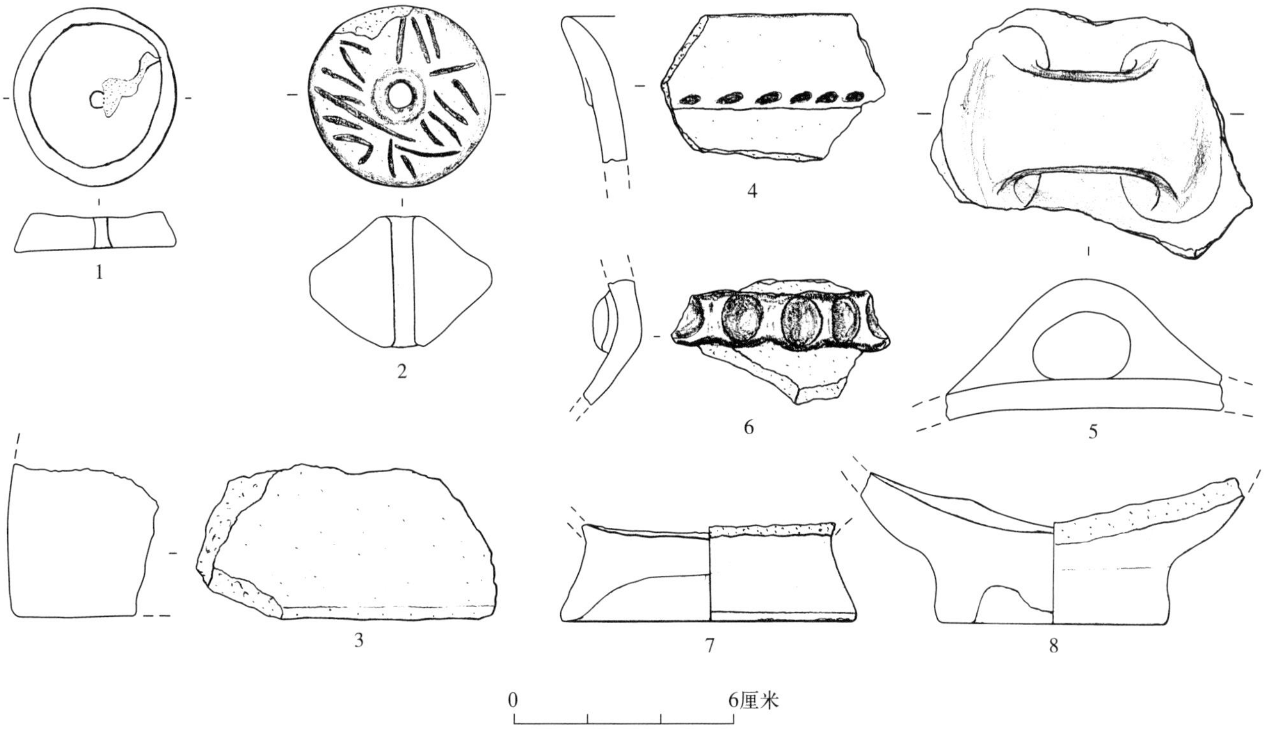

图 5-67　新乐上层文化 83 〇六 KBT1 出土陶器

1、2. 陶纺轮 83 〇六 KBT1 ②: 1、2　3. 陶支座 83 〇六 KBT1 ②: 8　4. 陶器口沿 83 〇六 KBT1 ②: 12　5. 器耳 83 〇六 KBT1 ②: 11　6. 甗腰 83 〇六 KBT1 ②: 14　7、8. 器底 83 〇六 KBT1 ②: 9、10

46、残高4厘米（图5-67，4）。

器耳 1件。

标本83〇六KBT1②: 11，残，夹砂红陶。桥状横鋬耳，耳宽2.7、高2.6厘米（图5-67，5）。

甗腰 1件。

标本83〇六KBT1②: 14，残，夹砂红陶。束腰饰按压泥条指窝纹。腰径17.0、残高3.0厘米（图5-67，6）。

器底 2件。

标本83〇六KBT1②: 9，残，夹砂红陶。表面有红陶衣，素面。圈足。底径8.0、残高2.6厘米（图5-67，7）。

标本83〇六KBT1②: 10，残，夹砂红陶。表面有红陶衣，素面。圈足，足底有圆凸。底径5.3、残高4.0厘米（图5-67，8）。

（一六）83〇六KBT2

遗物标本5件。

1. 石器

1件。

石磨棒 1件。

标本83〇六KBT2②: 5，浅黄色石英岩。磨制，长方形，横截面扁方形，一磨面，磨痕细腻。残长14.6、宽6.4、厚5.0厘米（图5-68，1）。

2. 陶器

4件。

陶器口沿 1件。

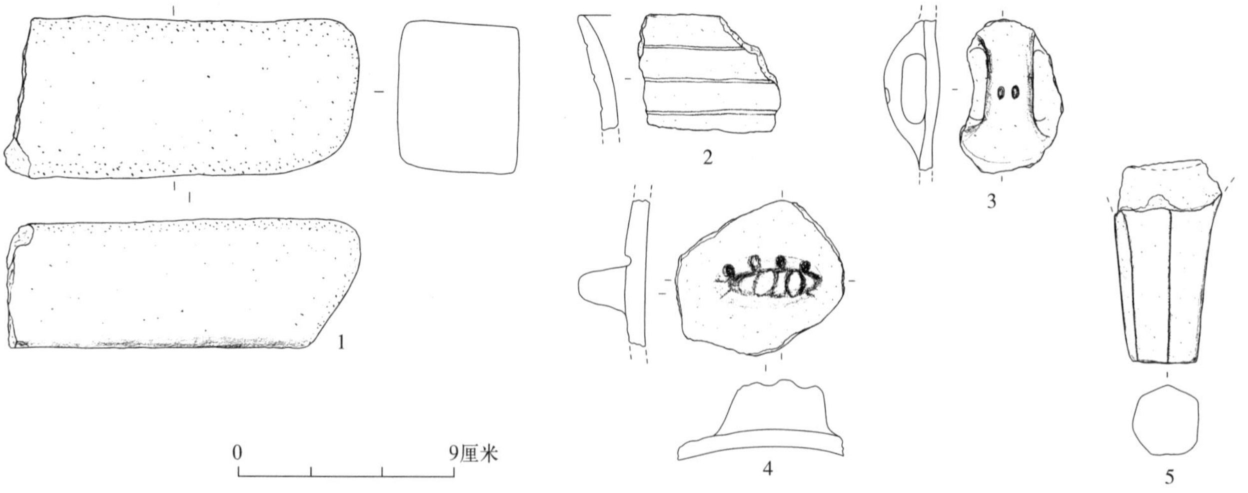

图5-68 新乐上层文化83〇六KBT2出土遗物

1. 石磨棒83〇六KBT2②: 5 2. 陶器口沿83〇六KBT2②: 2 3、4. 器耳83〇六KBT2②: 3、4 5. 器足83〇六KBT2②: 1

标本83〇六KBT2②：2，夹砂红陶。口沿微侈，圆唇，口沿饰有弦纹。口径25.0、残高4.6厘米（图5-68，2）。

器耳　2件。

标本83〇六KBT2②：3，夹砂红陶。桥状耳竖置，耳部表面有按压指甲纹。耳长6.1、宽1.9厘米（图5-68，3）。

标本83〇六KBT2②：4，夹砂红陶。鸡冠形，横置，外缘有按压齿状纹。耳长6.1、宽1.10厘米（图5-68，4）。

器足　1件。

标本83〇六KBT2②：1，夹砂红陶。六棱形，上宽下窄，平足根。残高8.0、底宽2.7厘米（图5-68，5）。

（一七）83〇六KBT3

遗物标本19件。

1. 石器

3件。

砍砸器　1件。

标本83〇六KBT3②：16，浅黄色石英岩。打制，扁圆形，大部分保留石皮，边缘砍砸痕迹明显。长6.2、宽5.9、厚3.0厘米（图5-69，1；彩版一六二，1）。

石刀　1件。

标本83〇六KBT3②：17，残，青灰色页岩。磨制，对磨弧刃，背残。残长3.4、残宽3.5、厚0.3厘米（图5-69，2；彩版一六二，2）。

石磨棒　1件。

标本83〇六KBT3②：18，残，米黄色花岗岩。磨制，长椭圆形，横截面圆角三角形，三个磨面，磨痕明显。长16.8、宽8.1、厚6.7厘米（图5-69，3；彩版一六二，3）。

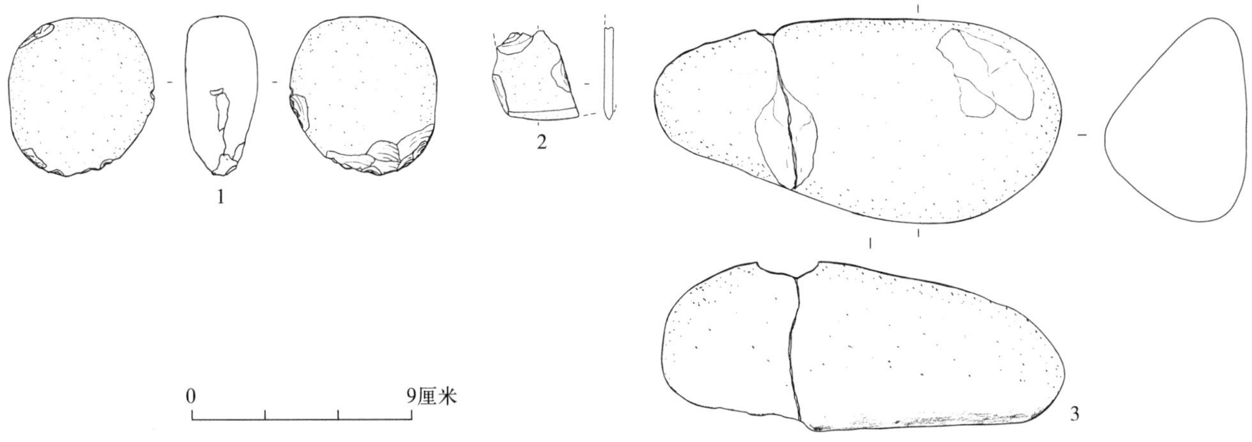

图5-69　新乐上层文化83〇六KBT3出土

1. 砍砸器83〇六KBT3②：16　2. 石刀83〇六KBT3②：17　3. 石磨棒83〇六KBT3②：18

2. 陶器

16 件。

陶器口沿 2 件。

标本 83 ○六 KBT3 ②: 10，残，夹砂红陶。敞口，圆唇，口沿下侧饰一周戳斜点纹，素面。口径 17.0、残高 5.5、壁厚 0.7 厘米（图 5-70，1）。

标本 83 ○六 KBT3 ②: 13，残，夹砂红陶。敞口，圆唇外侈，折沿，口沿下侧饰一周戳点纹，素面。口径 23.0、残高 1.8、壁厚 0.6 厘米（图 5-70，2）。

器耳 1 件。

标本 83 ○六 KBT3 ②: 14，残，夹砂红陶。横置，耳根部饰圆窝纹。耳长 3.0、宽 2.8、高 1.4 厘米（图 5-70，3）。

甑底 1 件。

标本 83 ○六 KBT3 ②: 12，残，夹砂红陶。底部多处透穿圆孔。底径 8.2、孔径 0.5、残高 2.0 厘米（图 5-70，4）。

鬲足 1 件。

标本 83 ○六 KBT3 ②: 15，残，夹砂红陶。圆锥形足，上部有袋凹。残高 5.4、宽 4.9 厘米（图 5-70，5）。

器足 1 件。

标本 83 ○六 KBT3 ②: 11，残，夹砂红陶。圆柱形，中有未透穿圆孔。素面。直径 2.3、孔径 0.3、残高 3.1 厘米（图 5-70，6）。

陶纺轮 7 件。

标本 83 ○六 KBT3 ②: 1，完整，泥质红陶。圆饼形，中有孔，素面。直径 2.6、孔径 0.3、厚 0.6 厘米（图 5-71，1；彩版一六二，4）。

标本 83 ○六 KBT3 ②: 2，残，泥质红陶。圆饼形，中有孔，素面。直径 3.4、孔径 0.4、厚 0.8 厘米（图 5-71，2）。

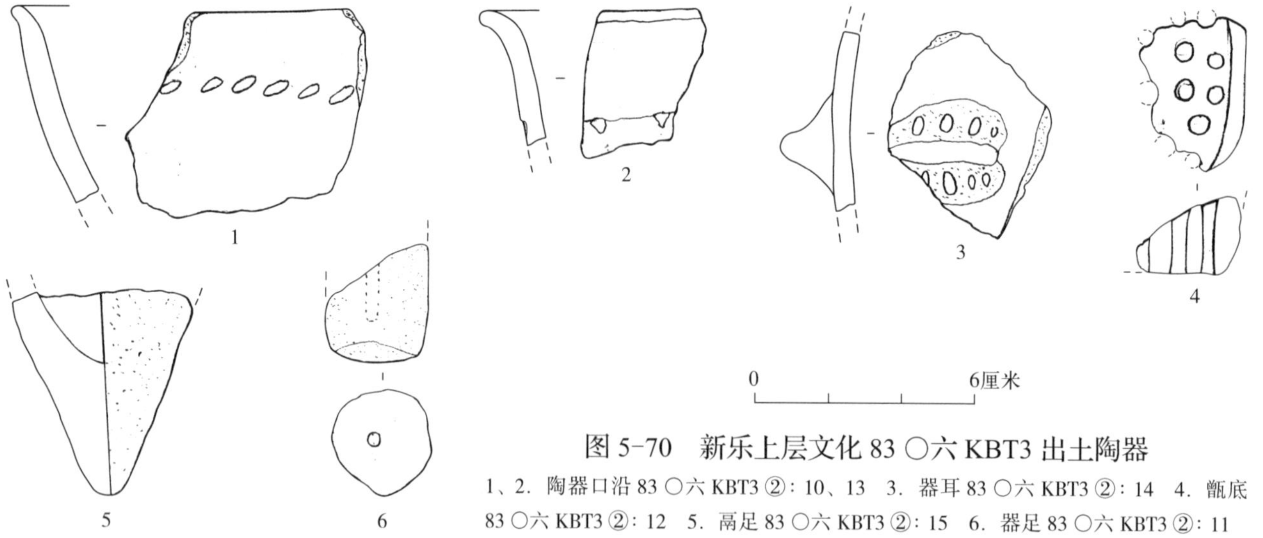

图 5-70 新乐上层文化 83 ○六 KBT3 出土陶器

1、2. 陶器口沿 83 ○六 KBT3 ②: 10、13 3. 器耳 83 ○六 KBT3 ②: 14 4. 甑底 83 ○六 KBT3 ②: 12 5. 鬲足 83 ○六 KBT3 ②: 15 6. 器足 83 ○六 KBT3 ②: 11

标本 83 〇六 KBT3 ②: 3，残，泥质红陶。扁圆珠形，中有孔，素面。直径 3.5、孔径 0.6、厚 2.9 厘米（图 5-71，3）。

标本 83 〇六 KBT3 ②: 4，完整，泥质红陶。扁圆台形，中有孔，上面素面，底面饰放射状七条连点纹。直径 3.5、孔径 0.6、厚 2.1 厘米（图 5-71，4；彩版一六二，5）。

标本 83 〇六 KBT3 ②: 5，残，泥质红褐陶。扁圆形，中有孔，素面。直径 5.4、孔径 0.8、厚 1.3 厘米（图 5-71，5）。

标本 83 〇六 KBT3 ②: 6，残，夹砂红陶。扁圆形，中有孔，上面素面，底面边缘饰一周连点纹，内饰放射状连点纹。直径 5.6、厚 0.9 厘米（图 5-71，6）。

标本 83 〇六 KBT3 ②: 20，残，夹砂红陶。圆饼形，中有孔，素面。直径 7.7、厚 1.2 厘米（图 5-71，7）。

陶支座　1 件。

标本 83 〇六 KBT3 ②: 7，残，夹砂红陶。半圆形，中有圆孔，平底。素面。底径 10.0、残高 6.7 厘米（图 5-71，8）。

标本 83 〇六 KBT3 ②: 8，残，夹砂红陶。半圆形，中有圆孔。残 4.9、宽 4.5 厘米。

陶珠　1 件。

标本 83 〇六 KBT3 ②: 9，残，夹砂红陶。椭圆形，中有未透穿圆孔。素面。直径 3.4、孔径 0.3、

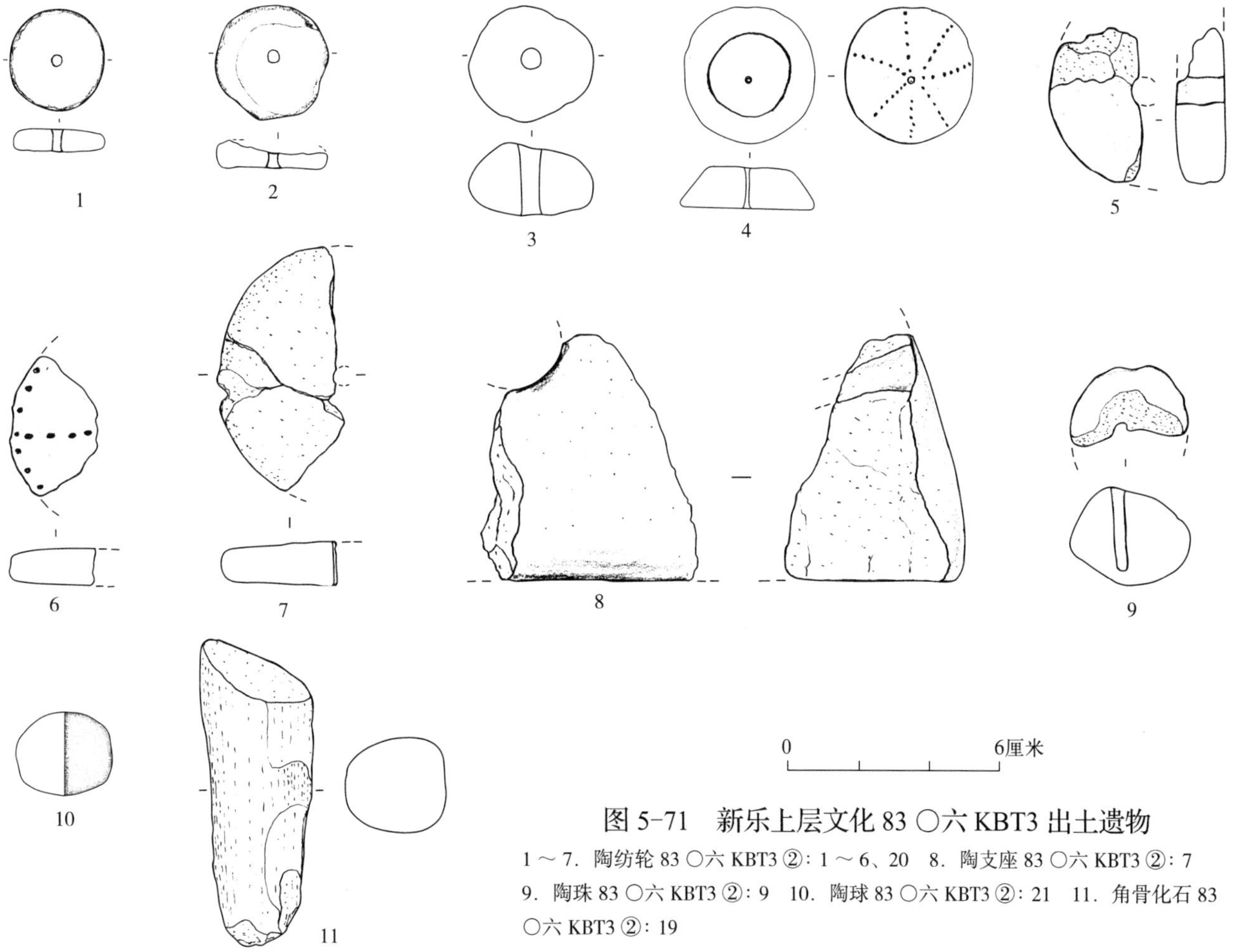

图 5-71　新乐上层文化 83 〇六 KBT3 出土遗物

1 ～ 7. 陶纺轮 83 〇六 KBT3 ②: 1 ～ 6、20　8. 陶支座 83 〇六 KBT3 ②: 7　9. 陶珠 83 〇六 KBT3 ②: 9　10. 陶球 83 〇六 KBT3 ②: 21　11. 角骨化石 83 〇六 KBT3 ②: 19

高 2.6 厘米（图 5-71，9）。

陶球 1 件。

标本 83 〇六 KBT3 ②: 21，残，泥质红陶。椭圆形，素面。直径 2.7、高 2.2 厘米（图 5-71，10；彩版一六二，6）。

3. 其他

1 件。

角骨化石 1 件。

标本 83 〇六 KBT3 ②: 19，残，角骨化石。长椭圆形，表面有磨痕，石化程度高。长 8.2、直径 3.1 厘米（图 5-71，11）。

（一八）83 〇六 KBT4

遗物标本 18 件。

1. 石器

5 件。

敲砸器 2 件。

标本 83 〇六 KBT4 ②: 6，浅黄色板岩。打制，扁椭圆形，局部保留石皮，端侧敲砸痕明显。长 8.1、宽 5.9、厚 3.5 厘米（图 5-72，1）。

标本 83 〇六 KBT4 ②: 15，浅黄色板岩。打制，不规则三棱形，表面多保留石皮，敲砸痕迹明显。长 10.5、宽 5.6、厚 4.2 厘米（图 5-72，2）。

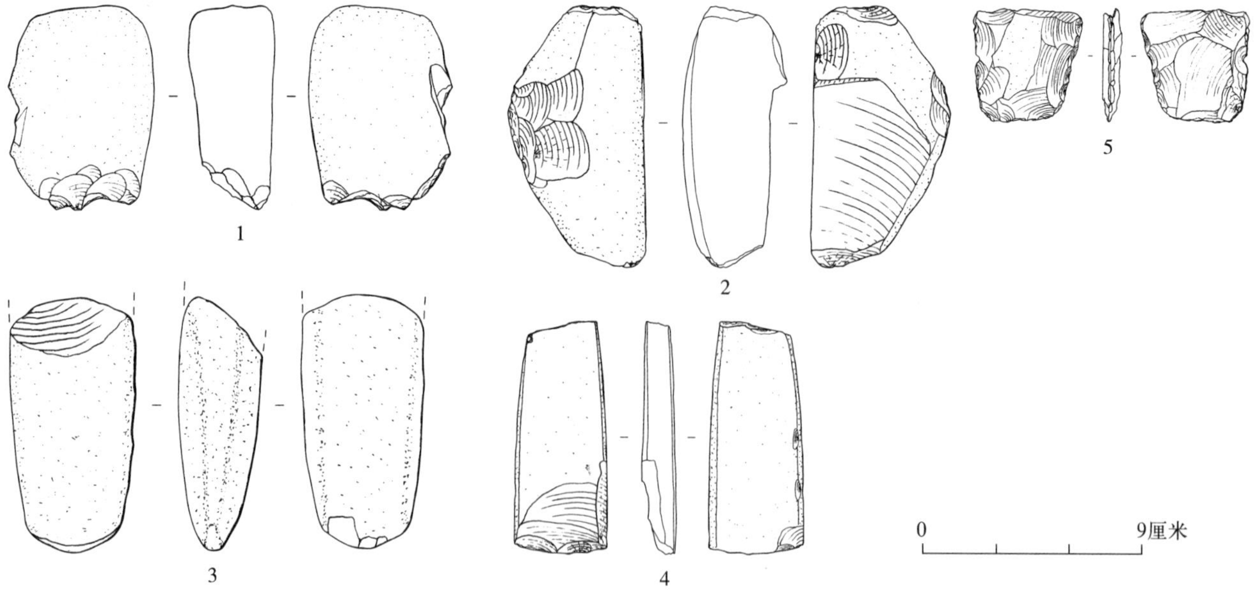

图 5-72 新乐上层文化 83 〇六 KBT4 出土石器

1、2. 敲砸器 83 〇六 KBT4 ②: 6、15 3、4. 石斧 83 〇六 KBT4 ②: 8、14 5. 石刃器 83 〇六 KBT4 ②: 9

石斧　2件。

标本83〇六KBT4②: 8，残，泥质板岩。磨制，长圆形，表面磨光，横截面椭圆形，对磨弧刃。残长10.0、宽5.2、厚3.8厘米（图5-72，3）。

标本83〇六KBT4②: 14，残，灰黑色板岩。磨制，长扁方形，表面磨光，横截面扁方形，刃部残，有砸击痕迹。残长9.2、宽3.8、厚1.4厘米（图5-72，4）。

石刃器　1件。

标本83〇六KBT4②: 9，浅灰色板岩。打制，不规则扁平梯形，边缘压剥呈齿状，有刮削痕迹。长4.5、宽4.4、厚0.3厘米（图5-72，5）。

2. 陶器

8件。

陶盅　1件。

标本83〇六KBT4②: 7，残，夹砂红陶。圆角方形，平底。素面。底径3.8、残高3.0厘米（图5-73，1）。

器耳　2件。

标本83〇六KBT4②: 10，残，夹砂红陶。瘤状，素面。长3.4、宽2.8、高2.8厘米（图5-73，2）。

标本83〇六KBT4②: 13，残，夹砂红陶。瘤状，素面。长4.3、宽3.1、高3.5厘米（图5-73，3）。

器底　1件。

标本83〇六KBT4②: 3，残，夹砂红陶。弧腹，圈足，平足根，素面。底径7.4、残高3.2厘米（图5-73，4）。

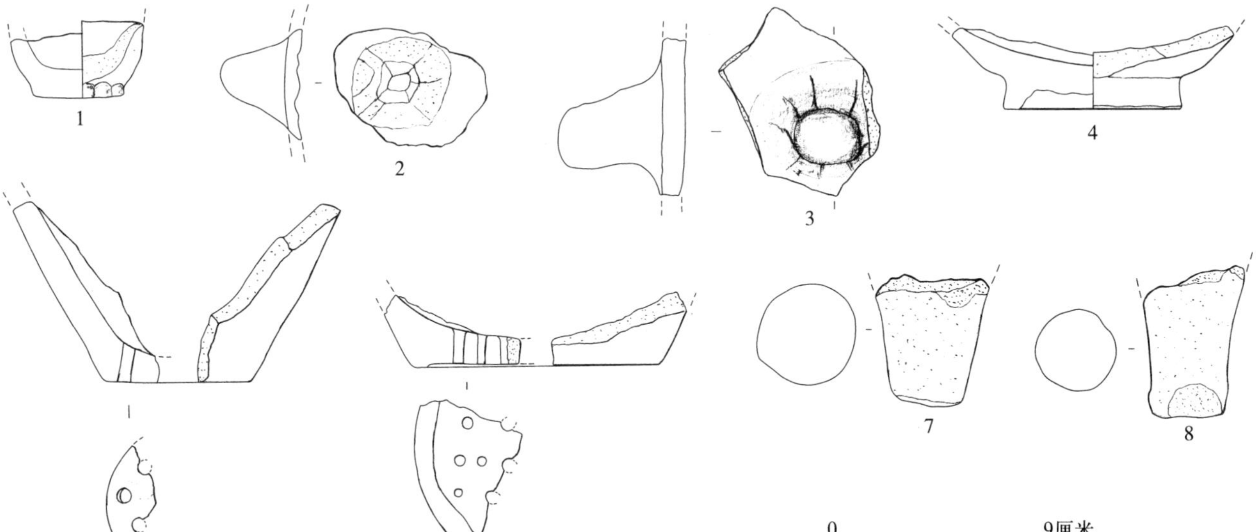

图5-73　新乐上层文化83〇六KBT4出土陶器

1. 陶盅83〇六KBT4②：7　2、3. 器耳83〇六KBT4②：10、13　4. 器底83〇六KBT4②：3　5、6. 甑底83〇六KBT4②：4、5　7、8. 器足83〇六KBT4②：11、12

甑底 2件。

标本 83 〇六 KBT4 ②: 4，残，夹砂红陶。斜腹，平底。底有圆穿孔，素面。底径 6、孔径 0.6、残高 7.0 厘米（图 5-73，5）。

标本 83 〇六 KBT4 ②: 5，残，夹砂红陶。平底。底有圆穿孔，素面。底径 10.0、孔径 0.5、残高 2.9 厘米（图 5-73，6）。

器足 2件。

标本 83 〇六 KBT4 ②: 11，残，夹砂红陶。圆柱形，平足根，素面。残高 5.3、直径 4.6 厘米（图 5-73，7）。

标本 83 〇六 KBT4 ②: 12，残，夹砂红陶。圆柱形，平足根，素面。残高 6.0、直径 3.9 厘米（图 5-73，8）。

（一九）83 〇六 KBT5

陶器 4 件。

陶器口沿 1件。

标本 83 〇六 KBT5 ②: 4，残，夹砂红褐陶。侈口，尖唇。口径 20.0、残高 3.9、壁厚 0.7 厘米（图 5-74，1）。

器耳 1件。

标本 83 〇六 KBT5 ②: 1，残，夹砂红陶。竖桥状耳，耳根部饰泥条上按压齿状纹泥条堆纹。耳长 4.8、宽 4.4 厘米（图 5-74，2）。

鼎足 1件。

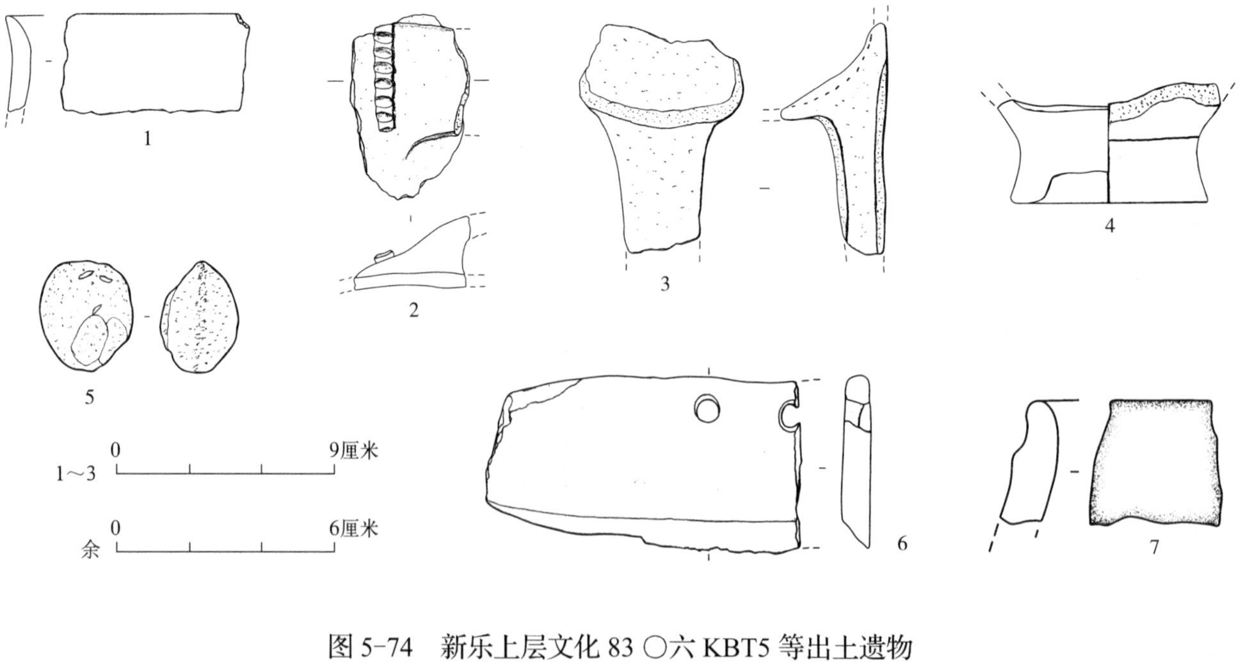

图 5-74 新乐上层文化 83 〇六 KBT5 等出土遗物

1. 陶器口沿 83 〇六 KBT5 ②: 4 2. 器耳 83 〇六 KBT5 ②: 1 3. 鼎足 83 〇六 KBT5 ②: 2 4. 圈足 83 〇六 KBT5 ②: 3 5. 陶球 83 〇六 KBT6 ②: 1 6. 石刀 83 〇六 KNT4 ②: 1 7. 陶器口沿 83 〇六 KNT4 ②: 3

标本 83 〇六 KBT5 ②: 2，残，夹砂红陶。扁圆形，上接腹、底。残高 9.1、足宽 4.5、厚 1.7 厘米（图 5-74，3）。

圈足　1 件。

标本 83 〇六 KBT5 ②: 3，残，夹砂红陶。残高 3.2、底径 5.4 厘米（图 5-74，4）。

（二〇）83 〇六 KBT6

陶球　1 件。

标本 83 〇六 KBT6 ②: 1，完整，泥质黑褐陶。不规则圆形，素面。直径 2.1 ～ 2.9 厘米（图 5-74，5）。

（二一）83 〇六 KNT4

1. 石器

1 件。

石刀　1 件。

标本 83 〇六 KNT4 ②: 1，残，灰黑色板岩。磨制，直背，斜方头，一侧磨弧刃，近背部有两个对磨孔。残长 8.5、宽 4.6、厚 0.8 厘米（图 5-74，6）。

2. 陶器

1 件。

陶器口沿　1 件。

标本 83 〇六 KNT4 ②: 3，残，夹砂红褐陶。口稍敛，圆唇（图 5-74，7）。

（二二）83 〇六 KNT6

陶器 3 件。

陶纺轮　1 件。

标本 83 〇六 KNT6 ②: 2，残，夹砂红褐陶。圆台形，表面有凸棱，素面。直径 6.0、厚 1.1 厘米（图 5-75，1）。

器耳　1 件。

标本 83 〇六 KNT6 ②: 3，残，夹砂红褐陶。瘤状耳。残高 4.6、厚 1.2 厘米（图 5-75，2）。

器底　1 件。

标本 83 〇六 KNT6 ②: 1，残，夹滑石灰褐陶。底径 13.0、残高 4.5 厘米（图 5-75，3）。

（二三）83 〇六 KNT7

石器 1 件。

石磨棒　1 件。

标本 83 〇六 KNT7 ②: 1，残，浅黄色花岗岩。磨制，不规则扁长方形，横截面菱，多磨面，磨

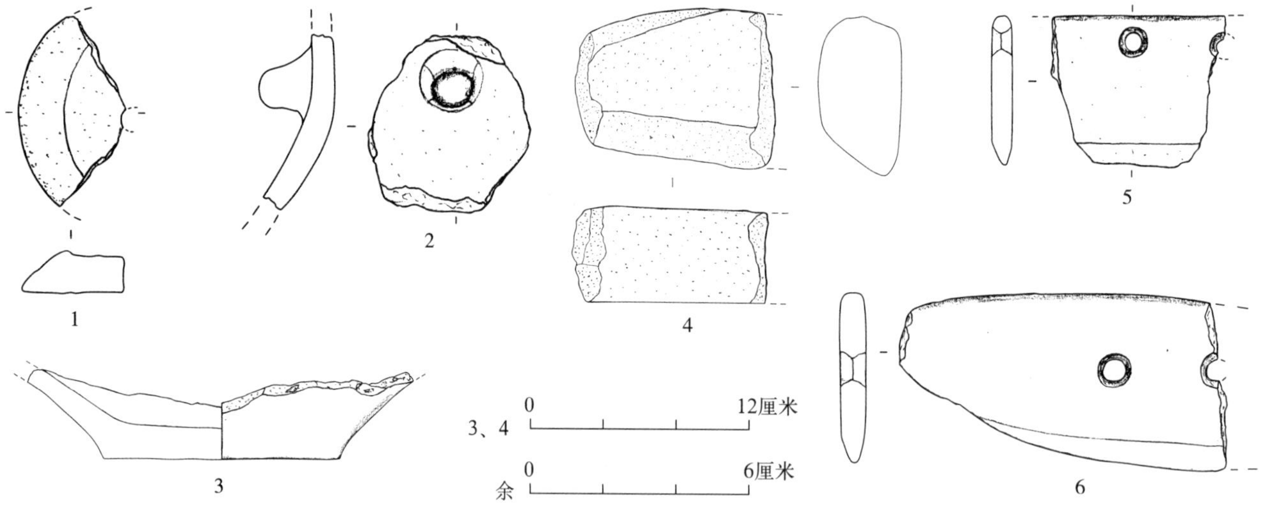

图 5-75 新乐上层文化 83 〇六 KNT6 等出土遗物

1. 陶纺轮 83 〇六 KNT6 ②: 2 2. 器耳 83 〇六 KNT6 ②: 3 3. 器底 83 〇六 KNT6 ②: 1 4. 石磨棒 83 〇六 KNT7 ②: 1 6. 石刀 87 〇六 T1 ①: 1、2

痕明显。残长 10.6、宽 8.4、厚 4.6 厘米（图 5-75，4）。

（二四）87 〇六 T1

石器 2 件。

石刀 2 件。

标本 87 〇六 T1 ①: 1，残，青灰色板岩。磨制，直背，对磨直刃。近背部有对磨穿孔。残长 4.7、宽 4.0、厚 0.6、孔径 0.4 厘米（图 5-75，5）。

标本 87 〇六 T1 ①: 2，残，浅灰色板岩。磨制，直背，对磨弧刃。中部有对磨穿孔。残长 5.9、宽 4.6、厚 0.8、孔径 0.7 厘米（图 5-75，6）。

（二五）87 〇六 MG

遗物标本 8 件。

1. 石器

4 件

敲砸器 3 件。

标本 87 〇六 MG ②: 5，青色板岩。打制，扁椭圆形，多剥片疤，局部保留石皮，周缘敲砸痕迹细碎。长 10.0、宽 7.0、厚 4.7 厘米（图 5-76，1）。

标本 87 〇六 MG ②: 6，青色板岩。打制，不规则长方形，局部保留石皮，敲砸痕迹明显。长 6.2、宽 6.0、厚 5.1 厘米（图 5-76，2）。

标本 87 〇六 MG ②: 8，青色板岩。打制，不规则多棱形，多剥片疤，敲砸痕迹明显。长 6.2、宽 8.0、厚 3.7 厘米（图 5-76，3）。

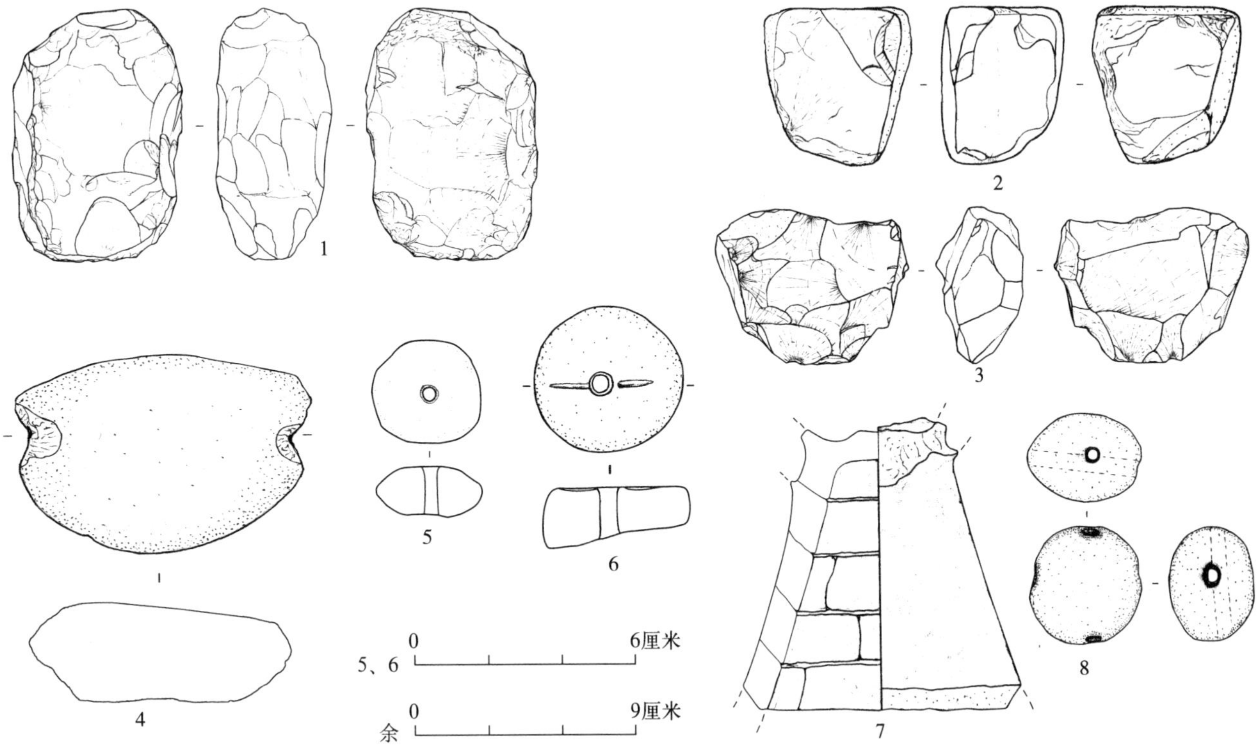

图 5-76　新乐上层文化 87 ○六 MG 出土遗物

1～3. 敲砸器 87 ○六 MG ②：5、6、8　4. 网坠 87 ○六 MG ②：4　5、6. 陶纺轮 87 ○六 MG ②：2、3　7. 陶豆座 87 ○六 MG ②：7　8. 陶网坠 87 ○六 MG ②：1

网坠　1 件。

标本 87 ○六 MG ②: 4，浅黄色花岗岩。打制，扁椭圆形，两侧对称打出豁口。长 12.1、宽 7.9、厚 3.9 厘米（图 5-76，4）。

2. 陶器

4 件。

陶纺轮　2 件。

标本 87 ○六 MG ②: 2，夹细砂红褐陶。扁棱珠形，横截面扁棱形，中有圆孔。直径 2.2 ～ 2.9、孔径 0.3 厘米（图 5-76，5）。

标本 87 ○六 MG ②: 3，夹细砂红褐陶。扁圆形，中有圆孔。直径 4.1、厚 1.6、孔径 0.5 厘米（图 5-76，6）。

陶豆座　1 件。

标本 87 ○六 MG ②: 7，残，夹砂灰陶。内壁可见泥条盘筑痕。底径 11.6、高 11.5 厘米（图 5-76，7）。

陶网坠　1 件。

标本 87 ○六 MG ②: 1，夹砂红褐陶。扁圆形，表面光滑，中部有 2 个穿孔。直径 4.6、孔径 0.4 厘米（图 5-76，8）。

（二六）83CDT2

遗物标本 11 件。

1. 石器

3 件。

石叶　1 件。

标本 83CDT2 ②: 9，残，青灰色板岩。打制，长条形，横截面梯形，边刃，有刮削痕迹。长 4.3、宽 1.3、厚 0.5 厘米（图 5-77，1）。

石镞　2 件。

标本 83CDT2 ②: 10，残，青色板岩。磨制，长三角形，横截面双菱形，表面有沟槽，边刃对磨。残长 2.7、宽 0.8、厚 0.3 厘米（图 5-77，2）。

标本 83CDT2 ②: 11，残，青色板岩。磨制，长叶形，横截面双菱形，表面有沟槽。凹底。残长 2.8、宽 1.2、厚 0.2 厘米（图 5-77，3）。

2. 陶器

8 件。

陶盅　1 件。

标本 83CDT2 ②: 4，残，夹砂灰褐陶。直口，圆唇，直腹，平底。素面。口径 2.3、底径 2.1、残高 1.7 厘米（图 5-77，4）。

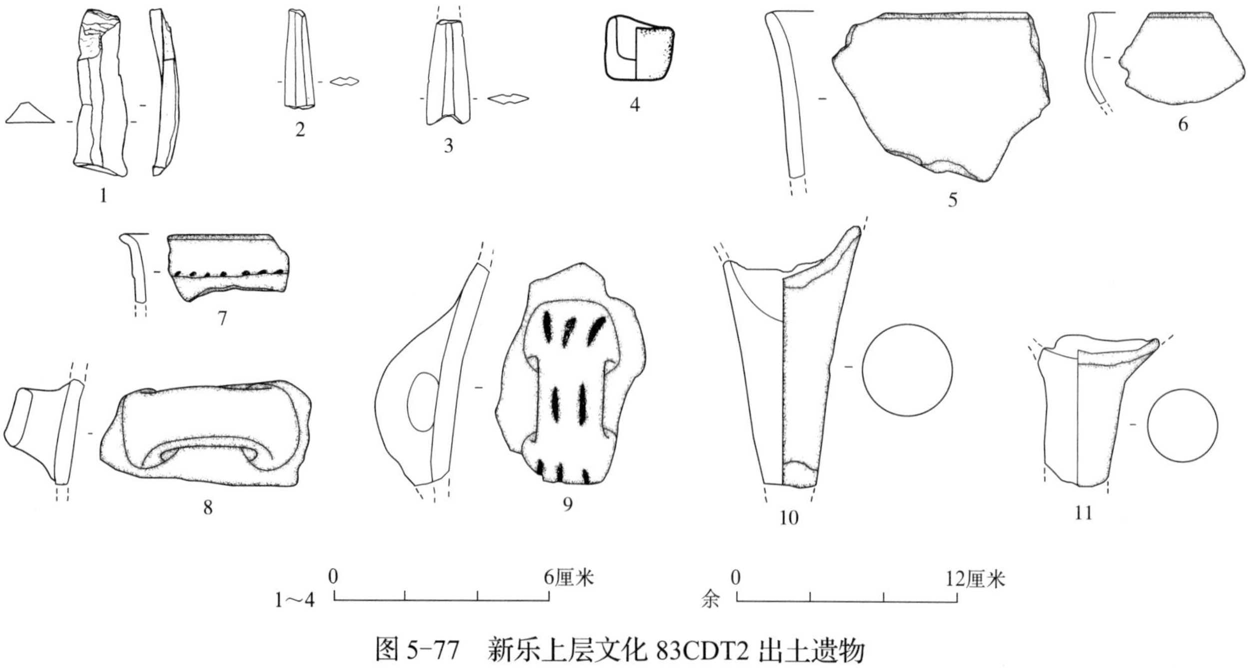

图 5-77　新乐上层文化 83CDT2 出土遗物

1. 石叶 83CDT2 ②：9　2、3. 石镞 83CDT2 ②：10、11　4. 陶盅 83CDT2 ②：4　5～7. 陶器口沿 83CDT2 ②：3、4、5　8、9. 器耳 83CDT2 ②：6、7　10、11. 鬲足 83CDT2 ②：1、2

陶器口沿　3件。

标本83CDT2②：3，残，夹砂红褐陶。敞口，圆唇，斜直腹。素面。残高9.0厘米（图5-77，5）。

标本83CDT2②：4，残，夹砂红褐陶。敛口，圆唇，鼓腹。素面。口径11.0、残高4.9厘米（图5-77，6）。

标本83CDT2②：5，残，夹砂红陶。敞口，圆唇，沿外微重唇，直腹。重唇下部饰戳刺纹。口径14.0、残高3.7厘米（图5-77，7）。

器耳　2件。

标本83CDT2②：6，残，夹砂红陶。横桥状耳。残高5.6厘米（图5-77，8）。

标本83CDT2②：7，残，夹砂红陶。竖桥状耳，耳饰戳指甲纹。残高11.8厘米（图5-77，9）。

鬲足　2件。

标本83CDT2②：1，残，夹砂红褐陶。圆锥形足。残高14.0厘米（图5-77，10）。

标本83CDT2②：2，残，夹砂红褐陶。柱状足。残高8.1厘米（图5-77，11）。

（二七）82117LTG

石器3件。

敲砸器　1件。

标本82117LTG②：1，青白色斑岩。打制，不规则多棱形，有剥片疤，局部保留石皮，敲砸痕迹明显。长8.1、宽6.8、厚4.6厘米（图5-78，1）。

石磨棒　1件。

标本82117LTG②：2，残，黄褐色石英岩。磨制，圆角长条形。横截面圆角三角形，有三个磨面，磨痕明显。残长15.4、宽6.9、厚4.8厘米（图5-78，2）。

沟磨石　1件。

标本82117LTG②：3，残，黄褐色粉砂岩。磨制，扁圆形，表面有凹磨沟。长3.2、宽3.5、厚1.7厘米（图5-78，3）。

（二八）84119LTG

遗物标本9件。

1. 石器

2件。

石刀　2件。

标本84119LTG②：8，残，青灰色沉积岩。磨制，直背，有一个对磨穿孔。残长2.2、残宽2.8、厚0.6厘米（图5-78，4）。

标本84119LTG②：9，残，青灰色板岩。磨制，直背，有两个对磨穿孔。残长3.2、残宽4.5、厚0.9厘米（图5-78，5）。

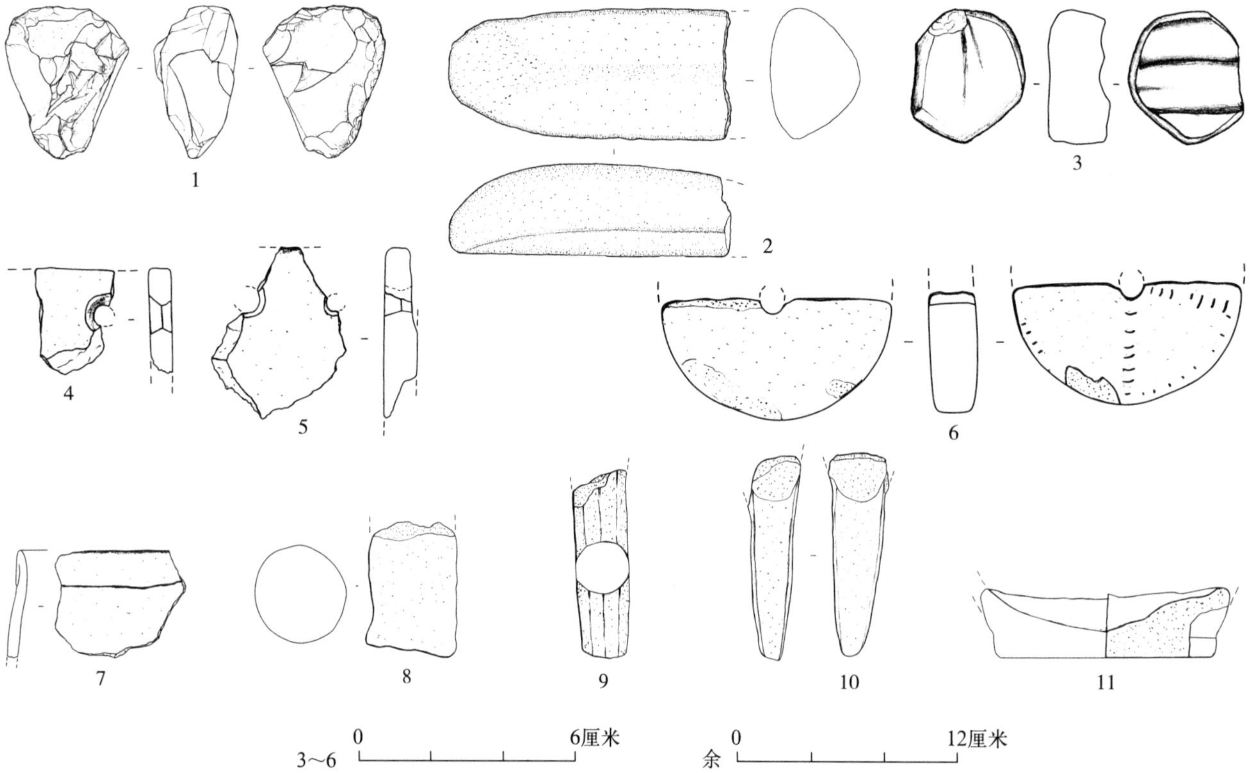

图 5-78 新乐上层文化 82117LTG 等出土遗物

1. 敲砸器 82117LTG ②：1 2. 石磨棒 82117LTG ②：2 3. 沟磨石 82117LTG ②：3 4、5. 石刀 84119LTG ②：8、9 6. 陶纺轮 84119LTG ②：7 7. 陶器口沿 84119LTG ②：1 8～10. 器足 84119LTG ②：2、4、5 11. 器底 84119LTG ②：3

2. 陶器

7 件。

陶纺轮 1 件。

标本 84119LTG ②: 7，残，夹砂红陶。扁圆形，表面素面，底面饰放射线线，边缘饰一周连点纹。直径 6.2、厚 1.2、孔径 0.8 厘米（图 5-78，6）。

陶器口沿 1 件。

标本 84119LTG ②: 1，残，夹砂红陶。叠沿，尖唇，素面。口径 31.0、残高 5.7 厘米（图 5-78，7）。

器耳 1 件。

标本 84119LTG ②: 6，残，夹砂红陶。桥状耳，横置，耳两侧饰按指甲纹。耳长 6.0、宽 4.4、厚 1.0 厘米。

器足 3 件。

标本 84119LTG ②: 2，残，夹砂红陶。圆柱形，平足根。直径 6.0、残高 7.1 厘米（图 5-78，8）。

标本 84119LTG ②: 4，残，夹砂红陶。足为多棱形，平足根。残高 10.0、直径 2.5 ～ 2.9 厘米（图 5-78，9）。

标本 84119LTG ②: 5，残，夹砂红陶。足为扁方形，尖足根。残高 10.0、宽 3.2、厚 2.4 厘米（图 5-78，10）。

器底　1件。

标本84119LTG②：3，残，夹砂红陶。平底。底径12.0、残高3.7、厚2.6厘米（图5-78，11）。

（二九）87116LG

石器4件。

砍砸器　1件。

标本87116LG②：27，黄褐色斑岩。打制，扁方形，局部保留石皮，边刃砍砸痕迹明显。长8.0、宽6.3、厚2.5厘米（图5-79，1）。

石磨棒　1件。

标本87116LG②：28，残，黄褐色花岗岩。磨制，扁圆长条形，横截面椭圆形，多磨面，磨痕明显。残长5.7、宽5.9、厚3.4厘米（图5-79，2）。

砺石　1件。

标本87116LG②：31，残，灰白色石英岩。磨制，扁方形，一磨面，磨痕明显。残长3.5、宽2.7、厚1.7厘米（图5-79，3）。

研磨石　1件。

标本87116LG②：32，黄褐色板岩。磨制，圆柱体，表面有磨痕。长11.4、宽1.8、厚1.3厘米（图5-79，4）。

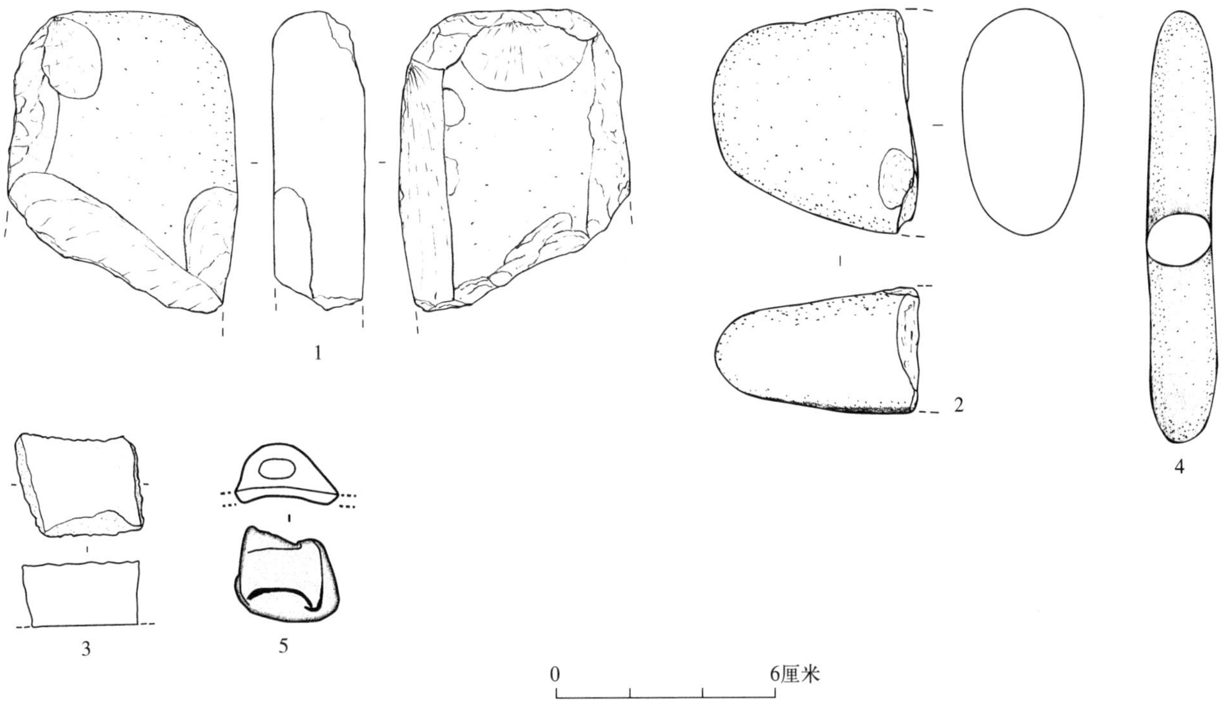

图5-79　新乐上层文化87116LG等出土遗物

1. 砍砸器87116LG②：27　2. 石磨棒87116LG②：28　3. 砺石87116LG②：31　4. 研磨石87116LG②：32　5. 器耳T0108：1

（三〇）T0108

陶器 1 件。

器耳　1 件。

标本 T0108 : 1，夹砂红褐陶。横桥状耳。残宽 2.5、宽 2.8 厘米（图 5-79，5）。

（三一）T0110

陶器 8 件。

口沿　3 件。

标本 T0110 ②: 1，残，泥质灰陶。敞口，圆唇，束颈，溜肩。颈部饰一周附加堆纹，表面饰戳刺纹。口径 22.0、残高 9.1 厘米（图 5-80，1）。

标本 T0110 ②: 2，残，夹砂黑褐陶。直口，溜肩。素面。残宽 6.7、高 4.7 厘米（图 5-80，2）。

标本 T0110 ②: 3，残，夹砂红陶。敞口，尖唇，斜直腹。素面。口径 17.0、残高 6.9 厘米（图 5-80，3）。

陶钵　1 件。

标本 T0110 ②: 4，残，夹砂黑褐陶。敞口，圆唇，弧腹。素面。口径 15.0、残高 6.3 厘米（图 5-80，4）。

器底　3 件。

标本 T0110 ②: 5，残，夹砂红褐陶。弧腹，平底，素面。底径 10.0、残高 3.2 厘米（图 5-80，5）。

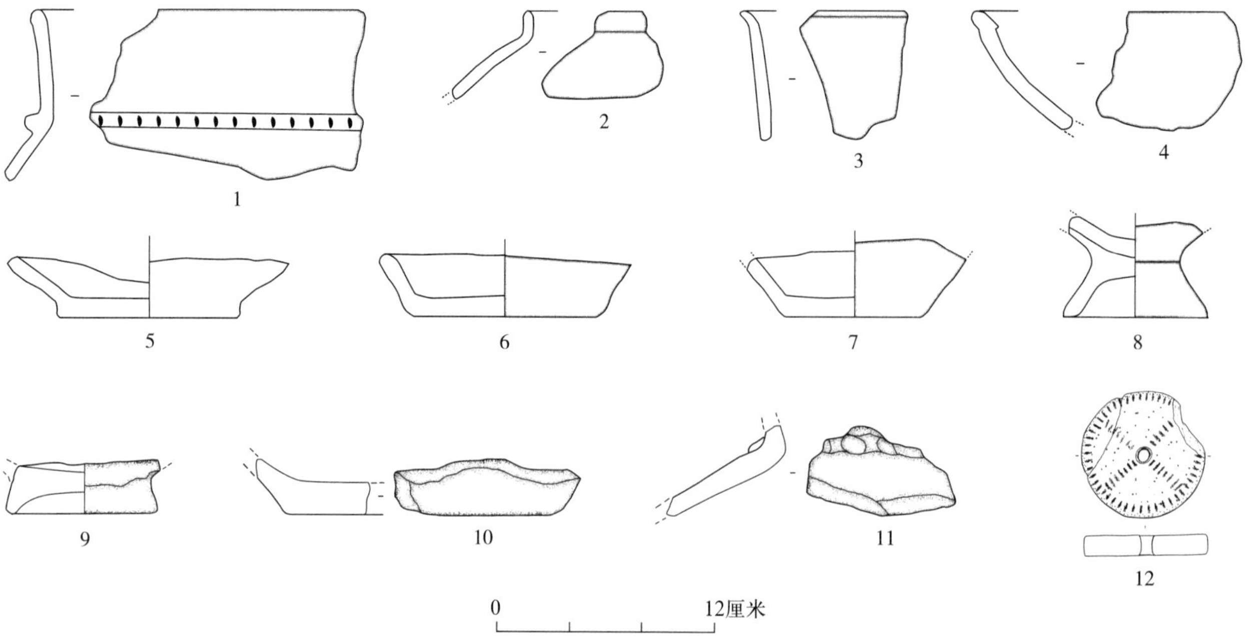

图 5-80　新乐上层文化 T0110 等出土遗物

1～3. 口沿 T0110 ②: 1、2　4. 陶钵 T0110 ②: 4　5～7. 器底 T0110 ②: 5～7　8. 高足钵底 T0110 ②: 8　9. 高足钵底 T0111 ②: 2　10. 器底 T0111 ②: 3　11. 甗腰 T0111 ②: 4　12. 陶纺轮 T0111 ②: 1

标本 T0110 ②: 6，残，夹砂红陶。平底，素面。底径 10.4、残高 3.5 厘米（图 5-80，6）。

标本 T0110 ②: 7，残，夹砂红陶。平底，素面。底径 6.5、残高 4.0 厘米（图 5-80，7）。

高足钵底　1 件。

标本 T0110 ②: 8，残，夹砂红褐陶。高圈足，素面。底径 7.9、残高 5.4 厘米（图 5-80，8）。

（三二）T0111

陶器 4 件。

高足钵底　1 件。

标本 T0111 ②: 2，残，夹砂红陶。有红陶衣，圈足，底内凹，素面。残高 3.0 厘米（图 5-80，9）。

器底　1 件。

标本 T0111 ②: 3，残，夹砂红陶。斜腹，平底。素面。底径 9.0、残高 3.0 厘米（图 5-80，10）。

甗腰　1 件。

标本 T0111 ②: 4，残，夹砂红褐陶。饰按压指窝附加堆纹。残高 4.8 厘米（图 5-80，11）。

陶纺轮　1 件。

标本 T0111 ②: 1，残，夹砂红褐陶。扁圆形，中间有圆孔。纺轮表面有戳刺纹。直径 6.7、厚 1.0 厘米（图 5-80，12）。

（三三）T0401 ②

遗物标本 20 件。

1. 石器

11 件。

（1）打制石器

2 件。

石叶刮削器　1 件。

标本 T0401 ②: 4，青灰色板岩。琢制，宽叶形，边刃呈细齿状。长 5.7、宽 2.2、厚 0.9 厘米（图 5-81，1）。

石镞　1 件。

标本 T0401 ②: 7，青灰色板岩。琢制，长三角形，锋、刃部从背面向腹面压琢呈齿状，有束铤。长 2.6、宽 1.2、厚 0.3 厘米（图 5-81，2）。

（2）磨制石器

9 件。

石刀　2 件。

标本 T0401 ②: 1，残，青灰色板岩。磨制，尖首，直背，单侧弧刃。近背部有圆穿孔。残长 9.4、宽 4.7、厚 0.6 厘米（图 5-81，3）。

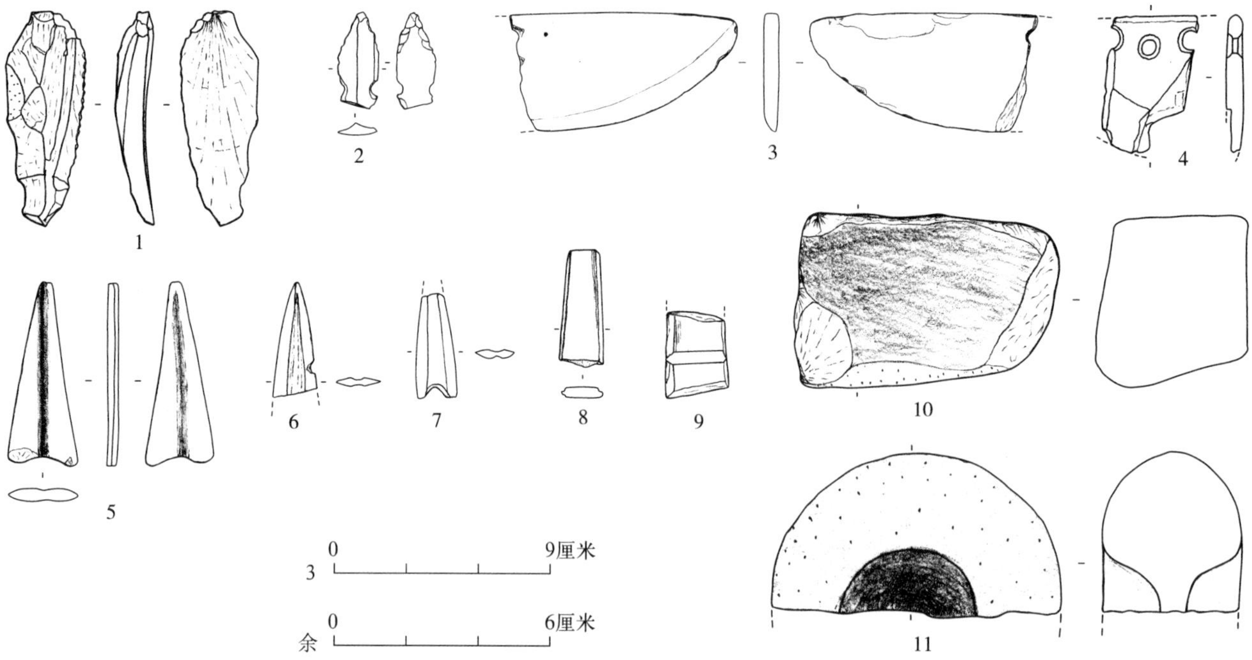

图 5-81　新乐上层文化 T0401 ②出土石器

1. 石叶刮削器 T0401 ②：4　2. 石镞 T0401 ②：7　3、4. 石刀 T0401 ②：1、2　5～9. 石镞 T0401 ②：8、11～13、17　10. 石磨盘 T0401 ②：15　11. 石臼 T0401 ②：14

标本 T0401 ②: 2，残，青灰色板岩。磨制，直背，近背部有 3 个圆穿孔。残长 2.5、宽 3.7、厚 0.5 厘米（图 5-81，4）。

石镞　5 件。

标本 T0401 ②: 8，残，青色板岩。磨制，长三角形，横截面双菱形，表面有沟槽。对磨直刃，凹底，呈燕尾形。长 4.9、宽 1.9、厚 0.3 厘米（图 5-81，5）。

标本 T0401 ②: 11，残，青色板岩。磨制，长尖叶形，横截面双菱形。表面有沟槽。对磨刃。残长 3.1、宽 1.2、厚 0.25 厘米（图 5-81，6）。

标本 T0401 ②: 12，残，青色板岩。磨制，长尖叶形，横截面双菱形。表面有沟槽。对磨弧刃，凹尾呈燕状。残长 2.8、宽 1.1、厚 0.2 厘米（图 5-81，7）。

标本 T0401 ②: 13，残，青色板岩。磨制，长叶形。横截面扁六棱形，对磨直刃。残长 3.1、宽 1.2、厚 0.3 厘米（图 5-81，8）。

标本 T0401 ②: 17，残，青色板岩。磨制，长条形，横截面扁六棱形，对磨直刃。残长 2.3、宽 1.7、厚 0.3 厘米（图 5-81，9）。

石磨盘　1 件。

标本 T0401 ②: 15，残，褐色砂岩。磨制，两平磨面，磨痕明显。长 7.0、宽 4.6、厚 4.1 厘米（图 5-81，10）。

石臼　1 件。

标本 T0401 ②: 14，残，灰褐色闪长岩。磨制，扁圆形，两面有圆凹磨窝。直径 7.8、厚 3.8、凹内 3.7 厘米（图 5-81，11）。

2. 陶器

9 件。

陶器口沿　7 件。

标本 T0401 ②: 59，残，泥质灰陶。敞口，圆唇微外卷，深腹。腹部饰一条弦纹。残高 6.1 厘米（图 5-82，1）。

标本 T0401 ②: 60，残，夹砂红陶。敞口，圆唇稍侈，直腹。素面。残高 5.1 厘米（图 5-82，2）。

标本 T0401 ②: 61，残，夹砂红褐陶。敛口，外抹圆唇，溜肩，鼓腹。素面。口径 11.0、残高 6.4 厘米（图 5-82，3）。

标本 T0401 ②: 62，残，夹砂红褐陶。敞口，圆唇，斜直腹。素面。残高 6.9 厘米（图 5-82，4）。

标本 T0401 ②: 63，残，夹砂红褐陶。敞口，圆唇微外折，斜直腹。腹部饰划斜纹。残高 4.6 厘米（图 5-82，5）。

标本 T0401 ②: 65，残，夹砂红褐陶。敛口，外抹圆唇，溜肩。素面。口径 10.0、残高 3.4 厘米（图 5-82，6）。

标本 T0401 ②: 66，残，夹砂红陶，有红陶衣。敞口，圆唇，叠沿，斜直腹。口沿处饰弦纹，腹部饰捏按泥条堆纹。残高 5.1 厘米（图 5-82，7）。

陶钵　1 件。

标本 T0401 ②: 64，残，夹砂红陶。敞口，圆唇，弧腹。上腹部有一圈弦纹。残高 4.7 厘米（图 5-82，8）。

陶纺轮　1 件。

标本 T0401 ②: 9，残，夹砂黄褐陶。圆形，有一面有戳刺纹，中间有圆孔。厚 0.8、直径 6.0 厘米（图 5-82，9）。

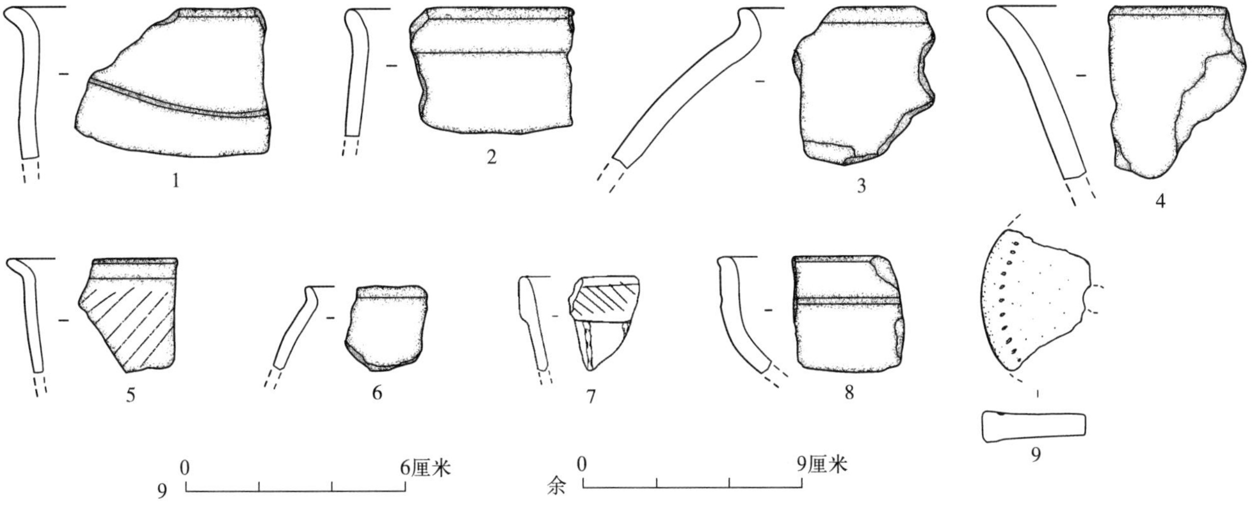

图 5-82　新乐上层文化 T0401 ②出土陶器

1～7. 陶器口沿 T0401 ②: 59～63、65、66　8. 陶钵 T0401 ②: 64　9. 陶纺轮 T0401 ②: 9

（三四）T0401 ③

遗物标本 20 件（注：遗址内地层堆积基本不见第③层，T0401 ③地层应与 T0401F11 房内堆积相关）。

1. 石器

10 件。

（1）打制石器

7 件。

砍砸器　2 件。

标本 T0401 ③: 2，青灰色板岩。打制，不规则扁平长方形，局部保留石皮，砍砸痕迹明显。长 7.6、宽 5.0、厚 2.4 厘米（图 5-83，1）。

标本 T0401 ③: 4，褐色石英岩。打制，不规则扁平菱形，局部保留石皮，边刃砍砸痕迹明显。长 7.5、宽 7.5、厚 1.4 厘米（图 5-83，2）。

敲砸器　3 件。

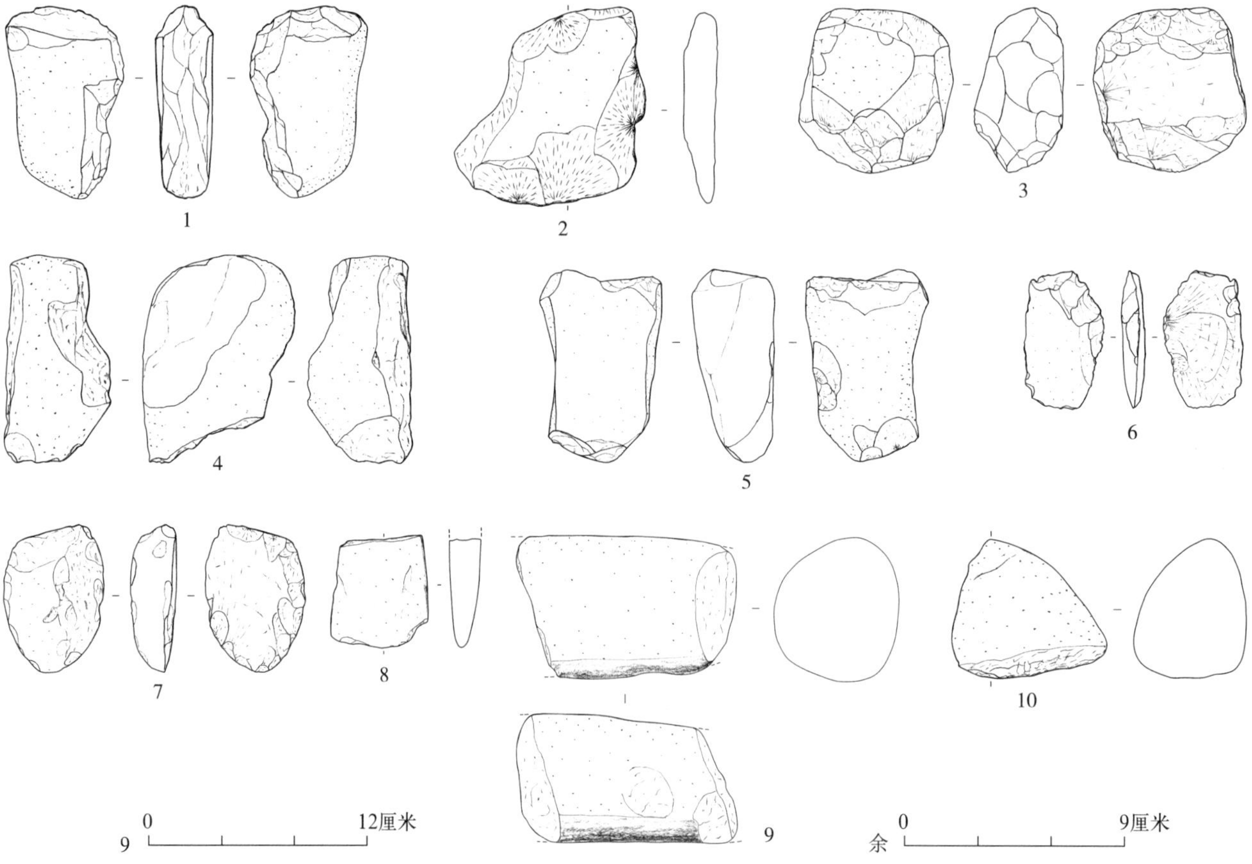

图 5-83　新乐上层文化 T0401 ③出土石器

1、2. 砍砸器 T0401 ③: 2、4　3 ~ 5. 敲砸器 T0401 ③: 58、3、7　6、7. 石片刮削器 T0401 ③: 5、8　8. 石斧 T0401 ③: 27　9、10. 石磨棒 T0401 ③: 1、6

标本 T0401 ③: 58，青色板岩。打制，多棱椭圆形，多剥片疤，局部保留石皮，敲砸痕迹明显。长 6.5、宽 6.4、厚 3.6 厘米（图 5-83，3）。

标本 T0401 ③: 3，黄褐色花岗岩。不规则多棱形，敲砸痕迹明显。长 8.2、宽 4.4、厚 6.2 厘米（图 5-83，4）。

标本 T0401 ③: 7，青色板岩。打制，不规则长方形。局部保留石皮，两端敲砸痕迹明显。长 7.7、宽 5.0、厚 3.4 厘米（图 5-83，5）。

石片刮削器　2 件。

标本 T0401 ③: 5，青灰色板岩。打制，椭圆形，一侧保留石皮，边刃呈齿状。长 5.5、宽 3.2、厚 0.9 厘米（图 5-83，6）。

标本 T0401 ③: 8，青色板岩。打制，龟背形，一侧保留石皮，边刃呈齿状。长 5.9、宽 4.1、厚 1.9 厘米（图 5-83，7）。

（2）磨制石器

3 件。

石斧　1 件。

标本 T0401 ③: 27，残，灰白色高岭土化的花岗岩。磨制，梯形，表面光滑，对磨弧刃。残长 4.3、宽 4.0、厚 1.2 厘米（图 5-83，8）。

石磨棒　2 件。

标本 T0401 ③: 1，残，黄褐色花岗岩。磨制，长椭圆形。横截面椭圆形，多磨面，磨痕明显。长 12.1、宽 7.6、厚 6.8 厘米（图 5-83，9）。

标本 T0401 ③: 6，残，黄褐色花岗岩。磨制，多磨面，磨痕明显。长 6.3、宽 5.1、厚 4.5 厘米（图 5-83，10）。

2. 陶器

7 件。

深腹罐　6 件。

标本 T0401 ③: 67，残，夹砂黑褐陶。直口，尖唇，直腹。口沿处有两周凹带，内饰划压横人字纹，腹部饰竖压横排之字纹。口径 20.0、残高 12.9 厘米（图 5-84，1）。

标本 T0401 ③: 68，残，夹砂红褐陶。直口，圆唇，斜直腹。口沿处有两周凹带，内饰划压横人字纹，腹部饰竖压横排之字纹。口径 17.0、残高 11.3 厘米（图 5-84，2）。

标本 T0401 ③: 69，残，夹砂红褐陶。敞口，圆唇，斜直腹。口沿处有两周凹带，内饰划压斜线、网格纹，腹部饰竖压横排之字纹。口径 17.0、残高 11.4 厘米（图 5-84，3）。

标本 T0401 ③: 70，残，夹砂红褐陶。直口，圆唇，斜直腹。口沿处有三周凹纹带，内饰划压短斜线纹，腹部饰压印弦纹。口径 17.0、残高 11.5 厘米（图 5-84，4）。

标本 T0401 ③: 71，残，夹砂红褐陶。敞口，圆唇，斜直腹。口沿处有两周凹纹带，内饰划压横人字纹，腹部饰压印弦纹。口径 17.0、残高 11.6 厘米（图 5-84，5）。

标本 T0401 ③: 72，残，夹砂褐陶。直口，圆唇，斜直腹。口沿处饰划压席纹，腹部饰竖压横排之字纹。口径 17.0、残高 11.7 厘米（图 5-84，6）。

陶饼形器　1件。

标本T0401③: 20，细泥红褐陶。球顶形，平底。素面。直径3.2、厚1.2厘米（图5-84，7）。

3. 煤精制品

3件。

球形器　3件。

标本T0401③: 9，残。磨制，表面光滑。直径1.1、高0.9厘米（图5-84，8）。

标本T0401③: 10，残。磨制，表面光滑。直径1.6厘米（图5-84，9）。

标本T0401③: 16，残。磨制，表面有磨痕。直径1.4～1.5厘米（图5-84，10）。

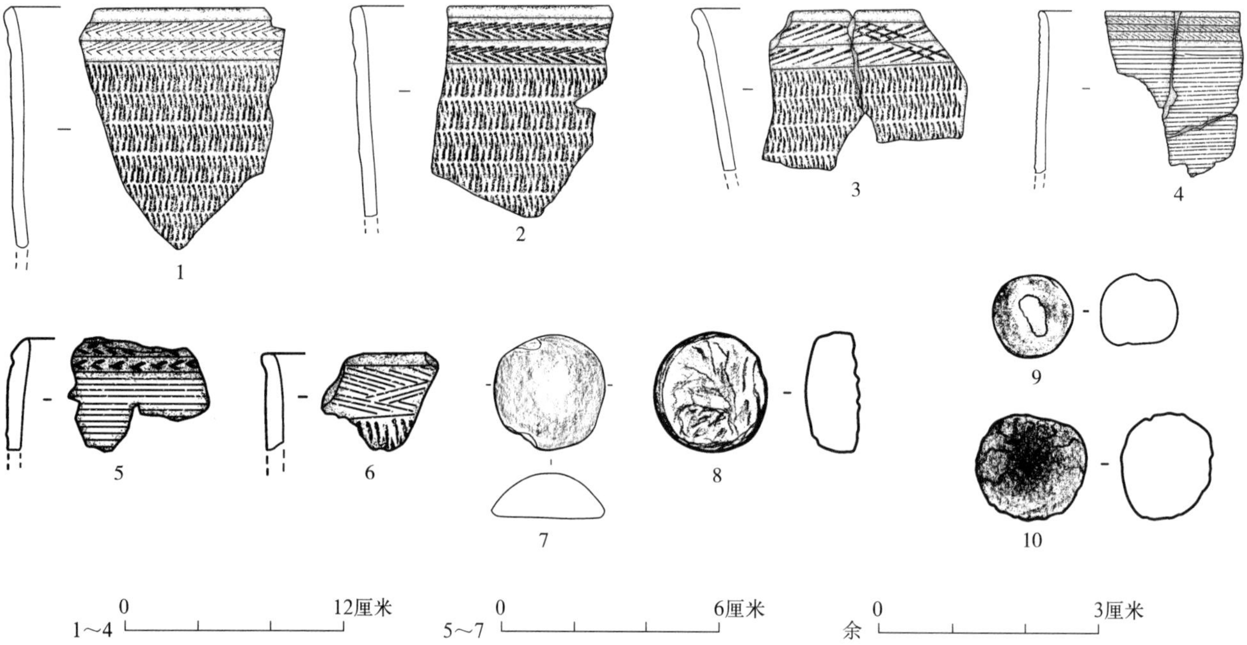

图5-84　新乐上层文化T0401③出土遗物

1～6. 深腹罐T0401③: 67～72　7. 陶饼形器T0401③: 20　8～10. 煤精球形器T0401③: 9、10、16

（三五）T0402

1. 石器

2件。

敲砸器　1件。

标本T0402②: 2，青色板岩。打制，不规则扁椭圆形，多剥片疤，局部保留石皮，敲砸痕迹明显。长9.1、宽6.0、厚3.7厘米（图5-85，1）。

石盏　1件。

标本T0402②: 1，黑色滑石。磨制，表面光滑，圆唇、弧腹、平底。素面。口径5.8、通高3.0厘米（图5-85，2）。

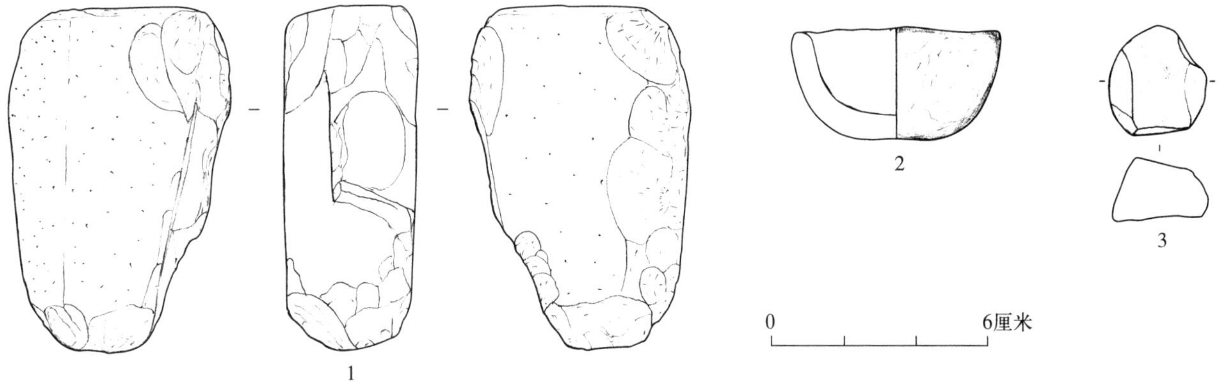

图 5-85　新乐上层文化 T0402 出土遗物

1. 敲砸器 T0402 ②：2　2. 石盏 T0402 ②：1　3. 赤铁矿石 T0402 ②：3

2. 其他

赤铁矿石　1 件。

标本 T0402 ②: 3，红褐色赤铁矿石。不规则扁圆形。表面有磨擦面。长 3.0、宽 2.6、厚 1.7 厘米（图 5-85，3）。

（三六）T0403

遗物标本 11 件。

1. 石器

8 件。

（1）打制石器

6 件。

砍砸器　1 件。

标本 T0403 ②: 8，红褐色砂砾岩。打制，不规则扁平梯形，局部保留石皮，一侧砍砸痕迹明显。长 9.8、宽 8.6、厚 4.0 厘米（图 5-86，1）。

敲砸器　1 件。

标本 T0403 ②: 5，青灰色板岩。不规则多棱形，多剥片疤，局部保留石皮，敲砸痕迹明显。长 7.7、宽 4.0、厚 3.7 厘米（图 5-86，2）。

石片刮削器　3 件。

标本 T0403 ②: 1，青灰色板岩。打制，不规则多边形，一侧保留石皮，边刃，有刮削痕迹。长 5.1、宽 4.8、厚 1.3 厘米（图 5-86，3）。

标本 T0403 ②: 2，青灰色板岩。打制，不规则椭圆，边刃呈齿状。长 4.2、宽 4.9、厚 1.5 厘米（图 5-86，4）。

标本 T0403 ②: 7，青灰色板岩。打制，不规则蚌壳形，一侧保留石皮，边刃，有刮削痕迹。长 7.3、宽 5.1、厚 1.3 厘米（图 5-86，5）。

网坠　1 件。

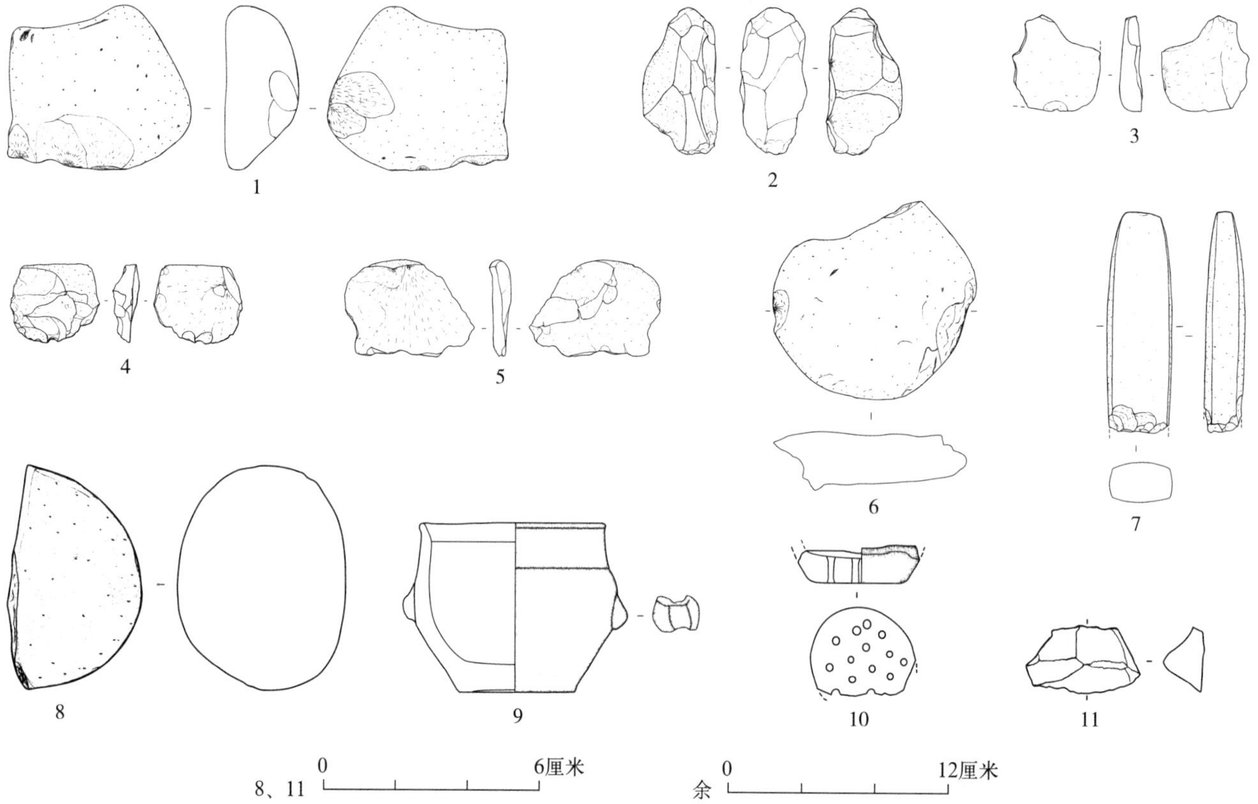

图 5-86 新乐上层文化 T0403 等出土遗物

1. 砍砸器 T0403②:8 2. 敲砸器 T0403②:5 3～5. 石片刮削器 T0403②:1、2、7 6. 网坠 T0403②:3 7. 石凿 T0403②:4 8. 石磨棒 T0403②:6 9. 陶罐 T0403:13 10. 甑底 T0403:14 11. 煤精块 T0403②:12

标本 T0403②:3，灰白色砂砾岩。打制，扁平椭圆形，两侧对称打出豁口。长 9.6、宽 10.5、厚 3.1 厘米（图 5-86，6）。

（2）磨制石器

2 件。

石凿 1 件。

标本 T0403②:4，残，青灰色闪长玢岩。磨制，扁方条形，表面光滑，平顶，刃部残，有细碎砸痕。残长 11.7、宽 3.6、厚 2.1 厘米（图 5-86，7；彩版一六三，1）。

石磨棒 1 件。

标本 T0403②:6，残，红褐色花岗岩。磨制，横截面椭圆形，多磨面，磨痕明显。残长 3.6、宽 6.0、厚 4.5 厘米（图 5-86，8）。

2. 陶器

2 件。

陶罐 1 件。

标本 T0403:13，夹砂红陶。广口，内抹尖唇，弧腹，平底。素面。腹中部有对称横置盲桥耳。口径 10.2、底径 6.2、高 9.0 厘米（图 5-86，9）。

甑底　1件。

标本T0403：14，夹砂红陶。平底，底部有圆孔。底径5.8、残高2.1、孔径0.3厘米（图5-86，10）。

3. 煤精制品

1件。

煤精块　1件。

标本T0403②：12，不规则三棱形。长3.2、宽1.8、厚1.1厘米（图5-86，11）。

（三七）T0404

遗物标本36件。

1. 石器

24件。

（1）打制石器

8件。

砍砸器　1件。

标本T0404②：5，青灰色板岩。打制，多棱半圆形，多剥片疤，边刃，砍砸痕迹明显。长7.2、宽4.0、厚1.7厘米（图5-87，1）。

敲砸器　7件。

标本T0404②：3，青灰色板岩。打制，不规则圆角扁方形，多棱角，多剥片疤，局部保留石皮，敲砸痕迹明显。长6.4、宽6.0、厚2.7厘米（图5-87，2）。

标本T0404②：4，红褐色石英岩。打制，不规则多棱形，多剥片疤，敲砸痕迹明显。长6.1、宽6.8、厚3.6厘米（图5-87，3）。

标本T0404②：7，青褐色板岩。打制，不规则扁方形，多剥片疤，局部保留石皮，敲砸痕迹明显。长7.0、宽4.9、厚4.2厘米（图5-87，4）。

标本T0404②：15，黄褐色花岗岩。打制，不规则椭圆形，大部保留石皮，底端有敲砸痕迹。长8.2、宽5.4、厚4.9厘米（图5-87，5）。

标本T0404②：18，红褐色斑岩。打制，扁方形，大部保留石皮，一端有敲砸痕。长8.8、宽10.3、厚4.1厘米（图5-87，6）。

标本T0404②：19，褐色花岗岩。打制，长三棱形，多剥片疤，局部保留石皮，敲砸痕迹明显。长12.7、宽7.0、厚5.8厘米（图5-87，7）。

标本T0404②：22，黄褐色花岗岩。打制，不规则扁圆形，大部保留石皮，敲砸痕迹明显。长7.6、宽6.2、厚4.3厘米（图5-87，8）。

（2）磨制石器

16件。

石斧　2件。

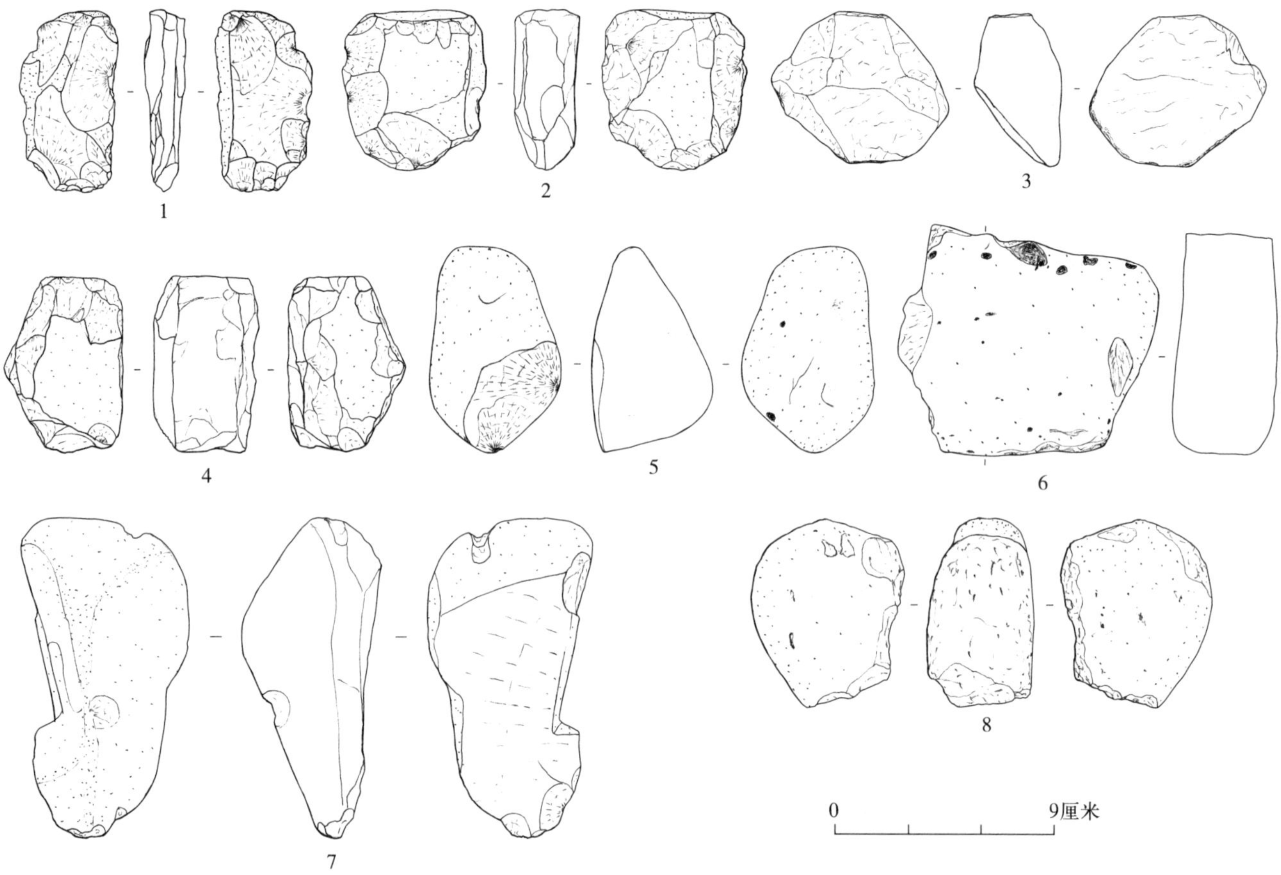

图 5-87 新乐上层文化 T0404 出土打制石器

1. 砍砸器 T0404 ②：5 2～8. 敲砸器 T0404 ②：3、4、7、15、18、19、22

标本 T0404 ②: 2，残，灰白色高岭土化的花岗岩。磨制，一面光滑，一面风化严重。斜圆尖顶，对磨直刃。长 13.4、宽 4.9、厚 2.7 厘米（图 5-88，1；彩版一六三，2）。

标本 T0404 ②: 10，残，灰白色高岭土化的花岗岩。磨制，表面光滑。残长 5.1、宽 7.6、厚 2.0 厘米（图 5-88，2）。

石刃器 2 件。

标本 T0404 ②: 24，残，青色板岩。磨制，一侧磨刃。残长 5.4、宽 1.7、厚 0.7 厘米（图 5-88，3）。

标本 T0404 ②: 23，残，红褐色板岩。磨制，扁方形，边刃。残长 3.0、宽 2.1、厚 0.7 厘米（图 5-88，4）。

石磨盘 2 件。

标本 T0404 ②: 12，残，灰黑色砂岩。磨制，一平磨面，磨痕明显。残长 9.4、宽 8.2、厚 6.1 厘米（图 5-88，5）。

标本 T0404 ②: 21，残，灰白色闪长岩。磨制，一平磨面，磨痕明显。残长 8.4、宽 7.5、厚 2.9 厘米（图 5-88，6）。

石磨棒 6 件。

标本 T0404 ②: 8，红褐色花岗岩。磨制，椭圆形，横截面圆角梯形，多磨面，磨痕明显。长

14.5、宽 8.8、厚 7.2 厘米（图 5-88，7）。

标本 T0404 ②: 9，残，红褐色砂砾岩。磨制，多磨面，磨痕明显。长 5.3、宽 5.3、厚 3.9 厘米（图 5-88，8）。

标本 T0404 ②: 14，残，红褐色花岗岩。磨制，横截面椭圆形，多磨面，磨痕明显。长 7.2、宽 6.0、厚 4.2 厘米（图 5-88，9）。

标本 T0404 ②: 16，残，褐色花岗岩。磨制，横截面圆角梯形，多磨面，磨痕明显。长 4.3、宽 8.2、厚 5.2 厘米（图 5-88，10）。

标本 T0404 ②: 17，残，黄褐色花岗岩。长椭圆形，横截面圆角梯形，多磨面，两端有敲砸痕迹。长 17.7、宽 8.2、厚 6.3 厘米（图 5-88，11）。

标本 T0404 ②: 20，残，黄褐色砂砾岩。磨制，长三棱形，横截面圆角三角形，三个磨面，磨痕明显。长 7.8、宽 7.6、厚 5.3 厘米（图 5-88，12）。

砺石　3 件。

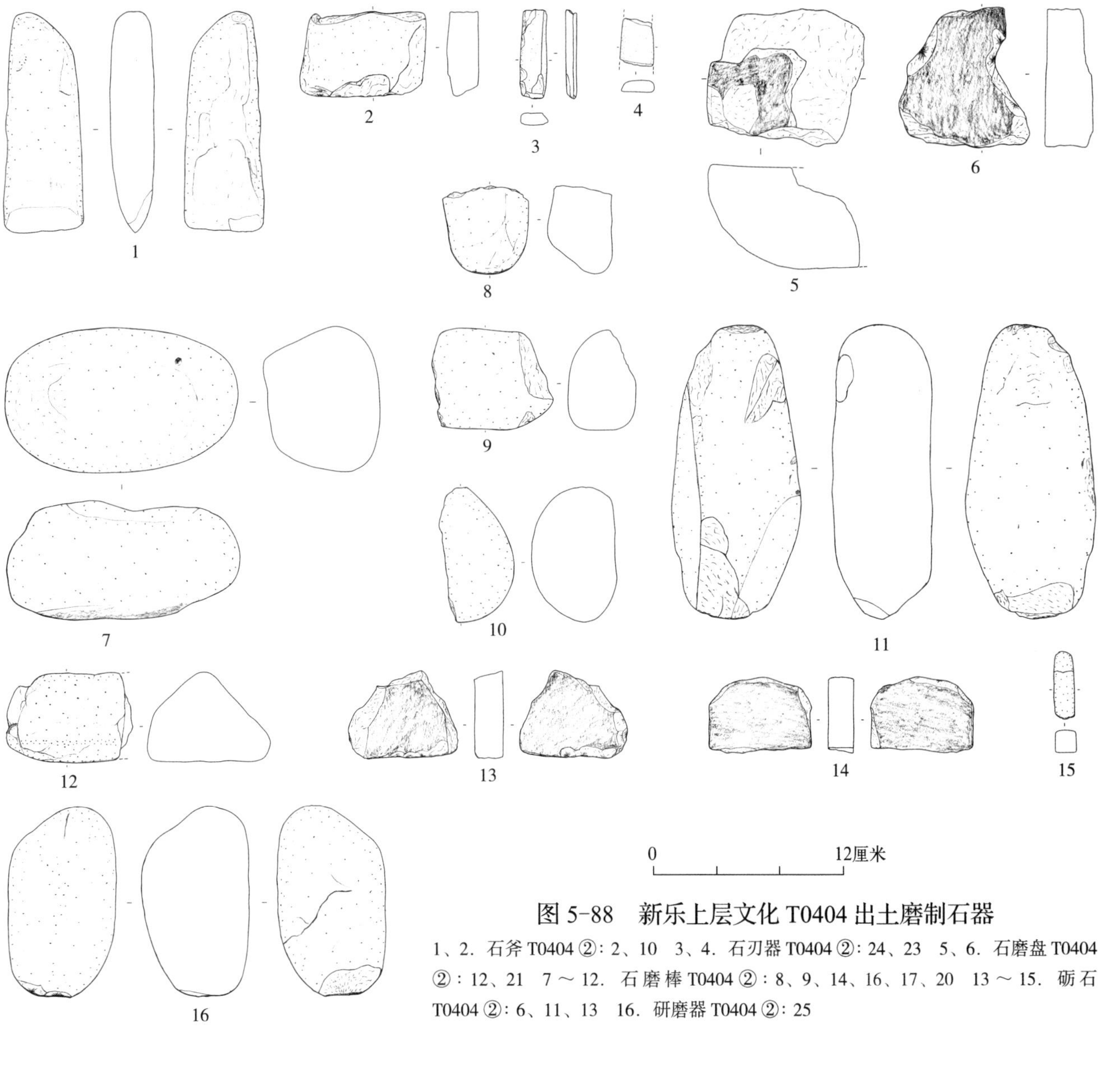

图 5-88　新乐上层文化 T0404 出土磨制石器

1、2. 石斧 T0404 ②: 2、10　3、4. 石刃器 T0404 ②: 24、23　5、6. 石磨盘 T0404 ②: 12、21　7～12. 石磨棒 T0404 ②: 8、9、14、16、17、20　13～15. 砺石 T0404 ②: 6、11、13　16. 研磨器 T0404 ②: 25

标本 T0404②: 6，红褐色砂岩。磨制，不规则扁平三角形。两平磨面，磨痕明显。长 6.7、宽 5.3、厚 1.8 厘米（图 5-88，13）。

标本 T0404②: 11，褐色砂岩。不规则扁长方形，两平磨面，磨痕明显。长 6.4、宽 4.6、厚 1.6 厘米（图 5-88，14）。

标本 T0404②: 13，残，灰褐色粉砂岩。磨制，方条形，横截面方形，四个磨面，磨痕明显。长 4.0、宽 1.3、厚 1.4 厘米（图 5-88，15）。

研磨器 1 件。

标本 T0404②: 25，黄褐色石英砂岩。不规则椭圆形，多磨面，磨痕明显。长 11.5、宽 6.7、厚 6.7 厘米（图 5-88，16）。

2. 陶器

12 件。

陶器口沿 2 件。

标本 T0404②: 27，残，夹砂红褐陶。敞口，圆唇，弧腹。素面。残高 8.1 厘米（图 5-89，1）。

标本 T0404②: 28，残，夹砂红陶。敛口，圆唇稍侈，溜肩。素面。残高 4.6 厘米（图 5-89，2）。

甗腰 1 件。

标本 T0404②: 29，残，夹滑石褐陶。饰按压附加堆纹。残高 3.7 厘米（图 5-89，3）。

器耳 2 件。

标本 T0404②: 35，残，夹砂红陶。竖桥状耳。残高 7.5 厘米（图 5-89，9）。

标本 T0404②: 36，残，夹砂红陶。横桥状耳。残高 8.1 厘米（图 5-89，10）。

器底 5 件。

标本 T0404②: 30，残，夹砂红陶。弧腹，圈足。素面。底径 6.7、残高 3.6 厘米（图 5-89，4）。

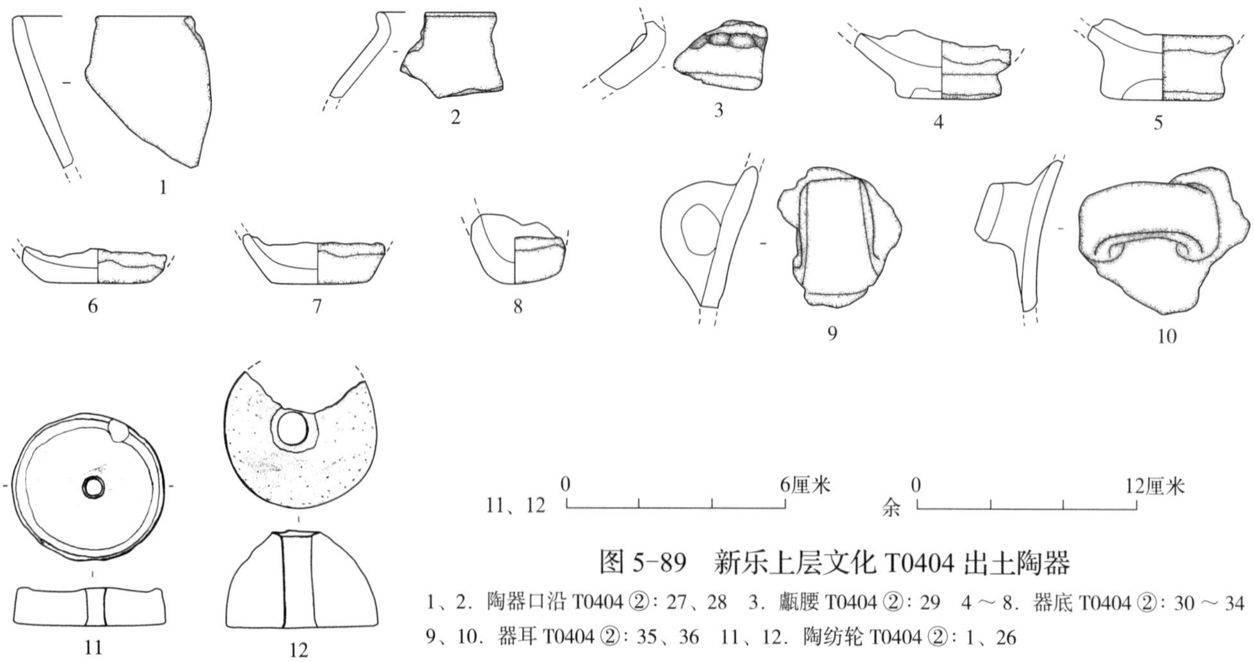

图 5-89 新乐上层文化 T0404 出土陶器

1、2. 陶器口沿 T0404②: 27、28 3. 甗腰 T0404②: 29 4～8. 器底 T0404②: 30～34 9、10. 器耳 T0404②: 35、36 11、12. 陶纺轮 T0404②: 1、26

标本 T0404 ②: 31，残，夹砂红褐陶。圈足。底径 7.2、残高 4.3 厘米（图 5-89，5）。

标本 T0404 ②: 32，残，夹砂红陶。平底。素面。底径 5.6、残高 2.0 厘米（图 5-89，6）。

标本 T0404 ②: 33，残，夹砂红褐陶。平底。素面。底径 5.3、残高 2.7 厘米（图 5-89，7）。

标本 T0404 ②: 34，残，夹砂红陶。圜底。素面。残高 3.8 厘米（图 5-89，8）。

陶纺轮　2 件。

标本 T0404 ②: 1，夹砂红陶。扁圆形，表面边缘有凸棱。中部有圆孔。直径 4.2、孔径 0.5、厚 1.0 厘米（图 5-89，11）。

标本 T0404 ②: 26，夹砂褐陶。半球形，横截面半圆形。中部有圆孔。直径 4.3、孔径 0.8、厚 2.6 厘米（图 5-89，12）。

（三八）T0501

陶器 1 件。

陶壶　1 件。

标本 T0501 ②: 1，残。口残，直领，鼓腹，平底。素面。肩至腹部有竖耳痕迹。残高 22.2、最大腹径 23.6、底径 10.2 厘米（图 5-90，1）。

器底　1 件。

标本 T0501 ②: 2，残，夹砂红陶。平底。残高 2.6、底径 6.0 厘米（图 5-90，2）。

（三九）T0502

1. 石器

1 件。

石叶　1 件。

标本 T0502 ②: 1，青灰色板岩。打制，长方形，横截面菱形，边刃，有刮削痕迹。长 2.0、宽 0.9、

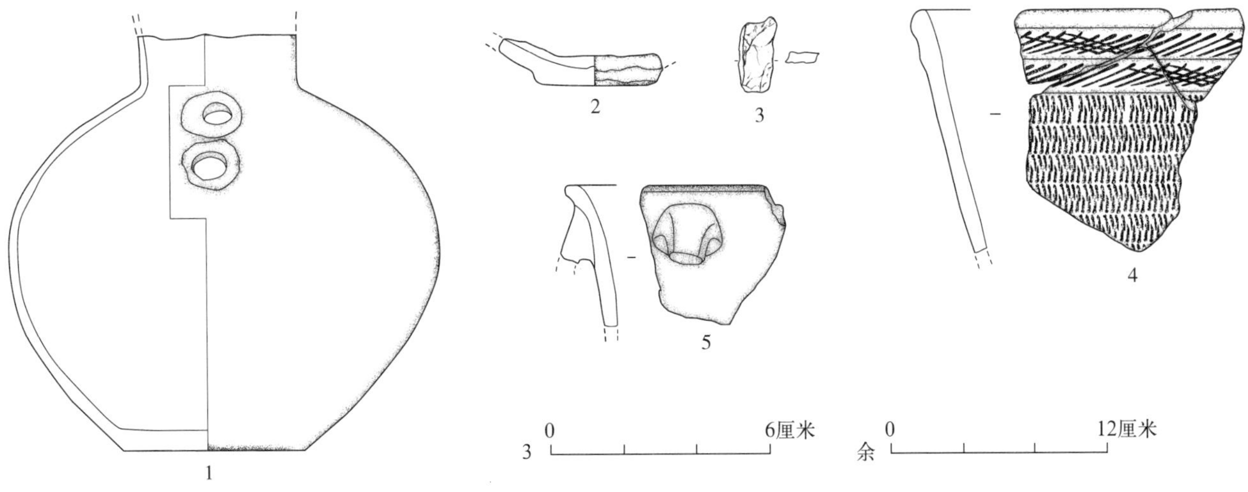

图 5-90　新乐上层文化 T0501 等出土遗物

1. 陶壶 T0501 ②: 1　2. 器底 T0501 ②: 2　3. 石叶 T0502 ②: 1　4. 深腹罐 T0502 ②: 2　5. 陶器口沿 T0502 : 3

厚 0.3 厘米（图 5-90，3）。

2. 陶器

2 件。

深腹罐　1 件。

标本 T0502 ②: 2，残，夹砂红褐陶。敞口，圆唇，斜直腹。口沿处有两周凹带，内饰划压斜线、网格纹，腹部饰竖压横排之字纹。口径 29.0、残高 12.9 厘米（图 5-90，4）。

陶器口沿　1 件。

T0502 : 3，残，夹砂黄褐陶。敞口，圆唇。口沿下有竖桥状耳。口径 11.0、残高 7.5 厘米（图 5-90，5）。

（四〇）T0503

陶器 9 件。

深腹罐　1 件。

标本 T0503 ②: 1，残，夹砂红褐陶。敞口，尖唇，斜直腹。口沿处有两周凹带，内饰划压横人字纹，腹部饰竖压横排之字纹。残高 5.4 厘米（图 5-91，1）。

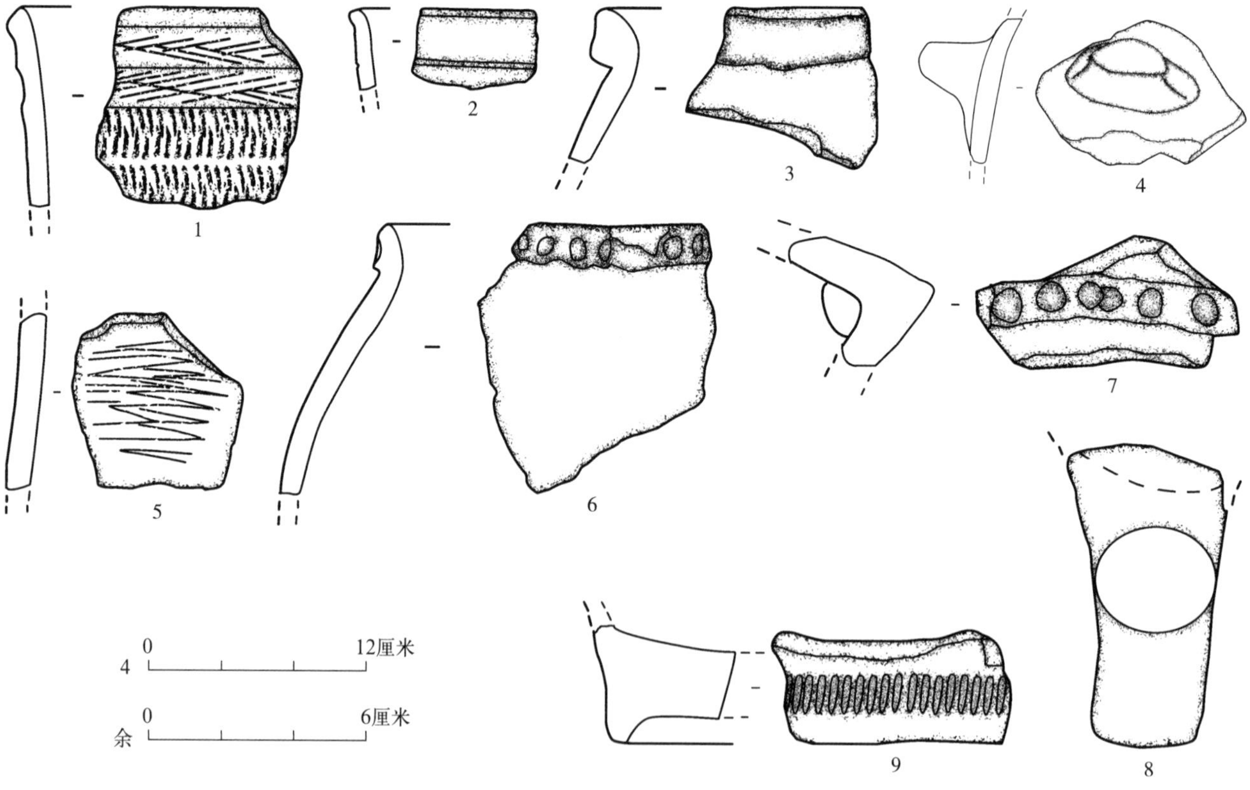

图 5-91　新乐上层文化 T0503 出土遗物

1. 深腹罐 T0503 ②: 1　2、3. 陶器口沿 T0503 ②: 2、3　4. 器耳 T0503 ②: 8　5. 腹片 T0503 ②: 9　6、7. 甗腰 T0503 ②: 4、5　8. 器足 T0503 ②: 6　9. 器底 T0503 ②: 7

陶器口沿　2件

标本T0503②:2，残，夹砂红陶。敞口，圆唇，有一条弦纹。口径20.0、残高2.7厘米（图5-91，2）。

标本T0503②:3，残，夹砂灰褐陶。敛口，唇外折呈尖，溜肩。素面。口径18.0、残高4.3厘米（图5-91，3）。

器耳　1件。

标本T0503②:8，残，夹砂红陶。横鋬耳。残高7.8厘米（图5-91，4）。

罐腹片　1件。

标本T0503②:9，残，饰竖压之字形。残高4.7厘米（图5-91，5）。

甗腰　2件。

标本T0503②:4，残，夹砂红褐陶。饰按压指窝附加堆纹。残高7.2厘米（图5-91，6）。

标本T0503②:5，残，夹砂红陶。饰按压指窝附加堆纹。残高3.5厘米（图5-91，7）。

器足　1件

标本T0503②:6，残，夹砂红陶。圆柱状，平足根。残高8.1厘米（图5-91，8）。

器底　1件

标本T0503②:7，残，夹砂红陶。圈足。底部饰竖压线纹。底径7.0、残高3.1厘米（图5-91，9）。

（四一）T0504

遗物标本5件。

1. 石器

3件。

敲砸器　1件。

标本T0504②:1，残，青灰色板岩。打制，不规则多棱扁圆形，多剥片疤，局部保留石皮，敲砸痕迹明显。长6.7、宽5.8、厚3.3厘米（图5-92，1）。

石磨盘　1件。

标本T0504②:2，残，青色闪长玢岩。磨制，有两磨面，磨痕明显。长7.7、宽7.4、厚2.1厘米（图5-92，2）。

半球形石器　1件。

标本T0504②:3，褐色板石。磨制，半圆形，表面光滑，平底。直径3.7、底径3.4、高2.6厘米（图5-92，3）。

2. 陶器

2件。

陶器口沿　1件。

标本T0504②:4，残，夹砂红陶。敞口，圆唇，斜弧腹。素面。口径28.0、残高7.9厘米（图5-92，4）。

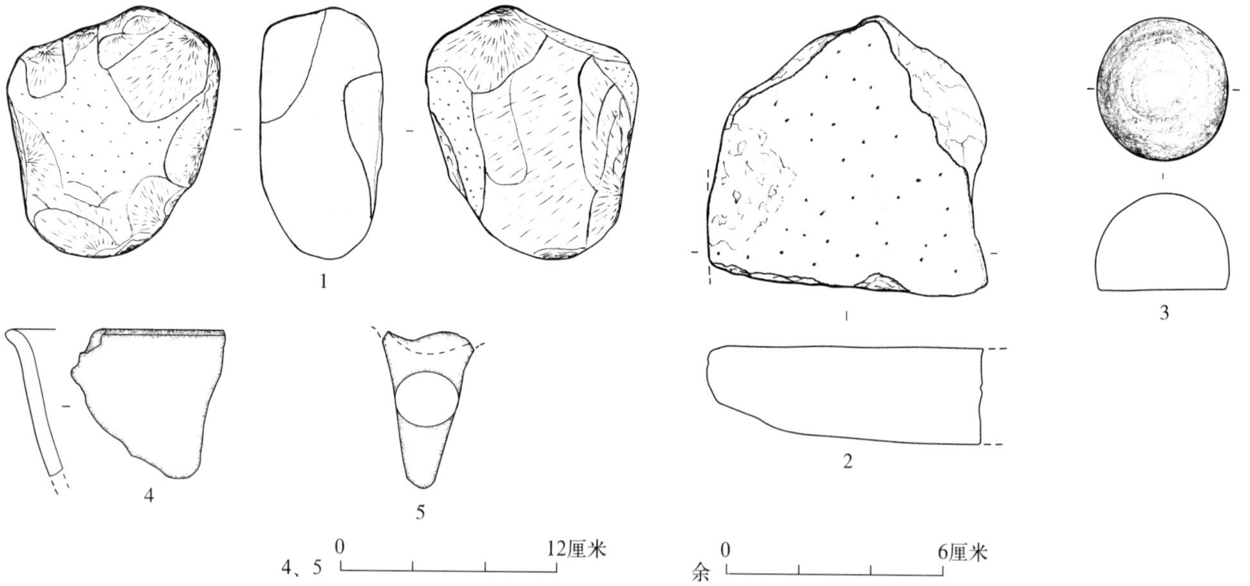

图 5-92 新乐上层文化 T0504 出土遗物

1. 敲砸器 T0504②: 1 2. 石磨盘 T0504②: 2 3. 半球形石器 T0504②: 3 4. 陶器口沿 T0504②: 4 5. 鬲足 T0504②: 5

鬲足 1件。

标本 T0504②: 5，残，夹砂红陶。圆锥形足。残高 8.3 厘米（图 5-92，5）。

（四二）T0601

遗物标本 9 件。

1. 石器

8 件。

（1）打制石器

4 件。

敲砸器 2 件。

标本 T0601②: 1，青褐色板岩。不规则长方形。大部保留石皮，一端有敲砸痕迹。长 8.5、宽 4.9、厚 4.1 厘米（图 5-93，1）。

标本 T0601②: 8，青色板岩。打制，不规则多棱形，多剥片疤，局部保留石皮，敲砸痕迹明显。长 5.5、宽 4.7、厚 3.5 厘米（图 5-93，2）。

石片刮削器 2 件。

标本 T0601②: 2，残，青灰色板岩。打制，不规则宽叶形，边刃呈齿状。长 5.5、宽 2.8、厚 1.4 厘米（图 5-93，3）。

标本 T0601②: 7，残，青灰色板岩。不规则多边形，边刃，有刮削痕迹。长 3.2、宽 4.4、厚 0.9 厘米（图 5-93，4）。

网坠 1 件。

标本 T0601②: 3，残，红褐色斑岩。打制，扁椭圆形。残存一个豁口，一侧有砍砸痕迹。长

13.2、宽 9.0、厚 3.8 厘米（图 5-93，5）。

（2）磨制石器

3 件。

石磨盘　2 件。

标本 T0601 ②: 4，残，黄褐色砂岩。磨制，一个磨面，磨痕明显。残长 7.9、宽 4.8、厚 5.8 厘米（图 5-93，6）。

标本 T0601 ②: 5，残，黄褐色砂岩。磨制，两个磨面，磨痕明显。残长 6.5、宽 5.0、厚 4.0 厘米（图 5-93，7）。

石磨棒　1 件。

标本 T0601 ②: 6，残，黄褐色砂岩。磨制。残长 7.2、宽 5.5、厚 3.4 厘米（图 5-93，8）。

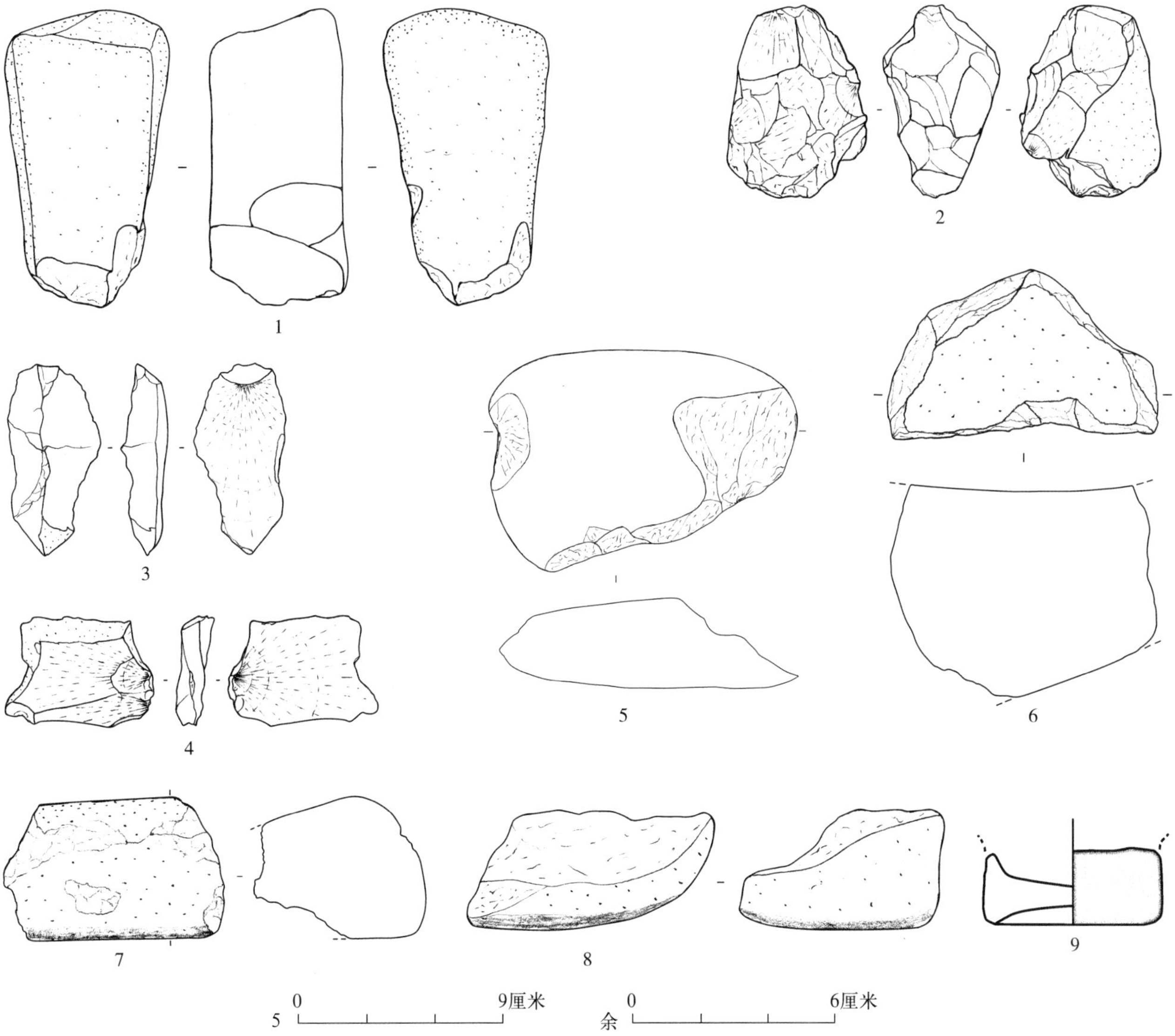

图 5-93　新乐上层文化 T0601 出土遗物

1、2. 敲砸器 T0601 ②：1、8　3、4. 石片刮削器 T0601 ②：2、7　5. 网坠 T0601 ②：3　6、7. 石磨盘 T0601 ②：4、5　8. 石磨棒 T0601 ②：6　9. 器底 T0601 ②：9

2. 陶器

1 件。

器底 1 件。

标本 T0601 ②: 9，残，夹砂红陶。凹底，底径 5.2、残高 2.2 厘米（图 5-93，9）。

（四三）T0602

石器 3 件。

石磨棒 1 件。

标本 T0602 ②: 3，残，黄褐色花岗岩。磨制，长椭圆形，横截面椭圆形，多磨面，磨痕明显。残长 9.4、宽 5.7、厚 3.7 厘米（图 5-94，1）。

砺石 1 件。

标本 T0602 ②: 2，残，褐色砂岩。磨制，不规则形。两面磨痕迹明显。长 11.5、宽 7.0、厚 2.0 厘米（图 5-94，2）。

网坠 1 件。

标本 T0602 ②: 1，残，黄褐色花岗岩。打制，扁方形，两端对称打出豁口。残长 11.6、宽 11.2、厚 2.6 厘米（图 5-94，3）。

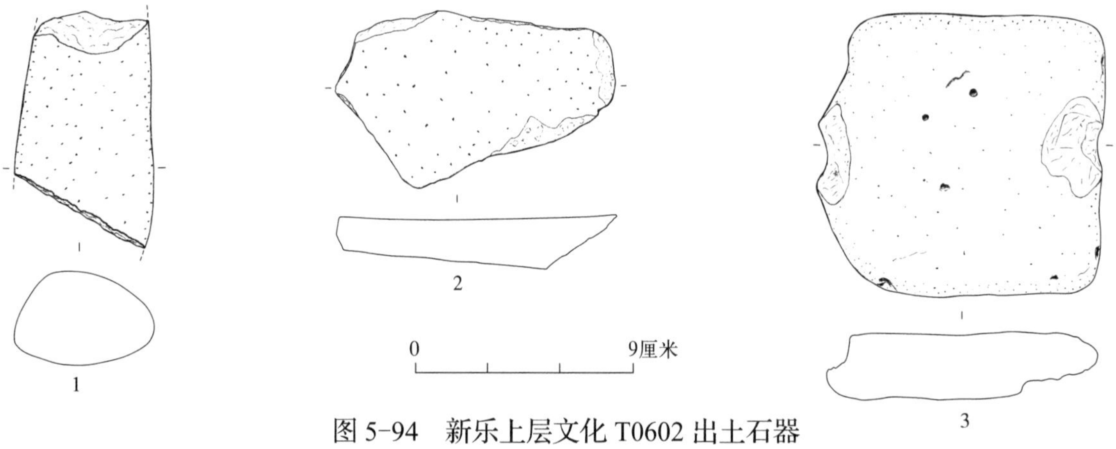

图 5-94 新乐上层文化 T0602 出土石器

1. 石磨棒 T0602 ②: 3 2. 砺石 T0602 ②: 2 3. 网坠 T0602 ②: 1

（四四）T0604

遗物标本 21 件。

1. 石器

12 件。

敲砸器 2 件。

标本 T0604 ②: 11，青色板岩。打制，不规则多棱形，多剥片疤，局部保留石皮，敲砸痕迹明显。长 6.9、宽 4.8、厚 3.6 厘米（图 5-95，1）。

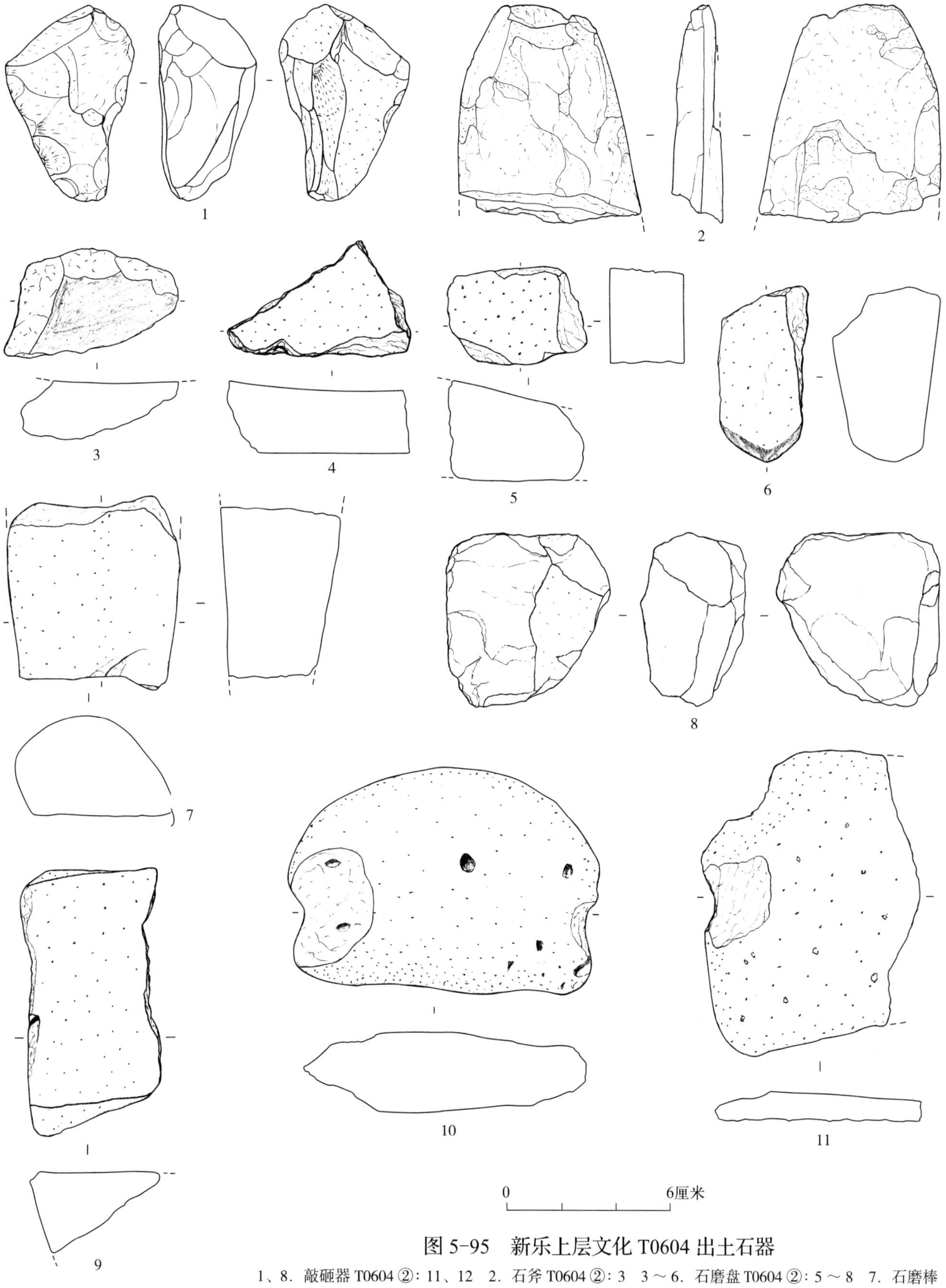

图 5-95　新乐上层文化 T0604 出土石器

1、8．敲砸器 T0604②：11、12　2．石斧 T0604②：3　3～6．石磨盘 T0604②：5～8　7．石磨棒 T0604②：9、12　9．砺石 T0604②：13　10、11．网坠 T0604②：1、2

标本 T0604②: 12，白色石英脉。打制，不规则多棱形，局部保留石皮，敲砸痕迹明显。长 6.1、宽 6.0、厚 4.0 厘米（图 5-95，8）。

石斧　1 件。

标本 T0604②: 3，残，青灰色板岩。磨制，扁圆梯形，表面光滑，刃部有敲砸痕，边缘多剥片疤。残长 7.7、宽 6.6、厚 1.9 厘米（图 5-95，2）。

石磨盘　4 件。

标本 T0604②: 5，残，红褐色砂岩。磨制。一磨面，磨痕明显。残长 6.4、宽 4.0、厚 2.1 厘米（图 5-95，3）。

标本 T0604②: 6，残，红褐色砂岩。磨制，两个磨面，磨痕明显。残长 6.6、宽 4.1、厚 2.2 ～ 2.5 厘米（图 5-95，4）。

标本 T0604②: 7，残，褐色砂岩。磨制。残长 5.0、宽 3.4、厚 3.5 厘米（图 5-95，5）。

标本 T0604②: 8，残，红褐色砂砾岩。磨制。残长 6.1、宽 3.2、厚 3.9 厘米（图 5-95，6）。

石磨棒　1 件。

标本 T0604②: 9，残，红褐色花岗岩。磨制，横截面半圆形，多磨面，磨痕明显。残长 6.8、宽 6.2、厚 2.9 ～ 4.3 厘米（图 5-95，7）。

砺石　1 件。

标本 T0604②: 13，残，红褐色砂质泥岩。磨制，一平磨面，磨痕明显。长 9.4、宽 4.8、厚 2.8 厘米（图 5-95，9）。

网坠　2 件。

标本 T0604②: 1，褐色砂砾岩。打制，扁平半月形。两侧对称打出豁口。长 11.2、宽 7.8、厚 2.8 厘米（图 5-95，10）。

标本 T0604②: 2，残，褐色板岩。打制，扁平不规则形，残存一个豁口。残长 10.7、宽 8.0、厚 1.0 厘米（图 5-95，11）。

2. 陶器

8 件。

深腹罐　5 件。

标本 T0604②: 14，残，夹砂红褐陶。直口，圆唇，深直腹。饰压印弦纹。口径 14.0、残高 6.5 厘米（图 5-96，1）。

标本 T0604②: 15，残，夹砂灰褐陶。直口，圆唇，深直腹。口沿处有一周凹纹带，内饰划压短斜线纹，腹部饰竖压横排之字纹。口径 16.0、残高 9.2 厘米（图 5-96，2）。

标本 T0604②: 16，残，夹砂红褐陶。直口，圆唇，深直腹。口沿处有一周凹纹带，内饰划压横人字纹，腹部饰竖压横排之字纹。口径 17.0、残高 5.7 厘米（图 5-96，3）。

标本 T0604②: 17，残，夹砂红褐陶。直口，圆唇，深直腹。饰横压竖排之字纹。口径 20.0、残高 5.1 厘米（图 5-96，4）。

标本 T0604②: 20，残，夹砂红褐陶。敞口，圆唇，斜直腹。口沿处有两周凹纹带，内饰划压斜线纹，腹部饰竖压横排之字纹。残高 4.7 厘米（图 5-96，5）。

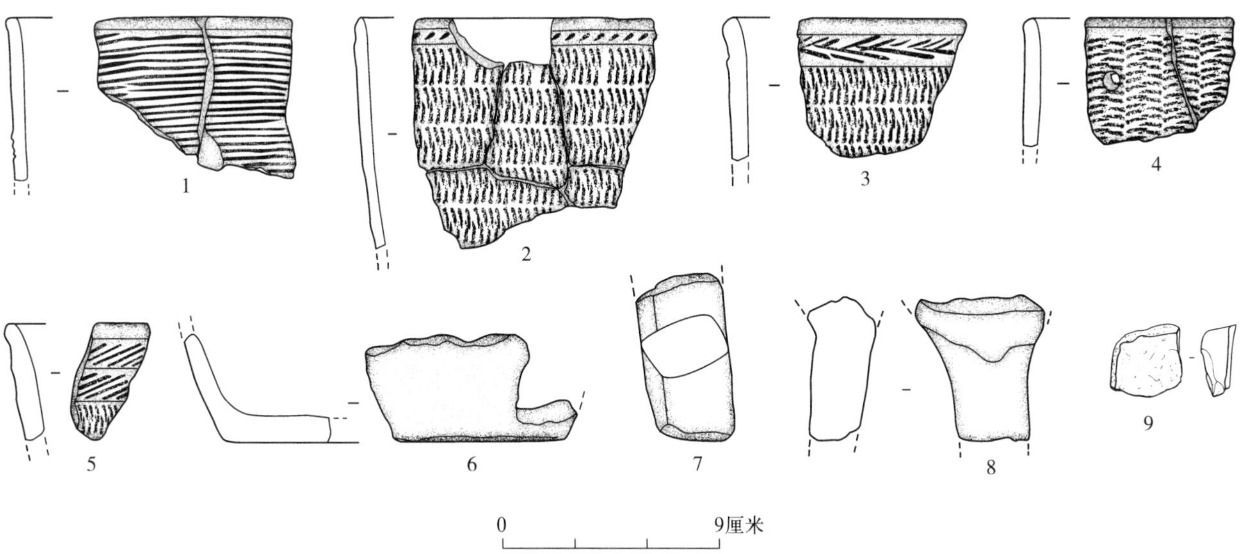

图 5-96 新乐上层文化 T0604 出土陶器

1～5. 深腹罐 T0604②：14～17、20 6. 器底 T0604②：21 7、8. 鼎足 T0604②：22、23 9. 赤铁矿 T0604②：4

器底 1件。

标本 T0604②: 21，残，夹砂红褐陶。斜腹，平底。素面。底径 8.0、残高 4.3 厘米（图 5-96，6）。

鼎足 2件。

标本 T0604②: 22，残，夹砂红陶。横截面扁方形。残高 6.8 厘米（图 5-96，7）。

标本 T0604②: 23，残，夹砂红陶。横截面扁方形。残高 5.8 厘米（图 5-96，8）。

3. 其他

赤铁矿 1件。

标本 T0604②: 4，残，暗红色赤铁矿。不规则形，有多磨面，磨痕明显。长 3.0、宽 2.9、厚 1.5 厘米（图 5-96，9）。

（四五）T0702

遗物标本 6 件。

1. 石器

1件。

敲砸器 1件。

标本 T0702②: 10，残，青色脉岩。不规则多棱形，多剥片疤，敲砸痕迹明显。长 6.1、宽 5.5、厚 3.3 厘米（图 5-97，1）。

2. 陶器

4件。

陶器口沿 4件。

标本 T0702 ②: 1，残，夹砂红陶。敞口，圆唇，直腹。口沿处有戳圆点纹。口径 28.0、残高 6.8 厘米（图 5-97，2）。

标本 T0702 ②: 2，残，夹砂红陶。敞口，圆唇，弧腹。素面。口径 30.0、残 4.8 厘米（图 5-97，3）。

标本 T0702 ②: 3，残，夹砂红陶。敞口，圆唇，斜腹。素面。口径 11.0、残高 3.3 厘米（图 5-97，4）。

标本 T0702 ②: 4，残，夹砂黑褐陶。敞口，圆唇，斜直腹。腹部饰划压斜线纹。残高 5.9 厘米（图 5-97，5）。

（四六）T0703

遗物标本 7 件。

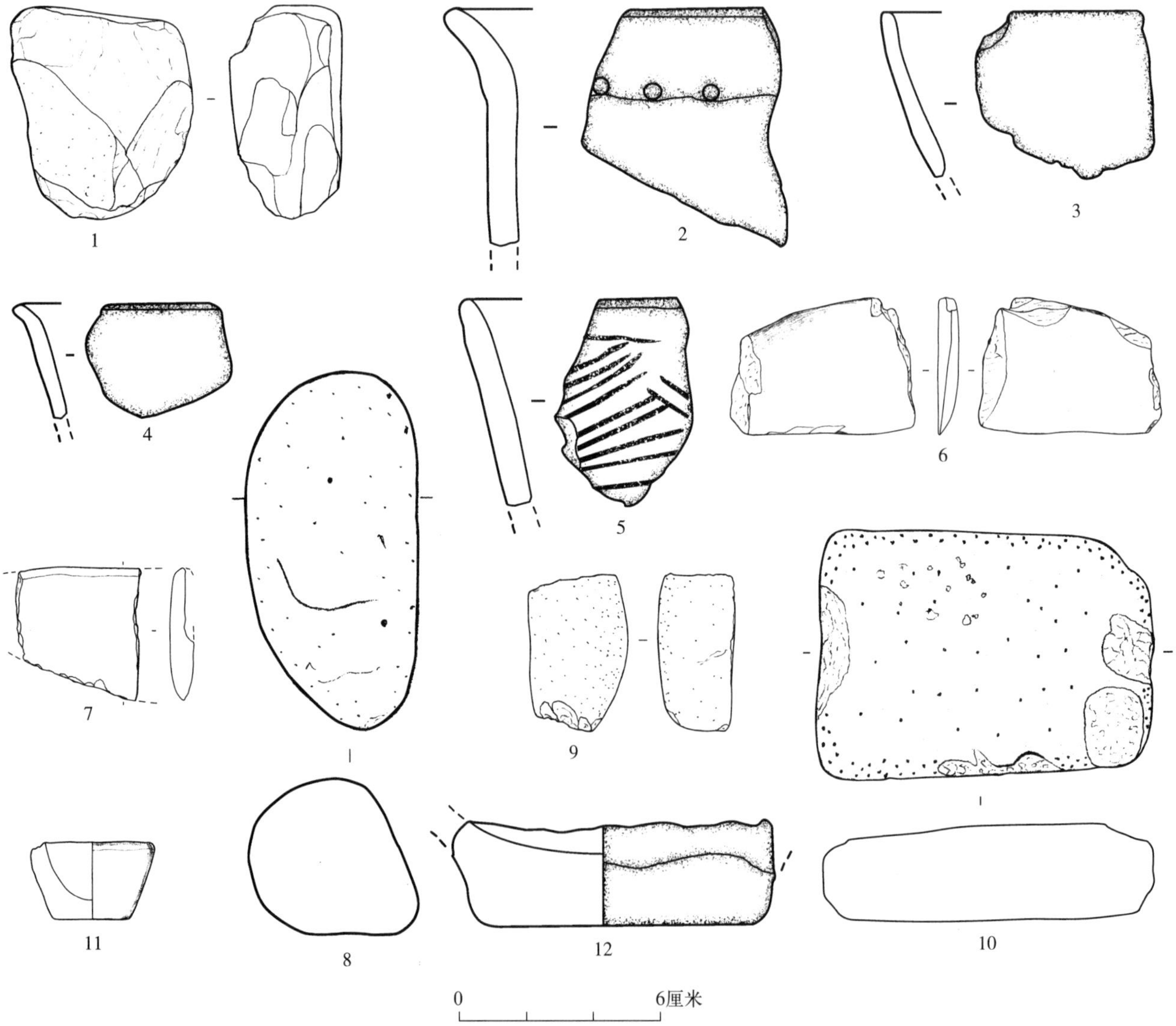

图 5-97 新乐上层文化 T0702 等出土遗物

1. 敲砸器 T0702 ②: 10 2～5. 陶器口沿 T0702 ②: 1～4 6、7. 石刀 T0703 ②: 3、4 8. 石磨棒 T0703 ②: 1 9. 砺石 T0703 ②: 5 10. 网坠 T0703 ②: 2 11. 陶盏 T0703 ②: 6 12. 器底 T0703 ②: 7

1. 石器

5 件。

石刀　2 件。

标本 T0703②: 3，残，青灰色板岩。磨制，表面光滑，弧背，一侧磨直刃。残长 5.4、宽 3.9、厚 0.6 厘米（图 5-97，6）。

标本 T0703②: 4，残，褐色板岩。磨制，直背，双磨弧刃。残长 3.7、宽 3.8、厚 0.7 厘米（图 5-97，7）。

石磨棒　1 件。

标本 T0703②: 1，黄褐色花岗岩。磨制，椭圆形，多磨面，磨痕明显。长 10.1、宽 5.1、厚 4.4 厘米（图 5-97，8）。

砺石　1 件。

标本 T0703②: 5，黄褐色砂岩。磨制，扁长方形，多磨面，一侧有砸击痕。残长 4.5、宽 3.0、厚 2.3 厘米（图 5-97，9）。

网坠　1 件。

标本 T0703②: 2，青色板岩。打制，扁长方形，两侧对称打出豁口。长 7.1、宽 9.9、厚 2.7 厘米（图 5-97，10）。

2. 陶器

2 件。

陶盏　1 件。

标本 T0703②: 6，可修复，夹砂红褐陶。方唇，斜腹，平底。口径 3.8、底径 2.2、通高 2.2 厘米（图 5-97，11）。

器底　1 件。

标本 T0703②: 7，残，夹砂红陶。平底。底径 8.5、残高 3.1 厘米（图 5-97，12）。

（四七）T0704

遗物标本 34 件。

1. 石器

22 件。

砍砸器　1 件。

标本 T0704②: 17，青灰色板岩。打制，平顶，弧刃，局部保留石皮，砍砸痕迹明显。长 11.3、宽 6.2、厚 5.0 厘米（图 5-98，1）。

敲砸器　5 件。

标本 T0704②: 3，青色板岩。打制，椭圆形。多剥片疤，局部保留石皮，敲砸痕迹明显。长 5.0、宽 4.9、厚 3.8 厘米（图 5-98，2）。

标本 T0704②: 4，青灰色板岩。打制，不规则多棱形，多剥片疤，局部保留石皮，敲砸痕迹明显。

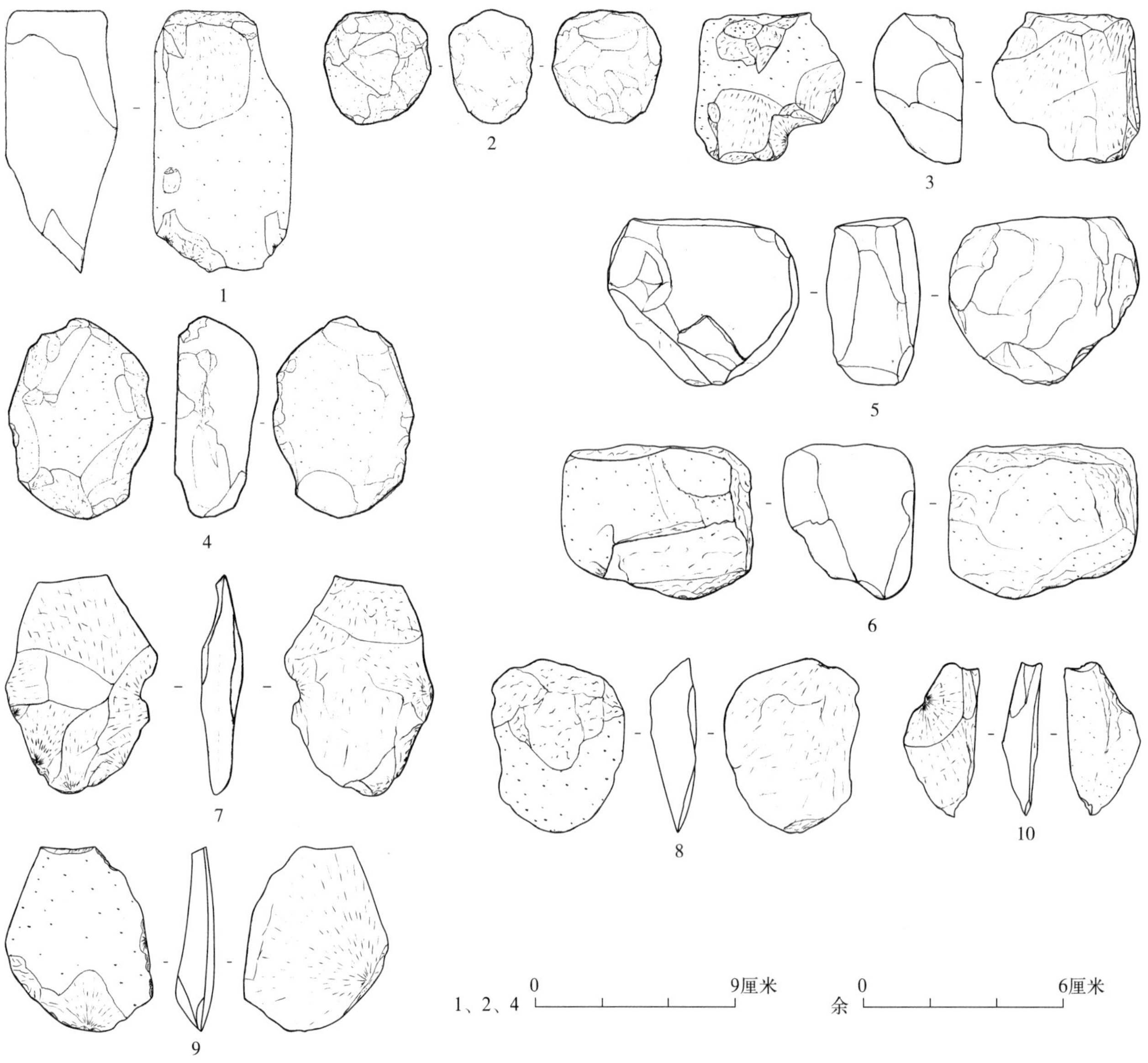

图 5-98　新乐上层文化 T0704 出土石器

1. 砍砸器 T0704②：17　2～6. 敲砸器 T0704②：3、4、10、15、22　7～10. 石片刮削器 T0704②：9、20、21、26

长 4.4、宽 4.3、厚 4.2 厘米（图 5-98，3）。

标本 T0704②: 10，黄褐色板岩。打制，扁椭圆形，多剥片疤，局部保留石皮，敲砸痕迹明显。长 8.7、宽 6.6、厚 3.5 厘米（图 5-98，4）。

标本 T0704②: 15，青灰色板岩。打制，扁椭圆形，多剥片疤，局部保留石皮。敲砸痕迹明显。长 5.7、宽 4.9、厚 2.8 厘米（图 5-98，5）。

标本 T0704②: 22，黄褐色花岗岩。打制，不规则多棱形，多剥片疤，局部保留石皮，敲砸痕迹明显。长 5.7、宽 4.5、厚 3.9 厘米（图 5-98，6）。

石片刮削器　4 件。

标本 T0704②: 9，青灰色板岩。打制，多边形，边刃呈细齿。长 6.4、宽 4.2、厚 1.2 厘米（图 5-98，7）。

标本 T0704②: 20，青灰色板岩。打制，扁椭圆形，一侧有石皮，边刃，有刮削痕迹。长 5.0、宽 3.9、厚 1.3 厘米（图 5-98，8）。

标本 T0704②: 21，青色板岩。打制，扁椭圆形，一侧有石皮，边刃，有刮削痕迹。长 5.4、宽 4.3、厚 1.1 厘米（图 5-98，9）。

标本 T0704②: 26，青灰色板岩。打制，长三角形，边刃，有刮削痕迹。长 4.5、宽 2.3、厚 1.1 厘米（图 5-98，10）。

石斧　1 件。

标本 T0704②: 19，残，高岭土化的花岗岩。磨制，表面光滑，扁梯形，横截面圆角长方形，对磨弧刃。残长 5.2、宽 1.6 厘米（图 5-99，1）。

亚腰形石凿　1 件。

标本 T0704②: 18，残，青灰色板岩。扁长方形，横截面扁椭圆形。中部一侧打出缺口。平顶，对磨弧刃。两端有敲砸痕迹明显。残长 6.3、宽 3.2、厚 1.0 厘米（图 5-99，2；彩版一六三，3）。

石刀　3 件。

标本 T0704②: 2，残，褐色板岩。磨制，表面光滑，直背，斜弧首，对磨弧刃。近背部有两个对磨孔。残长 7.0、宽 6.0、厚 1.0 厘米（图 5-99，3）。

标本 T0704②: 13，残，褐色板岩。磨制，表面光滑，直背，弧刃。对磨直刃。中部有两个对磨孔。残长 6.8、宽 4.5、厚 0.9 厘米（图 5-99，4）。

标本 T0704②: 14，残，青色板岩。磨制，表面光滑，直背，单侧磨弧刃。近背有两个对钻磨孔。残长 6.2、宽 4.3、厚 0.3 厘米（图 5-99，5）。

石磨盘　2 件。

标本 T0704②: 11，残，红褐色花岗岩。磨制，一平磨面，磨痕明显。残长 5.7、宽 4.8、厚 4.6 厘米（图 5-99，6）。

标本 T0704②: 24，残，褐色砂岩。磨制，两个平磨面，磨痕明显。残长 4.7、宽 4.2、厚 3.4 厘米（图 5-99，7）。

石磨棒　2 件。

标本 T0704②: 7，残，褐色花岗岩。磨制，横截面呈圆角梯形。一个平磨面，磨痕明显。残长 14.5、宽 7.7、厚 7.2 厘米（图 5-99，8）。

标本 T0704②: 23，残，红褐色砂砾岩。磨制，多磨面，磨痕明显。残长 4.5、宽 5.6、厚 3.3 厘米（图 5-99，9）。

网坠　2 件。

标本 T0704②: 1，残，黄褐色花岗岩。打制，扁椭圆形。两侧对称打出豁口。长 7.0、宽 9.2、厚 2.6 厘米（图 5-99，10）。

标本 T0704②: 8，残，红褐色斑岩。打制，扁圆形。残存一个豁口。残长 11.9、宽 7.3、厚 3.6 厘米（图 5-99，11）。

石料　1 件。

标本 T0704②: 16，残，红褐色板岩。扁方形。长 8.4、宽 7.9、厚 4.6 厘米（图 5-99，12）。

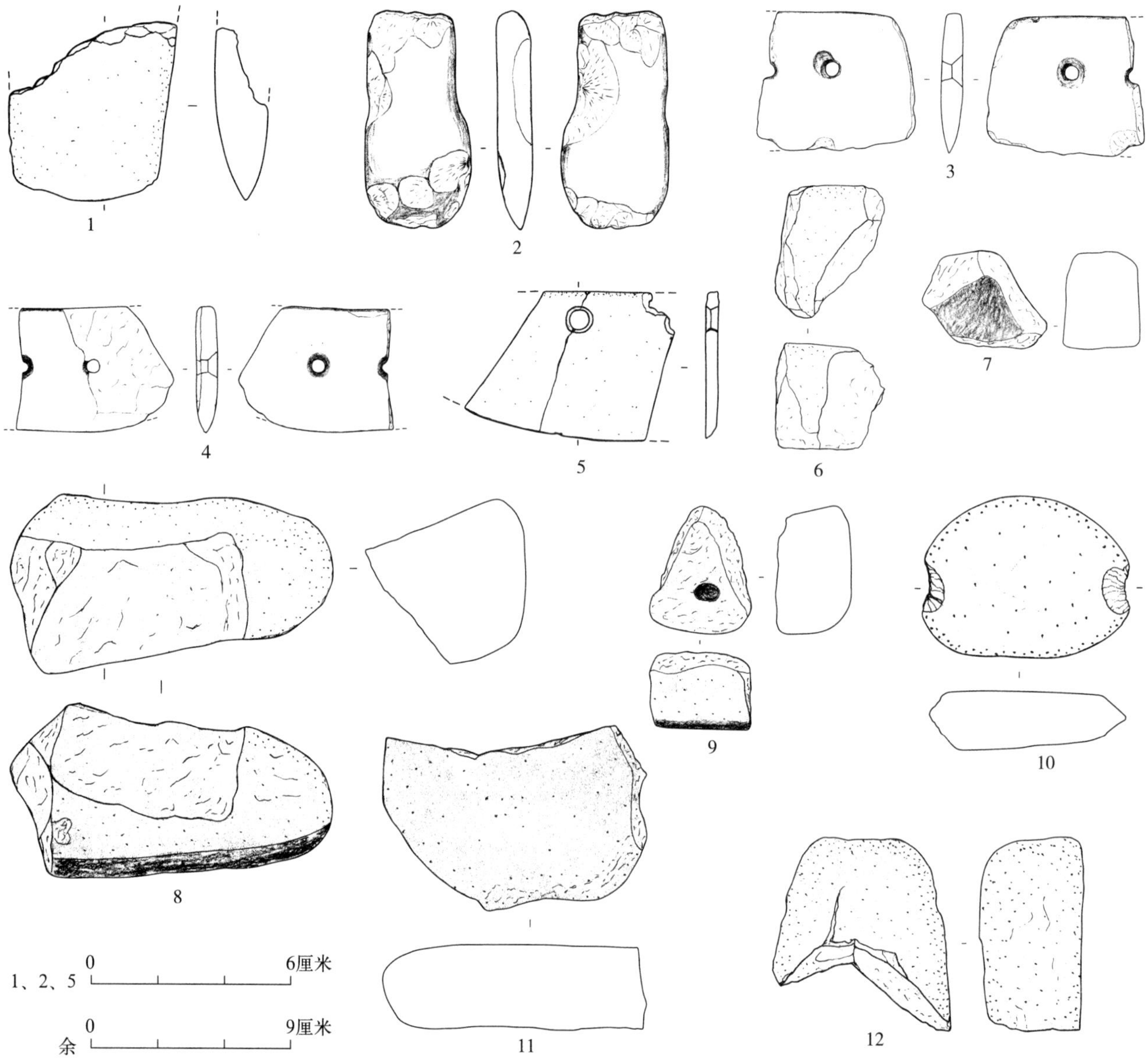

图 5-99 新乐上层文化 T0704 出土石器

1．石斧 T0704 ②：19 2．亚腰形石凿 T0704 ②：18 3～5．石刀 T0704 ②：2、13、14 6、7．石磨盘 T0704 ②：11、24 8、9．石磨棒 T0704 ②：7、23 10、11．网坠 T0704 ②：1、8 12．石料 T0704 ②：16

2. 陶器

11 件。

器耳 2 件。

标本 T0704 ②: 36，残，夹砂红陶。横錾耳。残高 4.3 厘米（图 5-100，1）。

标本 T0704 ②: 37，残，夹砂红陶。横桥状耳。残高 7.8 厘米（图 5-100，2）。

甗腰 2 件。

标本 T0704 ②: 29，残，夹砂红陶。腰部饰按压指窝附加堆纹。残高 4.2 厘米（图 5-100，3）。

标本 T0704②: 30，残，夹砂红陶。腰部饰按压指窝附加堆纹。残高 3.5 厘米（图 5-100，4）。

器底　1 件。

标本 T0704②: 28，残，夹砂红褐陶。弧腹，平底，底微内凹。残高 3.9 厘米（图 5-100，5）。

鼎足　3 件。

标本 T0704②: 32，残，夹砂红陶。圆柱形足。残高 8.6 厘米（图 5-100，6）。

标本 T0704②: 33，残，夹砂红陶。扁方柱形足。残高 7.6 厘米（图 5-100，7）。

标本 T0704②: 35，残，夹砂红陶。柱圆形。残高 4.4 厘米（图 5-100，8）。

鬲足　2 件。

标本 T0704②: 31，残，夹砂红陶。圆锥形足。残高 9.1 厘米（图 5-100，9）。

标本 T0704②: 34，残，夹砂红陶。圆锥形足。残高 7.0 厘米（图 5-100，10）。

陶纺轮　1 件。

标本 T0704②: 27，残，夹砂黑陶。锥台形，横截面近三角形。中有孔。底径 3.4、孔径 0.6、高 2.2 厘米（图 5-100，11）。

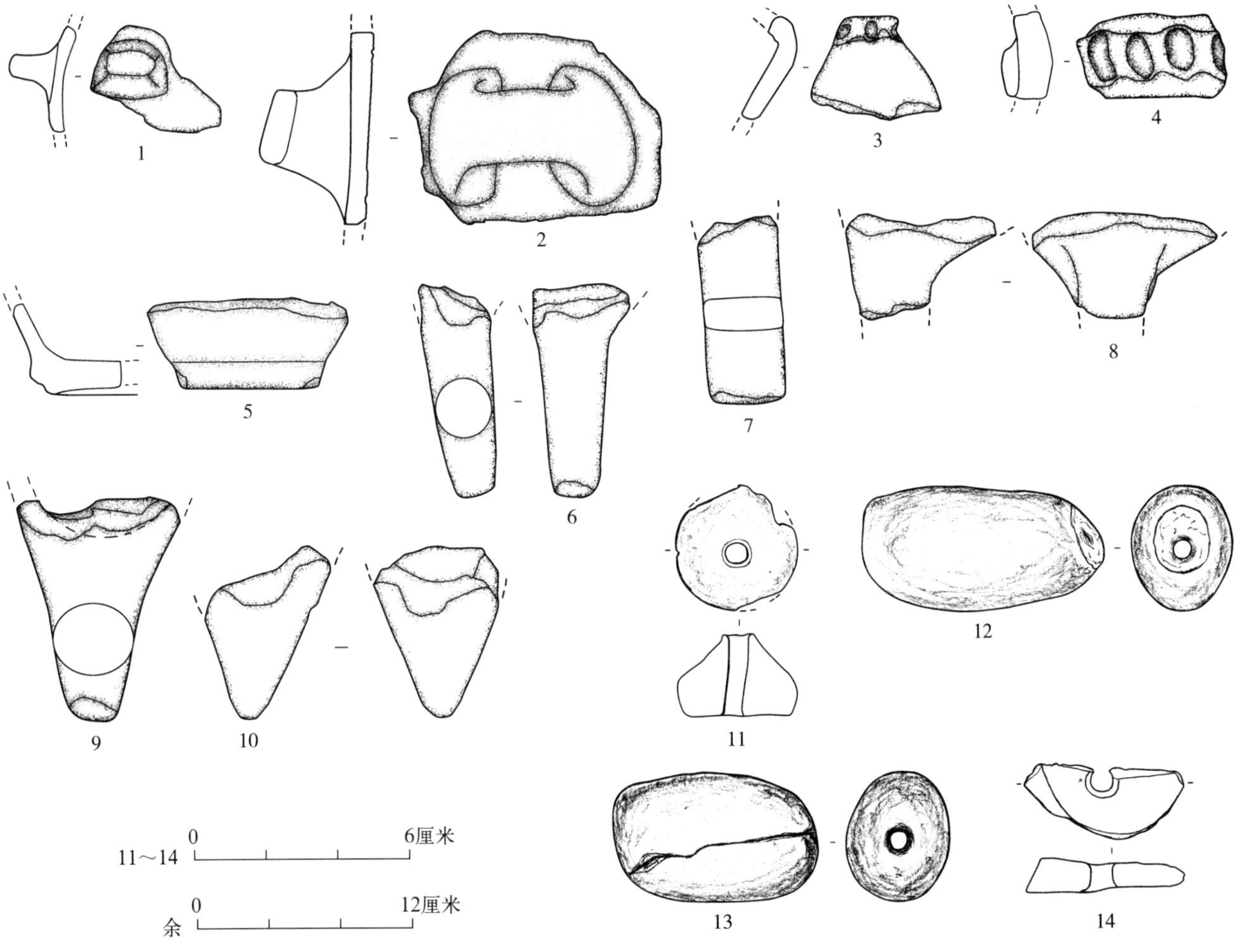

图 5-100　新乐上层文化 T0704 出土陶器

1、2. 器耳 T0704②: 36、37　3、4. 甗腰 T0704②: 29、30　5. 器底 T0704②: 28　6～8. 鼎足 T0704②: 32、33、35　9、10. 鬲足 T0704②: 31、34　11. 陶纺轮 T0704②: 27　12、13. 陶网坠 T0704②: 5、6　14. 有孔陶片 T0704②: 12

陶网坠　2件。

标本T0704②: 5，残，夹砂红褐陶。椭圆柱形，中有穿孔。素面。长6.9、直径3.4、孔径0.5厘米（图5-100，12）。

标本T0704②: 6，残，夹砂红褐陶。素面。椭圆柱形。中有穿孔。长5.7、直径3.5、孔径0.5厘米（图5-100，13）。

有孔陶片　1件。

标本T0704②: 12，残，夹砂红陶。素面，中部有圆穿孔。直径4.2、厚0.9、孔径0.6厘米（图5-100，14）。

（四八）T0801

腹片　1件。

标本T0801：2，残，夹砂红陶。腹部饰弦纹。残宽4.0、高3.5厘米（图5-101，1）。

（四九）T0802

遗物标本15件。

1. 石器

10件。

敲砸器　3件。

标本T0802②: 6，褐色板岩。打制，扁椭圆形，局部保留石皮，两端敲砸痕迹明显。长7.9、宽5.9、厚3.9厘米（图5-101，2）。

标本T0802②: 7，青色板岩。打制，不规则多棱形，多剥片疤，局部保留石皮，敲砸痕迹细碎。长6.8、宽3.8、厚3.5厘米（图5-101，3）。

标本T0802②: 11，黄褐色花岗岩。打制，扁椭圆形，大部保留石皮，一端敲砸痕迹明显。长7.7、宽4.8、厚2.8厘米（图5-101，4）。

石片刮削器　4件。

标本T0802②: 8，青灰色板岩。打制，龟背形，边刃，有刮削痕迹。长6.1、宽3.7、厚1.6厘米（图5-101，5）。

标本T0802②: 2，青褐色板岩。打制，长方形，横截面三角形，局部保留石皮，边刃呈齿状。长6.5、宽2.8、厚1.2厘米（图5-101，6）。

标本T0802②: 3，青色板岩。打制，椭圆形，局部保留石皮，边刃，有刮削痕迹。长9.5、宽5.2、厚1.2厘米（图5-101，7）。

标本T0802②: 4，青色板岩。打制，不规则梯形，边刃，有刮削痕迹。长4.0、宽3.6、厚0.9厘米（图5-101，8）。

石斧　1件。

标本T0802②: 12，青灰色板岩。磨制，表面光滑，顶圆弧，对磨弧刃。长14.2、宽6.0、厚3.6厘米（图5-101，9）。

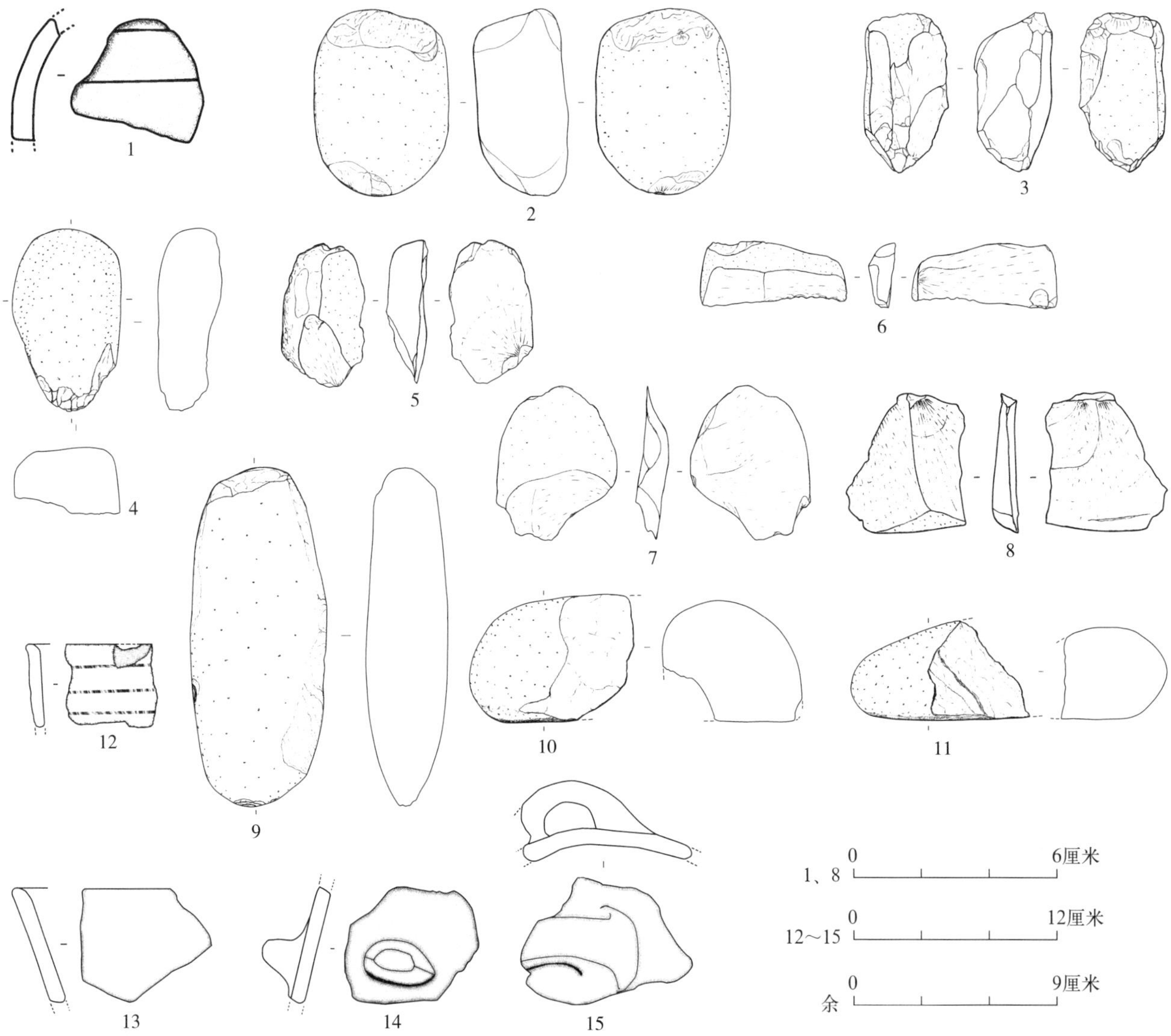

图 5-101　新乐上层文化 T0801 等出土遗物

1. 腹片 T0801：2　2～4. 敲砸器 T0802②：6、7、11　5～8. 石片刮削器 T0802②：8、2～4　9. 石斧 T0802②：12　10、11. 石磨棒 T0802②：5、9　12. 直腹罐 T0802②：16　13. 陶器口沿 T0802②：13　14、15. 器耳 T0802②：14、15

石磨棒　2 件。

标本 T0802②: 5，残，灰白色石英砂。磨制，横截面呈半椭圆形，多磨面，磨痕明显。残长 7.1、宽 6.1、厚 5.1 厘米（图 5-101，10）。

标本 T0802②: 9，残，灰白色石英砂。磨制，多磨面，磨痕明显。长 8.0、宽 4.5、厚 4.1 厘米（图 5-101，11）。

2. 陶器

5 件。

直腹罐　1 件。

标本 T0802②: 16，残，夹砂红陶。直口，圆唇，直腹。腹部饰弦纹。残宽 5.4、高 4.7 厘米（图

5-101，12）。

陶器口沿　1件。

标本T0802②:13，残，夹砂红陶。敞口，圆唇，斜直腹。口径18.0、残高6.4厘米（图5-101，13）。

器耳　2件。

标本T0802②:14，残，夹砂红褐陶。横鋬耳。耳长2.6、宽4.2厘米（图5-101，14）。

标本T0802②:15，残，夹砂红黄陶。横桥状耳。残长7.2、宽10.2厘米（图5-101，15）。

器底　1件。

标本T0802②:18，夹砂红陶。平底。素面。残高2.8厘米。

（五〇）T0803

遗物标本32件。

1. 石器

12件。

砍砸器　2件。

标本T0803②:4，青灰色板岩。打制，扁椭圆形，局部保留石皮，边刃砍砸痕迹明显。长7.5、宽5.3、厚2.0厘米（图5-102，1）。

标本T0803②:5，青灰色闪长玢岩。打制，不规则三棱形，多剥片疤，横截面三角形，砍砸痕迹明显。长15.4、宽7.2、厚3.6厘米（图5-102，2）。

敲砸器　2件。

标本T0803②:2，黄褐色花岗岩。打制，椭圆形，局部保留石皮，敲砸痕迹明显。长5.9、宽6.9、厚5.7厘米（图5-102，3）。

标本T0803②:7，黄褐色片麻岩。打制，扁椭圆形，大部保留石皮，一端敲砸痕迹明显。长11.9、宽7.2、厚3.1厘米（图5-102，4）。

石片刮削器　2件。

标本T0803②:11，青色板岩。打制，不规则多边形，一侧保留石皮，边刃，呈齿状。长4.1、宽4.7、厚1.2厘米（图5-102，5）。

标本T0803②:12，红褐色板岩。打制，不规则扁方形，大部保留石皮，边刃，有刮削痕迹。长5.3、宽4.7、厚1.3厘米（图5-102，6）。

石斧　1件。

标本T0803②:13，残，青色板岩。磨制，圆柱形，表面光滑，横截面圆形，对磨弧刃。顶残。残长18.0、宽6.7、厚6.0厘米（图5-102，7；彩版一六三，4）。

石刀　1件。

标本T0803②:8，残，青色板岩。磨制，弧背，对磨直刃。近背部有对磨穿孔。残长2.8、宽4.8、厚0.4厘米（图5-102，8）。

石磨棒　1件。

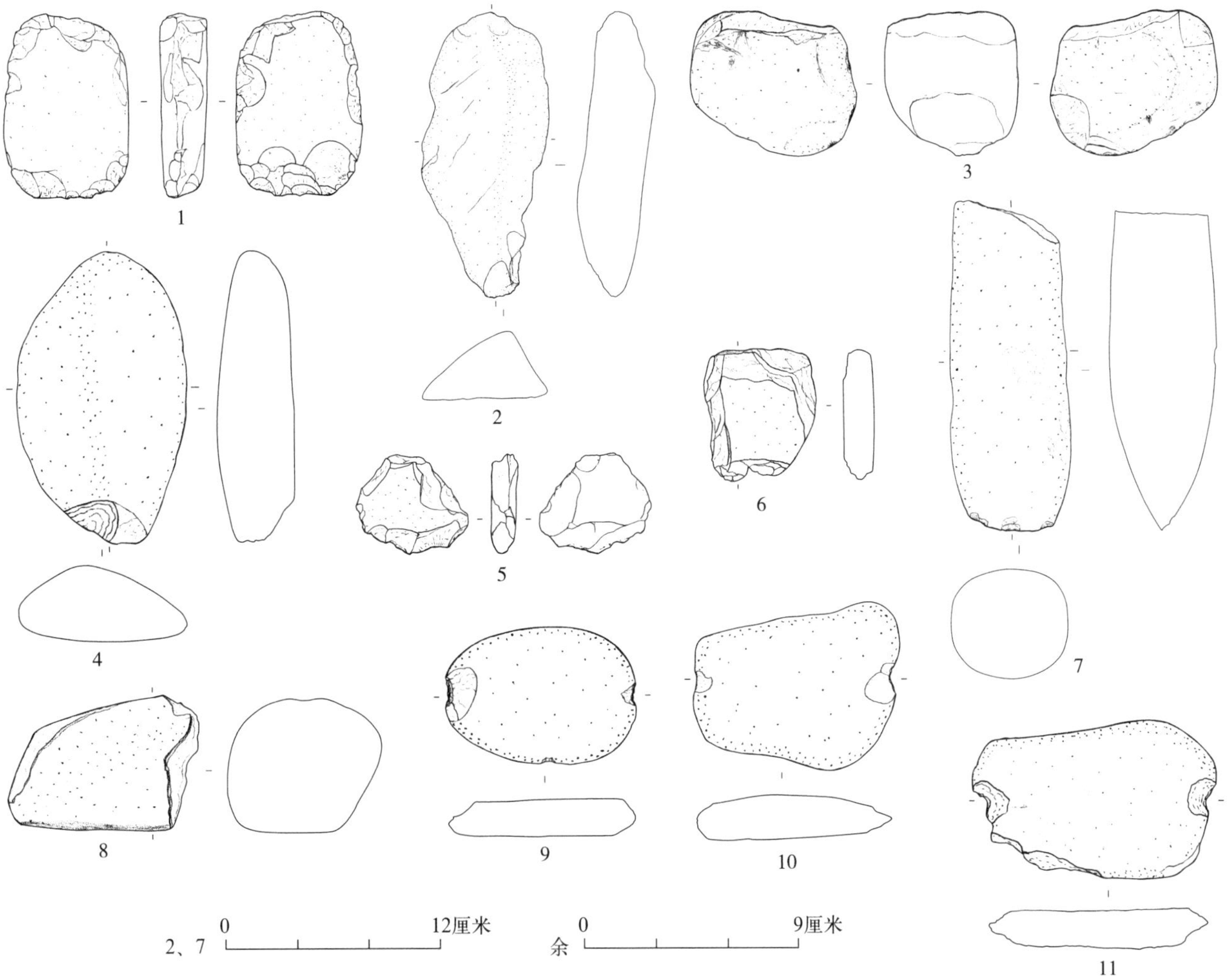

图 5-102　新乐上层文化 T0803 出土石器

1、2. 砍砸器 T0803②：4、5　3、4. 敲砸器 T0803②：2、7　5、6. 石片刮削器 T0803②：11、12　7. 石斧 T0803②：13　8. 石刀 T0803②：8　9. 石磨棒 T0803②：3　10～12. 网坠 T0803②：1、6、9

标本 T0803②：3，残，青褐色花岗岩。磨制，长条形，横截面呈椭圆形，多磨面，磨痕明显。残长 8.0、宽 6.4、厚 5.4 厘米（图 5-102，9）。

网坠　3 件。

标本 T0803②：1，暗红褐色花岗岩。打制，扁椭圆形。两侧对称打出豁口。长 7.9、宽 5.6、厚 1.5 厘米（图 5-102，10）。

标本 T0803②：6，黄褐色斑岩。打制，扁长方形。两侧对称打出豁口。长 8.5、宽 6.9、厚 1.7 厘米（图 5-102，11）。

标本 T0803②：9，残，褐色板岩。打制，圆角扁长方形。两侧对称打出豁口。长 10.4、宽 6.5、厚 1.6 厘米（图 5-102，12）。

2. 陶器

20 件。

深腹罐　5 件。

标本 T0803 ②: 14，残，夹砂灰褐陶。直口，圆唇，斜直腹。口沿处有两周凹带，内饰划压斜线、网格纹。口径 28.0、残高 4.5 厘米（图 5-103，7）。

标本 T0803 ②: 15，残，夹砂黑褐陶。口沿饰划斜线纹、网格纹，腹部饰竖压横排之字纹。残高 3.6 厘米（图 5-103，8）。

标本 T0803 ②: 16，残，夹砂红褐陶。敞口，圆唇，斜直腹。口沿处有一周凹带，内饰划压横人字纹，腹部饰压印弦纹。残高 5.9 厘米（图 5-103，9）。

标本 T0803 ②: 21，残，夹砂黑褐陶。敞口，圆唇，斜直腹。腹部饰篦点席纹。残长 5.9、宽 5.2 厘米（图 5-103，10）。

标本 T0803 ②: 24，残，夹砂黑褐陶。敞口，圆唇，斜直腹。口沿处有两周凹纹带，内饰戳刺纹，腹部饰压印弦纹。口径 14.0、残高 6.2 厘米（图 5-103，11）。

口沿　2 件。

标本 T0803 ②: 25，残。夹砂红黄陶。敞口，圆唇，稍束颈、斜肩。素面。口径 11.0、残高 8.7 厘米（图 5-103，1）。

标本 T0803 ②: 29，残。夹砂红黄陶。敞口，圆唇。口沿处有一条附加堆纹。残长 4.4、宽 6.6 厘米（图 5-103，2）。

陶罐口沿　1 件。

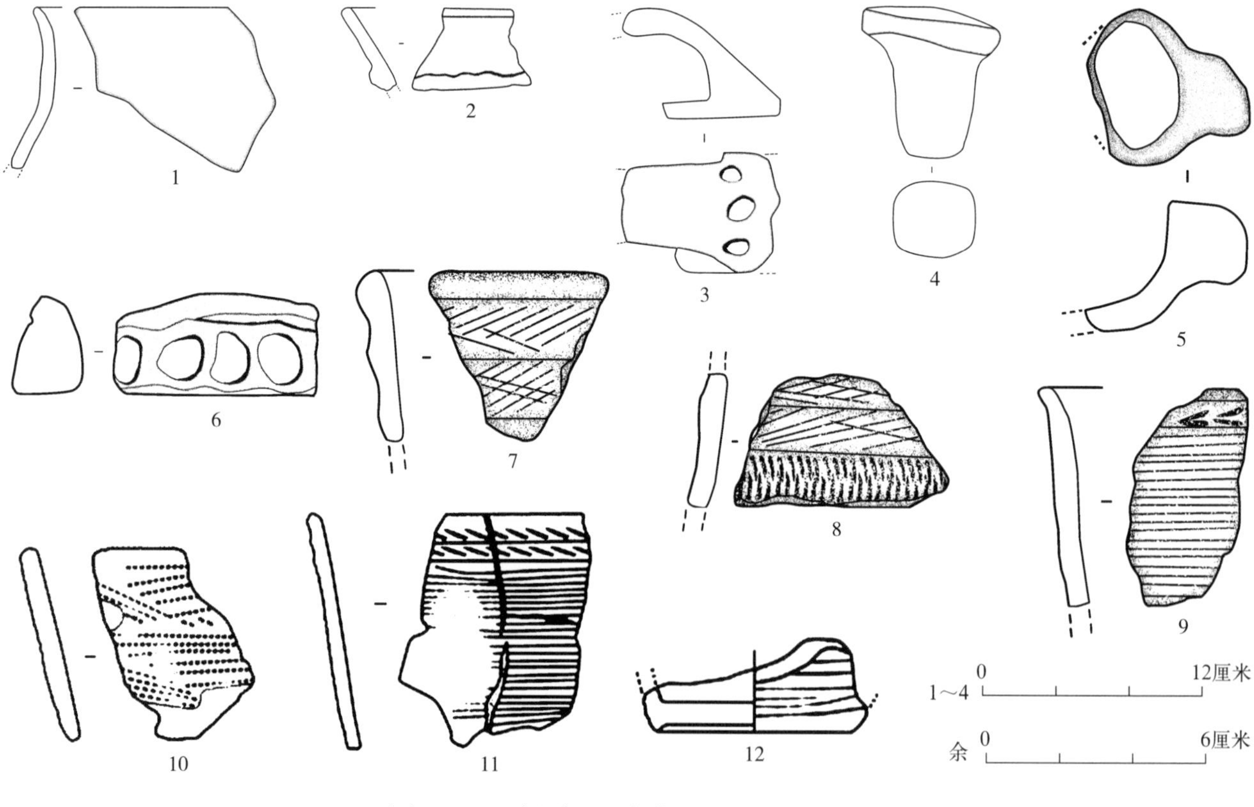

图 5-103　新乐上层文化 T0803 出土陶器

1、2. 口沿 T0803 ②：25、29　3. 器耳 T0803 ②：27　4、5. 器足 T0803 ②：28、33　6. 甗腰 T0803 ②：30　7～11. 深腹罐 T0803 ②：14～16、21、24　12. 器底 T0803 ②：22

标本 T0803 ②: 26，残。夹砂红褐陶。敛口，外折叠圆唇。溜肩。残宽 9.4、高 4.2 厘米。

器耳　1 件。

标本 T0803 ②: 27，残。夹砂红陶。横桥状耳。饰戳刺纹。残长 5.9、宽 4.7 厘米（图 5-103，3）。

器足　2 件。

标本 T0803 ②: 28，残。夹砂灰褐陶。柱状足。直径 4.0 ～ 4.2、残高 8.0 厘米（图 5-103，4）。

标本 T0803 ②: 33，夹滑石砂灰褐陶。柱状足。素面。残长 4.1、宽 4.5、高 3.4 厘米（图 5-103，5）。

甑腰　1 件。

标本 T0803 ②: 30，残。夹砂红黄陶。腰部饰按压指窝附加堆纹。残长 5.6、宽 2.7 厘米（图 5-103，6）。

陶钵　1 件。

T0803 ②: 23，残，夹砂红陶。敞口，圆唇，弧腹。口沿有一周素凹带，下饰划斜线纹。残高 4.3 厘米（图 5-104，1）。

腹片　1 件。

标本 T0803 ②: 17，残，夹砂红陶。腹部饰篦点弦纹。残高 4.4 厘米（图 5-104，2）。

器底　5 件。

标本 T0803 ②: 18，残，夹砂红陶。平底。素面。底径 8.4、残高 2.8 厘米（图 5-104，3）。

标本 T0803 ②: 19，残，夹砂红褐陶。凹底。底径 8.4、残高 3.1 厘米（图 5-104，4）。

标本 T0803 ②: 22，残，夹砂红陶。平底。腹部饰压印弦纹。底径 5.4、残高 2.5 厘米（图 5-103，12）。

标本 T0803 ②: 31，夹砂红陶。凹底。底径 12.0、残高 3.1 厘米（图 5-104，5）。

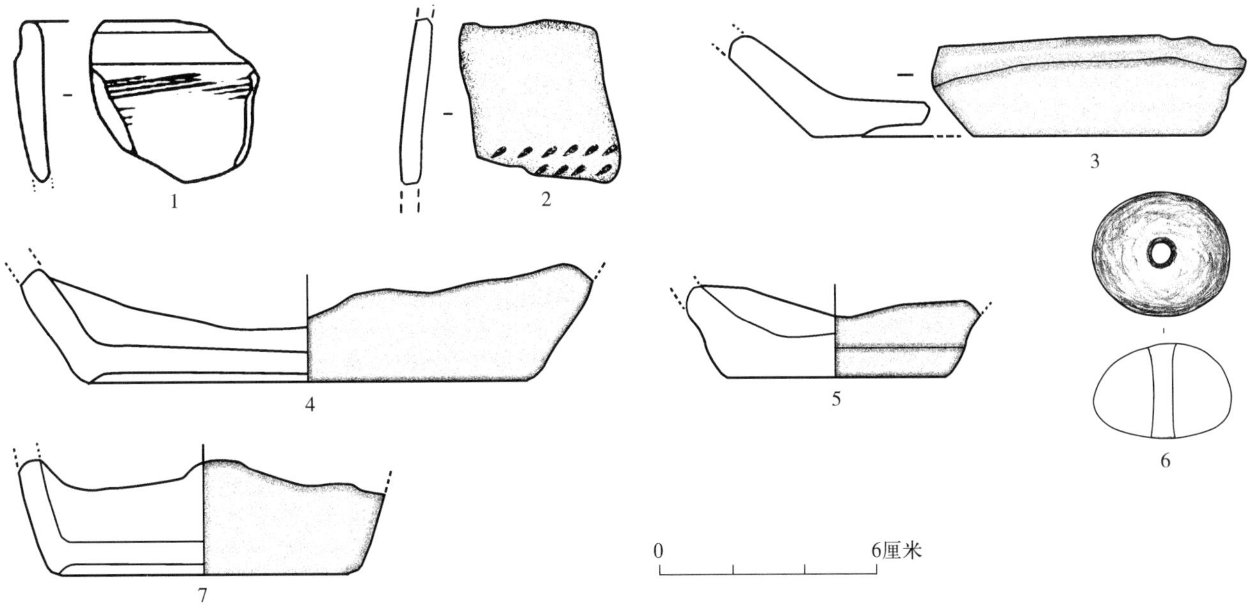

图 5-104　新乐上层文化 T0803 出土陶器

1. 陶钵 T0803 ②: 23　2. 腹片 T0803 ②: 17　3 ～ 6. 器底 T0803 ②: 18、19、31、32　7. 陶纺轮 T0803 ②: 10

标本 T0803②: 32，夹砂红陶。平底。底径 6.0、残高 2.5 厘米（图 5-104，6）。

陶纺轮　1 件。

标本 T0803②: 10，残，夹砂红褐陶。扁圆形。素面。中间有圆穿孔。直径 3.8、孔径 0.5、厚 2.5 厘米（图 5-104，7）。

（五一）T0804

遗物标本 40 件。

1. 石器

19 件。

（1）打制石器

9 件。

敲砸器　4 件。

标本 T0804②: 3，红褐色粉砂岩。打制，椭圆形，多剥片疤，敲砸痕迹细碎。长 5.6、宽 4.7、厚 3.8 厘米（图 5-105，1）。

标本 T0804②: 11，红褐色板岩。打制，圆柱形，多剥片疤，局部保留石皮，敲砸痕迹明显。长 7.5、宽 5.2、厚 4.1 厘米（图 5-105，2）。

标本 T0804②: 14，青色板岩。不规则扁圆多棱形，局部保留石皮，敲砸痕迹明显。长 6.4、宽 4.4、厚 2.7 厘米（图 5-105，3）。

标本 T0804②: 19，残，青灰色板岩。打制，长条形，局部保留石皮，两端敲砸痕迹明显。长 11.2、宽 3.5、厚 2.4 厘米（图 5-105，4）。

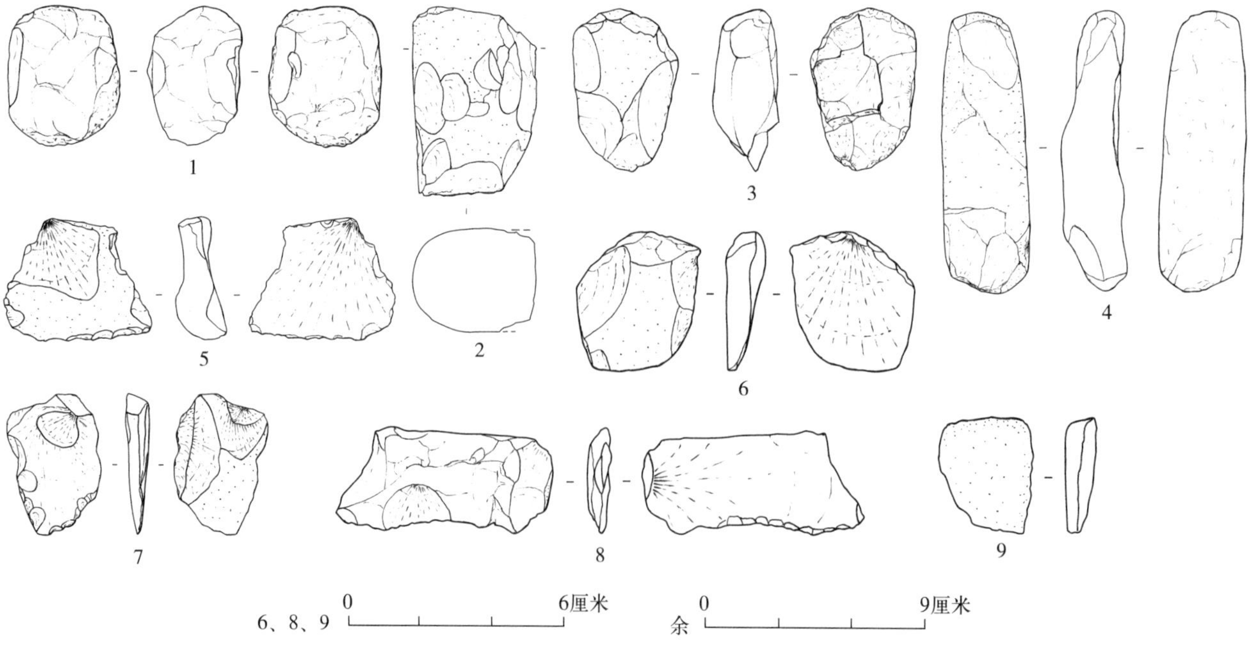

图 5-105　新乐上层文化 T0804 出土打制石器

1～4. 敲砸器 T0804②: 3、11、14、19　5～8. 石片刮削器 T0804②: 2、10、18、13、9

石片刮削器　5件。

标本T0804②: 2，青色板岩。打制，不规则梯形，一面有石皮，边刃呈齿状。长4.9、宽6.1、厚2.2厘米（图5-105，5）。

标本T0804②: 10，青色板岩。打制，不规则椭圆形，一面有石皮，边刃，有刮削痕迹。长3.7、宽3.4、厚1.2厘米（图5-105，6）。

标本T0804②: 18，灰色板岩。打制，长条形，边刃呈齿状。长6.1、宽2.7、厚0.7厘米（图5-105，7）。

标本T0804②: 13，青灰色板岩。打制，长方形，一面有石皮，边刃呈齿状。长5.6、宽3.8、厚1.0厘米（图5-105，8）。

标本T0804②: 9，红褐色砂岩。打制，不规则三角形，一面有石皮，边刃，有刮削痕迹。长3.1、宽2.6、厚0.9厘米（图5-105，9）。

（2）磨制石器

10件。

石刀　1件。

标本T0804②: 1，残，青色板岩。磨制，表面光滑，梯形，尖首，直背，对磨弧刃。近背部有两个对磨穿孔。长18.8、宽4.2、厚0.5厘米（图5-106，1；彩版一六三，5）。

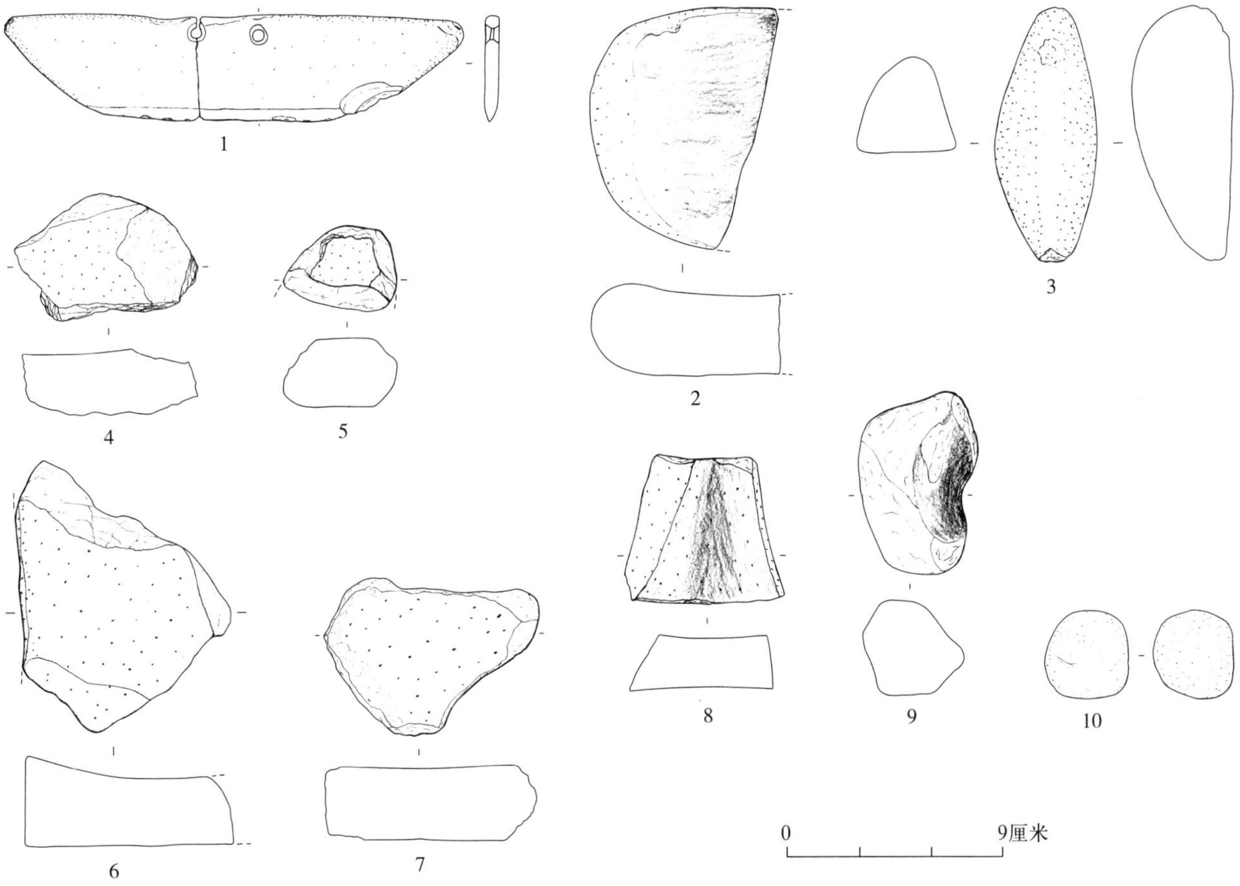

图5-106　新乐上层文化T0804出土磨制石器

1. 石刀T0804②: 1　2. 石磨盘T0804②: 6　3. 石磨棒T0804②: 8　4～8. 砺石T0804②: 5、7、15～17　9. 石器（锤）T0804②: 12　10. 石球T0804②: 20

石磨盘　1件。

标本T0804②:6，残，灰褐色砂岩。磨制，圆角长方形，有两个磨面，磨痕明显。长7.7、宽9.6、厚3.1厘米（图5-106，2）。

石磨棒　1件。

标本T0804②:8，青褐色砂岩。磨制，梭形，横截面三棱形，多磨面，磨痕明显。长10.1、宽4.2、厚4.2厘米（图5-106，3）。

砺石　5件。

标本T0804②:5，残，红褐色砂岩。磨制，多边形，一面有磨痕。残长7.4、宽5.0、厚2.6厘米（图5-106，4）。

标本T0804②:7，残，灰褐色砂岩。磨制，多边形，一面有磨痕。残长4.6、宽3.4、厚2.7厘米（图5-106，5）。

标本T0804②:15，残，灰褐色闪长玢岩。磨制，两面有磨痕。残长10.8、宽8.5、厚3.6厘米（图5-106，6）。

标本T0804②:16，残，红褐色砂岩。磨制，两面有磨痕。残长8.7、宽6.2、厚3.0厘米（图5-106，7）。

标本T0804②:17，残，褐色板岩。磨制，两面有磨痕。残长5.9、宽5.9、厚2.2厘米（图5-106，8）。

石器（锤）　1件。

标本T0804②:12，残，灰色砂岩。磨制，圆角扁方形，中部有对磨穿孔。残长7.0、宽5.0、厚3.8厘米（图5-106，9）。

石球　1件。

标本T0804②:20，青灰色脉岩。磨制，表面光滑。直径3.2～3.5厘米（图5-106，10）。

2. 陶器

21件。

陶罐　3件。

标本T0804②:22，夹砂黑褐陶。敞口，沿微外折，溜肩，鼓腹。素面。口径10.0、残高5.2厘米（图5-107，1）。

标本T0804②:23，夹砂红褐陶。直口，尖唇，外折叠沿，溜肩。素面。残宽4.5、残高4.0厘米（图5-107，2）。

标本T0804②:24，夹砂红褐陶。敞口，圆唇，溜肩。口径8.0、残高2.8厘米（图5-107，3）。

陶壶　1件。

标本T0804②:21，残，夹砂红陶。直口，圆唇内抹，溜肩，弧腹。口沿下部有四个对称瘤状耳。口径10.9、残高19.0厘米（图5-107，4）。

陶器口沿　4件。

标本T0804②:25，残，夹砂灰陶。敞口，圆唇，斜直腹。素面。有横鋬耳。口径15.0、残高4.1厘米（图5-107，5）。

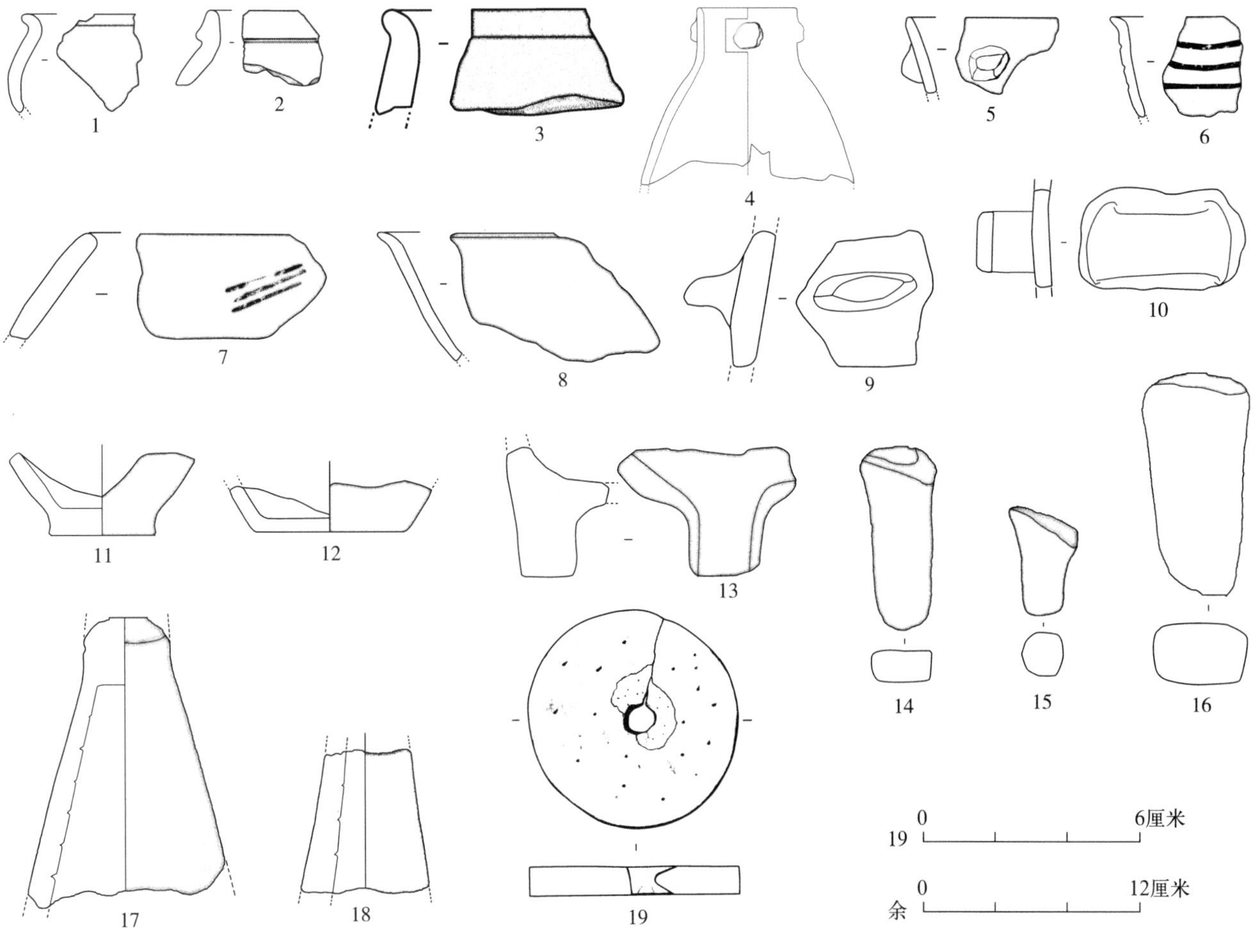

图 5-107　新乐上层文化 T0804 出土陶器

1～3. 陶罐 T0804 ②：22～24　4. 陶壶 T0804 ②：21　5～7. 陶器口沿 T0804 ②：25、26、29　8. 陶碗 T0804 ②：30　9、10. 器耳 T0804 ②：31、32　11、12. 器底 T0804 ②：27、28　13～15. 器足 T0804 ②：33、35、36、34　17、18. 陶豆 T0804 ②：37、38　19. 陶纺轮 T0804 ②：4

标本 T0804 ②: 26，残，夹砂红黄陶。敞口，尖唇微外折，弧腹。腹部饰弦纹。残宽 4.5、高 5.4 厘米（图 5-107，6）。

标本 T0804 ②: 29，夹砂黑褐陶。敛口，圆唇，弧腹。残宽 10.4、高 5.6 厘米（图 5-107，7）。

陶碗　1 件。

标本 T0804 ②: 30，残，夹砂红陶。敞口，尖唇，斜弧腹。残宽 11.4、高 6.9 厘米（图 5-107，8）。

器耳　2 件。

标本 T0804 ②: 31，夹砂红陶。横錾耳。素面。残宽 7.6、高 7.4 厘米（图 5-107，9）。

标本 T0804 ②: 32，夹砂红陶。横桥状耳。残长 9.2、宽 5.4 厘米（图 5-107，10）。

器底　2 件。

标本 T0804 ②: 27，残，夹砂灰褐陶。弧腹，平底。底径 5.8、残高 4.4 厘米（图 5-107，11）。

标本 T0804 ②: 28，残，夹砂红陶。斜腹，平底。底径 8.0、残高 2.7 厘米（图 5-107，12）。

器足　4 件。

标本 T0804 ②: 33，夹砂红陶。圆柱形。残宽 5.8、高 6.9 厘米（图 5-107，13）。

标本 T0804②：35，残，夹砂红陶。扁方柱形。残宽 4.3、高 9.8 厘米（图 5-107，14）。

标本 T0804②：36，残，夹砂红陶。圆柱形。残宽 3.8、高 5.9 厘米（图 5-107，15）。

标本 T0804②：34，夹砂红陶。扁方柱形。残宽 6.0、高 11.8 厘米（图 5-107，16）。

陶豆足 2 件。

标本 T0804②：37，残，夹砂红褐陶。束腰，喇叭口形高圈足。残高 15.4、直径 10.8 厘米（图 5-107，17）。

标本 T0804②：38，残，夹砂红陶。喇叭口形高圈足。残高 7.7、直径 7.0 厘米（图 5-107，18）。

陶纺轮 1 件。

标本 T0804②：4，残，夹砂红褐陶。扁圆形，中有圆孔。直径 5.7、孔径 0.7、厚 0.8 厘米（图 5-107，19）。

（五二）T0902

陶器 6 件。

口沿 1 件。

标本 T0902②：1，夹砂灰褐陶。敞口，圆唇，斜直腹。口沿下外饰一周圆点纹。残高 4.0 厘米（图 5-108，1）。

器耳 1 件。

标本 T0902②：5，夹砂红陶。横鋬耳。残高 2.8 厘米（图 5-108，2）。

器底 1 件。

标本 T0902②：2，夹砂红褐陶。平底。素面。底径 7.0、残高 2.5 厘米（图 5-108，3）。

器足 1 件。

标本 T0902②：4，夹砂红陶。圆柱形。残高 5.4 厘米（图 5-108，4）。

网坠 1 件。

标本 T0902②：3，夹砂红陶。圆柱形，中有穿孔。长 6.7、直径 3.0、孔径 0.5 厘米（图 5-108，5）。

陶珠 1 件。

标本 T0902②：6，夹砂红陶。扁圆形，中有一孔。直径 2.6、厚 2.2、孔径 0.8 厘米（图 5-108，6）。

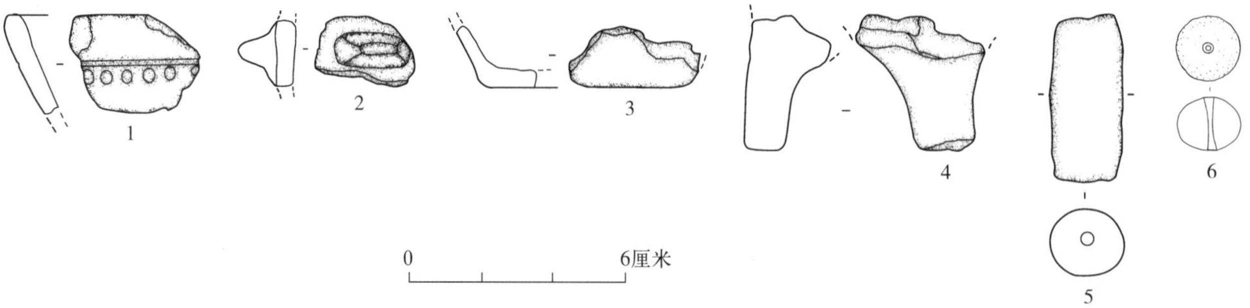

图 5-108 新乐上层文化 T0902 出土陶器

1. 陶器口沿 T0902②：1 2. 器耳 T0902②：5 3. 器底 T0902②：2 4. 器足 T0902②：4 5. 网坠 T0902②：3 6. 陶珠 T0902②：6

（五三）T0903

遗物标本 16 件。

1. 石器

8 件。

敲砸器　4 件。

标本 T0903 ②: 2，青色板岩。打制，不规则半圆形，局部保留石皮，一侧敲砸痕迹明显。长 7.9、宽 4.4、厚 3.4 厘米（图 5-109，1）。

标本 T0903 ②: 4，青色闪长玢岩。打制，不规则多棱形，多剥片疤，敲砸痕迹明显。长 8.2、宽 6.4、厚 4.5 厘米（图 5-109，2）。

标本 T0903 ②: 5，青灰色板岩。打制，多棱椭圆形，局部保留石皮，敲砸痕迹明显。长 7.0、宽 3.9、厚 3.1 厘米（图 5-109，3）。

标本 T0903 ②: 6，褐色板岩。打制，多棱扁方形，多剥片疤，敲砸痕迹明显。长 7.5、宽 5.8、厚 3.0 厘米（图 5-109，4）。

石叶　1 件。

标本 T0903 ②: 8，残，青灰色板岩。打制，横截面三角形，边刃，有刮削痕迹。长 1.5、宽 1.9、

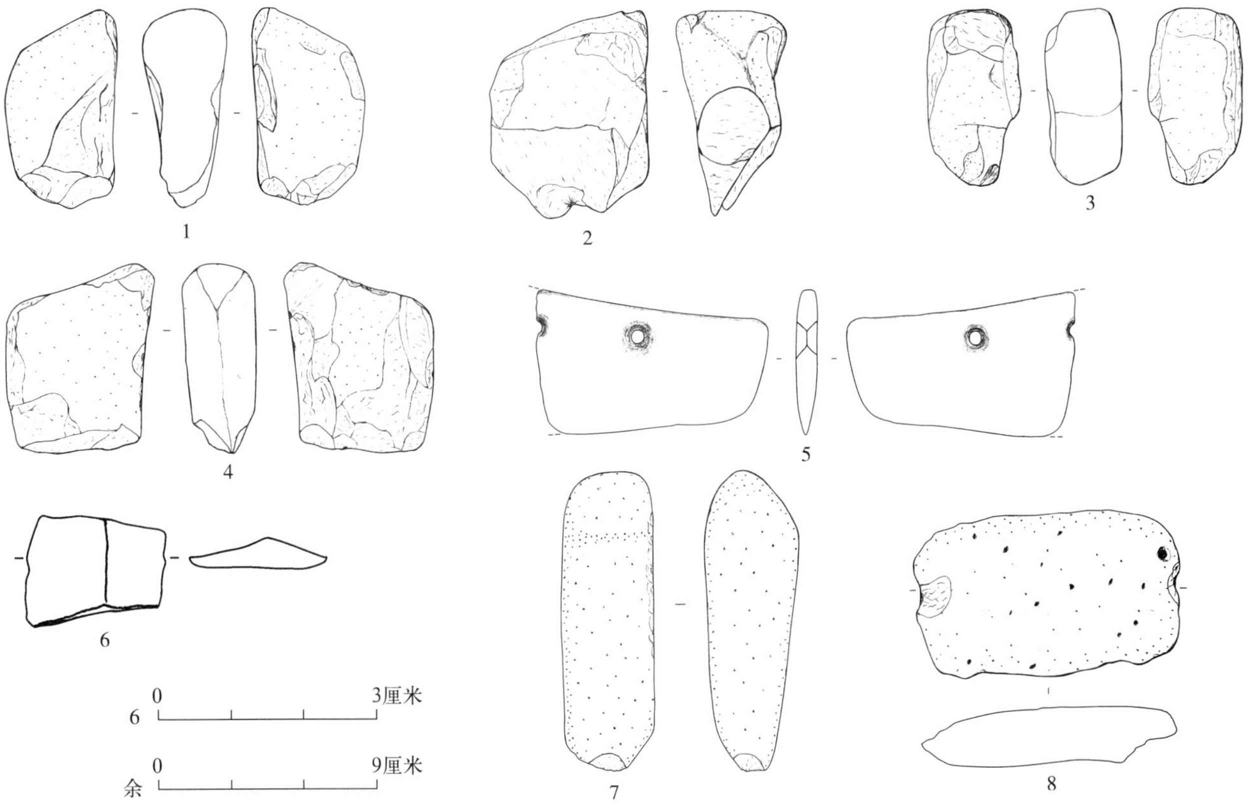

图 5-109　新乐上层文化 T0903 出土石器

1～4. 敲砸器 T0903 ②: 2、4～6　5. 石刀 T0903 ②: 11　6. 石叶 T0903 ②: 8　7. 石磨棒 T0903 ②: 3　8. 网坠 T0903 ②: 12

厚0.4厘米（图5-109，6）。

石刀　1件。

标本T0903②: 11，残，青灰色闪长玢岩。磨制，表面光滑，直背，对磨弧刃。近背部有两个对称磨孔。长9.5、宽5.8、厚0.9、孔径0.5厘米（图5-109，5）。

石磨棒　1件。

标本T0903②: 3，残，黄褐色花岗岩。磨制，圆角长条形，多磨面，磨痕明显。长11.8、宽3.7、厚3.8厘米（图5-109，7）。

网坠　1件。

标本T0903②: 12，残，褐色砂砾岩。打制，圆角长方形。两侧对称打出豁口。长11.0、宽6.4、厚2.2厘米（图5-109，8）。

2. 陶器

8件。

器耳　2件。

标本T0903②: 13，夹砂红陶。竖桥状耳。残高8.6厘米（图5-110，1）。

标本T0903②: 14，夹砂红陶。横桥状耳。残高6.6厘米（图5-110，2）。

甗腰　1件。

标本T0903②: 15，夹砂红陶。腰部饰按压指窝附加堆纹。残高2.7厘米（图5-110，3）。

器底　1件。

标本T0903②: 17，残，夹砂红陶。斜腹，平底。底径9.9、残高3.0厘米（图5-110，4）。

甑底　1件。

标本T0903①: 7，残，泥质灰陶。底部有绳纹。残高5.2、宽6.7、厚0.7厘米（图5-110，5）。

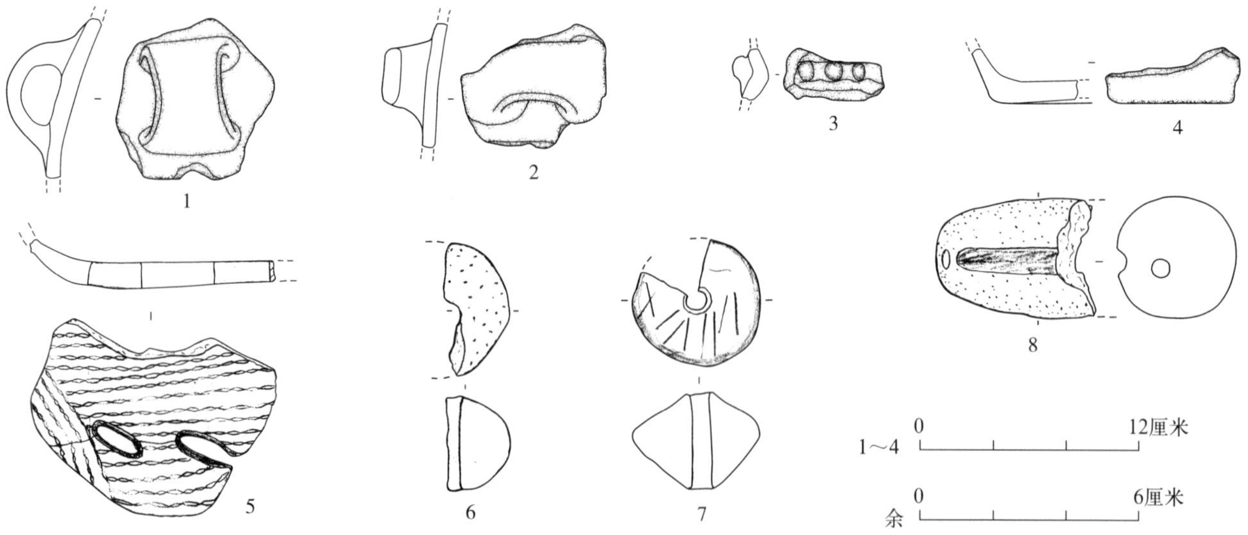

图5-110　新乐上层文化T0903出土陶器

1、2. 器耳T0903②：13、14　3. 甗腰T0903②：15　4. 器底T0903②：17　5. 甑底T0903①：7　6、7. 陶纺轮T0903②：1、10　8. 陶网坠T0903②：9

陶纺轮 2件。

标本 T0903②: 1，残，夹砂黑褐陶。横截面呈菱形。中有穿孔。直径2.4、孔径0.6、厚2.5厘米（图5-110，6）。

标本 T0903②: 10，可修复，夹砂红褐陶。椭圆形。中有穿孔。直径3.5、孔径0.5、厚2.6厘米（图5-110，7）。

陶网坠 1件。

标本 T0903②: 9，残，红褐色夹砂陶。长椭圆形，中穿孔，外侧有一条凹槽。残长4.3、直径3.2、内径0.5厘米（图5-110，8）。

（五四）T0904

遗物标本15件。

1. 石器

4件。

石片刮削器 1件。

标本 T0904②: 5，青灰色板岩。不规则半圆形，局部有石皮，边刃，有刮削痕迹。长6.4、宽3.7、厚0.7厘米（图5-111，1）。

石刀 1件。

标本 T0904②: 3，残，青灰色板岩。磨制，对磨直刃。残长3.2、宽3.2、厚0.3厘米（图5-111，2）。

砺石 1件。

标本 T0904②: 1，红褐色板岩。长条形，表面有摩擦痕迹。长6.7、宽1.7、厚1.3厘米（图5-111，3）。

网坠 1件。

标本 T0904②: 2，残，黄褐色斑岩。打制，圆角扁方形。两侧对称打出豁口。长8.4、宽6.9、厚1.7厘米（图5-111，4）。

2. 陶器

11件。

口沿 1件。

标本 T0904②: 9，夹砂红陶。直口，圆唇。口沿下有瘤状鋬耳。口径18.0、残高6.4厘米（图5-111，5）。

罐口沿 1件。

标本 T0904②: 10，残，夹砂灰褐陶。敞口，外折叠圆唇，深弧腹。残高7.1厘米（图5-111，6）。

器耳 3件。

标本 T0904②: 6，夹砂红陶。横桥状耳。素面。残高10.2厘米（图5-111，7）。

标本 T0904②: 7，夹砂红陶。竖桥状耳。素面。残高7.8厘米（图5-111，8）。

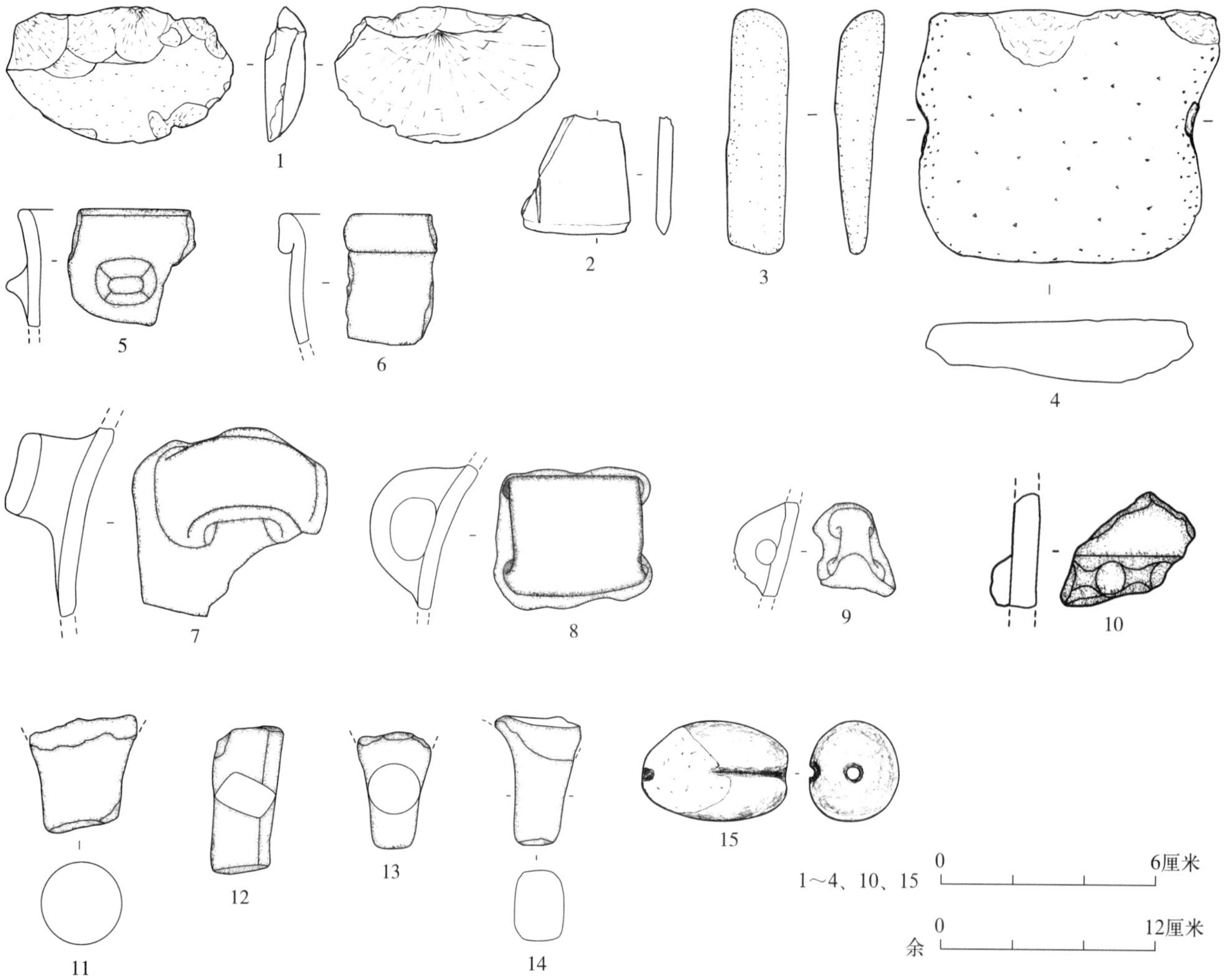

图 5-111 新乐上层文化 T0904 出土遗物

1. 石片刮削器 T0904②: 5 2. 石刀 T0904②: 3 3. 砺石 T0904②: 1 4. 网坠 T0904②: 2 5. 口沿 T0904②: 9 6. 罐口沿 T0904②: 10 7～9. 器耳 T0904②: 6～8 10. 甗腰 T0904②: 14 11～14. 器足 T0904②: 15～18 15. 网坠 T0904②: 4

标本 T0904②: 8，夹砂红陶。竖桥状耳。素面。残高 5.1 厘米（图 5-111，9）。

甗腰 1 件。

标本 T0904②: 14，夹砂红陶。腰饰按压指窝附加堆纹。残高 3.1 厘米（图 5-111，10）。

器足 4 件。

标本 T0904②: 15，夹砂红陶。圆柱形。残高 6.5 厘米（图 5-111，11）。

标本 T0904②: 16，夹砂红陶。扁方四棱状形。残高 8.1 厘米（图 5-111，12）。

标本 T0904②: 17，夹砂红陶。圆柱形，平足根。残高 6.4 厘米（图 5-111，13）。

标本 T0904②: 18，残，夹砂红黄陶。圆角扁方形，平足根。残高 7.1 厘米（图 5-111，14）。

网坠 1 件。

标本 T0904②: 4，残，夹砂红褐陶。椭圆柱形。中穿孔。一侧有凹槽。长 4.0、直径 2.7、孔径 0.4 厘米（图 5-111，15）。

（五五）T1003

遗物标本 8 件。

1. 石器

4 件。

石斧　3 件。

标本 T1003②: 1，顶残，青色板岩。磨制，表面光滑，横截面扁圆形，对磨弧刃。残长 9.1、宽 6.5、厚 2.3 厘米（图 5-112，1）。

标本 T1003②: 3，顶残，红褐色板岩。磨制，表面光滑，横截面圆角长方形，对磨弧刃。残长 8.8、宽 5.7、厚 1.7 厘米（图 5-112，2）。

标本 T1003②: 4，青色板岩。扁平河卵石，仅刃对磨。长 8.5、宽 5.0、厚 1.6 厘米（图 5-112，3；彩版一六三，6）。

石刀　1 件。

标本 T1003②: 2，残，青灰色板岩。磨制，表面光滑，直背，对磨直刃。残长 3.7、宽 3.5、厚 0.4 厘米（图 5-112，4）。

2. 陶器

4 件。

陶罐口沿　1 件。

标本 T1003②: 8，夹砂红陶。直口，外折叠唇，唇面饰按压指窝纹。残宽 8.2、高 3.2 厘米（图 5-112，5）。

器足　1 件。

标本 T1003②: 5，残，夹砂红陶。方棱形，平足根。残高 6.4、宽 4.0 厘米（图 5-112，6）。

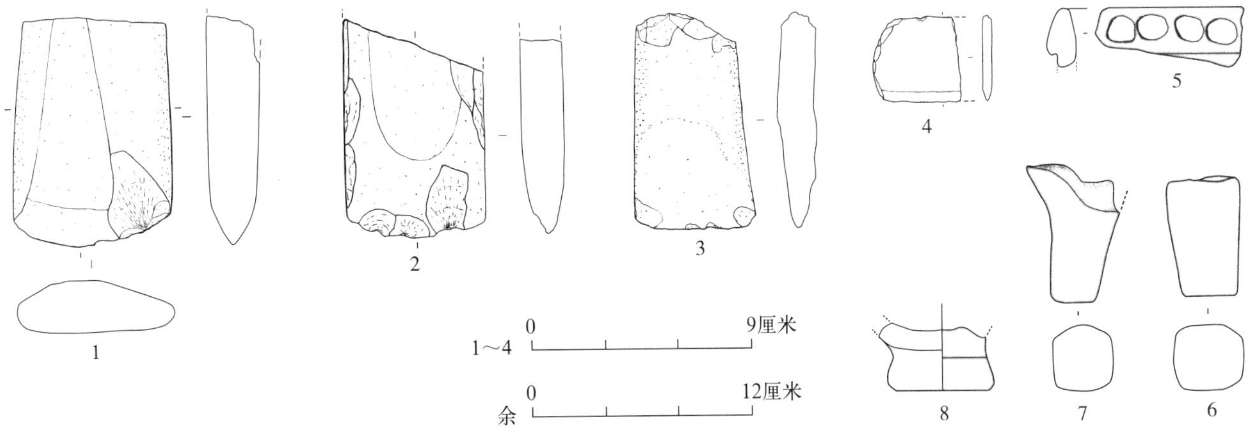

图 5-112　新乐上层文化 T1003 出土遗物

1～3. 石斧 T1003②: 1、3、4　4. 石刀 T1003②: 2　5. 陶罐口沿 T1003②: 8　6. 器足 T1003②: 5　7. 鬲足 T1003②: 6　8. 器底 T1003②: 7

鬲足 1件。

标本T1003②:6，残，夹砂红陶。圆柱形。平足根。残高7.4、宽5.2厘米（图5-112，7）。

器底 1件。

标本T1003②:7，夹砂红陶。假圈足，平底。底径6.0、残高3.6厘米（图5-112，8）。

（五六）T1004

遗物标本9件。

1. 石器

6件。

砍砸器 1件。

标本T1004②:2，青灰色板岩。打制，不规则扁椭圆。局部保留石皮，砍砸痕迹明显。长7.1、宽6.0、厚2.8厘米（图5-113，1）。

敲砸器 1件。

标本T1004②:6，黄褐色砂岩。打制，长方多棱形，局部保留石皮，敲砸痕迹明显。长6.3、宽4.3、厚3.7厘米（图5-113，2）。

石片刮削器 1件。

标本T1004②:4，青色板岩。打制，梯形，一面有石皮，边刃呈齿状。长5.1、宽4.9、厚2.6厘米（图5-113，3）。

研磨器 1件。

标本T1004②:5，黄褐色花岗岩。磨制，椭圆形，表面有研磨面，磨痕明显。长6.5、宽4.3、厚4.0厘米（图5-113，4）。

石条 1件。

标本T1004②:1，黄褐色花岗岩。不规则条形，表面有磨痕。长20.0、宽6.2、厚6.0厘米（图5-113，5）。

加重器 1件。

标本T1004②:3，残，灰褐色辉长岩。磨制，表面光滑，扁椭圆形，中部磨出凹槽。是嵌在青铜短剑柄的加重器。残长5.4、宽3.4、厚3.1厘米（图5-113，6）。

2. 陶器

3件。

甗腰 1件。

标本T1004②:10，夹砂红陶。腰部饰按压指窝附加堆纹。残高9.0厘米（图5-113，7）。

豆柄 1件。

标本T1004②:9，夹砂红陶。束腰，喇叭口形圈足。素面。残高6.3厘米（图5-113，8）。

鼎足 1件。

标本T1004②:8，夹砂红陶。圆角扁方形。素面。残高11.4厘米（图5-113，9）。

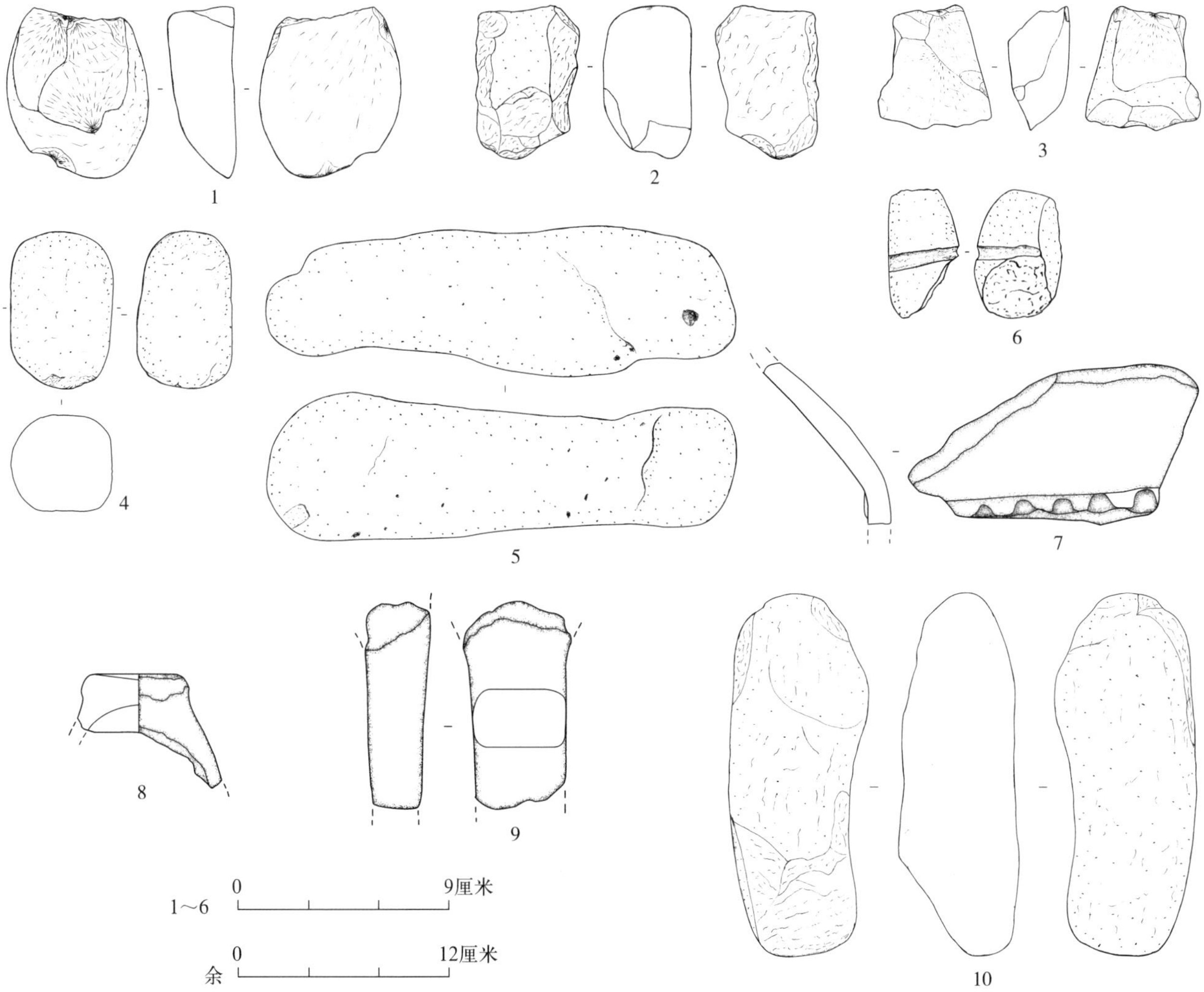

图 5-113　新乐上层文化 T1004 等出土遗物

1. 砍砸器 T1004 ②：2　2. 敲砸器 T1004 ②：6　3. 石片刮削器 T1004 ②：4　4. 研磨器 T1004 ②：5　5. 石条 T1004 ②：1　6. 加重器 T1004 ②：3　7. 甗腰 T1004 ②：10　8. 豆柄 T1004 ②：9　9. 鼎足 T1004 ②：8　10. 敲砸器 T1103 ②：1

（五七）T1103

石器 1 件。

敲砸器　1 件。

标本 T1103 ②：1，红褐色砂岩。打制，不规则长条形，横截面呈圆角长方形，局部保留石皮，两端有敲砸痕迹。长 20.0、宽 7.8、厚 7.0 厘米（图 5-113，10）。

第三节　小结

新乐上层文化是在新乐遗址首次发现并提出的青铜时代文化。目前发现的居住址、灰坑、灰沟、墓葬等遗迹，丰富了对这一文化的认识。

房址为半地穴式，仅发现清理 1 座，或这里不是新乐上层文化的主要居住区域。

灰坑在遗址中有较多发现，形状、大小不一。灰沟清理多处，从平面位置、走向和发掘资料分析，属于 3 条，如 T0105G1、14G1、14G2。BLSG1 是由东北向西南的一条沟。沟内地层堆积状况、内涵遗物基本一致，属于同一遗迹。

墓葬形式以长方形土坑墓为多，因土壤含酸性较高，骨质保存差，葬式可见有曲肢葬。随葬器物较少，仅一至二件，器类为壶、罐，有的墓葬没有随葬器物。

瓮棺葬以大型陶瓮相扣合为葬具，是新乐上层文化新发现的一种墓葬形式。

第六章　春秋战国及以后文化

第一节　郑家洼子类型

郑家洼子文化类型在遗址区内未见文化层堆积，典型遗物多发现在新乐上层文化之上的地层和灰坑、灰沟内（图 6-1）。文化特征是陶器多为夹砂褐陶，器型以敛口圆唇或叠唇罐为主，陶器多素面。出土典型遗物如半环形陶器鋬耳，铁矿石磨制短剑柄加重器，尚可区别于新乐上层文化和战国时期的文化遗物。发现的遗物虽不丰富，但是又不可不提出这一文化类型在遗址内的存在。如石加重器（T1004①: 3），扁椭圆形，中部有磨出的凹槽，是嵌于青铜短剑柄上的加重器。外卷圆唇、折叠重尖唇罐（T0503①: 2、T0804①: 23、T0803①: 26），圆柱形管状陶网坠（T0704①: 5、T0704①: 6、T0903①: 9、T0904①: 4），喇叭口形高圈足陶豆（T0804①: 37、38），不同于新乐上层文化和战国时期燕文化特征，而与典型郑家洼子文化类型遗物相同，是战国燕文化抵达之前以曲刃式青铜短剑为代表的考古学文化类型。

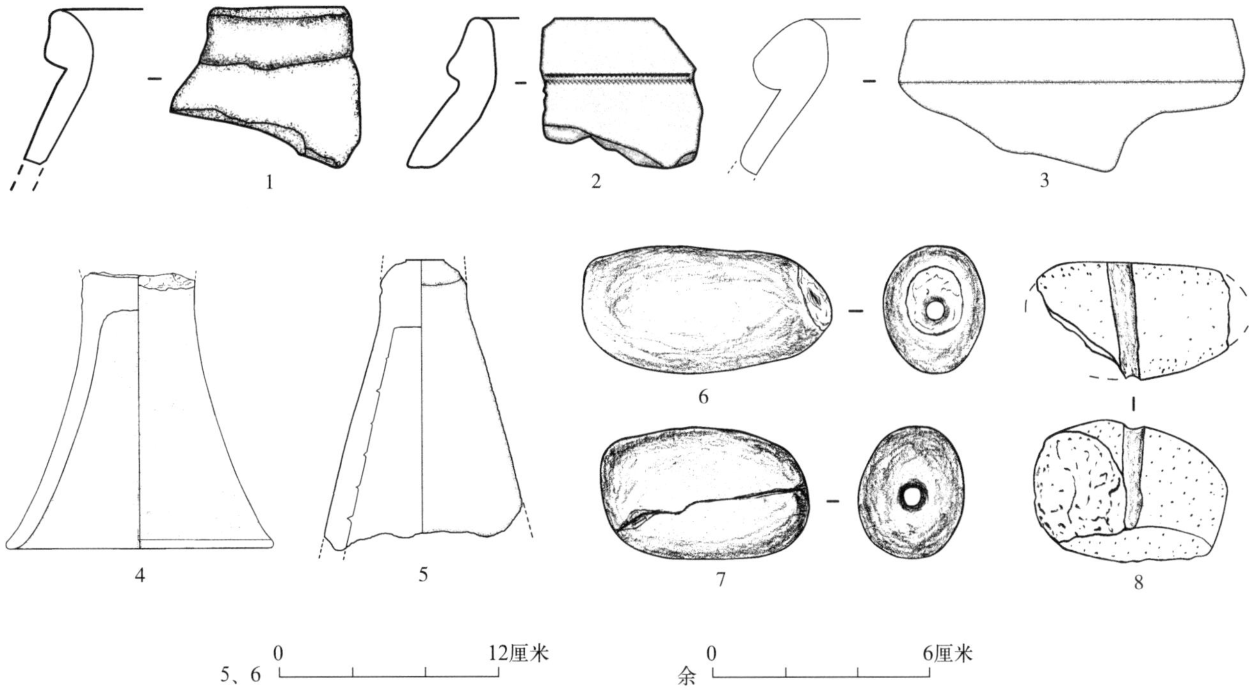

图 6-1　郑家洼子文化类型遗物

1～3. 陶罐 T0503①：2、T0804①：23、T0803①：26　4、5. 喇叭口形高圈足豆 CX：73、T0804①：37　6、7. 圆柱形网坠 T0704①：5、T0704①：6　8. 赤铁矿石加重器 T1003①：3

第二节　战国时期

一　烽燧址

位于446部队西墙外，1973年调查发现，夯土筑制，存高2.6米，底边不规则方形，宽6～7米，夯层厚度0.13～0.15米。地表散见有绳纹瓦、灰陶片等。因城市扩建道路，已无存。1983年配合446部队基建工程，在烽燧址北侧布探方一处，面积5米×5米，发现清理灰坑2处。出土陶片、瓦片等遗物。

陶器底　1件。

标本446FS∶1，残，细泥灰陶。斜腹，平底。腹部拍印绳纹，底部绳纹抹平，有穿孔。底径21.5、残高2.1厘米（图6-2，1）。

筒瓦　1件。

标本446FS∶4，残，细泥灰褐陶。表面为绳纹，腹部为粗布纹。残长20.0、宽15.0、厚1.2厘米（图6-2，2）。

板瓦　2件。

标本446FS∶2，残，细泥灰褐陶。表面为方格纹，腹部绳纹。残长11.4、残宽10.5、厚1.8厘米（图6-2，3）。

标本446FS∶3，残，细泥灰陶。表面为细棱纹，腹部为粗菱纹。残长13.0、残宽15.7、厚1.6厘米（图6-2，4）。

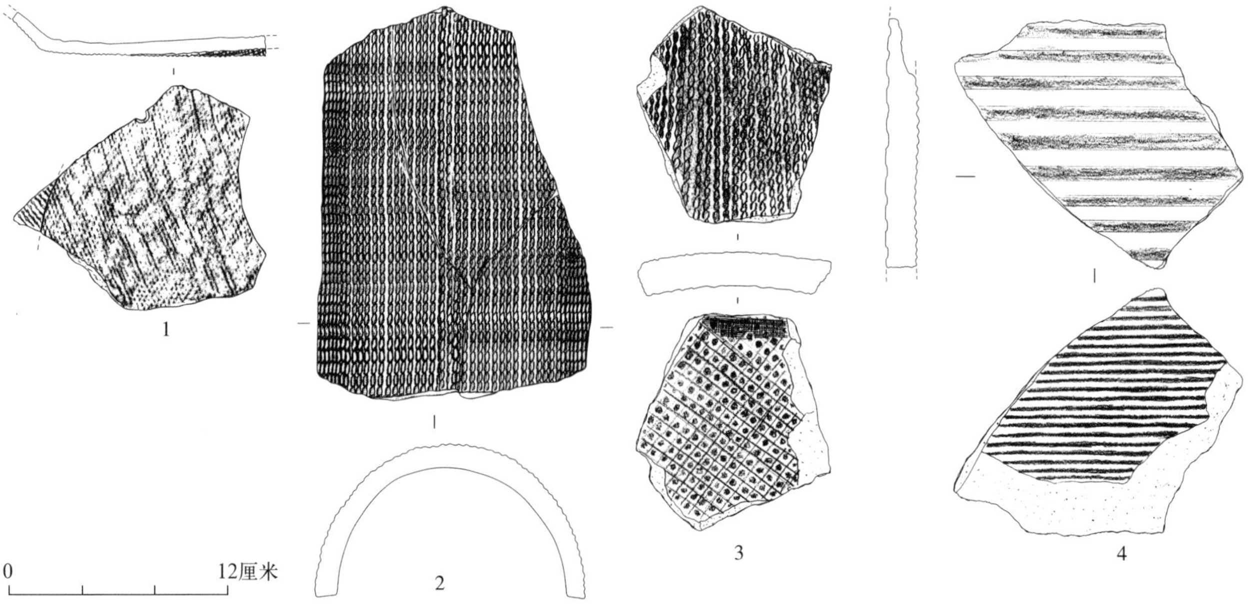

图6-2　战国时期烽燧址出土遗物

1. 陶器底446FS∶1　2. 筒瓦446FS∶4　3、4. 板瓦446FS∶2、3

二　灰坑

在东侧一般保护区发现清理灰坑 1 个、灰沟 1 条，编号 83 〇六 T1H1、83 〇六 T2G1。

83 〇六 T1H1

位于 83 〇六 T1 中部，圆形，直径 2.30 米，底部微凹，深 0.20 米。南部被暖气沟打破。坑内填土黑褐色，内含烧土粒、炭粒、陶片、残铁器等。陶质有夹砂陶和泥质陶两类，夹砂陶有红陶、黄褐陶，泥质陶有红陶、灰陶、灰黑陶。陶器制法也有两种，一种为手制，一种为轮制，文化遗物特征属于新乐上层文化和战国时期。

陶釜　1 件。

标本 83 〇六 T1H1∶1，泥质红褐陶。外折沿，呈三角形，在唇面上有一周凹带，直腹，外饰粗绳纹，纹饰稍抹平。口径 30.0、残高 14.0、壁厚 0.6 厘米。

陶盆　1 件。

标本 83 〇六 T1H1∶2，残，泥质灰陶。口稍敞，平唇，上腹部斜直，折腹，下腹弧收，平底。折腹处有突棱脊，饰弦纹。口径 28.0、高 12.0、底径 9.0 厘米（图 6-3，1）。

陶盂　1 件。

标本 83 〇六 T1H1∶3，残，泥质灰陶。口稍敞，平唇，上腹部斜直，折腹处有突棱脊，下腹弧收平底。素面。口径 14.0、高 7.4、底径 5.4 厘米（图 6-3，2）。

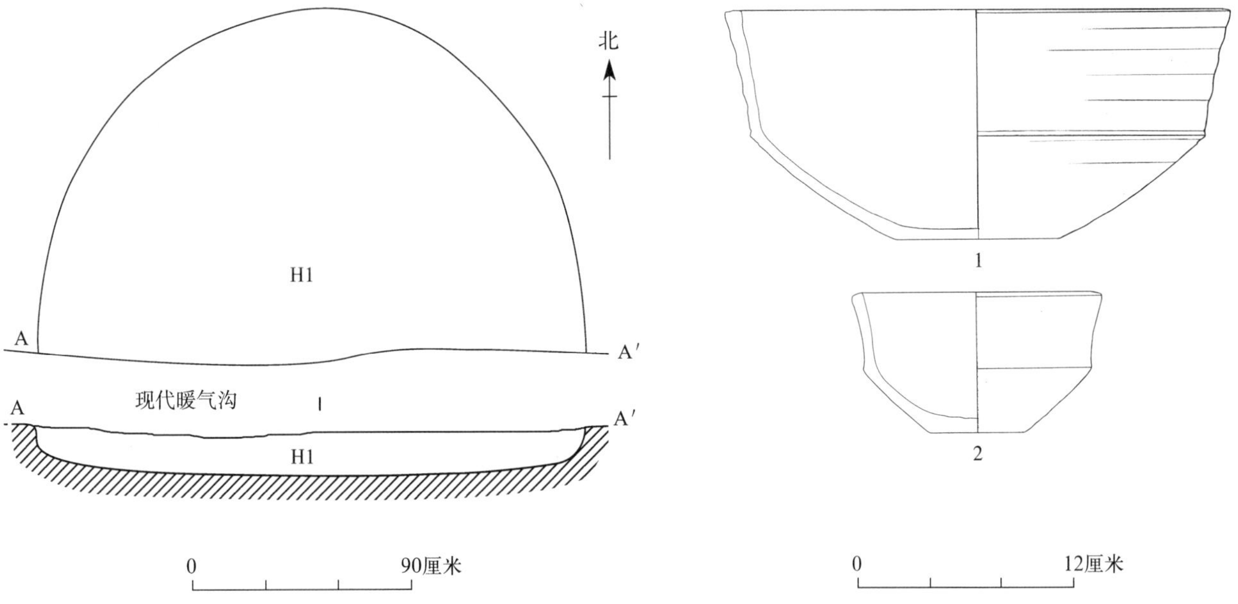

图 6-3　战国时期 83 〇六 T1H1 及出土遗物

1. 陶盆 83 〇六 T1H1∶2　2. 陶盂 83 〇六 T1H1∶3

三　灰沟

83〇六 T2G1

83〇六 T2G1 位于 83〇六 T2 中部，开口于现代扰土层下，西北东南向，北偏西 15°，仅清理探方内部分，长 7.30、宽 3.60、深 0.20～0.50 米（图 6-4），剖面梯形。中部被暖气沟打破，叠压在〇六 F2 之上，并打破〇六 F2 北壁。

填土分两层，第一层土色黑褐，厚 0.15～0.20 米，第二层褐土，有烧土块石块等。两层内出土遗物基本相同。遗物有夹砂红陶、夹砂灰褐陶、泥质红陶、泥质灰陶、磨光黑陶等，从遗物的文化特征可见有新乐下层文化、新乐上层文化、郑家洼子文化类型和战国时期文化。

遗物有陶釜、折腹盆、罐、盂、豆、盏、尊、罍、杯、圆陶片、陶坠、铁器等 22 件。

1. 陶器

21 件。

陶釜　2 件。

标本 83〇六 T2G1：1，泥质红褐陶。外折斜沿，平唇上、下尖，直腹。外饰粗绳纹后抹平，加饰弦纹。口径 30.0、残高 7.4、壁厚 0.8 厘米（图 6-5，1）。

标本 83〇六 T2G1：2，泥质红褐陶。外折斜沿，平唇上、下圆，直腹。外饰粗绳加弦纹抹平。口径 26.0、残高 10.0、壁厚 0.7 厘米（图 6-5，2）。

陶罐　2 件。

标本 83〇六 T2G1：5，泥灰褐陶。外折沿，方唇，短直束颈，圆肩。外饰细绳纹。口径 21.0、残高 6.0 厘米（图 6-5，3）。

标本 83〇六 T2G1：6，泥质灰陶。口稍敛，折叠沿，平唇，溜肩。素面。沿下有尖凸棱。口径 12.0、残高 3.0 厘米（图 6-5，4）。

陶盘　1 件。

标本 83〇六 T2G1：8，夹砂细泥灰陶，内外有黑褐衣，敞口，圆唇，浅斜腹，平底。素面。口径 20.0、高 2.6、底径 14.2 厘米（图 6-5，5）。

陶豆　1 件。

标本 83〇六 T2G1：7，泥质灰陶。敞口，圆唇，折收斜腹。素面。口径 15.0、残高 3.0 厘米（图 6-5，6）。

陶豆柄　1 件。

标本 83〇六 T2G1：21，泥质灰陶。喇叭口，束柄，底部有凸棱台。底径 9.0、残高 6.5（图 6-5，7）。

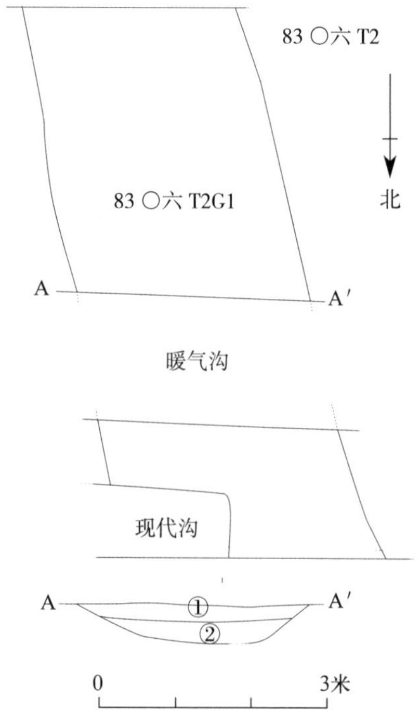

图 6-4　战国时期 83〇六 T2G1 平、剖面图

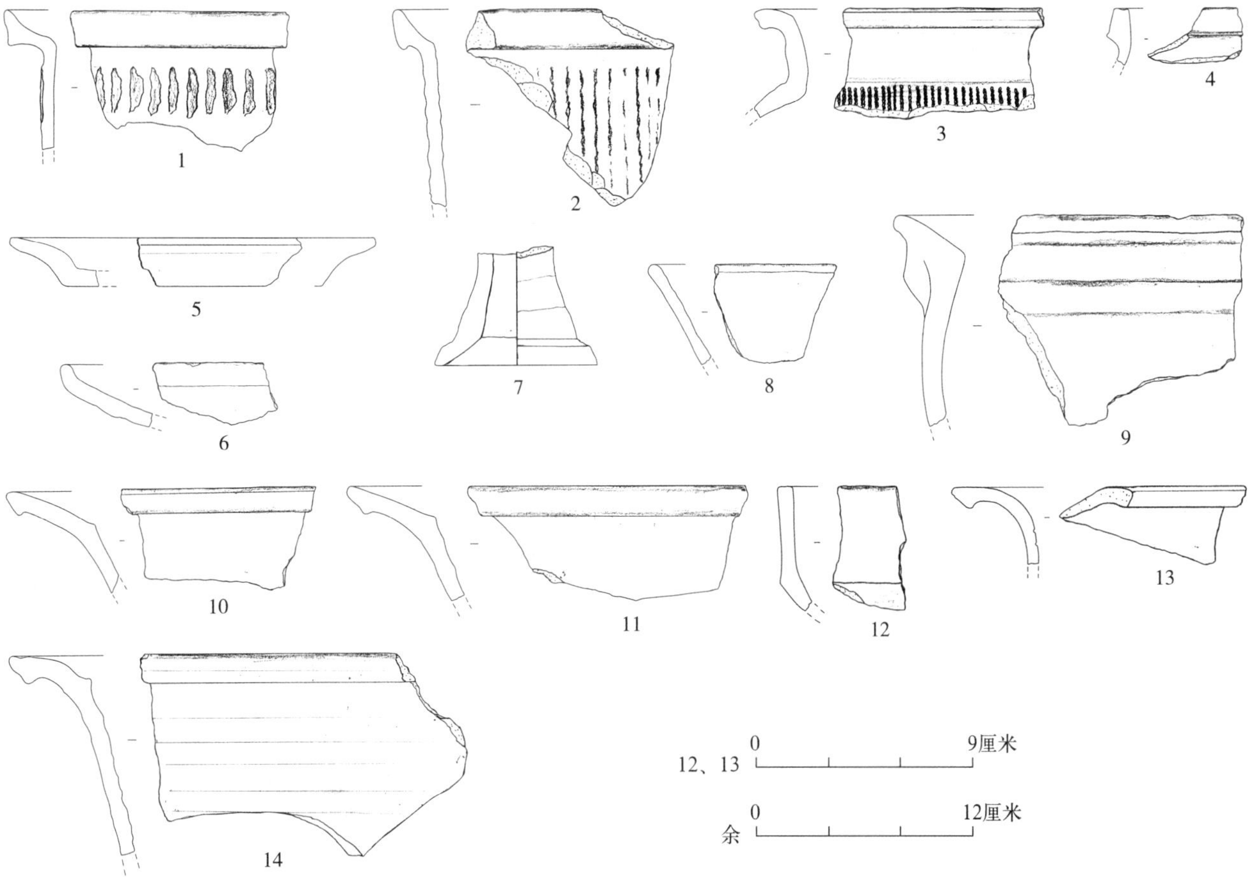

图 6-5　战国时期 83 〇六 T2G1 出土陶器

1、2. 陶釜 83 〇六 T2G1：1、2　3、4. 陶罐 83 〇六 T2G1：5、6　5. 陶盘 83 〇六 T2G1：8　6. 陶豆 83 〇六 T2G1：7　7. 陶豆柄 83 〇六 T2G1：21　8. 陶豆座 83 〇六 T2G1：10　9. 陶尊 83 〇六 T2G1：9　10～14. 陶盆 83 〇六 T2G1：3、4、11、12、22

陶豆座　1 件。

标本 83 〇六 T2G1：10，夹砂黑褐陶。喇叭口。底径 14.0、残高 5.5 厘米（图 6-5，8）。

陶尊　1 件。

标本 83 〇六 T2G1：9，夹滑石灰陶。口稍侈，折斜沿，圆唇，弧腹，素面。口沿下附加一周泥条，有凸棱。口径 28.0、残高 11.5 厘米（图 6-5，9）。

陶盆　5 件。

标本 83 〇六 T2G1：3，泥质黄褐陶。敞口，外折斜沿，尖唇，斜腹。口径 46.0、残高 5.5、壁厚 0.8 厘米（图 6-5，10）。

标本 83 〇六 T2G1：4，泥质黄褐陶。敞口，外折斜沿，方唇，斜腹。口径 48.0、残高 6.5 厘米（图 6-5，11）。

标本 83 〇六 T2G1：11，泥质灰褐陶。直口，平唇，折收腹，素面。口径 16.0、残高 4.9 厘米（图 6-5，12）。

标本 83 〇六 T2G1：12，泥质红褐陶。敞口，外折圆沿，尖唇，直腹。口径 26.0、残高 3.0 厘米（图 6-5，13）。

标本 83 〇六 T2G1：22，泥质黄褐陶。敞口，外折斜沿，尖唇，斜腹。内外饰弦纹。口径 39.0、残高 10.6 厘米（图 6-5，14）。

器底　1 件。

标本 83 〇六 T2G1：19，泥质灰陶。火候较高，弧腹，平底。表面、底面有细绳纹。底径 16.0、残高 6.5 厘米（图 6-6，1）。

甑底　1 件。

标本 83 〇六 T2G1：14，泥质灰陶。底部有长方形透孔，表面为细绳纹。残长 7.0、宽 4.0 厘米（图 6-6，2）

陶坠　1 件。

标本 83 〇六 T2G1：16，夹砂红褐陶。圆柱形，表面蝉蛹形纹。残长 2.9、直径 1.5 厘米（图 6-6，3）。

圆陶片　1 件。

标本 83 〇六 T2G1：13，细泥灰褐陶。不规则椭圆形，边缘经磨光，一面有细绳纹。直径 4.5、厚 0.7 厘米（图 6-6，4）。

绳纹陶片　3 件。

标本 83 〇六 T2G1：15，泥质红褐陶。表面有粗绳纹，稍抹平。腹径 18.0、残高 9.8 厘米（图 6-6，5）。

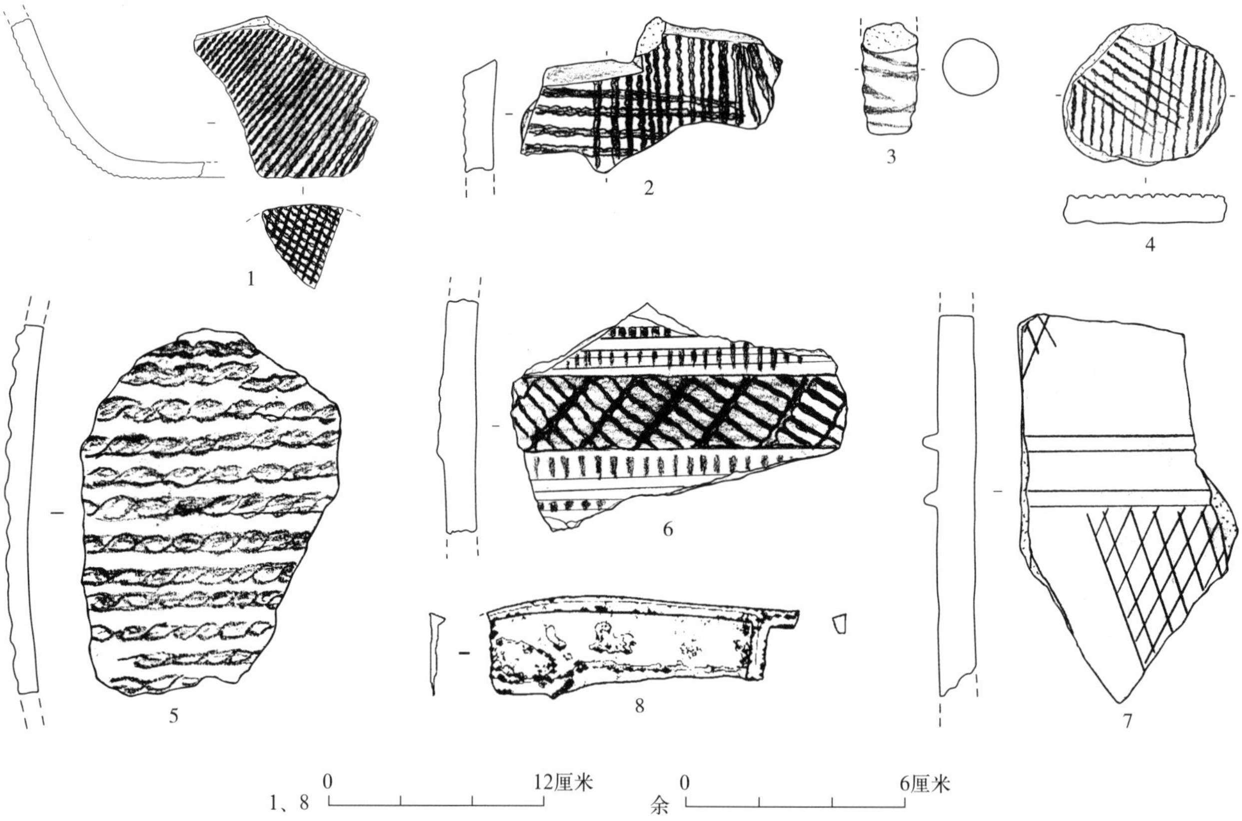

图 6-6　战国时期 83 〇六 T2G1 出土陶器与铁器

1. 器底 83 〇六 T2G1：19　2. 甑底 83 〇六 T2G1：14　3. 陶坠 83 〇六 T2G1：16　4. 圆陶片 83 〇六 T2G1：13　5～7. 绳纹陶片 83 〇六 T2G1：15、18、20　8. 铁刀 83 〇六 T2G1：23

标本 83 〇六 T2G1∶18，泥质灰褐陶。表面为细绳纹、划弦纹，附加泥片上压蝉蛹形纹。腹径 40.0、残高 6.0 厘米（图 6-6，6）。

标本 83 〇六 T2G1∶20，泥质灰褐陶。表面有两周凸弦纹，划三角形网纹，腹径 28.0、残高 10.3 厘米（图 6-6，7）。

2. 铁器

1 件。

铁刀　1 件。

标本 83 〇六 T2G1∶23，铸制。弧背，弧刃，背部、柄部有三角形凸棱。残长 13.5、宽 4.0、厚 0.7 厘米（图 6-6，8）。

第三节　采集遗物

（一）446 部队采集

446 部队位于新乐遗址西侧保护区西南角边缘地带，这里原有一处断崖，1973 年调查时采集到一些遗物与新乐遗址内发现的新乐文化遗物面貌基本相同，单位编号为 446C。

遗物标本 10 件。

1. 石器

8 件。

石片刮削器　2 件。

标本 446C∶7，青色板岩。打制，蚌壳形，边刃，有刮削痕迹。长 5.1、宽 3.6、厚 1.0 厘米（图 6-7，1）。

标本 446C∶8，红褐色板岩。打制，扁椭圆形，多剥片疤，边刃，有刮削痕迹。长 4.1、宽 3.3、厚 0.9 厘米（图 6-7，2）。

石叶刮削器　1 件。

标本 446C∶6，红褐色燧石。打制，长条状，横截面梯形，边刃压琢呈细齿状。长 5.4、宽 0.9、厚 0.2 厘米（图 6-7，3；彩版一六四，1）。

石斧　1 件。

标本 446C∶10，青灰色闪长玢岩。磨制，表面光滑，扁平梯形，横截面圆角长方形。平顶，对磨直刃。长 7.9、宽 5.1、厚 2.0 厘米（图 6-7，4；彩版一六四，2）。

石镞　4 件。

标本 446C∶4，残，红褐色燧石。琢制，三角形，横截面梯形，边刃压琢呈细齿状。长 1.9、宽 1.1、厚 0.2 厘米（图 6-7，5）。

标本 446C∶1，残，青色板岩。磨制，横截面扁六棱形，边刃对磨。残长 1.4、宽 1.3、厚 0.2 厘米（图 6-7，6）。

标本 446C∶2，残，青色板岩。磨制，横截面扁六棱形，凹底，边刃对磨。残长 2.2、宽 1.1、厚 0.3

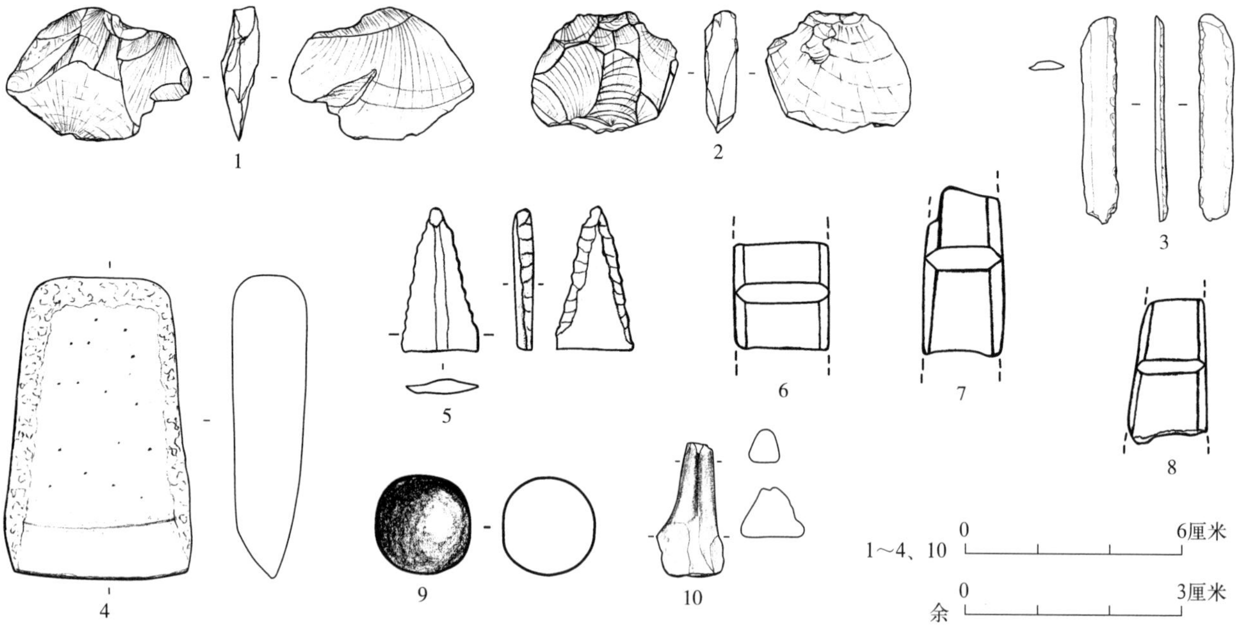

图 6-7 446 部队采集遗物

1、2. 石片刮削器 446C：7、8 3. 石叶刮削器 446C：6 4. 石斧 446C：10 5～8. 石镞 446C：4、1～3 9. 煤精球形器 446C：9 10. 煤精耳珰形器 446C：11

厘米（图 6-7，7）。

标本 446C：3，残，青色板岩。磨制，横截面扁六棱形，边刃对磨。残长 1.9、宽 1.1、厚 0.2 厘米（图 6-7，8）。

2. 煤精制品

2 件。

球形器 1 件。

标本 446C：9，圆形，表面光滑。直径 1.3 厘米（图 6-7，9）。

耳珰形器 1 件。

标本 446C：11，磨制，表面光滑，顶、底部残，残长 3.5、宽 1.9、厚 1.4 厘米（图 6-7，10）。

（二）火石厂遗址采集

为 1973 年调查的Ⅳ地点，位于新乐遗址西部 500 米处，这处遗址文化内涵与新乐遗址文化面貌基本相同，或是同时期存在的一处相邻部落址。

采集遗物有打制石器、细石器、磨制石器、煤精制品等标本 22 件。

1. 石器

18 件。

砍砸器 1 件。

标本 XHC：6，青色板岩。打制，圆角三棱形，有剥片疤，局部保留石皮，周缘砍砸痕迹明显。

长 9.5、宽 4.3、厚 1.9 厘米（图 6-8，1）。

敲砸器　4 件。

标本 XHC：1，青色板岩。打制，扁椭圆形，多棱角，多剥片疤，局部保留石皮，敲砸痕迹细碎。长 8.8、宽 6.2、厚 3.1 厘米（图 6-8，2）。

标本 XHC：3，青色板岩。打制，圆角扁方形，多棱角，多剥片疤，局部保留石皮，周边痕迹明显。长 5.5、宽 4.9、厚 2.5 厘米（图 6-8，3）。

标本 XHC：4，青色板岩。打制，不规则椭圆多棱形，多剥片疤，局部保留石皮，敲砸痕迹明显。长 8.7、宽 5.0、厚 5.5 厘米（图 6-8，4）。

标本 XHC：7，青色粉砂岩。打制，扁方形，多剥片疤，局部保留石皮，两端敲砸痕迹明显。长 5.2、宽 4.3、厚 2.75 厘米（图 6-8，5）。

石斧　4 件。

标本 XHC：5，残，青色板岩。磨制，表面光滑，圆弧顶、上窄下宽，对磨弧刃。长 15.7、宽 7.3、厚 3.4 厘米（图 6-8，6；彩版一六四，3）。

标本 XHC：12，残，白色石灰岩。磨制，表面光滑，扁平薄身，上窄下宽，一侧磨弧刃。残长 6.3、宽 3.2、厚 0.9 厘米（图 6-8，7）。

标本 XHC：15，残，青色板岩。磨制，表面光滑，对磨弧刃。顶残。残长 8.7、宽 5.6、厚 2.4 厘米（图 6-8，8；彩版一六四，4）。

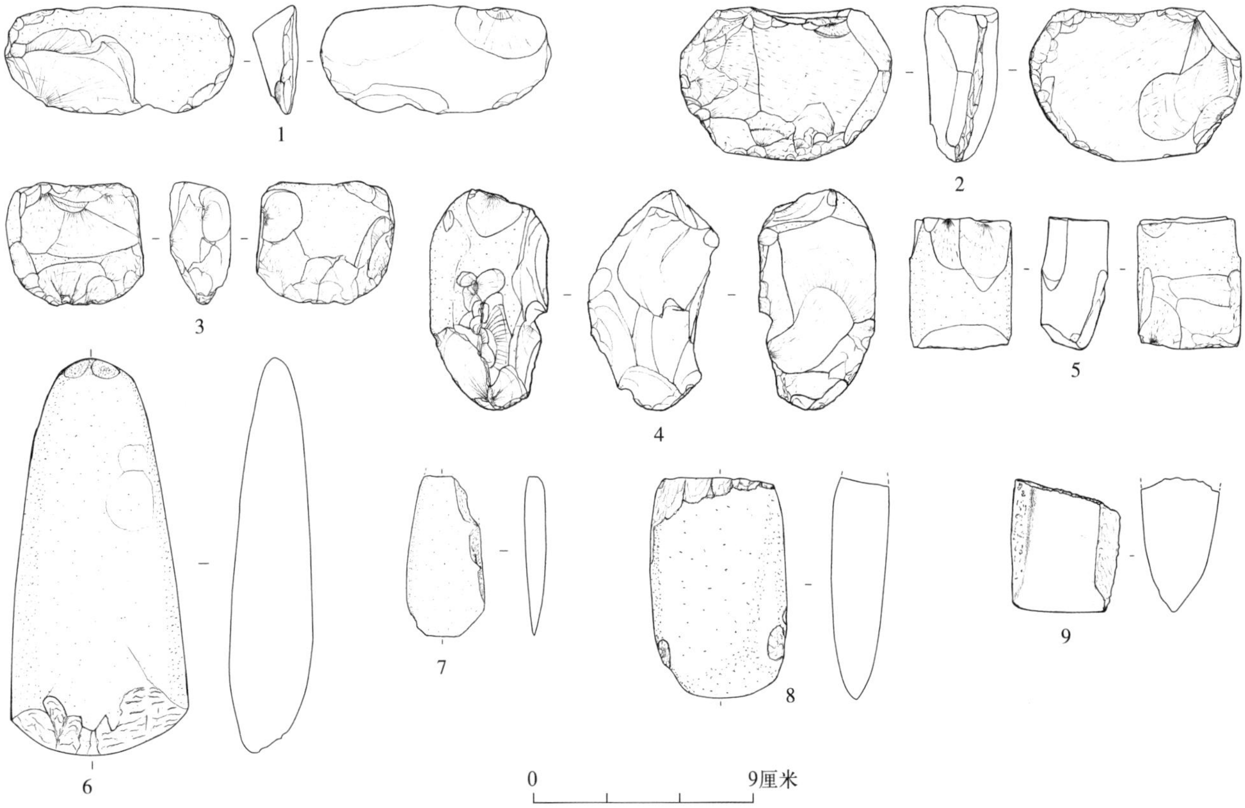

图 6-8　火石厂遗址采集打制石器

1. 砍砸器 XHC：6　2～5. 敲砸器 XHC：1、3、4、7　6～9. 石斧 XHC：5、12、15、23

标本XHC∶23，残，青色板岩。磨制，表面光滑，对磨直刃。残长6.3、残宽4.4、厚3.2厘米（图6-8，9）。

石铲　2件。

标本XHC∶19，残，青色板岩。磨制，表面光滑。近顶部有对称半圆豁口。刃部残。残长4.0、宽3.3、厚0.6厘米（图6-9，1；彩版一六四，5）。

标本XHC∶21，残，青褐色板岩。打制，上窄下宽，局部保留石皮，多剥片疤。圆弧顶，束腰，宽弧刃，长17.8、宽10.4、厚1.7厘米（图6-9，2）。

石磨盘　1件。

标本XHC∶11，残，深灰色闪长岩。磨制，圆角，两磨面，一面近平，一面稍凹，磨痕明显。残长16.1、残宽7.9、厚2.7～5.2厘米（图6-9，3）。

石磨棒　2件。

标本XHC∶9，残断，浅黄褐色花岗岩。磨制，长条形，横截面呈扇形，多磨面，两侧平直，底面圆弧。残长10.5、宽6.2、厚5.4厘米（图6-9，4；彩版一六四，6）。

标本XHC∶10，残，黄褐色砂岩。磨制，多磨面，磨痕明显。残长10.2、宽7.0、厚4.4厘米（图6-9，5）。

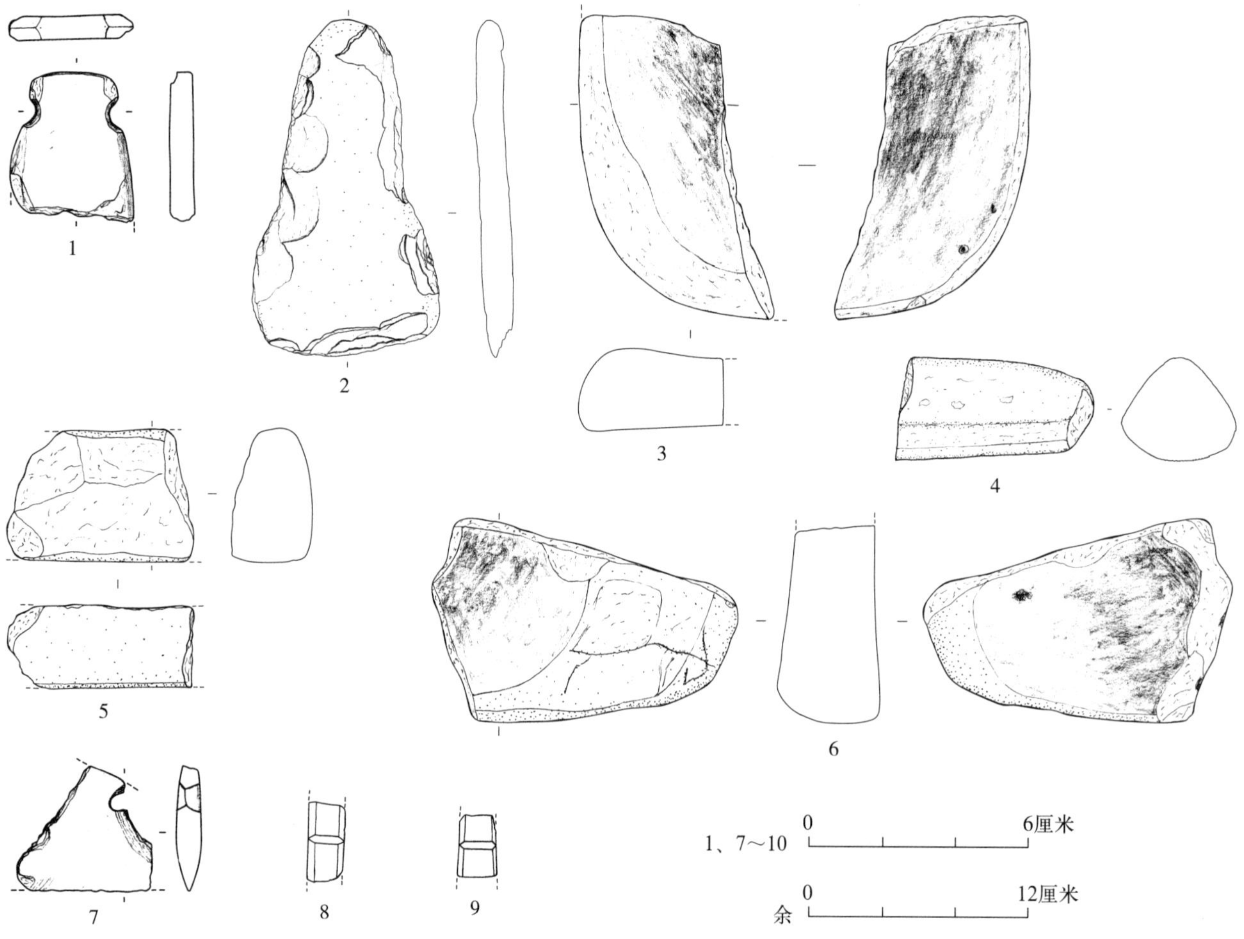

图6-9　火石厂遗址采集打制石器

1、2. 石铲XHC∶19、21　3. 石磨盘XHC∶11　4、5. 石磨棒XHC∶9、10　6. 砺石XHC∶8　7. 石刀XHC∶20　8、9. 石镞XHC∶13、14

砺石　1件。

标本XHC：8，残，暗红褐色花岗岩。磨制，不规则形。两个平磨面。残长16.8、宽10.6、厚4.2～5.5厘米（图6-9，6）。

石刀　1件。

标本XHC：20，残，灰色板岩。磨制，表面光滑。弧背，对磨直刃。近背部有对磨孔。残长3.3、残宽3.6、厚0.7厘米（图6-9，7）。

石镞　2件。

标本XHC：13，残，青色板岩。磨制，横截面扁六棱形，边刃对磨。残长2.1、宽1.0、厚0.2厘米（图6-9，8）。

标本XHC：14，残，青色板岩。磨制，横截面扁六棱形，边刃对磨。残长1.6、宽1.1、厚0.2厘米（图6-9，9）。

2. 煤精制品

4件。

煤精块　4件。

标本XHC：16，残片，有磨痕。长2.5、残宽1.3、厚0.8厘米（图6-10，1）。

标本XHC：17，泡型器残片。长3.0、残宽1.1、厚0.6厘米（图6-10，2）。

标本XHC：18，半椭圆形，有磨痕。长1.9、宽0.8、厚1.1厘米（图6-10，3）。

标本XHC：22，不规则长条形。长4.8、宽2.5、厚2.0厘米（图6-10，4）。

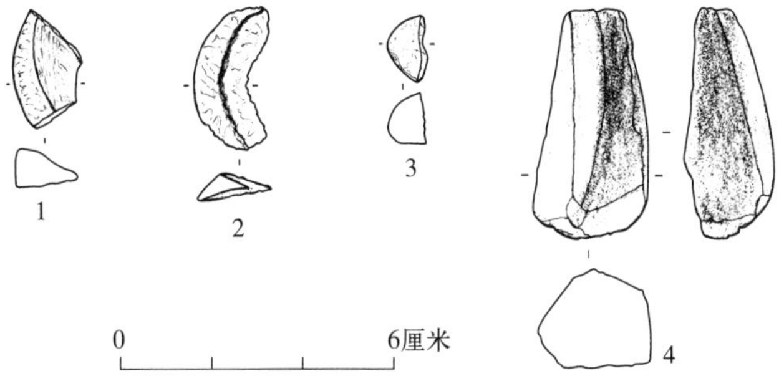

图6-10　火石厂遗址采集煤精制品

1～4. 煤精块 XHC：16～18、22

（三）新乐遗址采集

本部分遗物为新乐遗址内历年所采集，遗物编号XC。多发现表土、断崖、或近现代扰坑等处，有石器、陶器、煤精制品等标本99件。

1. 石器

55件。有打制石器8件、细石器6件、磨制石器40件。

（1）打制石器

8件。敲砸器3件、石球1件、网坠4件。

敲砸器　3 件。

标本 XC∶1，黄褐色花岗岩。不规则扁平三角形，大部保留石皮，一端敲砸痕迹明显。长 11.7、宽 8.0、厚 5.2 厘米（图 6-11，1）。

标本 XC∶2，青灰色板岩。打制，不规则扁椭圆多棱形，多剥片疤，局部保留石皮，敲砸痕迹明显。长 9.9、宽 9.6、厚 4.9 厘米（图 6-11，2）。

标本 XC∶3，红褐色板岩。打制，扁椭圆形。多剥片疤，局部保留石皮，敲砸痕迹明显。长 6.3、宽 5.4、厚 2.4 厘米（图 6-11，3）。

石球形器　1 件。

标本 XC∶4，灰白色火山岩。打制，多棱圆形，多剥片疤，局部保留石皮。直径 5.7 ～ 6.8 厘米（图 6-11，4）。

网坠　5 件。

标本 XC∶5，浅黄色花岗岩，扁椭圆形，表面光滑，两侧对称打出豁口。长 12.6、宽 11.3、厚 2.6 厘米（图 6-11，5）。

标本 XC∶6，黄褐色花岗斑岩。打制，扁椭圆形，两侧对称打出豁口。长 11.2、宽 10.6、厚 1.7

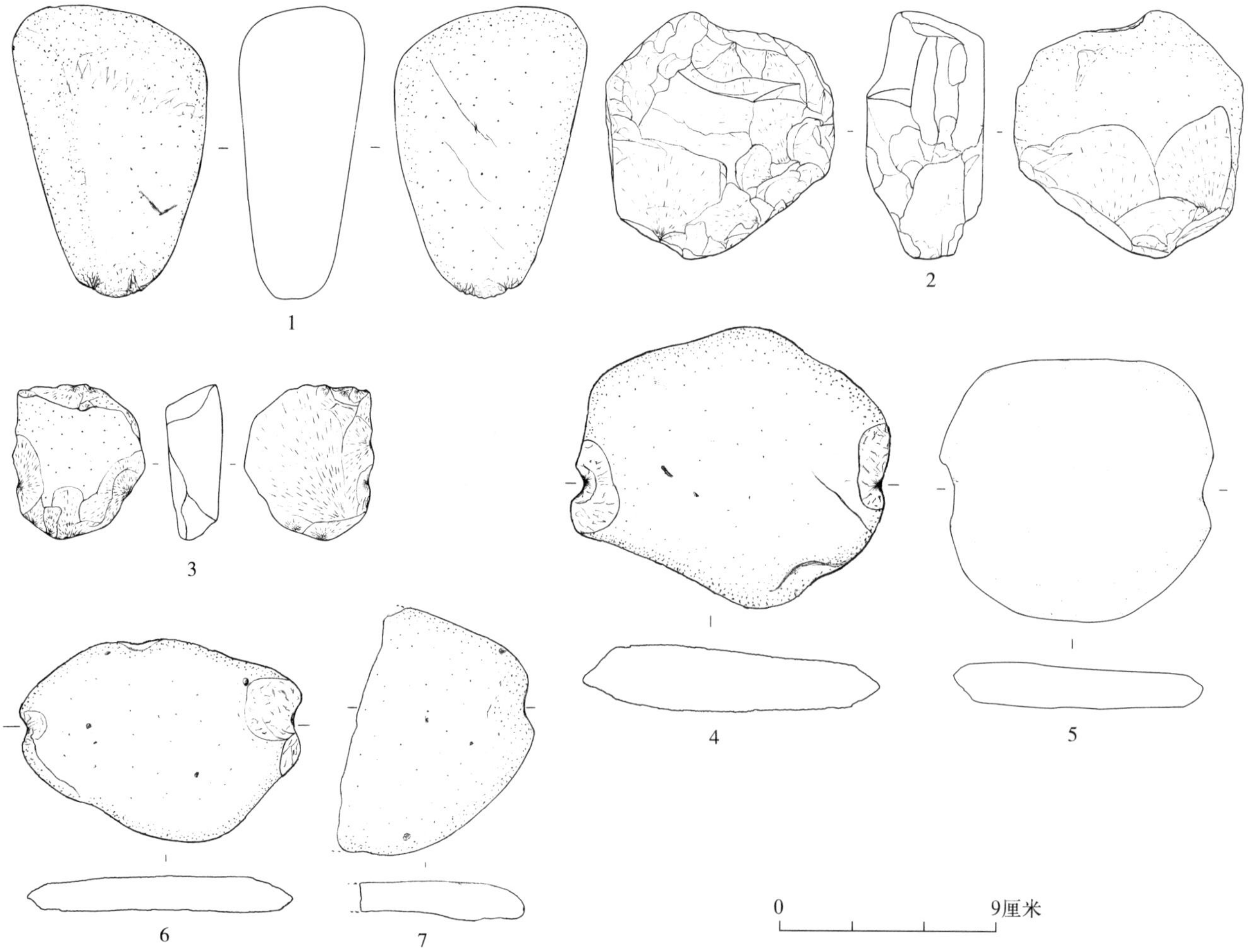

图 6-11　新乐遗址采集打制石器

1 ～ 3. 敲砸器 XC∶1 ～ 3　4. 石球 XC∶4　5 ～ 7. 网坠 XC∶5 ～ 7

厘米（图 6-11，6；彩版一六五，1）。

标本 XC：7，浅黄褐色花岗岩。打制，扁平菱形，两侧对称打出豁口。长 11.3、宽 8.0、厚 1.4 厘米（图 6-11，7；彩版一六五，2）。

标本 XC：8，残，黄褐色花岗斑岩。打制，扁平椭圆形，存一侧豁口。残长 7.2、宽 9.8、厚 1.4 厘米。

标本 XC：9，残，青色板岩。打制，扁平椭圆形。残长 8.8、宽 4.6、厚 2.0 厘米。

（2）细石器

6 件。

石叶刮削器　5 件。

标本 XC：10，黄褐色燧石。打制，长条形，横截面梯形，边刃，有刮削痕迹。长 2.4、宽 0.8、厚 0.2 厘米（图 6-12，1）。

标本 XC：11，青灰色板岩。打制，方形，横截面三角形，边刃，有刮削痕迹。长 1.0、宽 1.0、厚 0.4 厘米（图 6-12，2）。

标本 XC：12，红褐色燧石。打制，长叶形，横截面梯形，边刃压琢呈细齿状。长 2.7、宽 0.4、厚 0.1 厘米（图 6-12，3）。

标本 XC：13，褐色燧石。打制，长方形。长 1.0、宽 0.7、厚 0.2 厘米。

标本 XC：14，褐色燧石。打制，长叶形，横截面三角形，边刃，有刮削痕迹。长 1.9、宽 0.6、厚 0.15 厘米（图 6-12，4）。

石核　1 件。

标本 XC：1，青灰色板岩。打制，锥形，有台面，周身有压剥叶形疤痕。长 3.8、宽 2.8、顶厚 1.8 厘米（图 6-12，5）。

（3）磨制石器

40 件。有石铲 1 件、石斧 9 件、石刀 1 件、石镞 5 件、石磨盘 4 件、石磨棒 4 件、石杵 2 件、石棍棒头 2 件、石料 1 件、压磨工具 1 件。

石铲　1 件。

标本 XC：31，残，青灰色泥质板岩。体扁平，弧顶，短直柄，宽肩，柄、肩部分打制，对磨弧

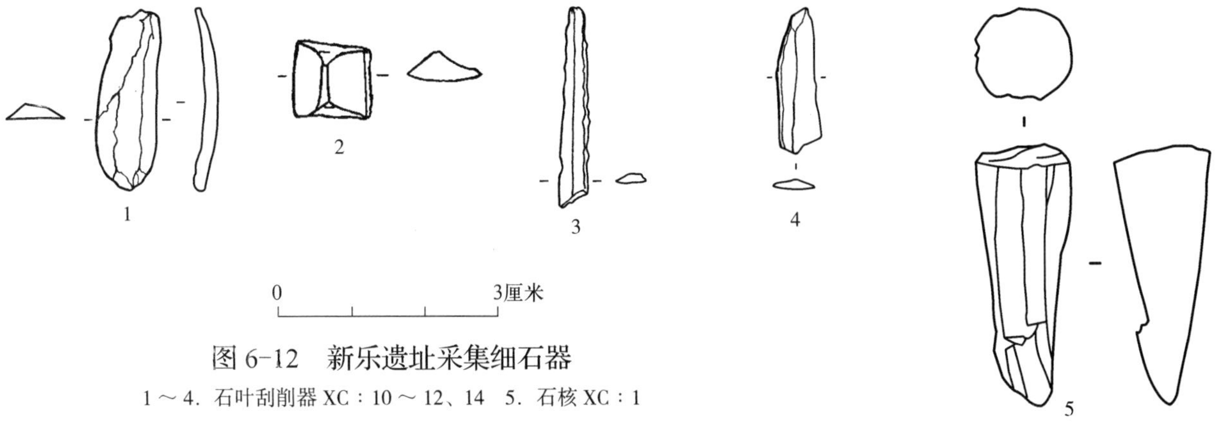

图 6-12　新乐遗址采集细石器

1～4. 石叶刮削器 XC：10～12、14　5. 石核 XC：1

刃。高 18.3、宽 20.1、厚 2.2 厘米（图 6-13，1）。

石斧　9 件。

标本 XC：15，青灰色板岩。磨制，表面光滑。扁平梯形，平顶，对磨弧刃。长 14.1、宽 6.5、厚 2.3 厘米（图 6-13，2；彩版一六五，3）。

标本 XC：16，黄色燧石。磨制，梯形，表面磨光，刃部残。残长 3.8、宽 3.4、厚 1.5 厘米（图 6-13，3）。

标本 XC：17，残，灰白色石灰岩。磨制。表面磨光，残长 2.8、残宽 3.2、厚 3.0 厘米（图 6-13，4）。

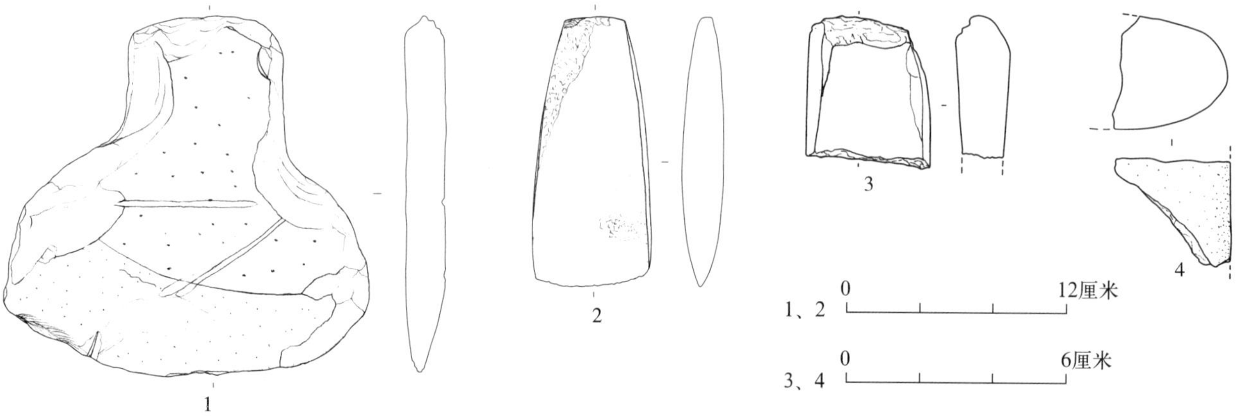

图 6-13　新乐遗址采集磨制石器

1. 石铲 XC：31　2～4. 石斧 XC：15、16、17

标本 XC：18，残，灰色闪长岩。磨制，表面磨光，顶残。对磨弧刃。残长 7.1、宽 6.8、厚 2.9 厘米（图 6-14，1）。

标本 XC：19，残，褐色砂岩。磨制，表面风化，圆顶，稍束腰，对磨弧刃。残长 10.0、宽 5.2、厚 1.4 厘米（图 6-14，2）。

标本 XC：20，残，乳白色石灰岩。磨制，表面光滑。圆顶，刃部残。残长 10.7、宽 5.9、厚 2.7 厘米（图 6-14，3；彩版一六五，4）。

标本 XC：21，残，黄色砂岩。磨制，表面光滑。顶、刃部残。残长 10.2、宽 4.8、厚 2.8 厘米（图 6-14，4）。

标本 XC：22，残，乳白色石灰岩。磨制，表面光滑。顶残，对磨直刃。残长 5.2、宽 6.7、厚 2.2 厘米（图 6-14，5）。

标本 XC：61，残，灰白色石灰岩。磨制，梯形，表面光滑。顶、刃残，横截面椭圆形，对磨弧刃。残长 9.0、宽 5.4、厚 2.3 厘米（图 6-14，6）。

石刀　11 件。

标本 XC：35，残，灰褐色板岩。磨制，表面光滑，直背，对磨弧刃。残长 3.9、宽 4.9、厚 0.7 厘米（图 6-15，1）。

标本 XC：36，残，褐色板岩。磨制，表面光滑，直背，对磨弧刃。近背部有 2 个对磨孔。残长 3.7、宽 4.6、厚 0.7 厘米（图 6-15，2）。

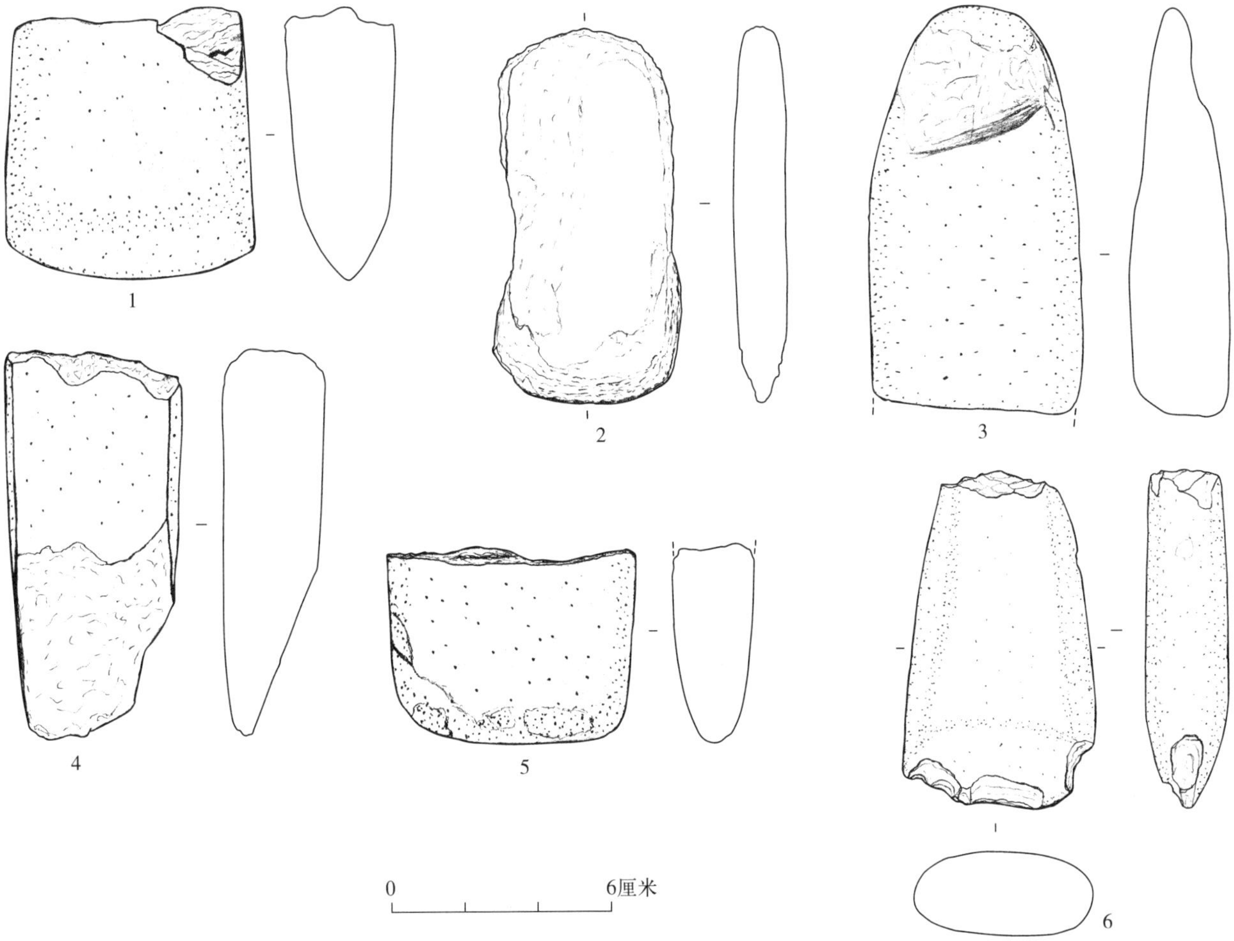

图 6-14　新乐遗址采集磨制石器

1～6. 石斧 XC：18～22、61

标本 XC：37，残，青灰色板岩。磨制，表面光滑，单侧磨直刃。残长 4.6、残宽 2.9、厚 0.5 厘米（图 6-15，3）。

标本 XC：38，残，褐色板岩。磨制。表面光滑，直背，对磨弧刃。近背部有对磨孔。残长 3.4、残宽 5.0、厚 0.7 厘米（图 6-15，4）。

标本 XC：39，残，灰色板岩。磨制，表面光滑。直背、直刃。近背部有 2 个对磨孔。残长 3.6、宽 4.3、厚 0.5 厘米（图 6-15，5）。

标本 XC：40，残，灰色板岩。磨制，表面光滑。弧背、对磨直刃。残长 3.3、宽 1.9、厚 0.5 厘米（图 6-15，6）。

标本 XC：41，残，灰色板岩。磨制，表面光滑，直背，对磨直刃。近背部有对磨孔。残长 5.5、宽 3.9、厚 0.8 厘米（图 6-15，7）。

标本 XC：42，残，青褐色板岩。磨制，直背、对磨直刃。近背部有对磨孔。长 3.5、宽 3.5、厚 0.7 厘米（图 6-15，8）。

标本 XC：43，残，灰色板岩。磨制，直背，对磨弧刃。残长 3.4、宽 3.5、厚 0.7 厘米（图 6-15，9）。

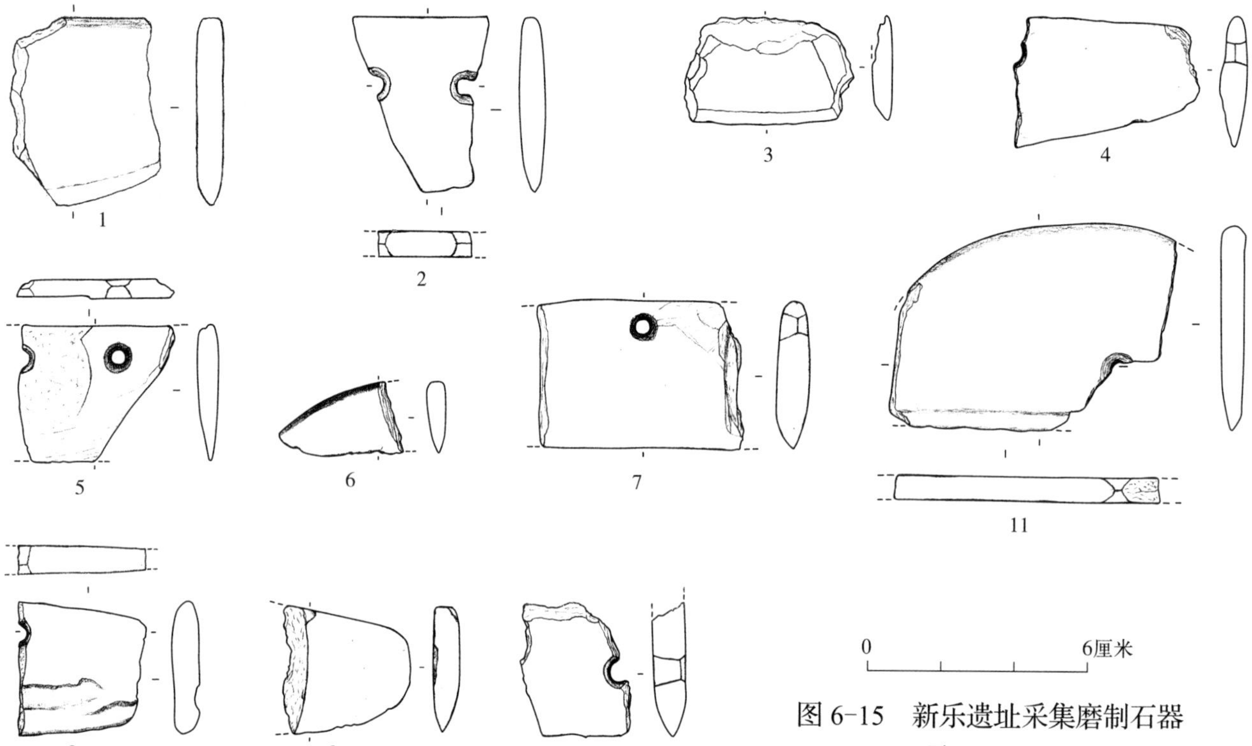

图 6-15　新乐遗址采集磨制石器

1～11. 石刀 XC：35～44、47

标本 XC：44，残，灰色板岩。磨制，对磨直刃。近刃有对磨孔。残长 3.0、宽 3.5、厚 0.9 厘米（图 6-15，10）。

标本 XC：47，残，深褐色板岩。磨制，弧背，对磨直刃，一侧微斜。近刃部有对磨孔。残长 7.7、宽 5.5、厚 0.6 厘米（图 6-15，11）。

石镞　5 件。

标本 XC：48，残，青色板岩。磨制，长叶形，横截面扁六棱形，边刃对磨。残长 1.9、宽 1.2、厚 0.1 厘米（图 6-16，1）。

标本 XC：49，青色板岩。磨制，长三角形，横截面扁梯形，边刃对磨，凹尾刃。长 1.8、宽 0.8、厚 0.1 厘米（图 6-16，2）。

标本 XC：50，残，青色板岩。磨制，长三角形，横截面双菱形，表面有浅凹槽。残长 3.1、宽 1.5、厚 0.2 厘米（图 6-16，3）。

标本 XC：51，残，青色板岩。磨制，横截面扁六棱形，边刃对磨。残长 1.2、宽 1.4、厚 0.1 厘米（图 6-16，4）。

标本 XC：52，残，青色板岩。磨制，长叶形，横截面扁六棱形。边刃对磨。残长 2.4、宽 1.1、厚 0.2 厘米（图 6-16，5）。

石磨盘　4 件。

标本 XC：23，残，灰褐色石英砂岩。磨制，两个磨面，磨痕迹明显。残长 14.4、残宽 10.8、厚 5.5～6.6 厘米（图 6-17，1）。

标本 XC：24，残，灰褐色砂砾岩。磨制，两个磨面，磨痕明显。残长 9.5、残宽 6.0、厚 4.1～4.5 厘米（图 6-17，2）。

标本 XC∶25，残，青色砂岩。磨制，两个平磨面，磨痕明显。残长 8.0、残宽 7.6、厚 4.1 厘米（图 6-17，3）。

标本 XC∶26，残，青灰色板岩。磨制，一磨面，磨痕明显。残长 8.7、残宽 6.0、厚 5.5 厘米（图 6-17，4）。

石磨棒　4 件。

标本 XC∶27，浅红褐色花岗岩，长椭圆形，横截面近菱形，多磨面，磨痕明显。有火烧灼痕迹。长 16.1、宽 6.2、厚 7.8 厘米（图 6-17，5）。

标本 XC∶28，残，灰褐色砂砾岩。磨制，横截面呈半圆形，多磨面，磨痕明显。残长 9.0、宽 7.0、厚 6.8 厘米（图 6-17，6）。

标本 XC∶29，残，灰白色石英岩。磨制，横截面椭圆形，多磨面，磨痕明显。残长 6.4、宽 6.8、厚 6.4 厘米（图 6-17，7）。

标本 XC∶30，残，灰色板岩。磨制。多磨面，磨痕明显。残长 8.0、残宽 6.4、残厚 4.0 厘米（图 6-17，8）。

石杵　2 件。

标本 XC∶32，残，青灰色片麻岩。磨制，表面粗糙，圆柱形，底面圆弧，砸击痕迹明显。长

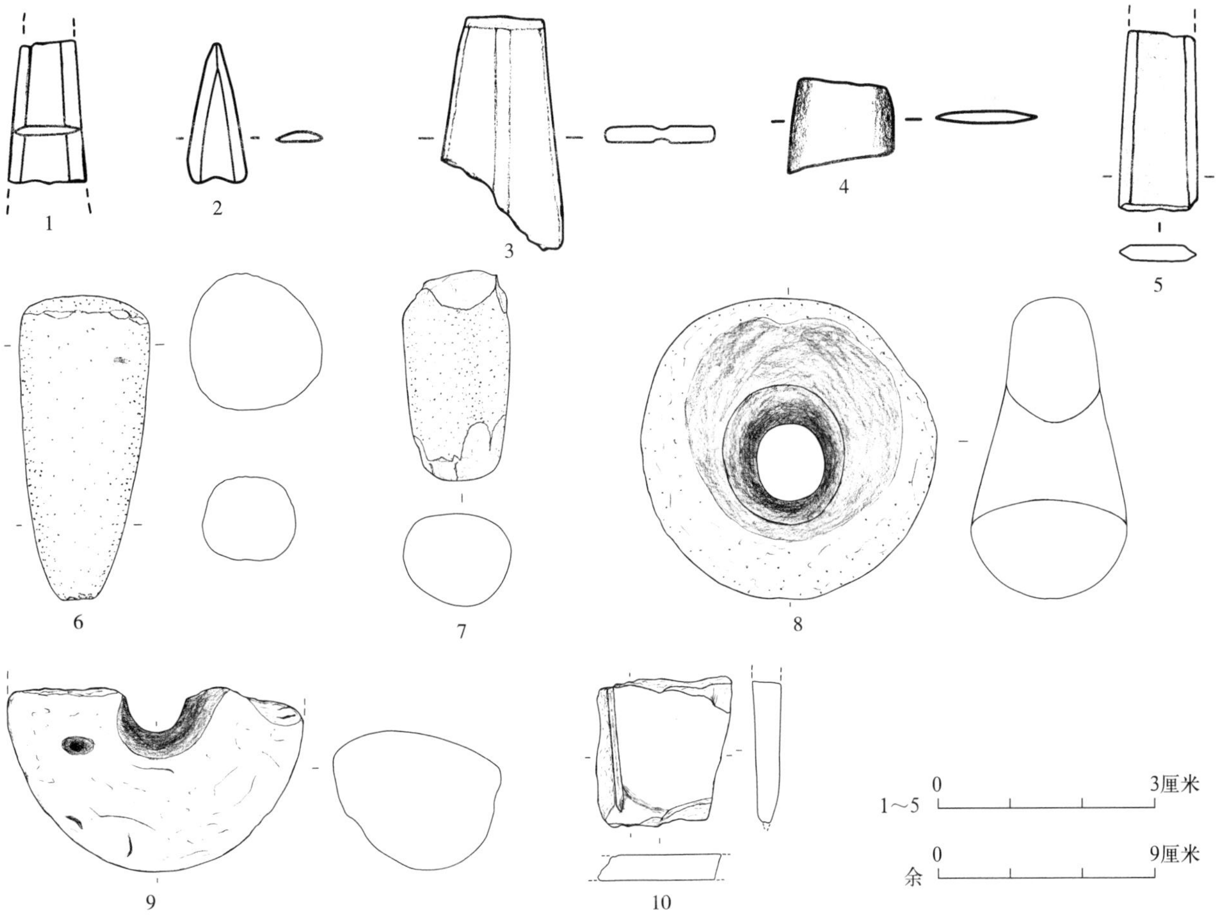

图 6-16　新乐遗址采集磨制石器

1～5. 石镞 XC∶48～52　6、7. 石杵 XC∶32、33　8、9. 石棍棒头 XC∶34、60　10. 石料 XC∶45

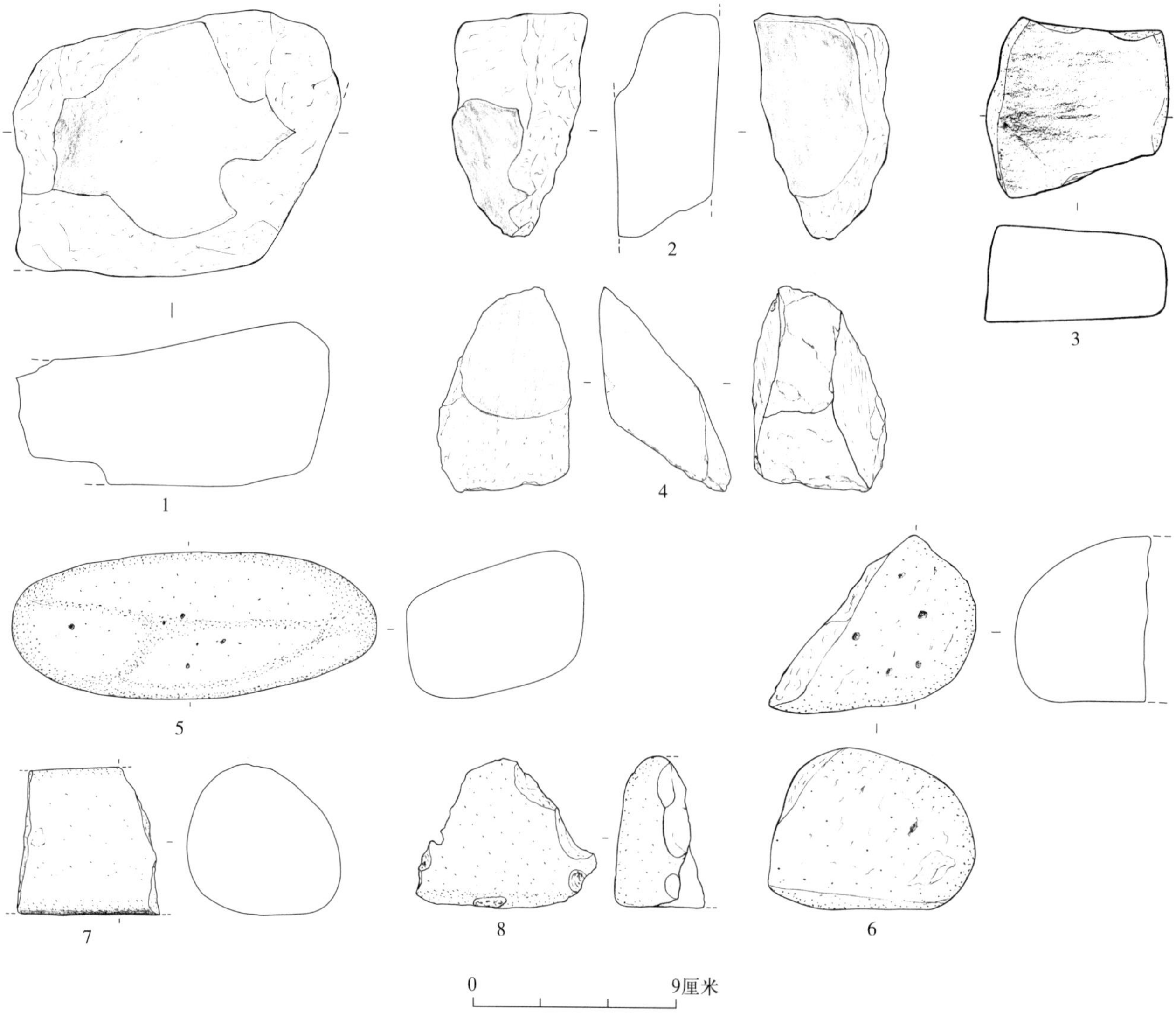

图6-17　新乐遗址采集磨制石器

1～4. 石磨盘XC：23～26　5～8. 石磨棒XC：27～30

12.2、宽5.2～5.4厘米（图6-16，6）。

标本XC：33，残，灰白色石灰岩。磨制，圆柱形，表面粗糙，两端使用痕迹明显。长10.3、宽7.0、厚3.9厘米（图6-16，7；彩版一六五，5）。

石棍棒头　2件。

标本XC：34，灰褐色花岗岩。磨制，扁环形，表面粗糙。中部有对磨孔。直径12.0、孔径3.0、厚3.4～6.4厘米（图6-16，8；彩版一六五，6）。

标本XC：60，残，黄褐色花岗岩。磨制，扁圆环形，表面粗糙。中部对磨孔。直径12.2、孔径2.3、厚6.9厘米（图6-16，9）。

石料　1件。

标本XC：45，青色板岩。扁方形，表面有切割痕。残长6.0、宽5.6、厚1.0厘米（图6-16，10）。

压磨工具　1件。

标本XC：46，残，浅褐色砂岩。磨制，扁方形，底部圆滑。残长5.3、宽4.5、厚1.0厘米。

2. 陶器

20件。有深腹罐8件、陶罐1件、陶壶1件、高足钵1件、陶豆座1件、陶纺轮7件、陶网坠1件。

深腹罐　8件。

标本XC：61，残，夹砂红褐陶。直口，口沿微外侈，圆唇，深腹。口沿处有一周宽凹带，其下部饰划斜线纹，腹部饰横压竖排之字纹。口径25.0、残高5.3厘米（图6-18，1）。

标本XC：62，残，夹砂红褐陶。口稍敞，圆唇，深腹。口沿处有两周凹带，内饰划压横人字纹，腹部饰竖压横排之字纹。口径18.0、残高4.2厘米（图6-18，2）。

标本XC：63，残，夹砂褐陶。口稍敞，圆唇，深腹。口沿处有一周凹带，内饰划斜线纹，腹部饰竖压横排之字纹。口径11.0、残高6.4厘米（图6-18，3）。

标本XC：64，残，夹砂红褐陶。直口，尖唇，深腹。口沿处有一周宽凹带，其下部饰划斜线纹，凹带凸脊上饰戳点纹，腹部饰横压竖排之字纹。口径23.0、残高5.7厘米（图6-18，4）。

标本XC：65，残，夹砂褐陶。深腹。腹部饰竖压横排之字纹。底径4.7、残高3.4厘米（图6-18，5）。

标本XC：66，残，夹砂红陶。口稍敞，圆唇，深腹。口沿处有两周凹带，内饰划压斜线、网格纹，腹部饰竖压横排之字纹。口径18.0、残高10.3厘米（图6-18，6）。

标本XC：67，残，夹砂褐陶。深腹，腹部饰竖压横排之字纹。底径5.7、残高5.5厘米（图6-18，7）。

标本XC：68，残，夹砂褐陶，深腹，腹部饰竖压横排之字纹。底径8.6、残高15.7厘米（图6-18，8）。

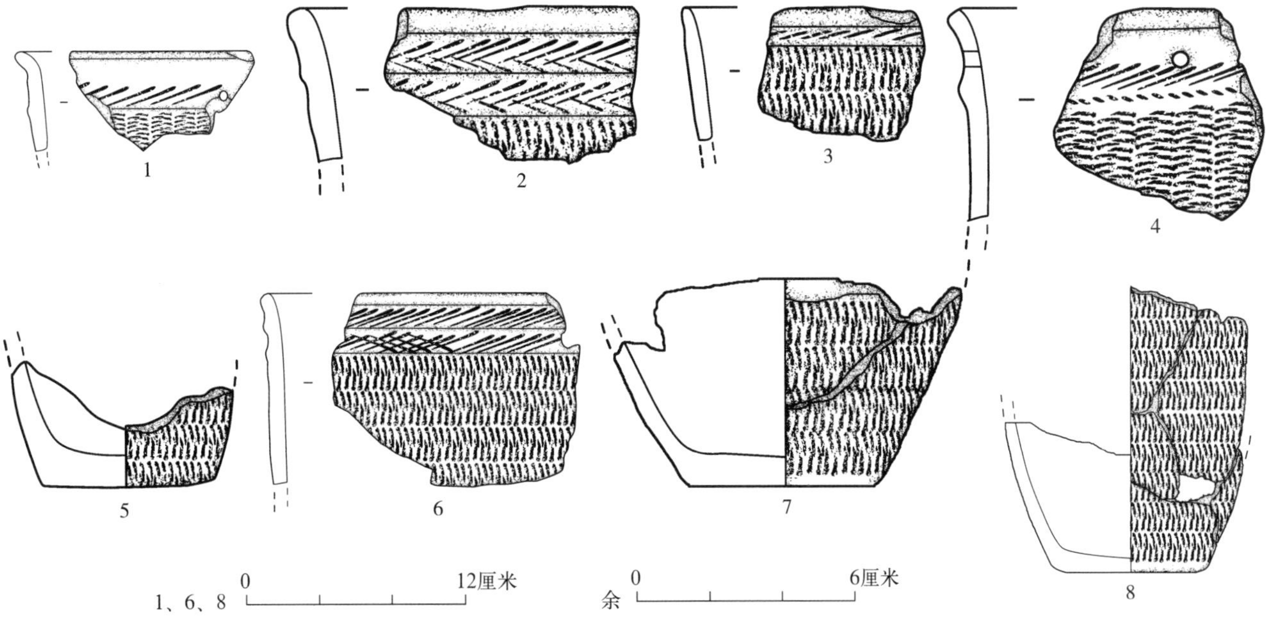

图6-18　新乐遗址采集深腹罐

1～8. 深腹罐XC：61～68

陶罐 1件。

标本XC：71，残，夹砂红褐陶。直口，尖唇，高领，柳肩，弧腹，平底。素面。腹部有四个对称横鋬耳。口径8.4、底径7.6、高10.8厘米（图6-19，1）。

陶壶 1件。

标本XC：72，残，夹砂红褐陶。鼓腹。腹部对称有横桥状耳和竖桥状耳。腹径34、残高27.8厘米（图6-19，2）。

高足钵 1件。

标本XC：69，残，夹砂红褐陶，表面有陶衣。腹圆弧，高柄圈足。腹部饰划菱形网格纹，足下部饰竖划线纹。底径5、残高7.1厘米（图6-19，3）。

陶豆座 1件。

标本XC：73，残，夹砂褐陶。束腰，喇叭口形高圈足。素面。腰径6.2、底径14.6、残高14.7、壁厚0.7厘米（图6-19，4）。

陶纺轮 7件。

标本XC：74，残，灰色细泥陶。扁菱珠形。表面压印圆点纹。长2.7、宽1.7、厚2.4厘米（图6-19，5）。

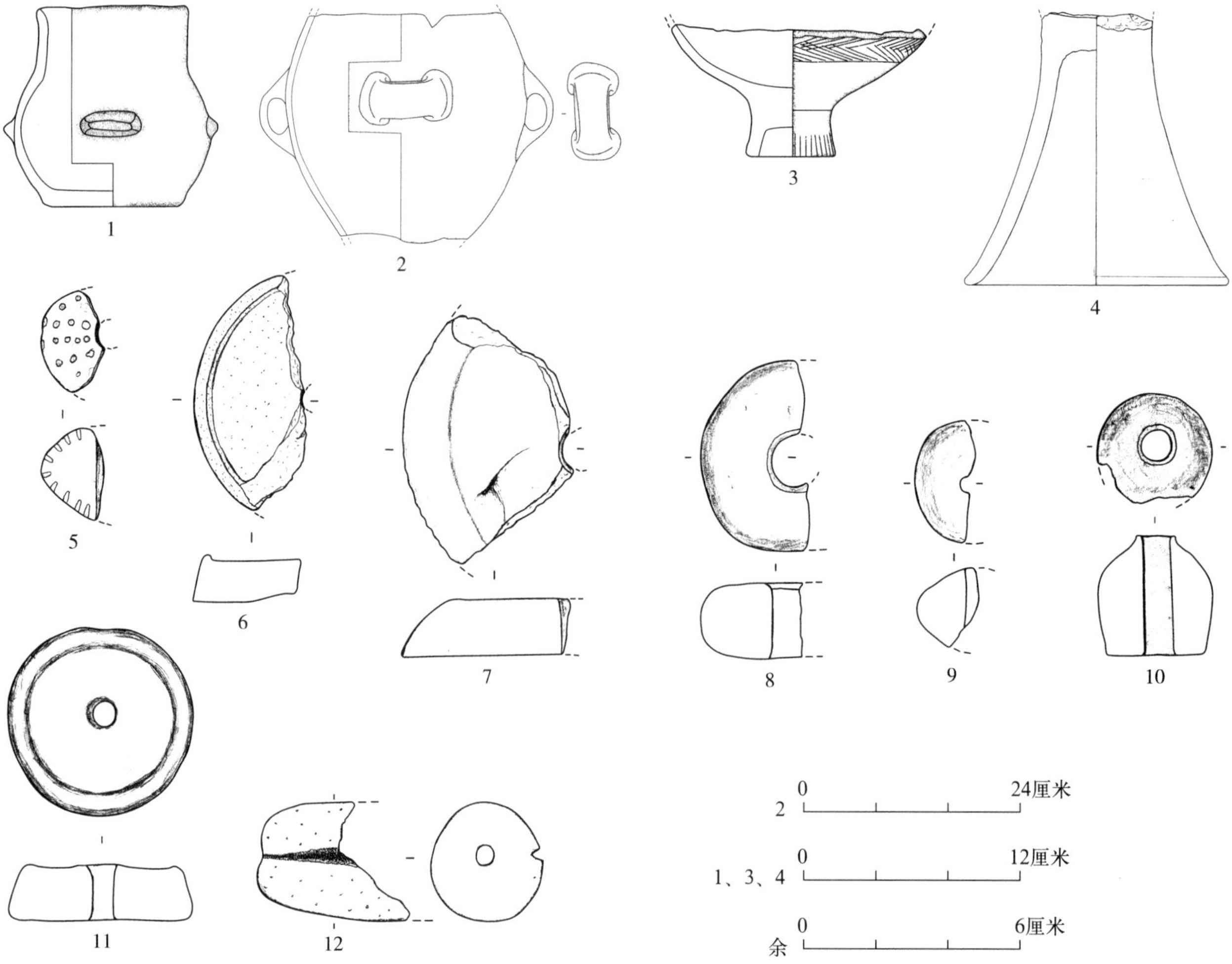

图6-19 新乐遗址采集陶器

1. 陶罐XC：71 2. 陶壶XC：72 3. 高足钵XC：69 4. 陶豆座XC：73 5～11. 陶纺轮XC：74～80 12. 陶网坠XC：81

标本 XC：75，残，夹砂红陶。圆饼形，横截面梯形。底面有一圈压印点纹。长 6.3、宽 3.1、厚 1.1 厘米（图 6-19，6）。

标本 XC：76，残，夹砂红陶。圆饼形，横截面梯形。长 6.6、宽 4.7、厚 1.5 厘米（图 6-19，7）。

标本 XC：77，残，夹砂红褐陶。扁圆形，横截面扁圆形。中间有圆穿孔。直径 3.1、孔径 1.4、高 2.1 厘米（图 6-19，8）。

标本 XC：78，夹砂红褐陶。扁菱珠形。横截面椭圆形。中间有圆穿孔。长 3.3、宽 1.7、高 2.2 厘米（图 6-19，9）。

标本 XC：79，夹砂黑灰陶。高圆台形，平底。中间圆穿孔。直径 3.3、孔径 0.8、高 3.2 厘米（图 6-19，10）。

标本 XC：80，夹砂红褐陶。扁圆台形，素面。横截面呈近梯形。直径 5.1、孔径 0.6、厚 1.5 厘米（图 6-19，11）。

陶网坠　1 件。

标本 XC：81，夹砂褐陶。椭圆柱形，横截面圆形。有一条沟槽，中有穿孔。残长 4.3、直径 3.1 厘米（图 6-19，12）。

3. 煤精制品

17 件。有泡形器 9 件、球形器 4 件、耳珰形器 4 件。

泡形器　9 件。

标本 SF73 采：230，磨制，圆顶形，呈三瓣花形，表面光滑，内凹光洁，底边缘圆锐。长 3.4、宽 3.0、高 1.5 厘米（图 6-20，1）。

标本 SF73 采：231，残。磨制，圆尖顶形。表面光滑，内凹光洁，底边缘尖锐。直径 4.6、厚 0.7 厘米（图 6-20，2）。

标本 SF73 采：232，残。磨制，顶残，表面光滑，内凹光洁，底缘尖锐。直径 4.0、厚 0.5 厘米（图 6-20，3）。

标本 SF73 采：233，残。磨制，圆顶形，表面光滑，内凹光洁，底边残。残径 3.3、厚 0.7 厘米（图

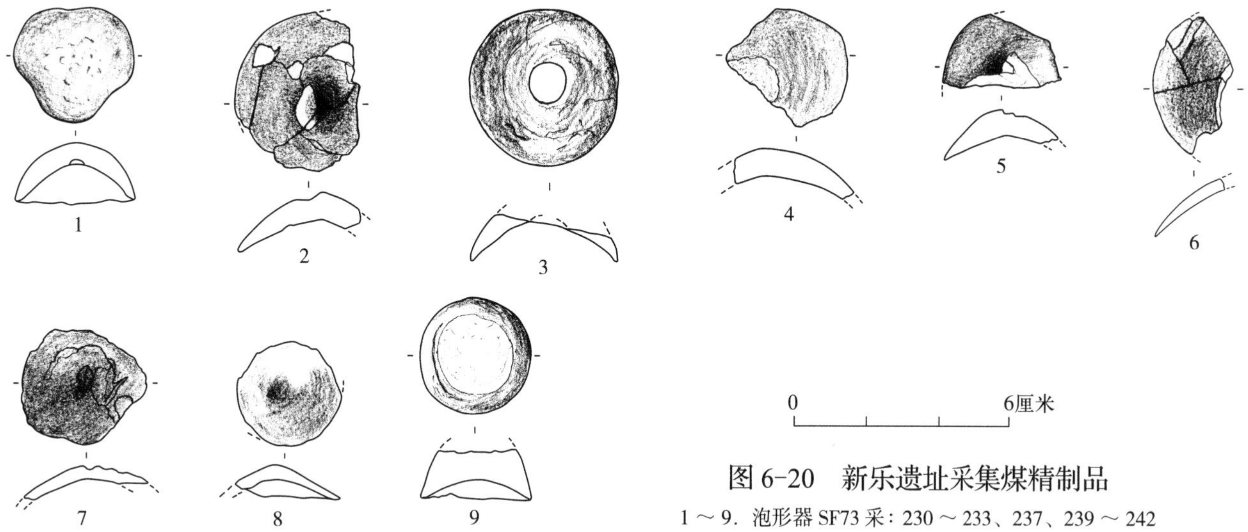

图 6-20　新乐遗址采集煤精制品

1～9. 泡形器 SF73 采：230～233、237、239～242

6-20，4）。

标本 SF73 采：237，残。磨制，圆尖顶形。表面光滑，内凹光洁，底边尖锐。直径 2.6、厚 0.6 厘米（图 6-20，5）。

标本 SF73 采：239，残。磨制。圆尖顶形。表面光滑，内凹光洁，底边尖锐。直径 4.4、厚 0.3 厘米（图 6-20，6）。

标本 SF73 采：240，残。磨制，圆顶形，表面光滑，内凹光洁，底边残。厚 0.4 厘米（图 6-20，7）。

标本 SF73 采：241，残。磨制，圆尖顶形，表面光滑，内凹光洁，底缘尖锐。直径 3.5、高 0.9 厘米（图 6-20，8）。

标本 SF73 采：242，残。磨制，顶残，内凹光洁，底缘尖锐。直径 3.1、残高 1.3 厘米（图 6-20，9）。

球形器　4 件。

标本 SF73 采：243，残。表面光滑。直径 1.9 厘米（图 6-21，1）。

标本 SF73 采：244，磨制，表面光滑。直径 1.4 厘米（图 6-21，2）。

标本 SF7 采：245，残。磨制，表面光滑。直径 1.3 厘米（图 6-21，3）。

标本 73G2 采：1，残，磨制，表面有刮削痕。直径 1.3 ～ 1.4 厘米（图 6-21，4）。

耳珰形器　4 件。

标本 SF73 采：235，磨制，表面光滑，尖顶，束颈，平底。高 3.3、束径 0.5、底径 1.7 厘米（图 6-21，5）。

标本 XC：54，残。磨制，表面光滑。残长 1.1、直径 0.4 厘米（图 6-21，6）。

标本 XC：55，残。磨制，表面光滑，顶部残，束颈、平底。残高 2.0、束径 0.3、底径 1.8 厘米（图 6-21，7）。

标本 SF73C：246，残。磨制，耳珰形器的颈部。径 0.4 ～ 0.6、残高 1.6 厘米（图 6-21，8）。

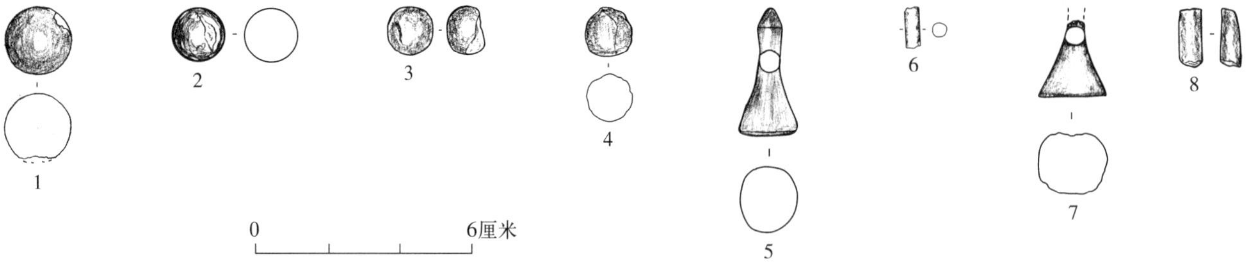

图 6-21　新乐遗址采集煤精制品

1 ～ 4. 球形器 SF73 采：243 ～ 245、73G2 采：1　5 ～ 8. 耳珰形器 SF73 采：235、XC：54、55、SF73C：246

4. 其他

石墨　1 件。

标本 XC：59，残，银灰色。棱锥形，多研磨面，磨痕明显。高 1.4、宽 1.3 厘米（图 6-22，1）。

赤铁矿石　5 件。

标本 XC：54，不规则棱形。长 3.5、宽 2.2、厚 1.7 厘米（图 6-22，2）。

标本 XC：55，残，不规则菱形。有研磨面，磨痕明显。长 1.5、宽 0.8、厚 1.0 厘米（图 6-22，3）。

标本 XC：56，残，不规则多棱形。棱有研磨面，磨痕明显。长 1.7、宽 1.2、厚 1.0 厘米（图 6-22，4）。

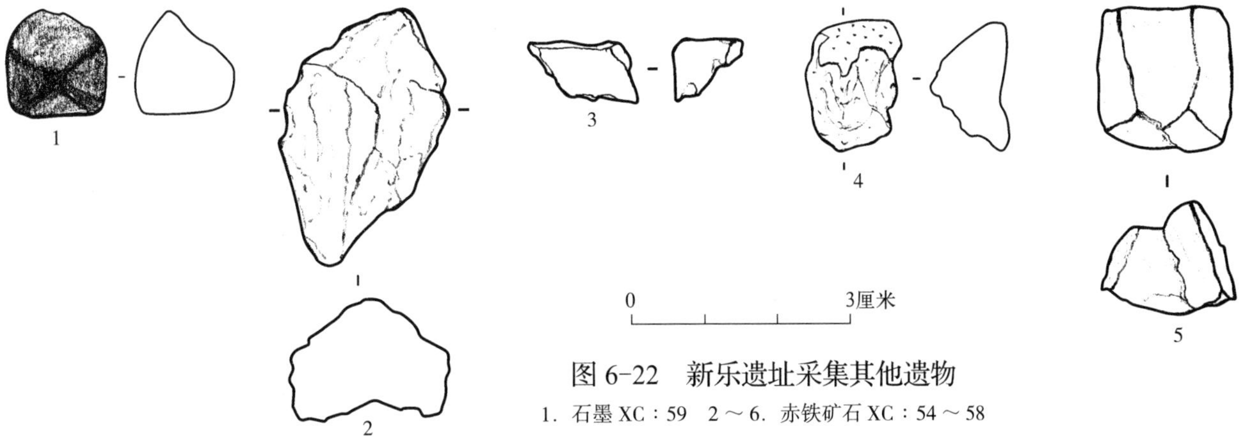

图 6-22　新乐遗址采集其他遗物

1. 石墨 XC：59　2～6. 赤铁矿石 XC：54～58

标本 XC：57，残，不规则棱形，有多研磨面，磨痕明显。长 1.1、宽 0.6、厚 0.5 厘米（图 6-22，5）。

标本 XC：58，残。不规则多棱形。有多研磨面，磨痕明显。长 1.8、宽 1.8、厚 1.5 厘米（图 6-22，6）。

第四节　辽代墓葬

新乐遗址第四次发掘中，发现两座辽墓。并于 1992 年 6 月 23 日至 7 月 4 日进行了清理发掘。

墓葬位于 T0904 和 T1004 探方内，墓形制均为砖筑圆形起券顶单室墓，编号 92LM1、92LM2。

（一）92LM1

92LM1 开口扰乱层下，墓圹呈圆形（图 6-23），直径 5.60 米（彩版一六六，1、2），圹内填土为五花土，墓向北偏东 40°，分别由墓道、墓门、甬道、墓室组成。墓室圆形，直径 4 米 ×3.85 米，距地表深 0.70 米。砌筑用墓砖多为青灰色，也有红褐色，砖一面有沟纹或绳纹，一面素面。砖长 33.3、宽 16.8、厚 4.5 厘米。

墓道为斜坡式长，1.70、宽 1.50、深 1.35 米。底坡长 0.50、宽约 1.30 米。

墓门高 1.05、宽 0.77 米，圆拱形。封门砖平行砌筑，稍凸于门外侧。墓门上部及两侧砌有额墙，残长 1.80、高 0.48 米。用两行立砖砌成门柱及抖拱式样，拱门上残留有凸出门额、檐头，由于年久挤压中部已向下塌落变形。

甬道位于墓门内，后接主室，船篷式券顶，长 0.42、宽 0.75 米，两壁采用平行砌筑，底部无地砖，从壁高 0.55 米处起券，地面至券顶高 1.07 米。

甬道后部为圆形墓室，圆形穹隆顶已塌落。墓室内壁以四个立柱分格，柱用三竖砖砌筑，东南角立柱存高 0.80、其余立柱存高 0.40～0.50 米。

墓室北半部砌筑半圆形尸床，长 2.76、半径 1.36、高 0.18 米。边框用单砖条行砌筑，内填土，床面漫铺砖，素面朝上。尸床中部偏西处有长 0.5、宽 0.35 米，没有铺砖，为纯净的黄黏土（似有意所为）。

在尸床北侧，墓室后壁正中，壁砌一假门，门高 0.16、长 0.33 米，以四块立砖和两块平行长方

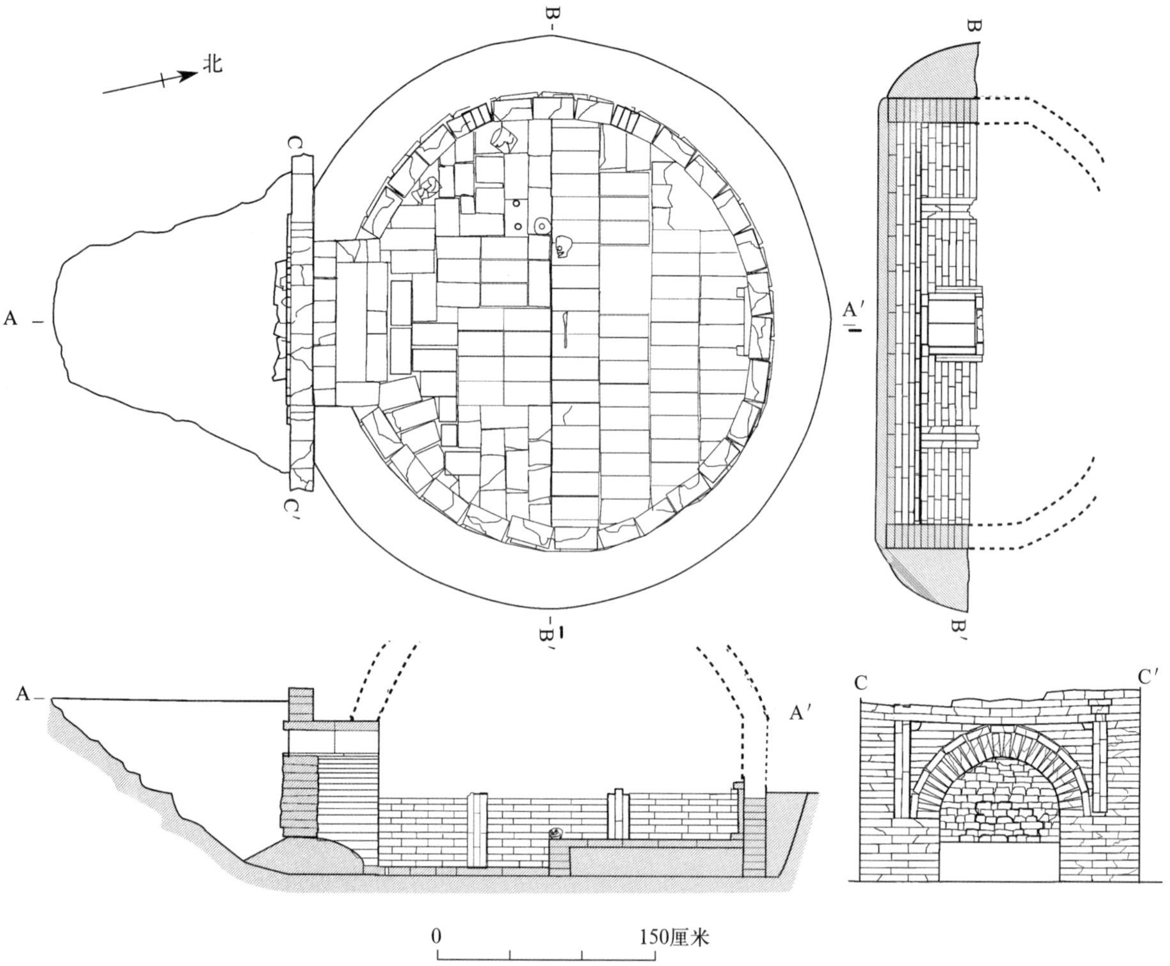

图 6-23 辽墓 92LM1 平、剖面图

形砖砌成门框，内用平立两块素面砖，似为两扇门板。

尸床上遗留部分尸骨，腐蚀严重，且较为散乱。

出土遗物有陶器、瓷器、钱币 9 件。

1. 陶器

4 件。

陶罐 3 件。

标本 92LM1：1，泥质红陶，表面泛桔黄色。广口，圆唇，口沿处有三道凸弦纹，深腹凹底，腹上部饰两周篦齿纹，器底有不同心圆状切割纹。口径 15.2、腹径 14.0、底径 8.7、高 17.0 厘米（图 6-24，1；彩版一六七，1）。

标本 92LM1：3，夹砂黑褐陶。敞口，圆唇，口沿一周饰凸弦纹，深腹略鼓，平底内凹，沿下及腹部饰篦齿纹。口径 12.8、底径 8.0、高 12.4 厘米（图 6-24，2；彩版一六七，2）。

标本 92LM1：6，泥质黑陶。敞口。双唇。深腹略鼓。凹底。底带有铜钱方孔“四出”形纹，沿下及腹部饰篦齿纹。口径 12.0、底径 6.4、高 13.2 厘米（图 6-24，3；彩版一六七，3）。

酱釉陶钵　1件。

标本92LM1：4，细陶胎。敛口，外叠斜沿，圆唇，扁圆腹，平底内凹。底部有不同心圆状切割纹。高7.4、口径7.4、腹径11.7、底径5.8厘米（图6-24，4；彩版一六七，4）。

2. 瓷器

2件。

白瓷碗　2件。

标本92LM1：2，胎质脂粉红色泛白。敞口，圆尖唇，唇部有均等的五个垛口，斜直腹微弧，矮圈足。外饰釉不到底，口径22.0、底径8.2、高7.5厘米（图6-24，5；彩版一六七，5）。

标本92LM1：5，敞口，圆唇，微弧腹，圈足。外施白釉不到底。口径13.3、底径4.8、高5.0厘米（图6-24，6；彩版一六七，6）。

3. 其他

3件。

铜钱　3枚。

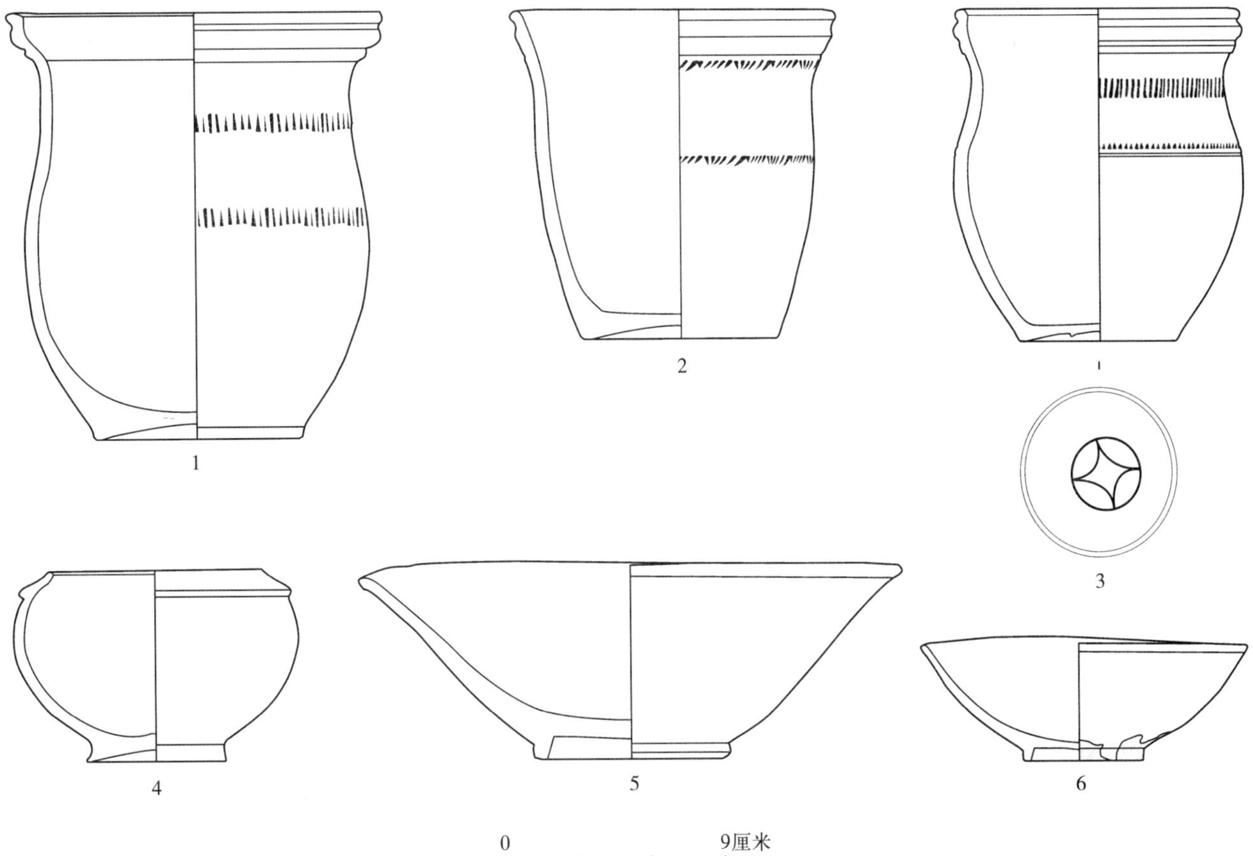

图6-24　辽墓92LM1出土遗物

1～3. 陶罐92LM1：1、3、6　4. 酱釉陶钵92LM1：4　5、6. 白瓷碗92LM1：2、5

标本 92LM1：7，正面为“开元通宝”，背面无纹。直径 2.5 厘米。

（二）92LM2

砖筑圆形单室墓（图 6-25）。方向北偏东 40°，开口扰土层下。墓圹“瓢形”，直径 5.00 米（彩版一六八）。墓圹内为五花土填土。

由墓道、墓门、甬道、墓葬组成。墓室南半部打破新乐下层房址（F27）的西北角。

墓道斜坡式。上口长 1.40、宽 1.20、深 1.30 米。底坡长 0.45、下端宽 1.25 米。

墓门亦为拱形。高 0.85、宽 0.76 米。由于年久挤压。墓门中部券顶及墓门额墙向下塌落，圆拱门几乎被挤压成平顶，墓门底部有约 20 厘米厚的封土，封土上砌封门砖。

甬道亦为船篷似拱顶，长 0.80、宽 0.76 米，顶用楔形砌筑法砌成圆拱形。两侧用十一行砖平行砌筑，在第十二行砖处开始起券顶。

墓室亦砖筑为仿木结构，从起券位置全部塌落，墓室内四个砖柱、斗拱结构为一斗三升。在墓门西侧与砖柱之间，砌筑一个棱窗，高 0.42、宽 0.50 米，底部窗框距墓底 0.46 米，窗棂用 7 块倒棱砖竖向并排叠砌。

尸床为半圆形，位于墓室的北半部。长 2.50、半径宽 1.40、高 0.27 米。边框顺砖砌筑，内填土，

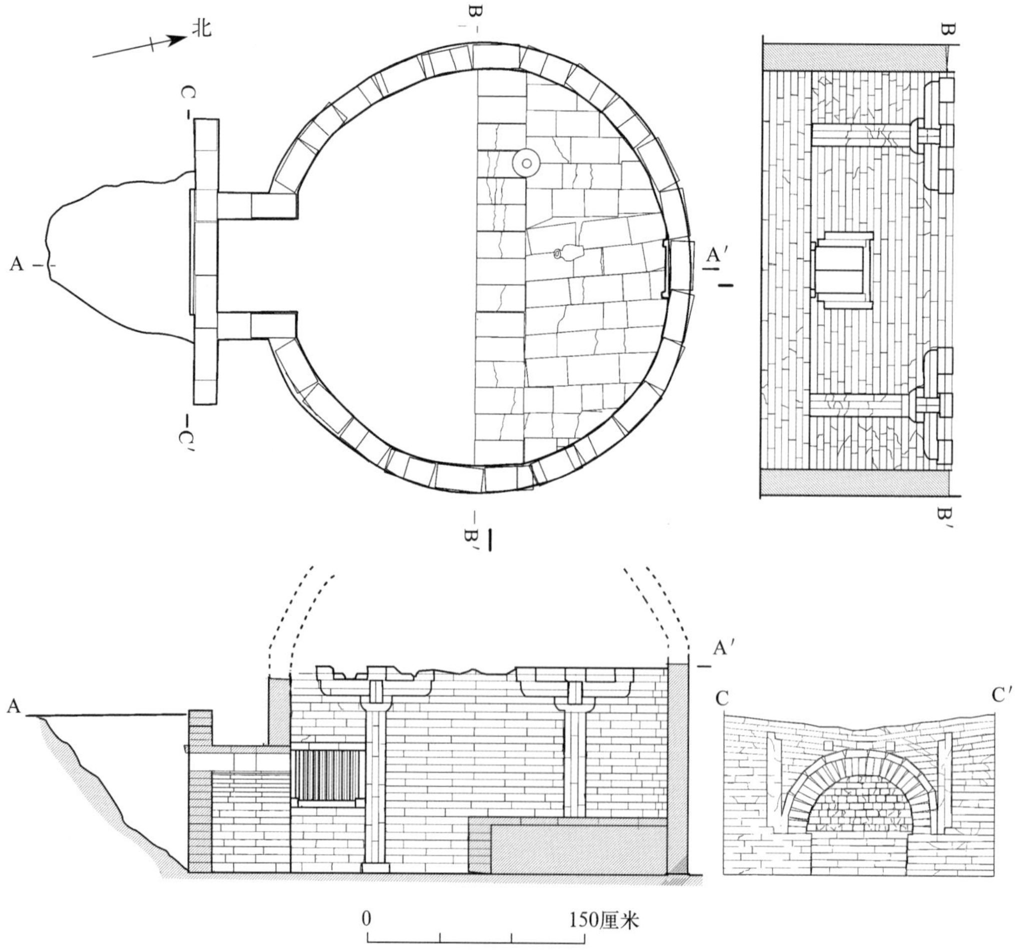

图 6-25　辽墓 92LM2 平、剖面图

面铺砖。尸床上无尸骨，仅在东半部，残留部分骨灰骨渣，似为火葬。

墓室内地面为漫土。

随葬品多位于尸床上的西南角，出土遗物5件。在尸床前沿第一行东数第六块砖中发现铭文砖一块，素面上阴刻“千秋万岁”字样（图6-26，6）。

1. 陶器

1件。

陶瓶　1件。

标本92LM2∶1，泥质灰陶。小口，圆唇，束颈，深直腹，平底。口径6.5、底径11.8、高22.8厘米（图6-26，1；彩版一六九，1）。

2. 瓷器

4件。

白瓷碗　2件。

标本92LM2∶2，敞口，圆唇，斜壁，圈足。外施白釉不到底，口部形制不规则。口径19.2、底

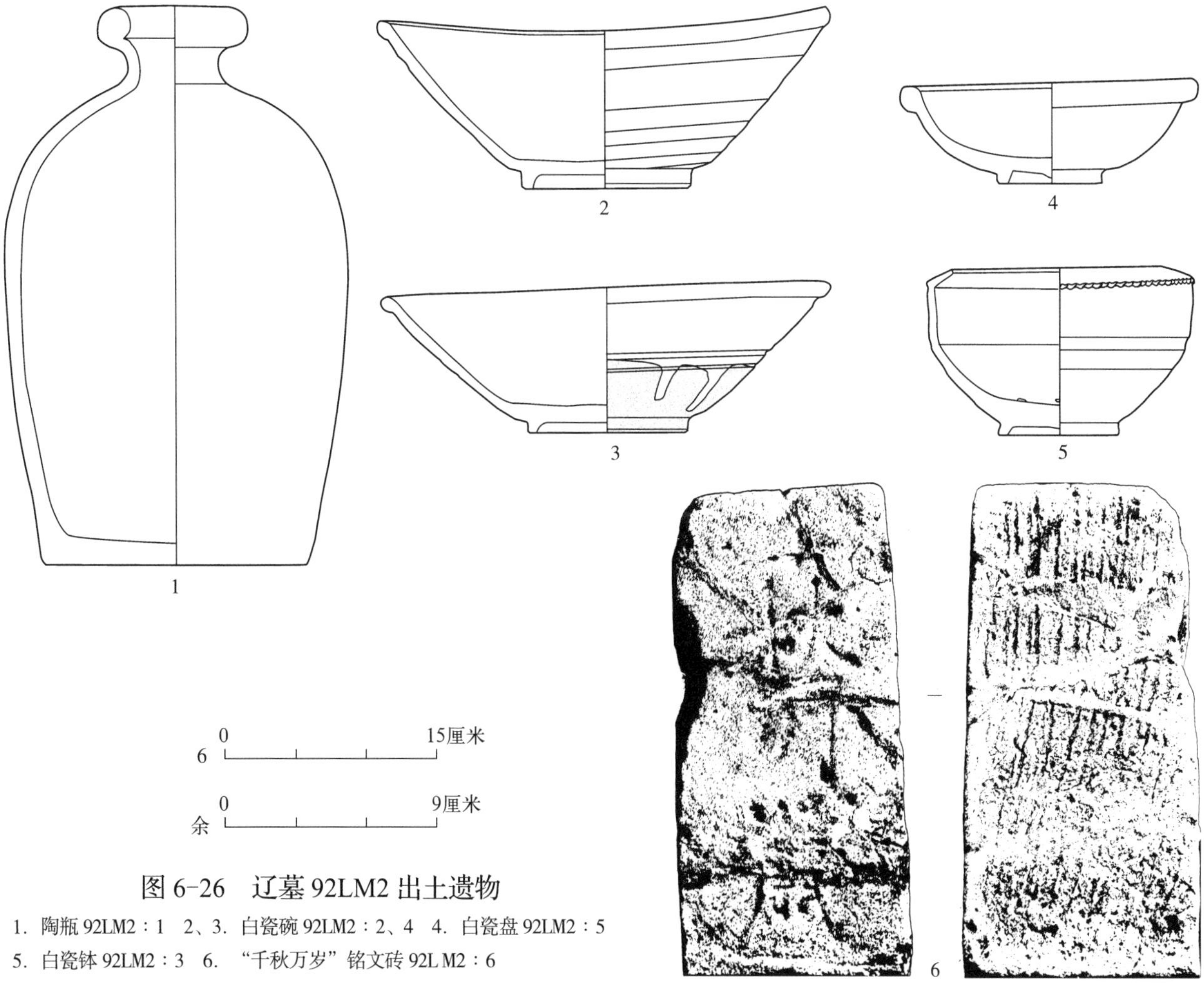

图6-26　辽墓92LM2出土遗物

1. 陶瓶92LM2∶1　2、3. 白瓷碗92LM2∶2、4　4. 白瓷盘92LM2∶5　5. 白瓷钵92LM2∶3　6. “千秋万岁”铭文砖92LM2∶6

径 6.5、高 6.7 厘米（图 6-26，2；彩版一六九，2）。

标本 92LM2∶4，敞口，圆唇，斜壁，圈足。器外壁有三至四周弦纹带，外施白釉不到底。口径 19.0、底径 6.6、高 5.9 厘米（图 6-26，3；彩版一六九，3）。

白瓷盘 1 件。

标本 92LM2∶5，敞口，圆唇，弧壁、浅腹小圈足，圈足内中部留有凸尖。釉清白，内釉不均匀，外施釉不到底。口径 12.8、底径 4.4、高 4.0 厘米（图 6-26，4；彩版一六九，4）。

白瓷钵 1 件。

标本 92LM2∶3，敛口，沿内折，圆唇，扁圆腹，圈足。折沿外部有呈波曲状饰纹，外釉不至底。高 6.7、口径 8.8、底径 4.8 厘米（图 6-26，5；彩版一六九，5）。

3. 其他

1 件。

“千秋万岁”铭文砖 1 件。

标本 92LM2∶6，砖呈暗红色。长方体。砖背面有绳纹，表面素面，面上竖刻划楷书“千秋万岁”四字。砖长 33.3、宽 16.8、厚 4.5 厘米（图 6-26，6；彩版一六九，6）。

第五节 清代墓葬

墓葬位于 T0402 和 T0302 间，编号为 92M1。

92M1

开口于扰土层下。墓葬形制为土坑竖穴墓，开口长 3.70、宽 3.00、深 0.50 米，底部长 3.00、宽 2.20、深 1.40 米。墓内有两椁 4 棺，其中 3 具棺在一具木椁内，其中 1 具儿童木棺。墓葬保存情况不甚理想，能辨认出 2 具女性尸骨和 1 具儿童尸骨。

92M1 出土遗物数量较多，遗物按材质分为金器、银器、玉器、铜器等，器形主要有金耳环、银耳环、鎏金银簪、银挂钩、银佩、玉佩、铜簪、铜钱、铜扣等 103 件。

1. 玉器

1 件。

玉佩 1 件。

标本 92M1∶10，基本完整，玉质。扁平状，双面阴刻荷花纹，中部有一个对钻穿孔。长 4.8、宽 4.3、厚 0.5 厘米（图 6-27，1；彩版一七〇，1）。

2. 金银器

7 件。

金耳环 1 对 2 件。

标本 92M1∶12，完整，金质。椭圆形环状。素面。直径 1.92 ～ 2.00、环径 0.15 厘米（图 6-27，

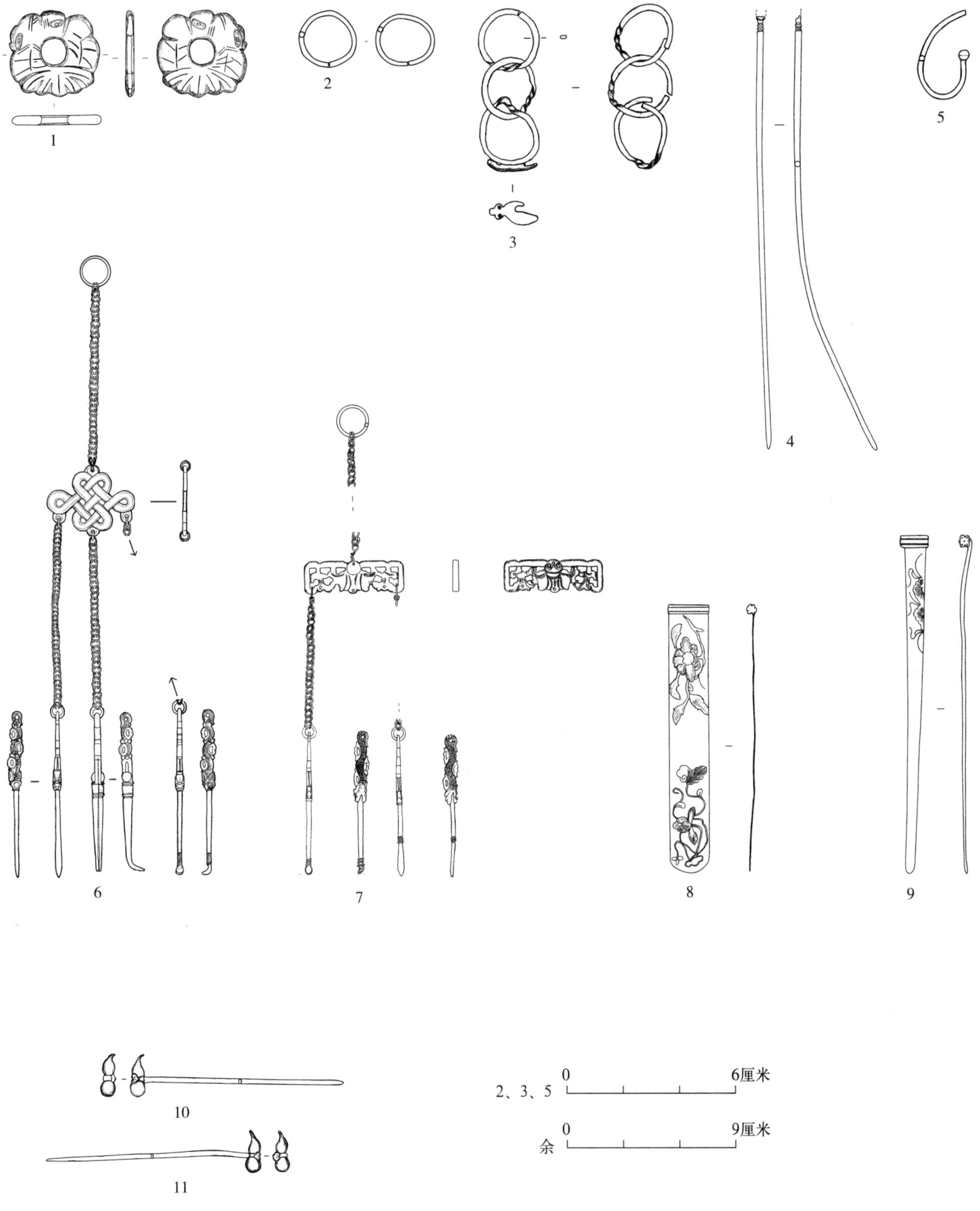

图 6-27　清代墓 92M1 出土遗物

1. 玉佩 92M1：10　2. 金耳环 92M1：12、13　3. 银耳环 92M1：31　4. 鎏金银簪 M1：14　5. 银挂钩 92M1：2　6. 银佩饰 92M1：11　7. 银玉佩 92M1：18　8、9. A 型铜簪 92M1：15、19　10、11. B 型铜簪 92M1：16、17

2左；彩版一七〇，2）。

标本92M1：13，完整，金质。椭圆形环状。素面。直径1.7～2.1、环径0.15厘米（图6-27，2右；彩版一七〇，3）。

银耳环　1对。

每组由3件银环串在一起。

标本92M1：31，较完整，银质。通体生黑锈，圆形。其中5件耳环底部装饰波纹，1件耳环底部装饰鱼形图案。环径2.2、环宽0.2、厚0.1厘米（图6-27，3）。

鎏金银簪　1件。

标本M1：14，残，鎏金银质。簪首缺失。长条柱形，稍弯曲，簪尾呈锥状。簪尾处鎏金脱落，露出银质本体。残长23、直径0.2厘米（图6-27，4）。

银挂钩　1件。

标本92M1：2，较完整，银质。整体弯曲，尾部是一个小圆球。圆球直径0.3、挂钩长3.1、宽1.8、厚0.2厘米（图6-27，5）。

银佩饰　1件。

标本92M1：11，基本完整。挂环、挂链、鱼肠结为银质，牙签、夹子、耳勺为铜质。上部下部由四条银链串联成一体。挂环直径1.5、厚0.1厘米，鱼肠结宽4.7、高3.6厘米，牙签长8.8、宽0.2～0.7厘米，夹子长8.5、宽0.2～0.8厘米，耳勺长8.5、宽0.2～0.7厘米，银佩全长32.4厘米（图6-27，6；彩版一七〇，4）。

银玉佩　1件。

标本92M1：18，残，挂环、牙签、耳勺为铜质，中间有一个玉质挂件。上部是挂环、中部是玉挂件，下部是牙签、耳勺，由三条银链串联成一体。挂环直径1.7、厚0.2厘米，玉挂件宽5.3、高1.7、耳勺长7.7、宽0.2～0.8厘米，牙签长7.7、宽0.2～0.9厘米（图6-27，7；彩版一七〇，5）。

3. 铜器

4件。

铜簪　4件。

按形状分为两型。

A型　2件。扁平条形。

标本92M1：15，基本完整，鎏金铜质。表面可见少量铜锈。扁平条形，尾圆。簪头圆卷，有6个凸棱。正面刻有花卉图案。簪首长0.5、宽2.2、高0.6厘米，簪身长13.2、宽2.2、高0.1厘米，簪全长13.7厘米（图6-27，8；彩版一七〇，6）。

标本92M1：19，基本完整，铜质。簪首长0.6、宽1.5厘米，簪身长16.7、宽0.5～1.1厘米簪全长17.3厘米（图6-27，9）。

B型　2件，形式相同。

标本92M1：16，基本完整，簪首为银质，簪身铜质。圆柱形，稍弯曲，尾端为锥形，大部分生铜锈。簪首为一个葫芦，葫芦腰部有一花瓣与簪身缠绕焊接。葫芦宽0.8、高2.2、身长10.4、直径0.2厘米，全长11.2厘米（图6-27，10；彩版一七〇，7）。

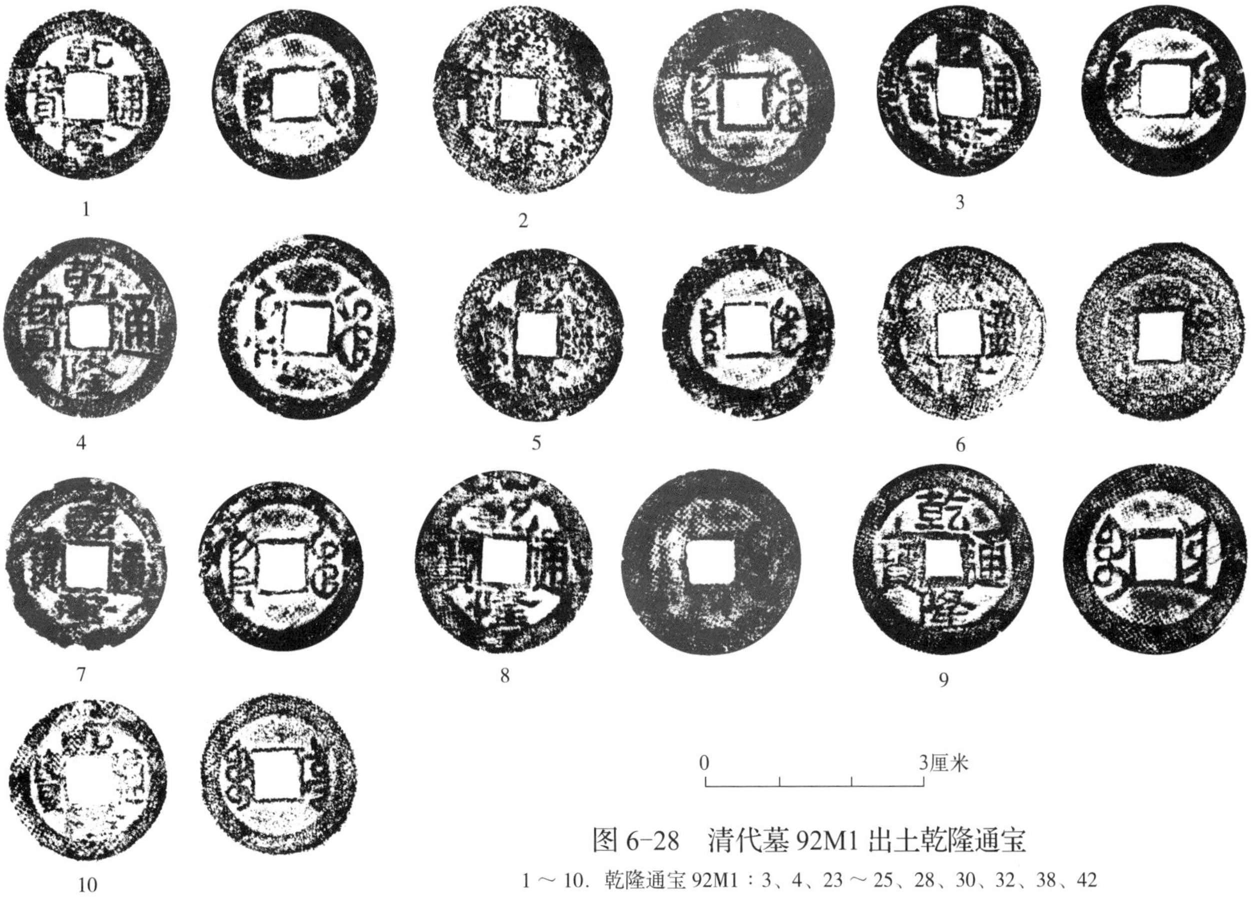

图 6-28　清代墓 92M1 出土乾隆通宝

1～10. 乾隆通宝 92M1：3、4、23～25、28、30、32、38、42

标本 92M1：17，葫芦宽 0.8、高 2.2 厘米，簪身长 10.5、直径 0.2 厘米，全长 11.3 厘米（图 6-27，11；彩版一七〇，8）。

铜钱　46 枚。

有 5 枚铜钱锈蚀严重，无法识别年号。主要有三种年号铜钱，乾隆通宝、嘉庆通宝、道光通宝。

乾隆通宝　19 枚。圆郭方穿，钱文较清晰。阳文，楷书，直读，背直读两满文文字。

标本 92M1：3，基本完整。直径 2.35、孔径 0.55、厚 0.15 厘米（图 6-28，1）。

标本 92M1：4，基本完整。直径 2.5、孔径 0.55、厚 0.16 厘米（图 6-28，2）。

标本 92M1：23，基本完整。直径 2.35、孔径 0.55、厚 0.15 厘米（图 6-28，3）。

标本 92M1：24，基本完整。直径 2.4、孔径 0.6、厚 0.1 厘米（图 6-28，4）。

标本 92M1：25，基本完整。直径 2.4、孔径 0.55、厚 0.15 厘米（图 6-28，5）。

标本 92M1：28，残。直径 2.3、孔径 0.6、厚 0.1 厘米（图 6-28，6）。

标本 92M1：30，残。直径 2.5、孔径 0.5、厚 0.16 厘米（图 6-28，7）。

标本 92M1：32，基本完整。直径 2.5、孔径 0.6、厚 0.1 厘米（图 6-28，8）。

标本 92M1：38，基本完整。直径 2.5、孔径 0.6、厚 0.1 厘米（图 6-28，9）。

标本 92M1：42，基本完整。直径 2.35、孔径 0.55、厚 0.12 厘米（图 6-28，10）。

标本 92M1：44，基本完整。直径 2.3、孔径 0.6、厚 0.1 厘米（图 6-29，1）。

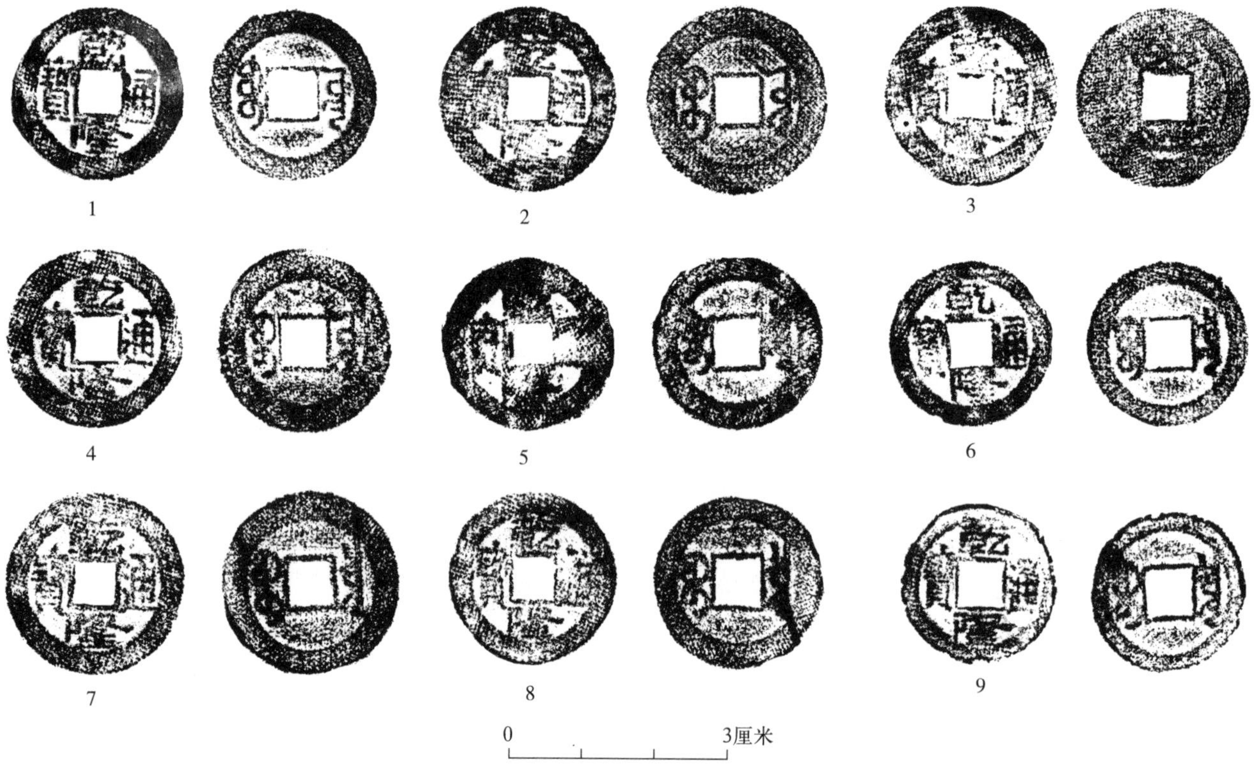

图 6-29 清代墓 92M1 出土乾隆通宝

1～9. 乾隆通宝 92M1：44、46、47、50、54、56、59～61

标本 92M1：46，基本完整。直径 2.5、孔径 0.6、厚 0.12 厘米（图 6-29，2）。

标本 92M1：47，基本完整。直径 2.4、孔径 0.55、厚 0.12 厘米（图 6-29，3）。

标本 92M1：50，基本完整。直径 2.4、孔径 0.55、厚 0.12 厘米（图 6-29，4）。

标本 92M1：54，基本完整。直径 2.35、孔径 0.5、厚 0.15 厘米（图 6-29，5）。

标本 92M1：56，基本完整。直径 2.25、孔径 0.5、厚 0.12 厘米（图 6-29，6）。

标本 92M1：59，基本完整。直径 2.5、孔径 0.5、厚 0.12 厘米（图 6-29，7）。

标本 92M1：60，基本完整。直径 2.35、孔径 0.5、厚 0.12 厘米（图 6-29，8）。

标本 92M1：61，基本完整。直径 2.2、孔径 0.5、厚 0.2 厘米（图 6-29，9）。

嘉庆通宝 17 枚。圆郭方穿，阳文，楷书，直读，背直读两满文文字。

标本 92M1：20，基本完整。直径 2.3、孔径 0.5、厚 0.18 厘米（图 6-30，1）。

标本 92M1：21，基本完整。直径 2.4、孔径 0.6、厚 0.1 厘米（图 6-30，2）。

标本 92M1：35，基本完整。直径 2.4、孔径 0.5、厚 0.15 厘米（图 6-30，3）。

标本 92M1：36，基本完整。直径 2.4、孔径 0.55、厚 0.15 厘米（图 6-30，4）。

标本 92M1：39，基本完整。直径 2.36、孔径 0.55、厚 0.13 厘米（图 6-30，5）。

标本 92M1：40，基本完整。直径 2.45、孔径 0.55、厚 0.15 厘米（图 6-30，6）

标本 92M1：41，基本完整。直径 2.4、孔径 0.6、厚 0.1 厘米（图 6-30，7）。

标本 92M1：43，基本完整。直径 2.3、孔径 0.55、厚 0.15 厘米（图 6-30，8）。

标本 92M1：45，基本完整。直径 2.3、孔径 0.55、厚 0.12 厘米（图 6-30，9）

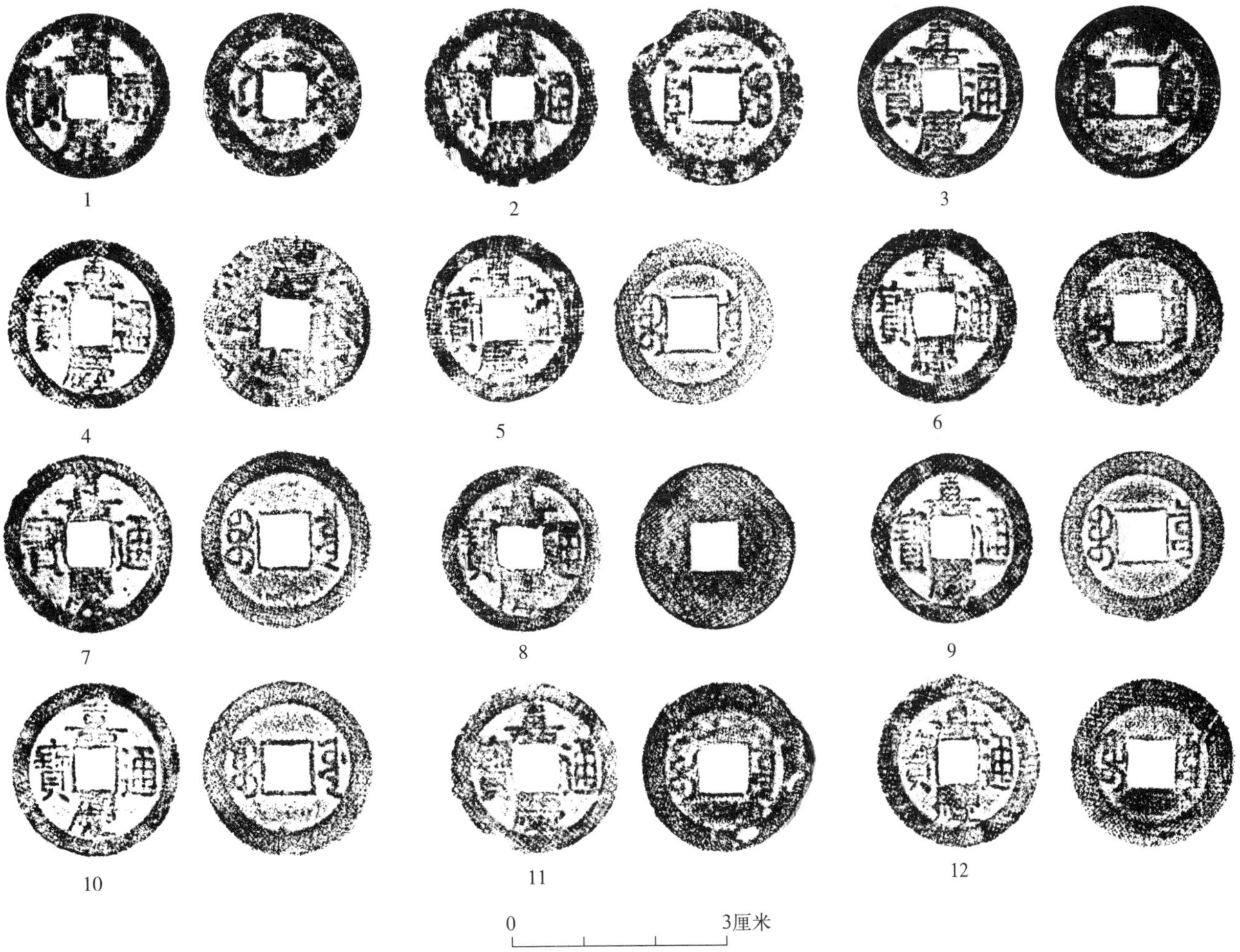

图 6-30　清代墓 92M1 出土嘉庆通宝

1 ～ 12. 嘉庆通宝 92M1：20、21、35、36、39 ～ 41、43、45、48、49、51

标本 92M1∶48，基本完整。直径 2.4、孔径 0.5、厚 0.12 厘米（图 6-30，10）。

标本 92M1∶49，基本完整。直径 2.4、孔径 0.6、厚 0.1 厘米（图 6-30，11）。

标本 92M1∶51，基本完整。直径 2.35、孔径 0.5、厚 0.12 厘米（图 6-30，12）。

标本 92M1∶52，基本完整。直径 2.35、孔径 0.5、厚 0.12 厘米（图 6-31，1）。

标本 92M1∶53，基本完整。直径 2.35、孔径 0.55、厚 0.12 厘米（图 6-31，2）。

标本 92M1∶55，基本完整。直径 2.35、孔径 0.55、厚 0.12 厘米（图 6-31，3）。

标本 92M1∶57，基本完整。直径 2.4、孔径 0.55、厚 0.15 厘米（图 6-31，4）。

标本 92M1∶62，基本完整。直径 2.5、孔径 0.55、厚 0.15 厘米（图 6-31，5）。

道光通宝　5 枚。圆郭方穿，标本 92M1∶6，基本完整。直径 2.2、孔径 0.55、厚 0.15 厘米（图 6-31，6）。

标本 92M1∶26，基本完整。直径 2.2、孔径 0.55、厚 0.15 厘米（图 6-31，7）。

标本 92M1∶27，基本完整。直径 2.2、孔径 0.6、厚 0.1 厘米（图 6-31，8）。

标本 92M1∶29，直径 2.1、孔径 0.6、厚 0.1 厘米（图 6-31，9）。

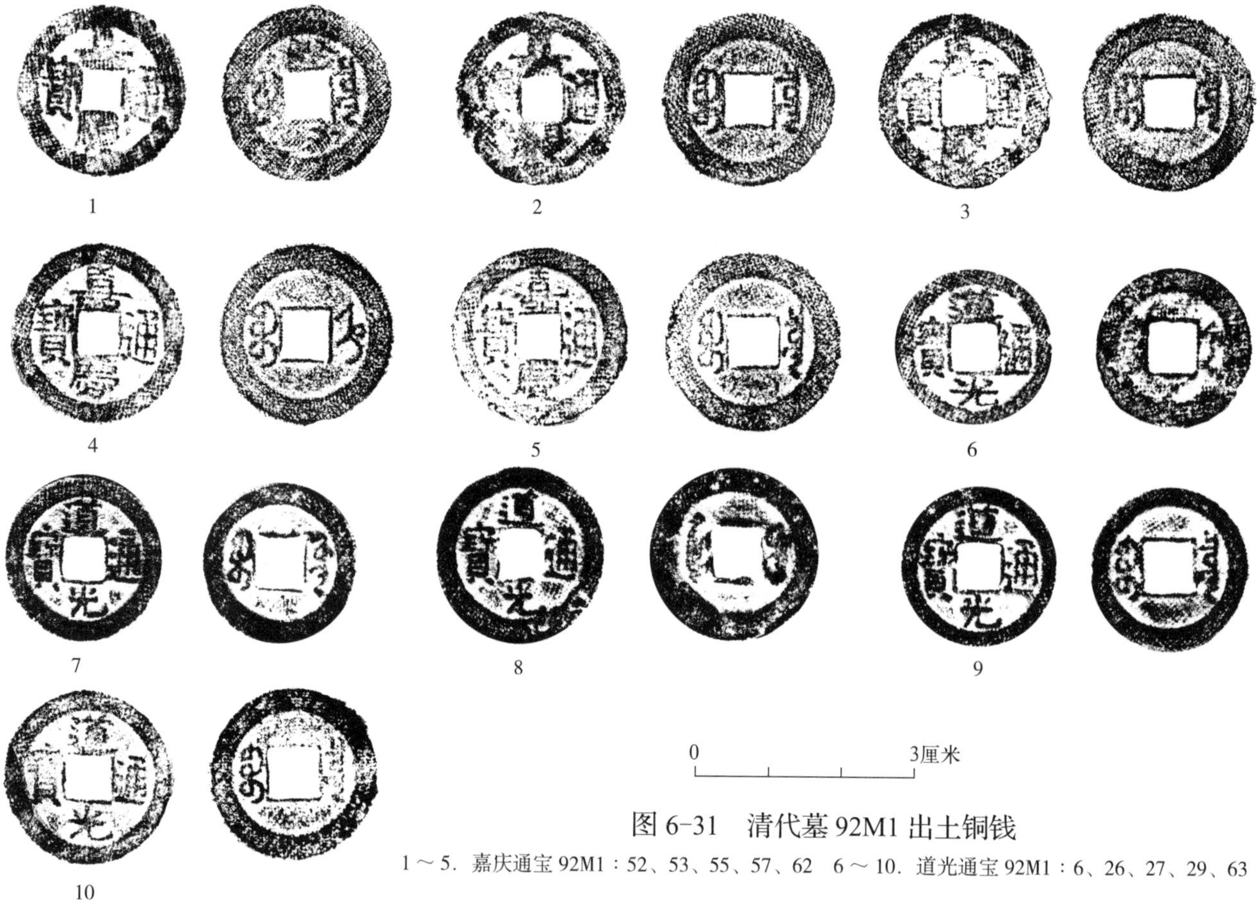

图 6-31 清代墓 92M1 出土铜钱

1～5. 嘉庆通宝 92M1：52、53、55、57、62 6～10. 道光通宝 92M1：6、26、27、29、63

标本 92M1：63，直径 2.35、孔径 0.55、厚 0.15 厘米（图 6-31，10）。

铜扣 3 组 45 件。

按扣身形状分为三型。

A 型 24 件。铜质。空心，纽顶连缀小环。横截面呈圆形。素面。

标本 92M1：7，直径 1.2、高 1.7 厘米（图 6-32，1）。

标本 92M1：65，直径 1.2、高 1.8 厘米（图 6-32，2）。

标本 92M1：67，直径 1.2、高 1.8 厘米（图 6-32，3）。

标本 92M1：71，直径 1.3、高 1.9 厘米（图 6-32，4）。

B 型 17 件。空心，截面呈椭圆形。纽顶连缀小环。表面有文字图案。

标本 92M1：8，直径 1.2～1.3、高 1.7 厘米（图 6-32，5）。

标本 92M1：64，直径 1.2～1.4、高 1.8 厘米（图 6-32，6）。

标本 92M1：66，直径 1.2～1.3、高 1.7 厘米（图 6-32，7）。

标本 92M1：69，直径 1.1～1.2、高 1.7 厘米（图 6-32，8）。

C 型 4 件。铜质。空心，纽顶连缀小环，扣身截面呈葫芦形。扣器表装饰水纹图案。

标本 2 件。

标本 92M1：68，直径 1.2～1.3、高 1.7 厘米（图 6-32，9）。

标本 92M1：70，直径 1.2～1.3、高 1.8 厘米（图 6-32，10）。

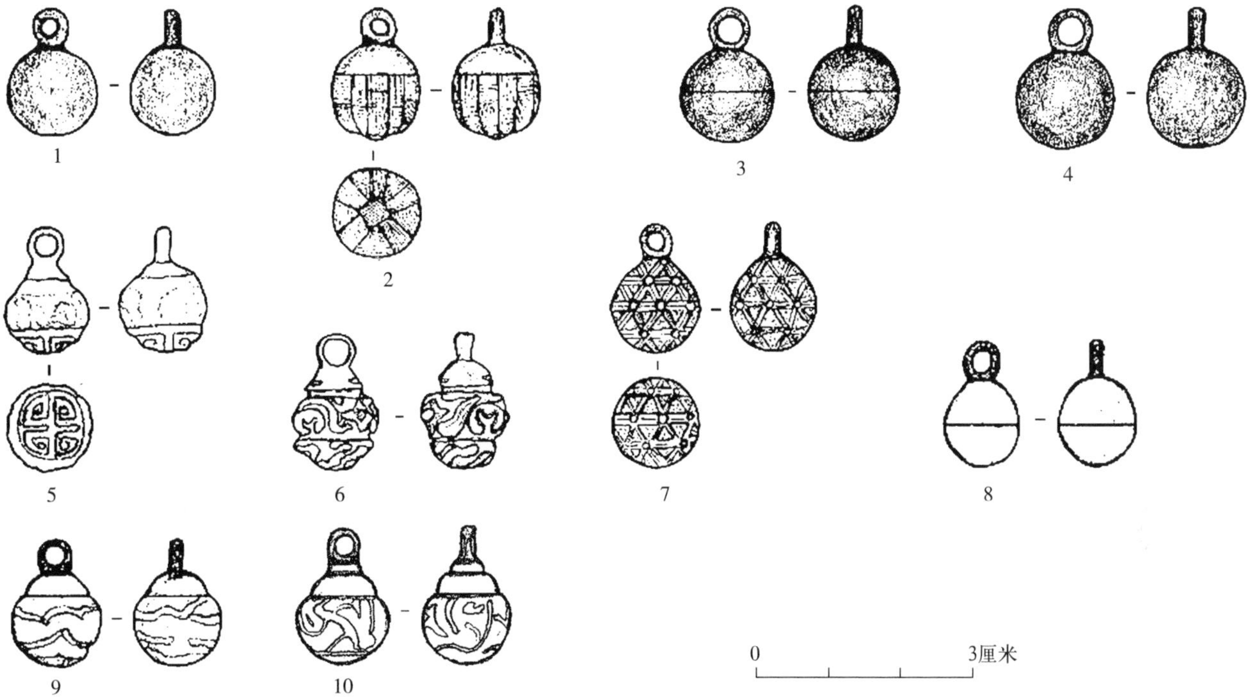

图6-32　清代墓92M1出土铜扣

1～4. A型92M1：7、65、67、71　5～8. B型92M1：8、64、66、69　9、10. C型92M1：68、70

第七章　多学科研究

第一节　新乐遗址碳-14检测报告

一　放射性碳素测定年代报告

1. 辽宁省沈阳市文物管理办公室提供标本

辽宁省沈阳市北陵新乐宿舍（北纬 41° 47′，东经 123° 23′）四侧台地高出地面 4 ～ 5 米，出土文化分上下层，上层以扇等三足器为主，下层以篦纹红陶为主。木炭标本系 1973 年采自 2 号灰坑下层。原编号：新乐 HZ 下层。

ZK-267 沈阳北陵出土木炭标本：

6145±120　5975±120

公元前 4195 ～前 4025 年

2. 辽宁省沈阳市文物管理办公室提供标本

1978 年 10 月采自辽宁省沈阳市北陵新乐遗址（北纬 41° 47′，东经 123° 23′）探方 1 下层，第 2103 号房子中因原始火灾烧存的木结构，有细石器、篦纹陶共出。原编号：新乐 78r1F2103，发掘报告见《考古学报》1978 年第 4 期。

ZK-667 沈阳北陵新乐遗址出土标本：

6620±150　6430±150

公元前 4670 ～前 4480 年

中国社会科学院考古研究所实验室

二　加速器质谱（AMS）碳-14 测试报告

送样单位：沈阳市文物考古研究所

送样人：李树义

测量时间：2015 年 6 月

Lab 编号	样品	样品原编号	出土地点	碳 -14 年代（BP）	树轮校正后年代	
					1σ（68.2%）	2σ（95.4%）
BA141705	炭样	2014HXF1	沈阳市皇姑区龙山路新乐遗址	6200 ± 30	5220B.C（7.3%）5200B.C 5170B.C（60.9%）5070B.C	5300B.C（4.4%）5240B.C 5230B.C（91.0%）5050B.C
BA140706	炭样	2014HXF3		6020 ± 25	4950B.C（52.0%）4880B.C 4870B.C（16.2%）4840B.C	5000B.C（95.4%）4840B.C

注：所用碳 -14 半衰期为 5568 年，BP 为距 1950 年的年代。树轮校正所用曲线为 IntCal04（1），所用程序为 OxCalv3.10（2）。

Reimer PJ, MGL Baillie, E Bard, A Bayliss, JW Beck, C Bertrand, PG Blackwell, CE Buck, G Burr, KB Culter, PE Damon, RL Edwards, RG Fairbanks, M Friedrich, TP Guilderson, KA Hughen, B Kromer, FG McCormac, S Manning, C Bronk Ramsey, RW Reimer, S Remmele, JR Southon, M Stuiver, S Talamo, FW Taylor, J van der Plicht, and CE Weyhenmeyer. 2004 Radiocarbon 46:1029–1058.

Christopher Bronk Ramsey 2005, www.rlaha.ox.ac.uk/orau/oxcal.html.

北京大学加速质谱仪实验室
第四纪年代测定实验室
2015 年 6 月 9 日

三 新乐遗址加速器质谱（AMS）碳 -14 测试报告

送样单位：沈阳市文物考古研究所
送样人：李树义
测量时间：2016 年 11 月

Lab 编号	样品	样品原编号	出土地点	碳 -14 年代（BP）	树轮校正后年代	
					1σ（68.2%）	2σ（95.4%）
BA160805	榛子壳 3 块	F16-1	沈阳市新乐遗址，新乐文化下层	6205 ± 30	5218B.C（9.6%）5205B.C 5167B.C（58.6%）5076B.C	5290B.C（6.9%）5247B.C 5231B.C（88.5%）5055B.C
BA160806	榛子壳 3 块	F16-2	新乐文化下层	6165 ± 35	5207B.C（7.7%）5193B.C 5183B.C（47.8%）5091B.C 5082B.C（12.7%）5059B.C	5216B.C（95.4%）5011B.C
BA160807	黍子结块	F2	新乐文化下层	5910 ± 30	4825B.C（4.7%）4818B.C 4801B.C（63.5%）4727B.C	4844B.C（95.4%）4715B.C
BA160808	栎属壳 3 块	345	新乐文化下层	5970 ± 30	4900B.C（26.7%）4865B.C 4854B.C（41.5%）4799B.C	4943B.C（95.4%）4781B.C

BA160809	黍子结块	544	新乐文化下层	6040±30	4991B.C（65.0%）4906B.C 4863B.C（3.2%）4858B.C	5016B.C（95.4%）4844B.C
BA160810	苹果属果实1粒	344	新乐文化下层	5970±25	4898B.C（29.0%）4866B.C 4852B.C（26.1%）4826B.C 4817B.C（13.1%）4802B.C	4934B.C（95.4%）4791B.C

注：所用碳-14半衰期为5568年，BP为距1950年的年代。树轮校正所用曲线为IntCal13 atmospheric curve（Reimer et al 2013），所用程序为OxCal v4.2.4 Bronk Ramsey（2013）；r:5.

Reimer, P.J., Bard, E., Bayliss, A., Beck, J.W.,2013 IntCal13 and Marine13 radiocarbon age calibration curves 0-50,000 years cal BP, Radiocarbon 55, 1869-1887.

Christopher Bronk Ramsey 2015, http://c14.arch.ox.ac.uk/oxcal/OxCal.html.

北京大学加速质谱仪实验室
第四纪年代测定实验室
2016年11月1日

第二节 新乐遗址出土炭化植物遗存研究

安静平、靳桂云、王海玉、李树义*

新乐遗址位于辽宁省沈阳市皇姑区新乐街道龙山路北的黄土台地上，南临浑河故道，是一处新石器时代的聚落遗址[1]。1973～1992年沈阳市文物考古研究所等单位先后五次对该遗址进行发掘，2014年在遗址考古发掘预留区内再次进行了200平方米的考古发掘。前五次发掘过程中采集了少量炭化植物遗存，包括木炭和炭化种子、果实，但是均为肉眼可见的标本。王富德等先生曾对遗址1979年发现的炭化植物遗存进行鉴定，发现包括栎的叶痕及种实、榛的果壳、杏及枣的果核、山楂以及山荆果实、悬钩子叶痕及榆的炭化古木[2]。为了更好地完成新乐遗址发掘报告的编写工作，沈阳市文物考古研究所和新乐遗址博物馆将采集的全部可见标本均送至山东大学植物考古实验室进行了再鉴定。

一 材料与方法

本次送至山东大学植物考古实验室的样品来自于不同的发掘年份和不同的遗迹单位，包括1978

* 安静平、靳桂云：山东大学历史文化学院；王海玉：山东省石刻艺术博物馆；李树义：沈阳市文物考古研究所。

[1] 于崇源：《沈阳新乐遗址第二次发掘报告》，《考古学报》1985年第2期。

[2] 王富得、潘世泉：《关于新乐出土炭化谷物形态鉴定初步结果》，《新乐遗址学术讨论会集》，沈阳市文物研究办公室内刊，1983年。

年 F2，1981 年 F3、F5，1982 年 F6，1991 ～ 1992 年 F16。这些样品均为发掘者肉眼采集，因为没有经过植物考古系统浮选工作，而且肉眼采集的样品具有很强的主观性和偶然性，不能完全代表整个遗址的植物利用情况，统计分析时具有较大的局限性，此处仅为我们认识该遗址的生业经济提供一定参考。

样品在山东大学植物考古实验室进行分类、植物种属鉴定和拍照。鉴定使用尼康 SMZ100 显微镜，拍照使用尼康数字相机系统（DS-5M-L1），植物种属鉴定参考实验室收集的现代植物标本、古代植物标本以及各类植物鉴定图谱[1]。

二　鉴定结果

鉴定结果显示，新乐遗址保存的炭化植物遗存包括草本植物和木本植物两大类，其中草本植物仅鉴定出禾谷类植物黍（*Panicum miliaceum* L.），而木本植物则包含有多种果实类植物，具体为榛科榛属（*Corylus* L.）、蔷薇科杏属（*Armeniaca* Mill.）、蔷薇科苹果属（*Malus* Mill.）以及壳斗科栎属（*Quercus* L.）（见表 7-1）。

表 7-1　遗址炭化植物遗存鉴定结果与初步分析

藏品号	出土单位	收藏位置	鉴定结果
544	F2	考古所	炭化带壳黍子结块
Z1054	F2	新乐馆	炭化带壳黍子结块
Z1050	F2	新乐馆	榛科榛属壳、蔷薇科杏属山杏核
Z1052	F2	新乐馆	山杏核
Z344	F3	考古所	蔷薇科苹果属果实
Z345	F5	考古所	壳斗科栎属壳和果仁
1	F16	新乐馆	榛属壳
2	F16	新乐馆	榛属壳
3	F16	新乐馆	榛属壳

根据发现遗迹单位的不同分别进行介绍：

F2 采集的炭化植物遗存现分别收藏于考古所和新乐馆两处，包括种子和果实两类。种子经鉴定，均为带壳炭化的黍，较为纯净，偶见木炭和禾本科茎秆掺杂其中，整体炭化胶结为一体，不可计数。将单个黍剥离下来进行观察，发现单粒黍子颗粒饱满，初步测量不带壳粒长约 1.5 ～ 2.0 毫米，带壳粒长约 1.7 ～ 2.3 毫米（彩版一七一，1 ～ 3）。其中样品 Z1054，黍子结块紧实，表面一侧见弦纹印痕，考虑到遗址所出陶器外壁多绘制有此类纹饰[2]，推测应是黍子在炭化过程中紧靠陶器表面压印所致（彩版一七一，4）；果实经鉴定，包括 2 片残碎的蔷薇科杏属山杏核，山杏核表面较光滑，中间突起，边缘扁平有沟棱，虽然大多数保存并不完整，但是保存有较为完整的边缘和中间结构，可

[1] 刘长江、靳桂云、孔昭宸：《植物考古——种子和果实研究》，科学出版社，2008 年。国家林业局国有林场和林木种苗工作总站主编：《中国木本植物种子（第一版）》，中国林业出版社，2001 年。

[2] 于崇源：《沈阳新乐遗址第二次发掘报告》，《考古学报》1985 年第 2 期。

以较为明显地辨识出为杏核（彩版一七一，5、7）；7片残碎的榛科榛属壳，疑为榛子的果壳残块，上有纵向并列的长约1毫米的细密裂线（彩版一七一，6）。

F3采集的炭化植物遗存经鉴定为蔷薇科苹果属果实，共6粒，其中2粒为较为完整的苹果属果实，剩余4粒均残，较为完整的果实近圆球形，长约6.5、宽约6毫米。其中残缺的1粒，从剖面可见果实内部可划分为不同的心室，每个心室内保存有1粒种子，种子呈不完全对称的卵形，一边稍厚，另一边稍薄（彩版一七一，8）。

F5发现的炭化植物遗存包括3片残碎的壳斗科栎属壳和半枚栎属果仁。果仁饱满，一端圆润，一端收缩略尖，果仁表面有纵向并列的裂纹（彩版一七一，9），较之外壳表面的裂纹较为粗稀（彩版一七一，10）。

此外，F16也出土有榛科榛属壳，疑为榛子果壳的残块，残碎严重，约有30片左右，但是表面可见纵向并列的细密裂线（彩版一七一，11）。

三 初步讨论

1. F2功能推测

目前为止，全部炭化黍遗存均采集于房址F2。关于F2的性质，发掘者曾推测其为氏族成员集会、议事或氏族首领居住的地方，同时兼为公共劳动的场所[1]。F2为半地穴式房址，长11.10、南北宽8.60米，总面积95.5平方米。西、北壁略向外鼓，其余两壁基本平直，四角为圆角。整个地表为烧结面，中心有火塘，径1.40米，周边已经烧成暗紫色的硬面[2]。发掘报告记载炭化谷物出土在房址东南角柱附近的盆形坑里与西南地面上。东南角附近分布面广，堆积较厚，应为人类集中活动的地点。

由鉴定可知，F2发现的炭化黍谷壳完整，有的还可看出壳内有仁，属于未经研磨加工的谷物遗存。与此同时，F2还出土有五套石磨盘和石磨棒，而且集中出土细石器及其加工的石片[3]，似乎进一步暗示了F2有着石器加工和粮食加工的功能。

2. 生业经济初探

与新乐遗址地理位置相同的新石器时代遗址有更早的兴隆沟遗址、年代相近的查海遗址以及年代相对较晚的王家村遗址。兴隆沟遗址第一地点发现有粟黍植物遗存[4]和家猪动物骨骼[5]，但是粟黍在尺寸和形态上还保存了较为浓厚的野生祖本特征；动物考古方面，除了部分猪骨具有家猪特征，大量出土的是野生动物如马、鹿等的骨骼。总之，遗址当时虽然有了植物驯化和动物饲养，但是狩猎和采集经济仍然在生业经济中占比较重要的地位。相似的现象亦见于查海遗址，查海遗址发现了

[1] 于崇源：《沈阳新乐遗址第二次发掘报告》，《考古学报》1985年第2期。

[2] 于崇源：《沈阳新乐遗址第二次发掘报告》，《考古学报》1985年第2期。

[3] 于崇源：《沈阳新乐遗址第二次发掘报告》，《考古学报》1985年第2期。

[4] 赵志军：《探寻中国北方旱作农业起源的新线索》，《中国文物报》2004年10月11日。

[5] 袁靖：《中国古代的家猪起源》，西北大学考古学系、西北大学文化遗产与考古学研究中心编《西部考古》（第一辑），三秦出版社，2006年。

大量可食野生植物资源，如山杏、榛子、豆科植物种子等，没有发现炭化农作物遗存[1]，但是值得注意的是，在该遗址出土有一些属于农田杂草的植物遗存，如禾本科狗尾草、马唐属等，不排除该遗址会出土农作物遗存的可能性。就目前的植物考古数据来看，在查海遗址采集经济在社会生活中还占有很重要的地位。到了小珠山文化的王家村遗址，就已经形成了粟黍旱作农业[2]。

具体来看农作物情况，兴隆沟遗址第一地点、新乐遗址以及王家村遗址均有炭化黍谷物遗存出土，而且均在农作物组合中显示出了重要地位。在兴隆沟遗址第一地点，炭化黍在农作物中数量最多，近 1500 粒，占种子总数的 15%，炭化粟仅数十余粒[3]。王家村遗址则经历了粟黍在地位上的转化，遗址在小珠山三期时黍的数量多于粟，但是出土概率不如粟，到了小珠山五期粟的数量远高于黍，但是出土概率却低于黍[4]。新乐遗址发现了较多黍结块，至少说明黍在这一时期是有一定产量的。

黍属（Panicum）在禾本科中是一个大属，包含约 400 个种，其中究竟哪一种是栽培作物黍的野生祖本不太清楚，但是常见的黍属植物的种子一般为长扁形，腹部扁平，背部微隆，长度在 1 毫米左右。现在黍的谷粒为圆球状，直径在 2 毫米左右[5]。兴隆沟遗址第一地点黍均长 1.6 毫米，最大长达 1.8 毫米，赵志军先生认为，兴隆沟遗址第一地点出土的糜子虽然从形态和尺寸上仍保留浓厚的野生祖本特征，但是表明当时已经出现了初期的植物栽培活动[6]。王家村遗址出土的黍长径多在 2 毫米左右[7]，无疑已经属于栽培黍的范围。对比新乐遗址出土的炭化黍，不带壳粒长约 1.6 ～ 2.0 毫米，带壳粒长约 1.7 ～ 2.3 毫米，由此推测，新乐遗址发现的黍至少应该处于驯化过程中。

根据现代样品的对比分析推测，粟黍这两种小米在其驯化过程中，籽粒的进化取向应该是逐渐有小变大、由长变圆、由瘪扁变丰满[8]。从三个遗址黍的粒型和尺寸变化来看，确实有随着时间的发展，黍粒的尺寸有一个逐渐变大的过程（表 7-2）。

表 7-2　各个遗址炭化黍粒型和尺寸情况

遗址名称	时代	黍
兴隆沟遗址第一地点	兴隆沟文化中期（约 7500 ～ 8000BP）	黍长鼓圆形，背部腹部均高高隆起，均长 1.6、最大长达 1.8 毫米
新乐遗址	新乐下层文化（6800 ± 145a BP ～ 7245 ± 165a BP）	不带壳粒长约 1.5 ～ 2、带壳粒长约 1.7 ～ 2.3 毫米
王家村遗址	小珠山三～五期文化（约 4600 ～ 4000BP）	尾部翘起、突出，整体呈倒心形，胚区倒“V”形，长径多在 2 毫米左右

[1] 王育茜、吴文婉、辛岩、靳桂云、王海玉：《辽宁阜新查海遗址炭化植物遗存研究》，2012 年第 4 期。

[2] 马永超、吴文婉、王强、张翠敏、靳桂云：《大连王家村遗址炭化植物遗存研究》，《北方文物》2015 年第 2 期。

[3] 赵志军：《中国古代农业的形成过程——浮选出土植物遗存证据》，《第四纪研究》2014 年第 1 期。

[4] 马永超、吴文婉、王强、张翠敏、靳桂云：《大连王家村遗址炭化植物遗存研究》，《北方文物》2015 年第 2 期。

[5] 赵志军：《中国古代农业的形成过程——浮选出土植物遗存证据》，《第四纪研究》2014 年第 1 期。

[6] 赵志军：《探寻中国北方旱作农业起源的新线索》，《中国文物报》2004 年 10 月 11 日。

[7] 马永超、吴文婉、王强、张翠敏、靳桂云：《大连王家村遗址炭化植物遗存研究》，《北方文物》2015 年第 2 期。

[8] 赵志军：《中国古代农业的形成过程——浮选出土植物遗存证据》，《第四纪研究》2014 年第 1 期。

四 结语

从现有植物考古材料来看，遗址发现的炭化黍遗存从形态和尺寸上均显示出驯化黍特征，这说明在新乐遗址植物栽培已经出现。与此同时，果实类资源在遗址出现的不仅数量较多，而且种类也较为丰富，至少反映了当时先民植物性食物来源较为丰富，果实类资源在植物性食物结构中还占有比较重要的地位。依据植物、孢粉化石研究结果可知，新乐下层文化时期，在遗址及其附近在坡地上是以栎树为主，在林间以及林缘生长有榛子、枣、山杏、山里红、悬钩子、胡桃等野生果树[1]，可见古人可以获取丰富的可食性野生植物资源。此外，在遗址东西向台地南侧有一条古河道在此经过，每当雨季河水泛滥，鱼蚌、水禽很有可能为新乐人提供了丰富的渔猎资源[2]，但是关于渔猎情况还需要更多动物考古的证据。

总之，新乐遗址虽然出现了植物栽培行为，但是采集狩猎方式很有可能仍然在生业经济中占有比较重要的地位。

第三节 新乐遗址所出石器淀粉粒分析报告

王强、姜富胜*

受沈阳市文物考古研究所委托，山东大学历史文化学院考古系对沈阳新乐遗址所出部分石器进行了淀粉粒分析（图 7-1；彩版一七二，a）。共在 15 件标本上进行采样，包括 4 件石磨盘、8 件石磨棒、2 件石刀以及 1 件刮削器。

一 研究方法

考虑到石器在埋藏过程中可能被周围土壤所污染，因此在对样品进行淀粉粒提取时，均先使用超纯水对器物表面进行冲洗，以做成背景比对样品，这可为以此方法研究特定器物功能提供更为科学的参考数据。具体采样时，根据石器尺寸以及石质特征，我们采用了两种提取方法，包括超声波清洗仪振荡处理以及超声牙刷刷取。在操作时对不同部位分别进行提取，以便探讨其功能。现将超声波清洗仪振荡处理提取方法介绍如下：

（1）用煮过的坩埚钳将石器放入合适的烧杯中，并加入超纯水。

（2）将装有石器的烧杯放入超声波水槽中，清洗 10mins，功率为 500W × 50%。

（3）从超声波水槽中取出烧杯。

（4）用煮过的坩埚钳将石器从烧杯中取出。取出时，用反渗透水在烧杯口清洗石器。

（5）将烧杯中的溶液静置 24 小时以使淀粉粒充分沉淀。

（6）轻轻倒掉烧杯中的上清液。将剩余液体轻轻倒入塑料离心试管中。清洗烧杯，将清洗的水

* 王强、姜富胜：山东大学历史文化学院考古系。

[1] 刘牧灵：《新乐遗址的古植被和古气候》，《考古》1988 年第 9 期。

[2] 刘牧灵：《新乐遗址的古植被和古气候》，《考古》1988 年第 9 期。

也倒入离心试管中。

（7）用反渗透水加满离心试管，在3000rpm转速下离心10mins。

（8）倒掉上清液后加入5%的Calgon。

（9）振荡后，放入离心机离心，2000rpm转速下离心1min。

（10）倒掉上清液，再重复8～9，直到溶液清澈。

（11）清洗Calgon，3遍。每次振荡然后在3000rpm转速下离心10mins。

（12）倒掉上清液及漂浮杂质，放入适量比重为1.8克/厘米^{3}的Cscl重液，充分震荡混合。

（13）称量，对称离心。在2000rpm转速下离心10mins。

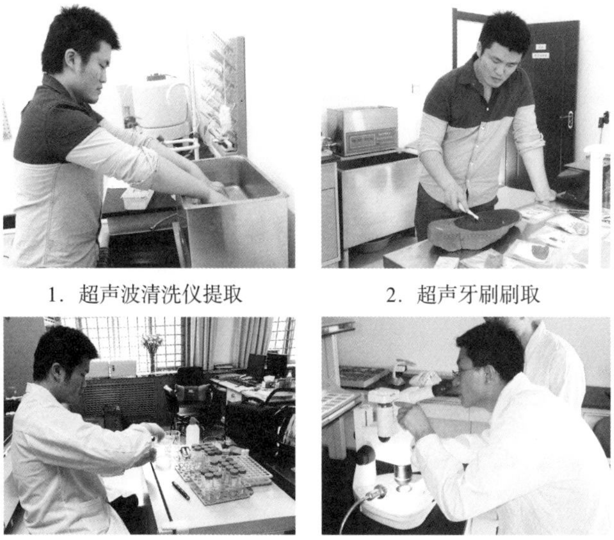

1．超声波清洗仪提取　2．超声牙刷刷取

3．实验室处理　4．显微镜下观测

图7-1　石器淀粉粒提取及实验室分析

（14）将上清液轻轻倒入另一个新的带有刻度的塑料离心试管中。

（15）用反渗透水加满新试管，在3000rpm转速下离心10mins。

（16）将上清液轻轻倒入装有废重液的容器中。

（17）重复（15）、（16）两遍。

（18）对试管底部的富集溶液用甘油装片。

（19）镜下观测。

超声波牙刷刷取仅是步骤（1）～（3）的提取工具改为牙刷，余下步骤（4）～（19）与上述超声波清洗仪振荡处理方法相同，不再赘述。

由于淀粉粒是一种半晶体，在偏光显微镜下出现十字消光现象，观察时首先在200倍偏光环境下进行，发现淀粉粒后转到400倍或600倍下进行详细观测，观测内容包括存在方式、形状、脐点的位置及状态、裂隙形状、层纹有无、表面特征以及长短轴数值等。综合考量这些参数特征并与现代植物淀粉粒数据库进行比对，从而对所发现淀粉粒进行分类及鉴定。

二　分析结果

共在15件器物上进行淀粉粒提取，其中石刀78F2上：5、石磨棒2014F1：1、石磨棒2014F1：12、石磨盘F3：150四件器物各个部位均未提取到淀粉粒，其余11件器物上均提取到淀粉粒（表7-3；彩版一七二，b）。具体情况详述如下：

A类（图7-2，1）　5粒。脐点居中，闭合。近椭圆形，无层纹，无裂隙，表面光滑。长径范围为8.69～14.49μm，均值为11.91μm。短径范围为7.83～13.00μm，均值为10.96μm。与现代植物淀粉粒数据库比对后，定为壳斗科栎属（*Quercus*）。

B类（图7-2，2）　至少40粒，相互叠压，无法统计准确数字。部分为复粒形态。脐点居中，闭合。主要为圆角三角形，也可见椭圆形。可见层纹，无裂隙，表面光滑，偏光下消光臂斜交呈X形。

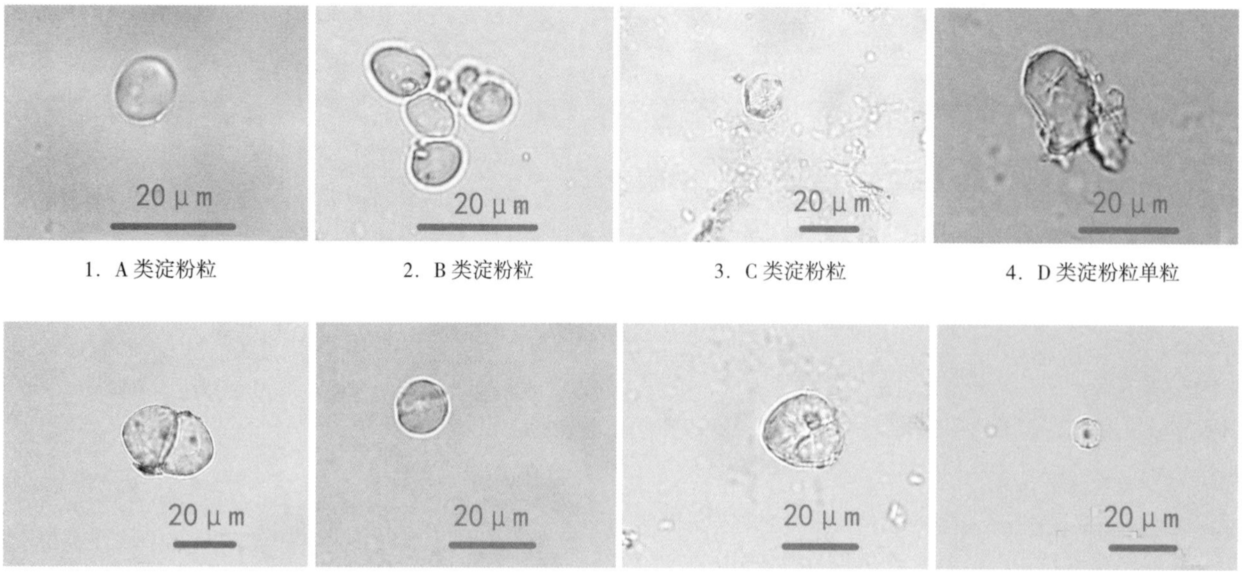

1. A类淀粉粒　2. B类淀粉粒　3. C类淀粉粒　4. D类淀粉粒单粒

5. D类淀粉粒复粒　6. E类淀粉粒　7. F类淀粉粒　8. G类淀粉粒

图7-2　新乐遗址石器上发现的淀粉粒

长径范围为7.16～14.49μm，均值为10.01μm。短径范围为6.21～10.32μm，均值为8.43μm。与现代植物淀粉粒数据库比对后，定为壳斗科栗属（*Castanea*）。

C类（图7-2，3）　7粒。脐点居中，开放。主要为多边形，也可见圆角矩形及椭圆形者。无层纹，可见一字型或放射状裂隙，表面光滑。长径范围为14.20～17.92μm，均值为15.97μm。短径范围为11.77～15.93μm，均值为13.83μm。与现代植物淀粉粒数据库比对后，定为禾本科薏苡属（*Coix spp.*）。

D类（图7-2，4、5）　4粒。有1粒为复粒形态，另有1粒有一非常明显且整齐的侧边，也应是从复粒上脱落。脐点偏心，主要为开放，也有闭合形态。形状包括椭圆形、圆角三角形及多边形。部分标本可见微弱层纹，有的标本可见一字型及放射型裂隙，表面光滑，个别标本可见褶皱及小凹坑。在偏光情况下，消光臂斜交。长径范围为17.04～21.41μm，均值为19.33μm。短径范围为12.44～17.98μm，均值为15.81μm。与现代植物淀粉粒数据库比对后，定为块根块茎类植物，具体种属有待将来进一步研究。

E类（图7-2，6）　2粒。脐点居中，闭合。近圆形，偏光环境下十字消光较弱。可见模糊层纹，无裂隙。表面可见小凹坑，旋转后可见一字型凹痕。一粒长径为19.96μm，短径为19.45μm；另一粒长径为12.31μm，短径为11.50μm。与现代植物淀粉粒数据库比对后，定为禾本科小麦族（the Tribe Triticeae）。

F类（图7-2，7）　2粒。脐点居中，开放。在偏光下，消光臂斜交，消光区域广阔。其中1粒为圆角三角形，可见微弱层纹，中间有一字型裂隙，表面可见褶皱。长径为22.39μm，短径为18.73μm；另1粒略呈多边形，可见微弱层纹，不见裂隙，表面可见凹坑。长径为25.60μm，短径为 21.50 μm。此两粒经与现代植物淀粉粒数据库比对后，定为豆科（Leguminosae），其中第 2 粒的总体形态和尺寸非常接近野大豆。

G 类（图 7-2，8）2 粒。脐点居中，闭合。近圆形，无层纹，无裂隙，表面光滑。1 粒长径为 7.93 μm，短径为 7.68 μm；另 1 粒长径为 6.67 μm，短径为 5.47 μm。由于具备此类不典型特征的淀粉种类很多，所以其具体种属无法确定。

表 7-3　新乐遗址淀粉粒分类统计表

器物编号	器物类型	样品来源部位	提取方式	淀粉粒数量	淀粉粒类型	总数合计
F2：42	石磨棒	使用面	冲洗	1	薏苡属	1
		使用面	超声牙刷	0	—	
		非使用面	冲洗	0	—	
		非使用面	超声牙刷	0	—	
F2：47	石磨盘	正面	冲洗	0	—	3
		正面	超声牙刷	0	—	
		背面	冲洗	1	栎属	
		背面	超声牙刷	2	栎属及待定属	
F2：190	石叶刮削器	主刃	冲洗	0	—	1
		主刃	超声清洗仪	0	—	
		次刃	冲洗	0	—	
		次刃	超声清洗仪	1	块根块茎类	
F3：154	石磨盘	正面	冲洗	0	—	大于 41
		正面	超声牙刷	大于 40 粒，存在复粒形态	栗属	
		背面	冲洗	1	豆科	
		背面	超声牙刷	0	—	
F3：157	石磨棒	使用面	冲洗	1（2 个单粒组成的复粒）	块根块茎类	1
		使用面	超声清洗仪	0	—	
		非使用面	冲洗	0	—	
		非使用面	超声清洗仪	0	—	
73A1：37	石磨棒	使用面	冲洗	3	小麦族及薏苡属	5
		使用面	超声清洗仪	2	栎属及薏苡属	
		非使用面	冲洗	0	—	
		非使用面	超声清洗仪	0	—	

器物编号	器物类型	样品来源部位	提取方式	淀粉粒数量	淀粉粒类型	总数合计
73A1：42	石磨棒	使用面	冲洗	0	—	2
		使用面	超声清洗仪	1	块根块茎类	
		非使用面	冲洗	1	薏苡属	
		非使用面	超声清洗仪	0	—	
73A1：10	石磨盘	正面	冲洗	0	—	3
		正面	超声牙刷	0	—	
		背面	冲洗	1	待定属	
		背面	超声牙刷	2	栎属及薏苡属	
73H1：1	石磨棒	使用面	冲洗	1	小麦族	1
		使用面	超声清洗仪	0	—	
		非使用面	冲洗	0	—	
		非使用面	超声清洗仪	0	—	
78F2上：6	石刀	使用面	冲洗	0	—	1
		使用面	超声清洗仪	0	—	
		非使用面	冲洗	1	栎属	
		非使用面	超声清洗仪	0	—	
82：116	石磨棒	使用面	冲洗	0	—	3
		使用面	超声清洗仪	3	豆科、薏苡属及块根块茎类	
		非使用面	冲洗	0	—	
		非使用面	超声清洗仪	0	—	
总数合计						大于62

三　认识与讨论

由上述实验结果可见，淀粉粒总体数量不多，甚至还有4件器物上完全没有采集到淀粉粒，这是与本遗址埋藏的小环境有关抑或其他原因造成，有待将来进一步确认。

就已提取到的60多粒淀粉来看，至少代表了六种植物种属，包括壳斗科的栎属与栗属，禾本科的小麦族与薏苡属，豆科以及块根块茎类。就这六种植物种属来看，同属壳斗科的栎属与栗属是北方地区常见的坚果类植物，其果实橡子和板栗是史前时期先民重要的食物来源，在我国多个史前时期遗址中也均有发现。属于禾本科的小麦族植物，情况比较复杂，目前在很多考古遗址中均发现过此类淀粉，其是否可以进一步鉴定到种属一级以及其中是否有栽培种属还都有待于将来进一步研究和确认。薏苡属也是一种很重要的食物来源，在多个遗址中也都发现有薏苡属淀粉粒，但关于其是否栽培，尚不明确。豆科淀粉中发现一粒淀粉非常接近野大豆，这很值得引起注意，希望将来可结合此区域更多资料探讨大豆的起源和利用问题。块根块茎类淀粉由于缺乏可以鉴定到种属的数据库，也有待于将来进一步深入。总体而言，淀粉粒的分析结果足可表明新乐遗址先民植食食谱的广泛性。但在其种类中，我们尚未发现有明确的栽培作物，特别是北方地区习见的旱地作物粟黍类也不见踪影。因此通过淀粉粒分析的结果可以看出新乐遗址先民主要的生计模式应为采集经济，至于是否存在栽培作物尚无法确认。

由于此次淀粉粒分析，我们采用不同方法从不同部位进行了淀粉粒提取，这就为我们探讨器物功能提供了可能。其中石磨盘 F3：154、石磨棒 73A1：42 以及石磨棒 82：116 三件标本由于在同一部位的冲洗样品中均未发现淀粉粒，而通过超声手段提取的样品中均发现有淀粉，这就可以很好的排除埋藏过程中周围土壤沾染的可能，因此可以用淀粉粒数据探讨其功能。由上文实验结果可知，石磨盘及石磨棒工具组合应是一种多功能工具，尤其是石磨棒 82：116，其上面同时发现了三种植物淀粉。新乐先民使用这套工具组合加工坚果类、块根块茎类、豆科以及禾本科植物种子或果实。至于其中的一件石叶刮削器（F2：190），我们在其一条刃缘上通过超声波清洗仪提取到了 1 粒块根块茎类植物淀粉，而此刃边的冲洗样品中未发现任何淀粉，这就可以排除埋藏过程中周围土壤的沾染的可能，因此此粒淀粉可以用来探讨其功能，虽然数量仅为 1 粒，但因其有效性，我们也可由此推断此石叶刮削器可能用来刮削过块根块茎类植物，这为此类工具功能的研究提供了科学证据。另一件石刀，由于仅在其非使用端冲洗样品中发现了淀粉，因此不具备探讨其功能的可能。

第八章 结语

第一节 新乐文化

一 氏族繁荣时期聚落址

新乐遗址是以新乐文化为主要遗存的遗址，从已发现、发掘的考古资料看，遗址东西长近300、南北宽约100米，以位于遗址中部的大型房址为核心，中型、中小型、小型房址分布在大型房址周围。

遗址南侧早年已被破坏，遗址内现代建筑、建筑基础、管网设施等对遗址内遗迹造成不同程度的损毁和覆盖。虽然经过多次抢救清理和发掘，对遗址全貌而言目前还属于局部发掘。从遗址内房址遗迹平面布局和分布范围和发掘面积分析，这里存在的房址数量要远大于目前所发现的房址数量。

二 聚落址布局、规划与建筑

半地穴式木结构房屋是新乐文化中文化特征之一。沈阳地区地处在北方，属北温带，虽然四季分明，但冬季时间较长，而气候寒冷，只有建筑牢固的可抵御风雨和寒冷的房屋，防止自然界不利因素的侵害，才是长期定居于此地的保证。房址的牢固性在新乐遗址房址建造中多有表现，F2是一座大型房址，遗迹现象也保存较为完整，沿穴壁一周发现柱洞34个，二层柱子13个，三层柱子6个，计有53个柱子。二层柱子的四个角柱较粗大，其中最大的直径0.56、柱洞深1.05米。诸多粗大柱子、稳定的支撑点，体现出房址的稳固性。CDF7是小型房址，面积不足8平方米，有9个靠壁柱为木架结构支撑点，也充分体现出房子稳固性。建造牢固的房屋是追求长期居住的目地。

遗址内房址排列紧密，分布的较为均匀，房址之间距离一般5～10米，最小的距离仅2米左右，即有一定的活动空间，又相互关系紧密，但始终没有发现相互打破和叠压遗迹现象，说明房屋建筑在布局是有规划的。

三 不同类型的房址

目前大型房址发现3座，中型房址4座，中小形房址15座，小型15座。大型房址面积最大的是F27，面积约140平方米。中型房址面积60～70平方米，如F12。中小型房址面积25～40平方米，如F18。小型房址面积多在10～15平方米，最小的房址如CDF7，面积仅约7.8平方米。比较房址面积，大型房址约是中型房址的2倍，小型房址的10倍。

房址大小，反映出氏族社会内部不同氏族成员的不同需要。在研究探讨氏族社会中大、小不同房址的功用，也一直是原始社会形态的课题。

1. 小型房址与中小型房址

遗址内小型房址的功用或属于“对偶婚”的社会形态。

2. 中型房址

中型房址是与围绕在小型房子、中小型房子关系最近的，或是胞族在氏族内相对存在的体现。

3. 大型房址

房址F2：展现出加工、制作、生产场面。房址内出土有五套磨盘、磨棒，有成片堆积用于制作陶胎器的沙土，出土成套未经使用过的陶器，有较集中出土打制细石器石叶、石片区域，用于加工的玉质雕刻器、砥石等，均可证明这是一处具有制作石器工具、制作陶器、全面显现技能的场所。

出土的玉质类工具和饰品，说明居住在这里的玉器所有人其与众不同的高贵与身份。出土的炭化木雕艺术品，或与原始宗教、图腾崇拜有关。仅从木雕工艺而言，已是一件十分珍贵的艺术品。

遗址内发现有3座大型房址，是同时存在，还是不同时期，在遗迹关系上没有相互打破、叠压，年代测定和类型学研究方面无比较，目前无定论。

新乐遗址处于母系氏族繁荣时期，仅有简单原始的生产工具，生产能力低下。建筑建造或大或小的房子，特别是大型房子建造所需人力、物力，可想而知。

新乐遗址西侧的火石厂发现一处遗址文化面貌相同的地点，可证实新乐遗址有相对的氏族关系，是否还有另外氏族定居于附近目前尚不可知。

四　经济形态

经济形态与自然环境、气候条件关系密切，在新石器时代浑河是在新乐遗址南侧流过，向西与蒲河、辽河相汇合。下辽河流域被史家称为“辽泽”，在距今7000年左右，正是全新世以来最大海侵时期，全球海平面平均上升4米左右[1]。“辽泽”起于沈阳西北部沈北新区黄家乡一带，向南属于下辽河流域的冲积平原，而浑河在古代应入“辽泽”。新乐遗址位于浑河古代河岸北侧，位于南侧沈阳市区地势平坦，地表下多为河砂砾堆积，这种地质现象至现浑河南岸。沈阳市城区与下辽河地区同处于下辽河平原沉积区，具有大致相同的第四纪沉积环境[2]，或可说浑河出辽东山地后，即已进入辽泽东部边缘的范围内，淡水产品成为这里丰富的自然资源。

新乐遗址所处的黄土台地，素有长白山余脉之称，古代植被经王富德对发现的炭化植物遗存进行鉴定，发现包括栎的叶痕及种实、榛的果壳、杏及枣的果核、山楂以及山荆果实、悬钩子叶痕及榆的古炭化古木等树种[3]。经刘牧灵对F8、F3房址14个地层样品分析，新乐文化时期植被依据植物、孢粉化石鉴定可以推断，在新乐遗址及其附近，当时的植被是以多种多样的落叶阔叶树为主，并以

[1] 朱玉荣：《末次冰消期以来渤、黄、东海陆架潮汐、潮流演变过程模拟研究》，《青岛海洋大学学报》第32卷第2期。

[2] 万波等：《沈阳市城区第四纪地层的划分》，《东北地震研究》第十七卷第二期。

[3] 王富得、潘世泉：《关于新乐出土炭化谷物形态鉴定初步结果》，《新乐遗址学术讨论会集》，沈阳市文物研究办公室内刊，1983年。

榆树和栎树为常见，与草本植物一起组成一个基本缺乏针叶树种的森林草原型的植被景观。在坡地上是以株树为主，在林间及林缘可能生长有裸子、枣、山杏、山里红、悬钩子、胡桃等野生果树。在平原肥沃湿润地带或沼泽、河边等地则有茂密的柳、榆等树种，还发现有湿生的苔草[1]。

从遗址中发现从事经济生产活动工具主要有狩猎的石镞、骨镞和捕捞用的石网坠。石镞、骨镞，不论是琢制或磨制，均尖锐锋利，虽然没发现弓，难以认定弓力，从镞本身形制看，具有一定的贯穿力。发现的打制网坠个体较大，从网坠打出用于结索的缺口观察，网索较粗，直径约 0.3 ～ 0.5 厘米，相对网的目数偏大，这种网具属于拉网或围网，所捕获的鱼类个体数相对较大。狩猎、捕捞随季节而变化。出土可食用野果类遗物证明，采集经济随季节时有发生。发现的经烧过的猪、羊类动物和禽类骨骼残骸，是人工驯养还是狩猎所得，还需更多的资料证明，但是定居生活状态已为人工驯养提供了必要条件。

F2 内出土石磨盘、石磨棒基本完整的有五套，发现有较多的炭化粟黍类谷物，也有成片的砂土堆积。经对诸多石磨盘、石磨棒使用磨痕观察，石磨盘、石磨棒表面有细齿状平行条磨痕，表明所推磨加工的物品高于石磨盘、石磨棒的硬度。磨棒材质多为花岗岩，在这种材质的工具上能形成细齿状平行条磨痕而非谷物所能。

炭化粟黍类谷物是采集还是人工栽培，目前的结论“粟黍在尺寸和形态上还保存了较为浓厚的野生祖本特征”[2]；不可否认当时的人已经清楚到这种黍类谷物的食用性，也是后来中国北方的主要农业产品之一，或可说新乐人对原始农业的认知已经发生。新乐文化以渔猎和采集为基本经济来源，是与丰富的自然资源状况条件息息相关，正是有良好的经济形态与自然环境，适于生产、生活、繁衍生息而选择于此[3]。

五　原始工艺与技能

新乐文化遗物有打制石器、磨制石器、细石器、玉器、陶器、骨器、煤精制品、木雕品、石墨、赤铁矿石等。从这些遗物观察分析，可看到当时已经掌握和使用的工艺和技能。

（一）石器

新乐遗址出土石器种类丰富。打制石器有敲砸器、砍砸器、刮削器、石网坠、石镐形器、石锥、石核。磨制石器有石磨盘、石磨棒、石斧、石凿形器、石刃器、石镞、沟磨石、砥石、研磨器等。细石器有石镞、尖状器、刮削器、石叶、石核。

1. 打制石器

打制石器（1）最简单的是石网坠的横向锤击。（2）砍砸器、敲砸器、石片刮削器从周缘向中间连续锤击。这是石器制作最为原始的方法，石器形态与旧石器时代石器几乎没有区别。

[1] 刘牧灵：《新乐遗址的古植被和古气候》，《考古》1988 年第 9 期。孟方平：《新乐拾羽》，《新乐遗址学术讨论会文集》，沈阳市文物研究办公室内刊，1983 年。

[2] 本报告第七章第二节。

[3] 周阳生：《新乐文化聚落形态及社会性质初探》，《史前研究》2002 年。

2. 磨制石器

磨制石器在造形以前，首先打制出初形，再经琢制、砥磨成型。“特别是裁断石材的划断工艺，在较精致的石料上使用的普遍，打击、琢、磨各道工艺，都是每件磨制石器共见的。划断工艺新乐石器的特点之一”。

3. 细石器

（1）石叶之所以规整平直，是压剥技术较高的体现。窄石叶多在石核的两条棱线之间选择压剥点，宽石叶多在石核的三条棱线之间选择压剥点，从窄石叶数量较多这一点来考察，我们可以说新乐的石叶是多选择石核两条棱线之间进行压剥工艺的。(2) 窄石叶多用作刀刃，很少见到第二步加工，宽石叶正相反，因多用作石镞或尖状器的石材，所以第二步的压剥加工是较普遍的。（3）无论窄石叶与宽石叶当作为石刃用时，压成即用，很少进行第二步加工。（4）虽然从宽石叶制作的尖状器上看到从破裂面向背面加工的标本，但是无论窄石叶与宽石叶大多是从背面向破裂面加工，所以从背面向破裂面加工，是新乐细石器工艺特点之一。（5）叶形束铤石族，铤部缺口进行打击，两边进行压制，是打击与压剥共见于一器的实例[1]。

也有学者对新乐发现的细石器种类与形制、制作工艺及特点专题进行了研究，并对石叶、石镞、尖状器制作方法进行考证，指出细石器在新乐文化中占有重要地位[2]。

制作石器的原料多选用沉积岩、安山岩、砾岩、页岩、玛瑙、燧石、石灰岩等。

打制石器中砍砸器、敲砸器、石片刮削器，多采用石质坚硬安山岩。网坠多为经河水冲击后较圆滑扁平的河卵石作为原料。

磨制石器多选用砾岩、石灰岩、砂岩、页岩、花岗岩、安山岩、沉积岩、辉绿岩。石斧多采用辉绿、安山岩、变质岩，磨制工艺精细。石镞采用灰绿色页岩，两面磨刃。磨盘、磨棒采用花岗岩、砾岩、砂岩等结晶颗粒较大的岩类，以花岗岩居多。

细石器多用燧石、碧玉、玛瑙、安山岩等制作。

可以说新乐先民已经掌握各类石材的岩性，依据岩性，制作出不同种类、形式的石制工具。

大部分石料在遗址南部浑河故道和阶地的砾石层内都能得到[3]，而燧石、玛瑙、玉类、石墨、赤铁矿石矿物原料来源于其他区域。

（二）玉器

玉器发现有石刃器和玉珠，数量较少，玉石刃器属于雕刻类工具，刃部锋利，表面经抛光，器身光亮晶莹。玉串珠有大小二种，较大者多为圆鼓形，直径多在 1 厘米左右，多为对磨钻孔，小串珠扁圆形，直径多在 0.5、厚多在 0.25 厘米左右，单面钻孔，孔径约 0.25 厘米左右。发现的玉料有切割后所剩的边角料，证明玉器加工制作工艺和钻孔技术已经十分成熟。从玉质观察基本属于岫玉，玉料来源应该是辽东山地的岫岩一带。

---

[1] 佟柱臣：《新乐遗址新石器的考察》，《辽海文物学刊》1989 年第 1 期。

[2] 周阳生：《新乐文化细石器及其相关问题》《史前研究》2004 年。

[3] 常乐：《新乐文化石器制作工艺考察》，《福建文博》2015 年第 12 期。

（三）骨器

骨器有骨柄、骨锥、骨笄、骨镞等，均为磨制工艺制作，均出土于F2，因被火烧过，呈色白，易折易碎。新乐遗址土壤微酸性，使骨类遗物难以保存，在F2被火烧过得以幸存。

但可说明骨器和骨制品是新乐文化存在的基本事实，是否还有其他形制的骨器尚有待新的发现。

（四）煤精制品

煤精制品是新乐遗址发现的较为突出的文化现象，其中主要器型有泡形器、球形器、耳珰形器，成品均表面光洁。从发现的煤精半成品，可见制作过程是经琢坯、刮削、磨光、抛光工艺成型。

出土的原材料说明，此类遗物全部是在新乐遗址本地制作的产品。煤精来源自新乐遗址东部约40千米的抚顺市，“新乐遗址中所发现煤的成因类型和烛煤的煤岩特征及性质完全与抚顺煤田本层煤相似，而新乐遗址中煤的变质程度与抚顺煤田西部本层煤相同。”[1]

（五）木雕

有两面雕刻，图案相同，浅浮雕、局部半透雕的木雕品，为新乐文化添加了神秘的色彩，被誉为“史前原始艺术品佳作”。图案抽象化，夸大化，或者说有复合动物的倾向。应是史前先民的思想感情，理想意念及综合心理的有机产物，是远古先民为表达现实生活和精神世界而制作的精美的艺术产品。

因此，在人们的观察中，即像鹰、又像鹏、又像凤、又像鱼、又像鹊，目前已有多种观点，有认为是“原始图腾之徽帜”，属于实用“凤簪”[2]。

（六）陶器

新乐文化的陶器具有明显的特点，器型以大小不同的深腹罐为主，还有陶钵、斜口异形器、陶杯等。陶器均为手制，陶胎多掺加夹细砂，泥质陶较少，多采用泥片接筑法，先制底后加壁，泥片接筑以上部泥片在内侧叠压下部片的外侧，断面观察可见有明显斜碴面。外壁的有泥浆陶衣，内壁多经压光，器壁薄厚均匀，陶杯多采用捏制法。较大型深腹罐通高在50厘米以上，而且器壁不足1厘米，小型陶器最薄者仅0.3厘米左右。

陶器口沿处多修整出1～3凹带，以有两周凹带的器物为见。也有直口、无凹带的罐类。

陶器表面饰纹，是又一特征。陶器外壁腹部至底多通体施纹，并以复合纹为主。施纹方法均用单体施纹工具在陶器表面压印或划压，口沿处分常见有划压斜线纹、短斜线纹、网格纹、篇织席纹，腹部至底多施竖压印横排之字纹、横压竖排之字纹、压印弦纹、压印篦弦纹、篇织席纹、划压网格纹等复合纹，所表现的纹饰具有一定的图案化，如篇织席纹、网纹、菱格纹。压印之字纹以单体工具连续移动施纹，压印弦纹、压印篦弦纹以长条形单体工具接续移动施纹[3]。

[1] 辽宁省煤田地质勘探公司科学技术研究所：《沈阳市新乐遗址煤制品产地探讨》，《考古》1979年第1期。

[2] 孙庆永、王菊耳：《新乐木雕艺术品初探》，《新乐遗址学术讨论会文集》，沈阳市文物研究办公室内刊，1983年。周阳生：《新乐遗址出土的史前木雕品研究》，《中国历史文物》2009年第4期。周阳生、陈俏蕾：《新乐遗址出土的史前木雕品用途再探》，《史前研究》，2009年。

[3] 于崇源：《新乐下层陶器施纹方法的研究》，《辽宁省考古博物馆学会会刊》1981年第1期。

陶器火候普遍偏低，陶质稍软，有一定的吸水性，陶色不纯正，这与陶窑的形式有关，目前在遗址区内仍没有发现陶窑遗迹。在F13灶址内出土的小深腹罐F13：146，是件完整的未经使用过的新陶器，或是一种暗示，长期保持燃火的灶，是否就是新乐先民烧造陶器的陶窑。

陶器以褐陶、红褐陶、黑灰陶为主，也有红陶、灰陶，器型稍大的陶器外侧多为褐陶、红褐陶，而内壁与外壁的颜色完全不同，多灰黑色、黑褐色，这是陶器口部在下，底部在上陶器覆烧所形成的外红褐内而灰黑，是陶土中三氧化二铁还原与不还原形成的差别现象。陶色为黑灰陶的陶器基本属于中小型器物，在烧造火候上明显偏低，吸水性更强，要在没有全部封闭形陶窑而使陶土中三氧化二铁还原的状况下烧出黑灰色陶器，只有将大小不同的陶器套扣在一起，套在外面的大型陶器形成封闭状态，内部的陶器不与空气接触，若以有一定湿度有青草填于两件陶器之间，经过“焖烧”而显现出新乐特有的炭黑色陶器。

新乐文化中陶器类型、制陶工艺、施饰方式、复合纹饰图案化，是区别不同考古学文化和类型的主要依据。

六　年代与时段

目前已有对新乐遗址出土的炭化标本进行碳-14测定的年代共计有10个。

1．经中国社会科学院考古研究所对F1下层火膛旁出土的木炭ZK267碳-14测定，其结果距今6145±120年（公元前4195±120年），树轮校正年代为6800±145年。

2．F2发掘出的炭化木柱，经中国社会科学院考古研究所碳-14测定（2K-667），树轮校正年代距今7245±165（5295 B.C）年。

2014年送北京大学加速器质谱实验室、第四纪后代测定实验室测定碳-14样本8个；2014XF1（F28）炭样碳-14年代（B.P.）6200±30，树轮校正后年代共有4个，最高数值为5240 B.C，最低数值为5050 B.C；2014XF3（F30）炭样碳-14年代（B.P.）6020±25，树轮校正后年代共有3个，最高数值为5000 B.C，最低数值为4840 B.C。F16-1炭化榛子壳碳-14年代（B.P.）6205±30，树轮校正后年代共有4个，最高数值为5290 B.C，最低数值为5055 B.C；F16-2炭化榛子壳碳-14年代（B.P.）6165±35，树轮校正后年代共有3个，最高数值为5207 B.C，最低数值为5011 B.C；F2炭化黍碳-14年代（B.P.）5910±30，树轮校正后年代共有3个，最高数值为4844 B.C，最低数值为4715 B.C；另有3个样品出土部位不明故略。

如上炭化样本碳-14年代的树轮校正后距今7200年以上的碳-14年代共有5个，分别是F2炭化木柱、F28木炭、F30木炭、F16炭化榛子壳，其中最高数值为5295 B.C，最低数值为5055 B.C；碳-14年代测定稍晚的是F1木炭树轮校正年代为6800±145年。

综合分析新乐文化炭化样本的碳-14测定年代在5295 B.C～4800 B.C之间，从对现代科学技术、科研方法和水平认同角度出发，新乐遗址相对存在的历史时间段约在300～400年左右。目前不少学者提出过新乐文化分期问题，赵宾福、杜战伟在《新乐下层文化的分期与年代》《文物》2011年第3期。据较房内遗物与柱坑内遗物和器型变化较分三组，并以三组代表年代早晚关系。

本文认为压印之字纹深腹罐中Aa型Ⅰ式、A b型Ⅰ式、Ac型Ⅰ式，口沿处无凹带，饰纹仅为单一压印之字纹，属于初期深腹罐因素。而Aa型Ⅱ式、Aa型Ⅲ式、Aa型Ⅳ式、Ab型Ⅱ式、Ab型Ⅲ式、Ab型Ⅳ式、Ac型Ⅱ式、Ac型Ⅲ式、Ac型Ⅳ式，口沿出现一至二凹带，饰纹出现复合形式，属于后期因素。

目前对新乐年代分期难点首先是没有遗迹之间地层关系、打破叠压关系，二是各房址出土深腹罐类器物从口沿特征、饰纹方式、器型较为接近。如F2出土陶器40件，陶片数千片，在器类、器型和饰纹与其他房址内所发现的陶器相对比，均有相同之处。F2因火焚毁，至发掘时保持焚毁倒塌原状，有可能是遗址本身的最后时刻，如是，F2出土的为晚期遗物。

七 新乐文化重要意义

1973年首次在新乐遗址发现此文化后，提出了“新乐文化”概念，并“是东北地区新石器时代的早期文化，相当黄河流域的仰韶文化，长江流域的河姆渡文化时期；为研究东北新石早期文化和研究带有细石器文化传统的文化，带来一次突破。”[1]“新乐遗址出土细石器，带来了文化概念的重大突破；新乐文化填补了辽河流域史前文化的空白”[2]。之后在沈阳周围地区的新民高台山、公主屯，辽中大黑岗子，法库佘家堡子、康平王全、修李窝堡砂场、四家子等地先后发现了一批与新乐文化面貌、文化特征基本相似的遗址，表明新乐文化有其一定的分部范围。新乐文化在考古文化区分上“属于东北文化区，在相对独立的文化区系区域范围、地域特征属于下辽河流域”[3]，有的学者称之为辽中区。在东北地区新石器文化的时空框架内属于第一阶段的前期[4]。新乐文化处于下辽河平原地区，在文化交流层面讲可谓“四通八达”，在对东北文化区内的诸新石器考古学文化和文化类型之间相互关系研究，无疑有其重要的学术价值和重要地位[5]。1993年，苏秉琦先生为《沈阳文物》创刊号题词：“沈阳市有‘两宝’”，一个就是新乐遗址。

第二节 偏堡文化

1956年在沈阳市新民县偏堡沙岗遗址采集到打制石器、磨制石器、细石器、陶器等，其中有1件大口深腹罐，为夹砂红陶，手制，里外磨光，壁较薄，就式样或装饰花纹来看，很少见。同时“采集到比较典型的陶片百余片，大部分陶片都有花纹，少数是素面。花纹均装饰在口缘或腹部的器面上。纹饰的做法有三种：一种是刻划，主要有斜线纹、斜点纹、交叉纹、锯齿纹、三角纹、人字形

[1] 曲瑞琦：《试论新乐文化》，《新乐遗址学术讨论会文集》，沈阳市文物研究办公室内刊，1983年。

[2] 周阳生：《浅谈新乐遗址在辽河流域史前文化研究中的地位》，《史前研究》2006年。黎家芳：《新乐文化的科学价值和历史地位》，《辽宁省本溪丹东地区考古学讨论会文集》，1985年。

[3] 郭大顺：《东北文化区的提出及意义》，《边疆考古研究》第一辑。张忠培：《辽宁古遗存的分区、编年及其他——环渤海考古学术讨论会上的发言》，《辽海文物学刊》1991年第1期。

[4] 赵宾福：《东北新石器文化格局及其与周边文化的关系》，《中国边疆史地研究》2006年6月第16卷第2期。

[5] 周阳生：《新乐文化源流及相关问题》，《中日古人类与史前文化渊源关系国际学术研讨会文集》。王闯：《新乐文化与周边文化关系研究——陶器文化因素分析》，《纪念沈阳新乐遗址发现四十一周年暨沈阳新乐遗址博物馆建馆三十周年学术研讨会论文集》。张星德：《下辽河流域新石器文化的年代及谱系问题初探》，《边疆考古研究》（第8辑），科学出版社，2009年。

纹；一种是用细泥条附加在器面上，其中也有在器面直接捏起的，但数量极少。纹饰主要有平行线、直行线和波纹线，有的上层是两道平行线，下层是两道平行波纹线。有的上层是一道、两道或三道平行线，下层是直行线或直行波纹线。也有上层是平行叶状带而下层是直行线的。也有刻划、附加泥条两种方法并用的。或者在泥条上再刻划成斜点纹或锯齿纹；一种是压印，只采得 2 片。一片是比较整齐的横竖成排的暗纹，一片是较深的交错的指甲状纹”[1]。虽然调查报告中没有全面发表所得资料，从发表的大口深腹罐和遗物特征描述初步认识了这种文化的面貌。

在新民东高台山第二次发掘中，在地层堆积和遗迹打破关系上明确了偏堡类型的年代晚于高台山一期，早于高台山文化（墓葬）类型，推测其年代应在距今 5000 年左右[2]。

1981 ～ 1982 年在对新乐遗址抢救清理发掘其间，在 80T1 地层内再次发现新乐文化、偏堡类型和新乐上层文化的地层关系。80T1 ④层内遗物以夹砂红褐陶和夹滑石红褐陶为主，主要器形有大口罐等，遗物基本特征属于偏堡类型[3]。

1981 年曲瑞琦先生依据新民偏堡沙岗、高台山，沈阳铁西肇工街、新乐等遗址的调查与发掘资料，命名“偏堡类型”为一种新的考古学文化类型[4]。

1989 年中国社会科学院考古研究所发表了《沈阳肇工街和郑家洼子遗址的发掘》材料，丰富了偏堡类型的内涵[5]。

1990 年 4 月辽宁省文物考古研究所、吉林大学考古学系、旅顺博物馆在瓦房店市长兴岛三堂村发现二期文化遗存，属于第一期文化遗存遗迹有灰坑、房址和墓葬，“一期文化盛行的口沿贴附加堆纹，腹贴窄细条堆纹的筒形罐、壶以及壶腹上刻划双线组成的三角纹带内填平行线纹等，与辽宁新民偏堡遗址、东高台山遗址和沈阳肇工街遗址出土的同类器相似，年代亦应大体相当[6]。估定在距今 4500 ～ 5000 年之间。

进而考古学者结合多年以来在下辽河流域、辽东山地、辽南沿海所发现的典型、或近似于偏堡文化类型的文化类型提出“偏堡文化”概念[7]。也有的学者认为“区域相关遗存不宜统称为同一种考古学文化”，“偏堡类型与三堂一期文化认定为同一种考古学文化，建议称之为偏堡类型”[8]。南宝类型、北沟文化、偏堡类型在时空框架内属于相近时段，其内在文化因素分期、文化类型之间的相互关系，目前正在研究讨论中[9]。新乐遗址发现的偏堡文化类型遗物或对上述相关课题提供珍贵资料。

[1] 东北博物馆文物工作队：《辽宁新民县偏堡沙岗新石器时代遗址调查记》，《考古通讯》1958 年第 1 期。

[2] 沈阳市文物管理办公室：《新民东高台山第二次发掘》，《辽海文物学刊》1986 年第 1 期。

[3] 沈阳新乐遗址博物馆、沈阳市文物管理办公室：《辽宁沈阳新乐遗址抢救清理发掘简报》，《考古》1990 年第 1 期。

[4] 曲瑞琦：《沈阳地区新石器时代的考古学文化》，《辽宁省考古、博物馆学会成立大会会刊》，1981 年。

[5] 中国社会科学院考古研究所东北考古队：《沈阳肇工街和郑家洼子遗址的发掘》，《考古》1989 年第 10 期。

[6] 辽宁省文物考古研究所等：《辽宁省瓦房店市长兴岛三堂村新石器时代遗址》，《考古》1992 年第 2 期。

[7] 李恭笃、高美璇：《试论偏堡文化》，《北方文物》1998 年第 2 期。

[8] 华玉冰：《偏堡类型相关遗存的比较研究》，《庆祝宿白先生九十华诞文集》，科学出版社，2012 年。

[9] 朱永刚：《辽东地区新石器时代含条形堆纹陶器遗存研究》，《青果集——吉林大学考古专业成立二十周年考古论文集》，知识出版社，1993 年。张翠敏：《论辽南地区偏堡类型因素》，《东北史地》2004 年第 4 期。陈国庆、张鑫：《北沟文化分期与渊源考》，《边疆考古研究》（第 13 辑），科学出版社，2013 年。陈全家、陈国庆：《三堂新石器时代遗址分期及相关问题》，《考古》1992 年第 3 期。华玉冰：《偏堡类型相关遗存的比较研究》，《庆祝宿白先生九十华诞文集》，科学出版社，2012 年。

第三节 新乐上层文化

新乐上层文化是在新乐遗址试掘中有明确地层关系的青铜时期文化，陶器以夹砂红褐陶为主，泥片接筑而成，多素面无纹。甗腰多有附加堆纹一周。器形以鼎、鬲、甗等三足器为主，桥状耳、鋬耳、瘤状大量使用。大型器如鬲、瓮较多，罐、壶、碗、钵常见，也有少量的杯、豆等。磨制石器多见穿孔石刀、石斧、石镞、磨棒和棍棒头、网坠等[1]。经过对重点保护区和一般保护区内的发掘和勘查，发现了房址1座，灰坑16个，灰沟7条，土坑墓10个，祭祀坑1处，瓮棺墓葬2个，对新乐上层文化面貌有了比较全面的认识。

房址平面推测为椭圆形，半地穴式，有门道，在房址中部发现一处烧烤面，在穴壁处有柱洞。

灰坑多圆形、圆角长方形，平底或凹底。

从墓葬分布状况看，排列不整齐，不密集，较分散，虽三五成群，墓向也不一致。墓葬形式为土坑竖穴墓，多圆角长方形，均属于单人，规模较小，竖穴较浅，个别的有浅二层台。葬式基本为侧身屈肢葬，无葬具。随葬器较少，基本为陶器，1～3件不等，火候较低，器表面粗糙，器型稍小，器形简单。主要为矮腹平底钵式罐和双耳、瘤耳罐、长颈壶及纺轮等。陶质多为夹砂红褐陶、褐陶，手制，火候较低，器表无磨光较粗糙，无陶衣。有的器物颈底部饰一周锥刺纹或附加堆纹。

瓮棺葬所用陶瓮器型较大，平置套合，此类遗物陶片在遗址内发现比较普遍，或为实用器物。

近年在沈阳地区和新乐遗址周边地区先后发现了新乐上层文化遗址70处，其中经过清理发掘有的辽宁大学“学生宿舍楼”地点、“研究生教学楼”地点、“水木清华”地点和八王遗址、百鸟公园遗址、千松园遗址、工美学院地点、郭七遗址、郝心台遗址等[2]，使这一文化的基本面貌、特征和遗址分布更加清晰明朗。已有许多专家学者从不同角度对新乐上层文化进行了综合分析研究[3]，本文所介绍的遗迹、遗物资料补充对新乐上层文化认知有重要意义。

第四节 春秋战国时期

郑家洼子文化类型在遗址区内未见文化层堆积，典型遗物多发现在新乐上层文化之后的地层和

[1] 沈阳市文物管理办公室：《沈阳新乐遗址试掘报告》，《考古学报》1978年第4期。

[2] 赵晓刚、付永平：《辽宁大学青铜时代遗址发掘报告》，《边疆考古研究》（第5辑），科学出版社，2007年。沈阳市文物考古研究所：《沈阳百鸟公园遗址考古发掘报告》，《沈阳考古文集》（第1集），科学出版社，2007年。沈阳市文物考古研究所：《沈阳八王寺地区考古发掘报告》，辽海出版社，2011年。《沈阳炮师千松园遗址考古发掘报告》，《沈阳考古文集》（第2集），科学出版社，2009年。

[3] 赵宾福：《中国东北地区夏至战国时期的考古学文化研究》，科学出版社，2009年，第195～218页。赵晓刚：《沈阳地区新乐上层文化墓葬初步研究》，《沈阳考古文集》（第1集），科学出版社，2007年。霍东峰、华阳：《试论新乐上层文化》，《辽宁省博物馆馆刊》（第3辑），辽海出版社，2008年。霍东峰、华阳、付琚：《新乐上层文化研究》，《边疆考古研究》（第7辑），科学出版社，2008年。徐欣：《新乐上层文化经济模式分析》，《辽宁省博物馆馆刊》（第3辑），辽海出版社，2008年。华阳、付琚、霍东峰：《新乐上层文化墓葬浅析》，《东北史地》2009年第2期。付永平：《关于新乐上层文化相关问题的探讨》，《东北史地》2011年第2期。赵晓刚：《沈阳地区新乐上层文化初探》，吉林大学硕士论文，2006年。

灰坑、灰沟内而不同于新乐上层文化和战国时期燕文化特征，与典型郑家洼子文化类型遗物相同，是战国燕文化抵达此地之前以曲刃式青铜短剑为代表的考古学文化类型，发现的遗物虽不丰富，但是又不可不提出这一文化类型在遗址内的存在。

战国后时，燕有辽东，始于“燕有贤将秦开，为质于胡，胡甚信之。归而袭破走东胡，东胡却千余里。燕亦筑长城，自造阳至襄平。置上谷、渔阳、右北平、辽西、辽东郡以拒胡。”[1]“顷襄王十八年（前281年），楚人有好以弱弓微缴加归雁之上者，顷襄王闻，召而问之。……北游目于燕之辽东……”[2]，在“燕有辽东”至秦灭燕的六、七十年之间，燕国在辽东地区修筑长城，设置郡县，特别是公元前220年后，燕王喜徙居辽东，辽东郡已成为燕国最后根据地，这一时期的辽沈地区的主要是燕文化。从多年考古发掘、调查资料观察分析，在辽河以北的法库、康平境内基本上没有发现战国、两汉时期的遗存，仅在法库与彰武交界的马鞍山采集1件典型燕式高柄豆残片，可见燕、秦、汉时期，康法地区不在其文化分布之内。近年，在沈、抚地区的浑河北岸发现属于燕、汉时期烽燧址，对此孙守道先生有专题论述[3]，新乐遗址发现的烽燧址当为其中之一。灰坑、灰沟出土的遗物与“皇太极商业广场”第⑥层遗迹内出土的遗物特征基本一致[4]。

第五节　其他遗迹

沈阳老城区在辽代为辽沈州所在地，在沈阳市北侧黄土台地上已发现有辽代墓葬多处。在新乐遗址西部约3千米处有辽代修建的无垢净光舍利塔。1991年在新乐遗址发掘中，发现清理2座辽代砖室墓葬，应属于辽代家族墓地。

清代墓葬在遗址内发现多座，新乐遗址位于清皇太极昭陵西侧，清代在陵寝范围除了寝宫围墙之外，还立有红桩、白桩、青桩之格局，新乐遗址位于白桩与青桩之间。据史料记载青桩上写有：“军民人等不得取土、取石、砍伐、采摘，违者论罪；陵区重地，风水攸关，设立界桩禁止采樵、耕种”等字样。新乐遗址区域内属于青桩范围之内，发现的墓葬时间从出土的钱币年号分析约在道光年间。墓中所葬之人应该有皇族血统或身份。

清代砖窑

清初建造昭陵时需用大量的砖瓦，故在陵寝外侧相邻近的黄土台地上，多建有烧制砖瓦的“马蹄”窑，就地取材，烧砖瓦。如今在地名上尚未可见到的东瓦窑、西瓦窑的地名。新乐遗址内共发现3座这一时期的窑址，多为砖窑。

---

[1]　《史记·卷一一〇·匈奴列传第五十》，中华书局，1982年。

[2]　《史记·卷四十·楚世家第十》，中华书局，1982年。

[3]　孙守道：《汉代辽东长城列燧遗迹考——兼论辽东郡三部都尉治及若干近塞县的定点问题》，《辽海文物学刊》1992年第2期。

[4]　沈阳市文物考古研究所：《沈阳市皇太极商业广场考古发掘》，《沈阳考古文集》（第2集），科学出版社，2009年。

附表一　新乐文化出土遗物登记表

单位编号	砍砸器	敲砸器	石片刮削器	尖状器	石核	石砧	锥钻器	石铲	网坠	石片刮削器	石叶刮削器	尖状器	石镞	石片器	石叶	石核	石斧	石刃器	石镞	石镐	石磨盘	石磨棒	沟磨石	砺石
F1	8	17	14						3	3	64	34	8			1	7		12		18	20	2	6
F2		11	16						3	2	189	32	30		50	2	6	1	17		6	10	11	1
F3	7	19	27						13		26	9	9		14	6	2		6	2	8	6	1	2
F4			5									2	2		4									
F5	4	4	7						1	1	14	4						1	5		4	6		1
F6	7	11	17						4		14	2	4		9		3		3		3	5		6
F7	9	11	7						5	3	16		2				1		3		5	7		2
F8	6	10	17						9		37	11	1		5		1		3		7	7	1	2
F10	5	6	5									2			1				2		4	7	2	1
F11	1	9	11																		3	6		1
F12	7	14	67					1	13	2	32	8				4	2	2	12		9	11	1	8
F13	11	23	15					1	8		14	5	2	7			2		5		12	9		4
F14		14	19					1	4						1		1		1		5	8		1
F15	5	30	30						5	1	28	9	3				1	2	10		5	16		10
F16	4	28	8						6		7		1	4			1				4	8		1
F17	1	1									4											3		
F18	5	24	13						1		6	1					3				5	6		5
F19		16	18						1		4		1	2					1		2	3	1	2
F20		3	5						1		5	2									4	6		
F21	1	4	1								2	3					2				1	1		
F24	1	17	19		2				4		1		3						1		2	4		1
F25	5	3	8						1		1						2				6	1		1
F26	3	4	13								1							1				3		
F27	2	12	24						10	1	2						1		1		3	5		3
F28	2	1	15	1	1				2													5		2
F30		6	3																					1
CDF1		3	1							1	3								1		2	2		
CDF2	1	3	3			1	2	1	1		10	5	3						3		2	3	1	1
CDF3		1											1		3						1	1		
CDF4	2	3	3								6	1							1		3	1		1
CDF5		4	3		1							1			4									
CDF6	1	3	11								1										1	3		1
CDF7	1	2	8								4													1
CDF8	2	2	8							1	3								1					2
CDF9	2	1	12						2		5	4							5		1	1		
〇六 F1			4						1		1													
〇六 F2	4	8	4	1					3		11	1	2				1				5	3	4	1
〇六 F2K1		2	5	1																				
〇六 F2K2	1	2	5	1							1	1					1				1			
〇六 F5	2										1			1	2		1		1		1			
87 〇六 T1H1		2	4								1						1	1						
小计	110	334	455	4	4	1	1	4	101	15	514	137	72	14	93	13	39	8	94	2	133	177	24	68

研磨器	压磨工具	石球	石泡	雕刻器	石镞料	玉器	深腹罐	大口罐	钵	杯	斜口器	陶球	圆片	陶泡形器	泡形器	圆球形器	耳珰形器	半成品	料	骨器	果核	柱石	石墨	铁矿石	其它	合计
				2	13	1	25		1	1	1	1			9	5	6	1	4		5					292
		1			6	18	31	2	3					2	9	7	2	2	6	20		4	3	6	54	563
2	1					1	20		1	1	2				8	12	5	4	7		1	1	2	1	42	268
							1			1				2												17
1					1		19		1				1		4	1									4	84
1							11		1	1					3	1	5	2								113
	1				1		10	1	1						4	1	1	3	5					1		100
	1			1	1	3	23	1	1	1					7	9	1		8			1	1	1		177
							1								1	1		2	1							41
							1								2	2										36
		1	1		7	2	18		3					1	6	9	2	2	1				1		25	272
2					2		36	1	3				1		11	8	3	2	2				1	1	1	192
3							6		3	1					5	2			5						2	82
2		1				2	39	1	4			1	4	1	11	5	1	3					1	1	8	240
1							4		2		1				2	1			4							87
							2						1			1										13
					9		9			1				1		1			2							92
					1		16		2	1					7	3	1	2	3		1					88
					5		3						1			1										36
		1					8		2							2	1									29
2		2			2		9		3				1		1											75
							1		1	2					1	1			2							36
1							1																			27
							8		1																1	74
		1				1	7									2			5							45
							2									1			1							14
							1								1											15
1						1	7	1		2				1	1			2							1	57
							1								2											10
					1		12		1						1		1		1						2	40
							1																			14
							7							1												29
							6																			22
							4																			23
							11		1		1				4											50
							5																			11
							12		1					3	6	8	1	1	3							83
							1																			9
							7				1															21
						2	10		2			1				1			4					1		30
							3		1																	13
16	3	7	1	3	49	31	399	7	39	12	6	3	9	12	106	85	30	26	64	20	7	6	9	12	140	

附表二　新乐上层文化出土遗物登记表

单位编号	砍砸器	敲砸器	石片刮削器	石叶刮削器	石镞	网坠	锤	石刀	石斧	石球	石矛形器	石镞	石磨盘	石磨棒	磨石	料
F31（14F4）			1					2	1							1
73A1H1														1		
73T2H2									2							
73A5H1								1								
○六 KBT3H2								1								
○六 KBT4H1																
○六 KBT6H1								1								
○六 KBT6H2																
○六 KBT6H3																
T0703H5																
T0803H1																
T0803H5																
T0903H3																
14H1			3					1								
14H2																
14H3			1													
14H4		1				1		1								
BLSG1								1			1	1				
T0105G1																
T0601G1																
T0902G1																
T1104G2		3	2			2	1							1	1	
14G1		4	6					4	1	2					2	2
14G2																
83 ○六 KBT6M1																
83 ○六 KBT6M2																
83 ○六 KBT6M3																
83 ○六 KBT1M4																
83 ○六 KBT6JK																
T0101M1																
T0301M1																
T0802M1																
T0903M1																
T0903M2																
TG2M1																
83 ○六 CM1																
小计																
73A1												1				
73A3						1										
73A5								1								
73A7																
73A8									1			2				
73A9																
73T1														1		
73T2																
78A10②	2	6	3			4		5	1			1			1	5

石刃器	甗	鬲	鼎	瓮	深腹罐	罐	壶	甑	钵	豆	碗	盏	口沿	钵	纺轮	网坠	耳	底	其它	合计
				2		6									1		2	3	18	37
								1			1								3	3
																			2	2
			1				1												3	3
																			1	1
			1			1									1			1	4	4
1			1								1		5				1	6		15
			1										1				1		3	3
			1																1	1
												1							1	1
						1								1			2	2	6	6
		1	1														2	2	6	6
	1																2	1	4	4
			1														1		3	6
		1					1										1		3	3
						1													1	2
													5				2	4	12	14
													3		1		1		8	8
			2										2				4	3	11	11
	1		4										2				4		11	11
			1										1			1	1	1	5	5
		1	2					1					2		1			5	14	22
	2		1						1					3	2		3	5	28	38
																	1		1	1
						2									1				3	3
						1	1												2	2
							1												1	1
												2							2	2
						1													1	1
							1												1	1
							1												1	1
						1													1	1
						1	1												2	1
							1												1	1
				2															2	2
																				1
																				1
																				1
						1											3			4
																				3
													1					1		1
	1	1	3		5								2	1	1		1			16
			1														1			2
															4	2				34

80T1			1	1				1								
80T3			4													
80T9									1	1						
80T11	1		4	2		1			1				1			1
82T13				1												
83〇六 KBT1	1	1	1					2	2						1	
83〇六 KBT2														1		
83〇六 KBT3	1							1						1		
83〇六 KBT4	5	2						1	2							
83〇六 KBT5																
83〇六 KBT6																
83〇六 KNT4								1								
83〇六 KNT6																
83〇六 KNT7														1		
87〇六 T1								2								
87〇六 MG		3				1										
83CDT2				1								2				
82117LTG		1												1	1	
84119LTG								2								
87116LG	1													1	2	
T0108																
T0110																
T0111																
T0401②				1	1			2				5	1		1	
T0401③	2	3	2						1					2		
T0402		1														
T0403	1	1	3			1					1			1		
T0404	1	7						2	2				2	6	4	
T0501																
T0502				1												
T0503																
T0504		1											1			
T0601		2	2			1							2	1		
T0602						1								1	1	
T0604		2				2			1				4	2	1	
T0702		1														
T0703						1		2						1	1	
T0704	1	5	4			2		3	2				2			1
T0801																
T0802		3	4						1					2		
T0803	2	2	2			3		1	1					1		
T0804		4	5				1	1		1			1	1	5	
T0902																
T0903		4		1		1		1						1		
T0904			1			1		1							1	
T1003								1	3							
T1004	1	1	1											1	1	
T1103	1															
小计	20	50	37	8	1	20	1	30	19	2	1	11	14	26	20	7

												1								4
																			1	5
																				2
																			2	13
																			1	2
	1												1		2		1	2	1	16
			1										1				2			5
		1	1					1					2		7		1		3	19
			2					2				1					2	1		13
			1										1	1			1			4
																			1	1
													1							2
															1		1	1		3
																				1
																				2
															2	1			1	8
		2										1	3				2			11
																				3
			3										1		1		1	1		9
																				4
																	1			1
													3	2				3		8
	1								1						1			1		4
									1				7		1					20
						6													4	20
																			2	3
						1		1											1	11
	1												2		2		2	5		36
							1											1		2
						1							1							3
	2		1			1							2				1	1	1	9
		1											1						1	5
																		1		9
																				3
			2			5												1	1	21
													4							5
												1						1		7
	2	2	3												1	2	2	1	1	34
													1							1
						1							1				2	1		15
	1		2		5	1			1				2		1		1	5	1	32
			4			3	1			2	1		4		1		2	2	1	40
			1										1			1	1	1	1	6
	1							1							2	1	2	1		16
	1		4			1	1									1	3			15
		1	1										1					1		8
	1		1							1									1	9
																				1
	12	8	31		10	21	3	5	3	3	1	3	44	4	27	8	33	32	25	521

后 记

2011年6月4日上午，国家文物局局长单霁翔在辽宁省副省长滕卫平的陪同下视察了新乐遗址。单霁翔局长在视察过程中，“主要询问了重点保护区的‘边线界定’问题、考古发掘及《新乐遗址发掘报告》编写情况”。自此，《新乐遗址发掘报告》列入了沈阳市文物考古研究所和新乐遗址博物馆工作计划。2012年4月27日，国家文物局批准了辽宁省文物局上报的《新乐遗址发掘报告》等4部考古发掘报告出版计划，并要求另行申请出版补助经费。2012年7月10日上午，在新乐遗址博物馆召开《新乐遗址发掘报告》编写工作启动会议，由沈阳市文物局副局长孟繁涛主持会议，参加会议的有新乐遗址博物馆郭春修馆长、周阳生研究馆员、沈阳市文物考古研究所姜万里所长、李晓钟研究馆员。2012年7月16日，报告编写工作于沈阳市文物考古研究所整理基地正式启动。由于新乐遗址在先后多次发掘过程中，特别新乐建馆前一部分发掘资料存放于沈阳市文物考古研究所，1982～1984年、1985～1988年发掘资料部分存放于沈阳市文物考古研究所，1991～1993年发掘资料在新乐遗址博物馆。此外，还有部分遗物已调拨到别的单位。集中所有原始发掘资料，对所有出土遗迹、遗物按单位建档、编号、绘图、拍照，对典型遗物器类进行类、型、式研究，确实是一项大工程！

因资料整理的工作量大，情况复杂，加之周阳生、李晓钟两位同志相继退休，整理和出版经费到账较晚（2014年4月到考古所账上）等情况，至2013年底，资料收集和整理工作总体进展较为缓慢。前一阶段，主要是在李晓钟和周阳生的指导下，由杨晓芳和张冰冰完成了以往所有发掘资料的电子化，并对沈阳市文物考古研究所文物库房和新乐遗址博物馆文物帐册上的部分文物进行重新绘图，对历年发掘出土的陶片进行统计、挑标本等工作。2014年初，资料整理和报告编写工作交由赵晓刚总体负责，人员由市考古所的李树义、韩玉岩、张宏涛、井肖冰、张天琦、汤钰、杨晓芳、张冰冰和新乐遗址博物馆的常乐、刘翠红、刘艳华等组成。当年完成了对新乐遗址200平方米的主动性考古发掘，补充了对新乐遗址地层堆积、新乐文化房址内文化堆积、新乐上层文化聚落布局等相关问题的认识；组织相关人员完成了对调拨到中国历史博物馆（现国家博物馆）、中国煤炭博物馆、辽宁省博物馆和借展到抚顺市煤炭博物馆的新乐遗址出土文物进行了拍照、绘图、描述等资料提取；2015年初，组织召开了“《新乐遗址》发掘报告编写体例讨论会”，确定了报告的编写体例；同山东大学历史文化学院签署新乐遗址科技考古研究协议书；邀请国土资源部沈阳地质调查中心的李之彤、杨芳林两位老先生及张哲研究员对新乐遗址出土的部分石器进行了岩性鉴定；基本完成了对以往考古发掘资料的重新梳理和绝大部分出土遗物的绘图、拍照和描述工作。

然而，因部分发掘资料缺失、历年编号不统一、当年遗迹描述不合规范、部分遗物编号缺失等等原因，对发掘资料的重新核对、检校等工作提上日程，加之市考古所相关人员工作的变动等，原有编写人员已很难将报告的编写工作继续下去。因此，2016 年 5 月，市考古所领导班子将退休赋闲在家的李晓钟和周阳生邀请回报告编写小组，并由他们具体负责报告的资料整理和编写工作。市考古所和新乐遗址博物馆领导要求所有相关工作人员必须全力配合《新乐遗址发掘报告》的编写工作，一切工作以保障报告的编写为前提。这一阶段，参与工作的主要人员有市考古所的李晓钟、李树义、耿扬、张绍文、井肖冰、刘晓辰、韩玉岩、张天琦、汤钰和新乐遗址博物馆的周阳生、常乐、刘翠红、刘艳华等。从此，报告的资料整理和编写工作进入了快车道。至 2017 年 11 月，资料收集、整理工作基本结束。2018 年 4 月，由李晓钟执笔完成了《新乐遗址发掘报告》初稿。

2018 年 7 月，市考古所邀请郭大顺、赵辉、朱永刚、朱延平、方殿春等考古专家对报告初稿提出具体的修改意见。这对《新乐遗址发掘报告》的完成起到极其重要的作用，在此表示由衷地感谢！

新乐遗址是从一次偶然的发现，确立了沈阳地区新石器时代、青铜时代考古学文化序列；从发现一座新乐文化的房址开始，到确认是一处原始氏族社会聚落遗址；从市级文物保护单位到国家级文物保护单位，从两间简易工棚的文管所，到建立遗址博物馆，现在成为国家二级博物馆。一路走来至今已有四十六年，回顾历程，在诸多机关、单位、民宅之内，在众多建筑群之间，几代考古人在此进行文物保护和考古发掘工作，是一件十分不易之事。如今，在繁华的市区内有代表沈阳古代历史文明的遗址博物馆，实为幸事！

时光荏苒，转眼已经七年！报告即将付梓之即，我们不仅可以告慰曾为报告编写出谋划策的姜念思先生；亦算是了却了沈阳考古人几十年来的一个心愿，还了一个历史欠账！感谢每一个为报告编写付出努力的人！感恩每一个为《新乐遗址发掘报告》最终圆梦的人！

自 2012 年起，参与本报告资料收集和整理的人员有沈阳市文物考古研究所李晓钟、李树义、张绍文、井肖兵、耿扬、刘晓辰、杨晓芳；新乐遗址博物馆周阳生、常乐、刘翠红、刘艳华；遗迹和遗物的绘图工作主要由李晓钟、张宏涛、耿杨、韩玉岩、汤钰、张冰冰等完成；遗迹照片主要由周阳生、李晓钟提供；遗物照片主要由张天琦、李振石拍摄；国家博物馆馆藏新乐遗址出土遗物照片由董清、付瓅拍摄；英文提要由中央民族大学黄义军教授翻译。

本报告在出版过程中得到国家文物局、文物出版社的大力支持，特别是责任编辑秦彧为报告的出版做了大量认真细致的工作。

谨此一并致以最诚挚的谢意！

彩

版

1. 新乐遗址博物馆

2. 沈阳市文物考古所新乐工作站

彩版一　新乐遗址研究保护单位

1. 83〇六K发掘现场（自北向南）

2. 1991年重点保护区发掘探方（自南向北）

彩版二　新乐遗址发掘现场

1. 1992 年 T0803 发掘现场

2. 2014 年发掘全景照

彩版三　新乐遗址发掘现场

1. F1

2. 砍砸器 A1：057

3. 砍砸器 A1：059

彩版四　F1 及出土打制石器

1. 砍砸器 A1：060

2. 砍砸器 A1：061

3. 砍砸器 A1：079

4. 砍砸器 A1：086

5. 砍砸器 A1：087

6. 砍砸器 A1：097

彩版五　F1 出土打制石器

1. 敲砸器 A1：065

2. 敲砸器 A1：066

3. 敲砸器 A1：067

4. 敲砸器 A1：068

5. 敲砸器 A1：069

6. 敲砸器 A1：070

彩版六　F1 出土打制石器

1. 敲砸器 A1：071

2. 敲砸器 A1：072

3. 敲砸器 A1：073

4. 敲砸器 A1：074

5. 敲砸器 A1：075

6. 敲砸器 A1：077

7. 敲砸器 A1：078

8. 敲砸器 A1：084

彩版七　F1 出土打制石器

1. 石片刮削器 A1：007

2. 石片刮削器 A1：058

3. 石片刮削器 A1：063

4. 石片刮削器 A1：088-1

5. 石片刮削器 A1：088-3

6. 石片刮削器 A1：088-4

7. 石片刮削器 A1：088-6

8. 石片刮削器 A1：088-7

彩版八　F1 出土打制石器

1. 石片刮削器 A1：088-8

2. 石片刮削器 A1：088-9

3. 石片刮削器 A1：088-10

4. 石片刮削器 A1：088-12

5. 网坠 A1：055

6. 网坠 A1：056

7. 网坠 A1：064

彩版九　F1 出土打制石器

1. 石片刮削器 F1：38

2. 石片刮削器 F1：109

3. 石核刮削器 A1：83

4. 尖状器 F1：10

5. 尖状器 F1：19

6. 尖状器 F1：21

7. 尖状器 F1：30

8. 尖状器 F1：37

彩版一〇　F1 出土细石器

1. 尖状器 F1H1：19

2. 石镞 F1：24

3. 石镞 F1：203

4. 石镞 F1：204

5. 石镞 F1：67

6. 石镞 F1：86

7. 石叶刮削器 F1：7

8. 石叶刮削器 F1：11

彩版一一　**F1 出土细石器**

1. 石叶刮削器 F1：14

2. 石叶刮削器 F1：15

3. 石叶刮削器 F1：16

4. 石叶刮削器 F1：17

5. 石叶刮削器 F1：20

6. 石叶刮削器 F1：22

7. 石叶刮削器 F1：29

8. 石叶刮削器 F1：35

彩版一二　F1 出土细石器

1. 石叶刮削器 F1：46

2. 石叶刮削器 F1：50

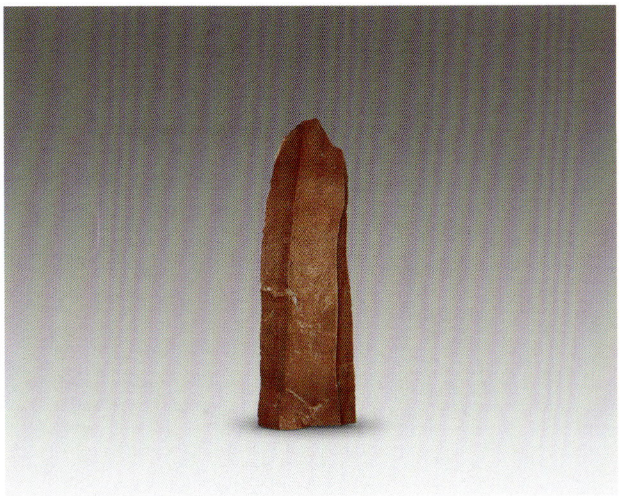

3. 石叶刮削器 F1：53

4. 石叶刮削器 F1：56

5. 石叶刮削器 F1：60

6. 石叶刮削器 F1：61

7. 石叶刮削器 F1：66

彩版一三　F1 出土细石器

1. 石叶刮削器 F1：69

2. 石叶刮削器 F1：71

3. 石叶刮削器 F1：73

4. 石叶刮削器 F1：74

5. 石叶刮削器 F1：75

6. 石叶刮削器 F1：77

7. 石叶刮削器 F1：78

8. 石叶刮削器 F1：65

彩版一四　F1 出土细石器

1. 石叶刮削器 F1：79

2. 石叶刮削器 F1：104

3. 石叶刮削器 F1：212

4. 石叶刮削器 F1H1：1

5. 石叶刮削器 F1H1：4

6. 石叶刮削器 F1H1：13

7. 石叶刮削器 F1H1：18

8. 石叶刮削器 F1H1：26

彩版一五　F1 出土细石器

1. 尖状器 F1：40

2. 尖状器 F1：52

3. 尖状器 F1：57

4. 尖状器 F1：58

5. 尖状器 F1：59

6. 尖状器 F1：83

7. 尖状器 F1：84

8. 尖状器 F1：85

彩版一六　F1 出土细石器

1. 尖状器 F1：99

2. 尖状器 F1：100

3. 尖状器 F1：107

4. 尖状器 F1H1：5

5. 尖状器 F1H1：6

6. 尖状器 F1H1：7

7. 尖状器 F1H1：8

8. 尖状器 F1H1：17

彩版一七　F1 出土细石器

1. 石斧 A1：001

2. 石斧 A1：003

3. 石斧 A1：004

4. 石斧 A1：005

5. 石斧 A1：008

6. 沟磨石 F1：97

彩版一八　F1 出土磨制石器

1. 石镞 F1：1

2. 石镞 F1：2

3. 石镞 F1：3

4. 石镞 F1：4

5. 石镞 F1：5

6. 石镞 F1：6

7. 石镞 F1H1：9

8. 石镞料 A1：092

彩版一九　F1 出土磨制石器

1. 石磨盘 A1：108

2. 石磨盘 A1：024

3. 石磨棒 A1：035

4. 石磨棒 A1：036

5. 石磨棒 A1：039

6. 石磨棒 A1：042

彩版二〇　F1 出土磨制石器

1. 沟磨石 A1：029

2. 砺石 A1：054

3. 砺石 A1：028

4. 雕刻器 F1：94

5. 雕刻器 F1：98

6. 玉雕刻器 F1：9

彩版二一　F1 出土磨制石器与玉器

1. 深腹罐 A1：1

2. 深腹罐 A1：6

3. 深腹罐 A1：9

4. 深腹罐 F1：11

彩版二二　F1 出土深腹罐

1. 深腹罐 A1：2

2. 陶杯 A1：4

3. 斜口器 F1：5

4. 陶球 F1：246

5. 果核 F1：213

彩版二三　F1 出土陶器与果核

1. 煤精泡形器 F1：110

2. 煤精泡形器 F1：202

3. 煤精泡形器 F1：210

4. 煤精泡形器 F1：218

5. 煤精泡形器 F1：222

6. 煤精泡形器 F1：223

7. 煤精泡形器 F1：224

8. 煤精块 F1：219

彩版二四　F1 出土煤精制品

1. 煤精球形器 F1：221

2. 煤精球形器 F1：227

3. 煤精耳珰形器 F1：205

4. 煤精耳珰形器 F1：208

5. 煤精耳珰形器 F1：209

6. 煤精耳珰形器 F1：214

7. 煤精耳珰形器 F1：216

8. 煤精耳珰形器 F1：207

彩版二五　F1 出土煤精制品

1. F2（自北向南）

2. 敲砸器 F2：65

3. 敲砸器 F2：67

彩版二六　F2 及出土打制石器

1. 敲砸器 F2：88

2. 敲砸器 F2：89

3. 敲砸器 F2：91

4. 敲砸器 F2：92

5. 敲砸器 F2：93

6. 敲砸器 F2：94

彩版二七　F2 出土打制石器

1. 石片刮削器 F2：107

2. 石片刮削器 F2：108

3. 石片刮削器 F2：109

4. 石片刮削器 F2：110-1

5. 石片刮削器 F2：110-2

6. 石片刮削器 F2：110-3

7. 石片刮削器 F2：110-4

8. 石片刮削器 F2：110-5

9. 石片刮削器 F2：110-6

彩版二八　F2 出土打制石器

1. 石片刮削器 F2：110-7

2. 石片刮削器 F2：110-8

3. 石片刮削器 F2：110-9

4. 石片刮削器 F2：110-10

5. 石片刮削器 F2：110-11

6. 石片刮削器 F2：110-12

7. 网坠 F2：59

彩版二九　F2 出土打制石器

1. 石叶刮削器 F2：150

2. 石叶刮削器 F2：151

3. 石叶刮削器 F2：158

4. 石叶刮削器 F2：159

5. 石叶刮削器 F2：160

6. 石叶刮削器 F2：161

7. 石叶刮削器 F2：162

8. 石叶刮削器 F2：164

9. 石叶刮削器 F2：167

彩版三〇　F2出土细石器

1. 石叶刮削器 F2：168

2. 石叶刮削器 F2：169

3. 石叶刮削器 F2：170

4. 石叶刮削器 F2：171

5. 石叶刮削器 F2：173

6. 石叶刮削器 F2：174

7. 石叶刮削器 F2：175

8. 石叶刮削器 F2：176

9. 石叶刮削器 F2：178

彩版三一　F2 出土细石器

1. 石叶刮削器 F2：179

2. 石叶刮削器 F2：180

3. 石叶刮削器 F2：181

4. 石叶刮削器 F2：182

5. 石叶刮削器 F2：184

6. 石叶刮削器 F2：185

7. 石叶刮削器 F2：190

8. 石叶刮削器 F2：204

9. 石叶刮削器 F2：210

彩版三二　F2 出土细石器

1. 石叶刮削器 F2：216

2. 石叶刮削器 F2：222

3. 石叶刮削器 F2：223

4. 石叶刮削器 F2：224

5. 石叶刮削器 F2：231

6. 石叶刮削器 F2：234

7. 石叶刮削器 F2：236

8. 石叶刮削器 F2：237

9. 石叶刮削器 F2：238

彩版三三　F2 出土细石器

1. 石叶刮削器 F2：239

2. 石叶刮削器 F2：242

3. 石叶刮削器 F2：243

4. 石叶刮削器 F2：246

5. 石叶刮削器 F2：249

6. 石叶刮削器 F2：294

7. 石叶刮削器 F2：299

8. 石叶刮削器 F2：317

9. 石叶刮削器 F2：340

彩版三四　F2 出土细石器

1. 石叶刮削器 F2：351

2. 石叶刮削器 F2：353

3. 石叶刮削器 F2：356

4. 石叶刮削器 F2：357

5. 石叶刮削器 F2：361

6. 石叶刮削器 F2：371

7. 石叶刮削器 F2：397

8. 石叶刮削器 F2：398

彩版三五　F2 出土细石器

1. 尖状器 F2：155

2. 尖状器 F2：146

3. 尖状器 F2：186

4. 尖状器 F2：296

5. 尖状器 F2：360

6. 尖状器 F2：380

7. 尖状器 F2：381

8. 尖状器 F2：411

9. 尖状器 F2：442

彩版三六　F2 出土细石器

1. 石镞 F2：145

2. 石镞 F2：257

3. 石镞 F2：118

4. 石镞 F2：551

5. 石镞 F2：112

6. 石镞 F2：114

7. 石镞 F2：119

8. 石镞 F2：128

9. 石镞 F2：133

彩版三七　F2 出土细石器

1. 石镞 F2：152

2. 石镞 F2：143

3. 石镞 F2：445

4. 石镞 F2：95

5. 石镞 F2：111

6. 石镞 F2：124

7. 石镞 F2：131

8. 石镞 F2：140

9. 石镞 F2：198

彩版三八　F2 出土细石器

1. 石斧 F2：82

2. 石斧 F2：83

3. 石斧 F2：84

4. 石镞 F2：113

5. 石镞 F2：117

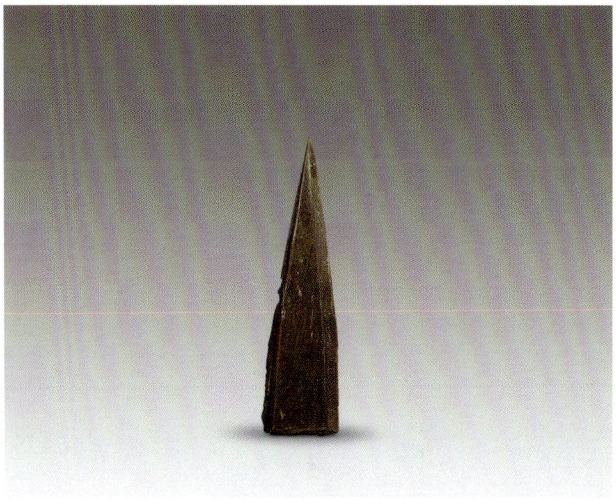

6. 石镞 F2：120

彩版三九　F2 出土磨制石器

1. 石镞 F2：123

2. 石镞 F2：116

3. 石镞 F2：127

4. 石镞 F2：130

5. 石镞 F2：132

6. 石镞 F2：49

7. 石镞 F2：343

8. 石镞料 F2：98

彩版四〇　F2 出土磨制石器

1. 石磨盘 F2：44

2. 石磨盘 F2：46

3. 石磨盘 F2：47

4. 石磨盘 F2：48

5. 砺石 F2：78

6. 石球 F2：529

彩版四一　F2 出土磨制石器

1. 石磨棒 F2：39

2. 石磨棒 F2：41

3. 石磨棒 F2：42

4. 石磨棒 F2：43

5. 石磨棒 F2：55

6. 石磨棒 F2：56

彩版四二　F2 出土磨制石器

1. 沟磨石 F2：69

1. 沟磨石 F2：70

3. 沟磨石 F2：71

4. 沟磨石 F2：72

5. 沟磨石 F2：73

6. 沟磨石 F2：74

彩版四三　F2 出土磨制石器

1. 沟磨石 F2：75

2. 沟磨石 F2：76

3. 沟磨石 F2：80

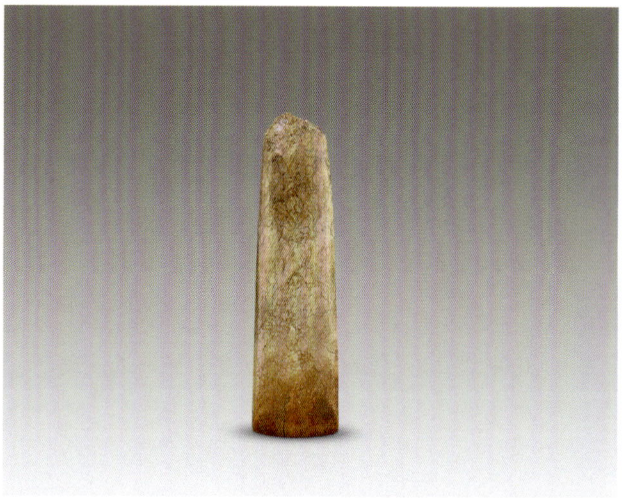

4. 玉雕刻器 F2：462

5. 玉雕刻器 F2：463

6. 玉雕刻器 F2：464

7. 玉雕刻器 F2：465

彩版四四　F2 出土磨制石器与玉器

1. 玉珠 F2：459

2. 玉珠 F2：455

3. 玉珠 F2：456

4. 玉珠 F2：486

5. 玉珠 F2：461

6. 玉珠 F2：477

7. 玉珠 F2：478

8. 玉珠 F2：479

9. 玉珠 F2：480

彩版四五　F2 出土玉器

1. 玉珠 F2：481

2. 玉珠 F2：483

3. 玉珠 F2：484

4. 玉珠 F2：485

5. 玉珠 F2：487

6. 骨锥 F2：467

7. 骨柄 F2：466

8. 骨镞 F2：468

9. 骨笄 F2：539

彩版四六　F2 出土玉器与骨器

1. 深腹罐 F2：14

2. 深腹罐 F2：12

3. 深腹罐 F2：9

4. 深腹罐 F2：31

彩版四七　F2 出土深腹罐

1. 深腹罐 F2：7

2. 深腹罐 F2：33

3. 深腹罐 F2：2

4. 深腹罐 F2：18

彩版四八　F2 出土深腹罐

1. 深腹罐 F2：21

2. 深腹罐 F2：3

3. 深腹罐 F2：32

4. 深腹罐 F2：1

彩版四九　F2 出土深腹罐

1. 深腹罐 F2：17

2. 深腹罐 F2：34

3. 深腹罐 F2：8

4. 深腹罐 F2：11

彩版五〇　F2 出土深腹罐

1. 深腹罐 F2：28

2. 深腹罐 F2：25

3. 深腹罐 F2：24

4. 深腹罐 F2：6

彩版五一　F2 出土深腹罐

1. 深腹罐 F2：20

2. 深腹罐 F2：5

3. 深腹罐 F2：4

4. 深腹罐 F2：10

彩版五二　F2 出土深腹罐

1. 深腹罐 F2：546

2. 大口灌 F2：13

3. 高足钵 F2：15

4. 高足钵 F2：16

5. 陶泡 F2：527

彩版五三　F2 出土陶器

1. 煤精泡形器 F2：503

2. 煤精泡形器 F2：504

3. 煤精泡形器 F2：505

4. 煤精球形器 F2：507

5. 煤精球形器 F2：508

6. 煤精球形器 F2：510

7. 煤精球形器 F2：511

8. 煤精耳珰形器 F2：512

9. 煤精料 F2：506

彩版五四 F2 出土煤精制品

1. 木雕 F2：530（右为局部）

2. 石墨 F2：494

3. 石墨 F2：493

4. 石墨 F2：498

5. 赤铁矿石 F2：475

6. 赤铁矿石 F2：490

7. 赤铁矿石 F2：491

8. 赤铁矿石 F2：492

9. 赤铁矿石 F2：501

彩版五五　F2 出土遗物

1. 砍砸器 F3：161

2. 砍砸器 F3：178

3. 敲砸器 F3：34

4. 敲砸器 F3：43

5. 敲砸器 F3：132

6. 敲砸器 F3：160

彩版五六　F3 出土打制石器

1. 敲砸器 F3：165

2. 敲砸器 F3：166

3. 敲砸器 F3：167

4. 敲砸器 F3Ⅲ：10

5. 石片刮削器 F3：133

6. 石片刮削器 F3：138

彩版五七　F3 出土打制石器

1. 石片刮削器 F3：171

2. 石片刮削器 F3：184

3. 石核 F3：163

4. 网坠 F3：53

5. 网坠 F3：103

6. 网坠 F3：106

彩版五八　F3 出土打制石器

1. 网坠 F3：124

2. 网坠 F3：140

3. 网坠 F3：141

4. 网坠 F3：142

5. 网坠 F3：143

6. 网坠 F3：144

7. 网坠 F3：145

8. 网坠 F3：146

彩版五九　F3 出土打制石器

1. 石叶刮削器 F3：13

2. 石叶刮削器 F3：15

3. 石叶刮削器 F3：18

4. 石叶刮削器 F3I：1

5. 石叶刮削器 F3I：19

6. 石叶刮削器 F3I：21

7. 石叶刮削器 F3II：20

8. 尖状器 F3：40

9. 尖状器 F3I：14

彩版六〇　F3 出土细石器

1. 尖状器 F3IV：4

2. 尖状器 F3IV：6

3. 尖状器 F3IV：7

4. 尖状器 F3IV：27

5. 石镞 F3：1

6. 石镞 F3：2

7. 石镞 F3：3

8. 石镞 F3：48

9. 石镞 F3：84

彩版六一　F3 出土细石器

1. 石斧 F3：134

2. 石斧 F3：135

3. 石镞 F3：5

4. 石镞 F3：6

5. 石镞 F3：8

6. 石镐 F3：101

7. 石镐 F3：152

彩版六二　F3 出土磨制石器

1. 石磨盘 F3：154

2. 石磨棒 F3：126

3. 石磨棒 F3：157

4. 石磨棒 F3：158

5. 石杵 F3：159

6. 压磨工具 F3：112

7. 玉料 F3：95

彩版六三　F3 出土磨制石器与玉器

1. 深腹罐 F3：188

2. 深腹罐 F3：193

3. 深腹罐 F3：189

4. 深腹罐 F3：191

彩版六四　F3 出土陶器

1. 深腹罐 F3：192

2. 深腹罐 F3：195

3. 斜口器 F3：194

4. 斜口器 F3：190

5. 陶塑 F3III：1

彩版六五　F3 出土陶器

1. 煤精泡形器 F3：19

2. 煤精泡形器 F3：108

3. 煤精泡形器 F3：127

4. 煤精球形器 F3：38

5. 煤精球形器 F3III：17

6. 煤精球形器 F3III：35

7. 煤精球形器 F3III：36

8. 煤精球形器 F3III：46

9. 煤精球形器 F3III：60

彩版六六　F3 出土煤精制品

1. 煤精球形器 F3IV：5

2. 煤精球形器 F3：115

3. 煤精球形器 F3J：5

4. 煤精球形器 F3J：6

5. 煤精耳珰形器 F3：111

6. 煤精耳珰形器 F3I：24

7. 煤精耳珰形器 F3IV：11

8. 煤精耳珰形器 F3IV：29

9. 煤精橄榄形器 F3：114

彩版六七 F3 出土煤精制品

1. 煤精块 F3I：30

2. 煤精块 F3I：31

3. 煤精块 F3III：61

4. 果核 F3II：13

5. 石墨 F3III：26

6. 石墨 F3III：27

7. 赤铁矿石 F3III：8

彩版六八　F3 出土遗物

1. 尖状器 F4：5

2. 尖状器 F4：8

3. 石镞 F4：3

4. 石镞 F4：4

5. 石叶 F4：9

6. 石叶 F4：12

7. 陶塑 F4：2

8. 煤精泡形器 F4：16

彩版六九　F4 出土遗物

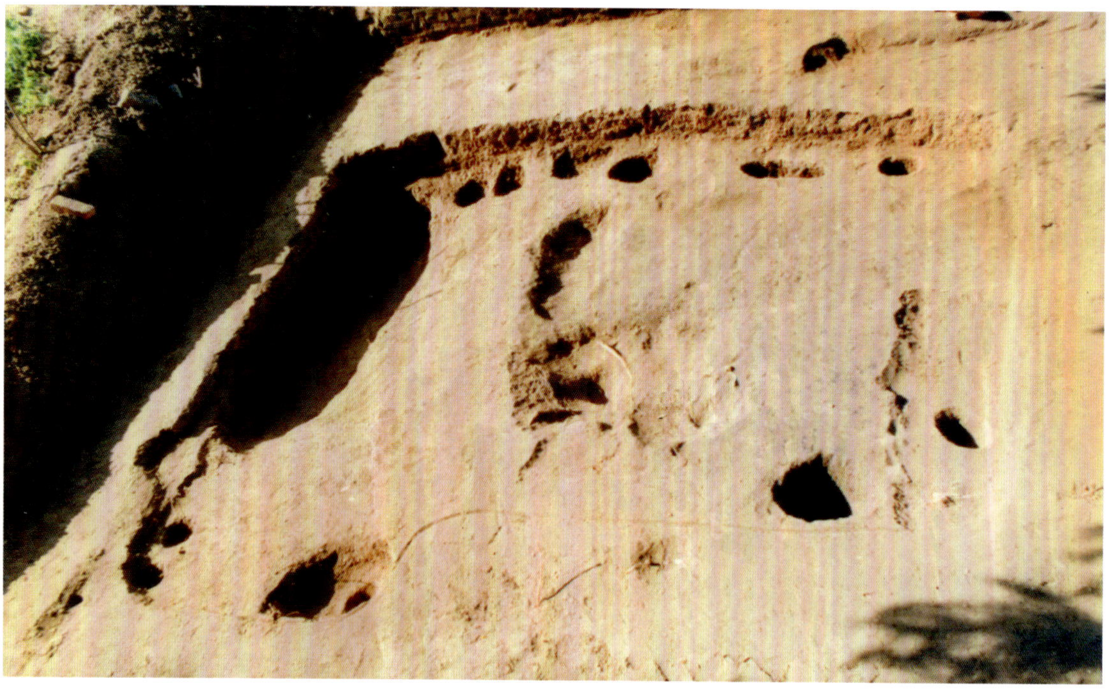

1. F5（自南向北）

2. 砍砸器 F5：62

3. 砍砸器 F5：64

彩版七〇　F5及出土打制石器

1. 敲砸器 F5：5

2. 敲砸器 F5：65

3. 石叶刮削器 F5：1

4. 石叶刮削器 F5：21

5. 石叶刮削器 F5：27

6. 尖状器 F5：4

7. 锥形器 F5：8

彩版七一　F5 出土石器

1. 石磨盘 F5：41

2. 石磨棒 F5：58

3. 石磨棒 F5：63

4. 深腹罐 F5：9

5. 深腹罐 F5：132

6. 煤精球形器 F5：17

彩版七二　F5 出土遗物

1. F6（自南向北）

2. 砍砸器 F6：141

3. 敲砸器 F6：103

彩版七三　F6 及出土打制石器

1. 敲砸器 F6：130

2. 敲砸器 F6：131

3. 敲砸器 F6：132

4. 敲砸器 F6：134

5. 敲砸器 F6：135

6. 敲砸器 F6：140

彩版七四　F6 出土打制石器

1. 石片刮削器 F6：109

2. 石片刮削器 F6：125

3. 网坠 F6：107

4. 网坠 F6：108

5. 尖状器 F6：22

6. 石镞 F6：2

7. 石镞 F6：1

彩版七五　F6 出土石器

1. 石斧 F6：105

2. 石磨棒 F6：102

3. 磨石 F6：154

4. 深腹罐 F6：160

5. 煤精耳珰形器 F6：18

6. 煤精锥形器 F6：37

彩版七六　F6 出土遗物

1. F7（自东南向西北）

2. 砍砸器 F7：20

3. 砍砸器 F7：21

彩版七七　F7 及出土打制石器

1. 砍砸器 F7：28

2. 砍砸器 F7：34

3. 敲砸器 F7：16

4. 敲砸器 F7：17

5. 敲砸器 F7：23

6. 网坠 F7：4

7. 网坠 F7：37

8. 网坠 F7：116

9. 网坠 F7：117

彩版七八　F7 出土打制石器

1. 石叶刮削器 F7：43

2. 石叶刮削器 F7：44

3. 石叶刮削器 F7：46

4. 石叶刮削器 F7：47

5. 石叶刮削器 F7：48

6. 石叶刮削器 F7：49

7. 石叶刮削器 F7：50

8. 石镞 F7：42

彩版七九　F7 出土细石器

1. 石斧 F7∶8

2. 石镞 F7∶40

3. 石磨盘 F7∶111

4. 石磨工具 F7∶15

5. 赤铁矿石 F7∶51

彩版八〇　F7 出土遗物

1. 深腹罐 F7：30

2. 深腹罐 F7：35

3. 深腹罐 F7：36

4. 大口罐 F7D2：33

彩版八一　F7 出土陶器

1. 煤精圆饼形器 F7：68

2. 煤精泡形器 F7：61

3. 煤精泡形器 F7：63

4. 煤精盔形器 F7：65

5. 煤精耳珰形器 F7：60

6. 煤精半成品 F7：66

彩版八二　F7 出土煤精制品

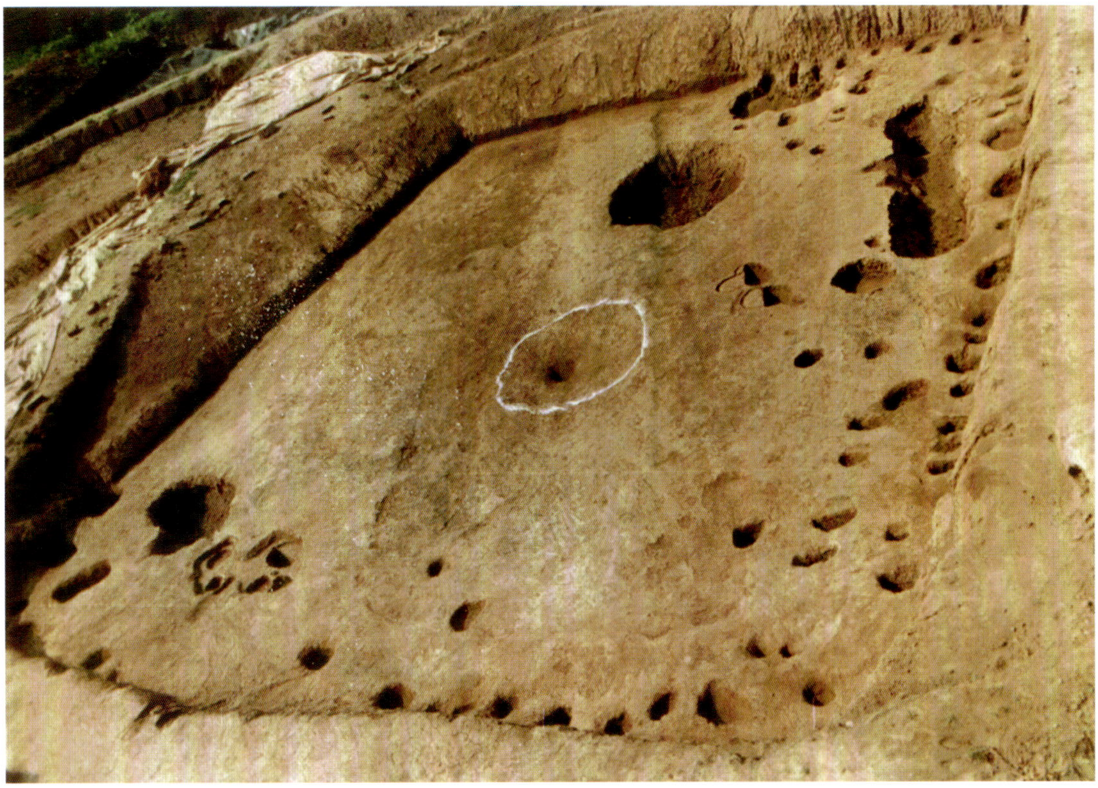

1. F8（自南向北）

2. 砍砸器 F8：118

3. 敲砸器 F8：88

彩版八三　F8及出土打制石器

1. 敲砸器 F8：119

2. 敲砸器 F8：144

3. 石片刮削器 F8：82

4. 石片刮削器 F8：83

5. 石片刮削器 F8：84

6. 石片刮削器 F8：86

7. 网坠 F8：177

8. 网坠 F8：121

9. 网坠 F8：123

彩版八四　F8 出土打制石器

1. 石叶刮削器 F8：19

2. 石叶刮削器 F8：21

3. 石叶刮削器 F8：23

4. 石叶刮削器 F8：30

5. 石叶刮削器 F8：31

6. 石叶刮削器 F8：35

7. 石叶刮削器 F8：38

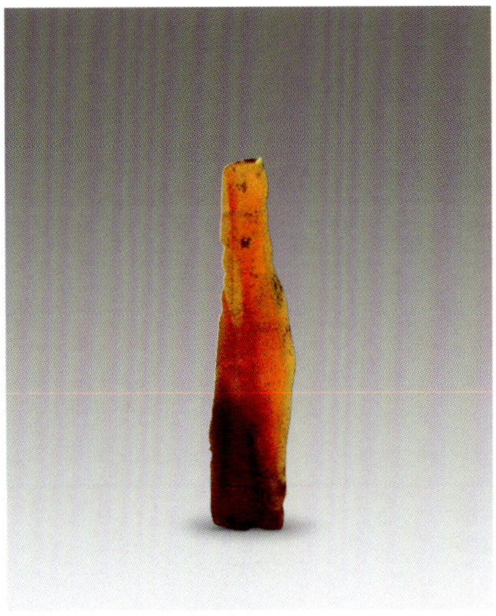

8. 石叶刮削器 F8：41

9. 石叶刮削器 F8：43

彩版八五　F8出土细石器

1. 石叶刮削器 F8：51

2. 石叶刮削器 F8：53

3. 石叶刮削器 F8：117

4. 尖状器 F8：4

5. 尖状器 F8：5

6. 尖状器 F8：16

7. 尖状器 F8：28

8. 尖状器 F8：52

9. 石镞 F8：24

彩版八六　F8 出土细石器

1. 石斧 F8：57

2. 石镞 F8：45

3. 石镞 F8：55

4. 石镞 F8：56

5. 石磨棒 F8：132

6. 石磨棒 F8：134

7. 石磨棒 F8：180

8. 雕刻器 F8：110

彩版八七　F8 出土磨制石器

1. 小玉斧 F8：1

2. 玉雕刻器 F8：12

3. 煤精泡形器 F8：59

4. 煤精泡形器 F8：62

5. 煤精泡形器 F8：44

6. 煤精球形器 F8：67

7. 煤精耳珰形器 F8：68

彩版八八　F8 出土玉器与煤精制品

1. 深腹罐 F8：114

2. 深腹罐 F8：115

3. F10（自西向东）

彩版八九　F8 出土深腹罐与 F10

1. 砍砸器 F10：13

2. 敲砸器 F10：42

3. 尖状器 F10：35

4. 尖状器 F10：37

5. 石叶刮削器 F10：36

6. 石镞 F10：39

彩版九〇　F10 出土石器

1. 石磨盘 F10：1

2. 石磨棒 F10：2

3. 沟磨石 F10：4

4. 沟磨石 F10：28

5. 煤精泡形器 F10：30

6. 煤精泡形半成品 F10：34

彩版九一　F10 出土遗物

1. F11（自西南向东北）

2. 敲砸器 F11：16

3. 敲砸器 F11：17

彩版九二　F11 及出土打制石器

1. 敲砸器 F11：24

2. 敲砸器 F11：32

3. 敲砸器 F11：57

4. 石片刮削器 F11：20

5. 石磨棒 F11：8

6. 石磨棒 F11：14

7. 磨石 F11：42

8. 煤精泡形器 F11：35

9. 煤精球形器 F11：9

彩版九三　F11 出土遗物

1. F12（自东北向西南）

2. 砍砸器 F12∶38

3. 敲砸器 F12∶110

彩版九四　F12 及出土打制石器

1. 石片刮削器 F12：109

2. 石铲 F12：1

3. 网坠 F12：71

4. 石叶刮削器 F12：22

5. 石叶刮削器 F12：119

6. 石叶刮削器 F12：175

7. 石叶刮削器 F12：178

8. 石叶刮削器 F12：185

彩版九五　F12 出土石器

1. 石叶刮削器 F12：192

2. 石叶刮削器 F12：197

3. 石叶刮削器 F12：203

4. 石叶刮削器 F12：207

5. 石叶刮削器 F12：211

6. 石叶刮削器 F12：217

7. 石叶刮削器 F12：223

8. 石叶刮削器 F12：246

9. 尖状器 F12：219

彩版九六　F12 出土细石器

1. 石镞 F12：196

2. 石镞 F12：206

3. 石镞 F12：216

4. 石镞 F12：157

5. 石镞 F12：158

6. 石镞 F12：188

7. 石镞 F12：193

8. 石镞 F12：195

9. 石镞 F12：198

彩版九七　F12 出土石器

1. 石磨棒 F12：91

2. 沟磨石 F12：35

3. 砺石 F12：234

4. 砺石 F12：235

5. 砺石 F12：258

6. 石球 F12：259

7. 石泡形器 F12：239

8. 玉凿 F12：189

彩版九八　F12 出土石器与玉器

1. 深腹罐 F12：277

2. 深腹罐 F12：275

3. 煤精球形器 F12：249

4. 煤精球形器 F12：256

5. 煤精球形器 F12：264

6. 滑石饰件 F12：3

彩版九九　F12 出土遗物

1. F13（自东北向西南）

2. F13 灶内出土陶罐

彩版一〇〇 F13 及出土陶器

1. 砍砸器 F13：2

2. 砍砸器 F13：24

3. 砍砸器 F13：58

4. 砍砸器 F13：83

5. 砍砸器 F13：86

6. 砍砸器 F13：89

彩版一〇一　F13 出土打制石器

1. 砍砸器 F13：96

2. 敲砸器 F13：6

3. 敲砸器 F13：9

4. 敲砸器 F13：25

5. 敲砸器 F13：72

6. 敲砸器 F13：73

彩版一〇二　F13 出土打制石器

1. 石片刮削器 F13：64

2. 网坠 F13：76

3. 石叶刮削器 F13：29

4. 石叶刮削器 F13：50

5. 石叶刮削器 F13：138

6. 石叶刮削器 F13：140

7. 石叶刮削器 F13：141

8. 石叶刮削器 F13：143

9. 尖状器 F13：142

彩版一〇三　F13 出土石器

1. 石斧 F13：102

2. 石镞 F13：10

3. 石镞 F13：57

4. 石镞 F13：69

5. 石磨棒 F13：101

6. 石磨棒 F13：122

7. 研磨器 F13：94

彩版一〇四　F13 出土磨制石器

1. 深腹罐 F13：149

2. 深腹罐 F13：151

3. 深腹罐 F13：147

4. 深腹罐 F13：146

彩版一〇五　F13 出土陶器

1. 高足钵 F13：148

2. 煤精泡形器 F13：13

3. 煤精球形器 F13：41

4. 煤精球形器 F13：45

5. 煤精球形器 F13：115

6. 煤精半成品 F13：109

7. 煤精圆片 F13：61

8. 赤铁矿石 F13：1

彩版一〇六　F13 出土遗物

1. F14（自东向西）

2. 敲砸器 F14：9

3. 敲砸器 F14：49

彩版一〇七　F14 及出土打制石器

1. 网坠 F14：1

2. 石斧 F14：14

3. 石锛 F14：74

4. 石磨盘 F14：47

5. 石磨棒 F14：8

6. 石磨棒 F14：13

7. 石磨棒 F14：20

彩版一〇八　F14 出土石器

1. 陶杯 F14：76

2. 煤精球形器 F14：34

3. 煤精球形器 F14：75

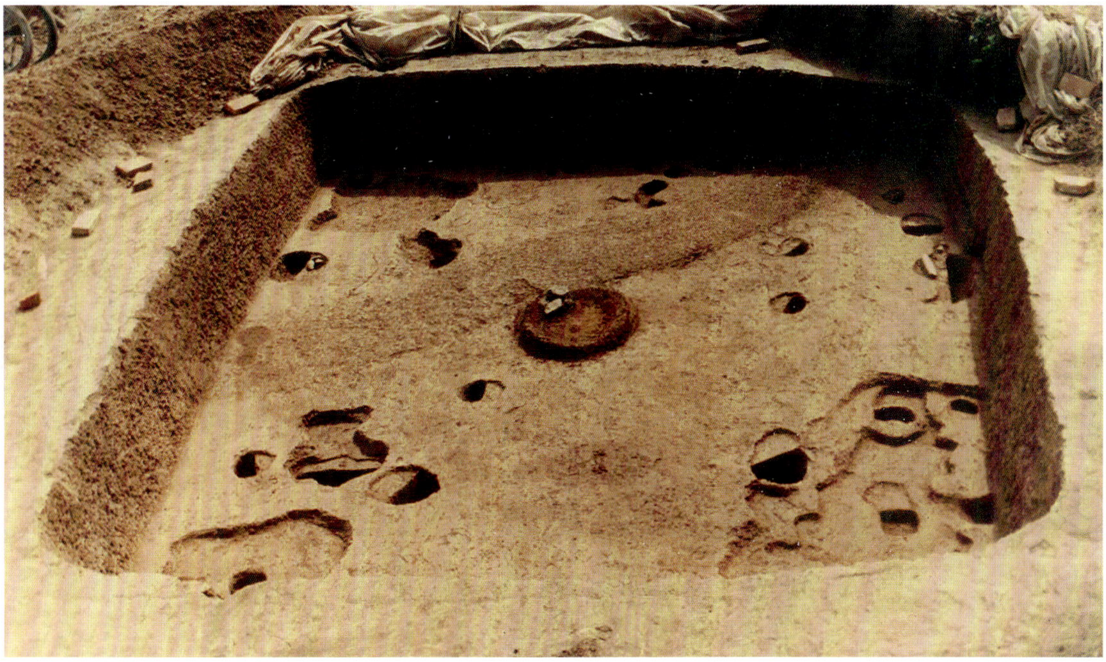

4. F15（自西向东）

彩版一〇九　F14 出土遗物与 F15

1. 砍砸器 F15：63

2. 砍砸器 F15：85

3. 砍砸器 F15：146

4. 敲砸器 F15：142

5. 敲砸器 F15：151

6. 敲砸器 F15：153

彩版一一〇 F15出土打制石器

1. 石片刮削器 F15 : 88

2. 石片刮削器 F15 : 95

3. 网坠 F15 : 134

4. 石叶刮削器 F15 : 1

5. 石叶刮削器 F15 : 3

6. 石叶刮削器 F15 : 11

7. 石叶刮削器 F15 : 17

8. 石叶刮削器 F15 : 31

9. 石叶刮削器 F15 : 32

彩版一一一　F15 出土石器

1. 石叶刮削器 F15：39

2. 石叶刮削器 F15：173

3. 石镞 F15：35

4. 石镞 F15：40

5. 石斧 F15：70

6. 石镞 F15：41

7. 石磨棒 F15：68

8. 石磨棒 F15：78

彩版一一二　F15 出土石器

1. 砺石 F15：76

2. 砺石 F15：172

3. 石刃器 F15：44

4. 石球 F15：45

5. 玉串珠 F15：185

6. 石墨 F15：125

7. 铁矿石 F15：251

彩版一一三　F15 出土遗物

1. 深腹罐 F15：174

2. 深腹罐 F15：178

3. 深腹罐 F15：135

4. 大口罐 F15：175

彩版一一四　F15 出土陶器

1. 陶泡形器 F15：53

2. 陶球 F15：59

3. 有孔陶片 F15：55

4. 煤精泡形器 F15：54

5. 煤精耳珰形器 F15：49

6. 煤精球形器 F15：46

7. 煤精球形器 F15：48

8. 煤精有孔圆片 F15：50

9. 煤精圆片 F15：52

彩版一一五　F15 出土陶器与煤精制品

1. F16（自西北向东南）

2. F16 灶址 2 与斜口器

彩版一一六　F16

1. 砍砸器 F16：35

2. 砍砸器 F16：43

3. 敲砸器 F16：12

4. 敲砸器 F16：13

5. 网坠 F16：52

6. 石叶刮削器 F16：1

7. 石叶刮削器 F16：6

8. 石叶刮削器 F16：38

彩版一一七　F16 出土石器

1. 石斧 F16：48

2. 石磨盘 F16：20

3. 石磨棒 F16：68

4. 研磨器 F16：32

5. 斜口器 F16：21

彩版一一八　F16 出土遗物

1. F17（自东向西）

2. 砍砸器 F17：8

3. 石叶刮削器 F17：2

4. 石叶刮削器 F17：9

彩版一一九　F17 及出土遗物

1. 石磨棒 F17：1

2. 石磨棒 F17：7

3. 有孔陶片 F17：6

4. 煤精球形器 F17：4

彩版一二〇　F17 出土遗物

1. F18（自东北向西南）

2. 砍砸器 F18：14

3. 石叶刮削器 F18：62

4. 石叶刮削器 F18：63

彩版一二一　F18 及出土遗物

1. 敲砸器 F18：6

2. 敲砸器 F18：16

3. 敲砸器 F18：26

4. 敲砸器 F18：28

5. 敲砸器 F18：30

6. 敲砸器 F18：31

彩版一二二　F18 出土打制石器

1. 石斧 F18：2

2. 石斧 F18：5

3. 石磨棒 F18：12

4. 石磨棒 F18：35

5. 煤精球形器 F18：1

彩版一二三　F18 出土遗物

1. F19（自东北向西南）

2. F19 灶址 1 与灶址 2

彩版一二四　F19

1. 敲砸器 F19：28

2. 敲砸器 F19：41

3. 敲砸器 F19：68

4. 敲砸器 F19：71

5. 石片刮削器 F19：47

6. 网坠 F19：10

彩版一二五　F19 出土打制石器

1. 石叶刮削器 F19：11

2. 石叶刮削器 F19：12

3. 石片刮削器 F19：15

4. 石镞 F19：19

5. 沟磨石 F19：35

6. 高足钵 F19：14

7. 煤精泡形器 F19：8

8. 煤精泡形器 F19：65

9. 煤精球形器 F19：6

彩版一二六　F19 出土遗物

1. F20（自西向东）

2. F20（自南向北）

1. 敲砸器 F20：18

2. 石片刮削器 F20：23

3. 网坠 F20：15

4. 石叶刮削器 F20：3

5. 石磨棒 F20：21

6. 石料 F20：29

7. 石料 F20：30

8. 石料 F20：31

9. 穿孔圆陶片 F20：33

彩版一二八　F20 出土遗物

1. 砍砸器 F21：16

2. 敲砸器 F21：11

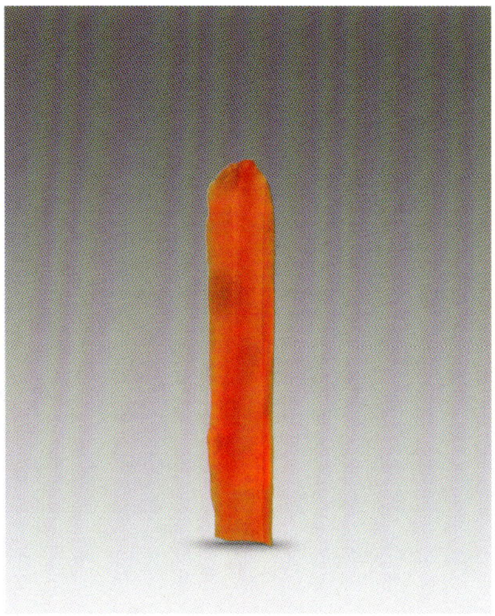

3. 石叶刮削器 F21：12

4. 尖状器 F21：1

5. 尖状器 F21：2

6. 尖状器 F21：8

7. 石斧 F21：18

8. 石球 F21：6

彩版一二九 F21出土遗物

1. 深腹罐 F21：29

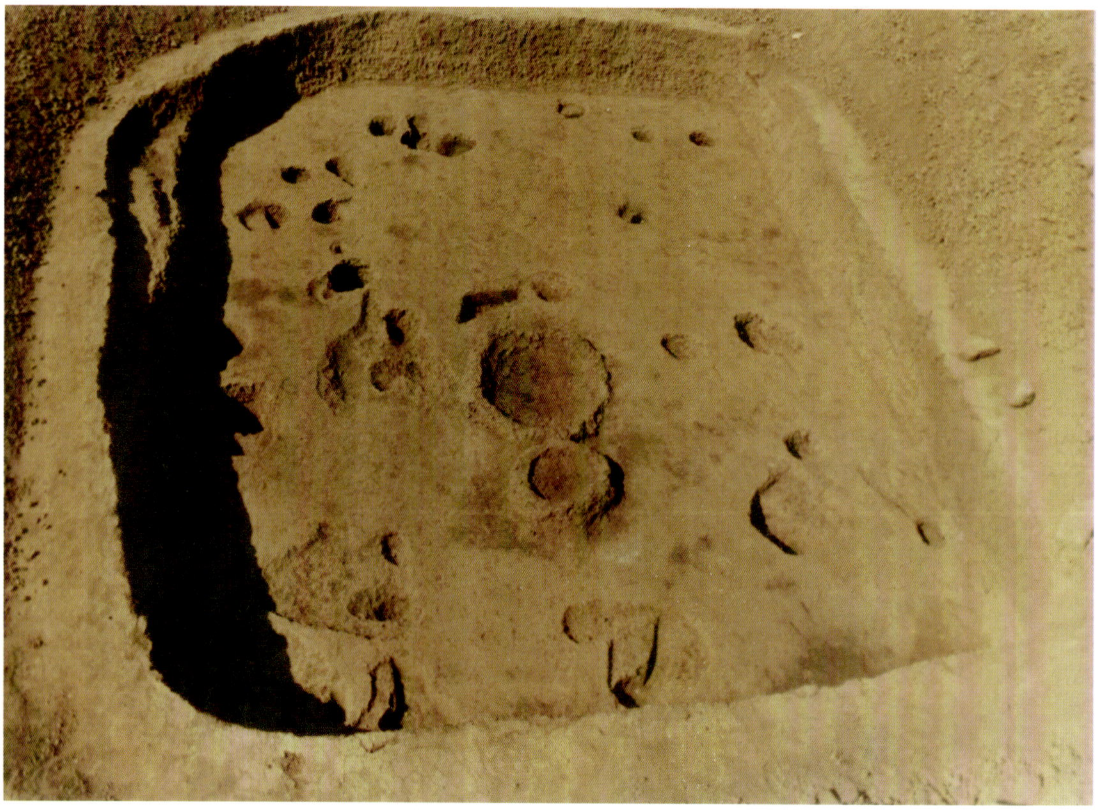

2. F24（自南向北）

彩版一三〇　F21 出土深腹罐与 F24

1. 敲砸器 F24：30

2. 敲砸器 F24：41

3. 敲砸器 F24：46

4. 敲砸器 F24：48

5. 网坠 F24：31

6. 石球 F24：40

彩版一三一　F24 出土打制石器

1. 石镞 F24：58

2. 石镞 F24：60

3. 石叶刮削器 F24：61

4. 石镞 F24：59

5. 深腹罐 F24：62

6. 穿孔陶片 F24：1

7. 煤精泡形器 F24：55

彩版一三二　F24 出土遗物

1. 石叶刮削器 F25：3

2. 煤精泡形器 F25：1

3. F26（自南向北）

彩版一三三　F25 出土遗物与 F26

1. 敲砸器 F26：6

2. 敲砸器 F26：26

3. 石片刮削器 F26：23

4. 石叶刮削器 F26：1

5. F27（自南向北）

彩版一三四　F26 出土遗物与 F27

1. 敲砸器 F27：1

2. 敲砸器 F27：2

3. 敲砸器 F27：48

4. 敲砸器 F27：57

5. 敲砸器 F27：64

6. 石叶刮削器 F27：66

彩版一三五　F27 出土石器

1. 石片刮削器 F27：17

2. 石片刮削器 F27：34

3. 石片刮削器 F27：46

4. 网坠 F27：11

5. 网坠 F27：14

6. 石环 F27：20

彩版一三六　F27 出土石器

1. F28

2. 尖状器 F28：7

3. 网坠 F28：9

4. 玉料 F28：31

彩版一三七　F28 及出土遗物

1. F30

2. 敲砸器 F30：8

3. 煤精球形器 F30：1

彩版一三八　F30 及出土遗物

1. CDF1（自北向南）

2. 敲砸器 CDF1：9

3. 敲砸器 CDF1：13

彩版一三九　CDF1 及出土打制石器

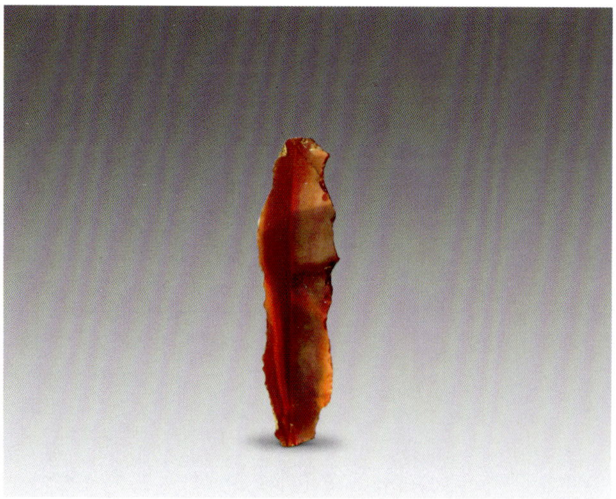

1. 石叶刮削器 CDF1∶5

2. 石镞 CDF1∶4

3. 石磨盘 CDF1∶10

4. 石磨棒 CDF1∶11

5. 石磨棒 CDF1∶15

彩版一四〇 CDF1 出土石器

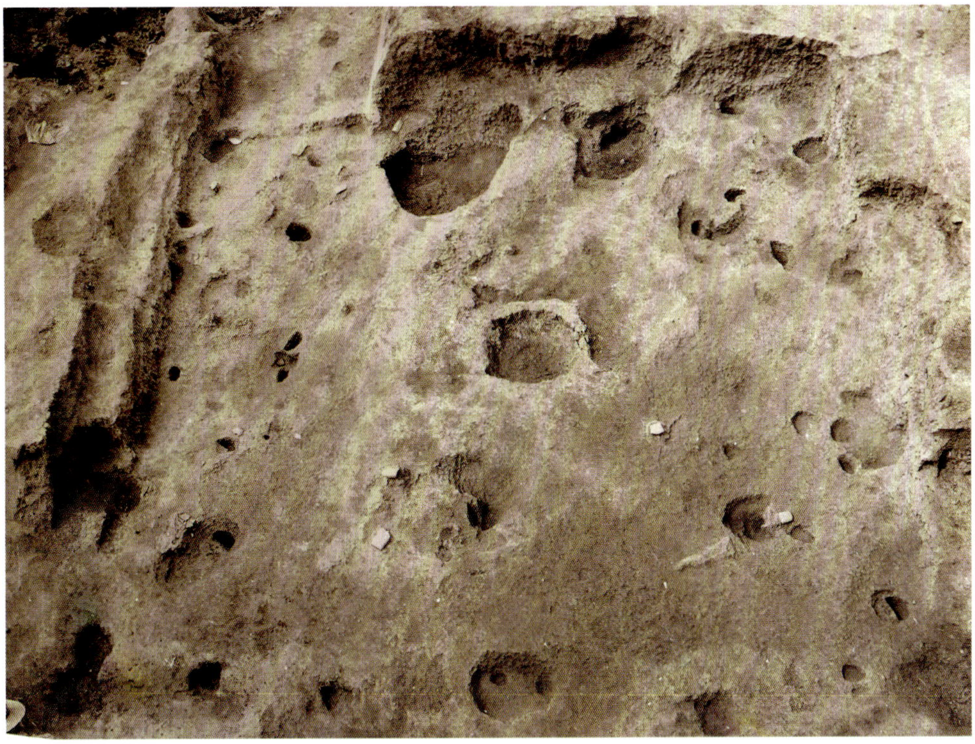

1. CDF2（自南向北）

2. CDF3（自南向北）

彩版一四一　CDF2 与 CDF3

1. 石镞 CDF3 : 4

2. 石叶 CDF3 : 3

3. 石磨盘 CDF3 : 7

5. 深腹罐 CDF3 : 5

4. 石磨棒 CDF3 : 8

彩版一四二　CDF3 出土遗物

1. CDF4（自东向西）

2. 陶钵 CDF4：19

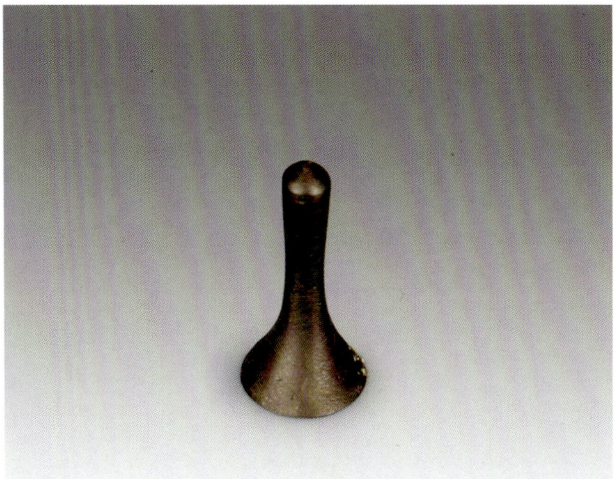

3. 煤精耳珰形器 CDF4：20

彩版一四三　CDF4 及出土遗物

1. 石叶刮削器 CDF4：23

2. 石叶刮削器 CDF4：24

3. 石叶刮削器 CDF4：25

4. 石叶刮削器 CDF4：27

5. 石镞 CDF4：21

6. 石磨盘 CDF4：18

彩版一四四 CDF4 出土石器

1. 敲砸器 CDF5：2

2. 敲砸器 CDF5：3

3. 敲砸器 CDF5：11

4. 石片刮削器 CDF5：29

5. 石核刮削器 CDF5：27

6. 尖状器 CDF5：9

7. 石叶刮削器 CDF5：8

8. 石叶刮削器 CDF5：10

彩版一四五　CDF5 出土石器

1. CDF6（自西北向东南）

2. 砍砸器 CDF6：10

3. 敲砸器 CDF6：3

彩版一四六　CDF6 及出土打制石器

1. 敲砸器 CDF6：16

2. 敲砸器 CDF6：30

3. 石片刮削器 CDF6：8

4. 石片刮削器 CDF6：23

5. 石片刮削器 CDF6：26

6. 石片刮削器 CDF6：31

彩版一四七　CDF6 出土打制石器

1. 石磨盘 CDF6：2

2. 石磨棒 CDF6：4

3. 石磨棒 CDF6：5

4. 石磨棒 CDF6：17

5. 砺石 CDF6：19

6. 陶泡器 CDF6：1

彩版一四八　CDF6 出土遗物

1. 砍砸器 CDF7：21

2. 敲砸器 CDF7：18

3. 敲砸器 CDF7：19

4. 石片刮削器 CDF7：12

5. 石片刮削器 CDF7：13

6. 石片刮削器 CDF7：17

7. 石叶刮削器 CDF7：6

8. 石叶刮削器 CDF7：16

彩版一四九 CDF7 出土石器

1. CDF8（自南向北）

2. CDF8 出土陶器

彩版一五〇　CDF8

1. 敲砸器 CDF8：28

2. 石片刮削器 CDF8：17

3. 石叶刮削器 CDF8：1

4. 石叶刮削器 CDF8：14

5. 砺石 CDF8：18

彩版一五一　CDF8 出土石器

1. 石片刮削器 CDF9 : 30

2. 石片刮削器 CDF9 : 31

3. 网坠 CDF9 : 12

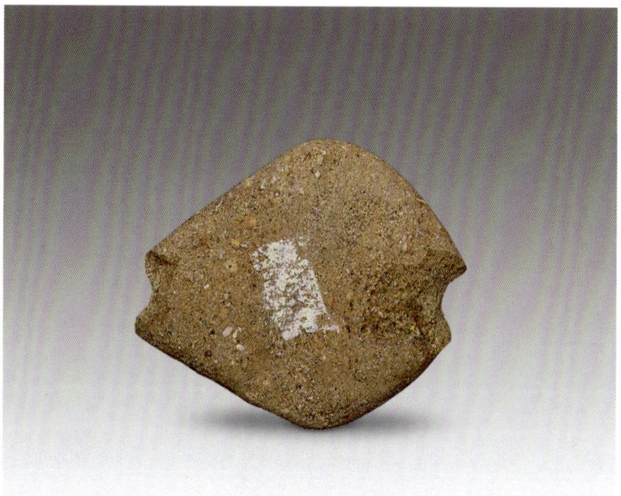

4. 网坠 CDF9 : 28

5. 尖状器 CDF9 : 7

6. 尖状器 CDF9 : 8

7. 石叶刮削器 CDF9 : 9

彩版一五二　CDF9 出土石器

1. 深腹罐 CDF9：21

2. 深腹罐 CDF9：20

3. 煤精泡形器 CDF9：26

4. 煤精泡形器 CDF9：27

彩版一五三　CDF9 出土遗物

1. 网坠〇六 F1：1

2. 石叶刮削器〇六 F1：2

3. 〇六 F2（自北向南）

彩版一五四　〇六 F1 出土石器与〇六 F2

1. 石斧 73T2H2：27

2. 石斧 73T2H2：28

3. 石刀〇六 KBT3H2：1

4. 敲砸器 T1104G2：7

5. 网坠 T1104G2：5

6. 陶纺轮 T1104G2：2

彩版一五五　新乐上层文化遗迹出土遗物

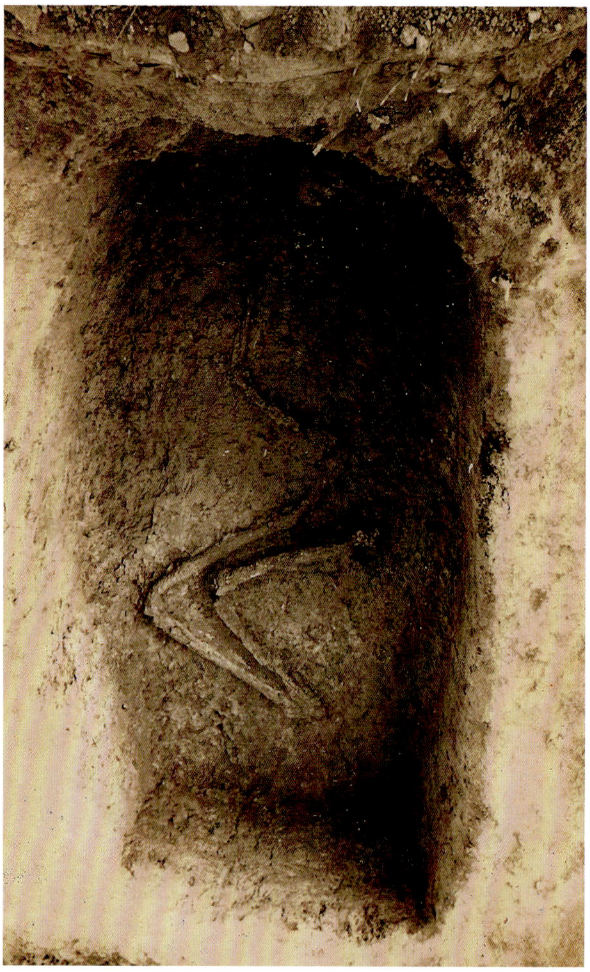

1. 83〇六 KBT6M1

2. 83〇六 KBT6M2

彩版一五六　83〇六 KBT6M1、M2

1. 83〇六KBT6M3

4. 83〇六KBT6M4

2. 陶罐 83〇六KBT6M3：1

3. 陶壶 83〇六KBT6M3：2

5. 陶罐 T0101M1：1

6. 陶壶 T0301M1：1

彩版一五七　83〇六KBT6M3、M4及T0101M1、T0301M1出土陶器

1. 陶壶 T0802M1：1

3. 陶罐 T0903M1：1

2. T0903M1

4. T0903M2

彩版一五八　T0903M1、M2 及 T0802M1 出土陶器

1. 双耳壶 T0903M2：1

2. 陶罐 T0903M2：2

3. 双耳壶 TG2M1：1

4. 陶瓮 83〇六 CM1：2

彩版一五九　T0903M2 等出土陶器

1. 网坠 73A3 ②: 1

2. 石斧 73A8 ②: 16

3. 陶鼎 73T1 ②: 2

4. 陶甗 73T1 ②: 1

5. 陶钵 73T1 ②: 4

6. 陶纺轮 73T1 ②: 17

彩版一六〇　新乐上层文化地层出土遗物

1. 石斧 78A10 ②: 1

2. 陶纺轮 78A10 ②: 35

3. 陶纺轮 78A10 ②: 36

4. 陶纺轮 78A10 ②: 37

5. 陶纺轮 78A10 ②: 42

6. 石球 80T9 : 17

彩版一六一　新乐上层文化地层出土遗物

1. 砍砸器 83〇六 KBT3②: 16

2. 石刀 83〇六 KBT3②: 17

3. 石磨棒 83〇六 KBT3②: 18

4. 陶纺轮 83〇六 KBT3②: 1

5. 陶纺轮 83〇六 KBT3②: 4

6. 陶球 83〇六 KBT3②: 21

彩版一六二　新乐上层文化地层出土遗物

1. 石凿 T0403②: 4

2. 石斧 T0404②: 2

3. 亚腰形石凿 T0704②: 18

4. 石斧 T0803②: 13

5. 石刀 T0804②: 1

6. 石斧 T1003②: 4

彩版一六三　新乐上层文化地层出土石器

1. 石叶刮削器 446C : 6

2. 石斧 446C : 10

3. 石斧 XHC : 5

4. 石斧 XHC : 15

5. 石铲 XHC : 19

6. 石磨棒 XHC : 9

彩版一六四　采集遗物

1. 网坠 XC：6

2. 网坠 XC：7

3. 石斧 XC：15

4. 石斧 XC：20

5. 石杵 XC：33

6. 石棍棒头 XC：34

彩版一六五　采集遗物

1. 辽墓 92LM1（自南向北）

2. 辽墓 92LM1（自北向南）

彩版一六六　辽墓 92LM1

1. 陶罐 92LM1：1

2. 陶罐 92LM1：3

3. 陶罐 92LM1：6

4. 酱釉陶钵 92LM1：4

5. 白瓷碗 92LM1：2

6. 白瓷碗 92LM1：5

彩版一六七　辽墓 92LM1 出土遗物

辽墓 92LM2（自南向北）

彩版一六八　辽墓 92LM2

1. 陶瓶 92LM2：1

2. 白瓷碗 92LM2：2

3. 白瓷碗 92LM2：4

4. 白瓷盘 92LM2：5

5. 白瓷钵 92LM2：3

6. “千秋万岁”铭文砖 92LM2：6

彩版一六九　辽墓 92LM2 出土遗物

1. 玉佩 92M1：10

2. 金耳环 92M1：12

3. 金耳环 92M1：13

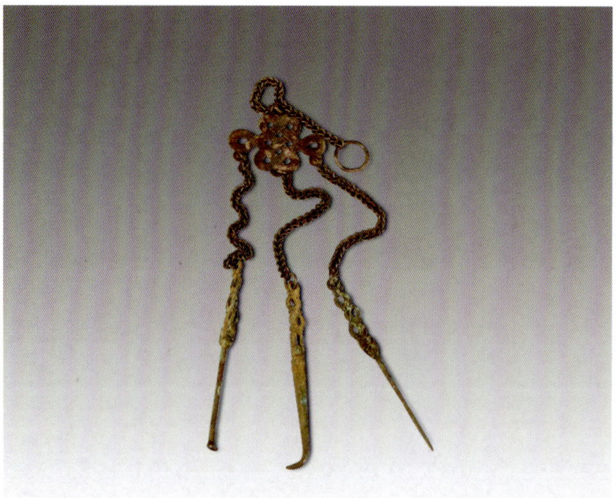

4. 银佩饰 92M1：11

5. 银玉佩 92M1：18

6. 铜簪 92M1：15

7. 铜簪 92M1：16

8. 铜簪 92M1：17

彩版一七〇 清墓 92M1 出土遗物

1

2

3

4

5

6

7

8

9

10

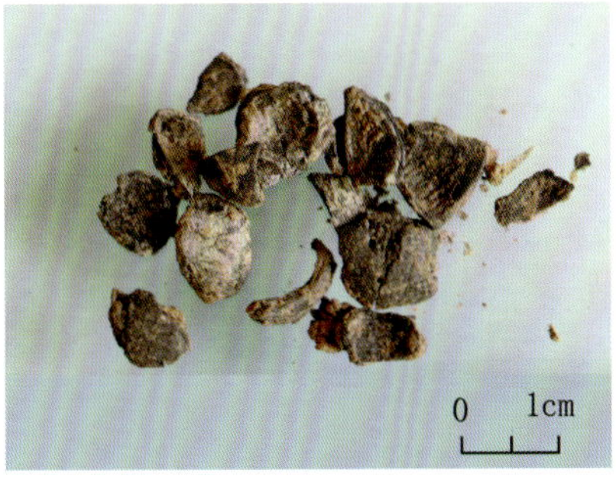

11

彩版一七一　新乐遗址炭化植物遗存

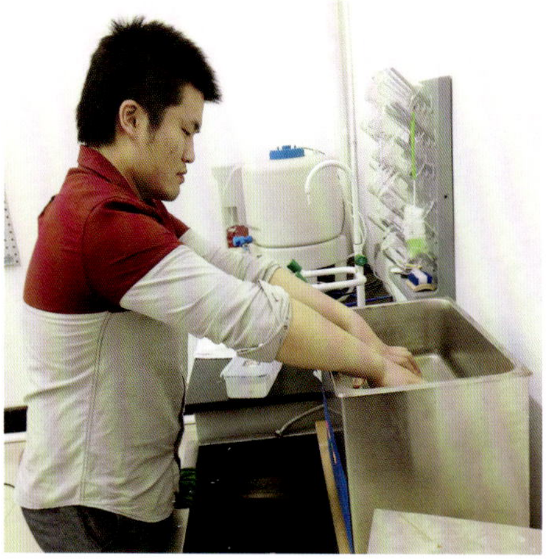

1. 超声波清洗仪提取

2. 超声牙刷刷取

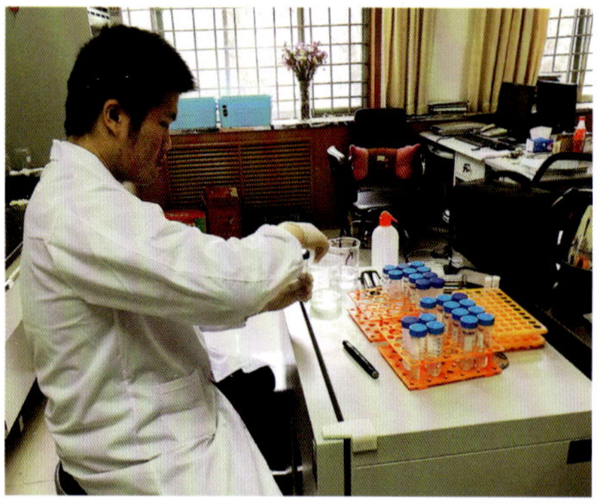

3. 实验室处理

4. 显微镜下观测

a. 石器淀粉粒提取及实验室分析

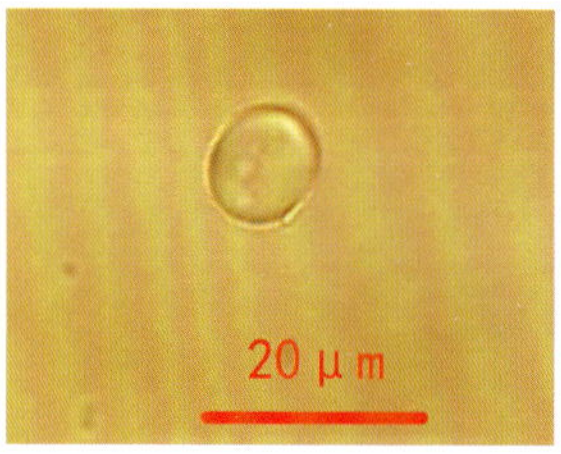

1. A 类淀粉粒

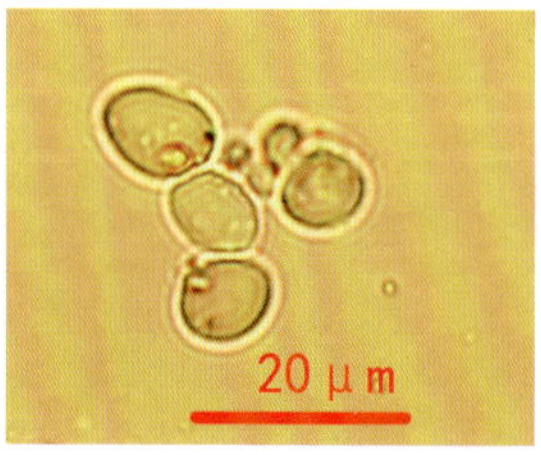

2. B 类淀粉粒

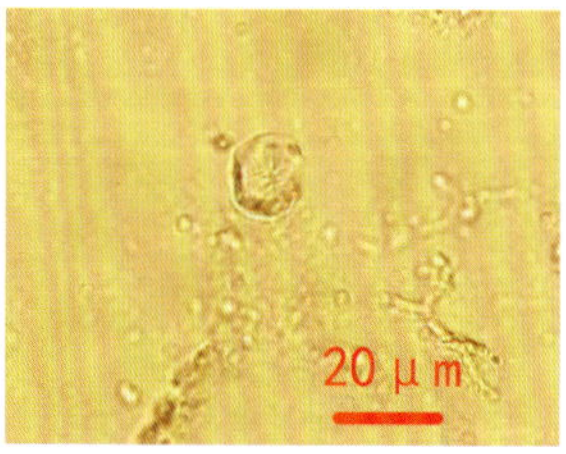

3. C 类淀粉粒

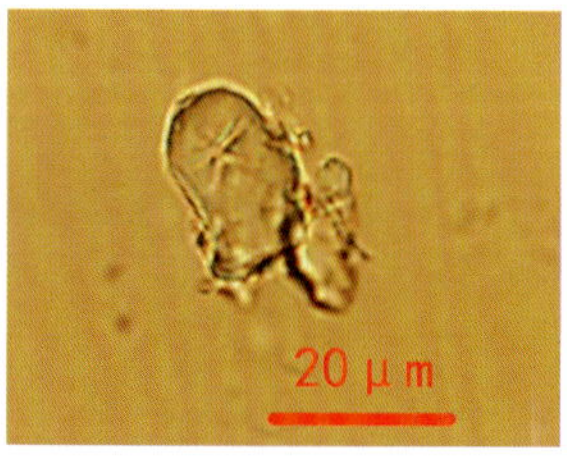

4. D 类淀粉粒单粒

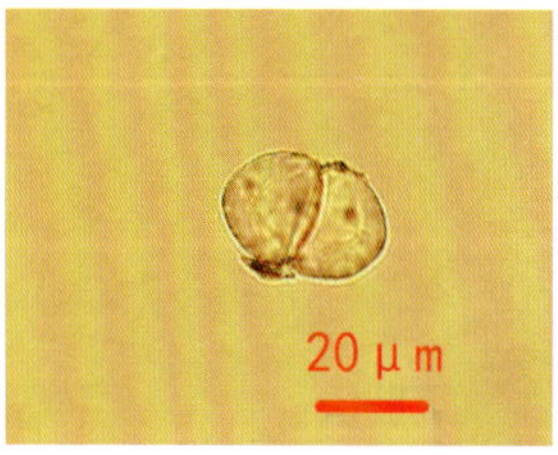

5. D 类淀粉粒复粒

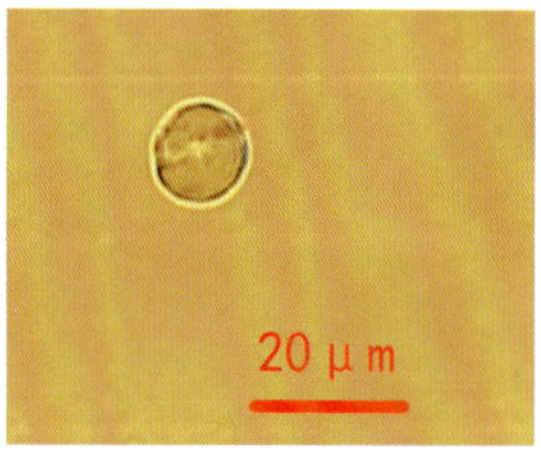

6. E 类淀粉粒

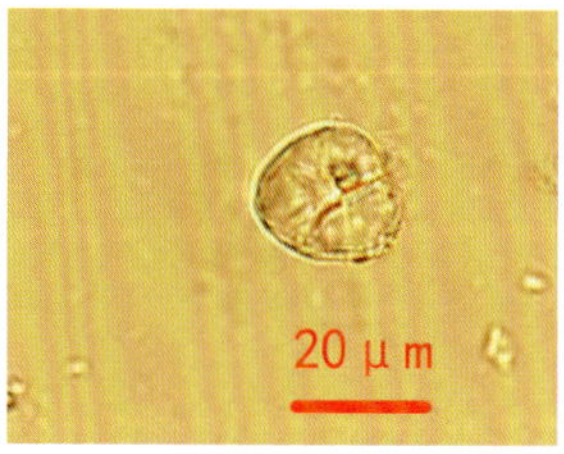

7. F 类淀粉粒

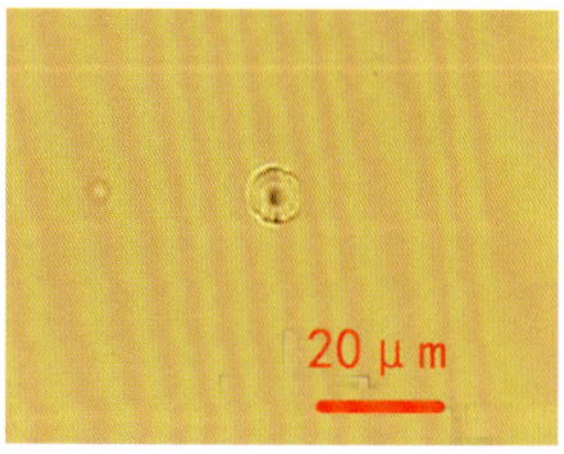

8. G 类淀粉粒

b. 新乐遗址石器上发现的淀粉粒

彩版一七二　石器淀粉粒提取及实验室分析